諸暨年鑑

（2019）

诸暨市地方志编纂委员会　编

方志出版社
Publishing House of Local Records

图书在版编目（CIP）数据

诸暨年鉴．2019 / 诸暨市地方志编纂委员会编．--
北京：方志出版社，2019.12
ISBN 978-7-5144-4101-7

Ⅰ.①诸…　Ⅱ.①诸…　Ⅲ.①诸暨－2019－年鉴
Ⅳ.①Z525.54

中国版本图书馆CIP数据核字（2019）第300596号

诸暨年鉴（2019）

编　　者： 诸暨市地方志编纂委员会

责任编辑： 刘方圆

出 版 者： 方志出版社

地址　北京市朝阳区潘家园东里9号（国家方志馆4层）

邮编　100021

网址　http://www.fzph.org

发　　行： 方志出版社图书经销中心

电话（010）67110500

经　　销： 各地新华书店

印　　刷： 杭州富阳正大彩印有限公司

开　　本： 889×1194　　1/16

印　　张： 38.5

字　　数： 1150千字

版　　次： 2019年12月第1版　　2019年12月第1次印刷

印　　数： 0001～1000册

ISBN 978-7-5144-4101-7　　**定价：** 280.00元

诸暨市地方志编纂委员会

顾　问　徐良平　姚汉松　郭浩良

主　任　王芬祥

副主任　潘超英　王孔羽　俞　越

成　员　陈迪锋　寿海平　方　铭　钟力群　骆　强
郭剑扬　蒋志军　屠永生　孙一江　杨国忠
陈文进　寿浩波　杨纪誉　余海生　郭伟锋
阮晓辉　张尧国　杨永水　钱光辉　俞　军
朱坚阳　陈国锋　吴国强　张国锄　周建江
张凯歌　何永钢　楼云成　楼征三　斯朝阳
边云峰　吕永华

《诸暨年鉴》编辑部

主　　编　孙一江

副 主 编　卢文荣　占志锋

执行主编　金　星

编辑人员　谢卫星　张卓杰　徐熠利　陈琳瑜　陈梦链

摄　　影　徐德文　郭　斌　郦以念

编 辑 说 明

一、《诸暨年鉴》是中共诸暨市委、诸暨市人民政府主持，诸暨市地方志编纂委员会编纂，各有关部门参与的年度资料性文献，以全面、系统地记录诸暨市年度经济、政治、文化、社会和生态文明建设等方面的基本情况为编辑宗旨，为社会各界人士了解和研究诸暨提供基本资料。

二、《诸暨年鉴》以马克思列宁主义、毛泽东思想、邓小平理论、“三个代表”重要思想、科学发展观、习近平新时代中国特色社会主义思想为指导，坚持辩证唯物主义和历史唯物主义的立场、观点和方法，客观真实、实事求是地记述人物、事件和现象，力求准确、完整地反映事物面貌。

三、《诸暨年鉴》每年出版一卷，2019年卷着重记载2018年的基本情况，记述时限为2018年1月1日至12月31日。个别资料为便于读者了解全貌，适当上溯和下延。所用文字、称谓、纪年、计量单位等，一般按国家有关规定执行。农田、土地、山林、水面等计量单位遵循习惯用法，沿用“亩”为计量单位。

四、《诸暨年鉴》正文中的统计数据由各单位提供。读者在引用年鉴中的数据时，如发现有与统计数据不尽一致的地方，请以统计部门公布的数据为准。

五、《诸暨年鉴》采用目录和索引双重检索系统，目录详至条目，索引分为条目索引、人名索引和图表索引，以便于读者检索查阅。

诸暨年鉴编目

诸暨市政区图

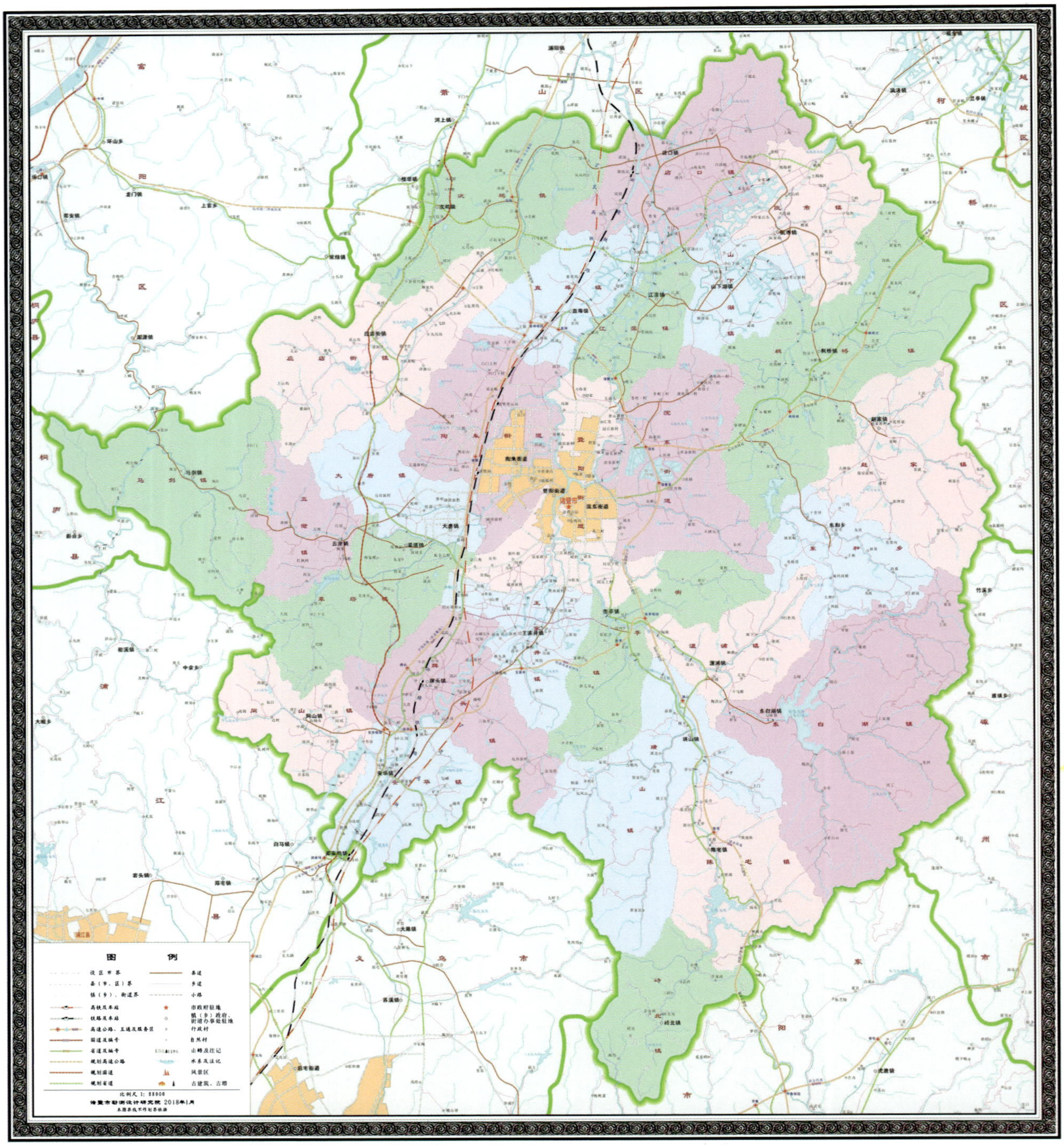

地图审核号：浙S（2017）2号

诸暨市城区图

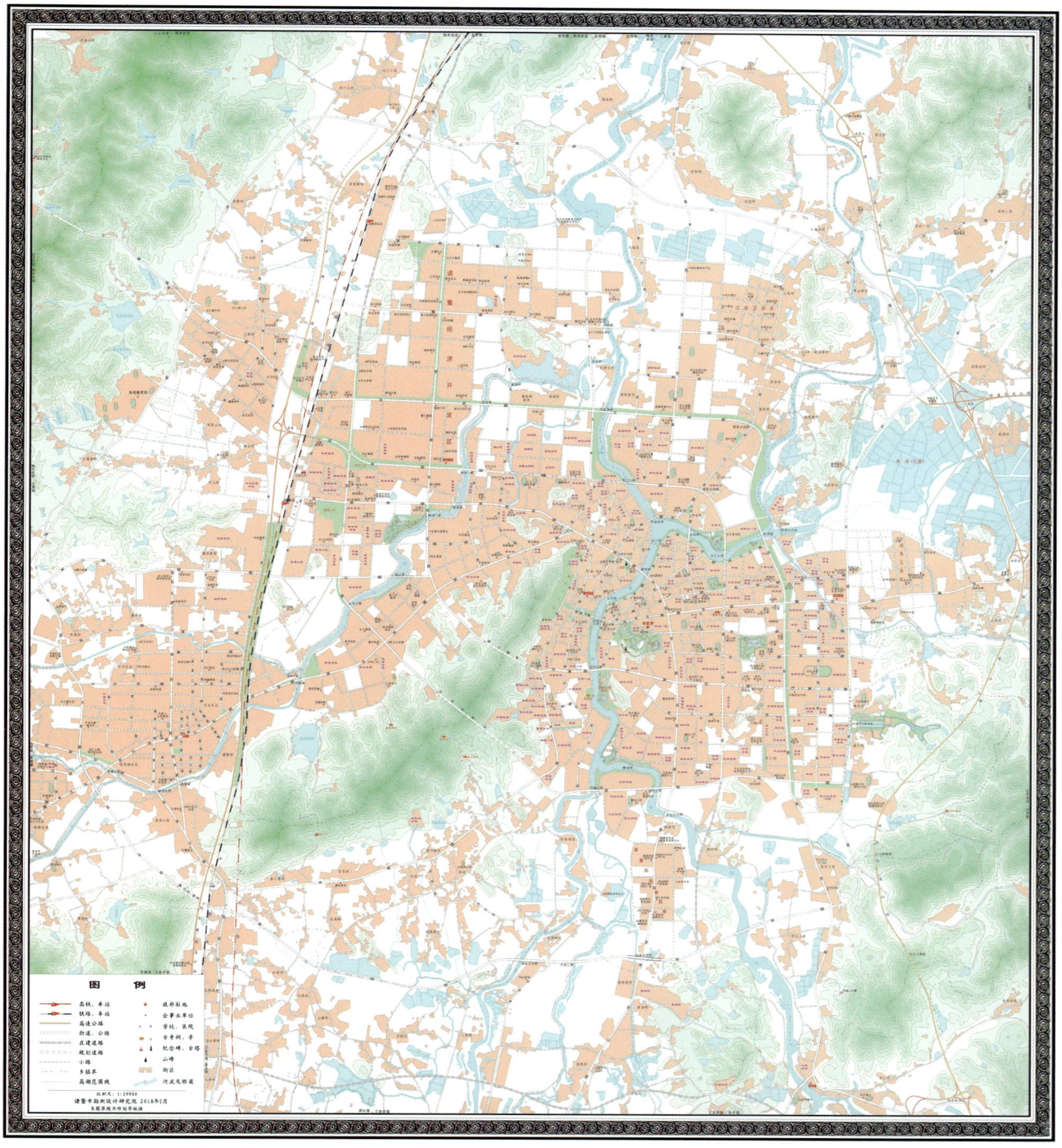

地图审核号：浙S（2017）2号

宜业宜居、潜力十足的 诸暨

▲晨光中的诸暨城东新城（郦以念 摄）

持续推进的“最多

◀ 市公共服务中心商事登记综合受理窗口工作人员登录“一码通用”数据库，在为企业办理相关审批手续。2018 年，诸暨市共有 1177 项法人事务“一码通用”。以往，企业法人在办理营业执照、食品经营许可证、烟草专卖零售许可证等一照四证时，得向 4 个部门分别提出申请，还要提交 30 多种资料，等相关部门分别到现场踏勘后才能领到 4 本证，至少需要 20 多个工作日。现在，只要在市公共服务中心商事登记综合受理窗口填写一份申请表，提交 12 种纸质资料，就能当场领到营业执照，7 个工作日左右就能领到所有许可证。（骆少华 摄）

◀ 一位企业负责人在市公共服务中心商事登记综合受理窗口进行证照联办。自 2017 年实施商事登记制度改革以来，诸暨市持续推进“多证合一”“证照联办”改革，实行商事登记 24 个营业证照联办。仅 2018 年一季度，“多证合一”就办理了 3806 件。

（郭斌 摄）

◀ 市公共服务中心企业投资项目审批窗口工作人员正在受理企业上报材料。市投资项目审批服务中心于 2018 年 7 月底完成升级改造，前台设立“1+X”模式综合受理窗口，后台设立“中央厨房”式审批服务中心，环保、建设、建管等 9 个部门集中办公，同步审查办理。（周升蓉 朱玲 摄）

跑一次”改革

▶9月12日，浬浦镇五美村便民服务中心代办员在指导村民使用“最多跑一次”便民服务模块。浬浦镇在农户户牌二维码中增加“最多跑一次”便民服务模块，村民办事可通过手机填写日期、办事内容、联系电话，拍照上传准备好的材料，镇便民服务中心专职人员会随时关注系统增加的相关记录，及时联系办事者予以答复，所需表格以电子文档的形式发给村代办员，送至当事人手中，村民可实现办事“一次不用跑”。

▶2月17日起，市公共服务中心内的24小时自助服务区正式对外开放。服务区内设5台自助服务机，其中3台为综合自助服务机，2台为交通违法自助处理机。社会保险职工参保登记等常规业务均开通自助服务。市民根据资助服务机上标注的详细操作流程，可轻松办理相关业务。（郭斌 摄）

▶12月26日，面积650平方米的浣东街道东福社区新服务中心投用。该中心以“办事零距离，最多跑一次”为宗旨，配有开放式的办事大厅、调解谈心室、社会组织之家等。这是居民在办理户籍事项。（郭斌 摄）

◀2月25日晚，在平昌冬奥会闭幕式的“北京八分钟”中，一群机器人挥舞着冬奥会会旗亮相。这是由诸暨市蓝了电子科技有限公司研发生产的Aelos机器人。Aelos被选中是因为它具有灵动强大的体质和极强的抗寒性和稳定性。公司负责人黄剑锋说，机器人的抗寒极限一般在-30℃左右，而拍摄当天哈尔滨气温低至-46℃。

（徐枫 摄）

◀3月27日下午，鸿源电力机械有限公司工人正在吊装轴瓦设备。该公司主要生产电机及发电机零部件、建筑工程机械、船舶机械、冶金机械、石化机械及零部件，先后承制并陆续交付了“辽宁号”航母的拖轮轴承、东电三峡白鹤滩电站8台1000兆瓦水轮发电机组轴瓦等。（郭斌 郭梦雅 摄）

◀5月26日，浙江恒森实业集团有限公司员工在生产线上忙碌。恒森公司是阮市镇的民营骨干企业，公司坚持科技创新，研发的新产品获得71项国家专利。与此同时，公司还负责起草“空调水系统用电动阀门”国家行业标准，并参与起草“制冷空调用直动式电子膨胀阀”等10个行业标准。

（杨迪尔 陈军 摄）

◀这是万安科技股份有限公司的自动化生产设备在生产ABS产品。2018年一季度，万公司ABS产品销售近15万套，同比增长50%，收入近1.5亿元。在国内自主品牌中，万安ABS产品的销售量排位第一，占整个市场份额的30%。

▲12月16日，巨马游艺机有限公司的工作人员在调试大型“太空舱”。巨马公司自主研发成功的“太空舱”有可容纳25人及40人两种规格，配置高端，安

◀11月13日，浙江洁丽雅股份有限公司织造车间内，工人在操作进口提花剑杆织机。洁丽雅是全国毛巾产业质量管理和品牌建设的领跑者，2018年获第三届中国质量奖提名奖，成为中国毛巾行业首家并唯一获此殊荣的企业。（骆少华 刘瑞安 摄）

全性能高，可根据客户需要增加音视频监控、视频互投、蓝牙音响。该产品填补了国内空白，价格为国外进口的一半。

（郭斌 张坚永 摄）

▲位于潍坊滨海区白浪河入海口处的“渤海之眼”摩天轮5月16日正式运行。“渤海之眼”摩天轮是世界上最大的无轴式摩天轮、世界上首例编织网格形式摩天轮、世界上首次无轴式轮桥合一摩天轮。该摩天轮由位于大唐镇的浙江巨马游艺机有限公司研发和制造。2018年，巨马设计、安装的摩天轮项目超过50个。

◀中科滑动轴承股份有限公司制造车间内，技术人员正在加工直径1.1米、长12.5米的大型转子。加工制造这样的大型转子，代表着国内机械加工行业的最高水平。

（杨迪尔 陈剑锋 摄）

◀10月27日，浙江灿根智能科技有限公司的工人正在对即将发货的产品作最后把关检验。该公司是专业为锻压行业配套生产滑动轴承，研发的400毫米青铜管连续铸造工艺填补了国内技术空白。（骆少华 刘瑞安 摄）

◀5月9日下午，浙江如新智能科技有限公司员工在电子线路板生产线上忙碌。该公司主要为新能源车提供智能化、差异化、高稳定性的车载电子设备，已开发出虚拟仪表、流媒体后视镜、智能车载中控主机、车身控制模块等一系列产品。公司与NXP、高通等汽车电子芯片厂商建立紧密战略合作关系，与百度、阿里OS、华为等系统平台及AI算法供应商保持密切合作，以快速满足各类用户的智能化需求，帮助客户缩短产品上市周期。（郭斌 任光法 摄）

◀浙江铖虹机械有限公司员工正在赶制热熔器。该公司产品远销北美、中东、俄罗斯等地，全球80%的热熔器都出自这家位于次坞镇凰桐村的公司。

（郭斌 费晓笑 摄）

令人刮目的诸暨人

◀1月8日上午11时，国家科学技术奖励大会后，三位诸暨人兴奋地在人民大会堂前合影留念（从左至右分别是俞亮、姚航平、杨益大）。1月8日，一年一度的国家科学技术奖励大会在人民大会堂举行，来自浙一医院的姚航平、杨益大和俞亮因同一个项目在这次大会上受到表彰。他们的团队获得的是2017年度国家科学技术进步奖特等奖，项目名称是“以防控人感染H7N9禽流感为代表的新发传染病防治体系重大创新和技术突破”。该项目由浙江大学传染病诊治国家重点实验室、感染性疾病诊治协同创新中心主任、中国工程院院士李兰娟领衔，联合11家单位共同完成。

（傅许彦 摄）

◀在2018年诺贝尔化学奖获得者之一、美国加州理工学院化学与化学工程教授弗朗西斯·阿诺德的团队里，有一位诸暨小伙，名叫陈凯，枫桥人，年28岁。2015年，陈凯进入加州理工学院攻读化学博士学位，同年10月加入阿诺德教授的实验室，参与“酶的定向进化”研究，着力开发酶的新功能。1993年，阿诺德完成首个酶的定向进化实验，此后她不断完善这个方法，现在已能用于开发新的酶催化剂。基于阿诺德的研究成果，近30年来，其应用范围涉及从日常用品，到食品工程、制药、工业生产、能源开发等广泛领域。

（图片由陈凯本人提供）

焕然一新的城镇面貌

▲ 店口镇枫叶路一带俯瞰（韩超 摄）

▲ 马剑镇老街（骆少华 摄）

▲ 山下湖镇庙沿塘生态河道（郭斌 摄）

▲ 陈蔡江东白湖镇段两岸（骆少华 摄）

焕然一新的城镇面貌

▲枫溪江岸边民居（周升蓉　摄）

▲枫桥镇孝义路（郭斌　摄）

▲赵家镇镇南路一角（郭斌　摄）

▲大唐镇开元路立面（骆少华　摄）

▲浬浦镇书院路一瞥（骆少华　摄）

▲牌头镇新貌（金凤鸣　摄）

景色迷人的诸暨乡村

▲江边民居——东白湖镇陈蔡村（黄彩华 摄）

▲湿地人家——山下湖镇新长乐村（黄黎明 摄）

景色迷人的诸暨乡村

▲ 东白湖镇陈蔡村位于浬斯线两侧的美丽田园 （徐德文 摄）

▲ 枫桥镇杜黄新村位于枫山公路边的美丽田园 （任光法 摄）

▲ 山青水绿的东白湖镇新上泉村（兰丽东 摄）

▲ 白塔湖

▲ “枫桥经验”发源地之一——枫桥镇枫源村（郦以念 摄）

▲ 诸暨市第一个农村党支部成立地——同山镇丽坞底村（王杨钢 摄）

景色迷人的诸暨乡村

▲ 浬浦镇楼童村位于诸陈线边的稻田（郦以念 摄）

▲ 同山镇绿剑村位于布谷湖边的美丽田园（徐德文 摄）

中的稻田水彩画（骆少华 摄）

▲ 赵家镇东溪村（程晶艺 摄）

▲ 王家井镇新合村党建公园（马士国 摄）

▲ 村美民富的山下湖镇枫江村（石彩娟 摄）

▲ 湖田交织的阮市镇何家山头村（陈校炯 摄）

◀4月9日—10日，农业农村部举办的全国春耕生产农机化技术培训班暨“机器换人”推进活动在诸暨市举行，来自各省、市、自治区的200余名代表到场观摩。
（骆少华 徐越坚 摄）

◀全国青少年橄榄球训练营2月9—15日，2018年全国青少年橄榄球训练营在海亮实验中学举办。这是诸暨市也是浙江省首次举办该类活动。本次训练营由中国橄榄球协会主办，来自山东、四川、黑龙江等地的13支青少年橄榄球队近200人参加训练。
（蒋力奔 赵云 摄）

◀7月30日，第十六届“全国中小学信息技术创新与实践活动”（简称NOC活动）人形机器人任务挑战赛在诸暨中学暨阳分校拉开战幕，来自全国各省市区16个代表队的500余名选手参加现场决赛。
（黄黎明 摄）

重要事件

▲首届“中国农民丰收节”

▲舞龙表演

▲趣味

▲由中国农民丰收节组织指导委员会指导，中国农民体育协会、浙江省农业厅主办的首届中国农民丰收节系列活动——全国农民基层体育骨干健身技能提升暨展示活动9月17日在诸暨市米果果小镇开启，来自全国23个省、市、自治区的200多名农

和活动掠影

系列活动开幕式（杨迪尔 摄）

拔河比赛

▲文艺节目表演

民选手和近千名观摩代表参加活动。此次活动的主题是“农民庆丰收，展示新风采”，分为开幕式、健身技能提升展示活动、农民体育健身摄影展以及农民书画家现场创作四个部分，持续到9月19日结束。

▶长江中下游水稻化肥农药减施增效技术集成观摩会在王家井镇新南村实验基地举行，150余名与会专家学者参加

（徐德文 摄）

▶4月26日，“浙大630”油菜新品种示范推广现场观摩来自中国工程院、全国农技推广服务中心、南京农业大学、上海市农科院、中国水稻研究所等45个部门的专家学者参加这一活动。

（骆少华 徐越坚 朱黎灵 摄）

▶5月23日全省薯类新品种新技术示范现场会在枫桥镇永宁村召开。农业部马铃薯主食化试点项目组成员及省内有关专家、各市县相关农技人员、种植大户参加（徐越坚 摄）

▲ 院地合作、会企合作、校企合作签约仪式 （徐德文 摄）

重要事件和活动掠影

▲ 创业创新大赛参赛者在答辩 （徐德文 摄）

7 月 26 日和 27 日，诸暨市举办以“梦想中国·智汇暨阳”为主题的 2018 暨阳“533 英才计划”评审答辩会暨创新创业大赛，对外招才引智。26 日下午，暨阳“533 英才计划”评审答辩分为电子信息和机械装备组、生物医药和新能源新材料组两个组同时进行，23 个项目参加答辩。根据评审结果，医用军工高性能球形活性炭产业化、商用车电子制动系统项目、高架停机坪系统数字化设计、肿瘤特异性非编码 RNA 的筛选及其分子作用机制研究等 8 个项目参加路演。

▲ 蔡元培被褒誉为“学界泰斗、人世楷模”，是中国近代史上著名的教育家、思想家和政治家。1 月 11 日，蔡元培 150 周年诞辰纪念活动在蔡元培纪念馆举行，蔡元培的亲属，上海和杭州各大院校的蔡元培研究专家、学者、校友会代表等齐聚蔡元培祖籍地东白湖镇陈蔡村，共同缅怀学界泰斗，传承元培精神。 （骆少华 何娜 摄）

▲ 9 月 28 日上午，2 艘装载着集装箱的货船驶离诸暨港新亭埠码头，这不仅标志着新亭埠码头正式投入使用，更意味着诸暨实现了内河集装箱船舶运输的常态化。 （骆少华 摄）

▲ 11 月 28 日上午，诸暨至宁波舟山港海铁联运国际专线首发，这是装载着 300 万双袜子的火车正在驶离诸暨铁路货运东站。 （杨迪尔 摄）

▲11 月 28 日晚，第二届中国“大唐杯”袜艺设计大赛总决赛在诸暨举行，这是模特在 T 台展示袜子设计参赛作品。本次大赛由中国纺织服装教育学会、教育部高等学校纺织类专业教学指导委员会、诸暨市人民政府主办，是袜业设计行业规格最高的赛事。大赛共收到来自全国各地的 1600 余幅作品，其中 100 幅作品角逐总决赛，最终，《肌肉能量袜》《你的小可爱》《时装袜子》《无界》《动物形象童袜设计》等 5 件作品获得袜子设计金奖，《FASHION HOONDS》《我们遇见的人们》2 件作品获得外包装设计金奖。

（蒋力奔 摄）

▲获奖作品《肌肉能量袜》

▲获奖作品《你的小可爱》

▲获奖作品《无界》

◀参赛作品《借一朵太阳花》

▶参赛作品《CANDY IN YOUR FEET》

▲获奖作品《动物形象童袜设计》

重要事件和活动掠影

▲奋力奔跑的参赛者（骆少华 摄）

▲冒雨前行（周升蓉 摄）

▲参加微型马拉松赛的小选手黄智宸（周升蓉 摄）

▲参赛夫妻档（周升蓉 摄）

▲补给站的工作人员（周升蓉 摄）

▲医疗站的医护人员在为参赛者放松肌肉（周升蓉 摄）

▲保障赛道安全的交警（周升蓉 摄）

▲为参赛选手助威呐喊的志愿者（周升蓉 摄）

◀首届西施马拉松赛现场盛况（周升蓉 摄）

12月9日上午，首届西施马拉松赛——祥生2018诸暨西施马拉松赛在城市广场鸣枪开跑，来自14个国家和地区的10000多名选手参赛。本次比赛设全程马拉松、半程马拉松和微型马拉松三大项目，其中参赛全马2000人，半马3000人，微马5000人。来自肯尼亚的选手包揽男子组全程马拉松前三名，肯尼亚选手SEROT ANDERSON SAITOTI以2小时26分20秒的成绩获得男子组全程冠军。全程马拉松女子组前三名被蒙古选手包揽，25岁的蒙古姑娘孟和扎雅以2小时43分29秒获全程马拉松女子组冠军。

▲专家为诸暨发展把脉

▲院士专家工作站签约仪式

12月21日至23日，诸暨市举办“2018诸暨发展系列周主题活动”。活动期间，开展“创新诸暨”“人才诸暨”“健康诸暨”“开放诸暨”“合力诸暨”5个主题活动，来自五湖四海的院士教授、企业家代表、海外游子、行业精英汇聚西施故里，助力诸暨发展。在22日的“人才诸暨”主题活动上，诸暨市成立“院士专家咨询委员会”，21位与诸暨产业相关的中外院士受聘成为诸暨市的高级“智囊团”。上图为中国工程院院士周立伟、钟山、石学敏、王浚，中国科学院院士桂建芳以及白俄罗斯国立技术大学机械工程技术教研室主任舍列格·瓦列里·康斯坦丁诺维奇等专家教授根据各自研究领域和方向，就诸暨产业发展和转型升级提出自己的见解。下图为院士专家工作站签约仪式现场。

（徐德文 摄）

数说诸暨 2018

生产总值：1225.25 亿元

人均生产总值：11.29 万元

城镇常住居民人均可支配收入：62623 元

农村常住居民人均可支配收入：36053 元

财政收入：137.80 亿元

金融机构存款：金融存款 1472.37 亿元

住户存款：866.15 亿元

外向型经济：进出口总额 405.45 亿美元

自营出口 348.97 亿美元

实际利用外资 3.01 亿美元

（数据来源：诸暨市统计局）

诸暨市部分机关、单位、人民团体等简称、全称对照表

简　称	全　称
市委	中共诸暨市委员会
市纪委	中共诸暨市纪律检查委员会
市人大	诸暨市人大常委会
市政府	诸暨市人民政府
市政协	政协诸暨市委员会
市检察院	诸暨市人民检察院
市法院	诸暨市人民法院
市人武部	诸暨市人民武装部
农工党诸暨市委会	中国农工民主党诸暨市委员会
民革诸暨基层委员会	中国国民党革命委员会诸暨市基层委员会
民盟诸暨基层委员会	中国民主同盟诸暨市基层委员会
市关工委	市关心下一代工作委员会
市农办	市委、市政府农业和农村工作办公室
市编委办	市机构编制委员会办公室
市发改局	市发展和改革局
市经信局	市经济和信息化局
市科技局	市科学技术局
市民宗局	市民族宗教事务管理局
市人社局	市人力资源和社会保障局
市国土局	市国土资源局
市建设局	市住房和城乡建设局
市建管局	市建筑业管理局
市卫计局	市卫生和计划生育局
市环保局	市环境保护局
市场监管局	市场监督管理局
市执法局	市城市管理综合执法局
市安监局	市安全生产监督管理局
市质监局	市质量技术监督局

简　称	全　称
市侨办	市人民政府侨务办公室
市台办	中共诸暨市委台湾工作办公室
东白湖管委会	东白湖生态旅游区管理委员会
白塔湖管委会	诸暨白塔湖国家湿地公园管理委员会
商贸城建管委	诸暨国际商贸城建设管理委员会
城东新域建管委	诸暨市城东新城建设管理委员会
流管局	诸暨市流动人口服务管理局
公积金中心	绍兴市住房公积金管理中心诸暨分中心
团市委	共青团诸暨市委员会
市妇联	市妇女联合会
市文联	市文学艺术界联合会
市社科联	市社会科学界联合会
市科协	市科学技术协会
市侨联	市归国华侨联合会
市残联	市残疾人联合会
市工商联	市工商业联合会
海关诸暨办	绍兴海关驻诸暨办事处
国检诸暨办	绍兴市出入境检验检疫局诸暨办事处
市银监办	浙江银监局诸暨办事处
市外宣办	中共诸暨市委、诸暨市人民政府对外宣传办公室
市创建办	诸暨市创建文明城市办公室
美丽诸暨办	市委市政府美丽诸暨建设领导小组办公室
市防汛办	市防汛防旱指挥部办公室

常见缩略语（简称）释义

一岗双责：“一岗”就是一个领导干部的职务所对应的岗位；“双责”就是一个领导干部既要对所在岗位应当承担的具体业务工作负责，又要对所在岗位应当承担的党风廉政建设责任制负责，也就是一个单位的领导干部应当对这个单位的业务工作和党风廉政建设负双重责任。

两学一做：即学党章党规、学（习近平）系列讲话，做合格党员。

两个高水平：即高水平全面建成小康社会、高水平推进社会主义现代化建设。

两新组织：新经济组织和新社会组织的简称。新经济组织是指私营企业、外商投资企业、港澳台商投资企业、股份合作企业、民营科技企业、个体工商户、混合所有制经济组织等各类非国有集体独资的经济组织；新社会组织是对社会团体和民办非企业单位的统称。

两城同创：指全国文明城市和卫生城市创建。

两路两侧：指公路、铁路沿线两侧。

“两化”深度融合：指信息化和工业化的高层次深度结合。

两链：指资金链、担保链。

两创（双创）人才：指创业、创新人才。

双创：国务院总理李克强2014年9月在夏季达沃斯论坛上公开发出“大众创业、万众创新”的号召，“双创”一词由此开始走红。

双下沉、两提升：指人才下沉、资源下沉，服务能力提升、服务效率提升。

双强双比：即强规矩、比担当，强实干、比发展。

省千人才：浙江省海外高层次人才引进计划是浙江省为贯彻落实《中央人才工作协调小组关于实施海外高层次人才引进计划的意见》精神，深入推进“创业富民、创新强省”总战略的实施的，主要设有创新人才长期项目、海鸥计划项目、创业人才项目、外专千人项目。2009年7月24日，中共浙江省委办公厅、浙江省人民政府办公厅发布《关于大力实施海外优秀创业创新人才引进计划的意见》和《浙江省“海外高层次人才引进计划”暂行办法》，实施海外高层人才引进的“千人计划”。按照省“千人计划”所引进的人才，简称“省千人才”。

绍兴“海内外英才计划”：中共绍兴市委人才工作领导小组2018年3月2日印发关于印发《绍兴“海内外英才计划”实施办法》的通知，提出面向海内外加大引才力度，着力集聚传统产业改造提升和新兴产业培育发展急需的高层次创业创新人才，力争通过5年时间，新引进落户800名绍兴“海内外英才计划”人才，其中引进和入选国家、省人才计划人才300人，培育领军型创新创业团队20个以上、高新技术企业50家以上、上市公司及新三板挂牌公司10家以上，形成若干个有影响力的高新技术特色产业链。

绍兴“330海外英才计划”：指从2010年开始，用3年时间，引进30名能够突破关键技术、培育高新长夜、推动创新发展的海外高层次人才，争取有20名以上进入国家、省“千人计划”。

暨阳“533英才计划”：指从2017年起，用5年时间，引进和培育50名国家、省“千人计划”“万人计划”人才；300名能够突破关键技术、发展高新产业、推动转型升级的海内外高层次人才；30000名与“4+X”先进制造业和“3+N”特色服务业契合度较高的本科以上优秀人才。

项目双进：指项目引进和项目推进。

“大好高”项目：笼统而言，指投资规模大、品牌效应好或处于行业领先地位、科技含量高的项目。具体项目是否符合“大好高”标准，需根据中共诸暨市委、诸暨市人民政府《关于鼓励引进“大好高”项目的若干意见》确定。

三公经费：指政府部门人员因公出国（境）经费、公务车购置及运行费、公务招待费。

三改一拆：指旧住宅区、旧厂区、城中村改造和拆除违法建筑。

三考三亮：即实绩考查、干部考察、年度考核和年初亮诺、年中亮牌、年终亮绩。

三去一降一补：指去产能、去库存、去杠杆、降成本、补短板。

三治融合：指自治、法治、德治相结合的基层社会治理模式。

三线：指供电线、通信线、广播电视线。

三资管理：指农村集体资金、集体资产和集体资源管理。

四边三化：指公路边、铁路边、河边、山边等区域开展洁化、绿化、美化行动。

四换三名：指腾笼换鸟、机器换人、空间换地、电商换市和名企、名品、名家。

四张清单一张网："四张清单"指政府权力清单、企业投资负面清单、政府责任清单、财政专项资金管理清单；"一张网"指政务服务网。

四风问题：四风问题表现，一是形式主义，群众反映最突出的是追求形式、不重实效，图虚名、务虚功、工作不抓落实；二是官僚主义，群众最不满意的是办事推诿扯皮多，效率低下，不作为、不负责任；三是享乐主义，基层和群众反映最多的是一些领导干部安于现状、贪图安逸，缺乏忧患意识和创新精神；四是奢靡之风，主要是条件好了，许多方面做过头，大手大脚、铺张浪费。

基层治理四平台：指镇乡（街道）综治工作平台、市场监管平台、综合执法平台和便民服务平台。

五水共治：指治污水、防洪水、排涝水、保供水、抓节水。

五气合治：指控烟气、降废气、减尾气、消浊气、除臭气。

五星达标、3A 争创：指通过创建，行政村达到"党建星、富裕星、美丽星、和谐星、文明星"创星标准和底线标准；对照浙江省 A 级景区村庄服务质量等级评价细则，创建 AAA 级景区村。

八八战略：八八战略指的是 2003 年 7 月，中共浙江省委十一届四次全体（扩大）会议提出的面向未来发展的八项举措，即进一步发挥八个方面的优势、推进八个方面的举措。具体内容如下：

一、进一步发挥浙江的体制机制优势，大力推动以公有制为主体的多种所有制经济共同发展，不断完善社会主义市场经济体制。

二、进一步发挥浙江的区位优势，主动接轨上海、积极参与长江三角洲地区交流与合作，不断提高对内对外开放水平。

三、进一步发挥浙江的块状特色产业优势，加快先进制造业基地建设，走新型工业化道路。

四、进一步发挥浙江的城乡协调发展优势，统筹城乡经济社会发展，加快推进城乡一体化。

五、进一步发挥浙江的生态优势，创建生态省，打造"绿色浙江"。

六、进一步发挥浙江的山海资源优势，大力发展海洋经济，推动欠发达地区跨越式发展，努力使海洋经济和欠发达地区的发展成为我省经济新的增长点。

七、进一步发挥浙江的环境优势，积极推进基础设施建设，切实加强法治建设、信用建设和机关效能建设。

八、进一步发挥浙江的人文优势，积极推进科教兴省、人才强省，加快建设文化大省。

八项规定：2012 年 12 月 4 日，中共中央政治局召开会议，审议通过了中央政治局关于改进工作作风、密切联系群众的八项规定。其主要内容是：

（1）要改进调查研究，到基层调研要深入了解真实情况，总结经验、研究问题、解决困难、指导工作，向群众学习、向实践学习，多同群众座谈，多同干部谈心，多商量讨论，多解剖典型，多到困难和矛盾集中、群众意见多的地方去，切忌走过场、搞形式主义；要轻车简从、减少陪同、简化接待，不张贴悬挂标语横幅，不安排群众迎送，不铺设迎宾地毯，不摆放花草，不安排宴请。

（2）要精简会议活动，切实改进会风，严格控制以中央名义召开的各类全国性会议和举行的重大活动，不开泛泛部署工作和提要求的会，未经中央批准一律不出席各类剪彩、奠基活动和庆祝会、纪念会、表彰会、博览会、研讨会及各类论坛；提高会议实效，开短会、讲短话，力戒空话、套话。

（3）要精简文件简报，切实改进文风，没有实质内容、可发可不发的文件、简报一律不发。

（4）要规范出访活动，从外交工作大局需要出发合理安排出访活动，严格控制出访随行人员，严格按照规定乘坐交通工具，一般不安排中资机构、华侨华人、留学生代表等到机场迎送。

（5）要改进警卫工作，坚持有利于联系群众的原则，减少交通管制，一般情况下不得封路、不清场闭馆。

（6）要改进新闻报道，中央政治局同志出席会议和活动应根据工作需要、新闻价值、社会效果决定是否报道，进一步压缩报道的数量、字数、时长。

（7）要严格文稿发表，除中央统一安排外，个人不公开出版著作、讲话单行本，不发贺信、贺电，不题词、题字。

（8）要厉行勤俭节约，严格遵守廉洁从政有关规定，严格执行住房、车辆配备等有关工作和生活待遇的规定。

十大会战：即工业强市、科技创新、项目"双进"、平台提升、"北承南接"、改革落地、治水拆违、城乡统筹、"枫桥经验"创新提升、基层基础等十大会战。

小升规：指规模以下小型微型企业升级为规模以上企业。

个转企：指具备条件的个体工商户转成企业。

下升上：指规模以下（限额以下）企业升级为规模以上（限额以上）企业。

规改股：指规上企业改制股份制企业。

产转法：指符合条件的产业活动单位转为独立注册的法人单位。

退二进三：通常指在产业结构调整中，缩小第二产业，发展第三产业。

北承南接：指诸暨北承杭州都市圈，南接金华—义务都市区，实施跨区域联动发展的战略。

PPP 模式：PPP（Public—Private—Partnership）是一种融资和项目管理模式，指政府与私人组织之间，为了提供某种公共物品和服务，以特许权协议为基础，彼此之间形成一种伙伴式的合作关系，并通过签署合同来明确双方的权利和义务，以确保合作的顺利完成，最终使合作各方达到比预期单独行动更为有利的结果。

社区“七乱”：指乱停放、乱经营、乱张贴、乱搭建、乱堆放、乱种植、乱放养。

低边对象：指人均收入在低保标准的 150% 以下，财产符合低保标准的低保边缘户。

目　　录

特　载

特　辑

大事记

市情概览

农业 农村

工 业

经济开发区

建筑业　房地产业

能源　供水

商贸流通

商务服务

市场管理

对外及对港澳台经济合作

旅游业

城乡建设与管理

生态环境

交通运输

信息业

金融业

财政　税务

综合监督与管理

中共诸暨市委员会

诸暨市人民代表大会

诸暨市人民政府

政协诸暨市委员会

民主党派　群众团体和社会组织

法　治

军 事

科学技术

教　育

文 化

医疗卫生

体　育

人力资源和社会保障

社会　民生

街道 镇乡

人 物

重要文件目录

附 录

索 引

特　载

高举习近平新时代中国特色社会主义思想伟大旗帜 全力当好“两个高水平”建设的排头兵

——在市委十六届三次全体（扩大）会议上的报告

张晓强

（2018 年 1 月 4 日）

同志们：

这次会议的主要任务是：深入学习贯彻党的十九大和省委十四届二次全会、绍兴市委八届二次全会精神，回顾总结去年工作，研究部署今年任务，审议通过《中共诸暨市委关于高举习近平新时代中国特色社会主义思想伟大旗帜，以“北承南接”为引领奋力推进“两个高水平”建设的决定》，进一步动员全市上下不忘初心、牢记使命，创新实干、砥砺奋进，全力当好“两个高水平”建设的排头兵。

下面，我根据市委常委会讨论的意见，向全会作报告。

一、深入学习贯彻党的十九大精神，奋力推进新时代中国特色社会主义的诸暨实践

党的十九大是一次具有划时代、里程碑意义的历史性盛会，是引领全党全军全国各族人民满怀信心为决胜全面建成小康社会、夺取新时代中国特色社会主义伟大胜利而奋斗的历史性大会，必将成为实现“两个一百年”奋斗目标和中华民族伟大复兴中国梦历史进程中一座光耀千秋的里程碑。

十九大胜利闭幕后，我们第一时间召开市委常委会、全市领导干部会议进行传达学习，市委常委到责任镇乡（街道）、部门开展十九大主题宣讲，组建市委宣讲团广泛深入开展宣讲，组织多形式、分层次、全覆盖的学习教育，开展“新时代新思想新作为”主题党日活动，大兴调查研究之风，推动十九大精神进企业、进农村、进机关、进校园、进社区、进军营、进网站。目前，全市上下学习宣传贯彻十九大精神的热潮正在持续兴起。

学习贯彻十九大精神将是一个持续深入的过程。我们要按照省委提出的“当好学习宣传贯彻十九大精神的排头兵”的要求，在学懂弄通做实上下功夫，不断把学习贯彻十九大精神引向深入并取得新的实效。**要在学懂上下功夫。**坚持原原本本、逐字逐句、一遍一遍地学，学懂蕴含其中矢志不渝的初心使命、至高无上的人民立场、统揽一切的党的领导，深刻领会十九大精神的政治意义、历史意义、理论意义、实践意义，全面把握习近平新时代中国特色社会主义思想的历史贡献、丰富内涵、精神实质、时代价值和实践要求。**要在弄通上下功夫。**坚持联系地、系统地、全面地理解党的十九大精神，把学习贯彻党的十九大精神与学习马克思主义基本原理贯通起来，与把握党的十八大以来我们进行伟大斗争、建设伟大工程、推进伟大事业、实现伟大梦想的实践贯通起来，与把握党的十九大作出的各项战略部署贯通起来，更好地以习近平新时代中国特色社会主义思想武装头脑、指导实践。**要在做实上下功夫。**坚持以知促行、知行合一，坚定不移维护以习近平同志为核心的党中央权威和集中统一领导，结合贯彻落实省委、绍兴市委和市第十六次党代会各项决策部署，切实把十九大精神转化为诸暨高质量发展的实际举措和具体行动，以钉钉子精神推动十九大精神在诸暨落地生根、开花结果。

十九大对新时代中国特色社会主义发展作出新的战略安排，省第十四次党代会提出“两个高水平”奋斗目标和总体部署，省委十四届二次全会作出《关于高举习近平新时代中国特色社会主义思想伟大旗帜，奋力推进“两个高水平”建设的决定》，绍兴市委八届二次全会作出《关于高举习近平新时代中国特色社会主义思想伟大旗帜，加快建设富强民主文明和谐美丽的社会主义现代化强市的决定》，为我们贯彻落实十九大精神、推进新时代中国特色社会主义的诸暨实践，提供了科学可行的时间表、路线图。

我们按照十九大精神和省委、绍兴市委部署要求，深入开展调研，广泛征求意见，制定了《中共诸暨市委关于高举习近平新时代中国特色社会主义

思想伟大旗帜，以“北承南接”为引领奋力推进“两个高水平”建设的决定》，提交本次全会审议通过。《决定》稿提出：从现在到2020年，是高水平全面建成小康社会决胜期，要坚定实施科教兴市战略、人才强市战略、创新驱动发展战略、乡村振兴战略、区域协调发展战略、可持续发展战略、军民融合发展战略，落实富民强省十大行动计划，高标准完成全面建成小康社会的各项目标任务。高水平全面建成小康社会之后，要乘势而上、砥砺奋进，分两个阶段高水平全面建设社会主义现代化。第一个阶段，从2020年到2035年，制定实施《诸暨现代化建设中期规划（2020—2035年）》，要大幅提升经济综合实力和质量效益、各领域法治化水平、文化软实力、人民群众获得感幸福感安全感、生态环境质量、全面从严治党水平，全面建成富强诸暨、法治诸暨、文化诸暨、平安诸暨、美丽诸暨、清廉诸暨，打造成为转型升级示范区、城乡统筹先行区、生态文明引领区、开放融合实验区、幸福和谐样板区。第二个阶段，从2035年到本世纪中叶，要全面提升物质文明、政治文明、精神文明、社会文明、生态文明水平，实现治理体系和治理能力现代化，综合实力进一步走在全省前列，人民群众共同富裕水平大幅提高，享有更加健全的基本公共服务、优美的环境和丰富的精神文化生活，在推进富强民主文明和谐美丽的社会主义现代化建设新征程中继续走在前列、勇立潮头。

《决定》通过以后，全市各级党组织和广大党员干部要认真学习贯彻，结合工作实际，进一步具体化、项目化，全面落实到今后各项工作中，一项一项地抓，一年一年地推进，奋力谱写“两个高水平”建设的诸暨精彩篇章。

二、2017年以来市委常委会的主要工作

市第十六次党代会以来，新一届市委常委会团结带领全市各级党组织和广大党员干部群众，认真贯彻落实中央和省委、绍兴市委决策部署，以迎接党的十九大和学习贯彻十九大精神为主线，坚定不移沿着“八八战略”指引的路子走下去，牢固树立“四个强市”鲜明工作导向，把握“开放创新、攻坚破难、精品精致、勇立潮头”的工作基调，拉高标杆促发展，扑下身子抓落实，经济社会呈现出稳中有进、转中向好的良好态势。

在工作中，市委常委会特别强调讲政治、抓发展、惠民生、严作风、求实效。**我们始终坚持**正确政治方向，坚定自觉地同以习近平同志为核心的党中央保持高度一致，不断提高政治站位，坚定不移地维护核心、忠贞不渝地紧跟核心，在新时代宏伟征程中找准诸暨的历史方位，把握好前进方向。**我们始终坚持**以人民为中心，把保障和改善民生这一重任记在心头、扛在肩上，从人民群众关心的事情抓起，从让人民群众满意的事情做起，在践行党的群众路线中不断提升百姓获得感、幸福感、安全感。**我们始终坚持**实践第一、一切从实际出发，更加突出按客观规律办事的要求，以辩证的思维看问题，用管用的办法抓落实，求真务实、真抓实干、务求实效。**我们始终坚持**统筹兼顾、突出重点，善于抓住主要矛盾和矛盾的主要方面，讲究思路谋划、落实章法和推进节奏，切实增强工作的原则性、系统性、预见性、创造性。**我们始终坚持**总揽全局、协调各方，既发挥好市委在全市的领导核心作用，在重要任务、复杂局面、敏感问题上稳得住、看得准、有办法，又协调好与市人大、市政府、市政协班子之间的关系，形成了全市上下同向发力、团结奋斗的整体合力。这“五个始终坚持”，是市委常委会践行“不忘初心、牢记使命”要求的具体体现，是市委常委会履行职责、开展工作的切身体会，也是为全市各级党组织和广大党员、干部树立的鲜明导向。

回首2017，我们抢抓机遇、整合资源，坚定信心、攻坚克难，交出了一份漂亮的答卷：

——我们以开放融合的姿态“北承南接”，诸暨发展的空间越来越广阔。主动对接大湾区大花园大通道大都市区，以每月一个新动作的频率加速融入都市区。临杭产业园、诸义产业自由港集聚效应加速显现，“诸暨岛”启动建设，累计引进都市区项目161个，实到注册资金64.2亿元，其中“大好高”项目57个。诸暨至杭州列入全国首批市域（郊）铁路试点项目，杭州都市高速公路诸暨段有序实施，安华—义乌城际公交正式通车，新亭埠码头完成建设，萧山国际机场诸暨航站楼投入运营，“西施号”诸暨—杭州通勤高铁成为连接诸杭发展的大通道。深化推进市民卡“诸杭互通”工程，拓展与杭州都市区教育、医疗资源合作，同城一体化红利不断释放。积极抢抓国家“一带一路”机遇，开放型经济加速转型，珍珠产业集群成为省级跨境电商试点，公用型保税仓和“诸暨港”建设进展顺利，海关监管场所（一期）主体完工，实到外资2.86亿美元，同比增长19.2%，自营出口305亿元，增长10%，

增幅位居全省前列。

——我们以创标立标的志气奋勇争先，诸暨发展的趋势越来越向好。深入开展“实干当先、奋勇争先”大讨论、大实践、大发展活动，推动全市上下精准对标、敢于立标、率先创标，不忘初心再进发，勇立潮头谋新篇，攻坚克难推进“八大战役”“十大会战”，经济社会发展呈现出态势好、气势足、趋势向上的生动局面，全市各项主要经济指标继续保持绍兴领跑、全省领先，实现了季季红、半年红、全年红，预计实现生产总值1170亿元，同比增长7%左右；财政总收入124亿元，增长10%，其中一般公共预算收入77亿元，增长10.7%；完成固定资产投资840亿元，增长13.4%；城乡常住居民人均可支配收入分别达57831元和32793元，增长8.0%和8.5%。

——我们以凤凰涅槃的决心加速转型，诸暨发展的动能越来越强劲。扎实开展省振兴实体经济（传统产业改造）试点示范市创建，袜业、珍珠等六大产业产值同比增长14.8%，工业强市综合排位跃居全省第三。打破拖累转型升级的“坛坛罐罐”，关停整治印染化工企业54家，淘汰落后产能、“低小散”企业575家。扎实抓好“两化”深度融合国家示范区建设，加快推进“三强一制造”，在建“机器换人”项目462个，新增“上云企业”超3000家。创新活力持续释放，科技城建设加速推进，中乌生命科学研究院、军民融合科技成果转化服务平台、DRC诸暨2025创意产业园等一批科创平台相继投运，产业创新服务综合体建设走在全省前列，新增高新技术企业75家、科技型中小企业186家，战略性新兴产业增加值增长13%，高新技术产业增加值、新产品产值分别增长16.1%和23.7%。

——我们以多快好实的要求狠抓项目，诸暨发展的后劲越来越充足。全力以赴打好项目“双进”大会战，实到市外注册资金218.5亿元，引进“大好高”项目108个，实现“浙商回归”127.6亿元，诸暨发展大会签约项目517.6亿元。深化落实“2+6+X”“大前期办”机制，深入开展“清障拔钉”专项行动，164个重大产业项目加速推进，万达广场、印象城、华展新材料等一批项目建成投用，实现招商选资、落地开工项目数两个翻番。

——我们以“最多跑一次”改革提升效能，诸暨发展的环境越来越优化。群众办事“一证通办一生事”得到广泛赞誉，凭一张身份证即可办理209个涉民事项，“一证通办”经验做法在全省复制推广。深化企业投资项目“一次受理、一并办理”，探索推行法人事务“一码通用”，工业投资项目率先实现“全流程跑一次”，企业投资项目承诺制改革成为省级试点。“最多跑一次”实现率达97.4%，329个事项实现“零上门”，群众改革满意率达到99%，在全省政务环境评价中政务环境总指数位居全省第二。

——我们以改革创新的思路破解难题，诸暨发展的活力越来越迸发。深入推进供给侧结构性改革试点，“三去一降一补”成效明显，为企业减负超52亿元，新增新三板挂牌企业7家，市场主体总量达15.9万家。全力打好户籍制度、农村产权制度、农村金融等改革“组合拳”，在全省率先推行“房票”“地票”做法，“三位一体”农合联改革经验全国推广，成为全国首批国家现代农业产业园创建县市。深入推进扩大民间资本进入社会领域改革，新批设立民办教育机构、民办医院、民办养老机构25家。

——我们以求贤若渴的态度招引人才，诸暨发展的要素越来越集聚。强化人才强市鲜明工作导向，健全完善“人才新政”，实施暨阳“533英才计划”，“千人计划”产业园、高层次人才服务中心启动建设，兑现人才奖励资金8386万元，新增“国千”“省千”人才24名，海外人才引进数和落户数实现翻番。持续发力投融资体制改革，国有资产平台集聚整合，新增股权投资类企业182家，总规模达462亿元的各类产业基金签约落户，产业引导基金规模超180亿元，浣江水务在新三板挂牌上市。要素保障进一步强化，新增全社会融资396亿元，完成农转用报批10474亩。

——我们以久久为功的韧劲绘就美丽，诸暨发展的颜值越来越靓丽。持续推进“五水共治”，全市域剿灭V类水，浦阳江诸暨段出境水质连续45个月优于入境水质，再夺省水利“大禹杯”金奖，有望实现“五水共治”大禹鼎“三连冠”。深入推进“大拆大建大整大治”工程，累计完成“三改”1892万平方米，拆除违建面积191万平方米，创成省首批“无违建县（市、区）”。全力支持配合中央环保督察组工作，扎实解决好群众反映强烈的环境突出问题。深入实施美丽系列创建，联动推进“两路两侧、四边三化”“五气合治”和城乡生活垃圾分类处理，小城镇环境综合整治成效明显，“一环六线”美丽乡村景观带完成布局，一幅天蓝、地绿、水清的美丽诸暨新画卷正徐徐展开。

——我们以共建共享的理念保障民生，诸暨发展的成果越来越普惠。以测评总成绩同类城市全省第一、全国第三的成绩一举创成全国文明城市。办实办好十大惠民实事，西施大剧院、城市馆投入使用，社会保障再次提标，农村文化礼堂建设加快推进，全面实现“村村通”公交，建成全国首个县级市“绕城高速”。省义务教育标准化学校、乡镇医联体建设实现全覆盖，成功列入省首批健康城市试点。实施坚持发展“枫桥经验”三年行动计划，基层治理“四个平台”和全科网格建设走在全省前列，社会组织 参与社区矫正等做法获中央领导批示肯定，枫桥镇实现全国综治 先进集体“五连冠”。持续深化平安诸暨、法治诸暨建设，圆满完成平安护航十九大、世界互联网大会等一系列维稳安保任务，全市五类恶性案件、刑事警情和命案发生数持续下降，安全生产 事故数、死亡人数保持“双下降”，信访积案化解率达 86%。开展重点领域消防安全隐患集中整治行动，持续抓好城乡危旧房治 理，人民群众安全感持续提升。

——我们以众志成城的合力善作善成，诸暨发展的保障越来越坚实。牢固树立创新实干的鲜明导向，四套班子冲锋在前，党员干部奋勇争先，全市上下实干当先，凝心聚力谋发展、撸起袖子加油干的氛围持续高涨。深化“两学一做”学习教育常态化制度化，深入实施“整乡推进、整县提升”，高标准抓好“五星达 标、3A 争创”，圆满完成村级组织换届。健全完善“三考三亮” 综合考评和大督考机制，“1+X”容错纠错做法得到省委主要领导批示肯定并在全省全面深化改革大会上作典型发言。全面推进“清廉诸暨”建设，深化落实党风廉政建设“两个责任”，认真 贯彻中央八项规定实施细则精神，常态化开展正风肃纪，扎实推进政治巡察，监察体制改革走出诸暨路径，构建新型政商关系等做法走在全省前列，党风廉政建设满意度测评稳居绍兴第一，全市各级党员干部的精神状态、工作作风、工作实效明显提升。

同志们，以上报告的是市第十六次党代会以来市委常委会的主要工作。这些成绩的取得，是以习近平同志为核心的党中央和省委、绍兴市委正确领导的结果，是全市广大党员干部真抓实干的结果，是全体诸暨人民共同奋斗的结果。在此，我代表市委常委会，向各位委员、向全市广大党员干部群众表示衷心的感谢。

在肯定成绩的同时，市委常委会清醒认识到当前诸暨发展中还存在许多不平衡不充分的问题，主要表现在：经济发展的质量和效益亟须提升，战略性新兴产业和高新技术产业比重偏低，创新能力与经济实力不够匹配，新旧动能转换任务艰巨；一些改革举措落地见效还不够快；中心城市集聚功能不够强，小城镇面貌 和发展质量亟须改善，城乡基础设施一体化水平有待提升，生态 环境领域存在不少薄弱环节；优质公共服务供给仍然不足，信访维稳、公共安全、安全生产压力依然较大，基层治理体系和治理 能力现代化水平与全面高水平坚持发展“枫桥经验”仍有差距；一些党员干部缺乏对纪律制度的敬畏之心，担当意识不强，八项规定风化俗成还需持续加力，等等。对此，我们必须高度重视，在今后的工作中认真加以解决。希望同志们对市委常委会的工作 提出意见和建议，帮助我们把工作做得更好。

三、坚定不移沿着习近平总书记指引的路子走下去，奋力谱写“两个高水平”建设的诸暨精彩篇章

2018 年是贯彻落实党的十九大精神的开局之年，是改革开放 40 周年，是决胜全面建成小康社会、实施“十三五”规划承上 启下的关键一年，做好今年工作意义重大、影响深远。总体要求是：**高举习近平新时代中国特色社会主义思想伟大旗帜，深入学 习贯彻党的十九大精神，全面贯彻落实省委十四届二次全会、绍 兴市委八届二次全会部署，大力弘扬红船精神，秉持浙江精神， 坚持稳中求进工作总基调，坚决贯彻新发展理念，按照高质量发 展的要求，坚定不移践行“八八战略”，牢固树立“四个强市” 工作导向，突出“改革当先、注重质量、强化统筹、全面提升”， 全力当好“两个高水平”建设的排头兵。**

根据中央、省委经济工作会议精神和我市经济发展实际，2018 年的主要预期目标是：生产总值增长 7.5% 左右；一般公共预算收入增长 7.5%；城乡居民收入增长与经济增长基本同步，城乡居民收入比缩小；城镇新增就业 2 万人以上，城镇登记失业率控制在 3% 以内；外贸进出口与全省平均水平保持同步，稳定市场份额；供给侧结构性改革取得实质性进展，全员劳动生产率增长 8% 左右；R & D 经费占比达到 2.95% 左右，投资结构优化、投资效益提高，单位生产总值能耗和污染排放量确保完成上级下达目标。

在具体工作中，要重点围绕“1+1+6”展开：

——紧扣一条主线，就是要紧紧围绕学习贯彻党的十九大精神这一主线。学习贯彻党的十九大精神，是当前和今后一个时期的首要政治任务。全市各级党组织和广大党员干部，要进一步提高政治站位、坚定政治立场，切实把思想统一到十九大精神上来，把行动统一到实现十九大确定的各项任务上来，把力量凝聚到破解不平衡不充分问题上来，进一步干在实处、走在前列、勇立潮头，争当学习贯彻习近平新时代中国特色社会主义思想的排头兵。浙江是习近平新时代中国特色社会主义思想的重要萌发地。总书记在浙江工作期间，曾4次到诸暨考察调研，对诸暨发展作出了一系列重要指示。我们要始终牢记嘱托，倍加珍惜总书记的关心和厚爱，持续深化理解，持续抓好落实，以永不懈怠的精神状态和一往无前的奋斗姿态，奋力走好新时代的长征路，为推进新时代中国特色社会主义在浙江的生动实践，探索更多诸暨路径、提供更多诸暨元素、提升更多诸暨贡献。

——深化一项战略，就是要坚定不移推进“北承南接、开放创新”这一战略。两年多来的实践充分证明，“北承南接、开放创新”发展战略的深入实施，已经成为诸暨新一轮发展的最鲜明特征和最强劲动能，这既是对诸暨发展方位的精准研判，更是与省委重大决策部署不谋而合、高度契合，让我们越干方向越明、越干信心越足、越干步伐越坚定。我们要始终将诸暨发展置于省委“四大”建设的重大背景中，进一步保持战略定力、强化战术落实，全面接轨、深度融入都市区发展，全力跑出“北承南接”的加速度，闯出开放创新的新天地，加快推动县域经济向都市区经济转型。**一要在规划共绘上有新突破。**强化对省委“四大”建设的战略性研究，主动对接大湾区大通道大都市区规划，加快修编市域总体规划和各专项性规划，在与都市区的各类规划紧密衔接中科学布局生产空间、生活空间、生态空间，着力推动“北承南接”步子迈得更大、更坚实。**二要在产业共兴上有新突破。**以更大的手笔谋划推进临杭产业园、诸义产业自由港建设，主动融入杭州城西科创大走廊和钱塘江金融港湾，深化与杭州先进制造业、高端服务业领域的产业链价值链分工，进一步承接优质产业、引入创新资源、做好高端配套，打造都市区产业转移的前沿阵地。**三要在设施共建上有新突破。**充分衔接杭州都市区综合交通网络，加速推动杭州都市高速公路诸暨段、公铁水联运综合交通枢纽、“诸暨港”等一批重大基础设施项目建设，启动杭诸市郊铁路、高铁小镇建设，进一步缩短通勤距离，加快形成与大都市区互联互通、智能高效、全向对接的现代综合交通体系。**四要在资源共享上有新突破。**充分依托大都市区科技、人才、金融、信息和市场高地优势，大力发展“飞地经济”，积极培育壮大“诸暨岛”，加快打造离岛式孵化园区，吸引更多外来资本、高层次人才等高端要素汇聚诸暨。深化多元化跨区域文化、教育、医疗、旅游合作，努力让市民共享都市区发展红利。

——突出六大重点，就是要以大创新、大改革、大融合、大生态、大治理、大党建全力推动诸暨高质量发展。

（一）聚力大创新，着力推动经济高质量转型。坚定不移贯彻新发展理念，坚持“破”“立”“降”并举，加快新旧动能接续转换，全力推动质量变革、效率变革、动力变革，加快构建具有鲜明诸暨特点的现代化经济体系。**一要在创新驱动上求突破。**以超常规的力度争创国家创新型试点城市，高水平建成科技城，提升发展科技大市场、科技成果转化中心、新金融大厦、工业设计基地，创成珍珠、铜加工省级产业创新服务综合体，加快构建“共享创新”新模式。深化实施科技企业“双倍增”计划和科技型中小企业“春苗培育”计划，支持企业研究院、重点实验室、技术转移中心等产学研合作载体建设，助推科技企业“微成长、小升高、高壮大”，新增高新技术企业40家、科技型中小企业166家。紧扣打造人才生态最优县市目标，加力打好人才“引育管用”组合拳，建成省“千人计划”产业园，实现入选省领军型创业创新团队零突破，确保引进“国千”“省千”和绍兴“海外英才计划”人才42名。完善创新政策“三十条”，建立科技创新容错纠错机制，强化知识产权创造、保护、运用，加快打造“产学研用金、才政介美云”十联动的创业创新生态系统。**二要在产业升级上求突破。**紧抓供给侧结构性改革试点契机，坚决打破“坛坛罐罐”，以环保、能耗和安全标准来倒逼落后产能市场出清，加快实现腾笼换鸟、凤凰涅槃。以争创省振兴实体经济（传统产业改造）试点示范市为动力，坚定智能制造主攻方向，聚焦袜业、珍珠产业、金属加工业三大领域，大力实施改造提升九大重点工程，深入推进“三强一制造”，运用“互联网+”“大数据+”“机器人+”“标准化+”“品牌+”，加快推动人工智能、网络信息、创意设计与传统制造业深度融合，再造传统制造业新优势。着力培育壮大环保新能源、智能装备制造、铜加工及新材料、时尚产业等四大先进制造业集群，超前谋划布局一批重量级未来产业，力争在军民融合、新能源汽车、信息经济、生命健康等领域实现新突破。大力发展旅游、物流、金融等现代服务业，推进绿色建筑和建筑工业化发展，推动先进制造业和现代服务业双轮驱动、融合发展。**三要在效率提升上求突破**。紧扣打造“万亩千亿”级新产业平台要求，全面推进开发区、高新区等产业主平台提档升级，实施工业园区“退转改聚”，高标准建设袜艺小镇、环保小镇、珍珠小镇，实现平台能级大提升。积极探索建立企业“亩均论英雄”综合评价机制，分类实施“凤凰行动”、小巨人培育行动和小微企业提质行动，充分发挥上市公司引领作用，推动市场主体转型升级，不断提升全要素生产率。始终坚持“多、快、好、实”的目标导向，持续深化项目“双进”，推行市长镇长局长项目工程，不断放大诸暨发展大会后续效应，确保新引进“大好高”项目80个以上、市外注册资金160亿元以上。

（二）聚力大改革，着力推动活力高效能释放。坚持改革不停顿、开放不止步，以“最多跑一次”改革撬动各领域改革，不断提高改革的系统性、整体性、协同性，着力在强化制度供给、激发开放活力上有新突破。**一要坚定不移推进“最多跑一次”改革**。实施深化“最多跑一次”改革攻坚行动，纵深推进群众办事“一证通办一生事”、企业投资项目“一次受理、一并办理”和法人事务“一码通用”改革，全面打通信息孤岛、实施流程再造、推动城乡通办，加快推进“标准地”供给，深化企业投资项目承诺制，进一步健全完善“群众点菜、后厨配菜”的“中央厨房”服务模式，打造“审批事项最少、办事效率最高、政务环境最优、群众和企业获得感最强”的县市。**二要坚定不移强化制度供给**。高质量落实“三去一降一补”核心任务，大力降低实体经济成本，加快创投改革试验区建设，全面放大供给侧结构性改革和投融资体制改革试点效应，力争新增全社会融资超400亿元，直接融资占比达60%以上。统筹抓好扩大民间资本进入社会领域改革、商事制度改革、要素配置市场化改革，推动国有资本做强做优做大，努力以集成改革破解发展难题、激发市场活力。始终聚焦新矛盾新问题，加快谋划一批新的改革事项，以系统化思维和联动式方式推进改革，用好改革督察“利器”，确保改革举措落地见效。**三要坚定不移提高开放水平**。坚持以“一带一路”统领新一轮对外开放，深化外贸、外经、外资、外包、外事“五外联动”组合拳，全力打造港航物流的重要枢纽、经贸合作的重要基地、人文交流的重要城市。全力推进多式联运中心建设，建成运营海关监管场所（一期）、公用型保税仓，全力打开开放大通道。实施外贸优进优出工程，开展境外外经贸综合服务体系建设试点，抓主体、优结构、促创新，促进外贸转型升级。鼓励支持本土企业“走出去”拓展国外市场，“引进来”建好国际产能合作园，全方位参与国际竞争合作。深化国际教育、旅游、人文交流合作，大力开展友城工作，加快城市国际化、企业国际化步伐。

（三）聚力大融合，着力推动城乡高品质建设。牢固树立城乡融合发展理念，把工业和农业、城市和乡村、城镇居民和农村居民作为一个整体来统筹谋划，全面提升城乡发展的协调性、融合度。**一要全面推进乡村振兴**。围绕创建省美丽乡村示范县市目标，制定实施贯彻落实乡村振兴战略、加快农业农村现代化建设行动计划，全力打造美丽乡村升级版。深化农业供给侧结构性改革，坚持质量兴农、绿色兴农，加快建设国家现代农业产业园区，积极培育省农业特色强镇，大力发展乡村旅游、健康养生、民宿经济等新业态，实现农村一二三产业融合发展。持续深化户籍制度、农村产权制度、农村金融等改革，积极支持资本人才流向农业农村。实施低收入农户共享全面小康工程，深化落实村级集体经济转型发展三年行动计划，继续推进创业、就业、物业、产业“四业富民”，拓宽农民增收渠道。建好用好农村文化礼堂，大力弘扬家风家训，让美丽乡风浸润美丽乡村。**二要全面提升城市品质**。强化规划引领，进一步优化“南北工、中部城、东西游、山水田城融合”的市域空间布局，打造宜居宜业宜游的现代化山水园林城市。紧扣争创省首批现代化美丽县城目标，启动实施城市基础设施三年行动计划，谋划实施一批民生工程项目，加快建设美丽示范街区，高品位打造城市绿带、绿地、绿景，继续推进交通、水利、能源、信息、市政“五网”建设，加强城市地上地下空间利用，不断完善城市功能，提升城市综合承载能力。优化城市业态，大力发展楼宇经济、总部经济、时尚商圈，不断增强城市活力、集聚商气人气。深化城市综合执法体制改革，推动城市管理向精细化、智能化、社会化转变。**三要全面加快城乡融合**。发挥新型工业化、信息化、城镇化对乡村振兴的辐射带动作用，健全完善城乡融合发展体制机制和政策体系，加快促进中心城市、中心镇、中心村协调发展。深入实施城乡供水、公交、垃圾、污水治理和危旧房治理“五个一体化”工程，力争创成省“四好农村路”示范县市。加快推动教育、医疗、卫生、文化等优质资源向基层延伸，促进基本公共服务区域全覆盖、领域全覆盖、人群全覆盖，不断提升城乡统筹融合发展水平。

（四）聚力大生态，着力推动环境高颜值提升。按照山水林田湖草系统治理要求，坚持以绿色产业为基础、能力建设为先导、美丽创建为载体，扎实开展大花园建设行动，全面落实优美环境行动计划，努力开辟绿水青山就是金山银山的新境界。**一要推进绿色发展。**全面启动生态保护红线勘界定标工作，严格落实项目准入，实行环评、能评、安评“多评合一”，坚决守住生态保护红线。大力发展低碳经济和循环经济，推进园区、企业生态化改造，积极培育节能环保产业、清洁生产产业、清洁能源产业、生态循环农业，全面提升绿色发展指数。深入推进生态文明体制改革，健全完善市场化、多元化生态补偿机制。深化绿色系列创建，大力倡导简约舒适、绿色低碳的生活方式。**二要强化环境治理。**坚决打好污染防治攻坚战，大力实施“碧水蓝天”工程，统筹推进治土、治固废等工作，深化农村生活污水长效运维，确保Ⅴ类水“零反弹”、垃圾总量“零增长”，境内主要河渠水质保持在Ⅲ类及以上水质。加快推进高湖蓄滞洪区改造，启动浦阳江治理三期工程，建成投运浣东再生水厂、城北水厂，加快推进截污纳管、“提标排放”，开展“污水零直排区”创建，确保环境能力建设走在全省前列。坚决抓好中央环保督察反馈问题整改落实，深化环保“亮剑”执法行动，努力打造环保执法最严县市。**三要深化美丽建设。**持续开展美丽公路、美丽田园、美丽庭院、美丽河道等美丽系列创建，高标准打造沿江、沿河、沿山、沿湖美丽走廊，争创国家森林城市，加快创建国家生态文明建设示范市。统筹实施治危拆违、城中村改造、垃圾分类、小城镇环境综合整治、城乡秩序整治五大“城乡环境整治攻坚行动”，不断巩固“无违建县（市、区）”创建成果，实现城乡垃圾分类全覆盖。大力发展全域旅游，加快推动建设成果向经营成果转化。

（五）聚力大治理，着力推动民生高水平保障。坚持以人民为中心的发展思想，制定落实富民惠民安民行动计划，打造共建共治共享的社会治理格局。**一要倾力办好民生实事。**紧抓人民群众最关心最直接最现实的利益问题，从厕所革命、城市治堵、老小区综合整治和解决停车难等“关键小事”抓起，做到一件接着一件办，一年接着一年干。以成功创建全国文明城市为新起点，全面开展群众性精神文明创建七大工程，从小处着眼，从细处入手，提升全社会文明素养，打造文明城市标杆县市，推动由“创建文明城市”向“建设城市文明”整体跃升。突出均衡优质、公平普惠发展方向，深化文化惠民工程，扎实推进教育现代化，高水平建设健康诸暨，提高就业质量和人民收入水平，加强社会保障体系建设，着力提升百姓生活品质。**二要坚持发展新时代“枫桥经验”。**今年是纪念毛泽东同志批示“枫桥经验”55周年。要认真贯彻落实中央政法委主要领导来诸调研时的重要讲话精神，以纪念活动为动力，坚定扛起坚持发展新时代“枫桥经验”历史使命，吃透“以变应变”“以不变应万变”的内涵要求，始终突出人民群众这一治理主体，全面完成坚持发展“枫桥经验”三年行动计划，切实提升基层治理体系和治理能力现代化水平，打造新时代“枫桥经验”升级版。完善提升“综合指挥中心＋四个平台＋全科网格”的市镇村三级治理架构，发挥自治润物无声、法治定分止争、德治春风化雨的作用，全面提升基层社会治理社会化、法治化、智能化、专业化水平，加快构建共治、自治、法治、德治、善治“五治一体”社会治理新模式。积极发挥社会组织在社区矫正、矛盾纠纷调解等社会治理工作中的作用，有效预防和多元化解社会矛盾纠纷，全力筑牢社会治理的基石。**三要全面深化平安建设。**牢固树立“平安靠平时、目标靠措施、共享靠共建”的理念，强化风险预测预警预防，全力确保政治、社会、经济、生产、食品卫生、生态、心理等七大安全。坚决打好防范化解重大风险攻坚战，制定实施降不良行动计划，全面推行“解保贷”，坚决打击违法违规金融活动，确保不良率控制在2%以内。深入实施“雪亮工程”，提升完善平安网、综治视联网，全力打赢安全生产保卫战、社会治安防控战、消防隐患歼灭战，坚决遏制各类重特大事故发生，确保平安县市创建再连冠。

（六）聚力大党建，着力推动“清廉诸暨”高标准建设。认真贯彻落实新时代党的建设总要求，坚持党对一切工作的领导，坚定扛起全面从严治党主体责任，全面推进党的政治建设、思想建设、组织建设、作风建设、纪律建设，把制度建设贯穿其中，不断提高党的建设质量。**一要全面提升思想引**

领力。旗帜鲜明讲政治，牢固树立“四个意识”，始终坚持把忠诚维护习近平总书记领导核心地位作为最大的政治，在政治立场、政治方向、政治原则、政治道路上同以习近平同志为核心的党中央保持高度一致。始终把习近平新时代中国特色社会主义思想作为最磅礴的思想源泉，全面贯彻到现代化建设和党的建设的各方面、全过程。严格执行新形势下党内政治生活若干准则，推进“两学一做”学习教育常态化制度化，认真开展“不忘初心、牢记使命”主题教育，锻造忠诚干净担当的政治品格。**二要全面提升队伍战斗力**。坚持党管干部原则，认真落实好干部标准，打好干部工作“上下管育爱”组合拳，全力打造一支高素质专业化的诸暨铁军。加强好班长好班子好梯队建设，深化“五驻”培养锻炼、“墩苗”工程，探索实施“实训＋集训”干部教育模式，切实增强“八种本领”。深化完善“三考三亮”综合考评和大督考机制，落实科（局）级领导干部政治品质考察评价办法，建立立体式考察识别干部机制，动真碰硬推动干部能上能下。健全完善“1+X”容错纠错机制，旗帜鲜明地为改革创新者撑腰鼓劲，激励引导干部创新干、大胆干、放手干。**三要全面提升基层组织力**。坚决贯彻“一切工作到支部”的理念，高标准落实农村基层党建“二十条”，深化“整乡推进、整县提升”，推进“五星达标、3A争创”，形成全市域推进、全领域加强、全方位落实的基层党建新格局。实施党建好、带富好、治理好“三好书记”培育工程，探索完善不称职村干部退出机制，打造一支“规矩＋发展”型的基层组织带头人队伍。从严加强党员发展和教育管理，落实“三会一课”制度，推行流动党员“四常”工作法，稳妥有序处置不合格党员。以“进村赶考”的姿态践行好新时期党的群众路线，深化机关干部“返乡走亲”、乡镇干部“驻村连心”和党员干部“结对交心”，推进“群众档案”工作，真正把工作做到群众心坎上，把服务送到群众家门口。**四要全面提升作风保障力**。坚决推动中央八项规定实施细则精神落细落实、风化俗成，盯紧享乐主义、奢靡之风，向形式主义、官僚主义宣战，决不让“四风”问题反弹回潮。深入推进监察体制改革，深化政治巡察，持续保持惩治腐败力度，坚持无禁区、全覆盖、零容忍，坚持重遏制、强高压、长震慑，坚持受贿行贿一起查，不断健全完善不敢腐不能腐不想腐的有效机制。加强农村基层党风廉政建设，持续推进农村基层作风巡查，坚决纠正侵害群众利益行为。始终把纪律挺在前面，加强纪律教育、严格纪律执行，精准实践监督执纪“四种形态”，真正让党员干部知敬畏、存戒惧、守底线。大力推进风清气正政治生态建设，构建“亲”“清”新型政商关系，厚植清廉文化土壤，营造崇廉向善社会风尚。各级领导干部特别是主要负责同志，要发挥好关键少数的示范带头作用，争做忠诚干净担当的表率，以良好的党风促政风带民风树家风，努力打造干部清正、政府清廉、政治清明、社会清朗的“清廉诸暨”。

同志们，新时代要有新气象，更要有新作为。我们要更加紧密地团结在以习近平同志为核心的党中央周围，高举习近平新时代中国特色社会主义思想伟大旗帜，坚定不移沿着习近平总书记指引的路子走下去，不忘初心，牢记使命，永远奋斗，奋力谱写新时代中国特色社会主义的诸暨精彩篇章！

名词解释

富民强省十大行动计划：加快培育发展新动能行动计划，全面改造提升传统制造业行动计划，贯彻落实乡村振兴战略、加快农业农村现代化建设行动计划，大湾区大花园大通道建设行动计划，深化“最多跑一次”改革行动计划，打造“一带一路”枢纽行动计划，政府自身建设行动计划，传承发展浙江优秀传统文化行动计划，富民惠民安民行动计划，优美环境行动计划。

群众办事“一证通办一生事”：以市民身份证件作为唯一标识，实现涉及政务服务事项的证件数据、相关证明信息等跨部门、跨行业互认共享，实现为市民“记录一生、管理一生、服务一生”的目标。

企业投资项目“一次受理、一并办理”：工业投资项目实行前台统一受理、统一交办，后台同步审查、同步办理，推行多评合一、多审合一、多测合一，实现全流程跑一次。

法人事务“一码通用”：以统一社会信用代码作为唯一标识，融合法人主体全生命周期内涉及政府办事、纳入社会管理的所有信息记录，支撑政务服务信息资源跨部门、跨区域、跨行业互认共享，完善法人主体基础档案、审批服务、公共监管、诚信建设管理。

“三位一体”农合联：将农民专业合作、供销合作、信用合作三类组织有机融合而成的农民合作经济组织联合会。

“千人计划”产业园：以中节能环保产业园为核心，以引进海内外高层次创新创业团队、“千人计划”人才项目为目标的高端招商引才平台。

“1+X”容错纠错机制：“1”即《诸暨市鼓励改革创新支持履职担当免责办法》，“X”即出台投融资体制改革、“最多跑一次”改革等 X 个专项容错纠错办法。

省委“四大”建设：大湾区大花园大通道大都市区建设。

“产学研用金、才政介美云”创新组合拳：构建以企业为主体，学研输出、成果转化、金融助力、人才支撑、政府服务、中介机构、环境优化、大数据平台为一体的创新体系。

传统产业改造提升九大重点工程：科技创新引领工程、创意设计带动工程、智能技术改造工程、品牌质量提升工程、项目双进攻坚工程、产业平台提质工程、企业梯度培育工程、绿色制造推广工程、人才引进培育工程。

“实训＋集训”干部教育模式：在干部教育培训中将实践锻炼和集中学习相结合。“八种本领”：学习本领、政治领导本领、改革创新本领、科学发展本领、依法执政本领、群众工作本领、狠抓落实本领、驾驭风险本领。

“群众档案”工作：以建立“一户一档”为基础，通过镇村干部日常联系走访，及时掌握更新村情户情，了解群众诉求，解决群众困难的工作方法。

推进“八八战略”再深化 改革开放再出发以新担当新作为开创诸暨高质量发展新局面

——在市委十六届四次全体（扩大）会议上的报告

徐良平

（2018 年 8 月 10 日）

同志们：

这次会议的主要任务是：深入贯彻习近平新时代中国特色社会主义思想和习近平总书记对浙江工作的重要指示精神，全面落实党的十九大精神和省委十四届三次全会、绍兴市委八届三次全会决策部署，审议通过《中共诸暨市委关于深入推进清廉诸暨建设实施方案》，动员全市上下创新实干、奋发有为，坚定不移推进“八八战略”再深化、改革开放再出发，努力以新担当新作为开创诸暨高质量发展新局面。

下面，我代表市委常委会，向全会报告工作。

一、深入学习贯彻习近平总书记对浙江工作的重要指示精神，全面落实省委十四届三次全会决策部署

7 月 8 日，习近平总书记在浙江省委关于“八八战略”实施 15 年情况报告上专门作出重要指示：**“八八战略”来自于大量的调查研究，体现出中央精神与浙江实际的结合，见效于浙江广大党员干部群众的共同奋斗。我欣慰地看到，在“八八战略”指引下，15 年来，浙江省委坚持一张蓝图绘到底，一任接着一任干，推动经济社会发展取得了历史性成就。干在实处永无止境，走在前列要谋新篇，勇立潮头方显担当。希望浙江深入学习贯彻新时代中国特色社会主义思想和党的十九大精神，以改革开放 40 周年、“八八战略”实施 15 周年为新起点，保持战略定力，秉持浙江精神，开拓创新、砥砺奋进，努力在决胜全面建成小康社会、夺取新时代中国特色社会主义伟大胜利的征程中继续走在前列。**

习近平总书记重要指示一共 263 个字，字字珠玑、句句千钧，饱含着总书记对浙江的深厚感情、对浙江工作的殷切期待、对浙江干部群众的关心关爱，给我们带来了莫大鼓舞和极大鞭策，为我们继续干在实处、走在前列、勇立潮头，指明了前进方向、提供了精神动力。

省委十四届三次全会就全面落实习近平总书记重要指示精神作出了系统部署，要求全省上下深刻体悟习近平总书记的良苦用心，铭记“八八战略”指引浙江走过的光辉历程，增强坚定不移沿着“八八战略”指引的路子走下去的信心和决心，自觉践行习近平总书记寄予浙江的新期望，奋力推进“八八战略”再深化、改革开放再出发。绍兴市委八届三次全会也要求全市上下把思想和行动统一到习近平总书记重要指示精神上来，进一步兴起热潮、提升认识、提高站位、狠抓落实，牢牢把握“四个坚持”“四个体系”“七个结合”，更高水平打造全省高质量发展的重要增长极。

习近平总书记在浙江工作期间，曾 4 次来我市考察调研，对诸暨工作作出了一系列重要指示。我们深深铭记，习近平同志第一次来诸暨考察，实地走访了海亮集团、菲达集团、珍珠市场、大唐轻纺市场等地，亲自为诸暨产业发展问诊把脉、量体裁衣，鼓励我们“以建设先进制造业基地为重点，进一步做大做强区域经济。”**我们深深铭记**，习近平同志在枫桥镇考察调研时，向我们发出了“毛泽东主席当年肯定‘枫桥经验’，目的何在？意义何在？”的“枫桥之问”，勉励我们“要做好‘枫桥经验’深化发展文章，继续为全省乃至全国社会稳定提供宝贵的经验。”**我们深深铭记**，习近平同志在“枫桥经验”40周年纪念大会上强调，“要牢固树立‘发展是硬道理、稳定是硬任务’的政治意识，充分珍惜‘枫桥经验’，大力推广‘枫桥经验’，不断创新‘枫桥经验’，切实维护社会稳定。”2013年，总书记又作出重要指示，要求“把‘枫桥经验’坚持好、发展好，把党的群众路线坚持好、贯彻好。”可以说，习近平新时代中国特色社会主义思想孕育发展了新时代“枫桥经验”。**我们深深铭记**，习近平同志专程来诸暨调研诸永高速公路和浙赣铁路电气化改造工程，全面听取我市经济社会发展情况汇报，希望我们“大力弘扬浙江精神，继续保持强烈的事业心和责任感，勇于开拓、锐意创新，做到‘干在实处、走在前列’。”

15年来，习近平总书记对诸暨的关心关怀，已经化作广大干部群众的内生动力，一直激励着全市上下奋勇拼搏、不懈奋斗、砥砺前行。历届市委始终牢记习近平总书记的殷切嘱托，紧握“八八战略”这把“金钥匙”，一张蓝图、一以贯之，有力推动了“八八战略”在暨阳大地落地生根、开花结果。2002—2017年，全市生产总值从200亿元增加到1180亿元，年均增长11%；人均生产总值从18906元增加到108877元，年均增长12.4%；一般公共预算收入从6.8亿元增加到77亿元，年均增长16.7%；城镇居民人均可支配收入从11707元增加到57844元，农村居民人均可支配收入从5993元增加到33073元，年均分别增长11.2%、12.1%。

——在“八八战略”指引下，我们坚定推进改革开放，发展活力持续迸发。坚持改革不停步、开放不止步，供给侧结构性改革、投融资体制改革成为省级试点，“三位一体”农合联改革经验全国推广，“地票”“房票”做法率先试水。以“最多跑一次”改革撬动各领域改革，“一证通办”做法全省推广。大力推进“北承南接、开放创新”，主动融入“一带一路”，对外开放水平显著提升。2002—2017年，全市出口总额从3.1亿美元增加到45亿美元、年均增长19.5%，累计完成境外投资22.5亿美元，实到外资29.6亿美元。

——在“八八战略”指引下，我们坚定推进转型升级，经济质效明显提升。深入实施工业强市，扎实推进振兴实体经济（传统产业改造）省级试点，树好“以治理促转型”旗帜，工业强市综合排位跃居全省第三，成为“两化”深度融合国家示范区。加快推进开发区、高新区等主平台建设，大唐袜艺小镇入围首批中国特色小镇。持续开展招商选资，培育壮大本土企业，一批批项目落户诸暨，一个个专业市场、商贸综合体相继建成。成为首批国家现代农业产业园创建县市，跻身全省“建筑强市”行列。积极争创国家创新型城市，工业设计基地、科技大市场等科创平台建成投运，累计引进“国千”“省千”人才51人。2002—2017年，三次产业比重从10.4 ∶ 58.1 ∶ 31.5调整为4.3 ∶ 51.6 ∶ 44.1。

——在“八八战略”指引下，我们坚定推进统筹协调，城乡建设大步迈进。大力推进城乡一体化发展，越山西拓、旧城改造相继实施，城东、城西、城中三大区块联动建设，店口、枫桥小城市培育扎实推进，中心城区建成区面积从2002年的26.4平方公里增加到2017年的59.3平方公里。高湖蓄滞洪区启动建设，永宁水库建成使用，城市三环线、杭长高铁、绍诸高速、诸永高速、03省道东复线等顺利投运，成为首批国家智慧城市试点。深入实施“三改一拆”和小城镇环境综合整治，创成省首批“无违建县（市、区）”。全面完成新农村建设“轮一遍”，建成一批美丽乡村景观带，多次获省“千村示范、万村整治”工作先进。2002—2017年，城乡居民收入比从1.95 ∶ 1缩小至1.74 ∶ 1。

——在“八八战略”指引下，我们坚定推进民生改善，百姓生活更加幸福。教育、体育、医疗卫生等各项事业协调发展，浙江农林大学暨阳学院、诸暨技师学院建成圆梦，人民医院、中医院易地新建，成为全国义务教育发展基本均衡县市、国家卫生城市。社会保障提质扩面，城乡居民大病医疗保险制度全面实施，保障性住房惠及14万人。每年办好十大惠民实事，市镇村三级便民服务体系健全完善，95万群众喝上了放心水，实现城乡公交一体化、“村村通”公交。

——在“八八战略”指引下，我们坚定推进基层治理，“枫桥经验”谱写新篇。深化平安诸暨、法治诸暨建设，开展“枫桥式”乡镇（街道）和“零上访镇”“零上访村”创建，实施领导干部下访约访接访制度，抓好公共安全、社会治安、安全生产等工作，“四个平台”和全科网格建设走在全省前列，连续13年被评为省平安县市，捧得省首批“平安金鼎”，枫桥镇3次获得全国综治最高荣誉“长安杯”。

——**在“八八战略”指引下，我们坚定推进文化建设，城市文明创新出彩。**大力推进文化强市建设，培育践行社会主义核心价值观，深入挖掘“西施文化”“三贤文化”，扶持发展文化创意产业，西施大剧院、城市馆、新图书馆、篮球馆等建成投运，会稽山古香榧群、赵家古井桔槔灌溉工程列入世界农业文化遗产，创成省级公共文化服务体系示范区，蝉联全国文化先进县市称号。深化群众性精神文明创建，获评省文化礼堂建设先进县（市）。2017年一举创成全国文明城市。

——**在“八八战略”指引下，我们坚定推进生态建设，宜居魅力全面彰显。**深入开展“811”生态文明建设推进行动，先后创成国家园林城市、国家环保模范城市和国家生态市，获评中国人居环境奖。全面推进“五水共治”“五气合治”，全市域剿灭V类水，三夺“大禹鼎”，空气质量优良天数比例提高到84.9%。扎实开展美丽县城、美丽集镇等系列创建，抓好“两路两侧、四边三化”，打响“好美诸暨”品牌。

——**在“八八战略”指引下，我们坚定推进党的建设，政治生态风清气正。**全面落实从严治党主体责任，扎实开展党的群众路线教育实践活动、“三严三实”专题教育、“两学一做”学习教育。深化“整乡推进、整县提升”，建设“服务型组织、规矩型干部、先锋型党员”，全面开展“五星达标、3A争创”。健全完善“三考三亮”机制，推动干部能上能下。认真落实中央八项规定精神，坚持每年一个主题深化作风建设，扎实推进国家监察体制改革试点，推动形成反腐败斗争压倒性态势。

同志们，15年来，实施“八八战略”给诸暨带来的变化是全方位、深层次、历史性的。我们要认真学习贯彻习近平总书记对浙江、对诸暨工作的重要指示精神，自觉践行新使命新要求新期望，切实把学习贯彻的成效转化为忠诚核心、维护核心、看齐核心的高度自觉，转化为只争朝夕、实干担当的强大动力，转化为不折不扣抓好落实、扎扎实实履行使命的实际行动，奋力续写好新时代“八八战略”诸暨篇章，再造发展新优势、再创诸暨新辉煌！

二、以“大学习大调研大抓落实”活动为引领，上半年经济社会保持良好发展态势

今年以来，市委常委会认真贯彻省委关于开展“大学习大调研大抓落实”活动的决策部署，突出“改革当先、注重质量、强化统筹、全面提升”工作基调，全力以赴打好“六大硬仗”，大兴调查研究之风，大兴走访服务之举，大兴去实地到现场落实之策，“大调研大走访大服务”专项活动取得了阶段性成果，得到了基层认可与肯定，有力推动经济社会稳中有进、稳中显好。上半年，全市实现生产总值571.8亿元，同比增长6.5%；财政总收入75.5亿元，增长11.9%，其中一般公共预算收入47.8亿元，增长13.2%；规上工业总产值581.5亿元，增长16.4%；城乡常住居民人均可支配收入分别达34570元和19197元，增长8.1%、8.5%。

1.坚持效果导向，补齐发展短板。我们始终聚焦高质量发展，梳理落实发展问题、平安问题、发展项目“三张清单”，精准施策、分类处置、逐项销号，促进质量效益提升，加快新旧动能转换。围绕补齐产业转型短板，深入推进省振兴实体经济（传统产业改造）试点示范市创建，抓好“两化”深度融合国家示范区建设，开展“亩均论英雄”综合评价，实施工业园区“退转改聚”，“上云企业”突破3600家，袜艺小镇、珍珠小镇分别通过省级验收和初评。围绕补齐创新驱动短板，重抓创新平台打造、创新成果转化，产业创新服务综合体建设走在全省前列，科技大市场实现交易额2.8亿元，高新技术产业增加值增长10.9%。新增“国千”“省千”人才6名、绍兴“海外英才计划”人才32名。围绕补齐项目投入短板，优化招商选资政策，实施重大项目现场办公，海亮有色智造工业园、帕瓦新能源等一批重大项目签约落地，累计引进重大项目23个、总投资156亿元。

2.坚持问题导向，找准瓶颈症结。我们把问题大起底、大梳理、大解决贯穿活动始终，做到实打实找问题、硬碰硬抓落实。着眼乡村振兴中不平衡不充分问题，深入推进“五星达标、3A争创”，扎实开展“新时代文明实践中心”全国试点，全面推行红白理事会做法，加快建设“五清”村居，首批“五星达标、3A争创”创建村验收通过率居绍兴首位。着眼城乡建设中不平衡不充分问题，扎实开展治危拆违、城中村改造和小城镇环境综合整治，完成“三改”553万平方米，拆除违建31.5万平方米，获评省小城镇环境综合整治先进县（市）。着眼部分党员干部不担当不作为问题，深化“两学一做”学习教育常态化制度化，完善“1+X”容错纠错机制，加强干部关心关爱，干部队伍精气神明显提升。驰而不息深化正风肃纪，完善落实“两个责任”督考

平台，推进监察体系向基层拓展延伸，中央八项规定实施细则精神落细落实，党风政风持续向上向好。

3. 坚持需求导向，赢得群众点赞。我们坚持面对面倾听群众呼声，心连心为群众服务，做好事、办实事、解难事，群众得到了看得见、摸得着的实惠。聚焦提升获得感，扎实推进“五个通办”，探索开展企业投资项目承诺制改革，实现“最多跑一次”事项1640项、“一证通办”346项。聚焦提升幸福感，办实办好惠民实事，协调推进教科文卫体等各项事业，抓好“垃圾革命”“厕所革命”等“关键小事”，社会保障再次提标，农村文化礼堂、社区文化家园、城市文化公园、城市书房加快建设。聚焦提升安全感，紧抓“枫桥经验”纪念活动契机，扎实推进“枫桥经验”推广提升“十大工程”，抓实抓好消防隐患、安全生产、社会治安、信访矛盾等排查整治，社会大局保持和谐稳定。绍兴枫桥学院挂牌开学，全省流动人口和居住出租房屋管理服务、矛盾纠纷多元化解现场会成功召开。

三、推进“八八战略”再深化、改革开放再出发，以新担当新作为开创诸暨高质量发展新局面

今年是改革开放40周年、“八八战略”实施15周年，也是纪念毛泽东同志批示学习推广“枫桥经验”55周年暨习近平同志指示坚持发展“枫桥经验”15周年。做好今年工作，意义重大、使命重大、责任重大。我们要以习近平总书记重要指示精神为指引，坚决贯彻中央和省委、绍兴市委决策部署，坚持稳中求进、以进促稳、以稳应变，以实干家、排头兵、奋斗者的姿态，咬定目标坚定干，撸起袖子加油干，凝心聚力携手干，真正做到实干担当抓落实，奋发有为谱新篇。

在具体工作中，要重点围绕“135”展开：

——紧扣“一条主线”。

就是要始终紧扣“‘八八战略’再深化、改革开放再出发”这一主线，以高度的政治自觉、思想自觉和行动自觉，进一步高举改革大旗，迈开开放步子，把诸暨优势发挥得更好、路径谋得更准、工作抓得更实，切实扛起新使命、应对新挑战、展现新作为，确保在高质量发展上更进一步、更快一步，奋力当好全省“两个高水平”建设的排头兵。

——弘扬“三种精神”。

一要大力弘扬“三不相信试试看”敢闯敢冒、勇于挑战的精神。面对千帆竞发、百舸争流的竞争态势，我们要全力打开解放思想的“总开关”，既要“知不足”，更要“不知足”，强化扛旗夺标的拼抢意识，拿出打破常规的锦囊妙计，敢涉没有先例的盲区，敢走矛盾复杂的难区，敢冲不合时宜的禁区，真正做到“只为成功想办法、不为困难找理由”，不断巩固提升诸暨在全省第一方阵的位次。

二要大力弘扬“石板道地掼乌龟”实打实、硬碰硬的精神。幸福都是奋斗出来的。我们要夯实“真抓”的责任，锤炼“善干”的本领，完善“鼓劲”的机制，甩开膀子、撸起袖子、扑下身子，真刀真枪抓落实，到实地、重实干、求实绩，不仅“解释”要“解决”，不要担心要担当，不等明天赶今天，对标对表、提质提效、求实务实，努力干出诸暨工作加速度，干出发展新气象，干出百姓好口碑。

三要大力弘扬“小布衫里脱出”大气担当、大局为重的精神。我们要有“功成不必在我”的胸怀和“功成必定有我”的气魄，既要“埋头拉车”也要“抬头看路”，不怕担风险、不怕招非议、不怕得罪人，动机上毫无私心，行动上毫无保留，识大体、顾大局、护大局，真正做到守土有责、守土尽责，使各项工作既为一域争光、又为全局添彩。

这三句话所蕴含的是创新、实干、担当，它集中体现了诸暨的人文积累和诸暨人的精气神，也是诸暨改革开放40年来干事创业、砥砺前行的动力源泉。尤其贯穿始终的是担当精神，这是诸暨人文精神的灵魂，是我们应对当前复杂形势、抓好一切工作的前提，必须深深融入我们每一名诸暨干部群众的血脉。在大力倡导敢闯敢冒、敢打敢拼、敢于担当的同时，我们还不能忘记诸暨还有另一句话叫“盘功要足”，要树立“过紧日子”的思想，凡事讲效率、讲效益、讲效果，用“家”的理念、用智慧的方法、用“绣花”的功夫，精心谋划、精打细算、精准发力，用最少的资源办最多的事情，用最深的功夫办最好的事情，凝心聚力开创诸暨高质量发展新局面。

——务求“五大突破”。

一是坚持向改革要效率，着力在开放融入上求突破。要进一步推动思想再解放、真解放，下好改革“先手棋”，架好开放“当头炮”，源源不断地为诸暨发展注入新的动力和活力。一要深化“最多跑一次”改革。扎实推进“五个通办”，全面落实镇级“无差别受理”，深化“一站式办理”便民服务，积极推进企业投资项目承诺制改革，进一步擦亮改革“金字招牌”。以深化机构改革为契机，坚持将“最多跑一次”改革理念拓展到经济、社会、民生各领域，推动重大改革事项落地见效。二要纵深推进“北承南接”。紧抓省委“四大”建设和上海“四大品牌”建设机遇，着力推动发展战略融入、基础设施接轨、创新要素承接、社会事业共享，加快“与杭同城”步伐。提速建设临杭产业园，加快诸杭市域（郊）铁路、杭州都市高速公路诸暨段、“诸暨港”建设，开通开发区至杭州滨江公交线路。积极培育壮大“诸暨岛”，推动科技、人才、金融、信息等创新要素共享，促进文化、教育、医疗、旅游等跨区域多元交流合作。三要持续扩大对外开放。主动对接省“一带一路”枢纽行动计划，深化外贸优进优出，全力支持企业“走出去”，拓展“一带一路”沿线国家新兴市场，积极应对和防范化解国际经贸风险，不断提升对外开放水平。

二是坚持向创新要质量，着力在动能转换上求突破。坚持以数字经济引领经济转型升级，着力推动经济发展质量变革、效率变革、动力变革。一要聚焦数字化转型。大力实施数字经济五年倍增计划和传统产业数字化改造提升行动计划，深入推进“两化融合”“企业上云”和“智能制造”，搭建一批产业互联网平台、大数据中心、园区数字化平台，打造一批智能工厂、数字车间、数字化应用示范企业，确保在传统产业数字化改造上取得实效。大力推进数字产业化，扶持发展电子信息、智能软硬件、智慧物流、智慧设计、智慧健康等新兴产业，打造以数字经济为核心、新经济为引领的现代化经济体系。二要推进协同化创新。聚焦产业创新主战场，提档升级科技大市场、国际技术转移中心，加快建设珍珠、铜加工产业创新服务综合体，打造一批科创园、孵化器、加速器和众创空间，着力构筑开放、高效、活力的创新生态链。深入实施科技企业“双倍增”和“春苗培育”计划，推动科技型企业微成长、小升高、高壮大。大力实施品牌、标准化、知识产权三大战略，深化推动产学研结合，打通创新链、产品链、价值链。深入实施暨阳“533英才计划”，加快“千人计划”产业园建设，不断优化人才创业创新环境。三要提升集聚化平台。紧扣打造“万亩千亿”级新产业平台要求，全力推动龙头平台能级大提升。开发区要进一步理顺体制、优化环境、聚焦项目，建设“融杭新城、创新产城”；高新区要进一步拓展空间、完善配套、提升承载能力，力争成为引领高质量发展的重要增长极。要大力推动个转企、产转法、规改股、股上市，引导广大企业专注实业、深耕主业，研发生产终端产品、整机产品、市场最终消费品，切实提升企业核心竞争力。

三是坚持向项目要动力，着力在有效投资上求突破。要牢牢抓住项目“牛鼻子”，着力把政策、资源和精力聚焦到项目上来，确保重大基础设施投资、高新技术产业投资、环境保护投资、民间投资有效增长。一要推动招商选资“精”起来。更加突出“招大、引新”导向，坚持内生、外引“两条腿”走路，民资、国资、外资“三轮”驱动，深入开展定向招商、专业招商、以商引商，做深做足补链强链文章，全面掀起招商选资竞赛热潮。二要推动项目落地“快”起来。强化“打桩才是硬道理”的理念，加快标准地供给，全面推行重大项目“限时办、有人办、同步办、现场办”机制，努力开辟“绿色通道”。深入实施市长镇长局长工程，探索重大项目市场化推进机制，加快海亮有色智造工业园、万科智慧电商等一批重点项目建设，形成你追我赶、争先恐后抓项目的浓厚氛围。三要推动项目产出“多”起来。全面落实“亩产效益”综合评价机制，加大资源要素差别化配置，优化工业用地余缺调剂机制，推动资源要素向高产区域、高端产业和优质企业集中，真正让诸暨有更多吃得少、产蛋多、飞得远的“俊鸟”。

四是坚持向融合要品质，着力在美丽建设上求突破。坚持以乡村振兴战略为引领，推进全市域“大花园”建设，努力实现乡村宜居美、城镇整体美、城乡全域美。一要推进乡村振兴。把“五星达标、3A争创”作为乡村振兴的主抓手，坚持“五星齐抓”，注重内涵提升，确保百姓有感。重抓国家现代农业产业园建设，谋划推进“坡地村镇”旅游项目，有效推动工商资本和人才“上山下乡”。全面推进农村移风易俗，努力打造新时代文明实践示范区。二要提升城市品质。加快推进“数字城市”建设，启动实施城市基础设施三年建设行动计划，加快推进高湖蓄滞洪区改造，抓好老小区综合整治、城中村雨污分流，全力争创省美丽县城。继续推进小城镇环境综合整治，打造一批独具魅力的特色小镇。乘势而上建设文明城市，深化“五乱”整治，以绣花的功夫加强城市精细化管理，努力做到“少花钱多办事、不花钱办成事”。三要优化生态环境。坚决打好污染防治攻坚战，不折不扣抓好中央环保督察问题整改落实。深化美丽系列创建，纵深推进“千万工程”，大力开展农村“垃圾革命”“厕所革命”“污水革命”“围墙革命”，高标准建好“四好”农村路，加快发展全域旅游，真正变“盆景”为“风景”、聚“风景”为“全景”。统筹抓好治水治气治土治固废等工作，着力巩固“三改一拆”成果，确保境内主要河渠水质保持在Ⅲ类及以上。

五是坚持向治理要环境，着力在创新“枫桥经验”上求突破。坚持以人民为中心的发展思想，打造共建共治共享的社会治理新格局，全面提升群众的获得感幸福感安全感。一要高质量筹备纪念活动。坚持党建引领社会治理、“三治融合”共建共享、为民服务百姓有感，高标准抓好示范点建设和沿线环境整治提升，加快拓展建设村级社会治理服务中心，全面总结提炼推广新“枫桥经验”，开工建设绍兴枫桥学院，确保纪念活动顺利圆满。二要全力抓好平安建设。强化“万无一失”的目标导向和“一失万无”的底线思维，有效发挥“四个平台”和全科网格作用，强化消防隐患、安全生产、公共安全、金融安全等防范治理，深化信访矛盾大排查大化解大调处，扎实开展扫黑除恶专项斗争，坚决打好防范化解重大风险攻坚战，全力争创平安县市十四连冠。三要切实强化民生保障。紧扣高质量、均衡性要求，推进城乡公共服务均等化，加强社会保障体系建设，提高居民就业质量和收入水平。扎实抓好群众身边的“关键小事”，推进农村危旧房治理改造、乡村道大中修、农村饮用水提升等民生实事工程，真正把好事办好、实事办实。

四、纵深推进清廉诸暨建设，为“八八战略”再深化、改革开放再出发提供坚强保证

全面落实新时代党的建设总要求，以清廉诸暨建设为抓手，推动全面从严治党向纵深发展、向基层延伸、向每个支部和每名党员覆盖。

1. **在政治站位上要扣扣子。**衣服从第一粒扣子扣起，必须始终把党的政治建设摆在首位。要牢固树立“四个意识”，增强“四个自信”，坚定维护习近平总书记在党中央和全党的核心地位，坚定维护党中央权威和集中统一领导，自觉做到忠诚核心、维护核心、看齐核心。要高质量开展“不忘初心、牢记使命”主题教育，推进“两学一做”学习教育常态化制度化，扎实抓好党委理论中心组学习，引导党员干部悟初心、强党性、见行动。要严明政治纪律和政治规矩，始终把准政治方向、站稳政治立场、保持政治清醒，努力营造良好政治生态。严格落实意识形态工作主体责任，坚持党管宣传、党管意识形态、党管媒体的根本原则，牢牢掌握意识形态领导权话语权。

2. **在干事创业上要担担子。**挑好“硬担子”，需要“真铁军”。要贯彻新时期好干部标准，强化干事创业、担当作为的鲜明导向，建立以德为先、任人唯贤、人事相宜的干部选拔任用体系，打造忠诚干净担当的诸暨铁军。要深化“三考三亮”综合考评机制，全面实施科（局）级领导干部政治品质考察评价办法，有效激励干部善谋划、强执行、高效率、敢担当。要大力培养选拔优秀年轻干部，实行“实训＋集训”干部教育模式，切实增强“八种本领”，加快培育一支高素质专业化年轻干部队伍。要更加重视干部关心关爱，建立崇尚实干、带动担当、加油鼓劲的正向激励体系，深化落实“1+X”容错纠错机制，旗帜鲜明地为担当者担当、为负责者负责，真正让实干者得实惠、吃苦者吃香。

3. **在固本强基上要钉钉子。**基层基础就是“螺丝钉”。要坚决贯彻“一切工作到支部”的理念，实施基层党建“五大引领”工程，加强支部标准化、规范化建设，推动基层党组织“全面进步、全面过硬”。要扎实推进第二批“五星达标、3A争创”村创建，统筹抓好城市社区、两新组织、机关企事业单位等各领域“五星”系列创建，持续整转软弱落后党组织，全面提升基层党组织组织力。要落实基层党建责任清单二十条，深化落实驻村制度，推动村级事务阳光化，打好消除经济薄弱村攻坚战，切实筑牢基层基础的“压舱石”。

4. **在风清气正上要扎笼子。**扎紧扎密制度笼子是全面从严治党的关键。这次全会，我们将审议通过《中共诸暨市委关于深入推进清廉诸暨建设实施方案》，这是认真贯彻落实省委、绍兴市委清廉建设部署的实际行动，也是对清廉诸暨建设的深化细化具体化。《方案》聚焦目标导向、问题导向、结果导向、系统导向、基层导向，重点部署开展优化政治生态、规范权力运行、锻造干部队伍、厚植清廉文化、培育清廉细胞等五大重点工作，明确了今后一个时期清廉诸暨建设的时间表、任务书和作战图。各级各部门要把《方案》研究透、贯彻好，细化职责分工，强化执行落实，真正使清廉在诸暨蔚然成风。特别是要高标准贯彻落实中央八项规定实施细则精神，严防“四风”问题反弹回潮；深入实践监督执纪“四种形态”，坚持无禁区、全覆盖、零容忍，坚持重遏制、强高压、长震慑，坚定不移惩治腐败；全面落实乡镇主抓、村居主体和部门牵头工作机制，有效开展“五清”村居建设；深化纪检监察体制改革，扎实推进巡视巡察整改成果深化巩固行动，着力营造风清气正的政治生态。

同志们，只有干出来的精彩，没有等出来的辉煌。让我们高举习近平新时代中国特色社会主义思想伟大旗帜，坚定不移沿着“八八战略”指引的路子走下去，自觉践行“干在实处永无止境，走在前列要谋新篇，勇立潮头方显担当”的新期望，以新担当新作为开创高质量发展新局面，为“两个高水平”诸暨建设作出新的更大贡献！

诸暨市人民代表大会常务委员会工作报告

在诸暨市第十七届人民代表大会第二次会议上

诸暨市人大常委会主任　姚汉松

（2018年1月20日）

各位代表：

我受市十七届人民代表大会常务委员会委托，向大会报告工作，请予审议。

2017年主要工作

2017年，是本届人大常委会的开局之年。市人大常委会在市委的坚强领导下，以迎接十九大、学习十九大、贯彻十九大为主线，坚持党的领导、人民当家作主、依法治国有机统一，用政治眼光谋大事，用全局思维议要事，用法治方式抓实事，为推动我市民主法治建设和经济社会发展作出了积极努力。一年来，共召开常委会会议9次，主任会议18次，听取和审议专项报告12个，听取专题汇报6个，作出决议决定5项，组织执法检查、集中视察5次，依法任免国家工作人员113人次、人民陪审员10人次。

一、服务大局有新作为

围绕事关全局的重大问题，找准定位，主动履职，着力推动市委决策部署落地落实。

助推“十大会战”。“十大会战”是市委年度工作的总抓手。常委会专门制定《发挥人大优势，助推“十大会战”》行动方案，动员和组织两级人大、四级人大代表，成立7个督查组，由常委会领导带队，运用走访座谈、视察调研、审议报告等形式开展督查，做到季季督、重点督、持续督，推动各项工作落到实处，在服务大局中体现人大担当。

助推改革创新。改革创新是发展的内生动力。常委会致力推动“最多跑一次”改革，组织专项视察，开展明察暗访，各级代表就地、就近、就便开展针对性监督，督促政府进一步转变职能，抓住关键环节精准发力，切实提升改革实效。审议投融资体制改革实施情况，在肯定成绩的同时，提出整合平台资源，优化融资方式，应对新的挑战等意见建议。高度关注农村产权制度改革，要求在确权的同时，着力做好赋权、活权工作，唤醒农村沉睡资产，拓展农民增收渠道，在服务大局中彰显人大智慧。

助推中心工作。中心工作是涉及面较广的重点任务。常委会领导班子成员坚持胸有大局，干有方向，无论是“两城同创”、项目双进、招商选资、治水拆违，还是履行“河长”“湖长”职责、指导督促责任镇乡工作，都深入一线，身体力行。常委会机关干部服务基层、深入群众，积极参与平安维稳、中央环保督查迎检、村级组织换届选举、农村环境卫生检查、消防隐患整治等重点任务，在服务大局中展示人大形象。

同时，常委会坚持党管干部原则与人大依法任免相统一，圆满完成换届任务。落实宪法宣誓制度，促进国家工作人员接受监督、履行承诺、担当使命。

二、强化监督有新举措

紧扣转型升级主旋律，精心选题，有效监督，着力推动我市经济运行质量的提升。

强化预决算监督。财政预决算是促进经济发展的重要杠杆。常委会坚持抓当前与谋长远相结合、查问题与促落实相结合，加强预算执行情况监督，审议财政报告，审查批准财政决算及预算调整方案，要求建立完善全面规范、公开透明的预决算制度。加强对审计发现问题的跟踪监督，督促审计整改制度的进一步落实，切实提高预算执行力。根据上级对地方政府加强债务管理的新要求，常委会专题听取政府债务限额管理和使用情况汇报，要求按照“风险可控、结构合理”的原则，进一步完善风险预警机制，确保债务安全、运行稳健。

推动新旧动能转换。发展方式转变，是政府经济工作的重心，也是常委会监督的重点。针对复杂多变的经济形势，常委会认真审议国民经济和社会发展计划执行情况，调研科技城及科技平台建设工作，提出重视经济新动能的培育壮大，深化供给侧结构性改革，不断提升科技创新贡献度。视察经济开发区建设、建筑业发展，调研袜业、珍珠产业转型升级，专项督查“两化”融合年活动开展情况，支持政府推动传统产业提档升级，更好地防范和化解企业风险，强调进一步落实涉企优惠政策，提振企业发展信心，浓厚实体经济发展氛围。

促进生态环境改善。加强生态建设，保护绿水青山，是实现可持续发展的必由之路。常委会听取和审议诸暨生态文明建设示范市创建规划，并作出决议，要求以绿色发展为引领，统筹发展与环境的关系。听取和审议城乡规划实施情况的报告，发挥规划在城乡发展中的引领和调控作用。支持政府抓住中央环保督察的有利时机，积极构建政府为主导、企业为主体、社会组织和公众共同参与的环境治理体系。围绕打好“剿灭V类水”攻坚战，组织开展“剿灭V类水、人大代表在行动”主题活动，动员各级代表进行经常性、广泛性的监督检查，推动目标任务的实现。配合绍兴市人大开展对水资源保护条例执行情况的检查，为让蓝天白云、绿水青山成为人民生活的“标配”尽责尽力。

三、为民利民有新成效

聚焦人民日益增长的美好生活需要，突出重点，持续推动，努力提升人民群众的获得感。

突出民生实事。办好民生实事是便民惠民的重要举措。围绕政府十方面民生实事的实施，常委会制定专门监督方案，开展经常性调研督查。年中，组织7个督查组，进行集中督查，形成专题督查报告，督促相关问题整改。年末，主任会议专题听取完成情况汇报，推动民生实事落到实处。

突出公共服务。公共服务是改善民生的重要手段。常委会着眼公共服务均等化，调研学前教育工作，审议“健康诸暨”建设、医药卫生体制改革，视察“智慧广电”，督促政府在幼有所育、病有所医、乐有所享上有更大作为。关注交通建设，提出以“北承南接”和城乡公交为重点，着力构建互联互通、安全便捷的现代综合交通体系。听取“国家食品安全示范城市和浙江省食品安全示范市”创建、农产品质量安全及动物疫病防检等情况汇报，为改革发展成果更多地惠及人民群众倾情倾力。

突出公平正义。公平正义事关群众切身利益。常委会重点强化对执法司法的监督，审议“大立案、大服务、大调解”机制建设运行情况，听取民事行政检察工作汇报，视察法治公安建设，出台进一步推动人民法院执行工作的意见，要求提高司执法能力，规范司执法行为，强化司执法队伍建设。积极配合做好《浙江省动物防疫条例》《档案法》等执法检查，推动相关法律法规的贯彻落实。依法完成32件政府规范性文件的合法性与合理性审查，促进法治政府建设。畅通信访诉求渠道，加大重要信访件的督办力度，一些群众反映的合理诉求得到有效解决。

四、代表工作有新拓展

着眼代表主体作用的发挥，夯实基础，搭好平台，不断丰富代表履职实践。

加强学习培训。能力素质是代表履职的基础。常委会有计划、有针对性地邀请专家学者作辅导讲座、进行业务培训、组织代表观看警示教育片、交流履职感受。一年来，共培训代表480多人次。通过学习培训提高代表的政治站位，增强代表的职务意识，提升代表的履职能力。

完善制度机制。制度机制是代表履职的重要保障。常委会以完善代表工作制度为重点，致力为代表履职创设载体、创造条件。健全代表组织网络，修订《常委会驻会成员联系市人大代表小组制度》，开展常委会委员联系人大代表、人大代表联系选民活动，广泛听取意见建议。邀请代表列席常委会会议，参加调研视察和执法检查等活动，坚持“一府两院”半年向代表书面报告工作制度，完善和提升“两站一平台”建设，出台《诸暨市人大代表辞职办法》，促进代表服务管理工作更趋规范、更加有效。

抓实建议办理。办好建议是代表履职成果的重要体现。常委会在坚持一系列办理工作制度的同时，积极探索重点建议集中面商督办机制，由常委会正副主任、市政府正副市长和有关部门负责人、相关代表共同参加，实打实沟通、面对面督办，对促进问题解决起到良好的示范作用。一次会议提出的342件建议均在规定期限内办理完毕，其中，341件建议为满意或基本满意。

五、自身建设有新提升

坚持把干部队伍建设作为重中之重，拉高标杆，补齐“短板”，更好地发挥委室的基础作用和镇乡（街道）人大的联动作用。

思想补钙。认真学习宣传贯彻党的十九大精神，充分发挥常委会党组的领导作用，始终在思想上政治上行动上同以习近平同志为核心的党中央保持高度一致，推进“两学一做”学习教育常态化制度化，出台加强常委会自身建设的决定，完善党组政治理论学习制度，经常性开展“支部主题党日”活动和专题警示教育，坚持不懈加强理论武装和党性锻炼。

制度补缺。坚持用制度管事管人，修订常委会办事机构、工作机构职责，完善机关办文、办会制度，进一步提高人大工作制度化、规范化、程序化水平。严格落实从严治党主体责任，切实执行中央“八项规定”精神，自觉接受人民群众和人大代表监督，树立常委会及机关的良好形象。

能力补短。精心组织全市人大干部参加代表法、行政诉讼法、食品安全法等专题讲座，有计划安排人大干部参加全国人大培训基地举办的学习轮训，加强法律法规与业务知识学习。制定《加强与镇乡（街道）人大联系的若干制度》，定期召开常委会与镇乡（街道）人大联席会议，交流工作，总结经验，不断提升人大工作整体水平。

各位代表，常委会一年来的履职成果，得益于市委的正确领导，得益于“一府两院”的支持配合，得益于全体代表的共同努力。在此，我代表市人大常委会表示衷心感谢！

同时，我们也清醒地看到常委会工作还存在不少亟待加强和改进的薄弱环节，主要是：人大依法讨论决定重大事项的机制有待进一步完善，监督工作的程序性和实效性有待进一步统一，代表履职的广度和深度有待进一步拓展，人大干部队伍的结构素质有待进一步优化提升。这些都要求我们在今后的履职中认真研究改进。

2018年的工作任务

党的十九大标志着中国特色社会主义进入新时代。这是我国发展新的历史方位，也是我市发展新的历史方位。新时代、新任务给人大工作提出了新的更高要求。根据市委十六届三次全会精神，2018年常委会工作总的要求是：**高举习近平新时代中国特色社会主义思想伟大旗帜，深入学习贯彻党的十九大精神，紧紧围绕市委“一条主线、一项战略、六大重点”的决策部署，把握好方向，行使好权力，履行好职责，为谱写诸暨“两个高水平”建设的精彩篇章贡献人大的智慧和力量。**

重点做到“三个坚持”：

坚持与市委同向。市委十六届三次全会对我市今年和今后一个时期的发展作出了全面部署，决策指向是“两个高水平”目标，部署重点彰显高质量发展。围绕新决策、新部署，我们必须摆正角色，保持定力，正确履职、有效履职，致力推动全会《决定》的贯彻落实，在把握政治方向中更好地体现人大的自觉。

坚持与人民同心。人民日益增长的美好生活需要和不平衡不充分的发展之间的矛盾，是新时代社会的主要矛盾。着眼新发展、新矛盾，我们必须坚持以人民为中心的发展思想，真情倾听群众呼声，热情回应百姓关切，激情履行自身职责，在维护群众利益中更好地体现人大的情怀。

坚持与时代同步。党的十九大开启了中国特色社会主义新时代。置身新时代，领会新思想，我们必须与时俱进，提高站位，按照“两个机关”的要求，在分析新特点中研究新方法，在适应新变化中探索新途径，在把准时代脉搏中更好地体现人大的自信。

着力在四个方面努力：

一、把准履职方向，保持政治定力

坚持重大事项、重要活动事先向市委请示汇报，确保人大履职的正确方向。坚持干事业一条心，抓工作一个调，促发展一盘棋，确保市委重大决策部署在人大工作中得到全面贯彻落实。坚持市委有要求、人大有行动的工作导向，做到决议决定为发展凝聚人心，监督检查为发展提供保障，调查研究为发展献计出力，确保市委的主张通过法定程序成为人民意愿。

二、突出履职重点，服务发展大局

围绕高质量发展，审议“十三五”规划实施情况中期评估报告和经济运行、计划执行情况，深化预决算审查监督，推动预算联网审查，强化对预算执行过程、资金使用绩效、审计提出问题整改等的监督；对传统产业改造提升、科技创新服务、生态环境状况、市域总体规划修编进行专项审议，推动经济社会高质量发展。围绕增进民生福祉，对美丽乡村建设，小城镇环境综合整治、中小河流域治理、公共文化服务体系建设、医疗“双下沉、两提升”、食品药品安全管理等民生热点，组织审议或视察，通过跟踪监督、联动监督等形式，放大效应，加大力度。分类建立民生实事项目实施情况监督小组，开展经常化、针对性监督，力促项目落地见效。围绕建设法治诸暨，审议破产审判工作，调研检察体制改革，视察基层社会治理工作，关注“七五”普法，配合上级人大开展执法检查，推动“共治、法治、德治、自治、善治”五位一体建设，促进社会治理现代化。

三、激活履职主体，发挥代表作用

要在学习培训的系统化上用心。适应代表多层次、多元化需求，采取“请进来、走出去”等多种形式，加强学习培训的针对性和实效性，进一步增强代表履职的方向感。要在履职活动的常态化上用功。加强代表与基层企业和群众的联系，集民意，聚民心；以“智慧人大”建设为抓手，积极创新服务载体，拓展履职渠道，健全履职档案，细化履职考评，进一步增强代表履职的责任感。要在建议的成果化上用力。积极引导代表建议由数量型向质量型转变，着力加强重点建议的面商督办、跟踪督办，建立重点建议办理“回头看”制度，推动建议办理由代表满意率向问题解决率提升，进一步增强代表履职的成就感。

四、强化履职保障，提升队伍素质

以“强能力、增活力、聚合力”为重点，加强人大干部队伍建设。要勤于学习。着眼新思想，深入学习习近平新时代中国特色社会主义思想，全面贯彻落实党的十九大精神，扎实开展“不忘初心、牢记使命”主题教育，牢固树立“四个意识”，不断增强“四个自信”，坚定正确的政治方向；着眼新要求，切实贯彻落实中央“八项规定”实施细则精神，进一步转变作风，树好形象；着眼新发展，把学习同我市“两个高水平”建设的生动实践结合起来，学以致用、学用相长，更好地体现人大干部的政治自觉。要精于履职。善于用法治思维履行职能，把准角色不越位，尽职尽责不缺位，服务大局更到位；善于用法治方式开展监督，进一步强化依法履职的底气，敢监督、真监督、深入监督，不断增强监督的刚性；善于用有效方式推进工作，以选精议题为着力点，会监督、善监督、针对性监督，切实提高监督实效，更好地体现人大干部的能力素养。要敢于争先。坚持示范为先，充分发挥常委会党组的领导作用、常委会的带头作用和机关的参谋服务作用，以实际行动树立标杆、作出榜样；坚持务实为要，调查研究求深求实，审议意见求准求效，在权力与责任、形式与结果、程序和效果相统一上下功夫，进一步确立实在、实际、实效的工作导向；坚持事业为重，锚定目标、找准坐标，汇聚群策之智，形成群力之举，在大气谋事、昂扬干事、合力成事中更好地体现人大干部的精气神。

各位代表，新时代催生新使命，新任务呼唤新作为。让我们在市委的坚强领导下，不忘初心，牢记使命，凝心聚力，砥砺奋进，为推动人民代表大会制度在诸暨的生动实践、谱写诸暨“两个高水平”建设的精彩篇章而努力奋斗！

政府工作报告

在诸暨市第十七届人民代表大会第二次会议上

诸暨市市长　王芬祥

（2018 年 1 月 20 日）

各位代表：

现在，我代表市人民政府向大会报告工作，请予审议，并请市政协委员和其他列席的同志提出意见。

一、过去一年的回顾总结

2017 年，是本届政府的开局之年。一年来，市政府在市委的坚强领导下，在市人大、市政协的监督支持下，认真学习贯彻党的十九大精神，牢牢把握“开放创新、攻坚破难、精品精致、勇立潮头”的工作基调，始终坚持“四个强市”工作导向，统筹抓好改革发展稳定工作，全市经济社会实现平稳健康发展。预计全年生产总值增长 7% 左右；财政总收入 123.8 亿元，增长 9.9%，其中一般公共财政预算收入 77 亿元，增长 10.7%；500 万元及以上固定资产投资 825.5 亿元，增长 13.7%；社会消费品零售总额 438.7 亿元，增长 11%；城乡常住居民人均可支配收入分别达到 57800 元、33000 元，增长 8% 和 9%；节能减排完成年度目标任务。

坚定不移推进传统产业改造提升，经济转型取得新进展。实施振兴实体经济（传统产业改造）行动计划，有色金属加工制造业成为省级试点，大唐袜业、山下湖珍珠分别跻身全国制造业和农业区域品牌价值十强，刺绣机产业获国字号产业基地称号。“机器换人”技术改造全面推进，“企业上云”突破 3000 家，获省“腾笼换鸟”考核先进，成为省首批“中国制造 2025 浙江行动”示范市，全省工业强市排名由第七位跃升至第三位。袜艺小镇获评省优秀特色小镇，环保小镇入围省特色小镇创建名单。获“河姆渡杯”粮食生产金奖，成为首批国家现代农业产业园创建县（市）。商贸城国际健康城（一期）基本建成，新农都、万达广场、印象城等建成开业。建筑业产值达 2126 亿元，新增特级资质企业 1 家，农村住宅产业化项目全省率先实施。启动全域旅游规划编制，引进白塔湖文旅综合项目，全年接待游客 2300 万人次，实现旅游总收入 236 亿元。引进“大好高”项目 108 只，实到市外注册资金223.5亿元，实现“浙商回归”127.6亿元，新增建设用地7583亩，复垦1676亩，用地报批10471亩。

持之以恒强化创新驱动，动能转换实现新突破。深入实施“创新三十条”，开发区成为省军民融合产业示范基地，高新区综合排名位居在创省级高新区第二名。中乌生命科学研究院、科创园、诸暨2025创意产业园、袜业创新服务综合体建成投运，科技大市场实现技术交易额3亿元，增长186%。南华大学、浙江工业大学、温州医科大学校地合作正式签约。实施高新技术企业“倍增”计划、科技型中小企业“春苗培育”计划，新增高新技术企业75家、省科技型中小企业186家，战略性新兴产业增加值增长13%，高新技术产业增加值、新产品产值分别增长16.1%和21.7%。深入推进“个转企”“小升规”“下升上”，新增市场主体2.6万家，总量达15.9万家。实施暨阳“533英才计划”，建设“千人计划”产业园，新增“国千”“省千”人才24名，培养“暨阳工匠”9309名，兑现人才奖励资金8386万元。

全方位推进北承南接，开放融合形成新态势。临杭产业园、诸义产业自由港加快建设，“诸暨岛”建成运行，累计引进都市区项目172只，实到注册资金69亿元。萧山机场诸暨航站楼投入使用，安华至义乌城际公交开通运营，新亭埠500吨级码头完成建设，杭州都市高速公路诸暨段启动建设，“诸暨至杭州”成为全国首批市域（郊）铁路试点。“北承杭州 走进诸暨”系列活动深入开展，承接效应进一步显现。外贸综合服务平台、海关监管场所（一期）、公用型保税仓加快建设，珍珠产业集群成为省级跨境电商试点。全市自营出口总额达305.7亿元，增长13.2%；实到外资2.86亿美元，增长9.2%；“一带一路”沿线国家市场出口120亿元，增长20%。

深入实施“最多跑一次”改革，改革路上跑出新速度。坚持以“最多跑一次”改革撬动各领域改革，全省首创“一证通办一生事”，群众凭一张身份证可办理209个涉民事项，企业投资项目承诺制改革列入省级试点，创新开展法人事务“一码通用”改革，“最多跑一次”事项比例达97.4%，群众改革满意率达到99%。深化供给侧结构性改革，整治提升工业园区、“低小散”企业，淘汰落后产能，为企业降成本52亿元。房地产去库存取得积极成效。启动建设创投改革试验区，积极整合国资平台，增加新三板挂牌企业7家、股权投资机构215家，产业引导基金规模突破180亿元，新增全社会融资396亿元。扎实推进农村宅基地及房屋确权登记工作，“地票”政策全省率先推行，“三位一体”农合联改革经验全国推广。

众志成城创建全国文明城市，城市发展进入新阶段。以同类城市全省第一、全国第三的测评成绩一举创成全国文明城市，城市知名度和美誉度进一步提高。完成“三改”1892万平方米，拆违191万平方米，完成69个老小区改造，建成8个美丽门户、3条美丽示范街，创成省首批“无违建县（市、区）”。绍诸高速延伸线建成通车实现高速绕城，珠宝城支线、街亭支线、官弦线建设加快推进，兰店线、石东线启动建设，全面实现“村村通公交”，区域互动更加便捷。西施大剧院、城市馆等文化地标建成投运，40个农村文化礼堂完成建设，文化综合实力持续增强。开展封闭式小区、校园周边环境、城乡接合部、背街小巷、礼让斑马线等十大专项整治行动，有效提升城市精细化管理水平，城市文明程度和市民文明素质得到双提高。

全面提升生态文明建设水平，美丽诸暨呈现新面貌。围绕“干干净净、整整齐齐、漂漂亮亮、长长久久”要求，实施小城镇环境综合整治，枫桥小城市培育试点通过省级评审，全省首个“美丽城镇”标准化试点落户店口。深入开展省美丽乡村示范县创建，创成3个美丽乡村示范镇、7个省级特色精品村，建成诸暨至安华美丽乡村景观带。抓好“五星达标、3A争创”，启动实施村级集体经济转型发展三年行动计划，创成省首批AAA级景区村8个，斯宅村入选全国生态文化村。全市域剿灭V类水，城镇污水处理设施尾水排放达到地表水准IV类水标准，完成城北水厂、浣东再生水厂主体工程，“五水共治”有望三夺“大禹鼎”。加快推进高湖蓄滞洪区工程建设，建成一批强库固堤扩排工程，四获“大禹杯”金杯奖。认真做好中央环保督察迎检整改工作，开展城西臭气、重点行业废气污染整治，PM2.5浓度同比下降12%，空气优良率达80.8%。启动国家森林城市创建，创成2个省级森林城镇、4个省级森林村庄。

持续提高社会保障服务能力，民生事业实现新发展。全年财政民生支出74.3亿元，占公共预算财政支出的81.4%。高度重视民生实事，全力办实办好地质灾害隐患点治理、农村学校学生寝室改造、困难职工帮扶、食品药品检测等十方面民生实事。完善就业扶持政策，新增城镇就业2.6万人。居民基本医疗保险、退休人员基本养老金、最低工资再次提标，职工医保历年个人账户实现家庭共济。18家敬老院提档升级，市社会福利院新院建成投用，弱势群体兜底保障进一步加强。推进农村保障房建设，完成农村危旧房改造试点，全面拆除城区46幢D级危房，完成公租房配租1869户。省义务教育标准化学校、省等级幼儿园实现全覆盖，高考状元花落诸暨。5个非遗项目传承人成为省级传承人。积极推进“双下沉、两提升”工作，顺利通过国家卫生城市复审，成为省首批健康城市试点。开展重点领域消防安全隐患集中整治行动，安全生产事故数、死亡人数保持“双下降”。全市五类恶性案件、刑事警情和命案发生数持续下降，信访积案化解率达86%，群众安全感持续提升。深入实施“枫桥经验”三年行动计划，夯实基层治理“四个平台”，圆满完成十九大、世界互联网大会维稳安保任务，成功夺得“平安金鼎”。国防动员、拥军优属、山海协作、慈善助残、流动人口，以及民宗、司法、统计、侨务、对台、气象、外事、广电、红十字等工作取得新成绩。

不断深化“清廉诸暨”建设，政府自身建设得到新加强。深入学习贯彻党的十九大精神，自觉用习近平新时代中国特色社会主义思想武装头脑、指导实践、推动工作。牢牢把握正确的政治方向，常态化制度化推进“两学一做”学习教育，切实增强“四个意识”，坚定“四个自信”。修订完善政府工作规则，深化行政复议体制改革，加强公共资源交易和政府性投资项目履约监管，深入开展企业服务月活动，不断推进法治政府、责任政府、服务政府建设，政务环境评价总指数位居全省第二。加强执行力建设，严格目标管理责任制和重大事项督办制，加强政务督查、限时督办和绩效评价，实施工作容错纠错机制，主动接受市人大、市政协和社会各界监督，认真办理人大代表建议342件、政协提案348件。全面落实中央“八项规定”精神，严格执行廉洁从政规定，“三公”经费下降31.7%。

同时，我们也清醒地认识到，我市在经济发展、城乡统筹、公共服务、社会治理、生态文明等领域还存在一些不平衡不充分问题：经济运行质量与发展要求存在一定差距，科技创新能力亟待提高；城市建设管理不够精细，城乡一体化建设有待加强；优质公共服务供给不足，教育、就业、卫生、社保、养老等保障水平与群众的期望存在距离；安全生产、食品安全、社会治安、信访化解等存在一些薄弱环节，基层治理体系和治理能力现代化水平有待提高；一些干部面临“本领恐慌”，执行不力、担当不够、作风不实等现象还不同程度存在，等等。这些问题，必须高度重视，加倍努力，着力解决。

各位代表，过去一年的成绩来之不易，弥足珍贵，凝聚着全市上下的辛勤付出和不懈努力。在此，我谨代表市人民政府，向全市人民，向人大代表、政协委员，向所有关心、支持、参与诸暨建设发展的各界人士和海内外朋友们，表示衷心的感谢！

二、2018年工作的总体要求

2018年，是贯彻落实党的十九大精神的开局之年，是改革开放40周年、纪念“枫桥经验”55周年，也是决胜全面小康社会、实施“十三五”规划承上启下的关键之年，做好今年工作责任重大、意义深远。为此，我们要以永不懈怠的精神状态和一往无前的奋斗姿态，在建设富强诸暨、法治诸暨、文化诸暨、平安诸暨、美丽诸暨、清廉诸暨的道路上更快一步、更进一步，谱写新时代中国特色社会主义的诸暨精彩篇章。

今年政府工作的总体要求是：**高举习近平新时代中国特色社会主义思想伟大旗帜，深入学习贯彻党的十九大精神，全面贯彻落实省委十四届二次全会、绍兴市委八届二次全会部署，大力弘扬红船精神，秉持浙江精神，坚决贯彻新发展理念，坚持稳中求进工作总基调，按照市委“1+1+6”总体工作部署，突出“改革当先、注重质量、强化统筹、全面提升”，着力推动诸暨高质量发展，全力当好“两个高水平”建设的排头兵。**

在具体工作中，我们要做到五个“坚持”：

——坚持“高质量发展”根本要求，着力增强实体经济核心竞争力。坚定“实业为基、工业强市”目标不动摇，以质量第一、效益优先为导向，以科技驱动、转型升级为路径，坚决打赢传统产业改造提升硬仗，全力培育发展新产业新动能，加快构建质量效益好、创新能力强的现代产业体系。

——坚持“北承南接、开放创新”发展战略，着力拓展城市发展新空间。着眼在全省大湾区、大花园、大通道、大都市区的“四大”背景中谋划开放融合，努力在综合交通网络、产业承接平台、多元跨区合作上实现新突破，全力打造连接杭州、金义都市区的重要廊道枢纽和黄金节点城市。

——坚持“最多跑一次”改革牵引，着力优化发展环境。坚持以“最多跑一次”改革撬动各领域改革，不断深化投资审批改革、要素配置市场化改革、投融资体制改革和社会诚信体系建设，激发市场活力、投资活力，建设审批事项最少、办事效率最高、政务环境最优、群众和企业获得感最强的城市。

——坚持“绿水青山就是金山银山”生态理念，着力建设宜居宜业宜游的全域大花园。围绕人与自然和谐共生，巩固提升全国文明城市创建成效，全面实施乡村振兴战略，推进国家生态文明建设示范市、国家森林城市、省全域旅游示范市创建，推动美丽诸暨向更深层次、更广范围、更高水平迈进。

——坚持创新发展“枫桥经验”使命担当，着力提升人民群众的获得感幸福感安全感。坚持民生为先、民生为重、民生为本，围绕公平普惠、均衡优质目标，践行自治法治德治、共建共治共享要求，落实富民惠民安民计划，以实际成效向“枫桥经验”55周年献礼。

三、2018年的主要工作

综合分析，建议今年全市经济社会发展的主要预期目标为：生产总值增长7.5%左右；一般公共预算收入增长7.5%；城乡居民收入增长与经济增长基本同步，城乡居民收入比缩小；外贸进出口与全省平均水平保持同步，稳定市场份额；供给侧结构性改革取得实质性进展，全员劳动生产率增长8%左右；R&D经费占比达到2.95%，投资结构优化、投资效益提高，单位生产总值能耗和污染排放量确保完成上级下达目标。

为实现上述目标，重点做好以下六方面工作：

（一）突出质量效益，提升产业发展水平

坚定不移壮大实体经济，全力推进传统产业优化升级，加快培育战略性新兴产业，在质量变革、效率变革和动力变革中不断提升区域竞争力、产业竞争力、企业竞争力。

加快产业优化升级。推进振兴实体经济（传统产业改造）行动计划，实施“互联网+”“大数据+”“机器人+”“标准化+”，促进传统产业提质发展，争创省振兴实体经济试点示范市。推进省“两化”深度融合国家示范区、“中国制造2025”浙江行动示范市建设，深化有色金属加工制造业改造提升试点，规上工业增加值增长8%以上。推进全国质量强市示范城市创建，抓好“浙江制造”品牌培育试点县（市）建设，制定修订国家标准、行业标准20项以上，新增“浙江制造”标准、“品字标浙江制造”认证产品各2只以上。加快制订军民融合产业发展规划，培育发展环保装备、智能制造、新能源汽车、信息经济、生命健康等战略性新兴产业。推进批发零售业改造提升省级试点，打造一批龙头示范企业，大力引进研发设计、现代物流、科技金融等项目，服务业增加值增长8.5%以上。

提升产业平台能级。加快开发区产城融合步伐，培育壮大“4+2”产业体系，争创国家级开发区。深化高新区省技术创新综合试点，优化产业发展规划布局，引进亿元以上战略性新兴产业项目5只以上，争创省级高新区。围绕高品质产业新城目标，加快商贸城一期市场转型，推进环球进口商品城、生命健康产业园等项目落地建设。大力发展城东新城总部“楼宇经济”，确保楼宇入驻面积新增10万平方米以上，打造新兴产业集聚地。有序推进特色小镇建设，力争袜艺小镇通过省考核命名，环保小镇、珍珠小镇加快省级特色小镇创建步伐。深入推进绿色建筑和建筑工业化发展，巩固提升建筑强市地位。继续整治提升印染、建材等行业，加快工业园区整治和小微园区建设，实现集聚发展、规范发展、提升发展、绿色发展和安全发展。

强化企业主体地位。实施小微企业发展新三年计划、小巨人培育行动，培育小微企业2500家、制造业“隐形冠军”20家，力争完成“个转企”550家、“小升规”100家、“下升上”70家。发挥上市公司龙头带动作用，全面实施“凤凰计划”，新增股改企业10家、新三板挂牌3家、IPO报会2家。强化要素保障，完成土地开发2500亩、复垦1200亩、用地报批4000亩，实现“零增地”技改20万平方米以上。实施市长镇长局长项目工程，推进“诸暨发展大会”签约项目落地建设，力争引进“大好高”项目80只，10只以上进国家和省重点笼子，实现市外注册资金160亿元以上，高新技术产业投资、民间投资均增长10%以上。打好防范化解重大风险攻坚战，严厉打击逃废债，推行“解保贷”、并购重整等举措，优化金融生态环境，新增全社会融资400亿元，直接融资占比60%以上。健全服务企业长效机制，营造尊重、激励和保护企业家干事创业的良好氛围。

（二）强化创新驱动，提升区域发展动能

牢牢抓住人才这个第一资源，紧紧把握创新这个第一动力，扭住科技创新牛鼻子，聚焦产业创新主战场，不断积蓄引领未来发展新动力。

打造人才集聚高地。深入实施暨阳“533英才计划”，推进产业领军人才引育工程、高层次人才集聚工程、海内外柔性引智工程，确保引进“国千”“省千”和绍兴“330海外英才计划”人才42名，新建院士专家工作站、企业博士后工作站、外国专家工作站各1家，力争实现省领军型创新创业团队零突破。实施企业经营管理人才素质提升计划、“暨阳工匠”高技能人才培育计划，培育高技能人才4500名。建成省级“千人计划”产业园，打造海内外高层次人才创新创业基地。开展“千企进百校”活动，进一步推动校企校地合作。发挥高层次人才服务中心作用，努力建设人才生态最优市。

做强科技创新平台。围绕六大主导产业，推行“产业＋创新服务综合体”模式，推进珍珠和铜加工创新服务综合体建设，确保袜业创新服务综合体成为省级示范点。高水平建设科技城，打造“创新研发、创业孵化、产业示范、科技服务、综合配套”五位一体的科技综合体，争创国家创新型试点城市。发挥科技服务业对生产性服务业的拉动作用，推进科创中心、工业设计基地建设，力争中乌生命科学研究院成为省级国际合作基地。完善技术市场交易服务体系，加强科技大市场、国际技术转移中心建设，积极引育科技中介、技术经纪人，打通成果转化和产业化通道。推进产业协同和创新协同，加快构建“产业发展基金＋技术创新联盟＋企业研究院＋领军型创新团队”的协同创新体系，着力提升自主创新能力。

大力培育创新主体。以科技创新引领企业创新，深入实施高新技术企业“倍增”行动计划、科技型中小企业“春苗计划”。加快建设科技型领军企业，打造雁阵型企业梯队，新增高新技术企业40家、科技型中小企业166家，实现高新技术产业增加值增长11%。加快行业研究院、企业研发中心、工程技术研究中心等创新载体建设，推动大型工业企业研发机构建设、规上工业企业技术创新活动“两个全覆盖”。谋划布局国家和省重点企业研究院、重点实验室建设，新增省级研发机构5家。加强科技金融服务，高效运作政府产业引导基金，引进位列全国百强的基金、机构10家以上。

（三）加快北承南接，提升改革开放层次

坚定不移推进“北承南接、开放创新”战略，以更宽的视野、更大的气魄、更实的举措做好专项规划，承接优质项目，加强互联互通，全力增创诸暨发展新优势。

深化北承南接。主动参与大湾区、大花园、大通道、大都市区建设，进一步拓宽对外开放的范围和层次，加快推动县域经济向都市区经济转型。加强与杭州都市区重大发展规划和专项规划的对接，主动融入杭州城西科创大走廊和钱塘江金融港湾。统筹谋划建设临杭产业园、诸义产业自由港、高铁小镇，主动承接都市区产业转移和市场外溢，力争引进优质都市区项目50只、实到注册资金50亿元。谋划建设更多“诸暨岛”，集聚更多高端要素助推转型发展、创新发展。构建立体综合交通网，建设杭州都市高速公路诸暨段，启动诸杭轨道交通、诸萧快速通道、03省道诸暨段项目前期工作，加快推进“诸暨至杭州”市域（郊）铁路项目、高铁站扩容提升工程，积极谋划推进通用机场项目。完成店口港建设前期工作，试运营新亭埠码头。探索多元化跨区域教育、医疗、旅游等合作模式，丰富市民卡互通功能，努力让市民共享都市区发展红利。

全面深化改革。纵深推进“最多跑一次”改革，进一步完善集成服务模式，深化推进一窗通办、一证通办、一码通办、一网通办和城乡通办，开展企业投资项目承诺制改革，确保在全省率先实现工业投资项目全流程“最多跑一次”、从立项到开工建设时间最多100天。巩固供给侧结构性改革省级试点成效，继续推进“三去一降一补”。深化国有企业管理体制改革，推动国有资本做大做强做优。强化要素市场化配置改革，实施企业综合评价激励机制，推行投资项目“标准地”供给、“区域环评＋环境标准”模式。推进投融资体制改革省级试点，加快创投改革试验区建设，引进各类股投机构20家，新增基金规模150亿元。

扩大对外开放。积极参与“一带一路”建设，主动融入省“五大枢纽”战略，建成运营海关监管场所（一期）、公用型保税仓，构建“公铁水”多式联运、大通关一体化模式。落实优进优出战略，加快建设外经贸服务中心，推进境外外经贸综合服务体系省级试点，进一步扩大“一带一路”沿线国家出口市场份额。推动传统外贸产品转型升级，创成国家袜业产业外贸转型升级基地。抓好电商创新发展省级试点，培育外贸小微企业，实现跨境电商出口较快增长。深化国际交流合作，积极开展友城工作。支持企业“走出去”延伸营销网络，“引进来”建设国际产能合作园，确保实际利用外资2.8亿美元、境外投资1.5亿美元，服务贸易进出口增长10%。

（四）注重统筹建设，提升城市生活品质

坚持全市域协同发展理念，把握新型城市化方向，着力做强城市功能，加强城市治理，优化城市生态，加快打造现代化山水园林城市。

做强城市承载功能。完成新一轮《诸暨市域总体规划（2015—2035）》修编。推进交通网快速化便捷化连通化，加快03省道东复线江藻至王家井段、环城东路延伸线、石东线、兰店线等建设，创成省万里美丽经济交通走廊示范县（市）、省“四好农村路”示范县（市）。推进电网专项建设，建成投运500千伏诸北变、220千伏诸中变。完善通讯网络规划布局，加快推进5G基站及小微基站建设。提高市政网配套水平，开展城区基础设施建设三年行动，实施城区主次干道改造工程，提升城市慢行系统、绿地系统，建设美丽示范街区。完成“三改”600万平方米，促进房地产市场平稳发展。增强小城市发展后劲，深化店口、枫桥小城市培育省级试点工作。

提高城市治理水平。以成功创建全国文明城市为新起点，深入推进城市综合执法体制改革，开展“城市智慧管理提升年”行动，推动由“创建文明城市”向“建设城市文明”整体跃升。构建大数据平台，研究制定“数字诸暨”整体建设方案，加快建设数据基础设施，实现数据资源整合和开放共享。推进智慧城管，探索智慧街面管控、智慧停车、智慧亮灯，提升城市管理效能。建设智慧安居，推行“安心租”APP，强化流动人口精细化管理。深化智慧交通，实施智慧交管二期项目，提高交通循环效率。构建智慧环保，将重点工业企业实时生产数据接入环境监测综合信息平台，实行全过程监管。打造智慧医疗，建设开放、共享、安全的全市医疗信息化集成平台，让便捷服务惠及全市百姓。

建设城市生态文明。提前完成小城镇环境综合整治三年行动计划，力争全部通过省级考核验收。打赢蓝天保卫战，持续抓好制鞋、五金涂装等行业废气整治，确保PM2.5平均浓度在38微克/立方米以下，空气优良率在81%以上。实施碧水行动，深化河（湖）长制，实施121个城（镇）中村雨污分流改造，开展“污水零直排区”创建，确保再夺“大禹鼎”。加快建设高湖蓄滞洪区、浦阳江治理二期工程，启动浦阳江治理三期工程，运营城北水厂、浣东再生水厂。建设生活垃圾分类处置终端，提高农村生活垃圾分类质量，实现城区生活垃圾分类全覆盖，城乡生活垃圾回收利用率达到30%以上，资源化利用率达到80%以上。统筹抓好治土、治固废等工作。启动生态保护红线勘界定标工作，开展第二次全国污染源排查，实行“三线一单”最严环境准入制度，抓好中央环保督察反馈问题整改落实。巩固“无违建”创建成果，抓好控违拆违长效管理。争创国家森林城市，加快创建国家生态文明建设示范市。

（五）推动乡村振兴，提升三农发展活力

坚持农业农村优先发展，按照产业兴旺、生态宜居、乡风文明、治理有效、生活富裕的总要求，以一二三产业融合发展为突破口，全力打造美丽乡村升级版。

发展现代农业。推进农业供给侧结构性改革，抓好国家现代农业产业园、农业两区建设，打造现代绿色农业示范样板。举办首届农博会，培育农产品区域公共品牌，拓宽销售渠道和范围。深化农村经营体制改革，培育新型经营主体和服务主体，建成示范型农创客10个、示范型家庭农场15家、星级专业合作社30家。深化农村金融体制改革，支持各类金融机构开展三农业务，确保涉农贷款投放持续增长，其中农村抵押贷款增长30%以上。推进林业股份制改革省级试点，完成农村土地承包经营权确权登记颁证工作，活跃农村产权交易市场，引导农民参与利益分享，共享经营成果，确保土地流转率、规模经营率均达65%以上。稳定发展粮食生产，严守农产品质量安全底线，确保农产品检测合格率达98%以上，创建省级畜牧业绿色发展示范县。

建设美丽乡村。坚持高标准、高质量，对标省《美丽乡村建设指南》统筹推进规划建设，完成新一轮村庄规划修编工作。深入推进“五星达标、3A争创”工作，确保352个村实现五星达标，创成30个AAA级景区村。持续开展美丽田园、美丽庭院、美丽河道等美丽系列创建，高标准打造沿江、沿河、沿山、沿湖美丽走廊，建成3条美丽乡村风景线，创成5个美丽乡村示范镇，争创省美丽乡村示范县。保护好历史文化传统村落，实施11个历史文化村保护项目，留存更多历史见证，传承乡村文脉。抓好农村宅基地及房屋确权登记发证工作，完善农村住房保障体系，推进农村危旧房治理改造。深入实施村级集体经济转型发展三年行动，推进创业、就业、物业、产业“四业富民”，完成171个市级薄弱村转化任务。打好低收入百姓增收攻坚战，确保低收入农户增收快于城乡居民收入平均增幅。

推进全域旅游。深化旅游体制改革，完成全域旅游规划编制，争创省全域旅游示范市。推进白塔湖文旅综合项目，启动“百花仙境”景区建设，实施浣江—五泄风景区、香榧森林公园等景区提升工程，争创五泄AAAAA级景区。投运市旅游集散中心，扩建西施殿景区，依托西施文化、古越文化、农耕文化等优秀传统文化资源，打造精品文化旅游线路，塑造诸暨旅游文化形象品牌。高起点推动绿道建设，串联骑行道、游步道、登山道、古驿道，打造全市域休闲健身系统。培育东白湖、街亭、同山、马剑、东和等旅游风情小镇，赵家、山下湖全力争创省旅游风情小镇。发展养生度假游，推进“云溪九里”“春风十里”等重大旅游项目建设。办好西施文化节、珍珠节、香榧节等重大节会，做强“西施故里 好美诸暨”品牌，力争全年接待游客2450万人次以上，实现旅游总收入255亿元。

（六）聚焦民生改善，提升群众幸福指数

从解决百姓普遍关心的问题入手，着力补齐公共服务有效供给短板，做好普惠性、基础性、兜底性民生工程，稳步提高社会保障水平，让改革发展成果惠及全市人民。

优化公共服务。优先发展教育事业，实施学前教育第三轮优质发展行动计划、普通高中三年提升计划，推进民办教育改革发展，启动全国义务教育优质均衡发展县（市）创建。构建高质量、均衡化公共文化服务体系，建设集教育培训、文化娱乐、体育健身等为一体的“市民活动中心”，建成8家“暨阳书房”，新建70个农村文化礼堂，实现镇乡文化分馆全覆盖。加快建设“健康诸暨”，推进省健康城市试点工作。坚持医保、医疗、医药、医院、中医、医生“六医”统筹，完善“双下沉、两提升”长效机制，健全基层医疗服务体系和公共卫生体系。易地新建改建市妇保院、绍兴护士学校。深入实施全民健身工程，新建一批多功能运动场，提升一批小康体育村，推动全民健身与全民健康深度融合。

强化社会保障。完善就业创业政策，以创业创新带动充分就业，新增城镇就业2万人以上，失业人员再就业6500人以上，城镇登记失业率控制在3%以内。大力发展养老服务业，加快形成以居家为基础、社区为依托、机构为补充、医养相结合的养老服务体系，加快老龄事业和产业发展。实施绍兴市统一的基本医疗保险政策，完善居民医保缴费方式，推进医保异地就医直接结算。争取残疾人“两项补贴”制度成为省残联改革试点。强化食品药品安全监管，创建放心消费示范单位120家，创成省食品安全县（市）、省放心粮油示范县（市），让人民群众吃得健康、吃得放心。发展双拥优抚、社会福利、红十字和慈善事业，保障妇女、儿童、青少年等合法权益。

深化平安建设。抓好“枫桥经验”55周年纪念活动，完成“枫桥经验”纪念馆易地新建工程，推进平安浙江特色小镇建设，全面展示新时期“枫桥经验”创新发展成果。完善“综合指挥中心＋四个平台＋全科网格”的市镇村三级治理架构，提升社会化、法治化、专业化、智能化水平，打造基层治理“诸暨样本”。深入实施“雪亮工程”，升级立体化社会治安防控体系，严厉打击各类犯罪活动。积极培育、支持社会组织发展，创新基层社区治理模式，深化村级便民服务中心建设。落实“浙江无欠薪三年行动计划”，确保违法欠薪行为得到有效治理。提升公共法律服务体系建设，全力化解信访积案。推进安全生产综合治理三年行动，提高公共安全应急联动水平，坚决遏制各类重特大事故发生，确保省平安创建十四连冠，建设“平安中国”先行示范区。

四、切实加强政府自身建设

新时代要有新气象，更要有新作为。我们要牢固树立以人民为中心的发展思想，不忘初心、牢记使命，全力打造务实、为民、清廉的人民满意政府。

始终坚持党的领导，做到忠诚坚定、履职尽责。深入学习贯彻习近平新时代中国特色社会主义思想，学懂弄通做实十九大精神，在政治立场、政治方向、政治原则、政治道路上同以习近平同志为核心的党中央保持高度一致。深入推进“两学一做”学习教育常态化制度化，扎实开展“不忘初心、牢记使命”主题教育，锻造忠诚干净的政治品格。坚决贯彻落实中央、省、绍兴和市委的各项决策部署，讲政治、守规矩、重纪律，以扎实举措推动经济社会持续稳健发展。

始终坚持依法行政，做到尊崇法治、从严治政。将法治理念贯穿于政府决策、执行、监督全过程，全面推进依法施政各项工作。严格执行市人大及其常委会的决议、决定，自觉接受党内监督、人大依法监督、政协民主监督、监察监督、司法监督，加强政府内部层级监督和审计监督，主动接受社会监督、舆论监督。认真落实人大执法检查、视察、专题询问和政协协商意见，高质量办理建议、提案。加强行政复议和行政应诉工作，依法有效预防和化解行政争议。深入开展“法润诸暨”三年行动，进一步增强全社会法治观念。

始终坚持务实担当，做到高效施政、优质服务。

以“两强三提高”为抓手，强化务实担当精神，说一件、干一件、成一件，进一步增强政府执行力和公信力。建设高素质专业化干部队伍，全面增强“八种本领”，实施互联网+政务，切实提高政策效率、工作效率、服务效率。大兴调查研究之风，对群众关注问题、企业发展难题进行深入调研，在解决实际问题上多探索、出新招、有作为。构建“亲”“清”新型政商关系，关心关爱企业家队伍，当好服务企业的“店小二”，为推动企业更好更快发展创造良好环境。

始终坚持廉洁本色，做到守正笃实、久久为功。深入推进廉政建设，严格执行中央“八项规定”实施细则精神和省委、市委有关要求，认真查摆“四风”新表现，驰而不息狠抓作风建设。按照“清廉诸暨”建设要求，认真落实党风廉政建设主体责任，牢牢守住廉政底线，坚决守住纪律红线。坚持政府过紧日子，把政府财力更多的用于支持发展、改善民生。强化对重点领域和关键岗位的监督，坚决查处不正之风和腐败行为，切实做到干部清正、政府清廉、政治清明。

各位代表！为民办实事是市政府长期坚持的重要工作。根据民生实事项目人大代表票决制的要求，市政府通过公开征集、摸排梳理，研究确定十二方面民生实事候选项目，提请各位代表票决。市政府将精心安排，确保完成票决确定的十方面民生实事。其余两项，我们也会列入工作安排，一并实施。

各位代表！新时代新使命新征程，我们激情澎湃，信心满怀。让我们更加紧密地团结在以习近平同志为核心的党中央周围，高举习近平新时代中国特色社会主义思想伟大旗帜，在中共诸暨市委的坚强领导下，振奋精神、勇于担当、真抓实干，奋力谱写新时代中国特色社会主义的诸暨精彩篇章！

中国人民政治协商会议诸暨市第十四届委员会常务委员会工作报告

在政协诸暨市第十四届委员会第二次会议上

郭浩良

（2018年1月19日）

各位委员：

我受政协诸暨市第十四届常务委员会委托，向大会报告工作，请予审议，并请列席同志提出意见。

2017年工作回顾

2017年是新一届党委政府的开局之年、我市改革发展的关键之年，也是诸暨政协事业承前启后的重要一年。市政协在市委的坚强领导和市政府的大力支持下，牢牢把握团结、民主两大主题，紧紧围绕全市发展大局，认真履行政治协商、民主监督、参政议政职能，着力打造聚智、为民、和谐、活力政协。

一、换届后政协队伍的精神面貌

政治路线确定之后，人的因素是第一位的。换届后政协队伍的精神面貌和履职状态，可以用三句话表述：一是结构素质更优，二是能力意愿更强，三是作用发挥更好。结构素质更优。体现在委员年龄更轻——平均45岁，比上届小3岁；学历更高——大专及以上占88%，比上届高6个百分点；新鲜血液更多——新任委员占2/3；履职考核更优——委员年终刚性考核平均得分120分，同比提高43分，考评合格率99.7%，同比提高16个百分点。这是换届带来的新气象，是历届政协尤其是十三届政协为我们打下的坚实基础。能力意愿更强。新一届政协的履职活动，主要包括重大决策专题政治协商2次、重大议题协商5次、常委会议4次、主席会议12次、专题调研8次、民主监督11次，以及各界别、专委会、镇乡（街道）工委结合实际开展的大量活动。对于这些活动，各位委员以高度的主人翁姿态积极参与其中，无论是会议到会率、活动参与率，还是思考的广度深度、建言的数量质量，都充分体现了委员们以诸暨发展和民生福祉为己任的情怀与使命。作用发挥更好。在充分发挥委员主体作用的基础上，新一届政协在切实加强自身建设的同时，高度重视发挥政协党组的核心作用、常委会的关键作用和界别的特殊作用，为政协全面履职提供了强有力的保障。新一届政协在履职过程中所展现出的精气神，既是过去一年最值得总结的地方，也是今后最值得珍惜的财富。

二、换届后政协工作的总体把握

坚持维护核心、围绕中心、凝聚民心来开展工作，围绕政治协商、民主监督、参政议政来履行职能，是本届政协对工作的总体把握。一年来，市政协牢牢把握发展方向和民生导向，始终将履职工作置于党委的领导之下，重点体现在三个方面：一是以“不提新口号、重在抓落实、贵在见实效”为总体要求，贯穿政协全年工作，注重议在实处、谋在实处、干在实处，力求使政协工作通过务实之举求得实效。二是清晰界定政协机构和政协工作的基本定位及运作规范，在制订协商计划、安排重点议题时，主动与市委、市政府协商对接，使政协履职活动充分体现市委要求、政府需求，更好地服从并服务于中心工作和发展大局。三是对重大问题的看法、调子以及政协发出的声音，既体现政协的自主、理性，又始终与市委保持高度一致，在求同存异中统一共识，在和衷共济中凝聚力量，在合力合拍中发挥作用。

三、换届后政协工作的重点领域

发展诸暨、建设诸暨、造福诸暨，是全市人民的共同心声，也是市委提出“打造全面小康标杆县市”的初衷所在。市政协始终坚持以发展为中心、以人民为中心，将履职重点聚焦于发展和民生两大领域。

聚焦中心助推发展。坚持把促进发展作为政协履职的第一要务，凝聚发展正能量。一是聚焦重大决策部署开展协商议政。一年来，两次就市委全会报告及相关决定开展专题政治协商；全体会议期间三次就“一府两院”工作报告及“北承南接，开放创新”“整合全域资源，提升旅游业发展水平”等重大议题进行集中协商；常委会议和主席会议分别就“项目双进”“小城镇环境综合整治”等议题开展重点协商；专委会围绕“生态高效农业发展”“发挥建筑品牌优势”“加大司法领域执行力度”“加强新形势下对台工作”等多个议题开展对口协商，完成调研报告12篇，为推进科学民主决策提供民意支撑和智力支持。二是围绕重点工作推进开展民主监督。一年来，先后组织三级政协委员就“十大会战”“交通建设”“剿灭V类水”“美丽示范街创建”“传统建筑保护”“礼让斑马线”等议题进行民主监督与专项视察，助推难题破解，督促工作落实。三是直接参与党委政府中心工作。一年来，先后承担三个征迁组及文明城市创建、小城镇环境综合整治、印染化工行业整治三个攻坚组任务；牵头西施故里维护及西施文化弘扬的相关工作；同时，根据制度安排，承担责任镇乡、两城同创、重点项目、河长湖长等联系责任，为党政分忧、为发展尽力。

凝聚民心助力民生。坚持把了解民意、反映诉求、增进民生福祉作为政协的基础性工作。一是在政协履职中体现民生比重。一年来，分别就社会关注、群众关心的“美丽乡村建设”“养老服务业发展”“健康诸暨建设”“普通高中优质发展”“公办幼儿园增点扩容”等议题开展调研视察，为补齐民生短板、提高民生品质履职尽能、建言献策。二是在提案办理中突显民生主题。一年来，受理交办的348件委员提案中，有256件涉及民生，体现了委员对民生主题的不约而同和高度关注。对于这些提案，市委、市政府及相关部门、镇乡（街道）都给予了高度重视和积极回应，通过办理、面商、视察、考核，普遍得到了实实在在的落实和解决。三是在上下互动中反映民生诉求。一年来，通过专门渠道受理社情民意信息136篇，编报65篇，被省、绍兴市录用13篇。其中“建议创建‘之江讲习所’，深入推进十九大精神学习贯彻”信息专报获省委车俊书记批示，“综合开发勾嵊山”“解决商品房质量问题”等4篇信息被市委、市政府主要领导批示督办。在年初两会期间，市委张书记还亲自提议搭建“市委书记倾听委员之声”平台，定期倾听民声、了解民情，开创了全省先河。

各位委员，过去一年的政协工作，体现了市委的正确领导，市人大、市政府的大力支持，各部门、镇乡（街道）和社会各界的理解配合，也饱含了各位委员的辛勤付出。在此，我代表市政协常委会表示衷心感谢！

与此同时，我们也清醒认识到政协工作中存在的问题和挑战，集中体现在四个方面：一是政协作为专门的协商机构，如何创新思维、创新平台、创新方法，需要进一步探索研究；二是政协作为重要的民意渠道，如何围绕团结、民主两大主题凝心聚力，在营造良好政治生态和发展环境中需要更好地发挥作用；三是政协如何在聚焦高质量发展过程中建言献策、助推发展，并且参与其中，需要更有作为；四是政协在践行以人民为中心的过程中，如何运用辩证思维，在一些群众所想所盼的关键小事上做到久久为功、切实有效，需要管用办法等等。这些问题都有待于政协在今后工作中认真研究、深入思考、努力解决。

2018年工作任务

新一年政协工作的主基调是：**坚持以十九大精神为统领，紧扣市委十六届三次全会决策部署，认真履职、创新工作**。

学习梳理十九大精神，与政协工作最为密切相关的有五个方面：一是关于坚持党对一切工作领导的专门论述；二是关于政协协商民主建设的专门论述；三是关于人民对美好生活向往的专门论述；四是关于不平衡、不充分发展的专门论述；五是关于大兴调查研究之风的专门论述。结合市委“ 1+1+6 ”决策部署和市政府工作安排，新一年政协工作有以下五个方面的相应考虑和安排：

一、政协工作如何落实“坚持党对一切工作的领导”

政协是什么？有一种说法叫“政协者，协政也”，就是协助党委执政，协助政府行政。十九大报告明确：“党政军民学，东西南北中，党是领导一切的”，坚持党的领导是政协工作的最高政治原则。如何体现这一原则，我们的把握是两句话：一是坚决服从核心。自始至终将政协工作置于党委领导之下，坚定做到党政中心工作部署到哪里，政协履职就跟进到哪里。二是主动维护核心。牢牢把握团结、民主两大主题，调动一切可以调动的积极因素，为推进全市改革发展营造积极健康的政治生态和心顺气顺的发展环境。

二、政协工作如何“发挥社会主义协商民主的重要作用”

人民政协是社会主义协商民主的重要渠道和专门协商机构。新一年，政协要以创新、规范的双向思维探索协商平台的构建，通过深化例会协商、专题协商，规范界别协商、对口协商，探索网络协商、远程议政，引导不同意见在政协交流交融，扩大社会各界有序政治参与，实现“有事好商量，众人的事情由众人商量”。重点抓好四件事：一是合理制订年度协商计划，二是规范协商形式与程序，三是提高协商能力与水平，四是完善成果落实与反馈，使政协协商真正成为发扬民主、集思广益的过程，成为统一思想、凝聚共识的过程，成为促进科学民主决策、推动工作落地见效的过程。

三、政协工作如何体现“人民对美好生活的向往”

要立足新时代社会主要矛盾的历史性变化，自觉把人民对美好生活的向往作为政协的奋斗目标。要把了解关注社情民意作为新一年政协的基础性、源头性工作，深入基层，畅通渠道，切实做好社情民意信息采集和提案工作，把真实的民意呼声收集起来、反映上去。在此基础上，积极助推民生实事，重点聚焦普惠性、基础性、兜底性的民生工程，围绕“饮用水源地保护”“农村生活垃圾分类处理”“老小区改造推进” “消防安全工作” “低保群体生活保障”等议题，开展专题调研、协商、监督，努力把事关群众美好生活需要的大事难事、关键小事协商好、督促好、助推好，使群众更有获得感、幸福感、安全感。

四、政协工作如何聚焦“发展不平衡、不充分”问题

坚持以发展为中心，坚持用发展的思路与办法解决发展中不平衡不充分的问题，按照十九大报告“抓重点、补短板、强弱项”的要求，围绕“北承南接、开放创新”战略重点，深入调查研究，积极建言献策，聚焦高质量发展。常委会议和主席会议将分别就“实施乡村振兴战略，加快推进农业农村现代化” “深化‘北承南接’，构建现代综合交通体系”等议题展开调研、协商。各专委会将围绕“增加研发投入，提高创新能力” “优化金融环境，服务实体经济” “‘大好高’项目推进” “小城镇环境综合整治” “国家现代农业产业园建设”等议题，开展协商议政和民主监督。

五、政协工作如何贯彻“大兴调查研究之风”和切实转变工作作风

要结合十九大精神的系统学习，认真贯彻习近平总书记关于“大兴调查研究之风”的重要指示精神和中央关于新八项规定的实施细则，全面加强作风建设，提高政协队伍履职的整体水平和质量，回应社会对政协工作的期待和要求。重点在三个字上下功夫：一是“深”。各位委员要扑下身子，深入基层、深入实际，深入了解、深入思考，带着感情融入群众，表达观点深入浅出。二是“真”。坚持求真务实，突出问题导向和理性建议，掌握真情况、开展真思考、形成真想法、派上真用场，努力做到“人云亦云不云、老生常谈不谈”。三是“实”。通过认真开展“不忘初心、牢记使命”主题教育，使政协队伍在思想上秉持实事求是，在行动上做到求真务实，在作风上体现脚踏实地。通过善于谋大事、乐于做小事、敢于碰难事，使政协工作从形式和程序中走出来，确保帮忙不添乱，力求帮忙不添忙，至少少添忙。

各位委员，新时代开启新征程，期待新作为。让我们在中共诸暨市委的坚强领导下，高举团结民主两大旗帜，共担改革发展历史使命，努力开创政协工作新局面，合力谱写美好诸暨新篇章！

2018 年诸暨市国民经济和社会发展统计公报诸暨市统计局

2018年，全市上下在市委市政府的坚强领导下，贯彻落实党的十九大精神，紧扣“‘八八战略’再深化、改革开放再出发”的工作主线，实干当先，砥砺奋进，全市经济社会发展呈现“稳中有进，稳中显好”的态势。

一、综合

初步核算，2018 年全市实现地区生产总值（GDP）1225.25 亿元，按可比价格计算，比上年（下同）增长 6.7%。其中，第一产业增加值 45.18 亿元，增长 2.4%；第二产业增加值 605.90 亿元，增长 7.6%；第三产业增加值 574.17 亿元，增长 5.9%。按户籍人口计算，全市人均生产总值为 112880 元，增长 6.5%，按 2018 年平均汇率 1 ：6.6174 折算为 17058 美元。三次产业增加值结构为 3.7 ：49.5 ：46.9。

图1 2018年GDP三产结构

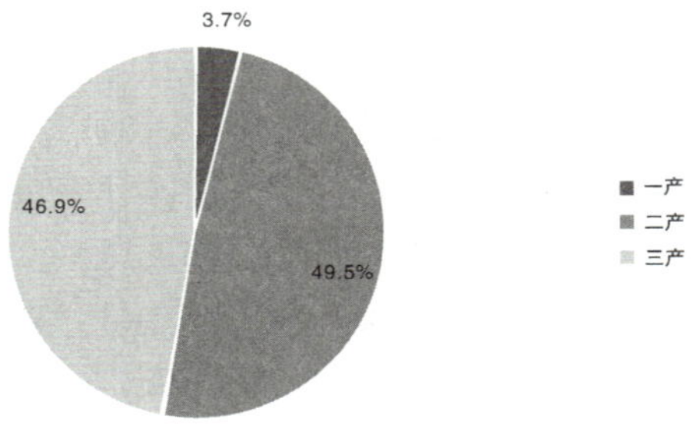

全年实现财政总收入 137.80 亿元，比上年增长 11.3%。其中一般公共预算收入 87.37 亿元，增长 13.5%，占财政总收入的 63.4%；税收收入 73.58 亿元，增长 14.3%，占一般公共预算收入的 84.2%。财政支出侧重民生，全年一般公共预算支出 92.21 亿元，其中民生支出 72.34 亿元，占预算支出的 78.4%。住房保障、交通运输、社保、教育等民生相关支出分别增长 71.4%、59.7%、9.3% 和 4.2%。

全市新增城镇就业人员 25813 人，城镇失业人员再就业 8387 人，新增大学生就业 12810 人，城镇登记失业率控制在 2.25% 以内。全市引进各类人才 20138 人，其中硕博士 525 人，双一流及本科生 4351 人，引进海外工程师 45 名，新建外专工作站 2 家、博士后工作站 1 家；完成技能鉴定考核 10921 人，培养高技能人才 7038 人。

二、农业和农村建设

按可比价计算，全年农林牧渔业增加值增长 2.5%。据粮食监测数据显示，全年粮食播种面积 53.13 万亩，其中早稻面积 6.29 万亩，晚稻面积 29.43 万亩，粮食总产量 23.49 万吨。完成省、绍兴市级粮食生产功能区提标改造 1.3 万亩，积极推进农业“一区一镇”建设。年末生猪存栏 7.55 万头，增长 2.2%；出栏 11.48 万头，下降 10.1%；年末家禽存栏 158.69 万羽，增长 6.5%；出栏 160.07 万羽，增长 10.8%；全年肉类产量 1.24 万吨。

聚焦“改革创新、生态美丽、富民强村”工作主题，深入实施乡村振兴战略，推动美丽乡村建设再升级。乡村环境更加宜居。实现农村生活垃圾分类和生活污水治理全覆盖，改造提升农村公厕 1977 只，创成绍兴市级美丽乡村示范乡镇 6 个、美丽乡村精品村 13 个，5 个村列为省历史文化保护重点村，17 个村列为一般村，荣获省美丽乡村先进县、省生活污水治理、生活垃圾分类优胜县市等荣誉称号。乡村发展更具活力。深化农村产权制度改革，完成农村土地承包经营权确权登记颁证。启动农村产权交易规范化建设试点，完善农村产权流转交易体系，开展农村产权交易 1577 笔，交易额 1.49 亿元，分别比上年增长 123.7% 和 76.7%。探索闲置农房激活工作和地票新政，激活闲置农房 1346 间，吸纳社会资本 5.85 亿元。

三、工业和建筑业

全年规上工业增加值增长 8.8%；实现利税增长 13.2%，其中，利润总额增长 15.5%。新产品产值增长 37.7%，高于规上工业总产值增速 22.5 个百分点，新产品产值率达 45.2%。全市装备制造、高新技术和战略性新兴产业增加值分别增长 15.3%、12.4% 和 5.6%，占规上工业增加值的比重分别为 50.2%、47.4% 和 36.0%。

从工业主导行业看，我市环保新能源、智能装备制造、铜加工及新型材料、纺织服装、袜业和珍珠业等主导行业企业 1090 家，合计产值增长 14.5%，占全市规上工业企业总产值的 81.6%，其中智能装备制造业产值增长 16.6%，铜加工及新型材料业产值增长33.5%。

全市实现建筑业增加值99.82亿元，增长1.0%；全年完成建筑业产值2306亿元，增长8.4%，实缴税收10.95亿元，增长31.9%。全市建筑业在“一带一路”沿线国家和地区上承接业务402亿元，增长8.5%，其中承接海外市场业务1500万美元，全面推进实施装配式建造和住宅全装修，全市新开工装配式民用建筑项目面积27.5万平方米，新开工住宅全装修项目面积47.2万平方米。全市建筑业共创省级及以上优质工程20项，其中鲁班奖2项，浙江省“钱江杯”6项。全市建筑业共获授权专利11项，省级工法8项，国家级QC成果一等奖2个，省级QC成果优秀奖1个。

四、固定资产投资和房地产业

全市第一产业投资增长22.5%；第二产业投资增长3.7%；第三产业投资下降29.0%。其中民间投资下降9.9%，高新技术投资增长30.7%。从投资结构看，一、二、三产投资比例为1.7 ∶ 32.6 ∶ 65.7。

全年实现房地产开发投资127.71亿元，比上年下降27.7%，其中住宅投资100.95亿元，下降25.6%。全年实现商品房销售面积201.03万平方米，下降22.7%，其中住宅销售144.28万平方米，下降22.4%；商品房销售额179.11亿元，下降8.5%，其中住宅销售145.03亿元，下降4.8%。

五、商贸流通

全年实现社会消费品零售总额350.99亿元，增长10.4%。按经营地统计：城镇市场消费品零售额306.02亿元，增长10.1%；乡村市场消费品零售额44.98亿元，增长12.3%。从批零贸易和住宿餐饮看：批发业实现商品销售额1168.60亿元，增长16.1%；零售业实现商品销售额1377.36亿元，增长15.7%。住宿业营业额14.67亿元，增长8.8%；餐饮业营业额47.51亿元，增长18.0%。

全年网络零售额148.5亿元，增长26.0%，占绍兴地区的27.7%。引进杭州三果科技、杭州企拓等市外跨境电商服务商。24个村被评为中国淘宝村，淘宝村数量占绍兴地区总量的85.7%。

全年服务业类招商引资项目22只，总投资105.4亿元，涵盖物流、旅游、医院、休闲养老、金融、资产管理、互联网运行、文化体育、保税区项目等业态。海越股份、祥生地产、雄风集团、一百集团等四家企业入围2018浙江省服务业百强企业，雄风集团连续九年列入中国连锁百强企业。组织参加首届中国国际进口博览会，组织市内农业经营主体参加中国国际茶博会、浙江农商对接大会、中国食品博览会等省内外知名展示展销活动等大小节会25场，参展企业400家次。

六、对外经济

全市货物进出口总额405.45亿元，增长20.2%，其中出口348.97亿元，增长14.2%；进口56.48亿元，增长78.9%。全市新增进出口备案登记企业438家，累计达到3569家。有进出口实绩的企业1404家，其中今年新开展进出口业务349家。从出口产品看，化工塑料制品和五金产品出口增长较快，分别增长29.4%和20.2%；纺织服装及面料出口份额最大，占总出口的49.4%。从出口市场看，进出口国家（地区）202个，比上年增加3个。出口超1亿元的国家（地区）55个，增加8个。出口前三位的国别（地区）是美国、印度、俄罗斯，分别出口67.61、15.04和11.54亿元；在15个主要出口国家（地区）中，增幅居前三位的是印度尼西亚、泰国和日本，分别增长70.1%、35.4%和27.5%。

全市共引进市外境内资金109.4亿元，实到外资3.0亿美元，引进投资额10亿元以上的项目13个。诸暨发展大会签约项目落地20个，落地率80%。

七、交通运输和旅游

全市拥有境内公路总里程2735公里，其中高速公路152公里；全年公路客运量388.6万人次，周转量52818万人公里；公路货运量2327.1万吨，周转量183589万吨公里；全年水运客运量34.4万人次，周转量297万人公里；水运货运量493万吨，周转量103921万吨公里。全年累计快递业务量24019.6万件，增长42.0%。

诸暨港新亭埠城郊作业区成功首航，高水平建设“四好农村路”，完成农村公路乡村道大中修269公里，其中低等级路提升73公里，危桥改造3座，建成农村公路服务站5个，建成美丽经济交通走廊518公里。

全年接待国内外游客2475.18万人次，实现旅游总收入257.82亿元，分别增长9.1%和9.2%。

举办2018年西施故里过“童”年春节旅游活动和“陌上花开·西施无双”2018诸暨春季旅游节活动，推出赏花游、水果采摘游、五星AAA乡村游、避暑漂流、10条最美乡村自驾游、西施故里主题研学等旅游产品。春风十里小镇、“天使之泪”珍珠创意工坊等成为新的网红旅游景点。山下湖镇成功创建省旅游风情小镇，同山镇纳入第三批省旅游风情小镇创建名单。推进西施故里旅游区等重点景区提升扩建工程。

八、金融和证券

年末全市金融机构本外币存款余额1472.37亿元，比上年末增长7.5%，其中住户存款余额866.15亿元，增长15.4%；贷款余额1296.65亿元，增长0.8%，其中住户贷款余额527.49亿元，增长12.0%。加强金融风险防控，全市累计处置不良贷款57.55亿元，年末不良率为1.73%，比年初下降0.83个百分点。全市新增全社会融资136.88亿元，其中新增直接融资134.73亿元（银行间市场新增105.04亿、债券市场4亿、证券市场25.69亿元），新增间接融资2.16亿元。

2018年末金融机构本外币存贷款情况

表1

指　标	余额（亿元）	比上年末增长%
各项存款	1472.37	7.5
住户存款	866.15	15.4
非金融企业存款	318.25	-5.3
各项贷款	1296.65	0.8
住户贷款	527.49	12.0
非金融企业及机关团体贷款	764.16	-6.2

推进“凤凰行动”，全市新增股份制企业57家，其中完成股份制改造26家、新设股份制企业31家；新增省股交中心挂牌企业75家，其中创新板挂牌55家，成长板20家；上市公司完成2000万元以上并购或对外投资项目5只，涉及金额22.99亿元。

九、科学技术和教育

全市一般公共预算支出中用于科学技术支出6.60亿元，占一般公共预算支出的7.2%。全市共有国家高新技术企业185家、省高成长科技型中小企业103家、省科技型中小企业1164家；省级高新技术企业研发中心86家、省级企业研究院27家、省级重点企业研究院6家、省级农业科技研发中心16家。大唐袜业创新服务综合体被列入第一批省产业创新服务综合体创建与培育名单。全市共有绍兴市级众创空间12家、省级众创空间8家、省级孵化器1家。国际技术转移中心诸暨分中心全面建成运行，引进共建一批产业创新研究院、技术转移中心，与浙江大学等10所高校共建诸暨科技协同创新中心，全市企业与国内外148所高校院所建立了产业技术创新战略合作关系，促成市内平台与企业合作意向14项，解决企业创新难题13个，共达成成果合作项目44项。全市全年实现技术市场交易额8.9亿，专利授权量10003 件，其中发明专利授权量815件。

年末全市共有各级各类中小学、幼儿园289所，其中小学102所、初中34所、普通高中15所、中等职业学校4所、幼儿园133所及特殊教育学校1所，新审批民办中小学、幼儿园3所；在校学生179706人，在职专任教师13154人。全面创成省教育基本现代化县（市）、省示范学习型城市，全省率先通过省区域推进语言文字规范化县（市）验收，获评省职业教育发展考核优秀县（市），教育现代化达成度75％以上。新增省特级教师6名、正高级教师3名。建成投用浣东街道中心幼儿园等7所幼儿园，完成浣东街道城新小学、暨阳街道暨南小学等新（扩）建项目。全面推进大数据精准教学平台建设。建成消防安全标准化建设示范（达标）学校202所，创建A级食堂144家。

十、文化、卫生和体育

深入实施文化惠民工程。完成12个镇乡（街道）文化分馆、9个镇乡（街道）图书分馆的建设。构建“15分钟公共阅读服务圈”，完成8家浣江书房、6家浣江书吧建设。组织文艺下乡105场、市级文化走亲13场次、乡镇级文化走亲35场次，“潮涌浣江”系列艺术展览21个、书画展览进礼堂50场次、文化讲座20个、文艺专家门诊20期，市民学堂全年累计培训2万余人次，周末剧场演出52场，送电影下乡7296场次，送书下乡2.3万册。西施大剧院B圈建成投运，全年完成各类演出151场次。“西施故里古迹群”成功申报为绍兴市文物保护单位。增补西施故里郑氏宗祠等7处历史文化遗产为诸暨市第四批文物保护点。新增国家级非遗传承人2人，省级4人、省级生产性保护基地1个、绍兴市传承基地6个，公布诸暨市级项目15个、传承人10人、传承基地4个、教育性传承基地9个。

年末全市有市级医院8家，其中三级乙等综合医院1家、三级甲等中医医院1家、二级甲等综合医院2家、二级甲等妇保院1家、二级乙等综合医院3家。有镇乡（街道）卫生院22家，社区卫生服务站256家，村卫生室325家。璜山镇、浬浦镇、草塔镇、应店街镇、江藻镇等9家乡镇中心卫生院为“全国群众满意乡镇卫生院”。完成市急救中心独立建制，下设7个急救站点，“市—镇—村”三级医疗卫生服务网络健全，建成15—20分钟医疗服务圈。全市医疗机构千人床位数为5.01张，增长2.9%；千人医生数为3.27人，增长2.0%；千人护士数为3.08人，增长3.1%。批准设置民办医疗机构21家，设置均达到二级及以上标准。稳妥实施全面“两孩”政策，推进公共场所母婴设施建设，建有26家母婴室；落实计生惠民政策，完善全员人口信息系统，全员信息覆盖率达98%。

成功举办祥生2018诸暨西施马拉松赛，再次引进CBA联赛广厦队主场，全年举办群众性体育赛事215场。建设1个中心村全民健身广场、1个笼式足球场；完成18个小康体育村升级工程、3个社区多功能运动场。全年组织参加省、绍兴市各类青少年锦标赛，获得省锦标赛6.5金、7银、17铜，绍兴市锦标赛100金、44银、54铜的成绩。其中参加浙江省第十六届省运会取得4.7枚实体金牌，通过四年一个周期的努力在转试训、转正、联合培养、教练员招工、三大赛积分等上获得了28.5枚省运会赛前金牌。全年销售体育彩票3.76亿，增长98.4%，全市新增体彩销售门店39家。

十一、城市建设、北承南接、特色小镇

以“一加强三整治”为重点，全力打好小城镇环境综合整治突破战。全市26个镇乡（街道）共实施工程项目513个，实际完成投资35.65亿；推动镇乡（街道）环境质量全面改善，成为全省首个全域通过小城镇环境综合整治考核验收的县市，其中枫桥镇、店口镇、草塔镇、陶朱街道（三都）、璜山镇、东白湖镇等6个集镇被评为省级样本，省级样本创成数量居全省第一。完成新改建公厕2231只，新建689只、改建1542只。完成“污水零直排区”生活小区创建3个，城市污水处理率达到93.58%。投资4.3亿对城区75个老小区实施综合改造，建成613个智能便民电瓶车充电站，增加950个嵌入式停车位，实现老小区雨污分流、管线入地、道路白改黑及绿化提档，居住环境不断提升。

围绕互联互通，坚持融入不动摇。主动对接全省“四大建设”，杭州都市高速公路诸暨段工程有序实施，诸暨至北京始发高铁开通，诸暨至杭州滨江城际客运专线全面运营，临杭产业园、“诸暨岛”集聚效应加速显现，从上海、杭州两大都市区累计引进项目108只，实到资金93.13亿元，全年引进科技型企业2家、科技中介1家、组织科技对接活动2场。引进高端人才31人，其中国千6人、省千1人、“绍兴330”24人。承接技术转移平台更趋完善，在杭州建立“诸暨经济开发区和瑞基地”，承接杭州都市圈产业创新孵化成果；新金融大厦、创客中心、2025创意产业园、国际技术转移中心等平台均建成投运。加强人才交流学习，深入推进“走向卓越·诸暨校长领航发展计划”，选派15名校长赴杭州、上海、北京等地挂职学习，组织100名骨干教师开展教学交流；组织开展“北承南接·乐学诸暨”等主题月系列活动。

大唐袜艺被省政府正式命名为浙江省特色小镇，牌头环保、山下湖珍珠被列入省级特色小镇创建名单。大唐袜艺小镇建成投运袜业创新服务综合体，建成世界袜业设计中心，举办“大唐杯”袜艺设计大赛；山下湖珍珠小镇全力打造集“珍珠产业创新服务综合体、网红直播基地、跨境电商基地”的数字经济基地。

十二、生态环境、社会稳定

2018年，我市获“国家生态市”和“浙江省生态文明建设示范市”称号。全年空气优良率84.4%，上升4.1个百分点；PM2.5年平均浓度36微克/立方米，下降10.0%；境内浦阳江水系17个绍兴市控及以上断面水质、全市集中式饮用水源水质达标率均为100%；浦阳江诸暨段出境水质自2014年2月以来持续保持Ⅲ类及以上水质，出境水质持续优于入境水质。开展“蓝天保卫战”“护水斩污”“清废净土”及“利剑”系列环保执法行动，全年立案202件，处罚2039.89万元；全年受理环境信访855则，下降41.2%。开展主要污染物减排，实施海东污水厂二期、八方热电超低排放改造、华海氨纶和雅迪纤维脱硫脱硝改造等减排工程。全年规上工业企业万元产值能耗0.0821吨标准煤，下降10.0%。全市公众生态环境质量满意度得分为87.47分，连续两年居绍兴第一。

深入实施“枫桥经验”推广提升“十大工程”，绍兴枫桥学院开工建设，新“枫桥经验”陈列馆、

公共法律服务中心建成启用。持续深化平安诸暨、法治诸暨建设，深入开展扫黑除恶专项斗争，全力抓好矛盾隐患大排查大化解大调处，全市五类恶性案件、刑事警情和命案发生数持续下降。全市发生各类生产安全亡人事故30起，下降16.7%，死亡31人，下降13.9%。其中，工矿商贸企业事故3起，死亡3人，比上年增加1起，死亡增加1人；生产经营性道路交通亡人事故27起，下降18.1%，死亡28人，下降15.2%；无水上交通事故发生，未发生较大以上事故。

十三、人口、人民生活和社会保障

年末全市户籍人口108.54万人，其中男性人口54.20万人，女性人口54.34万人；城镇人口43.65万人，乡村人口64.88万人；人口出生率8.48‰，死亡率7.40‰，人口自然增长率1.08‰。

抽样调查显示：2018年我市全体居民人均可支配收入51130元，增长8.8%；城镇常住居民人均可支配收入62623元，增长8.3%，人均生活消费支出31966元，增长7.8%；农村常住居民人均可支配收入36053元，增长9.0%，人均生活消费支出22712元，增长9.1%。

全市基本养老保险、基本医疗保险、工伤保险和生育保险参保人数分别达到90.6万人、110.7万人、20.4万人和20.2万人，提前完成基本养老保险参保率90%、基本医疗保险参保率98%的扩面任务。实现灵活就业人员参保登记等34项社保业务“一证通办”，推进“互联网+社保”的新模式，用信息跑路代替群众跑腿。

年末全市共有最低生活保障对象10787人，其中城镇362人，农村10425人；全年最低生活保障资金支出8181.24万元，其中城镇274.99万元，农村7906.25万元。全市共有社会福利机构48家，床位11333张，在院人数2034人。全年共落实救灾资金152.29万元。

注：1. 生产总值、各产业增加值均为年度快报数据，绝对数按现价计算，增长速度按可比价计算。

2. 所涉的行业内容分别由农业农村局、发改局、经信局、教育体育局、科技局、公安局、民政局、财政局、人力社保局、交通运输局、水利局、商务局、文广旅游局、卫生健康局、住建局、绍兴市生态环境局诸暨分局、市场监督管理局、统计局、金融办、国家统计局诸暨调查队、人民银行等相关部门提供。

2018年诸暨市环境状况公报

诸暨市环境保护局

综 述

2018年，诸暨市生态环境保护工作以习近平生态文明思想为指引，以“八八战略”为总纲，以生态文明建设为统领，以改善区域环境质量为核心，以提高群众满意度为标准，坚决打好污染防治攻坚战，积极推动各项生态环保工作有效落实，为“两个高水平”建设提供良好的生态环境支撑。全市空气优良率为84.4%，同比上升4.1个百分点；PM2.5年平均浓度为36微克/立方米，同比下降10%；浦阳江诸暨段出境水质自2014年2月以来持续保持Ⅲ类及以上水质，出境水质持续优于入境水质；17个绍兴市控及以上考核断面水质达标率100%；全市集中式饮用水源水质达标率100%。

水环境状况

废水及主要污染物排放量

2018年，全市废水收集处理量为8300.3万吨，日均处理22.7万吨，占设计能力的70.5%，其中工业废水2623.0万吨，城镇生活废水5677.3万吨。据统计，现有2个城市污水处理厂（诸暨市宏宇环境发展有限公司和诸暨市海东水处理有限公司）设计污水处理能力24万吨/天，年处理废水量达6632.2万吨；6个镇级污水处理厂（店口、枫桥、牌头、山下湖、次坞、璜山）设计能力为8.2万吨/天，年处理废水量1668.1万吨。

2017年与2018年全市废水主要污染物处理及排放情况对比

表1

年份＼类别	废水处理量（万吨）			化学需氧量排放量（吨）	氨氮排放量（吨）
	总量	工业	生活		
2017年	8326.0	1195.5	7130.5	10324.7	1600.3
2018年	8300.3	1240.1	7060.2	8710.3	1502.3
增长率（%）	-0.31	3.73	-0.99	-15.64	-6.12

注：数据源于环境统计

地表水环境

（一）省控及以上重点断面水质状况

2018年开化江街亭断面、浦阳江浣纱大桥断面、浦阳江安华断面、壶源江汤家村断面水质均为Ⅱ类水质，浦阳江湄池断面水质为Ⅲ类水质，湄池断面水质由Ⅱ类下降为Ⅲ类，其他各断面水质均与2017年持平。2018年浦阳江水质主要污染因子为高锰酸盐指数、总磷、氨氮，与上年相比，氨氮年均值浓度有所上升，高锰酸盐指数年均值浓度、总磷年均值浓度与上年相比持平。

浦阳江安华断面　Ⅱ类水质　高锰酸盐指数年平均浓度为3.3毫克/升，总磷年平均浓度为0.08毫克/升，氨氮年平均浓度为0.35毫克/升。

浦阳江浣纱大桥断面　Ⅱ类水质　高锰酸盐指数年平均浓度为3.1毫克/升，总磷年平均浓度为0.06毫克/升，氨氮年平均浓度为0.20毫克/升。

浦阳江湄池断面　Ⅲ类水质　高锰酸盐指数年平均浓度为4.2毫克/升，总磷年平均浓度为0.05毫克/升，氨氮年平均浓度为0.43毫克/升。

开化江街亭断面　Ⅱ类水质　高锰酸盐指数年平均浓度为2.0毫克/升，总磷年平均浓度为0.03毫克/升，氨氮年平均浓度为0.09毫克/升。

壶源江汤家村断面　Ⅱ类水质　高锰酸盐指数年平均浓度为1.8毫克/升，总磷年平均浓度为0.02毫克/升，氨氮年平均浓度为0.06毫克/升。

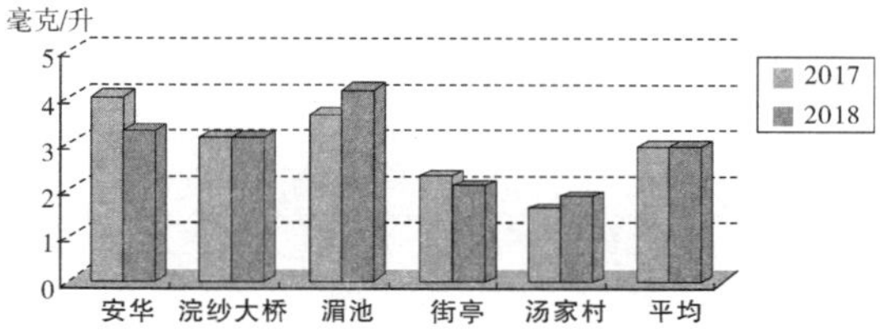

图1　2017年与2018年浦阳江水系各水域水质高锰酸盐指数年平均浓度对比示意图

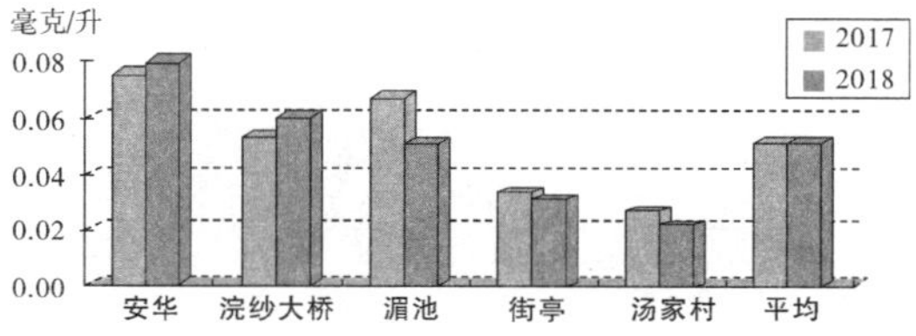

图2　2017年与2018年浦阳江水系各水域水质总磷年平均浓度对比示意图

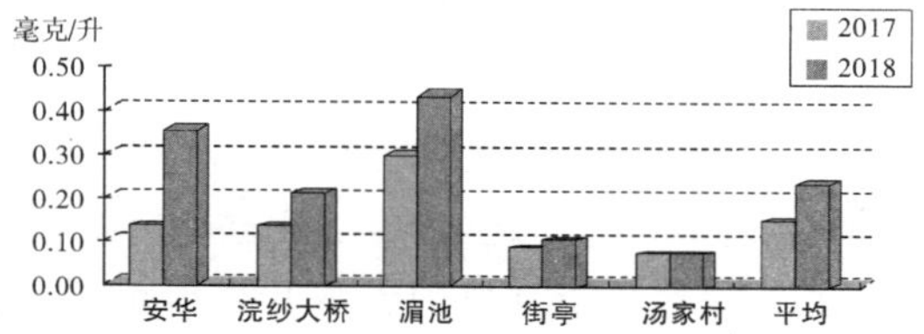

图3　2017年与2018年浦阳江水系各水域水质氨氮年平均浓度对比示意图

（二）水库水质状况

根据2018年陈蔡、石壁、五泄、安华、青山、征天等六大水库水质监测统计结果，陈蔡水库、石壁水库、五泄水库为Ⅱ类水质，青山水库、征天水库为Ⅲ类水质，安华水库为Ⅴ类水质，陈蔡水库、石壁水库、五泄水库水质达到相应的水功能区划要求，青山水库、安华水库、征天水库水质未达到相应的水功能区划要求，影响水库水质的主要污染因子为总磷。与上年相比，各水库水质均保持稳定。安华水库营养化状况为轻度富营养，陈蔡、石壁、五泄、征天、青山水库营养化状况均为中营养。

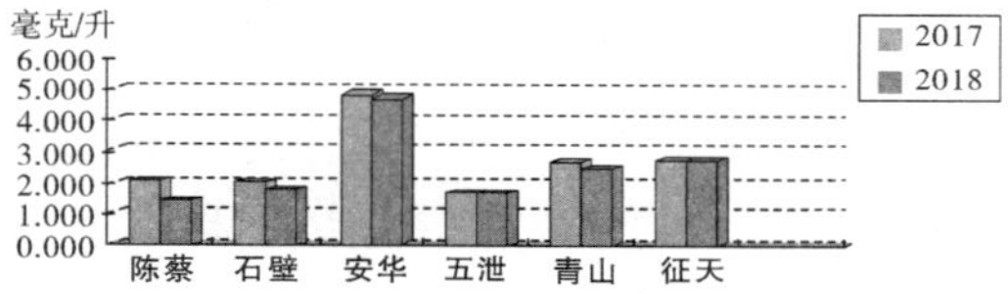

图4　2017年与2018年水库水质高锰酸盐指数年平均浓度对比示意图

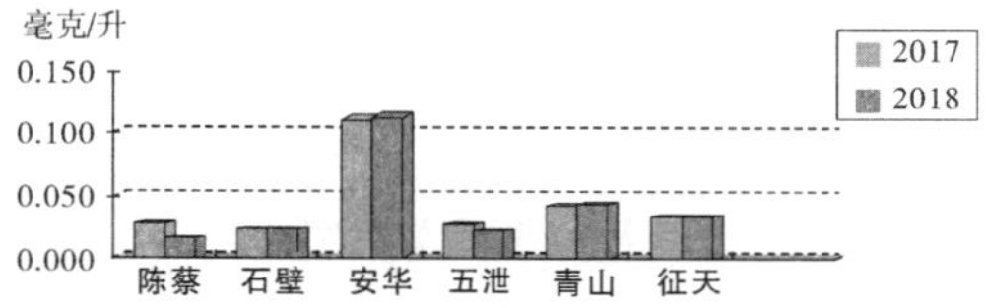

图5　2017年与2018年水库水质总磷年平均浓度对比示意图

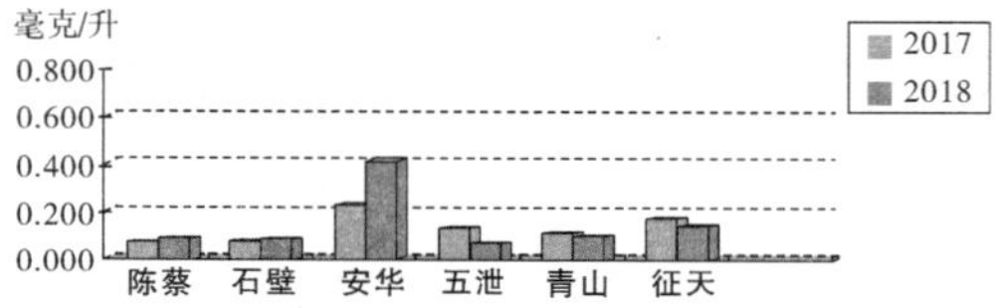

图6　2017年与2018年水库水质氨氮年平均浓度对比示意图

（三）饮用水源水质状况

根据对幸福水库（应店街镇）、上游水库（应店街镇）、岭脚水库（岭北镇）、里石坞水库（五泄镇）、金家湾水库（东和乡）、卫星水库（东和乡）、青山水库、石壁水库、征天水库、陈蔡水库等 10 个饮用水源地水质监测结果，2018 年全市饮用水源地陈蔡水库、石壁水库、上游水库、岭脚水库等 4 个水源地水质满足地表水Ⅱ类水质要求，其余为Ⅲ类水质。

措施与行动

严格执行国家新产业政策、环保项目审批要求，今年共审批备案建设项目 1202 只，其中报告书 24 只，报告表 1178 只；申请排污权质押贷款的企业 10 家次，共涉及银行贷款 2.266 亿元。

开展饮用水水源保护工作，开展全国集中式饮用水水源地环境保护专项行动，推进生活面源、农业面源、工业企业、餐饮旅游等方面的整改工作；开展对工业园区（工业集聚区）“污水零直排”建设的指导工作，开展全市所有工业园区的摸排工作，完成省级试点安华镇现代包装产业园区“污水零直排区”创建工作；开展主要污染物减排，实施海东污水厂二期等减排项目，完成年度任务；开展酸洗行业污染整治，提升酸洗企业装备技术、污染治理和内部环保管理水平，完成 5 家配套酸洗企业整治工作；开展清洁生产工作，完成对 13 家企业审核工作；大力推进环境监测能力建设，不断强化环境监测质量管理，着力提升环境应急监测水平，按时完成各类监测任务。

大气环境状况

废气及主要污染物排放

2018 年，全市工业废气排放量为 365.3 亿立方米。废气中主要污染物二氧化硫、氮氧化物、烟（粉）尘相比 2017 年均有所下降。

2017 年与 2018 年全市废气主要污染物排放情况对比表

表 2

类别 年份	废气（亿立方米）	二氧化硫（吨）	氮氧化物（吨）	烟（粉）尘（吨）
2017 年	247.1	5871.0	4516.3	1699.7
2018 年	356.3	5213.4	4283.7	1042.9
增长率（%）	44.19	-11.2	-5.15	-38.6

注：数据源于环境统计、减排

城市环境空气质量

（一）城市环境空气

2018 年，杨树畈和城西运管所 2 个环境空气质量自动监测站对城市环境空气质量进行 24 小时自动监测，监测项目为二氧化硫、二氧化氮、PM2.5、PM10、一氧化碳、臭氧。2018 年我市市区环境空气有效监测天数为 365 天，按照《环境空气质量标准》（GB3095—2012）评价，环境空气质量优良天数为 308 天（优 123 天、良 185 天），优良天数占 84.4%，较 2017 年提高 4.1 个百分点；轻度污染天数为 54 天，占 14.8%；中度污染天数为 3 天，占 0.8%；重度污染天数为 0 天。

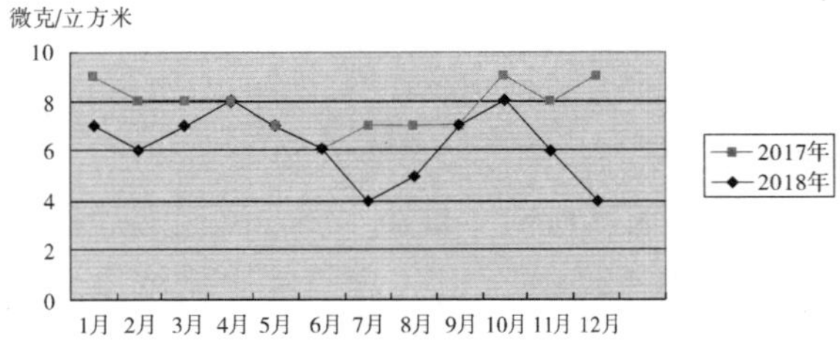

图 7　2017 年与 2018 年二氧化硫月均值变化图

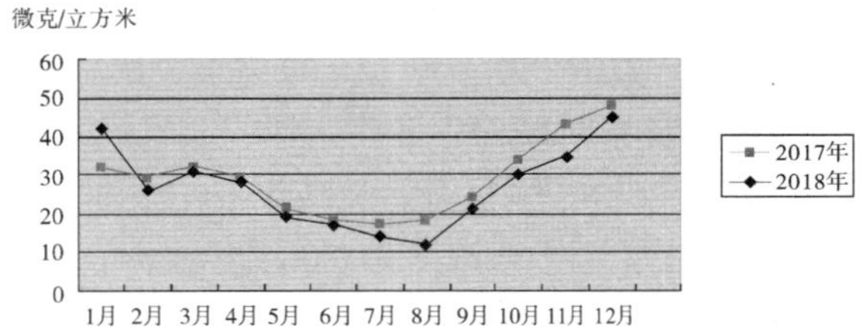

图 8　2017 年与 2018 年二氧化氮月均值变化图

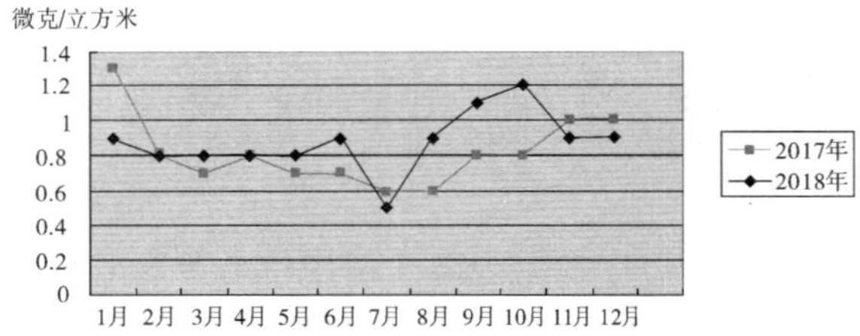

图 9　2017 年与 2018 年一氧化碳月均值变化图

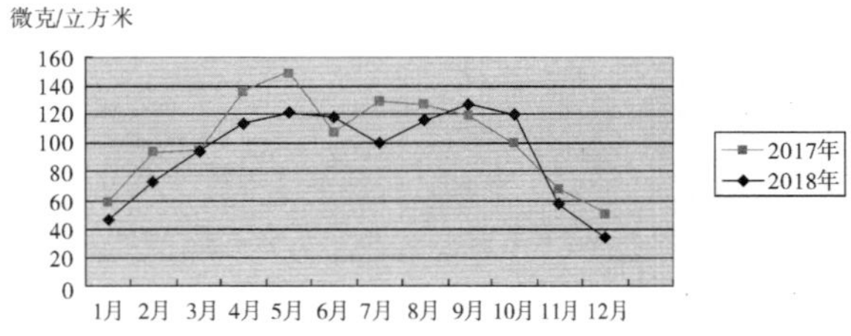

图 10　2017 年与 2018 年臭氧月均值变化图

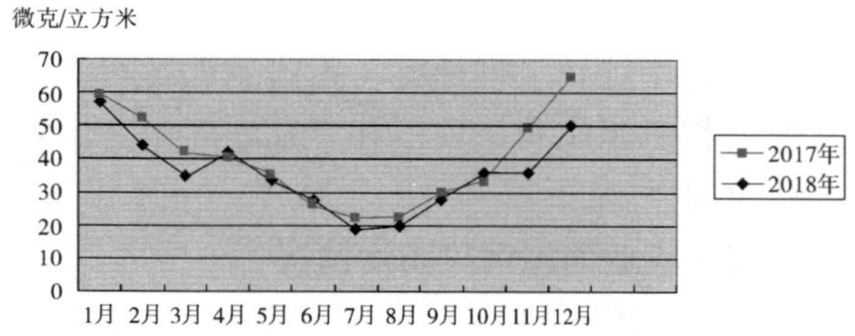

图 11　2017 年与 2018 年 PM2.5 月均值变化图

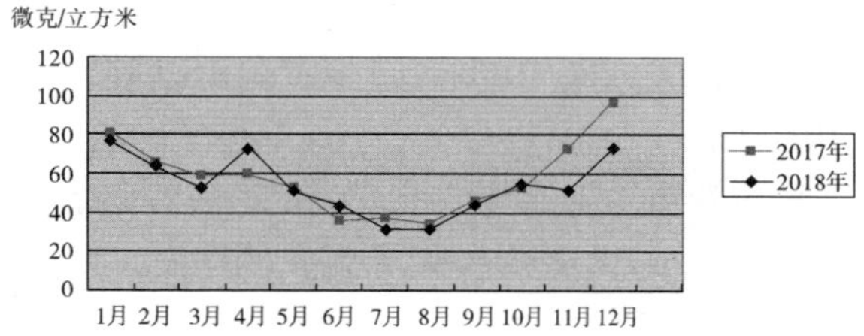

图 12　2017 年与 2018 年 PM10 月均值变化图

（二）大气降尘

2018 年城区降尘月均值范围为 1.30—3.38 吨 / 平方公里·月，年平均值为 2.22 吨 / 平方公里·月，较上年下降 1.46 吨 / 平方公里·月，低于浙江省大气降尘控制标准（8 吨 / 平方公里·月）。

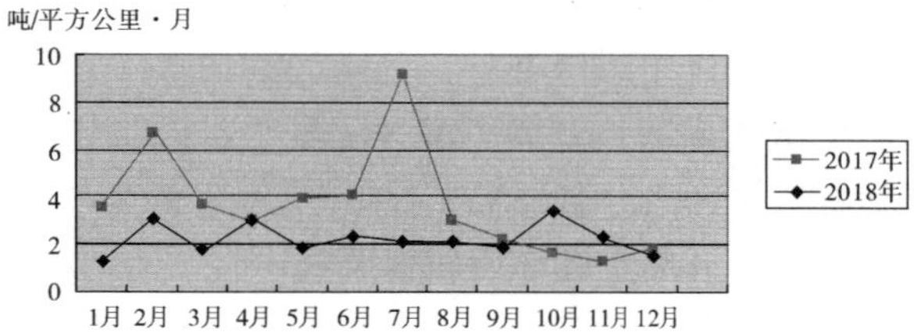

图 13　2017 年与 2018 年降尘月均值变化图

（三）大气降水

2018 年大气降水 pH 值范围为 5.52 ~ 6.44，降水 pH 年平均值为 6.09，比 2017 年上升 0.42pH 单位。全年酸雨频率为 2.06%，较 2017 年下降了 5.52 个百分点。

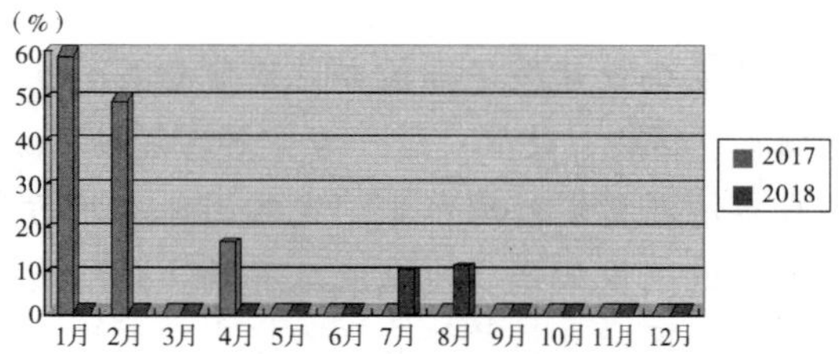

图 14　2017、2018 年降水酸雨频率对比图

措施与行动

全面推进"打赢蓝天保卫战"工作。一是制订出台《诸暨市打赢蓝天保卫战行动计划（2018—2020 年）》，做好秋冬季大气污染防治攻坚战，坚持源头控制、综合治理、重点突破，完成 1 家砖瓦企业关停，1 家陶瓷砖瓦企业废气深度治理；二是重点推进涉 VOCs 排放企业的整治工作，其中完成重点 VOCs 企业治理项目 5 个，涉 VOCs"散乱污"企业治理 70 个，完成制鞋、五金涂装行业涉 VOCs 排放企业整治 153 家；三是加强重污染天气应急预警管理，修订重污染天气应急预案，编制出台 2018 年诸暨市重污染天气应急减排措施清单；四是开展主要污染物减排，实施八方热电超低排放改造、华海氨纶、雅迪纤维脱硫脱硝改造等减排项目，重点抓好总量指标交易；五是加强机动车排气检测管理，强化路面联合执法，2018 年全年共检测车辆 177483 辆，首检合格率 90.32%，联合公安、交通部门开展道路执法 16 次，出动人员 128 人，检测不合格车辆 32 辆。

声环境质量

（一）城市功能区噪声

2018 年城区居民文教区、混合区、工业区、交通干线两侧昼夜等效声级分别为 59.4 分贝、54.7 分贝、54.0 分贝和 54.7 分贝。与 2017 年相比，居民文教区、混合区、工业区等效声级有所上升，交通干线两侧等效声级有所下降。

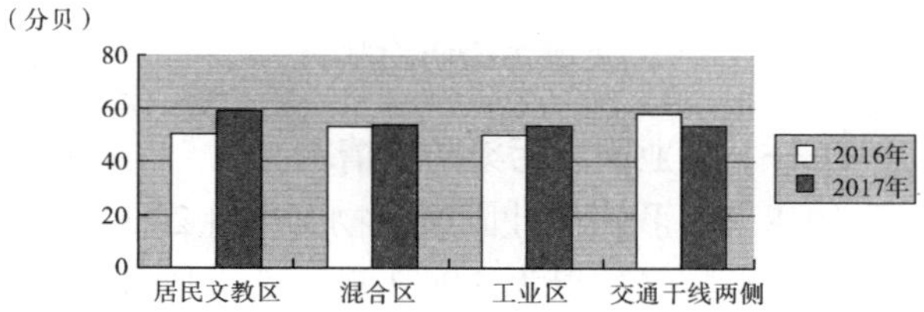

图 15　2017、2018 年各功能区昼夜等效声级对比图

（二）城市道路交通噪声

2018 年交通噪声有效测点为 45 个，交通噪声等效声级平均值为 66.3 分贝，比 2017 年上升 0.5 分贝，2018 年道路交通噪声质量等级为好。主要超标道路为北二环、东二环、西二环、环城北路。

（三）城市区域环境噪声

2018 年诸暨市城市区域环境噪声（白天）等效声级为 52.9 分贝，较 2017 年下降了 0.1 个分贝，等级为较好。63.0% 的面积处于 50—60 分贝等效声级下，其中分布在 50 分贝等效声级以下的面积占 27.7%，分布在 60 分贝等效声级以上的面积占 9.3%。我市城区噪声源的构成状况和污染程度，五种声源中，影响测点最多，覆盖面积最广的是生活噪声，占 82.2%，其他依次为交通噪声、工业噪声、“其他”噪声和施工噪声。

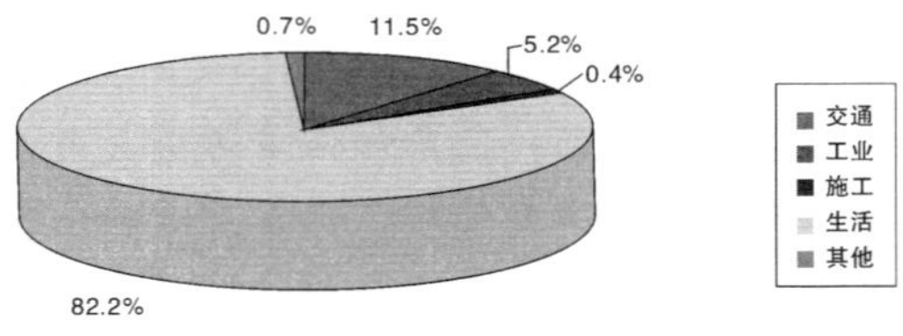

图 16　2018 年影响城区噪声主要声源构成图

措施与行动

编制出台《诸暨市城市区域声环境功能区划分方案》，加强环境噪声污染防治、强化噪声源监督管理，不断改善声环境质量，促进我市经济社会的可持续发展，努力建设宁静舒适的声环境。

严格执行排污申报和夜间施工许可制度，进一步巩固噪声达标区创建成果。部门联动加强中高考期间的噪声专项整治，确保考生有个安静的环境。

继续实施道路改造降噪工程，在主城区改建主次干道路面使用改性沥青；继续实行城区禁鸣喇叭和禁止拖拉机进城；划定烟花爆竹禁售禁放区域，春节期间开展多部门联合巡查工作。

土壤污染防治状况

（一）工业固废污染防治情况

2018 年，我市工业固体废物产生量 20.3 万吨，其中危险废物产生量为 4.96 万吨。工业固体废物综合利用量为 11.9 万吨，处置量为 7.89 万吨，处置利用率为 96%。全市医疗废物产生量为 1279 吨，无害化处置率为 100%。

（二）城镇和农村生活垃圾情况

建立健全农村生活垃圾回收利用协同机制，抓好农村生活垃圾分类处置长效管理。农村分类覆盖面已达 100%，农村回收利用率达 30%，资源化利用率达 100%，无害化处理率达 100%，创建 3 个省级高标准生活垃圾分类示范村，被评为 2018 年度省垃圾分类处理优胜县市。编制完成《诸暨市城乡生活垃圾分类收运处置专项规划（2017—2022）》，城区生活垃圾分类综合覆盖率达到 82.02%，完成分类投放点的设计和工程招标，正式启动餐厨废弃物综合处理和资源化利用项目和丰泉浬浦无害化处理中心技改项目。

（三）农业面源污染防治情况

化肥农药使用量控制情况。2018 年推广应用测土配方施肥技术 83.90 万亩。不合理施用化肥减量 306.2 吨，完成率 117.8%。推广病虫害统防统治 21.2 万亩，完成率 101%。减少农药 16.7 吨，完成率 101.2%。

畜禽养殖污染治理情况。深化畜禽养殖场排泄物治理，完成 28 个规模猪场集粪棚建设，15 个绍兴市级美丽牧场建设，3 个绿色循环体建设。同时加强网上监控与线下巡查。第三方抽查养殖场污染治理运行合格率，无不合格的情况发生。

农药废弃包装物及废弃农膜回收处理进展情况。2018 年我市完成农药废弃包装物回收体系覆盖率 100%，全年已回收 117.2 吨，处置 117.2 吨，处置单位为绍兴华鑫与兆山固废处理中心。达到回收率 90% 以上，处置率 100% 的目标。

5 万亩以上灌区灌溉水水质监测工作完成情况。全市 5 万亩以上灌区 2 处，分别为安华水库灌区和陈石灌区，灌区均开展了灌区灌溉水水质监测，水质达标。

（四）开展土壤环境质量调查

完成 677 个农用地详查点位检测工作，积极推进关停搬迁企业污染场地调查工作，探索污染场地修复工作。

2018 年，完成全市 76 家化工、印染等八个重点行业在产企业用地和关停企业原址的信息采集工作；全市 7 家土壤重点监管企业开展自行监测。

措施与行动

进一步加强固废监督管理工作，对重点辖区内的固废产生企业开展定期检查，促使相关企业做到规范储存、运输、处置；进一步完善污泥处置设施，提高我市污泥稳定处理水平。完善固体废物污染防治体系，进一步加强我市农业废弃物、危险废物、工业固废、医疗废物监督管理力度，不断提升管理水平，杜绝“洋垃圾”进口。同时发挥多部门联动作用，持续保持环境执法高压态势，通过严惩重罚，继续严厉打击各类固废违法犯罪行为，坚决杜绝固废污染环境事件发生，全力保障我市生态环境安全。

以贯彻落实《土壤污染防治法》为契机，以土壤详查为抓手，继续开展重点行业企业用地详查，确定采样名单、编制采样方案，基本完成重点企业用地土壤和地下水样品采集、制备、流转和检测。强化源头控制，实施涉镉等重金属重点行业整治。污染地块安全利用方面，不断完善污染地块（含疑似）名录和开发利用负面清单，强化对暂不开发利用污染地块风险管控。做好宣传工作，组织《土壤污防防治法》宣传和培训，落实工矿用地、污染地块土壤环境管理的政策标准。

特　辑

为便于读者对诸暨市实施“最多跑一次”改革有一个全面、系统的了解，本特辑所辑录的资料时间范围不局限于2018年，为2017年2月至2019年7月。

诸暨市推进“最多跑一次”改革实施方案

为进一步转变政府职能，加快服务型政府建设，推进群众和企业办事“最多跑一次”改革，根据《国务院办公厅关于简化优化公共服务流程方便基层群众办事创业的通知》（国办发〔2015〕86号）和《浙江省人民政府关于印发加快推进“最多跑一次”改革实施方案的通知》（浙政发〔2017〕6号）精神，结合我市实际，特制定如下实施方案。

一、主要目标

全面贯彻落实国务院“放管服”改革总要求，通过精简材料、优化流程、创新服务，推行“互联网+政务服务”，市镇上下齐抓、部门无缝对接、线上线下联动，从与群众和企业生产生活关系最紧密的领域和事项做起，全面梳理、分类要求、分步快走，事前事中事后统筹推进，确保群众和企业到政府机关办事在材料齐全、符合法定要求情况下能够少跑、最多跑一次甚至一次不跑，实现特定事项或环节一次性办成事，逐步实现“群众和企业到政府办事最多跑一次”范围全覆盖，让群众和企业的获得感明显提升，政府办事效率明显提高，发展服务环境进一步改善，努力营造全省最优政务服务环境。

二、主要内容

（一）事前政务公开，推进服务平台建设。

1. **职能整合归并**。积极完善行政职能的归并整合，抓好行政审批服务部门审批项目、审批人员、审批权限的集中到位，应进市镇两级中心窗口的一律进中心并授权到位。加大提速增效改革力度，既受理又能办理的审批事项比例力争达到100%，即办件比例占总办件量达90%以上。

2. **政务信息公开**。按照行政审批标准化建设要求，明确包括实施条件、审批权限、管辖范围、办理程序、申报材料、审批收费等在内的事项办理统一标准。通过浙江政务服务网、诸暨市政府门户网站、窗口办事指南等公示办事信息，公开各办事窗口咨询服务电话，公布示范表格填报及常见问题解答，使群众和企业能够一次性获得详细、有效、充分的办事信息。

（二）事中优化流程，创新办事服务方式。

1. **推进市镇村三级上下联动**。充分发挥市级行政服务中心核心枢纽、分中心拓展延伸、镇（街）行政服务中心服务主阵地、村级便民服务中心委托代办功能，按照“事项降到最少、流程减到最简、效率提到最高”的原则，继续进一步减少审批部门、审批事项、审批环节、审批时间。加大镇级事项下放力度，通过事权下放、上下联动方式，力争在镇乡一线受理、一线取件，实现审批服务全覆盖，逐步形成同城办理、就近就便办理机制。

2. **推行联合审批横向联动**。涉及多个部门办理事项以及多个层级的办理事项，推进实施“联审联办”制度，探索推行“一窗式”服务模式，通过牵头部门一窗受理、并联审批、集中服务，使群众企业“跑多个部门”转变为“跑一个部门”。继续大力推行联合图审、联合测绘、联合验收、联合踏勘、联审会议、并联审批等联审服务机制，拓宽服务领域。

3. **深化企业投资项目“零审批”改革**。依托企业投资项目“零审批”平台推进落实负面清单外的企业投资项目审批改革，从“事前审批”变“事后监管”、“先批后建”变“先建后验”、“严进宽管”变“宽进严管”，由原先的审批制转变为项目全程承诺备案制。进一步完善企业投资项目48天高效审批服务机制，将项目用地审批出让与设计形式许可同步推进。扎实开展千万元以上投资项目全程代办服务，为企业提供“店小二”式全程跟踪服务。

4. **改革产业园区前置审批服务**。深化“区域评价+准入标准”制度，由园区统一开展节能评估、水土保持、环境影响等区域性评价；健全集中评价审批机制，探索推行园区投资项目“一站式”受理、“全流程”服务；推进园区前期配套基础建设，细化产业园区道路、管网等规划，简化投资项目用电、用水、排污等审批服务。

5. **配套建设“中介超市”**。全面使用新上线的中介管理网站，融入全市一张网格局，建设网上网下联动的“中介超市”；鼓励兴办和引进各类优质中介服务机构，参与市场竞争，为办事者提供高效优质的审批配套服务。按照加强监管、规范服务的要求，公开服务时限和收费标准，规范中介服务行为，建立中介机构等级评定制度，探索“双随机”抽查机制，依法严肃查处中介单位违法违规行为。

6. **建立容缺受理审批服务机制**。各办事窗口对基本条件具备、主要申报材料齐全而且符合法定条件的申请事项，允许实行容缺、承诺办理，事后可通过邮寄、电子邮件、即时通讯等非现场方式补正非关键性材料，先行办理并进入审批程序。容缺受理面达到70%以上。

7. **推进全流程网上办理**。全面推行“互联网+政务服务”，依托政务服务一张网建设，大力推进浙江政务服务网及统一移动客户端（APP预审）申报方式，逐步实现网上申报、网上受理、网上审核、身份认证、电子支付、电子签章、归档等全程电子服务，全流程网上办理四星级、五星级事项率达到30%以上，逐渐形成“在线咨询、网上办理、证照快递送达”的“零上门”机制，变群众跑腿为数据跑腿。加快推进审批业务系统应用及网络平台数据对接，实现数据信息共享；推进全市电子证照库建设，推广电子证照和材料实时化查询、验证和打印，实现“一次采集、多方使用，一库管理、互认共享”；推进电子文件和电子印章、签名应用，促进电子档案发展和应用；推进线上线下互认的统一身份认证体系，开放法人库和人口库，加强与社会大数据的汇聚整合和关联分析；推进网上支付，继续精减行政事业收费，健全对接部门自建系统、财政非税开票系统和统一公共支付平台，开通行政审批服务事项涉费网上、手机、POS机、支付宝、微信等支付功能，实现全流程闭环，方便群众完成缴费。

8. **着力优化窗口服务**。进一步强化窗口服务意识，开展上门服务、预约服务、延时服务、免费代办、绿色通道等特色服务，提升服务效能。落实首问责任制、AB岗工作制、一次性告知制等制度，规范服务行为，为群众提供热情周到服务。精简材料，减少复印件的收取，运用信息化手段，加大窗口扫描仪、高拍仪普及应用，必收件一律提供免费复印，证照实施快递免费寄送服务。

（三）事后加强监管，推进诚信体系建设。

1. **完善监督管理机制**。同步推进投资项目在线监管平台应用。厘清和落实部门监管责任，建立分类监管检查与协同监管制度，推进综合执法，重点加强后续审查监管，制定监管办法、标准与规范，采取常态化巡查和随机抽查等方式，加强日常动态监管。

2. **推进诚信体系建设**。建立完善办事评论监督体系，创新群众满意率评价方式，加快完善信用体系建设，建立健全企业和人员的信用档案，实施诚信“红黑名单”、诚信联合奖惩制度等，实现信用信息共享及监管，全面提升诚信建设长效管理机制。

三、进度安排

（一）全面摸底排查，分类确认事项清单。（完成时间：2月底前）

对所有涉民涉企的行政权力事项以及公共服务事项进行全面梳理，因事制宜，分类制策，涉及单个部门只需形式审查的简单事项全面推行“即来即办”，即来即办率达到100%。对部分承诺事项，通过创新方式，实现群众和企业“最多跑一次”办成事。2月底前公布市镇两级第一批群众和企业到政府办事“零上门”和“最多跑一次”事项清单，“最多跑一次”事项占比达85%以上。

（二）重点突破难点，着力解决办事“堵点”。（完成时间：6月底前）

将单个部门复杂事项、多个部门办理事项以及多个层级的办理事项作为重点突破改革事项着重解决，指定牵头责任单位与协同配合单位，研究形成具体改革方案，明确工作流程，经审查同意后予以推进实施。同时不断拓宽范围，6月底前公布第二批新增群众和企业到政府办事“零上门”和“最多跑一次”事项清单。

（三）配套开展建设，不断完善改革体系。（完成时间：12月底前）

在前期提出的事项清单和改革方案基础上，抓紧组织实施，狠抓改革落地，深化行政审批制度配套改革，完善市镇村三级中心建设，实施行政审批标准化建设工作，不断推进企业投资项目审批改革，加快推进审批中介服务市场化改革，深化“互联网+政务服务”，力争各项配套改革早出成效，年内基本实现“最多跑一次是原则、跑多次是例外”

的要求。

四、工作要求

（一）加强组织领导。“最多跑一次”改革反映了群众和企业的呼声，是加强政府自身改革的再深化再推进。抓好“最多跑一次”改革，对深入推进供给侧结构性改革、优化发展环境具有重大意义。各级各有关单位要树立强烈的使命感、责任感，将其列入重要改革日程，统一认识、加强领导，主要领导亲自抓，分管领导具体抓，落实工作责任。

（二）促进改革落地。各职能部门（单位）、镇乡（街道）要进一步解放思想，下大决心、花大力气加快推进“最多跑一次”改革，要结合实际，制订相应的实施方案与配套制度。要坚持全面推进、重点突破、示范引领，对各类办理事项要制订办事流程，细化具体措施；对重点突破项目，牵头单位要切实承担起责任，提出解决方案。市镇要同步实施、协同推进；各单位要加强配合协作，形成改革合力，不断扩大“最多跑一次”甚至“零上门”办事覆盖范围，确保各项任务按时保质完成。

（三）强化监督问责。全市推进“最多跑一次”改革作为市政府重点工作事项，列入2017年度岗位目标责任制考核。市政府办公室、市审改办要加强对改革工作的组织协调和督促指导，做好分析研究与推进落实，定期通报工作进展情况，及时查找并解决问题，对工作落实不到位的进行约谈和督办，加强后续督查考核和责任追究。

（中共诸暨市委办公室2017年2月24日印发）

附件：1. 群众和企业到政府办事“零上门”事项清单（市级）

2. 群众和企业到政府办事“零上门”事项清单（镇级）

3. 群众和企业到政府办事“最多跑一次”事项清单（市级）

4. 群众和企业到政府办事“最多跑一次”事项清单（镇级）

附件1　　**群众和企业到政府办事“零上门”事项清单（市级）**

表1

单位名称	序号	主项名称	子项名称	事项类型
教育局	1	30年教龄荣誉证书发放审定		行政确认
	2	教师资格定期注册		行政确认
科技局	1	省级新产品立项		其他行政权力
民宗局	1	宗教活动场所变更登记		行政许可
	2	宗教教职人员身份备案		其他行政权力
公安局	1	机动车驾驶证申领		行政许可
	2	换发、补发机动车驾驶证		其他行政权力
	3	机动车驾驶证增驾（除A证、B证）		其他行政权力
	4	信息系统保护等级选定或者审定情况备案		其他行政权力
	5	中华人民共和国往来港澳通行证及签注	中华人民共和国往来港澳通行证再次签注（团队旅游）	行政许可
财政（地税）局	1	税（费）综合申报		行政征收
	2	居民企业所得税月（季）度预缴纳税申报（适用查账征收）		行政征收
	3	居民企业所得税月（季）度预缴纳税申报（适用核定征收）		行政征收
	4	居民企业所得税年度纳税申报（适用查账征收）		行政征收

续表 1

单位名称	序号	主项名称	子项名称	事项类型
财政（地税）局	5	居民企业所得税年度纳税申报（适用核定征收）		行政征收
	6	居民企业清算所得税申报		行政征收
	7	自然人个人所得税自行纳税申报		行政征收
	8	生产、经营纳税人个人所得税自行纳税申报		行政征收
	9	城镇土地使用税申报		行政征收
	10	房产税申报		行政征收
	11	土地增值税申报		行政征收
	12	房地产开发项目土地增值税清算申报		行政征收
	13	车船税申报		行政征收
	14	耕地占用税申报		行政征收
	15	定期定额个体工商户分月汇总申报		行政征收
	16	委托代征申报		行政征收
	17	代扣代缴申报		行政征收
	18	社会保险费申报		行政征收
	19	会计从业资格证审批		行政许可
国土资源局	1	征地（经济）补偿安置方案审核		其他行政权力
	2	不动产登记证明网上申请		公共服务
环保局	1	建设项目环境影响评价文件审批	非核与辐射类建设项目环境影响评价登记表审批	行政许可
			辐射类建设项目环境影响评价登记表审批	
	2	排污费的征收（包括水、气、噪声、固体废物排污费的征收）		行政征收
	3	污染源自动监控设施登记备案		其他行政权力
	4	污染源自动监控设施确需拆除或停运报告的审核		其他行政权力
建设局	1	施工单位的主要负责人、项目负责人、专职安全生产管理人员安全任职资格审批		审核转报
	2	二级注册建造师审核		审核转报
交通运输局	1	水上交通事故责任认定		行政确认
	2	船舶进出港口报告		行政确认
水利局	1	水资源费征收		行政许可
卫生计生局	1	公共场所卫生行政许可	公共场所卫生许可证复核	行政许可
	2	签发检疫合格证明		行政确认
安监局	1	生产经营单位无生产安全事故证明		公共服务
市场监管局	1	企业及分支机构登记（设立、变更、注销）	公司设立登记	行政许可
			公司变更登记	行政许可
			公司注销登记	行政许可
			分公司设立登记	行政许可

续表 1

单位名称	序号	主项名称	子项名称	事项类型
市场监管局	1	企业及分支机构登记（设立、变更、注销）	分公司变更登记	行政许可
			分公司注销登记	行政许可
			非公司企业法人开业登记	行政许可
			非公司企业法人变更登记	行政许可
			非公司企业法人注销登记	行政许可
			营业单位及非法人分支机构开业登记	行政许可
			营业单位及非法人分支机构变更登记	行政许可
			营业单位及非法人分支机构注销登记	行政许可
			个人独资企业设立	行政许可
			个人独资企业变更	行政许可
			个人独资企业注销	行政许可
			个人独资企业分支机构设立	行政许可
			个人独资企业分支机构变更	行政许可
			个人独资企业分支机构注销	行政许可
			合伙企业设立	行政许可
			合伙企业变更	行政许可
			合伙企业注销	行政许可
			合伙企业分支机构设立	行政许可
			合伙企业分支机构变更	行政许可
			合伙企业分支机构注销	行政许可
	2	个体工商户登记（开业、变更、注销）	个体工商户开业登记	行政许可
			个体工商户变更登记	行政许可
			个体工商户注销登记	行政许可
质监局	1	检验机构计量认证	实验室资质认定	行政许可
			食品检验机构资质认定	
			检验检测能力取消申请	
			检验检测机构法人性质变更	
			检验机构地址名称变更	
			检验机构检验标准变更	
			检验机构主要人员变更	
			检验机构授权签字人变更	
			检验机构质量体系变更	
	2	重要工业产品生产许可	省级工业产品生产许可证	行政许可
			食品相关产品生产许可证	
	3	机动车安全技术检验机构检验资格核准		行政许可
	4	产品质量检验机构资格认定		行政许可
残联	1	残疾人证核发（疑似重度肢体残疾）		公共服务
	2	残疾人两项补贴	困难残疾人生活补贴	公共服务
			重度残疾人护理补贴	

续表1

单位名称	序号	主项名称	子项名称	事项类型
国家税务局	1	生产企业免抵退税办理		公共服务
	2	外贸企业免退税办理		公共服务
	3	营业税改征增值税适用增值税零税率应税服务免抵退税办理		公共服务
	4	网上申报		公共服务
	5	网上发票认证		公共服务
	6	网上抄税		公共服务
	7	网上纳税证明开具		公共服务
旅游局	1	旅行社设立分社、服务网点备案		其他权力事项
广播电视台	1	有线数字电视报障		公共服务
海关诸暨办	1	进出口货物报关		公共服务
国检诸暨办	1	原产地证备案（不需下厂调查的产品）		公共服务
水务集团	1	交纳水费		公共服务
供电公司	1	居民峰谷用电变更		公共服务

附件2

群众和企业到政府办事“零上门”事项清单（镇级）

表2

序　号	事项名称	事项类型
1	五保供养救济	行政给付
2	部分烈士子女（含错杀平反人员子女）优待金发放	行政给付
3	养老服务补贴给付	行政给付
4	计划生育家庭奖励扶助金	行政给付
5	计划生育特别扶助金核发	行政给付
6	计划生育公益金核发	行政给付
7	农村五保供养待遇认定	其他行政权力
8	特困人员供养设立、终止	其他行政权力

附件3

群众和企业到政府办事“最多跑一次”事项清单（市级）

表3

部　门	序号	主项名称	子项名称	事项类型
发改局	1	影响石油天然气管道施工作业许可	穿跨越管道等施工作业审批	行政许可
			管道专用隧道中心线两侧各一千米地域范围内实施采石、爆破作业审批	行政许可
	2	管道防护方案或改线方案审批		行政许可

续表 3

部　门	序号	主项名称	子项名称	事项类型
发改局	3	企业投资项目备案		其他行政权力
	4	境外投资项目备案		其他行政权力
	5	管道停止运行、封存、报废的安全防护措施备案		其他行政权力
	6	停止运行、封存管道需要重新启用的理由、安全运行保障方案备案		其他行政权力
	7	管道竣工测量图备案		其他行政权力
	8	管道企业应急预案备案		其他行政权力
	9	政府投资项目竣工验收		其他行政权力
	10	中央预算内投资计划申请审核转报下达		审核转报
	11	浙江省公共信用信息查询服务		公共服务
	12	粮食、棉花进口关税配额审核转报		审核转报
	13	民办幼儿园保教费、住宿费标准备案		其他行政权力
经信局	1	企业技术改造项目备案		其他行政权力
	2	节能审查	固定资产投资项目节能审查	行政许可
	3	企业投资项目核准	企业投资项目核准（技改）	行政许可
	4	外商投资项目核准		行政许可
教育局	1	教师资格认定		行政许可
	2	民办学校审批（含学前教育、初等教育、初级中等教育、高级中等教育、自学考试助学及民办非学历高等教育机构）	民办学校分立审批（含学前教育、初等教育、初级中等教育、高级中等教育、自学考试助学及民办非学历高等教育机构）	行政许可
			民办学校变更审批（含学前教育、初等教育、初级中等教育、高级中等教育、自学考试助学及民办非学历高等教育机构）	
科技局	1	科技成果转化补助申请		公共服务
	2	科技创新券		公共服务
	3	专利补助申请		公共服务
	4	省农业科技研发中心认定		行政确认
	5	省农业科技企业认定		行政确认
	6	国家科学技术奖励申报推荐		审核转报
	7	省级科技研发机构的申报推荐		审核转报
	8	省农业科技研发中心的申报推荐		审核转报
	9	省级重点实验室的申报推荐		审核转报
	10	省级工程技术中心的申报推荐		审核转报
	11	省级高新技术企业研究开发中心的申报推荐		审核转报
	12	省级企业研究院的申报推荐		审核转报
	13	省级国际科技合作基地的申报推荐		审核转报
	14	省级科技计划的申报推荐		审核转报

续表 3

部　门	序号	主项名称	子项名称	事项类型
科技局	15	省级新产品试制计划的申报推荐		审核转报
科技局	16	市科学技术奖的申报推荐		审核转报
科技局	17	市级科技企业孵化器（大学科技园）的申报推荐		审核转报
科技局	18	省农业科技企业的申报推荐		审核转报
民宗局	1	宗教活动场所扩建、迁建及内部改建、新建建筑物许可	宗教活动场所内改建、新建建筑物许可（不影响现有布局和功能的）	行政许可
民宗局	2	举办非通常宗教活动许可	举办非通常宗教活动许可[不跨县(市、区)]	行政许可
民宗局	3	可以进行集体宗教活动的场合认可	可以进行集体宗教活动的场合认可［主办方为县（市、区）级宗教团体或其他组织的］	行政许可
民宗局	4	民族成分变更的审核		行政确认
民宗局	5	宗教团体和寺观教堂举办宗教教职人员和义工培训班备案	县（市、区）级宗教团体和县（市、区）属寺观教堂举办宗教教职人员和义工培训班备案	其他行政权力
民宗局	6	宗教活动场所扩建、迁建及内部改建、新建建筑物的审查		审核转报
公安局	1	边境管理区通行证		行政许可
公安局	2	中华人民共和国护照		行政许可
公安局	3	大陆居民往来台湾通行证及签注		行政许可
公安局	4	台湾居民来往大陆通行证		行政许可
公安局	5	中华人民共和国出入境通行证		行政许可
公安局	6	中华人民共和国往来港澳通行证及签注	中华人民共和国往来港澳通行证及签注（团队旅游）	行政许可
			中华人民共和国往来港澳通行证及签注（商务）	
			中华人民共和国往来港澳通行证及签注（其他）	
公安局	7	危险类物品运输审批	第二类易制毒化学品运输许可证	行政许可
			烟花爆竹道路运输许可证	
			民用爆炸物品运输许可证	
			放射性物品道路运输审批	
公安局	8	机动车登记	机动车注册登记	行政许可
			机动车变更登记（备案）	
			机动车转移登记	
			机动车注销登记	
			机动车抵押登记	
			机动车检验合格标志核发、机动车临时号牌核发	
公安局	9	校车驾驶资格许可		行政许可

续表 3

部　门	序号	主项名称	子项名称	事项类型
公安局	10	金融机构营业场所、金库安全防范设施建设方案审批及工程验收	金融机构营业场所、金库安全防范设施建设方案审批	行政许可
			金融机构营业场所、金库安全防范设施建设验收	行政许可
	11	特种行业许可证	典当业特种行业许可证	行政许可
			旅馆业特种行业许可证	
			公章刻制业特种行业许可证	
	12	集会游行示威审批		行政许可
	13	大型群众性活动安全许可		行政许可
	14	在城市、风景名胜区和重要工程设施附近实施爆破作业许可		行政许可
	15	枪支（弹药）运输（携运）许可	枪支（弹药）运输许可（省际）	行政许可
			枪支（弹药）携运许可	
	16	危险类物品购买许可证	剧毒化学品购买许可证	行政许可
			民用爆炸物品购买许可证	
	17	设立互联网上网服务营业场所审批	互联网上网服务营业场所设立审批	行政许可
			互联网上网服务营业场所变更审批	
	18	危险类物品运输审批	剧毒化学品道路运输许可证	行政许可
	19		运输危险化学品的车辆进入危险化学品运输车辆限制通行区域许可证	行政许可
	20	人身伤害（轻微伤）认定	人身伤害（轻微伤）认定	行政确认
	21	淫秽物品鉴定		行政确认
	22	剧毒化学品、放射源存放场所技术防范系统验收		行政确认
	23	居民身份证真伪鉴别		行政确认
	24	出入境证件真伪认定		行政确认
	25	户口登记	出生登记	其他行政权力
			死亡注销	其他行政权力
			部队复员、退伍、转业军人落户	其他行政权力
	26	居民身份证申领、换领、补领	居民身份证申领	其他行政权力
	27	单位机构刻制公章备案		其他行政权力
	28	第三类易制毒化学品运输备案证明		其他行政权力
	29	机动车检验		其他行政权力
	30	机动车驾驶证审验		其他行政权力
	31	外省籍驾驶人备案		其他行政权力
	32	驾驶培训机构情况备案		其他行政权力
	33	道路运输企业聘用驾驶人备案		其他行政权力
	34	机动车驾驶人信息变更备案		其他行政权力

续表 3

部　门	序号	主项名称	子项名称	事项类型
公安局	35	机动车所有人信息变更备案		其他行政权力
	36	异地营运驾驶员备案		其他行政权力
	37	第三类易制毒化学品购买备案证明		其他行政权力
	38	招用持外省驾驶证的驾驶人从事机动车驾驶工作备案		其他行政权力
	39	驾驶证最高准驾车型注销		其他行政权力
	40	实习准驾车型驾驶资格注销		其他行政权力
	41	补换机动车登记证书、号牌、行驶证		其他行政权力
	42	恢复驾驶资格		其他行政权力
	43	外省籍驾驶证转入		其他行政权力
	44	校车驾驶人审验		其他行政权力
	45	校车及驾驶人资格审核		其他行政权力
	46	爆破作业情况备案		其他行政权力
	47	自行招用保安员的单位从事保安服务备案和撤销备案		其他行政权力
	48	实弹射击活动计划备案		其他行政权力
	49	射击运动枪、弹保管员情况备案		其他行政权力
	50	民用枪支持枪证年审		其他行政权力
	51	销售民用爆炸物品的企业、购买民用爆炸物品的单位民用爆炸物品买卖成交备案		其他行政权力
	52	民用爆炸物品销售企业备案		其他行政权力
	53	爆破作业单位备案		其他行政权力
	54	营业性爆破作业项目备案		其他行政权力
	55	储存剧毒化学品单位备案		其他行政权力
	56	管制刀具备案		其他行政权力
	57	租赁房屋登记备案		其他行政权力
	58	娱乐场所备案		其他行政权力
	59	临时居民身份证签发		其他权力事项
	60	旧货业备案		其他权力事项
	61	驾驶证延期换证、审验、提交身体条件证明		其他行政权力
	62	机动车限制、禁止的区域或者路段通行、停靠审核		其他行政权力
	63	浙江省居住证		其他权力事项
	64	省级治安保卫重点单位确定		审核转报
	65	市级治安保卫重点单位确定		审核转报
	66	县（市、区）级治安保卫重点单位确定		审核转报
	67	非公安机关配备公务用枪单位购置枪支弹药计划审查		审核转报

续表 3

部　门	序号	主项名称	子项名称	事项类型
公安局	68	民用枪支弹药需求计划审核		审核转报
	69	爆破工程技术人员安全作业证初审		审核转报
民政局	1	社会团体登记（成立、变更、注销）	社会团体名称预登记	行政许可
			社会团体注销登记	
	2	民办非企业单位登记（成立、变更、注销）	民办非企业单位名称预登记	行政许可
			民办非企业单位注销登记	
	3	基金会登记（设立、变更、注销）	基金会注销登记	行政许可
	4	伤残等级评定和补换伤残证审核转报		审核转报
	5	退出现役残疾军人集中供养批准		行政确认
	6	城乡最低生活保障对象认定		行政确认
	7	医疗救助对象认定		行政确认
	8	临时救助对象认定		行政确认
	9	老年人优待证办理		行政确认
	10	农村五保供养待遇认定		行政确认
	11	低保边缘户办理		行政确认
	12	孤儿基本生活费给付		行政给付
	13	城乡最低生活保障金给付		行政给付
	14	医疗救助金给付		行政给付
	15	60 周岁农村籍退伍军人老年生活补助金发放		行政给付
	16	部分烈士子女（含错杀平反人员子女）优待金发放		行政给付
	17	养老服务补贴给付		行政给付
	18	困难老年人养老服务补贴		行政给付
	19	困难家庭的审批和市、区困难家庭救助证的发放		其他行政权力
	20	社会团体有关事项备案		其他行政权力
	21	民办非企业单位有关事项备案		其他行政权力
	22	基金会有关事项备案		其他行政权力
	23	特困人员供养设立、终止		其他行政权力
	24	内地居民婚姻登记		行政确认
	25	建设殡仪服务设施、公益性骨灰安葬（放）设施审批		行政许可
司法局	1	基层法律服务工作者执业核准	基层法律服务工作者执业申请	行政许可
			基层法律服务工作者执业机构变更	
			基层法律服务工作者注销登记	
	2	基层法律服务所变更、注销登记	基层法律服务所名称变更	其他行政权力
			基层法律服务所法定代表人变更	
			基层法律服务所执业场所变更	
			基层法律服务所章程变更	
			基层法律服务所注销登记	

续表 3

部　门	序号	主项名称	子项名称	事项类型
司法局	3	公证机构场所变更、负责人产生及变更备案	公证机构办公场所变更	其他行政权力
			公证机构负责人产生及变更	
	4	公证员执业审批受理审核	公证员执业审批（一般任职）	行政许可
			公证员执业审批（考核任职）	
			公证员执业审批（免职）	
			公证员执业审批（变更执业机构）	
	5	法律援助审批		其他行政权力
财政（地税）局	1	临时经营纳税人设立登记		行政确认
	2	自然人信息登记		行政确认
	3	扣缴税款登记		行政确认
	4	组织变更登记(不涉及税务登记证件内容变化)		行政确认
	5	停业登记		行政确认
	6	复业登记		行政确认
	7	存款账户账号报告		行政确认
	8	财务会计制度及核算软件备案报告		行政确认
	9	“一照一码”信息采集		行政确认
	10	“一照一码”信息变更		行政确认
	11	社会保险缴费登记		行政确认
	12	个人缴费登记		行政确认
	13	境外注册中资控股企业居民身份确认		行政确认
	14	非居民合同项目备案		行政征收
	15	成本分摊协议报告		行政征收
	16	非居民企业间接转让财产事项报告		行政征收
	17	房地产交易税收申报		行政征收
	18	欠税人处置不动产或大额资产报告		行政征收
	19	纳税人合并分立情况报告		行政征收
	20	发包、出租情况报告		行政征收
	21	授权（委托）划缴协议		行政征收
	22	从事个体经营的随军家属税收优惠		行政征收
	23	从事个体经营的军队转业干部税收优惠		行政征收
	24	促进重点群体创业就业的企业税费优惠		行政征收
	25	从事个体经营的重点群体创业就业税费优惠		行政征收
	26	安置自谋职业的退役士兵的企业税费优惠		行政征收
	27	从事个体经营的退役士兵税费优惠		行政征收
	28	企业所得税即时办结类优惠办理——债券利息收入免征企业所得税		行政征收

续表 3

部　门	序号	主项名称	子项名称	事项类型
财政（地税）局	29	企业所得税即时办结类优惠办理——取得的地方政府债券利息收入免征企业所得税		行政征收
	30	企业所得税即时办结类优惠办理——符合条件的居民企业之间股息、红利等权益性投资收益免征企业所得税		行政征收
	31	企业所得税即时办结类优惠办理——设立机构、场所的非居民企业从居民企业取得与该机构、场所有实际联系的股息、红利免征企业所得税		行政征收
	32	企业所得税即时办结类优惠办理——符合条件的非营利组织的收入免征企业所得税		行政征收
	33	企业所得税即时办结类优惠办理——中国清洁发展机制基金取得的收入免征企业所得税		行政征收
	34	企业所得税即时办结类优惠办理——证券投资基金从证券市场中取得的收入暂不征收企业所得税		行政征收
	35	企业所得税即时办结类优惠办理——投资者从证券投资基金分配中取得的收入暂不征收企业所得税		行政征收
	36	企业所得税即时办结类优惠办理——证券投资基金管理人运用基金买卖股票、债券的差价收入暂不征收企业所得税		行政征收
	37	企业所得税即时办结类优惠办理——综合利用资源生产产品取得的收入在计算应纳税所得额时减计收入		行政征收
	38	企业所得税即时办结类优惠办理——金融、保险等机构取得的涉农贷款利息收入、保费收入在计算应纳税所得额时减计收入		行政征收
	39	企业所得税即时办结类优惠办理——取得的中国铁路建设债券利息收入减半征收企业所得税		行政征收
	40	企业所得税即时办结类优惠办理——开发新技术、新产品、新工艺发生的研究开发费用加计扣除		行政征收
	41	企业所得税即时办结类优惠办理——安置残疾人员及国家鼓励安置的其他就业人员所支付的工资加计扣除		行政征收
	42	企业所得税即时办结类优惠办理——从事农、林、牧、渔业项目的所得减免征收企业所得税		行政征收
	43	企业所得税即时办结类优惠办理——从事国家重点扶持的公共基础设施项目投资经营的所得定期减免征收企业所得税		行政征收

续表 3

部　门	序号	主项名称	子项名称	事项类型
财政（地税）局	44	企业所得税即时办结类优惠办理——从事符合条件的环境保护、节能节水项目的所得定期减免征收企业所得税		行政征收
	45	企业所得税即时办结类优惠办理——符合条件的技术转让所得减免征收企业所得税		行政征收
	46	企业所得税即时办结类优惠办理——实施清洁发展机制项目的所得定期减免征收企业所得税		行政征收
	47	企业所得税即时办结类优惠办理——符合条件的节能服务公司实施合同能源管理项目的所得定期减免征收企业所得税		行政征收
	48	企业所得税即时办结类优惠办理——创业投资企业按投资额的一定比例抵扣应纳税所得额		行政征收
	49	企业所得税即时办结类优惠办理——符合条件的小型微利企业减按 20% 的税率征收企业所得税（减低税率）		行政征收
	50	企业所得税即时办结类优惠办理——符合条件的小型微利企业减按 20% 的税率征收企业所得税（减半征收）		行政征收
	51	企业所得税即时办结类优惠办理——国家需要重点扶持的高新技术企业减按 15%的税率征收企业所得税		行政征收
	52	企业所得税即时办结类优惠办理——经营性文化事业单位转制为企业的免征企业所得税		行政征收
	53	企业所得税即时办结类优惠办理——动漫企业自主开发、生产动漫产品定期减免征收企业所得税		行政征收
	54	企业所得税即时办结类优惠办理——技术先进型服务企业减按 15% 的税率征收企业所得税		行政征收
	55	企业所得税即时办结类优惠办理——集成电路生产企业定期减免征收企业所得税		行政征收
	56	企业所得税即时办结类优惠办理——集成电路线宽小于 0.25 微米或投资额超过 80 亿元的集成电路生产企业减按 15% 税率征收企业所得税		行政征收
	57	企业所得税即时办结类优惠办理——新办集成电路设计企业和符合条件的软件企业定期减免征收企业所得税		行政征收
	58	企业所得税即时办结类优惠办理——国家规划布局内重点软件企业和集成电路设计企业可减按 10% 的税率征收企业所得税		行政征收

续表 3

部　门	序号	主项名称	子项名称	事项类型
财政（地税）局	59	企业所得税即时办结类优惠办理——符合条件的生产和装配伤残人员专门用品企业免征企业所得税		行政征收
	60	企业所得税即时办结类优惠办理——购置用于环境保护、节能节水、安全生产等专用设备的投资额按一定比例实行税额抵免		行政征收
	61	企业所得税即时办结类优惠办理——固定资产或购入软件等可以加速折旧或摊销		行政征收
	62	企业所得税即时办结类优惠办理——固定资产加速折旧或一次性扣除（2014 年新政）		行政征收
	63	企业所得税即时办结类优惠办理——外国投资者从外商投资企业取得 2008 年以前股息红利免征企业所得税		行政征收
	64	企业所得税即时办结类优惠办理——非居民企业减按 10% 税率征收企业所得税		行政征收
	65	企业所得税即时办结类优惠办理——外国政府利息免征企业所得税		行政征收
	66	企业所得税即时办结类优惠办理——国际金融组织利息免征企业所得税		行政征收
	67	企业所得税即时办结类优惠办理——QFII 和 RQFII 股票转让免征企业所得税		行政征收
	68	企业所得税即时办结类优惠办理——集成电路封装、测试企业以及集成电路关键专用材料生产企业、集成电路专用设备生产企业定期减免征收企业所得税		行政征收
	69	企业所得税即时办结类优惠办理——内地居民企业连续持有 H 股满 12 个月取得的股息红利免征企业所得税		行政征收
	70	企业所得税即时办结类优惠办理——民族自治地方的自治机关对本民族自治地方的企业应缴纳的企业所得税属于地方分享的部分减征或免征		行政征收
	71	企业所得税即时办结类优惠办理——有限合伙制创业投资企业合伙人按投资额的一定比例抵扣应纳税额		行政征收
	72	非居民企业享受税收协定待遇即时办结类优惠办理		行政征收
	73	个人所得税即时办结类优惠办理——个人转让自用住房个人所得税优惠		行政征收
	74	个人所得税即时办结类优惠办理——个人无偿受赠或继承不动产个人所得税优惠		行政征收
	75	个人所得税即时办结类优惠办理——离婚析产分割房屋产权个人所得税优惠		行政征收

续表 3

部　门	序号	主项名称	子项名称	事项类型
财政（地税）局	76	非居民个人享受税收协定待遇即时办结类优惠办理		行政征收
	77	城镇土地使用税即时办结类优惠办理——经批准开山填海整治的土地和改造的废弃土地城镇土地使用税优惠		行政征收
	78	城镇土地使用税即时办结类优惠办理——安全防范用地城镇土地使用税优惠		行政征收
	79	城镇土地使用税即时办结类优惠办理——保障性住房城镇土地使用税优惠		行政征收
	80	城镇土地使用税即时办结类优惠办理——安置残疾人员就业城镇土地使用税优惠		行政征收
	81	城镇土地使用税即时办结类优惠办理——老年服务机构城镇土地使用税优惠		行政征收
	82	城镇土地使用税即时办结类优惠办理——农产品批发市场、农贸市场城镇土地使用税优惠		行政征收
	83	城镇土地使用税即时办结类优惠办理——非营利性科研机构城镇土地使用税优惠		行政征收
	84	城镇土地使用税即时办结类优惠办理——大学科技园城镇土地使用税优惠		行政征收
	85	城镇土地使用税即时办结类优惠办理——科技企业孵化器城镇土地使用税优惠		行政征收
	86	城镇土地使用税即时办结类优惠办理——医疗卫生机构城镇土地使用税优惠		行政征收
	87	城镇土地使用税即时办结类优惠办理——教育行业城镇土地使用税优惠		行政征收
	88	城镇土地使用税即时办结类优惠办理——被撤销金融机构清理和处置财产城镇土地使用税优惠		行政征收
	89	城镇土地使用税即时办结类优惠办理——国家储备商品城镇土地使用税优惠		行政征收
	90	城镇土地使用税即时办结类优惠办理——搬迁企业用地城镇土地使用税优惠		行政征收
	91	城镇土地使用税即时办结类优惠办理——电力行业用地城镇土地使用税优惠		行政征收
	92	城镇土地使用税即时办结类优惠办理——水利设施用地城镇土地使用税优惠		行政征收
	93	城镇土地使用税即时办结类优惠办理——民航机场用地城镇土地使用税优惠		行政征收
	94	城镇土地使用税即时办结类优惠办理——武警部队用地城镇土地使用税优惠		行政征收
	95	城镇土地使用税即时办结类优惠办理——交通部门的港口用地城镇土地使用税优惠		行政征收

续表 3

部　门	序号	主项名称	子项名称	事项类型
财政（地税）局	96	城镇土地使用税即时办结类优惠办理——地下建筑用地城镇土地使用税优惠		行政征收
	97	城镇土地使用税即时办结类优惠办理——天然林防工程城镇土地使用税优惠		行政征收
	98	城镇土地使用税即时办结类优惠办理——城市公交站场道路客运站场城镇土地使用税优惠		行政征收
	99	城镇土地使用税即时办结类优惠办理——农村饮水安全城镇土地使用税优惠		行政征收
	100	城镇土地使用税即时办结类优惠办理——矿山企业城镇土地使用税优惠		行政征收
	101	城镇土地使用税即时办结类优惠办理——煤炭企业用地城镇土地使用税优惠		行政征收
	102	城镇土地使用税即时办结类优惠办理——盐场、盐矿的矿井用地城镇土地使用税优惠		行政征收
	103	城镇土地使用税即时办结类优惠办理——林业系统城镇土地使用税优惠		行政征收
	104	城镇土地使用税即时办结类优惠办理——核电站城镇土地使用税优惠		行政征收
	105	城镇土地使用税即时办结类优惠办理——中央铁路企业城镇土地使用税优惠		行政征收
	106	城镇土地使用税即时办结类优惠办理——石油企业城镇土地使用税优惠		行政征收
	107	城镇土地使用税即时办结类优惠办理——荒山、林地、湖泊等占地城镇土地使用税优惠		行政征收
	108	城镇土地使用税即时办结类优惠办理——司法系统自用土地城镇土地使用税优惠		行政征收
	109	城镇土地使用税即时办结类优惠办理——石油储备基地第一期项目建设用地城镇土地使用税优惠		行政征收
	110	城镇土地使用税即时办结类优惠办理——落实私房政策后的房屋用地城镇土地使用税优惠		行政征收
	111	城镇土地使用税即时办结类优惠办理——转制科研机构城镇土地使用税优惠		行政征收
	112	城镇土地使用税即时办结类优惠办理——企业绿化用地城镇土地使用税优惠		行政征收
	113	城镇土地使用税即时办结类优惠办理——供热企业用地城镇土地使用税优惠		行政征收

续表 3

部　门	序号	主项名称	子项名称	事项类型
财政（地税）局	114	城镇土地使用税即时办结类优惠办理——核工业企业用地城镇土地使用税优惠		行政征收
	115	城镇土地使用税即时办结类优惠办理——中国信达等四家金融资产管理公司处置不良资产城镇土地使用税优惠		行政征收
	116	城镇土地使用税即时办结类优惠办理——东方资产管理公司接收港澳国际（集团）有限公司资产的城镇土地使用税优惠		行政征收
	117	城镇土地使用税即时办结类优惠办理——地方铁路企业城镇土地使用税优惠		行政征收
	118	城镇土地使用税即时办结类优惠办理——股改及合资铁路运输企业城镇土地使用税优惠		行政征收
	119	城镇土地使用税即时办结类优惠办理——企业铁路、公路用地城镇土地使用税优惠		行政征收
	120	城镇土地使用税即时办结类优惠办理——石油储备基地第二期项目建设用地城镇土地使用税优惠		行政征收
	121	城镇土地使用税即时办结类优惠办理——血站用地城镇土地使用税优惠		行政征收
	122	城镇土地使用税即时办结类优惠办理——免税单位无偿使用征税单位土地的城镇土地使用税优惠		行政征收
	123	城镇土地使用税即时办结类优惠办理——采摘观光农业用地城镇土地使用税优惠		行政征收
	124	城镇土地使用税即时办结类优惠办理——已售房改房用地城镇土地使用税优惠		行政征收
	125	城镇土地使用税即时办结类优惠办理——个人出租住房用地城镇土地使用税优惠		行政征收
	126	城镇土地使用税即时办结类优惠办理——大宗商品仓储设施用地城镇土地使用税优惠		行政征收
	127	房产税即时办结类优惠办理——毁损不堪居住的房屋和危险房屋的房产税优惠		行政征收
	128	房产税即时办结类优惠办理——大修停用房屋的房产税优惠		行政征收
	129	房产税即时办结类优惠办理——基建工地临时性房屋的房产税优惠		行政征收
	130	房产税即时办结类优惠办理——保障性住房的房产税优惠		行政征收
	131	房产税即时办结类优惠办理——农产品批发市场、农贸市场使用房产的房产税优惠		行政征收

续表 3

部 门	序号	主项名称	子项名称	事项类型
财政（地税）局	132	房产税即时办结类优惠办理——文化体制改革中经营性文化事业单位转制为企业的房产税优惠		行政征收
	133	房产税即时办结类优惠办理——武警部队房产的房产税优惠		行政征收
	134	房产税即时办结类优惠办理——军队空余房产租赁收入房产税优惠		行政征收
	135	房产税即时办结类优惠办理——老年服务机构的房产税优惠		行政征收
	136	房产税即时办结类优惠办理——医疗卫生机构的房产税优惠		行政征收
	137	房产税即时办结类优惠办理——教育行业的房产税优惠		行政征收
	138	房产税即时办结类优惠办理——承担国家商品储备自用房的房产税优惠		行政征收
	139	房产税即时办结类优惠办理——大学科技园的房产税优惠		行政征收
	140	房产税即时办结类优惠办理——科技企业孵化器的房产税优惠		行政征收
	141	房产税即时办结类优惠办理——非营利性科研机构的房产税优惠		行政征收
	142	房产税即时办结类优惠办理——被撤销金融机构清理和处置财产的房产税优惠		行政征收
	143	房产税即时办结类优惠办理——中国人民银行总行（含国家外汇管理局）所属分支机构的房产税优惠		行政征收
	144	房产税即时办结类优惠办理——天然林保护工程的房产税优惠		行政征收
	145	房产税即时办结类优惠办理——铁路运输企业的房产税优惠		行政征收
	146	房产税即时办结类优惠办理——农村饮水安全的房产税优惠		行政征收
	147	房产税即时办结类优惠办理——自然灾害类房产税优惠		行政征收
	148	房产税即时办结类优惠办理——司法系统自用房产的房产税优惠		行政征收
	149	房产税即时办结类优惠办理——出租住房的房产税优惠		行政征收
	150	房产税即时办结类优惠办理——转制科研机构的房产税优惠		行政征收
	151	房产税即时办结类优惠办理——东方资产管理公司接收港澳国际（集团）有限公司房产的房产税优惠		行政征收

续表 3

部　门	序号	主项名称	子项名称	事项类型
财政（地税）局	152	房产税即时办结类优惠办理——中国信达等四家金融资产管理公司处置不良资产房产税优惠		行政征收
	153	房产税即时办结类优惠办理——高校学生公寓房产税优惠		行政征收
	154	房产税即时办结类优惠办理——血站的房产税优惠		行政征收
	155	房产税即时办结类优惠办理——工商行政管理部门集贸市场的房产税优惠		行政征收
	156	房产税即时办结类优惠办理——房管部门经租居民住房的房产税优惠		行政征收
	157	房产税即时办结类优惠办理——具备房屋功能的地下建筑房产税优惠		行政征收
	158	土地增值税即时办结类优惠办理——被撤销金融机构清理和处置财产的土地增值税优惠		行政征收
	159	土地增值税即时办结类优惠办理——企事业单位、社会团体以及其他组织转让旧房作为改造安置住房房源且增值额未超过扣除项目金额 20% 的土地增值税优惠		行政征收
	160	土地增值税即时办结类优惠办理——企业改制重组土地增值税优惠		行政征收
	161	土地增值税即时办结类优惠办理——企事业单位、社会团体以及其他组织转让旧房作为公共租赁住房房源且增值额未超过扣除项目金额 20% 的土地增值税优惠		行政征收
	162	土地增值税即时办结类优惠办理——个人销售住房土地增值税优惠		行政征收
	163	土地增值税即时办结类优惠办理——合作建房土地增值税优惠		行政征收
	164	资源税即时办结类优惠办理——开采原油过程中用于加热、修井的原油免征资源税优惠		行政征收
	165	资源税即时办结类优惠办理——衰竭期煤矿开采的煤炭，减征资源税优惠		行政征收
	166	资源税即时办结类优惠办理——充填开采置换出来的煤炭，减征资源税优惠。 纳税人开采的煤炭，同时符合上述（2 ）、（3）减税情形的，纳税人只能选择其中一项执行，不能叠加适用		行政征收
	167	资源税即时办结类优惠办理——铁矿石减征资源税优惠		行政征收

续表 3

部 门	序号	主项名称	子项名称	事项类型
财政（地税）局	168	印花税即时办结类优惠办理——国家指定的收购部门与村民委员会、农民个人书立的农副产品收购合同印花税优惠		行政征收
	169	印花税即时办结类优惠办理——无息、贴息贷款合同印花税优惠		行政征收
	170	印花税即时办结类优惠办理——外国政府、国际金融组织向中国政府、国家金融机构提供优惠贷款所书立的合同印花税优惠		行政征收
	171	印花税即时办结类优惠办理——财产所有人将财产赠给政府、抚养孤老伤残人员的社会福利单位、学校所立的书据印花税优惠		行政征收
	172	印花税即时办结类优惠办理——已缴纳印花税的凭证的副本或者抄本印花税优惠		行政征收
	173	印花税即时办结类优惠办理——企业改制过程中印花税优惠		行政征收
	174	印花税即时办结类优惠办理——被撤销金融机构接收债权、清偿债务过程中签订的产权转移书据印花税优惠		行政征收
	175	印花税即时办结类优惠办理——农民专业合作社与本社成员签订的农业产品和农业生产资料购销合同印花税优惠		行政征收
	176	印花税即时办结类优惠办理——金融机构与小型、微型企业签订的借款合同印花税优惠		行政征收
	177	印花税即时办结类优惠办理——饮水工程运营管理单位为建设饮水工程取得土地使用权而签订的产权转移书据，以及与施工单位签订的建设工程承包合同印花税优惠		行政征收
	178	印花税即时办结类优惠办理——对改造安置住房经营管理单位、开发商与改造安置住房相关以及购买安置住房的个人涉及的印花税优惠		行政征收
	179	印花税即时办结类优惠办理——促进公共租赁住房发展印花税优惠		行政征收
	180	印花税即时办结类优惠办理——高校学生公寓租赁合同印花税优惠		行政征收
	181	印花税即时办结类优惠办理——发行单位之间，以及发行单位与订阅单位或个人之间书立征订凭证印花税优惠		行政征收
	182	印花税即时办结类优惠办理——飞机租赁企业印花税优惠		行政征收
	183	印花税即时办结类优惠办理——部分国家储备商品印花税优惠		行政征收

续表 3

部　门	序号	主项名称	子项名称	事项类型
财政（地税）局	184	印花税即时办结类优惠办理——经营性文化事业单位转制中资产评估增值、资产转让或划转印花税优惠		行政征收
	185	车船税即时办结类优惠办理——捕捞、养殖渔船车船税优惠		行政征收
	186	车船税即时办结类优惠办理——依照法律规定应当予以免税的外国驻华使领馆、国际组织驻华代表机构及有关人员的车船税优惠（拥有公安交通管理部门核发的外国使馆、领事馆专用号牌的机动车除外）		行政征收
	187	车船税即时办结类优惠办理——对受严重自然灾害影响纳税困难以及有其他特殊原因确需减税、免税的，减征或者免征车船税优惠		行政征收
	188	车船税即时办结类优惠办理——公共交通车船的车船税优惠（主管税务机关统一制发减免税文件的地区除外）		行政征收
	189	车船税即时办结类优惠办理——按照规定缴纳船舶吨税的机动船舶，自《中华人民共和国车船税法》实施之日起 5 年内免征车船税优惠		行政征收
	190	车船税即时办结类优惠办理——依法不需要在车船登记管理部门登记的机场、港口、铁路站场内部行驶或者作业的车船，自《中华人民共和国车船税法》实施之日起 5 年内免征车船税优惠		行政征收
	191	城市维护建设税即时办结类优惠办理		行政征收
	192	教育费附加即时办结类优惠办理		行政征收
	193	耕地占用税即时办结优惠办理——军事设施占用耕地的耕地占用税优惠		行政征收
	194	耕地占用税即时办结优惠办理——农村居民占用耕地新建住宅，按照当地适用税额减半征收耕地占用税优惠		行政征收
	195	耕地占用税即时办结优惠办理——建设直接为农业生产服务的生产设施占用林地牧草地、农田水利用地、养殖水面以及渔业水域滩涂等其他农用地的耕地占用税优惠		行政征收
	196	契税即时办结优惠办理——城镇职工第一次购买公有住房（不包括商品房）或者公有制单位职工按照国家房改政策，首次购买单位集资建成的普通住房或由单位购买的普通商品住房的契税优惠		行政征收

续表 3

部　门	序号	主项名称	子项名称	事项类型
财政（地税）局	197	契税即时办结优惠办理——土地使用权、房屋所有权以及土地使用权与房屋相互交换的契税优惠		行政征收
	198	契税即时办结优惠办理——纳税人承受荒山、荒沟、荒丘、荒滩土地使用权，用于农、林、牧、渔业生产的契税优惠		行政征收
	199	契税即时办结优惠办理——依照中国有关法律规定以及中国缔结或参加的双边和多边条约或协定的规定应当予以免税的外国驻华使馆、领事馆、联合国驻华机构及外交代表、领事官员和其他外交人员承受土地、房屋权属的契税优惠		行政征收
	200	契税即时办结优惠办理——个人购买家庭唯一普通住房的契税优惠		行政征收
	201	契税即时办结优惠办理——夫妻之间房屋、土地权属变更的契税优惠		行政征收
	202	契税即时办结优惠办理——对棚户区改造经营管理单位回购已分配的改造安置住房继续作为改造安置房源的契税优惠		行政征收
	203	契税即时办结优惠办理——个人因房屋被征收而取得货币补偿并用于购买改造安置住房，或因房屋被征收而进行房屋产权调换并取得改造安置住房的契税优惠		行政征收
	204	契税即时办结优惠办理——已购公有住房经补缴土地出让金和其他出让费用成为完全产权住房的契税优惠		行政征收
	205	契税即时办结优惠办理——公共租赁住房经营管理单位购买住房作为公共租赁住房的契税优惠		行政征收
	206	契税即时办结优惠办理——个人购买经济适用住房的契税优惠		行政征收
	207	完税证明开具		行政征收
	208	纳税证明开具		行政征收
	209	资源税管理证明开具		行政征收
	210	通过保险机构缴纳车船税的完税凭证开具		行政征收
	211	社保费缴费证明开具		行政征收
	212	执收单位不明确的政府非税收入征收		行政征收
	213	农业综合开发项目审批的审核转报		其他行政权力
	214	宣传文化增值税优惠的审核转报		审核转报
	215	会计师事务所年度报备的审核转报		审核转报

续表 3

部　门	序号	主项名称	子项名称	事项类型
人力社保局	1	外国人入境就业许可		行政许可
	2	台港澳人员在内地就业许可		行政许可
	3	社会保险参保人员个人缴费	城乡居民基本养老保险参保人员缴费	行政征收
			被征地农民基本生活保障参保人员缴费	
			城乡居民基本医疗保险参保人员缴费。	
	4	事业单位基本养老保险费征收		行政征收
	5	参保对象应缴社会保险费核定	基本养老保险参保个人应缴养老保险费核定	行政确认
			基本医疗保险参保单位和个人应缴医疗保险费核定	
			失业保险参保个人应缴失业保险费核定	
			机关事业单位和个人应缴养老保险费核定	
			缴费基数调整审核	
			社会保险费补缴核定	
			社会保险缴费清退	
			异地重复缴费转移清退	
	6	参保单位职工基本养老保险待遇资格确认	参保人员正常退休确认	行政确认
			外地户籍个体参保人员退休确认	
			职工基本医疗保险退休待遇确认	
			退休人员补缴基本医疗费确认	
			退休人员医保险种转换确认	
	7	参保单位工伤保险费率核定		行政确认
	8	参保企业高级专家及劳模退休时一次性补贴核准		行政确认
	9	参保人员视同缴费年限认定	基本养老保险视同缴费年限认定	行政确认
			基本医疗保险视同缴费年限认定	
			企业退休人员缴费年限（含视同缴费年限）的重新认定	
	10	社会保险参保登记	养老保险参保登记	行政确认
			基本医疗保险参保登记	
			失业保险参保登记	
			工伤保险参保登记	
			生育保险参保登记	
			城乡居民基本养老保险参保登记	
			城乡居民基本医疗保险参保登记	
			单位社会保险登记	
			单位社会保险登记变更	
			用人单位职工参保登记	

续表 3

部　门	序号	主项名称	子项名称	事项类型
人力社保局	10	社会保险参保登记	参保人员参保险种转换核定	行政确认
			参保人员停保审核	
			个体劳动者（灵活就业人员）参保资格审核	
			参保人员基本信息变更审核	
			医疗待遇停止恢复变更审核	
			被征地农民基本生活保障参保登记	
	11	异地退休人员生存和领取养老金资格认证	居住在本地的异地离退休人员领取养老金资格协助认证	行政确认
			居住在本地的异地离退休人员死亡后供养直系亲属领取生活困难补助费资格协助认证	
			居住在异地的本地离退休人员领取养老金资格认证结果审核确认	
			居住在异地的本地离退休人员死亡后供养直系亲属领取生活困难补助费资格认证结果审核确认	
	12	基本医疗保险待遇核准支付	医疗保险急诊费用报销	行政给付
			医疗保险外地就医费用报销	
			基本医疗保险参保人员门（急）诊医药费审核报销	
			基本医疗保险参保人员规定病种门诊医药费审核报销	
			基本医疗保险参保人员住院医药费审核报销	
			离休干部门（急）诊医药费审核报销	
			市级离休干部住院医药费审核报销	
			离休干部配偶门（急）诊医药费审核报销	
			离休干部配偶住院医药费审核报销	
			劳模、伤残军人等医疗照顾对象医疗费补助审核报销	
	13	参保企业退休军转干部生活补贴		行政给付
	14	医疗保险费用审核结算	“一卡通”医疗费用拨付	行政给付
			“一卡通”医疗费用审核	
			非联网结算定点医疗机构医疗费审核支付	
			定点医疗机构总额预算考核清算	
			定点零售药店总额预算考核清算	
			基本医疗保险个人账户一次性支付审核	
			工伤人员医疗费清算	
			社会保险费退费前的医疗费清算	
			联网结算的定点医疗机构（药店）医疗费审核	
			联网结算定点医疗机构（药店）医疗费拨付	

续表3

部　门	序号	主项名称	子项名称	事项类型
人力社保局	15	生育、工伤、养老、失业待遇核定发放	生育保险待遇核准支付	行政给付
			工伤保险待遇核准支付	
			基本养老保险待遇核准支付	
			生育津贴核定	
			计划生育手术津贴核定	
			计划生育医疗费用核定	
			生育医疗补贴及医疗费用核定	
			因工死亡职工供养亲属享受抚恤金待遇资格核定	
			因工死亡职工供养亲属抚恤金待遇核定	
			因工死亡职工丧葬费及一次性工亡补助金核定	
			工伤医疗费核定	
			劳动能力鉴定费、伤残津贴、护理费、一次性伤残补助金和一次性医疗补助金核定	
			工伤残疾辅助器具配置核定	
			工伤康复费用核定	
			工伤职工统筹外就医交通、食宿费核定	
			企业职工基本养老保险参保人员退休（退职）基本养老金核定	
			企业离退休（退职）人员基本信息及待遇变更核定	
			企业职工基本养老保险参保人员丧葬补助金和一次性抚恤金支付审核	
			企业离退休（退职）人员基本养老金待遇停发审核	
			企业职工、离退休（退职）人员死亡后遗属供养资格审核	
			企业职工、离退休（退职）人员死亡后遗属生活困难补助费核定	
			企业职工、离退休（退职）人员死亡后遗属基本信息及待遇变更审核	
			企业职工、离退休（退职）人员死亡后遗属生活困难补助费停发审核	
			企业职工基本养老保险参保人员达到法定退休年龄前死亡个人账户余额一次性支付审核	
			企业职工基本养老保险参保人员达到法定退休年龄前死亡丧葬补助金和一次性抚恤金支付审核	

续表 3

部　门	序号	主项名称	子项名称	事项类型
人力社保局	15	生育、工伤、养老、失业待遇核定发放	企业职工基本养老保险外国籍参保人员达到法定退休年龄前个人账户储存额一次性支付审核	行政给付
			企业职工基本养老保险参保人员达到法定退休年龄不符合按月领取养老金条件个人账户储存额一次性支付审核	
			企业离退休（退职）人员死亡后个人账户余额一次性支付审核	
			机关事业单位养老保险参保人员退休（退职）养老金核定	
			机关事业单位养老保险参保人员离退休（退职）基本信息及待遇变更核定	
			机关事业单位养老保险参保人员丧葬补助金和一次性抚恤金支付审核	
			机关事业单位养老保险参保人员养老金停发审核	
			机关事业单位养老保险参保人员死亡后遗属生活困难补助费核定	
			机关事业单位养老保险参保人员死亡后遗属基本信息及待遇变更审核	
			机关事业单位养老保险参保人员死亡后遗属生活困难补助费停发审核	
			机关事业单位养老保险参保人员领取养老金前死亡的个人缴纳部分退还审核	
			城乡居民基本养老保险个人账户拨付审核	
			城乡居民基本养老保险丧葬费拨付审核	
			城乡居民基本养老保险待遇变更核定	
			精减退职人员生活困难补助核定发放	
			失业保险待遇核准支付	
			农民合同制职工一次性生活补助费审核	
			统筹地区以外的城镇失业人员选择户籍地享受失业保险待遇的审核	
			统筹地区以外的城镇失业人员选择参保地享受失业保险待遇的审核	
			人事档案托管人员失业保险待遇审核	
			城镇失业人员失业保险待遇的审核	
			被征地人员养老保障待遇、丧葬费及折算职工基本养老保险给付	
			城乡居民社会基本保险退费拨付审核	

续表 3

部　门	序号	主项名称	子项名称	事项类型
人力社保局	16	就业创业各类补贴补助核定发放	职业介绍补贴核定发放	行政给付
			灵活就业社保补贴核定发放	
			企业社保补贴核定发放	
			创业补贴核定发放	
			培训补贴核定发放	
			一次性毕业生就业补助核定发放	
	17	社会保险关系转移接续	基本养老保险关系转移接续	其他行政权力
			基本医疗保险关系转移接续	
			机关事业单位养老保险转出审核	
			机关事业单位养老保险转入审核	
			市域养老保险转入审核	
			市域养老保险转出审核	
			军人退役养老保险转入审核	
			未就业的军人配偶养老保险转移审核	
			基本养老保险关系省内转入审核	
			基本养老保险关系省内转出审核	
			基本养老保险关系跨省转入审核	
			基本养老保险关系跨省转入建档	
			基本养老保险关系跨省转出审核	
			基本医疗保险关系转入审核	
			基本医疗保险关系转出审核	
			失业保险关系转移接续	
			事业养老保险关系转移	
	18	就业失业登记	就业登记	其他行政权力
			失业登记	
			就业失业登记证的申领核发	
	19	企业退休人员社会化管理审批		公共服务
	20	企业部分退休人员增发基本养老金审批		公共服务
	21	社会保险养老待遇享受情况证明开局		公共服务
	22	社会保险参保情况证明开具		公共服务
	23	特殊工时制度审批		行政许可
国土资源局	1	古生物化石交易场所审批		行政许可
	2	农村集体经济组织兴办企业用地审核		行政许可
	3	采矿权及采矿权转让许可	采矿权许可（新立）	行政许可
			采矿权许可（延续）	行政许可
			采矿权许可（变更）	行政许可
			采矿权许可（注销）	行政确认
			采矿权转让许可	行政许可

续表3

部 门	序号	主项名称	子项名称	事项类型
国土资源局	4	建设项目用地审批	建设项目用地预审	行政许可
			具体建设项目国有土地使用权审核	
	5	临时用地审批		行政许可
	6	改变土地用途审批		行政许可
	7	国有划拨土地使用权转让、出租审批		行政许可
	8	农村村民住宅用地审核		行政许可
	9	乡（镇）村公共设施、公益事业建设用地审核		行政许可
	10	土地闲置费征收		行政征收
	11	土地复垦费征收		行政征收
	12	不动产登记费的征收		行政征收
	13	矿产资源储量登记		行政征收
	14	抵押权注销登记		行政确认
	15	矿业权抵押备案		其他行政权力
	16	矿产资源储量评审备案		其他行政权力
	17	地质灾害危险性评估资质和项目备案		其他行政权力
	18	地质灾害治理工程勘查、设计、施工资质和项目备案		其他行政权力
	19	地质灾害治理工程监理资质和项目备案		其他行政权力
	20	建设用地项目压覆矿产资源审核		其他行政权力
	21	不动产登记档案查询		公共服务
	22	不动产登记档案复印		公共服务
	23	查解封登记		公共服务
	24	临时土地证延期		公共服务
	25	收回土地使用权审核		其他行政权力
	26	不动产登记	地役权登记	行政确认
			查封登记	行政确认
			异议登记	行政确认
			预告登记	行政确认
			集体土地所有权登记	行政确认
	27	地质灾害治理责任认定		行政确认
环保局	1	排污许可	除30万千瓦以上燃煤发电企业外的排污许可（新立）	行政许可
			除30万千瓦以上燃煤发电企业外的排污许可（变更）	
			除30万千瓦以上燃煤发电企业外的排污许可（延续）	
			除30万千瓦以上燃煤发电企业外的排污许可（注销）	

续表 3

部　门	序号	主项名称	子项名称	事项类型
环保局	2	建筑施工夜间作业许可		行政许可
	3	建设项目环境影响评价文件审批	非核与辐射建设项目环境影响评价报告书审批	行政许可
			非核与辐射建设项目环境影响评价报告表审批	
			辐射类建设项目环境影响评价报告表审批	
	4	危险废物经营许可	危险废物经营许可证核发	行政许可
			危险废物经营许可证变更	
			危险废物经营许可证换证	
			危险废物经营许可证注销	
	5	污染防治设施的拆除或闲置审批（含关闭、闲置或拆除工业固体废物污染防治设施、场所核准）		行政许可
	6	限期治理验收		行政确认
	7	企业“三同时”验收后污染源自动监控设施新建或更新后的验收		行政确认
	8	对建设项目环境影响后评价报告的备案		其他行政权力
	9	危险废物转移联单管理		其他行政权力
	10	危险固体废物管理计划备案		其他行政权力
	11	建设项目试生产备案		其他行政权力
	12	建设项目环境保护设施竣工验收	非核与辐射建设项目环境保护设施竣工验收	其他行政权力
	13	环保守法证明		公共服务
建设局	1	建设项目选址审批	一般建设项目新报、基本变更（选址位置、用地规模、建设规模）	行政许可
			建设项目选址审批（注销）	
	2	建设用地（含临时建设用地）规划许可	建设用地规划许可	行政许可
			临时建设用地规划许可	
	3	建设工程规划类许可证核发	建设工程规划许可证核发	行政许可
			临时建设工程规划许可证核发	
	4	乡村建设规划许可		行政许可
	5	临时改变房屋用途审批		行政许可
	6	房地产开发企业资质核准	房地产开发企业资质核准（核准、到期重新核定）	行政许可
			房地产开发企业资质核准（变更）	
			房地产开发企业资质核准（注销）	
	7	商品房预售许可	商品房预售许可证核发	行政许可
			商品房预售许可证变更	
			商品房预售许可证注销	

续表 3

部　门	序号	主项名称	子项名称	事项类型
建设局	8	建筑工程施工许可	建筑工程施工许可证核发	行政许可
			建筑工程施工许可证变更、延续、注销	
	9	关闭、闲置或者拆除环境卫生设施审批	关闭、闲置或者拆除存放生活垃圾的设施核准	行政许可
			环境卫生设施拆迁方案审批	
	10	从事城市生活垃圾经营性清扫、收集、运输、处理服务审批		行政许可
	11	特殊车辆在城市道路上行驶审批		行政许可
	12	市政设施建设类审批	临时占用城市道路审批	行政许可
			挖掘城市道路审批	
			依附于城市道路建设各种管线、杆线等设施审批	
	13	工程建设涉及城市绿地、树木审批		行政许可
	14	砍伐城市树木审批		行政许可
	15	改变绿化规划、绿化用地的使用性质审批		行政许可
	16	因工程施工、设备维修等确需停止供水的审批		行政许可
	17	燃气经营许可	管道燃气特许经营许可证核发、变更、延续	行政许可
			管道燃气特许经营许可证注销	
			瓶装燃气经营许可证核发、延续	
			瓶装燃气经营许可证变更	
			瓶装燃气经营许可证注销	
	18	污水排入排水管网许可证核发	污水排入排水管网许可证核发	行政许可
			污水排入排水管网许可证变更	
			污水排入排水管网许可证注销	
	19	使用属于国家秘密基础测绘成果审批		行政许可
	20	改动市政燃气设施审批		行政许可
	21	建设单位采用协议方式选聘物业服务企业审批		行政许可
	22	城市建筑垃圾处置核准		行政许可
	23	建设工程竣工规划核实		其他行政权力
	24	人防工程拆除、改造、报废许可	人防工程拆除许可	行政许可
			人防工程改造许可	
			人防工程报废许可	
	25	单建人防工程设计审批	单建人防工程项目建议书审批	行政许可
			单建人防工程初步设计审批	
			单建人防工程施工图设计审查	

续表 3

部　门	序号	主项名称	子项名称	事项类型
建设局	26	地图审批		行政许可
	27	永久性测量标志拆迁审批		行政许可
	28	地下空间开发兼顾人防要求审批		行政许可
	29	划拨土地使用权和地上建筑物、其他附着物转让、出租审批		行政许可
	30	历史文化街区、名镇、名村核心保护范围内拆除历史建筑以外的建筑物、构筑物或者其他设施审批		行政许可
	31	历史建筑实施原址保护审批		行政许可
	32	历史建筑外部修缮装饰、添加设施以及改变历史建筑的结构或者使用性质审批		行政许可
	33	文物保护单位建设控制地带内建设工程设计方案审批		行政许可
	34	因工程建设需要拆除、改动、迁移供水、排水与污水处理设施审核		行政许可
	35	城市建设档案咨询代理服务		公共服务
	36	城市建设档案信息资料查询服务		公共服务
	37	房地产开发企业资质（一级）初审	房地产开发企业资质（一级）初审（核准、到期重新核定）	审核转报
			房地产开发企业资质（一级）初审（变更）	
			房地产开发企业资质（一级）初审（注销）	
	38	物业服务企业资质（一级）初审	物业服务企业资质（一级）初审（核准、延续）	审核转报
			物业服务企业资质（一级）初审（变更）	
			物业服务企业资质（一级）初审（注销）	
	39	城市园林绿化企业资质（一级）初审	城市园林绿化企业资质(一级)初审(核准、延续)	审核转报
			城市园林绿化企业资质(一级)初审(变更)	
			城市园林绿化企业资质(一级)初审(注销)	
	40	监理企业资质(综合、专业甲级)延续审查		审核转报
	41	收取测绘成果使用费		行政征收
	42	征收测量标志迁建费		行政征收
	43	征收测量标志使用费		行政征收
	44	减免测绘成果使用费		行政征收
	45	城市市政基础设施配套费征收		行政征收
	46	超计划用水累进加价水费征收		行政征收
	47	白蚁防治费征收		行政征收
	48	城市绿化补偿费征收		行政征收

续表 3

部　门	序号	主项名称	子项名称	事项类型
建设局	49	城市道路占用费或者城市道路挖掘修复费征收		行政征收
	50	公共租赁住房（含廉租住房）配租		行政给付
	51	新建防空地下室战时功能和防护等级确定		行政确认
	52	经济适用住房购买资格确认		行政确认
	53	公共租赁住房承租资格确认		行政确认
	54	测绘作业证件核发、注册核准		行政确认
	55	测绘与地理信息项目（含外国的组织或者个人在浙江测绘项目）实施前备案		其他行政权力
	56	地图（地图产品）样图、样品备案		其他行政权力
	57	人防工程或者兼顾人防需要的地下工程竣工验收备案		其他行政权力
	58	突发事件鸣放警报备案		其他行政权力
	59	人防工程平时使用登记手续办理		其他行政权力
	60	城市道路工程竣工验收备案		其他行政权力
	61	房地产经纪机构及其分支机构备案		其他行政权力
	62	房产测绘成果审核		其他行政权力
	63	规划条件变更审批		其他行政权力
	64	使用公共供水的大耗水工业和服务业用水户年度用水计划核定		其他行政权力
	65	房屋租赁登记备案		其他行政权力
	66	商品房预售合同登记备案		其他行政权力
	67	环境卫生设施竣工验收备案		其他行政权力
	68	房屋建筑工程和市政基础设施工程竣工验收备案		其他行政权力
	69	住宅专项维修资金使用审核		其他行政权力
	70	物业保修金使用审核		其他行政权力
	71	建设工程（含地下管线工程）档案预验收		其他行政权力
	72	建设工程档案移交		其他行政权力
	73	城市地下管线测绘成果资料备案		其他行政权力
	74	建设工程质量安全监督手续办理		其他行政权力
	75	住房补贴审批		其他行政权力
	76	公共自行车卡审核		公共服务
交通运输局	1	道路货运运输经营许可	货运经营许可	行政许可
	2	车辆道路运输证配发（含道路运输证换发、补发、转籍、过户）		其他行政权力
	3	船员任职证书签发		行政许可
	4	水路运输业务经营许可		行政许可

续表3

部　门	序号	主项名称	子项名称	事项类型
交通运输局	5	船舶营业运输证配发		其他行政权力
	6	船舶名称核定		公共服务
	7	船舶签证簿核发		公共服务
	8	船舶营业运输证注销		公共服务
	9	道路运输经营许可证延续、变更、注销等备案		公共服务
	10	普通货船水路运输及辅助业、普通货运船舶经营资格年度核查		公共服务
	11	道路运输从业人员资格认定		行政许可
	12	班车（包车）客运标志牌和临时客运标志牌核发		其他行政权力
	13	出租汽车驾驶员从业资格注册		行政确认
	14	确认特定时段开行包车或者加班车资质		行政确认
	15	道路运输车辆燃料消耗量检测评定		行政确认
	16	汽车租赁经营备案		其他行政权力
	17	出租汽车驾驶员继续教育备案		其他行政权力
	18	营运车辆年审（客运车辆、货运车辆、危险货物运输车辆年审）		其他行政权力
	19	建设项目使用港口岸线许可		行政许可
	20	涉航建筑物许可（航道通航条件影响评价审核）		行政许可
	21	水上水下活动许可		行政许可
	22	断航施工许可		行政许可
	23	港口经营许可		行政许可
	24	在港口内进行采掘、爆破等活动许可		行政许可
	25	在港口建设危险货物作业场所、实施卫生除害处理的专用场所许可		行政许可
	26	内河专用航标许可		行政许可
	27	船舶进入或穿越禁航区许可		行政许可
	28	防治船舶污染港区水域作业许可		行政许可
	29	船舶散装液体危险货物、污染危害性货物水上过驳作业许可		行政许可
	30	载运危险货物和污染危害性货物进出港口审批		行政许可
	31	港口危险货物建设项目安全条件审查		行政许可
	32	申请经营船舶管理业务或者变更船舶管理业务经营范围转报		审核转报
	33	船舶识别码授予转报		审核转报

续表 3

部　门	序号	主项名称	子项名称	事项类型
交通运输局	34	水路运输业务经营许可受理审核转报（经营跨省普通货物运输、经营跨省危险货物运输、经营跨省旅客运输）		审核转报
	35	建设项目使用港口岸线转报		审核转报
	36	船舶文书签注		行政确认
	37	船舶及船用产品设施检验费征收		行政征收
	38	港务费征收		行政征收
	39	“四自”航道通行费征收		行政征收
	40	水路运输及辅助业务备案		其他行政权力
	41	海事备案		其他行政权力
	42	铁轮车、履带车和其他可能损害公路路面的机具行驶公路许可		行政许可
	43	公路用地林木更新、砍伐许可		行政许可
	44	超限运输车辆行驶公路许可		行政许可
	45	公路用地范围内设置非公路标志许可		行政许可
	46	涉路施工活动许可		行政许可
	47	公路工程施工图设计文件审批		行政许可
	48	公路工程初步设计文件审批		行政许可
	49	在公路特定范围内修筑堤坝、压缩或拓宽河床许可		行政许可
	50	船舶管理业务经营许可		行政许可
	51	驾培教练车变动备案		其他行政权力
水利局	1	水工程建设规划同意书审查		行政许可
	2	水利工程管理范围内新建建筑物、构筑物和其他设施审批		行政许可
	3	农村集体经济组织修建水库审批		行政许可
	4	河道管理范围内有关活动许可		行政许可
	5	大坝管理和保护范围内修建建筑物审批		行政许可
	6	占用农业灌溉水源、灌排工程设施审批		行政许可
	7	蓄滞洪区避洪设施建设审批		行政许可
	8	水利基建项目初步设计文件审批		行政许可
	9	水产苗种生产许可（含水产苗种进出口许可）	水产苗种生产许可证核发	行政许可
	10	渔业捕捞许可（含渔业捕捞船舶制造、更新改造与进口、渔业船舶登记、渔业辅助船舶新建与改造）	渔业捕捞许可	行政许可
			渔业船舶登记	
	11	水生动植物防疫、检疫		行政许可
	12	水产养殖证核发		行政许可

续表 3

部　门	序号	主项名称	子项名称	事项类型
水利局	13	渔业船员证书核发	渔业职务船员证书核发	行政许可
			渔业普通船员证书核发	
	14	渔业船舶检验许可（设计图纸审定、渔业船舶及重要船用产品检验）	渔业船舶检验许可	行政许可
	15	城市建设围堵水域、废除围堤审查		行政许可
	16	渔业资源增殖保护费征收	渔业资源增殖保护费征收	行政征收
			渔业资源增殖保护费减免	行政征收
	17	水生野生动物资源保护管理费征收		行政征收
	18	淡水渔业资源增殖保护费征收		行政征收
	19	水利工程水费征收		行政征收
	20	安排特大防汛抗旱补助资金和应急度汛项目资金		行政给付
	21	水库大坝、海塘、水闸安全鉴定的审定		行政确认
	22	组织实施符合安全标准的农产品认证	无公害农产品认证	行政确认
	23	渔业捕捞许可证年审		其他行政权力
	24	取水户年度取用水计划核定		其他行政权力
	25	出售、收购、利用水生野生动物或其产品备案		其他行政权力
	26	国家二级保护水生野生动物特许捕捉初审		其他行政权力
	27	主要流域或区域综合规划和专业规划（包括防洪规划、水土保持规划等）审核		其他行政权力
	28	水利风景区审批		其他行政权力
	29	水利基建项目建议书审核		其他行政权力
	30	水利建设工程项目招标文件核准		其他行政权力
	31	全市中型、小型、市本级水库除险加固初步设计方案审批、除险加固工程完工检查和竣工验收		其他行政权力
	32	水闸和电站运行人员上岗资格证书考核发证		其他行政权力
	33	农村水电站更新改造项目初步设计审查		其他行政权力
	34	水生野生动物经营利用许可证备案		其他行政权力
农林局	1	种子生产经营许可	种子生产经营许可	行政许可
			林木种子生产经营许可	
			草种生产经营许可	
			食用菌菌种生产经营许可	
	2	种子进出口许可		行政许可
	3	农作物种子、草种、食用菌菌种质量检验机构及检验员资格认定	草种质量检验机构认定	行政许可
			草种检验员资格认定	

续表 3

部　门	序号	主项名称	子项名称	事项类型
农林局	4	采集或采伐国家重点保护的天然种质资源和食用菌种质资源许可	采集或采伐国家重点保护的天然种质资源许可	行政许可
			采集或采伐国家重点保护的天然种质资源和食用菌种质资源许可（除林业外）	
	5	种畜禽生产经营许可	种畜禽生产经营许可	行政许可
	6	培育新的畜禽品种、配套系进行中间试验许可		行政许可
	7	蚕种生产经营许可	蚕种生产许可	行政许可
			蚕种经营许可	
	8	饲料生产企业设立许可		行政许可
	9	农药广告许可		行政许可
	10	采集、出售、收购国家重点保护野生植物许可	国家二级保护野生植物采集许可	行政许可
			出售、收购国家二级保护野生植物许可	
	11	动物防疫条件合格证核发	动物防疫条件合格证核发	行政许可
	12	兽医资格认定及其从业注册登记	兽医执业注册	行政许可
			乡村兽医登记许可	
	13	动物诊疗许可		行政许可
	14	动物及动物产品检疫证明核发		行政许可
	15	农药经营许可		行政许可
	16	拖拉机驾驶培训资格许可		行政许可
	17	生猪定点屠宰场设立（含新建、扩建、改建、迁建）审批		行政许可
	18	拖拉机、联合收割机及其驾驶操作人员牌证核发	拖拉机、联合收割机操作人员操作证件核发	行政许可
			拖拉机、联合收割机证书和牌照核发	
	19	农业机械维修技术合格证书核发		行政许可
	20	草原征占用及经营性旅游或者采土、采矿、采石等活动许可		行政许可
	21	新兽药临床试验许可		行政许可
	22	兽药生产、经营许可	兽药经营许可	行政许可
	23	兽药广告批准文号核发		行政许可
	24	生鲜乳收购运输许可	生鲜乳收购许可	行政许可
			生鲜乳准运证明核发	
	25	植物检疫证明核发	植物产地检疫证明核发	行政许可
			植物、植物产品调运检疫证明核发	
			森林植物检疫证核发	
			森林植物产地检疫合格证核发	

续表3

部　门	序号	主项名称	子项名称	事项类型
农林局	26	在非疫区对植物检疫对象进行研究许可		行政许可
	27	境外引进林木种子、苗木和其他繁殖材料检疫	境外引进林木种子、苗木和其他繁殖材料检疫	行政许可
			分散种植隔离试种的境外引进林木种子、苗木和其他繁育材料检疫	
	28	调入省同意省际调运植物和植物产品		行政许可
	29	陆生野生动物狩猎、驯养繁殖、经营利用、运输许可	陆生野生动物狩猎许可	行政许可
			陆生野生动物驯养繁殖许可	
			陆生野生动物或其产品经营利用许可	
			陆生野生动物或其产品运输许可	
	30	野生动物固定狩猎场所、旅游观赏景点设立及展览、表演许可	陆生野生动物旅游观赏景点设立及展览、表演许可	行政许可
	31	林木采伐许可		行政许可
	32	木材运输、经营加工许可	木材运输许可	行政许可
			木材经营加工许可	
	33	林区野外用火许可证核发		行政许可
	34	征收、占用林地许可	征收占用林地许可	行政许可
			临时占用林地许可	
			林业生产占用林地许可	
	35	野生植物采集、出售、收购许可	野生植物采集许可	行政许可
			野生植物出售、收购许可	
	36	收购特殊种子许可		行政许可
	37	在自然保护区开展相关活动许可	进入自然保护区相关活动许可	行政许可
	38	林权证发放		行政确认
	39	农业机械购置补贴		公共服务
商务局	1	加工贸易企业经营状况及生产能力证明		其他行政权力
	2	对外贸易经营者备案登记		其他行政权力
	3	出口货物原产地证书		行政确认
	4	外商投资企业设立及变更备案		其他行政权力
	5	企业设立境外投资企业（机构）审核转报		审核转报
	6	对外承包工程经营资格审核转报		审核转报
	7	机电产品进口自动许可审核转报		审核转报
文广新闻出版局	1	社会团体登记（成立、变更、注销）	文化类社会团体登记（成立、变更、注销）的前置审查	行政许可
	2	民办非企业单位登记（成立、变更、注销）	文化类民办非企业单位登记（成立、变更、注销）前置审查	行政许可
	3	文艺表演团体和演出经纪机构设立审批	文艺表演团体设立审批	行政许可
	4	举办营业性演出审批	举办其他营业性演出审批	行政许可

续表3

部　门	序号	主项名称	子项名称	事项类型
文广新闻出版局	5	设立娱乐场所审批	设立中外合资经营、中外合作经营娱乐场所审批	行政许可
			设立内资娱乐场所审批	行政许可
	6	设立互联网上网服务营业场所审批	互联网上网服务营业场所设立审批	行政许可
			互联网上网服务营业场所变更审批	行政许可
	7	设立广播电视节目制作经营单位批准	设立广播电视节目制作经营单位批准	行政许可
			广播电视节目制作经营单位变更审批	行政许可
	8	电影放映单位经营许可	电影放映经营许可证核发（内资）	行政许可
	9	从事印刷经营活动审批	企业从事包装装潢和其他印刷品印刷经营活动审批	行政许可
			个人从事其他印刷品印刷经营活动审批	行政许可
	10	从事出版物发行业务审批	从事出版物零售业务审批	行政许可
			从事出版物零售业务的变更审批	行政许可
	11	设置境外卫星电视广播地面接收设施审批		行政许可
	12	本省行政区域内经营广播电视节目传送业务审批		行政许可
	13	广播电视使用方言播音批准		行政许可
	14	设立、变更电影发行单位批准		行政许可
	15	卫星电视广播地面接收设施安装许可审批		行政许可
	16	团体、企事业单位设立非行政区域性有线广播电视站审批		行政许可
	17	加工贸易项下光盘进出口审核		行政许可
	18	文物保护单位保护范围内其他建设工程或者爆破、钻探、挖掘等作业许可	市县级文物保护单位保护范围内其他建设工程或者爆破、钻探、挖掘等作业许可	行政许可
	19	文物收藏单位借用和交换文物许可	非国有文物收藏单位和其他单位借用国有馆藏一般文物许可	行政许可
	20	文物保护单位原址保护措施许可	省级文物保护单位原址保护措施许可	行政许可
			市县级文物保护单位原址保护措施许可	行政许可
	21	文物拍摄许可	境外机构和团体拍摄考古发掘现场审批	行政许可
			外国公民、组织和国际组织参观未开放的文物点和考古发掘现场审批	行政许可
	22	文物保护单位建设控制地带内建设工程设计方案审批	市县级文物保护单位建设控制地带内建设工程设计方案许可	行政许可
	23	文物保护单位迁移、拆除、原址重建许可	市县级文物保护单位（点）迁移方案许可	行政许可

续表 3

部　门	序号	主项名称	子项名称	事项类型
文广新闻出版局	24	文物修缮许可	市县级文物保护单位修缮许可	行政许可
			未核定为文物保护单位的不可移动文物修缮许可	行政许可
			已批准的市县级文物保护单位保护工程勘察设计方案重要内容变更审批	行政许可
			已批准的未核定为文物保护单位的不可移动文物保护工程勘察设计方案重要内容变更审批	行政许可
	25	历史文化街区、名镇、名村核心保护范围内拆除历史建筑以外的建筑物、构筑物或者其他设施审批		行政许可
	26	历史建筑实施原址保护的保护措施审批		行政许可
	27	历史建筑外部修缮装饰、添加设施以及改变历史建筑的结构或者使用性质审批		行政许可
	28	内部资料性出版物、宗教用品准印证核发	内部资料性出版物、宗教用品准印证核发（连续性内部资料）	行政许可
			内部资料性出版物、宗教用品准印证核发（一次性内部资料）	行政许可
	29	社会艺术水平考级机构设立审批		行政许可
	30	美术品进出口经营活动审批		行政许可
	31	音像制作单位、电子出版物制作单位设立审批	音像制作单位设立审批	行政许可
			电子出版物制作单位设立审批	行政许可
			音像制品制作单位变更审批	行政许可
			电子出版物制作单位变更审批	行政许可
	32	文物商店销售的文物审核		行政许可
	33	文物保护工程乙、二级以下（含乙、二级）资质许可	文物保护工程丙、三级资质许可	行政许可
	34	文物商店设立审批		行政许可
	35	非国有不可移动文物修缮资金给付		行政给付
	36	浙江省非物质文化遗产代表性项目及传承人、传承基地的认定		行政确认
	37	艺术考级活动相关情况的备案	艺术考级活动前备案	其他行政权力
	38	有线广播电视运营服务的业务种类、服务范围、服务时限、资费标准备案		其他行政权力
	39	非国有不可移动文物转让、抵押或者改变用途的备案	非国有市县级文物保护单位、未核定为文物保护单位的不可移动文物转让、抵押或者改变用途的备案	其他行政权力
	40	网络游戏虚拟货币发行情况的备案		其他行政权力

续表3

部　门	序号	主项名称	子项名称	事项类型
文广新闻出版局	41	通过互联网等信息网络从事出版物发行业务的备案		其他行政权力
	42	电影发行单位、电影放映单位变更名称、地址、法定代表人（主要负责人）或终止电影发行、放映经营活动备案		其他行政权力
	43	举办区域性广播电视节目交流、交易活动批准		其他行政权力
	44	小功率的无线广播电视发射设备订购证明核发		其他行政权力
	45	《图书期刊印刷委托书》备案		其他行政权力
	46	印刷企业接受委托印刷境外（含香港特别行政区、澳门特别行政区和台湾地区）包装装潢印刷品、其他印刷品的备案		其他行政权力
	47	个体演员、个体演出经纪人的备案		其他行政权力
	48	设立和变更演出场所经营单位的备案		其他行政权力
	49	艺术品经营单位的备案		其他行政权力
	50	境外团体和个人到本省行政区域内对非物质文化遗产进行学术性考察与研究的备案		其他行政权力
	51	公共视听载体播放活动备案		其他行政权力
	52	省内电影院线公司的设立、变更审批（含少儿电影发行放映院线、农村跨市经营数字电影院线）		其他行政权力
	53	举办同一演出项目跨地区营业性演出活动备案		其他行政权力
	54	对广播电视传送线路有影响的电磁辐射设施建设备案		其他行政权力
	55	设立出版物出租业务备案		其他行政权力
	56	印刷业经营者变更名称、法定代表人或者负责人、住所或者经营场所，或者终止印刷经营活动备案		其他行政权力
	57	互联网上网服务营业场所变更事项备案		其他行政权力
	58	企业、个人从事电影流动放映活动备案		其他行政权力
	59	开办广播电视视频点播业务初审（甲种）		审核转报
	60	合办广电频道或栏目的初审		审核转报
	61	广播电视专用频段频率指配证明审查（甲类）		审核转报
	62	信息网络传播视听节目许可审核		审核转报
	63	50瓦（不含）以上无线广播电视发射设备订购证明审核		审核转报
	64	设立、变更出版物批发企业或者其他单位申请从事出版物批发业务的审核转报		审核转报
	65	电影制片单位设立、变更、终止初审		审核转报

续表3

部门	序号	主项名称	子项名称	事项类型
卫生计生局	1	放射诊疗建设项目卫生审查	放射诊疗建设项目预评价审查	行政许可
			放射诊疗建设项目预竣工验收	行政许可
	2	职业健康检查和职业病诊断机构及医师资质认定	职业病诊断机构资质认定	行政许可
			职业病诊断机构资质延续	
			职业病诊断机构资质变更	
			职业健康检查机构资质认定	
			职业健康检查机构资质变更	
			职业病诊断医师资格认定	
			职业病诊断机构资质注销	
			职业健康检查机构资质注销	
	3	放射卫生技术服务机构资质认定	放射卫生技术服务机构资质认定（资质审查）	行政许可
			放射卫生技术服务机构资质认定（资质延续）	
			放射卫生技术服务机构资质认定（资质变更）	
			放射卫生技术服务机构资质认定（资质注销）	
	4	传染病菌毒种采集、保藏、携带、运输和使用审批	可感染人类的高致病性病原微生物菌（毒）种或样本运输审批	行政许可
	5	医护人员执业许可	医师执业许可	行政许可
			护士执业注册	
			医师执业许可（变更）	
			医师执业许可（注销）	
			护士执业变更	
			护士执业注销	
			护士执业延续	
	6	母婴保健专项技术服务许可	母婴保健专项技术服务许可（机构审批）	行政许可
			母婴保健专项技术服务许可（机构校验）	
			母婴保健专项技术服务许可（人员许可）	
			母婴保健专项技术服务许可（机构变更）	
			母婴保健专项技术服务许可（机构注销）	
			母婴保健专项技术服务许可（人员注销）	
	7	医疗卫生机构设置执业许可	医疗机构执业许可（变更）	行政许可
			医疗机构执业许可（校验）	
			医疗机构执业许可（注销）	
	8	公共场所卫生行政许可	公共场所卫生行政许可（新发证）	行政许可
			公共场所卫生行政许可（变更）	

续表 3

部　门	序号	主项名称	子项名称	事项类型
卫生计生局	8	公共场所卫生行政许可	公共场所卫生行政许可（延续）	行政许可
			公共场所卫生行政许可（注销）	
	9	放射诊疗许可	放射诊疗许可（新发证）	行政许可
			放射诊疗许可（校验）	
			放射诊疗许可（变更）	
			放射诊疗许可（注销）	
	10	集中式供水单位卫生许可	集中式供水单位卫生许可（新发证）	行政许可
			集中式供水单位卫生许可（注销）	
			集中式供水单位卫生许可（变更）	
			集中式供水单位卫生许可（延续）	
	11	医疗机构使用麻醉药品、第一类精神药品许可	医疗机构使用麻醉药品、第一类精神药品许可（新办）	行政许可
			医疗机构使用麻醉药品、第一类精神药品许可（延续）	
			医疗机构使用麻醉药品、第一类精神药品许可（变更）	
			医疗机构使用麻醉药品、第一类精神药品许可（注销）	
	12	乡村医生执业注册	乡村医生执业注册（首次注册）	行政许可
			乡村医生执业注册（再注册）	
			乡村医生执业注册（变更注册）	
			乡村医生执业注册（注销）	
	13	《餐饮具集中消毒卫生监督合格证》核发	餐饮具集中消毒卫生监督合格证（变更）	其他行政权力
			餐饮具集中消毒卫生监督合格证（延续）	
			餐饮具集中消毒卫生监督合格证核发（补发）	
			餐饮具集中消毒卫生监督合格证（注销）	
	14	涉及饮用水卫生安全的产品卫生许可	涉及饮用水卫生安全的产品卫生许可（新证）	行政许可
			涉及饮用水卫生安全的产品卫生许可（延续）	
			涉及饮用水卫生安全的产品卫生许可（变更）	
			涉及饮用水卫生安全的产品卫生许可（注销）	
			涉及饮用水卫生安全的产品卫生许可（补发）	

续表 3

部　门	序号	主项名称	子项名称	事项类型
卫生计生局	15	消毒产品生产企业卫生许可	消毒产品生产企业卫生许可（新证）	行政许可
			消毒产品生产企业卫生许可（延续）	
			消毒产品生产企业卫生许可（变更）	
			消毒产品生产企业卫生许可（注销）	
	16	外籍医师在华短期执业许可		行政许可
	17	生育登记		其他行政权力
	18	计划生育技术服务机构设立许可		行政许可
	19	再生育审批		行政许可
	20	医疗广告（西医）核准		其他行政权力
	21	非医学需要的终止妊娠手术批准		其他行政权力
	22	中医医疗广告审查		行政许可
	23	计划生育技术服务人员执业证书核发		行政许可
	24	承担预防接种工作的医疗卫生机构的确认		行政确认
	25	放射工作人员证核发		其他行政权力
	26	外国医疗团体来华短期行医审批		其他行政权力
安监局	1	生产经营单位应急预案备案		其他行政权力
	2	第二、第三类非药品类易制毒化学品经营备案		其他行政权力
	3	危险化学品经营许可	危险化学品经营许可变更	行政许可
统计局	1	统计数据认证		公共服务
	2	统计信息公开服务		公共服务
城管执法局	1	城市大型户外广告设置及建筑物、设施上张挂、张贴宣传品等审批	城市大型户外广告设置审批	行政许可
			城市建筑物、设施上张挂、张贴宣传品等审批	
	2	临时堆放物料、搭建非永久性建筑物、构筑物或其他设施审批		行政许可
	3	市政设施建设类审批	临时占用城市道路审批	行政许可
	4	城市市区内饲养家禽家畜审批		行政许可
市场监管局	1	药品（含疫苗、特殊药品）经营许可	药品经营许可证（批发）变更（变更经营范围、地址除外）	行政许可
			药品经营许可证（零售）变更（无需现场检查）	行政许可
	2	第三类医疗器械经营许可	医疗器械经营许可证变更（无需现场检查）	行政许可
	3	食品生产许可	食品生产许可证变更（除保健食品、特殊医学用途配方食品、婴幼儿配方食品、食品添加剂）（无需现场核查）	行政许可
			食品生产许可证注销（除保健食品、特殊医学用途配方食品、婴幼儿配方食品、食品添加剂）	行政许可

续表 3

部　门	序号	主项名称	子项名称	事项类型
市场监管局	4	食品经营许可	食品经营许可注销	行政许可
	5	执业药师注册	执业药师变更注册	行政许可
			执业药师注销注册	行政许可
	6	食品生产加工小作坊生产许可	浙江省食品生产加工小作坊生产许可证变更（无需现场检查）	行政许可
			浙江省食品生产加工小作坊生产许可证注销	行政许可
	7	第二类医疗器械经营备案	第二类医疗器械经营备案	其他行政权力
			第二类医疗器械经营变更备案	其他行政权力
	8	第一类医疗器械产品备案	第一类医疗器械产品备案	其他行政权力
			第一类医疗器械产品变更备案	其他行政权力
	9	第一类医疗器械生产备案	第一类医疗器械生产备案	其他行政权力
			第一类医疗器械生产变更备案	其他行政权力
	10	企业及分支机构登记（设立、变更、注销）	公司设立登记	行政许可
			公司变更登记	行政许可
			公司注销登记	行政许可
			分公司设立登记	行政许可
			分公司变更登记	行政许可
			分公司注销登记	行政许可
			非公司企业法人开业登记	行政许可
			非公司企业法人变更登记	行政许可
			非公司企业法人注销登记	行政许可
			营业单位及非法人分支机构开业登记	行政许可
			营业单位及非法人分支机构变更登记	行政许可
			营业单位及非法人分支机构注销登记	行政许可
			企业集团组建登记	行政许可
			企业集团变更登记	行政许可
			企业集团注销登记	行政许可
			外商投资企业登记（设立）	行政许可
			外商投资企业登记（变更）	行政许可
			外商投资企业登记（注销）	行政许可
			外商投资企业分支机构登记（设立）	行政许可
			外商投资企业分支机构登记（变更）	行政许可
			外商投资企业分支机构登记（注销）	行政许可
			外商投资合伙企业设立登记	行政许可
			外商投资合伙企业变更登记	行政许可
			外商投资合伙企业注销登记	行政许可

续表 3

部　门	序号	主项名称	子项名称	事项类型
市场监管局	10	企业及分支机构登记（设立、变更、注销）	外商投资合伙企业分支机构设立登记	行政许可
			外商投资合伙企业分支机构变更登记	行政许可
			外商投资合伙企业分支机构注销登记	行政许可
			个人独资企业设立	行政许可
			个人独资企业变更	行政许可
			个人独资企业注销	行政许可
			个人独资企业分支机构设立	行政许可
			个人独资企业分支机构变更	行政许可
			个人独资企业分支机构注销	行政许可
			合伙企业设立	行政许可
			合伙企业变更	行政许可
			合伙企业注销	行政许可
			合伙企业分支机构设立	行政许可
			合伙企业分支机构变更	行政许可
			合伙企业分支机构注销	行政许可
	11	个体工商户登记（开业、变更、注销）	个体工商户开业登记	行政许可
			个体工商户变更登记	
			个体工商户注销登记	
	12	农民专业合作社及分支机构登记（设立、变更、注销）	农民专业合作社设立	行政许可
			农民专业合作社变更	
			农民专业合作社注销	
			农民专业合作社分支机构设立	
			农民专业合作社分支机构登记变更	
			农民专业合作社分支机构注销	
	13	外国企业常驻代表机构登记（设立、延期、变更、注销）	外国企业常驻代表机构设立登记	行政许可
			外国企业常驻代表机构变更延期登记	
			外国企业常驻代表机构注销登记	
	14	外国（地区）企业在中国境内从事生产经营活动核准	外国（地区）企业在中国境内从事生产经营活动开业	行政许可
			外国（地区）企业在中国境内从事生产经营活动变更登记	行政许可
			外国（地区）企业在中国境内从事生产经营活动注销登记	行政许可
	15	事业单位广告经营许可		行政许可
	16	企业名称预先核准		行政许可
	17	公司股权质押登记	公司股权质押登记（设立）	行政确认
			公司股权质押登记（变更）	行政确认

续表 3

部　门	序号	主项名称	子项名称	事项类型
市场监管局	17	公司股权质押登记	公司股权质押登记（注销）	行政确认
			公司股权质押登记（撤销）	行政确认
	18	动产抵押登记		行政确认
	19	市场名称登记		行政确认
	20	公司解散清算组成成员以及负责人名单备案		其他行政权力
	21	公司董事、监事、经理备案		其他行政权力
	22	公司设立分公司备案		其他行政权力
	23	拍卖备案		其他行政权力
	24	企业档案查询服务		公共服务
	25	企业年报联络员确认		行政确认
	26	企业、农民专业合作社报送年度报告		行政确认
	27	个体工商户报送年度报告		行政确认
	28	外国（地区）企业常驻代表机构报送书面年度报告		行政确认
	29	企业“一照一码”、个体工商户“两证整合”换照登记		行政确认
	30	“守重”企业公示		行政确认
	31	市场培育发展改造提升指导、各类市场创建指导		行政服务
	32	消费类合同格式条款备案、合同帮农护农、经济合同行政指导、合同调解		行政确认
	33	营业执照网上标识办理		公共服务
	34	向消费者提供消费咨询服务		公共服务
质监局	1	计量校准机构备案		其他行政权力
	2	防伪技术产品使用备案		其他行政权力
	3	计量标准器具核准		行政许可
	4	制造、修理计量器具许可证签发	制造、修理计量器具许可证签发（县级）	行政许可
	5	特种设备使用登记		其他行政权力
	6	特种设备安装、改造、维修告知		其他行政权力
	7	企业产品标准备案		其他行政权力
	8	特种设备作业人员证件核发		行政许可
	9	承担国家法定计量检定机构授权		行政许可
	10	商品条形码办理		公共服务
侨办	1	华侨、归侨和侨眷身份认定		行政确认
	2	浙江省归国华侨证审核转报		审核转报
	3	华侨回国定居审核转报		审核转报
	4	归侨、华侨子女、归侨子女考生身份审核转报		审核转报

续表3

部　门	序号	主项名称	子项名称	事项类型
台办	1	台属关系证明		公共服务
	2	赴台商务考察团组审核转报		审核转报
档案局	1	赠送、交换、出卖国家所有档案的复制件审批		行政许可
	2	携带、运输或者邮寄档案及其复制件出境审批		行政许可
	3	集体所有的和个人所有的对国家和社会具有保存价值的或者应当保密的档案向国家档案馆以外的单位或者个人出卖审批		行政许可
	4	重点建设项目档案验收		行政确认
	5	重大科学技术研究成果档案验收		其他行政权力
	6	重点建设项目档案登记备份		其他行政权力
	7	征购集体所有的和个人所有的对国家和社会具有保存价值的或者应当保密的档案		其他行政权力
	8	中央预算内投资项目档案验		其他行政权力
编委办	1	事业单位法人登记（设立、变更、注销）	事业单位法人设立登记	行政许可
			事业单位法人变更登记	
			事业单位法人注销登记	
残联	1	残疾人证核发		公共服务
	2	残疾人康复工程		公共服务
国家税务局	1	出口退（免）税资格备案		公共服务
	2	出口退（免）税资格备案变更		公共服务
	3	出口退（免）税资格备案撤回		公共服务
	4	委托出口货物证明开具		公共服务
	5	代理出口货物证明开具		公共服务
	6	出口货物退运已补税（未退税）证明开具		公共服务
	7	《出口退税进货分批申报单》开具		公共服务
	8	出口货物转内销证明开具		公共服务
	9	来料加工免税证明开具		公共服务
	10	代理进口货物证明开具		公共服务
	11	准予免税购进出口卷烟证明开具		公共服务
	12	出口卷烟已免税证明开具		公共服务
	13	丢失出口退（免）税有关证明补办		公共服务
	14	逾期申报退（免）税办理		公共服务
	15	《中标证明通知书》开具		公共服务
	16	税务登记（除查账征收企业注销和非正常户处理）		公共服务

续表 3

部　门	序号	主项名称	子项名称	事项类型
国家税务局	17	代开发票		公共服务
	18	发票领用（除增值税专用发票最高限额审批调整为 10 万元以上的）		公共服务
	19	发票验旧（除未按期申报增值税扣税凭证继续抵扣审批的）		公共服务
	20	发票缴销		公共服务
	21	退（抵）税办理		公共服务
	22	金税发行、变更、注销		公共服务
	23	一般纳税人登记		公共服务
	24	税收优惠事项备案		公共服务
	25	授权（委托）划缴协议		公共服务
	26	相关税收证明办理		公共服务
烟草专卖局	1	烟草专卖零售许可审批		行政许可
气象局	1	防雷装置设计审核和竣工验收	防雷装置设计审核	行政许可
			防雷装置竣工验收	
	2	升放无人驾驶自由气球或者系留气球活动审批		行政许可
	3	气象灾害资料性证明		公共服务
金融办	1	交易场所规定的变更事项备案		其他行政权力
	2	民间资金管理企业组建方案备案	民间资金管理企业设立备案	其他行政权力
			民间资金管理企业董事长、总经理任职变动备案	
			民间资金管理企业重大股权转让备案	
			民间资金管理企业注册资本变动备案	
	3	小额贷款公司准入与变更审核及风险处置核实定性	小额贷款公司设立、重大变更与终止方案审核	其他行政权力
			小额贷款公司董事长、总经理任职资格审核	
			小额贷款公司跨市域设立分支机构审核	
			小额贷款公司重大股权转让审核	
			小额贷款公司其他创新业务审核	
粮食局	1	粮食收购资格许可		行政许可
建管局	1	节能审查	民用建筑项目节能审查	行政许可
	2	建筑工程施工许可	建筑工程施工许可证核发	行政许可
			建筑工程施工许可证变更、延续、注销	
	3	建筑工程施工图设计文件审查情况备案		其他行政权力
	4	市外建筑业企业进诸备案		公共服务

续表3

部 门	序号	主项名称	子项名称	事项类型
服务业发展办	1	成品油零售经营许可		行政许可
	2	再生资源回收经营者登记备案		其他行政权力
	3	单用途商业预付卡备案（集团、品牌发卡）		其他行政权力
	4	单用途商业预付卡备案（规模发卡）		其他行政权力
	5	典当及分支机构设立初审		审核转报
	6	直销企业服务网点核查和设立分支机构审核		审核转报
	7	成品油零售经营资质和初审转报		审核转报
体育局	1	经营高危险性体育项目许可		行政许可
	2	举办健身气功活动及设立站点的审批		行政许可
广播电视台	1	有线数字电视安装、报停、移址和恢复		公共服务
	2	有线数字电视节目包订购		公共服务
公积金中心	1	职工提取住房公积金审批		其他行政权力
	2	职工住房公积金贷款审批		其他行政权力
消防大队	1	建筑工程消防设计备案		其他行政权力
	2	建筑工程消防竣工验收备案		其他行政权力
国检诸暨办	1	商检备案		公共服务
	2	原产地证备案（需下厂调查的）		公共服务
	3	原产地证申领		公共服务
中国银行诸暨市人民支行	1	贸易外汇收支名录登记业务		公共服务
	2	外债登记		公共服务
	3	对外担保登记		公共服务
	4	银行账户开户许可证核发		公共服务
盐务管理局	1	食盐零售经营		
水务集团	1	供水申请（变更）		公共服务
供电公司	1	低压用电新装受理		公共服务
天然气公司	1	天然气管道开通		公共服务
	2	天然气管道改加装		公共服务
	3	散户申请天然气管道安装		公共服务

附件4　群众和企业到政府办事“最多跑一次”事项清单（镇级）

表4

序　号	事项名称	事项类型
1	承包土地调整审批	行政许可
2	集体经济组织以外的单位或者个人土地承包经营审批	行政许可
3	企业投资项目核准（固定资产投资）	行政许可
4	外商投资项目核准	行政许可
5	企业投资项目核准（技改）	行政许可
6	节能审查	行政许可
7	特殊工时制度审批	行政许可
8	城市建筑垃圾处置核准	行政许可
9	临时占用城市绿地核准	行政许可
10	污水排入排水管网许可证核发	行政许可
11	城市大型户外广告设置及建筑物、设施上张挂、张贴宣传品等审批	行政许可
12	临时堆放物料、搭建非永久性建筑物、构筑物或其他设施审批	行政许可
13	木材运输、经营加工许可	行政许可
14	植物检疫证明核发	行政许可
15	征收、占用林地许可	行政许可
16	公共场所卫生行政许可	行政许可
17	再生育审批	行政许可
18	民办学校审批	行政许可
19	社会保险参保人员个人缴费	行政征收
20	就业创业各类补贴补助核定发放	行政给付
21	对经济困难的适龄儿童、少年免费提供教科书及补助生活费	行政给付
22	对计划生育手术并发症的社会救济	行政给付
23	60周岁农村籍退伍军人老年生活补助金发放	行政给付
24	公共租赁住房（含廉租住房）配租	行政给付
25	独生子女父母光荣证	行政确认
26	流动人口婚育证明	行政确认
27	经济状况证明	行政确认
28	就业援助对象确认	行政确认
29	教师资格申请相关证明	行政确认
30	出具宗教教师资格相关证明	行政确认
31	参保单位职工基本养老保险待遇资格确认	行政确认
32	社会保险参保登记	行政确认
33	职工工伤认定	行政确认
34	企业录用未成年工（16-18周岁）用工登记	行政确认
35	老年人优待证办理	行政确认

续表 4

序　号	事项名称	事项类型
36	临时救助对象认定	行政确认
37	医疗救助对象认定	行政确认
38	低保边缘户办理	行政确认
39	城乡最低生活保障对象认定	行政确认
40	病残儿鉴定	行政确认
41	业主委员会备案	其他行政权力
42	村民自治章程、村规民约备案	其他行政权力
43	提供计划生育药具和技术服务	其他行政权力
44	终止妊娠手术审批	其他行政权力
45	流动育龄夫妻生育服务登记证明	其他行政权力
46	企业投资项目备案	其他行政权力
47	企业技术改造项目备案	其他行政权力
48	就业失业登记	其他行政权力
49	生育登记	其他行政权力
50	非医学需要的终止妊娠手术批准	其他行政权力
51	酒类经营者备案登记	其他行政权力
52	市民卡医保类型变更	公共服务
53	企业退休人员社会化管理登记	公共服务
54	农业机械购置补贴	公共服务
55	重度残疾人护理补贴审核	公共服务
56	困难残疾人生活补贴审核	公共服务
57	残疾人康复工程审核	公共服务
58	伤残等级评定和补换伤残证审核转报	公共服务
59	殡葬基本服务免费项目费用核付	公共服务
60	残疾人证核发	公共服务
61	计生优惠证核发	公共服务
62	流动人口避孕节育情况证明	公共服务
63	城乡居民基本养老保险参保人员缴费	公共服务
64	城乡（城镇）居民基本医疗保险（新农村合作医疗保险）参保（参合）人员缴费	公共服务
65	有线数字电视安装、报停、移址和恢复	公共服务
66	有线数字电视节目包订购	公共服务
67	供水申请（新立）	公共服务
68	供水申请（变更）	公共服务
69	新装用电、临时用电、增加用电容量、变更用电和终止用电申请	公共服务
70	居民表计新装、增容与变更用电	公共服务

诸暨市企业投资项目“最多跑一次”“最多100天”改革实施方案

为贯彻落实省委省政府深化企业投资项目“最多跑一次”改革的决策部署，进一步优化我市营商环境，根据《国务院办公厅关于开展工程建设项目审批制度改革试点的通知》（国办发〔2018〕33号）等文件精神，现就企业投资项目“最多跑一次”“最多100天”改革，制定本实施方案。

一、总体要求

（一）指导思想。全面贯彻党的十九大和省第十四次党代会精神，围绕构建科学、便捷、高效的企业投资项目审批和管理体系，按照分类改革、分步推进的总体要求，精简事项、精简材料、精简环节，优化服务、强化监管，全流程、全覆盖、全方位深化改革，切实提升企业的获得感与满意度，进一步改善我市营商环境。

（二）工作目标。在全面推行企业投资承诺制基础上，2018年10月底前，一般企业投资项目基本实现开工前审批“最多跑一次”“最多100天”；到2019年底，基本实现企业投资项目全流程“最多跑一次”、开工前审批“最多100天”，初步建立一套规范有序、便捷高效的企业投资项目管理制度。

二、精简事项审批

根据项目类型、投资类别、规模大小等，将一般企业投资项目分为工业项目、商住项目、社会事业项目以及其他项目四类，分类建立投资项目审批事项目录。取消不合理、不必要的审批事项，整合同一事项多科室、多部门审批，减少保留事项审批前置条件，推行告知承诺制，实行资料信息共享。新出让用地由政府统一办理占用林地、占用水域以及林木采伐等许可，不再由企业单独报批；挖掘公路（城市道路）调整为交通运输局（建设局）征求公安局意见；取消施工合同备案事项，建设单位可自主决定发包方式；取消建筑工程施工许可条件中的资金证明、无拖欠工程款承诺书等条件，取消单独办理的质量安全监督手续环节，与施工许可联合办理。

（一）工业项目。拟新增用地工业项目由政府统一组织能评、环评、水保等；简化取消应建防空地下室的民用建筑项目报建审批和人防工程易地建设核实；年综合能源消费量不满1000吨标准煤，且年电力消费量不满500万千瓦时的项目，不单独进行节能审查；民用建筑不再单独开展民用建筑节能评估；推行建设工程规划许可告知承诺制；房屋建筑和市政基础设施工程竣工验收备案时不再收取环保部门验收合格文件或准许使用文件。

（二）商住项目以及社会事业项目。探索建立景观风貌重点管控区域管控指标，简化工程设计方案审查；整合工程规划许可、应建防空地下室的民用建筑项目报建审批和人防工程易地建设核实，探索由设计单位依据规划条件和建筑面积计算规则等进行建筑面积计算。整合房屋建筑工程附属的燃气工程、城市道路工程、环境卫生设施和城镇排水与污水处理设施等专项竣工验收备案，与房屋建筑工程竣工验收备案一并办理。

（三）建筑面积不大于5000平方米、功能单一、技术要求简单的小型工程建设项目，不再对设计方案进行审核，推行带方案出让，不再单独开展民用建筑节能评估。

三、优化管理流程

推行企业投资项目承诺制改革，探索实行前期指导、筛选评估、提前介入、并联审批、联合验收等，在企业投资项目立项用地规划许可、工程建设许可、施工许可、竣工验收等四个阶段的基础上，简化整合为立项规划许可、施工许可和竣工验收三个主要阶段，立项规划许可阶段审查产业、规划、环评、节能等，以管控指标为主重点审查工程设计方案；施工许可阶段审查质量、安全、消防、人防等，以技术审查为主。不涉及工程建设的项目，以立项阶段为主。

（一）工业项目。除重大产业项目、小型项目等外，新增用地的一般工业项目实行“标准地＋承诺制”改革，按《诸暨市人民政府关于推行企业投资项目承诺制改革的实施意见（试行）》（诸政发〔2018〕12号）执行。存量用地的新建改建扩建工业项目，主要分建设施工许可和竣工验收二个阶段，实行前期政策指导，中介提前服务，简化工程设计方案审查，协同并联办理建设许可、施工许可，实行联合测绘、联合验收。

（二）商住项目。新建改建扩建的商住项目（不包括内部装修等项目）主要分立项规划许可、施工许可和竣工验收三个阶段，提前政策指导，重点优化建设许可，压缩工程设计方案审查，整合规划、人防等审查，整合工程面积与人防面积计算，推行协同并联审批；推行市政绿化与房屋建筑工程联合验收，实行一次办理。

（三）社会事业项目。养老等出让用地新建改建扩建项目参照商住项目。教育医疗等划拨用地新建项目，主要分立项规划许可、施工许可、竣工验收等三个阶段，强化前期政策指导，发改局会同行业主管部门、建设局、国土资源局进行准入预审，选址意见书和用地预审意见书联动办理；涉林、涉河涉堤、涉路等事项并联审批，用地审批与工程建设许可同步办理，凭用地预审意见和项目立项文件办理建设用地规划许可、建设工程规划许可；推行规划、人防等联合测绘，实行竣工验收备案一次办理。

（四）其他项目。涉及房屋建筑的项目，主要分建设施工许可和竣工验收二个阶段，前期政策指导，提前审查设计方案，协同并联办理工程规划施工许可。交通、水利、矿山等其他工程建设项目，由行业主管部门牵头进行前期指导，建设工程设计方案联合审查，联审通过后出具相关审查意见，核发建设工程规划许可证，按相关规定办理开工手续。

四、健全管理制度

（一）健全项目准入制度。推进“多规合一”，建立景观风貌重点管控区域景观风貌要求等管控指标；在开发区（园区）、高新区等重点园区组织实施环评、能评、水保等区域评价，建立行业准入以及单位排污、能耗、投入产出等控制指标，实行项目筛选评估，推行“标准地”出让。

（二）完善公共服务机制。深化指导服务、代办服务、网上服务，探索建立上下层级、部门之间、事前事后、线上线下全方位的企业投资项目服务机制。将市政公用服务等事项纳入综合受理，进一步完善投资项目审批综合服务窗口（“一窗”），强化政策引导、政策咨询，推行提前介入、提前指导，规范项目立项，实行统一受理、协同办理、限时办结。健全镇乡（街道）或园区代办服务，实行就地全程跟踪服务。依托投资项目在线监管平台和政务服务网（“一网”）深化网上服务，推行网上咨询、网上申报、网上办理，建立网上投资项目资料库、证照库，推进信息互通、材料共享。

（三）规范中介服务管理。积极培育具有多种资质的综合性中介机构或中介机构联合体，推行环评、能评、安评、水保等多评合一，推进多审合一、多测合一，实行联合评价、联合图审、联合测绘，探索实施政府统一购买监管需要的中介服务。健全中介服务考核评价机制，实行中介服务承诺制，推行环评、能评、安评以及施工图审查提前介入服务，推行施工图审查“一次性告知、二审办结”制度。

（四）加强事中事后监管。建立部门、镇乡（街道）项目监管清单，落实开工放样、基础、结顶、完工等重要节点的监管重点、监管责任，按照“双随机、一公开”等监管要求，全程跟踪检查，实时上报监管信息，发现问题及时督促企业整改，严肃查处违法行为。

（五）推进信用体系建设。按照国家有关法律法规和项目准入标准等，制定企业投资项目建设信用记录目录和严重失信惩戒措施清单，全面记录企业、中介和从业人员违法违规、履行承诺的信息，对严重失信行为进行惩戒，构建“一处失信、处处受限”的诚信体系。

五、工作要求

（一）强化工作责任。企业投资项目开工前审批“最多100天”改革是省委省政府深化企业投资项目“最多跑一次”改革、优化营商环境的重大决策部署。各相关部门（单位）和镇乡（街道）要强化大局意识、责任意识，按照改革目标和要求，细化制订实施细则、工作措施等配套制度，加强部门之间、上下之间以及内部职能科室之间协作，积极探索创新工作举措，全面深化落实各项改革措施。

（二）强化督查考核。市投资项目审批改革领导小组办公室（公共服务中心）要加强对改革工作的组织协调和督促指导，定期对企业投资项目开工前“最多100天”改革情况进行通报。市级有关部门要加强对企业投资项目开工前“最多100天”改革的督查，对履行职责不认真、工作进展缓慢的，要严肃追究责任，确保改革顺利推进。

（三）强化宣传引导。要充分利用报纸、电视、互联网和新媒体等广泛宣传企业投资项目开工前审批“最多100天”改革的措施和成效，增进公众对改革的了解和支持，提高社会的知晓度和参与度，努力营造良好的改革环境。

（中共诸暨市委办公室2018年8月28日印发）

附件：1. 诸暨市一般企业投资项目开工前主要审批事项目录

2. 诸暨市一般企业投资项目开工前审批流程图

附件 1

诸暨市一般企业投资项目开工前主要审批事项目录

表 1

序号	类型		主要审批事项	备注
1	工业	新增用地工业项目	1. 企业投资项目备案 2. 建设用地规划许可 3. 不动产登记 4. 建设项目环境影响评价文件审批 5. 投资项目节能审查（年综合能源消费量 1000 吨标准煤以上） 6. 生产建设项目水土保持方案审批 7. 建设工程规划许可证核发 8. 建筑工程施工许可证核发 9. 建设工程消防设计备案	除重大项目以及小型项目外实施承诺制
		存量用地工业项目	1. 企业投资项目备案 2. 建设项目环境影响评价文件审批 3. 投资项目节能审查（年综合能源消费量 1000 吨标准煤以上） 4. 建设工程规划许可证核发 5. 建筑工程施工许可证核发 6. 建设工程消防设计备案	包括新建、改建和扩建的工业投资项目
		标准厂房项目	1. 企业投资项目备案 2. 建设项目环境影响登记表备案 3. 建设工程规划许可证核发 4. 建筑工程施工许可证核发 5. 建设工程消防设计备案	
		不涉及工程的技改项目	1. 企业投资项目备案 2. 建设项目环境影响评价文件审批或登记表备案 3. 投资项目节能审查（年综合能源消费量 1000 吨标准煤以上）	
2	商住	房地产项目	1. 企业投资项目备案 2. 建设用地规划许可	
		商贸旅游项目	1. 建设项目国有土地使用权审核 2. 建设项目环境影响评价文件审批或登记表备案 3. 生产建设项目水土保持方案审批 4. 民用建筑项目节能审查 5. 工程设计方案审查 6. 应建防空地下室的民用建筑项目报建审批 7. 人防工程易地建设核实 8. 建设工程规划许可证核发 9. 建设工程消防设计备案或审核 10. 建筑工程施工许可证核发	商场、宾馆等

续表 1

序号	类型		主要审批事项	备注
3	社会事业	划拨用地新建项目	1. 建设项目选址审批 2. 建设项目用地预审 3. 企业投资项目核准 4. 建设用地规划许可 5. 建设项目国有土地使用权审核 6. 建设项目环境影响评价文件审批 7. 生产建设项目水土保持方案审批 8. 民用建筑项目节能审查 9. 应建防空地下室的民用建筑项目报建审批 10. 人防工程易地建设核实 11. 建设工程规划许可证核发（设计方案查） 12. 建设工程消防设计审核或备案 13. 建筑工程施工许可证核发	学校、医院等
		出让用地新建项目	1. 企业投资项目备案 2. 建设用地规划许可 3. 建设项目国有土地使用权审核 4. 建设项目环境影响评价文件审批或登记表备案 5. 生产建设项目水土保持方案审批 6. 民用建筑项目节能审查 7. 工程设计方案审查 8. 应建防空地下室的民用建筑项目报建审批 9. 人防工程易地建设核实 10. 建设工程规划许可证核发 11. 建设工程消防设计审核或备案 12. 建筑工程施工许可证核发	养老服务等
4	其他	涉及房屋建筑项目	1. 企业投资项目备案 2. 建设项目环境影响评价文件审批或登记表备案 3. 建设工程规划许可证核发 4. 建筑工程施工许可证核发 5. 建设工程消防设计备案	农林项目等
		矿山等工程建设项目	1. 企业投资项目备案 2. 建设项目环境影响评价文件审批 3. 生产建设项目水土保持方案审批 4. 非煤矿山建设项目安全设施设计审查等	矿山、加油站等
		不涉及工程建设的项目	企业投资项目备案	光伏、充电桩等

说明：1. 没有列入供电、供水等公用服务事项；特殊行业以及涉林、涉河涉堤、涉航涉路、涉管道、涉市政设施等资源、设施、事项的，单独另行列入特殊审批事项；涉及民办学校、医疗卫生机构、电影放映、娱乐场所、成品油经营等资格审批的，列入商事登记事项，不列入投资项目审批事项目录。

2. 根据《浙江省人民政府关于发布政府核准的投资项目目录（浙江省2017年本）的通知》（浙政发〔2017〕16号）承接绍兴市核准权限事项，主要包括：小型水库，市内电网工程、输油管网、输气管网，高速公路和国道网以外的公路，污水处理厂、垃圾焚烧填埋等城建工程，本市管理的学校、医院、体育场馆、艺术表演场馆。

3. 按照《建设项目环境影响评价分类管理目录》（环境保护部令第44号）规定编制建设项目环境影响报告书、报告表和填报环境影响登记表。

4. 按照《中华人民共和国消防法》以及《建设工程消防监督管理规定》规定：大型的人员密集场所和其他特殊建设工程申请消防设计审核。大型的人员密集场所：（1）建筑总面积大于二万平方米的体育场馆、会堂，公共展览馆、博物馆的展示厅；（2）建筑总面积大于一万五千平方米的民用机场航站楼、客运车站候车室、客运码头候船厅；（3）建筑总面积大于一万平方米的宾馆、饭店、商场、市场；（4）建筑总面积大于二千五百平方米的影剧院，公共图书馆的阅览室，营业性室内健身、休闲场馆，医院的门诊楼，大学的教学楼、图书馆、食堂，劳动密集型企业的生产加工车间，寺庙、教堂；（5）建筑总面积大于一千平方米的托儿所、幼儿园的儿童用房，儿童游乐厅等室内儿童活动场所，养老院、福利院，医院、疗养院的病房楼，中小学校的教学楼、图书馆、食堂，学校的集体宿舍，劳动密集型企业的员工集体宿舍；（6）建筑总面积大于五百平方米的歌舞厅、录像厅、放映厅、卡拉OK厅、夜总会、游艺厅、桑拿浴室、网吧、酒吧，具有娱乐功能的餐馆、茶馆、咖啡厅。其他特殊建设工程：（1）国家机关办公楼、电力调度楼、电信楼、邮政楼、防灾指挥调度楼、广播电视楼、档案楼；（2）单体建筑面积大于四万平方米或者建筑高度超过五十米的公共建筑；（3）国家标准规定的一类高层住宅建筑；（4）城市轨道交通、隧道工程，大型发电、变配电工程；（5）生产、储存、装卸易燃易爆危险物品的工厂、仓库和专用车站、码头，易燃易爆气体和液体的充装站、供应站、调压站。

附件2　　　　诸暨市一般企业投资项目开工前审批流程图

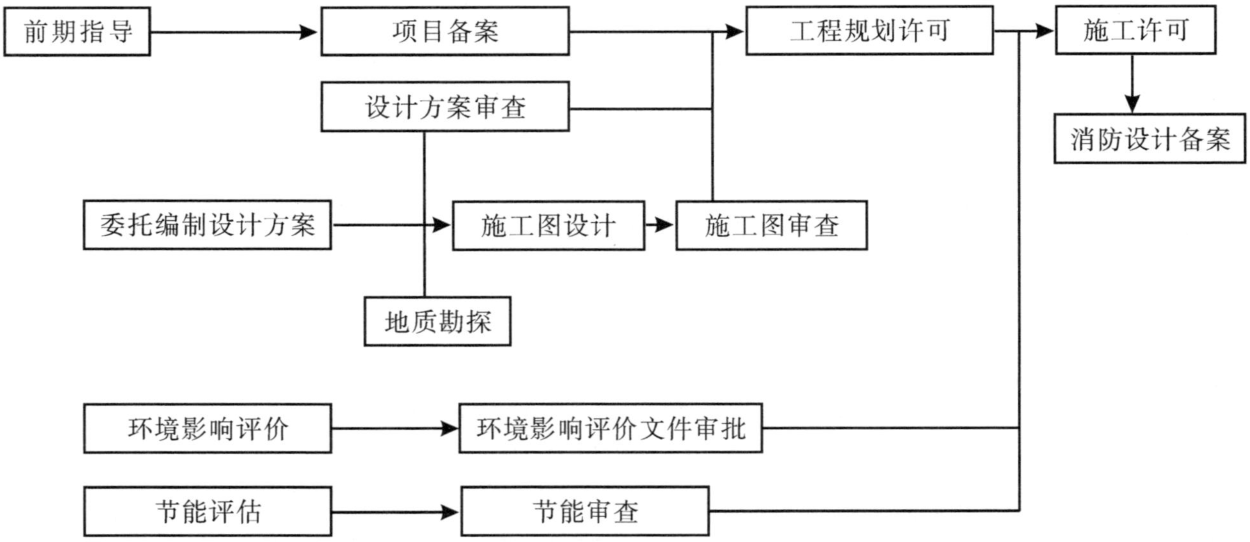

图1　改建扩建工业项目

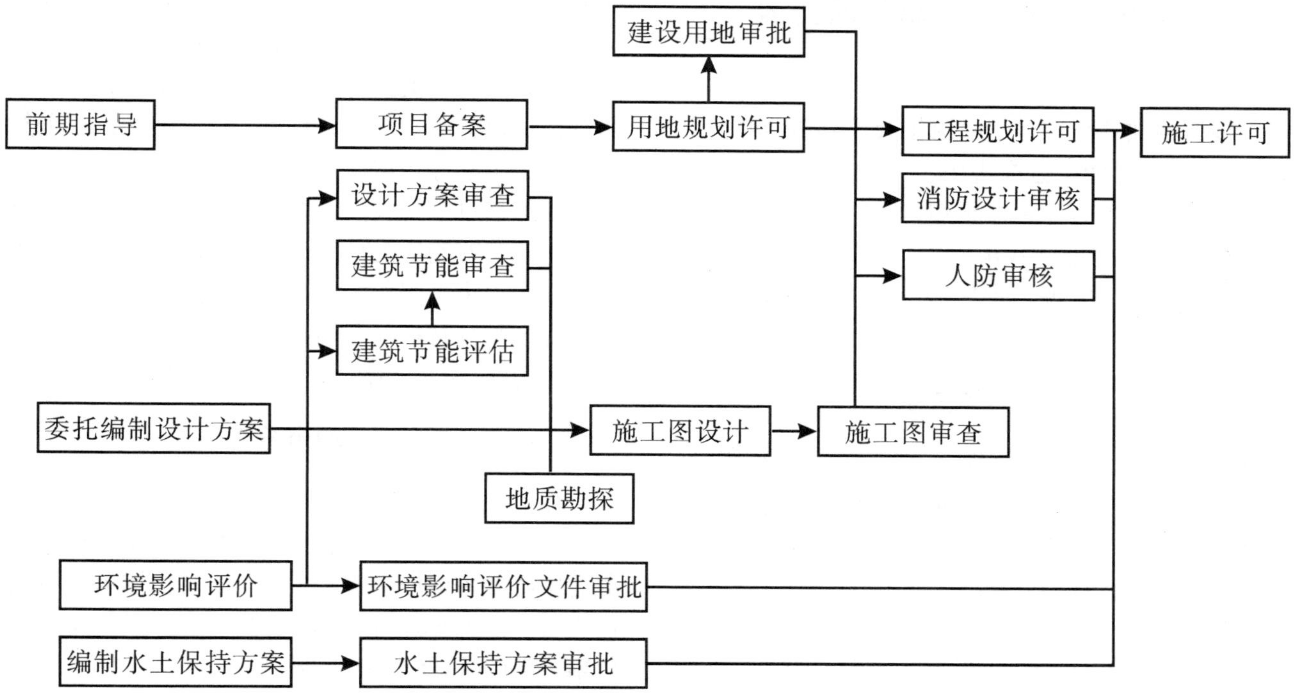

图 2　新建商住项目

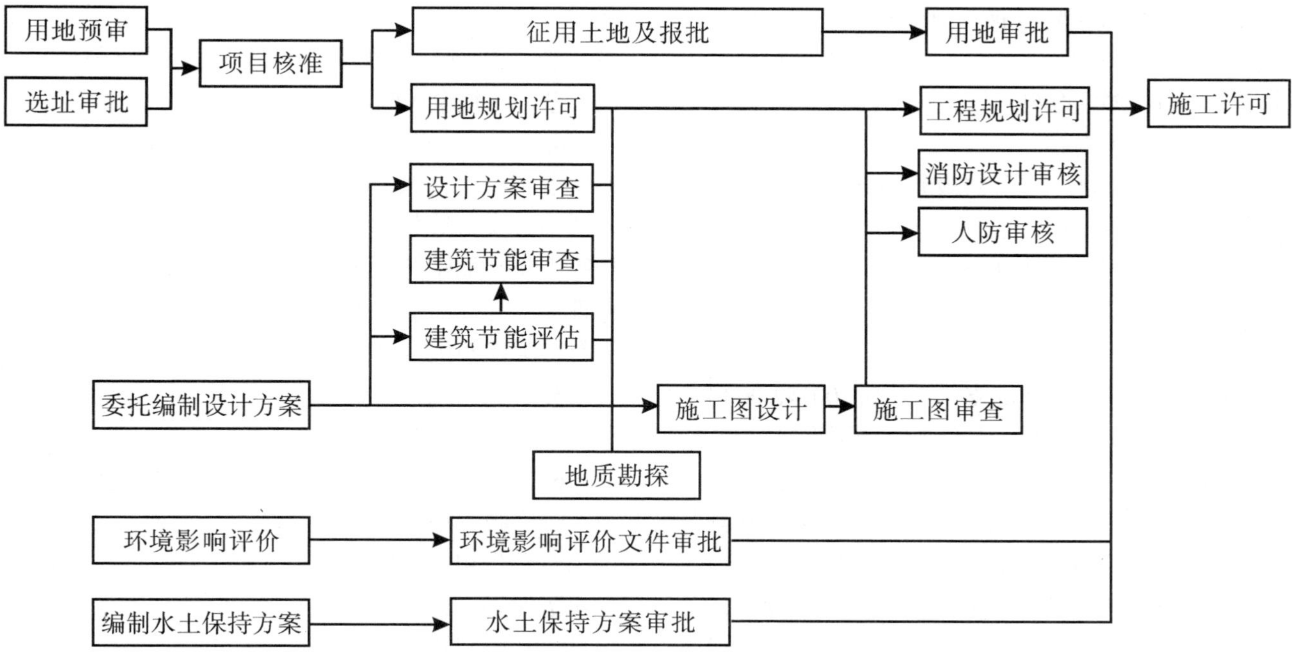

图 3　划拨用地新建社会事业项目

诸暨市推进出生“一件事”“最多跑一次”改革实施方案

根据中共浙江省委全面深化改革委员会办公室等《关于印发〈浙江省推进出生“一件事”“最多跑一次”改革实施方案〉的通知》（浙卫发〔2019〕30号）文件精神，为推动我市出生“一件事”一站式联办、一体化服务，实现出生“一件事”“最多跑一次”，结合本市实际，制定本实施方案。

一、总体要求

深入贯彻落实“最多跑一次”和“放管服”改革精神，坚持以人民为中心的服务理念，突出需求导向和目标导向，通过系统整合、流程简化、部门联动等机制，让数据多跑路，让群众少跑腿，实现新生儿出生“一件事”“一窗受理、多证联办”，全面提升群众获得感和幸福感。

二、实施方式

（一）服务对象。为全市设有产科的医疗机构（以下简称“助产机构”）内出生或非本市医疗机构出生的，且符合诸暨市内落户、参保登记等政策的新生儿，提供预防接种、出生医学证明、落户、参保登记、生育保险报销、医疗费用零星报销等出生“一件事”多证联办。

（二）服务内容。

1. 出生医学证明（公共服务 -00829-000）；

2. 预防接种证；

3. 户口申报（其他 -02592-017）；

4. 城乡居民基本医疗保险参保登记（确认 -00122-007）；

5. 生育保险待遇核准支付（给付 -00142-000）；

6. 基本医疗保险参保人员医疗费用零星报销（给付 -00007-019）。

（三）办理方式。采取助产机构“多证联办”和市、镇乡（街道）两级服务中心“多证联办”等方式。

1. 助产机构“多证联办”。设立办事窗口，开展出生“一件事”延伸服务。对在产妇出院前提出“多证联办”申请的，申请人填写出生户口申报和社保信息登记表，由助产机构收集父母双方身份证、落户方的居民户口簿等出生“一件事”审批服务相关材料，核实信息后发放出生医学证明和办理预防接种手续；通过“一窗受理”云平台出生“一件事”专窗，提供落户、居民医保参保登记、缴费等“一窗受理”服务，实现出生一件事“一次都不跑”。

2. 市、镇乡（街道）两级服务中心“多证联办”。对在产妇出院后提出“多证联办”申请的，申请人可在市行政服务中心“出生事”专窗或镇乡（街道）便民服务中心综合窗口提出申请，填写出生户口申报和社保信息登记表，由综合窗口收集父母双方身份证、落户方的居民户口簿、出生医学证明等出生“一件事”审批服务相关材料，通过“一证通办”系统提取共享材料，利用高拍仪等电子设备上传至“一窗受理”云平台出生“一件事”专窗。

三、职责分工

1. 市政务服务办公室：主要负责出生“一件事”工作的统一安排部署及总体协调推进，落实市行政服务中心办事大厅、镇乡（街道）便民服务中心窗口设置、业务培训、协调对接等工作，建立出生“一件事”部门间工作流转机制。

2. 市卫生健康局：协调负责出生医学证明、公共预防接种证等业务办理及相关系统权限对接开放，落实在助产机构推广多证联办服务，并加强与公安、医保、行政服务中心等部门的业务协同。

3. 市公安局：即时查收、核实助产机构推送的相关信息，对符合政策规定的新生儿办理落户登记，并将新生儿身份信息即时有效推送给医保社保部门，全面实行全市同城通办。

4. 市医疗保障局：负责城乡居民基本医疗保险参保登记、生育保险待遇核准支付、基本医疗保险待遇核准支付等相关系统、权限开放，业务办理委托等工作。即时查收公安部门及助产机构推送信息，办理新生儿居民医保参保登记、生育保险待遇核准支付、医疗费用零星报销等服务。

5. 市税务局：负责城乡居民基本医疗保险缴费相关系统、业务办理委托等工作。

6. 市人力资源和社会保障局：负责社会保障·市民卡管理服务相关系统、权限开放，协调社会保障市民卡各合作银行的制作、申领等工作。即时接收、核实医保局发送的城乡居民基本医疗保险参保登记信息，并协调社会保障·市民卡制作办理。

7. 市大数据管理中心：负责各部门公共数据资源归集，配合相关部门做好自建系统与“一窗受理”云平台的对接工作。

8. 各镇乡（街道）：负责“多证联办”申请

出生“一件事”受理的专窗业务，实时跟踪公安、社保以及医保等相关部门办理进度。

四、工作要求

（一）提高思想认识。推进出生“一件事”“最多跑一次”改革，是“最多跑一次”改革向公共服务领域延伸的重要内容。各有关部门、镇乡（街道）要高度重视，切实增强工作的责任感和使命感，在人员、资金、设备上加大保障力度。

（二）加强部门协作。由市政务服务办公室牵头，卫生健康、公安、医疗保障、人力社保、大数据中心、人民银行等相关部门密切配合，打通“一窗受理”云平台和各部门自建系统，减少部门间流转环节，减少纸质材料提交，实现数据信息共享。进一步加强业务培训，使窗口工作人员熟练掌握改革后的业务流程和工作规范。同时，部门镇乡（街道）之间建立出生“一件事”信息快捷传递平台，实时跟踪办件进度，提升出生“一件事”集成服务能力。

（三）注重宣传引导。要从结婚登记、生育登记等办事环节做好宣传引导，精准服务出生事“多证联办”改革，充分利用报纸、电视、互联网、微信、微博等新闻媒介，提高出生“一件事”联办服务知晓度。通过“试点先行”，及时总结经验，梳理问题，协调解决群众关切的热点问题，推动服务模式优化升级，不断提高群众的认可度和满意度。

（中共诸暨市全面深化改革委员会办公室、诸暨市政务服务办公室、诸暨市卫生健康局、诸暨市公安局、诸暨市医疗保障局、诸暨市税务局、诸暨市人力资源和社会保障局、诸暨市大数据发展管理中心2019年7月23日联合印发）

附件：1. 出生户口申报和社保信息登记表

2. 诸暨市出生“一件事”办理流程

附件1

出生户口申报和社保医保信息登记表

基本信息	新生儿姓名		性别		出生日期	
	父亲姓名		民族		身份证号码	
	户籍地址				现住址	
	母亲姓名		民族		身份证号码	
	户籍地址				现住址	
户口申报登记信息	申请随父亲：______；母亲：_______申报。 新生儿籍贯（祖父居住地）：_____；新生儿民族（随父亲或母亲）______； 现申明子女随申请人生活，申报的内容真实，并承诺自行承担因子女落户引发的相关法律和民事责任。					
医保参保登记信息	城乡居民基本医疗保险：参保当年度 参保下一年度 参保地：同户籍地 其他地址：_______市_______区（县）_____________街道 委托扣款同意书：申请人同意从以下银行账户扣缴基本医疗保险费：					
	备注：参保新生儿按规定缴纳基本医疗保险费的，享受相应的医疗保险待遇。					
新生儿社会保障卡	温馨提示：如需申领社会保障卡，请监护人持小孩户口簿、监护人身份证、《出生医学证明》和结婚证（居民户口簿不能体现监护人时需提供）到市公共服务中心制卡中心或镇乡定点银行办理。					
生育保险（补贴）	待遇类别：生育保险　居民医保生育定额补贴 享受参保人姓名：_______身份证号码：___________________单位名称：___________________ 未就业配偶姓名：_______身份证号码：___________________					
	承诺：1. 申请人该次生育符合国家计划生育政策规定。 2. 申请人______承诺本人和配偶______（身份证号码_________________）均未在任何地区享受职工生育保险待遇，本次分娩的医疗费用无法享受职工生育医疗费定额补助。					
医疗费用零星报销	本次报销涉及新生儿的医疗费用零星报销。					
	承诺：申请人提供发票真实有效。					
申请人员签字确认信息	申请人已确认上述新生儿姓名、民族、落户、参保、生育保险、医疗费用零星报销等信息申报的内容真实有效，并承诺自行承担因子女姓名、民族、落户引发的相关法律责任。 申请人（父亲）签名：___________；联系电话___________； （母亲）签名：___________；联系电话___________； 申请登记日期：_____年_____月_____日					

附件 2

诸暨市出生“一件事”办理流程

一、申报登记

（一）助产机构多证联办

新生儿父母在助产机构提出“多证联办”申请的，由助产机构核实信息后发放出生医学证明和办理预防接种手续，收取相应材料，利用读卡器、高拍仪等电子设备上传至“一窗受理”云平台出生“一件事”专窗。并收取以下材料：

1. 父母双方身份证；

2. 户口本；

3. 结婚证（可容缺）；

4. 生育保险（补贴）待遇申请提供：出院记录复印件或医疗诊断证明一份［在住院期间，生育保险（补贴）可以医院提供医疗证明，内容包括但不限于：诊断，术式，几个胎儿，医院盖章］；

5. 医疗费用零星报销提供：报销门诊费用时提供门（急）诊病历、发票原件；报销住院费用时提供出院记录或出院小结、医疗费用清单（医院盖章）、发票原件；

6. 授权委托书（母亲未到场办理出生医学证明的需提供，委托书内容需写明新生儿姓名、民族、落户等重要信息，窗口工作人员进行电话核实）。

一证通办提取材料：

1. 结婚证信息；

2. 母亲的社会保障卡信息。

（二）市、镇两级服务中心多证联办

新生儿父母在出院后，在市行政服务中心“出生事”专窗或者户籍所在地提出“多证联办”申请的，收取相应材料，利用读卡器、高拍仪等电子设备上传至“一窗受理”云平台出生“一件事”专窗。由镇乡（街道）收取以下材料：

1. 父母双方身份证；

2. 户口本；

3. 结婚证（可容缺）；

4. 出生医学证明；

5. 生育保险（补贴）待遇申请提供：出院记录复印件或医疗诊断证明一份（在住院期间，生育保险（补贴）可以医院提供医疗证明，内容包括但不限于：诊断，术式，几个胎儿，医院盖章）；

6. 医疗费用零星报销提供：报销门诊费用时提供门（急）诊病历、发票原件；报销住院费用时提供出院记录或出院小结、医疗费用清单（医院盖章）、发票原件；

7. 授权委托书（母亲未到场办理出生医学证明的需提供，委托书内容需写明新生儿姓名、民族、落户等重要信息，窗口工作人员进行电话核实）。

一证通办提取材料：

1. 结婚证信息；

2. 母亲的社会保障卡信息。

二、出生医学证明及预防接种

新生儿父母在助产机构提出出生“一件事”申请的，由助产机构根据新生儿父母的申请，收集相关的纸质材料，从“一件事”系统平台提取相关数据材料，制作并发放《出生医学证明》及预防接种证；并将相关材料通过高拍仪等电子设备上传至“一窗受理”云平台出生“一件事”专窗。

新生儿父母在助产机构尚未提出“一件事”申请的，由助产机构核实相关信息，发放出生医学证明和办理预防接种，并及时将信息通过省公共数据平台交换至出生“一件事”专窗。

三、出生户口申报

落户地与申报地一致的，公安部门即时从“一件事”系统平台提取相关数据材料，完成出生户口申报登记，将新生儿居民户口簿、出生户口申报和医保参保登记表（补充填写新生儿身份证号）复印件等材料网上流转回综合窗口。

落户地与申报地不一致的，公安部门即时将材料网上流转落户地公安派出所窗口完成出生户口申报登记。

四、参保登记与缴费

市医疗保障局从“一件事”系统平台提取相关数据材料，办理城乡居民基本医疗保险参保登记手续，将核定缴费数据发送税务城乡两费征缴系统，由监护人通过支付宝扫码缴费，缴费成功后征缴数据返回医疗保障局。市医疗保障局确认缴费到账、待遇生效时间。

五、制作社会保障·市民卡

市人力资源和社会保障局从“一件事”系统平台提取相关数据材料，核准审批社会保障·市民卡办理。温馨提示监护人携带居民户口簿、本人身份证、出生医学证明和结婚证（居民户口簿不能体现监护人时需提供），前往对应的社会保障·市民卡合作银行制作领取新生儿社会保障·市民卡。

六、生育保险待遇核准支付

市医疗保障局从“一件事”系统平台提取出院记录或医疗诊断证明、住院费用明细汇总清单、生育医疗费发票等相关数据材料，进行生育保险待遇核准，并及时将结果反馈。

七、医疗费用零星报销

市医疗保障局从“一件事”系统平台提取门（急）诊病历、发票原件；出院记录或出院小结、医疗费用清单（医院盖章）、发票原件等相关数据材料，进行个人零星医疗费的核准支付，并及时将结果反馈。

诸暨市“最多跑一次”改革大事记

2017年

8月3日，《诸暨市探索“一证通办一生事”深化“最多跑一次”改革》获绍兴市市长凌志峰批示肯定。

9月，浙江省公共政策研究院发布《浙江省政务环境指数评估报告（2017年半年度）》，在该评估报告中，诸暨市总体政务环境指数位居全省第二。

10月11日，浙江省经济体制改革工作领导小组办公室下发《关于复制推广供给侧结构性改革试点经验的通知》（浙改办〔2017〕12号），诸暨市“一证通办一生事”改革被省经济体制改革工作领导小组列为供给侧结构性改革试点可复制推广试点经验。

11月24日，《诸暨市推专项容错纠错办法，助力“最多跑一次”改革上“快车道”》获省长袁家军批示肯定。

12月2日，《诸暨市积极推进数据共享显成效》获绍兴市长市凌志峰批示。

12月6日，绍兴市“一证通办一生事”改革工作现场会在诸暨召开，市公共服务中心在现场会上介绍“一证通办一生事”改革经验。

12月27日，《诸暨市推进“一证通办”改革的做法和经验》获省长袁家军批示肯定：诸暨市“一证通办”做法应予推广。

2018 年

3 月 11 日，《诸暨市创新开展“一证通办一生事”改革 破解基层数据信息共享难题》获绍兴市盛阅春市长批示肯定。

3 月，诸暨市被列为绍兴市乡镇（街道）行政服务中心窗口“无差别全科受理”改革试点。

同月，诸暨市被列为省级全面开展市县两级数据需求梳理和数源确认试点。

又：诸暨市公共服务中心获评 2017 年度、2018 年度浙江省“最多跑一次”改革先进集体，为绍兴市唯一一家连续两年获奖的单位。

4 月 9 日，《诸暨市“标准化、集成化、清单化”推进企业投资项目高效审批改革——从土地摘牌到开工最多只需 30 天》获省长袁家军批示肯定。

5 月 29 日，绍兴市企业投资项目承诺制改革现场会在诸暨召开，市公共服务中心在现场会上介绍承诺制改革经验。

6 月 11 日、12 日，诸暨市《关于推进企业投资项目开工前审批“最多 100 天”改革的调研报告》分获省长袁家军批示、常务副省长冯飞批示肯定。

7 月 22 日、26 日，诸暨市《打通乡镇无差别受理“最后一公里”的五点建议》分获省委书记车俊批示、常务副省长冯飞批示肯定。

8 月，诸暨市“标准地＋承诺制”改革被省经济体制改革工作领导小组列为经济体制重点领域改革可复制推广典型经验。

9 月 6—7 日，全省一般企业投资项目开工前审批“最多 100 天”和“标准地”改革现场会在诸暨召开，诸暨市“标准地＋承诺制”改革做法在全省复制推广。

10 月，诸暨市被列为省级执法监管基层协同管理试点。

12 月，诸暨市“一证通办一生事”改革在“第五届浙江省公共管理创新案例评选结果”中荣获浙江省公共管理创新案例优秀奖，并于 2019 年 3 月入选 2018 年度浙江省“最多跑一次”改革 20 个地方最佳实践案例之一。

2019 年

2 月，诸暨市陶朱街道、浣东街道、店口、大唐、枫桥、牌头、次坞、草塔、山下湖等 15 个镇乡（街道）行政服务中心被评为绍兴市示范型乡镇（街道）便民服务中心，占绍兴市总数的 1/3。

大 事 记

1月

4日，市委召开十六届三次全体（扩大）会议，绍兴市委常委、诸暨市委书记张晓强讲话，市委副书记、市长王芬祥出席。全会听取和讨论了张晓强作的工作报告，审议通过了《中共诸暨市委关于高举习近平新时代中国特色社会主义思想伟大旗帜，以“北承南接”为引领奋力推进“两个高水平”建设的决定》。

5日，由遂昌县委副书记、县长沈世山率领的遂昌县政府考察团到大唐镇考察特色小镇建设情况，市领导王芬祥、朱红伟、林成高等陪同。

6日，《诸暨日报》报道，根据农业部发布的“2017年第四批农产品地理标志登记产品公告信息”，诸暨短柄樱桃正式成为国家农产品地理标志登记产品，这是诸暨市首个通过农业部门申报认证的地理标志农产品。

7日，《诸暨日报》报道，浙江省电商创新发展试点评审结果完成公示，诸暨市被评为2018年省电子商务创新发展试点县市，并获得商务促进财政专项资金400万元。

8日，三位诸暨人——俞亮、姚航平、杨益大登上国家科技最高领奖台，在人民大会堂接受表彰。在浙一医院工作的他们参与的团队所获得的是2017年度国家科学技术进步奖特等奖，项目名称是“以防控人感染H7N9禽流感为代表的新发传染病防治体系重大创新和技术突破”。

9日，绍兴市委副书记、市长马卫光到诸暨调研招商引资工作，市领导王芬祥陪同。

11日，蔡元培150周年诞辰纪念活动在蔡元培纪念馆举行。蔡元培的亲属，上海和杭州各大院校的蔡元培研究专家、学者、校友会代表等齐聚蔡元培祖籍地东白湖镇陈蔡村参加纪念活动。

14日，《诸暨日报》报道，根据环保部致浙江省环保厅函，诸暨市达到国家生态市县指标要求，通过生态市县考核验收。

17日，由省教育厅副巡视员方天禄带队的评估组在对诸暨市省教育基本现代化县（市、区）创建工作进行全面评估后，向诸暨市政府反馈评估检查意见，市领导王芬祥、俞越等参加反馈会。

18日，省“枫桥经验”检察教学基地落户诸暨。省人民检察院党组书记、检察长汪瀚专程到诸暨调研指导检察教学基地建设工作，绍兴市委常委、诸暨市委书记张晓强陪同。

19—21日，中国人民政治协商会议诸暨市第十四届委员会第二次会议在西施大剧院举行。

20—22日，诸暨市第十七届人民代表大会第二次会议在西施大剧院举行。

24日，浓缩诸暨6500多年人文历史发展精华、历时3年建成的城市馆正式向市民开放。

29日，《诸暨日报》报道，中国轻工业联合会和中国缝制协会授予诸暨“中国刺绣机产业基地”称号。据了解，2017年，诸暨市电脑刺绣机产值突破60亿元，产量达3万台，约占全国产量的80%、全球产量的70%，已成为全球最大的电脑刺绣机产业基地。

30日，市政府召开尼日利亚投资环境座谈会，共商诸暨和尼日利亚纺织业合作发展大计、共谋纺织产能合作发展蓝图。尼日利亚是诸暨重要的贸易和投资目的国，也是最早与诸暨开展经贸往来和投资合作的非洲国家之一。早在20世纪90年代，诸暨企业和商人就在尼日利亚开展经商活动。

2月

1日，海亮集团启动“星青年”人才战略，宣布未来2年将在全球范围内引进优秀青年人才，其中最令人关注的是，开出500万元年薪，招聘5名30岁左右的青年管理天才。

3日，市中医医院完成建院以来最大一次搬迁，77名危重病人和65名普通病人全部平安转运，未发生任何意外。3日0时起，老院区住院、急诊停诊。

7日，《诸暨日报》报道，国家卫计委发布2013—2017年度全国创建“平安医院”活动表现突出地区、集体和个人通报表扬名单，全省4家医院受表彰，诸暨市人民医院成为绍兴市唯一上榜单位。

同日《诸暨日报》报道，国家林业局公布全国经济林产业区域特色品牌建设试点单位名单，“枫桥香榧”名列其中。

26日，国家市场监督管理总局副局长甘霖到诸暨调研，副市长何鸿成陪同。

同日，绍兴市委副书记、市长盛阅春到诸调研农业农村工作，副市长董光辉陪同。

同日《诸暨日报》报道，诸暨市长荣城际客运有限公司开行的安华镇河杨公交首末站至义乌市国际商贸城客运中心的城际公交，经过一段时间的试运行后，开始正常运行。安华至义乌国际商贸城公交线一共投入3辆30座大公交车，一天12个班次。

30日，由吉林省东辽县委书记仇景锐率领的党政考察团到诸暨考察，并与市政府签署对口合作框架协议，市委副书记、市长王芬祥，市领导傅世平、朱红伟参加签约仪式。

5月

2日，《诸暨日报》报道，全国优秀古迹遗址保护项目在京颁奖，诸暨市文化企业浙江双林古建园林工程有限公司承建的武汉大学早期建筑——理学院文物保护工程获全国文物保护领域最高奖，为国内6个获奖项目之一。

同日《诸暨日报》报道，由公安部宣传局、全国公安文联主办，诸暨市公安局承办的“不忘初心，春来枫桥”主题诗歌采风创作活动在诸暨举行，来自全国各地的公安诗人和诗歌爱好者参加活动。

3日，《诸暨日报》报道，诸暨市市场监督管理局获得外商投资企业登记管理权限后，核发全市首本外商投资企业营业执照，领取执照者为诸暨三藩生物科技有限公司。

5日，《诸暨日报》报道，人保诸暨支公司正式向草塔镇一交通事故当事人发放政府救助保险金3万元，这是诸暨市推出政府救助保险业务后发放的第一笔救助保险金。

8日，由柬埔寨、缅甸、印度尼西亚、老挝等10个国家主流媒体25名记者组成的东盟记者团到访诸暨，亲身感受西施故里的历史文化底蕴，实地了解诸暨的经济社会发展情况。

9日，中央全面依法治国委员会办公室副主任、司法部部长傅政华到诸暨市视察，浙江省副省长、公安厅厅长、省委政法委副书记王双全，绍兴市领导徐华水以及诸暨市领导王芬祥陪同。

10日，市委召开全市领导干部会议，宣布浙江省委、绍兴市委关于调整诸暨市委主要领导的决定。省委决定：徐良平任中共绍兴市委常委，中共诸暨市委委员、常委、书记，免去其中共绍兴市越城区委书记、常委、委员职务。绍兴市委书记马卫光出席会议并讲话，绍兴市委常委、组织部部长徐晓光主持会议并宣布省委决定。绍兴市委常委、诸暨市委书记徐良平，市委副书记、市长王芬祥分别作表态发言。

同日，绍兴市委书记马卫光来诸暨调研“枫桥经验”创新发展工作情况，绍兴市委常委、组织部长徐晓光，绍兴市委常委、诸暨市委书记徐良平，市委副书记、市长王芬祥，市委副书记、政法委书记孙君分别陪同。

13日，《诸暨日报》报道，诸暨市在全省首创运用网络直播形式，让市民王先生在家里通过手机观看，了解了一起劳动仲裁案庭审的全过程。

15日，绍兴市委常委、统战部长叶卫红到店口镇调研新的社会阶层人士统战工作，市委常委、统战部部长孟国锋陪同。

15—17日，省委常委、政法委书记王昌荣到诸暨蹲点调研“枫桥经验”，绍兴市委副书记凌志峰及诸暨市领导徐良平、王芬祥、孙君分别陪同。

16日，《诸暨日报》报道，国家住房和城乡建设部公布2018年第一批列入中央财政支持范围中国传统村落名单，次坞镇次坞村和璜山镇溪北村榜上有名，中央财政将按照每村300万元的标准提供补助。此前次坞村与溪北村一同入选第四批中国传统村落名录。

同日，绍兴市人大常委会主任谭志桂及秘书长寿炳尧一行到诸暨调研了解企业发展经营情况，市领导姚汉松等参加。

17日，省水利厅党组书记、厅长马林云一行到诸暨检查浦阳江防汛工作，市委副书记、市长王芬祥等参加。

18日，由北京市西城区委书记卢映川率领的党政代表团到诸暨考察“最多跑一次”改革、基层治安防控体系建设、社会组织参与社会治理、美丽县城建设等工作，绍兴市委副书记凌志峰，绍兴市委常委、诸暨市委书记徐良平等陪同。

同日，市人民法院召开在执行终本案件（即执行过程中，因无财产可供执行而不得不终止本次执行程序的案件）中引入公证意见制度的新闻发布会，首度引入司法公正机制，由公证处开具全国首份执行公证法律意见书。

19日，鲁迅文学奖获得者、河南省作协副主席乔叶，鲁迅文学奖获得者、山西省作家协会副主席王祥夫等13位全国知名作家走进诸暨，先后到市社会组织服务中心、城市馆、西施殿、博物馆、“枫桥经验”陈列室、枫桥记忆馆、赵家镇东溪村和香榧森林公园等地参观采风。

21日，《诸暨日报》报道，第二次全国污染源普查工作启动，普查对象为有污染源的单位和个体经营户，普查范围包括工业源、农业源、生活源、集中式治理设施、移动源和其他各类产生、排放污染物的设施等。

22日，绍兴市人大常委会副主任王继岗一行到诸暨开展固体废物污染环境防治“一法一条例”执法检查，并走访企业，进行企业服务活动，诸暨市领导钱建荣、何鸿成等参加。

23日，省委组织部副部长、老干部局局长鲍秀英到诸暨调研，绍兴市委常委、诸暨市委书记徐良平，市委常委、组织部部长周志刚陪同。

同日，全国首个人工智能创客实践基地落户诸暨，乐聚·星原力机器人创客实践基地成立新闻发布会在诸暨举行。

24日，绍兴市委书记马卫光到诸暨调研产业转型升级、重大项目建设、“五星达标、3A争创”等工作，绍兴市委常委、诸暨市委书记徐良平陪同。

同日，省政协常委、科教委主任姚志文到诸暨，就“实施创新驱动战略、推动高质量发展”省政协重点课题之“加快我省产业创新服务综合体建设、夯实创新发展基础”分课题开展调研，市政协副主席袁岳军陪同。

同日，诸暨市第四次经济普查工作24日启动，普查对象包括在诸暨市境内从事第二产业和第三产业的全部法人单位、产业活动单位和个体经营户。普查标准时点是2018年12月31日。

25日，《诸暨日报》报道，第十一届全国五好家庭表彰大会在北京召开，身为大侣小学教师的陈可英家庭获评“全国五好家庭”。

30—31日，省政协副主席周国辉一行到诸暨市调研城乡生活垃圾分类处理工作情况，绍兴市政协副主席徐青松及市政协主席郭浩良、副市长陈军卫、市政协副主席沈吉明陪同。

6月

3日，《诸暨日报》报道，绍兴市企业投资项目承诺制改革现场推广会在诸暨召开，会议决定，在绍兴市全域推广企业投资项目承诺制“诸暨模式”。

5日，全省生态环境保护大会暨中央环保督察整改工作推进会对一批美丽浙江建设和“五水共治”工作先进进行表彰，诸暨市被授予浙江省“五水共治”（河长制）工作优秀县（市、区）“大禹鼎”，连续第三次获得“大禹鼎”。

7日，2018年浙江农业之最首届蓝莓擂台赛暨绍兴市蓝莓文化节在诸暨市王家井镇蓝莓现代农业产业园开幕，吸引了来自杭州、宁波等11个地市的16支参赛队伍及他们随身所带的蓝美1号、奥尼尔、戴安娜等5个品种前来参赛。

8日，《诸暨日报·大唐》报道，世界上最大的无轴式摩天轮“渤海之眼”在山东省潍坊市投入运行。这座摩天轮由浙江巨马游艺机有限公司研发和制造，是世界上首例编织网格形式摩天轮、世界上首个无轴式轮桥合一摩天轮，拥有20多项国家专利。

同日，以退役军人为主力组成的全市首个村级专业救援组织、全省在册的第一家村级救灾类社会组织——上余村红色救援队在草塔镇上余村成立。

10—11日，第十届全国人大常委会副委员长、中国关心下一代工作委员会主任顾秀莲到诸暨调研指导乡村振兴和社会治理工作，国务院研究室原主任，北京师范大学中国社会管理研究院、社会学院院长魏礼群，省人大常委会原副主任、省关工委主任徐宏俊及绍兴市人大常委会副主任杨文孝、丁晓燕，诸暨市领导徐良平、王芬祥分别陪同。

11日，杭州市委副书记、组织部长、政法委书记张仲灿率政法系统人员到诸暨考察“枫桥经验”，市领导王芬祥、孙君分别陪同。

14日，全省矛盾纠纷多元化解工作暨在线矛盾纠纷多元化解平台建设现场推进会在诸暨召开，省高院院长李占国，省委政法委副书记朱晨，绍兴市委副书记、政法委书记凌志锋及诸暨市领导孙君等参加。

22日，《诸暨日报》报道，绍兴市第四次经济普查综合试点动员会在诸暨市召开，浣东街道作为绍兴市第四次经济普查市级综合试点地区，启动为期一周的试点工作。

25日，《诸暨日报》报道，网易联合创新中心落户诸暨。该中心由诸暨城东建管委、富润控股集团、网易（杭州）网络有限公司、浙江跨星科技有限公司四方共同打造，是网易继杭州、嘉兴之后，在省内落地的第三个联合创新中心。

26日，省委副秘书长、省信访局局长王忠志到诸暨市调研信访工作，绍兴市委常委、诸暨市委书记徐良平，诸暨市委副书记、市长王芬祥分别陪同。

27日，宁波市委副书记、常务副市长、政法委书记宋越舜率领宁波政法系统代表团到诸暨考察学习“枫桥经验”创新发展工作，绍兴市委书记马卫光、绍兴市委副书记凌志峰及诸暨市领导徐良平、孙君等陪同。

同日，绍兴市第二届特殊奥林匹克运动会在诸暨市职教中心举行，参赛选手共76名，全部来自绍兴各个县市区的特殊教育学校，诸暨以37金15银9铜位列团体第一。

28日，经绍兴市编办批复同意，绍兴枫桥学院在诸暨市设立并在中共诸暨市委党校挂牌。绍兴市委书记马卫光向绍兴枫桥学院授牌，并在绍兴市政法领导干部学习贯彻习近平新时代中国特色社会主义思想专题研讨班上为学员上第一课。省委政法委办公会议成员、省综治办专职副主任谢小云致辞。绍兴市委副书记、政法委书记凌志峰主持，绍兴市委常委、组织部部长徐晓光，绍兴市副市长、公安局长徐华水及诸暨市领导徐良平、周志刚、沈平江等参加。

29日，省“无违建县（市、区）”检查组到诸暨就“无违建”创建工作进行回头看，重点检查新增违建、存量违建处置、信访投诉处置等工作。

7月

1日，《诸暨日报》报道，市政府下发《诸暨市“厕所革命”实施方案》。根据该方案，截至年底，全市将新建公共厕所664座、改造提档1589座，以实现全市公共厕所布局合理、管理规范、群众满意的总体目标。

3日，宁波市鄞州区党政代表团在宁波市委常委、鄞州区委书记胡军的带领下到诸暨市考察，绍兴市委常委、诸暨市委书记徐良平，市委常委、常务副市长宣方乐陪同。

同日，由越城区委副书记、区长金晓明率领的越城区党政代表团到诸暨市参观考察，市领导徐良平等陪同。

同日，全市首个新时代文明传习所3日在赵家镇综合文化站揭牌。

4日，绍兴市委书记马卫光到诸暨调研国家现代农业产业园建设工作，绍兴市政府党组副书记徐明光及诸暨市领导徐良平、陈军卫等陪同。

9日，绍兴“七五”普法中期督导组采取实地查看、查阅台账、座谈交流等方式，对诸暨市开展“七五”普法中期督导检查。

13日，全省流动人口和居住出租房屋管理服务工作现场推进会在诸暨召开，副省长、省流动人口管理服务工作领导小组组长王双全出席会议并讲话，省公安厅副厅长、省流动人口管理服务工作领导小组副组长兼办公室主任金伯中主持会议，绍兴市委常委、诸暨市委书记徐良平出席会议并致辞，常务副市长宣方乐出席。

16日，《诸暨日报》报道，诸暨举办首届气排球公开赛。比赛设男子中老年组、中青年组等4个组别，市内外50支球队近800人参加比赛。

18日，《诸暨日报》报道，农业农村部确定全国50个地市、150个县（市、区）为2018年度农村集体产权制度改革试点单位，诸暨市经过自主申报，省、部选拔，成为全国农村集体产权制度改革试点单位之一。

18日，江苏省委副书记、省政协主席黄莉新一行到诸暨考察，浙江省政协副主席吴晶，绍兴市政协副主席倪善贵，诸暨市领导徐良平、郭浩良分别陪同。

同日，省住建厅党组书记、厅长项永丹一行到诸暨调研，绍兴市委常委、诸暨市委书记徐良平，副市长郦小飞分别陪同。

同日，人工智能引领创新发展高峰论坛暨院士专家诸暨行活动18日举行，市领导王芬祥、周志刚、宣方乐、林成高参加。活动中，诸暨市与浙江大学软件学院签订院地合作协议。

20日，原诸暨市国家税务局、诸暨市地方税务局合并后新组建的国家税务总局诸暨市税务局挂牌成立，市委常委、常务副市长宣方乐，国家税务总局绍兴市税务局副局长、第四联络（督导）组组长朱建军出席挂牌仪式。

23—24日，绍兴市人大常委会党组副书记、副主任王继岗到诸暨调研上半年经济运行情况，并走访诸暨企业，市领导姚汉松、钱建荣、朱红伟陪同。

24日，绍兴市政协主席魏伟一行到诸暨调研，市长王芬祥陪同。

30日，由市委宣传部、市文广新局联合主办的诸暨市第九届书画艺术节暨将军与士兵——葛焕标周建成书画展在市博物馆开幕。

同日，《诸暨日报》报道，省政府发文认定诸暨为第二批省级生态文明建设示范县（市），成为绍兴市继新昌县后第二个省级生态文明建设示范县（市）。

同日，《诸暨日报》报道，在司法部、民政部公布的第七批“全国民主法治示范村（社区）”名单中，王家井镇新南村榜上有名。

8 月

1 日，市长王芬祥接受中央政法委、中央电视台《新时代“枫桥经验”政论片》摄制组采访。

同日，《诸暨日报》报道，绍兴市第一家社区级别的社会组织服务中心在暨阳街道凤凰社区成立，金凤凰妈妈团、阳光助残社、星期天戏曲队等 16 家社会组织入驻凤凰社区。

同日，诸暨市农村土地承包经营权确权登记颁证工作通过省、绍兴市验收。

2—3 日，遂昌县委书记毛建国率领的遂昌县党政代表团到诸暨考察，市领导徐良平、王芬祥、姚汉松、郭浩良等分别陪同。“诸暨——遂昌山海协作工程升级版”战略合作签约仪式于 3 日举行。

3 日，市政府举行项目集中签约仪式，20 个项目现场签约，总投资 98.7 亿元。绍兴市委常委、诸暨市委书记徐良平，市委副书记、市长王芬祥，市人大常委会主任姚汉松，市政协主席郭浩良，市委常委、常务副市长宣方乐，副市长何鸿成出席签约仪式。

同日，“乐创诸暨”中国科学院化学研究所——诸暨市产学研合作科技交流会在诸暨举行。交流会上，市政府与中国科学院化学研究所签订了合作协议书。

8 日，省政协主席、省委宣传部部长葛慧君一行来诸暨调研“新时代文明实践”试点工作，绍兴市政协主席魏伟，诸暨市领导徐良平、郭浩良分别陪同。

同日，市第十一届全民健身节启动仪式在市体育馆举行。健身节活动时间为 8—16 日，以“全民健身、健康诸暨”为主题。

9 日，中央农办农村社会事业工作组到诸暨调研，副市长陈军卫陪同。

10 日，市委召开十六届四次全体（扩大）会议，绍兴市委常委、诸暨市委书记徐良平代表市委常委会向全会作工作报告，市委副书记、市长王芬祥部署工作。会议审议通过《中共诸暨市委关于深入推进清廉诸暨建设实施方案》。

同日，副省长彭佳学以人大代表身份到诸暨市暨阳街道人大代表联络站开展联系人民群众主题活动，并与人大代表和群众代表座谈，绍兴市人大常委会主任谭志桂及诸暨市领导徐良平、姚汉松等参加。

12 日，全市首个乡镇爱心驿站——静等花开爱心驿站在店口湖西村成立，主要向村或社区提供便民敬老服务。

14—15 日，全省社会组织参与社会治理规范提升工程现场会在诸暨召开，省民政厅党组书记、厅长王剑侯，民政部社会组织管理局副巡视员张贞德，绍兴市副市长陈德洪以及诸暨市领导徐良平、王芬祥、孙君、宣方乐、何鸿成等分别参加。

15 日，《诸暨日报》报道，诸暨市检察院为解决当事人“不信调、不愿调”的问题，在全省首创自主“点单”调解工作机制，吸收行业协会、地域商会人员以及资深专业调解员形成调解员“菜单”，由当事人自主“点单”选择。

16 日，绍兴市乡村振兴暨“五星达标、3A 争创”现场推进会在诸暨召开，绍兴市委书记马卫光讲话，绍兴市委副书记、市长盛阅春主持，绍兴市委副书记凌志峰宣读有关表彰文件。绍兴市委常委、组织部长徐晓光，绍兴市副市长丁如兴、陈德洪及诸暨市领导徐良平、孙君、周志刚、郦小飞参加。

同日，绍兴市委在诸暨召开绍兴市深化基层党建全域提升工作会议，绍兴市委书记马卫光讲话，绍兴市委常委、组织部长徐晓光作工作部署。绍兴市委常委、诸暨市委书记徐良平，市委常委、组织部长周志刚参加。

18 日，由吉林省辽源市委副书记、市长孙弘率领的辽源市政府考察团来诸暨考察，绍兴市副市长康忠贵及诸暨市领导徐良平、陈仁坚陪同。

20—21 日，省食品安全市考评组对诸暨市省食品安全市创建工作进行考评验收。考评组认为，诸暨市已达到创建浙江省食品安全市的基本要求。

24 日，《诸暨日报》报道，同山镇通过省农业“两区”办组织相关专家进行的验收，成为全市唯一的省级特色农业强镇。

30 日，全省食品药品系统平安创建现场推进会在诸暨召开，诸暨市、余杭区等 6 家单位作交流发言。

31 日，四川省阿坝州金川县委书记卞思发率领金川县党政代表团到诸暨考察，市领导徐良平、孙君、宣方乐、陈仁坚、陈军卫等分别陪同。

9月

8月29日和9月2日，中国工商联、中国企业联合会、中国企业家协会相继发布2018中国企业500强、2018中国民营企业500强、中国民营企业制造业500强名单。海亮集团以年营收1625.96亿元位列2018中国500强企业第109位；海亮集团、祥生实业集团2家企业入围中国民营企业500强行列，分别列第22位和第395位；海亮集团、露笑集团、天洁集团、万安集团等4家企业进入2018中国民营企业制造业500强行列，分别位列第10位、第298位、第300位和第417位。

3日，《诸暨日报》报道，牌头镇同文村水下张自然村村民张海平因50余年照看、关爱没有血缘关系的三位叔叔，入选2018年度“中华慈孝人物”，全国仅20人入选这一名单。

4日，省军区司令员冯文平一行到诸暨调研军民融合工作，市长王芬祥、副市长陈仁坚陪同。

同日，《诸暨日报》报道，全市第一个由公安牵头的平安类社会组织——诸暨市义警总会成立。总会共有会员组织75个，主要参与治安巡逻、矛盾调解、交通管理、安全保卫、社会救援、法制宣传、公益爱心等。

5日，由山东省聊城市委副书记、市长宋军继率领的聊城市政府考察团到诸暨考察，市领导王芬祥、陈仁坚陪同。

同日，由嵊州市委副书记、市长徐建役率领的嵊州市政府考察团到诸暨考察，市领导王芬祥、朱红伟陪同。

6日，省委常委、组织部部长黄建发一行到诸暨调研，绍兴市委常委、组织部部长徐晓光，绍兴市委常委、诸暨市委书记徐良平参加。

6—7日，全省一般企业投资项目开工前审批“最多100天”和“标准地”改革现场会暨能源“双控”工作推进会在诸暨召开，省委常委、常务副省长冯飞出席并讲话，省政府副秘书长李岩益、省发改委主任孟刚、绍兴市副市长丁如兴参加，诸暨市领导徐良平、王芬祥、宣方乐、郦小飞分别参加。

7日，《诸暨日报》报道，在北京举行的由农业农村部组织的2018年第二次全国农产品地理标志评审会上，诸暨市申报的“枫桥香榧”地理标志经专家评审通过，继“诸暨短柄樱桃”后获得第二项农产品地理标志。

7—9日，国务委员、公安部部长赵克志先后到枫桥派出所和相关街道社区等调研“枫桥经验”，并主持召开多场座谈会，听取基层民警和干部群众的经验做法和意见建议。

8日，《诸暨日报》报道，全市首个家事工作联盟——暨阳街道“西施娘家人”家事工作联盟成立。联盟成员共30人，由各社区家事工作室推荐的优秀代表组成，同时吸纳法律顾问、心理辅导员、公安干警等专业成员加盟。

9日，由《人民日报》、新华社、中央电视台、中央人民广播电台、《浙江日报》、浙江电视台等11家中央和省级主流媒体组成的新闻采风团到诸暨开展“社会力量办体育”主题新闻采风活动。

10日，《诸暨日报》报道，据省整治办通报，继上年第一批14个镇乡（街道）一次性全部通过小城镇环境综合整治考核验收后，诸暨市参与第二批小城镇环境综合整治考核验收的12个镇街全部达标，成为全省首个全域通过省级考核验收的县市。

同日《诸暨日报》报道，草塔镇6个行政村按照“地域相邻、产业相近、人文相亲”原则，在全市试点成立首个“村村联盟”，承担加强区域党建、统筹区域发展、指导工作开展、深化群众服务、化解矛盾纠纷等五大工作职责。

12日，省审计厅党组书记、厅长朱忠明一行到诸暨调研县域经济发展工作，绍兴市委常委、诸暨市委书记徐良平，市委副书记、市长王芬祥，市委常委、常务副市长宣方乐陪同。

13日，在杭州余杭举行的浙江省特色小镇规划建设工作现场推进会上，诸暨袜艺小镇成为绍兴市首个被省政府正式命名授牌的特色小镇。

17日，“梦想中国·智汇暨阳”2018诸暨招才引智全球推介会在诸暨举行，市领导徐良平、周志刚、宣方乐出席。会上，“暨阳人才战略联盟”首次正式面向全球同步发布涉及装备制造、新能源、新材料、电信信息等12个专业领域的50个人才项目需求。此次推介会还在英国、德国、日本、澳大利亚设立分会场，并举行了主题论坛、“千企进百校·秋季专列”启动仪式等活动。

17日，由中国农民丰收节组织指导委员会指导，中国农民体育协会、浙江省农业厅主办的首届中国农民丰收节系列活动——全国农民基层体育骨干健身技能提升暨展示活动在诸暨市山下湖米果果小镇开启，来自全国23个省、市、自治区的200多名农民选手和近千名观摩代表参加。此次活动持续到19日结束。

18日，由中国围棋协会主办的第五届全国老知青围棋赛在诸暨开赛，来自北京、天津、河南、陕西、重庆等多个省市的36支参赛队伍、近百名棋手参加比赛。

19日，《诸暨日报》报道，国家卫生健康委疾控局精神卫生处到诸暨市调研社会心理服务体系建设工作，先后参观了大唐镇柱嵩村嵩乐心室、大唐镇人力交流市场“袜都心灵港”、楼大姐工作室，对诸暨市社会心理服务体系建设工作予以肯定。

21日，店口镇新的社会阶层人士联谊会成立大会在店口镇召开，这是绍兴市首个乡镇级新的社会阶层人士联谊会。

24日，《诸暨日报》报道，在农业农村部公布的“全国100个特色村庄”名单上，诸暨市草塔镇上下文村名列其中，是绍兴地区唯一入围该名单的行政村，浙江省共有5个村入围。

25日，由省人大常委会副主任李学忠带领的省人大代表财经组到诸暨视察，绍兴市人大常委会主任谭志桂、副主任王继岗及诸暨市领导徐良平、姚汉松等陪同。

28日，绍兴市委书记马卫光到诸暨督查节前安全生产工作，绍兴市委常委、诸暨市委书记徐良平，市委常委、常务副市长宣方乐参加。

同日，来自全国基层中医药工作先进单位评审组的领导和专家齐聚诸暨，对诸暨市全国基层中医药工作先进单位进行复审。

30日，市委、市政府在烈士陵园烈士纪念碑前广场举行烈士公祭仪式，徐良平、王芬祥、姚汉松、郭浩良等市四套班子全体成员，人武部长、法检两长、市双拥领导小组成员单位负责人以及老领导代表、驻诸部队代表、公安干警代表、烈士直系亲属代表、离退休军人代表、参战退役人员、复退军人代表、社区干部居民代表、学生代表等160多人参加。

10月

8日，中国中小城市科学发展指数研究课题组、中小城市发展战略研究院、中城国研智库等单位共同公布《2018年中国中小城市科学发展指数研究成果》，多个全国百强县排行榜出炉。诸暨在2018年度全国综合实力百强县市榜单中，排名第14位；在全国绿色发展百强县市榜单和全国新型城镇化质量百强县中，诸暨排名均为第11位；在全国科技创新百强县市中，诸暨排名第16位。

同日《诸暨日报》报道，绍兴枫桥学院举行开工仪式。绍兴枫桥学院位于枫桥镇枫一村，总投资7.5亿元，参照“校区、景区”的理念，按照综合区、教学区、科研区、生活区、体艺区5个功能区块进行布局，建成后能满足年培训约300班次、1.5万人次的需求。

9日，中央政法委秘书长陈一新在诸暨调研加快基层社会治理现代化工作，省委常委、政法委书记王昌荣，省委政法委副书记、省平安办主任朱晨，绍兴市委书记马卫光、副书记凌志峰及诸暨市领导徐良平等陪同调研并参加座谈会。

同日，2018年“地信·艺佳杯”浙江省第十届测绘与地理信息行业职工篮球联赛在暨阳体育中心篮球馆开赛，来自杭州、宁波、嘉兴等10多个地、县级市的19支篮球队292名球员参赛。

14日，《诸暨日报》报道，诸暨市通过省消除疟疾终审评估专家组检查评估。

同日下午，央视四套播出《城市1对1》节目，诸暨作为中国的代表城市，与英国古城考文垂对话。

15—16日，国家园林城市复查专家组对诸暨市国家园林城市进行省级复查，这是诸暨市“国家园林城市”命名以来的第三次复查。专家组对诸暨的城市园林绿化建设工作予以肯定。

16日，绍兴市委书记马卫光到诸暨调研小微企业园建设和小微企业发展情况，绍兴市委常委、秘书长陆维及诸暨市领导朱红伟陪同。

17日，中央改革办督察组到诸暨督察，常务副市长宣方乐陪同。

同日，中国文联副主席、中央电视台原台长胡占凡来诸暨考察，副市长林成高陪同。

18日，农业农村部经济指导司调研组到诸暨调研，副市长林成高陪同。

22—23日，中宣部副部长蒋建国到诸暨市调研指导新时代文明实践中心建设工作，省委宣传部副部长黄明辉，绍兴市委常委、宣传部长丁如兴及诸暨市领导徐良平、王芬祥、王孔羽等分别陪同。

23日，诸暨交警大队从珠海引进的全省首台驾驶证自助换证机正式上线运行。

同日，全市首家少儿图书馆——“浣江书房”暨阳小学馆落成并对外开放。该图书馆面积220平方米，陈列图书近万册，一次可容纳近百名小朋友同时阅读。

25日，省委书记车俊到诸暨调研基层治理情况，省委常委、秘书长陈金彪，省委常委、政法委书记王昌荣，绍兴市委书记马卫光，绍兴市委副书记、市长盛阅春及诸暨市领导徐良平、王芬祥等陪同调研。

26日，诸暨市—金川县东西部扶贫协作对接交流会在四川省阿坝州金川县举行。会上，诸暨市与金川县民政局签订帮扶协议，并向金川县民政局捐赠280万元，用于金川县困难助学、福利院建设及其他精准扶贫项目。

同日《诸暨日报》报道，浙江省林学会主办的“寻找最美银杏村落”活动评选榜单揭晓，诸暨市应店街镇灵山坞村榜上有名，是绍兴市唯一上榜村落。

27日，《诸暨日报》报道，东和乡左、右溪小流域生态治理项目入选2018年第二批国家农业综合开发土地治理项目，治理面积为0.5万亩，计划总投资900万元，其中省级以上财政投资720万元，市级财政资金180万元。

30日，“德润暨阳”诸暨市第五届“身边的道德模范”颁奖典礼举行，50名身边的道德模范受表彰。市领导徐良平、王芬祥、姚汉松、郭浩良、王孔羽出席典礼，并向获奖者颁奖。

同日，全市首个社区文化家园在暨阳街道凤凰社区和合文化中心开园。

11月

1日，诸暨至杭州滨江的城际客运专线正式开通营运，这是继2016年店口至杭州东站城际公交开通之后又一条至杭州的线路。

同日，诸暨城市公交首次开通8001、8002、8003三条社区巴士公交线路，填补城市公交盲区，解决道路狭窄、位置偏僻等小区市民出行问题。

5日，全省面积最大、整合机构最多、功能最齐全的公共法律服务中心——诸暨市公共法律服务中心开放。中心建筑总面积4100多平方米，内驻法律援助中心、公证处、调解工作指导中心、调解总会、仲裁委、行政复议局、专业性行业性人民调解组织等15家机构，并配备智能机器人、无人律所等系列智能化设备，可为群众提供全方位、一站式法律服务。互联网无人律所只要一刷身份证，全国3.8万名律师可实时接单。

同日《诸暨日报》报道，菲达环保中标印度鼓达2×800兆百工程电除尘器项目，该燃煤电站项目是迄今全球单台机组所配电除尘器型号最大、除尘器设备成套出口合同额最高的项目，2台机组所配电除尘器设备总额超2亿元。

6日，《诸暨日报》报道，根据从省食安办得到的消息，诸暨市被命名为“浙江省食品安全县（市、区）”。绍兴名列其中的还有柯桥。

7日，参加绍兴市第二届国际友城大会的日本仁贺保市、乌克兰苏梅市、芬兰波里市等友好城市代表团访问诸暨，市领导王芬祥、姚汉松、金立耿、洪中行、何鸿成、王祖勇等分别会见代表团。

同日，最高人民检察院党组书记、检察长张军专程到枫桥镇考察调研“枫桥经验”，绍兴市委书记马卫光，绍兴市委常委、诸暨市委书记徐良平等陪同。

同日《诸暨日报》报道，在全省20个获得浙江省文化产业发展专项资金扶持的县（市、区）名单上，诸暨名列其中。从2019年起到2021年，诸暨市一共能获得3000万元的补助，专门用于文化产业发展。

8日，《诸暨日报》报道，全省首个采用新型工业化装配式设计施工的农村保障性住房试点项目——直埠镇姚公埠保障房一期竣工通过验收。

10日起，全市首条城市公交专用道投入使用。新开通的这条公交专用道起自艮塔西路友谊路口，止于艮塔西路越都路口，双向共计6千米。

12日，纪念毛泽东同志批示学习推广“枫桥经验”55周年暨习近平总书记指示坚持发展“枫桥经验”15周年大会在绍兴召开。中共中央政治局委员、中央政法委书记郭声琨，国务委员、公安部部长赵克志，最高人民法院院长周强，最高人民检察院检察长张军出席，省委书记车俊致辞并介绍经验。中央政法委秘书长陈一新、安全部部长陈文清、司法部部长傅政华、中央军委政法委书记宋丹、武警部队司令员王宁、中央政法委副秘书长陈训秋等出席。省领导陈金彪、王昌荣、王双全，省高级人民法院院长李占国、省人民检察院检察长贾宇，中央和国家有关部委负责人，全国各省（区、市）、新疆生产建设兵团有关负责人，绍兴市领导马卫光、盛阅春、谭志桂、魏伟，市领导徐良平、孙君等参加会议。

同日《诸暨日报》报道，“CCTV2018年度法治人物”评选活动启动，诸暨市老杨调解中心的负责人杨光照入围已公布的25位（组）候选人名单。

13日，全国妇联副主席、书记处书记谭琳一行来诸暨调研“枫桥经验”，省妇联副主席童丽君，绍兴市委常委、统战部部长叶卫红，诸暨市领导徐良平、孟国锋陪同。

17日，浙江省首个“社科之家”、位于市区滨江南路19幢的诸暨“社科之家”向公众免费开放。

19日，《诸暨日报》报道，由中国缝制机械协会主办、诸暨市电脑刺绣机行业协会承办的2018中国缝制机械行业大会暨中国缝制机械协会十届三次理事会在诸暨召开。会议主题为“聚焦新动能，实现高质量发展”。中国轻工业联合会副会长、中国缝制机械协会理事长何烨出席。

20日，绍兴市委副书记、市长盛阅春到诸暨开展“走企连心”服务活动，市领导王芬祥、何鸿成、朱红伟分别参加。

同日《诸暨日报》报道，全国首家刑事犯罪源头防治中心在枫桥镇开馆。该中心总建筑面积600平方米，内含5个展厅，分别展示“源、知、鉴、防、治”5个主题。

26日，《诸暨日报》报道，诸暨一赵姓市民获得全省检察机关公益损害举报中心成立以来发放的首笔举报奖励金3000元。

28日，绍兴市委书记马卫光到诸暨走访调研有关企业，绍兴市领导陆维，诸暨市领导宣方乐、朱红伟陪同。

同日，由市人民政府、铁路金华货运中心、宁波舟山港联合打造的诸暨至宁波舟山港海铁联运国际专线开通，市委副书记、市长王芬祥，副市长何鸿成参加专线首发仪式。

又：第二届中国“大唐杯”袜艺设计大赛总决赛28日在诸暨举行，本次大赛由中国纺织服装教育学会、教育部高等学校纺织类专业教学指导委员会、诸暨市人民政府主办，是袜业设计行业规格最高的赛事，共收到来自全国各地的1600余幅作品，其中100幅作品角逐总决赛。

28—29日，中国国际经济交流中心副理事长黄奇帆到诸暨调研，并做客“暨阳论坛”，作题为《关于地方政府改善营商环境和招商引资方法的思考》的报告。绍兴市人大常委会副主任孙云耀，诸暨市领导王芬祥等陪同。

29日，中国针织工业协会第六届第四次理事会暨大唐袜业高质量发展论坛在诸暨举行。大唐镇政府与中科院南京分院签订高新技术研发创新战略合作协议，与浙江农林大学暨阳学院签订共建中国大唐袜艺学院战略合作协议。会议宣布：中国针织工业协会袜业研发中心、袜子专业委员会秘书处落户大唐镇。

30日，第十一届中国（国际）珍珠节暨首届山下湖珠宝展在山下湖华东国际珠宝城开幕，中国珠宝玉石首饰行业协会会长徐德明，中华环保联合会常务副主席孙晓华，自然资源部珠宝玉石首饰管理中心副主任、中国珠宝玉石首饰行业协会常务副会长孙凤民，以及诸暨市领导王芬祥、郭浩良、孙君、宣方乐、张振华、何鸿成、陈军卫等参加。

12月

4日，第八届西施文化节暨西施文化传承和弘扬研讨会在诸暨举办，十二届全国政协文史和学习委副主任、浙江省政协原主席周国富，中国社会科学院学部委员、北师大特聘教授、博士生导师王宇信等专家、学者以及市领导王芬祥、王孔羽、俞越、袁岳军等出席开幕式及有关活动。

6日，市政府与中央党校（国家行政学院）政治和法律部签署《中央党校（国家行政学院）政治和法律部与诸暨市开展新时代“枫桥经验”研究合作协议》，中央党校（国家行政学院）政治和法律部副主任、教授封丽霞以及市领导孙君、陈军卫参加签约仪式。

9日，“祥生2018诸暨西施马拉松”比赛在城市广场鸣枪开跑，来自14个国家和地区的10000多名选手参赛，中央电视台5套体育频道作实况转播。绍兴市委书记马卫光，中央广播电视总台体育频道总监助理许伟，绍兴市委常委、秘书长陆维，浙江省体育局副局长吕林，绍兴市副市长顾涛及诸暨市领导徐良平、王芬祥、姚汉松、郭浩良等出席开幕式并为比赛鸣枪。

同日《诸暨日报》报道，由于诸暨市的农村能源综合利用领跑全国，由农业农村部农业生态与资源保护总站主办的农村能源发展交流研讨会现场观摩活动在诸暨举行。观摩团实地考察了暨阳街道安家湖村沼气集中供气工程、枫桥镇的浙江永宁弟兄农业开发有限公司大型沼气综合工程及枫桥镇的农光互补18兆瓦光伏发电场。

11月26日至12月12日期间，市四套班子领导分别到萧山区、余姚市、海宁市、德清县、杭州高新区、余杭经济技术开发区、嘉善县以及丽水市松阳县和莲都区、福建省武夷山市学习考察。

13日，由浦江县委副书记、县长丁政率领的浦江县党政代表团到诸暨参观考察，市领导王芬祥、张振华、朱红伟、袁岳军等陪同。

15日，全市首个志愿者联盟——“手拉手”便民志愿者联盟在马剑镇建辉村成立，首批加入联盟的志愿者超过100名。

16日，以“创业投资、数字经济、融合发展”

为主题的2018（第二届）中国（诸暨）科技金融暨创业投资与产业数字化融合发展高峰论坛在诸暨举行，省科技厅党组成员、副厅长孟小军，省科技厅原党组副书记、副厅长、省创投协会常务副会长邱飞章，中关村股权投资协会会长王少杰，省金控投资管理有限公司董事长兼总经理杜金良及诸暨市领导王芬祥、宣方乐、朱红伟等出席。本次高峰论坛由省科技厅、诸暨市人民政府主办，省创业投资协会、中关村股权投资协会、浙江金控投资管理有限公司和诸暨市创新金融管理服务中心承办，300余家知名创投机构参加峰会。

18日，绍兴市委常委、军分区政委柴祥群带领考评组来诸暨，对人武部党委第一书记履行党管武装工作职责情况进行考评，市领导王芬祥、宣方乐、袁永波、高雷等分别参加。

同日，店口镇发布《美丽城镇建设与管理规范》，这是全国首个美丽城镇建设与管理的规范性地方标准。

21日，省委常委、统战部部长熊建平到诸暨调研，绍兴市委常委、统战部部长叶卫红，诸暨市领导王芬祥等陪同。

同日，诸暨科技协同创新中心揭牌成立，浙江大学、浙江工业大学、浙江理工大学、杭州电子科技大学、浙江省农科院、上海理工大学、西安理工大学、西安工程大学等8家高校院所作为协同中心成员，为诸暨经济发展提供技术服务与智力支持。

同日，中国工程院李兆申院士工作站21日在市人民医院成立并揭牌，中国工程院院士、海军军医大学附属长海医院消化内科主任、国家消化系统疾病临床医学研究中心主任李兆申，同济大学医学院党委书记、诸暨市人民政府发展顾问张军及市领导王芬祥、俞越参加揭牌仪式。

23日，占地5000余平方米的全市首个村级体育活动中心——陶朱街道龙山社区多功能体育活动中心建成开放。

27日，《诸暨日报》报道，诸暨市首座海葬纪念碑在庙尖山公墓建成。纪念碑铭刻海葬者的姓名，以供后人祭奠。2018年是诸暨市推行海葬的第六年，全市6年来累计有40位逝者实行海葬。

28日，王芬祥、姚汉松、郭浩良等市四套班子领导参加“军事日”活动，进行实弹射击演练后，听取海军指挥学院军事战略学教授张晓林作的题为《当前我国海洋安全形势》的报告。

市情概览

▲全国文明城市、国家生态市——诸暨市（徐德文 摄）

基本地情

【概况】诸暨市地处浙江省中部偏北，会稽山脉与龙门山脉之间，浦阳江中游，行政区域面积2311平方千米。辖3个街道、23个镇、1个乡，共有469个行政村，77个城镇社区（居委会），总户数40.6万户，户籍人口108.54万人。

【综合实力】2018年，全市实现地区生产总值（GDP）1225.25亿元，按可比价计算，比上年（下同）增长6.7%。按户籍人口计算，全市人均生产总值为112880元，增长6.5%，按2018年平均汇率1:6.6174折算，为17058美元。从GDP构成看，第一产业增加值45.18亿元，增长2.4%；第二产业增加值605.90亿元，增长7.6%；第三产业增加值574.17亿元，增长5.9%。全年实现财政总收入137.80亿元，增长11.3%；税收收入73.58亿元，增长14.39%。一般公共预算收入87.37亿元，占财政总收入的63.4%；一般公共预算支出92.21亿元，其中民生支出72.34亿元，占预算支出的78.4%。民生支出中，住房保障、交通运输、社保、教育等支出分别增长71.4%、59.7%、9.3%和4.2%。2018年，全市城镇常住居民人均可支配收入62623元，增长8.3%；农村常住居民人均可支配收入36053元，增长9.0%。

【地理位置】诸暨市位于长江三角洲南翼、浙江省中北部、钱塘江流域中段，地处东经119° 53' ~ 120° 32', 北纬29° 21' ~ 29° 59'之间，东接绍兴、嵊州，南界东阳、义乌，西毗浦江、桐庐、富阳，北邻杭州、萧山。浙赣铁路、杭金衢高速、诸永高速、绍诸高速、金杭公路贯穿全境，距上海200千米、杭州90千米，距萧山国际机场60千米。

【道路交通】除浙赣铁路、杭金衢高速、诸永高速、绍诸高速、金杭公路贯穿全境外，境域内实现村村通公路，浦阳江水道与杭（州）金（华）线、绍（兴）大（唐）线、诸（暨）东（阳）线及乡间公路构成水陆交通网。随着绍诸高速延伸线于2017年12月31日建成通车，诸暨市成为全国首个拥有绕城高速的县级市。

▲绍诸高速延伸线安华入口 （无人机拍摄 郦以念 摄）

【地形地貌】诸暨地处浙东与浙西丘陵山区两大地貌类型的交接地带，有山地、丘陵、河谷盆地3种类型，分别占境内地域总面积的28.96%、43.12%、27.92%。境内最高峰为东南部的东白山（太白尖），海拔1194.6米，最低平原为东北部的白塔湖，平均高度为海拔4.3米，最低高度为3.1米。

山地和丘陵紧密相联，犬牙交错，集中分布在市境东南部（会稽山地）和西部（龙门山地）。

中部为河谷盆地，多沃土良田；北部为河网平原，水资源充沛。浦阳江纵贯南北，境内干流长67.6千米，东西8条支流呈叶脉形展开。

中部浦阳江河谷盆地位于市域中南部，浦阳江中游，南与浦江—苏溪盆地接壤，北至大侣湖，与“诸暨湖田熟”的河网平原接壤，东起高湖，西至筏畈。南北长36千米，东西宽19千米，呈北东狭长槽形。面积83万亩，占市域面积的23.96%。区内地势平缓，海拔8—50米，两侧向中部倾斜，西南向东北倾斜。浦阳江河道弯曲，多河漫滩地，构成冲积平原阶地。盆地两侧为第四纪红土砾石层、白垩纪砂岩地层的基托阶地，和东部、西部丘陵阶地相接。

北部湖畈河网平原位于浦阳江中下游，南起连七湖，北与萧绍平原接壤；东起东泌湖，西至朱公湖。南北长16千米，东西宽14千米，面积33万亩，占市域面积的9.47%。浦阳江自西南向东北、枫桥江由东南向西北穿流全区。河网如织，湖荡密布，田畈多为围湖而成，海拔多为5.5—6.5米，故称“诸暨湖田”。

人口　民族

【人口】2018年，全市总户数40.6万户，户籍人口108.54万人。人口出生率8.48‰，死亡率7.40‰，人口自然增长率1.08‰。

【民族】常住人口中除汉族外，有少数民族41个，分别为蒙古族、回族、藏族、维吾尔族、苗族、彝族、壮族、布依族、朝鲜族、满族、侗族、瑶族、白族、土家族、哈尼族、哈萨克族、傣族、黎族、傈僳族、佤族、畲族、高山族、拉祜族、水族、东乡族、纳西族、景颇族、土族、达斡尔族、仫佬族、羌族、布朗族、撒拉族、毛南族、仡佬族、锡伯族、阿昌族、普米族、塔吉克族、怒族、德昂族，其中常住人口居前3位的少数民族分别为苗族、土家族、布依族。

山脉水系

【概况】诸暨境内主要有两大山脉、两大水系。两大山脉即会稽山脉和龙门山脉，两大水系即浦阳江水系和壶源江水系。

【会稽山脉】会稽山脉在诸暨境内以会稽山地为主，位于市境东部，呈西南—东北走向，与义乌、东阳、嵊州、绍兴、萧山接壤，属浙东南丘陵山区地貌单元，面积148万亩，占市域总面积的42.47%，其中海拔500米以上低山15.2万亩，占10.27%。全区受开化江、枫桥江等大小溪流切割，重峦迭峰，幽谷深涧，形成众多的河谷盆地和冲积扇。主峰东白山，为诸暨、嵊州、东阳3个市交界处。山巅缓坡宽谷，西侧山坡变陡，属于浦阳江河谷盆地东缘，主脉南、北山势渐低。干脉以东白山为起点，分北干脉、南干脉两路。北干脉（东白山—大山坞）由东白山向东北达于诸暨、嵊州市界，主要高峰有螺蛳屁股（900米）、白玉尖（990米）、湖塘冈（861米）、雾露尖（849.5米）、走马岗（835米）、龙头顶（737米），龙头顶为诸暨、嵊州、绍兴3市（县）界山。并有越大山（679米）、刻石山（763.8米）、古博岭。西至大北坞山，为诸暨、绍兴、萧山3市（县）界山，自此入萧山、绍兴界。南干脉（东白山—道人山）由东白山向西南达于诸暨、东阳界，主要高峰有南园尖（1090米）、菜塔尖（758.5米）、灵岩山（906.6米），灵岩山为诸暨、东阳、义乌3个市界山。沿诸暨、义乌界有大坞尖（825米）、龙花冈（789米）、青山尖（803米）、风车4口（621米），风车口为诸暨、义乌、东阳3个市交道口。经道人山，入义乌境。支脉大体分为19路，其中最长的为走马岗—小孤山支脉，长50余千米。

【龙门山脉】龙门山脉位于市境西部，呈西南—东北走向，与浦江、桐庐、富阳、萧山接壤，属浙西北丘陵山区地貌单元，面积84万亩，占市域面积的24.1%，其中海拔500米以上低山6.44万亩，占7.6%。全区为龙门山脉所构成。因受壶源江、五泄江、凰桐江等溪流切割，形成众多丘间谷地和冲积扇。龙门山脉属仙霞岭山系，主峰三界尖（海拔1015.2米），跨诸暨、桐庐、富阳3个市界，为市境西部第一高峰。干脉以三界尖为起点，分东北、东南两路。东北干脉（三界尖—大龙冈）由三界尖向东北达于诸暨、富阳两市界，为浦阳江与富阳江分水岭。主要高峰有龙门冈（700米）、船坞头（518米）、双珠形（781米）、天塘冈（943.6米）、全泄（826米）、高泄（882.8米）、大岭尖（938.9米）、龙皇山（831米）、鸭坞大山（839.3米）、五云岭（714米）、茶叶岭（749米）、风桐岭（740米）、大龙冈（788.4米）、自大龙冈西入富阳境。东南干脉（三界尖—日入柱山）由三界尖向东南达于桐庐、浦江界。主要高峰有南部岭（840米）、仰天湾（857.3米）、龙门大山（824米）、鹜头山（694米），鹜头山为诸暨与桐庐、浦江界山。沿诸暨、浦江有大来山（507米）、日入柱山（631米）。支脉，大体分为5路，其中最长的支脉为天塘冈—杭坞山支脉，全长40余千米。

【**浦阳江水系**】浦阳江发源于浦江县花桥乡高塘村天灵岩南麓，干流总长151千米，流域面积3431平方千米。诸暨境内干流流长67.6千米，流域面积2194.8平方千米，常年流量每秒36.8立方米。干流呈南北走向，于同山镇界牌宣入境，至安华纳大陈江；向东北至丫江杨，纳开化江；流经苎萝山下至茅渚埠，分东、西两江。西江为浦阳江主流，向北至祝桥，纳五泄江，北流至店口镇，与东江相汇。东江自茅渚埠分流，往东折北经五浦头，至草江村，纳枫桥江；经白塔湖斗门，北流至店口镇，与西江合流。其下，至免石头出境，入萧山区。境内西北部次坞溪、凰桐江亦属浦阳江支流。次坞溪经次坞镇出境，入萧山区；凰桐江经陶湖出境入萧山区。浦阳江上流坡陡流急，中游河道弯曲。古江道原东流绍兴钱清，出三江入海，水势顺畅；自明代麻溪筑坝后，渲泄不畅。境内浦阳江主要支流有5条，东部集会稽山脉西麓诸水相汇的有大陈江、开化江、枫桥江；西部集龙门山脉东麓诸水相汇的有五泄江、凰桐江。

【**壶源江水系**】壶源江源出浦江县与建德交界处天灵岩西麓，经桐庐县入境，向东北流经市境西部马剑镇境内，至富阳市场口注入富春江。全长83千米，境内流程7千米，流域总面积848平方千米，境内面积105平方千米。支流马剑江经马剑小溪口入壶源江。壶源江在境内河段弯曲，坡降大，水流急，水位暴涨暴落，西岸冲刷严重。

气候特征

【**概况**】2018年，年平均气温18.2℃，比常年同期偏高1.3℃，各月平均气温均偏高，其中3月、4月、5月平均气温较常年明显偏高；年极端最高气温38.7℃（7月25日）；年极端最低气温-4.6℃（2月6日）。全年共有日极端最高气温≥35.0℃的高温天数42天，较常年（26.6天）偏多15.4天；日最低气温低于0℃的冰冻天数为25天。上年度终霜日2月13日，本年度初霜日12月17日，无霜期306天；上年度终冰日2月13日，本年度未出现初冰。年降水量1522.1毫米，比常年（1380.3毫米）偏多141.8毫米。年内降水分布很不均匀，12月降水量破历史最大值。年雨日170天，比常年（156天）偏多14天。年日照时数1748.3小时，比常年（1764.4小时）偏少16.1小时。全年共有降雪13天。年雾日26天，霾2天，霜18天，结冰22天，大风2天。

【**异常气候现象**】**冬春季出现连阴雨** 春季和冬季均出现阶段性连阴雨天气。3月10—24日出现连续阴雨相间天气，光照严重不足。11月3—8日和11—22日出现两段连阴雨天气，对秋收冬种产生不利影响。

强对流天气影响严重 3月4日傍晚到夜里，受强冷空气南下影响，全市面雨量27.5毫米，降水主要集中在东南部，其中陈宅开化站出现13级大风（40.4米/秒），安华镇和东和乡出现11级大风，王家井镇累计雨量超过50毫米。4月5日，受冷暖气流交替影响，全市普遍出现大雨到暴雨，其中西部和北部大部分乡镇出现暴雨天气，最大直埠祝园站77毫米。4月22日夜里，受强对流云团影响，全市面雨量45.5毫米，其中应店街站和次坞站累计雨量超过70毫米，牌头、王家井、山下湖等乡镇出现8级大风。5月7日中午到前半夜，受冷暖气流共同影响，全市面雨量47毫米，其中东白湖镇、陈宅镇、璜山镇累计雨量超过70毫米。5月29日15时至30日08时，受强对流云团影响，全市平均雨量36.3毫米，其中枫桥、店口、赵家、次坞等镇累计雨量超80毫米，最大小时雨强为枫桥永宁村站85.7毫米。7月3日16时至4日6时，受强对流云团影响，全市平均雨量23毫米，其中璜山、街亭、暨阳街道、浣东街道、王家井、大唐、岭北等镇街累计雨量超50毫米，最大小时雨强璜山刀鞘坞67.3毫米。7月5日下午到夜里，受强对流云团影响，全市平均雨量22.9毫米，其中直埠、阮市、浣东街道、应店街、江藻、枫桥、赵家等镇（街）累计雨量超40毫米，最大直埠姚公埠小时雨强达53.3毫米。7月26日下午，出现强雷电、短时强降水、雷雨大风、局地冰雹等强对流天气，全市平均雨量10.6毫米，降水分布不均，中北部较大，其中次坞、直埠等乡镇出现暴雨，全市普遍出现6—8级大风，最大应店街紫阆站10级、山下湖镇9级，应店街还出现冰雹。7月30日下午到夜里受强对流云团影响，全市平均雨量16.4毫米，其中东白湖镇累计雨量超过120毫米，最大小时雨强东白湖斯宅82.7毫米。

高温时间长 5月14—18日，全市出现连续5天高温天气，日最高气温、日平均气温均破5月历史同期记录。7月高温日数18天，其中25—31日出现持续高温天气。受副热带高压控制，8月4—11日全市出现连续晴热高温天气。

冬季冷空气活动频繁 1月7日夜里，受较强冷空气影响，全市出现一次明显大风和降温过程，10日至11日早晨最低气温降至-2—-3℃，出现冰冻，山区-4—-6℃，有严重冰冻。1月24—29日出现持续雨雪天气，28—29日受强冷空气影响，24小时日平均气温过程降温11℃，其中25日10时至29日10时出现降雪，过程最大积雪深度出现在27日08时，全市普遍3—5厘米，部分山区6—10厘米，最大赵家钟家岭10厘米（数据来源：气象协理员与自动气象观测站）。1月30日半夜前后至31日傍晚受低槽东移、切变线和地面冷空气共同影响，全市再次出现降雪，最大积雪深度出现在31日20时，全市3—5厘米，部分山区5—10厘米，最大赵家钟家岭14厘米、应店街紫阆10厘米（山区包含上次过程未融化旧雪，数据来源：气象协理员与自动气象观测站）。从1月29日至2月8日，最低气温连续11天低于0℃，连续冰冻天数时间长。3月4—6日受强冷空气影响，日平均气温过程降温幅度达11.1℃。9月6—8日受较强冷空气影响，出现降水和降温过程，过程降温幅度达8℃—9℃，最低气温18.8℃（9月9日）。

历史少见持续阴雨（雪）寡照天气 12月份出现历史少见的持续阴雨（雪）寡照天气。12月2—11日，全市出现持续阴雨（雪）天气，其中7日上午到9日前期受强冷空气影响，出现降雪天气过程，积雪深度3—4厘米，局部5—6厘米；26日起到旬末，受冷空气持续影响，再次出现连续阴雨（雪）天气，其中30日中午到31日早晨出现降雪，城区普遍积雪深度3—4厘米，部分山区5—7厘米。

【重要性、灾害性天气】暴雨（日雨量≥50毫米）共4次，分别出现在4月23日、6月20日、7月3日、8月13日。梅雨2018年入梅明显偏迟，出梅正常，6月20日入梅，较常年（6月10日）偏迟10天，7月9日出梅，较常年（7月10日）偏早1天。梅雨期共19天，梅期短。梅雨形势不典型，分布不均，局地短时雨量大。全市平均梅雨量199.5毫米，诸暨站雨量192.9毫米，比常年偏少13%（常年为227.2毫米）。降水主要分两个阶段，第一阶段6月19日夜里至23日，全市出现两轮较强降水；第二阶段6月28日至7月7日，多雷阵雨天气。台风2018年影响诸暨的台风有5个，分别为1808“玛利亚”、1810“安比”、1812“云雀”、1814“摩羯”、1818“温比亚”，其中8月12—13日台风“摩羯”影响明显，全市普降暴雨，部分地区大暴雨，局地出现8—10级大风；8月16—17日台风“温比亚”给全市带来较明显风雨影响，东部和东北部地区出现暴雨。（许金凤）

资源特产

【概况】诸暨境内矿藏资源丰富，主要矿种30余个，有金、银、铅、锌、铜、铀、钼、萤石、大理石等，多分布于南部；石煤、石灰石、锰、磷、钾等多分布于西北部；高岭土、石墨、地开石、白云石、黄沙等分布境内各处。有石煤、石灰石矿带6条，黄金矿带3条，为浙江省有色金属及建材矿产主要产地。

植物资源主要有香果树、浙江七子花、杜仲、天目木姜子、天目木兰、凹叶厚朴、天目紫茎、花榈木等。

常见的主要野生动物有80多科300多种，主要有环节动物门7种，软体动物门14种、节肢动物门4纲88种、脊椎动物亚门5纲139种。

境内水资源总量27.75亿立方米，其中自产水资源多年平均为17.20亿立方米，入境水资源量9.80亿立方米，引潮提灌水量0.75亿立方米。境内水能资源因有山高与湖低的有利因素，水力发电蕴藏量4.63万千瓦，已开发2.18万千瓦，占可开发量的58.97%。

诸暨土特产有枫桥香榧、淡水珍珠、茶叶、板栗、银杏、短柄樱桃等。

【枫桥香榧】诸暨是我国香榧主要产地，产量占全国一半以上，质量居全国之首，尤其是枫桥香榧，壳薄仁满，风味独特，品质优良，驰名中外。8月，“枫桥香榧”获得国家农产品地理标志。枫桥香榧主产于会稽山脉中段的赵家镇相泉、钟家岭、西坑、黄坑、里宣、外宣、杜家坑一带，其生产地域范围为：诸暨市所属的枫桥镇、赵家镇、东白湖镇、陈宅镇、璜山镇、岭北镇、东和乡、浬浦镇、街亭镇等9个镇乡143个行政村。至2018年底，全市有香榧栽培面积13.5万亩，其中盛产面积3.5万亩；已建成以香榧为主的省级农业综合区1个、省级香榧产业主导示范区2个，省级香榧特色精品园6个，建有香榧育苗圃地0.5万亩，存苗量2000万株；共有50余家香榧生产加工企业，注册商标40余件。在离枫桥镇东南10千米的会稽山脉深处，建有国家级香榧森林公园。

【**淡水珍珠**】诸暨有“中国珍珠之都”美誉，山下湖淡水珍珠年产量占世界总产量的73%、全国总产量的80%，山下湖镇是世界上最大的淡水珍珠产、加、销中心，华东国际珠宝城、浙江诸暨珍珠产业园区均设在该镇。2018年，华东国际珠宝城网络销售实现新突破，至年底，珍珠网络销售商家达1300余家，网络销售额超150亿元，产品远销美国、俄罗斯、欧盟、沙特阿拉伯等64个国家和地区。浙江诸暨珍珠产业园区内有企业128家，其中规模以上企业21家，全年完成工业产值165.36亿元，其中珍珠产值102.46亿元。在国家质检总局组织的区域品牌价值评定中，“山下湖珍珠”品牌价值评估达234.89亿元。

【**短柄樱桃**】短柄樱桃是诸暨传统名果之一，因其果柄较短，故称短柄樱桃。与长柄樱桃相比，短柄樱桃具有果形大、色美味甜和成熟期早2—3天、可溶性固形物比长柄樱桃多2%左右等优点。诸暨为浙江省短柄樱桃主要产区，近年以同山、赵家等镇为主要产地，2018年种植面积约13000亩，年产量超过4000吨。

▲2018年，直埠镇霞浦村郭国夫家的12亩樱桃4月中旬即可开摘，吸引了来自上海、杭州、宁波等地的游客络绎不绝前来采摘 （徐德文 王水永 摄）

诸暨市2016年开始申请登记“诸暨短柄樱桃”为国家农产品地理标志，拟保护地域范围为全市27个镇乡（街道）所有行政村，申请保护面积26万亩。2017年12月22日，原中华人民共和国农业部正式批准对“诸暨短柄樱桃”实施农产品地理标志登记保护。

人文历史

【**概况**】诸暨历史悠久，是越国古都、西施故里。远在新石器时代，境内即有先民生息繁衍，是于越文化发祥地之一。秦王政二十五年（前222年）设县，历经境域分合、升州复县及县名更易，但建置一直未废。1927年直属浙江省；1935年起，先后属浙江省第三、第二行政督察区；1949年5月6日，诸暨解放，初属绍兴专区，1952年为省属县，后又先后隶属金华、宁波、绍兴专区；1983年7月属绍兴市；1989年9月，经国务院批准，撤销诸暨县，设立诸暨市。

【**市名由来**】诸暨为中国古越民族聚居地之一。先秦无诸暨之名，自秦王政二十五年（前222年）设会稽郡置诸暨县，除新莽时期（8—23年）、唐光启年间（885—888年）、元至正十九年（1359年）曾一度改为疏虏、暨阳、诸全州以外，均以诸暨之名见于典籍，直至今日，为浙江望县。

关于诸暨县名的来历，历来众说纷纭，向无定说。清乾隆《绍兴府志》及光绪《诸暨县志》对前人陈说作了概括，但未能统一说法。《绍兴府志·地理志》载：

“（诸暨）周为越允常之都。《路史》：夏后氏后。诸暨有诸山暨浦，允常之都。春秋时句无地，或曰夫概王之故邑，先名上诸暨，亦曰句吴。《国语》：勾践之地，南至句无，韦昭解：今诸暨有句无亭是也。《水经注》：诸暨县，古越地也，夫概王之故邑，先名上诸暨，亦曰句吴矣。寇仲温《诸暨县记》：诸暨，槠概也，吴王阖闾弟夫概所封之地。”

光绪《诸暨县志·沿革表》基本沿袭《绍兴府志》说法。

有一种说法是：县西有山，山上多槠木，所以称为槠山，省而为诸山，又有概浦，省而为既浦，转音为暨浦，诸暨因此而得名。另有一种说法是：境有五泄山、七十二峰、峰峦林立，认为诸山即诸多山峰，又有概浦，因称诸暨。明隆庆《诸暨县志》则曰："诸者，众义；暨者，及也。或曰禹会计而诸侯毕及也。"意即因禹及众诸侯到达停留于此，故称"诸暨"。此外还有因诸国、暨国得名，因诸物萃聚得名等说法。

【建置沿革】秦王政二十五年（前222年）设县，属会稽郡。西汉属扬州刺史部会稽郡。新始建国年间（9—13年）更名疏虏，东汉建武初（25年）复原名。西晋属会稽郡，东晋属会稽国，南朝复属会稽郡。隋文帝开皇中属吴州，大业中仍属会稽郡。唐属会稽郡及越州，唐光启三年（887年）改称暨阳。五代属吴越国越州东府。吴越王天宝三年（910年）复名诸暨。宋初属两浙东路越州，绍兴元年（1131年）属绍兴府。孝宗乾道八年（1172年），分东北10乡置义安县，治枫桥。淳熙元年（1174年）废义安，其地复入诸暨。元属江浙等处行中书省绍兴路。成宗元贞元年（1295年）升为诸暨州，至正十九年（1359年）改名诸全州。明洪武二年（1396年）改诸全州为诸暨县。明、清属绍兴府。

民国元年（1912）废府，直属浙江省。民国3年省下设道，诸暨属会稽道。民国16年废道，直属浙江省。民国24年9月至37年4月属浙江省第三行政督察区，民国37年4月至38年属浙江省第二行政督察区。

1949年5月6日诸暨解放，诸暨属中共萧绍诸杭临时委员会领导。6月23日至11月26日归浙江省第十专署管辖，其后属绍兴专区。1952年1月绍兴专区撤销，直属省。1953年2月划归金华专区。1957年9月划归宁波专区。1964年9月，复属绍兴专区。1968年5月属绍兴地区。1983年7月起属绍兴市。1989年9月，经国务院批准，撤销诸暨县，设立诸暨市，由绍兴市代管。

【越国古都】诸暨春秋时属越国，越王允常曾先后在境内埤中（今次坞镇、店口镇、阮市镇一带）、大部（今枫桥镇一带）、勾乘（今牌头镇一带）建都，子勾践迁都会稽（今绍兴）。诸暨为越国古都早于绍兴，诸暨为都时，绍兴为诸暨属地。

【西施故里】西施，本名施夷光，越国美女，天生丽质，是美的化身和代名词。"闭月羞花之貌，沉鱼落雁之容"中的"沉鱼"，说的就是西施之美。西施与王昭君、貂蝉、杨玉环并称为"中国古代四大美女"，其中西施居首。

西施春秋末期出生于诸暨苎萝村。苎萝有东西二村，夷光居西村，故名西施。其父卖柴，母浣纱，西施亦常浣纱于溪，故溪又称浣纱溪。南北朝刘宋孔灵符《会稽记》云："诸暨苎萝山，有西施浣纱石。"

《舆地志》《十道志》《嘉泰会稽志》载："勾践索美女以献吴王，得诸暨苎萝山卖薪女，曰西施。山下有西施浣纱石。"

在当年西施浣纱之处，有一大方石，古朴苍褐，上镌"浣纱"二字，为东晋大书法家王羲之手笔。

西施故里现已辟为旅游区，主要由西施殿、范蠡祠、中国历代名媛馆、鸬鹚湾古渔村、郑氏宗祠、民俗馆等景点组成，是国家级风景名胜区——浣江·五泄景区的重要组成部分。

【诸暨三贤】王冕、杨维桢、陈洪绶被称为"诸暨三贤"。因三人均系枫桥人，故又称"枫桥三贤"。

王冕（1287—1359），元代诗人、文学家、书法家、画家，字元章，号煮石山农，诸暨枫桥栎桥村人，以画梅著称，尤以墨梅见长，亦擅竹石，兼能治印，著有《竹斋集》《墨梅图题诗》等。

杨维桢（1296—1370），元末明初著名文学家、书法家，字廉夫，号东维子、铁厓，诸暨枫桥全堂人，为元末诗坛领袖，"诗名擅一时，号铁厓体"，在元文坛独领风骚40余年。书法以行草最工，有真迹传世。

陈洪绶（1296—1370），明末清初书画家、诗人，字章侯，号老莲，诸暨枫桥陈家村人。一生以画见长，尤工人物画，人谓"明三百年无此笔墨"，有《九歌》《西厢记》插图及《水浒叶子》《博古叶子》等版刻传世。兼擅诗书，有《宝纶堂集》。

【名胜古迹】诸暨旅游资源丰富，风景名胜众多，以西施故里旅

游区、五泄风景区、斗岩·汤江岩风景区等组成的浣江·五泄景区为国家级风景名胜区。

坐落于五泄风景区核心地带的五泄禅寺，是越中有名的古刹之一，由唐五台山高僧灵默禅师初建。时年方17的诸暨人良价拜灵默为师，随师研修13年，后云游四方，最终与其弟子曹山本寂同创曹洞宗，成为禅宗五家的重要一派，其影响远及日本，今天的日本曹洞宗，以永平寺、总持寺为两大本山，据称拥有1000万名信徒，为日本最大的佛教宗派。

位于枫桥镇紫薇山西麓的小天竺，始建于1534年，原为处士骆骖别墅，其子骆问礼（湖广按察使副使）重修。整座建筑凿磐石为基，依山势而建，

极林泉之胜。中以“见大亭”为最，亭前有碑廊，壁嵌有陈洪绶、祝枝山、文徵明、董其昌、王守仁等撰写的贴面，水池岩壁上，镌有“海眼”“忱流漱石”，为海瑞亲笔。

行政区划

【概况】诸暨市边界线总长411.72千米。境内有市际线2条（杭绍线诸暨萧山段长63.1千米、诸暨富阳段长40.3千米、诸暨桐庐段长28.56千米，绍金线诸暨浦江段长55.5千米、诸暨东阳段长41.56千米、诸暨义乌段长61千米），共290.02千米；县际线2条（诸绍线长73.9千米、诸嵊线长47.8千米），共121.7千米；市际三交点1个，县际三交点7个，边界线界桩20个。

【行政区划现状】至2018年底，全市共设有3个街道、23个镇、1个乡，分别为暨阳街道、陶朱街道、浣东街道，店口镇、大唐镇、枫桥镇、牌头镇、次坞镇、草塔镇、山下湖镇、璜山镇、应店街镇、阮市镇、安华镇、江藻镇、直埠镇、浬浦镇、王家井镇、街亭镇、东白湖镇、五泄镇、岭北镇、陈宅镇、同山镇、赵家镇、马剑镇，东和乡；有84个居民（社区）委员会、469个村民委员会，共553个群众自治组织。

（徐建锋）

经济建设

【概况】2018年，全市紧扣“‘八八战略’再深化、改革开放再出发”主线，按照“1+1+6”（指紧扣“‘八八战略’再深化、改革开放再出发”主线，深入开展“大调研大走访大服务”专项活动，全力打好改革撬动、北承南接、提质增效、创新驱动、统筹协调、环境优化“六大硬仗”）总体工作部署，聚力“与杭同城”，促转型抓落实，经济社会发展主要目标任务完成较好，计划执行情况总体良好。全市完成生产总值（GDP）1225.25亿元，按可比价计算，增长6.7%，其中第一产业增加值45.18亿元，增长2.4%；第二产业增加值605.90亿元，增长7.6%；第三产业增加值574.17亿元，增长5.9%。完成财政总收入137.8亿元，增长11.3%，其中一般公共财政预算收入87.4亿元，增长13.5%。金融机构本外币存款余额1451亿元，新增存款81亿元；贷款余额1402亿元，新增贷款16亿元。城镇和农村常住居民人均可支配收入分别为62500元和35900元，分别增长8.0%和8.5%。全年用于民生方面的财政支出72.3亿元，占预算支出的80.6%。城镇常住居民人均生活消费支出32200元，增长8.5%；农村常住居民人均生活消费支出22700元，增长9.0%。

【农业】全年粮食播种面积65.4万亩，粮食总产量30.1万吨。通过农业供给侧结构性改革，运用稳粮扩面各项措施，完成省下达的1.3万亩粮食生产功能区提标改造。实施品质农业“双十”工程（指十项生产生活基础设施建设项目和十类产业扶贫项目），有效保障“菜篮子”供给，实现蔬菜、茶叶面积产量双增。肉类生产保持平稳，林特生产结构调整，白芨等特色中药材种植规模有序扩展。2018年，诸暨市先后获得“全国农村创业创新典型县”“省部合作共建乡村振兴示范县”“省放心粮油示范县”等称号；同山水果特色农业强镇成为首批通过省专家组验收的农业强镇。

【工业】全市规上工业增加值增长8.3%，达到绍兴平均以上水平。实现规上工业产值1139亿元，增长15.6%；全年工业用电量62.4亿千瓦时，增长10.1%。工业投资116亿元，增长4.9%。全市1064家规上六大主导产业（指环保新能源、智能装备制造、铜加工及新材料、袜业、纺织服装、珍珠六大产业）产值、利润预计分别增长15.5%和5%。至年底全市共有2家企业入围中国民营企业500强、4家入围中国民营企业制造业500强。新增“个转企”783家、“小升规”107家、“下升上”104家，市场主体突破17万家；全市“小升规”入库培育企业数量193家，填报率100%，均居绍兴第一。列入绍兴市级“隐形冠军”企业20家。

【建筑业】建筑业完成产值2306亿元，增长8.4%，其中完成省内产值462亿元，增长9.4%；上交税收11亿元，增长32.5%，市场拓展成效显著，“一带一路”承接业务超410亿元，增长8%。承接海外市场业务1500万美元，其中中超建设中标的援津巴布韦议会大厦项目，是绍兴市建筑企业在非洲承建的首个房屋建筑工程。全面推进实施装配式建造和住宅全装修，新开工装配式民用建筑项目面积35.1万平方米，新开工住宅全装修项目面积67.3万平方米。8月，投资12亿元的耀华PC构件基地一期项目形成产能，祥生弘创装配式基地完成注册；展诚建设、耀华PC构件基地、马郦美丽乡村装配式建筑示范项目分别被评选为省建筑工业化示范企业、示范基地和示范项目。

【服务业】实现第三产业税收 34.6 亿元，占全市地税比重为 66%。全市重大服务业建设项目总数达 19 个，完成投资 34.7 亿元，引进了诸暨市历史上外资规模最大的商贸综合体项目——实到外资 5500 万美元的宝龙商业广场。以诸暨市被列为浙江省批零改造县市为契机，着力推动传统商贸业转型升级，确定农产品市场体系、百货超市创新发展项目、再生资源回收体系建设等试点项目。浙江海越股份、祥生地产、雄风集团、一百集团等 4 家企业入围 2018 浙江省服务业百强企业。房地产业发展势头良好，2018 年商品房住宅（新房）成交量同比缩减，但房价基本保持稳定。旅游业有新突破，春风十里小镇成为新景点，米果果小镇入选全国三产融合试点企业、全国百条精品旅游线路。全年实现旅游总收入 257 亿元，增长 8.8%。

【有效投资】全年固定资产投资 330 亿元，下降 24.7%。高新技术产业投资增长 35%，市县长项目落地 6 个、落地率 85.7%。完成工业现代化技术改造投资 76 亿元。引进投资额 10 亿元以上的项目 12 个，50 亿元以上在谈项目 2 个。有 33 个项目进入中央和省级重点项目笼子。投资 61 亿元的海亮有色智造园项目 12 月落地开工，占地 111 亩的友地金属加工生态园一期项目 7 月交付使用。20 个工业项目成功入选 2018 年省“四个百项”（指智能化改造项目、新兴产业项目、产品升级和工业强基项目、绿色制造项目）重点技术改造示范项目计划，59 个项目入选 2018 年绍兴重点工业项目。

【消费需求】2018 年，实现社会消费品零售总额 486.9 亿元，增长 11%；限上批发业销售额、限上零售业销售额、限上餐饮业营业额等消费类指标增速分别为 33.2%、15.5%、26.9%，达到绍兴平均以上水平。汽车零售额（限额以上）突破 40 亿元；互联网及物流行业消费势头迅猛增长，实现网络零售额 145 亿元，增长 23%；快递业务量 2.1 亿件，增长 44.9%。

【进出口贸易和外经合作】2018 年，全市进出口总额 405.5 亿元，增长 20.21%，其中自营出口 349 亿元，增长 14.15%。服务贸易进出口额 19.14 亿元，占全国出口总额的 2.09‰。对“一带一路”沿线国家累计出口 175 亿元，增长 20%。同时，与诸暨有贸易往来的国家（地区）增加 3 个，总数达到 202 个。出口超 1 亿元的国家（地区）55 个，增加 8 个。

全市新批外资企业 28 家，实到外资 3.01 亿美元。新批境外投资项目 14 个，投资综合 2.3 亿美元。

【科技创新】实现新产品产值增长 30%；实现高新技术产业和新兴产业增加值分别增长 12% 和 5%。产业链和创新链深度融合，共发布科技成果近 400 项，引进可产业化科技成果 44 项，技术市场交易额突破 6 亿元。新增国家高新技术企业 66 家、省科技型中小企业 320 家。科技创新券（市科技局实施的福利政策，企业可以免费领取，用来申报专利、高新技术企业、科技项目。科技创新券有效期 1 年，在该券的有效期限内申报，可以凭券报销）发放 1653 万元。新增绍兴市级众创空间 7 家，浙江省级众创空间 6 家、省级孵化器 1 家。

【品牌强市】在中国品牌价值评价信息发布中，诸暨市 2 家企业入榜，盾安和洁丽雅分别居相应类别中的第 30 位和第 9 位。全市 17 个产品申报浙江名牌产品，其中复评 8 个，新评 4 个进入公示阶段。全年列入绍兴市“浙江制造”重点培育企业 14 家。全兴精工的《新能源电动液压助力转向泵》等 10 项“品字标浙江制造”先进标准正式发布。12 月 18 日，店口镇总结“美丽城镇”标准体系建设试点的成功经验和做法，发布《美丽城镇建设与管理规范》地方标准，成为全国首个针对美丽城镇建设与管理的规范性地方标准。 （金 科）

政治建设

【“两学一做”学习教育常态化制度化】分层分类组织全市党员干部学习贯彻习近平新时代中国特色社会主义思想专题培训，开展“学习十九大、迈向新时代”等系列主题党日活动。3000 余名党员领导干部带头过好双重组织生活。组建党员宣讲团 597 个，进村入企宣讲十九大精神和习近平新时代中国特色社会主义思想 5.6 万余次。发挥党员先锋模范作用，带领带动群众助力“五星达标、3A 争创”、乡村振兴等中心工作，开展卫生清扫、垃圾分类、河道清洁等活动 4.5 万余次。选树身边先进典型，14 名基层党组织书记被推选为新时代浙江省“千名好支书”，110 名基层优秀党员被评为“万名好党员”。

【干部教育培养】围绕市委、市政府中心工作和建设高素质专业化干部队伍要求，挖掘干部教育资源，绍兴枫桥学院 6 月正式挂牌。实施“干部专业化能力素质提升计划”，1月赴深圳举办领导干部进修班，7月赴同济大学组织城乡建设专题研讨班；组织中青年干部培训班，全年高质量举办主体班次15个，培训干部762人次。分层分线举办宣传、组织、城建、计生等各类系统性业务培训，提升干部队伍专业化能力。举办“周末学堂”6期，培训科局级领导干部2240人次。创新年轻干部培养锻炼载体，选调62名学员举办90后年轻干部成长班，选派20名年轻干部赴省部级机关挂职，选派21名新录用公务员（事业人员）到农村一线“墩苗”锻炼，抽调122名年轻干部参与全市性重点工作，实施选调生村官到信访、便民服务窗口轮流挂职锻炼机制。

【“1+X”容错纠错机制完善】“1+X”容错纠错机制，“1”即2014年6月出台的《诸暨市鼓励改革创新支持履职担当免责办法（试行）》，“X”即围绕重点改革事项、重大工作任务出台的专项容错纠错办法。1月起，先后制定出台《关于实施容错纠错机制 进一步推动人才工作的意见》《诸暨市企业投资项目承诺制改革容错纠错实施办法》《2018年度容错纠错重点工作清单》，以清单形式“个性化”明确容错纠错的适用情形、政策边界和认定标准。在实践操作的基础上，2018年7月，配套出台《关于完善“1+X”容错纠错机制的实施办法》，对“X”的确定、具体办法的制定、容错免责的认定以及结果运用等进行细化明确，进一步健全“1+X”容错纠错机制的制度体系，不断推动机制落地生根。1月2日，时任市委书记张晓强专门在全省改革大会上就诸暨市“1+X”容错纠错机制作了交流发言。5月3日《绍兴日报》头版刊发诸暨市企业承诺制改革领域的容错纠错办法。6月11日，《中国组织人事报》以《为能干的人“兜住底”》为题介绍诸暨市经验做法。7月1日，《焦点访谈》“让干部想为会为敢为”专题中报道诸暨市容错免责机制助推“最多跑一次”工作。10月16日，《浙江日报》刊发题为《诸暨市为干部容错免责出细则59种失误不用怕担责》的报道。

【兼职清理专项整治】按照省委组织部、绍兴市委组织部统一部署要求，从4月底开始进行社团兼职专项清理工作，对全市纳入清理范围的6263名干部的兼职情况进行摸排汇总，累计清退诸暨市管领导干部违规兼职53人次［退出现职、退（离）休38人次］，清退违规取酬总金额45.05万元；清退一般干部兼职19人次，实现清理全覆盖、零遗漏。

（王海瑜 裘满东 斯 羽）

文化建设

【概况】2018年，市委宣传部深入学习贯彻党的十九大精神，围绕市委、市政府的决策部署，以文化礼堂建设、社区文化家园、书香暨阳建设、促进文化产业发展等工作为重点，不断提升公共文化服务标准化均衡化水平，彰显特色、打造亮点，各项工作成效明显。

精品农村文化礼堂一览

表1

序　号	文化礼堂名称	所属乡镇（街道）
1	盛三村文化礼堂	浣东街道
2	枫源村文化礼堂	枫桥镇
3	三江村文化礼堂	
4	斗岩村文化礼堂	牌头镇
5	渔江村文化礼堂	江藻镇
6	五美村文化礼堂	浬浦镇
7	新胜村文化礼堂	街亭镇
8	五泄村文化礼堂	五泄镇
9	岭顶村文化礼堂	岭北镇
10	石门村文化礼堂	马剑镇

【农村文化礼堂建设】深入实施《诸暨市农村文化礼堂建设“十三五”规划》，2018年总投资3000万元，按期完成70家农村文化礼堂建设任务。2月组建农村文化礼堂建设专家智库，3月出台精品农村文化礼堂扶持办法，打造10个精品农村文化礼堂。围绕有独特的地域特色、人文内涵丰富、建有特色展馆、周边有历史遗存等条件，至2018年底10个精品农村文化礼堂全部建设完成。整合农办、教育局、团市委、科协等部门的资源，推行农村文化礼堂“大菜单式配送”服务制度，累计开展各类活动3500余场次，近17.5万人参与。

【社区文化家园、城市文化公园建设】启动社区文化家园、城市文化公园建设，建成社区文化家园4个。改造提升市民公园，打造爱心主题公园。推进“书香暨阳”建设，建成“浣江书房”5家、“浣江书吧”4家、“漂流书亭”15个。组织开展“图书馆之夜”“童声朗读会”等阅读推广活动，逐步构建起“15分钟公共阅读服务圈”。

社区文化家园一览

表2

序　号	名　称	所属镇街
1	凤凰社区文化家园	暨阳街道
2	福田社区文化家园	浣东街道
3	迎宾社区文化家园	陶朱街道
4	王家湖社区文化家园	

【《诸暨市文化产业发展三年实施方案》】9月，市委、市政府编制完成《诸暨市文化产业发展三年实施方案》，上报省委宣传部。根据该实施方案要求，2019—2021年，全市文化产业总产值要达到442.8亿元，年平均增速17.5%；文化产业增加值要达到85.13亿元，年平均增速13.7%；文化产业增加值占GDP比重要达到5.4%，较2016年提高1.16个百分点。到2021年，培育引进2家省级以上重点文化企业，孵化创业项目60个以上。

【文化产业发展专项资金争取和文化产业项目投资】入围浙江省文化产业发展专项资金（2019—2021年）支持县市，成功争取专项资金3000万元。超额完成“仙人阁民族风情园”“金博博物馆”“西施故里二期”等16个文产项目2018年计划投资任务，总投资额72亿元。义乌时尚创意产业园、楚越农业旅游项目等5个项目12月投运。乃金文化、龙太子动漫乐园两家文化企业2月被绍兴市委宣传部命名为“绍兴市2017年文化产业示范基地”。

【文化精品奖励和扶持】继续完善《诸暨市文化精品工程实施办法》，奖励优秀文化精品项目121个，新胜传媒投拍的电影《家国》、袁亚平撰著的纪实文学《枫桥和静》、诸暨市文化艺术中心创作的现代越剧《@香榧村》5月被列入省文化精品第十三批扶持项目；舞台剧《西施和郑旦》、广播剧《毛泽东与诸暨》等10个项目被列入市年度重点扶持项目。

【群众性文化活动】打响“舞动诸暨”“潮涌浣江”等活动品牌，持续深化“我们的节日”“我

▲夏日晚上，浣纱桥头的凉亭外总是围满听戏的市民。每到周日，来这里听戏的市民多达三四百人。诸暨市大大小小的戏曲角不下10个，其中浣纱桥头“越乡媛”戏曲团人气颇高。该戏曲团由社会各行业的戏迷自行组建，成立已2年多，每周日晚7点都会在浣纱桥头演出。

（周升蓉　石保华　摄）

们的文化”“新时代 美生活”等品牌活动。完成文艺下乡105场、文化走亲13场次、乡镇级演出35场次，组织“潮涌浣江”系列艺术展览21个、书画展览进礼堂50余场次、文化讲座20个、文艺专家门诊20期；市民学堂累计培训人员2万余人次，周末剧场演出52场，送电影下乡7296场次，送书下乡近2.4万册。 （陆昶）

社会建设

【城区综合改造】完成新一轮市域总体规划编修，实施美丽城市基础设施建设三年行动。投资4.3亿元，综合整治75个老小区，建成613个智能便民电瓶车充电站，拆违62.6万平方米，“三改”1352万平方米。市本级完成污水管网建设84千米，完成率为100%；完成“污水零直排区”生活小区创建3个。城市污水处理率达到93.6%。浣东再生水厂于10月投入试运行。

【特色小镇建设】完成特色小镇投资82亿元，超额完成目标任务。大唐“袜艺小镇”9月正式被省政府命名为浙江省特色小镇，成为绍兴市唯一被命名的浙江省特色小镇；同月山下湖珍珠小镇正式入列省级特色小镇创建名单。小城市培育取得明显成效，店口镇和枫桥镇小城市试点改革进展顺利；小城市建设项目获得省专项扶持。

【美丽乡村建设】实施乡村振兴五年行动计划，完成新一轮村庄规划修编，创成235个五星达标村、14个3A示范村。培育农业新型经营主体，建成示范型农创客10个、示范型家庭农（林）场19家、星级专业合作社30家。重点实施11个历史文化村落保护项目，创建一批美丽乡村示范镇，建设有古越文化地域特色的“一环六线”［以西施为形象代言，对东、南、西、北4条景观带进行提档升级，东线以“西施之眼”为主题，建设榧香古镇景观带（枫源线和赵丁线）；西线以“西施之裳”为主题，建设七彩五泄景观带；南线以“西施之恋”为主题，建设东白古宅景观带；北线以“西施之泪”为主题，建设珠乡湿地景观带；以及诸安线“古越风情线”］美丽乡村景观线，山下湖镇成功创建省旅游风情小镇。合力打造有鲜明乡土个性的AAA景区标准精品村。成为全省首个全域通过小城镇环境综合整治省级考核验收的县（市），省级样本创成数量居全省第一。依托“四边三化、两路两侧、美丽公路”等载体，基本构建“市内连线成环、市外区域互通”的景观网。农村生活污水项目总体进度达85%，A级景区村庄旅游厕所全覆盖；镇中村雨污分流完成率达83%；完成绍兴市级风情线布点设牌与游园式LOGO景观项目建设。

【文教卫体事业】全年完成12个文化分馆、9个图书分馆的建设任务，完成8个浣江书房、6家浣江书吧建设及15个漂流书亭的布置；开展新时代文明实践中心建设试点工作，在市、镇、村分别建立“实践中心—实践所—文化礼堂”三级阵地；修缮保护一批可用于乡村旅游新业态的古建筑，保护陈列一批以存世遗迹、名人故居为核心的名胜古迹。7月28日，“西施故里古迹群”成功申报为绍兴市文物保护单位；新增省级生产性保护基地1个、绍兴市传承基地6个。全面创成省教育基本现代化县（市）、省示范学习型城市，获评省职业教育发展考核优秀县（市），教育现代化达成度75%以上。推进健康诸暨建设，扎实开展健康促进行动，组织各类健康知识讲座234场次，受益人数达14000余人次。CBA联赛广厦主场落户诸暨；12月成功举办“遇见最美的你”西施马拉松比赛。

【社会保障】全市城镇新增就业25813余人，城镇登记失业率控制在2.25%。持续做好社保扩面，养老保险和医疗保险参保率分别为90%、98%。开展低保专项整治行动，全年发放低保金超8000万元。建立多层次医疗保障体系，调整完善因病致贫人员救助政策，防止因病返贫、因病致贫。加大对全市748名孤儿和困境儿童关爱力度，联合8部门开展城乡留守儿童“合力监护、相伴成长”关爱保护专项行动。做好12家乡镇敬老院的改造升级工作，初步实现向多功能现代化综合社会福利中心转变。通过市场化运作，发展“医养结合”型养老机构和其他多种形式的养老服务模式。

【平安诸暨建设】成功完成“枫桥经验”纪念大会的各项筹备工作。突出创新和发展新时代“枫桥经验”，不断提升矛盾纠纷排查化解能力。首创“红心租”（直埠镇紫草坞村由村委会出面，向农户租下房子并进行出租房改造，改造后由村委会出租给外来务工者）、“红枫居”（针对当地出租房管理难、社会治安防控难、闲置农房利用难等问题，枫桥镇陈家村坚持发展新时代“枫桥经验”，以红枫党建为引领，创新打造居住出租房屋旅馆式管理“红枫居”工程）等社会治理新模式，8月14—15日，承办省社会组织参与社会治理规范提升、流动人口和居住出租房管理服务工作现场会。畅通信访渠道，稳妥处理信访工作。全力维护民营企业权益，依法打击侵占企业财产、妨碍企业管理秩序行为；健全产权司法保护体系，深入开展对欺行霸市、侵犯知识产权等问题打击整治。依法打击各类刑事犯罪，全市命案、五类案件（指严重暴力犯罪；有组织犯罪和盗窃、抢劫、抢夺等多发性侵犯财产权的犯罪；金融、财税、证券、期货等事关国家经济安全的严重经济犯罪；赌博、毒品以及利用网络所进行的犯罪；知识产权犯罪）、两抢一盗（指抢劫、抢夺、盗窃）案件同比分别下降 33.3%、8.3%、32.7%，交通、火灾事故同比分别下降 8.0% 、44.7%，全年未发生重大案（事）件。

【诚信诸暨建设】6 月 7 日，编制并发布《诸暨市社会信用体系建设工作实施方案》。依托大数据平台，搭建市公共信用信息管理平台。至 2018 年底，已汇集来自市场监管局、税务局、生态环境局等 11 个部门 17 万个信用主体 75 万条信用信息。建立信用奖惩机制，对全市 6717 家企业进行信用审核，对 30 家企业给出信用较差审核意见。（金　科）

生态文明建设

【概况】2018 年，全市全面实施“811”（8 大目标、11 个专项行动）美丽诸暨建设行动，打好污染防治攻坚战，探索生态文明建设之路，生态环境质量全面提升，环境空气质量逐年改善，生态环境状况指数达到优级，初步实现了经济发展比较快、生态保持比较好、城乡发展比较协调、人民群众安居乐业的良好局面。诸暨市先后获得 2018 年度美丽浙江建设工作优秀县（市）、美丽绍兴建设考核优秀县（市）称号。2018 年 1 月，被环境保护部命名为国家生态市；2018 年 7 月，被省政府命名为浙江省生态文明建设示范市。

【生态建设保障体系】强化组织领导，市委、市政府美丽诸暨建设领导小组办公室具体负责全市生态文明建设工作的统筹协调，各镇乡（街道）、市级有关部门分工协作、密切配合，形成党委领导、政府负责、人大政协监督、部门整体联动、社会共同参与的生态建设网络和工作机制。注重规划引领，编制实施《诸暨市国家生态市建设规划》《诸暨市环境功能区划》《诸暨市生态保护红线方案》等一系列生态保护规划，出台《“811”美丽诸暨建设行动方案（2016—2020）》《诸暨市打赢蓝天保卫战行动计划（2018—2020 年）》《诸暨市国家生态文明建设示范市创建工作实施方案》《诸暨市 2018 年土壤污染防治工作计划》等生态环境保护与建设方案，形成生态文明建设规划—部门专项规划—具体工作实施方案互为支撑的规划体系和整体推进机制。严格责任落实，把生态文明建设工作纳入岗位目标责任制考核，考核结果与干部任用、评优创先等挂钩。强化机制保障，建立完善生态建设与环境保护公共财政体系，加大生态环保资金投入力度，进一步完善生态市建设投融资和运营机制，鼓励和引导社会资金投入环境基础设施建设，推进项目建设的市场化运作，形成政府引导、社会参与、市场运作的多元化投入机制。

【生态建设工作成效】生态环境质量持续改善，浦阳江诸暨段出境水质自 2014 年以来始终保持在Ⅲ类及以上，出境水质持续优于入境水质。2018 年，全市集中式饮用水源水质达标率 100%，17 个绍兴市控及以上考核断面水质达标率 100%；全市空气优良率 84.4%，同比上升 4.1 个百分点；PM2.5 年平均浓度为 36 微克 / 立方米，同比下降 10%。环境基础设施日趋完善，全市 8 家污水处理厂处理能力达 32.2 万吨 / 日，出水均达到城镇污水处理排放标准一级 A 标，农村生活污水有效治理建制村覆盖率达 100%；配套建成垃圾填埋场 1 家，生活垃圾焚烧处置单位 1 家，工业污泥处置单位 2 家，危废收集单位 2 家，危废处置利用单位 2 家。生态示范点和绿色系列创建深入推进，累计创成国家级生态镇乡（街道）22 个、省级生态镇乡（街道）27 个、国家级

▲位于安华镇和同山镇交界地带的布谷湖景色

（骆少华　朱黎灵　摄）

绿色学校1所、省级生态文明教育基地2个、省级绿色学校33所、省级绿色家庭58户、绍兴市级绿色学校69所、诸暨市级绿色学校232所，形成全社会共建共享良好氛围。生态环境质量满意度稳步提升，2018年公众生态环境质量满意度得分87.47分，连续两年居绍兴第一。

【生态建设发展理念】把生态环境保护放在更加突出的位置，推动环境友好型、资源节约型社会建设。以落后产能淘汰、饮用水水源保护、环境基础设施建设为重点，推进转型升级和基础设施建设；以工业污染、农业面源污染、生活污水治理和河道清淤为重点，全面推进“五水共治”（治污水、防洪水、排涝水、保供水、抓节水）；以控烟气、降废气、减尾气、消浊气、除臭气为重点，全面推进“五气合治”（控烟气、降废气、减尾气、消浊气、除臭气）；以重点行业工业企业用地土壤污染详查、污染场地修复试点为重点，全面推进“净土行动”。鼓励和引导企业加大科技研发投入、开展自主创新，全面推行清洁生产，形成低投入、低消耗、低排放和高效率的节约型增长方式。不断加大政策扶持力度和财政投入，拓宽环境基础设施建设投资渠道。建立和完善生态补偿机制、治污价格机制、有偿排污机制，引导和推进环保设施的社会化、企业化和市场化运营。加大生态环保宣传教育力度，增强干部群众生态环境意识，通过有计划、多层次的培训，使基层干部深入了解生态建设的总体要求、基本思路和工作举措，增强生态建设工作的针对性和实效性。

（*赵幼君 严嘉佳*）

诸暨市主要组织机构及负责人名录（2018年）

中共诸暨市第十六届委员会

书　记　张晓强（绍兴市委常委，至2月）
　　　　徐良平（绍兴市委常委，5月起）
副书记　王芬祥　孙　君
常　委　张晓强（至2月）
　　　　徐良平（5月起）　王芬祥
　　　　孙　君　周志刚　宣方乐　叶伟明
　　　　孟国锋　沈平江　傅世平（挂职）
　　　　袁永波　金立耿　王孔羽（女）
　　　　陈仁坚（挂职，7月起）

诸暨市第十七届人民代表大会常务委员会

主　任、党组书记　姚汉松
副主任、党组副书记　张振华
副主任　杨元清　陈　焕（女）
　　　　徐仙苗　钱建荣　洪中行

诸暨市第十七届人民政府

市　长、党组书记　王芬祥
常务副市长、党组副书记　宣方乐
副市长　傅世平（挂职）　何鸿成
　　　　俞　越（女）　朱红伟　林成高（挂职）
　　　　董光辉　马海明（至6月）
　　　　郦小飞（6月起）　陈军卫（挂职）
　　　　陶星明（挂职，5月起）
　　　　陈仁坚（挂职，7月起）
　　　　田国栋（挂职，12月起）

政协诸暨市第十四届委员会

主　席、党组书记　郭浩良
副主席、党组副书记　王培光
副主席　袁岳军　沈吉明　王祖勇　何平光
　　　　徐可以（女）

市委部门

市纪律检查委员会（市监察委员会）

书　记　叶伟明
副书记　杨建波　赵　刚
常　委　叶伟明　杨建波　赵　刚
　　　　俞海英（女）　赵亦良　王路林
　　　　宣　龙

市监察委员会主任　叶伟明

副主任　杨建波　赵　刚
市委巡察办主任　俞海英（女）
副主任　杨伟　傅鲁刚
办公室主任　许　斌（至6月）
干部室主任　赵　娅（女）
宣教室主任　寿玉萍（女）
党风政风监督室副主任　俞　科
案件监督管理室主任　陈鉴霖（至6月）
申诉复查室主任　陈　侃

第一纪检监察室副主任　傅泽军
第二纪检监察室副主任　陈　厦
第三纪检监察室主任　张　金
第四纪检监察室副主任（主持工作）　黄　斌
第五纪检监察室副主任　徐叶龙
第六纪检监察室主任　徐军能
第七纪检监察室副主任　宣建文
审理室主任　周春松
案管室主任　陈仙萍
派驻第一纪检监察组组长　楼芳（女）
副组长　俞新初
派驻第二纪检监察组组长　应鲁潮
副组长　俞国桥
派驻第三纪检监察组组长　戚新华
副组长　郑江宏（至6月）
派驻第四纪检监察组组长　陶志勇
副组长　邵小刚
派驻第五纪检监察组组长　陈国超（6月起）
副组长　俞　琴（女）
派驻第六纪检监察组组长　徐剑森
副组长　方　瑜
派驻第七纪检监察组组长　陈国建
派驻第八纪检监察组组长　王建钢
派驻第九纪检监察组组长　王顺铨
派驻第十纪检监察组组长　蒋洪青
派驻第十一纪检监察组组长　黄桂明
派驻第十二纪检监察组组长　陈国超（至6月）
市直机关纪工委书记　宣晓临
派驻市教育局纪检监察组组长　章杭芳（女）
派驻市卫计局纪检监察组组长　柴海平(至6月)
陈鉴霖(6月起)
派驻市公安局纪检监察组组长　柴海平(6月起)
副组长　赵建法
派驻市人民法院纪检监察组组长　郑江宏(6月起)
副组长　魏　彬
派驻市人民检察院纪检监察组组长　毛洪斌

市委办（政研室、督考局）

主　任　陈迪锋
副主任　胡　冰　蒋宏伟　冯桢栋
黄　茹（兼，10月起）
政研室副主任　周鹏飞
督考局局长　陈迪锋
副　局　长　许晓峰　杨高峰
机要局局长　杨建江

市委组织部

部　长　周志刚
常务副部长　骆　强
副部长　朱玉荣（女）　陈文进　陈天武（兼）
杨永水（兼）　孟东灼（兼）
市委“两新”工委书记　陈文进
副书记　陈初明
市人才办主任　朱玉荣（女，兼任）

市委宣传部（文明办、外宣办、创建办）

部　长　王孔羽（女）
常务副部长　郭剑扬
副部长　孙陈超　屠鉴栋
俞　燕（女，兼外宣办、新闻办主任）
创建办副主任　屠鉴栋　俞　露（女）
文明办主任　俞　露（女）

市委统战部（民宗局）

部　长　孟国锋
副部长　蒋志军　周炜平　王克坚（兼）
张晓满（兼，至10月）
民宗局局长　蒋志军
副局长　吴伟东（1月起）　何勇武

市委政法委（维稳办）

书　记　孙　君（兼）
副书记　张怀斌（主持工作）
杨　明　王国龙
维稳办主任　杨　明（兼）
副主任　孟建江
国安办主任　王国龙（挂职）
综治办副主任　朱　蕾
政治处主任　汤国建
防范办副主任　管伟敏

市农办

主　任　孟志康
副主任　傅苗良　蔡建根　吴　挺

市直机关党工委

书　记　吴勇浩
副书记　陈建锋　王铁路（1月起）
纪工委书记　宣晓临（女）

市信访局

局　长　黄　茹（女，1月起）
副局长　王宏伟　戚永欢　蔡　英（女）
方建峰　陈小波（驻京）

市委老干部局
局　长　孟东灼
副局长　龚建豪　杨　锋　陈伟龙
市档案局（馆）
局　长　杨国忠
副局长　徐永达　寿永江
　　　　王　莉（女）　宣迪梁（1月起）
市史志办
主　任　胡　冰
副主任　戚曹良　卢文荣
市委党校（行政学校）
市委党校校长　周志刚（兼）
市行政学校校长　宣方乐（兼）
常务副校长　屠永生
副校长　丁光飞　占志锋
绍兴枫桥学院（6月起设立）
院　长　周志刚（兼，6月起）
常务副院长　屠永生（6月起）
副院长　丁光飞（6月起）　占志锋（6月起）
诸暨日报社
总编辑兼总经理　石坚钢
总　监　屠金良
副总编辑　杨勤业　宣浩军
副总编辑兼执行总经理　俞建勇
市编委办
主　任　陈天武
副主任　袁建红（女）　章建革
关工委
主　任　周雪芬（女）
专职副主任　杨　锋

市人大办及工作委员会

人大办公室
主　任　寿海平
副主任　陈　浩　俞　明　周　威
法制工作委员会
主　任　金利顺
副主任　周解荣　陈信永
财经工作委员会
主　任　蒋　婷（女）
副主任　陈伯永　王玉英（女）
教科文卫工作委员会
主　任　叶乃坤
副主任　吴江辉　俞淑珍（女）
代表工作委员会
主　任　章新康
副主任　沈立新　孟优娣（女）
农经工作委员会
主　任　何君君
副主任　蒋国辉
城建环保工作委员会
主　任　张小明
副主任　黄贤定

市政协办及专门委员会

政协办公室
主　任　钟力群
副主任　何焕军
研究室
主　任　陈星明
副主任　慎荷燕（女）
经济科技委员会
主　任　何立炯
农业和农村工作委员会
主　任　倪永建
文史资料委员会
副主任　何焕军（兼）
委员工作委员会
主　任　方国恩
社会法制委员会
主　任　赵国成
提案委员会
主　任　赵　强
港澳台侨委员会
主　任　雷剑锋
教育文化卫生体育委员会
主　任　阮　锋
人口资源环境委员会
主　任　黄文彩（女）

市政府工作部门

市府办（法制办）
主　任　袁志刚（兼应急办主任）
副主任　孙一江　吴国强　叶淑秀（女）
　　　　周普伟　汪均德
　　　　何　军（至6月）　戴　学
法制办主任　吴建人
副主任　袁吉苗

金融办副主任　冯　国（主持工作）　斯　晔
外事办副主任　吴　伟（女）
应急办副主任　杨　超
接待处处长　毛晓华

市发展和改革局

党组书记、局长　杨　雷
副局长　周文彬　陆琪军　吕寒平（女）
　　姜　妍（挂职，5 月起）
总经济师　何建平

市经济和信息化局

党组书记、局长　陈正羽
副书记、副局长　钟光明
副局长　何祖利（9 月起）
　　邹利吉（女）　王仕委

市教育局

党委书记、局长　杨纪誉
副书记、副局长　陈九平（女）
副局长　戚梦蛟　吴科军（兼诸暨中学校长）
　　杨均力

市科技局

党组书记、局长　阮晓辉
副书记、副局长　赵旦丹（女）
副局长　陈　强　张　跃　詹晓春（女）
　　罗　玮（挂职，1 月起）

市公安局

局　长　沈平江
政　委　余海生
副局长　冯建飞　石国红（女）
　　蒋　其（至 6 月）　詹坚均
　　杨叶峰（兼枫桥派出所所长）
　　何晓栋　陈军涛（6 月起）
　　朱健辉（挂职，8 月起）
副政委　石国红（女）

市民政局

党组书记、局长　张尧国
副局长　朱建义　周伟群（女）
　　陈　伟　汤敏明

市司法局

党组书记、局长　王学平
副局长　倪宗禄　杨建清　陈铁焘

市财政（地税）局（10 月起改设为诸暨市财政局）

党组书记、局长　郭伟锋
副局长　戚俏新　杨胜新　周国新　杨列伟
　　孙　天　梁　刚（挂职，1 月起）

市人力资源和社会保障局

党组书记、局长　杨永水
副书记、副局长　金建明
副局长　楼立新　宣森淼　马丽学（女）
社保局局长　侯科红（女）

市国土资源局

党委书记、局长　钱光辉
副书记、纪委书记　陈　勇
副局长　朱国浩　寿张松　赵　辉

市环境保护局

党组书记、局长　楼征三
副局长　徐　挺　黄拥冈　俞坚松　周新建

市住房和城乡建设局

局　长　陈国锋
副局长　戴立功　赵伸易　叶鹏飞　张　江
　　王大成（挂职，1 月起）
人防办主任　陈国锋（兼）
副主任　章林科
测绘和地理信息局局长　陈国锋（兼）
副局长　吕成君
总规划师　徐珏燕（女）

市交通运输局

党委书记、局长　杨　炬
副局长　杨全锋　孙国建　冯正满
总工程师　彭家春

市水利水电局

局　长　张国锄
副局长　柴铁飞　蒋大钢　俞建东
　　项亚珍（挂职，7 月起）
总工程师　章汉军

市农林局

党组书记、局长　戚志军
副局长　陈山林　陈国良　胡建良
　　宣志勇　斯伟峰

市商务局

局　长　周建江
副局长　姚勇琪　刘建军　张丽敏
　　董美俊（挂职，10 月起）

市文化广电新闻出版局

党组书记、局长　何永钢
副局长　吴　蝶（女，至 6 月）　毛桂舟
　　袁　金　骆仁东

市卫生和计划生育局
党委书记、局长　楼云成
副书记、副局长　余光明
副局长　蔡榆军　何翼浩　郑　伟
市审计局
党组书记、局长　边平浪
副书记、副局长　赵章根
副局长　杨才华（至6月）　屠鉴栋（至6月）
　　　　戚圣云（6月起）
总审计师　戚圣云(至6月)　赵　薇(6月起)
市安全生产监督管理局
党组书记、局长　张建平
副局长　孙朝江　钟利伟　张建烽
总工程师　王钱江
市统计局
党组书记、局长　周秀云（女）
副局长　许伟君　罗伟国
　　　　冯淑娟（女，挂职，7月起）
总统计师　黄美丽（女）
市旅游局
局　长　杨学丽
副局长　汪良峰　杨五洲（挂职，1月起）
市综合行政执法局
党组书记、局长　沈正南（至8月）
副局长　陈　伟　何耿泽　张利虎
市市场监督管理局
党组书记、局长　方　铭
副书记、副局长　周建伟
副局长　傅　斌　许国锋　郭舜尧　钱伟江
食安办主任　方　铭
副主任　詹　飞（女）
市质量技术监督局
党组书记、局长　金伯渔（至10月）
副局长　章忠潮　张国华　蒋国勇　陈晓明
市侨办
主　任　雷剑锋
副主任　郦国光
市台办
主　任　王克坚
副主任　陈建红（女）　余燕明　朱利强

市政府其他部门

市国家税务局
党组书记、局长　孙伟民
副局长 韩忠阳　郑雪斗　周　欢
市供电局
党委书记、执行董事　黄春光
副书记、总经理　张胜鹏
纪委书记　郭　辉
副总经理　陈根奇　杨核群　吕培松　徐　悦
市电信局
党委书记、总经理　石朝阳
党委副书记　陈军良
副总经理　董云明　王　峰　吕日余
市邮政公司
党委书记、总经理　徐梓欢
副总经理　陈　荣
市烟草专卖局（分公司）
副局长　李中水
副经理　顾华江
市气象局
局　长　陆小勇
副局长　庞盛荣
诸暨经济开发区管理委员会（城西工业新城建设管委办）
党工委书记　金立耿（市委常委兼任）
主　任　金立耿(兼,至6月)　傅海林(6月起)
副主任　赵玉丽（女）　周大成
　　　　张　力　傅海林（至6月）
　　　　朱晓庆（挂职，1月起）
东白湖生态旅游区管理委员会
副主任　傅雪刚
五泄旅游度假区管理委员会
副主任　郑轩扬　叶武斌
诸暨商贸城建设管理委员会
党工委书记、主任 郦华辉
副主任　周玉华　应仲九　詹　飞
诸暨城东新城建设管理委员会
主　任　张全民
副主任　楼智明　楼欢燕（女）　骆　超
现代环保装备高新技术产业园区管理委员会
党工委书记　孟国锋（市委常委兼）
主任　郦小飞（店口镇党委书记兼）
副书记、副主任　郦少刚
副主任　冯晓勇　何科家
白塔湖湿地公园管理委员会办公室
副主任　王建军（至10月）　郑文明
高湖建设管理办公室
主　任　陈国锋

副主任　陈　迪　蒋建新

市公共服务中心

主　任　宣方乐(常务副市长兼)

常务副主任　徐亚萍(女)

副书记　黄雁飞

副主任　杨可锋　陆建勇

市公共资源交易管理委员会办公室

党组书记、主任　黄章才

副主任　边黎明　褚丰华　卢益刚

市水务集团有限公司

党委书记、董事长　郑　琦(至10月)

金伯渔(10月起)

副书记、总经理　马　韧

副书记、纪委书记、监事会主席　杨利光

副总经理　胡建法　王海江

市粮食局

局　长　杨　雷

副局长　吕永根　王大军　周宏伟

市建筑业管理局

党委书记、局长　朱建阳

副局长　蔡国烽　何勇毅　周志其

总工程师　郦　挺

市服务业发展办公室(农合联)

党委书记、主任　边云峰

副书记、副主任　陈建友

副主任　阮志浩　冯国方　金　益

市体育局(体育总会)

局　长　楼奇灵

副局长　何斌峰　周建新　寿武峰　徐建军

市广播电视台

台　长　陈仲明

副台长　陈伟均　屠国苗　毛红卫　周海荣

市机关事务管理局

局　长　赵益均

副局长　李国标

市流动人口服务管理局

党组书记、局长　蒋　其(6月起)

副　局　长　孙永祥　许旭明

绍兴市住房公积金管理中心诸暨分中心

党组书记、主任　孟　龙

副主任　蒋柔刚　楼白絮

国家统计局诸暨调查队

党组书记、队长　张天学

副队长　陈汉凌　蒋燕青(挂职)

市国有资产经营有限公司

董事长　楼文钢(10月起)

市金融控股有限公司

董事长　楼文钢(兼，10月起)

总经理　张　镛(8月起)

市旅游集团有限公司

董事长　张晓满(10月起)

总经理　徐林焕

副总经理　姚东海　沈徐凯(8月起)

市浣江传媒集团有限公司

董事长　王建军(10月起)

市城乡投资集团有限公司

董事长　蔡利民(10月起)

市交通投资集团有限公司

董事长　郭剑波(10月起)

市邮政管理局

局　长　赵　锋

中国移动诸暨分公司

总经理　钟荣伟

副总经理　唐晓春

中国联通诸暨分公司

总经理　许斌杰

副总经理　石国勋　寿雪巨

市防汛防旱指挥部办公室

主　任　蒋大钢(兼)

副主任　阮跟军

市督查协调办公室

副主任　张水明

市调解总会

会　长　杨　胜

市慈善总会

会　长　蔡汉良

副会长　汤敏明

绍诸高速公路诸暨段工程建设指挥部三环线指挥部

常务副总指挥　冯正满

副总指挥　宣晓军

绍兴海关诸暨办事处

主　任　谢卫中

副主任　钱锡祥

其他单位

杭金衢分公司杭绍管理处
处　长　吕树祥
副处长　潘　浩　吕伟杰
诸暨火车站
站　长　章立平
书　记　赵林伟
副站长　徐利文　金巨光
盐务管理局
局　长　赵浒良
副局长　钱柏林
天然气有限公司
董事长　王　琦
总经理　邢建良
副总经理　金建飞

法、检、警

市人民法院
党组书记、院长　施华南
副书记、副院长　王忠达
副院长　张学军　陈　勇（至6月）
何炯珉（6月起）　叶　剑（6月起）
葛继光（挂职，5月起）
市人民检察院
党组书记、检察长　谢　剑
副书记、副检察长　叶建平　陈　勇（6月起）
副检察长　王建华　黄华江
市人武部
部　长　袁永波
政　委　卢　江
副部长　宣建杨
市交警大队
大队长　詹国洪
教导员　魏肖飞
市巡特警大队
大队长　张　顺
教导员　吕海明

人民团体、民主党派

市总工会
党组书记、主席　周国忠
副主席　张建明　黄明亮　寿　霁（女）
唐轶彬（挂职，6月起）
姚　慧（兼，6月起）
赏冠军（兼，6月起）
共青团诸暨市委员会
书　记　周　勇
副书记　周　天
旦增曲珍（挂职，5月至11月）
骆金英（挂职，6月起）
何　威（6月起）
李　斌（兼，6月起）
王徐超（兼，6月起）
市工商业联合会
主　席　张凯歌（女）
党组书记　张晓满（至10月）
副主席　章柏江　邵永建　丁守智
市文学艺术界联合会
主　席　金海炯
副主席　吴旭东（至1月）　蔡　英（1月起）
市妇女联合会
主　席　倪敏利（女）
副主席　应雅英（女）　杜　洁（女）
项彬彬（挂职，6月起）
俞　岚（兼，6月起）
楼　畅（兼，6月起）
市归国华侨联合会
副主席　郦国光　林　捷（女）
副主任　梁国其
市残疾人联合会执行理事会
党组书记、理事长　冯伟明
副理事长　黄志凯　孟仲贤　杨建梁　戚全均
市科学技术协会
党组书记、主席　郭剑波（至10月）
副主席　章国平　何齐永　周小龙
钱海锋（1月起）
朱嘉彬（挂职，6月起）
金　雷（兼，6月起）
戚坚永（兼，6月起）
市社会科学联合会
主　席　孙陈超（兼）
副主席　章飞燕（女）
市红十字会执行委员会
主　任　俞碧超（女）
副主任　傅益江　陈伟东
农工民主党诸暨市委
主任委员　俞　越（女）
副主任委员　宣海平　戚坚永

民革诸暨市基层委员会
主任委员　吴少东
副主任委员　戚俏新
民盟诸暨市基层委员会
主任委员　金顺新
副主任委员　杨　曙　杨丽辉

金融机构

中国人民银行诸暨市支行
行　长　吕永华
副行长　郑燕国　陈怀春
中国银行业监督管理委员会诸暨办事处
主　任　徐鞠友
副主任　吕则禄
中国工商银行诸暨支行
行　长　傅锡炎
副行长　钟国平　徐伟明　黄　暖
　　　　周旭峰　陈秀萍
中国农业银行诸暨市支行
行　长　陈学军
纪委书记　杨　曙
副行长　詹乃许　寿永伟　陈伟科
中国银行诸暨支行
行　长　马东平
副行长　杨海勇　李丽祥　傅建伟　葛煜成
中国建设银行诸暨支行
行　长　吴达木
副行长　何岳明　郭革锋　宣　明　韩立江
交通银行绍兴分行诸暨支行
行　长　王卓群
副行长　楼振波　张国瑾
　　　　陈铁波（兼店口支行行长）
中国农业发展银行诸暨市支行
行　长　金渊望
诸暨农村商业银行
董事长　冯华良
行　长　周培民
监事长　邹锦炜
副行长　何学锋　俞佳平　陈钢梁　宣茂均
绍兴银行诸暨支行
行　长　陈鹏程
副行长　邹　军
上海浦东发展银行绍兴诸暨支行
副行长　钱保森　屠国新
中信银行绍兴诸暨支行
行　长　高晨阳
副行长　王文华　沈和龙　冯高伟　戚怡宁
中国邮政储蓄银行诸暨市支行
行　长　何黎晖
副行长　杨　毅
华夏银行绍兴诸暨支行
行　长　张　军
副行长　宣焱淼　俞淑芳　寿伯中
招商银行绍兴诸暨支行
行　长　寿春潮
副行长　俞云飞
民生银行绍兴诸暨支行
行　长　骆　武
杭州银行绍兴诸暨支行
行　长　楼云良
副行长　蒋丽敏　楼春琴
浙商银行绍兴诸暨支行
行　长　傅涤峰
副行长　杨　珺　陈鹏程
诸暨联合村镇银行
行　长　俞国荣
副行长　王佩蓉　周燕青
北京银行绍兴诸暨支行
行　长　郑文坚
副行长　冯远峰
浙江民泰商业银行诸暨支行
行　长　袁伟波
浙江泰隆商业银行诸暨大唐小微企业专营支行
行　长　魏高明
台州银行诸暨小微企业专营支行
行　长　金灵光
中国人民保险公司诸暨支公司
总经理　陈　勇
副总经理　蒋建荣　蔡望清　章舟鹏　朱志令
中国太平洋财产保险公司诸暨支公司
总经理　黄　韬
副总经理　陈　婷　毛朝华
中国太平洋人寿保险公司诸暨支公司
副经理　王喆人
总　监　方信范
中国平安财产保险公司诸暨支公司
总经理　朱培君
副总经理　钟林波

中国人寿保险公司诸暨支公司
经　理　程孟晓
副经理 卓东辉　倪建波
中国人寿财险诸暨支公司
总经理　赵汝仪
副总经理　季　节　孙青美
诸暨民间投融资管理服务公司
总经理　周　明
副总经理　章宗崇
财务总监　俞小高
诸暨市宏润小额贷款有限公司
董事长　戚建萍
总经理　张浒平
副总经理　蔡蓓蕾　石天云
诸暨市黑猫神小额贷款有限公司
董事长　章林法
总经理　郭渭平
副总经理　求仕平
浙江海博小额贷款股份有限公司
董事长　朱张泉
总经理　钱震宇
财务总监　金　炜
风险总监　赵双燕
诸暨市大东南小额贷款有限公司
董事长　黄生祥
总经理　寿建君
诸暨市步森小额贷款有限公司
董事长　赵宝峰
总经理　王可明
诸暨市天洁小额贷款有限公司
董事长　边　航
诸暨市上峰小额贷款有限公司
董事长　俞巧萍
总经理　詹　健
中信证券诸暨营业部
总经理　孔建刚
浙商证券诸暨营业部
总经理　俞　峰
财通证券诸暨营业部
总经理　陈仲铭
财通证券店口营业部
总经理　陈仲铭
方正证券诸暨营业部
总经理　王永锋
安信证券诸暨营业部
负责人　傅珊珊
广发证券诸暨营业部
总经理　许坪杨
海通证券诸暨营业部
总经理　高洪铭
国元证券诸暨营业部
负责人　薛兴洋
永安期货诸暨营业部
总经理　徐宇岚
大地期货诸暨营业部
经 理　陈新泉
国海良时期货绍兴营业部
总经理　赵伯乔

街道、镇乡

暨阳街道办事处
党工委书记　楼 闯
副书记、办事处主任　杨华凤（女）
人大工委主任　孟大善
（7 月起，设市监察委员会派出镇乡、街道监察办公室，下同）
派出监察办主任　杨勇涛（7 月起）
陶朱街道办事处
党工委书记　金立耿（市委常委兼，至 6 月）
副书记、办事处主任　应国伟（至 6 月）
叶纯青（6 月起）
人大工委主任　赵佳水
派出监察办主任　应永光（7 月起）
浣东街道办事处
党工委书记　杨　鲁
副书记、办事处主任　何宇彬
人大工委主任　孟一薇（女）
派出监察办主任　屠叶芳（7 月起）
店口镇
党委书记　郦小飞
副书记、镇长　吕朝阳
人大主席　黄茂光
派出监察办主任　傅海英（7 月起）
大唐镇
党委书记　田海斌
副书记、镇长　王其军
人大主席　蒋铁瑛

派出监察办主任　杨　斌（7 月起）

枫桥镇

党委书记　金均海

副书记、镇长　袁新江

人大主席　赵　坚

派出监察办主任　朱建锋（7 月起）

牌头镇

党委书记　斯朝阳

副书记、镇长　吴舒峰

人大主席　凌欢勇

派出监察办主任　俞栋泉（7 月起）

次坞镇

党委书记　章　辉

副书记、镇长　陈　勇

人大主席　戚焕平

派出监察办主任　蒋鲁嘉（7 月起）

草塔镇

党委书记　俞　军

副书记、镇长　叶纯青（至 6 月）

何　军（6 月起）

人大主席　杨　俊

派出监察办主任　骆　鑫（7 月起）

山下湖镇

党委书记　钟亦飞

副书记、镇长　余灵君（女）

人大主席　何培忠

派出监察办主任　赵继君（7 月起）

璜山镇

党委书记　黄一海

副书记、镇长　骆　杰

人大主席　寿利军

派出监察办主任　杨　宇（7 月起）

应店街镇

党委书记　郭　昌

副书记、镇长　寿培松

人大主席　胡建生

派出监察办主任　斯咏梅（7 月起）

阮市镇

党委书记　吕建东

副书记、镇长　赵钦华

人大主席　周伟永

派出监察办主任　郭雪锋（7 月起）

安华镇

党委书记　姚江海

副书记、镇长　郭剑东

人大主席　黄建忠

派出监察办主任　朱　锋（7 月起）

江藻镇

党委书记　张　营

副书记、镇长　宋增民

人大主席　傅春江

派出监察办主任　张　佳（7 月起）

直埠镇

党委书记　王　跃

副书记、镇长　石海斌

人大主席　张　潮

派出监察办主任　周　龙（7 月起）

浬浦镇

党委书记　戚中强

副书记、镇长　何　慧

人大主席　马　沙

派出监察办主任　倪卓君（7 月起）

王家井镇

党委书记　杨军燕（女）

副书记、镇长　黄伟刚

人大主席　楼丽环（女）

派出监察办主任　屠华夫（7 月起）

街亭镇

党委书记　楼文钢（至 10 月）

副书记、镇长　寿军岳

人大主席　黄仲清

派出监察办主任　王　明（7 月起）

东白湖镇

党委书记　寿浩波

副书记、镇长　徐航锋

人大主席　赵大勇

派出监察办主任　陈　霞（7 月起）

五泄镇

党委书记　徐　庆

副书记、镇长　周　艳（女）

人大主席　傅灿贤

派出监察办主任　周敏莉（7 月起）

岭北镇

党委书记　王迪永

副书记、镇长　陈锡均

人大主席　周向忠

派出监察办主任　顾杰峰（7 月起）

陈宅镇

党委书记　何浩明

副书记、镇长　徐可欢（至6月）

　　　　　　杨　洋（6月起）

人大主席　谢新军

派出监察办主任　金立琼（7月起）

同山镇

党委书记　周小峰

副书记、镇长　邱国炯

人大主席　边国建

派出监察办主任　周建儿（7月起）

赵家镇

党委书记　蔡利民（至10月）

副书记、镇长　孟　钧

人大主席　王翠凤

派出监察办主任　应冬琴（7月起）

东和乡

党委书记　杨学锋

副书记、乡长　斯利灿

人大主席　王金飞

派出监察办主任　陈柳芳（7月起）

马剑镇

党委书记　钟炜颖

副书记、镇长　钱占一

人大主席　陈兴均

派出监察办主任　宣戈飞（7月起）

农业　农村

概述

2018 年，全市耕地面积 64.4 万亩，播种面积 121.2 万亩，人均耕地面积 0.6 亩。实现农业生产总值 79.05 亿元，农业增加值 51.89 亿元，在浙江省农业现代化评价中位列第四位。农村常住居民人均可支配收入达 36053 元，同比增长 9.0%，连续 13 年超过城镇居民收入增幅，城乡可支配收入比缩小至 1.74 ∶ 1。

2018 年，全市村集体经济总收入 9.4 亿元，同比增长 14%，村均 186.6 万元，其中经营性收入（指经营收入、发包及上交收入、投资收益）3.8 亿元，同比增长 11.4%，占总收入的 40.4%；补助收入 4.7 亿元，占总收入的 50%；其他收入 0.9 亿元。全市 503 个村总收入、经营性收入全部达到 20 万元、5 万元以上，其中经营性收入 30 万元以上的村 285 个。

种植业

【粮食】2018 年，全市粮食播种面积 52.83 万亩，春粮播种面积 5.8 万亩，早稻播种面积 6.29 万亩，晚稻播种面积 29.38 万亩。全市共建立各级各类冬种示范方 115 个，总面积 2.1 万亩；落实 30 亩以上早稻示范方 198 个、面积 20232 亩，晚稻示范方 202 个、面积 48581 亩。提升发展 10 个加工型和鲜食型番薯、千亩高粱基地等旱粮示范基地。

▲8 月 27 日，同山镇千亩旱粮生产示范基地，村民正用收割机收割高粱。近年来，诸暨市在同山镇布谷、王沙溪、绿剑村建成千亩高产优质旱粮生产示范基地，并实施油菜、高粱轮作生产，全程采用机耕、飞防、机收等机械化作业，带动乡村休闲游、农家乐等三产经济协同发展

（徐德文　摄）

【茶叶】2018 年，全市茶叶总产量 4526 吨，与上年基本持平，其中名优茶 1862 吨，产值 3.70 亿元，同比分别增长 5.0% 和 8.1%；茶叶总产值 3.93 亿元，同比增长 6.9%。

【蔬菜】全年蔬菜播种面积 10.7 万亩，与上年基本持平；总产量 16 万吨左右，同比增长 3%；总产值约 5.3 亿元，与上年基本持平。

【水果】全年水果种植面积 3.57 万亩；总产量 2.8 万吨，同比增长 28%；总产值 3.29 亿元，同比增长 14%。

【中药材】全年全市中药材种植面积约 2000 亩，产值 4000 万元。主要出产铁皮石斛、白芨苗、覆盆子、山海螺等，少量种植益母草、黄精、树莓。

养殖业

【生猪】2018 年，全市生猪存栏 10.98 万头，同比增长 16.7%；能繁母猪存栏 0.98 万头，同比增长 22.1%。全年生猪出栏 24.86 万头，同比减少 18.4%。

【家禽】2018 年，全市家禽存栏 154.48 万只，同比增长 2.2%；全出栏 503.23 万只，同比增长 1.7%。全年肉类总产量为 2.275 万吨，同比减少 7.78%；禽蛋总产量 0.624 万吨，同比增长 9.3%。

【水产】2018 年，全市水产养殖面积 3331 公顷，水产品总产量 24710 吨，渔业产出 7.88 亿元。

农业企业

【概况】2018 年，共有年产值超百万元农业企业 365 家，其中国家级农业龙头企业 3 家、省级骨干农业龙头企业12家，绍兴市级农业龙头企业46家，市级以上农业龙头企业数列绍兴市第一。农业上市企业1家(浙江金大地生物科技股份有限公司)。2018年农业龙头企业实现销售额145.69亿元，创利润12.26亿元。

农业服务和监管

【农业执法】开展“绿剑”春季集中执法专项行动，改造提升农资经营门店140余家，立案查处农资生产经营领域违法行为8起。开展“大棚房”问题清理整治活动，2018年排查清理出违法违规用地17宗。

【农产品质量监管】2018年，完成市本级农产品定量抽检1222份、配合省农业厅、省林业厅、绍兴市农业局、绍兴市林业局完成抽样任务367份、全年完成农残快检样品2.51万份、完成牲畜尿样“瘦肉精”检测2.15万份。农产品例行抽检合格率达到98.8%。2018年，新取得无公害农产品认证产品23个，其中生猪5个，肉羊1个，猕猴桃3个，无花果1个，杨梅1个，桃2个，樱桃1个，菜用大豆1个，葡萄1个，蓝莓2个，高粱1个，竹笋1个，大米2个，芦笋1个。新增绿色食品认证产品6个，其中蓝莓1个，香榧1个，白茶1个，黄茶1个，香菇1个，秀珍菇1个。新制定诸暨市农业地方标准3个，分别为樱桃栽培技术规范、覆盆子栽培技术规范、黄精栽培技术规范。

【农技农机服务】12月，诸暨市通过浙江省级农业领域“机器换人”示范县创建验收，建成诸暨安华飞腾农机综合服务中心、诸暨浣东里联农机综合服务中心、诸暨山下湖海丰农机综合服务中心等3个农机综合服务中心。建成诸暨市越寺农机专业合作社、诸暨市旺焕农机专业合作社、诸暨市红旗粮食专业合作社、诸暨市陈宅满新粮食专业合作社、诸暨市宜桥粮食专业合作社等5个省级农机合作社示范社。建设陶朱街道联合村诸暨市苍象湖粮食专业合作社为粮食产业农业物联网技术应用示范基地。开展农用无人飞机病虫害防治作业，服务面积50179亩。

▲ 无人植保机在喷施农药。无人机作业具有地形适应性好、劳动强度低、喷洒效果好、施药效率高、安全环保等优点。2018年，市农林局推进“机器换人”，极大地提升了农业生产效率 （徐德文 摄）

【农机农技推广】4月10日，举办全国春耕生产农机化技术培训暨“机器换人”推进活动，农业农村部农业机械化管理司副司长李安宁和各省、自治区、直辖市及计划单列市农机部门的负责人200余人参加了培训并现场观摩了诸暨市春耕生产先进适用机具作业演示现场。5月23日，举办浙江省农科院薯类新品种新技术示范现场会，来自农业部马铃薯主食化试点等项目组成员、各市县相关农技人员、种植大户、企业、合作社等70余人参加本次现场会。6月20日，举办全国农业重大技术协同推广交流研讨会，来自农业农村部及内蒙古、吉林等9个省的农业部门、涉农高校、农科院、推广部门等17家单位近30人参会。10月16日，举办长江中下游水稻化肥农药减施增效技术集成研究与示范技术集成推介会，来自农业农村部、全国农技推广服务中心、浙江省农业厅等部门有关领导以及长江中下游六省一市的农科院、涉农高校、推广部门等20多个单位的专家学者等近150人参会。

现代农业和生态农业建设

【概况】全年完成省、绍兴市级粮食生产功能区提标改造1.3万亩。5月，诸暨市被农业农村部授予全国农村创业创新典型县称号。8月，同山水果特色农业强镇成为首批通过省专家组验收的农业强镇并获全省先进。推进东白湖香榧、茶叶特色农业强镇建设。6月，“越江红茶”获第六届世界茶叶锦标赛中国组团唯一“红茶大奖”。在2018年6月举行的“第十一届中国绿色生态农业发展论坛”上，诸暨市被与会专家评定为“中国茶乡”。

【国家现代农业产业园建设】继续推进国家现代农业产业园建设，统筹整合农林、水利、美丽乡村、综合开发等资金，开展四大类14个大项36个重点项目建设。2018年，累计完成投资2.4亿元，占全部计划总投资的63.9%。

▲西泌湖万亩粮食生产功能区一角　（杨迪尔 摄）

【绿色生态农业建设】建设15个绍兴市级以上美丽生态牧场。2018年12月，创建成为省级畜牧业绿色发展示范县。建设浙江永宁弟兄农业开发有限公司、浙江中财田园牧场有限公司、诸暨市枫桥王祥养猪场3家农牧对接绿色循环体，完成养殖场集粪棚封闭式改造31家。全年落实农药废弃包装物和病死动物无害化回收处置机制，处理病死动物6.57万头，回收农药废弃包装物117.2吨，处置117.2吨；推广测土配方施肥技术87万亩次，推广商品有机肥1.91万吨，共减少化肥不合理施用306.2吨，农药减量16.7吨；推进2个绍兴市现代农业园区土壤修复试点工作。培育诸暨市张果佬家庭农场、诸暨市鼎丰家庭农场、诸暨市利康家庭农场、诸暨市枫桥龙门岗家庭农场、诸暨市科均家庭农场、诸暨市诸神家农场、赵家松毛山家庭农场7家省级示范性家庭农场；培育诸暨市百事和家庭农场1家绍兴市级示范性家庭农场；培育15家诸暨市级示范性家庭农场。12月，浙江省蓝美科技股份有限公司递补为国家级农业产业化龙头企业。

（莫无忌　宁　鑫）

林业

【概况】2018年，诸暨市以国家森林城市创建为抓手，通过人工造林、彩色森林、兴林富民、生态公益林等重点工程的实施，强化森林资源培育保护，实现森林面积和林木蓄积量的“双增长”。森林蓄积量达到681.8万立方米，森林覆盖率达60.26%。全市完成造林更新16474亩，其中平原绿化12526亩，完成珍贵彩色森林建设2.4万亩，种植珍贵树41.5万株，建设通道绿化20千米，四旁植树80万株。全市林业行业总产值194.7亿元，其中第一产业32亿元，第二产业79.3亿元，第三产业93.4亿元。全市香榧总产量2500吨，产值达10亿元。2018年，诸暨市人民政府获全省森林资源保护管理工作突出贡献集体，诸暨市被评为森林浙江建设目标责任制考核优秀单位。诸暨市林业科学研究所入选国家林业与草原局香榧产业科技创新联盟理事单位，排名全省县级科研机构首位。

【国家森林城市创建】4月28日，诸暨市国家森林城市创建工作正式启动。2018年，全市总投资17.6亿元用于国家森林城市创建工作，以创建森林城镇和森林村庄为抓手，开展城镇和村庄绿化建设，成功创建省级森林城镇2个、绍兴市森林城镇2个、森林村庄16个、“一村万树”示范村8个、推进村71个。同时实施森林廊道建设，完成环城东路延伸段工程，绿化面积25779平方米；完成冠山溪森林景观工程、大唐袜艺主题广场周边综合景观改造工程和五泄江何村段绿化景观等工程建设，改善城镇绿化水平。

【珍贵彩色森林建设】投资3.9亿元，通过基地造林、补植培育和四旁植树，新植珍贵树41.5万株；通过间伐抚育、林相改造、补植彩色树和珍贵树，建设彩色健康森林1000亩、珍贵树种基地300亩；新建各类示范基地13个。

【兴林富民工程】2018年，全市投资1658万元，共发展“亩山万元”兴林富民示范推广基地26050亩，其中新建培育各类示范基地2900亩，辐射推广7050亩，巩固深化16100万亩，综合产值超过2.08亿元。

【生态公益林建设】2018年，全市发放1825.4万元公益林补偿资金和116万元护林员管护费用。先后开展生态公益林矢量数据核查工作，梳理排查隐患问题，在原有公益林区划界定的基础上，按现状核查修正，全市共界定重点生态公益林地688219亩，占林地总面积的31.9%。

【林业股份制改革试点】诸暨是全省首批林业股份制改革试点市，市政府2017年9月发出《诸暨市林业股份制改革试点工作方案的通知》。2018年，全市发放古香榧树“林木经营权证”275本，为林农增加融资途径；同山镇绿剑村成立股份制合作社一家，完成295亩拟流转林地；培育新型林业经营主体9家，资金扶持市级家庭林场，林业股份制改革试点工作顺利完成。

【古树名木普查】总投入300万元，于3月启动古树名木普查工作。严格按照《浙江省古树名木普查建档技术操作细则》要求和标准，采用实地调查、逐株检尺的方法，给每株古树名木拍照存档。据统计，诸暨市域范围内共有百年以上树龄的古树名木46558株，分36科64属82种，总数位列全省县级行政区第一，其中树龄500年及以上的一级保护古树1509株；树龄300—499年的二级保护古树15560株；树龄10—299年的三级保护古树29489株。调查中共发现10株以上集中的古树群486个，全市均有分布，其中赵家镇229个，东白湖镇194个。4月，全市古香榧群信息化可追溯管理项目开展，项目通过实地调查、逐株检尺的方法调查并建档，建立香榧保护区域的地理信息系统、香榧树可追溯系统、实时监控系统、百科档案系统和农户管理系统，最终建立一个古香榧群信息化可追溯管理系统平台。系统平台为保护管理部门动态监测、跟踪管理、定期报告古香榧树生长环境、生长情况和保护现状，首批8300余棵古香榧树纳入追溯系统。

▲位于赵家镇钟家岭的“中国香榧王”，树龄已达1360多年，2018年4月被全国绿化委和中国林学会评为“最美香榧”。 （图片来源 诸暨日报社）

【有害生物防治】2018年全市林业有害生物发生面积为146672亩，主要为松材线虫病的成灾危害，发生面积3000亩，成灾率为1.46‰。林业有害生物防治工作坚持以营林措施为主，生物、化学防治为辅的方针，全市林业有害生物防治面积142642亩，无公害防治率为99.58%。同时，加强林业有害生物监测体系建设，全市设立林业疫情监测点6个。另外，全市全面开展种苗、花卉的产地检疫，检疫面积达25200亩，检疫率达100%。

【香榧良种繁育基地建设】浙江诸暨香榧良种繁育基地建设项目总投资980万元，在朝湖山基地建成香榧良种繁育基地600亩。2018年，朝湖山基地新增香榧种质资源15份，选育的“早缘榧”通过省林业厅良种认定。

【“枫桥香榧”农产品地理标志申报成功】8月，“枫桥香榧”成功获得国家农产品地理标志。枫桥香榧地理标志地域保护范围为：北纬29° 21′ 18"—29° 59′ 48"，东经120° 13′ 20"—120° 33′ 10"。生产地域范围为：诸暨市所属的枫桥镇、赵家镇、东白湖镇、陈宅镇、璜山镇、岭北镇、东和乡、浬浦镇、街亭镇等9个镇乡143个行政村。全市现有香榧栽培面积13.5万亩，其中盛产面积3.5万亩；已建成以香榧为主的省级农业综合区1个、省级香榧产业主导示范区2个，省级香榧特色精品园6个，建有香榧育苗圃地0.5万亩，存苗量2000万株；共有50余家香榧生产加工企业，注册商标40余件。

【森林消防建设】2018年，全市投入森林消防资金200万元，新组建引水灭火队伍6支，引水灭火队伍做到全域覆盖。在绍兴市森林消防技能比武中，诸暨获团体第二名。森林防火综合能力全面提升，形成人防、物防、技防配套联动，专防、群防有机结合的社会化防火大格局。

【林业执法】2018年，全市相继开展2018“飓风”“春雷”“雷霆”“禁种铲毒”“‘绿盾2018’自然保护区监督检查专项”“森林资源管理卫片图斑调查核实”和“绿剑2018”等一系列专项执法行动，严厉打击乱砍滥伐林木、乱占滥用林地、非法捕捉野生动物等破坏森林资源的违法行为。全年共受理办结信访件42件次，回复率100%；共查处涉林案件75起，其中涉林行政案件66起、涉林刑事案件9起。 （斯文秀）

水利

【概况】2018年，诸暨市水利局完成投资9.8亿元，其中向上争取资金1.68亿元，完成工程105个（包括农村饮水工程、小型水库及山塘整治工程），高湖蓄滞洪区改造工程、浦阳江治理二期工程、白塔湖电排改造工程均完成年度投资任务，浦阳江治理三期工程启动前期工作，陈蔡水库加固改造工程完成可行性研究报告初稿编制。全年完成17个工程的标准化创建验收及100座重要山塘标准化创建扩面，永宁水库标准化管理创建于10月通过省级验收。黄檀溪、洪浦江分别获评省级、绍兴市级“美丽河湖”称号，大砚石电站成功创建水利部绿色小水电站。省节水型社会建设于11月通过中期督查评估。

2018年，诸暨市夺得全省市县水利工作综合考核优秀，获得全省实行最严格水资源管理制度突出贡献奖，全省农业水价综合改革工作绩效评价优秀县市，农村饮水安全提升工作在全省农村饮水达标提标行动动员会上获得浙江省省长袁家军点名表扬。

▲浦阳江治理二期工程现场。该工程入选省百项千亿防洪排涝工程，分布于浦阳江沿线8个镇街，工程任务兼顾防洪及沿岸景观提升，加固堤防9段，总长27.95千米；生态化提升改造堤防15段，总长38.70千米，概算总投资为74227万元　（边全泽 摄）

【汛期梅雨期情况】2018年汛期降雨量较常年偏少，总体汛情平稳。4月1日至10月15日，全市平均降雨量874毫米，比常年平均（998.2毫米）偏少12.4%。月际降雨分布不均匀，梅雨不典型，6月20日入梅（晚于常年），7月9日出梅，梅期19天（较常年少3天）。梅雨期全市平均降雨量为199.5毫米，比常年平均（234毫米）偏少14.7%。局地性短时强降水、雷雨大风等强对流天气多发，五个台风影响诸暨市。7—8月，全市平均雨量299.6毫米，比常年平均（265毫米）偏多13.1%。9-10月，全市平均雨量仅102.9毫米，比常年平均（198.3毫米）偏少48.1%。11—12月，全市多阴雨天气，平均雨量251.6毫米，为常年平均（117.5毫米）的2.1倍。

【水产绿色养殖】2018年，全市水产品总产量2.5万吨，实现渔业产出8亿元。明确全市禁限养区域，建成9个池塘养殖尾水治理示范点。3月，启动开展《诸暨湖畈淡水珍珠传统养殖与利用系统》申报第五批中国重要农业文化遗产。省级项目周恩平场循环水养殖（跑道养鱼）项目7月通过验收。2个珍珠养殖诸暨市级示范点——直埠镇工厂化循环水自动养殖和山下湖清水管网式精准化养殖均实施扩建，其中直埠镇工厂化循环水自动养殖二期扩建项目建成试运行，挂养珍珠蚌20万只；山下湖清水管网式精准化养殖二期扩建至400亩，12月获2018年浙江省水产“绿色发展好模式”第一名。山下湖镇3个高标准连片集中生态化示范改造项目共完成1200亩。12月，珍珠养殖国家标准通过专家评审，珍珠养殖省级地方标准开展修订。完成1家农业部健康养殖示范场创建、2个无公害水产品（均为甲鱼）新申报。

【一河一档方案编制及河湖治理】完成浦阳江干支流一河一档方案编制，8条河道共90.59千米划界，浦阳江一干五支（浦阳江干流和开化江、枫桥江、凰桐江、五泄江、大陈江五条支流）、壶源江、陈蔡江、五泄江共205千米河道完成航拍影像采集及河长制信息化平台建设工作。开化江、枫桥江、凰桐江中小流域综合治理规划完成初稿编制。全年共清淤（污）泥75.83万方，完成率108.3%；河道治理5段共10.4千米，完成率130%。河湖“清四乱”（乱占、乱采、乱堆、乱建）专项行动共摸排整改问题13个。2018年，成功创建壶源江、陈蔡江、五泄江3条县级河道“无违建河道”，增殖放流水

▲2018年，牌头镇对浦阳江长潭街至马家弄段沿线1.5千米堤岸进行加固整治，防洪标准提高到20年一遇。按照“安全、生态、共享”的理念，该镇还对原堤埂下的2个池塘重新清淤，并砌好石坎，周边种植杨柳、竹子等绿植，池塘内种植水生植物等，将池塘与游步道相连接，提升了沿江景观效果，让附近居民又多了一个散步健身的好去处　（蒋力奔 金凤鸣 摄）

生生物1500万尾。至年底，主要河湖水质达到Ⅲ类水质及以上，市水利局获全省剿灭劣Ⅴ类水突出贡献集体称号。

【农业水价综合改革】对农田水利“最后一公里”的灌溉支渠、进出水口、机埠水泵、涵管、自流管等农水设施进行修缮，新安装超声波流量计等量水设施，量测灌溉用水量，采用“以电折水”方式间接计算灌溉水量。对不同种植类型确定适宜灌溉用水定额，通过水稻薄雾灌溉、合理施肥等技术落实设施管护。预计改革实施后，水稻亩均节水10%—15%，提水灌区亩均节电约3—6千瓦时。

（张愉翊）

新农村建设

【乡村振兴规划】9月，成立乡村振兴工作领导小组，10月4日召开领导小组第一次会议，建立议事制度、年度工作报告制度、实绩考核制度，明确成员单位职责分工，下达年度重点任务清单。开展省部合作共建乡村振兴示范县申报工作，制订出台《乡村振兴五年行动方案》，委托省农科院农业农村规划研究院共同编制《乡村振兴五年规划》。

【美丽乡村建设】建设13个AAA景区标准精品村，落实11个历史文化村落保护项目，历史文化村落保护工作通过省绩效验收获评优秀等次。阮市、应店街、璜山、直埠、街亭、陈宅6个镇乡开展美丽乡村示范镇创建，创建数量位列绍兴第一。开展“五星达标、3A争创”（党建星、富裕星、美丽星、和谐星、文明星达标和3A级景区争创）中“美丽星”和“富裕星”创建，完成352个五星达标村、30个AAA景区村建设。

【农村人居环境治理】2017年11月出台持续深入推进农村生活垃圾分类处理工作的意见，明确建立教育培训、分类处置、工作保障、配套管理四大体系，制订实施年度提升方案，总体工作走在绍兴和全省前列。2月，制订出台集镇和城市规划区内生活污水就地生态化治理新两年行动实施方案，市财政投入1.3亿元，启动14个镇、42个村、2.6万户生活污水治理工作。市财政投资8352万元，改造提升农村公厕1997座，其中新建589座。实施39.35万户农村漏电保护器更换民生实事两年计

诸暨乡村公厕一瞥

▲东白湖环湖公路上的公厕

▲牌头镇斗岩村公厕

▲东和乡施坞闸桥公厕

▲五泄镇五泄村公厕

▲枫桥镇海角村公厕

▲王家井镇王家井村公厕

（以上所有图片均来源于诸暨日报社）

划，完成2018年度更换20万只目标任务。

【农村经营制度改革】从2016年开始，共完成397个村、20.24万户、37.04万亩确权工作，2018年9月通过省级综合验收，获评优秀等次。8月制订出台农村闲置农房激活工作的实施意见，2018年完成闲置农房激活项目113个，共计795幢农房，总投资5.85亿元。全年农村产权交易量1577笔，同比增长123.7%；交易额1.49亿元，同比增长76.7%；农村产权抵押贷款余额5.32亿元，同比增长124%。

【“三资”管理规范化】加大财务公开力度，结合“最多跑一次”改革，将“三资”管理查询系统延伸到村，村民在村便民服务中心即可查询本村（社区）每一笔收入、支出和发票凭证，实现“天天都是公开日，村民查账不出村”。执行村级务工“日清周报月结”，全面推行务工工资银行结算，公示工资表，接受全体村民监督。开展村级财务“半年一检查”，落实“三年一轮审”和市级抽审，2018年，完成176个村审计，其中149个镇级轮审村，27个市级抽审村。完成清产核资，6月被列入全国农村集体产权制度改革试点县市。（莫无忌 宁 鑫）

整洁美丽的农家院墙

▲里蒋村村民在观赏廉政墙绘（骆少华 摄）

▲店口镇三江口村请来的专业人员正在绘制墙绘（骆少华 韩 超 摄）

▲大唐镇柱嵩村骆家自然村给储气罐作的彩绘（骆少华 摄）

▲江藻镇吴墅村一户农家庭院一角　　　　（蒋力奔　摄）

▲应店街镇紫阆村的美丽庭院精品村创建示范带
（蒋力奔 摄）

▲山下湖镇西杨龙村一农户庭院（蒋力奔 摄）

▲马剑镇寺坞坪村一农户庭院一角（蒋力奔 摄）

▲同山镇绿剑村一户农户的庭院（蒋力奔 摄）

▲草塔镇上下文村农家庭院一角　　　　（蒋力奔 摄）

工 业

概述

2018 年，全市实现地区生产总值（GDP）1225.25 亿元，按可比价格计算，比上年（下同）增长 6.7%。按户籍人口计算，全市人均生产总值为 112880 元，增长 6.5%，按 2018 年平均汇率 1 ∶ 6.6174 折算为 17058 美元。其中，第二产业增加值 605.90 亿元，增长 7.6%；三次产业增加值结构为 3.7 ∶ 49.5 ∶ 46.9。

全年实现财政总收入 137.80 亿元，比上年增长 11.3%，其中一般公共预算收入 87.37 亿元，增长 13.5%，占财政总收入的 63.4%；税收收入 73.58 亿元，增长 14.3%，占一般公共预算收入的 84.2%。

到 2018 年年末，全市销售 2000 万元以上规上工业企业单位数 1257 家，比上年增加 93 家。全年规上工业企业实现工业增加值增长 8.8%；实现利税增长 13.2%，其中利润总额增长 15.5%；新产品产值增长 37.7%，高于规上工业总产值增速 22.5 个百分点，新产品产值率达 45.2%。全市装备制造、高新技术和战略性新兴产业增加值分别增长 15.3%、12.4% 和 5.6%，占规上工业增加值的比重分别为 50.2%、47.4% 和 36.0%。从工业主导行业看，环保新能源、智能装备制造、铜加工及新型材料、纺织服装、袜业和珍珠业等主导行业合计产值 1090 亿元，同比增长 14.5%，占全市规上工业企业总产值的 81.6%，其中智能装备制造业产值增长 16.6%，铜加工及新型材料业产值增长 33.5%。（杨云贵）

【营商环境提升】2018 年，全市先后制订工业三十条，出台高质量发展三十条，发布数字经济行动、传统产业改造、提高招商质量、小微创新发展、亩均效益评价等政策，各类奖补资金首次达到 3 亿元以上，引导企业打好数字经济、智能制造、产业改造等组合拳。实施“与杭同城”战略，“北承南接、开放创新”系列平台载体落地。店口、次坞等临杭产业园分别引进项目 18 个和 68 个。“最多跑一次”改革深化推进，全市营商环境再一次带来质的提升。

【数字经济改造传统产业启动】聚力数字经济，给传统产业插上智能化翅膀。2018 年，全市数字经济改造传统产业进入实质性落地阶段。2019 年 2 月 15 日，在绍兴地区率先发布《诸暨市数字经济五年倍增计划》，配套施行袜、珍珠、铜加工三大传统产业数字化转型行动计划和专项扶持政策（数字改造投入最高补助比例可达 50%）；在五年倍增计划文件中明确全市成立市数字经济发展领导小组，并相继成立诸暨市数字经济促进会和数字化转型专家委员会；2018 年 10 月 25 日，高规格召开袜业传统产业改造和数字化现场会。“机器换人工”“自动换机械”“软件换管理”“成套换单台”数字经济革命全面启动。

2018 年度诸暨市主要工业经济指标

表 3

指标名称	全年累计	同比增长（%）
规上工业企业单位数（家）	1025	-15
规上工业企业工业产值（亿元）	1092.4	15.19
规上工业企业新产品产值（亿元）	425.3	37.7
规上工业企业销售收入（亿元）	1061.7	12.5
规上工业企业利润总额（亿元）	51.5	15.52
规上工业企业利税总额（亿元）	91.4	13.2
规上工业企业从业人员平均人数（人）	111704	—
规上工业企业资产总计（亿元）	1372.1	0.6

续表 3

指标名称	全年累计	同比增长（%）
规上工业企业负债合计（亿元）	749.2	—
全市财政总收入（亿元）	137.8	11.3
全市工业用电量（亿千瓦小时）	68.72	9.7
全市工业民间投资（亿元）	107.8	8.9
全市自营出口（亿元）	348.9	14.2
规上工业企业万元产值能耗下降率(%)	0.0821 吨标煤	10

围绕两化融合、“企业上云”、振兴实体经济、数字经济“一号工程”等工作计划，推广标杆企业的做法和典型经验。

2018 年 10 月 31 日，制订实施《诸暨市 2018 年“企业上云”专项补助资金使用办法》（诸政办发〔2018〕82 号）。全市企业上云总数突破 6000 家，基本实现规上企业和三大传统产业全覆盖；在役工业机器人超过 1600 台；完成摸排培育数字化车间 60 个，4 个工业互联网平台入选省级培育名单；累计引育智能制造服务公司 30 余家，秀欣科技、斯特隆科技等已发展成为集信息化服务、工业机器人和智能化装备制造于一体，为传统产业提供智能化工厂系统解决方案的工程服务公司。2018 年，全市两化融合（指信息化和工业化融合）发展指数达到 91.62，数字经济核心产业增加值增速达到 21.68%，均居绍兴市前列。

【八项省级重大试点梯次推进】自 2016 年开始，全市工业领域相继实施大唐袜业腾笼换鸟、工业强市、“中国制造 2025”、“两化深度融合”、供给侧结构性改革、振兴实体经济（传统产业改造）、省有色金属分行业和铜加工智能化等八项省级重大试点。2018 年，八项省级重大试点梯次推进，持续驱动。大唐袜业腾笼换鸟试点拉开传统产业改造序幕，全市累计关停不合格企业 5574 家，“龙头引领、小微入园、平台助力”格局形成；供给侧结构性改革年均帮助企业降本 40 亿元以上，累计有效处置僵尸企业 36 家；传统产业改造试点 2018 年是最后一年，全市在考评中始终位列前茅。2018 年，全市 13 个项目入选省“四个百项”（指智能化“机器换人”示范项目、新兴产业示范项目、产品升级和工业强基示范项目、绿色制造示范项目 4 类项目）技术改造专项（见下表项目简介），数量居绍兴第一，全省第二。至 2018 年底，全市拥有国家级企业技术中心 5 家，省级创新服务综合体 2 个，绍兴隐形冠军 68 家。

【绿色制造体系构建】深化实施亩均改革。汇集亩均税收、亩均工业增加值、单位能耗工业增加值等六项指标的综合评价机制成熟运行，亩均效益计算平台和差别化配置机制建立完善。按照省口径，2018 年，全市规上企业亩均税收 13.15 万元 / 亩，同比上升 9.6%；亩均工业增加值达到 104.3 万元 / 亩，同比上升 34.9%，增幅名列全省前茅。

推进绿色制造。2018 年底，全市创建成国家级绿色制造系统集成项目 1 个（高性能机械转向系统制造与再制造绿色设计平台建设项目）、国家级绿色工厂 1 家（全兴精工集团有限公司）、省级绿色企业 33 家、省级节水型企业 48 家。全兴精工成为国家第二批再制造试点单位，通过创新废旧转向系统的回收再制造工艺，形成产品全生命周期闭环制造和管理，创造新的盈利增长点；蓝博空调创新设计“M 型”厂房，每年节约用水超 40 万吨、减少运营费用近百万元。

持续汰劣治乱。2018 年上半年，全市完成 150 家“低散乱”企业整治提升工作，完成率 83.33%；2016—2018 三年全市淘汰落后项目 192 个。

提升集约能级。全市 57 个镇乡园区合并成 8 个园区，攥紧拳头集中发展；“零增地”、余缺对接成为资源集约利用重要法宝。2018 年，全市通过规划调整新增厂房面积 35 万平方米，按照 1.2 容积率测算，相当于新增工业用地 437 亩；余缺对接土地 22 宗、498.01 亩；厂房 117 宗、74.70 万平方米。

六大工业集群

【概况】2018 年，环保新能源产业、智能装备制造业、铜加工及新型材料业、纺织服装、大唐袜

入选省“四个百项”技术改造专项项目

表4

序　号	企业名称	项目简介
1	浙江华益精密机械股份有限公司	燃气壁挂炉水路部件和高性能液压螺纹插装阀技改项目
2	浙江万安科技股份有限公司	商用车智能底盘电控系统建设项目
3	浙江海亮股份有限公司	年产7万吨空调制冷用铜及铜合金精密无缝管智能化制造项目
4	诸暨华都国际纺织产业城有限公司	诸暨华都国际纺织产业城一期（节能节水技术改造及年产纺织品原料150000万米以及后整理项目）
5	浙江科宇金属材料有限公司	铜及铜合金棒材多流水平连续铸造生产线项目
6	艾依诺科技有限公司	年产1.08亿支气雾剂成品及3.3亿支马口铁铝制空罐项目
7	浙江盾安热工科技有限公司效换热器建设项目	年产10万套成型扁管高效换热器建设项目
8	浙江承昊电缆有限公司	年产50万公里超微型通信电缆和50万芯公里特种光缆建设项目
9	浙江恒大数控装备有限公司	年产1300台数控机床项目
10	全兴精工集团有限公司	年产30万套新能源汽车双源电液泵转向应急系统技改项目
11	浙江灿根智能科技有限公司	年产3000套QDC自动换模装置
12	浙江盾安禾田金属有限公司	年产500万套多联机静音型电子膨胀阀产业化建设项目
13	申科滑动轴承股份有限公司	新建年产1500套应用激光熔覆技术的滑动轴承生产线项目

业和珍珠业等六大工业集群规上工业企业合计实现工业产值1035.58亿元，增长14.6%，占全市规上工业企业总产值的81.6%。具体见下表：

产业园区

【浙江诸暨珍珠产业园区】概况 珍珠产业是诸暨市“6+2”（袜业、珍珠、铜加工及新型材料、机电装备制造、纺织服装、环保新能源、现代农业和现代服务业）主导产业之一，也是浙江省特色块状产业和最具成长性的优势产业之一。浙江诸暨珍珠产业园区是经国家发改委和国土资源部审核通过的省级开发区，成立于2000年3月，园区规划面积88公顷。2018年，园区内有有企业128家，其中规模以上企业21家（规上企业2018年因未达应税销售额2000万元，导致退库11家，新增3家，迁出1家，迁入1家，共21家），上市公司1家，国家和省级骨干农业龙头企业4家，地市级农业龙头企业5家，拥有自营进出口权的企业35家。全年完成工业产值165.36亿元，同比增长15.64%，其中珍珠产值102.46亿元，同比增长12.74%；实现

规上工业主导行业2018年1—12月主要经济指标

表5

行业名称	企业家数（家）	产值（亿元）	同比（±%）	利润（亿元）	同比（±%）
环保新能源	57	91.4	7.05	2.81	-51.37
智能装备制造	291	362.73	16.63	13.74	-10.03
铜加工及新材料	131	236.34	33.48	7.53	65.67
袜业	335	207.85	7.82	3.51	30.09
纺织服装	257	125.21	-2.09	4.07	79.03
珍珠	19	12.05	13.38	1.4	157.17
主导行业合计	1090	1035.58	14.46	33.08	6.25
主导行业占比%	86.7	81.61		72.92	
2000万元以上企业合计	1257	1268.95	15.19	45.36	15.52

2018 年度诸暨市六大工业主导产业“亩均税收”平均值

表 6 （按单个企业所属行业标准计算）

序　号	六大主导行业	企业数量（个）	税收合计（万元）	用地合计（亩）	亩均税收（万元 / 亩）
1	袜业	186	34840.27	2460.46	14.16
2	珍珠业	7	7575.95	107.3739	70.56
3	铜加工及新型材料业	71	34444.61	2235.60	15.41
4	智能装备制造业	172	111703.21	6079.93	18.37
5	纺织服装	152	35403.31	2659.77	13.31
6	环保新能源产业	39	28638.50	1835.33	15.60
7	其他	106	56241.90	3696.57	15.21
合计		733	308847.75	19075.03	16.19

规模以上工业总产值28.2亿元，同比增长13.98%（规上工业产值因为数据经过修订，所以修订后数据减少）；完成自营出口12.42亿元人民币，同比增长51.7%。在国家质检总局组织的区域品牌价值评定中，“山下湖珍珠”品牌价值评估达234.89亿元，同比增长59.5%。

振兴实体经济（传统产业改造）行动计划 实施振兴实体经济（传统产业改造）行动计划，推进“互联网+”“大数据+”“机器人+”“标准化+”建设。打造珍珠产业龙头示范企业，推动珍珠小镇数字经济基地（包括珍珠产业创新服务综合体、网红直播基地、跨境电商基地）建设，涵盖珠宝创意设计中心、珍珠数字经济中心等七大中心的珍珠产业创新服务综合体2018年投入试运行，且列入第二批浙江省创新服务综合体培育名单。

品牌建设和市场开拓 建设珍珠小镇精品街，引进国内外高端珠宝类品牌入驻，提质升级华东国际珠宝城市场，细分珠宝城市场功能和产品。依托省首个珠宝行业淘宝基地落户契机，建设珍珠产业数字经济基地，完善淘宝珠宝山下湖直播基地功能。2018年11月29日—12月1日成功举办第十一届中国（国际）珍珠节暨首届山下湖珠宝展，邀请百名网红游山下湖，网络销售实现新突破，达到300万元。推进珠宝城精品区建设，入驻品牌7个，新增珍珠网络销售500余家。积极开拓国际市场，加快跨境电商珍珠产业集群发展，筹建珍珠跨境电商基地，引导11家较大型跨境电商企业入驻，累计有26家珍珠企业在Ebay、Amazon、AliExpress、Wish、敦煌网等知名第三方平台开展跨境电商业务，产品远销美国、俄罗斯、欧盟、沙特阿拉伯等64个国家和地区。至2018年底，珍珠网络销售商家已达1300余家，2018年网络销售额超150亿元。

项目引进、建设和企业培育升级 引进都市区项目个，实到资金2亿元。珍珠文化产业园项目和山下湖地标——“珍珠湖”项目建设打造以珍珠为主题的集文化、集会、娱乐、休闲等多功能于一体的综合性广场和小镇对外展示窗口，2个项目均已进入初步设计阶段；天使之泪珍珠文化体验馆完成建设并投入使用。培育小微企业169家，完成“产转法”2家，省股交中心挂牌1家；新增“小升规”3家、“下升上”3家；新增个转企36家；新增国家高新技术企业2家、科技型中小企业7家，实现科技成果转化4项，完成技术市场交易额2860万元。创建成立3家国家高新技术企业科学技术协会。

养殖示范区建设 2018年，投资2000万元，实施万亩珍珠养殖示范区一期建设。珍珠养殖示范区通过规范化、生态化改造，让珍珠养殖区域达到统一的塘面基础，统一的管理房配置，统一的浮球吊挂，统一的饲养标准，再配置一定的净水区域以及集聚的尾水综合处理池，实现珍珠养殖尾水达标排放。一期建设已完成9个规范化基地建设，联通域内蚌塘，实现尾水统一处理。

养殖新技术探索 2018年，引进国千人才李军博士团队开展生物细菌处理实验，探索菌处理改造、膜处理改造模式。12月，基本完成淡水珍珠鱼蚌混养技术规范修订。

浙江省首个国家级珠宝玉石专业质检机构落户园区 国家珠宝玉石质量监督检验中心诸暨实验室

（NGTC）2018年10月正式落户园区，这是浙江省首个国家级珠宝玉石专业质检机构，检测范围包括珠宝玉石鉴定、钻石分级、贵金属纯度测定及其他固体材料等，实验室10月开始试运营。

2个推荐性国家标准正式发布 长生鸟公司牵头制定的“珍珠粉鉴别方法（X射线衍射分析法）、珍珠粉”2个推荐性国家标准2018年12月28日发布（2019年7月1日实施）。

浙江省首个珠宝行业淘宝直播基地落成 2018年11月园区签约阿里巴巴淘宝直播，浙江省首个珠宝行业淘宝直播基地——“淘宝珠宝山下湖直播基地”正式落成，为全国第7个淘宝直播基地。

新产品研发和新技术引进 2018年长生鸟生物科技与意大利彩妆品牌合作珍珠粉化妆品研发，实现产业链新突破。2018年与中国地质大学合作，引进异形珍珠、标准珍珠的3D打印个性化、创意设计技术等项目。

园区综合治理 开展园区环保集中执法行动，全年检查企业120余家次，累计出动执法人员200余人，清理“低小散”加工作坊12处，共处罚款26.5万元。全年累计处理信访35件，处理率100%。加强安全生产和劳动用工监督，开展安全隐患大排查大整治，共发现安全生产隐患836条、消防安全隐患689余条，全部整到位。开展重点领域安全隐患大排查大整治，检查3人以上出租房138户，发现隐患211条，整改隐患211条；发现严重影响消防的违法建筑企业2家，全部拆除违法建筑物。全面开展安全生产委托执法工作，对辖区内3家单位进行执法，共处罚金4万元。 （赵叶叶）

【大唐袜业产业园区】概况 大唐袜业产业园是以袜业关联产业为主的省级工业园区，始建于2000年，总占地面积3250亩。大唐袜业现已成为诸暨市“4+X”（袜业、五金、珍珠、香榧四大传统产业和节能环保、智能制造、新汽车、生命科学等新兴产业）现代产业体系中的一大支柱产业。截至2018年底，全市拥有制袜企业1万余家，其中规上企业335家；有袜机12.7万台，从业人员近20万；年生产袜子超200亿双，实现产值750亿元，其中袜业规上总产值207.85亿元，规上企业新产品产值60亿元，高新技术产值55亿元；利润和税收分别达到约28亿元和22亿元。

产业优势 大唐袜业产业优势体现在以下6个方面：

结构优势 大唐袜业集群的横向分工与垂直分工极为明显，已形成从袜业机械制造到各种原料生产，再到袜子的生产、染整、定型、包装、营销、物流等全过程的一条极为完整的产业链。在大唐，任何一款先进的袜机和配件都可以买到，任何一款袜子都可以生产，任何一种主要原料都可以生产和配置。由于产业链完整，袜业生产的要素高度集聚，资源配置成本大幅度降低，竞争力大大增强。

技术优势 大唐袜业12.7万台袜机中，具有国际先进水平的高档电脑袜机近6万台，还有前后道配套设备2万多台，袜机的装备制造企业40余家。2016年，大唐袜业成为省级“机器换人分行业”试点，并成立由浙江理工大学牵头与6家袜机生产龙头企业组成的“机器换人工程服务平台”，为全行业“机器换人”工作提供样板和高端设备保障。到2018年底，大唐袜业“机器换人”重点装备研发生产及推广应用初步取得成效，智能织缝翻一体袜机、全自动智能袜子包装机、缝头翻袜一体机均已形成批量生产，海润精工成为首个研发成功智能一体机的袜业企业；沈唐机器人公司研发成功自动化包装机。

精品优势 大唐袜业区域品牌是“2010年度苏浙皖赣沪名牌产品50佳”；2015年6月，全国袜业知名品牌示范区高分通过国家质检总局现场评审。同时，大唐成为袜业知名品牌汇集地。至2018年底，大唐袜业拥有中国名牌3个，中国免检产品2个，中国驰名商标17件。

集聚优势 大唐袜业市场历经四代建设，已形成集聚优势。2002年建成启用的大唐轻纺袜业城，总投资2.1亿元，占地400亩，集轻纺原料、袜子、袜机及配件、物流市场于一体，是目前国内最大的袜业综合商贸城，先后被评为“全国文明市场”“全国百强市场”“浙江省四星级文明规范市场”，具备举办大型展会的硬件设施条件，并已连续成功举办13届中国国际袜业博览会。

外向优势 一些世界知名袜子和原料企业，如美国杜邦、德国拜尔、日本伊藤忠等企业纷纷驻足大唐，或投资办厂、或设立窗口。至2018年底，大唐镇已有50多家外资企业。

创新优势 大唐袜业已形成较为完善的科技创新体系，有为袜业企业服务的科技创新综合服务体平台——袜业智库；有5家袜业研究所、2家轻纺产品检测中心、30多家厂办研究所，形成了较强的科技创新和新产品开发能力。

线上市场的后发优势 到2018年底，大唐袜业已形成3000余家电子商务市场主体、3个电子商务园区，其中方田电商园2018年入驻企业90家，年销售额达到15亿元。大唐镇2015年以来连续4年被评为“中国淘宝镇”，“淘宝村”已达9个。2018年“双11”当天，大唐镇袜业线上单日销售额达2.5亿元，较上年增长近40%，其中销售额100万元以上企业20家；大唐企业卡拉美拉夺得全国棉袜类产品销售冠军，销售额突破1200万元。

新型业态培育 新型业态主要包括新装备研制、新材料应用、新产品创意和新旅游业4块。

新装备研制 由海润精工、叶晓机械、嘉志利科技等企业分别研发应用的“织翻缝”智能一体袜机，一个工人可同时管理30台以上设备，性能远超国外进口设备。叶晓机械研发的全自动高效织缝翻一体机入选“省装备制造业重点领域首台（套）产品”名单；沈唐机器人、锦和缝制等企业分别研发应用的全自动袜子包装机、智能缝纫设备可减少劳动用工70%以上；情缘针纺研制的3D彩印机，具有3D立体打印、个性化定制等功能，产品利润比普通棉袜高出20%以上。至2018年底，海润精工智能袜机已投放国内外市场30多台，嘉志利智能袜机已投放国内外市场50多台，叶晓机械智能袜机已投放国内外市场200多台。

新材料应用 以新型纤维材料（混纺纤维、新型天然纤维、新型弹性纤维、功能型纤维）、新型复合纱线材料及功能性织物制品的研发为重点研究方向，华海集团、易孚色纺、富春色纺、永新色纺、金旗新材料、昌隆化纤等企业先后开发出超细旦氨纶纤维、无染色纺锦纶等新材料200多种。由西安工程大学、永新集团等开展的研究项目“功能性纤维材料的研发及其在家纺袜类产品中的应用”被列为浙江省科学技术厅重点研发计划项目。

新产品创意 牵手中国纺织服装教育学会，联合27所纺织高校，组建1+20高校合作联盟，打造“云端人才库”。11月28日，成功举办第二届中国“大唐杯”袜艺设计大赛，共收到来自全国56所院校和企业的1200余件袜艺设计参赛作品和400余件外包装设计参赛作品，吸引1000多名创意设计人才柔性加盟。浙江袜业、东方缘、森威特、和茂盛、卡拉美拉等企业研制的时尚功能运动袜、放静脉曲张医疗袜、立体移圈袜等330多款新产品填补国内空白。

新旅游业 结合打造“西施之裳”旅游景观带，将卡通形象唐小乐、唐小艺融入特色街区；邀请中国美院、绍兴文理学院等高校设计团队，把废旧袜机、燃煤锅炉改造成蕴含袜艺元素的工艺品和城镇雕塑；在2015年10月18日建成袜艺文化体验馆的基础上，建成冠山溪滨水休闲文化长廊、袜艺主题入口广场和旅游接待中心，小镇企业逐步探索开拓工业旅游市场。至2018年底，袜艺小镇已形成休闲观光游、文化体验游、时尚购物游、创业创新游等4条旅游线路，成为国家AAA级旅游景区，已累计接待考察调研团组1400多批2.26万人次，接待游客150余万人次。

袜艺小镇建设 详见大唐镇【袜艺小镇建设】条目。

（魏永杭）

【店口五金管业产业】概况 2018年，店口五金管业规上工业总产值407.7亿元，完成全社会固定资产投资23亿元（不含房地产），实现税收总收入14.5亿元。

规模化发展 店口拥有五金管业单位上千家，销售额2000万元以上企业113家，超亿元企业13家，超10亿元企业1家，上市企业7家，海亮和盾安分别进入中国企业500强；万安集团进入全国百家最佳汽车零部件供应商行列；枫叶集团是国家建设部PE管定点生产单位。在销售额2000万元以上企业中，五金机械为65家，实现产值29.2亿元；新型管业为48家，实现产值41亿元。销售额2000万元以下企业中，五金机械为2144家，实现产值52.8亿元；新型管业为1077家，实现产值51.7亿元。在实施“北承南接”战略过程中，店口不断吸引周边资本，着力延长五金管业相关产业链，形成横跨各企业规模和各产品类型的全面发展新格局。

组团参加展会 抢抓“一带一路”机遇，以政府出面的方式，组织企业抱团参加2018年4月举办的广交会和同月举办的“北京暖通展”、2018年9月举办的“法兰克福汽配展”等具有国际影响力的展会，形成整体区域品牌效应。2018年，全镇组团参加展会6次，涉及企业14家，设摊位80多个，完成自营出口52亿元，同比增长7%左右。

人才和科技支撑 新申报入选“省千”1名、绍兴“海内外英才计划”人才9名、暨阳“533英才计划”人才5名，继续领跑全市。完成海亮股份数字化车间、盾安禾田智能工厂等一批示范生产线和示范企业培育建设，新上工业机器人165台，企业上云706家。新增高新科技技术企业13家、科技型中小企业50家，完成高新技术产业投资12亿元，实现可产业化科技成果转化5项，高新技术产值达237亿元。

（朱 燕）

【诸暨现代环保装备高新技术产业园区】概况　诸暨现代环保装备高新技术产业园区于2013年4月19日经省委、省政府正式批复同意授牌创建，是浙江省唯一以现代环保装备产业为主导的省级高新区。2017年5月，增挂诸暨临杭产业园牌子。园区规划总面积14.25平方千米，范围涉及店口、江藻和直埠三镇，同时将牌头环保装备特色产业基地作为园区的协同制造区。园区重点发展“现代环保装备、高端节能装备、环保新材料”三大主导产业，建设“千亿产业区、高新集聚区、品质功能区”。2018年，园区实现规上工业增加值70.34亿元；高新技术产业增加值59.27亿元；装备制造业增加值59.66亿元；新产品产值增加值250.28亿元。高新区在省科技厅公布的全省39家高新区（含8家国家级高新区）年度考核中综合排位第9名。

项目和人才引进　围绕环保新能源、智能装备制造、铜加工及新材料等主导产业及其他战略性新兴产业，通过产业链招商、以商引商等手段，引进海亮有色智造工业园、诸暨佳沃通信有限公司、浙江睿星新能源有限公司等项目。2018年，新引进高质量项目9个，计划总投资达75.1亿元，2018年实际投资额为5377万元（因多个项目土地摘牌时间为2019年，所以实际投资额较少），其中50亿元以上工业项目1个，亿元以上战略性新兴产业项目5个，涵盖新能源汽车关键零部件、智能家居产品、高端通信科技、智能机器人等高端项目。2018年7月引进绍兴“海内外英才计划”人才1名。

企业科技创新推动　推进现代环保装备产业技术创新综合试点，鼓励扶持园区企业申报高新技术企业。2018年新申报高新技术企业13家，新认定科技型中小企业20家、省级企业研究院1家。至2018年底，园区拥有3家国家认定企业技术中心、4家国家级实验室、4家院士工作站、13家省级企业研究院、18个省级高新技术企业研发中心；拥有34家高新技术企业、210家科技型中小企业。同时，建成省环保装备科技创新服务平台、浙江省重点产业技术联盟、“三新”（新青年、新农民、新店口人）创业园科技孵化器等公共服务平台。

环境优化和服务创新　委托浙江省工业和信息化研究院调整优化高新区发展规划，完成高新区总体规划、下四湖片区控制性详细规划等的编制。全年累计投入超过1000多万元用于完善园区基础设施建设。创新设立项目推进服务“两联”制度（每个项目企业确定联系领导和联系干部），从项目签约起，落实专人全程代办服务。对海亮有色智造工业园等重大项目，成立专班服务领导小组全程推进。截至年底，海亮有色智造工业园、勇腾、洁利达等3个项目已动工，诸暨佳沃通信有限公司、浙江睿星新能源有限公司、浙江荣胜汽车零部件有限公司、浙江鸿图传动科技有限公司等4个项目已签约。

（章赵丹）

特色产业

【大唐袜业】袜业是诸暨市分布区域最广、从业人员最多的主导产业。作为全球最大的袜子生产基地，全市拥有袜业企业1万余家，规上企业335家（快报数据，其中织袜243家、原料84家、袜机8家），袜机12.7万台，年生产袜子超200亿双，产业规模700多亿元，辐射18个镇街，产量占全国70%、全球30%，是名副其实的“国际袜都”。至2018年底，全市袜业实现规上产值207.9亿元，同比增长7.9%，税收达到12.4亿元。先后获评国家新型工业化产业示范基地、全国袜业知名品牌创建示范区和首批中国特色小镇。

数字化换装　精准打好上云、智造、互联等高质量发展组合拳，到2018年底，全市规上袜企基本实现上云全覆盖，浙江袜业、英其尔、亿衡等龙头企业加快从管理端到制造端全方位数字化转型；全市智能织缝翻一体袜机、全自动智能袜子包装机、缝头翻袜一体机均已形成批量生产，拥有9家智能袜机制造企业。海润精工成为首个成功研发生产智能一体机的袜业企业，袜机技术水平处世界领先水平。全市推广应用智能袜机装备700多台；数字车间、智能工厂示范推广取得较大突破，秀欣科技成功研发MES制造系统，现行改造费用当年可回收，走出一条普通袜、电商袜批量生产效能改造新路径。大唐袜业拥有省级两化融合示范企业2家，省级工业设计中心和省级制造业+互联网示范试点企业各1家，电商企业超500家，建成电子商务园3个、淘宝村10多个。

产业链优势　大唐袜业已形成以织袜为主，涵盖装备制造、原料供应、研发设计、纺丝加弹、染整绣花、包装营销等完整环节的产业链，并拥有备品配件、后整理、联托运和中介服务等行业。在大唐，任何一款先进的袜机和配件都可以买到（袜机配件企业就多达60余家）；任何一款袜子都可以生产；

上市企业

【概况】2018年，全市新增股份制企业57家，其中完成股份制改造26家，新设股份制企业31家；新增省股交中心挂牌企业75家，其中创新板挂牌55家，成长板20家；上市公司完成2000万元以上并购或对外投资项目5个，涉及金额22.99亿元。

2018年，诸暨市A股上市公司名单与上年相比没有刷新，截至年底，全市A股上市公司为13家，香港H股上市1家，美国上市1家。除浙江富润外，其余公司均在2000年以后上市A股。

上市公司名单

表7

类别	序号	单位名称
上市公司	1	浙江富润股份有限公司
	2	浙江菲达环保科技股份有限公司
	3	浙江海越股份有限公司
	4	浙江盾安人工环境设备股份有限公司
	5	创新医疗管理股份有限公司
	6	浙江海亮股份有限公司
	7	浙江大东南股份有限公司
	8	浙江步森服饰股份有限公司
	9	万安科技股份有限公司
	10	露笑科技股份有限公司
	11	申科滑动轴承股份有限公司
	12	民盛金科股份有限公司
	13	浙江金海环境技术股份有限公司
	14	浙江海亮教育咨询服务有限公司（美国纳斯达克上市）
	15	浙江天洁环境科技股份有限公司（港交所主板上市）
新三板挂牌	1	浙江海博小额贷款股份有限公司
	2	浙江亨戈机械股份有限公司
	3	浙江至信新材料股份有限公司
	4	浙江华益精密机械股份有限公司
	5	浙江邦业科技股份有限公司
	6	镭蒙机电股份有限公司（因未发定期报告暂停转让，拟退板）
	7	浙江格雷特科技股份有限公司 836123
	8	诸暨双金袜业股份有限公司 836536
	9	浙江金大地生物科技股份有限公司
	10	浙江元集新材料科技股份有限公司
	11	浙江一百广告传媒股份有限公司
	12	浙江申发轴瓦股份有限公司
	13	浙江利达环保科技股份有限公司
	14	浙江永立环保股份有限公司
	15	浙江商林科技股份有限公司
	16	浙江天伟生物科技股份有限公司
	17	浙江展诚机械股份有限公司
	18	浙江大唐复鑫袜业股份有限公司

引领国际市场的浣东刺绣机产业

▲1月18日，中国轻工业联合会、中国缝制机械协会在诸暨举行“中国刺绣机产业基地”授牌仪式。诸暨市共有电脑刺绣机生产企业250余家，产量约占全国总产量的80%、全球总产量的70%，是全球最大的电脑刺绣机产业基地 （徐德文 摄）

▲3月15日，全国缝制机械标准化技术委员会国家标准刺绣机术语工作会议在诸暨召开，中国缝制机械协会副理事长、标委会副主任林建龙，标委会秘书长吴剑敏及各国标工作组成员、来自全国各地的12家刺绣机企业代表共30余人出席会议 （徐德文 蒋力奔 摄）

作为全球最大的电脑刺绣机产业基地，诸暨市浣东街道拥有电脑刺绣机生产企业250余家，其中整机生产企业近80家，零配件生产厂家170多家，基本形成机架生产、零配件生产、整机生产和售后服务一体化的完整产业链。浣东生产的绣花机占了全国总产量的80%，全世界总产量的70%，产品远销亚、非、拉美等地区。

浣东电脑刺绣机行业累计拥有省级以上新产品300多个、专利600多项，陆续研发出平绣、毛巾绣、盘带绣、多头绣、单头绣等多种绣花机，在引领整个电脑刺绣机产业发展中起到关键作用。

▲2018 年 6 月，信胜缝制设备有限公司研发总监田桂郁在韩国指导客户安装调试机器

（杨迪尔 蒋力奔 摄）

▲诸暨兴大豪科技有限公司生产车间内，工人正在组装电控芯片　　（杨迪尔 蒋力奔 摄）

▲越隆缝制设备有限公司员工正在调试即将发往印巴分市场的高速电脑刺绣机　　（蒋力奔 杨迪尔 摄）

▲诸暨信胜缝制设备有限公司工人正在调试小型刺绣机　　（蒋力奔 杨迪尔 摄）

▲盛名机电制造有限公司在上海参加展会　　（徐德文 蒋力奔 摄）

经济开发区

浙江诸暨经济开发区

【概况】诸暨经济开发区东至陶朱山、友谊路，浦阳江（西江），环城北路，诸湄线，南至下箭路村、顾家村、前朱村，西到西三环，北到北三环，成立于1992年，1994年批准为省级经济开发区，规划管理面积达122.48平方千米，规划建成区面积72.0平方千米。2018年，诸暨经济开发区实现规上工业企业总产值253.89亿元，同比增长21.99%；完成全社会固定资产投资66.07亿元；500万元以上工业性投资31.81亿元，同比增长12.74%；千万元以上服务业项目投入3.04亿元；政府性项目投入7.52亿元；自营出口56.49亿元，同比增长8.4%。

诸暨经济开发区2006年被浙江省商务厅评为“长三角最具投资价值开发区”，自2007年始连续位列浙江省十强经济开发区，2017年排名第五位。

【管理机制改革】2018年，开发区对内出台《工作人员目标责任制考核实施办法》《聘用人员末位淘汰考核实施办法》等规定，建立科学的考核体系。对外将企业管理的部分管理职能及安置小区的物业管理、创建整治划归属地街道，将开发区的绿化养护、市政养护、环境卫生划归城建部门，突出开发区项目双进、产业发展主业。10月，开发区行政审批服务中心正式开始建设，以实现开发区内办事不出区。

【项目引进和建设】2018年，开发区按照“4+2+1”（指重点发展新环保、新汽车、智能制造、生命科学四大战略产业；优先打造军民融合平台和国际合作平台两个特色平台；同时发展以工业设计、检验检测、金融服务等为重点的一系列生产性服务业）产业导向开展精准招商，累计引进项目50个，其中入选招商选资竞赛项目20个，总投资达117.863亿元（全市第一）；引进合同外资超1.22亿美元，实到外资7344万美元（占全市一半以上），完成当年5000万美元任务的147%。招商工业项目从立项到开工，平均用时从原来的100天缩短至45天，最短至30天。镨美科绣花机、中地净土等重大项目6月建成投产；帕瓦新能源、全兴精工、烨嘉光电等“大好高”项目10月落地开工。

【创新平台建设】自2017年启动“一核一廊五园”（在中心商务区完善综合服务，打造人才高地，形成城西智核。在03省道东复线区块打造创新走廊，加快科技城建设。在北部工业区建设千人计划产业园、光电产业园、智能制造和节能环保产业园、生命科学产业园及军民融合产业园五个特色园中园）建设以来，开发区不断推进“四换三名”（“四换”：腾笼换鸟、机器换人、空间换地、电商换市；“三名”：大力培育名企、名品、名家）、“退二进三”（鼓励一些产品没有市场，或者濒于破产的中小型国有企业从第二产业中退出来，从事第三产业）等工作。2018年，全年盘活存量用地471亩，余缺对接富裕厂房17万平方米。到11月底为止，新建成诸暨中俄国际技术转移中心、温州医科大学小分子研究院、南华大学长三角研究院等平台。全年新增省级众创空间4家、省级高新技术企业研究开发中心4家、省级孵化器1家；新增高新技术企业20家、省科技型中小企业41家，至年底高新技术企业总数89家，实现战略性新兴产业产值164.94亿元，同比增长16.2%。

【“与杭同城”步伐加快】2018年开发区围绕“融杭新城、创新产城”的目标定位，加快与杭同城步伐。9月新亭埠码头实现首航，11月1日诸暨至滨江城际公交投入运营，12月开放诸暨“与杭同城”圆桌论坛顺利召开，同月在杭州滨江“诸暨经济开发区和瑞基地”、“诸暨岛”两大基地实现融合提升，有效承接杭州都市圈溢出产业，全年“和瑞基地”引入的8个项目均为高新技术项目，杭州滨江“诸暨岛”批复同意9家高端人才型企业入驻，共拥有“国千”“省千”及大学教授等高端人才14名。

【整体环境优化】坚持以政府性投资项目为抓手，不断优化生产、生活、生态环境。年底前建成环北居住区王家湖公园、五泄江生态公园，稳步推进区内道路网工程、安置小区雨污分流及相关配套工程等建设。开通社区公交，增加共享汽车布点35

▲诸暨经济开发区内的企业总部大楼（徐德文 摄）

个。作为城西的重点大商项目，宝龙城于10月正式动工建设。在2018年初开发区启动华都印染集聚区建设；提高新招引企业环保入园标准，加强重点企业污染排放实时监测，区内气、水环境明显改善，2018年区内空气优良率达到84.3%，社会投诉显著下降。（屠轩帅）

诸暨国际商贸城

【概况】诸暨国际商贸城位于诸暨市城南，总规划面积13.8平方千米（核心区4.5平方千米），规划控制区北起环城南路、南至南三环线、东临开化江、西接洪浦江，旨在以现代商贸业和服务业为重点，专业市场集群为主体，依托“南接金义”的区位优势和“两江环绕”（开化江和洪浦江）的自然优势，建设成为长三角区域商贸经济产业集聚区和国际商贸旅游区。

至2018年底，诸暨国际商贸城总投资超过130亿元，总建筑面积近231万平方米，已初步形成“一市十一城”市场集群格局。“一市”即诸暨国际商贸城一期市场，“十一城”即港龙国际装饰城、联想科技城、越美国际轻纺城、越宁机电城、逸乐城文化广场、港龙国际食品城、欢乐世界、乐家家居购物中心、梦想小城、东门木制品市场、诸暨国际健康城等11个专业市场。业态涵盖机电装备、建材家居、食品、工艺美术、餐饮娱乐、健康养生和休闲游乐等。

【项目引进和建设】立足“高品质产业新城”的定位，采用“走出去招商、商会招商、以商招商、全员招商”等方式，培育区域亮点和特色。2018年签约3亿元服务业项目2个，引进市外境内注册资金（产业项目资金）7.04亿元，引入生产性服务业企业4个，其他已引入的二次招商项目5个。深化包企驻企服务工作制度，推进市场建设。2018年，商贸城区域共有8个市场开业（诸暨国际商贸城·一期市场、港龙国际装饰城、越美建材家居城、逸乐城文化广场、港龙国际食品城、乐家家居购物中心、梦想小城、东门木制品市场一期），有5个在建市场和1个新开工项目，分别为联想科技城、越宁机电城、欢乐世界、诸暨环球进口商品城、健康产业园项目一期——新华医院；东门木制品市场二期新开工建设。

【配套道路建设】商贸城配套道路累计完成投资995万元，其中越宁路（环城东路—欢乐世界路）工程至年底基本完工，恒伟乐家南侧道路完成交工验收并通车。全市首个交通类PPP项目——环城东路延伸段工程8月15日完成建设，9月5日实现通车。

▲木制品市场内红木家具促销活动场景

▲商贸城东门木制品市场入口（图片来源 诸暨日报社）

至2018年底，商贸城区域累计完成投资1.52亿元余，完善道路组织体系建设。

【一期市场运行】一期市场立足项目前期和业态补招，开展秩序整治，稳商留商，在2017年托管4.7万余平方米的基础上，2018年回收商位经营权面积近2.49万平方米，业态补招（二次招商）商位租赁面积12019平方米，充实五金机电、日用百货、服装服饰等固有业态，同时引入志高文化用品、家居软装等新业态。谋划布局AB区，洽谈优质成长型项目，推动一期市场转型升级。

【平台融资】打破传统融资模式，通过“融资租赁”实施非银行金融贷款，2018年完成永盈租赁（永赢租赁是经中国银行业监督管理委员会批准，由宁波银行发起设立并全资控股的金融租赁公司，注册资本20亿元，是浙江省首家银行系金融租赁公司）2亿元放款。2018年，与财政局签订协议，完成农业银行3亿元债务置换，进一步降低债务成本。

（陈　琳）

建筑业 房地产业

概述

2018年，市建设系统围绕“建筑强市”和“房住不炒”的目标，深化建设领域“最多跑一次”改革，推进建筑工业化发展，完善行业长效管理机制，加强房地产和中介市场监管，打击投机炒房行为和房地产“黑中介”，做好房地产市场专项整治工作，全市建筑业和房地产业保持平稳健康发展。

建筑业

【概况】2018年，全市建筑业总产值2306亿元，同比增长8.4%，总量位居全省第三；实现建筑业增加值99.8亿元，占全市GDP比重的8.1%；上缴税收10.95亿元，增长32%。

【市场拓展】建筑企业2018年新承接业务2028亿元，同比增长9.6%，其中在“一带一路”区域承接业务超400亿元，增长7.2%；在贵州省等西南地区承接业务超140亿元，增长9.4%；承接国外市场业务1500万美元，浙江中超建设集团有限公司中标的援津巴布韦议会大厦项目实现绍兴市建筑企业在非洲承建房建工程“零的突破”。

【品牌建设】全市建筑企业2018年共创省级及以上优质工程16项，其中“钱江杯”6项，数量位居绍兴市第一。浙江展诚建设集团股份有限公司承建、浙江华汇安装股份有限公司参建的市中医院二期工程获鲁班奖，为2018年绍兴市唯一；浙江双林古建园林工程有限公司承建的武汉大学早期建筑——理学院文物保护工程获全国优秀古迹遗址保护项目称号，填补浙江省建筑业在此类文物保护奖项的空白。此外，全市建筑企业共获授权专利11项，省级工法8项，国家级QC成果2个，省级QC成果3个，浙江中普建工有限公司成功申报绍兴市企业技术中心。浙江展诚建设集团股份有限公司、浙江诸安建设集团有限公司被评为全国优秀施工企业；越烽建设集团有限公司被评为全国优秀施工企业、全国房建50强、中国民族建筑行业百强企业；东方建设集团有限公司被评为中国承包商80强、中国民营企业500强、浙江省百强民营企业；浙江祥生建设工程有限公司、浙江广川建设有限公司、浙江华汇安装股份有限公司被评为浙江省先进建筑业企业；浙江省东海建设有限公司被评为上海市建筑业诚信企业；浙江万达建设集团有限公司被评为绍兴市百强企业。

【装配式建造和住宅全装修】推进实施装配式建造和住宅全装修。2018年，全市新开工装配式民用建筑项目面积26.98万平方米，新开工住宅全装修项目面积66.87万平方米。装配式基地建设顺利推进，投资12亿元的耀华PC构件基地一期项目形成产能；展诚建设、耀华PC构件基地、马郦美丽乡村装配式建筑示范项目分别被评为省建筑工业化示范企业、基地和项目；祥生建设、越烽建设等企业进军装配式建筑领域。

【行业管理】全年开展工程质量安全提升行动、“双随机”抽检、“一月一专题”专项检查等活动12次，下发隐患整改通知书240余份，依法处理建筑企业16家。开展建筑工程“无欠薪”行动，全面实行工程款、工资款两条线拨付制度和民工工资银行代发制度，全年民工工资欠薪投诉批次、涉及人数和清欠金额分别下降76%、74%和66%。提升信息化管理水平，“智慧建管”云平台建设初步完成，基本实现文明施工、工资清欠、质量安全管理等“全天候、全过程、全覆盖”智能化管理。

2018 年度诸暨市建筑业创优夺杯项目一览

表 8

序号	工程项目	施工单位	项目经理	获得奖项
1	海南海口海航国际广场	浙江诸安建设集团有限公司	傅百成	鲁班奖（参建）
2	成都天府新区中国西部国际博览城（一期）	浙江诸安建设集团有限公司	翁忠夫	鲁班奖（参建）
3	武汉大学早期建筑——理学院文物保护修缮工程	浙江双林古建园林工程有限公司	俞国人	全国优秀古迹遗址保护项目
4	诸暨市中医院浣东分院建设项目二期工程	浙江展诚建设集团股份有限公司 浙江华汇安装股份有限公司（参建）	吕国栋 郭水平（参建）	钱江杯
5	剧院 A、B 区、地下室工程	浙江广川建设有限公司 浙江华汇安装股份有限公司（参建）	王伟江 赵天龙（参建）	钱江杯
6	展诚产业研发中心（一期）研发楼、员工宿舍、检测中心、研发楼地下室工程	浙江展诚建设集团股份有限公司	杨建锋	钱江杯
7	桐乡市 220 千伏天星变电站工程	八方建设集团有限公司	何国良	钱江杯
8	湖南怀化市宏宇中学（教学楼、综合楼、科技楼）工程	浙江万达建设集团有限公司	杨烨辉	湖南省芙蓉杯
9	杭州制造部十一五易地技术改造项目（片烟醇化库、辅料库、仓储区编配电所、围墙）	浙江诸安建设集团有限公司	吴科平	钱江杯（参建）
10	天台国大旅游综合体工程酒店 A、B 楼	浙江诸安建设集团有限公司	朱国阳	钱江杯（参建）
11	温州奥林匹克体育中心——主体育场一期建设工程	浙江诸安建设集团有限公司	钟斌	钱江杯（参建）
12	徐汇区上海音乐学院零陵路校区学生公寓及校园配套设施项目新建学生宿舍	浙江诸安建设集团有限公司	马黎明	白玉兰奖（参建）
13	徐汇区上海市胸科医院科教综合楼工程	浙江诸安建设集团有限公司	蒋兆忠	白玉兰奖（参建）
14	上海虹桥国际机场扩建工程东航基地（西区）二期配套工程项目（南区）	浙江省东海建设有限公司	陈义	白玉兰奖（参建）
15	江苏泰兴祥泰未来城市花园 7# 地块（47#、48#、49#）	浙江祥生建设工程有限公司	楼军利	泰州市梅兰杯
16	温州市现代冷链物流中心项目北区冷库制冷及聚氨酯保温工程	浙江诸安建设集团有限公司	陈善学	浙江省优秀安装质量奖
17	广汽集团乘用车（杭州）有限公司工厂改造项目涂装车间、焊——涂通廊、综合站房、物流门、污水处理站（土建公用）、固废中转站、油化库等建筑物及相关附属工程	浙江华汇安装股份有限公司	朱雪峰	浙江省优秀安装质量奖
18	杭政储出〔2004〕43 号地块二期（A-01-3、4、5 地块）B2B3 楼机电安装工程	浙江华汇安装股份有限公司	张柳毅	浙江省优秀安装质量奖
19	浦东新区耀华地区 19-1 地块公共租赁住房项目机电安装分包工程 1 标段	浙江华汇安装股份有限公司	赵学锋	上海市申安杯

续表 8

序号	工程项目	施工单位	项目经理	获得奖项
20	上海虹桥国际机场扩建工程东航基地(西区)二期配套工程项目(北区)机电安装工程	浙江诸安建设集团有限公司	宣永传	上海市申安杯
21	普洛斯上海奉贤奉城物流园项目B-1 周转仓库安装工程	浙江诸安建设集团有限公司	方敏	上海市申安杯
22	普洛斯上海奉贤奉城物流园项目B-2 周转仓库安装工程	浙江诸安建设集团有限公司	方敏	上海市申安杯
23	杭甬高速绍兴入口改造提升工程Ⅱ标工程	浙江众磊园林工程有限公司	陈文斗	浙江省优质园林工程奖金奖
24	31 省道诸暨王家湖至五泄段改建工程	浙江宏达建设集团有限公司	王伟	上海市市政金奖
25	盾安轻合金科技公司宿舍楼 A	丰邦建设集团有限公司	何来平	珍珠杯
26	中节能环保产业园 12# 地块二期27# 厂房	浙江广昌建筑有限公司	周胜高	珍珠杯
27	诸暨市第四人民医院门诊病房大楼	浙江宏坤建设有限公司	施键	珍珠杯
28	诸暨市环城东路延伸段（环城南路——三环线）工程	浙江宏达建设集团有限公司	王伟	珍珠杯（市政）
29	诸暨市环城东路延伸段（环城南路——三环线）工程 PPP 项目园林绿化工程	浙江诸暨宏达园林绿化有限公司	楼欢欣	珍珠杯（市政）
30	大唐镇小城镇环境综合整治工程——北部片区道路整治及公园改造工程	浙江宏达建设集团有限公司	许杭峰	珍珠杯（市政）
31	诸暨市应山南侧安置地块景观绿化工程	浙江双林古建园林工程有限公司	边高焕	珍珠杯（市政）

房地产业

【概况】2018 年，受房地产市场调控政策等因素影响，全市房地产投资额和销售面积有所下降；房地产市场监管力度加强，行业规范性提升，服务质量改善。房地产市场运行总体保持平稳。

【房地产市场规模】全年完成房地产开发投资 127.71 亿元，比上年（176.56 亿元）下降 27.67%。销售商品房面积 223.76 万平方米，销售额 171.19 亿元，同比分别增长 -24.86% 和 -22.48%，其中销售商品住房 10168 宗，面积 135.1 万平方米，销售额 125.87 亿元，同比分别增长 -30.01%、-32.55%、-21.64%。累计成交二手住房 5631 宗，面积 68.34 万平方米，同比分别增长 9.83%、-7.26%。实现房地产地税收入 14.51 亿元，同比增长 79.37%，占地税税收收入的 27.68%。至 2018 年 12 月底，可销售商品房面积为 182.05 万平方米，去化周期为 12.79 个月；可销售商品住房面积为 100.79 万平方米，去化周期为 8.95 个月。核发商品房预售许可证 109 本，商品房预售面积为 191.9 万平方米。

【房地产市场管理】2018 年 10 月，联合 10 部门开展房地产市场违法违规行为专项整治活动，重点打击投机炒房行为和房地产“黑中介”，对全市 214 家房产中介进行摸底走访，对未备案的 98 家中介下发整改通知书；调处房产销售不正当现象 10 余起，关停商品房网签 3 家。加强中介市场管理，

2018年1月，下发《关于进一步规范房地产经纪机构备案管理的通知》，累计对107家二手房中介及10家商品房代理机构进行备案；统一制作《诸暨市二手房交易公开栏》，明确服务内容及项目、收费标准、交易流程等，发放房地产经纪人员从业服务证321本，房地产经纪人协理证358本。

【“最多跑一次”改革深化】 二手房交易与不动产登记服务中心及地税部门共建包厢式不动产交易服务室，实现“一证通办”，并实行“中午不休、取消双休”，一手房合同备案实行3个工作日办结制，二手房合同网签备案实行半个小时办结制。

（黄海龙）

住房公积金

【概况】 2018年，全市归集住房公积金16.8亿元，较上年同期增加2.5亿元，增长17.4%，完成年度计划的153%；归集余额达到39.3亿元，较上年同期增加4.5亿元。办理住房公积金支取63522人，较上年同期增加13797人；支取金额12.4亿元，较上年同期增加2.24亿元，增长22%。向全市职工发放住房公积金贷款2297户，贷款额为9.5亿元，比上年同期增长1.53亿元，增长率为19.2%，完成年度计划的210%；贷款余额达到40.5亿元，存贷比率为103.05%。全年业务收入1.3亿元，业务支出8499万元，增值收益为4321万元，收益率达到1.17%。

【住房公积金扩面】 2018年，住房公积金制度覆盖面持续扩大，企业全员建立住房公积金制度。至12月底，职工正常缴存人数75138人，新增职工16698人，净增职工3672人，净增率为5.14%，完成年度计划的85.7%。个体户、自由职业者等个人缴存住房公积金开户457人。

【资金运作和管理制度化】 完善《资金管理制度》《公积金资金竞争性存放办法》《内部稽核工作规定》等制度与办法，规范资金的预决算、运作、存放、专户管理等，杜绝利益输送；定期开展内部稽核，配合外部审计与监管，防范资金风险；要求“经手留痕、审核有据”，按照“违规严加追责”原则强化制度执行，遏制资金违规行为发生。

【五项便民改革】 推行“一证通办”“一窗受理，集成办理”“同城通办”“移动办”“网上办理”五项改革。住房公积金贷款合同变更、住房公积金提前还贷、离退休提取住房公积金等13项涉民事项实现“一证通办”。所有行政审批服务事项都做到一窗受理集成办理。在全市范围打破地域限制，建立“受办分离，全市通办”公积金政策服务新模式，采用“异地受理，属地办理”的方式，即受理审核办事材料并收取和寄送复印件，归属地凭材料复印件复核、审批、办结。完善网上办事大厅和手机客户端建设，实现住房公积金提前还贷等5项个人业务可通过个人网厅、手机APP自助申报办结。住房公积金业务除年度验审以外都可以在浙江政务服务网（浙里办）提交申请。

（徐露静）

能源　供水

供电用电

【概况】国网浙江诸暨市供电有限公司担负全市57.77万户客户的供用电任务，2018年完成供电量86.66亿千瓦时，同比增长9.68%；售电量84.00亿千瓦时，同比增长9.62%；最高用电负荷152.15万千瓦，同比上升8.16%；综合线损率3.07%；城、农网供电可靠性分别为99.97%和99.91%，电压合格率99.98%。

2018年，诸暨市供电最高负荷140.648万千瓦，出现时间为7月21日10时44分。全社会用电量90.36亿千瓦时，同比增长10.16%，其中第一产业用电量0.31亿千瓦时，第二产业用电量69.21亿千瓦时，第三产业用电量9.98亿千瓦时，同比分别增长1.31%、9.84%和9.42%；城乡居民用电量10.86亿千瓦时，同比增长13.21%。

2018年，公司获评浙江省电力公司对标工作、运营监测、品牌建设和营销工作等先进单位及省电力行业管理创新优秀组织单位。公司团委获浙江省“五四”红旗团委称号；浬浦供电所在全国安康杯竞赛中获评优胜班组，璜山供电所获得国网一流班组（工人先锋号）、省公司首批精品典型示范班组荣誉；调控运行班获评国网先进班组，变电运维二班获评省公司五星级班组。

【电力设施】**电网**　至2018年底，诸暨电网有500千伏变电所2座，变电容量450万千伏安；220千伏变电所8座，变电容量342万千伏安；110千伏变电所34座，变电容量324.9万千伏安；35千伏变电所12座（不包含临时变，临时变为：化机、枫钢、斯宅、城东临时变），变电容量31.4万千伏安。220千伏输电线路33条（含用户，下同），总长559.79千米。110千伏变电所36座（含友谊用户变），110千伏主变71台，容量330.95万千伏安；110千伏线路63条（含用户），总长度595.63千米。35千伏变电所44座（含用户），主变压器101台（含用户），容量71.88万千伏安；35千伏线路66条（含用户），总长度528.041千米。10千伏变压器15105台，总容量524.21万千伏安；10千伏开关站243座、双电源高配客户118个；10千伏线路684条，总长度5092.08千米。低压线路8003.22千米。

电厂　至2018年底，诸暨市共有火力发电厂1座，装机容量74兆瓦，比上年减少19.57%，年发电量3.46亿千瓦时，比上年增长33.23%；水电站45座，装机总容量29.9兆瓦，年发电量0.26亿千瓦时，比上年增长1.82%。

余热发电和垃圾焚烧电厂　2018年，全市有4家余热发电企业（详见下表）和1家垃圾焚烧电厂。

2018年诸暨市余热发电企业发电情况一览

表9

企业名称	投产时间	装机容量（千瓦）	年发电量（万千瓦时）	最高发电负荷（千瓦）	出现时间	节能减排情况
浙江云石水泥有限公司	2009年1月	4500	—	—	—	节标煤/吨，二氧化碳减排/吨，产能指标出让
诸暨水泥有限公司	2008年8月	4500	2476.3	4339	12月22日15时	节标煤吨8667，二氧化碳减排19810吨
浙江诸暨八方水泥有限责任公司	2009年8月	4500	—	—	—	节标煤/吨，二氧化碳减排/吨，设备已拍卖
浙江上峰建材有限公司	2010年4月	4500	2289.2	4478	1月2日10时	节标煤8012吨，二氧化碳减排18314吨
合计	/	18000	4765.5	—	—	节标煤16679吨，二氧化碳减排38124吨

垃圾焚烧电厂为浙江诸暨八方热电有限责任公司。2018年，装机容量74兆瓦，发电量34202.1946万千瓦时，供热量179.99万吨，发电标煤耗194.6克/千瓦时，焚烧垃圾20.4592万吨。至2018年底共有供热管道80千米，用热客户134家。

水力发电　2018年，诸暨市共有500千瓦及以上电站20座，装机容量22.48兆瓦；500千瓦以下电站27座，装机容量7.42兆瓦。年总发电量2601.56万千瓦时，比上年增加46.52万千瓦时。

光伏发电　2018年，新增光伏并网1849户、发电容量4.85万千瓦。至2018年底，总计光伏发电并网5019户、发电容量18.86万千瓦。2018年全年发电量13242.75万千瓦时、上网电量7218.47万千瓦时。

【电网发展规划】主动对接政府发展战略，滚动修编诸暨市"十三五"电网发展规划，保障店口、次坞等乡镇重点园区项目用电。2019年1月启动"十四五"主网项目规划，全面摸排110千伏及以上变电站项目需求，制定35千伏变电站新建和退运计划。实施配网目标网架三年行动计划，2018年10月修订完成主城区和店口、大唐、草塔等发达重镇目标网架规划。

【电网建设和管理】2018年4月8日投运500千伏诸暨变、2018年6月16日投运220千伏红联变、2018年9月21日投运35千伏下塘临时变，2019年3月20日投运110千伏梁家变（正式命名鸿远变），2018年11月开工建设500千伏诸北变220千伏二期线路工程，2018年7月顺利实施220千伏富牌线、西戴线改造。以白塔变"两证"（土地证、不动产权证）补办为试点，规范报批手续、理顺报批流程，2018年6月在绍兴地区率先完成全部7个遗留变电站"两证"补办工作。

巩固政企联动建网和属地管理机制，成立业主项目部和10个供电所分部，构建"1+10"配网工程项目管理网络。2018年7月全面完成小城镇环境综合整治电力配套工程；2018年8月改造枫桥镇绍大线沿线电力线路，2018年10月建成"红色枫源"精品台区带和31个精品台区。

【安全用电】推进城乡居民安全用电工程，2018年共完成暨阳街道安家湖村、店口镇南联村和东白湖镇新上泉村老旧配电设施改造，指导各镇村调换漏电保护器20万只。合理安排电网运行方式，全年发布电网风险预警91起，编制事故预案166份。推进"调控云"平台数据模型建设，开展省地县继电保护一体化整定计算应用，2018年9月完成电网"三道防线"（第一道防线：快速可靠的继电保护、有效的预防性控制措施，确保电网在发生常见的单一故障时保持电网稳定运行和电网的正常供电。第二道防线：采用稳定控制装置及切机、切负荷等紧急控制措施，确保电网在发生概率较低的严重故障时能继续保持稳定运行。第三道防线：设置失步解列、频率及电压紧急控制装置，当电网遇到概率很低的多重严重事故而稳定破坏时，依靠这些装置防止事故扩大、防止大面积停电）专项核查和并网电厂二次安防督查。6月，提前分流整治重载线路6条、公变27台，改造山区10千伏线路38段；排查治理网络安全隐患，完成"护网2018"攻防演习。

【用电服务】推进大客户直接交易，降低企业电费成本。实施"互联网+智慧能源"服务新起点计划，线上办电率达90%以上。6月，与五泄风景区签订"全电景区"（指通过实施"电能替代"提高景区电气化水平，将传统景区内的燃煤锅炉、农家柴灶、燃油公交、传统码头改等改造为电供能，实现电能在终端能源深度覆盖的旅游景区）合作框架协议；11月，建成投运浣东初中、永昌停车场、高湖东路停车场等3个电动汽车充电站。推广属地"一站式"

▲4月8日，经过24小时试运行，浙江省首个调度远方顺控操作的500千伏智能变电站——诸暨变电站正式投运　（郭斌　王列刚　摄）

服务，累计并网光伏项目 4870 个、容量 14 万千瓦。升级路灯监控系统，完成 7000 盏 LED 灯改造，全市亮灯率保持在 99.5% 以上。枫桥营业厅实现“三型一化”（指智能型、市场型、体验型、线上线下一体化）新型实体营业厅转型升级。

（季亚飞）

燃气供气用气

【瓶装石油液化气】全市共有液化石油气储配企业 11 家，总储罐规模为 4200 立方米，总用户数约 25 万户，实名登记率 100%；在用钢瓶数 40 万只，信息化监管比例 99.8%。全市液化石油气储配站分布和规模详见下表：

【管道天然气】诸暨市管输气气源为省级管网天然气，有 2 个管输气气源点：“西二线”的诸暨分输站（接入草塔门站）和“杭甬支线”的临浦阀室（萧山区临浦镇，接入店口门站）。全市共有管道天然气企业 2 家，分别为诸暨市天然气有限公司、诸暨余达燃气有限公司，其中，诸暨市天然气有限公司共有高压管线 6.5 千米，管径 815；次高压管线 35 千米；中压管线 708 千米；低压管线 474 千米。场站 7 座，其中已投入使用场站 4 座，分别为城东应急站、草塔城市门站、次坞站、山下湖站；在建场站 3 座，分别为大唐调峰站、枫桥、牌头站。工业公建用户 1682 户，民用用户 12.8 万户，年供气量 19700 万方。诸暨余达燃气有限公司共有次高压管线 17 千米，管径 219；中压管线 98 千米，管径 89-315；低压管线 25 千米，管径 25-200；店口门站 1 座，其中工业用户近 200 户，民用户约 6800 户，2018 年供气量约 7100 万立方米。

【天然气汽车加气站】市交通运输局下属交投公司有天然气汽车加气站 2 座，分别为天天 CNG 加气站（位于环城东路天天加油站）和城东公交加气站（位于安平东路与环城南路交叉口，交投集团停车场内）。全市有 270 辆天然气出租车和 137 辆天然气公交车，汽车天然气年用气量约为 500 万方。

（黄海龙）

供油

【概况】2018 年，全市共有 63 个加油站（其中 3 家歇业），正常营业为 60 家，分布在 23 个街道镇乡，全年汽油销售 24.45 万吨，柴油销售 9.02 万吨。

【新建加油站】2018 年，全市在建加油站 3 个，王家井镇千秋桥加油站预计 2019 年建成，大学城加油站工程建设过半，东和加油站立项审批。

【加油站日常监管】2018 年，共检查加油站 208 座次，督查加油站双层罐改造现场 18 次。全年

诸暨市液化石油气储配站分布和规模

表 10

序号	站名（位置）	储罐规模（立方米）
1	浙江海越股份有限公司（市区）	2200
2	诸暨市浙石液化气有限公司（草塔）	400
3	浙江省诸暨市湄池液化气有限公司（湄池）	200
4	诸暨市天兴液化气有限公司（浬浦）	200
5	诸暨市余达燃气有限公司（店口）	200
6	诸暨市南光燃气有限公司（牌头）	300
7	诸暨佳乐燃气有限公司（次坞）	100
8	诸暨市枫桥煤气有限公司（枫桥）	100
9	诸暨市应店街煤气站（应店街）	100
10	诸暨市赵家液化石油气储配站（赵家）	100
11	诸暨市直埠新桥液化石油气储配站（直埠）	100
合计		4200

共指导天天加油站等20个散装汽油销售点推广使用“人证识别”系统，实名登记销售散装汽油。

新能源

【概况】制订2018年节能降耗方案，加强对重点用能企业跟踪监测。实施清洁生产、绿色集成和节能节水项目，不折不扣落实省市能资双控目标［能耗增量控制目标（万吨标准煤）和能耗强度降低（万元产值能耗）目标］任务。全年全市上报跟踪节能与工业循环经济项目5个，累计并购发电光伏装机容量达到150兆瓦，2018年完成48兆瓦装机容量。（侯基行）

供水

【概况】2018年度，全市用水量7860.9万吨，供水量9368.89万吨，日均供水量达25.68万吨。全年新增用户27680户，同比增长7.88%，其中居民用户新增28360户，同比增长8.72%；非居民用户新增412户，同比增长0.016%。供水区域涉及26个镇乡街道、1039个自然村（含39个正在实施或已申报实施的自然村），受益人口101.2万人（含外来人口），共有抄表用户38万户，供水面积1630多平方千米。

全年水费收入1.86亿元。完成污水输送6838万吨，同比增长5.46%；自备水企业污水处理费收入1592.51万元，自备水水资源费收入216.31万元，代收污水费1.35亿元，上交税费1788万元。

【水质检测】全年8个水厂原水和出厂水总计检测4900项次，出厂水9项合格率为100%；全市66个管网样点总计检测16000余项次，管网水7项合格率为99.9%。两项指标均达标。

按照《地表水环境质量标准》（GB3838—2002）规定的Ⅱ类标准，对出厂水、原水及管网末梢水进行常规项目检测并及时出具报告，总计检测11600余项次，出具报告120余份，出厂水37项合格率为100%，管网水37项合格率为100%，原水所检结果除总氮指标超过Ⅱ类外，其他检测指标均符合《地表水环境质量标准》规定的Ⅱ类标准。

依据《地表水环境质量标准》（GB3838—2002），对7个饮用水源（东白湖水库、石壁水库、青山水库、幸福水库、里石坞水库、金家湾水库、征天水库）36个样品进行29个项目的检测，总计检测1500项次。检测结果显示，7个饮用水源水质除总氮指标超Ⅱ类外，其他检测指标均符合《地表水环境质量标准》规定的Ⅱ类标准。

【污水治理设施运维】完成陈蔡水库、石壁水库、青山水库、上游水库等水源地保护区范围内23个农村生活污水治理设施提标改造，出水按农村生活排放一级标准要求。结合“截污纳管”“雨污分流”等工程建设，更换破损污水窨井盖150多只，开挖修复污水井座80多处，查找抬高污水井座40多处，管道非开挖修复20多处、疏通清淤检测污水管道2万多米，处理解释热线投诉单100多件。10月底前，完成对商贸城、城东管委会和城西开发委多条道路污水管道CCTV检测（管道闭路电视检测系统）。

【工程建设】全年累计完成工程任务单1075件，安装DN100管径以下管道64.19万米，DN100管径以上19.96万米，新立各类口径水表2.85万只，实现新增用户2.66万个。10月，总投资5.7亿元（一期投资达4.7亿元）的浣东再生水厂顺利投产；11月，总投资10.2亿元的城北水厂及城乡供水管网配套工程进入联动调试阶段。

【资产整合重组】8月24日上午，诸暨市水务集团有限公司资产整合重组挂牌仪式举行。10月18日，国资委正式发布《关于将部分国有资产划转有关事项的通知》（诸国资委〔2018〕67号），明确将原诸暨市水利投资发展有限公司(以下简称“水投公司”)、原诸暨市永宁水利投资发展有限公司(以下简称“永宁水投公司”）100%股权无偿划转至水务集团，将水利水电局所属大砚石电业公司（以下简称“大砚石公司”）100%股权无偿划转至水投公司；将人民中路249号、艮塔东路23号两处房产无偿划转至水投公司。经审计，大砚石电业公司总资产341.89万元（其中货币资金176.84万元，固定资产净值158.25万元），负债2310.54元，净资产近341.66万元。截至2018年底，通过整合重组，水务集团资产总额从29.7亿元增加到79.6亿元。

【全国首单新三板挂牌企业供水收费权资产证券化项目】11月14日，由诸暨市水务集团有限公司牵头发起的“浣江水务供水收费权ABS（资产支持证券）专项计划”在上交所发行成功，该项目是全国首单新三板挂牌企业供水收费权资产证券化项目，也是浙江省首单AAA级供水收费权类资产证券化项目。该项目募集资金7.04亿元，为诸暨市企业拓宽融资渠道、减低融资成本、盘活存量资产开拓了新的渠道。

【供水服务】全面推广微信缴费、银行代扣、支付宝平台缴费等非柜台缴费方式。全年接收用户各类申请共 3109 份，收费 2624 份计 1.21 亿元。开展供水服务“进社区、进企业、进农村”活动。20 支供水服务小分队分别开展服务活动，全年上门服务 100 多次，发放用水知识册 1200 余份。健全用户舆情反馈机制，96390 供水服务热线全年共计接听电话 59336 个，拨出电话 14409 个，完成用户舆情处置 12615 件，用户满意率达 99.98%。（蒲　狄）

商贸流通

概述

2018年，全市第三产业实现增加值574.17亿元，增长5.9%，占GDP比重46.9%，较上年提高2.8个百分点；实现社会消费品零售总额350.99亿元，同比增长10.4%；第三产业完成500万元及以上固定资产投资332.02亿元，三产投资比重达65.7%。

商品市场交易

【概况】2018年，全市有商品市场85家，其中消费品市场77家，生产资料市场7家，生产要素市场1家；全市有网上交易市场5家。商品市场成交总额535.06亿元，比上年增长2.43%，其中消费品市场成交额405.5亿元，生产资料市场成交额129.56亿元。成交额超亿元的商品市场有20家，超20亿元的有6家，其中浙江大唐轻纺袜业城、诸暨华东国际珠宝城、诸暨华东汽配水暖城成交额均超100亿元。2018年，全市网络交易市场成交额近4.91亿元。 （宣 峰）

供销合作

【概况】2018年，诸暨市供销合作总社（以下简称“市供销社”）全系统实现销售总额62.9亿元，同比增长10%；实现利润总额1.27亿元，同比增长10.2%。全年实现农资销售金额8814万元，同比增长5.8%。市供销社获绍兴市级2018年度综合业绩考评优秀奖。

【“农合联”理事会人事调整】1月24日，召开诸暨市农民合作经济组织联合会（以下简称“农合联”）第一届理事会第二次全体（扩大）会议，选举诸暨市人民政府副市长董光辉为新任理事长，选举诸暨市供销合作总社主任边云峰为新任常务副理事长，并调整、增补部分理事。聘任边云峰为新的诸暨市“农合联”执委会主任（“农合联”依托诸暨市供销合作总社机关组建，一套工作机构两块牌子）。

【农业农民资金扶持】用好提升发展现代农业相关政策，争取资金扶持。安排30万元用于培育新型农业经营主体；安排190万元用于组织各类农产品营销节会；安排300万元用于农民素质提升工程。

【合作社管理】2018年7月，会同诸暨市市场监督管理局等部门，将全市255家“休眠社”“空壳社”列入经营异常名录。同时，开展农民专业合作社星级评定工作（分为三个星级，一星对应市级、二星对应省级、三星对应国家级）。2018年，全市新增国家级专业合作社1家（诸暨市绿剑茶业专业合作社），新增市级专业合作社16家。

【农民培训】实施订单培训、定向培训和定点培训，2018年培训农民超过20000人次，其中乡风文明巡讲教育55期，培训17500人次；实用人才培训共52期，培训人数超过2600人。同时还组织250位学员参加省级、绍兴市级培训。

【农产品供销服务】1月26—29日，在新农都农产品批发市场举办“首届诸暨市特色农产品博览会暨新农都2018年货节”，邀请142家市内外企业参展。4月14日，在城市馆广场举办2018年诸暨市茶博会暨首届斗茶大赛。同时组织企业参加中国国际茶博会、浙江农商对接大会、中国食品博览会等省内外知名展示展销活动等大小节会超过15场，参展企业超过200家次，完成现场销售1000余万元。

【首次十佳“诸暨好茶叶”评选】4月13日，市供销社会同市农林局组织首次十佳“诸暨好茶叶”评选活动，获评“诸暨好茶叶”的分别为：红茶类2家，浙江省诸暨绿剑茶业有限公司的绿剑古越红茶，诸暨市东溪小祥茶叶专业合作社的翠尖红茶；龙井茶类2家，诸暨市直埠圣友茶果场的坑坞山龙井，诸暨市立民茶叶专业合作社的白笕龙井；针形茶类2家，诸暨市云剑茶业有限公司的云剑茶，浙江省诸暨绿剑茶业有限公司的绿剑茶；烘炒类名优绿茶4家，诸暨市东白湖镇龙门顶茶业专业合作社的龙门顶石笕，诸暨市东珍生态农业有限公司的东珍黄金茶，诸暨市陈宅金伟红家庭农场的钟海祥野生茶，诸暨市闲农茶叶专业合作社的笔尖香芽。

▲ 首次十佳“诸暨好茶叶”评选活动中，33个来自市内茶叶企业、专业合作社、家庭农场的新茶品种在香榧博物馆参加角逐。省级茶叶专家组成专家组根据外形、汤汁、香气、滋味等综合指标，评出十佳“诸暨好茶叶”

（骆少华 斯海燕 摄）

【农企信用担保服务】全年为本地区42家农业企业和农户提供3827万元贷款。以下属诸暨市农业融资担保有限公司为金融服务平台，全年为全市8家农业龙头企业及家庭农场担保资金1420万元。2018年10月，首次为青年农创客金志鹏成立的诸暨市绿创农业开发有限公司办理50万元融资担保业务。（蔡文珑）

粮油购销

【概况】2018年，市粮食局系统以保障区域性粮食安全为主线，抓储备、筑基础，抓市场、稳粮价，抓生产、保供给，抓质量、保安全，在绍兴市粮食安全责任制专项考核中，连续10年（《诸暨年鉴（2018）》中误记为连续11年）被评为优胜单位。

【粮食安全责任制考核】严格执行粮食安全行政首长责任制，确保粮食播种面积、粮食总产量和粮食生产能力等考核指标全面落实。加强粮食市场的监测预警工作，合理布局粮情监测点，及时分析、掌握粮食市场的动态情况，每年2次检查全市10家粮情监测点。落实粮食应急保障体系，完善粮食应急加工、应急供应工作，每年2次检查全市3家粮食应急加工点、31家粮食应急供应点。

【粮食轮换和收购】2018年，完成市级下达的储备粮油轮换计划共计28080吨，其中小麦5000吨、早籼谷10080吨、晚粳谷13000吨。国有粮食收储公司全年粮油销售收入1.04亿元，资金回笼率100%，实现利润15.0万元，年末库贷比例为100%。全年收购采购各类粮食32021吨，加工稻谷4740吨。

【“为民惠民”服务】继续实行小麦、早晚稻最低收购价，小麦、早籼谷和晚粳谷的最低收购价格分别为每50千克115元（中等质量，下同）、123元和133元。继续实行订单粮食奖励政策，小麦、早籼谷的奖励标准为每50千克（下同）30元，晚粳谷为20元。完成市内粮农粮食种植意向和订单意向调查工作，共计调查种粮大户394户。继续开展“五送”（送订单、送定金、送政策、送科技、送信息）活动，发放早稻预购定金45户计款403万元；累计与702户种粮大户签订粮食订单28251吨，其中小麦订单139户计2885吨，早稻订单248户计12366吨，晚稻订单315户计13000吨。免费提供19台烘干机为农户烘干小麦、早籼谷和晚粳谷共计4643吨。开展粮食收购满意度调查，售粮农户收购满意率达100%。（骆坚钜）

专卖专营

【烟草专卖】概况 2018年实现卷烟销量4.79万箱，同比增长2.02%；单箱销售额4.70万元，同比增长4.53%；销售额22.49亿元，同比增长6.64%；税利6.59亿元，同比增长5.63%。2018年，诸暨市烟草专卖局（分公司）在绍兴全市行业工作业绩考核中连续第十二年获得第一。

卷烟销售和零售终端等建设 卷烟动销基本平稳，三四类烟（三类烟：不含税调拨价为30元<含>-70元/条；四类烟：不含税调拨价为16.5元<含>-30元/条）库存下降，主销规格（指某价位主要销售的规格，就诸暨而言，三四类烟的主要规格有沪双喜、老版红雄狮、紫云烟、红南京和红白沙等）市场价均高于上年同期。全年累计完成17家新零售（全场景改造、全渠道整合、全品类管理、全生态服务）样板店建设，至年底，全市共建成卷烟新零售终端65家。同时完成2条卷烟零售终端示范街、3个示范点、1个示范区和1个吸烟室、4个吸烟亭、

▲2018年9月，全市首家卷烟新零售终端“福田烟酒”在福田花园建成 （市烟草专卖局供图）

55个吸烟柱建设。

卷烟市场监管 2018年查获违法经营案件239起，同比增加59.33%；查获各类违法卷烟31961.4条，同比增加22.27%；查获卷烟案值396.50万元。其中假冒烟案件125起，假冒烟2915.5条，同比增加661.43%，标值80.55万元；走私烟案件20起，走私烟3027.8条，同比增加1152.71%，标值56.42万元。查处案值5—10万元案件11起，10—50万元案件5起；移送市场监督管理局案件12起，移送公安机关追刑案件8起，刑事拘留13人，逮捕7人，判刑9人。外流省外卷烟324条，同比下降44.04%。成功破获诸暨市“2017年3·8”和“2018年1·11”2起互联网销售走私烟网络案，涉案金额分别达650余万元和500多万元。

企业基础管理 2018年企业四项重点费用（业务招待费、会议费、行政专卖车辆运行费、福利费）331.85万元，同比下降0.29%。“两周一送”客户面扩至13%，原运行的14条送货线路精减为13条。在绍兴烟草系统的创新优秀成果评比中，2个QC项目获三等奖，小改小革项目1个获一等奖、1个获二等奖、5个获三等奖。创建成为诸暨市第一批党建工作示范单位，参加诸暨市党建示范点创建成果展示交流会，80多家单位前来参观学习。（秦珠芳）

【食盐专营】概况 2018年，诸暨市盐业有限公司共购入盐产品8776吨，其中小包装口食盐3493吨，同比减少1462吨；食品加工用盐2677吨，同比减少388吨；工业盐1146吨，同比增加994吨。销售各类盐产品8280吨，同比减少456吨，其中小包装口食盐3837吨，同比减少991吨；食品加工用盐2863吨，同比增加69吨；工业盐1497吨，同比增加468吨。销售元明粉3235吨；纯碱797吨，同比增加10吨。实现销售收入2283万元，同比减少314万元；利润总额136万元，同比增加46万元。

盐业体制改革 2月11日，诸暨市人民政府印发由市盐务管理局拟稿的《诸暨市人民政府关于印发诸暨市盐业体制改革实施方案的通知》（诸政发〔2018〕5号），要求6月底前基本建立新的食盐专业化监管体制并有效运行，过渡期内，保留市盐务管理局机构，继续开展盐业市场特别是食盐市场的监管。3月，市机构编制委员会印发《诸暨市机构编制委员会关于市级部门盐业管理有关职责分工的意见》（诸编〔2018〕23号）。6月，市人民政府办公室发出关于延长诸暨市盐业体制改革职能交接期的通知，原则上全市盐业体制改革职能交接工作延期至2019年3月底前完成。9月，参加盐业体制改革工作协调会议，协同做好稳定盐业市场的工作。以盐务管理局首例行政复议案件为契机，组织全体盐政执法人员学习讨论。

业务经营 扩大B、C类中小超市直接配送范围。盐政下乡检查与精品盐宣传推广相结合，推广销售各类精品盐近100吨。合理布局“500g”餐饮用盐上市，有效抵挡外地低价盐冲销。4月与81家经营户签订“食盐市场安全保供协议”。5—6月，与77家乡镇中小超市签订排他性“食盐保供协议”，给予年终3—6%的返利。全年无一家签约经营户销售外盐。重视连锁超市工作，与3家本土超市签订供货合同，节日促销澳洲海盐，丰富盐产品。大力开展终端直配，全市共增加直送客户500多家，配送盐产品700多吨（不含签约的中小超市）。

盐政联合执法 春节期间，联合经信局、市场监管局开展食盐市场联合执法检查。联合市场监管局开展农贸市场、新农都专项市场检查。3月，与经信局、市场监管局组成联合执法组，共计检查近200家企业、超市、农贸市场及零售商店，检查内容为制盐企业以分公司名义虚构用工合同和零售终端从邻近市场无批发资质单位购进食盐情况，检查重点为食盐零售网点，特别是新农都、农贸市场、生产用盐集中地区、周边地区、新开的零售商店及长期不进货或大幅度下降的经营户。国庆节前，联合经信局、市场监管局、公安局组成盐业管理联合执法检查组，共计出动执法人员72人次，检查食盐经营、销售单位300余家。全年共出动检查780

人次，检查生产和经营单位 7150 家，查处盐业违法案件 2 起，查获各类盐产品 12.5 吨。

盐改宣传 全年向经营户发放食盐专营“告知书”1700 多份。5 月 15 日，配合卫生和计划生育局疾病防控中心、市场监管局、经济和信息化局在城区大超市门口，开展全国第 25 届防治碘缺乏病日宣传，当天发放宣传资料 500 余份，解答市民疑问 100 余人次。

“抢占市场”专项行动 11 月 21 日至 12 月 31 日，开展全市盐业市场“抢占市场”专项行动走访，共计出动 192 人次，检查走访食盐零售终端 2116 家，宣传盐改政策，纠正违法行为。

（周信忠）

招商引资

【**概况**】2018 年，全市共引进市外境内资金 109.4 亿元；实到外资 3.0 亿美元；引进投资额 10 亿元以上的项目 13 个。外资引进取得突破，引进了诸暨市历史上外资规模最大的商贸综合体项目——宝龙商业广场。

【**诸暨迄今规模最大的外资商贸综合体项目——宝龙商业广场**】项目位于城西开发区，系由杭州宝拓企业管理有限公司和宝龙地产（香港）控股有限公司投资 2.2 亿美元的商贸综合体项目，是诸暨市迄今为止规模最大的外资商贸综合体项目，总用地面积 166.6 亩，总建筑面积 25.54 万平方米，其中住宅占地面积 57659 平方米，商业占地面积 53140 平方米。商业综合体计划于 2021 年 6 月 30 日前整体开业，预计年产值近 8.36 亿元，项目的落地能够进一步加快城西商务区建设、促进经济开发区产城融合。

【**招商选资竞赛**】开展招商选资竞赛活动，引进符合招商竞赛要求的产业项目 93 个（工业项目 56 个，服务业项目 22 个，农业项目 11 个，人才项目 4 个），总投资 385.86 亿元，其中引进投资额 10 亿元以上的项目 13 个。全年引进生产性服务业项目 143 个。

电子商务

【**概况**】2018 年，全市网络零售额 148.5 亿元，同比增长 26%，占绍兴地区的 27.7%，总量稳居绍兴地区第一。2018 年，开展浙江省电子商务创新发展试点工作，时间三年，推进山下湖珍珠产业跨境电商基地和网络直播基地建设。11 月 30 日珍珠节开幕式上，百名网红进珍珠小镇开展现场直播。2018 年，引进杭州三果科技、杭州企拓等市外跨境电商服务商。24 个村被评为中国淘宝村，大唐、草塔、山下湖被评为淘宝镇，淘宝村数量占绍兴地区总量的 85.7%。全年累计快递业务量超过 2.4 亿件，同比增长 42.0%。

▲10 月 31 日，应店街镇紫阆村五泄源紫阆特产经营户的工作人员趁着晴好天气赶制传统番薯干。该经营户的番薯干通过微信等网络渠道，远销上海、河南、河北、陕西等地，平均每天可销售 15 千克左右 （蒋力奔 何 渊 摄）

仓储物流

【**概况**】境内公路总里程 2735 千米。2018 年，全市累计完成公路客运量 388.6 万人次，同比增长 13.6%；完成公路货运量 2327.1 万吨，同比增长 3.8%；水运货运量 493 万吨，同比增长 2.9%。全市工商登记在册的交通运输、仓储和邮政业企业共 2029 家。

（张 薇）

尝试新销售模式的山下湖珍珠

▲11 月 30 日，第十一届中国（国际）珍珠节暨首届山下湖珠宝展在山下湖华东国际珠宝城开幕。开幕式上，百名网红、抖音达人通过网络直播推介珍珠小镇和珍珠产品　　（周升蓉 摄）

诸暨市山下湖淡水珍珠年产量占全国近 80%，已初步形成以珍珠商贸、珍珠创意设计、珍珠文化旅游、珍珠生物医药为核心的现代产业集群。

11 月 30 日，在两年一届的“珍珠节”暨首届山下湖珠宝展开幕式当天，诸暨市特地邀请省内外百名知名网红达人为珠宝城珠农商户进行网络直播推介活动。当天，山下湖镇 1800 多个直播账号上传视频 15000 多个。

据了解，山下湖镇全镇直播阵容已经超过华东国际珠宝城商铺经营户数量。调查数据显示，包括直播在内，2018 年全镇线上交易额超过 240 亿元。

▲第十一届中国（国际）珍珠节暨首届山下湖珠宝展开幕式现场（徐德文 摄）

▶网红和抖音达人在直播珍珠产品　　（徐德文 摄）

▲参加首届山下湖珠宝展的客商正在珠宝城选购珍珠产品　　（徐德文 摄）

▲山下湖镇新桔城村的珍珠养殖水面（郦以念 摄）

▲山下湖镇新长乐村“90后”珠农向返乡学子现场展示网上卖珍珠　　（徐德文 摄）

▲珠宝城商户在向网红和抖音达人介绍珍珠产品　　（徐德文 摄）

商务服务

法律服务

【概况】2018年，全市律师事务所共办案件14886件，业务总量15477.64万元，同比增长14.87%；基层法律服务所办理各类案件3669件，业务总量1823.3万元，同比增加26.95%。法律服务人员参与市领导接访241人次，参与化解信访、调解案件70件；累计受理投诉12件，调查回复12件。

【参与出险企业重整重组】2018年，浙江浣纱、永大、振邦、越晖等律师事务所共参与处置僵尸企业22家，涉及金额6.81亿元，其中振邦所助力八达置业破产重整，八达·旺庄项目顺利复工。

【法律顾问工作】2018年，政府法律顾问为行政机关提供法治培训13次，参与市领导接访241人次，参与化解信访、调解案件70件，参与行政诉讼50件；企业法律顾问共走访企业1571家，为企业出具法律意见书、风险提示函627份，帮助企业解决法律问题957个，举行普法进商会活动35场，举办电商园区流动法律讲堂6场，新增企业法律顾问21家；农村法律顾问为村级集体决策提供建议341件，调解矛盾纠纷68件，办理诉讼案件89件，对村规民约进行合法性审查264次，无偿开展农村经济合同合法性审查192件。（何可晨）

公证服务

【概况】2018年，市公证处共办理各类公证案件5185件，其中民事公证3141件，经济公证345件，涉外公证1646件，涉港、澳、台公证53件，收费350.8168万元，办证量下降2.5%，收费增加1.8%。

【服务政府中心工作】2018年，市公证处为拆迁安置、宅基地置换、公租房等2858户3614套房屋的择房抽签提供免费公证服务，参与场次5次。做好农房发证扫尾工作，为农村房屋继承办理公证935件。

【服务企业发展】2018年，为企业融资和公司事务提供法律帮助，办理信托融资、质押、房产抵押和各类委托、声明、承诺、保证公证，其中办理股权转让合同公证1件，收费0.5875万元；抵押合同公证5件，收费3.28万元；开辟绿色通道，办理涉及企业信托融资合同、质押合同、赋予强制执行效力的债权文书、房产抵押合同等涉及企业融资公证业务标的超5010万元。

【个人业务类公证】2018年，共办理法定继承公证898件，收费202.2万元；办理放弃继承权声明506件，收费20.54万元；办理签名、印鉴类公证356件，收费17.05万元；办理委托公证160件，收费7.18万元；办理遗嘱公证8件，其中办理小额遗产继承公证136件，收费3258元。（何可晨）

会计服务

【概况】2018年，会计服务工作围绕继续教育、会计专业技术职称考试、专项重点培训、会计服务信息网建设等展开。会计人员继续教育在“互联网+”新业态下突出网上精细化培训模式；多渠道宣传考试报名信息，做好全国会计类专业技术资格考试报名工作。全年共举办3期财政支农惠农政策培训，实际受训500人。

【承办2018年浙江省全国珠心算大赛】2018年5月20日，浙江省全国珠心算大赛在西子宾馆举行，来自全国22支参赛队的288名选手参加此次大赛。大赛结束后，举行关于浙江国际“心算王”大赛研讨会。

税务服务

【概况】2018年，围绕优化税收营商环境、深化“最多跑一次”改革、提升纳税人满意度，调查不同行业且具有代表性的3440户纳税人的税收营商环境，了解纳税人对税收营商环境的评价。全年共开展2833户次“百名党员进千企 领导干部下基层”专项活动，通过片区企业走访、行业协会座谈、重点企业辅导等方式，集中解决纳税人办税难点。落实专人负责浙江财税“12366”热线和“96345”平台，及时处理纳税人和社会各界人士的来信咨询和来信投诉。

【“便民办税春风行动”】3月起组织开展“便民办税春风行动”，向窗口一线工作人员、部分纳税人代表征集网上办税系统应用情况、自助办税终端规范和使用情况、发票领用和代开等发票管理情况、窗口服务质量以及金税三期相关系统运行等方面的意见建议，提出针对性解决方案和优化措施。开展“问需求优服务”纳税人座谈、支持民营企业发展大调研大走访活动，向纳税人宣传讲解新个税等优惠政策，介绍税收营商环境及纳税信用体制，引导企业用足用好税收优惠政策，共计开展纳税人座谈会12场次，195位不同行业的纳税人代表参加。

【纳税信用等级评定】分阶段落实评价任务生成、评价数据确认、评价结果产生三项工作，全市参评纳税人国地税联合评价结果于4月在纳税信用管理系统生成。全市纳税信用国地税联评初评共评出纳税信用等级A级企业2078户，B级企业10114户，M级企业23952户，C级企业1827户，D级企业2274户，A级企业占比5.16%。

（屠丹阳）

价格认证

【涉案财物价格认定】2018年，价格认证中心高质量完成公安机关提请协助的各类刑事案件中涉案财物价格认定，共受理447件，认定金额3144万元；完成纪检监察机关提请协助的违纪案件2件，认定金额5.2万元；案件办结率均达100%。

【行政执法价格支持】全年共完成农林、国土等行政执法机关提请协助案件5件。对农林执法机关委托的林产品盗伐、毁损价格认证，国土资源部门委托的矿产品盗挖侵害国家利益行为的价格认证，中心注重积累第一手价格资料，掌握市场行情，及时对受理委托的案件出具价格认证结论。

（宣钴钢）

市场管理

▲大唐轻纺袜业城俯瞰（图片来源 诸暨日报社）

商品市场

【概况】2018年，全市有商品市场85家，其中消费品市场77家，生产资料市场7家，生产要素市场1家；全市有网上交易市场5家。

2018年度，市场管理重点围绕文明城市创建做好市场整治工作，加强市场整体常态化整改指导，完善市场考评和经营户管理。运用长效管理考评机制，巩固全市27个镇乡（街道）34家农贸市场规范化、常态化管理成效。开展省放心农贸市场和星级市场创建，改造提升乡村农贸市场。

【省级放心农贸市场创建】2018年，诸暨市朱公湖农贸市场、诸暨市街亭农贸市场、诸暨市牌头农贸市场、诸暨市璜山农贸市场、诸暨市直埠农贸市场5家市场成功创建成为省级放心农贸市场。

【省星级文明规范市场创建和复评】2018年成功创建省四星级市场2家（诸暨市城东农贸市场、诸暨市朱公湖农贸市场），三星级市场5家（诸暨市牌头农贸市场、诸暨市街亭农贸市场、诸暨市璜山农贸市场、诸暨市王家井联合农贸市场、诸暨市浬浦农贸市场），二星级市场3家（诸暨市五洩镇农贸市场、诸暨市陈蔡农贸市场、诸暨市安华农贸市场），一星级市场1家（诸暨市双桥农贸市场）。成功通过省市场监督管理局复评的有省五星级市场1家（诸暨市华东国际珠宝城），四星级市场5家（诸暨市兴达家居广场、诸暨市华东汽配水暖城、诸暨大唐袜业城、诸暨市枫桥农贸市场、诸暨市十里牌农贸市场），三星级市场5家（诸暨市湄池农贸市场、诸暨市赵家农贸市场、诸暨市草塔农贸市场、诸暨市大唐商业城农贸市场、诸暨市三都农贸市场），二星级市场5家（诸暨市农副产品批发市场、诸暨市国贸商城、诸暨市小商品市场、诸暨市水果批发市场、诸暨市应山农贸市场），一星级市场1家（诸暨市五泄镇农贸市场）。

【农贸市场改造和管理】2018年，全市共投入资金2913万元，新改造提升分布在10个镇乡街道的农贸市场11家，分别是诸暨市城东农贸市场、诸暨市朱公湖农贸市场、诸暨市牌头农贸市场、诸暨市街亭农贸市场、诸暨市璜山农贸市场、

▲牌头镇农贸市场一角 （蒋力奔 金凤鸣 摄）

诸暨市王家井联合农贸市场、诸暨市浬浦农贸市场、诸暨市五泄镇农贸市场、诸暨市陈蔡农贸市场、诸暨市安华农贸市场、诸暨市双桥农贸市场。通过突击检查等多种方式，落实“两月一督查一排名”考评机制；巩固全市27个镇乡（街道）34家农贸市场规范化、常态化长效管理，各镇乡年终排位考核，拓展第三方委托管理市场2家（陈蔡农贸市场。街亭农贸市场）。

【农资商品质量抽检】检查农资经营主体158户，检查农资商品180余批次，检查农具50余批次，发放宣传资料250份。 （宣 峰）

人才市场

【概况】诸暨市人才市场位于永昌路12号，占地面积2000多平方米，内设人才服务窗口5个、人才交流大厅1个，主要负责全市人力资源的规划统计、分析预测，管理协调人力资源流动与开发工作；发展、规范全市人力资源市场；负责全市大中专学校毕业生就业创业指导，办理派遣介绍手续；承办全市人事劳动保障事务代理的具体服务工作；开展人才、就业政策咨询，收集和发布职业供求信息和人力资源市场工资指导价位信息；办理求职登记、招聘登记、职业指导、职业介绍。

2018年，人才市场举办大型人才、人力资源招聘会5场，参会企业675家，提供岗位18702个，达成意向8654人。为全市退伍军人举办2次专场招聘会，共有55家企事业单位提供1117余个岗位。为全市残疾人举办1次专场招聘会，共有26家企事业单位提供200余个岗位。

【赴外招聘活动】2018年先后组织相关单位赴香港、杭州、昆明、北京、南宁、武汉、西安、厦门、福州、成都、南京、上海、乐山、长春、贵阳、南昌、长沙、哈尔滨、绍兴等地高校和人才市场开展招才引智活动。全年召开各种招聘会88次，参会企业1736家次，初步达成就业意向16572人次，其中博士28人、硕士816人。

人力资源市场

【概况】诸暨市人力资源市场成立于1997年，原为诸暨市劳动力市场，是全市全方位配置人力资源的综合性市场。市场建筑面积800平方米，主要从事就业政策咨询、人力资源交流、职业介绍、职业指导及公共就业信息发布等相关就业服务，是市区内实现人力资源供需双向交流的主要场所，同时为就业困难人员、大中专毕业生、农民工和外地民工提供就业机会。

▲3月9日，诸暨市2018年春季人力资源交流大会现场。此次交流大会共有263家用人单位进场纳才，提供就业岗位4791个，初步达成就业意向1973人次

（骆少华 钟元栋 摄）

市场内分公共职业介绍服务和民办职业介绍服务。公共职业介绍提供以举办各类招聘会、开展“周六人才集市”小型专场招聘、免费为企业提供招聘摊位、免费发布企业招工信息及对就业困难群体的就业援助为主要内容的公共服务；民办职业介绍为个体经营，按照市场统一管理制度开展有偿职业介绍服务。

2018年，有公共职介摊位20个，民办职介所6家。公共职介工作时间随时免费为企业提供设摊招聘，全年为1689家次企业提供招聘服务，提供岗位22787个，达成意向4775人；民办职介介绍成功6120名。

【小型招聘活动】2018年，共举办41场次小型招聘活动，为1689家次企业发布招工信息或提供设摊招工服务，共推出岗位22787余个，达成意向4775人。 （赵 暾）

文化市场

（见文化·文化管理与执法条目）

资本市场

【概况】截至2018年末，全市共有上市公司15家（其中国内A股上市13家、香港联交所H股上市1家、美国纳斯达克上市1家），新三板挂牌企业18家，省股交中心挂牌264家；有证券期货营业部16家。

【主体培育和资本运作】1—12月，全市新增股份公司57家，其中完成股改企业26家，IPO辅导报会企业1家，省股交中心挂牌74家。至12月末，全市新三板挂牌企业18家（1家摘牌），省股交中心挂牌企业264家；完成后备企业动态调整，明确后备企业205家。

【挂牌上市企业资本运作】1—12月，域内上市公司完成2000万元以上并购项目4个，涉及金额22.59亿元；完成再融资项目1个，涉及金额20.78亿元，完成单笔2000万元以上对外投资项目1起，涉及金额0.4亿元。12月末，全市新增直接融资134.73亿，其中银行间市场105.04亿元，债券市场4亿元，证券市场25.69亿元；新增间接融资2.16亿元，累计新增136.88亿元。

【股权投资和基金类企业】全力扶持股权投资类企业发展，全年累计新增股权投资、基金类企业90家，累计新增注册资本84.96亿元，至2018年底，全市股权投资、基金类企业落户累计达487家次。充分发挥产业基金引导作用，子基金总规模累计达到116.25亿元，其中政府基金认缴出资13.42亿元，撬动社会资本102.83亿元。（毛建萍 周娣）

对外及对港澳台经济合作

概述

2018年，累计进出口405.45亿元，同比增长20.2%，其中出口348.97亿元，同比增长14.2%；进口56.48亿元，同比增长78.9%。全市新批外资企业28家，累计总投资近5.05亿美元，同比下降43%；合同外资2.87亿美元余，同比下降57.8%；实到外资3.01亿美元余，同比增长5.3%。全市服务贸易进出口总额19.14亿元，同比增长7.2%，其中出口14.91亿元，同比增长10.04%；进口4.3亿元，同比下降1.72%。

对外及对港澳台贸易

【概况】2018年，全市新增进出口备案登记企业438家，累计达到3569家。有进出口实绩的企业1404家，其中2018年新开展进出口业务349家。

【主要出口商品和出口额】纺织服装及面料出口近172.47亿元，同比增长10.7%，占比49.4%，其中袜子出口86.52亿元余，同比增长10.5%，占比24.8%；提花布出口25.60亿元余，同比增长11.7%，占比7.3%；服装出口42.34亿元余，同比增长9.2%，占比12.1%。五金机电产品出口126.23亿元余，同比增长20.02%，占比36.2%，其中机电产品出口104.72元余，同比增长15.4%，占比30.0%；五金产品出口21.51亿元余，同比增长49.0%，占比6.2%。珍珠出口3.17亿元余，同比增长12.35%，占比0.9%。化工塑料制品出口21.26亿元余，同比增长29.37%，占比6.1%。鞋帽箱包家具产品出口14.58亿元余，同比增长2.82%，占比4.2%。

▲10月15日，意大利海外采购商在诸暨考察浙江西格玛服饰有限公司，并于当天向该公司下达8万件羽绒服订单（徐德文 摄）

【主要出口国家（地区）】进出口国家（地区）202个，同比增加3个。出口超1亿元的国家（地区）55个，同比增加8个。出口前三位的国家分别是美国、印度、俄罗斯，分别出口近67.61亿元、15.04亿元余、11.54亿元，增幅分别为8.37%、-13.04%和-3.43%。在15个主要出口国家和地区中，增幅排在前列的分别是印度尼西亚、泰国和日本，分别增长70.1%、35.4%和27.5%。

【国际市场开拓】全年组织参加境外展会123次，参加企业217家，摊位246个；组织境内展会11次，参加企业134个，摊位265个。组织企业参加首届上海进博会，诸暨支团采购单位共159家，报名参展人员共计381人。

【开放平台建设】2018年，建成海关监管场所（一期），11月28日，开通诸暨至宁波舟山港的海铁联运专线，打造“公铁水”多式联运中心。

对外招商及外资引进

【概况】2018年，全市新批外资企业28家，比上年同期减少36家。新批项目总投资平均规模达到1852万美元，比上年同期增加363万美元；合同外资平均规模达到1030万美元，比上年同期减少164万美元。全市累计总投资5.05亿美元，同比下降43%；合同外资2.87亿美元余，同比下降57.8%；实到外资3.01亿美元余，同比增长5.3%。至2018年底，全市现存外商投资企业472家。

境外投资和境外劳务承包

【境外投资】2018年，全市新批境外投资项目14个，同比增加7个，投资总额23373.2万美元，其中中方投资额23365.3万美元，同比增长48.8%。截至12月底，全市累计设立境外企业和机构308家，总投资额27.48亿美元，其中中方投资额24.8亿美元。

【境外劳务承包】2018年，全市完成境外承包劳务营业额3681万美元，同比下降28.6%。

涉外服务

【概况】帮扶企业应对中美贸易摩擦，成立中美经贸摩擦应对工作领导小组，多部门联动研讨中美贸易战对我市的影响。全年走访涉案企业超100家次，对涉案1000万美元以上的重点企业全覆盖走访，为企业应对贸易摩擦出谋划策。利用贸易摩擦应对工作群，建立日常沟通机制，确保企业及时获取最新的政策、信息和经验做法。组织企业参加省、绍兴市各类培训5次，参加培训800人次。

（张 薇）

旅游业

▲以湿地生态环境为主要内容的西施滩景观。西施滩传说为西施、郑旦与女伴浣纱后游憩之处（骆少华 摄）

概述

2018年，诸暨市旅游部门以争创省全域旅游示范市为抓手，扩大西施品牌影响力，建设旅游强市。全市共接待游客2475.18万人次，同比增长9.12%；实现旅游总收入257.82亿元，同比增长9.17%。至2018年底，全市共有A级景区12家，其中AAAA级景区4家，AAA级景区8家；共有星级酒店9家，其中五星级2家，四星级4家；旅行社总计37家。

旅游资源

【概况】诸暨是中国优秀旅游城市，到2018年底拥有A级以上旅游景区12家，国家级风景名胜区1处（浣江—五泄风景名胜区），国家级湿地公园1处（白塔湖国家湿地公园），全国重点文物保护单位1家（斯氏古民居建筑群），省级生态旅游区2个（东白湖生态旅游区、白塔湖国家湿地公园）。

旅游规划和项目建设

【旅游规划】诸暨市旅游部门于2018年底完成《诸暨市全域旅游总体规划》中期稿的编制工作，基本明确全市全域旅游的目标定位、发展方向、空间布局以及产品体系规划；同时制定《诸暨市全域旅游三年行动计划和实施方案》，从创新体制机制、规划、产品、旅游设施、旅游+、旅游市场主体、保障措施等方面，进一步明确全域旅游创建任务；2018年初制定《诸暨市2018年全域旅游行动计划》，明确2018年旅游工作任务、责任主体和时间节点。

【项目建设】坚持项目带动，牵头协调推动"云溪九里"等重点项目建设。督促指导省级旅游风情

2018年诸暨市A级旅游景区一览

表11

编　号	景区名称	等　级	评定时间	主管部门
1	五泄风景区	AAAA	2002年7月	诸暨市文旅集团
2	西施故里旅游区	AAAA	2009年1月	诸暨市文旅集团

续表 11

编　号	景区名称	等　级	评定时间	主管部门
3	华东国际珠宝城	AAAA	2009 年 10 月	山下湖镇人民政府
4	米果果小镇	AAAA	2017 年 6 月	山下湖镇人民政府
5	汤江岩风景区	AAA	2010 年 11 月	诸暨市文旅集团
6	千柱屋景区	AAA	2011 年 12 月	东白湖镇人民政府
7	裕昌号民间艺术馆	AAA	2014 年 9 月	东白湖镇人民政府
8	白塔湖国家湿地公园	AAA	2014 年 9 月	诸暨市文旅集团
9	诸暨市香榧森林公园	AAA	2015 年 1 月	赵家镇人民政府
10	诸暨国际商贸城	AAA	2015 年 12 月	诸暨商贸城建设管理委员会
11	斗岩风景区	AAA	2016 年 12 月	诸暨市文旅集团
12	大唐袜艺小镇	AAA	2017 年 12 月	大唐镇人民政府

▲枫桥镇杜黄新村　（郦以念　摄）

小镇及 A 级景区村争创。上半年赵家镇和山下湖被列为 2018 年省风情小镇创建镇，6 月同山镇被纳入第三批浙江省旅游风情小镇创建名单。继 14 个 AAA 景区村通过绍兴市验收后，督促指导新一批创建的 12 个 AAA 级景区村（店口镇侠父村、大唐镇柱嵩村、山下湖镇新长乐村和枫江村、阮市镇何家山头村、王家井镇新旭村、街亭镇周村村、东白湖镇陈蔡村、五泄镇五泄村、赵家镇泉畈村、东和乡十里坪村、枫桥镇杜黄新村）。推进重点景区提升扩建工程和“厕所革命”，全年建设旅游厕所 57 个。西施故里旅游区综合提升工程和西施殿景区扩建二期工程在年底完成设计。

市场营销

【概况】 2 月，市旅游局举办 2018 年西施故里过“童”年春节旅游活动，5 月举行了“陌上花开·西施无双”2018 诸暨春季旅游节活动，均以诸暨发布和浙江经视为主要宣传平台做好活动的推送和宣传。旅游 + 文化、旅游 + 生态、旅游 + 农业、旅游 + 工业等成为时尚，春风十里小镇、“天使之泪”珍珠创意工坊等新业态成为新的网红旅游景点。为开拓客源市场，12 月 27 日邀请全国 253 家旅行社来诸暨市开展“诸暨采线”活动。

【旅游产品推介活动】 3 月，组织参加“江南绝色 • 吴越经典——杭嘉湖绍新春旅游优惠月”活动。5 月，组织参加第十届中国国际旅游商品博览会和 2018 年“中国旅游日”惠民活动。6 月，组织参加绍兴市职工疗休养产品设计大赛（诸暨获个人第一、第二和团体第一），7 月，组织参加浙江省旅游商品大赛（诸暨“西施十美”之珍珠、同山烧等三件旅游商品获浙江省优秀旅游商品）。针对长三角重点客源市场上海、南京及省内杭州、湖州、宁波、衢州、温州等城市，7 月举行目的地旅游推介会，9 月参加了宁波国际旅游展、国际海岛旅游博览会等。9 月 25 日启动诸暨旅游走进杭州八大社区活动；11 月参加全省“诗画浙江·百县千碗”美食大赛；12 月举行诸暨市美食比赛等。

诸暨市旅游统计主要指标完成情况（一）

表 12

单位 \ 指标		入境游客（人次）	同比增减（+/-%）	国内游客（万人次）	同比增减（+/-%）
诸暨市	1—12 累计	10571	—	2474.12	9.73

诸暨市旅游统计主要指标完成情况（二）

表 13

单位 \ 指标		旅游外汇（万美元）	同比增减（+/-%）	国内旅游收入（亿元）	同比增减（+/-%）	旅游总人次（万人次）	同比增减（+/-%）	旅游总收入（亿元）	同比增减（+/-%）
诸暨市	1—12 月累计	339.98	—	257.59	10.17	2475.18	9.12	257.82	9.17

旅游接待

【概况】2018 年，全市共接待游客 2475.18 万人次，同比增长 9.12%；实现旅游总收入 257.82 亿元，同比增长 9.17%。

行业管理

【概况】2018 年，全市旅游行业开展旅游市场专项整治，印发“平安诸暨”建设倡议书 3000 份。在国家法定节假日开展旅游企业节日安全检查。6 月至 8 月，相继开展旅游市场秩序专项整治“利剑行动—1”和“利剑行动—2”活动；9 月开展旅游市场百日安全大整治工作。

【安全培训和演练】加强旅游安全宣传、培训和演练工作。制订下发《诸暨市旅游局 2018 年安全生产全员培训教育工作方案》，按方案相继开展全市 A 级旅游景区、星级旅游旅行社安全员全面培训。组织 4 次共 400 人次全市导游讲解员业务和安全培训。3 月，在旅游景区相继开展旅游安全主题宣传工作，发放旅游安全宣传资料 1500 份。同时，组织旅游企业参加绍兴旅委举办的各类旅游安全培训和安全消防演练。

【饭店、民宿和旅行社评级】2018 年，同方豪生大酒店、海亮商务酒店分别通过金叶级和银叶级绿色饭店复核工作；4 家旅行社被绍兴旅委评定为四星级旅行社（诸暨万达国际旅行社有限公司、浙江天天飞国际旅行社有限公司、诸暨中青旅旅游有限公司、浙江诸暨携手旅行社有限公司）。11 月，绍兴市诸暨市爱吾庐山庄民宿被评为浙江省金宿级民宿，诸暨市百源山房民宿被评为浙江省银宿级民宿，诸暨市湖山雅苑被评为绍兴市精品民宿。

【2018 中国（诸暨）旅行商大会】12 月 27 日，2018 中国（诸暨）旅行商大会在诸暨米果果小镇拉开帷幕。来自上海、江苏、安徽等国内各省市及省内优质旅行商，诸暨市旅行社协会、旅游企业代表及媒体等 600 余人出席了本次活动，共谋诸暨旅游发展大计，共商旅游合作机制，共建旅游共享平台。

【“好美诸暨”导游讲解员大赛】为提升全市导游讲解员形象，交流导游、讲解员经验，增强导游讲解员作为文化交流使者的作用，打响“好美诸暨 西施故里”旅游品牌，11 月在全市范围内组织开展导游、讲解员大赛。大赛由市旅游局、市乡村振兴暨“五星达标、3A 争创”领导小组办公室主办；诸暨市电视台承办。共产生一等奖 1 名、二等奖 2 名、三等奖 3 名、优秀奖 5 名。

乡村旅游

【概况】2018 年，市旅游局定制特色乡村旅

▲大唐镇柱峰村鸟瞰。拥有5000多亩山林的该村，利用良好的生态环境发展休闲采摘游，先后建起蔡氏庄园、莱蓝紫家庭农场，种植了杨梅、蓝莓、八月炸等水果

（骆少华 摄）

游线路。在研究清明、五一、端午、中秋、国庆等节假日旅游的消费特点和消费结构的基础上，先后推出赏花游、水果采摘游、五星AAA乡村游、避暑漂流、10条最美乡村自驾游、西施故里主题研学等旅游产品。

五泄旅游度假区

【概况】2018年，五泄旅游度假区以打造“旅游胜地大五泄”为目标，以提升景区环境品质、完善基础设施、引进旅游项目为重点，推进乡村休闲旅游，促进区域建设和旅游产业发展。五泄风景区全年共接待游客167.3万人次，同比增长5.89%；旅游收入9784.8万元，同比增长6.95%。全年未发生旅游安全事故和重大旅游投诉。五泄旅游度假区全年接待游客176.3万人，其中境外游客0.56万人；全年旅游收入12.33亿元。

【景区基础设施建设和维护】总投资140万元，用于完善景区的基建维修，完成检票口门台维修保养，按照三级化粪池标准改建售票处厕所；整修第二泄葡萄架，维修保养第四泄小卖部、东龙潭茶室、渔政管理房、景区弹子路；对瀑布群栏杆、西源记忆廊、螺丝湾脚竹亭和刘龙坪休息亭油漆进行养护。规范游船设施，完成五泄舫1、2、6、8、9、11号整改，五泄舫1、8、11号维修保养。

【水库管理】五泄水库维修加固工程初步设计于2018年5月17日经公开招标，由浙江省水利水电勘测设计院中标。初步设计（报批稿）2018年12月25日完成，上报绍兴市水利局审核批复。为保护水库渔业资源，构建健康生态水体环境，五泄水库水产养殖不再承包经营，同时放养一批鱼苗以丰富生态体系。全线渠道内外进行清理维修，增设安全警示标牌10块。做好水库大坝、管理房的白蚁防治工作。

【森林资源保护】投入30万元，2018年5月底完成林业厅下达500亩彩色森林改造项目并通过验收，项目包括森林抚育和彩色树种的种植，建设地点位于刘龙坪和洋月岭。防火道一年一度清理，消除火灾隐患。

【中华水韭发现和保护】2018年6月，五泄林场洋月岭地段发现珍稀保护植物——中华水韭，应诸暨市农林局及农林大学的要求和建议，对其实施围栏保护，基地面积约12亩，投资5万多元，于2018年9月底完成洋月岭中华水韭保护基地建设。

东白湖生态旅游区

【概况】2018年，东白湖生态旅游区坚持“保护第一”原则，把生态资源转化为旅游资源，把生态优势转化为经济优势。全年接待游客62.47万人。

【生态环境保护】会同东白湖镇政府、陈蔡水库管理局，加大绿色生态屏障建设力度，运用视频监控系统对东白山自然保护区实行实时监控。发放消防安全宣传资料达2万余份，全年无大的森林火灾。生态旅游区范围内景区实施全天候保洁。

【基础设施建设和维护】完善旅游基础设施，打造安全景区。推进望回山景区建设工程及其周边环境综合整治，凌空景区3条高压电力线移位改造。对山体两侧地质灾害危害区域进行整治；东白山、西岩龙潭、香榧公园（南园）等景点采取保洁、清理塌方、修复损坏护栏与重新油漆养护、修缮游步道和公共厕所、更换安全警示标识标牌等措施。

白塔湖国家湿地公园

【概况】2018年，白塔湖国家湿地公园以生态保护、生态宣教、生态旅游为工作重点，接待游客63598人次，实现旅游收入358.44万元，同比分别下降57.4%和6.24%。

【生态保护与修复】截至12月，木桩护岸2.9万余根。共投放鱼苗9.6万余尾，并开展畜禽和珍珠养殖业环境污染整治。重点开展2次渔业资源保护专项行动，收缴钓竿533根，瓶钓217付，渔丝32张，各类渔斗、渔袋、桶等411件，渔政处罚56人，派出所留置17人，拆除鸟网117张，查获排污点2处，报店口环保所处理；清理流转土地非法种植115亩，报森林公安查处1件。完成白塔湖5000多亩水域湖面保洁工作。

【生态旅游节庆活动】2月2日，组织开展“世界湿地日”宣传活动；3月开展“植树节”活动和春季桃花节活动；4月组织开展“走进白塔湖童诗朗诵会”，组织社会各界人士参与湿地绿化保护种植活动；9—10月，开展秋季百合节活动。

【环境和旅游基础设施建设】5月，完成香草岛花草种植造型；8月初步完成樱花岛芦苇荡的游步道造型，自建拱形桥一座；9月，完成元宝爿团建活动场地平整的工作；10月，新增船员休息室一间、码头值班室一间；12月，完成金家站下金入口处排水沟改造和游客服务中心屋后环境改造。

（段宇晶）

国家香榧森林公园

【概况】诸暨香榧森林公园2004年由浙江省人民政府批准为省级香榧森林公园，2009年12月15日，国家林业局正式批准诸暨香榧森林公园为国家级森林公园。公园核心区位于赵家镇。赵家镇古树香榧年产量占全国香榧总产量的60%以上，是香榧集聚地，也是中国唯一的原生态香榧自然保护区。园区总面积约3万亩，拥有香榧古树群126个，其中香榧古树树龄在百年以上的有3.7万株，500年以上的有2.5万株，1000年以上的有2700株，是世界上一家香榧自然保护区和国家香榧森林公园。

园内的“香榧王”距今已有1360多年历史，被誉为“千年活文物”。树高18米，胸围9.26米，树冠覆盖0.85亩，年产鲜蒲600千克，曾在2007年以“个体最奇特”入选 “浙江农业吉尼斯最古老的香榧树”，2018年获选“中国最美古树”。

【环会稽山香榧森林公园道路建设】国家香榧森林公园是一个集旅游观光休闲、度假疗养等多种功能为一体的综合性森林公园。2018年，投资1.5亿元的环会稽山香榧森林公园道路诸暨段基本建成。该道路涉及柯桥、诸暨、嵊州三地，穿过诸暨香榧森林公园、绍兴市千年香榧省级公园、嵊州谷来香榧省级森林公园以及吕岙香榧文化博物馆，总长约80千米。

【农家乐特色村打造】2018年，赵家镇发挥地处国家香榧森林公园核心区的优势，全力打造农家乐特色村。至2018年底，全镇有省级农家乐特色村3个（东庄、东溪、宣家山），绍兴市农家乐特色村2个（榧王、泉畈）。全镇有农家乐经营户35户，床位880个，餐位1650个，年接待游客50余万人次，旅游产值超亿元。

（丁宇君）

▲东白湖鸟瞰（无人机拍摄 徐德文 摄）

城乡建设与管理

概述

2018年，建设局以“大调研大走访大服务”专项活动为抓手，全力打好小城镇环境综合整治突破战，推动镇乡（街道）环境质量全面改善；全面完成“枫桥经验”55周年纪念活动相关项目建设；推动“三大革命”（厕所革命、垃圾革命、污水革命）办好群众身边关键小事；实施“三改”（旧住宅区、旧厂区和城中村改造）专项行动深化供给侧改革；加快实施城区老小区和路网综合改造；落实中央环保督察反馈问题整改工作。诸暨市成为全省首个全域通过小城镇环境综合整治省级考核验收的县市。

（黄海龙）

城乡规划

【概况】2018年，城乡规划注重区域协同发展、接轨沪杭长三角等城市，重点对《诸暨市域总体规划（2015—2035）》进行修编，同时启动新一轮村庄规划修编和《诸暨市中心城区道路网优化》《诸暨市绿道网专项规划》《诸暨市历史建筑保护名录规划》的编制，在谋划区域发展、强化空间管控、统筹城乡一体化发展等方面发挥了规划应有主导作用。

【市域总体规划修编】继续推进《诸暨市域总体规划（2015—2035）》的修编工作，于2018年7月、9月分别完成《诸暨市中心城区工业布局研究》《城区重大商业设施空间研究》等相关规划研究，并于11月将整体方案的第五轮修改稿向市政府做了专题汇报，方案上报绍兴市政府、省建设厅审阅。计划2019年全面启动国土空间规划，融合“主体功能区规划、土地利用规划、城乡规划”，通过“资源环境承载力评价和建设用地适宜性评价”的双评价体系来确定市域各乡镇的发展潜力、方向和规模，统筹分配不断紧缩的用地资源，将自然资源利用由均衡发展走向集中集约发展。

【《诸暨市中心城区道路网优化》规划编制启动】4月，启动《诸暨市中心城区道路网优化》规划的编制工作，由浙江省城乡规划设计研究院中标进行规划设计。该规划以现状为基础，以城市土地、环境为约束条件，面向区域发展，进一步优化和完善骨干路网，控制城市快速路体系，构建衔接有序、层级分明、结构合理的城市路网，形成与城市功能结构相吻合的城市道路框架体系，为城市空间拓展、交通顺畅夯实基础。经过多轮修改和意见征询，并向市领导进行三轮汇报后，方案已完成，并提交专家评审，计划2019年底完成。

【《诸暨市绿道网专项规划》编制启动】为贯彻落实省委、省政府关于大花园建设有关要求，根据诸暨市委、市政府有关战略部署，综合考虑城乡居民点布局、自然生态条件、人文资源优势和地方意愿等因素，于5月启动《诸暨市绿道网专项规划》的编制工作，由浙江安地建筑规划设计有限公司中标开展规划设计。经过多轮修改和意见征询，并向市领导进行三轮汇报后，方案已基本完成，计划2019年底完成。

【《诸暨市历史建筑保护名录规划》整体方案基本形成】2018年5月启动《诸暨市历史建筑保护名录规划》的规划编制工作，由浙江城市空间建筑规划设计院有限公司中标进行规划设计，已于12月底基本形成整体方案，结合乡镇和部门意见共推荐出314处历史建筑，诸暨市历史建筑的初步推荐名录基本罗列其中。方案需提交专家评审后，再明确诸暨市历史建筑保护名录的最终名单，计划2019年底按绍兴落实指标完成148个历史建筑名录的公布和109处的图则编制。

【新一轮村庄规划修编完成全部规划方案】市政府于2018年3月召开全市村庄规划修编工作推进大会，全面启动全市新一轮村庄规划修编工作，由各镇（乡）人民政府、街道办事处负责组织编制全市中心城区和镇（乡）总体规划建设用地范围外共359个村庄规划的修编工作，委托诸暨市规划设计院进行统一编制。村庄规划6月分批通过专家评审，经过多次修改论证、征询各村庄意见建议后，于2018年底前完成全部规划方案，各镇街根据各自工作进度陆续进入审批程序，计划于2019年底全部报批完成。

【规划项目管理】2018年共审批项目52个，审批建设规模地上建筑面积约63万平方米，地下建筑面积约26万平方米；规划验收核实项目23个，验收规模地上建筑面积约78.2万平方米，地下建筑面积约26.2万平方米；完成12个村20处共28户村居住点规划。组织召开4次建设项目审查会议，审查项目279个；召开4次市城乡规划委员会办公室会议、4次市城乡规划管理委员会会议，完成218个项目审查。

【测绘管理】加大对测绘资质审核的把控，对在本市从业的测绘单位（包括外地驻诸暨分支机构）进行资格复核与跟踪管理。3月，首次开展测绘地理信息行业信用信息审核工作，审核了本地7家测绘单位，未发现不良信用信息记录。9月中旬，联合有关部门，对涉及农房发证测绘业务的单位进行农房确权登记发证项目测绘质量监督检查。10月底，配合绍兴市局对测绘单位进行测绘与地理信息质量监督检查和测绘与地理信息“双随机”抽查。完善项目备案审查工作，全年共完成测绘项目备案审查1300余宗。加强测量标志管理，2018年初，出台《2018年诸暨市测量标志巡查工作方案》，落实测量标志委托保管责任制。

【数字诸暨成果共建共享】实施高分辨率机载LIDAR点云数据采集、三维建模数据采集处理、基础测绘联动更新、1∶2000DLG更新、地理国情监测与分析、全市政务地理信息资源校核整合、领导政务用图编制等，推广运行数字诸暨地理信息公共平台及“天地图诸暨”，共投入财政资金约1800万元，实现数字诸暨成果共建共享。向各行政机关及镇乡（街道）免费提供各类地形图总面积约17200平方千米，节约财政资金约6000万元。　（赵坚行）

市政建设

【概况】2018年，市政建设围绕小城镇环境整治、三大“革命”、“三改”专项行动、城区老小区和路网综合改造、市政设施建设及维护、城市环境提升、城区生活垃圾分类处理等方面开展，各项重点建设工程均按期完成目标任务。

【小城镇环境综合整治】2018年，12个镇乡通过省级考核验收，成为全省首个全域通过小城镇环境综合整治省级考核验收的县市。建立健全专业管理机制，推广“路长制”管理模式，集镇主要道路全部实行“路长制”管理。健全城镇管理办公室，兼具国土、行政执法、交通、市场监督职能，每天定期开展巡街活动。堵疏结合破解流动摊问题，落实专门力量对占道经营实施常年不间断整治。建管并举，通过整理闲置地、清理乱堆放，增加停车位，解决乱停车问题。探索建立“大数据+小城镇”模式，实现“一张网格管到底、一个终端全覆盖、一个平台交督办”，通过高清探头对城镇路面上的乱停车情况进行全方位、无死角监控，对“道乱占”“车乱开”现象第一时间进行处理，提高管理智慧化水平。

【“三大革命”】高质量开展厕所革命，完成新（改）建公厕375座，除城区外，镇乡（街道）集镇、农村、景区均完成或超额完成工作任务。稳妥推进垃圾革命，2018年5月，编制完成《诸暨市城乡生活垃圾分类收运处置专项规划（2017—2022）》，城区生活垃圾分类综合覆盖率达到82.02%，完成分类投放点的设计和工程招标，正式启动餐厨废弃物综合处理和资源化利用项目及浬浦无害化处理中心技改项目。高效率铺开污水革命，市本级完成污水管网建设80千米，完成率为94.3%；镇中村雨污分流完成率达83%；农村生活污水项目总体进度达85%；完成“污水零直排区”生活小区创建3个，浣东再生水厂建设完成并投入试运行，城市污水处理率达到93.58%。

【“三改”专项行动】累计完成“三改”建筑面积1060.04万平方米，其中旧住宅区改造902.20万平方米，旧厂区改造44.40万平方米，城中村改造（包括城中村拆迁改造和城中村整治改造）84.87万平方米，“三改”完成总量和完成率均居全绍兴市第一位。

启动全市“三改”工作遗留问题处理，组织实施城区726套安置房差额款清缴、68件“三改”遗留问题处理、51户城镇危旧房未签约户化解处置等工作，至2018年12月底，726套安置房差额款清缴完成506户，完成率69.7%，“三改”遗留问题签约42户，完成率61.8%，城镇危旧房户签约7户，完成率13.7%。

【城区老小区和路网综合改造】投资4.3亿元对城区75个老小区实施综合改造，全部小区已按计划基本完成改造，完成总投资额的100%。完成通天渠流域化肥厂宿舍、安平路38号、旦旦新村、名人公寓等6个小区，城东片区福门南村3—6幢、滨江中路9—20号等28个小区综合整治工作，累计建设雨水管道23147米，污水管道23427米，小区白改黑（即水泥路面改柏油路面）10.38万平方米，砼路面恢复7834平方米。实施城区路网新建改造，完成江东片区道路白改黑工程——艮塔东路以南区域、苎萝东路以北、暨东路以南区块改造工程计18条道路沥青浇筑，完成浦阳江西岸环境综合整治改造中浣纱路（西江桥—浣纱桥）段沥青浇筑。主城区新增停车位3000个，其中公共停车位500个，新建城市绿道16千米，新建改造城市道路9千米和建设联网路1条，新建和改造城市公交停靠站30个，其中港湾式停靠站（包括嵌入式停靠站）10个。

【市政设施建设和维护】完善城区道路排水及路面白改黑提升改造，完成艮塔东路（苎萝东路—环城南路）长约1700米路面白改黑及人行道改造。江东区域道路整治工程完成永昌路、滨江北路、高湖路28弄等5条道路管网建设及路面白改黑，高湖路、艮塔东路、永兴路等5条道路完成可研、初步设计、施工图编制。完成安平路38号易涝积水点改造任务，完成雨水管网建设和提标管网改造，超额对城区东二路、望云路、暨阳路、海越路等主排水渠进行排查、疏通，累计清淤350千米，根据要求（增加水泵排水应急设备0.1万立方米/小时），已完成泵车采购。完成五湖电排站初步设计编制、施工图编制，完成友谊渠，潭俞电排，东渠、通天沥，通天渠4个流域内企事业单位、物业小区、开放式小区、城中村、沿街店面、洗车场雨污分流情况的动态监测。城区小区零星增补路灯约200盏，道路增补路灯约100盏。完成茅渚埠桥动态安全监测工作，完成2018—2020年度桥梁检测和桥梁伸缩缝维修项目招标工作。完成公交候车亭建设88只。累计完成92处积水点改造，完成1607处窨井盖板维修、更换，完成6310处人行道板维修（约30000平方米），盲道修复5379平方米，砼路面破损维修约30346平方米，安装高湖石墩682个，城区江边踏道不锈钢门维修80扇，不锈钢门更换20扇，江边石柱头维修25个，石柱栏杆松动维修165米。

【城市环境提升】做好园林建设、提档改造，完成诸暨市苎萝东路（浣纱桥—内环线）道路两侧（艮塔东路—内环线）绿化改造工程；完成陶朱山山体落水整治工程（浣纱横路—红旗路），建设消能井2座，钢管34米，截洪沟508米，水沟22米，土沟加砌挡墙160米；完成城东公交车站西侧绿化改造（土建部分），实施地形整理4130平方米、通道811平方米、铺装165平方米。做好城区绿地内的时花换种、换季和改造工作，重点是各个节点的花境布置工作。完成城区绿地内五季更换工作和全面补种，总面积达4万平方米；做好苗木基地内花卉培育工作，提升自培能力，大东花卉基地年度出圃时花盆花共计约180万盆，花镜植物2400余盆，常规工程用苗650棵。累计完成零星维修和建设工程量800万平方米，完成公园绿地内复绿17500平方米、维修和更换绿地护栏1800余米、修复绿地侧石1200余米、铺装修整85处，改造公园积水点77处；完成浦阳江城区段水生植物种植9000平方米，排查公园绿地的电器线路和城区健身设施6次，维修或更换健身器材44处。

【城区生活垃圾分类处理】全市共处理生活垃圾39.07万吨，平均每天1285.31吨，同比增长9.73%，其中城西八方热电有限责任公司焚烧处理垃圾15.98万吨，白毛尖垃圾卫生填埋场填埋处理垃圾23.08万吨。2018年11月底，制定《诸暨市生活垃圾分类领导小组办公室集中办公建议方案》，编制完成《诸暨市城乡生活垃圾分类收运处置专项规划（2017—2022）》。新增87个小区、15个社区（共约5万户）开展居民生活垃圾分类工作，按照30—60户/个的标准，建设分类投放点1035个。启动诸暨市餐厨废弃物综合处理和资源化利用项目、诸暨市丰泉浬浦无害化处理中心技改项目。强化诸暨八方热电有限责任公司日常运行监管，督促企业按期完成对0#、1#炉提标改造，完成布袋跟换、增装活性炭喷射装置及二恶英再生抑制剂喷射装置，增加滚筒预热装置等设施提高垃圾焚烧量，缩短停炉期；督促实施垃圾资源化技改项目，增加预处理环节，提高生活垃圾焚烧热值。 （黄海龙）

城东新城建设

【概况】2018年，城东新城继续围绕招商选资和新城建设两大主题，聚焦产业发展，提升新城形象。全年引进3亿元以上项目1个（文博园），5000万以上项目1个（乐聚星原力人工智能及机器人教育），生产性服务业项目3个（诸暨网易联合创新中心、绍兴瑞克软件技术有限公司、诸暨禾易装饰设计有限公司）；累计引进市外资金4.03

▲位于城东新城的市民公园一角（徐德文 摄）

亿元。城东楼宇新增入驻企业106家，累计入驻企业达476家，入驻率达60%以上；新增楼宇入驻面积11万平方米。完成政府性投资额8.49亿元。城东新城功能日趋完善，形象日益提升，人居环境显著改善。

【招商引资】重点围绕楼宇招商，制作中央商务区VR招商视频。完成2017年度城东中央商务区总部大楼楼宇经济补助工作，涉及企业101家，补助金额1276.79万元；推进重点招商项目建设，制定《2018年重点项目挂图作战表》，其中“局长项目工程”——文博园项目通过规划联席会议，协助办理相关前期手续；浙江省内第三个网易联合创新中心——诸暨网易联合创新中心于9月14日正式开业运营，已入驻企业13家；诸暨市首个众创集聚园区——城东跨星孵化中心被评为浙江省省级众创空间，吸引入驻企业37家，入驻率达90.18%。

【项目建设】加大基础设施投入力度，着力改善投资环境，提升新城整体形象。城中村改造项目（二期）道路工程完成部分路段沥青浇筑，山体公园已投标；城东区域10座公厕建设推进顺利，幸福家园西南侧、三环线西侧、环卫基地等5座公共厕所已完工，另5座正在建设中。完成绍大线沿线景观提升和综合治理工程。

【要素和服务保障】完成环城南路以南、东三环线以西地块等土地出让4宗共199.04亩，土地出让金收入近10.15亿元。开展“大调研大走访大服务”专项活动，推进“三张清单”（问题清单、工作清单、责任清单）问题任务落实工作，办结问题9个，办结率100%；处理“96345”“12345”等督查案件883起，整改率100%。（沈 方）

高湖蓄滞洪区改造工程

【概况】高湖蓄滞洪区改造工程主要包括隔堤工程、分洪节制工程、排水站工程、河道整治工程、生态绿化工程和水质处理等6大工程，总投资22.39亿元。截至2018年底，累计完成投资19.5亿元，隔堤主体工程土方填筑已完成354万立方米，完成总工程量的60%；新江沿线整治工程已完成3.2千米，清淤30万立方米，完成总工程量90%；湖周闸站工程已完成所有箱涵基础处理，闸室部分已完成招标并进场施工。国防光缆、供水管线迁移工

▲3月14日，高湖蓄滞洪区改造工程隔堤土方工程现场。隔堤总长12.2千米，土方工程总量约570万立方米（郭斌 唐祥 摄）

作基本完成；弱电线路移位（包括电信、联通、移动、广电等）基本完成；强电线路迁移已进入施工招标阶段。水质处理专题报告完成专题审查，已开展施工图设计及景观配套设计。

【**高湖建设工程推进**】高湖建设工程涵盖高湖蓄滞洪区改造工程、景观建设、招商选资、周边村庄环境提升、基础设施配套建设等内容。2018 年 9 月，市政府专门成立高湖建设工程部门联席会议办公室，统筹协调项目推进过程中的相关问题，全力以赴加快项目建设进度，围绕“2019 年底主体工程基本完工”的总目标，抓建设进度，挂图作战、销号推进。

【**高湖大桥完成项目招标**】高湖大桥位于东三环线，南起高湖东路以北 500 米（桩号 K1+040），北至绍诸高速以南 1000 米处（桩号 K2+470），全长 1.35 千米，横跨高湖浦阳东江入水口，由市交通运输局负责建设方案、诸暨市农村发展投资有限公司承担建设资金，2018 年已完成项目招标工作。

（何锜琪）

城市管理

【**概况**】2018 年，市综合行政执法局以巩固深化全国文明城市、全省“无违建县（市、区）”创建成果为抓手，健全完善运行机制，规范城市治理秩序。全年共作出行政处罚决定 6035 起，共计罚款金额 1087.03 万元，涉及案由 40 种。共接收信访举报投诉 30198 件次，其中来信来访 127 件，直接来电举报和咨询共 1800 件，处理 12345 和 96345 平台举报共 2634 起，数字城管 25278 件，回复派发的网络舆情 132 件。案件办理结案率 100%，各类处置件处置结果基本满意。

【**智能停车收费**】牵头实施城区智能停车收费工作。自 3 月 28 日起，在艮塔东路、雄风永利商业圈周边、报业大厦、办证中心周边 1350 个停车泊位率先实行智能停车收费。每个泊位的周转率可达 11 次左右，车位的周转率大大提高，进一步解决城区停车乱、停车难等突出问题。

【**人行道违规停车整治**】加大违停整治力度，抄告机动车违停 57737 辆次，劝纠车辆规范停放、驶离 28123 起；在绍兴地区率先启动非机动车违停整治工作，暂扣违停电瓶车 3366 辆次，处罚 16.54 万元；深入挖掘公共停车资源，城区新增人行道停车泊位 300 余个，人行道停车位面积增至 10 万平方米。

【**城区扬尘污染整治**】实施《诸暨市建筑渣土运输管理办法》，倒逼渣土运输企业整合升级；强化源头管控，共督促工地完善扬尘设施 200 余处，现场规范督促 3180 余起；对造成扬尘污染严重及随意抛撒建筑垃圾等行为的公司和个人加大立案查处力度，严厉查处未密闭、未经核准等违规运输车辆。2018 年共立案处罚 152 起，罚款 151.6 万元，处罚金额比上年增长 28.58%，城区扬尘、抛撒现象得到明显改善。

【**城区蜂窝煤整治**】对城区临街商铺，尤其是 27 条主次干道临街餐饮店使用蜂窝煤行为进行重点整治，对拒不配合劝纠的餐饮店铺进行严肃查处，对多次处罚拒不整改的餐饮店铺从重处罚，直至顶格处罚、倒逼关停。共计发放倡议书 2000 余份，劝纠占道使用蜂窝煤 1276 起，倒逼餐饮店规范使用清洁能源，从源头上控制燃煤污染，提升空气质量，减少安全隐患。

【**污水零直排查处**】每半月牵头组织开展实地调研，协助街道解决实际问题；加大对临街店铺污水偷排、直排的查处力度，制订临街店铺提标整治专项行动方案，对可能产生污水偷排、直排行为的建筑工地、洗浴洗车、农贸市场、沿街商铺开展专项摸排整改。全年共督促 25 家工地企业办理排水证，立案查处偷排污水行为 5 起。

【**校园周边环境综合治理**】建立“一校一员”（城区每个学校安排一个专员）制度，全面覆盖二环线内 38 所中小学校，重点突出 18 所核心学校，

▲3 月 28 日，智能停车服务项目正式进入收费阶段。这是艮塔东路佳雯宠物医院停车点，车主主动配合在缴费

（周升蓉 摄）

建立系统化、网格化、精细化的管理体制。2018年，对城区校园周边食品安全突击整治179次，取缔占道经营450余起，取缔无证食品流动摊点430处，确保校园附近200米内无从事非法经营活动的游商和无证照摊点。

【市容“五乱”治理】开展综合执法“关键行动”，治理乱张贴、乱停车、乱经营、乱搭建、乱种养等市容“五乱”，突出抓好占道经营、马路市场、违规户外广告、浦阳江禁钓禁洗等专项整治行动，进一步优化城市环境。全年共开展集中整治1800余次，动员执法力量20000余人次，劝纠取缔无证经营流动摊贩3210起，整治广告牌432起，取缔规模以上马路市场5个，立案查处市容行政案件1349起，城区马路市场、占道经营、违规广告、露天烧烤、浦阳江洗涤垂钓等乱象痼疾得到有效遏制和明显改善。

【餐饮油烟排放治理】开展餐饮油烟专项治理，对江东路、艮塔西路、万寿街、人民南路等小餐饮店集聚路段开展集中检查整治，对举报、投诉未安装油烟净化装置、超标排放、乱排乱放等行为进行严肃查处，共处理油烟举报38起，立案查处2起，处罚1万元。

【犬类专项整治】宣传引导文明养犬。在电视、报纸等媒体集中宣传养犬规范，并利用微博、微信等媒体营造声势，提高市民文明养犬的意识。开展集中劝导收容工作，对城区无证犬、散养犬、流浪犬，分类别进行劝导、规范和收容，制订专项整治方案，共捕捉收容流浪犬只80余只，犬类信访数量较上年明显减少。

【小城镇环境综合整治】协助开展小城镇环境综合整治，全市参加创建的26个镇乡（街道）全部通过考核验收。扩大违停抄告范围，在14个乡镇实行人行道违停抄告，月度抄告1500辆；在集镇道路两侧漆划停车泊位1000余个，有效缓解停车难题。聚焦乱设摊、乱堆放、乱摆摊等问题，抽调执法力量协助乡镇集中攻坚，共完成117条乡镇道路整治、5778处问题整改，达到基本消除“六乱”（指乱搭建、乱张贴、乱摆摊、乱竖牌、乱停车、乱堆放）的目标任务。全力支持美丽乡村建设，增派执法力量200余人，协助牌头镇、安华镇、同山镇等乡镇30余个村庄开展环境整治，清理散养家禽家畜、违法乱搭乱建等村容顽疾。

【巩固“无违建”创建成果专项行动】纵深推进全市控违拆违工作，启动巩固深化“无违建”创建六大专项行动［指新增违建管控专项行动，存量违建清零专项行动，无违建示范村（社区）、示范小区创建专项行动，低效用地违建专项整治行动、拆后利用专项行动、典型违建专项整治行动］，重点针对村级留置用地、工业园区、临时用地、两路两侧违建等进行存量违建销号。开展“无违建小区”“无违建示范村（社区）”创建行动，成功创建10个绍兴市级“无违建示范村（社区）”、10个“无违建示范小区”。12月起，投入使用诸暨市防违控违综合管理系统，整合举报受理、巡查发现、实时指挥、快速处置和督查反馈等功能，形成信息化防控闭环。全年全市累计拆除违建979起，拆违面积62.57万平方米，拆后土地利用率94.6%，位列绍兴第一。

【执法规范化建设】建立全局年度轮训制度，开展准军事化封闭培训，定期开展法制培训、执法比武；组织全局执法干部开展“一月一考”法制考试。实施规范化建设，4月，制定印发《诸暨市综合行政执法系统规范化建设纲要》，建立健全工作例会、网格化巡查、日常积分制考核制度，完善行风监督、应急处置等工作机制，使执法工作有章可循。推行“阳光执法”办案，开展执法“四个一”活动（要求一线队员执法时讲好第一句话、做好第一个动作、规范好第一道程序、做好第一次宣传），完善局《行政处罚程序规定》，10月，印发《城市管理执法行为规范》。

（赵若含）

流光溢彩的城镇夜景

▲绚烂多彩的城东新城（蔡东森 摄）

流光溢彩的城镇夜景

▲夜幕下的陈蔡江浬浦镇段（郭　斌　摄）

▲灯火辉煌的大唐镇永新广场（郭　斌　摄）

▲灯影若梦的江藻镇雁宿湖（郭　斌　摄）

▲游人如织的草塔老街（蒋力奔　摄）

▲宛如白昼的马剑镇戴氏广场（郭 斌 摄）

▲入夜后的山下湖镇中心环岛（郭 斌 摄）

▲光彩夺目的“田园璜山”主题公园（蒋力奔 摄）

▲暮色中的店口镇中央河音乐喷泉（韩 超 摄）

▲店口镇中央河音乐喷泉（郭 斌 摄）

生态环境

概述

2018年，全市以生态文明建设为统领，以改善区域环境质量为核心、提高群众满意度为标准，打好污染防治攻坚战，推动各项生态环保工作有效落实，为“两个高水平”建设提供良好的生态环境支撑。表现在：

空气质量稳步提升。全市空气优良率为84.4%，较上年同期上升4.1个百分点；PM2.5平均浓度为36微克/立方米，同比下降10%。城区降尘年平均值为2.22吨/平方千米·月，较上年下降1.46吨/平方千米·月，低于浙江省大气降尘控制标准（8吨/平方千米·月）。

水环境质量保持稳定。浦阳江诸暨段出境水质自2014年2月以来持续保持Ⅲ类及以上水质，出境水质持续优于入境水质；17个绍兴市控及以上考核断面水质达标率100%；全市集中式饮用水源水质达标率100%。

根据浙江省统计局民情民意调查中心统计结果，2018年诸暨市公众对生态环境满意度分值为87.47分，连续两年位列绍兴各县（市、区）第一位，较2017年提高3.82分，且高于全省平均分4.62分。

（严嘉佳）

环境质量

【概况】2018年，全市环境质量持续改善，主要河流水质符合水功能要求，空气质量优良率提高到84.4%，声环境质量稳定。

【水环境状况】城市集中式饮用水源地水质达标率为100%，全市饮用水源地水质平均指标达标率为100%；诸暨市行政区域河流断面水质考核结果为优秀，其中开化江街亭断面、浦阳江浣纱桥断面、壶源江汤家村断面、浦阳江安华断面年均水质均为Ⅱ类，浦阳江湄池断面年均水质为Ⅲ类，其中浦阳江湄池断面年均水质由Ⅱ类下降为Ⅲ类，其他各断面年均水质均与2017年持平。

【大气环境状况】全年市区环境空气有效监测天数为365天，环境空气质量优良天数为308天（优123天、良185天），优良天数占84.4%，较2017年提高4.1个百分点；轻度污染天数为54天，占14.8%；中度污染天数为3天，占0.8%；重度污染天数为0天。PM2.5年平均浓度为36微克/立方米，同比下降10%。城区降尘年平均值为2.22吨/平方千米·月，较上年下降1.46吨/平方千米·月，低于浙江省大气降尘控制标准（8吨/平方千米·月）。全年酸雨频率为2.06%，较2017年下降5.52个百分点。

【声环境质量】全年城区居民文教区、混合区、工业区、交通干线两侧昼夜等效声级分别为59.4分贝、54.7分贝、54.0分贝和54.7分贝。与2017年相比，居民文教区、混合区、工业区等效声级有所上升，交通干线两侧等效声级有所下降。交通噪声等效声级平均值为66.3分贝，比2017年上升0.5分贝，道路交通噪声质量等级为好，主要超标道路为北二环、东二环、西二环、环城北路。城市区域环境噪声（白天）等效声级为52.9分贝，较2017年上升0.1个分贝，等级为较好。

【固体废物状况】全市工业固体废物产生量20.3万吨，其中危险废物产生量为4.96万吨。工业固体废物综合利用量为11.9万吨，处置量为7.89万吨，处置利用率为96%。全市医疗废物产生量为1279吨，无害化处置率为100%。

【放射性污染管理】至2018年底，全市有放射性同位素与射线装置的单位共49家，有放射性同位素7枚，射线装置149台。对所有使用单位实行辐射许可证管理，每年2次对放射源使用企业进行检查，每年1次对射线装置使用企业进行检查，确保所有辐射工作单位安全、合法运营，有效遏制辐射事故的发生。

（应俊杰）

环境监测

【概况】2018 年，着重通过加大投入推进环境监测硬件建设，强化内部监督管理保证监测质量，同时通过演练提升环境应急监测能力。全年共获得水环境质量监测数据 32 万余个，空气环境质量监测数据 45 万余个，声环境质量监测数据 6580 余个；完成废水 350 家次、废气 135 家次的工业污染源监督性监测工作。继续加大环境空气质量、饮用水地表水源地水质、重点污染源数据信息公开力度，保障公众的知情权，共发布空气质量日报 365 期，环境质量月报 12 期。

【环境自动监测】投资 200 万元建成 4 个清新空气监测站，对 PM2.5、臭氧、负氧、气象 6 参数进行 24 小时全天候、连续、自动监测，监测数据实时通过浙江省清新空气信息发布系统进行发布。投资 150 万元完成陈蔡、石壁 2 个饮用水源地生物毒性仪安装工作，提高了饮用水源地安全保障能力。

（应俊杰）

环境保护

【概况】2018 年，以改善区域环境质量为核心，解决突出环境问题为突破，坚持全面从严执法，严厉查处各类环境违法行为。先后组织开展“蓝天保卫”“护水斩污”“清废净土”“利剑”系列执法行动，进行八大工业园区专项整治、城西工业园区重点废气企业突击检查、浣东街道与店口镇铜熔铸企业突击检查。通过“双随机”（指在监管过程中随机抽取检查对象，随机选派执法检查人员）抽查、交叉检查、突击检查等方式，加强日常监管频次，震慑环境违法犯罪行为，消除一大批环境安全隐患。全年出动执法人员 11804 人次，检查企业 5621 家次，立案查处环境违法犯罪行为 202 起，处罚款 2039 万余元；移送公安机关环境违法犯罪案件 12 起 32 人，其中行政拘留 4 起 7 人，刑事强制措施 8 起 25 人。全年未发生较大以上环境污染事件和因环境问题引发的群体性事件。

【环境信访受理和调处】健全局领导接访制度，明确信访办理相关事项，建立每月信访情况通报机制，提高信访办理质量，减少重复访和越级访。全年共受理各类环境信访 885 件，同比下降 41.2%，调处率 100%，未发生因环境信访问题而引发的群体性事件。

【建立公检法环联合办公室】2018 年 5 月 24 日，市法院、检察院、公安局和环保局联合建立公检法环联合办公室，加强部门间信息交流共享，从侦查、起诉、审判等不同环节角度发现环境执法过程中的新问题、新情况，从公检法等多个角度讨论解决问题的办法，对环境违法行为实现更严厉、更迅速的打击。

【生态环境损害赔偿】2016 年起，开展生态环境损害赔偿制度改革试点工作。至 2018 年底，累计办理生态环境损害赔偿案件 20 件，涉及评估生态损害资金 3334 余万元。2017 年 8 月，印发实施《关于建立生态环境替代性司法修复机制的规定（试行）》，2017 年 10 月，在店口镇建成浙江省首个生态损害赔偿异地替代性修复公园，12 月，在次坞镇建成首个涉气生态损害赔偿异地替代性修复公园，既为周边百姓带来福利，又起到环保警示教育作用，同时也为生态损害赔偿工作的开展积累了经验。

【建设项目审批备案】全年共审批备案建设项目 1922 个，其中报告表（书）项目 1204 个，否决不符合产业政策或选址不合理的污染项目 6 个，核发排污许可证 226 本，引进环评报告编制机构 13 家。严格实施环境资源和污染总量管理制度，全年累计收取污染物有偿使用和交易费 1722 万余元；协助企业办理排污权质押贷款 10 家，涉及银行贷款 2.27 亿元。

【“区域环评 + 环境标准”改革】全面推进镇乡（街道）工业园区“区域环评 + 环境标准”工作，在 2017 年完成省级开发区和特色小镇区域环评基础上，2018 年完成环保高新区解放湖园区、应店街镇产业集聚区、阮市镇制冷配件产业园区、次坞镇 0571 临杭智能制造产业园区、次坞镇大桥综合区、牌头镇工业区、枫桥镇工业集聚区等区域的规划环评审查工作。根据项目建设对环境影响的程度，推行免于环评手续、网上在线备案、降低环评等级、精简环评内容、承诺备案管理等措施。

【企业全过程动态监管】研发建设企业生产设备与环保设施运行联动监控系统，第一阶段完成 31 家重点工业企业动态监管设备安装及联网，基本实现全过程动态监管。

（张菲柯　徐佳澍　赵　阳）

污染治理

【概况】2018年，以蓝天保卫战、治水巩固战、治土治废持久战等行动为抓手，全方位推进环境综合治理工作。落实“低散乱”（以无证无照、无安全保障、无合法场所、无环保措施、高危险、高耗能、高污染、低产出、低效益等“四无三高两低”企业为重点对象）专项整治行动，完成400家“低散乱”块状行业整治提升；编制出台《诸暨市城市区域声环境功能区划分方案》，进一步加强环境噪声污染防治；规范提升排污许可证管理工作，完成50家企业的国家排污许可证发放和管理；科学部署“污水零直排区”建设，推进39个工业园区全面开展建设工作；科学推进总量减排，顺利完成减排任务。

【水污染防治】开展全国集中式饮用水水源地环境保护专项行动，加强饮用水水源地保护；实施城镇污水处理厂清洁排放标准，持续提升污水处理能力；开展涉水特色行业整治提升，完成5家配套酸洗企业整治、13家企业清洁生产审核；推进工业园区“污水零直排区”建设工作，完成安华现代包装产业园区“污水零直排区”创建；持续推进加油站地下双层罐防渗改造，完成加油站防渗改造48家、油罐防渗改造231个。

【大气污染防治】9月，出台《诸暨市打赢蓝天保卫战行动计划（2018—2020年）》，打好秋冬季大气污染防治攻坚战，关停砖瓦企业1家，完成陶瓷砖瓦企业废气深度治理1家；推进涉VOCs排放企业整治，重点开展制鞋、五金涂装行业涉VOCs排放企业整治，完成重点VOCs企业治理项目5个、涉VOCs“散乱污”企业治理70家；加强重污染天气应急预警管理，修订重污染天气应急预案，编制出台2018年诸暨市重污染天气应急减排措施清单；出台诸暨市建设项目VOCs总量管理办法，强化新增污染物排放控制，推进VOCs与氮氧化物协同减排；加强机动车排气检测管理，强化路面联合执法，全年共检测车辆177483辆，首检合格率90.32%。

【土壤固废污染防治】完成677个农用地详查点位检测工作，推进关停搬迁企业污染场地调查，探索污染场地修复。完成全市76家化工、印染等8个重点行业在产企业用地和关停企业原址的信息采集；全市7家土壤重点监管企业开展自行监测。

【第二次全国污染源普查】2017年9月，开展第二次全国污染源普查工作，按照“应查尽查、不重不漏”的原则，于2018年12月完成清查建库、入户调查和第一轮数据的采集录入。本次普查共涉及工业污染源、省级以上工业园区、农业污染源、生活污染源、集中式污染治理设施和加油站移动源等六类调查对象，全市合计实际普查对象共14116家，其中工业污染源12487家、省级以上工业园区2家、农业污染源51家、生活污染源475家、集中式污染治理设施1039家、加油站移动源62家。

（杨雨晴 陈 瑾）

生态建设

【概况】2018年，重点打好污染防治攻坚战，全力推进美丽诸暨建设，先后被授予国家生态市、省级生态文明建设示范市、美丽浙江建设优秀县（市）、美丽绍兴建设优秀县（市）等称号。

▲位于诸暨老城区的陶朱山公园一角

（图片来源 诸暨日报社）

【国家生态文明建设示范市创建】1月，环境保护部正式命名诸暨市为国家生态市。5月，召开国家生态文明建设示范市创建动员大会。按照《诸暨市国家生态文明建设示范市创建工作实施方案》，完善生态文明建设目标体系，对标先进、找准样板，收集国家生态文明建设示范市创建支撑材料，编制技术报告。7月，被省政府命名为浙江省生态文明建设示范市。

【生态环境状况报告制度】市、镇乡（街道）两级全面实施生态环境状况报告制度。2018年4月27日，市十七届人大常委会第十一次会议听取和审议市人民政府《关于2017年全市生态环境状况和环境保护目标任务完成情况的报告》。各镇乡（街道）于6月底前全面完成向镇乡人大主席团（街道人大工委）报告上一年度生态环境状况和环境保护目标完成情况。

【绿色系列创建】推进绿色家庭、绿色学校、绿色矿山等“绿色细胞”创建和生态文明教育示范基地建设。2018年，创建国家级绿色矿山6家，省级绿色学校4所、省级绿色家庭6户，绍兴市级绿色家庭40户，诸暨市级绿色学校11所。

【水环境补偿机制】探索建立浦阳江流域上下游水环境补偿机制，与浦江县、萧山区分别签订浦阳江流域水环境补偿协议，设立浦阳江流域水环境补偿资金，由上下游县（市、区）每年各出800万元，调动全流域水环境保护积极性。

（赵幼君）

交通运输

概述

2018年，诸暨市交通运输局紧扣“打造全省综合交通示范县市”总目标，坚持“深入实施接沪融杭”“全力服务乡村振兴”两个方向，打造综合大交通格局，“与杭同城”步伐明显加快。

【接沪融杭】杭州都市高速公路诸暨段完成投资9.72亿元，征迁工作完成情况在沿线县（市、区）名列前茅，交地完成100%；与萧山区路网对接工作进展顺利；诸暨至杭州市域（郊）客运列车项目最新的《诸暨市涉铁项目相关方案研究》5月报上海铁路局；诸暨港新亭埠城郊作业区于9月28日成功首航，店口港前期工作跟进中；诸暨至滨江城际客运线路、诸暨往返杭州大医院定制班线、诸暨凰桐至萧山河上的城际公交于11月1日正式投运。

▲11月1日，诸暨至杭州城际客运专线开通。

（骆少华 应力刚 摄）

【重点项目推进】三环线西北段杭金线至街亭段完成98%，其中诸安线至街亭段于9月26日交工验收；珠宝城支线阮市至绍兴段完成85%；官弦线（陶朱街道官庄村至店口弦腔村）完成年度计划的100%；石东线（石壁至东阳公路）陈宅至岭北西周村段完成年度计划的50%。环会稽山国家森林公园美丽公路完成年度计划的84.3%。兰店线（兰亭至店口）列入省重点建设项目，完成年度计划的100%；诸暨市国际商贸城至洋湖公路建设工程完成年度计划的100%。

【路桥工程前期工作进展】石壁至东阳公路（石壁至西周段）改建工程、兰亭至店口公路诸暨段及诸暨市国际商贸城至洋湖公路建设工程完成前期报批工作，均列入省重点建设项目；高湖大桥工程完成前期报批和招投标工作；普陀至开化公路诸暨段工程、诸东线马岭下至里仁段改建工程、诸暨市市域大环线东南段改建工程前期工作进展顺利。G235国道（新海线）诸暨段可行性研究报告通过省公路局审核。

【“四好农村路”建设】“四好农村路”即建设好、管理好、养护好、运营好农村公路。2018年完成农村公路乡村道大中修269千米，建成美丽经济交通走廊518千米；建成农村公路服务站5个；3个美丽乡村公路示范镇乡（马剑、草塔、王家井）和3个美丽乡村公路镇乡（同山、牌头、应店街）、1个“四好农村路”示范乡镇（马剑镇）全部通过绍兴市考核。完成美丽经济交通走廊节点完善工程精品线路，美丽公路建设37省道等工程均已完成竣工验收，美丽乡村景观带北线支线景观提升工程完工验收。

▲应紫线（应店街—紫阆）长春岭俯瞰

（图片来源 诸暨日报社）

交通基础设施建设

【公路大中修】总投资9400万元，完成国省道大中修工程G235新海线18.486千米；S308绍大线2千米；S211诸东线16.741千米。美丽经济交通走廊县道大中修工程总投资8735.53万元，完成11条线路的升级改造，总里程55.316千米。

【路面修补和病害处治】共修补路面坑洞和处治路面病害18900.13平方米，使用沥青砼13680.66吨，使用水泥砼737.39吨，完成路面清扫184247.6千米，疏通清理边沟9849.045千米，整理路肩边坡近22.24万平方米，清理堆积物1643.8立方米，路面灌缝共91265米。

【公路服务设施建设】完成杭金线安华公路服务站、诸东线街亭公路服务站、双金线马剑公路服务站、枫谷线东和公路服务站的建设。

城市公共交通

【公交线网优化】城市公交累计投放新线路6条，定制线路5条，优化线路6条。新增优化线路进一步延伸通达至城区各运营盲点及偏僻自然村，市民出行更加方便快捷。

【基础站场建设】投资约2000万元，总征地面积16亩，新建城东客运枢纽工程项目；城南客运枢纽基本完工。截至2018年底，公交专用场站共计13个，基本形成布局合理、功能完善、运作高效的城市公共交通出行体系。

【新能源公交投放】共投入29辆纯电动公交车、6辆天然气公交车，用于新增线路、增密班次、更新老旧车辆。至2018年底，新能源公交车占比已达到60%以上，居全省县级市前列。

【智能调度系统升级】以GPS定位、实时多任务处理等技术为基础，结合公交车辆运营计划、GPS自动报站、人机交互等功能，实现公交车辆运营的实时监控、调度。

公路运输

【旅客运输】全市公路旅客运输企业主要有6家，分别是诸暨市公共交通有限公司、诸暨市城乡公交有限公司、诸暨市长途汽车运输有限公司、诸暨市汽车运输有限公司、诸暨市联合旅游汽车出租有限公司、诸暨市长荣城际客运有限公司。有营业性客车214辆，共8498个客位（不包括出租车和公交车）；全市营业性汽车全年客运量412万人次。

【班线客运】全市旅客运输从业人员344人，拥有营运班线70条，其中跨省12条14辆，612个客位；跨市43条68辆，2334个客位；跨县15条15辆，483个客位。

【城乡和城市公交、出租车】全市有城乡公交车490辆，18234个客位；城乡客运线路168条。拥有市内公交车338辆，公交线路43条，年运输量近3960万人次。拥有出租车533辆（车型为捷达油气两用车）。

【货物运输】全市汽车货运从业人员6800人，拥有营运货车2770辆，46069吨位，其中个体1462辆，占总营运货车的53%；危险品货物运输企业11家，拥有危险品运输车辆124辆。

【公路运输相关行业】有大唐、店口2个货物联托运市场（场站），共有货运代办经营企业72家。有汽车维修企业845家（户），其中一类14家、二类93家、三类680家，摩托车修理52户；汽车综合性能检测站A级1个；全年维修车辆80余万辆，检测车辆1.5万辆次。全市有汽车驾驶员培训学校16所，拥有教练车1175辆，全年培训汽车驾驶员约3万人。

水路港航

【水路运输】2018年，共完成水路客运量35.2万人次，完成周转量303.8万人千米。完成水路货运量489.5万吨，货物周转量10.3亿吨千米，与上年同期分别增长2%、3%。

【港政管理】诸暨港新亭埠码头于9月28日成功首航。店口港码头建设工程已委托设计单位开始码头施工方案设计。全年港区实现货物进出口吞吐量460.18万吨，同比增长2.8%，其中出港吞吐量70.79万吨；进港吞吐量389.39万吨。

【航道管理】严查各类航道违法案件，保障航道畅通。督促相关建设单位加强对航道上建设桥梁、排水排污管网、架空电力线网等涉航设施的审批督查，并督促建设单位及时设置航标和交通标志标牌。督促水务集团完善对浦阳江水下过江管线标的设置和水下施工弃土的清除。

【运力发展】2018年，辖区新增货船9艘，注销25艘。截至年底，辖区货船总计178艘，93024载重吨，平均吨位达523吨，同比增长8.7%。新增集装箱运输（集散两用）船舶2艘，计66标准箱，实现辖区水路集装箱运输零的突破。

道路交通管理

【路域环境整治】重点抓好公路建筑红线控制，整治不规范平交道口，清理非公路标志，治理公路两侧环境，及时发现、制止各类违章侵权案件。2018年，共拆除非公路标牌1017块，清除各类违法占用、堆积1556立方米，整治马路市场20个。

【打非治违】组织开展"利剑一号、二号、三号、四号"等专项整治行动，对建设（建管）、交通运输、水利等工程建设重点领域的货运车辆进行集中整治，打击车辆超限超载、非法改装等违法行为。计划建设公路治超非现场执法电子检测系统15个点位66个车道，已有8个点位34个车道正常投入使用，剩余7个点位32个车道完成构件基础浇筑。9月上线公路治超手机综合应用管理平台——"诸暨治超"，强化互联网+治超保障，提升治超能力与实效。2018年，共查处超限超载车辆3592辆，同比增长77.5%；卸载货物30559.6吨，同比增长27.2%；罚款1409万元，同比增长146.8%。

【安全保障升级】在2017年投入240余万元对公路应急指挥中心进行升级改造的基础上，2018年再投入500万元进一步完善公路路网及应急管理系统。投入250万元实施的2018年标志标线工程，新增及修复破损歪斜标志标牌300余块，安装示警桩500余个。投入750万元实施美丽经济交通走廊安保设施工程，完善农村公路安全设施。（赵海明）

铁路客运

【概况】诸暨火车站位于诸暨市城西工业新城艮塔西路168号，为沪昆线上的二等站，隶属上海铁路局金华车务段管辖。车站站房占地面积10亩，建筑面积9485平方米，有10个股道6个基本站台，杭长高铁2014年月12月10日正式开通；往返诸暨杭州的"通勤列车""西施号"2016年9月10日开通。高铁到杭州东平均为25分钟，到上海虹桥平均为1小时20分。2018年，诸暨火车站办理旅客列车144列，其中普速列车51列（上行往北方向25列，下行往南方向26列），高铁列车93列（上行往北方向32列，下行往南方向61列），高铁开通至，往北：北京、天津、南京、合肥、上海，杭州等；往南：温州、贵阳、南昌、厦门、福州、广州、长沙、南宁等。2018年，诸暨火车站年日均发送旅客9729人，其中高峰日发送旅客19433人。全年发送旅客355.1万人次（其中高铁旅客198.32万人次），收入2.89亿元余。

【客运服务】车站在票厅设立人工售票窗口8个，自动售取票机8台，其中13号人工窗口和8台自动售取票机机24小时提供售取票服务。为方便旅客出行，大厅增设身份证临时打印机，进站口配备2台安检仪、4个安检门，方便旅客安全、有序、快速进站乘车。

【车站管理】以管理规范化、作业标准化为重点，全面推行6S现场管理［一种现代企业管理模式，首先在日本的企业应用，即整理（Seiri）、整顿（Seiton）、清洁（Seiketsu）、规范（Standard）、素养（Shitsuke）和安全（Safety）。因前五项的日语罗马拼音及最后一项的英文均以"S"开头，故简称"6S现场管理法"］，规范标识标牌和物品定置，加大对站内厕所，站台雨棚改造等，全面提升车站整体形象。（黄保明）

铁路货运

【概况】铁路诸暨东货运站货场于2006年6月16日搬迁至陶朱街道宋家村西二环路539号。东货运站总占地面积322000平方米，配有6条正线和到发线，3条货物线，7条专用线，119个货位（其中标准仓库6座，面积5832平方米），按技术性质属中间站，按业务性质属货运站，核定等级为二等站。货场内办理整车、集装箱货物到发业务，同时开办长大、笨重和国际联运货物运输。货场年设计能力为130万吨，按现有设备条件，一次可送作业车最多为203辆；按现有装卸能力，一次作业119车。货场配有大型门吊2座（最大起重能力为36/16吨），专用卸煤抓斗门吊1台，8吨走行电动吊1台，20吨门吊1台（5吨吸铁盘），3吨内燃叉车5台，1.8吨内燃叉车1台，2吨内燃叉车1台，

40E 型货物装载机 1 台。

铁路诸暨东货运站货场内主要发送货物包括钢结构、废钢铁、矿建、混装货物、集装箱等，主要到达货物包括化工品、钢铁、化肥、盐、集装箱等；专用线主要到达货物为汽油、柴油、煤炭、矿建等。2018 年装车量近 6000 辆，年货物发送量 15 万吨，年到达车数 10000 辆，货物到达量 55 万吨，运输收入近 4000 万元。

【标准化货场建设】作为全封闭式管理货场，2018 年在货场作业区域范围，安装全方位全覆盖、全天候视频监控设施；按照集中调度和有序管理原则，在货运调度室由值班员通过大屏幕监控现场作业，对日常货运工作实时掌握调度管理，同时连接上级管理部门系统，该系统可调看、可回放、可手机监看，在生产和治安管理上发挥重大作用。

【职工业务培训和演练】从 4 月开始，建立新型职工业务学习培训制度，实施每人每周 2 学时业务集中学习制，由职工业务辅导员根据上级要求制定学习计划，组织集中学习。每月进行货运业务项目演练，并投入视频拍摄设备，下载留存学习内容和过程，建立台账。同时根据货运站运输办理模式、铁路电子票据运输需要，合理调整岗位设置和人员配备，使人力资源匹配更合理，服务更周到全面。

【运输项目开拓】与诸暨市政府、铁路有关部门密切配合和合作，于 11 月 28 日开通诸暨至宁波舟山港海铁联运集装箱运输业务，为诸暨地区出口产品增添新的运输途径。在此基础上，通过调研和实地勘察，市政府有意向在诸暨东货运站再建一个集装箱物流基地。（韩永庭）

信 息 业

概述

自2016年11月诸暨市被列入省两化深度融合国家示范区以来，全市紧抓互联网+制造业融合发展机遇，以示范区示范项目建设为重点，重点推动制造业企业信息化应用，发展数字经济核心产业，培育“互联网+”新业态，互联网+制造业两化融合得到进一步发展。初步统计，2018年诸暨市规上工业总产值为1269亿元，同比增长15.2%；数字经济核心产业、电子信息制造业分别实现主营业务收入57亿元、51.82亿元，同比增长23.86%、31.6%。

2018年两化融合发展指数再创新高，全市两化融合发展水平、信息化发展水平呈现稳定增长态势。两化深度融合示范入库项目建设稳步推进，已有12个项目通过专家组验收。诸暨市两化融合发展总体呈现出“工业互联网建设勇立潮头，企业上云工作领跑绍兴，智能制造阔步向前，信息化应用全面开花，数字化改造服务商不断涌现，‘互联网+’新业态蓬勃发展”的态势。

2018年，全市成立市数字经济工作领导小组。委托省工信院组织专家编制《诸暨市数字经济五年倍增计划》和《三大产业数字化改造提升行动计划和配套政策》，已经完成意见征求环节。制定《诸暨市建设浙江省两化深度融合国家示范区专项资金管理办法》《诸暨市2018年“企业上云”专项补助资金使用办法》（诸政办发〔2018〕82号）、《诸暨市振兴实体经济（传统产业改造）财政专项激励资金实施细则》（诸政办发〔2017〕123号）。围绕两化融合、“企业上云”、振兴实体经济、数字经济“一号工程”等工作计划，推广标杆企业的做法和典型经验。

【互联网平台培育】2018年度省级工业互联网平台培育名单中，诸暨4个平台入选，包括创博龙智建设的袜业行业级平台和海亮股份、盾安智控、全兴精工等3个企业级平台。创博龙智打造的袜业工业互联网入选省首批5家“1+N”工业互联网平台。海亮股份基于铜加工建设、盾安环境基于阀门建设的工业互联网平台立项后已在开展前期咨询和建设，另有珍珠大数据平台建设在谋划之中。

【企业上云上平台】鼓励和引导企业上云上平台，推动重点企业深度上云。据不完全统计，2018年全市“企业上云”（包括创博龙智、亮点科技等云服务商）总数为6200家，其中首批上云标杆企业4家。上云质量也有所提升，包括商贸服务业在内的部分企业已从基础云应用逐渐转为深层次云应用。双创平台方面，支持高科技创业中心、中关村e谷、DRC2025创意设计园区发展，鼓励高端人才和大学生来诸暨创业创新，重点培育初创期科技型企业尤其是芯片研发、云实验室建设的中小微企业。

【企业数字化改造】引进和培育智能制造服务公司和信息技术服务公司，梳理服务示范企业70余家。智能制造服务企业“秀欣科技”成功开发的基于机联网的袜业生产MES系统，从已完成的8条生产线改造实效看，生产一线员工可减少67%、单机产量稳定提高14%、每台袜机效益增加1250元，现行改造费用当年就可回收。鼓励秀欣科技、海润精工、锦和智能等推广数字化改造方案，向智能制造数字化服务商转型。支持创博龙智、明天软件、正略软件等本地软件企业和太步云、金蝶、深信服等专业软件服务商与工业企业深化合作，开发集成一批工业APP。加大对叶晓机械、创博龙智、卡拉美拉等重点企业的智能装备和集成软件、云端服务的宣传推介，促成智能制造工程服务公司与制造业企业的合作签约。

【智能制造和信息化管理】2018年，全市新增工业机器人393台。盾安环境入选“浙江省2017年十大智能工厂”；铜加工研究院牵头的精密环保型铜及铜合金管件智能化制造技改等3个项目2018年相继列入浙江省智能化“机器换人”项目。全市规上工业企业基本开展实施信息化建设，覆盖财务管理、ERP、OA、MES、PLM、SCM、CRM、PDM、SAP等信息化运用软件。海亮集团列入总部型两化深度融合示范企业，大唐袜业列入第二批省级产业集群两化深度融合试验区。海亮股份和上峰包装两家企业成功通过工信部国家级两化融合管理体系贯标认定，菲达环保、全兴精工和洁丽雅股份被列入工信部两化融合管理体系贯标试点企业。年度新增越隆、信胜、盾安智控等7家两化融合示范试点企业，在全省位居前列。

【生产性服务业发展】依托行业大数据，加强消费者需求和体验数据的挖掘分析，规范和引导网红、直播等新媒体营销方式运用，推进电子商务创新发展试点建设，推进电子商务、工业设计、现代物流等生产性服务业发展。2018年实现网络零售额117.8亿元，同比增长35.2%，总量居绍兴第一。推进省级工业设计基地、2025创意产业园、“中国好设计”诸暨中心、广交会PDC-诸暨工作站建设，协同大唐镇顺利举办第二届中国“大唐杯”袜艺设计大赛。

【数字核心产业培育】抢占产业发展制高点，提升数字经济核心产业的规模和能级，为市内企业提供有力的信息化服务。电子信息产业中市重点企业露笑集团新列入全省电子信息业务收入前三十强，软件企业非线科技分别获得国家大数据应用示范企业和国家地理信息科技进步奖二等奖。新上新能源电池、新型高端有机薄膜电容器、新型半导体芯片等重点项目15个，总投资额47亿元。暨阳电子、赫千车用电子、浙江铜加工研究院被列入年度省“四个百项”重点技术改造项目之中。浙江帕瓦新能源科技有限公司的新能源电池项目预计投资30亿，正申报省“四个百项”重点技术改造项目。

【示范区建设】全市30个示范项目的计划总投资额为8862万元，截止2018年底，累计完成投资5712.35万元，完成计划总投资的65.5%。参加2018年度两化深度融合国家示范区示范项目专家评审的18个项目中，12个项目顺利通过专家组验收，为完成整个示范区建设奠定了基础。

【相关人才培育】加强与国内外知名高等院校的合作，加快信息化运用和信息经济核心产业人才培养工作。出台《关于加快推进人才强市工作的若干意见》（市委〔2018〕31号），增强智能化、信息化、数字化人才引进吸引力。新增“国千”“省千”人才18名、绍兴“海内外英才计划”人才51名，南华大学长三角研究院和研究生分院签约落地。

（杨云贵）

网络信息管理

【概况】2018年，诸暨市围绕机制建设、民生服务、安全管理、舆情监测、舆论引导、队伍扩充等方面开展网络信息管理工作。同时创新运用“互联网+枫桥经验”网络治理服务新模式，开通“政民e线”直通车并推出“政民e线”报网互动专版，拉近网友与政府部门之间距离，畅通反馈民意线上渠道，推动民生问题线下解决；打造“1963”法润直播平台，把法治宣传教育融入执法、司法和法律服务中，融入群众日常工作、生活中，通过群众喜闻乐见的形式宣传普及宪法法律，实现矛盾纠纷解决由情、理、法向法、理、情的逐步转变。

【网络问政和民生服务】2018年1月，开通“政民e线”直通车，推出“政民e线”报网互动专版，深化网络问政和民生服务“3小时网上回应，48小时限时办理”工作机制，着力提升民生事项办理满意率。2018年，共派发涉民生类网帖2862个，“政民e线直通车”追踪督查214期，刊发“政民e线”报网互动专版8期，对18个镇乡（街道）、部门进行点名通报，民生类网帖有效解决率98.3%。

【网络管控】8月，联合公安、经信、文广等部门开展“清网”专项行动，系统治理37类网民反映强烈、举报集中的违法违规有害信息，依法打击传播政治性有害信息、网络谣言等行为。全年累计删除违规信息1400余条，屏蔽和清退论坛注册用户20余人次，约谈网站、微信公众号3家次，教育谈话18人，行政拘留1人。

【“网军”队伍建设】充实新闻（网络）发言人、网络信息员、网络评论员三支队伍，重新聘用42名核心网评员。实施“一重大一专评”（围绕一项重点中心工作发动网评员队伍开展专项网评行动）工作机制，围绕全国“两会”、改革开放40周年、“枫桥经验”开展专项网评8次，发布主题帖37个。6月，实行每周常态化网络导控演练，组织逾5000人次参与，网上评论10万余条。

【网络阵地拓展】牵头公检法司联合打造“1963法润”直播平台，开设“民警说法、法官说法、检察官说法、律师说法”等直播栏目，培育市民遵守法律、依法办事的意识和习惯。2018年，平台共直播27期，观看人次334万，评论7.7万余条。

（金乔杰）

广播电视传输

【概况】2018年，市广播电视台（浙江浣江传媒集团）以“智慧广电”建设为抓手，改善宽带出口，提升链路质量，扩展平台及核心设备，同时围绕“智慧城市”建设，谋划推进智慧交管、智慧公安、智慧电梯、智慧医疗等项目，累计完成“智慧城市”10个大类17个子项的投资建设。

【环网链路保障建设】完善环网维护管理方案，巡查上报环网改道抢修情况。2018年因小城镇建设需要，广电环网共计抢修21次，改道割接26处，同时完成82个老小区广电线路改造，涉及用户约11000户，新架设光缆约107千米。

【数据机房建设】2018年11月诸暨广电第三代数据中心按照国家绿色数据中心标准建设，设计功耗1000千瓦，规划机柜108架，可容纳标准服务器520台。至2018年底，基本建成项目主体，并实现部分智慧交管设备上架。

【数字化电视云平台建设】2018年7月开发建设数字电视云平台，年底完数字电视云平台一期建设，除直播、点播、时移等“看电视”业务外，还将政务服务功能集成到平台中，支持43个单位事项办理流程查询、10个非见面性事项直接办理，并提供大党建、智慧医疗、社保等便民服务，功能模块仍在持续丰富完善中，力争政务、医疗、旅游、大党建等政务服务不出村，实现智慧广电与智慧乡村有机融合。在完成广电云平台开发的基础上，2018年11月互动2.0诸暨版高清机顶盒落地，至2018年底城区部分集团客户和枫桥镇枫源村已试点成功。

【“智慧城市”系列建设】“智慧交管”一期项目和广电10158只视频监控在“枫桥经验”55周年安保中得到全面实战应用。“雪亮工程”一期完成13个单位联网；“智慧电梯”建成市级“智慧电梯”平台，完成机关单位、教育卫计系统等公众聚集场所190台以上乘客电梯的接入。同时完成诸暨市公共信用管理服务平台、诸暨市档案局信息化硬件采购、国土局无人机倾斜摄影系统、公共服务中心一窗受理、权力运行归档项目、移动式禁毒安防体验馆等的建设。

【广电传输线路整治】完成牌头、应店街、璜山、安华、王家井5个广播电视牵头单位小城镇环境综合整治“线乱拉”整治工作。新建地埋管道60管千米，“上改下”（光电缆由架空改为入地进弱电管道）光电缆300多千米，杆线梳理150杆千米，并杆16千米，入户线整理14200余户；督查相关单位完成强电缆、集抄线、用户表前线、私人监控线、私人网线、自来水管等影响整治效果的线路政治和拆除废线废杆废铁、拆除集镇区域高层飞线等工作。对重点区域做好日常巡查，美化整治区域。线路整治全部通过省检查验收。

完成8个牵头单位（浣东、店口、次坞、牌头、应店街、璜山、马剑、王家井）第一批“五星达标、3A争创”95个行政村线路整治工作和第二批“五星达标、3A争创”60个行政村线路整治工作。新建地埋管道14.3管千米，“上改下”光电缆120多千米，杆线梳理260杆千米，并杆33杆千米，全面完成整治行政村155个，入户线整理100000余户。

推进纪念“枫桥经验”55周年有关广电线路的改迁工作，牵头完成枫源村大悟自然村核心区弱电线路改造，新建管道2.6千米，拆除杆路3.4千米，“上改下”光电缆48千米，同时对部分入户线路采用铝合金线槽进行美化。（牛 静）

邮政

【概况】2018年，诸暨寄递行业累计业务量超过2.4亿件，同比增长42%，业务量位居绍兴地区第1位、全省区县市第10位；累计业务收入10.26亿元余，同比增长40.6%。

诸暨邮政分公司实现业务收入近2.64亿元，同比增长10.26%，完成省公司计划的100.34%，列全省县市公司第5位；累计完成净利润3089万元，达成全年计划目标，列全省县市公司第4位。

2018年，全市共有村邮站479个，信息化村邮站运营率90%。全市受理各类缴费业务85.52万笔，金额突破1.1亿元。邮政传统业务全年累计完成邮务类业务收入1861万元，其中集邮收入428万元，函件收入375万元，报刊收入1058万元。

2018年，全市共有国有、民营快递品牌13个，法人企业或在诸暨的分公司15家，分拣中心9个，营业网点178个（标准化率达100%），从业人员1600余人，人均快件使用量为290件（人均快件使用量=进出港件总量/区域常住人口）。配备自动、半自动化分拣设备41台，流水线21条，PDA设备1083个，安检机13台，智能快件箱234个。

2018 年绍兴地区快递业务发展情况

表 14

地　区	快递业务量				快递业务收入			
	当月完成（万件）	同比增长（%）	全年累计完成（万件）	同比增长（%）	当月完成（万元）	同比增长（%）	全年累计完成（万件）	同比增长（%）
越　城	614.3	16.8	6093.5	-12.2	8492.2	12.6	86042.3	-12.3
柯　桥	616.9	88.8	4831.6	60.9	5312.7	46.1	48025.7	37.5
上　虞	392.1	14.2	4818.5	20.5	3296.0	11.6	38715.0	17.0
诸　暨	3008.5	24.6	24019.6	42.0	11958.0	18.2	102674.5	40.6
嵊　州	136.9	13.6	1280.8	19.6	1274.2	-7.8	14303.3	3.6
新　昌	92.7	-3.0	949.7	-4.1	801.9	-13.5	9137.8	-4.0
合　计	4861.4	27.0	41993.7	27.6	31135.0	17.3	298898.6	13.9

说明：部分数据因四舍五入的原因，存在着与分项合计不等的情况。

【安全生产监管】3 月，印发《2018 年诸暨市邮政业安全监管工作要点》，召开全市邮政业安全生产工作会议，全市 15 家法人企业或在诸分公司的主要负责人及安全员参加，签订《安全生产责任书》，明确责任主体，落实工作措施。4 月底，完成 3 批计 200 人次消防安全培训。9 月，签订《诸暨市寄递企业旺季安全生产责任书》。全年开展营业网点例行检查 143 次，出动检查人员 286 人次，检查营业网点 916 家，发现整改安全隐患 137 处，约谈企业 51 家次，下发责令整改通知书 51 份，依法查处违法违规企业 3 家次；夜查分拣中心 4 轮，检查企业 15 家，发现并整改安全隐患 1 处；组织开展 4 轮企业消防安全普查，发现并整改安全隐患 1 处，责令企业将场地、宿舍消防检查常态化、精细化、专职化，形成完善的台账资料；开展视频监控巡查 244 次，检查网点 1453 家，发现并整改安全隐患 32 处。

【行业专项整治活动】1—6 月，开展寄递渠道涉枪涉爆隐患集中整治专项行动，防止各类枪支弹药、易燃易爆物品、危险化学品等禁寄物品流入寄递渠道。6—12 月开展寄递渠道“三项安全制度”（实名收寄、开箱验视、过机安检）专项整治行动，督促快递企业全面落实实名收寄、开箱验视、过机安检，消除各类安全隐患，保障寄递渠道安全畅通。

【监管模式创新】购买第三方社会服务进行陌生人包裹试寄，督促企业严格执行开箱验视和实名收寄制度。开展陌生人试寄 53 轮，检查网点 714 家，发现并整改安全隐患 74 处；下发《诸暨市寄递企业三项安全制度落实情况评优方案》，对快递企业及其下属营业网点三项制度执行情况进行加分或扣分管理，根据考核结果，在年终向达到优秀标准的企业和网点颁发荣誉牌匾。

【部门联合执法】2018 年，联合烟草专卖局开展执法检查 24 次，查获各类假私卷烟 818 条。

【诚信邮政建设】按照绍兴市邮政管理局“诚信邮政深化年”工作部署，下发《诸暨市寄递企业“失信名单”管理制度》，组织企业参加绍兴市“诚信快递员”评选活动，引导从业人员争做“诚信邮政”的建设者、倡导者和传播者，营造“诚信为荣、失信可耻”的行业氛围。

【浙江省快递业安全应急演练】2018 年 5 月，承办浙江省快递业安全应急演练，应急演练分危爆品处置和员工宿舍火灾逃生两个模块，省、市、县三级邮政管理部门分管局长及部分地方领导出席，共计观摩人员 55 人。

【业务整合】诸暨邮政分公司、浙江省邮政速递有限公司诸暨分公司按照浙江省邮政公司的统一部署，将邮政快包、邮政速递两支队伍和办公场地合并，于 10 月 11 日成立诸暨市寄递事业部，设立揽投特服邮路、揽投专网邮路、农村普邮混合投递邮路、营揽专网邮路、邮运网邮路，建立揽投网组建新模式。

【邮政农村电商】2018 年，诸暨邮政分公司实现站点建设 888 个，其中商超型（便利店、小型超市等营业场所利用邮政邮乐购系统进货）641个，农村电商实现批销额3686.15万元，较2017年同比增长70%。其中，自营商品实现销售1321万；零售交易实现交易笔数6.25万笔，金额148.21万元。车险业务年度发展会员数量5470户，完成保费1774.4万元，会员数增长15.67%。思乡月、粽情端午实现分销收入426.33万元（不含税）。

【警医邮】积极参与“最多跑一次”改革，公安交警、医疗机构、邮政寄递三方实现跨界融合，驾驶人只需到邮局，即可“一站式”完成拍照、体检和业务申请等一系列手续，全市有23个邮政网点开通相关服务，累计完成业务1329笔。

【简易险】2018年，诸暨邮政分公司依托散单业务与团险业务，拓展业务发展潜能，完成简易险5542笔，保费规模116万元。（钟科峰）

电信

【概况】2018年，中国电信诸暨分公司围绕“智能综合信息服务运营商”的转型升级新战略，全面深化创新改革，加大投资力度，全力助推地方经济信息化发展和“智慧诸暨”建设进程，积极做好“枫桥经验”55周年和西施马拉松比赛等重点通信保障。2018年全年业务收入3.2亿元，截至年底宽带用户18.2万户，固话用户21.1万户，移动用户36.2万户，ITV用户16.4万户。

【基础设施建设】大力开展“移动和光网质量双提升”活动，累计完成基础设施投资2亿元。投资5000多万元深化光网城市建设，完成“万兆到楼、千兆到户”工程，互联网出口宽带扩展到3840G，全面实现IPV6（指互联网协议第6版，是互联网工程任务组IETF设计的用于替代IPV4的下一代IP协议）部署。采取光衰整治、网络优化升级等措施提升网络质量。投资5000多万元继续推进4GLTE（4G网络）基站建设，开通LTE基站和室分点位共300多个，进一步提升无线容量，全面提供超高速无线互联网、VoLTE（一种IP数据传输技术，全部业务承载于4G网络上）、NB-IOT（窄带物联网）、eMTC（物联网应用场景）物联网无线承载平台，为下一阶段开展5G基站建设打下基础。2018年底，已开始5G移动通信试点工作。投资3000多万元，推进“智慧诸暨”建设，为全市数字化推进提供网络基础。

【全省首个平安建设信息系统3.0版本】做深做实“四个平台”，打造基层智慧治理枫桥新标杆，为全省首个平安建设信息系统3.0版本。完成与全省综治系统、全省“12345”政务举报、全省“96345”便民服务等省级平台，河长通、安监通、食安通等市级平台，古镇公众号、镇长热线等枫桥镇自有平台的对接及事件流转，达到用户统一管理，系统单点登录、消息同步推送的效果，实现各业务系统的联动。5月，由中国电信与杭州天阙公司联合开发的枫桥镇惠民服务平台上线运行。该平台作为“四个平台”的延伸子平台，首批面向全镇1500个孤寡、残障等群体提供“一键式”呼叫服务，受理与处置派单全程纳入到“四个平台”管控，由村、社区提供就近上门服务，并采用“点对点”上门安装、培训，确保每个关爱对象都会用。自上线以来，累计受理咨询、投诉超500件，处置率100%，满意率达98%以上。

发挥无线网络深度覆盖、高速带宽的优势，全面做好数字化古镇建设，无线无缝覆盖累计安装120个点位，实现全镇主要街道全覆盖。与枫桥镇综治办开展合作试点，进行社会面监控共享，助力雪亮工程建设，将古镇商铺自建监控整合到集约监控平台，打造平安古镇。

【云网能力升级】作为主要云服务提供商，全面参与到企业上云行动中，提供“云、网、端”的上云方案。为小微企业提供一站式的便捷上云服务。截止2018年底，完成1805家智慧企业上云，万安集团和露笑集团打造成超混合云的省级标杆。

【智能物联网升级】在部分重点镇乡实现NB-lot物联网全覆盖的基础上，率先实现升级（从NB升级到eMTC），作为全国首批升级试点，为企业提供更好的联网体验。与枫桥镇政府、家和物联科技公司三方开展面向全镇的智慧消防平台建设，提供重点场所无线烟感、消防栓监控、窨井盖监测的应用服务。

【信息化项目推进】推进信息化项目的落地实施，相继完成大唐袜业小镇WiFi覆盖、店口镇综合指挥室建设项目、水利水电局山塘水库巡防项目、全市所有出租房的人脸识别视频监控、多个农村“五星达标，三A争创”网络及监控等项目。完成“四个平台”延伸所属的视频监控、视频对讲（应急指挥、会议）、天翼对讲（人武部及各乡镇应急指挥对讲平台、巡防）、呼叫中心等项目建设。为人社局提供视频会议服务，并做好与国内外人才交流现场视频会议的支撑工作。完成国家电网抄表器物联网卡项目，并在智慧用电、智慧烟感燃气抄表上成功应用，让便捷服务惠及全市百姓。（戚梦雨）

移动

【概况】诸暨移动公司2018年移动公司有177员工，截至2018年底，诸暨移动个人通信用户数量到达94.1万，上网用户数量到达86.2万，家庭宽带用户到达25.1万，营业收入7.68亿，整体连接规模再创新高。2018年，诸暨移动公司先后获的省级企业文化示范单位、浙江公司先进工会小组、浙江公司模范职工小小家、市级校园营销先进集体等称号。（朱杭燕）

【所有行政村4G网络全覆盖】稳步推进4G网络建设，2018年扩容及新建4G宏站902个，室内分布系统105个，小微站76个。累计分别达到：宏站2460个，室内分布系统550个，小微站309个，实现诸暨所有行政村4G网络100%全覆盖。持续开展双层网建设，扩大新技术应用，落实网络深度覆盖容量增容工程，保持无线网络领先地位。

【5G网络建设】以在市区及各乡镇购买和新建机房为主，全力推进5G传输节点机房建设，已投资1200万元，购买和新建13个站点。预先开通5G传输设备，为后续5G无线网络规模建设做好传输准备。配合政府做好5G布点规划，同时实施原有4G基站的天面改造，为5G发展准备无线侧资源。年底实现诸暨市中心区域5G网络覆盖，全诸暨具备能源抄表、气象环保监测、智能停车、厂区工业互联网等物联网应用的网络接入能力。

【家庭宽带驻地网建设】新增驻地网覆盖数2.34万户，累计覆盖达73.44万户，覆盖规模列绍兴地区第二。推进有线接入，试点智慧运维，全面提升宽带电视产品质量，OTT（电视机顶盒）有线接入93.03%，较年初提升4%；家庭宽带不可用时长2.17分钟，较年初下降8.7分钟，NPR（每万用户投诉比）由年初的410下降至第四季度月均248；装机历时由年初的18.8小时下降至8.24小时，缩短10.56小时。

【全业务支撑体系建设】加强全业务项目经理的现场支撑能力，A类集团（重要政企客户）实现100%直接接口；设置VIP施工维护队伍，实现重要集团固定队伍上门服务。持续做好深覆盖建设（政企客户传输资源深度预覆盖），全年新增深覆盖集团252家。网络承载能力持续巩固，城域网出口带宽扩容至640G，可满足全量客户升级至100M，部分地区可升级至1000M。

【应急保障】完善应急预案体系，每年组织开展应急演练、技能培训，提升应急通信保障和全方位灾害救援能力。2018年顺利完成西施国际马拉松赛、纪念“枫桥经验”55周年活动等重大应急通信保障。（胡成斌）

【“全城一张网”惠民工程】11月，在市委、市政府的统一部署下，诸暨移动联合诸暨市电子政务中心启动“全城一张网”惠民工程，通过构建全城一张虚拟网，实现诸暨市民间的免费通话。截至2018年底，“暨阳网”整体用户规模接近10万。

【客户服务】围绕4G、家庭宽带、集客、触点和无线网络五大服务项目，强化营业厅“三主动”（主动问候、主动介绍、主动关怀）服务落地。对不规范业务进行全面稽核审查，整治不知情定制，严厉打击不良信息和骚扰电话，严防客户敏感信息泄露。做好客户实名登记工作，规范业务营销服务行为。在投诉处理上落实首问责任制，对于不知情定制等侵害客户利益的投诉追诉责任人，做到每起必究、每起必罚。优化流量资费和提醒服务，实现流量套餐扩容、丰富流量产品选择。做好客户沟通工作，先后组织开展“总经理接待日”“惠民服务进社区”等活动。

【信息化项目承建】2018年，先后承建包括诸暨市公安局警务通、协警警务通、村级视联网、智慧建管在内的多个信息化项目，其中诸暨市建管局智慧建管项目包含管理云平台和工地视频监控两部分，可直观展示工地五大员（造价员、施工员、质检员、安全员、材料员）和工程设备状态，增强工程建设活动的透明度，提高建筑工地的安全性。持续做好综治办“平安通”项目、公安治安监控项目、公安“警务通”项目的全年支撑维护工作，为平安诸暨保驾护航。（吕肇炯 陈豪杰）

联通

【概况】2018年，中国联通诸暨市分公司以混合所有制改革为契机，推进瘦身健体，至年底从2017年年初的近100人瘦身至75人。公司下设6个综合区域营销中心，其中4个为综合营销中心，

1个集客营销中心，1个综合营销支撑中心。至2018年底，全市联通用户15万户。

【通信网络规模】截至2018年12月，联通诸暨移动网有2G物理数（联通GSM基站点位数）416个［含室分物理数（室分物理数指联通室分系统点位数）53个］，3G物理数730个（含室分物理数186个），4G物理数636个（含室分物理数156个）。固网网络全市4个模块局，开通38套OLT设备（光纤固定网的汇聚设备）（中兴12套，华为26套），FTTH（光纤固定网光纤到户）网络覆盖3个街道11个镇（暨阳、陶朱、浣东，店口、次坞、阮市、江藻、王家井、山下湖、枫桥、牌头、安华、大唐、草塔），FTTH端口数达到44480户，FTTH方式实占率19.38%，WiFi主要覆盖全市26个厂企宿舍楼、202所中小学。

【线路改造和基站搬迁】2018年按照市政府小城镇综合整治要求，按时按质完成10个小城镇线路改造和9个基站搬迁。

【网络运行和升级】2018年，全市日均语音同比略有下降，流量增长了120%，其中3G语音占了全网总语音的88%，是当前语音业务的主力承载；4G流量占全网总流量96.6%，是目前数据业务的主力承载网。2/3/4G网络资源利用率分别为69%、35%、67%，网络运行整体稳定。加大4G网络扩容力度，加快物联网络的规模部署，第一期开通暨阳街道62个站点，基本实现核心城区覆盖。2018年，联通实行以升级L1800支持NB-IoT为主、N900为辅的双频部署策略。5G网络方面，重点开展汇聚机房、综合接入点等配套新建和改造工作，梳理现网天线、机房空间、市电动力等配套资源，结合行业应用，开展5G网络试点建设。

【申诉率管控】建立申诉月通报制度，每月对申诉案件进行分析，罗列问题落实整改措施；按季度制定申诉受理量管控目标值，并进行相应奖惩；制定投诉工单日跟进机制，设置专人对每天处理完成的投诉工单进行实时监督，确保客户端的处理结果；对于保留意见的投诉问题，由专人后续再跟进处理，做到每个投诉百分百闭环。开展投诉处理人员案例专题培训，提高投诉一次性解决率，避免投诉升级。

（潘玲娟）

金 融 业

概述

2018年，市金融办围绕服务实体经济、防控金融风险、深化金融改革三大重点，做好“资本+”“金融+”“创新+”“风控+”等文章，重点在推进落实“凤凰计划”（注：《浙江省人民政府关于印发浙江省推进企业上市和并购重组“凤凰行动”计划的通知》浙政发〔2017〕40号文：把对接多层次资本市场与改造提升传统产业、培育新兴产业有机结合起来，促进制度创新、科技创新、产业创新和管理创新，加快“腾笼换鸟”“凤凰涅槃”，全面振兴实体经济）、强化金融服务保障、探索县域金融创新、防范系统金融风险等进行突破。2018年末，全市共有银行业金融机构22家，小贷、担保、典当、民间投融资中心等各类地方金融组织超过20家，初步形成以传统金融机构为主体、新金融业态为补充的金融体系格局。

【金融有效供给】12月末，全市各项存款余额1472.37亿元，较年初增长102.6亿元，同比增速7.49%；各项贷款余额1296.65亿元，较年初增长10.74亿元，同比增速0.83%。完成金融机构考核工作，对存在抽贷压贷现象的金融机构进行处罚，推进银行业金融机构支持实体经济发展，确保新增贷款70%以上流向实体经济。

【小微企业金融服务创新】强化金融创新示范县市试点(试点于2010年开始)，丰富传统金融机构，新增平安银行诸暨小微企业专营支行、泰隆银行诸暨小微企业专营支行2家。至2018年底，全市共有小微企业专营支行3家。创新小微企业融资方式，改进金融服务，引导金融机构开展银税互动，根据企业纳税额给予企业一定额度的信用贷款。

【金融支农】强化农村新金融改革试点（试点于2016年开始），鼓励银行增加对农业的投入。12月末，农村产权抵押贷款余额5295.4万元，其中农房抵押贷款3295.4万元，土地承包经营权2000万元。其他涉农创新融资余额26.36亿元。

【全社会融资】拓宽企业融资渠道，做大社会融资总量。1—12月，新增全社会融资136.88亿元，其中直接融资134.73亿元，占比98%。

【企业帮扶】通过强化政策执行、借力转贷基金、创新金融服务手段、落实重点企业帮扶等措施，协调银企矛盾，增强银企互信。1—12月，企业利用多层次转贷基金共转贷1097家次，转贷金额195.52亿元。

【不良处置】坚持系统处置、灵活处置和分类处置原则，全市累计处置不良贷款57.55亿元，年末不良率1.73%，较年初下降0.83个百分点。

银行业

【概况】2018年，金融系统紧盯“实体贷款”“小微贷款”“债券续发”“不良贷款”等主要金融指标，全力实现稳增、提质、降本、化险等金融工作目标。至年末，全市银行各项存款余额1472.3亿元，同比增长7.49%；各项贷款余额1296.7亿元，同比增长0.83%。

【实际贷款】账面贷款增速回落，实际增速依旧稳定。至年末，诸暨市账面贷款增加10.7亿元，但考虑不良处置引起贷款规模下降53亿元、政府平台净下降23.5亿元、海亮集团贷款上移省分行4.4亿元因素，诸暨市政府平台以外的实际贷款增量达到91.6亿元。全市异地贷款余额542.1亿元，比年初新增42.8亿元。分机构看，农商银行、工行、农行贷款增量分别为19.9亿元、13.4亿元和11.2亿元，位居全市贷款增量前三位。

【贷款投放向小微企业倾斜】2018年，全市平均每月新增小微企业贷款户数155户，至年底小微企业贷款总户数17899户（含个体工商户）。人民银行充分保证辖内2家法人银行（诸暨农商银行、诸暨联合村镇银行）贷款指标，增强其放贷能力，全力投放小微企业。至年末，核准法人银行发行同业存单额度100亿元，大额存单额度17.5亿元，支农再贷款1.2亿元。2家法人银行全年新增贷款22.2

亿元，同比多增2.4亿元，是全市新增贷款的2.1倍，且全部投向实体经济。

【融资成本下降】2018年，全市融资成本总体有所下降，年末全市银行机构加权平均贷款利率为5.25%，比8月末下降7个BP。下半年，全市有16家银行机构推出小微企业利率优惠政策，年末小微企业贷款加权平均利率为5.95%，比上半年的6.35%下降了40个BP（BP是基点的意思，英语basis point的缩写，一个基点就是0.01%），其中下降最多的交行、建行分别达到100BP和80BP。

【担保化解】2018年，全面推进“解保贷”（解决担保链的贷款）业务，通过财政性存款配套、万分之八将励等措施，全市“解保贷”业务发展迅猛，全年新增60.2亿元，其中支担保6.2亿元，涉及企业31家，工行、中信银行、绍兴银行家数最多。稳步推进信用贷款换担保、抵押贷款减担保、盘活资产支担保，全市信用贷款比重达到14.7%，比年初提高4.6个百分点。全市担保贷款比担保贷款最高峰的2015年下降近20个百分点至30%以下，已低于全省平均水平（35%）。

【有贷款审批权限银行增加】非法人银行贷款审批权限长期无变化的局面得到改变，2018年全市有贷款审批权限银行增加到7家，除农商银行、村镇银行、台州银行、民泰银行外，农行6月5日开始下放1000万元以下的小微网贷审批权，中行5000万元以内的低风险业务有审批权，浙商银行2000万以内的低风险业务可自行审批。

【不良贷款处置】2018年，市领导先后分5批走访省市银行机构9家，就雅迪、大东南等重点风险企业处置与上级银行机构达成多项共识，为全市运用多种方式成功处置风险险提供了保障。全市全年共处置不良贷款57.5亿元，其中打包转让25亿元，司法核销13亿元，现金清收10.7亿元，上挂4.3亿元，不良转正常3.7亿元，平移重组0.8亿元。

【债券融资】诸暨市国有资产经营管理有限公司灵活运用“内保外贷+全口径跨境融资”政策，于2018年年初成功获批3.08亿美元外债，折合人民币21亿元。11月，海亮集团通过债券融资支持工具发行债券5亿元。

【全省率先实施司法在银行机构查冻扣“三集中”】发布《诚信宣言》，组织诚信主体演讲，修订黑名单管理办法，形成企业家自律、全社会宣讲、黑名单严厉打击的“三位一体”金融生态优化体系。一些企业主动与银行机构对接，落实还款责任后退出黑名单制裁。在全省率先实施司法在银行机构查冻扣“三集中”，即集中交付、集中传输、集中建档，实现法院城乡多个网点跑改为城区一个网点跑，工作人员跑改为电子数据跑，业务办理往返“多次”跑改为“一次”跑。2018年全市银行机构办理法院查冻扣业务12348件，同比增加2523件，平均执行时间由1.5小时/件压缩至0.5小时/件，有效缓解法院执行处置难矛盾，大幅缩短风险化解时间。

【全省率先试点重整融资服务】8月，人民银行牵头拟定《关于开展重整融资服务试点的实施意见》，与法院、银监办联合发文实施，在全省率先试点重整融资服务，着力推动重整企业账户修复、信用修复和融资功能恢复。 （史小猛）

【工行诸暨支行】**概况** 截至2018年年末，中国工商银行股份有限公司诸暨支行（以下简称“工行诸暨支行”）本外币存款时点余额163.41亿元，在工农中建四行中占比27.63%，同业排名第2位；本外币贷款余额173.18亿元，比年初增加13.4亿元，在工农中建四行占比32.69%，同业排名第一；不良贷款余额2.72亿元，比年初减少3.76亿元；不良率1.57%，比年初下降2.49个百分点，实现双降。2018年度，在工行绍兴分行系统内排名第四，考核质量A++。

草塔自助银行开业 11月9日，工行诸暨支行草塔智能自助银行正式开业并投入运营。该自助银行利用“金融+科技”的手段，将银行传统服务和互联网有机结合，通过用户自助办理为主和网点服务经理协助相结合的模式，利用数字媒体技术为用户提供全方位服务，不仅缩短了用户等候时间，同时也可满足用户的多样化需求。

手机银行升级 对手机银行进行全新升级，上线5年账务可追溯、云保管功能、信用贷款、大额转账、模拟交易、语音交互等诸多新功能，其中单日上限100万元转账无需u盾验证，用户不用去柜面办理，直接在手机上刷脸认证后即可自助上调e支付转账限额，开通一键大额转账，简单便捷。语音转账功能节省手动搜索时间，大幅提升用户操作便利性，实现“一说即达”。

不良贷款处置 综合运用各种清收处置手段全力处置不良贷款，全年不良劣变2.67亿元，同比减少7.3亿元；累计清收处置6.44亿元，其中现金清收1.25亿元，完成3批13户企业打包处置4.06亿元，常规核销1.04亿元，期末公司不良贷款额1.87亿元，比年初减少3.75亿元，不良率1.55%，比年初下降

3.41个百分点；个贷不良余额0.85亿元，比年初减少82万元，不良率1.63%，比年初下降0.26个百分点。

金融知识普及月宣传活动 自9月初开启开展为期一个月的“金融知识普及月 金融知识进万家”暨“提升金融素养 争做金融好网民”系列活动。9月10日活动当天，辖内16个网点、5个部门参与集中宣传日活动，累计举办各类活动5场次，参与员工150人，受众用户量1万人，发放各类宣传资料8000份。在整个金融知识普及月中，累计举办各类活动7场次，参与员工200人，受众用户量2.2万人，发放各类宣传资料18000份。

▲工行诸暨望云支行借助网点门口平安诸暨宣传活动，向社区居民分发宣传折页，进行防电信诈骗宣传

（王琪琦 摄）

绍兴市分行首笔二手房交易资金监管业务 9月，工行诸暨支行与二手房交易买卖双方签订“二手房交易资金监管协议”，经审核后发放绍兴市分行首笔二手房交易资金贷款，贷款额度37万元。

全市首笔风险参贷项下出口订单融资 3月，工行诸暨支行与首尔分行合作，成功营销全市首笔跨境人民币风险参贷项下出口订单融资，成功营销1900万元的跨境人民币风险参贷业务。

“AI投”营销 2月，工行诸暨支行多举措并举开展“AI投”（“AI投”：AI智投是基于海量数据，客户投资画像进行精准描绘，并借助专业量化模型，智能选取基金产品，构建基金产品组合，为客户获得相应收益。在产品配置过程中，通过大类资产配置，分散投资风险）培训与营销，5天时间内创下销售14笔、累计金额27万元的好成绩。

企业手机银行推广 推出企业手机银行，方便用户日常办理查询对公业务。至2018年底，企业手机银行用户达5883户。界面友好、便捷易用、用户安全、智能提醒、待办跟踪、开放个性、可视化分析等方面均有较大提升，得到了广大企业客户的一致好评。

用户发展 落实用户发展工程，加快小微企业用户拓展，利用“小微企业固定资产购建贷款”贷款用途广泛、贷款期限超长、担保方式多样的三大优势，上下联动营销，多次与诸暨市店口友地工业园区和中节能环保产业园区就入园用户办理支行构建贷款事宜进行沟通联系，截至9月末，上述入园用户购建贷款基本完成，共计拓展小微企业客户29户，发放贷款7754万元。

结对共建 9月起，工行诸暨支行和海宁支行开展结对共建交流活动，通过座谈交流、组织业务联动等形式，实现协同发展、共同发展。10月，工行诸暨支行和工行省分行财务会计部签订结对共建协议书，通过座谈交流、建群沟通、党建带动等形式有序推进结对工作。11月，支行组织人员赴省分行财务会计部深入学习，推进党建工作和业务经营方面的深度合作。（王琪琦）

【农行诸暨市支行】概况 至2018年底，农行诸暨市支行（以下简称市农行）本外币各项存款余额200.73亿元，比年初增加22.28亿元；本外币各项贷款余额148.18亿元，比年初增加11.21亿元；拨备前利润4.42亿元。

信贷投放结构调整 对接诸暨大城市建设热点，关注民生，服务实体经济。支持宝龙、弘阳、碧桂园、海伦堡等多家招商引资优质房产公司，成功获批发放市旅游投资公司5.5亿元景区收费权项目，成功发行浣江水务公司收费权ABS项目7.03亿元，该项目是浙江省首单AAA供水收费权类资产证券化项目，也是全国首单新三板挂牌公司供水收费权资产证券化项目。调整信贷结构，加大个人贷款投放力度，至2018年底，全行个人贷款新增7.54亿元，总量达到52.45亿元，增量、总量均居四行第一。全行新增流动资金贷款全部投向于实体经济，全年向31户新营销资产客户新增资金授信2.4亿元，实际用信2.4亿元；向19户存量客户新增用信2.59亿元。运用农行服务小微企业特色产品简式贷、小微网贷和快捷贷，支持小微企业，全年对小微企业的信贷投放6.6亿元。

服务乡村振兴 下发《中国农业银行诸暨市支行2018—2020年服务乡村振兴实施方案》，提出65条服务乡村振兴目标及措施。2018年新增村民建档12800户；惠农通微信公众号关注客户31017

户，净增20633户；专业大户（家庭农场）总量240户，比年初增65户；惠农卡有效客户49153户，净增6522户。至2018年底，全行已为58686户农户建立档案，对53219户农户产生预授信，授信占比达90.68%，创建白名单（信用）客户1691户；累计向2809户农户发放惠农网贷15.02亿元。深化互联网+金融服务，线上线下密切配合，大力推广惠农e贷等产品，使农户通过手机操作、惠农机具操作便能实现贷款快速到账。继续派遣业务骨干作为金融特派员到镇乡（街道）挂职。加大硬件投入，至2018年底，在全市27个镇乡（街道）布设人工网点19个、自助网点10个、各类自助设备158台（其中现金设备120台），POS机特约商户1584户。

风险防范 持续推进党建线、纪检线、运营线和队伍网格化“三线一网格”管理，逐级签订员工行为“网格化”管理责任书。加强日常行为监督，加大信贷风险控制和基础管理，加快不良贷款处置，通过为企业优化授信和担保结构、降低利率、调整结息方式等手段，帮助企业渡过难关。坚持常规检查与突击检查相结合、现场检查与监控检查相结合、员工行为摸排与重点员工关注相结合，提高合规经营管理水平。

党建工作 全行共有25个党支部，其中19个经营网点全部设立党支部，经营单位负责人担任党支部书记比例为95%，运营主管党员比例为63%。持续开展“三亮四比三评”（亮标准、亮身份、亮承诺，比服务、比技能、比合规、比贡献，群众评议、党员互评、领导点评）、“党员示范岗”“岗位建功、争做标兵”等活动，引导党员立足岗位作贡献。持续开展党建“四结对”（经营网点党支部与农村/社区党支部结对，支行机关党支部与经营网点党支部结对，老党员和新党员、先进党员和后进党员、有经验支部书记与新提任支部书记结对，与群团、社会公益机构结对）活动，支行19个经营网点党支部全部与所在村/社区党支部开展共建共创活动。各网点支部以党员小分队为载体，将党员示范岗向村口田头、街口镇头、集市和机关企事业单位人口集聚区延伸，提升服务实力。枫桥支行党支部被农总行评为先进基层党组织。

队伍和作风建设 加大干部竞聘选拔力度，选优配强网点负责人队伍，并进行动态管理。持续优化青年队伍，每年以新入行员工数的30%以上比例将青年员工充实到客户经理队伍；组织业务比赛、支行重点产品营销拓展、送金融产品下乡等活动，为青年员工展示才华搭建平台；采取“岗位锻炼、机关交流、任职培养”等方式优化县域英才的培养使用。至年底共有在库初级青年英才8名，并针对不同对象制订个性化培养计划。持续抓好员工职业教育培训，2018年共组织员工参加上级行培训14次87人次；本行培训26次1331人次；组织69名员工分别参加13批次的上岗资格证考试。

聘请来自人大、政协、新闻媒体、人行、银监办和镇乡（街道）纪委、金融自治村等部门（单位）人员21人担任支行党风、行风监督员，并建立微信群，对支行网点建设、员工服务、廉洁自律等各方面进行全方位监督。组织开展开展“身边的事教育身边的人”警示教育活动，做到警钟长鸣。

（方燕芬）

【中国银行诸暨支行】概况 截至2018年末，中国银行诸暨支行本外币存款余额107.4亿元，较年初新增6.33亿元，增幅6.26%；本外币贷款余额合计98.84亿元，较年初下降2.36亿元；不良贷款余额为4.25亿元，不良率为4.30%，分别比年初下降1.49亿元、1.37%。

政府项目贷款投放 从2017年底开始研究项目，跟踪诸暨市2018年棚户区改造项目进程。2018年，获批诸暨市建设投资公司棚户区改造项目贷款8亿元，并于2月成功投放2亿元，成为诸暨支行2018年公司条线首个落地项目，填补了近几年来项目贷款投放的空白。12月，通过向上级行寻求特别支持，成功按照市委、市政府的要求，完成8亿元总量的投放。

不良贷款“双降” 把不良清收化解作为贯穿全年的重点工作，加大不良资产清收化解攻坚力度，本外币同抓、对公对私齐进，通过现金清收、批量处置、司法核销、资产平移等综合手段，完成不良清收化解9.86亿元，不良资产余额从最高的9.9亿元下降到年末的4.25亿、不良率从最高点10%下降到年末的4.3%，不良余额、不良率实现“双降”。

客户拓展 针对客户基础相对薄弱，影响业务持续长效发展的现状，实施对公对私客户板块项目经理制度，对公以拓展结算户、公私联动、普惠金融、周边商圈等板块为重点，对私以中高端、拆迁户、三方存管、市民卡等板块为抓手，定期分析，稳健推进。至2018年底，对公客户增加1023户，合计6397户；对私客户增加11021户，合计136231户。

“惠风和畅”党建品牌创建 大力推进“惠风和畅”（惠——惠民公益、普惠金融，惠及千家万户；

风——让我们的服务融入群众生活，满足群众需要，成风化俗，形成习惯，培育“中国银行在您心中”的风气；和——和谐美丽，以银村、银社结对共建为纽带，用我们的金融服务和多元产品，让百姓的生活更美好，营造“和美一家亲”氛围；畅——推进高效优质服务，以畅通金融服务畅快群众心情，使之如沐春风）党建品牌创建活动，辖内13家网点与村、社区、社会养老服务机构等单位签订“惠风和畅”党建共建协议，结合“守住钱袋子”反欺诈活动、反假币知识宣传、普及金融知识活动，进社区、进园区、进村、进学校、进企业开展党建共建、公益宣传活动。截至12月末，组织外拓近40次，覆盖4000余人次；组织微沙龙300余次，覆盖人群6000余人次。

（楼文锦）

【建行诸暨支行】概况　2018年，建行诸暨支行通过抓旺季营销、巩固公私联动资金承接、拓展城乡农村市场，有效夯实存款基础，同时不断推动贷款结构优化调整和转型发展。截至12月31日，一般性存款时点余额119.86亿元，其中个人核心存款时点余额65.54亿元，当年新增5.91亿元；各项贷款余额109.59亿元。

住房保障改革　结合政府“最多跑一次”“一证通办一生事”等改革，运用金融科技力量，完成全城通办、系统融合、一键年审三大创新，实现公租房申请审批时效的大幅缩短（减少16个工作日）。截至12月31日，诸暨建行住房租赁平台房源汇总8335套，房源成交合计417套。

小微企业扶持　积极培育“双小”（小行业、小客户）客户群体，通过走进农村、社区，推广“小微快贷”“抵押快贷”等优势产品，扶持小微企业。截至12月31日，建行普惠金融8+1贷款余额13.31亿元，较年初新增1.23亿元；文明助农贷实现诸暨省级以上文明村全覆盖。

不良处置　截至12月31日，不良贷款余额1.53亿元，较年初下降4.85亿元；不良率1.40%，较年初下降3.67个百分点，不良额、不良率均为当地四行（工行、农行、中行、建行）最低。当年实际处置不良5.39亿元余，其中现金回收1.01亿元余，核销0.13亿元，打包处置4.05亿元，上迁384万元，其他处置0.17亿元。

开放15个“劳动者港湾”　对辖内网点布局进行调整优化，在全市网点开放15个“劳动者港湾”，配备休息桌椅、雨具、微波炉、急救箱等众多惠民服务设施，同时在港湾中提供走失儿童关怀、失物招领以及消费者权益保护知识宣传等服务。

（徐曼舒）

【交通银行股份有限公司绍兴诸暨支行】概况　2018年，交通银行股份有限公司绍兴诸暨支行突出抓好“三增三降”（净经营收入、利息净收入、手续费及佣金净收入增长，风险成本、营运成本、资本占用下降）重点工作，至年末，人民币各项存款余额47.42亿元，比年初增加2.5亿元；人民币各项贷款余额49.08亿元，比年初增加4593万元；不良贷款余额1480万元，比年初减少7815万元，不良率为0.31%，比年初下降1.6%。

存款营销和表内理财产品销售　组织各类存款营销活动。参加政府存款招投标工作，成功中标财政存款3亿元；开展对公新开户营销活动，全年对公新开户298户，带来日均存款5573万元。表内理财产品（银行理财产品分为表内和表外，最大的区别在于募集的理财资金是否计入银行的资产负债表）销售绩效明显，12月末对公表内理财余额3.2亿元，表外1.11亿元；对私表内理财余额9.87亿元，新增4.23亿元。

个金资产业务成为新增长点　至12月末，个金资产业务（个人类贷款业务和金融服务业务）余额14.17亿元，比年初新增2.28亿元，完成绍兴分行下达双倍分任务的216.99%，新增实绩数、发放数在绍兴分行均排名第一。全年共发放住房按揭贷款472笔3.95亿元，商铺按揭贷款87笔3851万元，惠民贷378笔1403万元。

特色业务　2018年1月17日，成功办理支行首笔企业网银交付保业务；2月13日，成功上线非税电子化系统下的mispos；3月12日，完成绍兴分行第一个智能家易通客户上线；8月2日，成功开办非税支付宝当面付业务；8月3日，成功销售交通银行重点推荐的资源型产品——券商集合理财100万元；9月17日，成功营销绍兴分行首笔3516万美元外商直接投资业务；9月17日，成功落地绍兴分行首笔云智付业务。建筑工程农民工代发工资营销成效显著，全年新增代发源头客户3004.42户，完成率达1201.77%，该营销项目入选总行代发工资项目竞赛。

经营效益　继续加强息差管理，至12月末，实现利息收入2.25亿元，同比增加821万元，增幅3.78%。同时，多渠道提升非利息净收入，全行实现非利息净收入1276.9万元。

风险管控　做好逾期贷款清收压缩及化解工

作，全年累计清收不良贷款11176万元。组织开展“治乱象，维秩序”排查、放款印章排查等各类专项排查，查找在人员管理、内控制度、业务流程和业务操作方面存在的问题和风险隐患，防范员工失范行为的发生。

员工管理制度化人性化 落实员工8小时之外管理，开展每季一次的员工自查承诺和谈心、家访、走访等活动，在岗员工自查承诺和排查率达100%。组织员工参加“交通银行在职员工互助会”，投保人身险；采取组织员工体检、发放生日蛋糕、生病上门慰问等措施，关心关爱员工；组织开展“开心麻花，欢乐过端午”、行庆趣味运动会等活动，丰富员工业余生活。市支行在2018绍兴分行“营运技能风采大赛”中获团体第一名，店口支行、城东支行在绍兴分行日常业务竞赛中获优胜奖；员工孟盼利被评为交通银行“新时代最美交行人——时代工匠”；员工周银平被评为浙江省分行2018年“走进交行 感受温馨”优秀柜员。 （杨 琼）

【农业发展银行诸暨市支行】概况 截至2018年12月31日，农业发展银行诸暨市支行各项贷款余额近52.15亿元，比年初减少5.89亿元余，减幅为10.15%；各项存款余额12.01亿元余，比年初减少7.14亿元余，减幅37.30%。日均贷款余额55.66亿元余，比上年增加近7.36亿元，增长15.23%；日均存款余额近16.03亿元，比年初增加近3.25亿元，增幅25.43%。各项贷款中，地方储备粮油贷款2.02亿元余，仓储设施贷款6200万元，新增粮食财务挂账贷款7487万元，产业化龙头企业短期流动资金贷款6930.48万元，农村基础设施建设中长期贷款12亿元，农民集中住房建设中长期贷款11.60亿元，棚户区改造贷款11.15亿元，水利建设中长期贷款近8.31亿元，改善农村人居环境建设中长期贷款5亿元。2018年，累计发放各类贷款2.07亿元余，收回各类贷款7.68亿元余，核销不良贷款2820.82万元。中间业务收入431.85万元。年末欠息1440.36万元。全年实现账面利润6981.23万元。

稻麦轮换出库资金保障 统筹做好支持粮油收购、服务产销对接、储备轮换补库、资金保障供给等各项工作。2018年，主要是做好早晚稻谷以及小麦轮换出库工作，依据轮换计划，稻谷应轮换出库31780吨，其中早稻13080吨，晚稻13000吨，小麦5700吨。诸暨农发行与收储企业及时沟通，相互配合，通过网上公开拍卖，坚持钱到账、后出库的原则，销售县级储备28080吨，实现销售收入6101.38万元，收回所占贷款5411.6万元；销售省级储备3700吨，实现销售收入521万元，收回所占贷款360万元。同时，对库存粮油做到严格监管，定期、不定期深入库点进行库存检查，做到账账、账表、账实相符，确保诸暨市粮油及诸暨农发行信贷的安全。

业务拓展和创新 履行农业政策性金融职能，创新业务发展，探索公司自营、PPP等模式，拓宽业务发展渠道，主动走进政府和企业，通过开展高层营销，银政合作、银企对接等方式，营销林业生态保护、湿地保护修复、森林旅游开发和林业生产基地等项目。探索支农转贷款，以期推进创新业务的发展。 （李沁蓉）

【中国邮政储蓄银行诸暨市支行】概况 至2018年底，中国邮政储蓄银行诸暨市支行各项存款余额156.34亿元，较上年同期增加11.73亿元，其中，自营网点储蓄存款余额24.93亿元，较上年净增1.55亿元；公司存款9.23亿元。各项贷款结余44.69亿元，其中，零售信贷贷款全年净增8.39亿元，贷款结余33.84亿元；小企业贷款全年净增5670万元，结余10.85亿元。公司贷款结余5.8亿元。其他融资44.57亿元，新增3.78亿元。全年实现自营业务收入近1.97亿元，实现利润1.11亿元余，规模效益指标全省一级支行排名第一。被评为绍兴市优秀“平安单位”，辖内城南支行获2016—2017年度“中国银行业协会安全管理先进单位”称号。

各项业务全省排名领先、绍兴排名第一 2018年，支行负债业务、资产业务、金融市场、中间业务等各项业务均衡发展。小企业贷款结余10.85亿元，全省排名第二；自营储蓄存款日均余额24.93亿元，全省排名第二；手机银行新增激活客户18131户；全年信用卡考核卡量7881张，绍兴地区排名第一；新增ETC用户5257.5户，完成率绍兴地区排名第一；累计办理票据贴现14.66亿元，拓展贴现新客户27户；累计签发承兑3796万元；办理国际结算588笔共计9110万美元，笔数、金额绍兴地区均排名第一；贸易融资发生额2.4亿元，绍兴地区排名第一。

全省首笔小企业光伏贷 1月31日，落地全省首笔小企业光伏贷（是指向借款人发放的，用于购置光伏发电设备及建设光伏发电项目所需资金的固定资产贷款）金额400万元。

全省首个参与“公交云”合作县级支行 助力公交移动支付项目，4月23日正式开展项目合作，成为浙江省辖内首个参与公交移动支付项目合作的县级支行。

绍兴地区首笔小企业科技贷　2月15日，落地绍兴地区首笔小企业科技贷（贷款对象为经政府或政府授权的主管部门推荐或确认，拥有相关科技资质认证，从事高新技术产品的研究、研制、生产、销售和服务或以技术开发、技术服务、技术咨询为主要服务内容的中小知识密集型企业），金额290万元。

绍兴地区第一笔税贷通　5月10日，落实绍兴市第一笔税贷通（面向由邮储银行认可的平台推荐或证明的连续、正常纳税的中小微企业、个体工商户、小微企业主，依据其近两年平均纳税总额发放的短期流程资金贷款业务）小额贷款业务，贷款额度50万元。

表内贸易融资破零　4月17日，落地国内信用证卖方押汇1笔，金额2.4亿元，实现表内贸易融资破零。

不良处置　严格执行贷前调查、贷前会商、贷后检查、客户分层走访、客户分类管理等各项制度，严控新增逾期。同时，通过上门清收、法院诉讼、协商还款、不良化解等手段，加快不良资产处置，全年共清收不良贷款58笔，金额2566万元，核销后清收贷款5.86万元，向法院提起诉讼不良贷款17笔，金额4320万元。

内控管理　强化合规管理，通过开展警示学习讨论会、下发风险提示等方式，提升员工合规意识。加强管控，完成关键岗位人员轮岗56人次，处理累计轻微违规积分人员163人次，扣除积分257分，处理其他违规行为人员3人。全年开展安全知识教育及消防知识培训4次、消防安全专项排查2次、国庆安全大检查活动1次。组织开展打击治理通信网络新型违法犯罪专项行动，成功堵截诈骗汇款事件4起。　（袁凯宇）

【招商银行绍兴诸暨支行】概况　至2018年12月末，招商银行绍兴诸暨支行各项存款余额为16.95亿元，其中对公存款余额9.76亿元，储蓄存款余额7.19亿元；各项贷款余额22.24亿元，其中公司贷款10.89亿元，个人贷款11.35亿元。不良贷款余额1203万元，不良率为0.54%，比年初下降0.03个百分点。

个人业务　利用厅堂营销、上门服务发展“大众客户群”和“代发客户群”。截至2018年底，相比2018年初，私人银行客户新增4户、私钻客户新增13户、金葵花客户（以上均为银行按照客户日均资产情况所作的分类名称）新增146户，新增有效大众客户群（达到一定金额的方为“有效”）3673户，新增手机银行1.2万户。

公司业务　加大小微企业信贷支持。2018年批发条线围绕“以客户为中心”、围绕客户需求提供全面综合服务。作为一家基层金融服务机构，我行在合规经营的基础上强化精细化管理，注重提高小微企业信贷业务管理专业化水平，提升民营经济和小微企业的金融服务能力，针对小微企业的信贷业务特点，优化信贷审批流程，提高信贷业务审批效率。同时，做好公私联动，加强信息宣传和后续上门便民服务，提供上门开卡、上门工资卡激活等便民服务，方便客户。

风险管理　持续进行客户风险排查，采取“一户一策”“一人一策”措施防范结构性风险。落实精细化资产管理体制，严把风险关口，尽力保持信贷资产优良。注意声誉风险管理，按监管要求完善组织管理体制与制度，认真执行银监会的各项制度。

公益活动　2018年8月，参加由诸暨市关心下一代工作委员会、中国人民银行诸暨市支行、绍兴银监分局诸暨监管办事处共同发起的“金融育才”助学捐赠活动，向主办方市关工委捐赠人民币2万元。入冬前，发动袜子制造商、经销商参与招商银行发起的“赠人玫瑰 手留余香”献爱心活动，向国家级贫困县武定县贫困学生捐赠1万双价值5万元的厚袜子。　（奚　萍）

【诸暨农商银行】概况　至2018年末，诸暨农商银行各项存款余额357.68亿元，比年初增加27.81亿元，增幅8.43%，其中储蓄存款余额258.63亿元，新增24.47亿元，增幅10.45%；各项贷款余额242.17亿元，比年初新增19.92亿元，增幅8.96%，同比多增0.56亿元。五级不良贷款余额2.94亿元余，不良占比1.21%；累计处置不良贷款4.93亿元。至年末，实现财务收入21.85亿元，增幅8.86%；实现考核利润8.06亿元，增幅1.94%；实现账面利润3.52亿元，增幅6%；实现净利润3.44亿元，增幅11.44%。

农村地区小额贷款覆盖率提升　坚持支农支小，深化网格化管理，提升农村地区小额贷款覆盖率，至年末全行累计设立行政村网格276个、企业网格114个、行政事业单位网格43个；新增普惠签约客户4.7万户，新增个人贷款0.95万户。至年末，组织金融大讲堂245场，惠及群众1.3万余人。

小微企业贷款保障 优化信贷投向，制订信贷投向指导意见，建立重点客户名单库，优先保障辖内小微企业与实体经济发展，至年末，小微企业贷款达133.02亿元，比年初新增12.67亿元，增幅10.53%。

服务和产品、业务多样化 加强政银合作，配合“最多跑一次”改革，推出工商代办、抵押登记直通车、社保代办等多项服务。拓宽服务渠道，推广丰收互联支付平台；建成丰收驿站210家；完成暨阳支行营业部智慧网点建设；发展职业化金融服务员168人。丰富线下产品体系，先后推出“新春乐”“定存宝”等存款产品和“法人房产按揭贷款”“民宿贷”“租金贷”等贷款产品，并为高净值客户提供定制服务。拓展线上业务渠道，推出“浙里贷”业务，尝试传统信贷业务线上操作；10月，首批上线互联网融资平台，推出e闪贷、e分期业务。资金业务持续加大去杠杆力度，至年末，资金杠杆率降低19个百分点，同业负债依存度降低4.67个百分点，理财业务低评级债券占比降低23.78个百分点，低风险资产占比提升10.82个百分点。拓展代理业务，举办贵金属主题销售活动和品鉴会，推出柜面日常销售，累计实现销售额548.5万元，比上年增长3.3倍；引入车险、重疾险、借款人意外险等新险种，累计实现保险销售额507万元，手续费收入169万元。

▲农商行暨阳支行员工正为商户办理开通“丰收一码通”。“丰收一码通”集微信、支付宝、手机银行支付于一体，可以减少客户跑银行的次数 （何 霞 周联军 摄）

管理精细化 强化行长办公会议的经营决策职能、资产负债管理委员会的资金管理职能、投资管理委员会的投资研判职能，定期开展分析，及时调整决策部署。优化考核激励体系，精简考核指标，更加注重主营业务发展；推进内部资金转移定价系统（FTP）运用，将模拟利润引入考核体系之中，增强员工的创利意识。提升市场监测水平，将单一的利率监测转变为对产品、政策、利率等多维度的全面监测，并指定6家支行作为监测点，定期收集业务信息。年度内共召开专题讨论会12场，收集业务信息150余条，初步掌握辖内金融同业的产品情况和竞争策略。提高科技支撑能力，完成涉及考核、营销、管理等41项需求的自主开发工作，完成8个专项数据主题分析，提取应用300余次生产数据，上线31个自助取数模板。

风险管控 抓好辖内乱象整治过程管控，全年共发现问题53个2226笔，涉及金额7.92亿元，完成整改50个2207笔，涉及金额7.77亿元，整改率98.1%。从源头加强风险防控，授信评审中心共参与平行作业1070笔金额38.53亿元，其中否决46笔金额1.43亿元；加强贷中、贷后管理，发挥现场检查中心作用，全年共组织检查21次，检查贷款4684笔金额35.29亿元，其中发现问题109笔金额0.75亿元，95.3%的问题完成整改；开展不良清收“雷霆行动”、悬赏令清收、公告催收等活动，至12月末，累计开展“雷霆行动”5次，收回不良贷款1748万元，抓捕被执行人27人；公开悬赏59人，向法院申报失信人名单758人；在13个乡镇226个行政村对749个欠款人进行公告催收。加大对重大政策制度贯彻落实情况及高风险业务防控情况的审计，全年共审计立项73个，完成专项审计17次，发现各类问题292个，处罚责任人321人次，经济处罚合计16.53万元。 （赵陈林）

【绍兴银行诸暨支行】概况 2018年，绍兴银行诸暨支行积极扩展市场、创新产品、培育客户、化解不良贷款，实现多项业务的全面增长。截至12月末，各项存款33.53亿元，各项贷款37.55亿元，其中1000万元以下微小贷客户新增94户，新增贷款2.49亿元余，实现国际业务结算超1.07亿美元，销售理财产品13.2亿元，全年实现账面利润5227.4万元，实缴税收1951.15万元。

业务增量全行最高 2018年，支行共发展客户近96户，其中小微企业94户，新增贷款近2.9亿元。公私联动时点新增、日均新增、手机银行新增、网上银行新增、代发工资有效新增均为全行最高，日均存款已近2亿元。2018年末，公司存蓄实际共增加10.27亿元余，且活期存款占比大幅度提高。

不良清收全行第一　以“夏秋双降”不良清收攻坚专项活动为契机，对90天以下逾期和欠息客户进行从易到难的级别分类，并实地走访掌握企业实际经营状况，制定化解方案。截至12月末，支行本金共清收2.34亿元，利息清收1049.7万元，两项绝对值均列全行第一。

存贷产品创新　相继推出物产贷、速抵贷、小微快捷贷、富民贷、能人贷等一系列创新产品，优化授信审批流程，降低小微融资成本。推出简易贷和速易贷两款标准化产品，只要符合量化准入条件，即可获得贷款。对专业市场发挥兴市贷等产品优势，发展包括个贷等综合配套服务。发挥三家集镇网点优势，推出定存冠、活期冠、金兰保、大额存单、理财产品 、定利多、金融IC卡、ETC车卡等一系列储蓄产品及兴市贷、循环贷、金兰小微快捷贷等贷款系列产品。（张　华）

【杭州银行绍兴诸暨支行】概况　截至2018年12月末，杭州银行绍兴诸暨支行（以下简称支行）各项存款余额22.54亿元余，比年初增4.25亿元余，其中零售存款余额6.03亿元，比年初增1.89亿元余；公司存款余额15.78亿元，比年初增1.91亿元余；小微存款余额8984万元，比年初增4860万元。各项贷款余额39.26亿元余，比年初增4.67亿元余；累计销售理财产品近66.02万元（折算后29.30亿元余）。2018年，新增二手房产按揭贷款170户，发放贷款9104万元；新增“公鸡贷”（个人信用贷款）1240户，授信近3.20亿元，用信余额近1.35元；不良贷款余额4126万元，比年初下降1252万元，不良率1.05%，比年初下降0.5个百分点，实现双降。

政府平台项目融资　支持诸暨美丽城市建设、交通设施提升、旅游项目发展等重大项目建设，为诸暨市城东新城建设有限公司、诸暨市交通投资集团有限公司、浙江五泄旅游开发有限公司等政府平台项目融资47亿元。

结算存款营销和全员揽存活动　全年度组织开展结算存款专项营销活动，结合收息工作一对一上门走访企业，通过提升信贷客户销货款入账和网银使用率等措施，促进企业存款增，至年底企业存款较年初增长2.4亿元。同时开展全员揽存活动，鼓励员工开展业余揽存和营销各类企业开户。

社区营销　先后举办老年大学书法协会书法家写春联、“庆元宵，猜灯谜，赢汤圆”、送金融知识下乡、与南门社区联合包粽子过端午等活动，组织开展社区营销，促零售存款增长。利用支行LED户外广告牌和网点电子跑马屏，宣传结构性存款、大客存单和理财新产品，在社区服务中心内宣讲理财产品、大额存单、防范非法集资等产品；利用“公鸡贷”上门签约的机会，到医院、学校推介结构性存款、理财、基金、定投宝等产品。至年底，零售存款比年初增加6亿元。

风险防控　加大对存量风险资产尤其是逾期欠息贷款、存量抵押风险贷款及已核销贷款的清收力度，做好全面摸底排查基础工作，对每户风险贷款做好尽职调查，摸清债务人的财务经营情况、对外负债担保情况、资产线索价值等信息，为法院司法处置做好前期准备工作，提高案件执结率，缩短结案时间。坚持新客户风险审查人员实地走访制度，提高对客户的风险识别能力，把好业务准入关。严格执行借款人面谈面签制，落实操作性风险和合规风险防控的工作要求。

内控管理　围绕合规经营组织小微条线重点客户检查、公司条线信贷业务滚动排查、临柜业务专项检查等，同时对辖内网点不定期开展飞行检查和日常安全检查，并对公司业务授信协议条件落实情况及小微、零售业务进行定期跟踪和贷后检查。对检查中发现的贷后管理、征信管理、信贷资金用途等问题均按要求落实整改措施。（张海霞）

保险

【概况】因无具体主管单位，截至2018年底，诸暨各类保险分支机构总家数、从业人员总数及保费总收入情况不详。

【中国人民财产保险股份有限公司诸暨支公司】概况　2018年，中国人民财产保险股份有限公司诸暨支公司下属4个营业部、13个营销服务部，在编职工145人。全年实现全险种保费收入4.39亿元余，同比增长10.72%；上交税收4568.19万元，同比增长20.58%，在诸暨市2018年实缴税收收入前100位集团（企业）中排名第36位，比上年上升3位。

政保合作推行多种新险种　推动诸暨市建筑业管理局、诸暨市住房和城乡建设局分别于2018年9月30日和2018年11月1日转发《关于加强建设工程担保管理全面推行工程综合保险工作的通知》，落实建筑工程综合保险；2018年12月28日，会同诸暨市金融办、诸暨市环保局联合开展全市环境污染责任保险试点工作，2018年年底项目正式开展，截止目前保费收入82.5万；推行全市安全生产责任保险，至2018年底保费收入4.5万；2018年10月31日联系诸暨市海关，推行关税保证保险。今年继续与各街道办事处、乡镇对接政策性农房险事宜，至2018年底保费收入307.87万元。2018年，向诸暨市农办提交报告，推出扶贫保险，至2018年底保费收入314.97万元。2018年8月起，与诸暨市人民法院商讨推出司法救助保险业务，目前正在与市人民法院积极对接司法救助保险业务。

警保合作服务客户 配合市公安局交管部门开展"放管服"（简政放权、放管结合、优化服务的简称。"放"即简政放权，降低准入门槛。"管"即创新监管，促进公平竞争。"服"即高效服务，营造便利环境）改革服务活动，设立人保机动车登记服务站，实施直升机救援、理赔夜市、凹凸租车（凹凸租车就是通过凹凸平台，车主将自己闲置车辆租给他人使用，租客使用车况更好的车辆）等服务。在春节和国庆长假期间，2次在沪昆高速G60诸暨出口开展"中国人保心服务，伴您欢喜过大年"和"中国人保心服务，伴您国庆放心玩"活动，共向客户提供引路咨询服务723人次，车辆定损67辆。

农村住房保险及室内财产保险全覆盖 2018年，公司承办全市政策性农村住房保险及室内财产保险，全市27个街道镇乡、467个行政村、314971户农户参保，实现农村住房保险及室内财产保险全覆盖，承保率达100%。

茶叶低温气象指数保险开发 2018年开发茶叶低温气象指数保险。该险种是在事先指定区域，以事先规定的气象条件与作物产量定量关系为基础，当该区域的气象要素值等于或低于（高于）事先约定的值时，依据产量损失率的大小，确立损失理赔支付合同。气象指数保险相对传统农业保险具有四方面优势：一是理赔纠纷少；二是时效性快，在保险期内或保险结束；三是理赔成本低；四是防御积极性高涨，有利于鼓励农民主动做好灾前预防与灾后抢收。至2018年底，公司共承保21户，承保面积3645亩，农户保费136350元，低温触发理赔共四期，涉及农户20户，共赔款531120元。

车险业务精细化管理 通过对各类车险续保率考核办法及事前、事中、事后的过程管控，提升续保率。续保率达69.72%，同比提升6.98个百分点，全市排名第一。实行家用车续保兜底机制，遏制续保率下降的趋势，对脱保业务进行有效跟踪。每月做好续保业务分析，通过从条款、渠道、使用性质、车龄等维度进行全面细化分析，全方位查找续保情况及问题。在电商、车商线不断引进优秀业务人员，充实和调整车险业务管理部的人员，加强车险业务的管理分析能力。改革车商管理考核体系，强化新车保费达成考核、起保保费与签单保费并重考核，将整体绩效考核与续保率进行挂钩。2018年，公司完成车险保费收入近3.51万元，同比增长8.27%。

理赔服务优化 深化理赔精益管理，努力缩短理赔周期。在车险理赔中，实行3000元以下赔款单证齐全当天到账的快速理赔措施。开展车辆免费施救、免费代驾等服务。遇到雷暴雨恶劣天气，公司派员前往各个积水严重路段进行疏导或封道处理，并实施现场救援。（俞莎莎）

【中国人寿保险股份有限公司诸暨市支公司】

概况 2018年，中国人寿保险股份有限公司诸暨市支公司围绕转型升级这一战略定位，推进队伍去虚向实，稳定队伍组织架构；推进分类分层经营，调动销售人员积极性；不断优化产品结构，提高保障型产品占比；落实分层经营，自营和平台双轮驱动。全年实现总保费收入5.65亿元余，其中十年期以上保费5014.71万元，短险保费2699.78万元，规模保费5802.31万元。

服务优化和提升 通过落实推广"微回访替代率、红利电子化率、无纸化率、保全e化率"等工作，实现客户办理业务自助化。推进"最多跑（问）一次"改革，针对客户服务堵点、难点问题，客服大厅柜面咨询引导岗通过"现场看、具体办、跟踪问"等形式，破解堵点、难点，优化、规范流程。充分利用线上e宝APP和自助机，引导客户线上办理理赔、保全等业务，实现"一次不用跑"。对特殊人群（如偏远山区和孤寡老人、行动不便者等），实施"我来跑一次"的增值上门服务。

风险防范 明确公司及各部门风险控制联络人及职责，多次召开风险控制工作专题会议，并在全体员工中开展防范和处置非法集资风险、防止销售误导和反洗钱等教育。成立"防范非法集资""反洗钱"等专项工作小组，加强自查，常态化开展监督检查，做好风险排查工作，守住风险底线。

"圆梦微心愿"爱心接力活动 "圆梦微心愿"是公司自2015年以来与计生部门联合开展的爱心接力活动，至2018年底共计帮助全市500余名困难孩子实现他们的美好微心愿，价值共计16余万元。年初，公司参与浙江省计生协会和中国人寿浙江省分公司联合举办的“生育关怀，圆梦微心愿”暨“走基层、送温暖”走访慰问活动，向计生困难家庭送去温暖和节日祝福，并送上爱心款和生活用品。

保险知识进社区　10月，公司走进共建社区——暨阳街道下江东社区，开展“保险知识科普宣传”活动，向社区居民讲解金融保险知识和公司险种，并发放宣传折页100余份。社区及共建单位百余名群众参加活动。（施　方）

【太平洋财产保险诸暨支公司】概况　2018年，中国太平洋财险保险股份有限公司诸暨支公司实现保费收入1.91亿元，同比增长8.3%，市场占比15.51%。

多渠道拓展车险　2018年，车险坚持渠道创新拓展与优化品质经营相结合的发展方式，在保证以车商、电网销（电话销售）两大渠道为车险业务两大支柱的同时，多元化拓展渠道，交叉销售、市场营销、邮政、修理厂等多点开花，尝试网络商务合作模式。车商渠道以新保重点业务为基础，采用定点、延时、卡位的方法推动车商团购活动。电网销渠道以本地化服务团队建设为抓手，重在推动电销平台业务的发展，2018年平台业务增长率达到11.37%。

风险管理　明确风险查勘管理工作由非车险业务管理部牵头、非车险理赔科协助开展，指定专人进行风险查勘，坚持费赔折绩联动。调整非车险业务结构，提升非车险盈利能力。控制区域性高风险业务，采用区域管控、底线设置、免赔提高等手段，降低高风险业务占比。年初再度明确布机、袜机的承保条件，从源头控制企业的道德风险。剔除连续亏损且改善措施未达标的业务，提高存量业务的利润贡献度。从理赔指标、细节管理入手，加强理赔环节管控。建立追偿案件每月进度汇报制度，完善奖惩考核办法。

首届西施马拉松唯一合作保险单位　2018年12月9日首届西施马拉松赛事当天，太平洋保险作为赛事官方高级合作伙伴，唯一保险合作伙伴，为赛事提供意外险、公众责任险、账户损失险，保额高达7亿元，同时诸暨员工与客户组成的企业方阵团以独特的品牌展示方式，太保的蓝色方阵在央视直播中精彩亮相。

获诸暨市劳动关系和谐企业称号　对照创建劳动关系和谐企业的有关要求，严格依照评选标准开展自查自评，以维护职工合法权益为中心，以提高职工生活水平为目的，以促进企业增效增收为宗旨，开展创建活动。2018年7月，诸暨支公司获得由诸暨市构建和谐劳动关系工作领导小组颁发的“诸暨市劳动关系和谐企业”称号。（俞晶晶）

【太平洋人寿保险股份有限公司诸暨支公司】

概况　2018年，中国太平洋人寿保险股份有限公司诸暨支公司实现规模保费3.158亿元，其中个险新增保费收入6500万元；累计办结各类理赔案件1401件，支付赔款共计1478.17万元。

转型2.0　在转型1.0（主要是经营理念的转变和客户端的变革）的基础上，实施以客户需求为导向的转型2.0（面向未来的全面变革，更加突出基础能力的提升和对增长机会的把握）。2018年，公司向专业化经营、精细化管理、差异化竞争、内涵式增长转变，逐步改变高度依赖单一条线和渠道的业务结构，提升发展的稳定性和可持续性。充分利用个险条线人力资源优势，通过个法交叉销售模式实现保费收入209.8万元，逐步改变个险条线一枝独秀的局面。推动增长向依靠科技驱动、创新驱动和人才驱动转变。依靠互联网快速便捷优势，分别开发上线了“太平洋寿险”“科技个险”“神行太保”“掌上大师”等多个应用软件，为客户提供便利、多样的保险体验。大力引进人才，实现月均健康人力280人以上，年新增保费6700万元。

太E赔上线　2018年4月20日，太E赔系统上线运行。太E赔让客户能足不出户即可完成理赔业务办理，并在最短时间拿到理赔款。截至2018年底，通过太E赔处理赔案共计203件，赔付金额609.87万元。理赔案件处理时效平均为3小时左右，正常操作的案件从申请到支付仅为1.1天。

（章连军）

证券（期货）

【概况】2018年，新增证券营业部2家，期货营业部1家，至2018年末，全市共有证券期货营业部16家，开户数274402户，较上年同期增长15.43%。全年累计交易金额3618.63亿元，较上年同期下降16.53%；累计营业收入9744.3万元，较上年同期下降25.38%；累计缴纳税费2.36亿元，较上年同期增长36.63%。

监督管理

【概况】用足用好企业风险预警预测联席会议工作机制，加快对全市“两链”（资金链、担保链）风险涉及的重点区域、行业、企业和担保圈等情况分析研判，并提出针对性处置化解方案。严格按照省、绍兴市部署，结合实际，重点做好地方金融风险监测“天罗地网”系统（“天罗”主要依托互联网大数据技术平台接入的各类金融监测数据信息，对线上金融风险开展实时监测，“地网”则依托基层社会治理网格化管理平台接入的排查信息和相关管理部门平台接入的监管数据信息，对线下金融风险开展日常监测）落地工作，6月15日会同市综治办联合下发实施方案，完成基层网格员相关业务培训。

【非法金融打击】强化失信打击，全年立案查处逃废债案件38起，采取刑事强制措施71人（其中抓获64人，上网追逃7人），挽回经济损失1.74亿元。加强对金融违法违规现象处置，对“天罗地网”系统下派高危企业进行现场检查7家次。

【信用环境修复】持续深化逃废债黑名单管理工作，对5期645人实施失信联合制裁，同时对主动履行债务的人员及时退出黑名单实现动态管理，累计退出15人。组织专项审计，对社会反响较大和银行贷款亿元以上的涉逃企业，由镇街聘请第三方会计师事务所进行审计，对进入法院破产程序的破产企业，由管理人进行详细资产核查。

【典当管理】12月末，全市共有11家登记在册的典当公司，合计注册资本17996万元，资产总额18807万元，当年典当总额12734万元，12月末典当余额13847万元，全年营业收入455万元，净利润40万元。11家典当公司中停业6个月以上、整改中2家，其他公司在不同程度上有业务开展。

【融资担保管理】12月末，全市共有3家融资性担保公司，合计注册资本金23042万元，在保余额4020万元。由于受到中小微企业信用风险、行业地位、内部机制等方面的影响，新的融资担保业务较少。

财政　税务

概述

2018年，全年财政总收入137.80亿元，增长11.3%，其中一般公共预算收入87.37亿元，增长13.5%，占财政总收入的63.4%；税收收入73.58亿元，增长14.3%，占一般公共预算收入的84.2%。全年一般公共预算支出92.21亿元，其中住房保障、交通运输、社保、教育等民生相关支出分别增长71.4%、59.7%、9.3%和4.2%。预算执行情况基本良好，财政收支平衡。

财政

【概况】2018年，市财政局围绕“促进发展、保障民生、科学理财、加强监管”的工作宗旨，组织财政收入、保障重点支出、严格财政监管，支持地方经济发展。

【财政收入组织】与税务部门建立“一月一分析，一季一研判”的联合工作制度，加强收入分析。在收入组织过程中，坚持质量第一、效益优先，强化“三个比重”（反映地方可用财力大小的“一般公共预算收入占财政总收入比重”；反映财政收入含金量和稳定性的“税收占一般公共预算收入比重”；反映单位GDP产出财政收入贡献能力的“一般公共预算收入占GDP比重”）考核应用，淡化总量型、速度型指标，突出可持续发展导向，扎牢财政收入基础。规范土地出让金收支管理，按规定计提各项成本、税费，加强与执收部门联系，严格非税收入收缴制度。全年非税收入完成84.59亿元，其中纳入一般公共预算管理的非税收入13.79亿元，增长9.0%。

【财政支持地方经济发展】支持培育龙头骨干产业、重点特色产业，构建以都市区经济为核心、科技型经济为引领的现代化经济体系。全年累计兑付财政奖补资金4.87亿元、人才专项资金9050.81万元、科技专项奖励4235.71万元；提供应急资金转贷836次，累计金额190.18亿元。加快创业投资改革试验区（该区由诸暨市人民政府于2017年5月在新金融大厦设立）建设，搭建具有诸暨特色的创新服务集成平台，吸引有资质、有实力的机构和基金集聚发展。至2018年底试验区已入驻企业31家，注册企业191家，注册资本超过300亿元。产业基金母基金已参股设立15个子基金、2个直投项目，子基金总规模累计达到116.25亿元，投向信息、环保、健康、旅游、时尚、金融、高端装备制造、文化等我省八大万亿产业项目133个，累计投资金额21.72亿元，带动社会投资152.26亿元。

【重点支出保障】全年实现民生支出72.34亿元，占一般公共预算支出的78.4%。落实被征地农民参保、转保政策，一次性计提5年社保风险准备金5.25亿元，并获得省奖补3000万元。2018年7月，调标增发养老金拨付工作，惠及退休人员15万人，其中职工基本养老保险退休人员13.9万人，补发金额达1.22亿元，调标后职工基本养老保险退休人员人均养老金水平达到2327元。实施乡村振兴战略，扶持农村三产融合发展，鼓励农发项目竞争申报，全年兑付资金2312万；推广应用政策性农业保险，2018年4月份新增“农机具”地方特色险种；累计安排支出3.70亿元用于乡村公路建设，其中乡村道大中修1.39亿元，里程合计253.41千米，共117条道路；持续优化农村生活生态环境，累计安排美丽乡村建设资金5.68亿元，水利项目建设4.50亿元。优化教育医疗事业。全年实现教育事业支出21.03亿元，增长4.2%；医疗卫生支出9.67亿元，增长1.1%。全年资助学生23.91万次人，累计资助金额达到9158.91万元，包括中职免学费20173人次，金额4285.45万元；义务教育免费教科书217849人次，金额4259.77万元。保障重点项目建设，落实政府性项目建设财政保障，尤其是农村“厕所革命”、老小区综合整治、“120”急救中心建设等民生实事，全年按工程进度累计拨付资金9107.7万元。

【财政改革深化】科学编制防范化解政府性债务风险实施方案，对平台公司融资情况展开全方位核查，至年底整改工作全部完成。推进国企转型重组，按照“先易后难，成熟一家推进一家”的原则，制定国有企业整合重组方案，推动融资平台公司转型成为实体化、市场化运营的国有企业，诸暨市国有资产经营有限公司、诸暨市城乡投资集团有限公司、诸暨市新城投资开发集团有限公司、诸暨市交通投资集团有限公司、诸暨市文化旅游集团有限公司、诸暨市水务集团有限公司、浙江浣江传媒集团有限公司、诸暨市临杭投资有限公司、诸暨市国有资本投资控股有限公司9家国企全部揭牌成立。深化投融资体制改革，坚持中长期融资和直接融资主线不动摇，拓展多元化融资渠道，在继续发行企业债、公司债、中期票据等各类债券的基础上，重点实施“融资走出去”战略，2018年12月发行5亿美元境外债。至年底，5亿美元境外债成功发行3.11亿美元。全年共新增融资153.47亿元，综合融资成本平均达到4.92%，其中中长期贷款占比84.92%，直接融资占比45.69%。

【财政监管】创新预算管理模式，推进全口径政府预算管理，强化“四本预算”（一般公共预算、政府性基金预算、国有资本经营预算、社会保险基金预算等四本预算）统筹衔接，深入全市所有一级预算单位进行调查研究，提高预算编制合理性。2018年2月，制定完善2018—2020三年中期财政规划，科学预测未来三年财政收入、资金需求、土地交易、政府债务等情况，提前谋划确定财政收支政策和重大项目资金安排。加强镇乡财政管理，多次组织专项调研组对全市27个镇乡（街道）财政运行情况和债务情况开展深入研究，并针对如何增收节支、防范风险、理财管税等多项问题进行探讨分析，制定镇乡（街道）财政体制调整方案并提出关于镇乡（街道）债务和财政运行的建议。2018年9月，按规定落实完成“财政总会计五年轮岗”相关工作。压缩政府运行成本，落实监督检查工作，控制一般行政支出，“三公”经费中业务招待费同比下降1.4%，考察费同比下降59.5%。加强政府采购管理，全年采购预算金额33.45亿元，中标金额17.69亿元，节约资金率达到4.81%。严格项目概算审核，完成413个项目审核，净审减金额3.43亿元，审减率为6.14%。

【机构合并和人员转隶】2018年7月20日国地税机构完成合并（机构合并有关情况详见“税务”分目“机构合并”条目）。2018年10月，市财政局完成211名正式在编在岗地税干部、10名离退休老干部和27名编外人员的转隶工作。　（阮晶晶）

税务

【概况】2018年，全市共组织各项税费189.05亿元，同比增长6.69%，其中税收收入129.11亿元，同比增长10.13%；一般公共预算收入76.76亿元，同比增长15.78%，占全市一般公共预算收入的87.86%。税收收入总量和一般公共预算收入总量均居绍兴地区第三位，一般公共预算收入增幅居绍兴地区第二位。

2018年，共办理各类减免税费30.63亿元，其中支持金融资本市场发展9.21亿元，改善民生6.58亿元，促进小微企业发展3.24亿元，鼓励高新技术发展2.80亿元，减免增值税3.47亿元，办理留抵退税8000万元。全年共办理出口退税7798户次，退税31.30亿元，平均办理天数压缩到5.22个工作日，比全省平均快1.15个工作日。

【机构合并】2018年7月20日和10月30日，分别完成国家税务总局诸暨市税务局挂牌和“三定”（机构设置、人员编制、职能配置）落实工作，原财政地税人员转隶。此前，原诸暨市国家税务局、诸暨市地方税务局已经实现党委组建到位、综合部门集中办公到位、“一窗通办”先行到位。国家税务总局诸暨市税务局成立后，全局共有21个股室单位，其中内设机构14个（党建工作股、办公室、纪检组、法制股、税政一股、税政二股、社会保险费和非税收入股、收入核算股、纳税服务股、征收管理股、税收风险管理股、人事教育股、税源管理股、信息中心），派出机构7个（第一税务所、第二税

▲ 市税务局正式挂牌后，针对部分镇乡纳税人对办税事项操作不熟悉的情况，制作了一幅直观清晰的“窗口便民办税清单”，挂在镇乡办税厅服务台前，方便纳税人办税

（郦旺祥　周士荣　摄）

务所、店口税务分局、暨阳税务所、枫桥税务所、大唐税务所、牌头税务所），人员定编 497 人。

【征管职责划转和征管信息系统管户调整】机构合并后，全市城乡居民两费（城乡居民基本养老保险、城乡居民基本医疗保险）征管职责划转工作和第一批划转非税收入项目交接顺利推进。完成征管信息系统管户调整，统一办税服务事项，2018 年 7 月底之前全市所有办税服务厅相继实现“一厅通办”和“一窗通办”。

【欠税清理和涉税案件办理】全年清理欠税 2.58 亿元。税警协作开展重点税源高风险企业检查，打击偷骗税和虚开增值税发票行为，全年立案检查 280 件，结案 211 件，合计查补税款 6344 万元。做好重大税务案件审理扫尾工作，共审结原国地税重大税务案件 30 件，移送公安机关 25 件。

【税源风险管理和税收执法】将税收分析预测网的企业范围从年纳税 200 万元以上扩大到年纳税 50 万元以上，全年摸排全市符合条件的 1600 余户企业，分析监控申报数据。完善“统一分析、分类应对”税源风险管理机制，实施预警提醒、实地核查和纳税评估等监管手段，全年共对 2221 户企业采取相应应对措施，入库税款及滞纳金合计 2.23 亿元。组织企业所得税汇算清缴专题培训 9 场次，全市共计 20749 家企业参与汇算清缴申报，汇算清缴面达到 100%。推进金税三期“并库”（原国税、地税分别运行的金税三期税收管理系统进行整合，形成高效统一的税费收入征管系统）、ITS（自然人税收管理系统）模拟运行等试点工作，2018 年 12 月 31 日金税三期“并库”试点成功上线，ITS 系统和社保转换同期上线运行。开展税收执法督察，规范税收执法行为，强化税收执法责任制，共确认执法过错 68 人次，责任追究 18 人次。

【税务系统“最多跑一次”事项 100% 全覆盖】发布“最多跑一次”税务事项清单，全市税务“服务一个标准、征管一个流程、执法一个尺度”，实现税务系统“最多跑一次”事项 100% 全覆盖，90% 以上事项实现“零跑腿”，其中自然人基础信息报告等 13 项事项实现“一证通办”。通过合理调配窗口服务资源、加强窗口工作人员学习培训、建立健全窗口办税服务问题处理机制等方式，实现进一个厅、取一个号、到一个窗，即可办理所有税收业务，全年办税服务厅平均等候时间压缩至 5.9 分钟。

【线上办税方式推广】持续推广以浙江省网上税务局和浙江税务手机 APP 为主的线上办税方式，以纳税人志愿者辅导周边纳税人的方式推广网上办税模式，系统干部自编自导自演手指舞《税务很赞》MV，用纳税人喜闻乐见的形式宣传税法和网上办税模式。坚持线上线下办税服务体系融合发展，优化“互联网+税务”办税平台，实现办理涉税事项“零窗零次跑”。

【税法宣传】4 月税收宣传月期间携手，冬奥会机器人走进全市 11 所小学开展税法进校园系列活动，数千名学生在轻松有趣的学习过程中了解税法。同月，在诸暨市“1963 法润”直播平台在线解读纳税人关注的热点税收主题，共有 9.6 万人次观看直播，互动留言近 1700 条。　（屠丹阳）

▲税务人员在商场开展税法宣传（图片来源　诸暨日报社）

综合监督与管理

概述

2018年，面对错综复杂的经济环境和艰巨繁重的发展任务，全市上下积极应对、主动作为，圆满完成“枫桥经验”纪念活动，使“枫桥经验”焕发新的生机与活力；全市域推进“大调研大走访大服务”专项活动，进村走企连心，破解发展难题，优化发展环境，提振发展信心；11月28日开通诸暨至宁波舟山港海铁联运国际专线，向全面融入义甬舟开放大通道迈出坚实一步；9月7日承办全省一般企业投资项目开工前审批“最多100天”改革现场会，“标准地+承诺制”成为可复制可推广的典型经验。此外，小城镇环境综合整治全省领先，成为首个全域通过考核验收的县（市）；12月21—23日成功举办2018诸暨发展系列周活动，聘请21位中外院士组建诸暨高端智库；凝聚全市合力，12月9日成功举办西施马拉松比赛，有效提升了城市知名度、影响力；倾力办好群众期盼的“关键小事”，基本完成十方面民生实事：①75个老小区整容后还能充电；②26个镇街的道路要修缮；③城市公交全部可刷手机支付；④城区新建2所公办幼儿园；⑤更换老旧民房老化电线等；⑥139个自然村喝上安全水；⑦山塘水库上“保险”；⑧“厕所革命”覆盖城乡；⑨全市将有7个急救站点；⑩7个镇街设康复试点）。　（全　科）

宏观经济管理

【概况】作为市人民政府工作部门，市发展和改革局主要负责拟订市国民经济和社会发展战略、中长期规划和年度计划并组织实施；研究全市国民经济和社会发展的重大问题，提出政策建议；承担指导推进和综合协调全市经济体制改革的责任；承担规划全市重大建设项目和生产力布局的责任；承担全市重要商品总量平衡和宏观调控的责任等。

【规划编制评估和经济热点问题分析】完成浦阳江沿线发展规划、物流发展规划、《诸暨市军民融合发展规划（2018—2022）》《诸暨市产业布局规划（2018—2022）》编制及评审工作。履行“十三五”规划领导小组办公室职能，采取“1+37”（“1”个规划纲要，“37”个专项规划）模式，组织开展并圆满完成全市“十三五”规划纲要中期评估工作。拟定全市服务业经济工作清单报送市政府；关注大花园、县域经济、“一带一路”、军民融合、中美贸易摩擦、营商环境等经济热点问题撰写智库决策文章，其中《中美贸易摩擦对诸暨经济的影响分析》获市委书记批示。

【项目落实】围绕省“大花园大湾区大通道大都市区”四大建设，多批次谋划和报送浙江省和绍兴市“四大建设”项目，其中“百花仙境”、环保小镇项目入选全省大花园项目，金属新材料研究及生产项目入选省大湾区重大产业项目。开展战略性新兴产业培育，入选绍兴市战新产业重点项目44个。报送绍兴市生命健康“四个一批”（一批技改提升项目，一批开工建设项目，一批竣工投产项目，一批对接引进项目）项目3个，入选绍兴市生命健康产业重点项目8个、省级重点项目3个。贯彻落实“军民融合”发展战略，全年入选省军民融合重大项目5个，绍兴市军民融合项目15个。摸排申报省级国民经济动员中心1家。累计向绍兴和浙江省报送乡村振兴规划项目34个。抓好项目谋划与管理工作，编制2018年重大前期项目计划，列入2018年重大前期项目计划28个；制定企业投资项目前期筛选评估机制，累计筛选项目94个，其中通过68个。组织好省、市扩大有效投资集中开工活动，参加全省第五批重大项目集中开工项目共22个。

【区域协作】“北承南接”2018年新引进项目108个，完成目标任务的216%；实到两大都市区资金93.1亿元，累计完成年度计划的186.2%。开展三年行动计划的清单征集工作，聘请浙江省发展计划院、浙江大学等高等院校和科研院所参与三年行动计划的思路谋划、路径设计以及计划审核等工作。签订《2018年度山海协作工程结对任务书》以及《打造山海协作工程升级版合作框架协议书》。

开展东西部扶贫工作。由浙江茂阳农发集团以浙江当地市场价收购金川县成熟芥菜，预计亩产最高可达5000公斤，仅300亩的种植面积，就可带动约600名建档立卡贫困户年均增收2000元以上。规划到2019年种植面积扩展到3000亩以上，可以促进增收1200万元，将从更大程度上促进当地贫困人口脱贫致富。

【特色小镇培育】帮助指导特色小镇创建培育单位开展年报工作，全年完成特色小镇投资82亿元。大唐“袜艺小镇”9月被省政府命名为浙江省特色小镇，成为全省188个特色小镇创建名单中7个被命的浙江省特色小镇之一、绍兴首个被命名的小镇，也是首个获得中国特色小镇、浙江省特色小镇称号的小镇。同月山下湖珍珠小镇获省政府批准，正式入选省级特色小镇创建名单，加上上年入列创建名单的牌头环保小镇，诸暨市成为全省有3个特色小镇开展省级创建活动的4个县市区之一。店口、枫桥两个小城市培育试点镇在2017年度考核中分别位居优秀和良好，分别获得考核奖励资金1200万元和800万元。

【体制改革】全面完成市经济体制改革专项小组各项工作任务。开展城乡融合发展体制机制改革，深化农村集体产权制度改革及农村新金融改革，完善农村产权交易平台建设，2017年年底被列入省批发零售业改造提升试点区县，本年度正式开展试点工作，推行排污权交易制度，做好“双下沉”、实现“两提升”（指医疗人才下沉、医疗资源下沉，提升基层医疗服务能力，提升群众就医满意度）和分级诊疗工作；创新投融资体制改革，初步形成融资调整机制；积极稳妥推进PPP项目建设，健全基金投资管理机制，开展创投试验区建设；6月组织召开绍兴市经济体制改革试点项目“三学三比三看”（指学理论、学业务、学先进，比学习、比服务、比业绩，看表态、看行动、看效果）现场会。市各区、县（市）发改系统的同志实地参观浙农茂阳农产品配送公司、诸暨市金融大厦和诸暨市公共服务中心，深入学习我市投资体制改革省级试点、企业投资项目承诺制改革省级试点和城乡融合发展体制机制创新等改革经验。

【社会信用体系建设】健全和完善“信用诸暨”网站内容，每周更新网站相关信息。全面拓宽信用应用领域，在企业投资项目承诺制改革中，实施全流程信用监管，对项目单位和中介机构进行信用综合评价，做到守信有奖励、失信有惩戒。

【“最多跑一次”改革深化】建立政府性投资项目“全流程提速、全过程代办”实施方案，推动政府性投资项目审批服务再优化；纵深推进在线审批监管平台2.0在全市顺利运行，9月全省“最多跑一次”及标准地现场会在我市召开。省委常委、常务副省长冯飞出席并讲话。省政府副秘书长李岩益、省发改委主任孟刚等各区县市200名领导和社会各界代表参加现场会。

【价费调控】贯彻落实国家和省出台的各项清费减负政策，统筹处理好电力、天然气等价格改革与降低企业用能成本的关系，确保政策落到实处。全年先后4次下调一般工商业及其他用电价格，累计平均下调0.084元/千瓦时。初步确定五泄风景区和西施故里旅游景区门票降价方案。做好城镇燃气配气价格以及农业水价综合改革方面的价格成本监审工作，重点完善和调整幼儿园及普通高中教育收费、医疗检验收费项目及医院卫生院普通病床床位价格、殡葬及公证服务费等民生领域价格政策。

（金 科）

国土监管

【概况】2018年，全市国土资源管理工作坚持“实干、创新、担当”的工作宗旨，圆满完成各项年度目标任务。诸暨市因实施全域土地综合整治与生态修复工程、节约集约利用土地、批而未供土地利用消化利用、闲置土地处置等工作成绩突出，获得省政府督查激励事项用地指标奖励；自然资源例行督察问题整改工作得到副省长冯飞的批示肯定；不动产登记服务窗口入选国土资源部“全国百佳不动产登记便民利民示范窗口”创建名单，获得“2018年度浙江省不动产登记窗口便民利民成绩突出的集体”称号；农村保障房建设工作全省首创；“标准地”改革工作全省领先。

【要素保障】全力筹措用地指标保障项目落地。及时向上对接，掌握政策动向，尽可能多争取计划指标；加强部门协作，与发改、交通、水利等部门加强沟通，加大省级重大产业项目和基础设施项目的申报力度，争取奖励指标；全力向内挖潜，筹措复垦指标和盘活指标。2018年，共筹措用地指标5257.2225亩，完成用地报批5843.5995亩。健全用地保障机制，严格项目准入，优先保障重大产业项目、经营性项目和民生基础设施项目的用地；严格准入项目的前期审查，在企业投资项目前期预审阶段统筹做好规划选址、地质灾害评估、矿产压覆审查、违法用地核查、征地前期对接等工作，对不符合条件的项目一律不予准入。

【耕地保护】不断完善耕地“占补平衡”管理。用足用活政策，充分挖掘潜力，指导各镇街全力开展地块摸排，鼓励镇街实施“大地块”项目；优化资金奖补，在前期调查基础上，调整土地开发的资金奖补政策，提高土地开发为旱地的资金补助和奖励标准，有效促进土地开发项目的科学实施和提升项目的质量。全年垦造耕地2537.89亩，其中土地开发新增耕地489.4亩，农村土地综合整治新增耕地2048.49亩；新增水田5307.29亩，其中土地开发新增水田352.98亩，农村土地综合整治新增水田664.07亩，“旱地改水田”新增水田4290.24亩；完成高标准农田建设6.6981万亩。完成耕作层剥离再利用任务500亩，均超额完成任务。圆满完成2018年度绍兴市耕地保护责任目标考核任务。

严格落实耕地保护补偿机制。结合2018年度卫片执法以及用地审批等情况，按照永久基本农田60元/亩•年、其他一般耕地40元/亩•年的标准对农村集体经济组织进行补偿，主要用于农田基础设施修缮、地力培育和耕地保护管理等，共计下发耕地保护补偿金3191.284万元。

▲赵家基本农田 （骆少华 摄）

【土地节约集约利用】进一步健全完善土地资源市场体系建设，通过与省国土厅、绍兴市国土局对接沟通，全市供地权限拓展为中心城市规模，单块供地权限由7公顷拓展到14公顷。精细谋划并不断完善年度土地出让计划，实现科学合理供地；加大出让前期政策处理力度，确保“净地”出让；根据市场开展土地推介活动，引进大型房企投资开发，确保房地产市场稳定健康发展。2018年，全市共出让国有建设用地125宗，面积4161.63亩，出让金78.5775亿元。进一步加大对存量土地盘活利用的力度，开展加快“四未一低”（“批而未供”“供而未动”“拆而未用”“用而未尽”“低效用地”）土地消化利用专项活动，全年消化转而未供土地8513亩。开展闲置土地清理专项行动，提高土地利用效率。进一步做好城乡低效用地再开发，完成低效用地的数据库更新，出台低效用地处置的规范性文件。

【矿政管理】矿产资源开发利用监管和储量动态监测 优化石料矿布局，完成《诸暨市矿产资源规划（2016—2020年）》调整审批，增设1处开采区块。加强矿产资源开发利用监管和储量动态监测，完成季度检查测量工作4次，编发通报8期。加强对露天、地下矿山和探矿权的巡查，在省地矿信用信息系统及时做好采矿权、探矿权项目的巡查信息、监测信息、卫片执法信息、信访信息及荣誉信息的核实填报工作。

矿山生态环境保护 加强矿山生态环境保护水平，落实浙江省废弃矿山生态修复三年专项行动，34个废弃矿山治理点已进场，5个点完成治理。推进绿色矿山建设第三方评估工作，完成绿色矿山建设入库6家。根据《诸暨市人民政府办公室关于印发诸暨市打赢蓝天保卫战行动计划（2018—2020年）的通知》，对全市在开露天矿山进行专项检查，要求矿山企业结合绿色矿山建设实施整改。做好“两路两侧”“四边三化”治理工程长效监管，5月初对全市范围内“四边三化”“两路两侧”裸露山体治理工程开展一次“回头看”，督促责任单位做好

▲江藻镇梓尚阁村废弃矿山变身“五彩田” （骆少华 摄）

治理工程的后期养护工作。

矿产资源监管　强化矿产资源监管源头防控、事后严处等工作，牵头做好全市制砂巡查监管工作，加强长效管理。全年累计巡查矿山6520余次，对发现有非法开采迹象的隐患点，会同各镇（街）及时封堵，设立禁示牌，立案查处4起非法开采案件。全年未发生涉矿安全事故。

地质文化村建设　推进地质文化村建设，经过全市面上地质遗迹点调查，选定应店街镇一处地质遗迹进行建设，已完成设计方案初稿，由应店街镇政府组织实施。

【不动产登记】推进不动产登记“最多跑一次”改革，依托“互联网+政务服务”，逐步实现申报、受理、审核等全流程网上电子服务，不动产权属证明实现在线实时查询。推进“一窗受理、集成服务”改革向基层延伸，实现“就近能办、同城通办、异地可办”，11月19日设立店口不动产登记分中心。优化服务举措，建立中层干部坐班服务机制，负责指导、协调各窗口的业务办理，主动服务办事群众。推行不动产登记与水、电、气、数字电视、网络宽带等公用事业联动办理；在银行设立抵押登记受理点，方便群众办事。2018年，累计发放不动产权属证书34956本，发放各类登记证明38859本，受理各类档案查询申请56699件，其中“零跑腿”查询596件，受理各类查封解封登记10654件，完成不动产权籍调查配号110628个，办理各类抵押登记11714件，涉及金额624.605亿元。诸暨市不动产登记服务窗口于3月16日入选国土资源部《全国百佳不动产登记便民利民示范窗口》创建名单，绍兴仅2家。

【地质灾害防治】落实省政府“除险安居”三年行动计划，完成地质灾害隐患点核销27处；5个专业监测点投入正常监测；安华镇地质灾害避让搬迁安置示范点创建工作于9月底通过绍兴满分考评并上报至省国土厅；实现全年“零伤亡”目标。

进一步完善“网格化管理、格式化操作”的预防应急体系。年初印发年度防治方案，完成全市地质灾害防治工作领导小组成员更新。市政府与27个镇乡（街道）签订责任书；落实村级监测员77名，配发巡查管理平台巡查手机100部，发放防灾工作明白卡532份，避险明白卡588份；邀请专家对乡镇分管领导、土管员、监测人共160余人开展业务培训。修订并印发应急预案、操作手册，督促镇乡（街道）修订应急预案27份，演练方案28份，上墙公布单点预案38份，实施简易演练38次，并组织各镇乡（街道）分管领导、国土所长在马剑镇开展应急演练现场观摩会；成立28支共115人的应急分队，聘请6名应急专家，采购发放雨衣雨鞋、手电筒等应急物资265套。全年累计发送预警短信13800余条；完成应急调查报告73份，列入即查即治项目13个。

2018年，全市接报各类地质灾害险情73起，威胁58户221人153间房屋及行人车辆安全，均第一时间现场应急处置，无人员伤亡事故。共完成15个即查即治项目治理，其中列入2018年市政府惠民实事的10个项目全部完成。

【土地执法监察】土地卫片执法监督检查 严格落实土地卫片执法监督检查工作。全市2017年度卫片执法监督检查工作违法用地总面积为47.97亩，耕地43.43亩，扣减后比例为0.86%。127宗违法用地全部处置完成，实现“个位数、零问责”目标。

农村违法用地整治和违法开采矿产资源查处　全面开展2018年度亮剑行动及扫黑除恶专项斗争行动。通过畅通举报渠道、全面梳理排查、严格分类处置等措施，整改农村违法用地突出问题13起（包含重点案件8起），总面积6.61亩，违法建筑面积4242.86平方米，整治到位13起，整治完成比例100%；违法开采矿产资源5起，全部立案查处。排查发现涉黑涉恶违法行为线索1起，移送相关职能部门依法处置。

“大棚房”问题专项清理整治行动　联合市农林局于9—12月在全市范围开展“大棚房”问题专项清理整治行动，重点整治在各类农业园区内占用耕地或直接在耕地上违法违规建设非农设施，特别是别墅、休闲度假设施等；在农业大棚内违法违规占用耕地建设商品住宅；建设农业大棚看护房严重超标准，甚至违法违规改变性质用途，进行住宅类经营性开发三类问题。共发现“大棚房”违法违规问题2宗，设施农业用地违法违规问题15宗，依法依规开展清理整治。

自然保护区违法用地专项整治　10月，开展自然保护区违法用地专项整治工作。根据2017年度卫片执法检查工作图斑数据、例行督察发现、2018年度第一期全天候遥感监测成果、年度省级卫片以及日常巡查台账、违法线索举报等进行梳理，争取环保、农林、旅游、水利水电等横向部门和属地镇乡（街道）的协助，形成执法合力。至年底，暂未发现自然保护区内违法用地。

“无违建县（市、区）”创建成果巩固 深化巩固省“无违建县（市、区）”创建成果，加大对涉土违法案件的处理力度，定期对违法用地、非法开采案件进行督查通报。2018 年，全市拆违 790 起，共 48.97 万平方米，完成绍兴任务数的 97.93%；拆后利用率 93.39%，位列绍兴第一。

【农村宅基地管理】农村保障房建设工作全省首创 2018 年，全市共审批农民建房 627 户 69949 平方米。11 月，出台《关于实施乡村振兴战略推进农村保障性住房建设工作的实施意见》，全面建立健全农村住房保障体系，为全省首创。在全市落实选址 34 个地块，完成用地报批 719 亩。11 月，直埠镇姚公埠村试点项目一期竣工验收。

“地票”政策调整完善 在“地票”试行政策的基础上，结合工作实践对政策进行调整完善，11 月底市政府出台《关于建立诸暨市农村集体建设用地市场化盘活机制的意见》，在“地票”原有流通交易、折抵指标、抵扣商品房款的基础上，新增政府回购、质押贷款等功能，并鼓励权利人利用户内多处合法农村宅基地整合实施地票。2018 年，全市共核发地票 17 张，实施地票面积 6931 平方米。

农房发证 加快推进农房发证工作。通过网格化管理、专题培训、巡回指导、排位考核、督查调研等举措，提高农房发证完成率。2018 年，共发放农村不动产权证 143136 本，完成登记发证率 97.76%，提前完成绍兴市要求的 85% 发证率的年度目标任务。2018 年 10 月，《中国不动产》将诸暨农房发证工作模式作为“浙江效率”的典型之一向全国推广。

【“标准地”改革】推行工业用地“承诺制 + 标准地”改革，企业投资项目实施承诺制改革、“标准地”（即携带建设规划、能耗、环境、投资强度、亩产税收、研发投入等一系列标准进行出让的建设用地。）出让。2018 年，全市共完成“标准地”项目 75 宗、2015.44 亩，实现从取得土地到开工建设最多 30 天的“最多跑一次”工作目标，最快的只需 25 天，全省领先。

【全域土地综合整治】坚持规划为先，结合市域总体规划、城乡建设规划、生态规划和土地利用总体规划等，开展村土地利用规划编制，推动“多规融合”在乡村落地实施。2018 年，在赵源村等 11 个村开展村土地利用规划的编制工作，为全面实施全域土地整治与生态修复工程绘好蓝图。浬浦镇马郦村项目和直埠镇赵源村等 3 个村项目于 10 月入选 2018 年度浙江省全域土地综合整治与生态修复工程省级试点。

【第三次国土调查】6 月，启动第三次全市国土调查工作。6 月 19 日，制定出台《诸暨市人民政府关于开展第三次全市土地调查的通知》，成立全市第三次土地调查工作领导小组，至年底完成部分内业工作。 （马奇锋）

市场监管

【概况】2018 年，市场监管局立足职能做好各项工作，实施小微企业发展新三年计划，2018 年新增小微企业 6125 家；新增“个转企” 783 家，建设农贸市场农产品规范化检测室 3 个，创成省放心消费示范单位 173 家。获得 2015—2017 年全省“小微企业三年成长计划”工作先进集体、推进“放心消费在浙江”行动先进集体、全省政务信息工作先进单位、2017 年度“小微企业三年成长计划”工作优秀县（市、区）等多项荣誉。

【工商行政管理】概况 2018 年，深入推进“最多跑一次”改革，压缩企业开办时间至 3 个工作日，办理网上电子化登记 10098 件；强化商标品牌建设，2018 年度新增国内注册商标 3500 件，国际注册商标 37 件；全年受理消费投诉举报 10993 件，创成省放心消费示范单位 173 家；5 家农贸市场市场成功创建为省级放心农贸市场。

“最多跑一次”改革深化 压缩企业开办时间至 3 个工作日，实现企业开办全流程“一次受理、三日办结”。商事登记无差别受理改革实现涉

▲市场监管局实现商事登记“一件事一次受理一窗办结”
（市场监管局供图）

企证照工商（市场监管）通办，营业执照代办点覆盖全市69个村（社区），各类企业网上登记率达56.3%。深化全程电子化登记审批改革，实现企业名称自主申报登记，推进28个事项“多证合一”改革，进一步推广应用全程电子化登记应用，2018年度共办理网上电子化登记10098件。全面实施“证照分离”改革，开展商事登记个体工商户登记村（社区）代办延伸，深化银企合作，拓展银行网点营业执照代办，打通服务最后一公里。2018年，新增农商银行、村镇联合银行、绍兴银行等共计79家网点，至年底总数达105家。

商标品牌建设和维权　2018年度，新增国内注册商标3500件，国际注册商标37件，全市累计拥有注册商标35804件，商标质押授信融资额度近1.14亿元。推荐浙江盾运实业有限公司、浙江喜盈天农业开发有限公司创建省商标品牌示范企业，指导“枫叶”“盾运”申请驰名商标保护。参与对“同山烧”公用品牌的调研、论证和协调，指导大唐袜业公用品牌注册。全年查处商标案件56件，案值199.03万元，罚没款160.69万元，没收侵权物品548532件。

“放心消费”创建活动　创成省放心消费示范单位173家，140家企业参与无理由退货承诺。作为全省首批消费投诉信息公示试点单位，建立消费投诉信息公示制度和镇乡（街道）信息报送制度，在政府信息公开网及其子网站、诸暨发布、官方微博和微信公众号等平台发布消费投诉信息6期。全年受理消费投诉举报10993件，其中投诉10228件、举报765件，实现“诉转案”（指将行政调解转为行政处罚，对经营者的违法、违规行为予以立案查处）54件。

年报和企业信用信息公示　2018年，企业年报率为93.5%，农民专业合作社年报率为90.6%，个体工商户年报率为94.75%。对外公示企业基本信息69245条、企业年报信息265817条、抽查信息6393条、行政处罚信息7553条、经营异常名录10600条、司法协助信息1876条，倒逼企业诚实守信。

守合同重信用公示申报活动　2018年，全市参加“守合同、重信用”公示申报活动企业198家，获省AAA级企业43家，AA级企业52家，A级企业27家，其中浙江蓝博空调网业有限公司、诸暨市暨阳物业保洁服务有限公司等2家小微企业成功申报省AAA级企业。

流通领域商品质量抽检　全年开展流通领域黄金珠宝、烟花爆竹、电动自行车、妇女用品、灯泡灯具、儿童学生用品等9类商品质量抽检共172批次，不合格42批次，不合格商品全部立案查处并溯源追查，共立案19起，罚没款13.25万元。

执法办案　开展“涉众型”问题专项整治、食品保健食品虚假欺诈宣传专项整治、药品医疗器械专项检查、中药饮片质量安全专项整治、反不正当竞争“百日执法”、教育培训机构专项整治、虚假材料骗取登记专项清理、商标广告专项检查等行动，严厉打击生产经营不合格食品、非法渠道购进药品、不正当竞争、欺诈消费者、传销等违法行为。全年办结行政处罚案件664件，其中大要案100件，罚没款769.93万元，移送公安追究刑事责任案件15件。

罚没物资销毁　3月13日，市场监管局在白茅尖垃圾填埋中心依法对价值20余万元的罚没物资进行集中销毁，涉及152件案件、300余个品种、47000余件商品。销毁的物资均为市场监管局在日常检查、各类专项执法行动中依法没收的假冒伪劣商品、过期变质食品、不合格药品等，包括商标侵权的“贵州茅台”酒、卷烟，质量不合格的服饰鞋帽，无中文标签的进口食品，假冒名牌的袜子等。

省级放心农贸市场创建　2018年，朱公湖农贸市场、街亭农贸市场、牌头农贸市场、璜山农贸市场、直埠农贸市场5家市场成功创建为省级放心农贸市场。

星级文明规范市场创建　2018年，成功创建省四星级市场2家（城东农贸市场、朱公湖农贸市场），三星级市场5家（牌头农贸市场、街亭农贸市场、璜山农贸市场、王家井联合农贸市场、浬浦农贸市场），二星级市场3家（五洩镇农贸市场、陈蔡农贸市场、安华农贸市场），一星级市场1家（双桥农贸市场）。

【食品药品监管】概况　2018年，11家农贸市场完成农贸市场检测室建设；全市完成食品定性快检21万批次；完成重大活动餐饮保障16次；230家学校食堂“阳光厨房”覆盖率100%；共创成省“名特优”小作坊（知名、特色、优秀）8家。全省食品药品系统平安创建现场会在诸暨召开，“浙江省食品安全市”创建成功。

“浙江省食品安全市”创建成功　诸暨市于2016年8月启动浙江省食品安全市创建，2018年10月29日创建成功，被省食安委正式命名为浙江省食品安全县（市、区），有效期4年。绍兴市共有2个市、区创成，为诸暨和柯桥。在省食安城市创建满意度测评中，诸暨市的群众满意度达85.6分，超过全省平均水平3.6分，较上年首批创建平均水平高出9.7分。

▲11月中旬，市场监管局工作人员与浣北社区医生、志愿者一起，向过往群众发放日常用药安全宣传册，通过实物对照、以案说法等方式，现场指导群众鉴别真假药品及滋补类中药材，当场解答群众的疑问。此外，还走进居民家中开展上门指导　（骆少华 沈倩 摄）

全省食品药品系统平安创建现场会　8月30日，全省食品药品系统平安创建现场推进会在诸暨市召开，省食品药品监督管理局副局长、省食安办专职副主任、省食品药品监督管理局创建平安浙江工作领导小组副组长卢永福，省平安办督查考评处处长祝正平，诸暨市副市长何鸿成以及全省11个地市局分管平安建设领导、具体负责同志，26个县（市、区）局分管平安建设领导共70余人参加。诸暨、余杭、东阳、温州、丽水、湖州等地在会上作交流发言。

食品药品检测　2018年，全市11家农贸市场完成农贸市场检测室建设，其中3家完成规范化检测室建设。全市完成食品定性快检21万批次，发现不合格产品315批次，销毁或下架不合格产品3400千克；完成食品定量检测4229批次，不合格63批次；抽检消毒餐具98批次，不合格6批次。完成药品监督抽检183批次，医疗器械监督抽检10批次；收集上报药品不良反应信息984条，医疗器械不良反应信息207条。

重大活动餐饮保障　全年完成重大活动餐饮保障16次，包括诸暨市“两会”、公务员考试、高中学考选考、中高考、小学生国际奥林匹克活动、CBA联赛、外国访问团等重要活动和要人来访餐饮安全保障工作。在中高考和高中会考期间，落实专人对13个高考考点食堂和35个中考考点食堂采取全程驻点监厨保障措施。

阳光厨房建设　推进“阳光厨房”建设，27家大型餐饮单位实施三厨（储）管理（即厨师管理、厨房管理、仓储管理），230家学校食堂“阳光厨房”覆盖率100%，大型以上餐饮单位建成28家，覆盖率73.6%，走在全省县级市前列。

食品生产企业风险等级评定　对市内218家食品生产企业进行等级评定，其中A级11家，B级169家，C级25家，D级1家，长期关停12家。

名特优小作坊建设　5月，制定《2018年“浙江省名特优食品作坊”建设工作方案》，结合各地传统特色食品和产业集聚情况，采取“精品示范”“旅游展示”等方式，打造“知名、特色、优秀”（简称名特优）精品食品作坊，至年底共创建完成8家。

【个私经济监管】概况　2018年，市场监管局重点围绕市场主体培育、小微企业发展等开展，全年新增小微企业6125家，发展“个转企”783家，培育八大万亿重点产业（信息、环保、健康、旅游、时尚、金融、高端装备、文化8个万亿产业）小微企业1616家，市场主体总数达17万家。

小微企业三年成长计划　6月，市小微企业三年成长计划领导小组制定《2018年诸暨市实施“小微企业三年成长计划”（2018—2020）暨小微企业质效提升行动实施意见》，2018年新增小微企业6125家，完成任务数的176.41%；培育八大万亿重点产业小微企业1616家，完成任务数的191.34%；发展“个转企”783家，完成任务数的153.6%，其中转公司制735家，占总数的95.7%。成功申报省级重合同守信用企业2家、绍兴市级小微企业“成长之星”4家，上报省级信用管理示范小微企业3家、省级小微企业“成长之星”1家（待省级评定）。

民营企业发展变化　截至2018年12月底，全市共有民营企业38448家，同比增长10.9%；注册资本（金）2724.2亿元，同比增长10.9%。全年新设民营企业6952家，同比增长0.2%；新设民营企业注册资本（金）339.2亿元，同比减少52.8%。从民营企业产业分布来看，全市民营企业第一产业有897家，注册资本（金）56.8亿元，同比分别增长5.4%、7.4%；第二产业16245家，注册资本（金）754.9亿元，同比分别增长8.1%、9.4%；第三产业21306家，注册资本（金）1912.5亿元，同比分别增长13.4%、11.6%。三次产业结构比例与2017年同期相比，分别增长-0.2个、-1.0个、1.2个百分点。民营企业新增数量居前的行业有：批发和零售业新增2042家，制造业新增1654家，租赁和商务服务业新增963家。从全市民营企业累计数看，排在前三位的依然是制造业、批发和零售业、租赁和商务服务业，分别为14239家、11267家、3448家，分别占民营企业总数的37.0%、29.3%、9.0%。

个体工商户发展变化 截至2018年12月底，全市共有个体工商户129678户，资金数额147.2亿元，同比分别增长8.2%和16.0%，个体工商户总量和资金数额均居绍兴市各县市区第一。2018年新设个体工商户18178户，同比减少4.5%；新增出资29.1亿元，同比增长9.4%。从个体工商户产业分布来看，第一产业登记个体工商户2183户， 注册资金104273万元，占总户数的1.7%和总注册资金的7.1%。第二产业44822户，注册资金548167万元，占总户数的34.6%和总注册资金的37.2%。第三产业82673户，注册资金819590万元，占总户数的63.7%和总注册资金的55.7%。与2017年同期相比，三次产业分别增长0个、-2.3个、2.3个百分点。个体工商户新增数量居前的行业有：批发和零售业新增8592家，制造业新增3518家，住宿和餐饮业新增2696家。个体工商户总量列前三位的行业依次为：批发和零售业56278家，制造业44699家，住宿和餐饮业11676家，以上3个行业门类合计达到个体工商户登记总量的86.9%。

市场主体清理 开展市场主体清理工作，吊销企业316家、农民专业合作社169家，依职权注销个体工商户616家，注销市场主体12025家。

（周巧燕 钟宇卡）

国有资产管理

【概况】2018年，国有资产管理按照统一产权、集中管理、授权使用的原则，进一步规范行政事业单位房地产管理，基本形成产权统一、管理规范、处置有序、保值增值的行政事业单位房地产管理机制。持续做好资产评估工作，全年租金收入1425.31万元；处置7宗，收入674.36万元。

【国企改革1+N管理体系】深化国有资本体制机制改革，构建国有企业“1+N”管理体系（将国有企业分为竞争类、功能类和公共服务类，加快推进国有投融资平台转型。鼓励竞争类企业特别是传统优势产业健链、强链、补链，提升市场竞争力；推动水务、传媒、旅游等公共服务类企业加强联合重组，整合优质资源，提升服务民生能力；进一步做实做强功能类企业，不断提升资本运作、管理、增值和融资能力。着力打造出主业突出、竞争力强、支撑带动作用明显的国有企业集团）。8月24日，揭牌成立水务、旅游集团，这标志着诸暨市投融资平台转型及国有企业管理体制改革进入新阶段。在此基础上，按照“先易后难，成熟一家推进一家”的原则，8月形成国资、金控、新城、临杭、传媒5家公司整合重组（组建）方案，9月份完成城乡、交投、环卫3家集团公司整合重组（组建）方案，过程中有关经营性资产、相关国有股权划转、公司注册、管理体制和公司治理结构的理顺等工作有序开展。

【国企薪酬管理制度改革】修订完善水务、旅游集团目标责任制考核办法，将企业经营业绩考核与市委、市政府重点工作清单考核、党建工作考核有机结合；在2018年1月出台《关于深化国有企业负责人薪酬制度改革的（实施意见）》的基础上，根据重组整合后企业功能性质、所在行业以及企业资产总额、净资产、营业收入、利润总额、从业人员等因素，会同组织部、人社局于2018年8月联合出台《关于行政事业单位干部担任国有企业领导班子成员薪酬待遇的意见》，进一步健全激励与约束并重机制。

【发行中票、美元债】2018年，国资公司于3月发行中票15亿元，票面利率5.88%。申请美元债5亿，其中12月发行第一期3.11亿元，票面利率7.5%，这是绍兴地区首单县级平台在境外公开发行成功的美元债券。

【PPP项目推进】全国PPP综合信息平台项目库收录诸暨7个项目，其中4个项目列入省级PPP推荐项目库。截至2018年底，已有3个项目成功落地，分别是浣东再生水厂工程、环城东路延伸段（环城南路至三环路）工程、浙江农林大学暨阳学院教师公寓项目。

（阮晶晶）

质量技术监督

【概况】2018年，市质量监督管理局（以下简称质监局）突出“强化质量提升，创建质量强市”工作主题，做实做深标准修订、质量监管、品牌建设等方面工作，取得预期成效。

【标准制定修订和清理】引导重点企业参与上

级标准制修订，共制修订国家标准、行业标准47项，其中第一起草为4项。完成全市规上企业采标工作，采标率为74.98%，比上年度提高4.28%。做好店口镇“美丽城镇”标准化项目的跟踪服务工作，《美丽城镇建设与管理规范地方标准》通过现场评审并转化为县级地方标准。完成65项地方标准规范清理，39项地方标准重新发布实施，修订15项，废止11项。

【品牌建设】“全国山下湖珍珠知名品牌示范区”2017年12月获得国家质检总局正式命名。国质量认证中心评估“山下湖珍珠”区域品牌价值为234.89亿元，中国质量认证中心评估“诸暨袜业”区域品牌价值为356.95亿元，2个区域品牌总价值达591.84亿元。浙江军联铜业有限公司的铜及铜合金拉制棒等4个产品被新评为浙江名牌产品，10个新申报的诸暨名牌产品通过现场评审。

【质量提升】指导浙江越隆缝制设备有限公司、华纬科技股份有限公司推行卓越绩效管理模式，其中浙江越隆缝制设备有限公司通过诸暨市市长质量奖资料评审，华纬科技股份有限公司通过绍兴市市长质量奖现场评审。浙江洁丽雅股份有限公司获得第三届中国质量奖提名奖，成为诸暨市首家获此殊荣的企业。浙江全兴精工集团有限公司获得2018年全国机械工业质量奖。

【计量监管】组织开展重点领域的计量监督检查，共检查医院6家、煤气站11家、加油站32家、电子计价秤使用单位25家、“民用三表”（水表、电能表、天然气表）使用小区3个。抽查定量包装100个批次，组织计量技术人员入企开展帮扶活动4次，开展重点用能单位能源计量审查3家，检查计量技术机构2家，发现问题并整改80余个。完成诸暨链条总厂等5家企业的11个计量标准的考核和审批，完成网上强制检定计量器具登记备案和约检2825台件，调查处理计量投诉48起。

【检验服务】2018年，共完成各级下达的监督检验345批次。为全市塑料管材、机械、建筑材料等生产企业提供各类产品质量委托检验服务，共出具委托检验报告712份。为珍珠企业出具珍珠饰品鉴定证书65013份，为企业检定、校准各类计量器具29671台（件）。省袜业产品质量检验中心和省淡水珍珠质量检验中心累计服务企业631家，企业利用实验室开展检测1020批次，共为583家企业提供质量提升服务，帮助企业排查质量安全风险590批次。接待参观、观摩人员605人次。全年累计为小微企业和大学生创业减免检测费用22万元，免收强检计量费用120.5万元。

【行政审批改革】率先在全市试点推行绍兴市质监系统“全市通办”改革试点工作，在绍兴市实行特种设备作业人员2个工种的“全市通办”改革试点，改变了原需赴绍兴市区才能办理许可的状况。通过“政务服务＋互联网”，全面承接上级局委托的市、县同权行政许可事项，实现检验机构计量认证、省级工业产品生产许可“先证后核、一企一证”、专项计量授权、计量标准器具核准等13个行政许可子项的全程网上办理，证件办结后及时送证上门。2018年共办结各类行政许可事项133件，特种设备使用登记、安装告知等行政备案事项5112件。

【“智慧电梯”建设】根据《诸暨市“智慧电梯”建设实施方案》，编写、确定配套的技术性方案。通过明确“智慧电梯”公共服务平台搭建方案、制定安装使用单位清册、开展“智慧电梯”建设招投标等工作，超额完成“智慧电梯”项目建设年度目标（120台），实际完成190台。

【“质量月”活动】在全市范围内开展9月“质量月”活动，2018年“质量月”活动的主题是：“大力开展质量提升，建设质量强市。”8月29日，市质量强市领导小组办公室印发《关于开展2018年全市“质量月”活动的通知》（诸质强领办［2018］1号）。质监局、建管局、服务业发展办、环保局、农林局等多家单位参加。

【特种设备隐患排查】在全市范围内部署开展特种设备领域隐患大排查大治理、大型游乐设施乘客束缚装置安全隐患专项排查、电站锅炉范围内管道隐患专项排查整治等隐患排查治理专项行动，共计下发《特种设备安全监察指令书》42份，发现并整治安全隐患合计600余项，重大隐患整改率达到100%。

【执法维权】开展“蓝剑”系列、“质检利剑”、特种设备整治等专项执法行动，结合日常检查巡查，共计出动执法人员1122人次，检查企业472家（次），立案53起，其中万元以上案件27起。严厉打击特种设备安全违法行为，查办特种设备案件21起。处理“12365”消费者质量举报、投诉和咨询215起，办结率100%，满意率为99.99%。

【绍兴市特种设备检测院诸暨分院正式运行】4月2日，绍兴市特种设备检测院诸暨分院正式运行，该分院为当地特种设备安全使用企业提供方便快捷的服务，主要承担特种设备监督检验、定期检验、安全阀校验、电梯安全风险评估、特种设备委托检验等，在“最多跑一次”的基础上实现“尽可能跑得近”。

【2家企业上榜“中国品牌价值评价信息”】 5月，中国品牌价值评价信息发布，全市2家企业入榜，浙江盾安人工环境股份有限公司以6.19亿元的品牌价值位列机械制造类第30位；浙江洁丽雅纺织集团有限公司以105.45亿元的品牌价值位列纺织服装类第9位。（周巧燕）

安全生产监管

【概况】 2018年，全市共发生各类生产安全亡人事故30起，同比下降16.7 %；死亡31人，同比下降13.9 %。消防火灾起数、死亡人数分别比2014—2016年的平均数下降69.1%、100%。安全生产专职巡查员机制建设、镇乡（街道）委托式执法走在全省前列，成为绍兴地区标杆。

【安全生产责任书签订】 2月26日，市政府分别与27个镇乡（街道）、29个部门（单位）签订2018年度安全生产目标责任书，与27个镇乡（街道）和8个消防重点行业部门签订2018年度消防工作目标责任书。重点行业部门与行业内企业签订安全生产责任书，各镇乡（街道）与辖区内生产经营单位签订9000多份安全生产责任书。

【督查检查和隐患整改】 督促整改、验收完成诸暨市级挂牌督办工矿商贸和重大火灾隐患28处。组织督查27个镇乡（街道）、7个重点部门（企业）“两会”期间的安全生产工作部署落实情况，共检查企业5670家次，整改隐患3380条。联合经信、环保、消防部门2次对全市化工、印染、涉有限空间企业和2017年度存在严重影响消防违章建筑已报拆除企业进行督查，整改隐患127条。在绍兴地区推广危化、矿山领域试点安全生产责任险制度，邀请第三方机构对全市4家危化品生产企业开展风险评估，继续对17家矿山实施“一矿一策”体检式检查。推进涉可燃爆粉尘在线视频监控，摸排印染、酿酒有限空间作业场所34处，涉爆粉尘企业31家，涉氨制冷企业3家；2月底对重组复产后的友谊特钢实施安全专项整治，先后7次带队到浙江友谊新材料有限公司进行走访检查，并多次组织相关部门和属地街道进行联合踏勘，重点整治高炉、转炉、电炉生产设备，全面建档建册情况。

【安全隐患大排查大整治和五大重点领域百日执法攻坚行动】 围绕“枫桥经验”55周年纪念活动安全保障要求，开展安全隐患大排查大整治行动和五大重点领域（工业企业、建筑施工、消防安全、道路交通、特种设备）百日执法攻坚行动。全市上下共排查企业7033家，整改隐患29962处，整改率98.6%。在工业企业、建筑施工、消防安全、道路交通、特种设备五大重点领域百日执法办案274048件，罚款3629万元，行政拘留136人次，同时针对五个重点领域中的安全风险点，开展五大专项整治行动［全市电动车辆专项整治行动、涉可燃爆粉尘、印染酿酒等涉有限空间企业专项执法行动、厂内机动车（叉车）专项整治行动、全市建筑工程模板支撑体系安全专项整治行动、居住出租房及合用场所消防安全专项整治行动］。市安委办对27个镇乡（街道）开展全覆盖督查共6轮，督查各类单位（企业）974家，发现各类问题1983项，每周通报督查结果，推动隐患整改和镇乡（街道）安全生产责任的落实。

【监管执法】 2018年，全市共办理安全生产类行政处罚案件287件（其中事故4件，非事故283件），罚款共701.3万元，收缴非法物品232件，移交公安机关行政拘留3人，追究刑事责任3人。全面推广乡镇安全生产委托执法，全年办案230起，同比增长39.6%，罚款总额252.48万元，委托执法工作走在绍兴乃至全省领先位置。消防领域全年共检查社会单位8818家，整改隐患8966处，下发行政处罚决定书1709份、临时查封决定书104份，三停单位场所（停产停业、停止使用、停止施工）89家，行政拘留438人。同时，定期在《诸暨日报》、诸暨安监微信公众号等平台公开曝光行政处罚企业黑名单，形成警示效应。

【全员安全培训工程】 推进全员安全培训工程，规范各类培训活动，提高培训质量。2018年度，共开办10期培训班，培训企业负责人、安管员2300余人，培训特种作业人员4100人，较上年增加60%；开办危化品培训班3期，参训215人。（郑菲芸）

公共资源交易管理

【概况】 2018年，市公共资源交易平台共完成交易项目612项（笔、宗），累计完成各类交易888场次，成交金额195.80亿元，分别为建设项目15.83亿元；政府采购55.64亿元；土地公开出让123.55亿元；安置房拍卖等其他要素资源0.77亿元，累计增效节资 15.12 亿元。

【建设项目交易】2018 年，各类建设工程项目公开招标 444 项，成交 444 项。工程标底 25.55 亿元，中标价 21.00 亿元，其中施工公开招标 188 项，工程标底 18.05 亿元，中标价 16.03 亿元。与 2017 年相比，工程进场交易数量减少 36.12%，交易额减少 59.48%。2018 年度工程建设项目交易进场登记单位 1162 家，其中施工单位 991 家，监理单位 125 家，招标代理 46 家。年度交易单位数量比上年增加 95 家，增长 8.9%。

【政府采购交易】2018 年，市本级完成政府采购预算 56.46 亿元，成交金额 55.64 亿元，节资率 1.45%。完成采购交易 282 场，其中代理完成采购预算 1.06 亿元，中标金额 0.86 亿元，节资率 19.00%；政采云网上超市订单数 13197 笔，成交金额 6414 万元。

【要素资源交易】2018 年，土地交易共拍卖、挂牌交易 135 场次，起拍价 111.35 亿元，成交价 123.55 亿元，增幅 10.96%，比上年总成交额增加 69.60 亿元。安置房拍卖等其他要素资源交易 5 场次，成交金额 0.77 亿元。

【工程项目招标权限调整】6 月份，出台《关于调整镇乡（街道）、部门（国企）工程项目招标权限的通知》，明确建设工程施工单项合同估算价 400 万元以下（其中店口镇 3000 万元以下，开发委 1000 万元以下）的施工、监理、招标代理项目，100 万元以下的勘察、设计项目，均由各镇乡（街道）、部门（国企）按规定负责自行组织招标。随机抽签中标法的适用范围扩大到 5000 万元，5000 万元以下项目一般在 7 日内完成招投标，5000 万元以上项目一般在 10 日内完成招投标，从制度上进一步规范公共资源交易监管工作。

【招投标现场监管】通过开评标区域、监管区域、办公区域功能分工、信息化手段的运用和台账制度的严格执行，强化招投标现场监管。加大对投诉、质疑案件的查处，加强违法违规行为处罚结果在招投标中的运用。充分运用信息化手段，在候标区、休息区开通专家评标过程视频直播，加强公众监督。抓好开标、评标现场监管，实行监控室全面监督与现场监管、评标室流动监督相结合，落实监督台账制度，在监控室实时记录开、评标行为，强化工作人员、评标专家按制度按规矩办事的意识，扎实做好交易活动的程序监管和实体监管。

【招投标流程优化】以服务企业、优化流程为立足点，不断优化项目招投标流程，信息库中已登记备案进行 CA 认证施工企业达到 963 家，建设工程项目招投标全部手续都通过网上操作完成，实现“一次也不用跑”，全年共完成项目 184 个，成效得到投标企业的肯定。同时，扎实推进网上施工招投标业务进一步向镇乡（街道）、部门辐射，到 2018 年底，枫桥、陶朱街道已完成试运行。政府采购除协议供货外，限额标准以下的货物通过“政采云”网上超市直接订购，简化采购程序，实现全流程网上操作。

【工作方法创新】在主动对接、走访、调查政府性投资重点项目基础上，对摸排出的 68 个在 2018 年需要招投标的 1000 万元以上的重大政府性投资项目，每个项目明确联系领导和联系人，将责任落实到人。提前介入前期工作，实施动态化跟踪，及时掌握项目建设动向，确保项目招投标工作顺利推进。至年底，完成绍兴枫桥学院 EPC 项目［EPC<Engineering Procurement Construction> 是指公司受业主委托，按照合同约定对工程建设项目的设计、采购、施工等实行全过程承包，在总价合同条件下，对其所承包工程的质量、安全、费用和进度进行负责］、诸暨市首个总投资约 1.45 亿元全过程工程咨询项目、陈村片居住区公园及地下停车场建设工程、越都广场地下室工程等重点项目的招投标；完成 2018—2019 年诸暨市政府投资工程建设项目配套服务定点采购项目、城中村改造政府购买服务采购项目等重点采购项目。

【交易市场规范化建设】根据《诸暨市公共资源交易黑名单管理暂行办法》，进一步规范不良行为黑名单制度。加强公共资源交易各环节的监督检查，根据检查结果及投诉、举报核实内容，2018 年共收到投诉质疑 20 件，结果运用 11 件，信访局交办件 3 件，处理单位 33 家、采购供应商 3 家、监理单位 7 家、代理公司 4 家、项目经理 11 人。根据《诸暨市工程建设项目招标代理机构星级评定暂行办法》，组成专项检查组，定期不定期对全市 46 家工程项目招标代理机构的人员在岗、办公场所等情况进行专项检查，对违规情况涉及对象责令其进行整改，整改不到位的将其清退出诸暨市场。6 月，组织全市 45 家代理机构共 260 余人参加代理业务培训并进行考试，考试合格总人数为 104 人，合格率为 39.69%，考试不合格的交易员退出市场。

【镇村工程督查指导】多举措规范小额工程招标，解决镇村小额工程招投标不规范、流标现象普遍等问题，确保镇村小额民生工程规范、有序推进。对全市27个镇乡（街道）、8个部门共开展3次走访调研，对招投标相关制度执行、镇村工程招标运行、工程质量、履约监管作重点了解，根据调研情况拟订出台公共资源交易操作细则和具体规范，解决镇村工程操作遇到的实际问题。针对各招标办人员岗位变动快的特点，对全市27个镇乡（街道）、40多个部门（国企）招管办、招标办的人员进行1次培训，让相关人员及时掌握新业务系统操作实务。派出由业务骨干和网络技术人员组成的精干力量，到全市各镇乡（街道）、部门（国企）招标办，开展开评标现场业务指导，向招标办人员传授交易员操作流程、异议答复、应急情况处置等现场操作的方式方法。

【专项督查】上半年，会同市建设局、交通运输局、水利局、建管局等行业主管部门，对全市27个镇乡（街道）及12个部门的113个在（续）建项目进行集中抽查，对检查发现的121个问题进行通报，要求各单位立即整改并及时将整改情况上报。7—8月，根据市委巡察办对草塔镇等8个镇党委巡查移交事项办理工作清单，组织力量对8个镇乡存在的执行政府采购制度不严格、工程规避招标、应招未招、合同管理不规范、项目变更混乱、验收结算不规范、工程招标基础资料不全等问题逐一开展调查，责令整改。（洪 劢 李海鹏）

物价管理

【概况】2018年，价格和收费管理工作践行政策优先、真抓实干、落地见效的工作理念，重点抓好价格领域降成本、促改革、惠民生工作，为全市经济健康发展、社会和谐稳定和群众安居乐业营造有序良好的价格环境。

【减费降本】资源价格调控和涉企收费清理“两手抓”，降成本工作成效明显。企业用电成本进一步降低。2018年，先后4次下调一般工商业及其他用电价格，累计平均下调0.084元/千瓦时，完成下降10%的工作目标。有效控制企业用气成本，保障企业天然气供应。鉴于11月1日起非居民管道天然气门站价格上调0.66元/立方米的实际，为消化燃气企进气成本上涨和维护用气企业正常生产经营，将非居民管道天然气最高零售价格严格控制在0.9元/方的购销差价范围内，燃气企业自行消化0.17元/立方米的进气成本，减轻企业因用气价格上涨增加生产成本。涉企收费标准进一步降低。2018年1月1日起至2020年12月31日，暂免征收证券期货行业机构监管费。2018年4月1日起，降低公众移动通信系统频率占用费等部分无线电频率占用费标准。2018年8月1日起，停征专利收费（国内部分）中的专利登记费、公告印刷费、著录事项变更费（专利代理机构、代理人委托关系的变更），PCT（《专利合作条约》）专利申请收费（国际阶段部分）中的传送费。

【民生领域价格政策完善】民生领域价格政策日趋完善。教育收费方面：调整公立学校相关费用标准。会同教育、财政部门于7月13日制定《关于调整普通高中住宿费标准的通知》、7月20日制定《关于调整公办幼儿园保教费标准的通知》。调整民办学校收费政策（标准），从2018年秋季开始取消非营利性民办幼儿园（托儿所）收费标准备案工作，实行市场调节价管理。医疗服务收费方面：新增完善部分医疗服务收费项目及标准，新增外周血淋巴细胞微核试验、粪便钙卫蛋白检测等26项检验项目和预防接种服务费、驾驶员体检费、数字影像服务费等3项医疗服务项目，完善白细胞滤除等5项医疗服务项目，核定医疗机构普通病房床位价格。先后核定市中医医院浣东院区、市人民医院江东分院、马剑卫生院、同山卫生院、五泄卫生院、市第四人民医院等6所医院普通病床床位价格。殡仪服务收费方面：9月21日会同民政部门制定《关于进一步规范殡仪服务收费管理的通知》，明确殡仪服务收费管理形式、殡仪基本服务收费项目及标准、殡仪延伸服务收费项目和殡仪服务收费减免等相关政策，殡仪延伸服务收费标准实行市场调节价管理。

【成本监审】根据国家、省、绍兴市价格监测报告制度要求，落实价格监测定点单位，按时保质完成数据采集、审核、汇总、报告工作。组织实施本级价格监测报告制度，及时发布民生商品价格信息，增强市场价格信息透明度。组织实施对粮食、菜篮子、生活用品、工农业生产资料、药品等101种重要商品的常规价格监测报告，并通过诸暨政府门户网站、诸暨电视台、《诸暨日报》、市发改局微博等多种渠道及时发布价格信息。

（朱建洪）

审计

【概况】2018年，市审计局着力构建政策跟踪审计、财政审计、经济责任审计全覆盖“三个平台”，全年实施完成审计项目33个，同比增加7个，其中署、省定同步审计项目9个，上级交办审计项目2个，市本级自定审计项目32个（含经济责任审计项目15个）。全年出具审计报告和专项审计调查报告54个，合计查出管理不规范金额21.1亿元、违规金额1251万元、损失浪费金额1365万元；查出非金额问题235个，提出审计建议162条，推动被审计单位出台完善政策制度21个；获市主要领导批示6条；移送纪检部门处理事项1起。获评绍兴市优秀审计项目1个，表彰审计项目3个；1人被评为绍兴市最美公务员。（俞海江）

【预算执行和财政决算审计】抓住资金和项目两条线，扩大审计覆盖面，确保“五年一轮审”。结合经济责任审计，全年对15家市级部门及其下属事业单位（其中含14家二级预算单位）预算执行情况、7个镇乡（街道）的财政决算进行审计，并从完善内控管理机制、提高资金绩效管理层面提出细化预算编制、加强收支平衡、注重增收节支、规范资金存放、强化资金风险管控等合理审计建议。（俞海江）

【经济责任审计】制定《2018年诸暨市党政主要领导干部经济责任审计工作方案》，明确审计工作目标和要求，全年完成15个镇乡（街道）和部门的33名领导干部的经济责任审计。探索创新“经济责任＋自然资源”审计模式，开展东白湖管委会水资源资产离任审计，首次借助地理信息技术进行比对分析，审计成效显著提升。突出审计整改成效，推动被审计单位体制机制创新优化14项、政策法规废改立21项、解决“老大难”问题19项。2月出台《诸暨市镇乡（街道）和市级部门党政领导干部履行经济责任风险防范清单》，总结归纳出15大类风险领域36个风险点，健全完善内部风险防控机制。（戴 咪）

【跟踪审计和专项审计调查】2018年，完成跟踪审计和专项审计调查项目共计4个，涵盖保障性安居工程、银行服务“三农”和防范风险、产业基金投资和国有资产管理等重要领域。审计中重点关注国家重大政策措施和宏观调控部署落实情况，注重揭示相关政策措施落实过程中的体制机制障碍和制度瓶颈，审慎地提出审计意见和建议并及时督促整改，促进政策落地生根和不断完善，保障经济社会平稳健康运行。（俞海江）

【内部审计工作】全市32个部门（社会团体）、27个镇乡（街道）、4家国有企业（金融机构）建立健全内审工作机制，并实行“一把手”直接负责制。探索实施国家审计与内部审计协同模式，12月编制完成《诸暨市农村集体经济运行重点风险防范清单》，在镇乡（街道）审计项目中吸纳内审人员参与国家审计试点“以审代训”。制定《诸暨市审计局内部审计工作指导员制度（试行）》，累计调研走访20多家单位，现场组织内审辅导讲座20余次。严格落实部门、镇乡（街道）内审工作考核机制。利用内审协会加强学习交流、总结宣传经验，其中市农经总站的村“三资”管理内审先进经验在全省推广。（金项行）

【投资审计体制改革】逐步退出标底审核价款结算审计，以公开招标方式择优引入24家社会中介机构开展委托审计、组织审计业务。6月起，全市政府投资项目中400万元以下工程（店口镇3000万元以下，开发委1000万元以下）的标底审计、1000万元以下工程的结算造价审计全部由社会中介机构实施，分别占全市政府投资项目年度计划数量的90%和95%，投资审计逐渐从工程造价直接监督转向社会中介从业行为的管理监督。全面清理退出与投资审计法定职责无关的议事协调机构和工作，累计中止各类协调会、评审会45次。（俞海江）

【审计成果运用】注重审计成果提炼，全年报送审计专报6篇，获市长批示4篇；累计撰写论文、信息42篇，市两办录用13篇、绍兴市局录用7篇、省厅录用6篇，其中《村级工程“三审三核”促基层治理》先后被《浙江日报》、浙江在线等5家媒体刊用，并获第六届浙江省审计青年论坛三等奖。（俞海江）

统计

【概况】2018年，诸暨市统计局扎实推进全国第四次经济普查、产业统计工作，夯实统计基层基础，加强统计监测服务，依法推进统计法制建设，加强统计数据管理，提升机关效能。党支部被确定为首批诸暨市直机关“党建示范点”“诸暨市直机关‘五星级’党组织”；党建品牌“党建＋统计服务”

被命名为第二批市直机关党建品牌。

【全国第四次经济普查】5月8日，诸暨市人民政府印发《诸暨市人民政府关于在全市开展第四次经济普查的通知》（诸政发〔2018〕20号），对第四次经济普查工作进行全面部署，标志着诸暨市第四次经济普查工作全面启动。全市共划分普查区546个、普查小区1430个，确定普查指导员、普查员共计2100多名，PDA操作员共计630多名，先后制定出台工作规则、考核办法、实施方案等。普查开始后，定期编发《经济普查工作计划》，每月召开经普办例会和经普主任会议，总结和布置阶段性工作。同时做好普查信息编辑工作，全年共上报普查信息64则，被省录用35则。6月19—23日，完成绍兴市级普查综合试点，试点后分5期对普查员开展业务培训，对PDA操作员采用“下沉式”方法开展培训，对重点、难点以及注意事项进行现场实地演示指导，帮助他们熟练掌握普查技巧和PDA使用方法。截至12月31日，全面完成清查工作。

【产业统计】全年完成对全市27个镇乡（街道）全面农业统计工作，重点强化对149个粮食生产检测样本区调查工作。加强“企业一套表”联网直报单位统计监测，包括1257家规上工业企业工业、能源统计月报、季报和半年报，科技监测年报，557家企业和3个园区的浙江省开发区（园区）统计年报；570家限上批发零售住宿餐饮业单位统计月报、季报和年报；193家其他重点服务业企业统计月报、季报和年报；230家资质建筑业企业统计季报和年报；179家房地产开发经营企业统计月报和年报；全部“四上”（指规模以上工业、限额以上贸易、具有资质等级的总承包和专业承包建筑业、房地产开发经营企业）单位劳动工资季报和年报。名录库及时、规范做好年度、月度“下升上”（指规模以下工业、规模以下服务业、限额以下贸易业升为规模以上工业、规模以上服务业、限额以上贸易业）的申报工作和名录单位的信息维护工作。累计做好647个500万元及以上固定资产投资项目统计月报和年报工资。完成地区生产总值（GDP）季度核算以及综合年报统计工作等。按照一、二、三产专业统计要求，各专业全力完成数据催报、汇总、审核、上报工作，应统尽统。

【统计基层基础建设】稳定并加强镇乡（街道）统计人员力量，6月27—29日，组织全市各镇乡（街道）统计分管领导和统计员赴绍兴进行业务培训。将统计基层基础建设工作纳入政府岗位绩效排位考核，7月31日，出台《镇乡（街道）统计基层基础建设工作管理细则》，分统计基础、统计法制、统计业务等23条量化考核乡镇统计工作。深化统计继续教育，全市统计继续教育报名人数1864人，较上年同期增长39.0%。

【统计监测预警】强化对全市经济运行情况的动态监测，做好各产业及特色小镇等统计监测分析相关工作。编发月度《诸暨统计信息》、年度《今日诸暨市》和《诸暨市统计年鉴》。加强对GDP及核算相关的21个基础指标监测。开展重点课题统计调研，全局完成统计分析文章15篇、调研报告16篇，其中《关于山下湖镇网络直播剖蚌销售的统计调研》获市委、市政府主要领导批示肯定。累计发送《统计信息专报》67期、《统计通讯》31期，两办录用信息超过40篇，向上级统计部门报送信息被绍兴市局录用136篇、省局录用67篇、国家局录用1篇。

【统计信用工程】完善评定制度，鼓励优秀企业争创绍兴诚信单位，确保统计信用建设工作绍兴第一。落实省、绍兴市统计诚信单位创建工作要求，全市共有33家企业参加诸暨市统计诚信创建单位评选，其中23家为工业企业，10家为贸易企业。加大数据核查力度，组织全市556家限额以上贸易企业就2017年统计情况进行了自查。

【统计数据管理】高度重视统计数据质量，致力数出有据。全年按专业分层次开展基层统计人员业务培训，重点抓好工业、能源、科技、投资、建筑业、房地产业、服务业、劳动工资等专业知识培训。开展经常性的上门实地核查、业务指导，帮助基层单位提高业务水平。此外，先后组织开展新开工投资项目统计认可、重点投资项目现场清查核实等工作。（顾锦绣）

调查工作

【住户调查】住户调查主要包括居民现金和实物收支情况、住户成员及劳动力从业情况、住房和耐用消费品拥有情况、家庭经营和生产投资情况、社区基本情况以及其他民生状况等，反映全市城乡居民收入、消费及其他生活状况，客观监测居民收入分配格局和不同收入层次居民的生活质量。2018年，全市共有调查网点35个，记账户350户，其中城镇网点19个，记账户190户；农村网点16个，记账户160户，通过记账户每月纸质和电子记账开展调查，电子记账率达30%。

【月度劳动力调查】月度劳动力调查能够及时、准确地反映全市城乡劳动力资源、就业和失业人口的总量、结构和分布情况。2018年全市月度劳动力调查网点15个，每月调查户数为60户，通过辅助调查员手持PDA的方式开展入户调查。

【农业抽样调查】2018年，农业抽样调查包括农作物播种面积遥感测量、水稻实割实测和主要畜禽监测调查等工作。农作物播种面积遥感测量和水稻实割实测调查共抽中20个样本村，通过PDA对地和入户调查；主要畜禽监测调查分畜禽规模户、散养户和牛羊调查，规模户数据按季度和年度上报，散养户和牛羊数据按季度上报。

【工业生产者价格调查】工业生产者价格包括工业企业产品第一次出售时的出厂价格和企业作为中间投入的原材料、燃料、动力购进价格，目的在于及时、准确、科学地反映各工业行业产品价格水平及其变动趋势和幅度，调查对象为规模以上企业。2018年，全市工价样本企业共79家，实行每月采价和上报，每季度走访企业指导工作，每年召开一次培训会。

【居民消费价格调查】居民消费价格调查按照国家方案，CPI的调查内容按用途划分为8个大类，包括食品烟酒、衣着、居住、生活用品及服务、交通和通信、教育文化和娱乐、医疗保健、其他用品和服务。诸暨市编制的是城市指数，共设60个采价点，600多个CPI规格品。

【采购经理调查】采购经理指数是通过对企业采购经理的月度问卷调查结果汇总、编制而成的指数，是宏观经济监测指标体系之一。2018年，全市采购经理调查企业70家，主要包括制造业和非制造业，为月度调查，调查队每月负责样本企业的联系和催报工作，企业采用联网直报方式上报。

（卢俊杰）

海关

【概况】2018年，海关诸暨办贯彻执行“政治建关、改革强关、依法把关、科技兴关、从严治关”工作理念，做好各项工作。全年征收增值税和关税共计超1.25亿元，其中增值税近1.19亿元，关税624万元。完成出入境货物及包装检验检疫1426批，货值8113万美元；产地证签证13775份，签证金额5.52亿美元，同比分别增加3.76%和15.89%。

【虚假贸易管控】开展企业实地巡查，全年实地巡查企业86家，巡查内容包括核实企业的经营场所、法人代表联系方式等与注册信息是否相符等。对注册信息不真实、无法联系的企业进行通关锁定，2018年共对40家列入暂缓统计企业实施通关锁定。主动联系商务部门、镇乡（街道）等了解企业现状，对涉嫌申报不实的企业移交缉私部门作进一步处理。

【通关效能提升】压缩通关时间，指定专人每日及时监控查看通关时效情况和需处理的报关单证情况，组织辖区报关企业召开专题座谈会，要求及时告知进出口货物查验进展和异常情况，提升通关效能；宣传优惠贸易协定货物申报无纸化和《海关专用缴款书》企业自主打印等改革举措，推动有关企业对涉及尚未联网原产地证的报关单进行无纸化申报，通关无纸化率明显提升。

【风险防范】强化新海廉系统（海关内部风险管理控制系统）应用，全年共办结系统联系单42份，完成年度任务数的52.5%，实现时间过半进度过半；上报系统信息8篇，被总关录用8篇、总署录用8篇，完成全年任务；加强风险监控手段运用，提升工作效率和规范性；落实重大业务问题集体讨论等制度，规范业务运行。

【推动加工贸易创新发展】联合诸暨市商务局开展促进加工贸易创新发展系列走访活动，共走访金属、机电、塑料、家具、袜业等行业企业24家；帮扶全国首批试点企业——浙江海亮股份有限公司参与海关总署“以企业为单元”加工贸易监管改革，引导辖区企业最大程度享受加工贸易创新发展有关便利措施。2018年，有8家本地企业和2家外地企业在办事处新办加工贸易手册，全年加工贸易备案手册总数345分，备案金额21057万美元。

【服务地方重点工作】助力地方内河港新亭埠码头建设，新亭埠码头于9月28日举行首航仪式。诸暨货运东站于11月27日举行海铁联运首发仪式。发挥决策辅助作用，就诸暨市保税仓库建设、争取市场采购试点以及推动外贸健康发展等工作向市政府建言献策，共报送工作专报5期，其中2篇得到市委书记徐良平批示，2篇得到市长王芬祥批示。

【诚信体系建设】参与辖区一般认证企业重新认证工作，做好前期意向企业筛选，协助稽查科举办培训会，为4家企业提供针对性指导，助推辖区诚信体系建设；做好企业注册信息变更和企业注销等工作，强化企业注册信息核对，确保信息真实可靠。

【检验检疫】强化重点敏感商品检验监管。开展各类进出口食品安全质量提升活动。对出口食品原料种植场进行年度监督检查工作，对相关种植管理、农业投入品的控制、病虫害防治、生产记录档案等进行监督检查；做好目录外进出口商品监督抽查、进出口商品风险监测和进出口食品化妆品国抽省抽工作。完成3批目录外进口儿童用品监督抽查、3批进口目录内后续监督抽查和18批进出口食品化妆品国抽、省抽及风险监测工作。（赵列超）

出入境及往来港澳台人员管理

【概况】全年共受理、审批护照25540件，同比减少5%；内地居民往来港澳通行证18178件，同比持平；大陆居民往来台湾通行证3998件，同比持平。受理并制作再次港澳签注7398件，同比减少12%；报备各类法定不准出境人员1207人次；清理核销境外人员5128人次。截至2018年底，全市共有764名境外人员。（赵恩辉）

流动人口管理

【概况】2018年，全市共登记流动人口617593人，注销701245人，年底在册数为384510人，同比分别下降8.9%、上升10.6%和4.5%。出租房屋在册数为124755户，同比上升7.8%。从年底检查考核情况看，流动人口居住登记率、登记信息准确率、居住出租房屋登记率、同住人员关系采集率等“流管四率”分别达到99.5%、99.3%、100%、100%，全部达到省定标准。

【“四化四式”新模式推广】2018年，诸暨市流动人口服务管理局（以下简称流管局）围绕总结推广新时代“枫桥经验”和建设“平安诸暨”两大中心任务，在全市推广实施以网格化标配式、集约化旅馆式、信息化协同式、多元化融合式为主要内容的流动人口服务管理“四化四式”新模式，加强专管员队伍建设，改进流动人口基础信息管理，推广居住出租房屋“四统一五提升”（指统一代管、统一改造、统一出租、统一分配收益，提升安全标准、提升管理能力、提升服务水平、提升社区共治、提升经济收益）集约化经营，广泛实施旅馆式管理，建设“安心居”APP、智能门禁系统，培育流动人口党组织和融合性社会组织，因地制宜推进大唐镇一站式新居民综合服务、店口镇“兼容式”流动人口党支部、直埠镇“四统一五提升”居住出租房屋集约化旅馆式管理、枫桥镇“红枫义警”社会组织等流动人口服务管理示范点建设，其中枫桥镇陈家村居住出租房屋集约化旅馆式管理示范点——“红枫居”成为“枫桥经验”纪念大会6个核心参观点之一。5月18日，省委常委、政法委书记王昌荣批示肯定诸暨市流动人口服务管理“四化四式”模式；7月13日，全省流动人口和居住出租房屋管理服务工作现场推进会在诸暨市召开；10月25日，省委书记车俊在枫桥镇调研时高度肯定陈家村“红枫居”模式，要求总结推广。

【常态化精细化管理】全市流动人口专管员普遍应用浙江省流动人口信息移动采集系统应用终端（简称流管通），扫描出租房屋“二维码”，常态化滚动式巡查辖区内的居住出租房、用人单位，及时登记、注销、变更流动人口信息，加强流动人口工作生活“留痕”管理。6月，推进居住出租房屋创新管理，总结推广直埠镇“统一代管、统一改造、统一出租、统一分配收益、提升安全标准、提升管理能力、提升服务水平、提升社区共治、提升经济收益”的“四统一五提升”工作机制，打造旅馆式管理升级版，搭建以镇乡（街道）、村（居）为主体的组织管理架构，在150个流动人口超过500人的村（社区）分步实施居住出租房屋旅馆式管理。对10人（含）以上群租房采取分类旅馆式管理，安装集成人员信息采集、数据自动比对等功能的智能门禁系统。12月，全市“旅馆总台”已覆盖出租房屋119039间，占全部出租房屋的90.75%，智能门禁系统已安装874套。3月8日，流管局制定出台《流动人口信息稽查考核工作规范》，开展每月检查通报机制，对检查不合格乡镇进行二次抽检，会同市公安局建立分管所领导、社区民警、专管员三级责任追究机制。2018年，共开展流动人口登记管理稽查工作11次，抽检不合格乡镇18个（次），下发整改通知函5个。

【IC卡式居住证发放和卡载功能拓展】推进居住证业务“最多跑一次”改革工作，优化IC卡式居住证材料受理、审核审批、制作发放等各个环节流程。全面落实居住证制度配套政策，建立健全与居住证挂钩的公共服务和便利提供机制，统一提供居住登记证明，方便已办理居住登记的人员办理个人社会事务。2018年，全市累计受理发放IC卡式居住证13.78万张，占居住时间半年以上流动人口数的56.9%，超过省平安建设过程性指标考核30%的要求。7月，流管局与多家商业公司签约，正式开通漫游未来影院、嘉年华影城、大唐永新商业广场、第一百货超市等多家商业场所的居住证会员功能。

【慰问和宣传活动】开展流动人口先进分子慰问和关怀帮扶困难老党员活动，组织机关干部赴公交公司、红十字应急救援中心等地慰问流动人口。5月、10月组织开展“关爱新居民 法律伴我行”与平安创建宣传活动，向流动人口宣传《浙江省流动人口居住登记条例》等法规政策，强化反网络诈骗、禁毒、出租房屋消防等安全提示，解答流动人口有关IC式居住证卡载功能的一系列问题，增强流动人口法治意识、“居民”意识。

【推动流动人口融入当地社会的做法和机制】在流动人口超过3000人且外来党员达10人（含）以上的镇乡（街道）建立新居民党支部，组织开展外来党员“归队、聚心、亮身份”活动，培育发展党建引领下的流动人口融合性社会组织，打响新居民先锋队品牌。9月，暨阳街道、陶朱街道、浣东街道、大唐镇、店口镇、枫桥镇、应店街镇等15个镇乡（街道）建立新居民党支部与新居民社会组织，定期开展系列党员及志愿者活动，推动建立多元主体参与的共建共治共享基层社会治理格局。建立流动党员列席村（居）党支部会议、聘用优秀新居民为村（居）主任助理、新居民参与村（居）重大活动等制度，健全流动人口社区融入机制。2018年，全市已有103个行政村建立村务共商机制，395个行政村、社区的村规民约（社区公约）基于共建共治共享要求作了相应的修改。 （王珊珊）

中共诸暨市委员会

概述

2018年，全市上下认真贯彻落实习近平总书记对浙江工作的重要指示精神，紧扣“‘八八战略’再深化、改革开放再出发”主线，以“大调研大走访大服务”专项活动为抓手，全力打好六大硬仗（创新、改革、融合、生态、治理、党建），经济社会发展呈现稳中有进、稳中显好的态势。全市实现生产总值1225.3亿元，同比增长6.7%；财政总收入138.8亿元，增长11.3%，其中一般公共预算收入87.4亿元，增长13.5%。规上工业总产值1269亿元，增长15.2%；工业用电量68.7亿千瓦时，增长9.7%；自营出口349亿元，增长14.2%；城乡常住居民人均可支配收入分别达62623元和36053元，增长8.3%、9.0%。

【经济转型升级和招商选资】紧扣数字经济这一方向，加快传统产业数字化改造提升，深入推进“互联网+”“机器人+”，新增工业互联网平台4个，“企业上云”（企业以互联网为基础进行信息化基础设施、管理、业务等方面应用，并通过互联网与云计算手段连接社会化资源、共享服务及能力的过程）突破5800家，“两化”（信息化和工业化）融合走在全省前列，袜艺小镇9月13日正式命名，并列入省级创建名单。实施“亩均论英雄”（指以提高“亩产效益”为核心，围绕节约集约用地、节能降耗减排等重点，促进经济增长方式从粗放到集约、从量的扩张到质的提高）综合评价，深化工业园区“退转改聚”（清退、转型、改革、集聚），整治提升“低散乱”企业412家，新建小微企业园区4个。工业经济加快转型，服务业提档升级，建筑业、房地产市场稳健发展。紧扣项目投入这一支撑，扎实推进高质量招商选资，12月21—23日，成功举办2018诸暨发展系列周活动，实到市外注册资金100亿元，新引进各类重大项目43个、总投资177.9亿元，33个项目列入省级以上项目笼子。海亮有色智造工业园、宝龙商业广场等项目落地开工。

【平台建设和人才引进】紧扣科技创新这一动力，打好平台建设、主体培育、成果转化、人才引育“组合拳”，科技协同创新中心揭牌成立，国际技术转移中心成功运营，珍珠产业创新服务综合体基本建成，技术市场交易额突破6亿元，高新技术产业增加值同比增长12%；新增“国千”（国家千人计划）“省千”（浙江省千人计划）人才18名、绍兴“海内外英才计划”人才51名。南华大学长三角研究院和研究生分院签约落地。

【营商环境优化】把“最多跑一次”改革理念贯穿于各领域各方面，推进“五个通办”（一窗通办、一证通办、一码通办、一网通办、城乡通办），实现“最多跑一次”事项1612项、“一证通办”事项397项，市场主体突破17万家。全省率先实行全流程网上招投标，新增用地的工业项目从土地摘牌到开工建设最多30天，镇级“无差别受理”和“标准地+承诺制”分别得到省委、省政府主要领导批示肯定。深化投融资体制改革，水务、旅游等九大国有企业转型成立，创业投资改革试验区加快建设，新增全社会融资131亿元，不良率降至1.77%。主动对接全省“四大”（大湾区、大花园、大通道、大都市区）建设，深入推进接沪融杭，杭州都市高速公路诸暨段工程有序实施，诸暨至北京始发高铁开通在即，诸暨至滨江城际客运专线11月1日全面运营，临杭产业园、“诸暨岛”集聚效应加速显现，累计引进都市区项目108个，实到资金93亿元。积极应对中美贸易摩擦，加快拓展“一带一路”沿线国家新兴市场，海关监管场所（一期）建成，新亭埠码头9月28日实现首航，诸暨至宁波舟山港海铁联运国际专线11月28日正式开通。实现进出口总额403亿元，增长17.5%，其中出口346亿元，增长10%。

【生态文明建设】全面开展“五星达标、3A争创”，创成235个“五星达标村”、14个“3A示范村”，首批创建通过率居绍兴市首位。抓好国家现代农业产业园建设，加速推进云溪九里、颐和康养小镇等一批“坡地村镇”旅游项目，半数以上行政村年经营性收入超30万元。创新“红白理事会”

做法，全省率先设立村级关爱基金，移风易俗工作实现全覆盖。打好污染防治攻坚战，联动推进“垃圾革命”“厕所革命”“污水革命”，水质考核保持优秀，空气优良率达85%，创成省生态文明建设示范市。

【全省首个全域通过小城镇环境综合整治考核验收县市】修编新一轮市域总体规划（2015—2035），全面实施城市基础设施三年建设行动计划，加快推进浦阳江治理二期和高湖建设工程，改造整治老小区75个，完成“三改”1352万平方米，拆除违建62.6万平方米，成为全省首个全域通过小城镇环境综合整治考核验收的县市。

【平安建设】实施“枫桥经验”推广提升“十大工程”（社会风险和安全隐患防范和化解工程、综治中心规范提升工程、全科网格建设规范提升工程、自治、法治、德治“三治融合”基层社会治理体系建设推广工程、社会组织参与社会治理规范提升工程、“互联网+”社会治理深化提升工程、“网上枫桥经验”创新提升工程、社会心理服务体系建设推广工程、流动人口服务管理提升工程、加快推进“枫桥干部学院”筹建和“平安浙江特色小镇”建设工程），绍兴枫桥学院开工建设，新“枫桥经验”陈列馆、公共法律服务中心建成启用。党建统领基层治理、社会组织参与社会治理等做法得到中央政法委、省委领导的肯定。深化平安诸暨、法治诸暨建设，深入开展扫黑除恶专项斗争，抓好矛盾隐患大排查大化解大调处，全市五类恶性案件、刑事警情和命案发生数持续下降，全省流动人口管理服务、在线矛盾纠纷多元化解等现场会先后在诸暨召开。

【民生实事】持续推进农村危旧房治理改造、乡村道大中修、农村饮用水提升等民生实事，基本养老、医疗保障、最低生活保障再次提标扩面。繁荣发展各项社会事业，成功举办西施文化节、珍珠节和西施马拉松赛事，CBA联赛广厦主场落户诸暨。建成70家农村文化礼堂、4个社区文化家园、8个浣江书房，创成省教育基本现代化县市、省食品安全市。

【党的建设】聚焦发展问题、平安问题、发展项目“三张清单”，分类处置、逐项销号，推动问题大起底、大梳理、大解决，累计办结问题1946个、办结率98.13%。深化“两学一做”学习教育常态化制度化，完善领导干部政治品质考察评价办法，出台关心关爱干部、从严管理干部、大力发现选拔优秀年轻干部等实施意见，“1+X”（“1”即《诸暨市鼓励改革创新支持履职担当免责办法》，“X”即出台投融资体制改革、“最多跑一次”改革等X个专项容错纠错办法）容错纠错做法全省推广。实施基层党建“五大引领”（政治引领、组织引领、能力引领、发展引领、服务引领）工程，深化“五星示范、双强争先”等“五星系列”创建，探索建立区域化党建联盟，基层党组织组织力全面提升。深入推进清廉诸暨建设，深化纪检监察体制改革试点工作，推动监察职能向乡镇延伸，打造“基层公权力监督平台”。大力弘扬清廉文化，建设“五清”（党风清正、作风清新、权力清源、干部清廉、乡风清朗）村居，建成清廉教育基地。开展“集中整饬纪律、严厉整治四风”专项行动，抓好巡视巡察、审计、环保、土地督察整改，从严整治群众身边的不正之风和腐败问题。加强民主政治建设，人大、政协、司法职能作用充分发挥，人武、统战、老干部、群团等工作取得新成效。 （王光君）

重要会议

【市委全会】中共诸暨市委十六届三次全体（扩大）会议于1月4日上午召开。全会深入学习贯彻中共十九大和省委十四届二次全会、绍兴市委八届二次全会精神，回顾总结上年工作，研究部署当年任务，审议通过《中共诸暨市委关于高举习近平新时代中国特色社会主义思想伟大旗帜，以“北承南接”为引领奋力推进“两个高水平”建设的决定》，进一步动员全市上下不忘初心、牢记使命，创新实干、砥砺奋进，全力当好“两个高水平”建设的排头兵。市委常委会主持会议。绍兴市委常委、诸暨市委书记张晓强代表市委常委会向全会作题为《高举习近平新时代中国特色社会主义思想伟大旗帜 全力当好“两个高水平”建设的排头兵》的工作报告。市委常委、委员、候补委员；市纪委委员；市级党员领导干部；暨阳学院主要负责人；担任过副市级以上领导职务的离退休老同志代表；市人大常委会专职委员，市政协专职常委、研究室主任；各镇乡（街道）党（工）委书记和镇乡长（办事处主任）；市级机关各部门（一级局）正职（主持日常工作的副职）；市纪委、市监委各派驻纪检监察组组长；党委建制的事业单位书记；市党代表代表；市委巡察员；2017年度“诸暨市经济发展功臣”“诸暨市经济发展贡献奖”企业负责人；高新技术企业、科技型中小企业代表；海内外高层次人才代表；外来投资者代表；党外市级领导干部、民主党派主要负责人参加会议。

中共诸暨市委十六届四次全体（扩大）会议于8月10日上午召开。全会深入贯彻习近平新时代中国特色社会主义思想和习近平总书记对浙江工作的重要指示精神，全面落实党的十九大精神和省委十四届三次全会、绍兴市委八届三次全会决策部署，审议通过《中共诸暨市委关于深入推进清廉诸暨建设实施方案》，动员全市上下创新实干、奋发有为，坚定不移推进“八八战略”再深化、改革开放再出发，努力以新担当新作为开创诸暨高质量发展新局面。市委常委会主持会议。绍兴市委常委、诸暨市委书记徐良平代表市委常委会向全会作题为《推进这“八八战略”再深化 改革开放再出发 以新担当新作为开创诸暨高质量发展新局面》的工作报告。市委常委、委员、候补委员；市纪委委员；市级党员领导干部；暨阳学院主要负责人；担任过副市级以上领导职务的离退休老干部代表；市人大常委会专职委员，市政协专职常委、主任；各镇乡（街道）党（工）委书记和镇乡长（办事处主任）；市级机关部门正职（主持日常工作的副职）；市纪委、市监委各派驻纪检监察组组长；党委建制的事业单位书记；市党代表代表；市委巡察员；2017年度“诸暨市经济发展功臣”“诸暨市经济发展贡献奖”董事长或总经理；高新技术企业、科技型中小企业代表；海内外高层次人才代表；外来投资者代表；党外市级领导干部；民主党派主要负责人参加会议。

▲市委十六届四次全会现场　　（蒋力奔　摄）

【市委常委（扩大）会议】2018年，中共诸暨市委共召开市委常委会会议和市委常委会（扩大）会议21次，就有关重要工作进行研究和作出决定。

1月4日，听取市人大常委会、市政府、市政协、法院、检察院党组关于2017年工作情况及递交市“两会”审议工作报告的汇报；听取关于诸暨市2017年国民经济和社会发展计划执行情况与2018年国民经济和社会发展计划草案的汇报，讨论并原则同意《关于诸暨市2017年国民经济和社会发展计划执行情况与2018年国民经济和社会发展计划草案的报告（审议稿）》；听取关于全市2017年财政预算执行情况和2018年财政预算草案的汇报，讨论并原则同意《关于诸暨市2017年财政预算执行情况和2018年财政预算草案的报告（审议稿）》；讨论并原则同意《关于落实食品安全党政同责一岗双责的实施意见（审议稿）》；讨论并原则同意《诸暨市国家生态文明建设示范市创建工作实施方案（审议稿）》；讨论确定《关于加快推进公共法律服务体系建设的实施意见（审议稿）》。

1月17日，讨论并原则同意关于市委常委会2017年度民主生活会方案；听取2018年政府性投资项目计划的汇报，讨论并原则同意2018年政府性投资项目计划；讨论并原则同意关于2018年春节“送温暖”活动方案；听取诸暨市八项规定执行情况的汇报并讨论确定诸暨市《贯彻落实中央八项规定实施细则的办法（审议稿）》。

3月5日，讨论确定《诸暨市四套班子领导联系军队退役人员制度（审议稿）》。

4月3日，听取《关于加快产业优化升级，促进经济高质量发展的若干政策意见》，讨论并原则同意《关于加快产业优化升级，促进经济高质量发展的若干政策意见（审议稿）》；听取《关于加快推进人才强市工作的政策意见（审议稿）》，讨论并原则同意《关于加快推进人才强市工作的政策意见（审议稿）》；听取《关于加快推进创新强市工作的政策意见（审议稿）》，讨论并原则同意《关于加快推进创新强市工作的政策意见（审议稿）》；听取《关于2018年实施乡村振兴战略建设美丽乡村的若干政策意见(审议稿)》，讨论并原则同意《关于2018年实施乡村振兴战略建设美丽乡村的若干政策意见（审议稿）》。

5月17日，讨论并原则同意诸暨市《进一步加强信访法治化建设的实施意见责任分解方案（审议稿）》；讨论并原则同意诸暨市《关于党员涉嫌违纪违法信息通报和及时处理工作的实施意见（审议稿）》；讨论并原则同意诸暨市《关于进一步深化监察体制改革试点工作实施方案（审议稿）》；听取市纪委十六届二次全会会议方案、工作报告的汇报，讨论并原则同意市纪委十六届二次全会会议方案、工作报告；讨论并原则同意《2018年市委理论学习中心组学习计划（审议稿）》；讨论并原则同意《关于开展“大调研大走访大服务”专项活动的通知（审议稿）》。

6月1日，听取平安建设、安全生产、食品安全等工作情况的汇报；听取关于筹建“绍兴枫桥学院”有关情况的汇报；讨论并原则确定《诸暨市“新时代文明传习中心”工作实施方案（审议稿）》；讨论并原则同意《全面实施乡村振兴战略高水平推进农业农村现代化五年行动方案（审议稿）》；讨论并原则同意《诸暨市“厕所革命”实施方案（审议稿）》；讨论并原则同意2018年镇乡（街道）和市级机关工作目标责任制考核办法。

6月28日，听取关于落实绍兴市委检查组意识形态工作主体责任制反馈意见整改情况的汇报；听取扶贫协作、对口支援工作情况汇报。

7月11日，听取关于“健康诸暨建设”开展情况的汇报；听取了关于打好“四场硬仗专项行动”情况的汇报；听取关于隐性债务整改情况的汇报；讨论并原则同意《2018诸暨市招商选资竞赛活动实施方案（审议稿）》；讨论并原则同意《关于完善“1＋X”容错纠错机制的实施办法（审议稿）》；讨论并原则同意《关于进一步加强干部关心关爱工作的实施意见（审议稿）》。

7月23日，听取涉军工作情况的汇报；会议讨论确定《关于进一步提高招商质量的意见（审议稿）》；讨论并原则同意《关于诸暨市监察委员会向镇乡（街道）派出监察办公室工作方案（审议稿）》；讨论并原则同意《关于实施基层党建“五大引领”工程 深化发展新时代“枫桥经验”的意见（审议稿）》；讨论并原则同意2018年领导干部“三考三亮”综合考评相关办法。

8月7日，听取扫黑除恶专项斗争工作情况的汇报；讨论确定并原则同意市委十六届四次全体（扩大）会议方案、报告；讨论确定并原则同意《中共诸暨市委关于深入推进清廉诸暨建设实施方案（审议稿）》。

8月21日，讨论并原则同意《关于建立诸暨市农村集体建设用地市场化盘活机制的意见（审议稿）》；讨论并原则同意《关于调整完善工业用地出让价格机制的实施意见（审议稿）》。

9月6日，听取社会组织工作情况的汇报；听取开发区工作专题汇报；讨论并原则同意《关于深化“枫桥经验”以新时代城市基层党建引领城市基层治理全面提升的实施意见（审议稿）》。

10月12日，听取农村集体经济消薄工作情况的汇报，讨论并原则同意《村级集体经济消薄攻坚战三年行动计划方案（2018—2020年）（审议稿）》；讨论并原则同意《关于进一步加强农村人居环境长效管理的意见（审议稿）》；讨论并原则同意《诸暨市工业企业亩均效益综合评价实施办法（试行）（审议稿）》；讨论并原则同意《关于建立街道议政会制度的意见（审议稿）》；讨论并原则同意《关于大力培养选拔优秀年轻干部的实施意见（审议稿）》、《关于进一步从严管理干部的实施意见（审议稿）》。

10月31日，听取禁毒工作情况的汇报；讨论并原则同意《关于在市直机关开展“五星示范、双优引领”创建工作的实施意见（审议稿）》。

11月13日，听取全市安全隐患大排查大整治工作情况汇报；讨论并原则同意《坚持和发展新时代“枫桥经验” 推进基层社会治理体系和治理能力现代化的实施意见（提纲）（审议稿）》。

12月1日，讨论并原则同意《诸暨市机构改革方案（审议稿）》；讨论并原则同意融杭发展综合交通提升工作方案；讨论并原则同意“枫桥经验”纪念活动先进集体、先进个人名单（建议）；讨论并原则同意市委十六届五次全体（扩大）会议方案、报告提纲；讨论并原则同意《农林大学暨阳学院与地方合作有关人事事项原则意见（审议稿）》。

（王光君）

调研决策

【概况】2018年，市委政研室紧扣“高质量发展”这一主线开展政策调研工作，为市委、市政府和镇街、部门提供决策支持、制度设计和政策解读等服务。

【重点、热点和关键问题调研】围绕领导关注的重点问题、社会关注的热点问题和制约发展的关键问题开展调研。5月起，牵头开展“大调研大走访大服务”专项活动，重点就“十个一”（一个战略、一项工程、一项治理、一个平台、一双袜子、一根管子、一粒珍珠、一个文化、一批人才、一个环境）重点内容重点事项进行调研，形成十大专项调研报告及27个镇街调研报告；牵头做好市委、市政府领导年度调研课题的汇总联络工作；完成绍兴市领导干部优秀调研成果申报；配合做好上级调研工作。

【年度重点改革事项落实】年初牵头制定《诸暨市委全面深化改革领导小组2018年工作要点》《各专项小组2018年工作计划》等文件；明确年度重点改革事项，对重点改革任务根据年度目标、时间进度、责任单位等进行分解细化，确保每个改革事项落实到位。经济体制、民主法制、文化体制、社会体制、生态文明体制、纪检监察体制、党的建设制度等七大领域改革有序开展、顺利推进，如期完成各项改革年度目标。企业投资项目承诺制改革、“一证通办”改革、“浙江制造”品牌培育机制和“1+X”（“1”即《诸暨市鼓励改革创新支持履职担当免责办法》，“X”即出台投融资体制改革、“最多跑一次”改革等X个专项容错纠错办法）改革容错纠错机制等入选《2017—2018年浙江省需重点开展的改革试点复制推广任务清单》；“一证通办一生事”改革被列入2018年省政府工作报告。9月7日，承办全省一般企业投资项目开工前审批“最多100天”和“标准地”改革现场会，企业投资项目“标准地＋承诺制”（带着建设规划、能耗、环境、投资强度、亩产税收等一系列标准进行出让的建设用地，企业在获得土地后，签订承诺书，在规定时间内动工投产）改革获省长袁家军批示肯定。

【新获批省级以上改革试点项目18个】全年新获批全国新时代文明实践中心建设试点、企业投资项目承诺制改革全流程信用监管省级试点、社会心理服务体系建设省级试点等省级部门以上的改革试点项目18个。（陈湛舒）

诸暨市省级部门以上改革试点项目一览

表15

年度新增试点	全国新时代文明实践中心建设试点县市（厅字〔2018〕78号）
	农村集体产权制度改革试点（农经函〔2018〕5号）
	山下湖珍珠小镇入选省特色小镇创建名单（浙特镇办〔2018〕19号）
	政府购买公租房运营管理服务国家级试点市、县（区）（建保发〔2018〕327号）
	企业投资项目承诺制改革全流程信用监管试点（浙发改财金函〔2018〕773号）
	市县两级数据需求梳理和数源确认试点（浙跑改办字〔2018〕31号）
	省农村综合改革集成区试点（浙农改办〔2018〕1号）
	2018年度扶持村级集体经济发展试点（浙财基〔2017〕28号）
	“红十字强基工程”试点（浙红〔2018〕6号）
	规范会员管理优化会员服务工作试点（浙红〔2018〕7号）
	县级供电企业卓越绩效模式深化应用试点（国家电网企管〔2018〕702号）
	执法监管基层协同管理试点（浙数转办〔2018〕18号）
	消费投诉公示试点（浙工商消〔2018〕8号）
	基层日常监管规范试点（浙工商企管〔2018〕1号）
	首批中小学校党组织领导下的校长负责制试点（浙教工委办〔2018〕32号）
	大唐袜业创新服务综合体入选省第一批创建与培育名单
	社会心理服务体系建设试点县市
	2018年财政审计标准化数据质量试点

纪检监察

【概况】2018年，市纪委市监委以全面推进清廉诸暨建设为抓手，聚焦政治生态建设，聚焦作风建设，聚焦惩治腐败，强化监督执纪问责和监督调查处置，在坚持中深化、在深化中发展，不断拓展全面从严治党新成果。国家统计局绍兴调查队独立实施的民意调查结果显示，诸暨市清廉满意度再次排名绍兴第一。

【政治监督】2018年，全市共立案审查违反政治纪律案件4件，党纪政务处分4人。加强对“最多跑一次”改革、“枫桥经验”纪念活动、机构改革推进等市委、市政府中心工作落实情况的监督，共查纠问题68个，问责党员干部9人。实行平台督考、季度检查、面对面评议，建立村级“一单一卡一手册”（“一单”是农村党风廉政建设主体责任清单，“一卡”是农村党风廉政建设工作提示卡，“一手册”是村级党组织落实党风廉政建设主体责任纪实手册）工作机制，对落实“两个责任”（落实党风廉政建设责任制，党委负主体责任，纪委负监督责任）不力的38个党组织和57名科级干部点名道姓通报批评。完善领导干部廉政档案，做好党风廉政意见回复工作，探索制定政治生态要素目录，健全逐级评价机制，为精准画像提供支撑。

【清廉诸暨建设】协助市委于2018年8月15日制定深入推进清廉诸暨建设实施方案，聚焦“七个高质量”（聚焦“两个维护”，高质量发挥政治护航作用；聚焦正风肃纪，高质量深化作风建设；聚焦标本兼治，高质量推进不敢腐、不能腐、不想腐；聚焦精准有效，高质量履行监督“首要职责”；聚焦治理效能，高质量推进纪检监察体制改革；聚焦社会共建，高质量提升清廉建设整体水平；聚焦全面过硬，高质量打造忠诚干净担当铁军）出台保障意见，督促职能部门制定年度计划和任务清单，压实共建责任。2018年8月15日，启动“五清”（党风清正、作风清新、权力清源、干部清廉、乡风清朗）村居建设，明确两张工作清单（“五清”村居建设牵头单位责任分工、“五清”村居建设量化考评表），落实六项推进机制（主抓直管、分类推进、季度督查、履职报告、年度考评），首批55个村居取得阶段性成效。大力推进清廉机关、清廉学校、清廉医院、清廉企业建设，“一村一品”推进农村文化礼堂清廉内涵建设，培育各类示范点119个。开展职务犯罪案件庭审警示教育2次，340余名党员干部接受现场教育；举办领导干部家属“当好廉内助”活动，60余名干部家属参加，营造了建设优良家风的积极氛围。

【纪检监察体制改革】7月，完成乡镇监察办公室机构设置、人员配备，印发《关于诸暨市监察委员会向镇乡（街道）派出监察办公室的实施意见》，同步任命27个镇乡（街道）监察办公室主任、副主任，96名监察员，打造“基层公权力监督平台”，11月，承办绍兴市现场会，绍兴各县（市、区）200余人赴枫桥镇实地参观。进一步加强监督合力，推动市纪委监委机关、市纪委监委派驻机构、乡镇纪委监察办、市委巡察机构之间信息互通、问题互商、力量互补。2018年5月，建立信访举报与问题线索管理平台，加强市镇两级涉纪涉法问题信息移送。发挥派驻监督“探头”作用，全年派驻机构共处置问题线索71条，立案58件。

【作风建设】开展“集中整饬纪律、严厉整治‘四风’”专项行动。发挥“1+X”［“1”指市纪委，“X”指市级各相关职能部门（单位）］专项督查机制作用，紧盯办公用房使用、公车使用、公款吃喝、津补贴发放、婚丧喜庆操办等重点领域，共发出作风建议书73份，查处违反中央八项规定精神问题21个，党纪政务处分31人，组织处理41人，通报曝光典型问题7个。把查纠形式主义、官僚主义问题摆在突出位置，1月29日，出台行动方案，查纠典型问题10个。10月11日，开展领导干部违规房产交易、违规借贷专项治理。

【反腐败工作】综合运用谈话函询、组织处理、纪律处分等方式分类处置问题线索，全年共处置问题线索757条，运用“四种形态”（党内关系要正常化，批评和自我批评要经常开展，让咬耳扯袖、红脸出汗成为常态；党纪轻处分和组织处理要成为大多数；对严重违纪的重处分、作出重大职务调整应当是少数；而严重违纪涉嫌违法立案审查的只能是极极少数）处理747人，其中第一、第二、第三、第四种形态分别占21.1%、58.1%、9.6%、11.2%。保持惩治腐败高压态势，全市各级纪检监察机关共立案596件，党纪政务处分587人，监察留置11人，移送检察机关9人，其中，科级干部3人。加强追逃防逃工作，筑牢防逃堤坝。坚持安全、文明办案，确保审查调查绝对安全。加强案件审理工作，提升案件质量。注重源头防控，督促乡镇、部门摸排重要廉洁风险点663个，制定防控措施862条。

【巡察监督】集中开展巡视巡察反馈意见整改成果深化巩固行动，2017年5月建立市镇村联动巡察监督网，组织开展十六届市委第五、六、七共3轮巡察，巡察镇乡（街道）党（工）委9个、市级部门（单位）党组织13个，并对市民政局党组开展扶贫领域专项巡察，查纠各类问题673个。扎实推进巡察工作向村（居）延伸，按照3年全覆盖目标，巡察村（居）党组织178个（含“交叉巡察”27个），并对浣东街道城东村进行村级巡察“回头看”，查纠各类1750个。

【腐败惩治】做好纪检监察信访举报工作，4月，出台信访举报办理工作责任追究办法，建立“五就地”（就地受理、就地分流、就地办理、就地化解、就地分析）工作法。全年受理信访举报920件，信访总量、去省赴京访数量、上级转办数量实现“三年三连降”，同比分别下降25%、21%、22%，相关做法得到省纪委主要领导批示肯定。严查民生领域违纪违法行为，处分党员干部3人；深挖彻查涉黑涉恶腐败及其“保护伞”问题，查办4人。

【市委巡察工作】1月，市委出台《关于加强市委巡察机构建设的通知》，成立中共诸暨市委巡察工作领导小组，由市委书记任组长。领导小组下设办公室，简称市委巡察办，为市委正科级工作机构，定编5人，实际到位4人，下设立巡察组6个，已配备到位正局长级巡察专员、副局长级巡察专员各5名。6—8月，十六届市委开展第五轮常规巡察，巡察镇（乡）党委8个，发现和解决“六围绕一加强”方面问题239个。（柴光丰）

▲7月，市委第一巡察组在阮市镇开展巡察工作（陈迎燕 摄）

【诸暨市级清廉教育基地】10月，诸暨市级清廉教育基地建成启用。基地设在王冕故里——枫桥镇栎桥村，占地面积1077.33平方米，为仿江南民居建筑风格，有前后两进、上下两层，共4个主展厅。

▲2018年10月建成启用的诸暨市级清廉教育基地外景（孙剑波 摄）

一楼以“清气满乾坤”为主线，重点展示自古以来诸暨以“公、正、清、廉”为本的文脉传承；二楼以“清廉新时代”为主线，重在展示全面从严治党的新形势新要求和诸暨的探索实践。至2018年底，市内外共73批次1534名党员干部在清廉基地接受廉政警示教育。（柴光丰）

▲11月，市纪委、市监委干部在诸暨清廉教育基地接受廉政警示教育（费义梅 摄）

组织工作

【概况】2018年，市委组织部贯彻落实新时代党的组织路线，聚焦“全领域建强、全区域提升”的工作目标，围绕“不提新口号、加速不变道、变化见成效”的工作思路，以持续推进“两学一做”学习教育常态化制度化为抓手，全面实施“五大引领”工程，统筹推进“五星”系列创建，走出了一条新时代基层党建引领基层治理的诸暨路径。

【基层党建责任清单制度】坚持“一把手”以上率下抓基层党建工作，市委书记带头履行抓基层党建“三张清单”（指责任清单、问题清单、任务清单），明确27名镇乡（街道）党（工）委书记、4名市直党（工）委书记抓基层党建工作8条共性清单76条个性项目。建立机关党工委、教育局、卫计局、市委两新工委四个重点市直党（工）委书记抓基层党建责任清单制度，明确“三个100%”（100%的基层党组织建立党员“支部主题党日”制度，100%的基层党组织建立星级评定制度，100%的基层党组织实行党员先锋指数考评管理）工作要求。延伸制定推行村（社区）党组织书记抓党建责任清单20条、党小组长抓基层党建责任清单10条，开展党组织书记抓党建工作述职评议，将从严治党责任传递到组织体系的“神经末梢”。继续按照“三考书记”（一考党建知识，二考党建破难，三考党建实绩）的模式开展镇乡（街道）党（工）委书记、直属党（工）委书记党建述职。

【基层党建“五大引领”工程】7月26日，出台《关于实施基层党建“五大引领”工程深化发展新时代“枫桥经验”的意见》，实施政治引领、组织引领、能力引领、发展引领、服务引领等五大工程，绍兴市委组织部全文转发并在全市推广诸暨做法，12月7日《中国组织人事报》就该项工作作整版报道。

【支部主题党日活动和村级阵地建设规范化】按照“十个有”（有突出的政治功能，有鲜明的活动主题，有相对固定的活动时间，有全员参与的活动组织，有紧贴实际的活动内容，有多样的活动形式，有规范的活动程序，有严格的活动纪实，有常态的督导考评，有扎实的工作保障）的要求规范支部主题党日活动，在全市范围内评选宣传优秀支部主题党日活动案例32个，组织开展推磨式督查指导（指采取各基层党组织分片互查，在“找亮点”中互相学习、查找不足、共同提高）59次。7月30日，出台关于《进一步加强村级阵地规范化建设的实施意见》，10月18日，下发《诸暨市村级阵地规范化建设统筹整合方案》，累计精简各类标识标牌46.8万余块，绍兴市委常委、组织部长徐晓光专门就该项工作作出批示，要求在全市范围内推广诸暨的经验做法。

【后进村（社）党组织提升整转】倒排出28个后进村（社）党组织，通过市领导挂点联系，选派副科级领导干部担任“第一书记”、共建单位结对帮扶等措施，提升整转后进村（社）党组织。至2018年底，提升整转了28个。

【市管党费竞争性存放】提升党费管理规范性，2018年开始，对代管党费开创性实行竞争性存放管理，公开招标确定存放单位，设立专门账户存放党费1300万元，确保资金安全的同时，实现党费创收。

【“枫桥经验”纪念活动筹备】推进15个“枫桥经验”延伸考察点提升工作，牵头高质量高标准完成枫桥镇党群服务中心、江新社区建设和“枫桥经验”纪念馆党建展陈等工作。配合做好枫源村、陈家村等考察点建设相关工作。

【五星达标、3A争创】统筹整合涉农项目资金，引进社会资本26.8亿元。推行“五三公约”（“五不”：杂物不乱堆、垃圾不乱倒、污水不乱排、畜禽不散养、违建不发生；“三要”：村规民约要遵守、家风家训要传承、美好生活要创造），制定“十要十禁”［1.项目建设要民生急需，公开透明；禁止贪大求洋，建大公园、大广场、大亭子等与村庄实际不相协调的建筑。2.环境卫生要门前三包，常态长效；禁止垃圾乱倒、杂物乱堆、广告乱贴、污水直排、畜禽散养。3.古建筑要修旧如旧，合理开发；禁止破坏原有风格、盲目修缮利用。4.村庄标识要体现特色，简洁节约；禁止建大牌坊等投资过大、简单重复的建筑。5.村庄绿化要因地制宜，养护方便；禁止大面积栽种养护成本高的草花、人工草坪和移植名贵树木。6.景观小品要有文化内涵，启迪民智；禁止临时应付、粗制滥造小品和过度绘制墙体彩绘。7.党建元素应用要规范协调，体现引领；禁止不规范使用党旗（国旗）、党徽（国徽）等标识。8.集体经济要量入为出，创新发展；禁止破坏生态、消耗资源式发展。9.移风易俗要党员带头，全民参与；禁止封建迷信、大操大办。10.纠纷调处要信息及时，化解有效；禁止回避矛盾、拖沓推诿］工作导则，开展“提标提质提速”“五3答卷大家阅”等系列专项活动。首批创建通过率位居绍兴市首位，其中“五星达标村”235个，“3A示范村”14个；第二批创建工作“五星达标”创建村147个，“3A争创”创建村12个。组织开展首批创建通过村“回头看”，推动创建成果常态长效巩固转化。成功举办绍兴市乡村振兴暨“五星达标、3A争创”现场推进会和绍兴市深化基层党建全域提升工作会议，《对标浦江，诸暨全域提质点亮“美丽星”》一文得到绍兴市委常委、组织部长徐晓光批示肯定。

【五星达标、和美家园创建】7月26日，组织召开全市“五星达标、和美家园”创建工作现场推进会和协调会，推进18个“五星达标”社区和3个“和美家园”社区创建工作。9月27日，制定下发《关于坚持和发展“枫桥经验”以新时代城市基层党建引领城市基层治理全面提升的实施意见》。

【社区党建和服务新模式】7月，建立社区大党委制，全市23个社区共选聘83名兼职委员。兼职委员由辖区内有代表性和影响力的机关、国有企事业单位、非公企业和社会组织党组织负责人担任。社区党委兼职委员也可由“契约化”共建单位党组织负责人、业委会和物业企业中的党员负责人及居住在社区的在职党员担任。兼职委员的主要职责：在街道党工委和社区党组织的领导下，在共驻共建等事务中发挥作用，主要当好党建政策宣讲员、社区工作参议员、共建项目跟办员、社情民意收集员等“四大员”。承担的工作任务是：宣传贯彻党的路线、方针、政策和国家的法律法规，执行上级党组织的决议、决定，组织党员和群众开展各项活动；参与讨论辖区内党的建设、经济发展、社会事业、社会治安、城市管理、社区建设管理服务等重大事项，参与研究、制定符合科学发展要求的发展规划、年度工作计划等；协助街道和社区党组织领导辖区范围内居民自治和各类群团、社会组织；充分利用和整合辖区内各类党建资源，形成党建合力，完善街道社区服务体系；街道和社区党组织根据区域发展和党的建设需要，安排布置的其他工作任务。实行“前台一口受理、后台协同办理”模式，由“柜台式”服务向“社区客厅”转变，建成8个“社区客厅”。

【学校党建“三式”管理法】推进中小学校党组织归口市教育局党委领导管理系统工作，新成立党委16个，党总支7个，实施“学科式组织设置、清单式项目管理、品牌式分类培育”党建“三式”管理法。“学科式”组织设置，推动党建教学深度融合。在规模较大、党员人数较多的学校，推行以学科组或年级组为单位建立党支部、划分党小组，全市已建立13个年级支部、89个学科支部和317个以学科划分的党小组，逐步形成横向到边、纵向到底的组织架构，实现学校党建与行政、业务管理高度融合。“清单式”项目管理，推动基础业务规范提质。将系统党建工作任务具体化为“基础业务”、“重点项目”“问题整改”三张清单。提高学校党建工作的规范性，努力形成“重政治品行、重师德养成、重业务提升”的诸暨教育系统党建特色。“品牌式”特色打造，推动诸暨教育跨越提升。以“一校一品”为目标，分类确立普高中职、民办学校、义务教育和学前教育阶段学校党组织品牌建设方向。普高中职把加强党建融合、服务教学作为品牌建设重心，民办学校重在扩大党建凝聚力和影响力，义务教育阶段学校重点挖掘“党建带团建、队建”新方法，学前教育阶段以活力、创新为党建目标，因校制宜打造个性品牌。

【“五星”育人、“三名”争创】7月19日，召开全市“五星三名”（“五星”育人即党建育人、管理育人、课程育人、文化育人、实践育人，“三名”即争创名校、名科、名师）创建工作部署会，明确2018年度49家创建单位，诸暨中学等10所学校为首批争创示范学校，“学在诸暨”“红色·同文”为2条市级创建示范带。

【“规矩+发展”型村干部队伍建设】以村干部“履职体检”为主要载体，组织开展村级组织换届“回头看”，重点检验创业承诺履行情况、“一村一策一清单”整改情况，量化评价工作实绩，全市评定后进班子50个，323名村干部受到警示提醒、诫勉谈话或通报批评，42名村干部受到停职（免职、劝辞）处理，处置力度为历年最大。组织开展全市村（居）主职干部系统性业务培训，提升村主职干部的政治意识和履职能力。按照村主职干部“一职两备”（指每名村主职干部岗位对应有2名村级后备干部）的要求，储备1573名村级后备干部人才，为后备干部提供锻炼平台，提高村务工作能力。

【先锋型党员队伍培育】开展农村党员春季“六个一”［开展一次重温入党誓词、一次党（工）委书记讲党课、一次党组织书记上台对标亮诺、一份党员先锋作用发挥承诺书、一次应知应会知识测试、一次党员联系户大走访（大宣讲）］活动，在4个镇街试点探索网络直播（党员春训全过程网格直播），累计培训农村党员46538名，党员参训率达96.7%。10月18日，出台《关于健全落实发展党员政治审查制度的实施意见》，摸排高知群体5611名，全年发展党员820名。深化市级机关干部“返乡走亲”、乡镇干部“驻村连心”、农村党员干部“联户交心”的“3+1”联系服务群众机制，开展在职党员“两地报到、双岗服务”［两地报到：到现居住地社区报到，到原户籍地（出生地）所在村（居、社区）党组织报到。双岗服务：1. 签订“五带头四不为”自律承诺书。在职党员到原户籍地（出生地）所在村（居、社区）党组织报到，现场签订《“五带头四不为”自律承诺书》，带头支持村级组织开展自我管理、带头帮助开展民生实事工程、带头倡导文明新风、带头劝阻亲属违法建筑和违章搭建、带头帮助协调宗族邻里关系，不干涉村级事务、不参与或支持无理上访、不参与宗教迷信活动、不说有损党员形象的话语。在职党员在下一次到现居住地社区服务时，签订《“五带头四不为”自律承诺书》，带头遵守党纪国法、带头维护社会治安、带头创建社区文明、带头帮扶困难群众、带头协调邻里关系，不违章搭建、不拖欠物管费用、不产生邻里纠纷、不说有损党员形象的话语。2. 实行服务“三单制”。通过“群众点单、支部下单、党员接单”，最大限度提高服务的实效性。3. 广泛开展“点亮微心愿”志愿服务。在职党员积极参加“点亮微心愿·共筑中国梦”四季主题活动，在“两地”各选择一个服务岗开展志愿服务，积极参加现场认领“微心愿”活动，每年至少圆梦1个群众“微心愿”，争当“圆梦使者”。在居住地，还要每年至少参加2次志愿服务活动，主动走访住户，听民意、察民情，收集整理居民群众的意见建议，为社区的建设与发展献计献策。在原户籍地（出生地），每年还要至少主动联系当地党组织2次，实打实为民办实事、做好事］，实行党员联系群众“双向选择、双线服务、双重职责、双色评价”四双工作法，全市4万余名农村党员联系覆盖30余万户农户。（王海瑜）

【人才工作领导小组调整和人才政策完善】调整市人才工作领导小组成员，市委、市政府主要领导担任领导小组正副组长，组织部部长兼任办公室主任，新增成员单位4家，新设人才办副主任3名。组织召开镇街、部门人才工作会议，明确2018年工作要求和工作重点。完善人才政策体系，7月11日，市委制定下发《关于加快推进人才强市工作的若干政策意见》《关于实施容错纠错机制进一步推动人才工作的意见》《暨阳“533英才计划”政策兑现的实施细则》《2018年全市人才工作要点》等文件，强化统筹和考核，形成组织部门牵头抓总，有关部门各司其职、密切配合的人才工作新格局。

【人才招引】开发暨阳“533英才计划”（诸暨市级海内外高层次人才项目评审计划，即从2017年起，用5年时间，引进和培育50名国家、省“千人计划”“万人计划”人才；300名能够突破关键技术、发展高新产业、推动转型升级的海内外高层次人才；30000名与“4+X”先进制造业和“3+N”特色服务业契合度较高的本科以上优秀人才）在线申报系统，共摸排推荐暨阳“533英才计划”人才申报项目165个，评选A、B、C类人才41名。完善市场化引才机制，聘请引才大使5名，新增引才工作站7家。举办2018诸暨招才引智全球推介会，组织开展人工智能引领创新发展高峰论坛暨院士专家诸暨行、“情系家乡”诸暨籍大学生返乡行、“人才诸暨”等主题活动。深度参与“活力绍兴·智引全球”2018招才引智高校行·春秋季专列活动，全年累计引进各类人才20138人，新增大学生就业12810人，其中硕博士525人、211/985/双一流本科643人，其他本科4251人。累计引进落户海内外高层次人才111名。

【人才发展平台建设】加快推进产业园建设，产业园累计引进41个高科技型项目，集聚绍兴“海内外英才计划”及以上人才34名。成立全市最高层次智库——诸暨市院士专家咨询委员会，由首批21名研究方向与诸暨重点发展领域、产业相契合的院士于12月22日组成。4月，新建中俄国际技术创新中心，引进和吸收俄罗斯、白罗斯、乌克兰等国家的高新技术成果，至2018年底，有外国专家20名，其中2名外国院士与诸暨企业建立技术合作。推进袜业、珍珠和铜加工产业创新服务综合体建设，增强平台对人才的吸附效应。加强校地科技合作中心建设，重点抓好合作研发、共建载体、成果转化等工作，统筹协调温医大、南华大学等高校合作项目落地。注重发挥企业用才主体作用，激发人才创业创新活力，新建院士专家工作站2家、外国专家工作站2家、博士后科研工作站1家、国家级学会服务站2家、省级（重点）企业研究院3家、省级高新技术企业研究开发中心6家。至2018年底，上述院士专家工作站总数有15家，外国专家工作总数有14家，博士后科研工作站总数有18家，国家级学会服务站1家，省级（重点）企业研究院总数27家，省级高新技术企业研究开发中心总数86家。

【人才服务】构建全方位、全周期“服务链”，及时解决人才在落户、住房、教育、医疗等方面的“关键小事”；完善人才“绿卡”制度，指导出台《诸暨市人才公寓租赁管理办法》。开展“访百企、送政策、优服务、促引才”和“万企大走访”专项活动，累计走访企业1300余家，收集解决各类建议诉求2900余条。健全完善人才流动、使用、激励机制，落实人才工作容错纠错机制，营造鼓励创新、允许试错的政策环境。至2018年底，兑现各类人才工作奖励资金8568万元。落实党委联系服务专家制度，组织召开高层次人才中秋茶话会、全国科技工作者日座谈会等活动，营造礼敬人才、尊重人才、厚待人才的社会环境。（王国栋）

【干部档案数字化】根据中组部推进档案数字化的要求，稳步推进干部档案数字化工作，完成组织部管理的3790余卷干部档案整理、扫描、录入工作。同时，完成数字化档案的验收审核工作，及时反馈目录别字、装订顺序、清晰度不够以及漏扫、错扫等具体细节，确保档案数字化保质保量完成。年中，编印下发《全市干部人事档案工作文件资料汇编》，召集全市17个干部人事档案管档单位召开业务工作专题会议，对干部档案材料收集、整理、档案审核、利用等内容进行专题辅导，实现档案管

理人员培训全覆盖。　（斯　羽）

【两新组织党建】概况　至2018年底，全市非公企业中已建党组织1088个，有党员10758名；全市社会组织中已建党组织120个，有党员1594名，未建党组织的实现工作全覆盖。全市有全国先进基层党组织2个（富润控股集团党委、海亮集团党委），全国“双强百佳”（100家“党建强、发展强”非公有制企业）党组织1个（海亮集团党委），省级双重管理党组织3个（海亮集团党委、万安集团党委、展诚集团党委）。

“双覆盖”工作　在全市两新组织中开展双覆盖（党的组织覆盖和工作覆盖）“集中攻坚月”专项行动，以新领域新业态、小微两新组织、重点行业社会组织等为重点，通过单独组建、区域联建、行业统建、“功能型”党组织等方式，提升党组织覆盖率。2018年，全市新建两新组织党组织76个，其中社会组织党组织19个，职工30人以上两新组织实现组织和工作全覆盖。

中组部社会组织党建综合监测区建设　2017年4月，诸暨市被中组部确定为浙江省唯一的社会组织党建工作综合监测区。2018年5月，建成诸暨市社会组织党建云平台，探索实行全国范围内首个社会组织党组织组织力评价办法，134个社会组织首批纳入评价，党建云平台获国家专利证书。举办全市社会组织党组织书记示范培训班，评选表彰2018年度优秀社会组织党组织9个、优秀党务工作者10名。6月，制定出台村级社会组织“5+X”（指乡贤参事类、平安巡防类、乡风文明类、志愿服务类、矛盾调解类等五类基础型社会组织和“X”类个性化社会组织）标准化建设实施方案，鼓励村级社会组织参与村公共事务和公益事业。8月，承办全省社会组织参与基层治理规范提升工程现场会，推动社会组织不断参与共建共治共享的社会治理新格局建设，深化发展新时代“枫桥经验”。

“五星双强”创建　以上市（规模以上）企业、创业创新空间、市场（园区、商圈）为重点，以党建星、实力星、人才星、文化星、和谐星为主要内容，开展“五星示范、双强争先”（“五星”为党建星、实力星、人才星、文化星、和谐星；“双强”为党建强、发展强）争创。成功创建绍兴市级首批“五星双强”两新组织20个，诸暨市级首批8个，通过数量位居绍兴市首位。

村企结对消灭薄弱村　响应省（市）委“千（百）企结千（百）村、消灭薄弱村”专项行动号召，组织诸暨市38家企业结对联系开化、新昌43个村，明确帮扶项目9个（均为抱团项目），第一批帮扶资金628万元（开化180万元、龙游50万元，新昌398万元）全部到位。同时，两新组织通过共促共建等形式融入到农村“五星3A”争创中，展诚集团与王家井镇三和村结对，先后捐资500多万元支持乡村建设；申科控股捐赠1000万元助力璜山镇乡村振兴。

企业家队伍教育服务　编发《企业家天地》6期，组织开展市企业家协会贯彻落实市委全会精神座谈会等相关活动，2018年度新吸收企业家协会个人会员8名、团体会员2个。11月，举办新生代企业家“常青藤培育计划”第五期研修班，组织40名新生代企业家赴清华大学深圳研究院参加为期5天的专题培训和现场教学。加强新生代企业家联谊组织建设，助力新生代企业家健康成长，引导新生代接好政治和事业传承之班。（黄　楹）

宣传工作

【概况】2018年，全市宣传思想文化工作以习近平新时代中国特色社会主义思想为指导，深入学习贯彻全国宣传思想工作会议精神，兴起学习宣传贯彻习近平新时代中国特色社会主义思想热潮；全力推进新时代文明实践中心建设工作；全方位做好宣传思想文化领域各项工作，主基调更鲜明、主旋律更响亮、正能量更强劲，为当好“两个高水平”建设排头兵提供坚强思想保证和强大精神力量。

【宣传队伍和阵地建设】通过市委常委会、全委（扩大）会议、领导干部大会、中心组理论学习、周一“夜学”等形式，深入学习“十九大精神”“红船精神”“习近平新时代中国特色社会主义思想”等思想理论，引导广大干部群众增强“四个意识”（政治意识、大局意识、核心意识、看齐意识）、坚定“四个自信”（道路自信、理论自信、制度自信、文化自信）。壮大市委宣讲团、新时代“枫桥经验”宣讲团、改革开放40周年宣讲团、基层宣讲团等宣讲队伍，联动基层党校、农村文化礼堂、“两微一端”（微博、微信、新闻客户端）等网上网下阵地，开展分众化、互动化理论宣讲。

【主题活动】组织“弘扬红船精神，走好新时代的长征路”微型党课大赛、“我最喜爱的习总书记的一句话”主题宣讲、“枫桥经验”网上探讨、“90

后宣讲团回乡上一课”“我讲40年故事”等主题活动，继续办好诸暨发布“学习时间”、《诸暨日报》“理论学与思”等理论专栏，持续推动党的创新理论“飞入寻常百姓家”。

【主题宣传】围绕市委、市政府中心工作，在重要版面、重要时段、重要媒体平台策划推出“聚焦高质量 谱写新篇章”“新时代 新作为 新篇章”“推动‘八八战略’再深化”“文明实践 美好暨阳”“坚持发展新时代‘枫桥经验’”等重大主题宣传。全年设计开发一批H5、动漫、微视频等新媒体产品，如《诸暨180秒》阅读量超10万人次，营造正面舆论强势。加快推进媒体内部融合，诸暨日报社、广播电视台开展机构重组、硬件建设、平台开发，主流舆论的吸引力、感染力、引导力、塑造力进一步增强。

【对外宣传】以纪念“枫桥经验”55周年、西施马拉松比赛、CBA篮球联赛等重要活动、重大赛事为契机，加大城市形象宣传力度。6月，邀请CCTV4《城市1对1》录制“诸暨对话英国考文垂”专题，弘扬西施文化。11月3日，最新城市形象片《西施故里 好美诸暨》点击量突破2000万人次。11月，相继推出《诸暨风骨》画册、《清气满乾坤》文集和《听见诸暨》系列音频并获得广泛点赞，出版由人民日报袁亚平撰写的报告文学《枫桥和静》，编撰出版社会治理诸暨范本书籍，推出“枫桥经验”纪念大会特刊《全面小康诸暨答卷》。西施马拉松期间，策划拍摄专题宣传片7部，推动诸暨在外美誉度、知名度不断提升。

【新时代文明实践试点工作】2018年，诸暨市被确定为全国50个新时代文明实践中心试点县市之一，开启文明实践诸暨路径的探索。通过建强三级阵地（文明实践中心—文明实践所—农村文化礼堂），做实五大内容（传播思想理论、共建“红色家园”，传扬“枫桥经验”、共建“平安家园”，传递文明风尚、共建“和美家园”，传习善行义举、共建“爱心家园”，传承优秀文化、共建“精神家园”），深化“全城志愿”，探索建立“志愿服务共享联盟”，优化服务“大菜单”，完善点单系统，实现精准服务，诸暨的试点工作走在各试点县市前列，得到中宣部、省委宣传部充分肯定。全市域推进移风易俗，坚持“因地制宜、一村一策”，探索建立“市主导、镇主推、村主抓、理事会主力、群众主体”的工作模式，走出“农村包围城市”的有效路径，“丧事简办，婚事新办，节庆俭办”蔚然成风。12月，“移风易俗诸暨模式”获省宣传思想文化工作创新奖。持续扩面村级关爱基金，广泛发动党员干部带头捐、乡贤爱心捐、企业慈善捐、村民互助捐，“人人慈善、人人公益”深入人心，引导179个村启动筹建关爱基金，募集资金1860余万元。（章立佳）

统战工作

【概况】2018年，市委统战部紧扣“五心”（不忘初心、维护核心、固守圆心、凝聚人心、服务中心）主题，坚持有为有位，健全党管统战的制度体系；强化政治引领，发挥党派协商作用；深化联谊交友，扩大朋友圈，海纳五湖四海“诸暨”智慧，为诸暨“两个高水平”建设提供广泛力量支持。

【市委统一战线工作领导小组会议】9月19日，诸暨市委统一战线工作领导小组会议召开。绍兴市委常委、诸暨市委书记徐良平主持会议。会议审议通过《中共诸暨市委统一战线工作领导小组工作规则》《中共诸暨市委统一战线工作领导小组成员单位职责分工》《中共诸暨市委统一战线工作领导小组成员单位2018年重点工作任务》。

【纪念中共中央发布“五一口号”70周年大型系列主题活动和文艺晚会】4月，围绕“五心”主题，组织“不忘合作初心 新时代开启新征程——纪念中共中央发布‘五一口号’70周年”（“五一口号”指中国共产党中央委员会于1948年4月30日发布的纪念“五一”劳动节口号。中共中央号召“各民主党派、各人民团体、各社会贤达迅速召开政治协商会议，讨论并实现召集人民代表大会，成立民主联合政府”，得到各民主党派、无党派人士的热烈响应）大型系列主题活动。开展主题征文，以党派成员的亲历回眸、所见所闻为基础，展示民主党派组织及成员的时代风采和精神风貌，共收到稿件21篇；举办专题讲座，回顾“五一口号”提出背景、过程，探讨如何坚持和完善新型政党制度，党外人士近300人参加；组织主题座谈会，围绕如何“发扬优秀传统、加强自身建设、服务中心工作”三个问题开展座谈13次，累计近300人参加；开展多党合作知识竞赛，在“诸暨人”微信平台推广提升多党合作知识社会知晓率，吸引5万多人参与；举办文艺晚会，集中展示多党合作的精彩篇章。4月27日，由市委统战部主办，民革诸暨市基层委员会、民盟诸暨市基层委员会、农工党诸暨市委员会、诸暨市党外知识分子联谊会协办的“不忘合作初心 新时代开启新征程”诸暨市纪念中共中央发布“五一口号”70周年文艺晚会在诸暨市电视台演播大厅举行，全市党外副科级以上领导干部，市级机关各部门、各镇乡（街道）分管统战工作的领导以及各民主党派、无党派人士代表400余人到场观看演出。

【民主党派规范化建设】开展民主党派成员结构分析，分类形成各民主党派领导班子后备名单（主委一职两备、副主委一职一备）、副科级领导干部后备名单、政治安排后备名单等3份名单。同时，组织民主党派开展制度“立、改、废”，分类制定“管全体、管班子、管机关”一整套科学管用的制度，完善民主生活会、主委会议事规则、内部监督等制度机制，形成新成员发展请示报告制度、协助建立发展对象单位事先沟通机制。

【党派民主协商】2018年，部署开展“法治诸暨”建设、“城乡生活垃圾分类”等党派专题协商活动10次，收集各民主党派、无党派人士对市委市政府中心工作、经济社会发展重大事项的意见建议100余条。组织民主党派、无党派人士聚焦工作中心、民生实事开展课题调研，推出包含20个选题方向的课题菜单。

【诸暨市新的社会阶层人士联谊会成立】8月7日，诸暨市新的社会阶层人士联谊会（简称新联会）成立大会召开，全市新阶层联席会议成员单位分管领导，各镇乡（街道）宣统委员，各民主党派、党外知识分子联谊会（知联会）、网络界人士联谊会（网联会）负责人及新联会会员共150余人参加。会议选举产生理事92名、会长1名、副会长10名、秘书长1名、副秘书长4名。海亮集团有限公司董事长、总裁曹建国当选为第一届会长，诸暨市创新金融管理服务中心总经理周冰当选为第一届秘书长。

【新联会阵地建设】在全市新阶层人士相对集中的园区、中心、企业、社团、中介机构建立工作阵地。12月，明确第一批市级新阶层人士统战工作阵地，共设立5个联络站、8个联系点、4个创业创新实践基地，其中店口镇被确定为“全省新的社会阶层人士统战工作实践创新基地建设试点”。

【异地商会党组织建设】引导异地商会党组织建设，推动党员活动常态化、形式多样化。至2018年底，25个异地商会中11个成立党支部。

【诸暨发展系列周活动协办】12月21—23日，协同市委办举办诸暨发展系列周活动，包括创新诸暨、人才诸暨、健康诸暨、开放诸暨、合力诸暨等五个主题活动。活动期间，诸暨科技协同创新中心揭牌成立，浙江大学、浙江工业大学、浙江理工大学、杭州电子科技大学、浙江省农科院、上海理工大学、西安理工大学、西安工程大学等8所高校院所加盟；院士专家咨询委员会成立，并一次性聘请21位与诸暨产业相关的中国科学院、中国工程院及外籍院士组成高端“智囊团”；中国工程院李兆申院士工作站在诸暨市人民医院成立并揭牌；6位诸暨人联谊会（商会）有关负责人聘请为诸暨市政府招商顾问。

【对港澳台宣传和交流活动】10月开始，协助台办入台企宣传《浙江省惠台76条》《绍兴市惠台60条》；11月，在海峡卫视“今日海峡”栏目连续播出在诸台商创业就业故事，并制作《情系家乡、好美诸暨》宣传册伴手礼1000份。8月，牵头成立绍兴市首个两岸文化交流协会——台北市两岸吴越文化研究发展交流协会。先后组织台胞“寻根之旅”品牌交流活动、“海外华裔青少年中国之旅”夏令营、旅港乡亲故乡行等活动，接待各类交流团体23个。

（孙飞洲）

政法工作

【概况】2018年，市委政法委以“枫桥经验”纪念活动为主线，以“大调研大走访大服务”专项活动为契机，紧盯“平安县市三连冠”目标，提升推广新时代“枫桥经验”，加强社会风险和安全隐患防范化解，确保全市社会大局持续稳定。2018年度，以全省第一的成绩被省委、省政府再次命名为平安县市。

【“枫桥经验”纪念活动相关工作】围绕纪念毛泽东同志批示学习推广“枫桥经验”55周年暨习近平总书记指示坚持发展“枫桥经验”15周年活动筹备工作，2018年3月设立综合协调组（纪念办）、基层党建组、经验总结组、现场指导组、宣传报道组、维稳安保组、后勤保障组、督查推进组8个工作小组，项目化、清单式抓好新时代“枫桥经验”十大工程落地推进，坚持每周汇总工作进展情况，累计印发进度汇总表31期，纪念活动简报29期，下发各类工作任务函告单42件，领导小组会议纪要12份。按照“可看、可学、可复制”的要求，重点抓好“枫桥经验”陈列馆、枫源村、陈家村、枫桥镇智慧治理中心、枫桥镇党群服务中心、枫桥镇为民服务中心等6个重点考察点建设，其中陈列馆10月25日基本完成布展。巩固提升绍大线枫桥集镇段、枫谷线枫源村段、绍诸高速枫桥南出口、陈列馆周边、古博岭至枫桥集镇等重点沿线路段同步跟进建设枫桥周边乡镇、全市各有关部门的相关考察点建设，全面完成示范带（点）建设。抓好讲解员队伍的培训工作，培训了60名讲解员，顺利完成“枫桥经验”纪念大会期间中央政法委、全国妇联以及全国各个省市、自治区等考察团队接待工作，共接待考察团队13批，400余人。与西北政法大学的合作课题《“枫桥经验”：基层社会治理体系和能力现代化实证研究》《人民调解的“枫桥经验”》和《“枫桥经验”：基层社会治理的实践（第2版）》等3本专著以及《新时代“枫桥经验”乡村治理范本》《枫桥和静》于2018年10月正式出版；纪念活动相关经验总结、专题片拍摄和文创产品开发等宣传报道工作基本完成；11月12日，“枫桥故事”短视频在长安剑微信公众号（中央政法委）刊播；11月12—16日，由中央政法委、中共浙江省委、中央广播电视总台联合制作的5集电视政论片《坚持发展“枫桥经验”——中国基层社会治理现代化之路》在央视播放。全年承办“‘枫桥经验’与乡村治理”“‘枫桥经验’与法治浙江”“‘枫桥经验’与基层社会治理”等3场理论论坛和研讨会，共300余人参与。

【各类风险防控化解】完成“全国两会”“中非合作论坛北京峰会”“上海进博会”“第五届世界互联网大会”“枫桥经验纪念大会”以及“第一届世界地理信息大会”等重大活动的维稳安保工作，共启动一级响应2次40天，启动二级响应2次36天，每日开展情报信息会商，编发《涉稳信息》24期、《维稳专报》152期。积极稳妥处置维稳事件，牵头成立涉中美贸易争端工作专班，各工作专班坚持每日至少一会商、特殊情况多次会商的工作机制，及时分析研判涉稳事件100余件，实时预警核查异动信息200余条，共派出工作组30余次，第一时间应急劝返重点人员。开展“一体两翼”［“一体”即确立镇乡（街道）党委政府为基层社会稳定的责任主体，“两翼”即做强以完善矛盾化解稳控机制特别是全面升级全科网格功能的“防火翼”和做强以完善涉稳应急处置机制特别是全面整合应急处置力量的“灭火翼”］工作体系建设，所有乡镇确定为基层社会稳定的责任主体，11月，建立起“防火+灭火”两翼机制。健全完善“三色”预警（绿色表示社会稳定形势平稳，黄色表示社会稳定形势趋于严峻，红色表示社会稳定形势严峻）工作，将五大稳定形势（经济金融稳定、社会治安稳定、公共安全稳定、信访稳定、网络舆情稳定）直观反馈给各镇乡(街道)和职能部门。开展社会稳定风险评估，全年全市共有64个项目进行风险评估，其中同意实施63个，暂缓实施1个，聘请第三方评估28个，从源头上化解一批不稳定因素。推进邪教突出问题专项整治工作，采取谈话教育、劝阻出境、打击骨干、宣传警示等措施，举办法制教育学习班进行集中教育转化，5月至年底，全市没有发生人员出境参加“法会”的情况。

【平安诸暨创建】紧盯平安创建“十四连冠”目标，先后制定下发2018年度《建设“平安诸暨”责任分解表》《2018年平安稳定亮牌考核办法》等各类制度性文件，完善创建责任部门月分析制度，对平安创建条款以及12项过程性指标的相关考核办法逐条分解落实到责任领导、责任科室、责任人，盯紧抓牢各项过程性指标的推进落实，实施创建工作情况实时通报制度。至2018年底，市平安办下发工作通报15期，抄告清单80份，提交市两办下发批评通报2期。以所有平安创建条款和责任单位“轮一遍”的要求组织开展两轮“平安模考”；2018年8月联合电视台开设“聚焦平安”栏目，用“镜头”曝光平安创建隐患问题，全力消除创建死角与盲区。至2018年底，市平安办共抽调8个部门10个乡镇130余人次对39项重点创建项目开展暗访督查，发现和整改隐患近150个。持续开展提升“平安三率”（知晓率、参与率、安全感满意率）宣传工作，组织开展平安创建双月宣传、平安创建宣传进格入户等活动，9月联合诸暨广播电台在傍晚黄金时段开设平安创建大家赢知识问答栏目，11月开展“我为平安诸暨代言”大型宣传活动，8月与教育局等单位联合开展童声会活动，定制各类宣传品15000余件，印刷倡议书、海报等20余万份。每季度委托第三方对宣传工作进行调查测评，及时调整宣传策略和措施。

【扫黑除恶专项斗争】4月，成立扫黑除恶专项斗争领导小组，下设办公室及5个专项工作组，办公室设在政法委。建立健全案件会商、线索双向移送、线索按时报送以及线索摸排走访机制，基层派出所、镇乡（街道）、扫黑办三级设立扫黑除举报专线、邮箱，开展线索有奖举报制度，最高奖励50万元；落实单位主要领导签字背书，加强行业市场专项治理，开展多层次、有重点的线索摸排。

1—10 月，共受理举报线索 248 条，立涉黑涉恶案件 186 起，打处涉黑涉恶人员 748 名，摧毁一般恶势力犯罪团伙 44 个，按恶势力犯罪集团方向侦办案件 14 起，在侦黑社会性质组织 1 起，查处“保护伞”3 案 3 人。

【综治基层基础建设】推进市、镇、村三级综治中心规范提升工程建设，2 月，制定下发《关于加强各级综治中心标准化建设的指导意见》，明确镇、村两级综治中心标识标牌、上墙制度、功能室建设标准，对全市 27 个镇乡（街道）分 4 个片区进行点对点指导。结合第二批“五星 3A”创建村和谐星创建工作，在全市筛选 100 个村（社区、学校、企业、市场）示范综治中心，至年底，100 个示范综治中心全部通过验收，其他镇、村综治中心完成规范提升工作，对 85 个镇村两级示范综治中心实行“以奖代补”。市级综治中心按照“8+X”（将“综治、司法、信访、调解、反邪禁毒、安全生产、流动人口、警务”窗口纳入综治工作中心范畴，“X”是根据实际需要吸收各村治保会、调解会、巡防队、安置帮教小组、信息员队伍集中办公，联合开展工作）的模式，通过平台、人员、数据、视频资源等四个整合，致力于将社会治理大数据中心建设成为市委、市政府的综合指挥室、全市智慧管理的信息库、平安稳定的调度室。统筹推进“雪亮工程”（公共安全视频监控建设联网应用）建设，全面升级立体化社会治安防控体系。建立综治、公安、建设、电力等多部门协同配合的推进机制，2017 年 12 月，开展“一总两分”平台建设，市府办电子政务中心承建并运行县市一级共享总平台，市委政法委、市公安局分别承建运行综治分平台、公共安全分平台，重抓清晰率、完好率和联网率，确保重点公共区域、重点行业领域的重要部位视频监控覆盖率、联网率达到 100%。至 2018 年底，视频监控平台监控数量达到 23400 路，其中公安视频监控 14023 路（2018 年新增 971 路，含人脸抓拍 160 路左右），卡口电警 1230 组。建成 MAC 探针 1100 套，建成防盗射频接收器 2000 个。

【全科网格建设】实施全科网格建设规范提升工程，以自然村为单位优化网格划分，整合林管员、水库巡查员、食安员等各类条线人员及经费，并从中选任或向社会招聘优秀人员担任专职网格员，配齐配强“一长三员”（网格长、网格指导员、专职网格员、兼职网格员）。全市共划分网格 1203 个，配备网格员 4394 名，其中网格长 951 名，专职网格员 1203 名，兼职网格员 2240 名。建立网格事项准入机制，明确网格员 100 项工作清单，设立网格员每日巡查路线图，依托综合信息指挥中心，配备“平安通”，对网格员的日常巡查轨迹、在线率、在线时长等进行重点考核，建立专职网格员“星级管理”等工作制度，让专职网格员“有事可做、有迹可循”。

【全省在线矛盾纠纷多元化解平台试点运行】3 月，开展全省在线矛盾纠纷多元化解平台（简称“ODR 平台”）先行运行试点，建立“党政领导、综治牵头、法院主导、多方联动”的在线大调解网络工作体系，实现对综治调解、专业调解、仲裁调解、行政调解、行业调解、人民调解、律师调解、法官调解等多元解纷资源的线上整合。截至年底，平台注册在线调解机构 123 家，调解员 478 名（含律师调解员 105 名），在线受理纠纷 5822 件，结案 5571 件，其中调解成功 3644 件，纠纷化解率为 65.4%。在线咨询 20 件，在线司法确认 70 件。全省社会组织参与社会治理、流动人口服务管理、在线矛盾纠纷多元化解平台建设等三个现场会先后在诸暨召开。

【“一体化办案系统”全省试点工作推进】继续推进一体化办案系统全省试点（始于 2017 年 7 月），先后召开各类协调会议 8 次，开展专项督查 4 次。截至年底，市公安局通过一体化办案系统向检察院提请逮捕 852 起，移送起诉 1575 起。检察院 712 起报捕案件审结并将审结结果推送到“一体化办案系统”，1097 起提起公诉并通过一体化办案系统移送法院。法院通过一体化办案系统推送判决 1071 起。逮捕、移送起诉协同率均达到 100%，判决协同率达到 95% 以上。

【监督机制建设】加强执法监督，开展民商事执行案件专项大检查，组织案件评查活动，共组织检查案件 100 起，评查各类案件 17 件。着力化解涉法涉诉信访积案，全年共化解市级“大调研大服务大走访”专项活动“平安类问题”信访积案 49 件，化解率 100%；化解省委政法委交办信访积案 30 件，化解率 96.8%。5 月，会同纪检监察对政法系统开展正风肃纪督查。

（吴　畏）

农业农村工作

（见“农业农村”相关条目）

党校工作

【概况】2018年，中共诸暨市委党校完成科（局）级领导干部周末学堂、全市村居主职干部贯彻中共十九大精神轮训班、“90后”年轻干部成长班等14个主体班次27期次近6000人次的培训任务；开展社会宣讲54场次，近5000人次听讲；获得2018年度绍兴社科规划课题立项4项和省委党校年度课题立项6项；3篇决策参阅件获得市领导的批示肯定，其中1篇获省委党校决策参阅件评比一等奖。至2018年底，全校共有在职教职工26人，其中行政编制10人，事业编制16人，离退休教职工20人。

【党校教育工作】完成科（局）级领导干部周末学堂、全市村居主职干部贯彻中共十九大精神轮训班、领导干部进修一班、诸暨市中青年干部培训一班、社会组织党组织书记培训班、入党积极分子培训班、公务员学法用法培训班、“90后”年轻干部成长班、初任公务员与新引进高层次人才培训班共14个主体班次27期次近6000人次的培训任务。严格落实主体班次中政治理论和党性教育比例不低于70%的要求，将中共十九大精神、习近平新时代中国特色社会主义思想、党章党规党纪作为主体班次培训核心内容。在培训中灵活应用实践锻炼、案例分析、交流研讨、情景模拟、现场教学等方法，加强学员之间的互动研讨交流，促进教学相长、学学相长。健全以需求为导向的课程生成机制，组织开展教学工作大调研活动，赴余姚、上虞、余杭等地和市内有关乡镇部门开展培训需求调研。落实集体备课试讲制度，组织开展集体备课6期次、新课试讲7期次，推出《弘扬红船精神，牢记初心使命》《改革无止境，初心永不变》《新时代“枫桥经验”与基层社会治理现代化》等一批精品课程。组织教师参加全市新时代“枫桥经验”讲师团、新时代传习志愿服务队，走进全市乡镇、部门、村居、企业，面向党员干部群众开展社会宣讲，共宣讲54场次，近5000人次听讲。

【党校科研工作】聚焦市委、市政府中心工作开展课题研究，《共生理论视域下推进城乡融合发展路径研究——以诸暨市为例》等4个课题在2018年度绍兴社科规划课题中立项；《杭州湾城市群与产业集群的协同发展》等6个课题在省委党校年度课题中立项。向市委市政府提交6篇决策参阅件，3篇获得市领导的批示肯定，其中《拥抱大湾区 与杭同城化——诸暨进一步加强“融湾接沪”的对策建议》获省委党校决策参阅件评比一等奖；在省委党校理论研讨会上，3篇论文获得二等奖，1篇论文获得三等奖；在绍兴市委党校系统理论研讨会中，1篇论文获得一等奖，2篇论文获得三等奖；在绍兴社科智库论坛理论研讨会中，论文获得一、二、三等奖各1名。开展科研蹲点活动，组织教研组成员走进基层，“零距离”学习、掌握诸暨市情。参与“大调研大走访大服务”活动，通过对大唐镇路西新村等4个行政村、4所学校以及23家规上企业的走访和座谈，了解大唐镇发展中面临的具体问题，并提出对策建议。参与文广局牵头的历史文化村落保护、政法委牵头的“枫桥经验”和基层治理和商务局牵头的“北承南接”等课题调研；参与省委党校党建教研部、马克思主义学院等开展关于新时代“枫桥经验”的联合调研。同时，围绕改革开放40年来的诸暨实践和成就、“枫桥经验”的创新发展、乡村振兴等一系列热点中心工作做好《市域现代化》的组稿、撰稿工作，全年共编撰4期，发放4000余册。

【兼职教授聘请和省内外干部培训】主抓新时代“枫桥经验”与基层社会治理专题，整合现有资源，向上级党校、各类高校、政法系统等部门借势借力，推进新时代“枫桥经验”师资、课程、现场教学基地建设。选聘67名实践经验丰富、理论水平较高、善于课堂讲授的党政领导干部、企业管理人员、专家学者担任兼职教授，开设“枫桥经验”与基层社会治理、党建引领乡村振兴等5个教学专题，建立20多个现场教学基地（其中示范基地8个）和俞秀松故居等6个党性教育基地。2018年，承接来自甘肃、湖南、广东、云南、江苏、上海、安徽、江西、宁波、衢州、嘉兴等省内外的干部培训班共80期，参训学员4100余人。

【绍兴枫桥学院建设】6月28日，绍兴枫桥学院授牌仪式暨绍兴市政法领导干部学习贯彻习近平新时代中国特色社会主义思想专题研讨班在诸暨市委党校举行。9月28日，在枫桥镇举行绍兴枫桥学院开工仪式。绍兴枫桥学院选址位于诸暨市枫桥镇枫一枫溪自然村，总投资7.5亿元，占地面积约340亩，建筑面积60000平方米，按照“校区、景区”的理念，分综合区、教学区、科研区、生活区、体艺区五个功能区块进行布局，计划于2020年建成投运，届时能满足年培训约300班次、1.5万人次的培训需求。

【“枫桥经验”网上学院建设】按照“标准高、特色明、功能全”的要求，通过前期网站建设调研，拟定《“枫桥经验”网上学院建设方案》，协调相关科室搭建网页框架，并通过多次调试，在3月底完成“枫桥经验”网上学院的建设。网站主要分为“学院简介”“‘枫桥经验’光辉历程”“教师风采”“现场教学基地”特色课程”“动态报道”“在线学习”“‘枫桥经验’研究”8个模块，通过加强日常维护和更新，旨在把“网上学院”建设成为“枫桥经验”的宣传、学习、交流和研讨基地。2018年，利用“枫桥经验”网上学院平台向全国宣传，吸引来自省内外的干部培训班共80期，参训学员4100余人。

【党校教职工队伍建设】落实市级机关（部门）公务员考核实施办法（试行）和教职工岗位目标责任制考核办法，强化日常考核和年度考核。壮大教研新生力量，会同组织部、人社局到全国高校院所招录适合党校工作的高层次人才2名。健全培养锻炼机制，实施《关于实施加强教职工队伍建设“一号工程”的意见》，落实教研论坛、上挂下派、精品课比武、参与中心工作等措施，促进青年教师成长成熟，2018年新提拔任用教研室副主任1名。（陈 晖）

机关党建

【概况】机关工委有直属党组织79个，其中党委28个，党总支34个，党支部405个，党员数7511人。2018年，机关党建工作围绕“服务中心、建设队伍”核心任务展开。110名机关优秀党员和党务工作者受到市直机关工委表彰，5个先锋岗、7名先锋党员受绍兴市表彰。在“最佳服务举措、最佳制度创新、最佳项目推进”的“三个最佳”创建评选中，市文广局的“图书馆就在您身边”、市公安局的“新居民社会协同服务平台‘安心租’”、市教育局的“一证通办入学事”、市人民检察院的“垃圾场成生态样板”等4个机关党组织的四个项目获评绍兴市“三个最佳”项目。

【述职评议和督查】组织机关党组织书记开展基层党建工作述职评议，召开部分党组织书记现场述职会；落实“一月一提示，一季一督查”工作机制，共计开展督查3次，检察机关党组织270余个，发现问题340余个，向50余个党组织发出整改通知，对21个机关本级党组织予以通报批评。推进清廉机关建设和机关清廉文化建设，抓好13个“清廉文化阵地”建设。开展现场督查5次，发现并纠正违反机关效能、作风建设等方面的问题23人次。

【党组织换届和干部培训】做好机关党组织按期换届公推直选工作，机关78个党组织于6月统一完成换届。组织各类培训班5期，培训相关干部1000余人次。

【党员志愿服务】开展一季一主题“周末志愿”服务行动，每月前三周周六上午开展劝纠不文明行为活动。深化在职党员“两地报到、双岗服务”机制，共有3588名机关党员到社区报到，每年活动不少于4次。持续开展“返乡走亲”活动，返乡干部每季度返乡访民情一次。

【党建活动多样化】组织开展“树先进、学榜样、强作风、抓落实”系列活动，先后举办“美丽诸暨·党旗飘扬”主题微党课大赛、“感悟兴党之路，重温入党誓词”主题党日活动、“强党性、善作为、勇担当”主题征文、“不忘初心牢记使命，全力打造勤政机关”专题组织生活会等活动。采取“一帮一”“多帮一”模式，跟踪指导4个党支部提升党建工作质量，创建22个党建示范点、30个优秀党建品牌。（孙曙群）

信访工作

【概况】2018年，信访局全力做好“了解民情、集中民智、维护民利、凝聚民心”的工作，全市信访形势平稳有序，未发生非访、重大集体越级访和影响诸暨形象的信访事件。全年共收到各类信访件78799件，其中进京上访登记52人次，在2017年大幅下降78.8%的基础上，再次下降21.2%；赴省上访登记557批730人次，批次和人次同比分别上升22.7%和27%；来市上访4282批9466人次，同比分别上升72.9%和78%；来信705件，同比下降5.3%；网上信访（含网上投诉、领导信箱及人民网留言）5549件，同比上升164.8%；来电（含12345和96345）67654件，同比上升38.4%。

【市领导接访和约访】完善领导干部批阅群众来信办理工作机制，落实市级领导来市接访制度。5月起，每个工作日均有一名市四套班子领导参与信访局群众接访工作，市领导全年共接访415批、约访重点对象137人次。

【信访工作考核督查】7月，起草并下发《关于2018年镇乡（街道）工作目标责任制的考核办法》

《关于2018年市级机关工作目标责任制的考核办法》，把信访工作纳入镇乡（街道）、市级部门岗位目标责任制考核。联合市督考局、纪委等单位强化全市信访工作督查通报，对工作不到位的单位予以点名批评，并列入工作责任制考核。2018年，共下发各类督查通报61期，点名通报责任单位46个，市两办通报批评责任单位3个，追究副科级领导干部责任5人。

【信访维稳】落实重点人员“五控”工作法（人控、票控、车控、技控、网控），做好重要敏感时期的信访维稳工作。全国“两会”期间，确保无重点人员失控进京。11月，进博会、世界互联网大会、“枫桥经验”纪念大会、世界地理信息大会等重点敏感时期，确保无人员到会场、到参观点情况发生。坚持对违法上访行为的高压态势，健全四人工作组（一个包村领导、一个联村干部、一个村干部、一个民警）机制，及时收集固定线索证据。2018年，依法打击违法上访人员14人，其中行政拘留11人，刑事拘留2人。

【信访事项办理提速增效】构建诸暨市“1+10+X”（信访局+10个主要部门+公检法或社会组织）信访联合接待中心。通过对来访诉求进行甄别，按照“谁主管、谁负责”原则，针对性安排事权单位工作人员进行接待，确保信访事项精准分流交办。在初信初访“七日办结制”基础上，进一步健全回访核实、督查督办工作机制，推动信访事项办理提速增效。1—12月，各类信访渠道共受理初信初访37381件，均按期受理，100%办结，其中初次去京上访同比下降25.7%，初次赴省上访同比下降27.3%；绍兴市一次性审核通过率保持在90%以上，为绍兴市唯一区（县、市）；群众满意率87.8%（省级平台满意率98%以上）。全市全年初转重（初信初访转重复信访比例）率5.7%，信转访率、电转访率不足0.5%和0.1%。

【信访矛盾化解】2018年，全市共梳理排查出绍兴重点督查件331件，诸暨重点督查件1811件。8月起，在诸暨市“大调研大走访大服务”专项活动中，共梳理出95件重点案件和9类历史遗留类问题，提交市委常委会专题讨论后，向10个部门进行集中交办。对排查出的各类重点问题和案件，全面落实领导包案、定期接谈、会商协调、联心帮扶、党建引领、依法打击“六大机制”。每月召开工作推进会，由包案领导牵头集中会商，对涉及多个责任单位的信访矛盾进行“三堂会审”，多角度、全方位开展信访矛盾化解攻坚。2018年，市信访联席办牵头协调会商各类案件127件，出台会议纪要42个。至12月底，绍兴级重点督查件已化解290件，化解率达87.6%；诸暨级重点督查件已化解1608件，化解率达88.8%；集中交办的104件重点问题均全部办结。

（郭轩宏）

城市创建工作

【概况】2018年，诸暨市以巩固全国文明城市创建成果、深化文明城市建设为目标任务，在市容市貌、长效机制、创新管理等方面强化措施，努力打造“文明城市标杆县市”。12月，在中央文明办委托省文明办进行的全国文明城市年度考评中，诸暨市位居省内同类县市第一名（诸暨市、长兴县、海宁市、桐庐县、瑞安市、余姚市）。

【重点领域整治】实施重点领域整治，突出学校、大商场、农贸市场、银行周边环境4个关键部位，开展综合整治；对城区27条主次干道的环境、秩序进行提升巩固。完善城区基础设施，10月，完成艮塔东路、暨东路等城区老路改造；3月，正式启动公共停车智能收费管理，提高公共车位利用率；加快推进老小区改造，完成75个老小区污水管网建设、路面白改黑、三线入地等工程；加快垃圾分类处理，实现城区生活垃圾分类居民小区全覆盖。

【全方位督查体系和全民共建长效机制构建】建立健全督导检查长效机制，构建创建办常态督查、执法人员日常巡查、网络舆论实时监督、第三方定期测评的全方位督查体系，完善“一交办、二督办、三通报”工作机制，形成整治、督查、交办再整治的工作闭环。建立健全全民共建长效机制，常态组织“周末志愿”“文明过马路”“洁净社区”等主题实践活动，持续开设“深化全国文明城市建设特别报道”“文明点点名”等专题专栏，利用全媒体平台高密度、多视角宣传典型亮点，曝光不文明行为。

【“居民自治”模式探索】探索“居民自治”模式，指导暨阳街道开展“楼道自治”工作，8月，以马鞍新村为试点，设计建设“蒲公英管家”楼道自治项目。通过深入座谈听民声、实地巡查找问题、召集管家议事，围绕“问题清单”发动社区全体居民签订“轮值保洁”“包干认岗”等公约，发动志愿力量开展楼道刷白美化、设施维修等工作。

【“爱心绿波”设置】强化“科技智治”，创新设置“爱心绿波”，9月起，城区8所学校4个路段在3个时间段正式实现“爱心绿波”上下学，通过科学化设置红绿灯信号，用“绿波”疏导，缓解重点时段因道路拥堵导致的“接送难”问题。

（章 婧）

老干部工作

【概况】至2018年底，诸暨市离休干部为148人，其中易地安置12人（省外来诸6人，市外来诸6人），平均年龄89周岁，最大年龄101岁、最小83岁。由老干部局服务管理的实职副处以上老同志46人。2018年，老干部局继续深入提升服务质量，引导离退休干部增添正能量，积极开通就医“绿色通道”，拓展党工委建设与两个阵地建设，奋力谱写新时代诸暨老干部工作的新篇章。

【老干部走访慰问】全年走访离休干部682次，其中陪同看望易地安置离休干部13人次；组织离休干部走基层1次，参与离休干部131人；市领导慰问离休干部、副处老领导47人次。

【开通离休干部就医“绿色通道”】5月，在市人民医院、市中医院开通离休干部就医“绿色通道”，并会同有关单位建立离休干部接诊、出院信息通报、专用周转病房“三项制度”，统一制作发放202张就医保健卡。至年底，256人次离休干部、老领导通过“绿色通道”就诊。

【学习、参观考察等活动组织】借助走访等机会，向离休干部、副处老领导先后发放《习近平谈治国理政》《中国共产党纪律处分条例》《读懂“八八战略”》及自编的“红船精神”读本等近800本。围绕助力发展实体经济、深化和创新“枫桥经验”、推进乡村振兴、建设清廉文化等主题，全年组织老同志参观考察活动7次。老年大学“桑榆情”志愿服务队立足校内，服务老年学员，开展志愿活动60余次，参与者达700余人次。为纪念毛泽东同志批示“枫桥经验”55周年，先后组织老年书画协会、门球协会进行书画展览和比赛活动。全年共举办门球赛、台球赛、书画展览8场次。

【离退休干部党工委建设试点】4月，诸暨市编委会发文设立诸暨市离退休干部党工委，市老干部局围绕“四完善”（完善离退休干部党组织工作体系、完善离退休干部养老服务体系、完善离退休干部工作机制、完善离退休干部党员教育管理）推进离退休干部党工委建设，形成全市离退休干部工作一盘棋的格局。

【社区老年大学教学点设立】8月，开始联办社区老年大学。2018年，先后在城区暨阳街道、陶朱街道择定5个社区设立老年大学教学点，开设18个班，招收学员857人次。老年大学形成一中心五分校的格局，达到60个班3566人次学员的规模。

（赵天飚）

档案工作

【概况】2018年，市档案局加快推进档案信息化、数字化建设，认真履行监督管理和保管利用职能，服务能力和业务建设得到同步提升。全年共对75家市直机关单位27个镇乡（街道）的档案工作进行年检，并将年检列入镇乡（街道）的考核排位。对大唐镇、江藻镇等水利工程和东大环境、菲达环保、海亮股份等企业的8个重点建设项目的档案进行验收；25家单位完成示范数字档案室创建，3家单位完成规范化数字档案室创建；重新编制《档案馆指南》，全书约30万字；对区划调整撤区扩镇的7699枚印章档案进行规范整理和数字化工；对馆内2800多册报纸合订本进行套盒保护和数字化扫描，数据全部挂接到查阅系统中。至年底，市档案馆共有343个全宗，馆藏档案221682卷、255371件，录音录像影片2091盘，照片21774张，实物档案77件，馆藏资料20125册。全年共接待查阅利用群众15203人次，利用档案9226卷，复制打印22730张。

【国家级数字档案馆测评通过】8月，市档案馆通过省级数字档案馆评估。12月，市档案馆通过国家级数字档案馆现场测评。

【数字档案馆信息平台建设】数字档案馆信息平台建设项目由上海中信信息发展股份有限公司中标，8月31日，平台通过终验并投入使用。该平台为综合档案管理系统和馆室一体化系统，用于馆藏数字档案和全市行政事业单位室藏数字档案的管理和使用。截至2018年底，综合档案管理系统已涵盖所有馆藏档案，共计数字档案约21万卷、25万件，数据量达18TB；馆室一体化系统接入109家立档单位，共计数字档案约16万卷、110万件，数据量达5TB。

【“最多跑一次”改革深化】5月，印发《关于修订完善“最多跑一次”事项电子化归档范围和保管期限的通知》，38家相关单位对“最多跑一次”事项电子化归档范围和保管期限表进行修订。7月，印发《关于制定九大类行政权力事项文件材料归档范围和保管期限的通知》，将“最多跑一次”电子化归档工作扩面到九大类权力事项，完成5098个事项审核制定。9月，建设电子文件接收平台和永久保存库，完成9大类权力事项归档模块的配置。

【第六批档案向社会开放】9月，面向社会公开第六批保管期限满30年的档案。此次向社会开放诸暨市委、市政府等220个单位共计12262卷档案，社会各界、广大公民可凭有效身份证件到馆查阅。

【“国际档案日”宣传展览】6月9—19日，在市档案馆一楼大厅举办主题为“馆藏珍品忆旧朝阿大漫画叙乡情”的展览，选取馆藏珍品《阿大画传》中的163幅画展出。

【农村土地承包经营权确权登记颁证档案工作】与市农办协作，开展农村土地承包经营权确权登记颁证档案工作，投入资金242万元，涉27个镇乡（街道）的396个行政村约22万户农户。2018年，共有18个乡镇125148卷土地承包经营权确权登记颁证档案完成整理验收并移交进馆。

【“千村档案”建设】在2017年完成22个村落资料收集、数据库录入和实体归档的基础上，2018年，对这些村落的照片和视频档案进行复制存档，并将其中一份移交给乡镇存档。同时，完成新增的安华镇宣何村和东和乡冯蔡村2个村的“千村档案”建设工作。

【民国档案抢救和保护】7—11月，组织实施民国档案抢救和保护（一期）项目，完成对馆藏民国档案1—245卷共25343页进行拆卷、裱糊、修复、装盒等保护抢修工作。

【档案征集】2018年，市档案馆接受捐赠14次共92种资料，其中《暨阳石氏宗谱》《暨阳芝泉上张溪西张氏宗谱》《诸暨九山陈氏宗谱》《暨阳溪西周氏宗谱》《诸暨凤仪楼氏宗谱》《周氏宗谱》等宗谱73卷，宗谱光盘1张；接受捐赠余任天、草塔抖狮等名人档案和非物质文化遗产资料10余种。3—4月，开展纪念改革开放40周年档案征集活动，向全市范围内的16家上市企业发出征集函，征集到特色家庭档案6家、高科技产品实物档案3件。

【档案接收】2018年，共接收妇联、人民政府、婚姻登记处、侨联、侨办、编办、农办等7个单位全宗226540卷。接收艾玛医院、第二人民医院、第三人民医院、中心医院等4家医院出生医学证明34卷、共3919件。

【档案划控鉴定】5—9月，对馆库保管的1981—1987年形成的期满30年的档案进行鉴定、划控，其中市级党群系统和区、乡镇机关125个全宗7685卷，市级行政机关和企事业单位95个全宗9029卷。

【档案信息化建设及登记备份】2018年，对全市105家单位进行传统载体档案的数字化成果登记备份，11家单位的21个业务系统进行在线登记备份。11月，开展异地备份工作，对新开发使用的诸暨市档案馆综合档案管理系统和诸暨市馆室一体化系统的应用系统数据、数据库数据以及原文数据，以磁盘的形式备份至广州佛山市档案馆。继续组织实施“全市行政事业单位档案整理和数字化项目”，至年底，通过验收档案335019件、32756卷，数字化3135967页。继续加快馆藏档案数字化进度，2018年完成档案扫描8990145页，照片档案14427张，录音录像以及光盘档案加工时长24675分钟，并全部按照标准通过质检和挂接。

【档案员业务培训】5月，举办档案员业务培训班，全市100余名机关、镇乡（街道）档案员参加培训。

（祝媛媛）

史志工作

【概况】2018年，诸暨市史志办公室继续抓好《诸暨市志（1979—2012）》修编工作，完成志稿总纂和初稿分编评审等工作；完成《诸暨年鉴（2018）》的编纂；结合中共十九大精神学习宣讲，加强党史宣传教育，利用党史资源，弘扬红色文化，进一步增强“以史鉴今、资政育人”的能力和水平。

【《诸暨市志（1979—2012）》完成分编评审】年初，在完成初稿总纂的基础上，由部类主笔牵头，分部类进行内部调整和完善，并邀请省级方志专家和绍兴、温州等地（市）及义乌、鄞州等县（市、区）方志主编进行审读和讲评。至6月底，基本完成部类评审和修改。至10月底，基本完成志稿分编评审工作。

【《诸暨年鉴（2018）》完成编纂】12月，《诸暨年鉴（2018）》完成编纂并交付出版社。全书共 80 余万字，为大 16 开精装本，共收录百科条目 1800 余条、图表 50 余张、照片 40 多张，详细记述 2017 年诸暨市自然环境、建置沿革、政治经济、社会文化、人物事件等基本情况和大事要情，集真实性、实用性、时效性于一体。

【参与全民大护水活动】3 月 28 日，市人民政府副市长、枫桥江河长董光辉参加“你我齐参与·保护水环境”护水行动，市史志办和山下湖镇妇联、镇团委等成员共同参与，重点巡查枫桥江山下湖镇段水域岸线水利工程建设、水环境治理，清理河道沿岸垃圾，并向沿河群众宣传“五水共治”知识。

【“红色文化”专题调研】4 月 3 日，市史志办组织党员干部赴草塔红色庄余霞陈列馆、同山丽坞底革命史迹馆、店口宣侠父故居陈列馆等地，开展“红色文化”专题调研，探索以基层党的建设、农村文化礼堂建设等平台为依托的党史宣传教育，发挥红色资源和红色文化在十九大精神宣讲活动中的作用。

【诸暨村志编修工作启动】6 月 27 日上午，由市史志办、政协文史委召集的诸暨市村志编修动员会在市政协一楼会议室召开，全市选定暨阳街道鸬鹚湾村、店口镇侠父村等 8 个村作为试点村，启动村志编修工作。市史志办、政协文史委负责人，《诸暨市志》编辑人员和试点村村志编纂人员及所在镇村负责人共 30 余人参加会议。

【金萧支队成立 75 周年纪念大会在璜山召开】12 月 16 日，新四军浙东游击纵队金萧支队成立七十五周年纪念大会在璜山镇召开。此次纪念会由中共绍兴市委党史研究室、中共璜山镇党委主办，中共诸暨市委党史研究室、诸暨市社会科学界联合会、诸暨市新四军历史研究会协办，璜山镇黄家店村两委会承办。浙江省新四军研究会、金萧分会、浙东分会，及绍兴、诸暨、嵊州、上虞、新昌、义乌、浦江等市县的新四军研究会会员和新四军老战士后代 100 余人参加纪念活动。

【浙江省二轮志鉴工作现场会在诸暨召开】12 月 18—19 日，浙江省市县二轮志书和年鉴编纂工作现场会在诸暨同方大酒店召开，省方志办主任潘捷军、副主任章其祥，全省 34 个市县区方志办负责人 50 余人参加会议。中共诸暨市委常委、宣传部部长王孔羽出席会议并致辞。诸暨市史志办领导作主题发言，交流《诸暨市志》编纂过程中经验体会。省方志办主任潘捷军作总结讲话。

【市委副书记孙君调研史志工作】2 月 13 日，诸暨市委副书记孙君一行到市史志办调研工作。听取史志办领导关于《诸暨市志》编修情况的汇报，传达市委、市政府对史志工作的要求。

【“邓颖超”赴诸暨敬老院慰问】6 月 1 日，中央电视台“夕阳红”栏目主持人、著名特型演员、荧屏上邓颖超的扮演者黄薇赴诸暨五泄、草塔、王家井等镇敬老院慰问。黄薇是曾参演《长征》《建国大业》等 10 多部影视剧。此次，她借电视剧《人民总理周恩来》到诸暨影视城拍摄之际，赴多个乡镇敬老院进行慰问，用自己的片酬收入购买凉席、按摩器等，给老人们送去爱心和关怀。（谢卫星）

诸暨市人民代表大会

概述

2018年，市人大围绕“把握好方向，行使好权力，履行好职责”三个着力点，依法召开市十七届人大二次会议，召开人大常委会会议7次、主任会议17次，听取和审议“一府两院”工作报告11个，听取专题汇报5个，作出决议、决定9项，组织执法检查和视察活动5次，依法任免国家工作人员43人次、人民陪审员8人次，为谱写诸暨“两个高水平”建设的精彩篇章贡献智慧和力量。

重要会议

【市十七届人大二次会议】诸暨市第十七届人民代表大会第二次会议于2018年1月20-22日在市区举行。会议共举行3次全体会议、4次主席团会议，听取和审议市人大常委会、市人民政府、市人民法院、市人民检察院的工作报告；审查诸暨市2017年国民经济和社会发展计划执行情况及2018年国民经济和社会发展计划草案的报告，批准诸暨市2017年国民经济和社会发展计划执行情况的报告及诸暨市2018年国民经济和社会发展计划；审查诸暨市2017年预算执行情况及2018年预算草案的报告；批准诸暨市2017年预算执行情况的报告及诸暨市2018年预算；通过诸暨市第十七届人民代表大会专门委员会组成人员名单；票决确定诸暨市人民政府2018年民生实事项目。会议共收到代表10人以上联名提出的议案1件，建议、意见223件，合计224件，其中涉及基础设施建设和交通环境改善等城建环保类的91件，涉及城乡统筹协调发展和推进社会保障体系建设类的34件，涉及经济金融类的33件，涉及生态文明建设和发展休闲旅游产业类的29件，涉及社会事业建设类的25件，其他方面12件。大会主席团决定将本次会议收到的代表议案作为代表建议处理，会后由市人大常委会交市人民政府和其他有关国家机关办理，办理结果由承办单位在7月底前负责答复代表，并报告市人大常委会。

▲市十七届人大二次会议开幕式 （市人大办供图）

【人大常委会会议】1月12日，召开市十七届人大常委会第九次会议，听取对政府工作报告、计划、预算和“两院”工作报告的初审意见；听取代表资格审查委员会关于个别代表的代表资格的报告；听取关于市十七届人大二次会议筹备工作情况的报告，讨论确定市十七届人大二次会议有关建议名单和列席人员名单；讨论通过市人大常委会工作报告，推选报告人；审议市政府2018年民生实事候选项目形成情况的报告；审议《诸暨市人大代表辞职办法（试行）》（草案）。

3月12日，召开市十七届人大常委会第十次会议，审议市人大常委会主任会议《关于提请补选盛阅春同志为绍兴市第八届人民代表大会代表的议案》。

4月27日，召开市十七届人大常委会第十一次会议，听取和审议市政府关于2017年全市生态环境状况和环境保护目标任务完成情况的报告；听取和审议市法院关于破产审判工作情况的报告；审议市政府《关于〈诸暨市生态保护红线划定方案〉的议案》；审议有关代表许可事项的报告；审议决定有关人事任免事项。

6月29日，召开市十七届人大常委会第十二次会议，听取和审议市政府关于2017年财政决算（草案）的报告；听取和审议市政府关于2017年度市本级预算执行和其他财政收支的审计工作报告；审议市人大常委会主任会议《关于提请停止执行市人大常委会八个决议（决定）的议案》；审议决定有关人事任免事项。

8月29日，召开市十七届人大常委会第十三次会议，听取和审议市政府关于2018年上半年经济发展情况和下半年政府重点工作的报告；审议市政府关于2018年上半年国民经济和社会发展计划执行情况的报告；审议市政府关于2018年上半年预算执行情况的报告；审议市政府《〈关于诸暨市和乌克兰苏梅市建立友好交流关系的报告〉的议案》；审议决定有关人事任免事项。

10月29日，召开市十七届人大常委会第十四次会议，听取和审议市政府关于“十三五”规划中期实施情况的评估报告；听取和审议市政府关于市十七届人大二次会议代表建议办理情况的报告；听取和审议市政府关于美丽乡村建设情况的报告；听取和审议市政府《关于2018年财政预算调整方案（草案）的议案》；审议市法院《关于要求明确我院人民陪审员名额数的议案》；审议决定有关人事任免事项。

11月30日，召开市十七届人大常委会第十五次会议，审议市人大常委会主任会议《关于提请作出〈诸暨市人民代表大会常务委员会关于召开诸暨市第十七届人民代表大会第三次会议的决定〉的议案》。

【人大常委会主任会议】1月5日，召开市十七届人大常委会主任会议第十八次会议，听取市政府关于十方面民生实事项目落实情况的汇报。

4月9日，召开市十七届人大常委会主任会议第二十一次会议，听取市政府关于校地合作机制落实情况和浙江农林大学暨阳学院关于校地合作情况的汇报。

5月30日，召开市十七届人大常委会主任会议第二十四次会议，听取市政府关于“七五”普法教育中期工作情况的汇报；讨论通过《诸暨市人大常委会计划和预（决）算审查咨询组管理办法（试行）》（草案）、《2018年镇乡（街道）人大工作考核办法（草案）》和《诸暨市人大代表履职考评办法（试行）》（草案）。

8月1日，召开市十七届人大常委会主任会议第二十七次会议，讨论通过《诸暨市人民代表大会常务委员会国家工作人员宪法宣誓组织办法（草案）》。

9月5日，召开市十七届人大常委会主任会议第二十九次会议，讨论通过《诸暨市人民代表大会内务司法委员会工作规则（试行）》（草案）。

11月30日，召开市十七届人大常委会主任会议第三十三次会议，听取市政府关于审计发现问题整改落实情况的汇报。（郦建龙）

重要活动

【视察活动】7月12日，市人大常委会组织视察小城镇环境综合整治情况。市人大常委会驻会成员实地视察陶朱街道三都集镇紫兰路路口、马剑集镇整治情况，听取市政府关于小城镇环境综合整治情况的汇报，并提出意见和建议。

7月26日，市人大常委会组织视察中小河流域治理工作情况。市人大常委会驻会成员实地视察五泄江草塔镇段河道治理及生态修复工程、五泄江大唐镇毛阳桥段综合整治工程，听取市政府关于中小河流域治理工作情况的汇报，并提出意见和建议。

9月25日，市人大常委会组织视察坚持发展“枫桥经验”、创新基层社会治理情况。市人大常委会驻会成员实地视察“枫桥经验”纪念馆新址、枫桥镇枫源村、市公安局交警大队交通指挥勤联中心、市社会组织服务中心等地，听取市纪念办、市综治办关于坚持发展“枫桥经验”、创新基层社会治理情况的汇报，并提出意见和建议。

12月27日，市人大常委会组织视察2018年民生实事项目完成情况。市人大常委会驻会成员分两组分别实地视察残疾人康复工程情况、“厕所革命”推进工程情况、老小区综合整治工程情况、

▲7月12日，市人大常委会组织视察小城镇环境综合整治情况（市人大办供图）

城区幼儿园建设工程情况、全市乡村道大中修工程情况、山塘水库综合整治工程情况、120急救中心运行情况。

【督查活动】5—11月，赴牌头镇开展“大调研大走访大服务”专项活动，深入蹲点、走访座谈，重点调研牌头镇经济发展、社会稳定和乡村振兴发展，落实发展问题清单、平安问题清单、发展项目清单“三张清单”整改，协调解决具体问题，形成调研报告报送市委。

为推动2018年市政府十大民生实事项目顺利实施，按期完成，4—12月，市人大常委会成立由常委会领导带队，各委办负责人和人大代表全程参与的7个督查组，通过实地视察、明察暗访、听取汇报等形式开展专题督查。督查贯穿全年，各督查组按照一季度了解一次项目推进情况，全年组织不少于2次的专题视察调研活动的要求开展定期、不定期监督检查。12月，市人大常委会专门组织视察民生实事项目完成情况。

【执法检查】4—7月，市人大常委会组建由常委会领导带队的2个执法检查组，全面开展以垃圾分类收集及处置为重点的固体废物污染防治“一法一条例”执法检查。

【代表建议办理工作“回头看”活动】5月21日，市人大常委会会同市人民政府召开市人大代表建议办理工作“回头看”活动，实地视察2017年部分代表建议办理落实情况，听取2017年部分代表建议承办单位办理情况的汇报、领衔代表意见和市政府领导对办理工作的点评。

【代表建议件面商督办会】6月26日，市人大常委会会同市人民政府召开市人大代表重点建议办理面商督办活动，听取重点建议承办单位办理情况的汇报、领衔代表意见和市政府领导对办理工作的点评。

【代表活动指导和服务】深化代表联络站建设，7月起，推动枫桥镇、浣东街道等5个镇街完成联络站标准化改造。全年累计开展联络站活动121次，参加代表876人次，接待群众1259人次，收集意见建议591条。拓宽代表参政履职平台，结合省、绍兴市人大监督活动和审议议题，上下联动，组织代表参加人代会前征求代表意见活动及固体废物污染环境防治“一法一条例”执法检查、2018年市政府民生实事项目、市人大代表视察上半年经济运行情况等主题督查活动，定期向代表通报常委会和“一府两院”主要工作，组织代表列席市人大常委会会议、市政府常务会议，参与常委会视察调研，参加法院庭审活动，为代表知情知政、依法履职创造条件，提供保障。

【对镇乡（街道）人大工作的指导】6月1日，制定出台《2018年镇乡（街道）人大工作考核办法》，采用平时记录、抽查、督查和年终考核相结合的方式进行，主要考核镇乡（街道）人大基层基础工作、代表联络站工作、民生实事票决制工作、本级人大建议意见办理工作、代表小组活动以及协助配合市人大常委会完成相关工作等。组织镇乡（街道）人大负责人赴全国人大深圳培训基地学习轮训，提升镇乡（街道）人大工作的理论与实践水平。召开镇乡（街道）人大联席会议，总结推广基层创新做法和先进经验。邀请镇乡（街道）人大配合市人大常委会开展执法检查、视察、调研、列席市人大常委会会议等活动，增强市镇两级人大之间的沟通和联系。（郦建龙）

议案办理

【代表建议督办】市人大代表在市十七届人大二次会议期间共提出建议224件。截至7月底，代表建议均已办理完结，其中满意220件，占总数的98.2%；基本满意2件，表示理解2件，各占总数的0.9%。从答复情况看，代表对办理和落实情况总体表示肯定。（郦建龙）

人事任免

市十七届人大常委会第十一次会议任命杜敏丽为市人民法院审判监督庭庭长；

任命戴金飞为市人民法院刑事审判庭副庭长；

任命徐怡燕为市人民法院民事审判第一庭副庭长；

任命周敬涛为市人民法院民事审判第三庭副庭长，免去其市人民法院民事审判第一庭副庭长职务；

任命王玲为市人民法院金融审判庭副庭长；

任命李冠军为市人民法院简案庭副庭长，免去其市人民法院牌头人民法庭副庭长职务；

任命傅刘强为市人民法院草塔人民法庭副庭长；

任命闫龙会为市人民法院牌头人民法庭副庭

长，免去其市人民法院金融审判庭副庭长职务；

任命徐国平为市人民法院枫桥人民法庭副庭长；

任命石璐、王关灿、詹金娜为市人民法院人民陪审员；

免去郭幼芬的市人民法院审判委员会委员、审判监督庭庭长职务；

免去周灵锋的市人民法院刑事审判庭副庭长职务；

免去杨燕峰的市人民法院草塔人民法庭副庭长职务；

免去陈鑫耿、谈志超、楼跃飞的市人民法院审判员职务；

免去蒋栋樑的市人民法院人民陪审员职务。

市十七届人大常委会第十二次会议决定任命郦小飞、陶星明为市人民政府副市长；

任命许斌为市监察委员会委员；

任命何炯珉为市人民法院副院长，免去其市人民法院金融审判庭庭长职务；

任命叶剑为市人民法院审判员、审判委员会委员、副院长，免去其市人民检察院检察委员会委员、检察员职务；

任命葛继光为市人民法院审判员、审判委员会委员、副院长；

任命徐黎明、楼润慧、吕烨、朱赛飞为市人民法院人民陪审员；

任命陈勇为市人民检察院检察员、检察委员会委员、副检察长，免去其市人民法院副院长、审判委员会委员、审判员职务；

决定接受傅世平、马海明辞去市人民政府副市长职务的请求。

市十七届人大常委会第十三次会议决定任命陈仁坚为市人民政府副市长；

任命郭志军为市人民法院枫桥人民法庭庭长，免去其市人民法院枫桥人民法庭副庭长职务；

任命张姚望为市人民法院店口人民法庭庭长，免去其市人民法院店口人民法庭副庭长职务；

决定免去沈正南的市综合行政执法局局长职务。

市十七届人大常委会第十四次会议任命冯栖、李荣震、杨丹萍、赵晓好、周培洪为市人民法院审判员；

任命何梦迪、姚宇怡为市人民检察院检察员。

（郦建龙）

诸暨市人民政府

概述

2018年，诸暨市人民政府紧扣"'八八战略'再深化、改革开放再出发"主线，以高质量发展为目标，深入开展"大调研大走访大服务"专项活动，全力打好"六大硬仗"（改革撬动、北承南接、提质增效、创新驱动、统筹协调、环境优化），全市经济社会发展保持稳中有进、稳中显好势头。全年实现地区生产总值（GDP）1225.25亿元，比上年（下同）增长6.7%；财政总收入137.8亿元，增长11.3%，其中一般公共预算收入87.37亿元，增长13.5%；实现规上工业增加值增长8.8%；实现利税增长13.2%，新产品产值增长37.7%，新产品产值率达45.2%；城镇常住居民人均可支配收入62623元，增长8.3%；农村常住居民人均可支配收入36053元，增长9.0%；节能减排完成年度目标任务。

【传统产业数字化转型】严格落实促进经济高质量发展政策，开展工业园区"退转改聚"（指清退、转型、改革、集聚），启动"亩均论英雄"（指以提高"亩产效益"为核心，围绕节约集约用地、节能降耗减排等重点，促进经济增长方式从粗放到集约、从量的扩张到质的提高）综合评价，传统产业质量效益稳步提升。规上六大主导产业产值、利润分别增长15.5%和5%，高新技术产业增加值、新产品产值分别增长12%和30%。9月，袜艺小镇正式命名为省特色小镇；11月，珍珠产业创新服务综合体建成，新增国家级大数据应用示范和"两化"（信息化和工业化）融合示范试点企业各1家、省级工业互联网平台4个，企业上云（指企业以互联网为基础进行信息化基础设施、管理、业务等方面应用，并通过互联网与云计算手段连接社会化资源、共享服务及能力的过程）突破5800家。发布"品字标浙江制造"先进标准10项。开展"双倍增"（数量倍增、实力倍增）计划，新增国家高新技术企业66家、省科技型中小企业320家，技术市场交易额突破6亿元。全市网络零售额145亿元，增长23%，新增中国淘宝村24个，服务业增加值增长7%。新建装配式建筑面积60万平方米，建筑业产值达2306亿元，增长8.4%。

【接沪融杭战启动】制订"与杭同城"三年行动计划，引进都市区项目108个，实到注册资金93亿元。开发区启动"一核一廊五园"（"一核"是指在开发区中心商务区打造人才高地，形成城西智核；"一廊"是指在03省道东复线区块打造创新走廊；"五园"是指建设"千人计划"产业园、光电产业园、智能制造和节能环保产业园、生命科学产业园、军民融合产业园）规划建设，引入高新技术项目7个，5D智造谷签约落户。高新区加快临杭总规编制，临杭产业园引进项目27个，总投资33亿元。9家企业入驻"诸暨岛"（离岛式智商集聚创业园区），

▲建设中的杭二绕高速应店街段鸟瞰。杭二绕高速即杭州都市高速绕城西复线工程，预计2019年建成。全长97.8千米，北到德清、南到诸暨。诸暨境内全长约10.5千米，起点在杭金衢高速直埠枢纽，经应店街、次坞镇，进入萧山楼塔镇　（骆少华　应力刚　摄）

环保小镇、珍珠小镇入选省大花园、大湾区重大产业项目。杭州都市高速公路诸暨段快速推进；9月28日，新亭埠码头成功首航，诸暨水运迈入集装箱运输时代。11月1日，诸暨至滨江城际客运专线，11月30日，直达省级名医院的定制客运班车投入运营。加强与杭州萧山区对接合作，耀华装配式建筑产品进入亚运村项目。诸义产业自由港创业创新园加快建设，文化创意园建成投产。

【境外投资和合作】11月29日，开通诸暨至宁波舟山港海铁联运国际专线，建成海关监管场所（一期），推进外贸综合服务平台建设，产业跨境电商加快集聚。积极应对中美贸易摩擦，组织159家企业参加首届中国国际进口博览会，新批境外投资项目14个，对外投资2.34亿美元。全市自营出口346亿元，增长10%；“一带一路”沿线国家出口175亿元，增长20%。深化友城合作，开展东西部扶贫和对口合作，诸暨—遂昌产业园建设深入推进。

【政务服务软环境建设】开展“大调研大走访大服务”“走企连心”等活动，累计走访群众1.1万余户、企业2277家，解决平安和发展类问题1902个，办结率为95.9%，平安问题群众满意率达96%。加快政务服务软环境建设，“五个通办”（一窗通办、一证通办、一码通办、一网通办、城乡通办）改革深入推进，397个服务事项实现“一证通办”，全省率先实行企业投资项目建设全流程信用监管、全流程网上招投标，商事登记一般性经营主体开办“一次受理，三天办结”，镇级行政服务中心全部实现“无差别受理”。承办全省一般企业投资项目开工前审批“最多100天”改革现场会，“标准地＋承诺制”（带着建设规划、能耗、环境、投资强度、亩产税收等一系列标准进行出让的建设用地，企业在获得土地后，签订承诺书，在规定时间内动工投产）成为可复制可推广的典型经验。

【招商选资】2018年，共引进10亿元以上项目12个，海亮有色智造工业园、宝龙商业广场开工建设。产业发展引导基金达116亿元，投资省八大万亿产业项目133个，带动社会投资152亿元。举办“梦想中国·智汇暨阳”全球招才引智推荐会，新增“国千”（国家千人计划）“省千”（浙江省千人计划）人才18名、绍兴“海内外英才计划”人才51名。新增“个转企”（具备条件的个体工商户转成企业）783家、“小升规”（限额以下企业升级为限额以上企业）107家、“下升上”（规模以下企业升级为规模以上企业）104家，市场主体突破17万家。

【金融风险防范】深化政银企合作，落实减税降费政策，扩大金融机构直接授信额度，全年为企业降低税收负担9.04亿元、费用负担2.03亿元、用能成本2.32亿元、人工成本5415万元。推进“解保贷”（推动企业去担保做法的总称，主要是指银行通过提高抵押率、盘活资产、发放信用贷款等方式，化解企业担保链风险的行为）、“转贷基金”业务，累计去担保60亿元、转贷190亿元，不良率降至1.77%。抓好国资平台市场化转型，水务、旅游等九大国有企业组建成立。加强互联网金融整治，坚决打击逃废债，挽回经济损失1.7亿元。

【美丽城市建设】完成新一轮市域总体规划修编（2015—2035），推进美丽城市基础设施建设三年行动，完成75个老小区改造，拆违62.6万平方米，“三改”1352万平方米。高湖蓄滞洪区、浦阳江治理二期、白塔湖电排改造等重点工程进展顺利，建成城北水厂、浣东再生水厂。投用500千伏诸暨变、220千伏红联变。2019年1月1日县龙山隧道、2018年9月29日街亭支线正式通车，珠宝城支线、兰店线（兰亭至店口公路）、官弦线（陶朱街道红联新村官庄自然村至店口镇的弦腔公路）、石东线（石壁至岭北段）建设有序推进，“四好”（建好、管好、护好、运营好）农村路建设全省领先。

【首届西施马拉松赛】12月9日，“2018诸暨西施马拉松”首届赛事鸣枪开跑。比赛设置全程马拉松、半程马拉松和微型马拉松三大项目，来自14个国家和地区的参赛运动员以及市民群众等10000多名马拉松爱好者同场竞技。赛事以“遇见最美的你”为主题，以打造“最高颜值的马拉松”为定位，起点设置在城市广场，赛道串联全城，将城东新城、海亮学校、国际商贸城、西施故里景区等标志性景观融合在一起，将诸暨市文化底蕴、发展现状与跑道巧妙结合，让选手们能亲身领略诸暨的别样风情。另外，还有西施方阵、古典舞蹈、草塔抖狮等民俗表演沿线助阵，吸引众多外地游客和本地市民的关注。赛场之外，1755名来自全市志愿团队、学校、单位的志愿者积极参与，在赛程中提供补给，为比赛的顺利进行提供了更全面的保障。

【乡村振兴五年行动】完成新一轮村庄规划修编，创成235个五星达标村、14个3A示范村。培育农业新型经营主体，建成示范型农创客（指年龄在45周岁以下，拥有高校大专及以上学历，在农业领域创业创新，担任农民专业合作社、农业企业、家庭农场等农业生产经营主体负责人或拥有股权的人员）10个、示范型家庭农（林）场19家、星级专业合作社30家。深化全国农村集体产权制度改革试点，完成农村土地承包经营权确权登记颁证，农村产权交易额增长69.4%，涉农“产权+信用”贷款增长138.2%，激活闲置农房400余幢。

【“枫桥经验”纪念活动】以纪念毛泽东同志批示学习推广“枫桥经验”55周年暨习近平总书记指示坚持发展“枫桥经验”15周年为契机，深入实施“枫桥经验”推广提升“十大工程”（社会风险和安全隐患防范和化解工程、综治中心规范提升工程、全科网格建设规范提升工程、自治、法治、德治“三治融合”基层社会治理体系建设推广工程、社会组织参与社会治理规范提升工程、“互联网+”社会治理深化提升工程、“网上枫桥经验”创新提升工程、社会心理服务体系建设推广工程、流动人口服务管理提升工程、加快推进“枫桥干部学院”筹建和“平安浙江特色小镇”建设工程），高标准抓好总结推广、环境整治、示范点建设等筹备工作，10月11日，绍兴枫桥学院开工建设，新“枫桥经验”陈列馆、公共法律服务中心建成启用，顺利完成“枫桥经验”55周年纪念活动各项任务。

▲“枫桥经验”陈列馆一角。陈列馆位于枫桥镇孝义路主入口，占地7776平方米。馆内以丰富的图文、视频、实物资料，分“诞生”“演进”“发展”“升华”“新时代探索实践”5个篇章，完整呈现半个多世纪以来“枫桥经验”的传承、发展和创新 （郭斌摄）

【民生实事】完成十方面民生实事工作（老小区综合整治工程、全市乡村道大中修（一期）工程、城乡公交提升工程、城区公办幼儿园专项建设工程、城乡居民安全用电工程、农村饮用水提升工程、小型水库除险加固和山塘综合整治工程、“厕所革命”推进工程、120急救中心建设工程、残疾人康复服务工程），全年财政民生支出72.3亿元，占公共预算支出的80.6%。完善就业创业政策体系，新增城镇就业25813人，失业人员实现再就业7229人，城镇登记失业率控制在2.25%。跨省异地就医实现刷卡结算。建成镇级居家养老服务中心11家、村级示范型居家养老服务中心27家。完成农村保障房建设1万平方米。CBA联赛广厦主场落户诸暨，12月29日，国家级数字档案馆通过验收，70家农村文化礼堂、8家浣江书房建成投用，11月，成功创成省食品安全市。 （市府办）

重要会议

【经济工作会议】2月22日，市委、市政府召开全市干部大会暨经济工作会议。会议指出，过去一年全市上下牢固树立“四个强市”（改革强市、创新强市、开放强市和人才强市）工作导向，攻坚克难推进“八大战役”（印染化工落后产能歼灭战、劣五类水和五类水剿灭战、城中村围剿战、精准招商战、综合交通建设大会战、垃圾分类处理持久战、整治市容市貌和小城镇环境阵地战、平安创建巩固战）“十大会战”，在产业转型、创新驱动、深化改革、“北承南接”、项目“双进”、城乡融合、美丽建设、民生事业、社会治理、干部作风等各个方面取得新进展新成绩，经济社会发展呈现出稳中有进、转中向好的局面。

会议强调，2018年要紧扣学习贯彻党的十九大精神这一主线，坚持稳中求进工作总基调，全面落实市委“1+1+6”（指紧扣一条主线，就是要紧紧围绕学习贯彻中共十九大精神这一主线；深化一项战略，就是要坚定不移推进“北承南接、开放创新”这一战略；突出六大重点，就是要以大创新、大改革、大融合、大生态、大治理、大党建全力推动诸暨高质量发展）总体工作部署，紧扣高质量发展这一目标，突出需求导向、问题导向、结果导向，全力以赴打好改革撬动、“北承南接”、提质增效、创新驱动、统筹协调、环境优化“六大硬仗”，当好“两个高水平”建设的排头兵。要以“最多跑一次”改革撬动各领域改革，深化推进全城通办，强化改革落地见效，健全容错纠错机制，不断提升改革的系统性、整体性、协同性，真正以改革促发展、以改革增动力。要打通融合发展大通道，提升产业承接大平台，构筑“五外”（外事、外宣、外经、外资、外贸）联动大开放，加快推动县域经济向都市区经济转型。要始终坚持质量第一、效益优先，推动经济增长由“快不快”向“好不好”转变，推动产业发展由“大不大”向“强不强”转变，推动平台建设由“有没有”向“优不优”转变。要坚定不移地把创新作为实现高质量发展的“主引擎”，高水平推进创新平台建设，高水平培育创新主体，高水平引育创新人才，以超常规的力度建设创新型城市。要牢固树立城乡融合发展理念，全面提升城市品质，大力推进乡村振兴，提升公共服务一体化水平，全力提升城乡发展的协调性、融合度。要进一步优化生态环境，提升文明环境，营造平安环境，千方百计解决老百姓关注的民生热点难点问题，真正让一个个民生“亮点”成为撬动社会进步的“支点”。

会议要求，要深化作风建设，狠抓工作落实，奋力夺取经济社会发展的开门红、季季红、全年红。四套班子领导要进一步强化表率意识、标杆意识，各镇街之间、部门之间、镇街和部门之间要上下同欲、协同作战，做到一张蓝图绘到底，撸起袖子加油干，努力开创诸暨经济社会发展新局面。

【市政府全体会议】3月12日，市政府召开第三次全体会议暨法治政府建设会议。会议要求，切实把抓落实作为新一年政府工作的首要任务，以法治思维和法治方式深化改革、推动发展、化解矛盾、维护稳定，推动全市各项事业高质量发展。

会议指出，各镇乡（街道）、各部门要按照“任务项目化、项目清单化”要求，进一步细化目标任务、严格责任落实，尽快把市委、市政府决策部署转化为推动高质量发展的实际成效，确保“开门红”“季季红”“全年红”。要切实解决工作推进过程中依法依规的问题，依法行政，确保干成事、不出事，为建设“两个高水平”诸暨提供坚强保障。

会议强调，要始终以法治思维和法治方式深化改革、推动发展、化解矛盾、维护稳定，围绕“职能科学、权责法定、执法严明、公开公正、廉洁高效、守法诚信”的目标和要求，努力推进法治政府建设再上新台阶。要提升依法行政定力，在健全依法行政的工作机制、增强依法行政的行动自觉和发挥尊法学法守法用法表率作用上下功夫，推进简政放权，提升依法履职能力，深化行政审批制度改革、深入推进“四张清单一张网”建设、全面推进政务公开建设；要提升依法行政执行力，健全决策机制，完善行政规范性文件管理和行政机关合同管理制度，强化公共服务体系建设，保障公民、法人和其他组织的各项权利；要提升依法行政公信力，加快推进行政执法改革，强化执法监督，抓好行政程序建设；要提升依法行政满意率，加强行政争议的预防和化解工作，把信访纳入法治化轨道，发挥各类调解组织作用，提高行政复议、行政调解的质量和效率；要提升依法行政生命力，全面落实镇街行政执法责任制，深入研究分析镇街在推进法治政府工作中存在的问题和困难，加强镇街法制力量建设。全市各部门、镇街要目标同向、行动同步，合力加快推进法治政府建设。

【一季度经济社会发展形势分析会】4月28日，召开一季度经济运行和社会稳定形势分析交流会。会议指出，二季度是各项工作推进的关键期，全市各部门镇街要按照市委“1+1+6”总体工作部署，咬定目标、标本兼治，凝心聚力、坚定而行，全力推动全市经济社会高质量发展。

会议强调，要以提升区域“竞争力”为抓手，切实做好打基础、利长远、惠民生的根本性工作。要立足做“强”，进一步做优存量、做大增量、做足创新，全力提升产业竞争力。要立足做“优”，以完善功能做优城乡环境，以“最多跑一次”改革做优政务环境，以大花园、大景区建设做优生态环境，全力提升环境竞争力。要立足做“好”，始终高举“枫桥经验”伟大旗帜打造最安全城市，以社会文明程度和市民文明素质两提升打造最文明城市，以更完善的社会保障体系打造最安心城市，全力提升社会竞争力。要强化干部“执行力”，全力以赴抓好补短板、提信心、求实效的重点性工作。当务之急要做好强化经济监测运行、提振企业发展信心、创新产业发展、深化改革开放、全力推进项目“双进”、抓好风险防控、整改各项问题、抓实民生实事、创新发展“枫桥经验”、维护社会安全稳定等十方面工作。

【半年度经济社会发展形势分析会】8月2日，召开半年度经济运行和社会稳定形势分析交流会。会议指出，上半年全市经济社会呈现出稳中有进、稳中显好的良好发展态势，但也存在不少问题短板，各级各部门要始终保持信心，进一步正视差距、聚焦短板，铆足干劲、加倍努力，以大担当推动大落实、实现大发展、维护大稳定。

会议强调，要更加聚焦发展重点，全力推动经济发展稳中有进、社会大局和谐稳定。要进一步强化项目谋划，加快落地推进一批大项目新项目。要全力探索传统产业数字化改造新路径，推动产业向价值链中高端攀升。要以“最多跑一次”改革撬动各领域改革，全面提升创新发展活力。要坚持把“五星达标、3A争创”作为乡村振兴主抓手，突出抓好国家现代农业产业园建设，推动工商资本、科技人才“上山下乡”。要深化推进“北承南接”，充分发挥开发区、高新区的主阵地作用，打造开放发展“桥头堡”。要全力备战“枫桥经验”纪念活动，以最快的进度、最高的质量、最充分的准备，确保纪念活动顺利圆满。要全力抓好社会稳定工作，确保“不出大事，少出小事”。

会议强调，要更加努力解决问题，始终以“大调研大走访大服务”专项活动为牵引，按照“立足于解决而不是解释”的要求，做到一件一件办理、一项一项处置、一桩一桩化解。要进一步织密织牢网格，深化落实驻村制度，推动村级事务阳光化。要全力推动经济管理精细化、环境管理精细化、城市管理精细化、项目管理精细化。要有“过紧日子”的思想，进一步强化市场经营理念，着力提升“少花钱、多办事、办好事”的本领，真正把有限财力用在刀刃上，推动诸暨可持续发展。

会议指出，要紧盯目标、实干担当，全力打好高质量发展组合拳，确保各项重点工作扎实推进、走在前列。要坚定目标任务不动摇，坚持有效投资不动摇，坚持产业升级不动摇，坚持改革深化不动摇，坚持“北承南接、开放创新”不动摇，坚持乡村振兴不动摇，坚持平安稳定不动摇，抓实传统产业改造2018年度实施计划，加快推进科技创新和人才招引，深化国有融资平台转型重组，推进工业企业“亩均综合评价”改革，统筹“五个通办”改革，加快政府数字化转型，加快道路交通互联互通，加快承接平台能级提升，加快制定乡村振兴五年规划，加快建设国家现代农业产业园，全力推进农村“三大革命”（指农村垃圾、污水、厕所革命），全力以赴补齐高质量发展短板。要坚决打好“三大”攻坚战（指防范化解重大风险、精准脱贫、污染防治），确保完成十方面民生实事。（市府办）

决策部署

2018年，诸暨市政府共召开8次常务会议，通过多项规范性文件和政策意见。

1月26日，市政府召开第九次常务会议，审议《诸暨市盐业体制改革实施方案》《诸暨市建材行业整治提升实施方案》《关于进一步加强金融机构支持实体经济发展的若干意见》。

2月7日，市政府召开第十次常务会议，审议《关于加快产业优化升级，促进经济高质量发展的若干政策意见》《关于加快推进人才强市工作的政策意见》《关于加快推进创新强市工作的政策意见》《关于贯彻落实推行法律顾问制度和公职律师公司律师制度的实施意见》《诸暨市创建国家森林城市实施方案》。

5月7日，市政府召开第十一次常务会议，审议《诸暨市“市镇局长项目工程”实施方案》《全面实施乡村振兴战略高水平推进农业农村现代化五年行动方案》《诸暨市人防结建政策》。

6月29日，市政府召开第十二次常务会议，审议《诸暨市最低生活保障制度实施办法》《〈2017年全市环境状况和环境保护目标任务完成情况报告审议意见〉反馈问题整改工作方案》《2018年诸暨市招商选资竞赛活动实施方案》《诸暨市建筑渣土运输管理办法》。

8月8日，市政府召开第十三次常务会议，审议《关于建立诸暨市农村集体建设用地市场化盘活机制的意见》《关于调整完善工业用地出让价格机制的实施意见》《诸暨市打赢蓝天保卫战行动计划（2018—2020年）》《诸暨市工业园区整合提升行动方案》《诸暨市闲置农房激活工作三年行动计划（2018—2020年）》。

9月30日，市政府召开第十四次常务会议，审议《关于城区村级留置土地开发出让处置的意见（试行）》《关于国有出让工业用地“退二进三”的实施意见》《关于进一步规范城乡低效用地再开发工作的实施意见》《诸暨市生态文明示范创建行动方案》《诸暨市工业企业亩均效益综合评价实施办法（试行）》《关于进一步加强农村人居环境长效管理的意见》《诸暨市高水平推进农村人居环境提升三年行动方案（2018—2020年）》《诸暨市城镇生活垃圾分类三年行动计划（2018—2020年）》《关于国有土地上未批先建房屋建筑补办权证手续的实施方案》。

11月23日，市政府召开第十五次常务会议，审议《关于加强专职社区工作者队伍建设的实施意见》《诸暨市城市区域声环境功能区划分方案》《关于鼓励支持开放型经济发展的补充政策意见》《关于对我市公开出让的存量商业、商务类项目分割销售问题的处置意见》《关于进一步加强商业、商务类项目建设的管理意见》《诸暨市餐厨废弃物综合处理和资源化利用PPP项目实施方案》《诸暨市高水平建设“四好农村路”助推乡村振兴战略三年（2018—2020年）行动计划》及配套文件。

12月29日，市政府召开第十六次常务会议，审议《关于建立市人民政府向市人大常委会报告国有资产管理情况制度的实施意见》，原则同意关于诸暨市2019年基础设施投资项目计划的汇报、关于诸暨市2018年国民经济和社会发展计划执行情况及2019年国民经济和社会发展计划草案报告的汇报，关于给予雄风集团有限公司、永利商业集团有限公司等企业就雄风永利商业广场东区部分资产转让有关扶持政策建议的汇报、关于诸暨市2018年预算执行情况和2019年预算草案报告的汇报。

（市府办）

依法行政

【概况】2018年，全市出台《诸暨市人民政府关于进一步推进依法行政加快建设法治政府的意见》，加快推进法治政府建设，开展了“最多跑一次”、行政审批制度改革等涉及政府工作效能提升的一系列改革，全市“标准地+承诺制”改革被省经济体制改革工作领导小组列为经济体制重点领域改革可复制推广典型经验。

【法治政府建设】年初召开以法治政府建设为主题的政府全会，3月24日，下发《诸暨市人民政府关于进一步推进依法行政加快建设法治政府的意见》，并制定《诸暨市贯彻落实〈县乡法治政府建设行动计划（2018—2020年）〉重点任务清单》，明确全市法治政府建设的时间表、路线图、任务书。6月20日，印发《2018年诸暨市法治政府建设工作要点》，安排2018年度法治政府建设重点工作，明确完成时限和责任单位。坚持政府常务会议学法制度，全年共学习与政府行政管理密切相关的法律法规11件。

【政府职能履行】**“最多跑一次”改革**　重新梳理并优化群众和企业到政府办事事项1618项（含中央垂直部门），其中实现“最多跑一次”事项1612项，“最多跑一次”实现率（除“最多跑一次”改革例外事项6项）达100%；444项事项实现“零上门”，585项事项延伸到乡镇。制定包括不动产登记、城市道路交通挖掘、商事登记证照联办等32项“一件事情”清单，推进涉及多部门、多层次、多事项的“集成制”办理模式。按照“中心之外无权力”的要求，推进各类政务服务事项向行政服务中心全进驻。2018年，公布“最多跑一次”事项进驻中心达100%。

行政审批制度改革　实施“多证合一、一照一码、证照联办”改革，外贸企业实现11证联办，24个行业实现证照类联合办理。4月9日，出台《诸暨市人民政府关于推行企业投资项目承诺制改革的实施意见》以及园区项目负面清单和准入标准、监管细则、信用评价及联合奖惩细则、督查考核细则、容错纠错机制等5个配套制度，并加快配套建设承诺制信息管理系统。以“标准地+承诺制”为基础，创新实施“项目审批供地标准化、项目管理流程集成化、项目服务监管清单化”高效审批新模式。2018年9月，全省一般企业投资项目开工前审批“最多100天”和“标准地”改革现场会在诸暨市召开，“标准地+承诺制”改革被省经济体制改革工作领导小组列为经济体制重点领域改革可复制推广典型经验。

权力清单“回头看”　2018年，分批次下发《绍兴市下辖县（市、区）权力事项参考目录》，各部门对照目录共调整权力事项2931项，调整后全市权力清单事项数为6725项（按绍兴市的子项统计口径）。

基层治理四平台建设　基层治理四平台即综治工作平台、市场监管平台、综合执法平台、便民服务平台。3月，出台《关于明确部分政府部门派驻镇乡（街道）员额的通知》，除实行区域设置（12个镇实行派驻，其他确定联系人员）外，其余部门均按“一镇一所”模式设置，明确员额共512名，到位510名，占应到位员额的99%。9月，下发《关于推进“基层治理四平台”有效运行评价指标体系建设的实施意见》，确定35项评价指标，按月开展“基层治理四平台”运行情况评价，公开通报评价结果。

【行政决策程序】落实《诸暨市重大行政决策程序规定》，2018年共对包括重大行政决策在内的诸暨市政府、市府办276个文件进行合法性审查；对以市政府名义签订的14件重大行政机关合同进行合法性审查，出具合法性审查意见，涉及合同金额逾10亿元。

规范性文件监督管理　开展涉及著名商标制

度、黑名单制度、产权保护等规范性文件的清理工作。报请诸暨市人大常委会及绍兴人民政府备案规范性文件23件，受理并备案市级部门规范性文件31件。

政府法律顾问制度完善 8月28日，制定出台《诸暨市政府法律顾问履职记分考评办法》，对政府外聘法律顾问实行履职评价。6月5日，修订《诸暨市行政村（社区）法律顾问工作考核办法》，提高村（社区）法律顾问补贴至每村每年4000元。运用微信塔群、手机APP等信息化手段加强对村（社区）法律顾问工作的指导督促。

【行政执法体制改革】 **轮动执法监督**。每月对1个市级部门开展专项行政执法督查，全年共完成对民政局、文广新闻出版局、发改局、建管局等11个部门的专项督查，累计评查案件110余件。

执法证件管理。2018年，组织浙江省行政执法证综合法律知识考试一次，参考159人，通过119人。为各行政执法单位办理行政执法证变更手续438本，全市行政执法人员持证率85.7%。

行政执法制度落实。落实行政执法公示、执法全过程记录、重大行政执法决定法制审核制度。推行“部门联合、随机抽查、按标监管”一次到位机制，依法开展监管。完善行政执法与刑事司法衔接机制，7月23日，出台《关于支持检察机关服务法治政府建设及依法开展公益诉讼工作的若干意见》，发挥公益诉讼制度对促进依法行政的作用。

【监督制约机制】 **政务公开制度细化**。2月底，总结汇编了《政务公开工作指引》，内容涵盖《中华人民共和国政府信息公开条例》、有关司法解释和配套政策、诸暨市近几年印发的工作制度及依申请公开的答复文书模板等。

政务主动公开力度加大。通过浙江政务服务网、政府门户网站、诸暨发布等重点信息公开平台，实现财政预决算信息、环境监测和项目环评信息、公共资源交易领域信息、重大建设项目信息、保障性住房、农村危房和棚户区改造信息、社会救助、减灾救灾信息、就业创业信息、教育、卫生等涉及群众关心热点领域信息的全公开。2018年，“诸暨发布”微信、微博平台共发布信息8996条，在全省政务微信月度排行中10次进入前五位，其中5次排全省第二。

【社会矛盾化解】 行政复议体制改革。根据全省行政复议体制改革要求和绍兴市政府的批复，诸暨市行政复议局于2018年3月20日挂牌运行，除承办以市政府为复议机关的行政复议案件外，还负责集中承办以诸暨市政府工作部门为复议机关的行政复议案件。2018年，诸暨市行政复议局收到行政复议申请146件，同比增长31.5%，其中办结案件116件，纠错30件，纠错率27%。

行政诉讼应诉。2018年度，以诸暨市各级行政机关为被告的行政诉讼案件共计368件（一审案件统计数，二审及再审案件未计算在内），其中审结255件，未审结113件。在审结的255件行政诉讼案件中行政机关败诉48件，直接败诉率为18.8%。已审结案件涉及镇乡（街道）132件，其中败诉33件，直接败诉率25%。行政诉讼案件总数、涉及镇乡（街道）案件数及败诉案件数量均较上年有大幅下降。

“双随机”抽查监管。2018年6月，组织全市有关部门参加绍兴市“双随机”（随机抽取检查对象，随机选派执法检查人员）业务培训，落实各部门（单位）职责任务，并做好市场监管、环境保护、安全生产、文化4个领域抽查事项清单审核工作。至2018年底，在市场监管、环境保护、安全生产、文化等重点领域共开展跨部门联合抽查12次，涉及部门35个，抽查对象3076个，对问题企业给予公示，责令整改。

信访事项化解。2018年，全市信访事项办理总量为5221件，署名有效初信（访）事项办理差错率为0%，依法终结的复查复核信访事项省级会审通过率、送审率均为100%，交办信访事项按期核实、督查率均为100%。

行政调解职责履行。2018年度，全市共受理行政调解案件11717件，调解成功10562件，调解成功率90.14%，履行10562件，涉案金额4265.4万元，涉案当事人18162人。

【法治宣传教育】 以《中华人民共和国宪法》学习为重点，针对全市机关单位、学校、企业、村（社区）等不同类别对象，开展各类法治宣传活动157场次，制作发放宣传折页45000余份。落实“谁执法谁普法”普法责任制，推动法治宣传教育从“主管部门独唱”到“全社会合唱”。6月7日，推出“1963法润”直播平台，每周四邀请一名法律工作者开展案例解读和释法工作（全年共播出32期，收看人数394万余次），其中司法局直播5期，累计在线收看人数逾56余万人次。 （陈红军）

电子政务

【概况】2018年，市电子政务中心完成“一证通办”改革，继续抓好电子政务项目预审，实现基础大数据平台数据接入共享，全年累计归集13个部门、70项数据资源，总归集数据量2000万余条。同时积极推进移动办公一体化，打造移动协同办公平台。

【“一证通办 一码通用”系统延伸至全市所有行政村】“一证通办 一码通用”信息管理系统向503个行政村延伸，打通行政审批服务的“最后一公里”，实现就地办理、远程办结，实现村民办事不出村。群众仅凭一张身份证，在家门口就可办理涉民事项56项。

【电子政务项目预审】根据《诸暨市人民政府办公室关于电子政务项目预审工作的意见》（诸政办发〔2016〕49号），2016年7月开始开展全市电子政务项目预审工作。2018年预审项目234个，累计节约资金4379.11万元。

【基础大数据平台启用】做好基础大数据平台的数据接入和管理工作，以市数据中心作为政务服务事项相关数据汇聚平台，2017年6月开始逐步接入现有各类跨部门的数据，实现重要应用系统通过大数据平台进行数据共享和交换。截至2018年年底，大数据平台已梳理整合接入教育、医疗、民政、社保、公安等13个部门70项数据资源，纳入人口户籍信息160万余条、个人社保信息130万余条、机动车信息30万余条、工商市场主体信息17万余条、不动产登记信息139万余条、婚姻信息40万余条、人社补贴信息1395万条、天然气用户信息9万余条、天然气费用信息134万余条、用水信息206万条、水务用户用户信息39万余条、民政、公积金、个税、国税等信息20万余条，基本涵盖所有涉民事项。

【移动办公一体化】11月底，完成与公务员“日志式”管理考核系统、社会服务信息系统（96345）等业务系统的融合工作，为全市政府工作人员提供一个统一的移动协同办公平台。（寿芒利）

政务公开

【概况】2018年，继续深入推进决策、执行、管理、服务、结果公开。全市在原有基础上吸纳新闻办、网信办、审改办、电子政务中心等单位，建立以常务副市长为组长的领导小组，修订市政府工作规则，明确行政决策机制和程序的新要求，把公众参与、专家论证、风险评估、合法性审查和集体讨论作为重大行政决策的法定程序；明确市政府在作出重大决策前，通过多种形式，广泛听取民主党派、工商联、人民团体和各界人士的意见和建议。全市主要采取网站等平台主动公开和会议吸纳人大代表、政协委员、社会人士等参与决策，决策后及时发布解读等方式，把公开透明作为政府工作的基本制度，坚持以公开为常态、不公开为例外原则，增强公共政策制定透明度和公众参与度，提高决策科学化、民主化、法治化水平。

【办事流程公开】重新梳理公布涉及45个部门的群众和企业到政府办事事项1618项，444个事项实现“零上门”，延伸到乡镇事项共585项，包括不动产登记、城市道路交通挖掘、商事登记证照联办等32项“一件事情”清单。以多种形式、多种途径主动公开办事指南，如LED屏、在人流量大的办事点放展板、办理窗口前的小手册、翻页台等。以服务群众为公开取向，细化办理流程公开，使群众对办事流程提前了解，提前安排，真正实现事项办理“最多跑一次”。

【重点领域信息公开】进一步完善环境监测体系和信息发布制度，通过浙江政务服务网、诸暨市政府信息公开网、公示栏、电子显示屏、微博、微信等多种途径，公开项目环评、项目审批、夜间施工、竣工验收、行政处罚、行政许可等环境类政府信息3244条。建立与省公共资源交易平台、绍兴市公共资源交易网、“政采云”的数据接口，实现公共资源交易主要信息在省市县三级信息平台同步发布。2018年，全平台共发布公共资源交易信息13159条，其中镇街部门公共资源交易信息8594条。2018年，全市累计完成棚改安置房建设5404套，任务完成率达132.3%；完成零星房源配租260套、人才公寓集中择房180套；完成643户住房困难家庭租赁补贴发放136.9万元，全部在网上公开公示。推进农村危房改造政策、对象认定过程、补助资金分配、改造结果等信息公开，2018年，全市各镇乡（街道）完成年度农村危房改造计划并通过验收，公示的66户农村危房改造对象累计补助专项资金139.7万元。公开就业创业信息共1910条，受理群众各类咨询和答复227条，答复率为100%。公开教育类政府信息1588条，电子化全文公开率达100%。发布中小学、幼儿园招生工作、教师招聘、教师资格认定相关政策等信息及政策解读43条，发布校外培训机构有关信息12条，全面实现“无纸化”入学审核。

【政策解读及热点舆情回应】2018年，全市在政府信息公开网“政策解读”一栏公开解读信息351条，在“诸暨发布”微信微博平台发布财税改革、医疗社保、就学就业、户籍管理、行政审批等涉及民生领域的政策解读类文章139篇。发布政务征集活动3次（民生实事征集、“最多跑一次”评价、原任市级党委领导履职网络民意调查等），开展微型投票，广泛收集民意6次。召开深化“最多跑一次”、国际珍珠节、创新金融高峰论坛等新闻发布会25场，5个部门和镇乡（街道）主要负责人参加重要活动公开、重要政策解读等新闻发布会。

【政务微信影响力居全省前列】2018年，诸暨市“诸暨发布”微信、微博平台共发布信息8996条，其中“新华社”“澎湃新闻”“今日头条”共推送5486条（指诸暨的新闻推送到这些大号下面）。微信、微博平台共发布微博1825条，微信1685条，其中刊发点击量“10万+”文章70余篇，在全省政务微信月度排行中10次进入前五位，其中5次排名全省第二，政务微信影响力居全省前列。（周春燕）

人事管理

【概况】围绕“阳光人事”品牌建设目标，营造公平、公正、公开的进人环境，组织开展各类人事招考、职称评审、资格考试、工资晋升、人事调动等工作。（郭霞斐）

【人事调动】做好市内外公务员、事业单位工作人员的日常调配工作。2018年度，完成干部市内调动81名、市内调出25名，市外调入44名。

【公务员考录】会同组织部做好公务员招考录用工作。2018年，计划考录公务员90名，选调生村官4名，其中市级机关招考66名，乡镇（街道）机关招考24名。共有5254人网上报名，通过资格初审5075人，4602人缴费成功，250名考生参加面试，94名考生入围体检和政审环节，在5月和7月分两批完成94人录用报到工作。

【“日志式”管理考核系统督查】7月下旬，会同组织部以实地看、后台查的形式对全市20个市级机关部门、15个镇乡（街道）的公务员日志式管理工作开展一次专项督查，督查中发现一些单位对日志管理工作的重要性认识不够，制度执行不力，相关业务落实不到位，主要表现在：日志记录不够规范，考勤习惯有待进一步养成，计划、考评等制度执行缺乏刚性，系统管理员履职不够到位等。要求被通报单位抓好整改落实，加强内部督查力度，促进日志式管理系统在日常工作碎片化整理、数据化考核等方面的作用发挥。

【公务员学法用法轮训】联合市委组织部、市委宣传部、司法局和行政学校，分2期举办公务员学法用法培训班，每期培训班时间为3天，使参加培训公务员普遍接受一次宪法、行政法（含行政诉讼法、行政许可法、行政强制法、行政处罚法）和公务员法学习培训，了解掌握宪法、行政法和公务员法的基本精神和主要内容，提升法治意识和法律素养。全市1423名公务员参加集中轮训。

【事业单位工作人员公开招聘和选调】2018年，事业单位工作人员公开招聘共推出24个事业岗位，2140人报名成功，69名考生参加面试，24名考生入围体检和政审环节，12月底24名拟聘用人员完成录用分配工作；做好公共服务中心、环保局、综合行政执法局等部门的公开选调工作，其中公共服务中心实际选调5人，环保局实际选调7人，综合行政执法局实际选调11人。

【人才招聘】会同市人才办首次采用网络面谈、现场面试等方式，完成9位高层次人才的招聘工作；指导教育局、卫计局、体育局、急救中心、法院、技师学院、广播电视台等部门开展招聘工作，其中卫计局实际招聘202人，教育局实际招聘219人，体育局实际招聘5人，急救中心实际招聘6人，法院招聘2人，技师学院实际招聘3人，广播电视台实际招聘20人。

【机关事业单位年度考核】严格按照规定比例和要求，完成对27个镇乡（街道）、79个部门的公务员、行政工勤人员、参照公务员法管理事业单位工作人员、事业单位工作人员年度考核结果审批工作。

【军转干部与军属安置】完成2018年度营以下军转干部接收安置及随迁家属安置落户、子女就学等工作。共安置49人，其中部门安置40人，镇街安置7人，垂直管理部门1人，（另有1人分配到省高速交警绍兴支队，不归诸暨管辖）；公务员27人，参公22人。安置随调家属3人；安排军转干部子女入学5人。（张洁）

【机关事业单位年平均工资】2018年，机关职工人数3590人，年平均工资257421元；参照公务员法管理的事业单位职工人数614人，年平均工资228381元；事业单位职工人数16255人，年平均工资172432元。

【退休干部管理】全市共有46个退管中心，9172名机关事业单位退休人员。2018年分2次核拨退管中心管理经费，共计414.44万元。

【职级和工资晋升】2018年，副科职级晋升41人；机关事业单位工作人员转正定级382人、调动308人、职务职级并行工资变动80人，岗位聘任277人工资变动；机关事业单位全年共有20062人工资正常晋升。

【公立医院薪酬制度改革】5月，成立公立医院薪酬制度改革领导小组及工作班子，对全市8家公立医院薪酬制度改革有关情况进行调查汇总，测算相关数据，并上报绍兴。改革涉及8家公立医院在编事业人员3490人。

【特岗津贴自查和检查】2018年8月，组织开展特岗津贴自查和检查工作。据统计，在国家规定设置的各项特岗津贴中，全市各系统（单位）符合发放条件的共17项，涉及20个主管局、27个镇乡（街道），涉及人员总计11886人。自查和检查中发现以下问题：个别单位扩大发放范围；混淆发放标准；误解误读政策；部分特岗津贴的设置时界限不清，周边县市做法不一。通过清查，严格按照有关政策规定执行，不开政策口子，杜绝乱发多发现象。

（翁勖玮）

【事业单位岗位设置及专技人员聘用、职称评定】2018年，全市纳入岗位设置管理的事业单位共305个，全市事业单位管理岗位共聘用386人；专业技术岗位共聘用15636人，其中正高级岗位聘用320人，副高级岗位聘用2902人，中级岗位聘用7092人，初级岗位聘用5322人；工勤技能岗位共聘用560人。2018年，首定取得、评审通过初级职称685人，推荐申报中级职称642人、高级职称145人。

（谭　玲）

编制工作

【概况】2018年，全市行政机构92个（其中，党委工作部门12个，政府工作部门28个，政府派出机构10个，群团机构10个，人大机关1个，政协机关1个，民主党派机关1个，政法机构2个，镇乡街道27个），总行政编制数4185名，实有3811名；事业单位403个（其中，相似正科级10个，相似副科级8个，股级385个），事业编制数18026名，实有16806名。

【基层治理四平台建设】3月，出台《关于明确部分政府部门派驻镇乡（街道）员额的通知》，除建设实行区域设置（12个镇实行派驻，其他确定联系人员）外，其余均按“一镇一所”模式设置，明确员额共512名。各镇乡（街道）严格执行联席会议、工作例会和联合执法等制度机制，1—11月，处置各类事件186521件（便民服务平台59269件、综合执法平台73793件、综治工作平台39972件、市场监管平台13487件），开展联合执法570余次。9月，印发《关于推进“基层治理四平台”有效运行评价指标体系建设的实施意见》（诸治办〔2018〕3号），确定35项评价指标。10月，完成任务派单功能模块建设，11月起，按月开展“基层治理四平台”（指综治工作平台、市场监管平台、综合执法平台、便民服务平台）运行情况评价，公开通报评价结果。

【机构改革方案制定】梳理机构改革涉及部门的相关职责、机构设置和改革方向。10月23日，全省机构改革动员会议后，按照省级改革内容和对市县机构改革总体意见，起草诸暨市机构改革方案初稿。11月15日，形成白头稿报绍兴市审批。12月1日，市委十六届六十四次会议审议通过《诸暨市机构改革方案》。12月26日，《诸暨市机构改革方案》报经省委、省政府批准后由绍兴市两办印发。

【体制机制改革】3月，出台《关于市级部门盐业管理有关职责分工的意见》，深化盐业体制改革。6月，印发市总工会、市妇联、团市委“三定”（职能配置、内设机构和人员编制）规定，并调整东湖幼儿园、青少年宫幼儿园管理体制。2月，市编委会议讨论通过行政事业单位工作人员和编外用工处置原则意见。11月5日，市编委会议讨论同意市卫计局所属市人民医院、市中医医院、市中心医院、市第二人民医院、市第三人民医院、市第四人民医院、市第六人民医院等7家公立医院实行编制备案制管理，同意在市教育局所属12家幼儿园实施事业编制备案制。

【机构调整】2月，设立市委巡察工作领导小组办公室并印发“三定”（主要职责、内设机构和人员编制）规定，设立公安局直属机构市留置所。

同月，设立行政复议局（在法制办挂牌），调整内设机构设置和领导职数。4月，设立中共诸暨市委离退休干部工作委员会（在老干部局挂牌）。6月，设立“绍兴枫桥学院”，在中共诸暨市委党校挂牌。设立政法委、公安局、水利水电局、卫计局、市场监管局、机关事务管理局6个单位内设机构9个（其中挂牌3个）、撤销内设机构2个。3月，设立事业单位市急救中心、市社会福利院更名为市儿童福利院。

【人力资源优化】调整市级机关部门和事业单位编制配备，2月，调整收回后勤服务人员编制36名、事业编制225名，新分配参公事业编制24名。根据承担行政职能事业单位改革试点工作要求，将省编办核增诸暨市的69名行政编制下达到相关部门。

【派驻机构设置调整】优化政府部门派驻镇乡（街道）机构设置和力量配备。调整市场监管派出机构为“一乡一所”设置。调整设立15个基层环保所（暨阳、陶朱、浣东、店口、大唐；枫桥、牌头、次坞、草塔、璜山、山下湖、应店街、阮市、安华、王家井），规格均为正股级；增加市环境监察大队参公事业编制7名，增加基层环保所全额事业编制9名，核减市环境监测站全额事业编制9名，调整后，市环境监察大队编制33名，基层环保所编制25名，市环境监测站编制16名。调整12个镇乡（江藻、直埠、浬浦、街亭、赵家、五泄、东白湖、陈宅、岭北、同山、东和、马剑）国土资源所机构规格为正股级。

【临时机构整治】按照“能撤必撤”和“保证运行、精简人财物”的原则，对设立时间在3个月以上，具备“有市级财政资金保障的、跨部门抽调人员的、租用办公用房的”之一情形，实行集中办公的各类议事协调机构、临时机构及重大专项工作办公室、指挥部等进行整治，共计撤销临时机构9个，核减人员107人，其中行政事业52人，编外用工23人，其他32人。

【编外用工管理】2月，出台《全市机关事业单位编外用工控制数调整原则意见》，明确编外用工控制数管理原则。至12月底，全市机关事业单位编外用工控制数11013名，实有数10187名。

【用编工作】把好编制使用计划核准关口，加强人员出入编登记动态管理，共办理入编1254人、出编988人。同时，完成36家单位113名编制用编批复工作。

【机关事业单位信息数据完善】分机构情况、台账情况、编制情况、领导职数情况及信息情况五个方面，通过部门自查、集中核查、整改反馈流程，完善90家机关事业单位5796条信息数据。

【权力清单调整】4—5月，分批次印发《绍兴市下辖县（市、区）权力事项参考目录》。5月底，各部门对照目录共调整2931项权力事项，调整后全市权力清单事项数为6725项（按绍兴市的子项统计口径）。

【事业单位法人登记规范化】完成141家事业单位法人登记（设立、变更、注销）工作（其中，设立登记12家事业单位，变更103家事业单位事项，注销26家事业单位）。（寿张涛）

外事工作

【概况】2018年，外事办申报各类因公出国（境）团组21批30人次，出访目的地分别为加拿大、泰国、澳大利亚、美国、英国、法国、西班牙、印度尼西亚、古巴、乌克兰、日本、新加坡、吉隆坡、斯里兰卡、芬兰、丹麦。全年共审核各类企业邀请外国人来华材料93批123人次，主要涉及巴基斯坦、叙利亚、伊朗、土耳其、突尼斯、迪拜和尼日利亚等国客商到诸暨从事经贸活动。结合“一带一路”建设工作要求，摸排全市各领域对外合作项目，共汇总涉外项目34个，主要涉及产能升级、人才引进、三外经济（外经、外资、外贸）招商合作等。

【尼日利亚工贸部代表团访问诸暨】1月29—31日，尼日利亚工贸部部长奥凯舒库·埃内拉马率29人代表团访问诸暨，参观大唐袜艺小镇和相关企业，并参加1月30日在诸暨市举办的尼日利亚投资环境座谈会，推介尼日利亚投资环境和商业机会，为诸暨企业赴尼日利亚投资办厂牵线搭桥。

【诸暨市与乌克兰苏梅市结为友好交流关系城市】11月6日，市人民政府市长王芬祥与乌克兰苏梅市第一副市长弗拉基米尔·沃伊坚科在中国绍兴第二届国际友城大会开幕式签约仪式上，签署《中华人民共和国浙江省诸暨市与乌克兰苏梅州苏梅市缔结友好交流关系协议书》，两市正式结为友好交流关系城市。

【日本仁贺保市、芬兰波里市和乌克兰苏梅市代表团访问诸暨】11月5—7日，诸暨市友好交流关系城市日本仁贺保市、芬兰波里市和乌克兰苏梅市共11人参加中国绍兴第二届国际友城大会，并于11月7—9日访问诸暨。诸暨市领导分别会见3个代表团并设晚宴招待。其间，代表团先后考察参观了诸暨市城市馆、海亮教育园、开发区企业以及诸暨市特色产业等。

【暨阳学院与乌克兰苏梅国立农业大学签订研究生联合培养协议】11月9日，浙江农林大学暨阳学院与苏梅国立农业大学签订《研究生联合培养协议》。成立于1977年的苏梅国立农业大学致力于培养具有广泛认可度和专业深度的高素质农业专家，是乌克兰最好的农业大学之一。此协议中联合培养对象为研究生、工商管理硕士（MBA）和博士研究生，旨在通过教育科研资源的综合配置，培养具有国际意识、国际交流能力和国际竞争力的人才，共同推动两校的国际化进程。（杨丹映）

对台事务

【概况】2018年，对台工作突出以巩固深化诸台交流联络为主线，以倾情服务台胞台属为重点，以确保涉台安全稳定为目标，全力做好对台经贸工作，持续加强诸台交流联络，深入开展涉台宣传教育，积极服务台商台胞，始终抓好涉台信访安全。市台办作为浙台经济社会融合发展突出贡献单位，受到省委办公厅、省政府办公厅的表彰。

【对台经济工作】9月14日，承办两岸现代农业产业合作交流推进会，150余名台湾及大陆农业专家参加，会上，米果果生态农业集团与台湾澳淡农业科技有限公司签约2000万元项目；台企浙江四季袜业有限公司新增注册资金300万美元，累计总注册资金达1300万美元。8月，协助海亮教育园等企业吸引10余名台湾青年前来诸暨就业创业，并在海亮教育园设立台青服务点。支持台商台胞创业创新，先后10余次入在诸台企宣传《浙江省惠台76条》《绍兴市惠台60条》；协助在诸台胞办理台湾居民居住证20人（本）；协调浙商银行为台湾参访团团员办理银行卡60余张。12月，推动山下湖米果果小镇成功创建“浙台农业合作示范基地”，为绍兴市首家。

【对台交流】9月，绍兴市台办批准设立米果果小镇为绍兴市对台交流示范点。跟进了解2015年西施范蠡像入驻台湾南投情人庙运行情况，据悉，至2018年底，已有3万余名台胞朝拜西施范蠡像。协助海亮教育做好参加世界奥林匹克数学竞赛台胞服务工作；分别于1月、4月、10月组织台北、高雄诸暨同乡会来诸暨开展“寻根之旅”品牌交流活动。2018年，市台办先后邀请、接待台湾来诸交流团体16个、台胞279人；审批赴台商务考察团组7个、共15人。

【绍兴市第一个两岸文化交流协会】7月，牵头成立绍兴市第一个两岸文化交流协会——台北市两岸吴越文化研究发展交流协会。该交流协会共有会员30余人，主要由在台研究吴越文化的台胞组成。11月，组织第一届理事来诸暨市开展以书画、文化交流为主的交流活动。

【对台宣传】积极弘扬传播“诸台一家亲”“两岸一家人”的理念。5月、6月、8月分别在《诸暨人》连续刊登3个专版，宣传诸暨市台商创业创新事迹；在诸暨电视台先后报道《赴台送乡情》《两岸现代农业产业合作交流推进会》《诸暨旅台同乡会南部联谊会返乡探亲团“回家”》等专题报道。10月，配合海峡卫视记者来诸暨市采访在诸创业就业台商，该报道11月在“今日海峡”栏目微博、视频中连续播出。制作《情系家乡 好美诸暨》宣传册伴手礼300份，全方位、多视角推介诸暨。

【台联会工作】6月15日，组织台联理事赴仙居等地考察，交流对台工作。（骆春玲）

公共服务

【概况】2018年，市公共服务中心全力推进诸暨市“最多跑一次”改革，全面完成各项改革任务，公布“最多跑一次”事项进驻中心已达100%，被浙江省人民政府办公厅授予2017年度全省“最多跑一次”改革先进集体称号。

【“最多跑一次”实现率100%】按照“减事项、减次数、减材料、减时间”要求，重新梳理诸暨市群众和企业到政府办事事项涉及45个部门1618项（含中央垂直部门），其中实现“最多跑一次”事项1612项，“最多跑一次”实现率（除“最多跑一次”改革例外事项6项）达100%；444个事项实现“零上门”，延伸到乡镇事项共585项。制定包括不动产登记、城市道路交通挖掘、商事登记证照联办等32项“一件事情”清单，推进涉及多部门、多层次、多事项的“集成制”办理模式，推进各类政务服务事项向行政服务中心全进驻。

【“一窗通办”服务推进】4月，完成国税税务大厅、民政婚姻登记处整体进驻，实现除车管所外其余分中心全部入驻公共服务中心要求。围绕“群众点菜、后厨配菜”的“中央厨房”服务模式，11月3日，启动市公共服务中心三楼区域改造。12月初，市级中心一至三楼审批大厅完成功能布局改造，整合形成公安服务、社会保障、税务服务、投资项目审批、涉企证照通办、不动产交易登记、其他综合事务等七大综合板块“无差别全科受理”以及婚姻登记、公积金中心等2个专业窗口，前台受理窗口从320个减少至240个。

【乡镇“无差别受理”全覆盖】重点推进镇乡“无差别受理”，完成梳理镇级“无差别受理”事项602项，其中涉及行政许可事项为126项；共设镇级综合受理窗口150个，每个综合窗口月均办件量402件，比改革前增加74.3%，群众办事等候时间平均缩短60%以上，窗口服务效率提升约80%。至9月底，27个镇级行政服务中心全部实现“无差别受理”，群众到“一扇窗”就能办成“一件事”。

【“一证通办”实现率超90%】梳理完成需实现“一证通办”民生事项总数300项，其中行政权力类249项，公共服务类38项，企业服务类13项。截至12月底，全市已实现“一证通办”民生事项272项，实现率90.7%。除民生事项外，另有125个事项实现“一证通办”。绍兴市下发的96项与群众密切相关的“一证通办”事项全部实现（其中2项诸暨市无权限）。

【商事登记便利化】全面实施“多证合一、一照一码、证照联办、证照分离”改革，外贸企业实现十一证联办，24个行业实现证照类联合办理。探索就近能办、即来即办模式，率先实现个体工商户营业执照登记（含设立、变更、注销）服务向村级（社区）延伸，2018年在69个村居（社区）试点，并设银行网点代办点105个，村民只需10余分钟即可在家门口完成办证。市场主体较改革前增加49.6%，全市各类市场主体总量至2018年底突破16万家。8月27日，实行企业开办“银税联办”（即市场主体登记、公章刻制、银行开户、税控设备安装、发票申领五个环节一窗受理，联合办理），压缩企业开办时间，实现常态化企业开办（从受理到领取税务发票）3个工作日内完成，真正实现“一次受理、三日办结”。11月10日，实施“证照分离”改革（即工商部门颁发的营业执照和各相关行业主管部门颁发的经营许可证审批的改革。按照取消、审批改备案、实行告知承诺制、提高审批的透明度和可预期性、加强市场准入管理五种情况，推进“证照分离”改革。）。11月13日，浙江省商事登记证照联办平台正式启用。12月1日，诸暨市商事登记“双告知”（即工商办理注册登记后，告知市场主体和相关行政审批部门，及时办理后置审批事项）平台迁移至浙江省行政执法监管平台。

【企业投资项目承诺制改革】5月，出台《诸暨市人民政府关于推行企业投资项目承诺制改革的实施意见》以及园区项目负面清单和准入标准、监管细则、信用评价及联合奖惩细则、督查考核细则、容错纠错机制等5个配套制度，并自主建设承诺制信息管理系统，创新实施“项目审批供地标准化、项目管理流程集成化、项目服务监管清单化”高效审批新模式。9月7日，全省一般企业投资项目开工前审批“最多100天”和“标准地”（把每一块建设用地的规划建设标准、能耗标准、污染排放标准、产业导向标准、单位产出标准等给予明确，带地一起出让）改革现场会在诸暨市召开，“标准地+承诺制”做法得到省长袁家军批示肯定，被省经济体制改革工作领导小组列为经济体制重点领域改革可复制推广典型经验。至12月底，已有105个工业投资项目进入改革流程，其中31个项目经筛评后不符合准入要求被中止或暂缓，23个项目办理施工许可证，均实现从备案到取得施工许可最多25天。着力打好标准地、承诺制、服务代办、流程优化、中介联合体提速、全流域区域评价等改革组合拳，推进一般企业投资项目开工前审批“最多100天”，8月、9月的实现率均达到100%。

【“互联网+政务服务”体系构建】完善“一网三端”（“一网”即浙江政务服务网，“三端”即窗口端、电脑端、移动端）办事体系，构建实体办事大厅和网络办事大厅紧密融合的政务服务体系。创新网上申报（预审）方式，逐步实现网上申报、网上受理、网上审核、身份认证、电子签章、归档等全程电子服务，推进“网上办”。已入行政权力运行系统库“最多跑一次”事项1585项，例外事项69项，实现在线办理1513项，开通率为99.8%（除例外事项）；标识四星级（星级划分标准是“网上申报、信任在先、办结核验”）及五星级（星级划分标准是“网上申报、全程在线、办结取件”）办理事项1066项，占比70.3%。全面推行“移动办”。10月底，“浙里办”手机APP开通上线运行，实现公共服务事项“一站式”查询、申请、办理，其中以公安、人社、民政、公积金、公用事业等民生领域事项为重点，实现移动办事项214项。加强政务自助服务一体化建设，在全市设置自助办事终端机134台，其中市级中心30台，镇村便民服务中心104台，方便群众办理公安户籍、出入境、交通违法处理、社保、国地税、商事登记、不动产交易登记等多项业务。

【镇村两级便民服务中心规范化】加强示范型服务中心创建，在硬件建设、进驻事项、窗口设置、办理模式、人员管理、服务规范、管理制度等方面进一步细化优化。4月3日，出台《关于创建百个“一站式处理”村级便民服务示范平台的通知》，制订创建标准，加强督促指导；9月底，对全市27个镇乡（街道）的122个村级便民服务中心进行实地考评验收，达标村113个，通过率92.6%。通过“就地受理、远程办结”模式，全市503个村级便民服务中心均可为群众办理人社、民政等129项涉民事项，村级月均办件量达近万件，实现群众办事不出村。规范化建设权力运行系统镇村事项库，除公安、市场监管、税务外，镇级已梳理可应用事项280个，村级可应用事项57个，并推送完成新增镇级权力运行系统公共服务事项37个，村级公共服务事项97个。

【9个镇乡（街道）行政服务中心获评第一批绍兴市示范便民服务中心】2月11日，诸暨市9个镇乡（街道）（分别为枫桥、店口、大唐、牌头、次坞、山下湖、草塔、陶朱街道、浣东街道）行政服务中心被评为第一批绍兴市示范便民服务中心，绍兴市首批示范中心共20个，诸暨占绍兴市首批公布名单的45%。

【政务服务多元化】推进市镇村三级服务大厅标准化、智慧化、人性化、制度化管理。12月初，公共服务中心一楼24小时自助服务区以及母婴室正式启用。推进“12345”、浙江政务服务网、微信及APP等多渠道办事预约、咨询体系，通过预约、轮休等方式为群众和企业提供错时、延时服务和节假日受理办理通道。加强窗口队伍建设，提高群众和企业办事满意度，6月，完成市镇两级行政服务中心全体工作人员礼仪培训。6月7日，聘请21名行风效能监督员，成立行风监督员队。（戚梦萍）

机关后勤保障

【概况】2018年，市机关事务管理局切实履行机关后勤管理、服务、保障职能，顺利完成基建改造工程、办公用房监管调配、重要会议和重大活动保障、公共机构节能管理、安全保障、物业管理等各项工作任务，被诸暨市委评为“枫桥经验”纪念活动保障工作先进集体。

【增设后勤服务科】市机关事务管理局原下属事业单位新行政中心管理处（已撤销）履行机关食堂的管理职能，保障市委办、市府办、市人大办、市政协办、组织部、宣传部、统战部、信访局、机关事务管理局等部门850多人的就餐工作。考虑到食堂保障工作的需要，依据诸暨市机构编制委员会会议纪要（诸编〔2018〕3号），2018年市机关事务管理局增设后勤服务科，增加中层领导职数1名。增设后内设机构7个，分别为办公室、行政管理科、节能管理科、基建管理科、安全保卫科，后勤服务科、公共服务中心管理科；事业单位1个，为市预算会计核算中心机关事务分中心。人员定编数不变。

【机关办公用房监管和改造利用】开发利用全市办公用房信息管理平台，推进办公用房规范化管理。利用原图书馆、政府大院、建设大厦等临时或闲置办公楼，调配落实市人大、市政协、市委宣传部办公用房，实现退租18788平方米，节约资金1121万元；盘活存量房产资源14000余平方米，节约租赁费200万元。3月中旬，改造完成原诸暨市图书馆用房，市人大、市政协机关按计划搬入办公；4月底，完成市供电局露天仓库改造，市委宣传部按计划搬入办公；9月，完成5号楼改造，市机关事务管理局按计划搬入使用。完成市政府机关大院连廊建设、组织部办公楼前区域环境改造，实现每座大楼间架设连廊，并为1号楼加装电梯，整体提升市府大院环境舒适度和办公便捷性。

【特色后勤服务】建立绍兴市范围特色名优菜品共享采购渠道配送机制，丰富特色菜品类；在绍兴市机关事务管理系统内，开展厨艺交流，相互派遣食堂厨师，丰富餐饮需求；在市级机关食堂开办食堂小超市，引进诸暨地方特色名优农副产品推广展示；开办理发室，为干部职工提供生活便利。建设篮球场，开设健身房、瑜伽馆，购置健身设施，并提供相关培训，方便干部职工健身、运动；各办公室分发垃圾分类箱，引进专业队伍提供公共区域保洁社会化服务。

【零星工程施工和固定资产管理规范化】规范零星工程施工，公开招标采购确定5家入围企业，抽签选定施工方，工程费用由专业部门严格审计，防范廉政风险。规范合同签订程序，建立经济合同审批制度。落实固定资产清查，完善登记管理机制，规范固定资产管理。

【公共机构节能】推进公共机构能源资源消耗统计工作，开展重点用能单位能源审计，布置落实2家重点用能单位（市人民医院和市中医院）的能源审计；发起“节能降耗 保卫蓝天”倡议，组织参加“节能降耗 机关先行”承诺签名，市府大院全部及建设大厦部分老式灯泡更换成新的LED灯。加强培训、指导，完成市政府大院、店口一中国家级节约型公共机构创建及妇保院省级节约型公共机构创建，老干部局、财政局等19家单位省级节水型单位创建工作。

【会务及重要活动服务保障】先后完成市两会、绍兴市两会诸暨代表团，市委十六届三次、四次全体（扩大）会议，全市干部大会暨经济工作会议、尼日利亚投资环境座谈会、上级领导诸暨调研、枫桥经验纪念活动、国际（乌克兰、日本、芬兰）友好访问团访问、第十一届中国（国际）珍珠节暨首届山下湖珠宝展、诸暨发展系列周活动等重大会议和重要活动的服务保障工作；完成公务员考试面试等保障服务工作；完成会展中心437场28300余人次会务服务工作及市府大楼的市委常委会、市政府全会会务服务工作。

【智能化安全保障】引进车辆智能识别系统，加强车辆进出管理；安装人脸识别系统，发挥人脸图像抓拍、身份识别、人员进出统计及预警等功能，为安保工作提供精确、便捷、安全卫生的人员管理服务，提升服务管理及安全管理能力水平；安装消防控制自动报警系统和大院监控系统，提高消防技防能力。

【公务用车管理】承办市级党政机关公务用车管理工作，参与起草并实施公务用车管理制度。根据职责分工，做好车辆统一编制、标准、购置经费、采购配备管理等工作。（徐李阳）

政协诸暨市委员会

概述

2018 年是实施“十三五”规划承上启下的关键之年，也是决胜全面建成小康社会、奋力打造全面小康标杆县市的重要一年，市政协以服务发展大局为自觉追求，以推动民生改善为责任担当，广泛团结各界人士，切实履行政协职能，为推动诸暨“两个高水平”建设贡献智慧和力量。2018 年，市政协召开全体会议 1 次，先后召开常委会议 4 次，党组会议 13 次，主席会议 14 次。

重要会议

【政协诸暨市第十四届委员会第二次会议】 1 月 19—21 日，政协诸暨市第十四届委员会第二次会议在市区举行。会议审议通过郭浩良主席所作的政协诸暨市第十四届委员会常务委员会工作报告和徐可以副主席所作的政协诸暨市第十四届委员会常务委员会关于十四届一次会议以来提案工作情况的报告。会议期间，与会人员听取中共绍兴市委常委、诸暨市委书记张晓强在开幕式上的重要讲话，列席市第十七届人民代表大会第二次会议，听取并协商讨论市人民政府市长王芬祥所作的《政府工作报告》和会议其他报告。围绕推动转型发展、深化改革开放、强化城乡统筹、加强生态保护、保障改善民生等重大问题，深入协商议政，反映各界心声，提出意见建议。会议强调，2018 年是全面贯彻中共十九大精神的开局之年，也是诸暨市决胜全面建成小康社会、实施“十三五”规划承上启下的关键一年。政协各参加单位和广大政协委员要坚持以中共十九大精神为统领，紧扣市委十六届三次全会决策部署，以发展为中心，以人民为中心，高举团结民主两大旗帜，共担改革发展历史使命，努力开创政协工作新局面，合力谱写美好诸暨新篇章。

▲1 月 21 日闭幕的市政协十四届二次会议上，委员们以举手表决的方式通过政协诸暨市第十四届委员会第二次会议决议　　（蒋力奔　周升蓉　摄）

【政协常委会议】 1 月 9 日，市政协召开十四届四次常委会议，审议有关人事事项。市政协主席郭浩良，副主席袁岳军、王培光、沈吉明、王祖勇、何平光、徐可以和秘书长钟力群等出席会议。

1 月 21 日，市政协召开十四届五次常委会议，听取各小组对“两会”报告及大会决议（草案）等讨论情况的汇报；讨论通过提案受理情况报告（草案）和大会决议（草案）。市政协主席郭浩良，副主席袁岳军、王培光、沈吉明、王祖勇、何平光、徐可以和秘书长钟力群等出席会议。

7 月 18 日，市政协召开十四届六次常委会议，听取市政府关于半年度全市经济形势的通报；审议关于“北承南接”工程专项调研报告；审议通过有关人事事项。市政协主席郭浩良，副主席袁岳军、王培光、沈吉明、王祖勇、何平光、徐可以和秘书长钟力群等出席会议，市委常委、常务副市长宣方乐，市委常委、副市长陈仁坚应邀参加会议，市府办有关负责人，市人才办、发改局、经信局、科技局、财政局、人社局、国土局、建设局、交通局、农林局、商务局、旅游局主要负责人，市政协办公室、研究室有关负责人，市政协经济委员会正副主任列席会议。

12 月 10 日，市政协召开十四届七次常委会议，听取市政府关于市政协十四届二次会议提案办理落实情况的通报；通报市政协十四届三次会议筹备工作情况；审议市政协常委会工作报告（草案）和提案工作报告（草案），并确定报告人；审议市政协

2019年工作要点（草案）；审议市政协十四届三次会议有关事项。市政协主席郭浩良，副主席袁岳军、王培光、王祖勇、何平光、徐可以和秘书长钟力群等出席会议，市委常委、常务副市长宣方乐应邀参加会议，市府办有关负责人列席会议。

【政协党组会议】1月10日，市政协召开党组（扩大）会议暨理论学习中心组专题学习，集中学习新《中国共产党党章》《中国共产党党务公开条例（试行）》，集中观看《迈向新时代》。

2月9日，市政协召开党组民主生活会，学习十九大精神，通报上年度民主生活整改措施落实情况和本次民主生活会征求意见情况，研究部署2018年度党建工作。郭浩良主席代表党组作对照检查，党组成员开展批评和自我批评。

4月4日，市政协召开党组（扩大）会议暨理论学习中心组专题学习，专题学习习近平在十九届中央政治局第五次集中学习时的讲话精神。

6月28日，市政协开展主题党日活动，实地走访金萧支队成立地，了解革命老区发展变化，并专题学习习近平总书记关于加强和改进政协工作的重要思想。市政协党组书记、政协主席郭浩良为政协机关全体党员讲党课。

8月10日，市政协召开党组会议，传达学习中共诸暨市委十六届四次全体（扩大）会议精神。

8月28日，市政协召开党组（扩大）会议暨理论学习中心组专题学习，专题学习省、绍兴市政协主席读书会精神。

9月3日，市政协召开党组（扩大）会议暨理论学习中心组专题学习，传达学习全省组织工作会议精神，专题学习中共绍兴市委书记马卫光在市委常委（扩大）会议上的讲话摘要。

9月30日，市政协召开党组（扩大）会议暨理论学习中心组专题学习，传达学习中办48号文件及汪洋在全国政协系统党的建设工作座谈会上的讲话精神、全省政协系统党的建设工作会议精神。

10月15日，市政协召开党组（扩大）会议暨理论学习中心组专题学习，传达学习习近平关于加强和改进人民政协工作的重要思想及相关学习会议精神。

11月2日，市政协召开党组（扩大）会议暨理论学习中心组专题学习，传达学习省委书记车俊、中央政法委秘书长陈一新在浙江调研视察时的重要讲话及市委专题会议精神。

11月14日，市政协召开党组（扩大）会议暨理论学习中心组专题学习，传达学习习近平在民营企业座谈会上的重要讲话精神及省委常委会相关会议精神。

12月26日，市政协召开党组（扩大）会议暨理论学习中心组专题学习，传达学习中央经济工作会议精神、习近平在庆祝改革开放40周年大会上的重要讲话。

【政协主席会议】1月5日，市政协召开十四届第十二次主席会议，听取市政协办公室、研究室及专委会工作汇报；部署查找不充分不平衡发展问题有关工作；部署下阶段重点工作。会议由市政协副主席王培光主持。

2月2日，市政协召开十四届第十三次主席会议，审议确定重点议题安排；听取市政协办公室、研究室及专委会工作汇报；部署下阶段重点工作。会议由市政协副主席王培光主持。

3月6日，市政协召开十四届第十四次主席会议，听取市政协办公室、研究室及专委会工作汇报；部署下阶段重点工作。会议由市政协副主席王培光主持。

4月4日，市政协召开十四届第十五次主席会议，传达学习绍兴市政协八届二次会议精神；听取市政协办公室、研究室及专委会工作汇报；部署下阶段重点工作。会议由市政协副主席王培光主持。

5月4日，市政协召开十四届第十六次主席会议，听取市政协办公室、研究室及专委会工作汇报；部署下阶段重点工作。会议由市政协副主席王培光主持。

6月1日，市政协召开十四届第十七次主席会议，听取市政协办公室、研究室及专委会工作汇报；部署下阶段重点工作。会议由市政协副主席王培光主持。

6月28日，市政协召开十四届第十八次主席会议，听取市政协办公室、研究室及专委会工作汇报；部署下阶段重点工作。会议由市政协主席郭浩良主持。

8月1日，市政协召开十四届第十九次主席会议，听取市政协办公室、研究室及专委会工作汇报；部署下阶段重点工作。会议由市政协主席郭浩良主持。

8月28日，市政协召开十四届第二十次主席会议，审议政协诸暨市委员会提案审查立案实施细则；听取市政协办公室、研究室及专委会工作汇报；部署下阶段重点工作。会议由市政协副主席王培光主持。

9 月 30 日，市政协召开十四届第二十一次主席会议，听取市政协办公室、研究室及专委会工作汇报；部署下阶段重点工作。会议由市政协副主席王培光主持。

11 月 2 日，市政协召开十四届第二十二次主席会议，听取市政协办公室、研究室及专委会工作汇报；部署下阶段重点工作；专题部署护航“枫桥经验”纪念活动工作。会议由市政协副主席王培光主持。

11 月 14 日，市政协召开十四届第二十三次主席会议，专题部署政协十四届三次全会筹备工作。会议由市政协主席郭浩良主持。

11 月 29 日，市政协召开十四届第二十四次主席会议，审议市政协十四届三次全会有关事项；听取市政协办公室、研究室及专委会工作汇报；部署下阶段重点工作。会议由市政协副主席王培光主持。

12 月 26 日，市政协召开十四届第二十五次主席会议，听取市政协办公室、研究室及专委会工作汇报；讨论常委会工作报告（征求意见稿）、提案工作报告（征求意见稿）；审议 2019 年度重点议题安排；审议大会发言安排；审议确定 2018 年度市政协优秀提案、优秀承办件和社情民意信息工作先进个人；审议确定大会其他有关事项；听取市委全会报告专题政治协商会、政府工作报告意见征求会、政协两个报告意见征求会有关事宜。会议由市政协副主席王培光主持。

重要活动

【专题调研和视察】3 月中旬，市政协围绕“深化‘北承南接’构建现代综合交通体系”开展调研。调研组先后赴杭州、绍兴、建德等周边地区和发改、交通、建设等部门及店口、次坞、安华等镇调研考察，向省交通厅、浙江省交通规划设计院、浙江公路水运工程咨询公司、杭州交通规划设计院等单位学习请教，并形成专题调研报告。市政协副主席王祖勇参加。

4 月中旬至 5 月底，市政协开展全市中小学生心理健康教育专题调研。调研组先后赴教育局、卫计局、团市委、心理卫生协会等相关部门听取情况，到浣东初中、行知小学等中小学校了解情况，通过实地走访、座谈交流、问卷调查等形式深入听取意见建议，并赴浙江省心理卫生协会、温岭市调研考察，学习先进经验和做法，形成调研报告。市政协副主席袁岳军参加调研。

6 月，市政协开展全域景区化建设专题调研。调研组先后赴枫桥、牌头、山下湖、五泄等 8 个镇和市农办、旅游局、农林局等部门开展座谈走访调研，就诸暨市全域景区化建设现状、存在的主要问题广泛听取意见，并赴桐庐、临安、长兴等县市区学习考察，提出对策建议，形成专题调研报告。市政协副主席何平光参加调研。

7 月 25 日上午，市政协专题视察小城镇环境综合整治情况。视察组先后到王家井、草塔、五泄集镇，实地视察小城镇环境综合整治工程。在充分肯定小城镇环境综合整治所取得成效的基础上，委员们就加大背街小巷治理力度、结合人文历史资源、落实长效管理机制等方面提出意见建议。市政协主席郭浩良，副主席王祖勇、何平光和秘书长钟力群参加，副市长林成高应邀参加。

9 月 11 日，市政协视察国家现代农业产业园建设情况。市政协领导和委员们实地视察了产业园综合公共服务中心、彩色珍珠工业化养殖项目、万亩珍珠生态养殖示范区提升项目、粮食生产功能区项目、珍珠深加工项目，详细了解项目进展情况，现场听取市农林局等职能部门关于国家现代农业产业园创建工作情况的介绍，并就进一步推进国家现代农业产业园建设提出意见建议。市政协主席郭浩良，副主席沈吉明、王祖勇、何平光、徐可以，秘书长钟力群和部分政协委员参加活动，副市长陈军卫应邀参加。

9 月上旬，市政协围绕“加强饮用水源地保护”开展调研。调研组先后赴绍兴汤浦水库、陈蔡水库、石壁水库、青山水库、幸福水库等重点集中式供水水库和东白湖镇、陈宅镇、岭北镇、草塔镇、应店街镇等属地镇乡深入调研，广泛听取意见建议，并形成专题调研报告。市政协副主席王祖勇参加。

9 月下旬，市政协围绕“提高企业科技创新能力，构筑区域创新高地”开展调研。调研组先后赴信胜缝制设备、中科金绮新材料等多家企业，通过召开座谈会、实地走访等形式，广泛听取意见建议。调研组还赴外学习考察，充分借鉴西安等地在科技创新方面的成功经验和做法，形成专题调研报告。市政协副主席王培光参加调研。

9 月下旬，市政协开展诸暨市最低生活保障工作专题调研。调研组通过召开座谈会、实地走访等形式，广泛听取意见建议，形成调研报告，并提出加强基层队伍建设、丰富低保救助模式、纠正群众观念偏差等意见建议。市政协沈吉明副主席参加调研。

10月，市政协开展增进两岸青年交流情况专题调研。调研组先后赴有关企业、学校、部门开展调研，通过座谈交流，了解诸暨市开展两岸青年交流工作情况，形成专题调研报告。市政协副主席何平光参加调研。

【民主监督】4月24日上午，市政协启动“城乡生活垃圾分类处理”三级政协联动专项集体民主监督活动。通过联动监督、成立民主监督小分队等多种方式，重点围绕制度落实情况、垃圾源头分类减量、垃圾末端处置能力、再生资源回收利用等内容，深入开展专项集体民主监督，提出建设性、前瞻性、可操作性的对策建议。市政协主席郭浩良，副主席王祖勇、何平光和秘书长钟力群等参加，副市长马海明应邀参加。

5月中旬，市政协围绕“优化金融环境、服务实体经济发展情况”开展专项民主监督。专项民主监督小组先后赴全兴精工等8家企业及农业银行等6家银行，通过召开座谈会、实地走访等形式，广泛听取意见建议，还赴外学习考察，充分借鉴新昌等地在优化金融环境方面的成功经验和做法，形成专项民主监督报告。市政协副主席王培光参加。

5月中旬，市政协围绕“老小区改造情况”开展专项民主监督。民主监督小组先后赴马鞍新村、美景新村、菱塘新村等城市小区开展民主监督，广泛听取意见建议，并形成专题民主监督报告。市政协副主席王祖勇参加。

5月24日上午，市政协专题召开老小区改造推进情况民主监督活动座谈会。委员们听取诸暨市关于老小区改造推进情况的民主监督报告，并提出针对性的意见和建议，为进一步推进老小区改造献计献策。市政协主席郭浩良、副主席王祖勇和秘书长钟力群参加，副市长马海明应邀参加。

6月20日上午，市政协社法委会同绍兴市政协社法委对诸暨市“最多跑一次”改革落实情况开展民主监督。委员们分别就不动产交易登记、社保事务办理、企业注册登记、出入境事务办理、投资项目审批等事项进行现场办事体验。在随后召开的座谈会上，委员们就如何进一步优化诸暨市“最多跑一次”改革提出意见建议。市政协副主席沈吉明参加。

7月25日，市政协开展“大好高”项目进展情况民主监督。视察组先后实地走访耀华建材有限公司、德广信电子科技股份有限公司、回音必现代中药综合产业园、高湖湿地等项目现场，了解重点项目建设状况，听取项目困难和问题反映，并就加快推进“大好高”项目建设提出意见建议。市政协副主席王培光参加。

【市政协企业家之友社活动】1月12日下午，市政协企业家之友社组织开展爱心助学活动，向璜山镇、东白湖镇的100名贫困学生送上爱心助学金共计20万元。市政协主席郭浩良、副主席王培光和秘书长钟力群参加活动。

2月22日下午，市政协企业家之友社召开贯彻全市经济工作会议精神座谈会。与会人员根据全市经济工作会议精神，围绕优化营商环境、再创发展新优势、做强实体经济、推动高质量发展等话题开展座谈交流。副市长朱红伟，市政协副主席王培光、王祖勇、徐可以出席会议。

4月27日下午，市政协企业家之友社举行四届二次理事会议，通报2017年度工作开展情况以及2018年工作安排。

10月29日下午，市政协企业家之友社举行四届二次常务理事会议，通报2018年以来工作开展情况，审议通过下阶段重点工作。

12月27日下午，市政协企业家之友社组织开展爱心助学活动，向枫桥镇、赵家镇、东和乡的150名贫困学生送上爱心助学金共计20万元。市政协领导郭浩良、王培光和副市长俞越参加活动。

【委员培训】11月2日上午，全市政协系统专题培训会在市委党校举行。会上，省政协副秘书长、研究室主任帅夔琅就习近平总书记关于加强和改进人民政协工作的重要思想作了解读；省委党校李晓敏教授作《世界百年大变局下中美经贸摩擦及前景》的专题讲座。市政协主席郭浩良主持会议，副主席王祖勇及秘书长钟力群参加。

【“三下乡”服务活动】10月20日，市政协“医疗、科技、文化”三下乡服务活动在璜山镇举行，50多位医疗专家、农技专家、科技专家、书画家和园艺师开展现场查病治病、农技帮扶、指导插花和书画创作。市政协主席郭浩良，副主席袁岳军、王培光、王祖勇、何平光、徐可以和秘书长钟力群参加。当日下午，书画家到璜山镇溪北村文化礼堂开展文化交流活动。

参政议政

6月22日，市政协召开推进分级诊疗制度建设专题议政会。委员们先后实地参观王家井卫生院、市人民医院，详细了解分级诊疗推进情况。在随后召开的会议上，委员们听取全市分级诊疗推进情况，并就继续深化公立医院改革、着力提升基层医疗服务能力、做实全科医生签约服务、加快医疗卫生信息化建设、稳步推进医共体建设等方面提出意见建议。市政协副主席袁岳军参加。

6月29日，市政协召开消防安全工作落实情况对口协商座谈会。委员们先后实地走访大润发超市大唐店、大唐电子商务园区、大唐叶家公寓等场所，深入了解消防安全工作现状和存在问题，在随后召开的座谈会上，听取公安、消防、安监等部门及大唐镇政府的情况汇报，并从压实消防安全责任、夯实消防基层基础、持续开展消防隐患整治、广泛开展消防安全宣传等方面提出意见建议。市政协副主席沈吉明参加。

8月28日，市政协召开物质文化遗产保护工作情况对口协商座谈会。委员们先后实地走访五泄镇十四都村的周氏宗祠、马鞍山古民居建筑群和马剑镇马剑村的戴氏宗祠、树德堂，详细了解保护现状和存在问题。在随后召开的会议上，委员们听取诸暨市文化保护情况汇报，并从优化体制抓统筹、注重规划夯基础、强化保障增实力、保用结合显作用等方面退出意见建议。市政协副主席袁岳军参加。

提案办理

【概况】市政协十四届二次会议期间，共收到以提案形式提出的意见建议289件，比上年减少近24.7%。经提案审查委员会审查，立案264件，其中委员个人或联名提案240件，各民主党派、工商联、人民团体、政协专委会提出的集体提案24件，有10件意见建议作为来信转送有关部门处理。经分类统计，有关经济发展和城市建设方面的提案59件，占总数的22.4%；有关社会管理和民生保障方面的提案136件，占总数的51.5%；有关文化建设和生态文明方面的提案69件，占总数的26.1%。

【重点部门走访】5月29—30日，市政协提案委对宣传部、教育局、公安局、建设局、交通运输局、卫计局等提案办理重点部门开展走访活动。市政协副主席徐可以参加。

【实地督查】7月6日，市政协举行提案办理情况督查活动。委员们对“城市景观”“交通管理”“道路整治”“乡村振兴”“小城镇建设”等方面提案的办理落实情况进行实地督查。市政协主席郭浩良，副主席袁岳军、王培光、沈吉明、王祖勇、何平光、徐可以和秘书长钟力群等参加督查，市委常委、常务副市长宣方乐陪同。

【界别协商】7月23日，市政协举行提案界别协商活动。来自共青团界、总工会界、经济界、教育界的部分政协委员与提案承办单位开展面对面协商，围绕“‘工匠型’技能人才培养”交流意见建议。市政协副主席徐可以参加，绍兴市总工会副主席章顺德，市委常委、副市长陈仁坚应邀参加。

【重点部门面商】8月24日，市政协举行提案办理重点部门面商活动。市府办、宣传部、发改局、教育局、公安局、财政局、建设局、交通运输局、卫计局、综合行政执法局、人民银行等部门负责人围绕相关提案的办理落实，与政协委员开展互动交流。市委常委、常务副市长宣方乐，市政协副主席王培光、徐可以和秘书长钟力群参加。

【重点提案面商】9月21日，市政协举行2018年度重点提案办理面商活动。委员们就“加快传统产业改造提升，打造全省工业强市排头兵”“关于强化三级联动全面推进‘最多跑一次’惠企便民工程的建议”“建设‘互联网+’智慧医疗 群众‘看病就医少跑一次’”“加大以商招商力度，促进驻点招商作用”“关于运用‘智慧电梯’，有效提升电梯安全的建议”“关于完善诸暨与周边县市交通网络的建议”等提案的办理落实与承办部门开展民主协商。市政府领导王芬祥、宣方乐、何鸿成、俞越、朱红伟与市政协领导郭浩良、袁岳军、沈吉明、王祖勇、徐可以、钟力群参加。

【提案办理成果专项视察】11月20日，市政协对2018年提案办理成果进行专项视察。委员们对“文化建设”“交通治堵”“安居改造”“文明城市”“卫生医疗”等方面提案的办理落实情况进行实地视察。市政协主席郭浩良，副主席袁岳军、王培光、王祖勇、何平光、徐可以和秘书长钟力群等参加视察，市委常委、副市长陈仁坚陪同。

（鲁才铭 魏 坚）

民主党派 群众团体和社会组织

概述

2018年，全市有工商联（总商会）1个，执常委121人，会员9211个；民主党派3个，总成员人数469人。“两会”期间，各民主党派共提交集体提案12个，个人提案69个，其中2个提案被列为2018年市政协重点提案，占总数的1/3；2个提案被列为市政协专委会督办提案；3个提案被列为市政协提案委员会成员联系监督提案；6个提案被评为2018年度市政协优秀提案，占总数2/5。

（孙飞洲）

民主党派

【民革诸暨市基层委】 **概况** 至2018年底，民革诸暨市基层委下设2个支部，共有党员59名，新发展党员5名。有绍兴市人大代表3名、绍兴市政协委员1名，诸暨市人大代表1名，诸暨市政协委员8名。2018年，民革诸暨市基层委积极履行参政议政、民主监督职能，注重祖统联谊和社会服务，发挥了民革应有的作用。

参政议政 1月19—22日，党员陈焕、吴少东、戚俏新、张凯歌、孟琼晖、陈穹、寿明霞、陈泽鑫、汤谊、张哲、陈煜烨分别参加诸暨市第十七届人大第二次会议、政协诸暨市第十四届第二次会议。共提交集体提案2件，个人提案13件，涉及工业经济、传统村落保护、传统产业发展、城镇环境整治、交通改造、文化建设、电商发展等方面。民革党员陈穹、张凯歌、孟琼晖分别代表民革诸暨市基层委、市工商联、政协文史委在政协大会上发言。集体提案《加快传统产业改造提升，打造全省工业强市排头兵》作为重点提案获市长领办；集体提案《关于发扬枫桥经验提高人民调解在构建和谐社会中作用的建议》、个人提案孟琼晖的《以创新精神推进全域旅游发展的建议》获2017年度优秀提案。1月25—31日，党员俞岚参加省第十三届人大一次会议，提交《关于在工业企业破产清算程序中强调环境污染治理的建议》《关于在司法处置过程中加强对地方产业保护、抑制工业房地产投机行为的建议》《加快律师办案系统与全省司法系统对接、提升律师行业互联网化水平的建议》《关于加强律师在公益诉讼中积极作用的建议》等4条建议。3月26—30日，戚俏新、张凯歌、宣利清等3位党员参加绍兴市八届人大三次会议、政协八届二次会议。张凯歌提交《关于打造军民融合战略背景下航空应急医疗救援体系的建议》。

调研活动 5月，基层委人大代表、政协委员党员赴山下湖米果果小镇调研台胞来诸暨就业创业情况，撰写调研报告《关于推动台湾青年在诸就业创业的建议》。10月，赴璜山镇溪北村及徐高坞村开展乡村振兴调研活动。11月，一支部会同绍兴标准化研究所赴山下湖镇调研珍珠产业发展情况。12月，一、二支部党员赴浣东街道调研电脑刺绣机行业发展情况。12月，一支部委员陪同民革绍兴市委会副主任陈爱霖赴璜山调研蓝莓种植情况。2018年，担任人大代表、政协委员的党员就“枫桥经验”、基层治理、乡镇振兴发展、教育工作、五水共治、旧城改造、新金融业态推进、“最多跑一次”改革、小城镇环境整治、历史文化村落等方面深入开展调研协商，提出建议。党员撰写调研报告、社情民意文章共17篇，其中楼旭东《以“枫桥经验”55周年为契机用好人民调解在构建和谐社会中法宝建议》用作省委会集体提案；俞岚《工业企业破产清算后环境污染治理问题未能引起重视亟待关注》被中共绍兴市委办录用（转中办）和民革省委会录用；孟琼晖《建议进一步加强社会组织承接政府职能转移工作》、俞岚《关于在司法处置过程中加强对地方产业保护抑制工业房地产投机行为的建议》和汤谊《浅谈厚葬厚祭坏公序倡导移风易俗新风尚》被绍兴市委会录用。

“纪念‘五一口号’发布70周年”系列主题活动 4月，基层委以“不忘合作初心，新时代开启新征程”为主题，组织开展“四月芳菲·书香民革”读书会。4月19日，组织全体党员参加市委统战部举办的“不忘合作初心 新时代开启新征程——纪念‘五一口号’七十周年”专题讲座。4月，组织发动全体民革党员参加主题征文活动，通过诸暨人微信公众号、书面答题等形式进行多党合作知识竞赛。4月27日，协助统战部举办“不忘合作初心 新时代开启新征程——纪念‘五一口号’发布70周年文艺晚会”，民革党员表演旗袍秀《印象西施》、歌舞《点赞新时代》等5个节目。4月28日，“诸暨人文大讲堂”第76场邀请文化部特聘文化专家、著名民俗学传播学者、华东师范大学博士生导师仲富兰教授走进诸暨民革党员之家，主讲《民俗文化的现代审读》。5月，党员梅艳芳代表浙江民革赴北京参加民革中央纪念中共中央“五一口号”发布70周年朗诵会。7月，组织党员参加市委会组织的纪念“五一口号”发布70周年、民革成立70周年、改革开放40周年、绍兴民革成立65周年征文和书画摄影活动。

党员培训 6月，汤谊、周吕金、褚钦钦、陈煜桦等参加绍兴市民主党派新成员培训。7月，党员陈煜桦、褚钦钦、张建伟等赴绍兴市社会主义学院参加由市统战部组织的诸暨市民主党派、知联会、网联会骨干培训，党员陈煜桦在培训班的党员微讲堂分享学习经验。何晶骏、周吕金2位党员参加省委会春季（5月）、秋季（10月）基层骨干培训班。

祖统联谊 3月，党员林克敏赴港参加诸暨旅港同乡会换届暨团拜会活动。5月，吴少东副主委出席诸暨市出国留学人员和家属联谊会第四届理事大会，当选副会长。7月22—28日，陈焕主委参加绍兴市教育科技赴台交流团，赴台湾参访弘光科技大学、台北城市科技大学、新竹科技园、大自然科学教室、台北南华高中等，开展教育科技交流。9月4—8日，诸暨市台胞台属联谊会会长、党员钟俭于率诸暨市乡情参访团22人赴台，与台北诸暨同乡会、台北市文化联合会、高雄南部联谊会、台湾吴越文化研究会等团体和单位举行交流互动。10月，市台胞台属联谊会会长钟俭接待了诸暨旅台同乡南部联谊会返乡探亲团。

社会服务 把法律援助服务作为重点品牌建设，纪念“枫桥经验”55周年之际，党员俞岚与枫桥镇政府一起创新设立“俞岚律师工作室”，向枫桥镇群众提供免费法律咨询服务。党员俞岚、楼旭东律师多次参加法律援助进社区、进企业宣讲活动。2018年，共办理援助案件56例，受益群众280多人次；代理刑事案件6起、民事案件45起，接受法律咨询480人次，进行法治宣传10余次，法律进乡村10余次、进社区6次、进企业8次，信访接待10余人。

集体和个人所获各类荣誉 基层委所属2个支部被获2017年度绍兴市级先进支部三等奖，15名党员被评为绍兴市级优秀党员和先进个人。12月8日，俞岚获绍兴市骨干型律师称号；梅艳芳导演及表演的小品《但愿人长久》和《一千零一》分获浙江省第二十九届戏剧小品邀请赛金奖和华东六省一市戏剧小品大赛银奖。（许 蓉）

【民盟诸暨市基层委】概况 2018年，民盟诸暨市基层委员会共有盟员91名，分布在教育、文化、科技、医卫、行政事业单位及新社会阶层。盟员中有绍兴市人大代表3名、政协委员3名，诸暨市政协副主席1名、政协委员11名。当年新发展盟员7人，其中教育界1人，科技界1人，文艺界1人。

参政议政 2018年，民盟共向政协诸暨市第十四届二次会议提交提案17件，其中集体提案4件，个人提案13件。上报社情民意9则（其中上报绍兴市6则）。基层委提交的《关于破解物业管理难题，助推“美丽小区”建设》集体提案被暨市政协评为2018年度诸优秀提案，盟员赵福英代表民盟在政协诸暨市十四届三次会议上作题为《补齐农业发展短板，激发乡村振兴活力》的大会发言。盟员何国霞的提案《关于把诸暨创建成全国文明城市的几点建议》被诸暨市政协评为2018年度优秀提案，其个人被民盟浙江省委会评为民盟浙江省治水先锋。盟员郦海燕提交的社情民意《关于解决跨省就医直接结算“掐脖子”问题的建议》获民盟浙江省委会社情民意三等奖，并转化为全国两会代表议案。

组织建设和活动 8月5日，“盟员之家”正式建成并投入使用。“盟员之家”坐落在浣纱北路48号（原暨阳街道北楼一楼西侧），建筑面积200平方米，设有办公室2间，委员会客厅和展示厅、接待厅、会议室各1间，总投资30多万元。8月，基层委邀请浙江省委党校经济学教研部白小虎教授为全体盟员作“八八战略”专题辅导。9月，组织基层委主委、副主委和副局级以上同志参加诸暨市委统战部举办的全市党外代表人士培训班；同月，基层委组织新盟员参加盟绍兴市委和诸暨市委统战部组织的新盟员培训；11月，全体盟员政协委员参加由诸暨市政协组织的诸暨市政协委员培训；8月24日，组织盟员参加盟绍兴市委思想宣传工作“一会一场”（指思想宣传会议，专场演出）活动；

11月下旬，民盟诸暨市基层委2位副主委杨曙、杨丽辉参加由诸暨市委统战部组织的党外代表人士研修班。

交往交流活动　2018年，民盟诸暨市基层委开展4次交往交流活动：10月，接待民盟中央常委、民盟宁夏省委会主委冀永强一行到诸调研；同月，接待盟省委专职副主委徐燕峰、调研室主任朱宏松等到诸暨调研盟务工作；11月，接待盟绍兴市主委徐青松、副主委陈国芬等领导到诸暨考察、调研；12月，盟绍兴市委副主委钱伟平率绍兴华夏书画社有关专业人士到诸暨“民盟之家”开展书画交流活动。

专题调研　2018年，民盟诸暨市基层委共组织盟员代表委员开展4次集中调研。调研的主题分别是“城乡生活垃圾分类”“基层治理四平台”建设工作、“乡村振兴战略实施”和开创“北承南接”新思路，做强“教育强市”金名片。调研组先后到东白湖镇新上泉村、西丁村和陈宅镇开化村、诸暨中学、绍兴护士学校及华东珠宝城等地集中调研，并撰写《补齐农业短板，激发乡村振兴活力》《开拓思路创新模式，增强“诸暨教育”核心竞争力》2个调研报告。两次调研的材料最终均转化为诸暨政协大会发言。

信息宣传　2018年，民盟诸暨市基层委上报的信息被盟省委录用5篇，盟绍兴市委录用14篇，绍兴市委统战部录用1篇，诸暨市委统战部录用2篇；诸暨人微信公众号推送8篇。

社会服务　组织“同心助力，民盟在行动”主题教育实践活动。11月，开展教师结对帮扶活动，聘请盟员教师和部分兄弟学校优秀教师为导师，与东白湖镇中10名青年教师进行师徒结对，并签订结对协议和责任状。同月，基层委向东白湖镇中赠送价值人民币2万元的多功能媒体设备一套。2018年，陈元良、孙丽燕、陈丽丹等盟员参加科技宣讲团等讲课共计11次。基层委书法小分队成员在盟员许绍满带领下，先后赴牌头、店口、东白湖等镇乡开展“书法门诊”活动共10余次；组织“书法进校园”活动5次。（郦海燕）

【农工党诸暨市委会】概况　2018年，中国农工民主党诸暨市委员会（以下简称市委会）下辖一个总支、14个支部，共有党员318人，其中，医卫界党员占28%，教育界占30%，人口资源与环境占1%，政府机关占16%，新的社会阶层占13%；具有中、高级职称的党员占91%，具有大专以上学历的党员占94%，女党员占41%，离退休占22%，平均年龄50岁。党员中任人民政府副市长一名；担任绍兴市人大常委会委员1名、绍兴市人大代表1名，诸暨市人大代表4名；担任绍兴市政协委员4名，诸暨市政协副主席1名、常委4名、委员16名。2018年，建成“农工党浙江革命活动史料陈列馆”，成功举办农工党诸暨组织成立80周年系列纪念活动，参政议政、社会服务、自身建设工作取得新突破。市委会获评2018年度省级社会服务工作先进单位。

党员培养教育　2018年，选派党员参加各级各类培训班9次，受训47人，其中参加省级及以上培训班4期，受训4人。

参政议政　全年上报社情民意35篇，被绍兴市级及以上组织录用7篇，被省级及以上组织录用4篇，被农工党中央录用1篇。其中，农工党党员毛沁娜撰写的《不要把ICU变成“养老院”建议适当调整重症医学科医保报销比例》被浙江省政协录用，并得到副省长批示。上报调研报告12篇，其中2篇被选为集体提案素材上报市政协，2篇被选为民主党派“直通车”素材上报诸暨市委、市政府。2018年“两会”上，市委会共向大会提交集体提案6件，委员个人提案42件，代表议案11件。徐栋鑫委员《借“北承南接”之东风，大力推进“双下沉、两提升”工程的建议》、市委会集体提案《结合地域实际，创新引智工作的建议》获2017年度市政协优秀提案。袁小平、蔡月均被评为2017年度市政协反映社情民意信息工作先进个人。市委会集体提案《关于强化三级联动全面推进“最多跑一次”惠企便民工程的建议》被确定为2018年市政协重点提案。市委会集体提案《关于将西施大剧院打造成为诸暨的文化客厅的建议》被确定为市政协专委会督办提案。

社会服务　2018年，市委会共组织开展义诊、送医下乡、结对助学等各类社会服务23次，受益人数2000余人；全年各类捐助金额共计6万元。

参与“五一口号”70周年系列纪念活动　4月，市委会参与市委统战部组织的“一场文艺晚会、一次主题征文、一场专题讲座、一次主题座谈、一次知识竞赛、一个实践周”系列纪念活动。参与文艺晚会表演节目7个，参演人数11人；撰写主题征文并择优上报8篇；组织190人参加专题讲座并进行知识测试；召开主题座谈会1次，参加人数11人；实践周活动中撰写社情民意4条，开展社会服务活动2次，参加人数63人。

免费太极培训班　4月11日，农工党太极初级培训班开班，文教二支部党员周武丹免费做教员。该培训班历时近1个月，以陈氏太极拳十三式为主要教学内容，共有30余人完成培训。

参加体育比赛　6月20日，农工党气排球队成立，近20名农工党员参加。在7月7日到7月9日举行的诸暨市首届气排球公开赛中，农工党球队获得第5名。12月9日，市委会组织农工党党员及家属80余人参加首届西施马拉松赛，其中年龄最小的5岁，最大的64岁，均在规定时间内完成比赛。

▲市民在12月28日开馆的农工党浙江革命活动史料陈列馆内参观　（郭斌　刘畅　摄）

浙江省首个农工党党史教育基地建成　农工党浙江革命活动史料陈列馆2018年12月28日开馆，该陈列馆位于枫桥镇枫桥大庙旁，是浙江省首个省级农工党党史教育基地。陈列馆于2017年8月筹建，场馆展陈面积288平方米。陈列内容以李士豪的革命斗争活动为线索，主要涵盖农工党在浙江开展的革命活动历史和农工党在浙江的组织发展历程两大方面。

农工党诸暨地方组织成立80周年纪念大会及文艺会演　12月28日下午，农工党诸暨地方组织成立80周年纪念大会及文艺会演在诸暨市西施大剧院举行，农工党浙江省委会主委、浙江大学副校长罗建红，绍兴市政协副主席、农工党绍兴市委会主委胡少云，中共诸暨市委常委、统战部长孟国锋到会祝贺并讲话。诸暨市工商联主席张凯歌代表各民主党派、工商联致辞祝贺。会议结束后，举行主题为“风雨同行·共创未来”的纪念农工党诸暨地方组织成立80周年大型文艺会演，共有400余人参加活动。

▲12月28日，“风雨同行·共创未来”纪念农工党诸暨地方组织成立80周年大型文艺会演在西施大剧院举行，这是原创节目《风雨故园》表演场景　（农工党诸暨市委会供图）

“诸暨农工党”订阅号和企业号　2018年，市委会通过“诸暨农工党”订阅号（2017年底建立）发布信息85条，被省委会及以上组织录用5条，绍兴市委会录用70余条，诸暨市委统战部录用80余条，诸暨发布录用2条。7月，企业号在市委会扩大会议上发布，初步实现通讯录查询、活动发起、资料留存功能。

“农工党·医讲堂”社会服务品牌　6月，建立“农工党·医讲堂”社会服务品牌。该社会服务品牌采用乡镇卫生院点单、志愿服务队排课、市级医院接单的工作机制，在原有的应店街卫生院基础上，将服务范围扩展到第四人民医院。2018年度共举办“医讲堂”系列活动13次，培训近1800人。

“青少年职业生涯规划”社会服务品牌　6月20日，市委会2018年青少年职业生涯规划工作启动。6月21下午，在暨阳学院会议报告厅进行高考志愿填报辅导讲座。6月23日上午8点至8月21日下午4点半，“青少年职业生涯规划”正式向全社会服务，实际服务21天。共计服务登记考生420多位，接受电话咨询近400人。

所获集体和个人荣誉　市委会获评2018年度省级社会服务工作先进单位；诸暨市妇女儿童医院支部获评2018年度省级社会服务工作先进集体；毛建萍获省委会“2016—2017年争先争优优秀党员”称号；毛伟洪荣获“浙江省基层名中医”称号；周武丹老师参加“太极网”第四届世界太极拳比赛获陈式太极拳一等奖、最佳人气奖；郦方家在浙江省检察院举办的第二届新媒体评比中获评优秀编辑、优秀公众号、优秀作品；舒恒兴小戏《酒嫂砸缸》获江浙沪文化厅优秀作品金奖；郭雁获评2018浙江省“优秀技能人才”；周玲获浙江省先进工作者、浙江省工会积极分子；侯均乐在全国残疾人皮划艇锦标赛2000米和1000米荣获团体第三名；冯永才被认定为浙江省首席技师、绍兴市工匠、诸暨市甘薯种植与加工技能大师，同时被浙江省高评委评为高级农艺师。

（屠建忠　刘畅）

群众团体

【市总工会】**概况** 至2018年底，全市有镇乡（街道）工会27个、市级产业系统工会19个、集团工会（联合会）10个；基层工会1087个（单建工会950个），其中公有制企业27个、非公有企业853个、事业单位127个、机关单位80个。全市建工会的单位中，职工26万人（其中农民工10.2万人），工会会员25万人（其中农民工会员23万人）。

工会改革 推进县、乡两级工会改革工作，2018年2月店口镇、枫桥镇、山下湖镇被中共浙江省委办公厅列为市县基层群团改革试点单位（其中店口镇为绍兴市本级试点镇）。以“增三性、去四化”为群团改革总目标，市总工会优化机构编制设置，增设挂兼职副主席，调整基层一线在工会委员和常委中所占比例（占比分别达到40%和26%）。2018年6月，制定出台《党建带工建集中攻坚月专项行动方案》，推进乡镇（街道）基层工会组建，至2018年底，乡镇（街道）基层工会共组建993个。

职工文化阵地三年工作规划 2018年，制定工会职工文化阵地三年（2018—2020）工作规划，三年内全市镇乡街道工会全部建成职工文化阵地。2018全年完成浣东街道、店口镇、牌头镇、草塔镇、里浦镇等5个镇乡（街道）职工文化阵地建设。

劳动竞赛、技能比赛和培训 以企业为主体、镇乡为重点、行业为补充，2018年，全市共组织开展各类劳动竞赛1250多场次，参加技能培训8000余人。组织参加绍兴市技能大赛3场。2018年，由市总工会牵头、镇街（产业、系统）工会承办，共组织开展10个项目的全市性技能比赛。推进枫桥平安浙江创建和大唐袜艺特色小镇省级立功竞赛工作。2018年6月，诸暨市高湖蓄滞洪区改造工程被列为2018－2019年省级立功竞赛参赛工程项目；诸暨市高湖蓄滞洪区改造工程、03省道东复线诸暨江藻至王家井段工程、诸暨市天然气利用工程被列为绍兴市立功竞赛示范项目。

职工劳动保护 推进企业安全生产和职工劳动保护工作，提出合理化建议近100条，组织对全市8家重点企业和重点行业进行高温慰问，会同相关部门在安全生产月活动中集中宣传安全生产重大政策和法律法规，发放职工普法、互助保障、安全生产等各类资料1000多份，参与工矿企业伤亡事故调查7起，开展劳动保护检查2次。

劳动模范评选与管理 以诸暨市级劳动模范评选为重点，做好各级劳动模范和“五一”劳动奖状、奖章、工人先锋号的评选工作。2018年，诸暨市长途汽车运输有限公司客运站五心服务岗被命名为省工人先锋号，浙江富润纺织有限公司细纱帮带小组、诸暨市公共交通有限公司公交113路车队、国网浙江诸暨市供电有限公司35千伏变电运检班、浙江海亮股份有限公司管件技术研发部、诸暨市联和人力资源服务有限公司后勤服务部、浙江申发轴瓦股份有限公司大件分厂、浙江众盛设备安装公司驻姚江所抢修班被命名为绍兴市工人先锋号，浙江天洁环境科技有限公司班组长王飞获省五一劳动奖章，浙江米果果生态农业集团有限公司获绍兴市五一劳动奖状，诸暨草塔中学校长冯军、诸暨市公安局交警大队民警卢国泉、全兴精工集团有限公司工程师李东峰、永成集团有限公司生产厂长陈立新、富润控股集团有限公司安全主管赏冠军、浙江村村通电子商务有限公司部门负责人楼畅（女）、诸暨市中心医院康复病区主任褚高峰获绍兴市五一劳动奖章；石国成口腔修复特需门诊工作室、陈琼劳模创新工作室被新命名为绍兴市级劳模创新工作室。4月，浙江富润纺织有限公司细纱工段长王鸽、浙江菲达环保科技股份有限公司研发部长陈招妹被评为浙江工匠。10月，诸暨市绿康果蔬专业合作社总农艺师冯永才、浙江申发轴瓦股份有限公司首席学徒导师赵钦光、申科滑动轴承股份有限公司数控车工鞠肆利被评为绍兴工匠。全年慰问各级劳模228人，支出金额20余万元。

职工维权机制建设 开展工资集体协商规范化培育，规范协商程序，提高集体协商的工作质量。做好第六批绍兴市劳动关系和谐企业创建活动，创建成功15家。6月，联合人社局、工商联开展劳动合同（集体合同）监督检查工作，共督查67家单位。处理好职工投诉，全年累计受理职工来电来访24件，结案24件。

职工困难帮扶活动 元旦、春节期间，开展“送温暖”活动。共慰问困难职工816人，发放慰问金近110万元。“助学”活动帮扶困难职工子女36人，发放帮扶金10万元。推进职工互助医疗保障活动，全市535家企事业单位9.13万名职工参保，参保职工较上年增加2.5%。全年共补助住院职工1700多名，报销及慰问金额共372.62万元，较上年增加12%。

职工培训教育与文体活动 以市总工会职校和

企业学院为阵地，开设公益性培训班，开展各类职工职业病防治、健康养生保健、职业规划等方面的培训与讲座，各类技能、文化艺术培训1084人，新招大专、本科学生1349人。组织开展乒乓球比赛、太极拳书法国画插花摄影茶艺培训和女职工午间瑜伽培训等文体活动，1000余人参加。组织职工参加绍兴市"劳动者之歌"书画摄影比赛，选送16幅书法作品、5幅绘画作品和14幅摄影作品参赛。获绘画一等奖1名，优秀奖1名；书法二等奖1名，优秀奖2名；摄影二等奖1名，三等奖1名，优秀奖3名。全年组织15家企业近50名骨干参加绍兴市企业班组长培训。

工会经费管理及经济审计 全年实现工会经费收入1446万元，其中通过税务代征工会经费1370万元。实行委托会计师事务所第三方审计方式，实现对全市27个镇乡（街道）工会财务收支情况全覆盖实地审计。参与"1+X"（由市纪委牵头的、落实中央八项规定精神的专项督查工作制度）专项督查，先后督查38家机关事业单位。（方 浚）

【团市委】概况 2018年，全市14周岁至28周岁青年有152895人，团员51272人（其中28周岁以下34851人），团青比例为33.5%；有基层团委87个，团工委5个，团总支17个，团支部2233个。共青团诸暨市委获评浙江省先进团委。

组织和队伍建设 完成镇乡（街道）换届。定期组织团干部培训，常态化开展"1+100"（团干部直接联系青年制度，每名专职团干部、挂职团干部、县级<含>以上团的领导机关兼职干部，要经常性直接联系不少于100名不同领域的团员青年；团员青年数量较多的机关、学校、企业、事业单位、社会组织中的兼职团干部要建立相应制度，直接联系一定数量本单位、本领域的基层一线团员青年；其他兼职团干部应直接联系不少于10名团员青年）"周末访""夜访"等团干部联系青年工作，强化团组织队伍建设。10月8日制定出台《诸暨市中学共青团改革》方案，严格控制团员发展，确保初高中毕业班团学比例在30%、60%以下，促使团员素质源头提升。深入调研基层基础薄弱问题，探索基层创新措施，促进组织力提升。

思想引领工作 开展道德模范推选、学雷锋等各类主题团日活动50余场；完成基层调研报告3篇，开展专题学习活动10场。4月在"诸暨青年"微信平台发布"最美90后"先进事迹、相关政策、活动等内容，通过青年视角、青年话语解读党的理论创新最新成果；5月举办少先队礼仪大赛，进一步规范队课仪式；9月27日在诸暨市新华书城创建红领巾E站1013阵地（少先队校外教育阵地），加强青少年思想道德引领；向全市团员青年下发党的十九大报告全文、《习近平关于青少年和共青团工作论述摘编》和《习近平的七年知青岁月》等书籍1300余册。9月，依托团属新媒体平台引导1.5万名团员参与由团中央组织的"青年大学习"线上知识竞赛活动，总得分315.7万分，成绩位列全省第七；强化网络文明志愿者队伍建设，优化核心网评员、网宣员队伍，组织开展"青年热议十九大""新青年新时代"等网络宣传活动7次。

下乡主题活动 2018年，共举办"新青年下乡"主题活动13场，新设立"亲青恋"基地8个，举办"青创农场"活动4次，发放创业贴息卡15张，开展"农超"对接活动2场。6月举办"家燕归巢"大学生返乡实习暨"青春故乡行"活动，提供暑期实习岗位80余个，鼓励大学生回乡就业；8月组织统计大学福建工程学院等高校学子走进马剑镇、山下湖镇，开展"乡村振兴的浙江模式"专项社会调研。强化对口扶贫工作，于8月举办"舞动青春、文明传习"街舞慈善公演，依托"亲青筹"平台发布募捐项目，吸引3000多名观众前来围观参与，为四川阿坝州金川县贫困学生募捐23754.02元爱心善款。

文明实践 将婚事简办作为文明实践工作切入口，精准开展"别样致青春，追寻诗和远方"简婚倡议活动，引导全市广大青年树立文明、健康、理性的婚恋观；打造"青春团小二·接棒新风尚"志愿服务项目品牌，先后开展"青春暖流"（动员广大青年志愿者和志愿服务团队在火车站、汽车站等返乡人流密集场所开展春运服务）、高考爱心车队、"河小二"（青年护水志愿队助力"五水共治"活动）、"绿袖套"垃圾分类等各类服务700余场，12月9日为西施马拉松提供2000余人次的志愿服务。

青少年帮教服务 5月，联合检察院成立"检馨"司法社工队伍，招募持证社工16人，通过政府购买服务的形式向全市附条件不起诉青少年提供心理测评、亲职教育、跟踪帮教等服务。2018年，共引入190名专家入驻"亲青帮"平台并建立轮值制度，对青少年权益提供专业帮扶，向20名涉罪未成年人提供法律援助或选定合适成年人参与诉讼、观护帮教。先后组织开展"共青团与人大代表、政协委员面对面"活动5次，85人次与15名人大代表政协委员面对面。（赵媛宇）

【市妇联】概况 2018年，诸暨市妇联配合中心开展美丽庭院创建、女性创业创新、建设家事工作室等工作，成功创建20个市级“美丽庭院”示范村，2000多名城乡妇女通过技能培训，13个家事工作室运行，“七彩玫瑰”有序开展活动，家庭教育工作深入城乡家庭，在2018年诸暨市岗位目标责任制考核中获得一等奖。

职位增设和下属事业单位改革 6月，市妇联机关配备1名90后挂职副主席，2名兼职副主席。10月，市妇联主要职责内设机构和人员编制方案经编办审定后出台。实施下属事业单位改革，12月东湖幼儿园整体移交教育局；市托幼中心国有资产转制进入资产评估阶段；临时性妇女儿童活动中心经市政府同意后纳入市政府公共服务建设体系，进入政府投资性项目申报阶段。

美丽庭院创建 4月，制定《关于在“五星达标、3A争创”活动中开展“美丽庭院”创建工作的实施意见》，全市277个“五星达标”村、15个“3A”争创村均开展美丽庭院创建，年终成功创建10个市级“美丽庭院”示范村（精品村）。5月，联合诸暨E网开展“最美庭院创意设计”大赛，评选出10个优秀作品，作为美丽庭院创建模板宣传推广。5月、10月，分别在草塔镇上下文村、东和乡十里坪村召开全市助力“五星3A”工作推进会。2018年，市镇村三级妇联共发放倡议书20万份，签订承诺书23450份。

妇女技能培训 5月，制定《诸暨市城乡妇女技能人才培训三年行动计划（2018—2020年）》，启动技能培训“三个一百”（一百名电商带头人、一百名家政标兵、一百名手工艺匠人）活动。10月，在艾玛妇产医院成立暨阳月嫂创业实践基地，10月，在越成职业技能培训中心设立越溪学堂，开展职业化、品质化、高端化育婴师培训和实践操作培养，截至11月，全市共培训城乡妇女2550人，其中来料加工、电商、中高级育婴师、民宿女管家等实用技能共培训25期，树立“电商带头人”“家政标兵”“来料加工能手”“优秀示范民宿”等各类巾帼致富带头人30多名。

结对共建和搭建创业平台 开展市直机关妇委会与村妇联结对共建示范“妇女之家”的活动，24个市直机关妇委会与结对村开展卫生保健讲座、实用技术培训、妇女就业咨询等活动。推荐并指导全国巾帼文明岗2个，绍兴市级巾帼文明岗5个。3月，利用女企业家协会、伊创社两个平台，组织《凝聚“她”力量，扬帆新征程》庆“三八”女性创业展演活动。4月，组织参加省妇联组织的“民间美食厨娘秀”比武活动，诸暨选送的马大嫂发糕在全省比武活动中获得特色风味奖。11月16—18日，开展50个村嫂创业品牌和伊创市集、手工艺市集展销，成交金额6.5万多元，签订意向订单190多单，活动情况在11月18日由浙江卫视新闻联播播出。

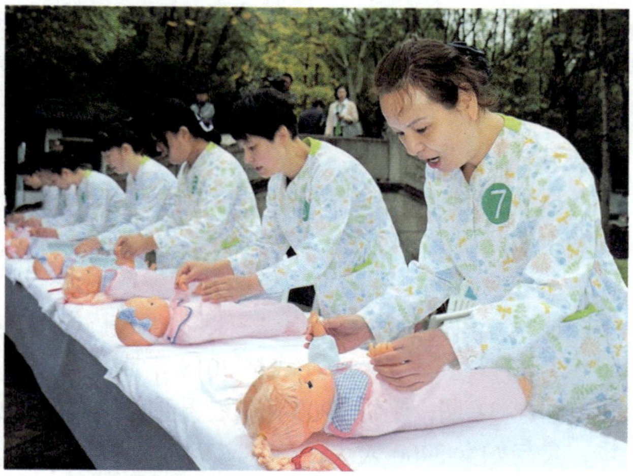

▲11月16日，村嫂们正在参加育婴护理比赛。当日，300多名村嫂在西施故里乡村道地参加育婴护理、编制草鞋、串羽毛球拍、包手套等11个项目的比武

（郭斌 方兰 摄）

家庭文明宣教活动 组织村级妇联开展季度星级文明家庭（最美家庭）、“四好”典型（好媳妇、好婆婆、好邻居、好村嫂）评选活动，并在村文化礼堂（活动中心）开展丰富多彩的家庭文明宣传教育活动。全市镇村开展各类家庭文明宣教活动121场，文艺演出88场，共有110个行政村（社区）成功创建为市级“孝德村”。

全国妇联副主席谭琳来枫桥视察 11月13日，全国妇联副主席谭琳到枫桥视察，主要视察党群工作、综治中心网格员建设、枫源村发展，对“枫桥经验”中凸显的妇联元素女性社会组织建设（枫桥大妈、娟子工作室等）、美丽庭院给予高度评价。

家事工作室建设 5月，与司法局联合下发《关于社会化家事工作室建设的实施意见》，通过项目化扶持方式，给予每个作用发挥明显的家事工作室3万—5万元补助。家事工作室实施家事调解员持证上岗制度、家事工作集中会商制度、调解案件以奖代补等三项制度。2018年，新建安华镇“安心工作室”等7家家事工作室，至2018年底，全市有序运行的家事工作室共13家。8月，暨阳街道成立“西施娘家人”家事工作联盟，统筹家事矛盾纠纷调处。9月，浣东街道试点推行多方参与的家事纠纷化解机制，明确街道司法、派出所、妇联在家事纠纷化解中的职能。截至2018年底，全市家事工作室接收来电、来访580余次，调解案件61起，调解成功55起，网上调解5起。

“平安家庭”建设 4月，出台《2018年诸暨市“平安家庭”建设“十百千”行动实施意见》，与市家缘婚姻家庭服务中心签订《“蒲公英”平安种子行——“平安家庭”创建活动项目》，以“蒲公英圆桌会议”的形式构建10个典型的村（社区）宣教载体、2个“平安家庭”宣教小公园、10个村（社区）宣传点、2个派出所家事调解室。9月，开始组织开展“家庭说法”大讲堂活动，镇街妇联、机关妇委会根据实际需要点单邀请“家庭说法”宣讲团成员宣讲。利用春节、“三八”维权周等节点组织系列普法宣传活动。截至2018年底，共举办法制讲座31期，受训6000人次；开展法律咨询12场，参与妇女3400人次；举办文艺会演4场。

“七彩玫瑰”志愿活动 4月，下发《关于完善“七彩玫瑰”志愿队伍，深化“七彩志愿行动”的通知》和《关于组建七彩玫瑰宣讲团的通知》，实行星级管理，6月，组建由35人组成的市“七彩玫瑰”宣讲团，进文化礼堂、进社区、进家庭、进学校。至2018年底，市镇已组建七彩巾帼志愿队568支，登记注册人数6589人，开展各类家园建设活动538次。

移风易俗我代言活动 9—10月，开展大型移风易俗我代言活动，全市各地各界妇女3余万人通过海报代言成为移风易俗的形象代言人，经微信朋友圈转发直接浏览量达14万人次。百余名女干部、女企业家带头签订《移风易俗承诺书》。

“最美文明实践”大型融媒体直播活动 11月16日，市妇联联合市委宣传部在西施故里举办大型融媒体直播活动。宣传村嫂志愿者、枫桥大妈、小镇巧妇、直埠“好妈妈”、“红色村嫂”以及创业女性等文明实践典型形象，40余万人观看。

关爱儿童健康成长 “六一”节当天，徐良平、王芬祥等市领导分别到部分小学、幼儿园看望慰问少年儿童及教职工。“六一”期间，全市共捐资51.34万元，结对贫困儿童1746名。“紫玫瑰”志愿服务队面向有困难的妇女、儿童等弱势群体开展关爱行动，启动“壹心”关爱儿童项目，前期共帮扶20户困难妇儿家庭。

诸暨市首个专业性社会组织进驻妇联所属工作活动中心 3月，心起点婚姻家庭指导服务中心正式入驻省家庭教育宣传指导工作站，这是诸暨市首个专业性社会组织以独立运营者身份进驻妇联所属工作活动中心。一年来，开设“心起点诸暨家庭教育指导站—橙色亲子课”体系，志愿者接访接待、举办线上线下公益讲座等系列活动。

家庭教育宣传和服务 2018年，组织“家庭教育进文化礼堂”“家庭教育圆桌会”“青玫瑰助你成长——家庭教育知识进镇街”公益活动、家庭教育大讲堂等活动近300场，受益人数10万人以上。和美家教平台累计推送家庭教育方面精品文章1500多篇。5月，和美家教平台在浙江省家长学校总校启动仪式上成为省教育厅面向全省家长推荐的家庭教育线上平台之一。《让家庭教育搭上移动互联网快车》一文入选浙江省教育厅教研室浙江省深化基础教育课程改革协同德育典型经验汇编。6月19日，家庭教育研究会联合和美家教平台举办2018“赢在高考志愿填报”大型直播讲座滨江初中举行，现场观众100多人，在线观众达8.1万以上。2017年9月至2018年6月间，越民生义工团开展10次针对山区家长的家庭教育讲座。8月底，启动诸暨市首届家庭教育微课比赛，征集10分钟以内家庭教育数字资源，共计选送47件作品，评审优秀作品34件在暨阳女性微信公众号上展播。10月，启动“每天陪伴一小时”亲子公益大型活动，持续参与达1万余人次。（应敏利）

【市科协】概况 2018年，市科协团结和动员全市广大科技工作者，紧紧围绕党委、政府的中心工作，扎实努力，开拓创新，全面履行新时代科协“四个服务”职责定位，坚持“学会、科普、智力”三轮驱动，积极推动诸暨经济社会高质量发展。

院士专家工作站建设 5月，对全市12家2017年前建站院士专家工作站进行考核，共计奖补160万元。2018年，新建申发轴瓦、通用海特2家绍兴市级院士专家工作站，国伟禽业、圣翔航空被认定为省级院士专家工作站。至2018年底，诸暨市拥有绍兴市级院士专家工作站15家（包含省级和国家级）、省级院士专家工作站总数4家（包含国家级）、国家级示范站1家。4月9日，绍兴市院士专家工作站建设现场推进会在诸暨召开。12月22日，诸暨市院士专家咨询委员会成立，成员包括19名中国工程院、科学院院士，2名外籍院士，办公室设在市科协。

高层次人才相关信息收集　2018年11月，在浙江大学、北京理工大学、西安交通大学等高校和中俄国际技术创新中心等孵化平台建立院士专家联系点。2018年9月，建立准院士名录，及时掌握每年增选院士动态，重点关注诸暨籍（包括和诸暨企事业单位开展合作关系）的院士参评人选。开展评优争先推荐工作，圣翔航空总工程师王秋丽被认定为绍兴市青年科技英才称号；浙江菲达环保科技股份有限公司教授级高工章烨被评为2018年绍兴市优秀科技工作者先进典型。

人工智能引领创新发展高峰论坛　7月18日，举办人工智能引领创新发展高峰论坛，原中国工程院常务副院长、浙江大学校长潘云鹤院士，国务院大数据首席专家、浙江省计算机学会理事长庄越挺教授，浙江科技学院副院长万健教授及来自政府、企业、学会等380余人参加，活动中，诸暨市与浙江大学软件学院签订院地合作协议，相关企业与省计算机学会、浙江科技学院签订战略合作协议。

首个国家级学会服务站建立　8月11日，在诸暨耀江开元名都大酒店举办中国珍珠产业生态养殖发展研讨会，诸暨市人民政府与中国水产学会签约建立首个国家级学会服务站，作为珍珠产业绿色发展的智囊团和中国水产学会服务诸暨珍珠产业的常设平台，办公室设在市科协。

农村实用人才队伍培育　实施“科普惠农兴村计划”，枫桥镇齐东村杨建成等6户农民获得绍兴市农村科技示范户称号；2018年评定和晋升农民技术职称2675人，15人获评省级农民高级技师，2人获得五星级民间人才称号。

“金桥工程”　围绕乡村振兴战略，2018年组织实施20个“金桥工程”。“金桥工程”坚持“科学技术是第一生产力”的思想，发挥科协人才荟萃、跨部门、跨行业、跨地区、横向联系和网络健全的优势，在科技与经济之间架起“金桥”，促进科技与经济发展有效结合，促进科技成果向现实生产力转化，紧扣服务“三农”，服务创新驱动等工作，体现科技性、创新性、推广性。

《诸暨市2018年实施〈全民科学素质行动计划纲要〉工作方案》4月13日，制定《诸暨市2018年实施〈全民科学素质行动计划纲要〉工作方案》，明确各成员单位的目标任务，落实工作职责，纳入各成员单位和镇乡（街道）工作目标责任考核内容，由科协负责考核。

科普工作　12月3日，对米果果农业科普教育基地、同文少年农科院、金眸子微电影博物馆等7个项目进行立项奖补，奖补金额从8万到2万不等。通过公交车《科学解码》栏目和“诸暨科普”微信公众平台开展科普宣传。5月28日，组建诸暨市科普讲师团（共有50人），开设诸暨市“科普大讲堂”，全年在机关、社区、企事业单位、农村、学校开展62场科普报告、技术培训活动。以青少年为重点对象，5—9月，组织开展老科学家科普报告会、校园科学达人大赛、校园科技节、流动科技馆等系列活动。11月，组织开展2018年诸暨市青少年科技创新大赛，收到971件作品，并推荐7个优秀作品参加省赛，获得省级科幻画一等奖1个、三等奖2个，省级科技创新作品二等奖1个、三等奖6个。9月15—21日，组织开展科普文艺下基层、送科技服务下乡、全民科学素质问答比赛等全国科普日系列活动，共有2万多人参加。诸暨市科协作为优秀组织单位受到中国科协表彰。

▲5月28日上午，首次亮相的诸暨市科普讲师团20位成员走进浣东街道东盛社区，义务向市民开展科普宣传活动。科普讲师团设健康保健组、农业技术组、生活常识组，团员任期2年。　（王晓铭　摄）

学会工作和学会活动　11月，市科协对7个重大学术活动、4个创新驱动助力工程进行立项奖补，11个项目共计奖励资金28万元，在星级学会考核中严格落实各项考核指标，考核不合格的学会第一年下发学会提醒函，要求调整理事成员，连续2年考核不合格的不再列入科协业务主管单位行列。配合诸暨市社会组织党组织组织力指数动态评价工作，市科协业务主管的市计算机学会等3个学会纳入第一批组织力指数评价社会组织名单。2018 年 5 月，市珠算协会组织开展浙江国际珠心算大奖赛，来自全国 10 省市（自治区）251 名优秀小选手参加。1—10 月，市心理卫生协会组织实施 71 场心理科普讲座进乡镇活动，参加人数 7000 余人。9 月，市计算机学会组织云计算大数据与数字经济创新发展活动，参加人员合计 300 余人。

科技馆设计方案征集和论证 8 月 7 日，确定诸暨科技馆项目可研报告编制单位为华汇工程设计集团股份有限公司。9 月 7 日，组织相关专家对公开征集到的 15 个概念性设计方案进行评审，评选出一等奖 1 名、二等奖 1 名、三等奖 2 名。9 月 14 日，完成项目基建账户开设公开招投标工作，中标单位为诸暨农商银行。9 月 26 日，组织浙江省科技馆、绍兴市科协，绍兴科技馆专家对修改完善后的概念性设计方案进行论证。

诸暨市社会心理社区体验馆建设 11 月，在东盛社区建立诸暨市社会心理社区体验馆。面积 250 平方米，于 2018 年 11 月正式开馆，开馆后至年底有 1000 余人次体验该项目，是我市首家心理体验馆。

“大调研、大走访、大服务”活动 6 月，市科协对暨阳街道 17 个社区、13 家规上企业、1 家产业聚集区、4 所学校及 2 家其他单位围绕产业发展、体制机制、公共服务、社会治理、环境优化等方面进行走访调研，共收集意见建议 29 条、集中发展问题 69 条、平安问题 23 条、发展项目 3 条。

科协基层组织建设 建立健全乡（镇街）道科协组织，至 2018 年 9 月底，全市 27 个镇乡（街道）、34 个居委会、32 个社区、467 个行政村科协组织全部完成换届工作。加快企事业单位科协建设工作，至 2018 年底，共建成企业科协 127 家。11 月，建立农林大学暨阳学院科协。（王建锋）

【市侨联】概况 2018 年，市侨联共接待侨界群众来访 30 人次，帮助解决侨界人士就学、就业、出国留学、经济纠纷等实际问题。全年上门看望慰问走访侨界重点代表人士、困难和老年侨眷以及困难群众 120 余人次，发放慰问金及慰问品共计 4 万多元。

侨企考察 4 月初，市侨联赴杭州考察诸暨籍海外归侨的侨企，包括王碧峰的杭州朴盛投资有限公司、骆建军博士的浙江奇创科技有限公司、杨永耀博士的杭州中控集团、黄震的博览公司等侨企，并帮助解决省千人计划专家毛斌博士进驻杭州“诸暨岛”问题。9 月 21 日，市侨联陪同绍兴市侨联主席张小华到诸暨考察诺雷智公司。

文化交流 5 月 2 日，中法书画交流活动在诸暨市西施故里寿崇德艺术馆举行，来自法国的 10 余位书画爱好者和五泄书法协会的会员共聚一堂。5 月 4 日，市侨联和日本诸暨同乡会部分成员参观黄家店村，感受黄家店村红色文化。7 月 1—3 日，组织 2018 年“海外华裔青少年中国寻根之旅”夏令营，共有 24 位美国华裔青少年和家长参加了本次夏令营活动。8 月 10 日，邀请 9 位海外人士参加市侨联党支部党员固定日活动，参观黄家店金萧支队纪念馆。

晨晓艺术与设计学院成立 10 月 21 日，晨晓艺术与设计学院成立仪式暨浙江农林大学建校 60 周年“美的世界·穿越时空师生艺术作品展”开幕式在明珠报告厅隆重举行。诸暨市副市长何鸿成、诸暨市副市长俞越、诸暨市政协副主席王祖勇、浙江农林大学艺术设计学院院长王小德、浙江农林大学暨阳学院院长石道金、浙江农林大学暨阳学院党委书记潘国忠、新西兰华裔艺术家晨晓出席成立仪式。经过数年努力，在市侨联的牵线搭桥下，新西兰华裔艺术家晨晓受石道金院长的邀请回归祖国，回归诸暨并且担任晨晓艺术与设计学院院长一职。晨晓艺术与设计学院将融合中西文化理念，带领学院学子用“艺术”闯出一番天地，培养出更多优秀的艺术人才，共同建设“色彩暨阳”“色彩诸暨”。

侨界中秋联欢晚会 9 月 22 日，市侨联在开元大酒店举办 2018 诸暨市侨界中秋联欢晚会，近 300 位诸暨侨胞、归侨和侨眷参加本次晚会。

留联会换届 5 月 20 日，诸暨市出国留学人员和家属联谊会第四届理事大会清华同方大酒店召开，70 余人参加本次会议。审议通过市留联会第三届理事会工作报告和《诸暨市出国留学人员和家属联谊会章程》，选举产生市留联会第四届理事会会长、副会长、秘书长、副秘书长。杨占银当选为会长，王永潮、毛斌等 17 人当选为副会长，何传生当选为秘书长，刘贤英、何金海当选为副秘书长。

澳大利亚诸暨同乡会二周年庆典 2018 年 10 月 17 日，澳大利亚诸暨同乡会二周年庆典在墨尔本的韦斯特福德公园召开，澳大利亚同乡会会长郭飞霞负责本次庆典活动，共 80 余位诸暨籍华侨参加本次庆典活动。

第十次全国归侨侨眷代表大会 第十次全国归侨侨眷代表大会于 2018 年 8 月 29 日至 9 月 1 日在北京召开，习近平、李克强、栗战书、汪洋、王沪宁、韩正、王岐山等 党和国家领导人出席大会开幕会和闭幕会。中央和国家机关有关部门、军队有关单位、各民主党派中央、全国工商联、各人民团体、北京市负责同志，第十次全国归侨侨眷代表大会代表、海外侨胞特邀嘉宾等共约 3000 人参加开幕会。诸暨市五泄镇华侨、吉尔吉斯斯坦华助中心主任、南方华商商会会长杨彩平受邀参加本次会议。

璜山镇侨联成立　8 月 29 日，璜山镇第一届归侨侨眷代表大会暨璜山镇侨联成立大会在璜山镇政府召开。诸暨市侨联从 2003 年开始设立首个镇乡基层侨联——赵家镇侨联。直至 2018 年底，全市共有赵家镇侨联、枫桥镇侨联和璜山镇侨联 3 个基层侨联。（张　楚）

【市工商联】概况　2018 年，市工商联围绕促进非公经济人士健康成长、推动非公经济企业健康发展，着力做好企业家教育培训、企业调研、工商联组织建设和纠纷调解等方面工作，市工商联连续两年成功创建“全国‘五好’县级工商联”，总商会人民调解委员会诉调对接工作被评为 2017 年浙江省工商联系统亮点工作， 3 家直属商会被认定为绍兴市首批市级“四好”（班子建设好、团结教育好、服务发展好、自律规范好）商会。

教育培训　1 月 30 日，会同市金融办、诺亚财富诸暨分公司共同举办“论好企业”新时代企业精英论坛，邀请尧舜集团总裁郭水尧、万融资本创始人熊俊等作主题演讲，市工商联执常委企业、市新生代企业家、浙大校友等 80 余人参加。5 月 23 日，在前期调研的基础上，围绕企业所需所想，联合市国税局、建管局组织开展建筑业企业“营改增”培训会。8 月 10 日，会同陶朱街道、人社局、国税局召开劳动用工、税务政策法规培训会。9 月 28 日，联合市司法局、绍兴市律师协会诸暨分会、店口镇举办诸暨市“防范企业法律风险、打造最佳营商环境”活动启动仪式暨主题法律宣讲会。11 月 18 日—23 日，会同市委组织部、市委统战部以“转型升级和创新发展”为主题，举办诸暨市新生代企业家“常青藤培育计划”清华大学深圳研究院研修班。12 月 21 日，会同市商务局组织落实“中美贸易摩擦形式分析及应对策略培训会”，全市 150 余家企业参加。

组织建设　4 月 22 日，在沪诸暨青年联谊会成立。调研走访温州商会及班子成员企业，7 月 5 日，指导乐平商会完成换届工作。完成诸暨市东和商会、直埠商会登记备案，至 2018 年底商会镇乡街道覆盖率达 92%。加强商（协）会规范化建设，诸暨市装修业协会、诸暨市江西商会、诸暨市牌头商会被认定为绍兴市首批市级“四好”（班子建设好、团结教育好、服务发展好、自律规范好）商会；诸暨市江西商会被评为市优秀社会组织。做好会员组织管理工作，达成企业会员数占全市私营企业户数 20% 以上目标，并录入全国工商联新版会员组织管理系统。

参政议政　在 1 月 19—21 日召开的政协诸暨市第十四届委员会第二次会议上，市工商联主席张凯歌代表工商联在大会上作《以“一带一路”为统领 加快构建开放发展新格局》的发言。本次会议中，政协工商联界别委员共向大会提交提案 24 件，其中集体提案 1 件、委员单独或联名提案 23 件。工商联集体提案《关于维护“西施故里”历史地位，弘扬“西施文化”时代影响的建议》被评为 2017 年度诸暨市政协优秀提案。7 月 13 日，组织工商联界别政协委员前往牌头镇三保里村开展垃圾分类民主监督活动。

企业调研　根据全国工商联统一部署，4 月，开展第 20 次上规模民营企业调研的组织和申报工作，市海亮集团有限公司、祥生实业集团有限公司 2 家企业入选“2018 中国民营企业 500 强”，4 家企业入围“2018 中国民营企业制造业 500 强”；开展民营企业劳动关系状况、引导民营企业创新驱动发展科技综合服务、优质民企和浙江省境内上市公司专项调研；开展民营企业进入金融领域、浙江省军民融合企业问卷调查工作及“一带一路”典型企业上报工作；配合完成省工商联对诸暨市开展企业投资项目“最多跑一次”改革第三方评估工作。6 月，完成绍兴发展大会诸暨工商界企业家摸排、推荐、邀请和会务工作。

公益活动　开展浙江省（绍兴市）乡村振兴“千（百）企结千（百）村、消灭薄弱村”专项行动，发动民营企业参与结对帮扶工作，诸暨市企业帮扶衢州市 13 个村、新昌县 30 个村 10 个报团帮扶项目全部落地，首批 622 万元帮扶资金全额到位。开展东西部扶贫协作专项工作，基本完成“产业合作”板块投资任务。1 月，组织开展送温暖活动，向老工商业者遗属、结对联系村贫困户、结对社区困难党员和贫困户送上慰问金。诸暨市新生代企业家联谊会在斯民小学先后开展“感恩·立志，2018 与爱同行”、庆“六一”活动并赠送钢琴一架；启动新企联公益基金，举办高温慰问送清凉、徒步爱心行、以“爱心聚汇 筑就未来”为主题的慈善基金拍卖会等公益活动。6月，诸暨市江西商会在诸暨市东和乡舞凤完小设立“诸暨市江西商会公益捐赠点”，成立诸暨市江西商会映山红爱心基金。

纠纷调解　做好商会会员矛盾纠纷调解和企业民商事纠纷调解工作，商会调解向高质、高效、便捷目标推进。加强与人民法院的诉调对接，3月，上线运行“在线矛盾纠纷多元化解平台”。2018年1—11月，商调委共受理各类涉企纠纷案件90件，成功调解89件。先后组织对诸暨江西商会人民调解委员会、装修业协会人民调解委员会调解员的培训、半年度调解工作会议和“在线矛盾纠纷多元化解平台”业务培训，实现商会调解向基层延伸。

交流考察　3月1日，联合诸暨市检察院召开服务非公企业工作座谈会，邀请企业家和律师代表参会并围绕依法平等保护民营企业产权、营造法治化营商环境、构建亲清新型政商关系等问题反映诉求、建言献策。3月14日，江西省工商联副主席周爱华带队调研诸暨市商会调解工作；浙江省、绍兴市工商联领导，贵州省仁怀市工商联先后到诸暨考察交流。先后与贵州省仁怀市工商联（总商会）、吉林省东辽县工商联（商会）缔结友好商会。

新生代企业家联谊会　2018年，诸暨市新生代企业家联谊会（以下简称新企联）新发展理事15人，至2018年底共有理事106名。新企联实施副会长、常务理事和秘书处季度轮值制，建立新生代企业家数据库，先后举办“不忘初心，携手同行——为新时代·新生代打CALL”主题年会、两次线下专题读书和学习分享会。3—5月，与温州市泰顺县青年企业家开展以“青春相聚最美廊桥 两地交流共话发展”为主题的学习交流活动，与上虞区新企联开展学习交流和篮球友谊赛。7月，举行一届三次理事大会暨两周年庆，邀请海亮集团董事局主席冯海良、海亮股份有限公司董事长兼总经理朱张泉作主题演讲。　（沈　彬）

【市文联】概况　市文学艺术界联合会有8个直属协会：作家协会、书法家协会、美术家协会、摄影家协会、民间文艺家协会、诗词楹联学会、音乐舞蹈家协会、戏剧协会；7个管理协会：浣纱文学读书会、油画家协会、诸暨印社、王冕研究会、五泄诗画研究会、濂溪文化研究会、望烟书画院。2018年，市文联在市委、市政府的正确领导下，市文联和所属各文艺团体协会以深入学习贯彻中共十九大精神为主线，深入推进“两学一做”学习教育活动。面向基层，服务群众，认真履行联络、协调、服务职能，全面完成各项工作任务，为打造“文化诸暨”，繁荣地方文艺事业做出了积极的贡献。2018年，诸暨市在绍兴市级以上发表、入展、入选、获奖文艺作品达161件，省级以上发表、入展、入选、获奖文艺作品55件。

文艺精品工程　2018年，市文联向诸暨市实施文化强市战略领导小组申报文艺精品工程6项，其中广播剧《毛泽东与诸暨》实施跨年度打造，冲刺国家级奖项；至年底，口述史《历史的逻辑——四十人口述诸暨40年》完稿交出版社。

全省首个在县级市举办的浙江文学院青年作家班　7月12—16日，市文联与浙江文学院合作，在诸暨市委党校推出为期一周的封闭式作家培训班——“浙江文学院青年作家诸暨班”，这是浙江文学院在全省推出的首个在县级市举办的青年作家班，邀请全国十几位著名编辑、作家讲课，35位诸暨青年作家参加培训辅导。

书法和摄影骨干培训　2018年，书法青年骨干沙龙班推出4期作品点评和辅导，分别邀请省书协赵雁君、许洪流、骆恒光、何涤非等书法家作作品点评和辅导，共有书法青年骨干200余人次参加。摄影骨干团队备战省十七届摄影大展开展多次作品辅导和培训，共有180人次参加。

小说散文和诗歌笔会　11月21—23日，12月9—12日，分别在同方大酒店举办2018年度“西施故里—诸暨”小说散文和诗歌笔会2场，邀请《当代》《山东文学》《安徽文学》《浙江散文》《十月》《浙江日报》《诗刊》《辽河》《泉州文学》《上海诗人》《江南诗》《草堂诗刊》主编或编辑，共60余位作者参加。

文艺创作成果　2018年，全市有14件摄影作品入选浙江省第十七届摄影艺术展入展公示名单，并获得金奖2件、银奖2件、铜奖1件；浙江省书协举办的“陆维钊奖”第八届中青年书法展，5人入展，6人入选，1人获奖；吴江辉的短篇小说《甘草》在2018年第六期《人民文学》发表；2018年12期《散文百家》推出“诸暨散文展”，刊登8位诸暨作者的作品。陈强著的《杨维桢与水浒》《南楼美人——杨维桢笔记小说选编》2018年4月由团结出版社出版；陈强著《清气满乾坤——枫桥三贤的清廉风范》2018年9月由辽海出版社出版；马伯成主编的散文集《岭北记忆》2018年4月由浙江文艺出版社出版；边建松著的《海子传：幻象与真理》2018年5月由河南文艺出版社出版；梅芷著的长篇小说《如意碎》2018 年 1 月由中国言实出版社版；梅芷小说集《我就不信》2018 年 12 月由团结出版社版；许伟君著的历史文化散文集《思想的土地》2018 年 4 月由浙江古籍出版社出版。余全耿著的《余缙传》2018 年 10 月由浙江工商大学出版社出版。王辉著的《望幞峰》2018 年 4 月由中国文史出版社出版。王晓铭著的《骑游诸暨》2018 年 1 月由浙江工商大学出版社出版。周光荣著的《跑步日记》2018 年 2 月由浙江工商大学出版社出版。

征文比赛和书画摄影展　5 月 9 日至 9 月 30 日，市文联、市作协举办“我所经历的改革开放”征文比赛，收到参赛作品 40 多件；7 月 17 日，五泄诗画研究会举办“北承南接”诸义杭浦 4 县市书画联展，137 件作品参展；8 月 20 日，市文联联合市书协、美协、摄影家协会、诗词协会共同举办“诗书画影写诸暨”纪念改革开放四十周年、八八战略十五周年书画摄影展，150 余件作品参展；10 月 23 日，联合中共诸暨市委组织部等单位举办“乡村传奇、美丽蝶变”“五星 3A”创建镇街巡礼摄影展，以摄影作品配诗歌的形式，展现诸暨市 27 个镇乡街道的新风采，80 件作品参展；11 月 16 日，与市纪检监察委、机关党工委联合推出“书画写清廉”书画展，展出 68 件作品。

送展、送书下基层活动　全年开展送春联、送展、送书、送戏、送讲座进村、进社区等各类活动共计 70 余场次，送春联 1 万余对、书籍 300 余册；开展书法美术“专家义诊”10 次，举办各类书法展、美术展、摄影展 10 次。9 月 28 日，组织所属协会开展“新时代 新乡风”主题创作活动，将 100 幅书画作品送到基层展出。

诸暨市镇乡乡土文化系列丛书编撰　整理和挖掘乡土文化，2015 年开始与市文明办合编“诸暨市镇乡乡土文化系列丛书”，“诸暨市镇乡乡土文化系列丛书”共 28 册，内容包括地理、风物、建筑、乡贤、名产等，突出人文性、趣味性、可读性，图文并茂、通俗易懂，主要面向全市中小学生和基层干部群众发行。至 2018 年底，丛书全部完成出版。

《浣纱》杂志编印　2018 年，共编印《浣纱》6 期。2018 年度“浣纱文学奖”共评出 10 件优秀文艺作品。12 月 22 日，举办《浣纱》读者见面会暨 2018 年度“浣纱文学奖”颁奖仪式。

诸暨人文大讲堂　探索主题化、系列化、专业化做法，采用经费包干等办法，使人文大讲堂真正成为诸暨文艺爱好者的大学堂。2018 年，邀请陈汉波、仲富兰、徐海蛟、东君、许洪流等文艺名家到诸暨讲学，共举办文学、书法、美术、摄影、戏剧等各类讲座 15 期，听讲总计 500 人次。

西施文化研究　2018 年初制订《西施文化研究三年行动计划》，2018 年 4 月启动《西施史证》宋代以前有关西施的典籍资料编纂工作。与旅游部门联合展开西施文化品牌建设、旅游产品开发。2018 年 2 月在《浣纱》杂志推出“西施文化专栏”，推送有关西施文化的史料文字。10 月 11 日起，联合市旅游集团有限公司和“在诸暨”开展“西施史迹”走访活动，历时 2 个月，走访绍兴、萧山、苏州等十几个地方，参访 40 余人，并在网络平台推送，扩大西施故里在诸暨的影响力。　（楼海霞）

【市社科联】概况　2018 年，诸暨市社科联深入开展学术研究和交流，成功举办全国性学术研讨会 2 场，《枫桥经验与乡村治理现代化》课题被中国社会治理智库“百村社会治理调查”重大项目立项，省级课题《“最多跑一次”改革的探索实践》完成结题。强化基地建设，推动 5 家诸暨市级社科基地升格为绍兴市级基地，至 2018 年底，全市拥有社科基地 40 家，其中省级基地 1 家，绍兴市级基地 10 家，诸暨市级基地 29 家。在 2018 年度省社科联对县市工作的测评中，诸暨市社科联被评为优秀单位。

乡村振兴与社会治理研讨会　6 月 10—12 日，由北京师范大学中国教育与社会发展研究院和诸暨市人民政府联合主办，诸暨市社会科学界联合会、诸暨市枫桥经验发展研究中心承办的全国性社会治理研讨会在诸暨开元大酒店举行。会议聚焦实施乡村振兴战略中社会治理的理论和实践问题，深入研究“枫桥经验”在乡村社会治理中的创新性发展，探讨新时代乡村社会治理现代化路径。第十届全国人大常委会副委员长、中国关心下一代工作委员会主任、北京师范大学中国社会管理研究院咨询委员会顾问顾秀莲，北京师范大学校务委员会副主任陈光巨和诸暨市委副书记、市长王芬祥分别致辞；国务院研究室原党组书记、主任，北京师范大学中国社会管理研究院社会学院院长魏礼群发表主旨演讲。来自中国人民大学、北京师范大学、北京联合大学等 10 多所高校，以及国家发改委、民政部等多个国家部门和新华社、人民日报社、光明网等多家媒体共 63 人参加本次研讨会。诸暨会议结束后，由北师大为主起草的《关于新时代坚持和发展“枫桥经验”的建议》材料上报中央，获得中央多位领导批示。

第八届西施文化节开幕式、西施文化的传承与弘扬研讨会 12月4日，中国·诸暨第八届西施文化节开幕式、西施文化的传承与弘扬研讨会在诸暨开元大酒店举行。本次会议由诸暨市人民政府、中国西施文化研究中心、浙江省非遗保护中心、北师大中国史研究中心、浙江省非遗保护协会主办，诸暨市社科联、诸暨市文广新局承办。十二届全国政协文史和学习委副主任、浙江省政协原主席周国富出席开幕式并讲话，诸暨市委副书记、市长王芬祥，北师大中国史研究中心副主任宁欣以及浙江省非遗中心主任郭艺分别致辞；诸暨市人民政府副市长俞越宣布西施文化征文获奖名单；文汇报高级记者、上海著名文化学者钱汉东向西施殿赠送印章，周国富宣布"中国·诸暨第八届西施文化节暨西施文化的传承与弘扬研讨会"开幕。之后，中国社科院学部委员、北师大特聘教授、博导王宇信发表主旨演讲；来自中国社科院历史所、北师大历史学院、华东师范大学历史系、绍兴市越文化研究会、桐乡市名人研究会、上海大学的专家学者在论坛上发言。会议同时邀请西施由越入吴沿线的4个城市代表、西施文化征文的获奖作者以及诸暨市社科文化界人士共72人参加。

全省首个"社科之家"建成 11月17日，浙江省首个"社科之家"在诸暨市滨江路19号落成。省社科联办公室主任刘东参加落成仪式并讲话，省作协《浙江作家》执行主编海飞作"社科讲堂"首场讲座。落成当日，举办小型社科展览，诸暨市社科联徽标同步发布。"社科之家"总面积200余平方米，按照图书借阅、新书配送、资料查询、会议讲座等功能定位，分别设置公共图书馆分馆、新华书店连锁点、地方文献室、沙龙会议厅等。

"浣江雅集"项目获评省级创新项目 11月17日，市社科联创新策划实施"浣江雅集"社科普及项目。"浣江雅集"涵盖社科讲堂、新书分享、专题悦读、艺术鉴赏、学术沙龙等多个子项目。"雅集"项目启动后，中国社科院学部委员王宇信、全国公安文联创作室主任李炳天、浙江省公安厅副厅长金伯中和海飞、宫敏捷、陈汉波等一批专家学者走进社科之家，指导"浣江雅集"开展活动。2018年年底，在全省社科系统创新项目评比，诸暨市"浣江雅集"项目获评2018年度"浙江省社科普及创新项目"，绍兴市共2个项目入选。

5家社科基地通过绍兴市级验收 2018年底，绍兴市开展社科基地评估，诸暨市申报的中国香榧博物馆、大唐袜艺文化体验馆、浣纱小学西路乱弹教学传承基地、裕昌号民间艺术馆、同山镇丽坞底文化礼堂等5家社科基地通过验收，被命名为绍兴市社科普及基地。

《2017诸暨社科集粹》出版 《诸暨社科集粹》是市社科联定期编撰的社科研究成果集，每年一卷，主要梳理诸暨本土历史文化方面的研究成果。《2017诸暨社科集粹》分"三贤研究""史海钩沉""暨邑故实""人物春秋""浣溪文踪""史事旧闻""风物民情"等7个栏目，共计20万字，2018年6月由浙江古籍出版社出版。

西施文化资料编印和对外宣传 通过编印资料文集、举办主题征文和协助拍摄电视节目形式，进一步弘扬西施文化，讲好"西施"故事，让更多的人了解西施故里在诸暨这一历史事实。7月，牵头完成《西施故里诸暨有话说》（第一辑）资料集的编印发行工作，用大量的典籍文献、专家论述、媒体文章等，驳斥萧山的文化造假。9月10日，在《光明日报》和《浙江日报》等媒体上发布征文启事，以西施故里诸暨市的名义向全国征文，得到山东、湖北、福建等20余个省市学者的支持，共收到征文51篇，最后评出获奖征文14篇。12月，举办"西施文化的传承与弘扬"研讨会，对获奖文章进行表彰。6—7月，协助中央电视台四套《城市一对一》高端谈话节目拍摄诸暨地方文化。该档节目采取诸暨和英国考文垂市对话的形式，用45分钟的时间，多角度、全方位展现以西施故里著称的诸暨，和以"马背上的葛黛瓦夫人"著称的考文垂的城市魅力。10月14日，该节目通过央视中文国际频道面向全球播出。

（俞钟铭）

【市残疾人联合会】概况 至2018年底，全市有各类持证残疾人24815人，其中视力残疾2506人，听力残疾2386人，言语残疾1306人，肢体残疾11895人，智力残疾2779人，精神残疾3334人，多重残疾609人。

两项补贴和帮扶慰问 实施"两项补贴"（困难生活补贴、重度护理补贴）政策，全市共有9100名残疾人享受困难生活补贴，9050人享受重度护理补贴，发放资金3391.71万元。对全市持证残疾人实施大病医疗保险和意外伤害补充商业保险40多万元，做到应保尽保，应赔尽赔。帮扶残疾学生及困难残疾人家庭子女125人，发放助学金48万余元。店口镇为全镇1250名残疾人购买人身意外保险18.18万元。各级领导在重要传统佳节和残疾人节庆日，开展送温暖走访慰问活动，累计发放慰问款物48万多元。

残疾人就业创业　推动残疾人按比例就业，经审核确认，全市500多家用工单位共安置残疾人1567名。对未达到安置比例要求的用人单位，依法征收残保金近8798万元。3月16日，在店口人力资源市场举行残疾人就业专场招聘会，26家企业提供不限人数的多种就业岗位，与企业达成就业意向73人。规范残疾人庇护中心运营管理，2家省级阳光庇护中心接纳40多名精神、智力残疾人，发放财政扶持资金80余万元。10月，给予47名自主创业的残疾人一次性创业补助23.5万元。2018年，举办各种类残疾人培训27次，受益残疾人423名。

残疾人康复服务　2018年，向12680名残疾人提供基本康复服务，向2390名残疾人提供助听器、助视器、轮椅、盲杖、安装假肢等辅助器具服务，100多名盲人得到“定向行走”技术训练，1230名精神残疾人免费服药全覆盖，100名残疾儿童得到抢救性康复服务，发放康复补助143.42万元。7月份，出台2个康复惠残文件，为浣东、枫桥、应店街、江藻、马剑、璜山、同山7个基层康复中心的规范运行提供政策保障，向174名残疾人和趋残人士提供精准的早期康复服务，发放康复救助资金64万余元。至年底，完成社区精准康复省级试点工作，得到省残联领导的高度肯定。

省市特奥会及全国残疾人赛艇皮划艇锦标赛中获佳绩　6月26—27日，绍兴市第二届特殊奥林匹克运动会暨省第十届残运会运动员选拔赛在诸暨市职教中心举行，来自绍兴市6个区、县（市）代表团的76名智障残疾人运动员参加田径、乒乓球、羽毛球、滚球等4个大项17个小项的角逐，最终产生44块金牌、44块银牌、34块铜牌。诸暨市以37金15银9铜位列团体第一名。10月23日，诸暨代表绍兴市参加浙江省第十届残运会的特奥项目比赛，获23金11银3铜，团体总分名列第一。11月7日，侯均乐在全国残疾人赛艇皮划艇锦标赛上获1银2铜的好成绩。

文化助残　2018年，文化助残“五个一”（残疾人读1本书、看1份报刊、游1次公园、参观1次展览、参加1次文化活动）活动受益420人以上，特殊艺术进农村文化礼堂巡演6场，每个村（社区）开展残疾人文体活动2场以上，残疾人社区文体活动参与率达到87%。适龄残疾少年儿童学前教育入学率达到100%、义务教育入学率达到100%、高中教育入学率达到100%；5月18日，组织特殊学校近200名师生赴东和乡十里坪感受全国非遗“西路乱弹”、参观农耕博物馆，市图书馆给近20名聋人讲解助视器、听书器的使用方法，并免费办理读者证。在第28次全国助残日活动期间，全市镇乡（街道）残联和相关部门提供康复服务3192人，走访慰问2547人，爱心捐赠32万多元，教育培训3520人，结对帮扶428人。

残疾人权益保障　2018年，向398名残疾人发放机动轮椅车燃油补贴10万余元，向202户特别困难的残疾人家庭提供量身定制的无障碍设施改造；通过吾欣社会工作服务中心团队，给浬浦等镇的5户贫困家庭改善无障碍家居环境，社会捐助资金共计近6万元。8月6日，暨阳街道凤凰社区被省政府残工委命名为“浙江省无障碍社区”。做好各信访平台投诉、维权热线工作，市残联窗口接处咨询2000多人次，接待平台信访26件次，信访办结率100%，满意率达到95%以上。

信息化建设　年初，市政府十大民生实事项目——《残疾人康复服务工程》在两会上票决通过，财政下拨资金1000多万元，为全市持证残疾人建立“爱心家园”无障碍信息平台，人手配备一台智能服务终端，同步建设智慧残联大数据管理系统，打造“互联网+”服务模式，实现全市残疾人数据精准化、管理高效化、服务精细化。做好数据动态更新和收入状况监测工作，及时了解残疾人家庭的现状与变化情况，正确掌握残疾人全面小康水平的实现程度，完成27个镇乡（街道）、547个村（社区）的24021名残疾人信息数据采集，入户率达98%以上。

“最多跑一次”细化落实　细化落实“最多跑一次”5个事项9个子项，残疾人有补证、换证和康复救助需求，只要携带身份证及相关材料到村便民服务中心即可受理。全年共核发残疾人证1785本，一窗受理平台补发、换发证89件次，上门评残9次，共计服务88人次，真正实现就地受理远程办结。

组织建设　2月9日，召开市残联第七次代表大会，187名代表与会，选举产生第七届残联主席团委员和出席绍兴市残联第七次代表大会的代表，副市长何鸿成当选为市残联第七届主席团主席，同时推举产生第七届执行理事会理事长、副理事长和一名兼职副理事长、两名挂职副理事长。市残联党组书记冯伟明当选为残联理事长。大会还聘请市人大常委会主任姚汉松、市政协主席郭浩良担任主席团名誉主席。

镇乡(街道)残疾人专职委员配备 11月22日，出台《诸暨市残疾人专职委员公益性岗位使用和管理实施细则》，明确全市每个镇乡（街道）配备1个残疾人专职委员。12月底，第一批招录的8个残疾人专职委员经培训后上岗。（袁小平）

【市红十字会】概况 2018年，市红十字会围绕“三救”（救灾、救助、救护培训）、“三献”［无偿献血、造血干细胞捐献以及器官遗体（组织）捐献］核心工作业务，重点做好应急救护体系、志愿服务体系、赈济救助体系、基层组织体系建设工作，同时组织实施中国红十字总会生命安全健康教育基地项目建设，有效发挥党和政府在人道领域的助手作用。2018年，市红十字会收到捐赠款物共353.21万元，发放捐赠款物共417.15万元；慰问救助贫困家庭（学生）171户，发放救助款物30.66万元。

应急救护体系建设 提前完成绍兴市十大民生实事工程之一全市公共场所AED(自动体外除颤器)配置工作。全市首批18台AED至9月27日全部安装完成，并同步完成设点单位324名工作人员操作技能培训。联合协调相关部门，主要针对高危行业、重点人员和重点领域推进应急救护培训，全年共组织5次培训，受训总计195人。推动救护知识进文化礼堂，提高农民群众应急救护知识普及率，逐步提高农村持证救护员比例。2018年度完成救护员培训发证6125人，普及5.31万人。

志愿服务体系建设 2017年12月21日，召开红十字会志愿服务队长会议，确定2018年度红十字志愿服务活动计划。全年开展无偿献血宣传、造血干细胞集中采样、器官遗体捐献、应急救护知识普及、应急救援进景区、关爱留守儿童、美丽乡村博爱行、新春送暖博爱送万家等志愿服务活动657次；7月1日，启动红十字应急救援队夏季水上救援志愿项目，在重点时期重点时段对浦阳江流域的重点河段进行防溺水巡护活动；参与养老志愿服务，推进关爱老人志愿服务村级项目试点工作，确定赵家镇泉畈村、东溪村，枫桥镇枫源村、东和乡十里坪村、璜山镇璜山村等5个村作为实施红十字关爱老人志愿服务项目试点村。

▲3月1日，红十字美丽乡村博爱行活动——应急救护演练在次坞镇里亭村文化礼堂举行，这是演练现场（汤爱 摄）

赈济救助体系建设 加强与爱心企事业单位的交流与合作，策划实施人道公益项目。1月，探索建立村级“博爱基金”，基层红十字组织筹资实现新突破；4月，新设立“平安基金”和“爱尔眼科光明基金”2个专项基金；利用2016年搭建的网上捐款平台和义卖小店，继续筹划网络筹资，并严格落实信息反馈和信息公开制度。

红十字信息化建设 3月，结合微信公众号开通“器官遗体（组织）捐献登记”系统，实行“无纸化登记、电子卡为凭”，让捐献志愿者实现2分钟完成登记。5月，网上捐赠平台和爱心义卖微店上线后，开发救护培训、红十字志愿者管理服务、红十字会员管理服务等3个信息系统，丰富和完善红十字网上工作平台。信息化建设工作走在全省红十字系统前列。

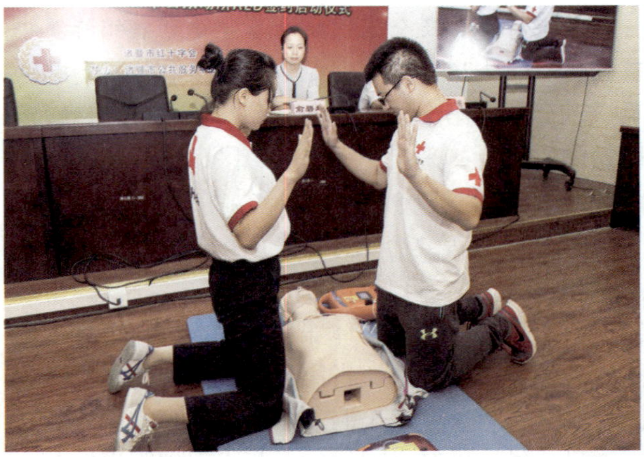

▲红十字会关爱生命“救”在身边2018年“世界急救日”主题宣传暨全市公共场所AED（自动体外除颤器）签约启动仪式上，工作人员在作AED使用演示（陈一江 摄）

文化传播体系建设 组织和参与“5·8”世界红十字日、“6·14”世界献血者日、“6·19”全国安全生产月主题日、“9·8”世界急救日宣传活动，广泛宣传“人道、博爱、奉献”的红十字精神。发挥网络作用，实时更新诸暨市红十字会网站，在红十字会微信公众号及时发布红会信息；借助公交媒体，在全市公交车上循环播放红十字公益广告。2018 年，在《诸暨日报》、诸暨电视台等媒体刊登信息 16 则，在“诸暨发布”刊登信息则 9 则，在省级及以上媒体刊登信息 16 则。

组织体系建设　5 月，召开四届四次理事会，更换部分理事，选举产生常务副会长和副会长。4 月 25 日，制定下发《诸暨市红十字会关于实施“红十字强基工程”大力推进基层组织示范化建设实施方案》（诸市红〔2018〕11 号），推进基层组织和会员队伍建设。5 月 3 日，完成首批团体会员申报工作，31 家卫生系统单位成为市红十字会团体会员单位。全市乡镇和学校红十字会建会率均达 100%。

特色项目建设　10 月，实施中国红十字总会生命安全健康教育基地项目，以“学校 + 社区”救护员培训为重点，组织开展一系列安全教育和体验活动，提升学生、家长及公众的安全意识和应急救护技能；1 月，在诸暨市枫桥镇与公安局共建集知识展示与学习、情景模拟与体验等多功能于一体的面向公众的安全教育体验馆，该馆于 11 月建成，面积 980 平方米，综合运用人工智能、虚拟现实、云技术等先进技术手段和信息化、智能化的管理系统，真实模拟各类自然灾害、突发事件的现场，通过公众身临其境地参与和体验、人机交互学习，学习和掌握防灾避险、自救互救、消防安全、交通安全、家居安全、防溺水、防踩踏等防灾避险技能。至 2018 年底，体验馆共接待 12000 余人次；12 月，在东和乡十里坪村建设“博爱家园”，“博爱家园”是红十字会在非紧急状态在植根于基层的一个重要平台，将防灾减灾、应急救护、健康促进、人道传播等与人民群众生活密切相关的生命保护理念带入基层，将红十字会应急救援、应急救护和人道救助的核心业务融入百姓，包含救灾备灾仓库、志愿服务参与养老服务基地、留守儿童阳光乐园、博爱书房、救护培训基地等区块，探索红十字参与城乡社区治理工作新机制。

“三献”情况　2018 年，全市器官遗体捐献登记 65 人；造血干细胞捐献登记入库 256 人份；实现器官捐献 1 例、遗体捐献 7 例、角膜捐献 3 例。

（俞玉颖）

【市慈善总会】概况　2018 年，诸暨市慈善总会各项收入合计 5185.5 万元，其中市本级捐赠收入 3418.7 万元（含冠名基金收入 2317.2 万元，日常和定向捐赠收入 793.2 万元，实物捐赠收入 308.3 万元），镇乡分会和系统互助基金捐赠收入 757.9 万元，本金保值收入 1008.9 万元。全年慈善公益服务支出总额 3564.6 万元，其中市本级支出 2932.6 万元（含冠名基金支出 1313.6 万元，定向支出 753.2 万元，实物捐赠 308.3 万元，慈善项目支出 557.5 万元），镇乡分会和系统互助基金支出 632 万元。共惠及群众约 63000 人次（不含省外援救助人数）。

慈善募集　慈善募集包括慈善基金、慈善项目、定向捐赠和网络捐赠。2018 年上述各项慈善募集情况如下：

慈善基金　共建立冠名基金 91 个，总额达到 3560.8 万元，其中村级互助基金 4 个。此外，27 个镇乡（街道）慈善分会规范转型为公益基金或互助基金。

定向捐赠　引导社会性捐助走慈善定向捐助渠道，做好东西部扶贫定向捐赠工作，向四川金川县捐赠实物合计人民币 380 万元。

网络捐赠　自 2016 年开通支付宝捐赠以来，至 2018 年底，累计收到 101.4 万元爱心善款，其中 2018 年 43.17 万元。弱势群体能借助轻松筹、水滴筹等线上众筹平台开展个人自救，据不完全统计，以轻松筹为例，诸暨范围内共发布个人自救项目十余个，募得善款近 300 万元。

慈善救助　慈善救助包括慈善助医、慈善助学、慈善助困和慈善援建，2018 年上述各项慈善救助情况如下：

慈善助医　全年慈善助医共支出 317.5 万元，救助 552 人，其中白血病患者 54 人，支出 108 万元；儿童先天性心脏病患者 14 人，支出 7 万元；妇女两癌（乳腺癌、宫颈癌）患者 1 人，支出 0.5 万元；在册学生恶性肿瘤患者 8 人，支出 16 万元；贫困家庭恶性肿瘤患者 32 人，支出 32 万元；肾、肝移植者 35 人，支出 70 万元；系统性红斑狼疮患者 3 人，支出 3 万元；贫困尿毒症血透、腹透者 405 人，支出 81 万元。

慈善助学　全年慈善助学共支出 123.8 万元，惠及学生 3661 人。儿童节前夕，向市特殊教育学校捐赠爱心物资共计约 5 万元；向 4 所外来建设者子女集中学校的 2571 名学生赠送人均 30 元左右的文具用品，支出约 6 万元。7 月 28 日、8 月 28 日，先后开展贫困家庭大学生助学，共资助 177 名大学生，支出善款 88.5 万元。9 月初，向全市登记在册的 763 名困境儿童（含孤儿）发放每人 3000 元的助学金，共支出善款 22.89 万元。

慈善助困　全年市级政策性助困支出达 131.4 万元。5 月初，联合市民宗局开展困难民族婚姻家庭慈善帮扶，共帮扶 46 人次，支出善款 9.2 万元；实施“善行 365”慈善援助项目，帮扶救助 26 人次，支出善款 20 万元；联合市民政局开展大中型水库移民困难群众临时性救助，共救助 111 人次，支出善款 102.2 万元。

慈善援建　通过镇村申请、总会实地走访、驻会会长会议讨论，对同山镇中源村等 7 个村的 8 个自来水泵房予以全额慈善援建，总投入超过 170 万元。

慈善活动　春节“慈善春暖”系列行动 腊八节前夕，开展“情暖腊八，善行暨阳”慈善施粥活动；元旦期间，联合老年书协开展送春联下乡活动，共送出春联 300 多幅；春节前期，各镇乡公益基金、系统互助基金开展年终帮扶慰问活动。暑期“圆梦计划”7 月 28 日、8 月 28 日，先后开展历届大学生和大学新生助学活动。当年共有 44 名大学新生由祥生圆梦公益基金和夏滨爱心基金以“微爱认领”的方式结对助学。“清凉一夏”“温暖一冬”慰问活动 7 月上旬，“清凉一夏”面向城区、店口、大唐、草塔和枫桥的环卫工人，以及全市的公交司机，赠送价值 45 元左右的清凉物资；11 月下旬，“温暖一冬”活动向城区、草塔、大唐、店口、枫桥的环卫工人赠送每人价值 50 元的温暖物资。该系列活动共支出约 30.8 万元，慰问 7500 人次。“中华慈善日”系列活动 9 月初，开展“慈善日献爱心”活动，向全社会发出捐款倡议，共筹募善款 644.8 万元。11 月 9 日，举行慈善开放日活动，邀请热心慈善公益事业的社会各界爱心人士走进慈善总会秘书处，召开座谈会，查阅翻看慈善资料、财务档案，听取意见与建议。9 月初至 10 月底，启动“祥生圆梦”公益行系列活动，分别开展困境儿童圆梦公益行、“心灵花园”公益行和慈善基地公益行。

慈善基地和慈善服务网络建设　11 月，诸暨市慈善组织孵化基地（诸暨市社会组织服务中心）通过省评估验收，挂牌为省级慈善基地。建设以“爱心驿站”为抓手的慈善服务网络，做好基层慈善平台建设，共建成爱之光、壹加壹、手拉手、静等花开、欢乐之家、越民生和一米阳光 7 家爱心驿站。建设以邮善邮乐慈善超市为基础的便民站点，先后建成火烧坞村、十里坪村、太和村、建辉村 4 个便民超市。

（赵珈瑜）

▲ 4 月底开业的陶朱街道爱之光公益慈善超市是诸暨市首家民办慈善超市。超市的商品基本由社会、个人捐赠

（图片来源　诸暨日报社）

【市新四军历史研究会】概况　至 2018 年 12 月底，市新四军历史研究会会员总数 141 人，其中尚健在的新四军老战士 12 名。全年召开常务理事会议 7 次、理事会议 2 次；组织会员赴赵家镇进行清明祭扫革命烈士纪念碑活动，会同市级有关部门和璜山镇举行新四军浙东游击纵队金萧支队成立 75 周年纪念活动；出版《劲旅英——人民军队中诸暨藉名人选编》；慰问金萧支队老战士、老会员 33 名。

《劲旅英杰——人民军队中诸暨籍名人选编》出版　市新四军历史研究会 2017 年开始编纂、陈志堂主编的《劲旅英杰——人民军队中诸暨籍名人选编》2018 年 10 月内部印行（浙印准字 GZ-132 号），全书 296 千字。该书收录各个时期诸暨籍革命军人的杰出代表 131 名，其中红军时期参加革命的军事俊才 9 名，抗日战争、解放战争时期副团职以上指挥员 14 名，中华人民共和国成立后少将（副军级）以上等指挥员 25 名，副军级及专业技术 5 级以上的技术军官和文职干部 60 名，获军（省、部）级以上荣誉称号或记一等功以上的军人 23 名。此外，还收录有一批珍贵的历史照片及本书人物的著述选辑。

新四军浙东游击纵队金萧支队成立 75 周年纪念活动　10 月 10 日，《诸暨日报》整版刊发诸暨市新四军历史研究会题为《铭记光辉历史，传承红色基因——纪念新四军浙东游击纵队金萧支队成立 75 周年》的文章。12 月 16 日，新四军浙东游击纵队金萧支队成立 75 周年纪念大会在璜山镇政府召开，近 80 名市新四军研究会会员，省新四军研究会及其金萧分会、浙东分会，绍兴市、上虞区、嵊州市、新昌县、义乌市、浦江县等地新四军研究会，新四军浙东游击纵队司令何克希的女儿何竞生、金萧支队多名老战士后代共近30人参加。（张建国）

社会组织

【概况】截至2018年底，全市登记在册社会组织722家，其中社会团体298家，民办非企业423家，基金会1家。2018年，新增社会组织32家，其中社会团体11家，民办非企业21家；注销25家。全市备案的社区社会组织2799家。

【社会组织管理探索和创新】8月，出台《关于创新发展新时代"枫桥经验"加强和改进社会组织建设管理推进社会组织参与社会治理的实施意见》《诸暨市社会组织发展专项资金管理管理办法（试行）》等政策文件，细化社会组织管理服务办法。加大政府资金扶持力度，每年财政保障300万元公益创投资金和150万元社会组织扶持资金，用于扶持初创期的公益慈善类、城乡服务类社会组织和奖励优秀社会组织及从业人员。8月，出台《关于加强党建引领村级社会组织"5+X"标准化建设创新发展新时代"枫桥经验"的实施方案》，推进村级社会组织规范化发展，探索村级社会组织参与基层治理新模式。

【全省社会组织参与社会治理现场会】8月14—15日，全省社会组织参与社会治理规范提升工程现场会在诸暨召开，民政部社会组织管理局副巡视员张贞德、省民政厅厅长王剑侯、省委政法委综治办专职副主任沈智深、省民政厅副厅长江宇、绍兴市副市长陈德洪及诸暨市领导徐良平、王芬祥、孙君、宣方乐、何鸿成，及民政厅相关处室和各市县民政局相关负责人近150人参加会议。诸暨市在现场会上作典型交流发言。

【全国首个社会组织党建云平台研发】5月，研发全国首个社会组织党建云平台，并获国家专利。该平台以党建为引领，建立活跃度、规范化、覆盖率、影响力4个维度的标准化评价体系，推进社会组织党组织建设。

【社会组织服务平台搭建】搭建市、乡镇（街道）、城市社区三级社会组织服务平台，重点培育为老年人、残疾人、社区矫正人员、困难家庭、有不良行为青少年等群体服务的社区社会组织，积极培育调解类、公益救援类、孝德文化类社会组织。涌现出诸暨市调解总会、心语社会工作服务中心、娟子工作室、枫桥镇红枫义警协会、民安公益救援中心等一批特色社会组织。（宣　超）

诸暨市社会团体名录

（截至2018年12月31日）

表16

序　号	名　称	法人
1	诸暨市医学会	楼云成
2	诸暨市中医学会	何苗地
3	诸暨市畜牧兽医学会	寿旭东
4	诸暨市会计学会	骆国强
5	诸暨市教育学会	钟光明
6	诸暨市林学会	石鹏雄
7	诸暨市土木建筑学会	周小平
8	诸暨市水利学会	章汉军
9	诸暨市预防医学会	何翼浩

续表 16

序 号	名 称	法人
10	诸暨市计算机学会	石朝阳
11	诸暨市新四军历史研究会	冯品灿
12	诸暨市护理学会	郭小红
13	诸暨市思想政治工作研究会	章新康
14	诸暨市财政税务学会	张建林
15	诸暨市档案学会	杨国忠
16	诸暨市区划地名学会	
17	诸暨市私营企业党建工作研究会	陈玲芳
18	诸暨市药学会	郦 威
19	诸暨市标准计量学会	徐梓荣
20	诸暨市工商行政管理学会	谢灵坪
21	诸暨市审计学会	戚俏新
22	诸暨市五泄诗画研究会	朱巨成
23	诸暨市浣纱文学读书会	周晓东
24	诸暨市茶文化研究会	赵孝国
25	诸暨市宗谱研究会	郦林春
26	诸暨市濂溪文化研究会	周永根
27	诸暨市美食营养研究会	金晓龙
28	诸暨市法学会	杨永水
29	诸暨市传统文化研究会	杨仲光
30	诸暨市家庭教育研究会	寿 霁
31	诸暨市诗词楹联学会	徐建勇
32	诸暨市店口镇乡贤文化研究会	陈大年
33	诸暨市枫桥镇书画文化研究会	楼健勇
34	诸暨市孝德文化研究会	骆丹君
35	诸暨市水泥行业协会	俞小峰
36	诸暨市建筑业行业协会	王苗夫
37	诸暨市机电行业协会	舒英钢
38	诸暨市道路运输行业协会	骆伯锦
39	诸暨市蚊香行业协会	李经春
40	诸暨市袜业协会	洪冬英
41	诸暨市金银珠宝品行业协会	蒋正安
42	诸暨市银行同业协会	楼振波
43	诸暨市墙体材料行业协会	孙秋美
44	诸暨市燃气行业协会	吴志标
45	诸暨市养猪行业协会	石仕华

续表16

序　号	名　称	法人
46	诸暨市酒业协会	楼小华
47	诸暨市提花布（贡缎）商会	潘建培
48	诸暨市竹木制品行业协会	朱光裕
49	诸暨市轴承轴瓦行业协会	许国林
50	诸暨市电脑刺绣机行业协会	陈桢铭
51	诸暨市房地产业协会	赵红卫
52	诸暨市矿业协会	胡伯根
53	诸暨市衬衫行业协会	陈能恩
54	诸暨市鞋业协会	张　鹏
55	诸暨市餐饮业协会	石全永
56	诸暨市市政园林工程行业协会	周　盈
57	诸暨市服装行业协会	陈能恩
58	诸暨市商贸流通业协会	陈金迪
59	诸暨市汽车服务业协会	王征宇
60	诸暨市枫桥纺织行业协会	宣洪勋
61	诸暨市坚果炒货行业协会	陈　轸
62	诸暨市混凝土砖行业协会	黄根信
63	诸暨市茶叶行业协会	马亚平
64	诸暨市珍珠粉行业协会	阮华君
65	诸暨市互联网行业协会	骆江建
66	诸暨市汽车租赁行业协会	蔡钢亮
67	诸暨市机动车驾驶员培训行业协会	郭建安
68	诸暨市赵家镇农家乐行业协会	何华根
69	诸暨市电子商务行业协会	杨振德
70	诸暨市东白湖镇农家乐行业协会	蔡仕海
71	诸暨市网吧行业协会	葛林伟
72	诸暨市同山烧酒业协会	宣志坚
73	诸暨市工程管理咨询行业协会	周海波
74	诸暨市农家乐行业协会	蔡仲良
75	诸暨市装修业协会	毛徐军
76	诸暨市汽车维修行业协会	孔珠江
77	诸暨市枫桥镇汽车零部件行业协会	屠程鑫
78	诸暨市歌舞娱乐行业协会	蔡文均
79	诸暨市婚庆行业协会	寿明瑛
80	诸暨市物业管理行业协会	陈兴文
81	诸暨市工业气体行业协会	冯　毅

续表 16

序　号	名　称	法人
82	诸暨市文化艺术品行业协会	潘献东
83	诸暨市红木家具行业协会	赵铁彪
84	诸暨市社会工作协会	费小余
85	诸暨市道路交通安全协会	吕章仙
86	诸暨市见义勇为基金协会	王　冲
87	诸暨市汽车摩托车协会	郦大华
88	诸暨市老年人体育协会	傅铁民
89	诸暨市武术协会	陈利祥
90	诸暨市老年门球协会	杨月仙
91	诸暨市信鸽协会	孙　华
92	诸暨市篮球协会	黄生华
93	诸暨市田径协会	黄锡光
94	诸暨市棋类协会	杨定标
95	诸暨市桥牌协会	沈良辉
96	诸暨市足球协会	何　军
97	诸暨市乒乓球协会	王永伟
98	诸暨市羽毛球协会	俞鲜芳
99	诸暨市钓鱼协会	赵碧海
100	诸暨市集邮协会	徐梓欢
101	诸暨市节能协会	张　杰
102	诸暨市新闻工作者协会	章伯夫
103	诸暨市珠算协会	钱培军
104	诸暨市企业家协会	赵林中
105	诸暨市质量协会	赵华灿
106	诸暨市外商投资企业协会	周建江
107	诸暨市收藏协会	丁晓尔
108	诸暨市老年书画协会	俞成良
109	诸暨市青年星火带头人协会	马蒋凯
110	诸暨市基督教协会	任洁芳
111	诸暨市基督教三自爱国运动委员会	任洁芳
112	诸暨市作家协会	楼海霞
113	诸暨市民间工艺美术协会	石裕堂
114	诸暨市消费者协会	黄玉龙
115	诸暨市个体劳动者协会	陈罗妮
116	诸暨市私营企业协会	张　燕
117	诸暨市慈善总会	汤敏明

续表16

序　号	名　称	法人
118	诸暨市佛教协会	骆道龙
119	诸暨市珍珠协会	赵新光
120	诸暨市市场协会	蔡伯煌
121	诸暨市质量技术监督局职工技术协会	马革伟
122	诸暨市商标协会	赵丰民
123	诸暨市旅游协会	斯华民
124	诸暨市高科技人才协会	范绍福
125	诸暨市广告协会	潘　骏
126	诸暨市夕阳红摄影协会	郦以念
127	诸暨市民营企业协会	蔡海炬
128	诸暨市葡萄专业技术协会	傅金松
129	诸暨市职工劳动保护协会	黄明亮
130	诸暨市社会福利企业协会	边建光
131	诸暨市农业企业协会	
132	诸暨市美术家协会	郑雨春
133	诸暨市书法家协会	许绍满
134	诸暨市摄影家协会	郭　斌
135	诸暨市兰花协会	寿彩凤
136	诸暨市政协企业家之友社	陈建飞
137	诸暨市戏迷协会	孟中午
138	诸暨市安全科技协会	钟志坚
139	诸暨市工会俱乐部协会	丁光飞
140	诸暨市健美操协会	金百炼
141	诸暨市价格协会	王　琦
142	诸暨市肢残人协会	边国根
143	诸暨市聋人协会	赵佳敏
144	诸暨市体育舞蹈协会	钟小华
145	诸暨市休闲登山协会	周建明
146	诸暨市民乐协会	边季钧
147	诸暨市白塔湖水利管理协会	蒋允儿
148	诸暨市雄风厂商职工管理协会	卢　腾
149	诸暨市志愿者协会	郑　来
150	诸暨市赵家镇樱桃协会	何伟录
151	诸暨市西泌湖水利协会	陈伟人
152	诸暨市阮市镇企业经营者协会	陈春云
153	诸暨市残疾人事业新闻宣传促进会	袁小平

续表 16

序　号	名　称	法人
154	诸暨市枫桥镇武术协会	楼健勇
155	诸暨市枫桥镇慈善会	宣振龙
156	诸暨市牌头镇慈善会	寿晓翡
157	诸暨市安华镇慈善会	何迟生
158	诸暨市枫桥香榧协会	骆冠军
159	诸暨市店口镇书画协会	陈凤兴
160	诸暨市街亭镇慈善会	楼文钢
161	诸暨市五泄书画院	朱乐潮
162	诸暨市枫桥花木盆景协会	陈伟光
163	诸暨市烟花爆竹协会	俞忠定
164	诸暨市内部审计协会	王克齐
165	诸暨市公共营养师协会	石元品
166	诸暨市望烟书画院	黄明亮
167	诸暨市油画家协会	陈照明
168	诸暨市观赏石协会	陈立峰
169	诸暨市店口镇企业家协会	陈永灿
170	诸暨市游泳协会	谢国庆
171	诸暨市警察协会	宣国祥
172	诸暨市璜山商会	王培火
173	诸暨市民间文艺家协会	赵卫明
174	诸暨画院	袁　旗
175	诸暨市反邪教协会	周伟统
176	诸暨市陶朱街道慈善会	俞国满
177	诸暨市自行车协会	金屹玮
178	诸暨市果蔬协会	楼建华
179	诸暨市店口镇文化艺术协会	何仲尧
180	诸暨市民俗摄影协会	楼革飞
181	诸暨市鞋业科技协会	汪　成
182	诸暨市邻鹤斋琴社	周　敏
183	诸暨市农产品经纪人协会	王楚男
184	诸暨市高尔夫球协会	潘国权
185	诸暨市心理卫生协会	何月红
186	诸暨市戏剧协会	卓秋萍
187	诸暨市一米阳光志愿服务协会	宣学军
188	诸暨市音乐舞蹈家协会	蒋仕国
189	诸暨市店口镇义工协会	陈纪梁

续表 16

序　号	名　称	法人
190	诸暨市基层法律服务工作者协会	慎伟达
191	诸暨市旗袍文化协会	朱赏梅
192	诸暨市应店街镇书画协会	凌益均
193	诸暨市流浪动物保护协会	翁坚勇
194	诸暨市长跑协会	斯颖君
195	诸暨市网球协会	周天宝
196	诸暨市皮划艇协会	詹伟东
197	诸暨市模特艺术协会	钱艳萍
198	诸暨市乡土文化协会	傅益旦
199	诸暨市人民对外友好协会	吴　伟
200	诸暨市关爱老年人协会	章　飚
201	诸暨市义警总会	王　勤
202	诸暨市杜鹃花协会	孟建国
203	诸暨市跆拳道协会	郑　凯
204	诸暨市健身气功协会	傅小娜
205	诸暨市道教协会	杨　景
206	诸暨市硬笔书法协会	石再埔
207	诸暨市台胞台属联谊会	钟　俭
208	诸暨市离退休教育工作者协会	边志江
209	诸暨市黄埔军校同学会	金乐源
210	诸暨市海外联谊会	赵　策
211	诸暨市女企业家协会	傅月英
212	诸暨市出国留学人员和家属联谊会	杨占银
213	诸暨人联谊总会	孙飞洲
214	诸暨市林业产业联合会	何祖利
215	诸暨市革命老区开发建设促进会	方忠敏
216	诸暨市调解总会	杨　胜
217	诸暨市新经济与新社会组织党务工作者协会	冯伟峰
218	诸暨市王家井商会	蔡仁义
219	诸暨市少数民族联谊会	蔡　琦
220	诸暨市总商会	张凯歌
221	诸暨市党外知识分子联谊会	王玉英
222	诸暨市山下湖镇农民合作经济组织联合会	祝新军
223	诸暨市江藻镇农民合作经济组织联合会	朱建刚
224	诸暨市岭北镇农民合作经济组织联合会	王小鲁
225	诸暨市　浦镇农民合作经济组织联合会	赵立港
226	诸暨市赵家镇农民合作经济组织联合会	赵　棋

续表16

序　号	名　称	法人
227	诸暨市街亭镇农民合作经济组织联合会	陈　珂
228	诸暨市陈宅镇农民合作经济组织联合会	楼　炳
229	诸暨市浣东街道农民合作经济组织联合会	陈灿明
230	诸暨市直埠镇农民合作经济组织联合会	顾明华
231	诸暨市牌头镇农民合作经济组织联合会	杨泽磊
232	诸暨市安华镇农民合作经济组织联合会	金　苗
233	诸暨市陶朱街道农民合作经济组织联合会	何建伟
234	诸暨市东白湖镇农民合作经济组织联合会	陈国钢
235	诸暨市暨阳街道农民合作经济组织联合会	楼光良
236	诸暨市大唐镇农民合作经济组织联合会	王晓飞
237	诸暨市东和乡农民合作经济组织联合会	许闻捷
238	诸暨市店口镇农民合作经济组织联合会	徐笙咏
239	诸暨市王家井镇农民合作经济组织联合会	陈建瑜
240	诸暨市五泄镇农民合作经济组织联合会	周孟杰
241	诸暨市次坞镇农民合作经济组织联合会	周国栋
242	诸暨市草塔镇农民合作经济组织联合会	倪卓君
243	诸暨市店口镇金融业联合会	陈建国
244	诸暨市应店街镇农民合作经济组织联合会	许岳龙
245	诸暨市马剑镇农民合作经济组织联合会	周伟锋
246	诸暨市同山镇农民合作经济组织联合会	王建勋
247	诸暨市枫桥镇农民合作经济组织联合会	陈利勇
248	诸暨市驻沪企业联合会	方斐均
249	诸暨市大唐镇袜业电子商务联合会	金　剑
250	诸暨市农民合作经济组织联合会	边云峰
251	诸暨市璜山镇农民合作经济组织联合会	宣　锋
252	诸暨市农民资金互助联合会	俞金云
253	诸暨市枫桥镇青年企业家联合会	赵宣峰
254	诸暨市阮市镇农民合作经济组织联合会	杨漫君
255	诸暨市枫桥乡贤联合会	梁炜光
256	诸暨市网商联合会	王吉龙
257	诸暨市陈宅镇乡贤联合会	吕国栋
258	诸暨市网络界人士联谊会	杨勤业
259	诸暨市枫桥镇调解志愿者联合会	毛仲木
260	诸暨市牌头商会	卓璐栋
261	诸暨市女子文娱促进会	李晶晶
262	诸暨市江西商会	马增华
263	诸暨市新生代企业家联谊会	陈　锋

续表16

序　号	名　称	法人
264	诸暨市盆景艺术协会	许钢梁
265	诸暨市人民调解协会	杨　胜
266	诸暨市乐平商会	李长发
267	诸暨市家庭农场联合会	祝夫英
268	诸暨市生态文化协会	吴建新
269	诸暨市暨阳街道艮塔社区社会组织联合会	斯　叶
270	诸暨市暨阳街道大桥社区社会组织联合会	杨丽凤
271	诸暨市暨阳街道南门社区社会组织联合会	詹伶君
272	诸暨市陶朱街道涌金社区社会组织联合会	俞玉娟
273	诸暨市陶朱街道友谊社区社会组织联合会	孙桂英
274	诸暨市暨阳街道南苑社区社会组织联合会	赵　娜
275	诸暨市暨阳街道望云社区社会组织联合会	何　叶
276	诸暨市暨阳街道福门社区社会组织联合会	穆爱华
277	诸暨市暨阳街道祥安社区社会组织联合会	金李芳
278	诸暨市暨阳街道下江东社区社会组织联合会	陈建平
279	诸暨市暨阳街道八一社区社会组织联合会	何秋琴
280	诸暨市暨阳街道浣北社区社会组织联合会	赵梦燕
281	诸暨市暨阳街道凤凰社区社会组织联合会	王杜方
282	诸暨市暨阳街道东兴社区社会组织联合会	陈玉霞
283	诸暨市暨阳街道西施殿社区社会组织联合会	张　叶
284	诸暨市浣东街道东福社区社会组织联合会	祝文娟
285	诸暨市暨阳街道江新社区社会组织联合会	陈维芹
286	诸暨市浣东街道和济社区社会组织联合会	赵　妍
287	诸暨市暨阳街道朱公湖社区社会组织联合会	宣眈宇
288	诸暨市浣东街道东盛社区社会组织联合会	宣慧丽
289	诸暨市暨阳街道江北社区社会组织联合会	许国爱
290	诸暨市陶朱街道迎宾社区社会组织联合会	楼文怡
291	诸暨市暨阳街道上江东社区社会组织联合会	刘永琴
292	诸暨市温州商会	杨思班
293	诸暨市枫桥镇社会组织促进会	陈　海
294	诸暨市新的社会阶层人士联谊会	周　冰
295	诸暨市枫桥经验创新发展促进会	王永建
296	诸暨市暨阳街道越都社区社会组织联合会	卢　洁
297	诸暨市陶朱街道城西社区社会组织联合会	朱燕丽
298	诸暨市暨阳街道苎萝古村社区社会组织联合会	陈维维

诸暨市民办非企业单位名录

（截至2018年12月31日）

表17

序　号	名　称	法人（负责人）
1	浙江省诸暨市天马实验学校	朱周刚
2	海亮外国语学校	黄　平
3	诸暨荣怀学校	翁国军
4	诸暨市越兴中学	边锡伦
5	诸暨市青少年宫幼儿园	姚爱清
6	诸暨市富润幼儿园	周晓梅
7	诸暨市浣东幼儿园	王　刚
8	诸暨市暨阳职业培训学校	沈叠峰
9	诸暨市菲达幼儿园	赵忠明
10	海亮实验中学	彭　蕾
11	诸暨市青少年宫文化艺术培训中心	许馨心
12	诸暨市阮仕双语幼儿园	陈芳兰
13	诸暨市社区教育学院	俞立永
14	诸暨中学暨阳分校	赵　登
15	诸暨市浣博幼儿园	章家薇
16	诸暨市剑桥素质培训学校	黄鹏雷
17	诸暨市店口镇育蕾民工子弟学校	吴成尧
18	诸暨泰弗尔英语培训学校	王建铭
19	诸暨市盾安控股集团管理培训中心	王　行
20	诸暨市浣纱耀江幼儿园	徐　英
21	诸暨市小骑士幼儿园	骆红萍
22	诸暨市大唐镇大地幼儿园	钟成华
23	诸暨市浣东街道弘德幼儿园	方欢红
24	诸暨市牌头镇光明托儿所	王满女
25	诸暨市草塔镇育苗托儿所	赵亦蓉
26	诸暨市草塔镇蕾莱托儿所	楼珠珊
27	诸暨市枫桥镇蓝天托儿所	陈琼颖
28	诸暨市大唐镇小宝贝托儿所	侯铁燕
29	诸暨市大唐镇慎叶托儿所	张淑萍
30	诸暨市大唐镇天天托儿所	费水英
31	诸暨市暨阳街道晨曦托儿所	赵科萍
32	诸暨市暨阳街道奇奇托儿所	毛小红
33	诸暨市暨阳街道爱心托儿所	楼利英
34	诸暨市暨阳街道开心托儿所	黄国芳

续表 17

序　号	名　称	法人（负责人）
35	诸暨市葡萄籽英语学习中心	陈玲丹
36	诸暨市檀溪素质培训中心	陈灵燕
37	诸暨市暨阳街道幸福儿童之家托儿所	戚嘉斐
38	诸暨市暨阳街道小天使托儿所	楼飞燕
39	诸暨市次坞镇爱星托儿所	俞可飞
40	诸暨市暨阳街道小博士托儿所	傅国玲
41	诸暨市海越花园托儿所	寿爱苹
42	诸暨市暨阳街道丽丽托儿所	蒋巧丽
43	诸暨市城北幼儿园	卢春燕
44	诸暨市大唐镇商城托儿所	戚国英
45	诸暨市大唐镇小星星托儿所	杨飞霞
46	诸暨市暨阳街道欢乐托儿所	周桂芳
47	诸暨市暨阳街道佳佳托儿所	杨　荔
48	诸暨市大唐镇快乐天使托儿所	钟光蓓
49	诸暨市徐思众珠心算培训学校	朱海华
50	诸暨市店口镇中心托儿所	陈月瑛
51	诸暨市陶朱街道贝贝幼儿园	金菊利
52	诸暨市艺海艺术学校	金　涛
53	诸暨市金宝贝早教中心	杨洁妮
54	诸暨市玛思特英语培训中心	陈均海
55	诸暨市星空艺术培训中心	袁高良
56	诸暨市远征教育培训学校	刘延河
57	诸暨市暨阳街道聪明屋托儿所	张　云
58	诸暨市暨阳街道花婆婆早教中心	刘设珍
59	诸暨市大唐金苹果幼儿园	郦志刚
60	诸暨市蒙特梭利早教中心	戚红果
61	诸暨市陶朱街道创意幼儿园	杨志凯
62	诸暨市海亮金山幼儿园	商　静
63	诸暨市小学士素质培训中心	方　行
64	诸暨市杰睿青少年英语培训中心	王朝明
65	诸暨市致远艺术培训学校	周　锷
66	诸暨市比尔素质培训中心	黄佩玲
67	诸暨市新思维艺术素质培训基地	俞祝焕
68	诸暨市雅歌艺术培训中心	赵剑英
69	诸暨市典爱国学培训中心	方理骏
70	诸暨市暨阳街道新秀托儿所	章海丽
71	诸暨市汇星艺术培训中心	邱瑜泽

续表 17

序 号	名 称	法人（负责人）
72	诸暨市迪迪龙英语培训中心	赵丽芳
73	诸暨市暨阳街道福娃托儿所	俞叶罗
74	诸暨市天行艺术培训中心	宣国栋
75	诸暨市轻舞飞扬艺术培训中心	周伟英
76	诸暨市暨阳街道跃才托儿所	楼 琴
77	诸暨市乐学素质艺术培训中心	何春亚
78	诸暨市骏马篮球训练基地	魏少华
79	诸暨市宏宇舞蹈艺术培训中心	魏宝锋
80	诸暨市添力艺术培训学校	朱吉永
81	诸暨市卓伢儿早教中心	黄 均
82	诸暨市陶朱街道新城幼儿园	戴 杰
83	诸暨市店口镇春蕾托儿所	柳绍芳
84	诸暨市陶朱街道哆来咪幼儿园	郭海丽
85	诸暨市大唐镇七色花托儿所	周洪羽
86	诸暨市店口镇星星托儿所	付燕丽
87	诸暨市大唐镇润润托儿所	寿小萍
88	诸暨市未来之星幼儿园	李海芳
89	诸暨市陶朱街道金色摇篮幼儿园	孙绿燕
90	诸暨市阅美艺术培训中心	陈伟平
91	诸暨市大唐镇阳光托儿所	朱佳佳
92	诸暨市浣东街道家佳乐托儿所	季菊珍
93	诸暨市安华镇华天幼儿园	洪永茂
94	诸暨市艺家艺术培训中心	杨旭唯
95	诸暨市暨阳街道爱尚凤凰城幼儿园	郦满芳
96	诸暨市陶朱街道彤彤托儿所	郦才芳
97	诸暨市金太阳艺术素质培训中心	陈利平
98	诸暨市店口镇育蕾幼儿园	姚家如
99	诸暨市陶朱街道童乐托儿所	郭海丽
100	诸暨市育成素质培训中心	吕毓英
101	诸暨草塔中学	冯 军
102	诸暨牌头中学	边平友
103	诸暨市陶朱街道快乐宝贝托儿所	杨如燕
104	诸暨湄池中学	何建勋
105	诸暨市枫桥镇青少年素质培训中心	曾 斌
106	诸暨市店口镇俏博士托儿所	何鲁超
107	诸暨市开放双语实验学校	劳国强
108	诸暨市暨阳街道苗苗托儿所	裘华英

续表 17

序　号	名　称	法人（负责人）
109	诸暨市暨阳街道宝宝乐托儿所	许　文
110	诸暨市暨阳街道红黄蓝早教中心	陈婷婷
111	诸暨市火火舞蹈艺术培训中心	郑　洁
112	诸暨市大唐镇树德学校	乔家伍
113	诸暨市品智素质艺术培训中心	黄凤娣
114	诸暨市博大素质艺术培训中心	张柳明
115	诸暨市铭仕素质艺术培训中心	张铁军
116	诸暨市名越艺术培训中心	王智强
117	诸暨市金燕子素质培训中心	黄伟飞
118	诸暨市知新素质艺术培训中心	刘飞飞
119	诸暨市一贝素质艺术培训中心	孙碧云
120	诸暨市夏加儿美术培训中心	陈林立
121	诸暨市星河素质艺术培训中心	倪如意
122	诸暨市晨晖幼儿园	张永定
123	诸暨市大华素质艺术培训中心	冯水华
124	陶朱商学院	石道金
125	诸暨市华晟素质艺术培训中心	黄铝光
126	诸暨市博轩素质艺术培训中心	蔡兰飞
127	诸暨市暨阳街道暨扬托儿所	杨科飞
128	诸暨市多元小画家艺术培训中心	钱仕友
129	诸暨市乐天素质艺术培训中心	朱　乐
130	诸暨市智汇素质艺术培训中心	俞杰梅
131	诸暨市圆梦英语培训中心	袁　飞
132	诸暨市润华素质艺术培训中心	陆德华
133	诸暨市文源素质艺术培训中心	蒋亚红
134	海亮幼儿园	黄　平
135	海亮小学	黄　平
136	海亮初级中学	寿　德
137	海亮高级中学	彭　蕾
138	诸暨市优培素质艺术培训中心	屠泽坤
139	诸暨市尔雅素质艺术培训中心	吴品一
140	诸暨市优加素质艺术培训中心	杨封榕
141	海亮艺术中学	张胜超
142	诸暨市莱奥素质艺术培训中心	周佳一
143	诸暨市四叶草素质艺术培训中心	应高平
144	诸暨市易道素质艺术培训中心	任美英
145	诸暨市浣东街道三之三幼儿园	

续表 17

序　号	名　称	法人（负责人）
146	诸暨市浙帝现代打击乐艺术培训中心	张　颖
147	诸暨市星海素质艺术培训中心	倪杨莲
148	诸暨市星艺站素质艺术培训中心	陈　锋
149	诸暨市睿学堂素质艺术培训中心	钱梦烨
150	诸暨市人人素质艺术培训中心	陈海东
151	诸暨市振源素质艺术培训中心	王　霞
152	诸暨市金榜素质艺术培训中心	赵文燕
153	诸暨市翰文素质艺术培训中心	楼　盛
154	诸暨市弘毅教育研究院	孟青青
155	诸暨市百岁老年康乐院	楼　军
156	诸暨市宏阳老年中心	杨维淼
157	诸暨市暨阳街道欢乐之家老年托养中心	章　飚
158	诸暨市居家养老服务中心	袁　珏
159	诸暨市越翠文化老年康乐院	许培法
160	诸暨市康乐福老年中心	黄天青
161	诸暨市暨阳美好社区服务中心	何祝英
162	诸暨市夕阳红老年中心	朱伟和
163	诸暨市晚霞红养老院	楼再兴
164	诸暨市金色晚年中心	边小明
165	浙江海亮慈善基金会诸暨店口敬老院	陈生汉
166	诸暨市富润老年康乐中心	洪国丽
167	诸暨市彩虹之家居家养老服务中心	楼欣宇
168	诸暨市心连心志愿服务中心	潘云南
169	诸暨市宏阳阳光残疾人庇护中心	杨秀慧
170	诸暨市乐行乐善爱心服务社	钱剑伟
171	诸暨市爱心蚂蚁义工服务社	冯　瑞
172	诸暨市新东养老院	陈莎菲
173	诸暨市爱之光志愿者服务社	章显挺
174	诸暨市壹加壹义工服务中心	俞忠达
175	诸暨市绛霞养老中心	何英华
176	诸暨市越民生义工团	陈可英
177	诸暨市枫桥镇老来乐养老院	宣杭枫
178	诸暨市华安爱心服务社	何力伟
179	诸暨市清源公益爱心服务社	朱永建
180	诸暨市浩天爱心服务社	周学新
181	诸暨市手拉手爱心服务社	王海江
182	诸暨市山下湖镇社会组织服务中心	吕洁娃

续表 17

序　号	名　称	法人（负责人）
183	诸暨市益路志愿服务中心	章显挺
184	诸暨市心语社会工作服务中心	俞忠达
185	诸暨市俏媳妇居家养老服务中心	楼先模
186	诸暨市中广老年电视大学	章　飚
187	诸暨市东和乡社会组织服务中心	陈　冲
188	诸暨市东白湖镇社会组织服务中心	张敏奇
189	诸暨市岭北镇社会组织服务中心	许丽军
190	诸暨市直埠镇社会组织服务中心	王煦良
191	诸暨市陶朱街道社会组织服务中心	陈玉婷
192	诸暨市牌头镇社会组织服务中心	杨驰宇
193	诸暨市大唐镇社会组织服务中心	赵孝峰
194	诸暨市璜山镇社会组织服务中心	钟燕燕
195	诸暨市店口镇社会组织服务中心	傅金龙
196	诸暨市草塔镇社会组织服务中心	周坚峰
197	诸暨市次坞镇社会组织服务中心	王乔萍
198	诸暨市陈宅镇社会组织服务中心	吕灿勇
199	诸暨市暨阳街道社会组织服务中心	陈维维
200	诸暨市浬浦镇社会组织服务中心	杨泽琼
201	诸暨市王家井镇社会组织服务中心	周纪均
202	诸暨市街亭镇社会组织服务中心	傅　锋
203	诸暨市应店街镇社会组织服务中心	朱　彬
204	诸暨市金色晚霞养老院	边小明
205	诸暨市浣东街道社会组织服务中心	王铁明
206	诸暨市马剑镇社会组织服务中心	王爱媛
207	诸暨市赵家镇社会组织服务中心	何穆飞
208	诸暨市五泄镇社会组织服务中心	周孟杰
209	诸暨市江藻镇社会组织服务中心	应春蕾
210	诸暨市枫桥镇社会组织服务中心	吕小祥
211	诸暨市玖叁志愿者服务中心	胡华军
212	诸暨市陶朱街道表叔云服智慧家庭服务中心	王　燕
213	诸暨市乌程养老院	阮列东
214	诸暨市鼎丰养老中心	边丽君
215	诸暨市阮市镇社会组织服务中心	阮巧英
216	诸暨市同山镇社会组织服务中心	周昂成
217	诸暨市大唐快乐爱心志愿服务中心	葛仕虎
218	诸暨市衡镜养老评估服务中心	祝秀华
219	诸暨市伊创女性就业指导中心	周建琴

续表17

序　号	名　称	法人（负责人）
220	诸暨市璜山镇鼎新佳乐养老院	吴亿儿
221	诸暨市老干部艺术团	周平洋
222	诸暨市非乐艺术团	赵奎华
223	诸暨市卓越人文艺术馆	王涛哲越
224	诸暨市裕昌号民间艺术馆	骆　东
225	诸暨市大唐飞歌合唱团	赵立英
226	诸暨市笔峰书画院	斯剑光
227	诸暨市越艺博物馆	石裕堂
228	诸暨市江南博物馆	姚绍永
229	诸暨市马剑书画院	戴尔校
230	诸暨市暨阳书画院	孙生木
231	诸暨市百花艺术团	姚玉山
232	诸暨市牌头红歌艺术团	蒋亦新
233	诸暨市斯民博物馆	斯惠平
234	诸暨雅居轩艺术博物馆	郑　琦
235	诸暨市照明油画艺术馆	陈招明
236	诸暨市康福老年书画院	应照仙
237	诸暨市璀璨星空艺术团	袁　丹
238	诸暨市西子美术馆	叶可彪
239	诸暨市越地农耕文化博物馆	章高均
240	诸暨市古越书画院	濮承三
241	诸暨市大龙戏曲艺术团	姚金龙
242	诸暨市十里坪西路乱弹艺术团	卓绍厚
243	诸暨市中南越剧团	孟科娣
244	诸暨市枫江书画社	骆天璇
245	诸暨市店口镇星韵文化艺术团	冯金火
246	诸暨市乡音乡情艺术团	何恩亮
247	诸暨市安华镇春秋戏曲艺术团	何善法
248	诸暨市孝风戏曲艺术团	周巧红
249	诸暨市斗岩艺术团	周伟康
250	诸暨市安华镇四季红艺术团	边淑敏
251	诸暨市孝行天下艺术团	钱星江
252	诸暨市白马书院	楼国仁
253	诸暨市小青葵阅读推广中心	寿徐燕
254	诸暨市交通安全信息宣传服务中心	吕章仙
255	诸暨市社会组织服务中心	寿　超
256	诸暨市建协建设工程施工图审查服务中心	徐　建

续表 17

序　号	名　称	法人（负责人）
257	诸暨市节能创新试制对接工作部	董贤桥
258	诸暨市农村能源生态研究所	阮乐华
259	诸暨市特种花卉研究培植园	阮惠红
260	诸暨市司法鉴定科学技术研究所	何卫平
261	诸暨市店口镇管业产业科技创新服务中心	朱　畅
262	诸暨市精品果桑研究所	傅延平
263	诸暨市通业印刷机械研究所	孙　行
264	诸暨市东大水处理环保装备研究院	吴益尔
265	诸暨市翠溪生物技术研究院	方宣钧
266	诸暨市帅虎武道馆	关旭锋
267	诸暨市申佰利青少年体育俱乐部	戚佰利
268	诸暨市盛名浣纱青少年体育俱乐部	朱禹儿
269	诸暨市双威网球俱乐部	年　劲
270	诸暨市风火神青少年竞技体育俱乐部	詹铁永
271	诸暨市阿兔户外运动俱乐部	章乔兔
272	诸暨市米高轮滑俱乐部	茹志卫
273	诸暨市狼族户外俱乐部	陈　彤
274	诸暨市东白户外俱乐部	赵丹芙
275	诸暨市拓峰户外俱乐部	陈伟锋
276	诸暨市店口镇诸北足球俱乐部	何　伟
277	诸暨市藏羚羊户外运动俱乐部	杨书农
278	诸暨市远扬足球俱乐部	张东伟
279	浙江力升机电制造有限公司医务室	阮署烽
280	诸暨市新四军研究会医务室	何丙天
281	诸暨市东方建设集团有限公司医务室	斯友锋
282	诸暨市金塔织染有限公司医务室	赵绍基
283	诸暨市海亮疗养院	冯亚丽
284	诸暨市越兴门诊部	张金灿
285	诸暨同济医院	黄庆飞
286	诸暨现代九洲医院	郭益茹
287	诸暨华山康复医院	周闻均
288	诸暨海亮医院	曹建国
289	诸暨市暨阳街道欢乐之家老年托养中心医务室	章　飚
290	诸暨市缘慈推拿培训学校	俞莲凤
291	诸暨市飞强机械培训中心	詹建强
292	诸暨市亿创信息技术工程培训中心	郭明君
293	诸暨市暨阳美好服务技能培训学校	何祝英

续表 17

序 号	名 称	法人（负责人）
294	诸暨心之缘心理咨询培训中心	何月红
295	诸暨大学城职业技能培训中心	周惠娣
296	诸暨市博睿电子商务培训中心	阮华君
297	诸暨彩虹之家服务技能培训中心	楼欣宇
298	诸暨市智丽职业培训中心	章位建
299	诸暨市益民计算机技能培训中心	周月娟
300	诸暨市京牌职业技能培训中心	边平达
301	诸暨市越成职业技能培训中心	袁小君
302	诸暨市恒源消防安全职业技能培训学校	章理超
303	诸暨市红十字应急救援队	沈云飞
304	诸暨市心起点家庭指导服务中心	张　丽
305	诸暨市飞虎森林消防队	郦　洋
306	诸暨市家缘婚姻家庭服务中心	朱天力
307	诸暨市吾欣社会工作服务中心	庄　园
308	诸暨市和暖社会工作服务中心	周旦霞
309	诸暨市德林社会工作服务中心	祝淼军
310	诸暨市新青年互助发展中心	戚天平
311	诸暨市蓝天救援志愿服务中心	黄奎亮
312	诸暨市民安公益救援中心	戴　江
313	诸暨市赵家镇农合联农民资金互助会	何校军
314	诸暨市山下湖镇农合联农民资金互助会	蒋萍黎
315	诸暨市浣东街道农合联农民资金互助会	应陈飞
316	诸暨市暨阳街道农合联农民资金互助会	许立新
317	诸暨市店口镇农合联农民资金互助会	朱仁纯
318	诸暨市同山镇农合联农民资金互助会	边妮兰
319	诸暨市枫桥镇农合联农民资金互助会	陈利勇
320	诸暨市江藻镇农合联农民资金互助会	邵寒倩
321	诸暨市璜山镇农合联农民资金互助会	陈炎伟
322	诸暨市王家井镇农合联农民资金互助会	周渭兴
323	诸暨市浣东街道暨东托儿所	季文丹
324	诸暨市优德素质艺术培训中心	傅可芳
325	诸暨市博远素质艺术培训中心	汤伟杰
326	诸暨市倍速素质艺术培训中心	陈　焕
327	诸暨市众阳网球体育俱乐部	陈照米
328	诸暨市越人职业培训学校	叶丽萍
329	诸暨市幸福画吧美术培训中心	陈　静
330	诸暨市金翰素质培训中心	李东芝

续表 17

序　号	名　称	法人（负责人）
331	诸暨市远大素质艺术培训中心	王　琰
332	诸暨市弘文素质艺术培训中心	寿晓笑
333	诸暨市博林素质培训学校	楼陈英
334	诸暨市飞天舞蹈艺术培训中心	孟解翔
335	诸暨市蓓蕾艺术培训中心	楼洪贝
336	诸暨市成长素质艺术培训中心	杨欢丽
337	诸暨市晨阳英语培训中心	蒋向阳
338	诸暨市福田之星素质艺术培训中心	周金莲
339	诸暨市翰墨才艺培训中心	陈卓奇
340	诸暨市昂天素质培训学校	吕　萍
341	诸暨市悦心素质艺术培训中心	俞春晓
342	诸暨市知音素质艺术培训中心	袁洋帆
343	诸暨市晓二郎素质艺术培训中心	马　磊
344	诸暨市易百分素质艺术培训中心	张华美
345	诸暨市多彩画邦艺术培训中心	陈　桔
346	诸暨市店口镇阳光托儿所	姚宇东
347	诸暨市七彩鱼儿童艺术培训中心	骆秀丽
348	诸暨市天马博雅素质艺术培训中心	朱月华
349	诸暨市彩乐素质艺术中心	祝佳丽
350	诸暨市新启智素质艺术培训中心	李　林
351	诸暨市龙腾素质艺术培训中心	应佳丽
352	诸暨市朗臻桔灯素质艺术培训中心	吴丹贵
353	诸暨市桔灯艺术培训中心	吴丹贵
354	诸暨市明日之星艺术培训中心	周迪儿
355	诸暨市龙图素质艺术培训中心	陈　莲
356	诸暨市鼓歌艺术培训中心	傅柳琳
357	诸暨市博学艺术培训中心	何　琴
358	诸暨市童画美术培训中心	王丽娜
359	诸暨市精点素质艺术培训中心	许丹云
360	诸暨市天诚素质培训中心	倪苏芳
361	诸暨市星灯素质艺术培训中心	陈佳乐
362	诸暨市好学素质艺术培训中心	徐　葱
363	诸暨市星晨素质艺术培训中心	宣美萍
364	诸暨市嘉博素质艺术培训中心	何琪洁
365	诸暨市瀚堂素质艺术培训中心	陈美玲
366	诸暨市艺和艺术素质培训中心	章益炜
367	诸暨市星光艺术培训中心	毛黎星

续表 17

序　号	名　称	法人（负责人）
368	诸暨市快乐小博士素质培训中心	王秀丽
369	诸暨市金桥外国语培训中心	冉仕兵
370	诸暨市贝特素质艺术培训中心	洪永华
371	诸暨市育禾艺术培训中心	傅红亚
372	诸暨市思卓素质培训中心	朱雄英
373	诸暨市太阳书画艺术培训中心	郦宁谦
374	诸暨市一品素质艺术培训中心	黄纪名
375	诸暨市大拇指素质艺术培训中心	陈乃荣
376	诸暨市新睿素质艺术培训中心	何乐萍
377	诸暨市小红帽素质艺术培训中心	蒋　燕
378	诸暨市山上美术培训中心	郑新江
379	诸暨市华博艺术培训中心	陈文杰
380	诸暨市青蓝素质艺术培训中心	黎　娟
381	诸暨市美博英语培训学校	楼惠华
382	诸暨市青峰艺术培训中心	齐颖达
383	诸暨市乐文素质艺术培训中心	许慧水
384	诸暨市大洋素质艺术培训中心	马章洋
385	诸暨市灵愉素质培训中心	徐建英
386	诸暨市金奥素质培训中心	葛伟群
387	诸暨市英才英语培训中心	许伟木
388	诸暨市青桥艺术培训中心	崔文丽
389	诸暨市弈童素质艺术培训中心	戚伟森
390	诸暨市世纪艺术培训中心	魏婷婷
391	诸暨市明凯素质培训中心	陈华丽
392	诸暨市众行素质艺术培训中心	季小滨
393	诸暨市蓝星艺术培训中心	侯　通
394	诸暨市芝麻素质艺术培训中心	马超美
395	诸暨市天首艺术培训学校	费小丽
396	诸暨市华翰青少年素质提升中心	许灵域
397	诸暨市金昂立素质培训中心	骆健美
398	诸暨市名家素质艺术培训中心	杨向明
399	诸暨市好未来素质艺术培训中心	郭俊贤
400	诸暨市一飞素质艺术培训中心	周春燕
401	诸暨市新天地艺术培训中心	周培龙
402	诸暨市华兴素质艺术培训中心	张启明
403	诸暨市征豪素质艺术培训中心	傅建江
404	诸暨市学思艺术培训中心	章　兰

续表 17

序　号	名　称	法人（负责人）
405	诸暨市维特素质艺术培训中心	余杰卿
406	诸暨市顶育素质艺术培训中心	唐　健
407	诸暨市晓红舞蹈培训学校	郭小红
408	诸暨市尚学堂素质艺术培训中心	陈伟锋
409	诸暨市尚德素质艺术培训中心	郭春霞
410	诸暨市精诚素质培训中心	赵阳慧
411	诸暨市八度艺术培训中心	寿园菲
412	诸暨市优阅珠心算培训中心	李梦倩
413	诸暨市求是艺术培训中心	边小将
414	诸暨市千圣素质艺术培训中心	黄裕丰
415	诸暨市思华素质艺术培训中心	王少杰
416	诸暨市灵通外国语培训中心	李海芳
417	诸暨市博文素质艺术培训中心	蒋均飞
418	诸暨市启航星艺术培训中心	周满燕
419	诸暨市北禾艺术培训中心	张秋香
420	诸暨市总工会职业技术学校	钟永善
421	诸暨市枫博素质艺术培训中心	周幼鑫
422	诸暨市育才职业培训学校	宋苗英
423	诸暨市理查德英语培训学校	袁　越

诸暨市基金会名单

（截至 2018 年 12 月 31 日）

表 18

序　号	名　称	法　人
1	诸暨市赵伟平公益基金会	赵伟平

2018 年度社会组织等级评估名册

表 19

序　号	年　份	等级登记证书编号	评估单位	评估等级
1	2018	诸社评专字〔2018〕第 1 号	诸暨市五泄诗画研究会	3A
2	2018	诸社评专字〔2018〕第 2 号	诸暨市老年书画协会	4A

法治

概述

2018年，全市以依法执政、严格执法、公正司法、全民守法为重点，推进“法治诸暨”建设。

【“法律六进”】深化“法律六进”（法律进机关、进农村、进社区、进学校、进企业、进单位），利用“主题党日活动”、两委班子会议、社区干部会议等，组织党员干部带头学法。整合法官、检察官、行政执法人员、律师等法律工作者资源，开设“法律讲堂”以案释法。向村（社区）选派律师（基层法律工作者）担任法律顾问，实现全市村（社区）法律顾问全覆盖。建立人民调解、行政调解、司法调解紧密衔接、联调联动的大调解工作格局，深化诉调衔接。推进信访事项法定途径告知制度，建立健全信访代理人制度，鼓励律师等第三方参与信访代理。

【法治方式创新】严抓严管村级“五件事”，即“三资”（农村集体的资金、资产、资源）管理、“四不”承诺（在任职期间不承包承建或变相承包承建本村的公共项目及涉及征用本村土地的所有项目，不违规干预和插手本村工程建设，不违规发展党员，不履职就辞职）、“四违”承诺（党员承诺不出现违法用地、违法开矿、违法轧洗砂、违法坟墓建设等行为）、村级工程零投诉、村级公务零招待。推行“三上三下”（群众意见上、干部征求下，初步方案上、民主恳谈下，党员审议上、代表决策下）民主决策制度，规范村级用权流程。修订完善村规民约、社区公约等自治章程。统筹发挥社会力量协同作用，通过出政策、降门槛，鼓励培育发展社区社会组织，至2018年底，全市登记备案社区社会组织超1955家，社会组织积极参与城乡社区社会治理，服务人次超过30万。

【行政执法监督】2018年，组织浙江省行政执法证综合法律知识考试一次，参考159人，通过119人；为各行政执法单位办理行政执法证变更438本。开展执法轮动监督，每月对1个市级部门开展专项行政执法督查，当年完成对市民政局、文广旅游局、发改局、建管局等11个部门的专项督查，累计评查案件110余件。开展“决胜2018”执行攻坚专项行动、“猎狐行动”、执行直播活动等工作，7月10日，央视《新闻联播》《朝闻天下》等栏目专题报道了“7·6”强制腾房网络直播行动，案例入选最高法院解决“执行难”工作报告附文“全国十五起典型案例”。

【“枫桥经验”传承发展】6月14日，浙江省委政法委组织的全省矛盾纠纷多元化解工作暨在线矛盾纠纷多元化解平台建设现场推进会在诸暨召开，会议总结推广提升新时代“枫桥经验”六大工程之“互联网+社会治理”重点项目——ODR平台（即在线矛盾纠纷多元化解平台），并举行全省上线仪式。

公安

【概况】2018年，诸暨市公安局认真践行“对党忠诚、服务人民、执法公正、纪律严明”总要求，以“大调研大走访大服务”专项活动为抓手，以坚持发展新时代“枫桥经验”为己任，扎实推进“越剑”“强基础、保平安”等系列行动，全力防控风险保稳定、担当作为促发展、忠诚履职护民生、改革创新提效能，全市大局安全平稳，社会治安不断向好，“枫桥经验”发展成效显著，队伍面貌持续改善。

【重大活动安保和社会稳定维护】先后完成“枫桥经验”纪念大会、西施马拉松赛、首届中国国际进口博览会以及公安部部长赵克志到诸暨调研等重大活动安保工作。全力防范暴恐风险，健全完善反恐办实体化运作机制，压实行业监管责任和单位主体责任；全面推广人员密集场所“四联三防”（联建、联保、联防、联控，防车辆冲撞、防刀斧砍杀、防爆炸）标准化建设，建成省级示范点2家。严格落实涉众型案件依法办理、舆论引导、社会面管控“三同步”工作机制，先后处置“暨众财行”“溢佳油田”“徽州文化”等涉众型案件。7月，成功处置“伊人时光”非法传销案，移送起诉20人，查扣资产1.2亿余元。严管严控治安要素，开展常态暗访检查，共检查各类场所、单位、出租房11万余家次，处罚违规旅馆、网吧367家次。

【经济犯罪打击】健全完善项目警官制和河道警长制，全力保障项目落地，共打处阻挠工程建设违法犯罪嫌疑人12人。深入推进打击非法集资、恶意逃废债、“云端”“猎狐”等专项行动，抓获各类经济犯罪嫌疑人141名（其中境外逃犯4名），挽回经济损失3.5亿元，打处数占全绍兴的三分之一，含成功抓获诸暨市第一家出逃企业思逸儿针纺有限公司法人张生林一案。深化公安“最多跑一次”改革，全市213项公安事项中208项实现“最多跑一次”（占比97.65%）。常态开展严打“食药环”违法犯罪专项行动，共侦破食药环案件61起，摧毁犯罪团伙26个，移送起诉124人。

【枫桥警务模式】结合全科网格建设实施网格化布警，全面实行社区工作“年、季、月”三张责任清单，实践形成以“多元化化解矛盾，全时空守护平安，零距离服务群众”为主要内容的“一二三四五六”（始终坚持以创建人民满意派出所为第一目标，牢固树立“警务围着民意转、民警围着百姓转”两大理念，紧紧围绕“多元化解决矛盾、全时空守护平安、零距离服务群众”三项重点，着力打造“枫桥经验”学习基地、平安类社会组织孵化基地、安全防范体验基地、平安法治教育基地四个基地，认真实施“破小案、办小事、解小忧、帮小忙、惠小利”新五小工程，建立完善“全方位服务群众机制、常态化警民沟通机制、立体化治安防控机制、深层次警民协作机制、多元化矛盾调处机制、精细化科学考核机制”六大机制）枫桥警务模式，得到国务委员、公安部部长赵克志的肯定。9月15日，省公安厅党委专门下发《关于开展向枫桥派出所学习活动的决定》，组织全省公安机关向枫桥派出所学习，争创“枫桥式”基层所队。

【“枫桥经验”创新发展】建立“关口前移、责任到组、日接日清”的矛盾纠纷源头管控机制，明确接处警值班组先期调处“事实不清不移交、能结不结不移交、记录不全不移交”三不原则，确保80%以上的矛盾纠纷当日结案。深化“内导办理”“五法并重”等基层公安信访预防化解新机制、新举措，有效提升信访案件的办理质效，工作经验在全国公安机关信访会议上作介绍。1月，建立“法理兼容”式司法拘留矛盾化解机制，运用法治手段化解矛盾纠纷，工作经验得到公安部副部长孟建丰批示肯定。开展“一所一组织”（一个派出所引导培育一个社会组织）建设，8月8日，在全市建立“义警总会”，设立平安基金，引导和培育75个平安类社会组织。

【扫黑打恶和扫黄禁毒】围绕“扫黑、打伞、缴财”三个重点，依托专案审查体系建设，全面提升隐案深挖及专业打击能力。共破获各类涉黑涉恶案件267起，采取刑事强制措施881人，摧毁一般恶势力犯罪团伙47个，查处“保护伞”5案5人。深入开展缉枪治爆、扫黄禁毒、命案及有重大社会影响积案攻坚等专项行动，部署开展“清风”“强基础、保平安”等专项工作，严厉打击群众反响强烈的突出违法犯罪。共抓获侵财类犯罪嫌疑人556人，打处涉黄人员1023名、涉赌人员1648名、涉毒人员282名，其中成功侦破公安部毒品目标2018-565案件，涉及全国除新疆以外的所有省（市、区），抓获涉案人员226人。

【智能感知体系建设】推进以“雪亮工程”为核心的智能感知体系建设，布建视频监控点位16000个，安装MAC探针2000套、RFID采集器2000套，全面增强信息数据非接触采集能力。开展“知行平台”实战模块建设，提升海量数据分析、研判、应用能力，提高打防管控综合效能。全市命案数同比下降33.3%，“两抢一盗”（指抢劫、抢夺、入户盗窃）案件同比下降32.7%。

【执法规范化建设】制定接处警、受立案、案管室运行等执法办案工作规定，实现“案、人、物”三要素审核监督管理流程化、精细化，推动执法工作由粗放型向精细型转变。健全日巡查、月通报、季研判等执法监督工作机制，及时消除执法风险隐患。深化执法改革创新。深化执法管理“三位一体”[接报案（受案）中心、案件管理中心、涉案财物管理中心、执法办案中心]建设，推动案管中心实体化运作，健全完善法制员制度规范，提升执法管理质效。会同检察院，制定《公检法联席会议制度》，定期举行“大三长”与“小三长”（大三长：由各成员单位负责人出席，可以邀请市委政法委有关领导参加；“小三长”：由各成员单位的分管领导出席）联席会议，研究、探讨、解决在执法办案过程中面临的实际问题和重大事项，确保执法标准、尺度统一。

【公共安全管理】深化居住出租房消防安全整治，常态开展10人以上居住出租房“回头看”、10人以下居住出租房消防安全整治行动，开展全市交叉检查、暗访督查，排查整改 3 人以上居住出租房 70121 家。探索实施流动人口“四化四式”（多元化融合式、信息化一站式、集约化旅馆式、网格化标配式）服务管理模式，源头管控出租房安全隐患，工作经验在全省推广。

【道路交通管理】开展“一创一治”（创文明交通、治秩序乱象）系列行动，全力做好“控大保畅”、城区治堵等工作，查处各类交通违法行为 105 万余起，整改黑点路段、安全隐患 591 处。代表绍兴在全省治堵考核位列第一。健全完善交通安全“路长制”，建立城区 27 条文明示范路和 27 个镇乡（街道）40 条文明示范路“路长制”管理机制，落实 32 名市级“路长”、76 名镇乡（街道）级“路长”和 800 余名村级“路长”。推进小城镇“车乱开”专项整治，实现机动车、非机动车、行人守法率达到 80% 以上，路面无燃油助力车上路现象。年 3 月，推行公交优先战略，设置公交专用道 3 千米，优化城区道路通行和停车条件，新建改建北二环路、苎萝东路等城市道路 5 条，新增停车位 1250 个，在艮塔东路、和济路、雄风永利北商圈等 21 个路段，共计 1019 个停车位实行停车收费政策。全年共上报道路交通事故 222 起，死亡 105 人，受伤 207 人，经济损失 922695 元，同比分别下降 1%、5%、6%、3%。

【户籍人口管理】全年共办理出生申报 9206 人、死亡注销 8032 人，年内人口迁入 12677 人、迁出 13908 人，办理居民身份证 62168 人。全市现有户籍人口 1085367 人，其中男性为 541995 人，女性为 543372 人，城镇人口为 436543 人，乡村人口为 648824 人。

【机动车与驾驶员管理】截至 2018 年底，全市机动车保有量 363962 辆，其中汽车 329052 辆，同比分别上升 7.48%，10.8%；摩托车 34910 辆，同比下降 16.2%。全市机动车驾驶人 503640 人，同比上升 6.64%，其中汽车驾驶人 479689 人，同比上升，摩托车驾驶人 23951 人，同比上升 1.5%。

【特种行业许可办理】2018 年，共办理旅馆业特种行业许可证 33 本、危险物品运输 681 起（民用爆炸物品和烟花爆炸），备案单位和机构刻制公章 8042 枚。完成 19 家金融机构安全防范审核验收工作，发放互联网上网服务营业场所安全审核意见书 2 本。

【民警队伍和基础设施建设】全面推进全警大学习大训练活动，举办“枫桥警务”专题培训 12 期，培训民警 529 人次。引导民警开展微改革微创新，智慧党建、警用装备全寿命管理型样板工程等项目，分别获得绍兴公安机关改革创新大赛金奖、银奖。实施清廉公安建设，持之以恒正风肃纪。建立 7+X 常态督查机制，开展全方位、全时段、常态化督察，确保队伍苗头性、倾向性问题预防在先、控制在早。稳妥推进人民警察职务序列改革，共对 927 名民警开展职务套改。落实爱警惠警举措，新增“容错纠错”“双警家庭错时值班”等 6 项从优待警措施。创新打造智慧党建队建平台，研发“民警零跑腿”功能模块，将公安非涉密类九大审批事项纳入统一平台，实现民警个人事项网上流转、一键审批总计投入 1.45 亿元，新建改建公安科技大楼、看守所以及浣东派出所等 5 个派出所。　（赵恩辉）

▲ 7月的高温下，正在训练中的公安民警。这是民警在进行受到高压水炮车攻击情境下的模拟训练　（刘纪明　摄）

【消防救援】　概况　2018 年，市消防救援大队以“全市消防安全三年翻身仗行动”以及“枫桥经验 55 周年消防安保”工作为引领，圆满完成各项节日、会晤安保工作，以及各领域、行业专项整治行动。全年共接警 1598 起（其中火灾 284 起，未成灾火警 744 起，抢险救援 456 起，社会救助 114 起），出动车辆 2414 辆次，出动警力 15547 人次，抢救、疏散被困人员 296 人，抢救财产价值 1.1 亿元。与 2017 年相比，接警数上升 6.7%，火警数上升 18.8%，火灾数下降 45.9%。消防大队党委被评为总队先进基层党组织，城东中队在省总队夏训科目考核中获得全省第二，教导员史燕琼被评为总队先进党务工作者。

实战化训练　开展辖区道路“六熟悉”（指熟悉消防队责任区的交通道路、水源情况；熟悉责任区内重点单位的分类、数量及分布情况；熟悉责任区内主要灾害事故处置的对策及基本程序；熟悉责任区内重点单位建筑物使用及重点部位情况；熟悉重点单位内部的消防设施情况；熟悉重点单位的消防组织及其灭火救援任务分工情况）、重点单位灭火救援演练等工作，不断增强部队攻坚克难能力。10 月 8 日至 11 月 10 日，“枫桥经验”纪念大会期间，开展执勤点不放心区域和重点场所的熟悉演练工作，先后组织开展单位熟悉 43 家次，演练 25 家次，对执勤点周围 230 只消火栓进行地毯式排查，先后指导帮扶专职消防队 17 次，指导行政村志愿队伍 13 支，对执勤点周围 42 家微型消防站每家电话拉动不少于 3 次，圆满完成“枫桥经验”纪念大会重大安保工作。

火灾防控　2018 年，市委、市政府共召开研究部署全市消防工作常务会议及各类专题会议 4 次。1 月 15 日，诸暨市消防安全委员会办公室实体化办公正式实施，抽调公安、建设、民政等 7 个局办工作人员集中在市消防大队办公，每周编写工作简报向诸暨市委、市政府汇报。10 月 17 日，市两办出台《诸暨市消防安全责任制实施办法》，进一步明确各级政府、各部门的消防职责，“管行业必须管安全、管业务必须管安全、管生产经营必须管安全”的格局初步形成。2018 年，市消安办共刊发工作简报 27 期，下发督办单 224 份，出动 1000 余人次开展消防安全检查，每个镇乡（街道）督导次数均超过 10 次。全年共检查社会单位 5129 家，整改隐患 8368 处，下发行政处罚决定书 251 份、临时查封决定书 104 份，三停（停产、停业、停止使用）单位场所 77 家，罚款 142.8 万元；公安派出所检查社会单位 3689 家，整改隐患 598 处，下发行政处罚决定书 1458 份，责令三停场所 12 家，行政拘留 438 人，罚款 43.86 万元。

电气线路整治和用电设施更换　2018 年，诸暨市政府拨出 3500 余万元经费用于综合整治全市 7 万余户老旧民房的电气线路；投资 5000 余万元，分三批建设 600 个电动自行车智能充电桩，提供约 4000 个充电位；投资约 4000 万元对全市 27 个镇向（街道）超期家用漏电保护器和农村老旧配电设施实施更换。

社会消防组织灭火技能比武　11 月 15 日，诸暨市第十三届社会消防组织灭火技能比武大赛在诸暨大学城举行，全市各镇乡（街道）21 支专职队、

▲ 市第十三届社会消防组织灭火技能比武大赛现场
（周升蓉　陈陵蓉　摄）

27 支志愿队参加比武。比武设泵浦车出水操、手抬机动泵出水操、一人三带连接操三个比赛项目。经过激烈角逐，最终枫桥专职队以 37 秒 38、店口镇黄益平以 12 秒 50、应店街镇专职队以 25 秒的成绩分别夺得项目第一名。

消防宣传　落实“一镇一体验室、一村一宣传点”布局要求，2018 年，对接地方政府在 13 个镇乡（街道）建立消防体验点，其中，6 月建成的枫桥安防馆面积为 1800 平方米。10 月下旬至 11 月底，在全市 500 余个行政村（居）的宣传窗张贴宣传海报，定期组织村（居）民参加体验式消防教育培训，让群众通过“身临其境”的感受切实提高消防安全意识。各体验点自开放以来，共接纳参观团体 46 个，参观群众 9800 人次。在 119 宣传月期间，联合诸暨美团、中国人寿携手开展为期一个月的消防知识“上门式”宣传活动，569 个外卖小哥、178 个人寿消防志愿者身穿志愿者马甲，随身携带消防安全知识手册，将消防宣传资料与“外卖”一起送到订餐市民的手中，共计发放消防宣传折页 5 万余册。

消防文艺晚会　11 月 15 日晚，市消防大队在诸暨印象城举行东春火灾防控工作启动仪式暨“向人民报告”119 消防文艺晚会。诸暨市委常委、副市长陈仁坚及有关部门领导、市消安委成员单位分管负责人，27 个镇乡（街道）消防工作分管负责人、消防工作站站长、专职消防队长，重点单位消防工作负责人，诸暨市 2018 年度十佳消防宣传家庭代表，十佳基层消防工作者代表等 500 余人参加。

（侯宇霆）

检察

【概况】2018年是检察机关恢复重建40周年，也是检察工作转型发展的重要一年。诸暨市检察院坚持融合“枫桥经验”，紧扣“深化法律监督，彰显司法权威，维护公平正义”的工作主线，各项工作继续位居全省前列，获检察系统集体最高荣誉“全国模范检察院”称号，有15个集体和个人得到上级检察院记功表彰。

【刑事犯罪打击】全年共办理审查逮捕案件719件1061人、审查起诉案件1669件2521人，其中从严打击故意杀人、抢劫等危害人民群众生命财产安全犯罪764人。深入推进“扫黑除恶”专项斗争，批捕利用黑恶势力催讨工程款、实施“套路贷”（以非法占有为目的，假借民间借贷之名，诱使或迫使被害人签订“借贷”或变相“借贷”“抵押”“担保”等相关协议，通过虚增借贷金额、恶意制造违约、肆意认定违约、毁匿还款证据等方式形成虚假债权债务，并借助诉讼、仲裁、公证或者采用暴力、威胁以及其他手段非法占有被害人财物的相关违法犯罪活动的概括性称谓）等犯罪201人，起诉337人，监督立案2件，纠正漏捕漏诉11人。主动加强与监察委员会的工作衔接，受理审查职务犯罪案件6件8人，决定逮捕6人、起诉8人。严厉打击传统“黄、赌、毒”犯罪及新型网络犯罪491人，“12·12”全国网络黑彩赌博案、诸暨上万居民信息泄漏案等系列重大案件被依法从严从快处理，“黄鳝门”（网络黄色直播）传播淫秽物品牟利案获评浙江互联网检察十大影响力案例。

【民营经济发展保障】依法打击侵占企业财产、妨害企业管理秩序等犯罪21人；健全产权司法保护体系，深入开展对欺行霸市、侵犯知识产权等问题打击整治，批捕10人、起诉14人。依法审慎稳妥办理涉企案件，实行捕前、诉前听取涉案企业意见和办案风险评估制度，对犯罪情节轻微的企业负责人、管理人员不批捕14人、不起诉37人。

【首创企业经营风险提示函制度】5月，全国首创企业经营风险提示函制度，向12家企业发送风险提示函，帮助企业堵塞漏洞、防控风险，为民营企业健康发展提供司法保障和服务。

【服务“三大攻坚战”】服务“三大攻坚战”（重大风险攻坚战、污染防治攻坚战、精准脱贫攻坚战），

▲检察官进企业送风险提示函　　（市检察院供图）

重点健全防范化解金融风险工作机制，加强“P2P爆雷潮”（指“P2P”平台因为逾期兑付或经营不善问题，未能偿付投资人本金利息，在短时间内集中出现的平台停业、清盘、法人跑路、平台失联、倒闭等问题）的司法应对，惩治非法集资、网络传销等犯罪74人，帮助受害群众挽回损失3000余万元。其中，办理坑骗170余名老年人的“亮健百胜”非法集资案，该案造成被害人实际损失262万余元全部退赃退赔，获评全省金融检察类精品案件。10月，在环保局设立联合办公室，建立同步介入机制，打击污染环境、非法采矿、盗伐林木等破坏环境资源犯罪122人，深化生态环境损害赔偿制度和替代性司法修复机制，督促犯罪嫌疑人缴纳生态损害赔偿金558.3万元，12月，次坞镇完成生态修复项目。通过司法救助扶贫救困，先后向6名贫困被害人或者家属发放司法救助金23万元，缓解被害人家庭因案致贫、因案返贫等问题。

【检察公益诉讼推进】6月29日，成立公益损害与诉讼违法举报中心，并开通“12309”举报热线，对接浙江平安建设信息系统，畅通与监察委员会线索移送机制，检察公益诉讼作为推进法治政府建设的重要举措，市政府发文予以支持。聚焦生态资源和环境保护、食品药品安全、国有财产保护、国有土地使用权出让等群众关注领域问题，共发出行政公益诉讼诉前检察建议42件，提起刑事附带民事公益诉讼9件，督促清运工业和生活垃圾3万余吨，督促行政机关依法追回国有财产220万余元，督促整改校园周边小商店、路边摊等食品卫生安全隐患，对2014年起五年以来被判处食品从业禁止令的124人，制作“黑名单”报送主管部门，杜绝制售“毒食品”人员“重操旧业”。

【侦查活动和刑事民事审判监督】加强侦查活动监督，督促立案5件9人，督促撤案1件3人，

追加漏捕6人，追诉漏罪漏犯26人，提出纠正违法意见7件，发送类案瑕疵通报4期。加强刑事审判监督，提出抗诉7件，5件获法院改判，其中，冒用他人姓名案经抗诉改判获评全省检察机关精品案件。补齐民事审判监督短板，抽样审查民事诉讼案件100余件，提出抗诉和再审检察建议4件得到法院依法改判；集中开展虚假诉讼专项监督，审查民间借贷、企业破产等重点领域案件40余件，打击“套路贷”等案件背后的虚假诉讼犯罪5人，此外，排摸虚假诉讼线索4件22人，并移送公安机关侦查。

【刑事执法和民事执行监督】1月开始，借助社区矫正监督智慧辅助平台（A-PDA），监督违反规定的20名社区服刑人员收监执行，监督33名已判刑但未及时收监的罪犯交付执行，向司法行政机关提出执法监督意见21件次。加强财产刑执行监督，督促74名罪犯履行财产刑142.9万元。积极开展民事执行监督，集中对100余件非诉执行、执行异议、执行复议案件进行专项审查，发出督促履职检察建议5件。

【全国首个面向农村基层的刑事犯罪源头防治中心建立】加大基层刑事犯罪预防力度，11月，建成全国首个面向农村基层的刑事犯罪源头防治中心，防治中心设在枫桥检察室一楼，旨在提高村民法治意识，从源头预防刑事犯罪，获最高人民检察院检察长张军肯定。

【基层社会治理创新】坚持发展“枫桥经验”，打造刑事犯罪源头预防品牌。深化法律文书说理、检察官以案释法制度，11月，编发案例集《枫收》，向人大代表、政协委员、企业职工、村民发放共计700余册，引导群众学法、用法。未成年人检察工作从办案向预防延伸，5月，推出《未成年人犯罪情况白皮书》，向人大代表、政协委员及教育局、

▲市检察院设立“未成年人观护帮教基地”，对涉罪未成年人和未成年被害人开展帮教　（市检察院供图）

关工委等相关部门共发送近100册，全年开展“法治进校园、进社区”宣讲活动，依托“1963法润”直播平台开展主题宣讲，点击量突破40万次；打造青少年法治教育基地，5月，在东盛等3个社区设立“家居式”观护帮教基地，未成年人检察“枫桥经验”工作品牌被省检察院发文推广。

构建权益保障检察工作体系。主动融入基层社会治理网格化体系，探索“检察＋网格”工作机制，高效监督处理侵害群众权益的民生问题70余件次。建立健全案件质量源头把关机制，依法对犯罪情节轻微的175人不批捕、342人不起诉，81人经羁押必要性审查被改变强制措施。加强特殊群体合法权益的司法保护，严惩侵害农村留守儿童犯罪及针对老年人、残疾人实施的犯罪46人；重点打击恶意欠薪犯罪，帮助农民工讨回拖欠工资60余万元。深化“最多跑一次”改革，优化检察服务中心，高效保障律师执业权利。

推进基层社会矛盾化解。深化“检察室＋联络站＋联络员”工作体系，协助镇乡村依法化解矛盾120余件次。深化涉法涉诉信访矛盾化解机制，健全首办责任制，完善律师联合接访、律师代理申诉等制度，通过导入司法救济等机制，妥善化解信访矛盾40余件次。

2月，在原人民调解工作室的基础上成立检调对接和解工作室，全国首创“点单式”（提供“菜单式”自助挑选和解引导员）择调机制、诉前争议解决机制、调解与帮教同步机制，促成和解137件次，调解成功率达到95%，“一室三制”（“一室”指打造专门的检调对接和解工作室，“三制”指首创增进当事人信任的“点单式”选择调解员机制、构建有利于和解的诉前争议解决机制、探索多方联动的调解与帮教同步工作机制）检调对接工作品牌作为全省检察系统唯一代表入围全国“政法改革之星”评选活动，典型事例被10月10日出版的《人民日报》报道。

【队伍建设】落实领导干部带头办案等要求，6名担任员额检察官的院领导共办案件140件，数量居绍兴前列。严格落实“三会一课”等组织生活制度，强化支部主题党日等活动，被市直机关党工委评为“机关党建示范点”，5名干警获评诸暨市“万名好党员”“助人为乐模范”等称号。开展检察官微课堂、社会大讲堂，组织辩论赛、观摩庭、法律文书评比等活动，新涌现出绍兴市级以上业务能手、标兵6人。加强检察官履职行为管控，落实廉政风

险预警机制和员额检察官廉政风险防控机制，开展检务督察50次、案件质量评查166件次，“零容忍”对待违纪违法，筑牢廉洁从检底线。加强与人大代表、政协委员的联系，每周短信通报检察工作要情，每季编发《代表委员联络专刊》。组织开展“检察开放日”等活动，积极通过“两微一端”（指微博、微信及新闻客户端）等新媒体，及时公开案件信息，“诸暨检察”微信公众号获评全省政法系统优秀公众号。

（郦方家）

法院

【概况】诸暨市人民法院（以下简称市法院）位于诸暨市城东新城行政中心，占地面积30亩，总建筑面积近5万平方米，现有中央政法专项编制216名，实际在编干警209名，其中员额法官86人，司法警察37人；事业编制29名，实际在编25名；其他审判辅助人员111人。设有内设机构17个，分别是办公室（研究室）、政治处、立案庭、刑事审判庭、民事审判第一庭、民事审判第二庭、民事审判第三庭、金融审判庭、行政审判庭、简案庭、审判监督庭（审判管理办公室）、执行局（庭）、执行实施科、执行综合科、执行监督科、司法警察大队、司法行政科，下辖店口、草塔、枫桥、牌头、璜山5个人民法庭，另有1个全额拨款事业单位——审判保障服务中心。2018年，市法院共受理各类案件38429件，办结36104件，同比分别上升6.89%和9.55%，收结案数分别居全省法院第3位和第5位，一线法官人均结案413.09件。被最高法院确定为“2018年度全国法院司法宣传先进单位”，涌现出绍兴市级以上先进集体3个、先进个人12名。

▲4月初，市人民法院开展青少年法治宣传教育活动，组织行知小学、暨阳小学等学校学生以参观法庭、旁听庭审、模拟开庭等生动、直观、多样的形式，零距离接受法治熏陶

（杨敏儿 摄）

【刑事审判】审结刑事案件1178件，同比下降8.75%，判处罪犯1913人，其中判处5年以上有期徒刑92人。开展扫黑除恶专项斗争，审结涉黑涉恶案件98件171人。严惩妨害社会管理秩序、危害人身安全和侵犯财产的各类犯罪，审结832件1415人。严惩网络犯罪，审结网络赌博、网上传播淫秽物品等犯罪案件45件124人。严惩职务犯罪，审结贪污、受贿等犯罪案件5件。审结虚开增值税发票、非法经营等犯罪案件89件。审结非法吸收公众存款、集资诈骗等犯罪案件18件。坚持罪刑法定、宽严相济，决定逮捕186人，判处缓刑803人。规范适用财产刑，判处罚金3965.10万元，追缴赃款1136.24万元，没收违法所得132.10万元。

【民事审判】审结民事案件20407件，同比上升9.02%，其中调解撤诉11363件，一审民事可调撤率70.29%。推进家事审判改革，完善反家暴联动机制，审结婚姻、继承、抚养等案件1219件。审结劳动争议、医疗纠纷、侵权损害等案件1493件。审结建设工程、商品房买卖等涉房地产案件437件。审结物业纠纷案件1331件。审结买卖、承揽、租赁等合同纠纷15872件。2月，全面推行道路交通事故纠纷“网上数据一体化处理”，高效化解交通事故纠纷1331件，实现一网办理、一键理赔。审结金融借款类案件794件，12月，建立“职业放贷人”名录，审结民间借贷案件5229件。审结知识产权民事案件116件、刑事案件3件。

【行政审判】审结行政诉讼案件345件，同比下降42.5%。坚持依法裁判，生效判决中行政机关败诉案件占61.54%。加强行政案件协调和解工作，10月，协同市政府设立行政争议调解中心，经协调后调解、撤诉94件。审结行政机关申请强制搬迁、拆除违法建筑案件116件，保障“三改一拆”“小城镇环境综合整治”等重点工作顺利推进。审结国家赔偿案件2件，非诉行政执行案件312件。坚持府院联席会议制度，大力推进行政机关负责人出庭应诉，发布行政审判白皮书，促进规范依法行政。

【破产案件审判】全年审查破产案件43件，裁定受理34件，申报债权逾100亿元，审结15件，共促成8家“僵尸企业”有序退出市场，盘活企业资产14.45亿元，释放土地资源800亩、房屋面积22.87万平方米。金磊房地产、八达置业等重大破产案件取得突破性进展。完善“执转破”衔接机制（将执行中负债累累却无财产可供执行的被执行人企业移送进入破产程序，有效发挥破产制度的功能优势，推动缺乏履行能力且恢复生机无望的“僵尸”被执行人企业市场出清，在妥善化解涉企执行积案的同时，推动产业结构优化升级），共移送破产审查案件30件，进入破产程序21件，涉及被执行人企业31家、执行案件1090件。破产审判工作得到市人大常委会肯定和市委书记徐良平批示肯定。

【执行工作】执结各类案件13751件，执行到位标的额24.61亿元。完善网络查控体系，初步实现对被执行人存款、房产、车辆等主要财产“一网打尽”。依法惩治拒不执行裁判行为，司法拘留503人次，并以拒执罪移送公安机关立案侦查74件，已追究刑事责任5人。加大执行悬赏保险（市法院与人民财产保险公司诸暨支公司联合推出的一款针对悬赏执行的保险服务。当事人向法院申请悬赏执行，悬赏金由申请人自愿支付，在法院决定悬赏执行后，当事人可以向保险公司针对悬赏金进行投保。保险合同成立后，一旦发生悬赏金支付情形，由保险公司按保险合同进行赔付。这在一定程度上可以减轻当事人的负担，有利于法院更好地推进悬赏执行制度的开展）运用力度。5月起，探索执行直播活动，效果良好。5月，开展“决胜2018”“猎狐”等专项执行行动，其中“7·6”强制腾房行动于7月在《新闻联播》《朝闻天下》等中央媒体专题报道，并入选最高法院解决执行难工作情况报告“全国十五起典型案例”。

▲5月18日晚上7点30分，尽管外面电闪雷鸣、狂风暴雨，但市人民法院“猎狐行动”仍按照原定计划实行，100多名执行人员准时集结，兵分7组全城突袭，直奔失信者的可能隐藏地　（图片来源　诸暨日报社）

【首创公证意见书制度】完善执行联络员制度、失信联合惩戒机制。5月，全国首创公证意见书制度，该制度进一步完善程序终结的结案标准和案件退出机制，确保认定执行不能结论的准确性。

【“枫桥经验”纪念活动相关配合工作】3月，完成枫桥法庭改造升级。8月，拍摄制作“枫桥经验”专题宣传片，进一步优化全省首批“五星级诉讼服务中心”（首批五星级诉讼服务中心于2017年11月评定，全市共1家）的功能布局。6月，承办最高法院涉诉信访与诉讼服务工作现场会、全省矛盾纠纷多元化解工作暨在线矛盾纠纷多元化解平台建设现场推进会、全市法院创新发展新时代“枫桥经验”现场会暨人民法庭工作会议，圆满完成97批次、1700余人次的学习考察接待工作。市法院传承创新“枫桥经验”、推动纠纷分层递进解决的实践经验做法被《中国审判》（2018年第16期）、最高法院《司法改革动态》（2018年9月）以及省高院《工作简报》（2018年4月）、《浙江审判》（2018年第4期）等采用并推广。

【矛盾纠纷化解创新】完善引导调解、特邀调解和法官调解“三调合一”的大调解工作格局，诉前调解成功4619件，办理司法确认3416件，诉前纠纷化解率23.69%、立案调撤率42.74%。推广应用“在线矛盾纠纷多元化解平台”（简称“ODR平台”，2018年1月启用），吸收122家调解机构和470名调解员开展在线调解工作，全年上线纠纷5941件，调解成功3336件。6月中旬，全省矛盾纠纷多元化解工作暨在线矛盾纠纷多元化解平台建设现场推进会在诸暨召开，《浙江日报》《人民法院报》等作专题报道，最高法院副院长姜伟等领导对诸暨做法予以肯定。推进繁简分流改革，优化速裁团队配置，简易程序适用率71.98%。1月，最高法院专程到市法院蹲点调研，高度评价市法院传承创新“枫桥经验”、推动纠纷分层递进解决的实践做法，总结提炼经验后专题报告中央政法委，并将逐步探索在全国基层法院复制推广。

【司法体制改革】推进审判权运行机制改革，组建新型审判团队，实行随机分案，改革裁判文书签发制度，全面落实司法责任制。严格落实院庭长办案制度，入额院庭领导共办结案件14758件，占全院结案总数的40.88%。推进刑事诉讼制度改革，健全庭前会议、证人、侦查人员出庭制度，召开庭前会议21次，证人出庭14人次，侦查人员出庭10人次。推进刑事案件律师辩护全覆盖，为330名被告人指派辩护人。深化政法机关“一体化办案系统”应用（2017年7月启用），实现跨部门数据交换和信息共享。9月，推广应用“浙江移动微法院”，全面推行庭审记录改革，提高审判效率。推进网络司法拍卖，成交额逾34亿元，为当事人节省佣金9800万元。

【基层社会治理】开展扫黑除恶专项斗争，严惩妨害社会管理秩序、危害人身安全和侵犯财产等犯罪行为，共审结涉黑涉恶案件98件171人。依托基层治理“四个平台”与全科网格建设，妥善审理“三农案件”，同时，专题分析涉村委会等基层组织案件存在的问题，并提出处置意见建议，助推乡村振兴战略实施，获市主职领导批示肯定。做好全国“两会”等重要时期的信访维稳工作，审结申诉和申请再审案件12件，再审改判3件，有效化解重点信访案件45件，依法追究2名违法上访闹访人员的刑事责任。加强法治宣传教育，开展“法律六进”（指法律进机关、进乡村、进社区、进学校、进企业、进单位）活动，协同市委宣传部做好“1963法润”网络直播，加大微信推送力度，微信公众号“诸暨市人民法院”连续2年位居全省政法系统优秀微信公众号榜单法院篇第一名。（杨敏儿）

司法行政

【概况】2018年，诸暨市突出“枫桥经验”纪念活动筹备、“七五”普法中期验收、访调对接等重点工作，提升人民调解、法律服务、法治宣传、社区矫正等司法行政工作，打好“六大硬仗”（改革撬动、“北承南接”、提质增效、创新驱动、统筹协调、环境优化），打造“全面小康标杆县市”。

5月9日，司法部部长傅政华一行到诸暨调研基层司法行政工作，浙江省人民政府副省长王双全等领导陪同调研。

【法治宣传】概况　2018年，累计举办普法讲座342场，受教育群众82700余人次；发放普法宣传资料84600份。

印发《诸暨市2018年普法依法治理工作要点》　4月4日，市委办、市府办正式印发《诸暨市2018年普法依法治理工作要点》（市委办〔2018〕27号），明确23家普法重点成员单位法治宣传教育责任清单，继续将普法工作纳入镇乡（街道）、市级机关工作目标责任制考核。

“1963法润”直播平台试运行　6月7日，由市委宣传部牵头，公安局、检察院、法院、司法局等部门共同实施的“1963法润”直播平台试运行，每周四邀请一名法律工作者开展案例解读和释法工作。

“三治融合”示范村（社区）建设标准发布　4月23日，“枫桥经验”活动纪念小组出台《关于自治、法治、德治“三治融合”基层社会治理体系建设推广工程实施方案》（“枫桥经验”领导小组〔2018〕3号），在绍兴地区率先出台“三治融合”示范村（社区）建设标准，在“民主法治村（社区）”、“孝德村”的基础上，充实“三治”内容、丰富宣传形式、强化软硬件建设，建成一批法治公园、法治长廊、法治一条街等特色法治阵地，9月29日，首批诸暨市级109个建设村（社区）通过验收，有53个村（社区）继续申报绍兴市级三治融合示范村（社区）。

“七五”普法中期验收　7月9日，召开全市普法教育领导小组会议，全面迎检绍兴市对我市“七五”普法中期实施情况。6月13日，成立市级验收组，对全市35个部门和27个镇乡（街道）“七五”普法工作进行专项督查。完成全市“七五”普法中期验收的“四个一”工作，即一部《法润诸暨 情泽民心》专题片、一本《美好生活 法德相伴》画册、一套台账资料以及一个法治文化示范点建设。

民主法治村（社区）建设　8月8日，市司法局联合市民政局出台《民主法治村（社区）建设三年行动计划（2018—2020）》（诸普法办〔2018〕13号），计划通过三年努力，全市建成省级以上民主法治村（社区）30个，绍兴市级以上民主法治村（社区）150个，诸暨市级民主法治村（社区）实现全覆盖。

普法宣传　以《中华人民共和国宪法》学习为重点，开展各类法治宣传活动157场次，制作发放宣传折页45000余份。开展金融法律风险防范、扫黑除恶等专项法治宣传行动，制作宣传资料1万余份，宣传展板十余块到各村（社区）文化礼堂进行展示。

【队伍建设】新建浙江曦明、靖光律师事务所党支部，实现全市3名以上党员律师事务所党支部全覆盖。至2018年底，全市有28家律师事务所（其中建党支部的律师事务所共15家）。6月4日，完成局直属机关党委和下属11个党支部的换届工作。6月8日，按期签订“两级书记”［市直机关部门（单位）机关党组织书记和机关党委（总支）下属党支部书记］党建责任清单，把全面从严治党落实到每个支部、每名党员。组织各类专题学习、业务培训等32场次；局机关干部到村（社区）开展法治宣传、法律咨询、义务劳动等志愿服务活动68人次。完善管理考核问责制度，依托月结月报、政务通、月度督查等载体，形成反馈监督机制，全年共开展各类督查16次，警示谈话1人次。开展律师行业半年执业检查、法律服务行业“双随机”检查，加大投诉案件调查回复和违规违法行为查处力度，对1名律师作出暂缓考核处理。

【社区矫正和安置帮教】概况　2018年，全市累计接收社区服刑人员738人，期满解矫795人，司法局警告处罚156人、治安处罚16人、收监27人，至年底社区服刑人员共在册844人，重新犯罪1名，重新犯罪率0.06%；接受法院审前社会调查501件，监狱假释前调查122件，保外就医前调查2件。12月，全市新增刑满释放人员95名，当年累计1109名，截至2018年年底，刑满释放人员在册3515名，当年无刑释人员重新犯罪。

社会力量参与社区矫正工作　与诸暨市德林教育咨询有限公司合作，实施“关心桥驿站”服务项目，成立社区矫正专业讲师团，对社区服刑人员进行心理健康评估、心理干预、制定心理辅导方案等。与市心理协会合作开展分层次、个性化专题集中教育。与“一米食堂”“一米阳光慈善超市”及“大诸暨读书吧”等平台合作，组织社区服刑人员开展各类公益活动1000多人次。

社区矫正中心启动建设　根据省司法厅《关于进一步加强县（市、区）社区矫正中心建设的指导性意见》文件精神及绍兴市司法局对社区矫正中心建设的要求，按照“执法、教育、管理‘三位一体’”建设布局，制定社区矫正中心建设详细计划，至12月底，社区矫正中心处于施工阶段。

▲社区服刑人员正在接受修心教育。2018年，市司法局创新社会力量参与社区矫正工作，与诸暨市德林教育咨询有限公司合作实施“关心桥驿站”服务项目，搭建社区服刑人员回归社会桥梁　（图片来源　诸暨日报社）

【公共法律服务】概况　2018年，公共法律服务中心完成提档升级，建成集线下（实体窗口）、线中（电话热线）、线上（智能网络）为一体的综合性公共法律服务平台，省内一流、全国领先。3月6日，市委办、市府办正式印发《关于坚持发展新时代“枫桥经验”加快推进具有诸暨特色公共法律服务体系建设的实施意见》（市委办〔2017〕129号），将公共法律服务体系建设纳入“平安镇乡”考核。

实体平台建设　2018年11月5日，投资1047万元，改造升级诸暨市公共法律服务中心正式运行，该中心落地面积976平方米，建筑面积4109平方米，为当年全省面积最大、整合机构最多、功能最齐全的公共法律服务中心。内驻市法律援助中心、公证处、行政复议局等组织机构15家，“打包”公共法律服务资源，提供超市式服务。群众可以直接在中心接受法律咨询、法律援助、人民调解、司法鉴定、公证等公共法律服务。27个镇乡、街道的行政服务中心设置公共法律服务窗口，525个村（居）便民服务中心开辟法律服务场所，主要发挥村（居）法律顾问、人民调解员、“七五”普法讲师团等志愿者团体的作用。

▲公共法律服务中心启用智能机器人提供服务
（图片来源　诸暨日报社）

热线平台建设　打造法律服务“e平台”，集“12348”中国法网、矛盾纠纷在线化解、“1963法润”直播平台等功能，并设置“法治体验馆”“智能机器人”“无人律所”，搭建“线上＋线下”一体化公共法律服务智能平台。服务咨询“有人接、及时接、热情接、专业接”，同时，加强和“110”“12345”等热线的联动。2018 年，累计接听来电 3351 个。

网络平台建设　整合市司法行政门户网、公共法律服务网、“诸暨司法”微博、“诸暨普法”微信公众号、微信塔群等资源，构建覆盖城乡的公共法律服务电子网络平台。2018 年，通过网络平台，进行以案说法 112 次，法律法规政策解读 75 次，播放法治微电影 3 场，开设普法微课堂 21 场，为群众提供法律咨询 1689 次，解答群众具体问题 821 个。

【法律援助】概况　2018 年，市法律援助中心累计接待来访群众 2499 批 3780 人次，接听来电 3351 个，解答法律咨询 5850 次。受理法律援助案件 1581 件，同比增加 50.7%，其中刑事案件 597 件，同比增加 34.2%；民事案件 979 件，同比增加 62.9%；行政案件 5 件。受援人数 1618 人，挽回经济损失 2512.7 万元。

刑事案件审判阶段律师辩护全覆盖　4 月份开始，实行审判阶段刑事案件律师辩护全覆盖，所有刑事案件全部指派执业满 2 年并通过年审注册的律师进行办理。至 2018 年底，全市有 28 家律师事务所，执业律师 235 名，其中 80% 的律师参与刑事案件的办理。

法律援助“全容缺全代办”制度完善　完善法律援助申请受理全容缺全代办制度。利用一证通办系统实现数据互通，联网可查参保信息、低保信息、居住证等信息。2018 年，容缺受理法律援助案件 100 件。

浙江省法律援助统一业务平台启用　2017 年 12 月 1 日，启用浙江省法律援助统一服务平台，推广使用“12348 浙江法网·绍兴”和浙江法律援助微信公众号，打破法律援助申请地域限制，为实现全市通办提供保障。实现法律援助申请受理“就近能办、异地可办、全市通办”工作新机制。2018 年，通过网络受理法律援助 5 件，其中异地受理 2 件。

法律援助经费保障　10 月 23 日，会同市财政出台《诸暨市法律援助经费使用管理办法》（诸司〔2018〕24 号），刑事法律援助案件的侦查、审查起诉、审判三个阶段的补贴分别提高 100 元、200 元、200 元（原先侦查阶段侦每件补助 800 元；审查起诉阶段，每件补助 1000 元；审判阶段，每件补助 1300 元）；民事、行政、仲裁和劳动争议法律援助案件补贴每件提高 300 元，其他方面如代拟法律文书、跨区域办案等的补贴标准都有不同程度的提高。2018 年发放补贴 3 批次，共计约 108 万元。

专项法律援助服务　2018 年，针对民工、残疾人、老年人、军人军属、妇女等特殊群体开展法律援助专项行动 6 次。继续落实绿色通道、上门服务等惠民举措，其中，市法律援助中心共受理民工讨薪法律援助案件 644 件，涉及民工 644 人，涉及欠薪金额 725 万余元。　（何可晨）

律师

【概况】至 2018 年 12 月，全市共有 28 家律师事务所，13 家基层法律服务所，在册法律服务备案人员 374 人，其中律师 251 人、实习律师 36 人，基层法律服务工作者 82 人，实习 4 人；公证员 4 人，公证员助理 2 人，公证辅助人员 4 人。市浙江振邦律师事务所获“浙江著名律师事务所”荣誉称号。

【律师调解试点工作】1 月，全市在法院诉讼服务中心、市公共法律服务中心、绍兴市律师协会诸暨分会和浙江浣纱律师事务所设立 4 个律师调解工作室，成立由 84 名律师组成的调解员队伍，2018 年成功调解案件 130 起。

【新的社会阶层人士统战工作联络站成立】5 月 4 日，诸暨市新的社会阶层人士统战工作联络站在绍兴市律师协会诸暨分会挂牌成立，这是诸暨市首批新的社会阶层人士统战工作联络站。

【律师办理涉黑恶案件专题培训】5 月 16 日，举办律师办理涉黑恶案件专题培训会，全市 120 余名律师参加。此次培训重在指导律师事务所建立健全律师办理黑社会性质组织案件的请示报告、集体研究和检查督导制度。至 12 月底，全市各律师事务所上报 46 条办理涉黑涉恶案件的相关信息，未发现律师违反规定办理涉黑涉恶案件的情形。

【印发《诸暨市行政村（社区）法律顾问工作考核办法》】6 月 5 日，市司法局印发《诸暨市行政村（社区）法律顾问工作考核办法》，村（社区）法律顾问补贴从原来的每村每年 2000 元，提高至每村每年 4000 元。

【辩护律师协助监管有罪不捕人员机制】6 月 1 日，市检察院、市司法局联合发文出台全市首个《关于建立辩护律师协助监管有罪不捕人员机制的规定（试行）》（诸检会〔2018〕3 号），吸纳辩护律师参与取保候审期间犯罪嫌疑人的协助监管。

【法律顾问业务培训】6月26日，组织司法所行政村（社区）法律顾问APP管理员、担任行政村（社区）法律顾问的律师、基层法律工作者，开展行政村（社区）法律顾问APP业务、法律援助业务培训。 （何可晨）

调解仲裁

【人民调解】概况 2018年，全市建有各类人民调解组织745个，专兼职人民调解员3486名。全年共组织矛盾纠纷和社会不稳定因素排查23次，其中专项排查6次，受理矛盾纠纷19548件，调处成功19079件，调处成功率97.6%。2018年，杨光照（诸暨市枫桥镇老杨调解中心主任、枫桥镇人民调解员）被评为全国人民调解专家，俞杭明（诸暨市司法局暨阳司法所所长）获全国人民调解先进个人荣誉称号，市司法局被评为全国人民调解先进集体、全省指导人民调解工作先进单位。

人民调解骨干培训班 5月23日，市司法局举办2018年度人民调解骨干培训班，全市27个镇乡（街道）调委会、13家行业性调委会、21家品牌调解室以及调解社会组织的210名人民调解骨干参加培训。

人民调解参与信访矛盾化解 6月1日，成立驻信访局人民调解室，安排1名专职调解员、1名职业律师进驻。8月14日，市委办、市府办正式印发《诸暨市关于开展人民调解参与信访矛盾化解专项活动的通知》，同时，推进镇乡（街道）人民调解委员会参与对辖区信访矛盾的化解。至12月底，共排摸出信访矛盾纠纷89件，受理调处89件（其中信访积案35件），成功调处58件，化解信访积案23件。

镇乡（街道）全部设立联合调解中心 7月6日，印发《关于设立镇乡（街道）联合调解中心的实施意见》（诸大调解办〔2018〕1号），诸暨市镇乡（街道）联合调解中心是整合公检法司部门资源、吸收社会力量参与建立的联合调解平台。4月，在枫桥镇试点，成功后在全市推开。至12月底，全市27个镇乡（街道）全部设立联合调解中心。全市联调中心至12月底共受理矛盾纠纷1612件，调处成功1567件，调处成功率97.20％

人民调解专家库扩充 通过政府购买服务、整合法律服务资源等形式，发展壮大信访调解队伍，扩充人民调解专家库。至2018年底，人民调解专家库共有87人。建立完善工作对接、“多调联动”、律师参与接访等信访调解机制，安排律师进驻信访调解室值班。至12月底，全市人民调解组织受理各类信访交办件89件，成功调处73件，其中信访积案29件，调解成功率达82%。

《人民调解的“枫桥经验”》出版发行 9月，市司法局同西北政法大学合作，通过2年的实地调研提炼和资料收集，编写成《人民调解的“枫桥经验”》一书，由法律出版社出版发行。

【仲裁工作】2018年，绍兴仲裁委诸暨分会办理买卖合同6件，商品房买卖15件，民间借贷7件，建筑工程10件，居间合同1件，物权确认1件，租赁合同2件，其他合同2件，收案合计案件44件，标的额6000万元，仲裁费51万元，2018年共结案41件。 （何可晨）

不断创新发展的“枫桥经验”

▶ 枫桥镇陈家村红枫居有关负责人正在调解外来居民矛盾纠纷

◀ 枫桥派出所组织召开的外来居民管理恳谈会现场

▶ 赵家镇网格员在东溪村了解治安情况

◀这是山下湖镇长乐村两委班子正在学习有关法治政策

▶暨阳街道江新社区2011年成立江大姐调解室，现有35位社区“江大姐”义务担任调解员，7年来成功化解各种矛盾纠纷252件。这是暨阳街道江新社区江大姐调解室成功化解一起居民矛盾纠纷后的场景。

近年来，诸暨市各街道转变原先由社区干部为主化解矛盾纠纷的模式，吸纳基层群众参与到矛盾纠纷化解中来，让居民自己解决自己的事情，先后创立10个极富特色的社会调解组织，参与人数超过240名。这些社会调解组织为创造和谐稳定的社区环境作出了贡献。

◀直埠镇紫草坞村改造村里村民余房，建立实施统一管理的“红心租”提供给外来租客，提升外来务工人员的归属感，打造和睦共处、共建融合的基层治理新格局

（以上照片均由徐德文摄）

军　事

概述

2018年，诸暨市人民武装部贯彻落实省军区、军分区决策指示部署，坚持“抓班子、强队伍、打基础、求稳定、谋发展”，重点抓好基层规范化建设、军民融合发展，完成现役转改文职工作，民兵整组、专武干部和民兵参加省军区比武、过境部队保障、民兵分队参加省人防演练、军民融合发展等相继得到上级机关的肯定。

【基层规范化建设】把“基层规范化建设”作为年度重点工作，对照《浙江省后备力量基层建设规范》《绍兴市后备力量基层规范化建设达标考评实施细则》和《绍兴市乡镇（街道）武装部“评星挂牌”量化考评细则》，先后投入120余万元推进民兵“三化四队”建设（组织指挥预案化、力量体系专业化、保障设施野战化；战斗队、宣传队、工作队、专业队），督导27个镇乡（街道）完成应急装备配备，先后共有7个基层武装部被评为绍兴军分区五星基层武装部。

【现役转改文职】10月，诸暨市委、市政府在绍兴地区首家落实首批现役转改文职工作相关激励措施，首批现役转改文职共2人，涉及2名家属安置和享受地方同等公务员考核奖等4项配套政策。

（杨　新）

政治工作

【主题教育和专题学习讨论】以学习贯彻中共十九大精神和习主席系列重要讲话精神特别是国防和军队建设重要论述为主线，围绕“坚定维护核心、坚决听从指挥”“聚焦练兵备战、提高打赢能力”“全面从严治党、全面从严治军”“弘扬光荣传统、永葆初心本色”四项内容开展“传承红色基因、担当强军重任”主题教育，深入查找“和平积弊”和“形式主义、官僚主义”两个方面的沉疴积弊和问题，并制定17条整改措施。制订年度读书学习计划，先后购买近百本辅导书籍。广泛开展学用“新党章”“新条令”活动，1月，组织党员到诸暨“一大”旧址重温入党誓词；6月，组织网络安全教育和自查自纠，常态落实经常性教育和法纪警示教育全覆盖。专题组织学习英模王继才大讨论活动。坚持教育考勤登记和主官轮流授课制度，强化干部职工创先争优、姓军务本、听令守规、履职尽责意识。

【党管武装】坚持国防后备力量建设“五纳入、五统一”（把武装工作纳入市委、市政府工作安排，统一部署；把武装工作所需经费纳入年度预算，统一安排；把武装工作有关机构设置和人事编配纳入政府编制，统一考虑；把国防教育纳入全民教育计划，统一落实；把镇乡街道人武部建设纳入本级党委年度考核范围，统一考评），注重七项党管武装工作制度（即双拥领导制度、党委议军制度、党委书记述职制度、例会制度、军事日制度、军地领导双向兼职制度、现场办公制度）落实。3月，组织镇乡（街道）党管武装工作述职。5月28日，召开全市武装工作暨国防动员委员会会议，总结经验，明确任务。10月12日，召开市委议军会会议，研究党管武装有关工作。12月28日，组织市四套班子领导过“军事日”活动，增加各级领导干部国防意识。市本级将武装工作纳入地方党委政府整体考核，完成对镇（乡）街道基层武装工作目标责任制年度考评。重点与市委、市政府协调做好绍兴市对诸暨市人武部第一书记党管武装工作履职考评。

（杨　新）

军事工作

【概况】2018年，军事工作按“打造一流人武部、当好国动主业排头兵”目标要求，突出维护核心、聚焦主责主业、抓实练兵备战、深化融合发展，国防动员和后备力量建设呈现稳中有升、持续向好的态势，市人武部作为战备训练先进单位得到浙江省军区表彰。

【军事训练】加大落实军事机关按纲施训力度，

▲2018年度陈璜片民兵连长集训现场。此次集训为期3天，璜山、陈宅、岭北、浬浦、东白湖、街亭6个镇乡的民兵连长参加，集训包含中共十九大精神学习及测试、新军事训练大纲学习、轻武器教学与实弹射击、手榴弹投掷考核、队列训练和考核等内容 （蒋力奔 翁嘉越 摄）

突出抓好部党委班子“一学四练”（指学理论、练指挥、练智能、练技能、练体能），参加军分区组织的现役干部岗位练兵集训，提升全体干部的军事技能和指挥作业能力。着眼适应新职能新使命需要，一、二季度，分两个批次组织全市专武干部进行脱产封闭式集训、复训，集中训练时间累计达到15天，为历年之最。坚持按纲施训、分类施训、科学施训，先后组织专武干部、民兵连长、民兵尖子、应急分队、专业分队、特殊力量6个层次的训练；选送预编兵员参加部队返岗训练、民兵骨干参加省军区组织的跨区联训、民兵尖子参加军分区组织的集中强化训练。10名专武干部参加军分区第20期专武干部集训综合成绩名列前三，6名尖子骨干参加浙江省首届民兵岗位练兵大比武，取得3个名次。围绕大规模作战准备进程，依据绍兴防卫区基本案，牵头完成本辖区1个总案和11个分案的作战方案修订完善，确保行动方案始终处于保鲜状态。

【民兵整组】完成年度基干民兵整组工作任务，工作成效在省、市两级的拉动点验中得到检验。30名民兵参加人民防空实战化演习，受到省、市两级通报表扬。修订完善9个应急动员方案，组织重点领域潜力数据核查和2019年民兵整组前期国防动员潜力调查，全面核准本辖区动员潜力底数。

【民兵参与安保和社会治理】先后组织民兵1000余人次参加山林灭火、防台抗洪、抗击冰雪以及“纪念枫桥经验55周年”“西施马拉松”等安保行动。持续开展以“六大员”（指政策宣传员、抢险战斗员、治安守护员、民情信息员、矛盾调解员、文明示范员）为主要内容的民兵参加社会治理活动，市、镇两级出资近千万元，组织民兵参与社会治安联防巡防群防。

【征兵工作】开展多形式征兵宣传活动，发放《征兵宣传手册》1.2万册，在全市公交系统和重要点位LED显示屏等160多个滚动屏播放征兵宣传片，城区及镇乡（街道）主要道路、高速路口悬挂征兵宣传标语300多幅。严把体格检查、政治考核、病史调查、集中定兵、廉洁征集等关键环节。组织体检组，对全市适龄青年进行目测初检。7月16日至8月15日，组织全市适龄青年上站体检，完成兵员征集任务，其中大学生比例达80%。组织为期8天的实地回访，入伍新兵总体表现优秀，部队反映良好。

▲7月16日，征兵目测初检开始。当天，安华、马剑、岭北3个镇开检 （杨 新 周灿炯 摄）

【预定兵员首次役前训练】8月23—27日，为帮助预定兵员更快适应军营生活，诸暨市征兵办遴选优秀退伍士官担任新训骨干，专项投入30万元资金，在浙江农林大学暨阳学院开展首次双合格青年役前集中教育训练。围绕淘汰思想不坚定人员、发现身体隐性问题、培养部队适应能力这三个目标，双合格青年接受全封闭军事化管理和训练，先后淘汰不适应部队训练管理的应征青年，役前教育训练做法及成果受到省军区考核组肯定。 （杨 新）

后勤装备工作

【概况】坚持党委理财、制度管财，全年共完成524笔合计745.31万元财务账目结算。严格落实各项财经制度纪律，全面完成停止有偿服务，组织行业清理整治和资产清查。做好日常保障和基础设施建设工作，保障日常上班、训练、征兵体检等2.1万人次就餐，维修营房10批次，年度保障车辆300余台次，安全行驶2.8万千米。组织装备技术普查，严格枪支弹药管理，擦拭保养枪支30次。1月，完成应急箱组一拖三装备采购任务；3月，在绍兴市首家完成应急车辆上牌、市属民兵应急人员保险办理等工作。上半年，调整应急连库室，备妥橡皮艇和各类应急物资。12月底，完成3名新调入营以下现役转改文职人员的办公室、宿舍调配。

【安全管理】突出人、车、枪、弹、密等17个安全管理要素，抓好机要密码管理和集中文印，每月组织安全隐患排查，狠抓问题纠改。加强人武部正规化建设，先后投入100余万元用于完善视频监控系统、加固原武器装备仓库进出道路山坡、安装铁丝网等。（杨 新）

国防教育

【概况】2018年诸暨市国防教育工作，坚持以习近平新时代中国特色社会主义思想和强军思想为指导，深入学习贯彻中共十九大精神，紧跟全民国防教育改革步伐，突出领导干部和学生教育重点，突出崇军尚武社会氛围营造，突出军人荣誉体系培育，突出关键抓手、创新方法手段，注重发挥诸暨市社会力量优势，传承续力固成果，改革创新求突破，健全机制促发展，不断推进大国防教育普及深入。

【诸暨籍优秀军人评选】“八一”建军节之际，诸暨籍现役军人孟非凡、孙斌、张佳君列为绍兴市“东西南北绍兴兵”系列报道对象，浬浦镇丁旺军被评选为“绍兴最美退役军人”受到表彰。通过《诸暨日报》（2018年8月1日第3版）刊发“八一光荣榜”，并赠送每名立功人员家庭一份2019年度《中国国防报》。

【国防教育进农村文化礼堂】10月，推进国防教育进农村文化礼堂工作，完成101所中小学校和171个文化礼堂、634处宣传栏军人荣誉墙和军人军功榜更新工作。

【浙江省首届国防知识大赛诸暨参赛选手夺冠】7月17日，2018浙江省首届“国防在我心中”青少年国防知识大赛在杭州举行，诸暨市人武部、诸暨市国防教育委员会办公室指导应店街镇中参赛学生进行为期1个月的集中准备，遴选10名队员代表绍兴地区参赛，斩获大赛初中组（军事技能竞赛、国防知识竞赛、团体总分）三项团体冠军奖杯，并夺得个人单项金牌7枚、银牌10枚、铜牌3枚。

【国防教育“五进”巡展】9月15日是第十八个“全民国防教育日”，也是省第七个“国防教育宣传周”。诸暨市国防教育委员会举办国防教育“五进”巡展活动，先后走进学校、机关、社区、企业、农村，共举办巡展活动10次，约12000人参观。

【“爱我国防”主题征文活动】11月11日至12月底，市国防教育委员会办公室联合市教育局在全市中小学校开展“爱我国防”国防教育主题征文活动，全市中小学校学生踊跃参与，共收到征文125篇。经评审委员会评审，评定一等奖3篇，二等奖6篇，三等奖9篇，优秀奖15篇。（杨 新）

双拥工作

【概况】着力做好拥军慰问、退役士兵返乡欢迎仪式和军人军属权益维护等方面的工作。1月，走访慰问军职、师职、团职军官和营以下干部家庭。三季度，依据《浙江省军人军属保障工作条例》，协调人社局落实大学生退役士兵事业编岗位定向招考工作，全年协调教育局落实8名现役军人子女就

▲12月12日，在市委党校举行的2018年退役军人就业推介会现场。当天，市人社局组织30家企业参加

（蒋力奔 杨 新 摄）

学优待政策。12月12日，联合市政府在市委党校召开诸暨市2018年退役士兵返乡欢迎仪式暨就业推介会，组织30多家企业参加，提供各类岗位617个，现场初步达成就业意向125人次。依法维护军人军属权益，办理涉军维权信访件20余件，接收并协调办理部队来信来函40余次。　（杨　新）

人民防空

【概况】2018年，诸暨市人民防空办公室按照“长期准备、重点建设、平战结合”的人防建设方针，有效履行战时防空、平时服务、应急支援职能使命。加强人防宣传教育、人防教育基地建设、人防工程建设和指挥通信设施、人防工程审批监管、警报设备维护管理等方面工作，圆满完成上级下达的各项目标任务。

【人防宣传教育】2018年，诸暨城区初中、规模镇乡共18所学校25期235个班级11683位学生参加人防实践活动，每班每学期出2次人防专题黑板报；人防逃生演练共8次。在“3·1”国际民防日、“5·12”防灾减灾日、“9·18”防空警报试鸣等人防节日节点，在城市广场及各个学校开展丰富多样的主题宣传活动，全年共开展3次，受教育人员达25000多人次。

【人防指挥通信与演练】2018年8月，重新整编诸暨市人防抢险抢修合成专业大队、人防伪装防护分队、心理防护分队、信息防护分队人员，集中组织业务培训。9月，完成市级人民防空方案和重点经济目标防空袭方案的修订，完成人防重点镇的防空袭方案。10月，拟定完成人防指挥部常态化工作机制征求意见稿，建立各人防重点镇的人防指挥部，完善镇人防指挥制度。9月，全市组织人防伪装防护分队参加省人防办组织的“浙江金盾-18”演习；投资30多万元购置训练装备，开展人防应急分队伪装训练。11月，章林科、应机良、侯王龙、傅利君参加人防指挥拉练，保障车辆和指挥通信设备状态。11月，楼苗根、应机良、王超、侯王龙赴重庆参加绍兴市组织的人防准军事化培训。每周组织人员进行电台和视频会议系统联调。

【防空警报器管理与试鸣】全年新增3台固定防空警报器和1台多媒体警报器。5月6日，组织全市警报器管理员进行专题培训，对全市所有防空警报器进行检查维修，保障警报设备正常运转。组织实施“5·12”防灾警报和“9·18”防空警报试鸣活动，警报器完好率和鸣响率均达100%。

【人防工程自建结建】2018年5月，调整完成人防结建标准和人防易地建设费收取标准，在绍兴市内率先出台人防结建的相关政策（诸政发〔2018〕37号文件），严格按照国家、省市有关人防结建政策要求进行人防审批，办理结建人防工程项目。绍兴市人防工程质量监督站诸暨分站平稳运作，分站所有人员均参加各类培训并取得质监资格，全年受理质监项目18个。

【避暑纳凉管理】利用“387坑道”人防资源，免费开放避暑纳凉中心，从7月10日中午12时开始到9月10日22时正式关闭，历时2个月，共接待纳凉市民约3.6万人（次）。　（黄海龙）

武警诸暨中队

【概况】中国人民武装警察部队绍兴支队执勤大队诸暨中队主要负责诸暨市看守所的外围武装警戒任务，逮捕、押解犯罪嫌疑人，追捕逃犯，处置突发事件和抢险救灾等。2018年，中队圆满完成上级赋予的各项任务，实现连续23年执勤无事故。

【组织沿革】武警诸暨中队前身为诸暨县公安局公安队。1983年1月改为武警建制，重新组建为中国人民武装警察部队绍兴地区（市）支队诸暨县中队；1989年9月，诸暨撤县设市，中队改称中国人民武装警察部队诸暨市中队；2018年1月，调整组建为中国人民武装警察部队绍兴支队执勤大队诸暨中队。

【思想政治建设】突出“四种意识”（政治意识、大局意识、核心意识、看齐意识），围绕学习贯彻中共十九大和习主席授旗训词讲话精神，开展“传承红色基因，担当强军重任”主题教育。严格落实重要岗位、要害部位人员每月一次政治考核，确保部队纯洁巩固。扎实开展形势政策教育，引导官兵严守政治纪律。加强外出人员教育管理，规范官兵手机使用和上网行为，杜绝手机、网络失泄密。探索网上政工建设，纯净官兵朋友圈、公众号、微博自媒体；强固舆论阵地，培养具备初步舆情监测、分析、引导能力的中队级网评员3名；用活微博、微信群、微信朋友圈、微信公众号、微动漫等“五微”载体，开展“微教育”。加强线上线下互动，组织开展座谈讨论、主题实践活动；推出“士官讲堂”，开展“警营演说家”活动，每周二、四政治教育课前安排官兵轮流上台谈时事政治、学习体会，变被动听课为主动讲课。重视做好一人一事思想工作，落实“日提示、周预警、月巡查”等制度，坚持利用每日晚碰头，对需要重点关注的人员进行逐个分析排查，区分重点人员、不同岗位、不同情况进行帮教。干部严格落实住班排等制度，做到“四个一”（每天到班里转一转，经常同战士聊一聊，周末节日与战士玩一玩，家属来队聊一聊），拉近官兵之间心理距离，确保部队安全稳定。

【实战训练】加强编携配装和能力建设，落实混编分训，突出抓好反恐处突课题训练、实打实投实爆训练和夜间训练，强化应急班建设。每周组织2—3次人装结合、紧急出动训练。坚持每周1个训练日的“勤务专项训练”、每月1个训练日的“勤务专项考核”，年内每名警官完成一个课题研究，提升干部“六会”、哨兵“三能”、分队“五快”能力，确保遇情况能够高效稳妥处置。组织开展“群众性大练兵”和“军人运动会”活动，抓军事体育、专项技能训练。以经常性军事训练为落点，详细制定月、周训练计划，按时间、节点完成训练内容。引进地方教学、装备资源，不定时开展实兵实装拉动训练，抓住重大会议安保、敏感时段备勤等大项任务，提升应急班保到位、保打赢的能力。重点抓好执勤设施使用、情况处置等内容的训练，坚持把时间带足、把时段带全、把哨位带遍、把程序带清、把情况带熟。

【后勤保障】加强后勤规范管理，科学编制预算，严格开支程序，合理使用经费。坚持双主官共同签字制度，落实经委会每月审查账目制度，实行经费使用公开，定期公布帐目。落实“1126”（早上要有1个鸡蛋，1瓶牛奶，2种主食，6个小菜）、“6211”（中午和晚上要有6个菜，2个主食，1种汤，1种水果）和分餐制度，确保官兵吃饱、吃好。后勤炊事人员每周征求官兵伙食意见并加以整改。加强装备科学化、制度化、经常化管理，落实对物资管理使用的周检查制度，及时维修损坏物资，延长使用寿命。

（宣勋树强）

预备役修理营

【概况】2018年，浙江陆军预备役步兵师修理营按照“改革稳思想、整组优结构、训练强基础、整体促提升”的基本工作思路，落实上级指示，认真抓好整组点验、入队和建制训练，不断强化“预备队”职能，营队的综合保障能力得到进一步提升，修理营被师评为“全面建设先进营”。

【政治工作】常态化开展“习主席思想引领我成长”集体读书学习活动，强化不忘初心、担当强军重任意识。发挥营连预任干部作用，组织预任干部与官兵见面，听取预备役战士对单位建设的意见，不断改进工作方法。结合各类训练展开创先争优活动，提升预任官兵的参训热情。

【军事工作】采取目标推动、任务牵引的方法，推进军事工作有效落实。3月中旬至4月底，按照调查摸底、制订方案、组织实施三个阶段开展整顿工作，共调整预任干部4人、预编士兵22人，兵员结构进一步优化。调整后，退伍军人比率达到81%，专业对口率达到59%，党（团）员比率达到90%，28岁以下人员比率达到77%，经训率达到87%，高中以上文化程度比率达到81%。7月5日—15日，围绕反恐维稳、防汛抗洪和森林扑火等科目，组织30人开展应急力量训练，加强应急抢险演练，优秀率100%。

【保障工作】推进“日检查、周保养、月发动”制度落实，确保装备始终处于良好的战备状态。严格按标准要求管理好物资装备，确保随时能动、能保。加强应急作战物资器材储备，做到专物专用，集中存放，每月定期清点，及时补充更换。12月，结合冬季换季保养，依托市修理厂完成所属车辆换季保养。

（胡　健）

科学技术

概述

2018年，全年技术市场交易额8.9亿元，各类科技政策兑现科技奖补经费3990万元。实现高新技术产业增加值104.77亿元；新产品产值573.38亿元；高新技术产业投资46.7亿元。完成科技成果转化44项；新增国家高新技术企业66家，累计185家；新增科技型中小企业320家，累计1164家；新增浙江省农业科技企业1家，累计23家；新增绍兴市专利示范企业4家，累计107家。培育小微企业6167家，完成“个转企”（个体工商户转变为企业组织形式）749家，完成培育高技能人才6938名，引进全国百强基金、机构16家。2018年，诸暨市位列全国科技创新百强县第16位，全省第5位、绍兴第1位。（魏卓倩）

科技管理和服务

【概况】先后出台《2018年诸暨市科技创新强市政策的实施细则及流程》《诸暨市科技创新券实施管理办法》等文件，组织开展“科技创新调研服务行动”，落实《诸暨市科技局科技创新调研服务行动方案》，分组进行蹲点调研、科技帮扶。（骆平）

【《2018年诸暨市科技创新强市政策的实施细则及流程》】2018年8月出台该文件，实施细则重点在于推动科技成果转化、打造提升创新平台、引入培育创新主体、优化创新创业环境。政策兑现的程序为：

1. 申请和受理。政策受益对象向市科技局申请，并提交相关资料证明，市科技局受理申请人申请或市科技局根据公布的文件，对符合补助条件项目直接受理。

▲世界袜业设计中心是一个校地共建的创意设计基地，由市政府与中国纺织服装教育学会合作，联合西安工程大学等25家高校院所，组织国内外纺织类、艺术设计类相关人才资源，开展以袜子视觉设计、形态设计、功能设计为重点的联合攻关，辅助袜业企业解决研发、设计、生产等各环节中遇到的技术问题，并将优秀成果转移到企业进行产业化。该中心已成为引领全球袜业创意设计新的风向标

（骆少华 张坚永 摄）

2. 审核。市科技局对申请人提交的资料和条件进行真实性、合法性审核。对不符合条件或存在弄虚作假的，予以退回，并说明理由。

对符合条件的，提交相关前置审核部门审核。

对单个企业单一项目补助30万元（含）以上的需提交科技局班子会议讨论同意后方可拨付。

对创新券、孵化器内的小微企业及科技企业发展种子基金、专利及企业研发机构、一事一议事项兑现时，取消多部门联审，由科技局审核后直接提交市财政局兑现。

3. 公示。将拟补助内容在《诸暨日报》或政府网站公示10天。

4. 发文。公示期结束，无异议的项目由市科技局和财政局联合发文。

5. 拨付。财政部门负责下达财政资金指标，科技局负责经费拨付。

6. 归档。资金拨付后，由科技局相关业务科室于10个工作日内将相关补助材料交市科技局办公室存档。

7. 其他。对科技类奖励的政策兑现与企业规模、财政贡献度、亩均税收脱钩。

【《诸暨市科技创新券实施管理办法》】2018年8月出台。根据该办法，企业和创业者只需在“云服务平台”注册登记并上传营业执照，经市科技局审核通过后，便可自主申请领取创新券。在使用科技创新券时，也只需将服务协议和自付经费的发票扫描件一并在创新云服务平台上传提交即可，实现“零跑腿”。

科技创新券分技术服务券、工业设计券和高企审计券三种类型。同一企业一年内申领额度最高不超过20万元，当年度有效，在有效期内可以分批使用，过期收回。由创新载体单位提交兑现申请材料，经市科技局评审后，对符合要求的申请予以兑现。

2018年，全市共发放1653.33万元科技创新券，使用504.05万元，共计206家企业获得科技创新券，享受到政策福利。（吴凌晓）

浙江省级众创空间一览

表20

序　号	众创空间名称	依托单位	批准年份
1	e谷创客空间	诸暨市光大科技孵化器有限公司	2016
2	U-do青年创客中心	诸暨优渡信息科技有限公司	2017
3	诸暨2025创意产业园	诸暨易联众创企业管理服务有限公司	2018
4	诸暨城东跨星中心	诸暨跨星投资管理有限公司	2018
5	翠溪创新创业空间	诸暨市翠溪生物技术研究院	2018
6	陶朱商学院	浙江农林大学暨阳学院	2018
7	诸暨六和桥众创空间	诸暨六和桥投资管理有限公司	2018
8	袜业智库	诸暨市大唐袜业科技创新服务有限公司	2018

绍兴市级众创空间一览

表21

序　号	众创空间名称	依托单位	批准年份
1	e谷创客空间	诸暨市光大科技孵化器有限公司	2016
2	翠溪创新创业空间	诸暨市翠溪生物技术研究院	2016
3	诸暨城东跨星中心	诸暨跨星投资管理有限公司	2017
4	陶朱商学院	浙江农林大学暨阳学院	2017
5	U-do青年创客中心	诸暨优渡信息科技有限公司	2017

续表21

序　号	众创空间名称	依托单位	批准年份
6	cc驿站	诸暨意谷驿站科技服务有限公司	2018
7	联合农创	诸暨星络网络科技有限公司	2018
8	幼发拉底	诸暨幼发拉底投资管理有限公司	2018
9	山下湖珍珠众创空间	诸暨华东国际珠宝城有限公司	2018
10	诸暨六和桥众创空间	诸暨六和桥投资管理有限公司	2018
11	诸暨2025创意产业园	诸暨易联众创企业管理服务有限公司	2018
12	袜业智库	诸暨市大唐袜业科技创新服务有限公司	2018

浙江省企业研究院一览

表22

序　号	研究院名称	依托单位	认定时间	备　注
1	浙江省海亮铜加工研究院	海亮集团浙江铜加工研究院有限公司	2009	—
2	浙江省盾安环境研究院	浙江盾安人工环境股份有限公司	2010	—
3	浙江省菲达环保研究院	浙江菲达环保科技股份有限公司	2011	—
4	浙江省万安汽车零部件研究院	浙江万安科技股份有限公司	2011	—
5	浙江省富润印染研究院	浙江富润印染有限公司	2012	—
6	大东南电池隔膜研究院	浙江大东南集团有限公司	2012	重点
7	浙江省露笑绕组线研究院	露笑科技股份有限公司	2013	—
8	浙江省洁丽雅家纺研究院	浙江洁丽雅股份有限公司	2013	—
9	盾安环保装备研究院	盾安集团	2013	重点
10	菲达环保装备研究院	菲达集团	2013	重点
11	东大水处理环保装备研究院	东大水业集团有限公司	2013	重点
12	浙江山下湖珍珠研究院	千足珍珠集团股份有限公司	2014	—
13	浙江省方圆尾气处理环保装备研究院	浙江方圆机电设备制造有限公司	2014	—
14	浙江省金海环保材料企业研究院	浙江金海环境技术股份有限公司	2014	—
15	浙江盾安传感技术研究院	盾安传感科技有限公司	2014	重点
16	浙江省申科滑动轴承研究院	申科滑动轴承股份有限公司	2015	—
17	浙江省全兴精工汽车转向系统研究院	全兴精工集团有限公司	2015	—
18	浙江省盾安阀门研究院	浙江盾安阀门有限公司	2015	—
19	浙江海亮环境新材料研究院	浙江海亮环境材料有限公司	2016	—
20	浙江华纬弹簧研究院	浙江华纬弹簧有限公司	2016	—
21	浙江长生鸟珍珠研究院	长生鸟集团有限公司	2016	—
22	浙江省华益精机液压控制工程研究院	浙江华益精密机械股份有限公司	2017	—
23	浙江省恒久机械研究院	浙江恒久机械集团有限公司	2017	—
24	万安智能汽车技术重点企业研究院	浙江万安科技股份有限公司	2017	重点
25	浙江省越隆缝制设备研究院	浙江越隆缝制设备有限公司	2018	—
26	浙江省伊思灵双第汽车弹簧研究院	浙江伊思灵双第弹簧有限公司	2018	—
27	浙江省申发高端滑动轴承研究院	浙江申发轴瓦股份有限公司	2018	—

浙江省高新技术企业研究开发中心一览

表23

序号	名 称	依托单位	批准年份
1	回音必制药省级高新技术企业研究开发中心	回音必集团浙江亚东制药有限公司	2000
2	万安汽车气制动省级高新技术企业研究开发中心	万安集团有限公司	2000
3	凯达数控机床省级高新技术企业研究开发中心	浙江凯达机床股份有限公司	2001
4	上峰包装材料省级高新技术企业研究开发中心	上峰集团有限公司	2001
5	盾安人工环境设备省级高新技术企业研究开发中心	浙江盾安人工环境设备股份有限公司	2002
6	枫叶新型管材省级高新技术企业研究开发中心	枫叶控股集团有限公司	2002
7	富润纺织技术省级高新技术企业研究开发中心	浙江富润纺织有限公司	2003
8	大东南塑胶省级高新技术企业研究开发中心	浙江大东南包装股份有限公司	2003
9	盛名电脑缝制机械省级高新技术企业研究开发中心	浙江盛名机电制造有限公司	2004
10	恒久传动链设备省级高新技术企业研究开发中心	浙江恒久机械集团有限公司	2004
11	海亮铜加工省级高新技术企业研究开发中心	浙江海亮股份有限公司	2004
12	华海合力纺织原料与机械省级高新技术企业研究开发中心	浙江华海合力科技股份有限公司	2004
13	菲达大气污染治理省级高新技术企业研究开发中心	菲达环保科技股份有限公司	2005
14	飞鹰新型电脑绣花机省级高新技术企业研究开发中心	浙江飞鹰缝制设备有限公司	2005
15	申发滑动轴承省级高新技术企业研究开发中心	浙江省诸暨申发轴瓦有限公司	2005
16	菲达宏宇环保设备省级高新技术企业研究开发中心	诸暨菲达宏宇环保设备有限公司	2005
17	长生鸟珍珠药物省级高新技术企业研究开发中心	浙江长生鸟药业有限公司	2005
18	铁鎯新型电动工具省级高新技术企业研究开发中心	铁鎯电动工具有限公司	2006
19	山下湖珍珠养殖与加工技术省级高新技术企业研究开发中心	浙江山下湖珍珠集团股份有限公司	2006
20	露笑动力机械省级高新技术企业研究开发中心	露笑集团有限公司	2006
21	展诚粮食机械省级高新技术企业研究开发中心	浙江展诚机械有限公司	2006
22	丰球泵业省级高新技术企业研究开发中心	丰球集团有限公司	2006
23	通业印刷省级高新技术企业研究开发中心	浙江通业印刷机械有限公司	2006
24	枫叶汽车转向助力系统省级高新技术企业研究开发中心	浙江枫叶机械有限公司	2007
25	宏磊铜加工技术省级高新技术企业研究开发中心	浙江宏磊铜业股份有限公司	2007
26	金海三喜空气净化器材省级高新技术企业研究开发中心	浙江诸暨金海三喜空调网业有限公司	2007
27	华港链传动设备省级高新技术企业研究开发中心	浙江华港链传动有限公司	2007
28	东大水处理设备省级高新技术企业研究开发中心	浙江东大水业有限公司	2007
29	诸暨轴瓦省级高新技术企业研究开发中心	浙江诸暨市轴瓦总厂	2007
30	金盾链传动与输送机省级高新技术企业研究开发中心	浙江金盾链条制造有限公司	2008
31	申科滑动轴承省级高新技术企业研究开发中心	申科滑动轴承有限公司	2008
32	金菱冷却技术省级高新技术企业研究开发中心	浙江金菱制冷工程有限公司	2008
33	众擎起重机械省级高新技术企业研究开发中心	浙江众擎起重机械制造有限公司	2008
34	信胜缝制设备省级高新技术企业研究开发中心	浙江信胜缝制设备有限公司	2008

续表23

序号	名 称	依托单位	批准年份
35	盾安通用阀门省级高新技术企业研究开发中心	浙江盾安阀门有限公司	2009
36	东方神州珍珠养殖与加工技术省级高新技术企业研究开发中心	浙江东方神州珍珠集团有限公司	2009
37	九牛农牧机械省级高新技术企业研究开发中心	浙江九牛农牧机械有限公司	2009
38	裕鑫锦纶纤维省级高新技术企业研究开发中心	裕鑫集团有限公司	2009
39	恒森自控阀门省级高新技术企业研究开发中心	诸暨市恒森冷热器材有限公司	2009
40	双第汽车弹簧省级高新技术企业研究开发中心	浙江双第弹簧有限公司	2009
41	正盛轴瓦省级高新技术企业研究开发中心	浙江正盛轴瓦有限责任公司	2010
42	富润印染技术省级高新技术企业研究开发中心	浙江富润印染有限公司	2010
43	濠泰装载机械省级高新技术企业研究开发中心	浙江濠泰机械有限公司	2010
44	意创磁性材料省级高新技术企业研究开发中心	诸暨意创磁性技术有限公司	2010
45	情怡多功能纤维材料应用省级高新技术企业研究开发中心	浙江情怡袜业有限公司	2010
46	长生鸟低值珍珠精深加工省级高新技术企业研究开发中心	浙江长生鸟珍珠生物科技有限公司	2011
47	方圆汽车发动机配件省级高新技术企业研究开发中心	浙江方圆机电设备制造有限公司	2011
48	瑞远数控机床省级高新技术企业研究开发中心	浙江瑞远机床有限公司	2011
49	艾默樱水暖阀门省级高新技术企业研究开发中心	浙江艾默樱零部件有限公司	2011
50	乐佳电脑刺绣机省级高新技术企业研究开发中心	浙江乐佳机电有限公司	2011
51	健力精密轴承钢管省级高新技术企业研究开发中心	浙江健力股份有限公司	2012
52	洁丽雅新型纺织材料与应用省级高新技术企业研究开发中心	浙江洁丽雅股份有限公司	2012
53	越隆缝制设备省级高新技术企业研究开发中心	浙江越隆缝制设备有限公司	2012
54	永景微型电磁阀省级高新技术企业研究开发中心	浙江永景科技有限公司	2012
55	盾运磁控阀门省级高新技术企业研究开发中心	浙江盾运实业有限公司	2012
56	全兴汽车转向系统省级高新技术企业研究开发中心	全兴精工集团有限公司	2013
57	锦事达功能性锦纶纤维省级高新技术企业研究开发中心	浙江锦事达化纤有限公司	2013
58	伊思灵双第汽车制动器弹簧省级高新技术企业研究开发中心	浙江伊思灵双第弹簧有限公司	2013
59	科达利汽车橡胶管省级高新技术企业研究开发中心	浙江科达利实业有限公司	2013
60	鸿森制冷设备省级高新技术企业研究开发中心	浙江鸿森机械有限公司	2013
61	华高复合绝缘子省级高新技术企业研究开发中心	浙江华高电气有限公司	2013
62	华益液压控制工程省级高新技术企业研究开发中心	浙江华益机械有限公司	2014
63	华纬汽车弹簧省级高新技术企业研究开发中心	浙江华纬弹簧有限公司	2014
64	利勃海尔中车轨道交通空调系统省级高新技术企业研究开发中心	浙江利勃海尔中车交通系统有限公司	2014
65	永成铜合金轴套省级高新技术企业研究开发中心	浙江永成机械有限公司	2014
66	荣怀水处理生物技术省级高新技术企业研究开发中心	浙江荣怀环保科技有限公司	2014
67	快达消防设备省级高新技术企业研究开发中心	浙江快达消防设备有限公司	2014
68	恒誉高阶覆铜板省级高新技术企业研究开发中心	浙江恒誉电子科技有限公司	2014
69	波士特汽车零部件省级高新技术企业研究开发中心	浙江波士特机械有限公司	2014
70	东港车辆气压制动系统省级高新技术企业研究开发中心	浙江诸暨东港液压机械有限公司	2015

续表23

序号	名 称	依托单位	批准年份
71	海亮环境新材料省级高新技术企业研究开发中心	浙江海亮环境材料有限公司	2015
72	和创永磁电机省级高新技术企业研究开发中心	诸暨和创电机科技有限公司	2015
73	金宸三普微通道换热器省级高新技术企业研究开发中心	浙江金宸三普换热器有限公司	2015
74	镭蒙智能立体车库省级高新技术企业研究开发中心	镭蒙机械设备有限公司	2015
75	双双轨道交通风源系统省级高新技术企业研究开发中心	浙江双双制冷设备有限公司	2015
76	兆山数控机床省级高新技术企业研究开发中心	浙江兆山机床有限公司	2015
77	恒久特种链条省级高新技术企业研究开发中心	浙江恒久特种有限公司	2017
78	兆山天峰预拌砂浆省级高新技术企业研究开发中心	诸暨市兆山天峰干混砂浆有限公司	2017
79	露通机电一体化省级高新技术企业研究开发中心	浙江露通机电有限公司	2017
80	盾安热工科技热交换系统省级高新技术企业研究开发中心	浙江盾安热工科技有限公司	2017
81	邦业能源管理系统省级高新技术企业研究开发中心	浙江邦业科技股份有限公司	2018
82	泓源电池管理系统技术省级高新技术企业研究开发中心	浙江泓源汽车集团有限公司	2018
83	东大环境膜法水处理技术省级高新技术企业研究开发中心	浙江东大环境工程有限公司	2018
84	帕瓦锂电材料省级高新技术企业研究开发中心	浙江帕瓦新能源股份有限公司	2018
85	玛雅电器绣花机省级高新技术企业研究开发中心	诸暨玛雅电器机械有限公司	2018
86	华才食品检测省级高新技术企业研究开发中心	浙江华才检测技术有限公司	2018

浙江省农业科技企业一览

表24

序 号	单 位	类 别	认定年份
1	浙江茂阳农发集团有限公司	科技企业	2011
2	浙江思尔珠宝首饰有限公司	科技企业	2011
3	浙江圣农嘉禾生物科技有限公司	科技企业	2012
4	浙江蓝美农业有限公司	科技企业	2012
5	诸暨绿康生物科技有限公司	科技企业	2012
6	诸暨市丰利来竹木制品有限公司	科技企业	2013
7	浙江虹图农业机械科技有限公司	科技企业	2013
8	诸暨市富润科技生态园有限公司	科技企业	2013
9	浙江同山醉美人酒业有限公司	科技企业	2013
10	浙江九牛农牧机械有限公司	科技企业	2013
11	浙江展诚机械有限公司	科技企业	2013
12	浙江朝晖种猪有限公司	科技企业	2013
13	浙江诸暨十里坪茶业有限公司	科技企业	2013
14	诸暨市银辉生态养殖有限公司	科技企业	2013
15	浙江康旺达农业科技有限公司	科技企业	2015
16	诸暨市泉润食用菌栽培场	科技企业	2015

续表24

序　号	单　位	类　别	认定年份
17	浙江明泉农业科技有限公司	科技企业	2015
18	诸暨市苍湖农业科技有限公司	科技企业	2015
19	浙江永宁弟兄农业开发有限公司	科技企业	2015
20	浙江米果果生态农业集团有限公司	科技企业	2016
21	浙江佰瑞拉农业科技有限公司	科技企业	2017
22	诸暨市同山高粱酒厂	科技企业	2017
23	诸暨市兰香剑茗茶业有限公司	科技企业	2018

浙江省农业企业科技研发中心一览

表25

序　号	中心名称	承担单位	认定年份
1	光裕竹业工程科技研发中心	诸暨市光裕竹业有限公司	2010
2	金大地饲料科技研发中心	浙江金大地饲料有限公司	2010
3	浙江绍鸭科技研发中心	诸暨市国伟禽业发展有限公司	2010
4	浙江茂阳畜禽农产品科技研发中心	浙江茂阳农发集团有限公司	2011
5	浙江省绿剑茶业科技研发中心	浙江省诸暨绿剑茶业有限公司	2012
6	浙江圣农嘉禾铁皮石斛科技研发中心	浙江圣农嘉禾生物科技有限公司	2012
7	浙江蓝美农业科技研发中心	浙江蓝美农业有限公司	2013
8	浙江思尔珠宝首饰科技研发中心	浙江思尔珠宝首饰有限公司	2013
9	诸暨市丰利来竹木制品科技研发中心	诸暨市丰利来竹木制品有限公司	2013
10	诸暨绿康农产品科技研发中心	诸暨绿康生物科技有限公司	2013
11	浙江九牛农牧机械科技研发中心	浙江九牛农牧机械有限公司	2013
12	浙江醉美人红高粱科技研发中心	浙江同山醉美人酒业有限公司	2015
13	浙江展诚粮食机械科技研发中心	浙江展诚机械有限公司	2015
14	浙江省米果果农产品科技研发中心	浙江米果果生态农业集团有限公司	2017
15	浙江喜盈天农业科技研发中心	浙江喜盈天农业开发有限公司	2017
16	浙江佰瑞拉农业科技研发中心	浙江佰瑞拉农业科技有限公司	2018
17	浙江共向农业科技研发中心	浙江共向农业开发有限公司	2018

【科技创新调研服务行动】5月份开始科技创新调研服务行动，分4个组到全市27个乡镇、街道，对省级及以上研发中心、重点研究院、高新技术企业、目标类科技型中小企业、创业创新平台、军民融合企业、近三年招引落户科技型企业、镇乡推荐的其他高成长性科技企业等重点企业提供科技政策宣传、科技考核政策解读、指标对接、专利、科技型企业等申报指导、同时根据企业需求，为企业对接科技资源、组建专家服务团等科技服务。（骆 平）

【科技创新服务平台建设】1月3日，大唐袜业创新服务综合体入选首批省产业创新服务综合体创建名单；新认定省级众创空间备案6家、绍兴市级众创空间 7 家，至年底省级众创空间共计 8 家、绍兴市级众创空间 12 家；新认定省级科技企业孵化器 1 家(浙江奇创科技有限公司高科技创业中心)，实现省级科技企业孵化器零的突破。　（骆　平）

科技研发机构和成果

【科技研发机构】2018 年，全市新认定省级企业研究院 3 家，累计 27 家；省级高新技术企业研究开发中心 6 家，累计 86 家；省级农业科技企业 1 家，累计 23 家；省级农业科技研发中心 2 家，累计 17 家。

【科技研发成果】组织申报省市各类科技计划 100 余项，入围省重点研发计划项目 3 项，分别为金属增材制造关键技术研究及应用——轴瓦合金层激光熔覆 3D 打印增材制造关键技术研究与应用、工业废气污染高效控制技术与示范——工业废气有色烟羽消除及多污染物协同控制技术研究与工程示范、高安全高比能动力电池系统研发及应用——免焊接高可靠轻量化动力电池系统研发及应用；绍兴市级科技计划项目 19 项，其中医卫类 15 项、非医卫类 4 项。

当年获浙江省科技进步三等奖 2 项（巨型发电机组用高稳定性滑动轴承关键技术及其应用、自由雕孔双针刺绣机）。

【科研人才】2018 年，菲达环保科技股份有限公司陈招妹入选省科技创新领军人才、章烨获评“绍兴市优秀科技工作者先进典型”。

科技推广和科技成果应用

【概况】2018 年，配合构建省市县三级联动技术转移体系，促进科技成果产业化，共收集技术难题 85 项，发布科技成果 400 余项，引进可产业化科技成果 44 项。全年完成科技成果转化 44 项（全年任务 35 项），完成率 125.7%；完成培育小微企业 6167 家（全年任务 3129 家），完成率 197.1%；新增国家高新技术企业 66 家、复审通过 18 家，认定省科技型中小企业 320 家，获批省高成长性科技型中小企业 29 家。

外国专家工作站一览

表 26

序　号	工作站名称	建设年份
1	浙江丰球泵业股份有限公司	2011
2	浙江盾安人工环境设备股份有限公司	2011
3	浙江伊思灵双第弹簧有限公司	2012
4	浙江万安科技股份有限公司	2013
5	菲达集团有限公司	2013
6	诸暨市国伟禽业发展有限公司	2014
7	全兴精工集团有限公司	2015
8	浙江金盾链条制造有限公司	2015
9	浙江省申发轴瓦股份有限公司	2016
10	诸暨市乐业机电有限公司	2016
11	浙江长生鸟健康科技股份有限公司	2017
12	浙江喜盈天农业开发有限公司	2017
13	浙江方圆机电设备制造有限公司	2018
14	天洁集团有限公司	2018

科技交流

【概况】2018年，组织市内企业参加西安高校成果对接、武汉人才对接、省科技成果春季拍卖会、绍兴智能制造成果等活动10场；8月2日举办“乐创诸暨·中科院化学所——诸暨产学研合作科技交流会”；完成国际技术转移中心、科技大市场硬件装修及提升运营，国际技术转移中心举行各种成果对接22次。

国外智力引进与管理

【概况】2018年，新建浙江省（绍兴）外国专家工作站2家（累计14家）；申报入选“浙江省海外工程师”2人、“绍兴市海外工程师”2人；申报省级引智项目17个、绍兴市外国专家站项目15个。全年引进各类海外专家40人，为企业解决技术问题36个。

科学普及

（相关内容见“民主党派 群众团体和社会组织·市科协”）

知识产权（专利）保护

【概况】2018年，全市共申请国内专利12102件，其中发明专利2814件、实用新型专利8790件、外观设计专利498件；共授权国内专利10003件，其中新增发明专利815件、实用新型专利8780件、外观设计专利408件，授权量居绍兴第一；共申请PCT（专利合作协定）国外专利14件。全市累计拥有有效发明专利1669件。2018年，认定绍兴市发明专利产业化项目25件，通过“企业知识产权管理规范”国家标准认证的企业3家，完成专利质押融资金额300万元。浙江盾安人工环境股份有限公司的发明专利“微阀器件与阀体组件”获评第二十届中国专利优秀奖。（顾文彬）

气象服务

【概况】2018年，诸暨市气象局努力提升服务质量，气象防灾减灾救灾能力得到有效提升：预警时效提前44分钟，年度预报准确率达83.1%；预警覆盖面扩大，建成农村应急广播气象分控平台；与广电合作在数字电视中增加“用电视”气象子模块，气象信息在335辆已安装车载视频的城乡公交车上实现全覆盖。

【气象监测预报预警】优化气象监测站网，完成区域站维护382次。全天候高频次监测灾害性强天气，全年发布预警信号74次。发布各类气象服务材料149期，短信服务492条358万人次。“96121”气象声讯电话拨打10万余次。提供春运、1—9月、汛期等中长期天气趋势预测4期，开展雨雪冰冻、突发强对流等重大气象灾害评估4次。在绍兴市气象行业监测预警技能竞赛中获得团体第二名。2位业务骨干代表绍兴市参加浙江省气象行业监测预警职业技能竞赛，获得团体第三名，1人取得个人全能三等奖并获评“浙江省气象行业技术能手”荣誉称号。1人获评绍兴市春运工作先进个人，1人获评绍兴市气象业务服务工作先进个人。

【气象防灾减灾救灾能力建设】夯实“政府主导、部门联动、社会参与”的气象防灾减灾体系，强化部门应急联动，落实联合预警，将1178名网格员纳入气象预警数据库。推动建立重点部门（行业）应对极端天气应急规则，与市旅游局等建立“提升气象安全与服务能力”工作机制。完成《诸暨市气象灾害防御应急预案》《诸暨市雷电灾害应急预案》等修订。指导乡镇开展气象预案应急演练，落实重要活动维稳安保，参与应急联动3次。实施基层气象灾害预警服务“六个一”（指一本账、一张图、一张网、一把尺、一队伍、一平台）能力试点建设，完成各部门气象防灾相关基础数据收集，整理形成25类基层防灾减灾数据库。联合安监局下发强化气象相关安全生产的实施意见，将气象相关安全生产工作列入安委办通报考核体系。开展防雷安全百日整治专项行动、雷电防护装置检测市场整顿专项检查，对全市151家气象灾害防御（防雷）重点单位开展联合隐患排查，下发整改意见通知书40家。

【民生和农事气象服务】开展诸暨城市气候舒适度、城市热岛效应研究并撰写分析报告。完成“清新空气”诸暨站建设，开展监测数据联网共享，发布“空气清新”指数。联合发布重污染预警、气象地质灾害预报预警信息。完成27个省级气象防灾减灾标准化村（社区）创建。与浙江农林大学签订合作备忘录，强化局校合作。深化农业气象专家联盟工作，服务“诸暨茶社”“诸暨家庭农场联合会”“赵家樱桃协会”等涉农微信群，为638家新型农业经营主体提供直通式服务。制作发布春耕春播、春茶、樱桃等为农服务材料47期，发送为农服务短信49万余条。3月9日低温冰冻天气，气象预报精准服务，助力首批春茶抢摘，减少茶农损失。实施“最多跑一次”改革，简化气象行政审批手续，全年办理行政许可37件，提供气象证明203份。

【气象知识普及】将气象防灾减灾科普纳入诸暨全民科学素质行动计划，建成2个文化大礼堂气象科普示范点。依托农民素质培训“新民讲堂”、职教中心“百师讲堂”开展气象科普讲座，受众3300余人。在市防指组织召开的全市防汛业务工作培训会上，诸暨气象局局长陆小勇作题为“全球变暖背景下的天气预报和气象防灾减灾”专题讲座。全年接待中小学生参观4批次约300人，接受媒体采访200余次，在党委、政府、气象部门及各种媒体平台发布信息报道119条。　（许金凤）

地震测报

【概况】诸暨东和地震观测站的主要工作任务是观测地震前兆。市科技局注重抓好地震观测站的日常管理与维护，配合省、绍兴市地震局开展定期检查，保障仪器设备正常、数据处理准确，为地震监测预报提供及时、准确、可靠的观测数据。完成2018市县防震减灾人员年度考核任务，2016—2018连续三年被评为“浙江省防震减灾工作先进单位”。

（翁旭锋）

教 育

概述

至2018年末，全市有各级各类学校289所，其中普通高中15所，中职学校4所，初中34所，小学102所，幼儿园133所，特殊教育学校1所。共有在校中小学生150796人，在园幼儿28910人，教职工1.62万人，其中专任教师1.31万人。

2018年，市教育局围绕全力打造“全省教育现代化标杆县（市）”目标，聚焦“安全、质量”两大要务，坚持“重改革、重创新、重突破、重实效”总基调，推进教育高质量发展，加快教育现代化进程，全面创成省教育基本现代化县（市）、省示范学习型城市，被省政府授予“2018年全省实施学前教育补短提升工程措施有力、成效明显的县（市、区）”称号，获评2018年度全省教育工作业绩考核优秀单位、绍兴市教育工作业绩考核一等奖，教育现代化达成度75%以上，位列全省第一方阵，省义务教育标准化学校和省等级幼儿园实现100%，绍兴市教育优质均衡示范乡镇创建率达91.3%，绍兴市现代化学校创成17所，教育现代化发展水平站上新起点，迈开新征程。

【教育改革】全年共实施改革创新项目27项。课程改革全面深化，加快适应新高考综合改革，落实选择性教育举措，促进每一位学生全面而有个性发展，44门精品课程在省、绍兴市获奖。教师管理改革不断创新，于暑期全面实施“县管校聘”改革，共有6566名中小学教师参加公开竞聘，其中跨校竞聘教师118名，镇域内交流151名，落聘5名，减少中层岗位90个，城乡师资配置更加均衡；首次在12家公办幼儿园中试行编制备案制管理，试行中高级教师职称统筹市级调剂制，调动广大教师教书育人的积极性。深入推进中小学生校外培训机构专项治理行动，取缔非法培训机构35家，完成整改11家，校外培训机构管理更加规范有序。

【教育保障】实施普通高中校园改造提升工程、学前教育资源补短工程等一批教育惠民实事工程，建成投用浣东街道中心幼儿园等7所公民办幼儿园以及浣东街道城新小学、暨阳街道暨南小学、滨江初中体艺馆等新（扩）建项目。加快推进诸暨中学、草塔中学、浬浦中学等校园改造提升工程；全面实现中小学班额控制工作目标；有序推进全市中小学（幼儿园）空调安装工程。13所学校分别通过绍兴市第七批教育优质均衡示范乡镇和第二批绍兴市现代化学校创建预评估。加大教育信息化投入力度，优化完善“教育云”数据中心，投入1500万元全面推进大数据精准教学平台建设。实施校园安全工程，健全完善校园周边环境综合治理网格化管理机制，建成首批消防安全标准化建设示范（达标）学校125所，创建A级食堂145所。做好省市民生实事工程，全市中小学心理辅导室建设100%全覆盖，创成省级心理健康教育示范点学校19所，湄池中学、浣东初中创成省一级心理辅导站。

【教师队伍建设】打好“上下管育爱”（干部能上能下、管理、培育、爱护）组合拳，搭建“金字塔”型教师成长阶梯，实施教育拔尖人才孵化计划，打造高素质专业化创新型教师队伍。2017年11月，首次通过校园招聘招录2018届高校优秀毕业生42名，其中硕士研究生17人、“双一流”（世界一流大学和一流学科）大学毕业生14人。制定实施《高层次教育人才奖励补助意见》，2018年10月首次发放奖补经费153.2万元，奖励教师203人。做深做精“走向卓越·诸暨校长领航发展计划”，先后选派50名校长赴杭州、上海、北京等地挂职学习，组织150余名骨干教师开展教学交流。组建124个名师、名校长、名班主任工作室。2018年，新增省特级教师6名（至年底全市特级教师总数18名）、正高级教师3名（至年底全市正高级教师总数9名）、省中职名师和技能大师2名（至年底全市中职名师和技能大师总数3名）；8名教师获全国、省优质课（技能大赛）一等奖，22名教师获绍兴市优质课一等奖，占一等奖获奖人数的71%，列绍兴市第一。

【教育质量】2018年高考，诸暨中学一段上线率92.6%，再创历史新高，技师学院蒋博帆获全省机械类单考单招第一名；在普高五大学科全国竞赛中获奖126人次，其中一等奖24人次，生物

2人代表浙江参赛(全省仅8人)双双荣获全国金牌，物理获绍兴市唯一一枚全国金牌，2019年高考有4人被北大、清华预录取；在第十六届全国中小学信息技术创新与实践活动乐聚人形机器人任务挑战赛中，18组获一等奖，在第十九届全国中小学电脑制作大赛中，2件作品获一等奖(全国仅8件)；中职学生在全国职业院校技能大赛中获3块银牌，1人获第45届世界技能大赛全国选拔赛第10名，累计获得省级以上中职学生奖项41人次。实行义务教育学业水平全市域常态化监测，促进教育质量全面提升。初、高中男女篮球队全部进入省十强，小学男女篮球队均获绍兴市冠军，仅有9名高年级男生的次坞镇红旗小学连续3年闯入省校园足球总决赛并获得一等奖。创成全国、省级足球特色学校26所。（姚伟均）

学前教育

【**概况**】2018年，全市有各级各类在册幼儿园133所（公办98所，民办35所；省一级园13所，省二级园43所，省三级园77所），另有教学点34个。全市在园幼儿28910人，3—6岁幼儿毛入园率为108.61%。全市幼儿园教职工共计3576名，其中专任教师有2167名（含园长），持证率为100%，事业编制占比19.66%，高学历比例为99.31%，职称评定率达87.27%，获绍兴市级及以上荣誉称号教师共138人次。另有托儿所32家（均为民办），早教基地20个（民办4个），接纳婴幼儿2534名，从业人员322人，其中初级及以上育婴师150名。

【**《浙江省学前教育条例》学习贯彻**】2月6日，组织各镇乡（街道）幼教分管领导、各幼儿园园长等200余人，在浣江幼教集团城西幼儿园召开园长沙龙活动暨《浙江省学前教育条例》趣味知识竞赛，学习贯彻落实条例。

【**幼儿园课程改革**】7月30日，制定出台《诸暨市教育局关于全面推进幼儿园课程改革的实施意见》。9月18日，在实验幼教集团城东幼儿园举行全市幼儿园课程改革推进工作启动仪式，特聘请专家顾问2名，分批确定试点园，通过“以点带面、区域联动、分类指导、分步推进”的策略，推进全市幼儿园课程改革。

【**“学前融合教育”试点工作**】12月21日，全市学前融合教育试点工作启动仪式暨专题培训活动在浣江幼教集团城西幼儿园举行，领导、专家及全市幼儿园园长、幼教分管领导与资源教师约150人参加本次活动，并授予城西幼儿园、店口镇第一中心幼儿园等6所幼儿园为融合教育协作园。

【**省级专项督查**】配合督导室做好省规范幼儿园办园行为等学前教育三项重点内容专项督查迎检工作。前期对全市17个镇街48所重点督查对象及相对存在较多问题的薄弱幼儿园进行预评估和现场指导。5月22—23日，省教育厅督查组5位专家对1所省二级园指定督查对象（同山中幼）以及随机抽取的4个园点督查对象（江藻墨城、陶朱创意、浣东朝阳、马剑上和教学点）进行现场和资料检查，给予高度肯定。

【**民办学前教育机构年度考核和年检年审**】对全市76家民办学前教育机构通过抽检考核的方式，分两组进行现场考核。经综合评定，评出合格单位57家，基本合格单位7家，不合格单位2家，另有新许可设立免检4家，变更项目许可免检1家，自动上缴办学许可证、停办4家，撤销办学许可证、强制关停1家。

【**师资队伍建设**】组织70余名园长分别赴南京、成都、上海等地学习培训。第一批28人于6月3—7日赴南京师范大学参加课程建设专题培训；第二批9人于6月9—13日赴成都参加2018年中国学前教育研究会学术年会；第三批19人于12月27—28日赴上海参观中福会幼儿园。另外还有9名园长分别参加了浙派名师、上海培训、卓越校长等高级研修班。此外，通过园长论坛、专家讲座、网片研摩和评课赛课等活动，为广大园长、教师创设沟通交流、互通有无的平台。

【**专项奖补**】2018年，继续落实学历提升专项奖补和自聘幼儿教师专项补助政策。学历提升奖补单位22家，合计对象59名，奖补金额17.4万元；自聘幼儿教师经审核补助人员1097人，补助总额1076.2万元。加大普惠幼儿园奖补经费投入，补助浣纱幼教集团耀江幼儿园生均公用经费、人员专项经费、继续教育经费、学历提升奖励经费共计27.47万元。

【**升等创优**】新获评绍兴市标准化幼儿园6所（浣东街道中心幼儿园、浣东街道朝阳幼儿园、店口镇侠父中心村幼儿园、大唐镇欢欢幼儿园、荣怀和泰幼儿园、枫桥镇第二幼儿园），绍兴市优秀早教基地2家（浣江幼教集团城西幼儿园“晨曦”早教中心、浣纱幼教集团“小脚丫”亲子园）；诸暨市优秀早教机构2家（实验幼教集团“幸福宝贝”早教中心、暨北幼儿园“向阳花”亲子园）。

【**行政审批**】全年新许可设立民办幼儿园2家（大唐镇欢欢幼儿园、浣东街道朝阳幼儿园）；完成机构办学地址、名称变更1家（大唐镇大地幼儿园）；办结13家民办学前教育机构的停办注销手续。

【**竞赛获奖**】2018年，入围省精品课程和特色教育案例3项；省级论文获奖4人，绍兴市级8人；获绍兴市优质课一等奖1人、绍兴市精品课程1项，绍兴市课题获奖7项。（黄凌岚）

义务教育

【**概况**】2018年，全市共有小学102所，初中34所（其中九年一贯制学校5所），在校小学生67075人，在校初中生38931人。义务教育学龄儿童少年入学率和巩固率均为100%；初中毕业生升入高中段各类学校比例为99.48%。贯彻落实市政府关于外来建设者随迁子女入学的相关政策，保障符合条件的外来建设者随迁子女享受公平教育权利，挖掘学位资源，尽最大努力解决随迁子女入学问题。

【**教学质量**】加快均衡发展步伐，入学率、巩固率和“三残儿童”（视力、智力、听力残疾）入学率均为100%。浣东街道城新小学通过省义务教育标准化学校验收，全市省义务教育标准化学校达138所，创建率达100%，居全省前列；同山镇通过绍兴市教育优质均衡示范乡镇验收，全市有25个镇乡（街道）成为绍兴市教育优质均衡示范乡镇。荷花小学、西湖小学、草塔镇小、滨江小学、浣东小学、新世纪小学、牌头镇小、浣纱初中、滨江初中、暨阳初中、赵家初中、大唐初中、店口一中13所学校创建成绍兴市现代化学校，创建率达100%。继续实施“阳光招生”，暨阳街道、陶朱街道和浣东街道小学及城区初中实行“网上招生”。进一步深入开展义务教育段教育质量监测工作。（王先均）

普通高中教育

【**概况**】全市共有普通高中15所，其中公办普通高中8所，民办普通高中7所（含十二年一贯制学校2所），在校学生34583人。实施新高考以来，上线率继续保持高位稳定。

【**高中招生**】2018年，全市共录取高中新生12597人，其中普通高中录取5180人，职业学校录取1982人，民办高中自主招生5435人。继续规范开展优质重点普通高中定向招生工作，将诸暨中学统招生计划50%的名额定向分配到各初中学校。

【**学科竞赛**】2018年，参加全国中学生数学、物理、化学、生物、信息技术等竞赛获一等奖13人次、二等奖54人次；省级竞赛中（分重点和非重点高中）获一等奖226人次。诸暨中学、海亮高中获国家级高中数学、物理、信息技术竞赛团体奖，诸暨中学还获得国家级生物竞赛团体奖。

【**高考成绩**】2018年为新高考实施第二年，全市普通类第一段（包括提前批）录取1387人，其中北大、清华录取6人。（王先均）

中等职业技术教育

【**概况**】2018年，全市共有中职学校4所，其中国家重点中职学校3所，省中职改革发展示范学校3所，省中职名校1所。拥有中央财政扶持实训基地2个、省示范实训基地7个，省示范专业10个、省骨干专业3个、省品牌专业2个、省优势特色专业2个。在校生9902人，在编教职工644名，专任教师587名，其中专业教师327名，“双师型”（具有教师资格证、专业技术资格证书）专业教师295名，“双师型”教师比例为90.21%，具有技师及以上资格证专业教师222名，占“双师型”教师比例达75.25%。

【**改革创新**】推进中职课改，将地方文化、自身特色与选修课程深度融合，建设好六大类特色课程群（职业技能、优秀文化、自我管理、文明素养、志愿服务、身心健康等六大类），开设选修课程324门，开发校本教材51种，当年获评市级优秀选修课教材12种（技师学院4种、职教中心4种、工业职校4种）、市级精品课程1门（技师学院1门）。推进现代学徒制，推行以岗位应用为核心的现代（新型）学徒制，强化校企“订单式”培养模式，校企共建“教学工厂”5个（职教中心4个、技师学院1个），现代学徒制试点专业7个（数控、电商、汽修、护理、酒店管理、园林、园艺），参与学生1325名。技师学院与海亮股份有限公司合作探索企业新型学徒制，开设试点2个专业（机电、数控），招收学员58名，新华社于2018年9月6日对此作了报道。

【教学质量】引进3名专业教师，校园招聘6名专业教师，提升教师教学水平。开展中职教师岗位“大练兵、大比武、大提升”系列活动，教师获省级以上奖项21人次，获技师证书10人，获评高级技师2名、绍兴市技术能手1名，3名专业教师入选诸暨市技能大师工作室，2名教师获得省中职“最美教师”称号。组织学生参加技能竞赛，6个项目进入省级比赛，3个项目（焊接技术、农机维修、护理技术）在国家级赛事中夺得银牌；1名学生以省建筑金属构造项目第一名的成绩，参加45届世界技能大赛全国选拔，最终获得全国第10名。全年合计学生获国家级奖项8人次、省级奖项210人次。中职高考，上专科线740人，其中上本科线157人，技师学院学生蒋博帆获得全省机械类单考单招总分第1名。

【创建成果】创成省级中职项目2个，省中职校企合作共同体1个（技师学院的机电专业群校企合作共同体），省中职德育品牌1个（职教中心的中职学生社团“三维四化”建设项目）。创成绍兴市级中职项目9个，绍兴市级优势特色专业1个（技师学院的工艺美术与古越葫芦民艺制作专业），绍兴市级校内教学实训示范工厂1个（技师学院的王冕艺苑），绍兴市级校外实训示范基地2个（技师学院合作企业海亮商务酒店有限公司、职教中心合作企业迅马汽车服务公司），绍兴市级创新实验室1个（技师学院的“育才”创新实验室），绍兴市级中职德育品牌1个（绍兴护校的“尚·格”德育项目），绍兴市级中小学生职业体验基地3个（技师学院的王冕艺苑、职教中心的新时代职业技术体验中心、绍兴护校的急救体验基地）。（徐志洪）

浙江农林大学暨阳学院

【概况】浙江农林大学暨阳学院位于城北教育园区，占地面积542.54亩，校舍建筑总面积26.7万平方米，总投资13亿元，其中暨阳体育中心总建筑面积3.8万平方米，集篮球馆、游泳馆、网球馆为一体，能承担国际性体育赛事。暨阳学院设有本科专业32个，面向全国13个省（市、自治区）招生，2018年有全日制本科生6402人。学院有省级一流学科（B类）2个（农业工程、风景园林学），绍兴市重点学科3个（机械电子工程、园林植物与观赏园艺、宪法学与行政法学）；省级重点专业1个（工商管理）、省级新兴特色专业3个（机械制造及其自动化、中药学、计算机科学与技术）、省“十三五”特色专业2个（园林、会计学）。建有3900平方米的产学研中心，拥有中国香榧研究院暨国家林业局香榧工程技术研究中心、生态环境发展研究中心、浙江农林大学诸暨创新发展研究院、陶朱商学院、大唐产学研基地等产学研机构。有专兼职教师427人，专任教师346人；专任教师中具有研究生学历的276人、占79.77%，具有副高级以上职称的154人、占44.51%，正高级职称教师50人、占14.45%；拥有共享院士1人，全国优秀教师1人，浙江省高等学校教学名师2人，浙江省高等学校中青年学科带头人4人，浙江省师德先进个人1人，浙江省“151人才”（浙江151人才工程第三层次培养人员）6人，浙江省优秀辅导员2人。

【教育教学工作】2018年完成《本科专业人才培养方案》修订和完善工作。游泳课作为必修课在2016级、2017级和2018级学生中实现全覆盖，园林创业班、ACCA班等特色班运行良好。全面实施学位课程，注重加强网络课程资源和实践课程资源建设，促进专业教育与创业教育的融合。12月17日承办2018年绍兴市内涵建设评审会暨在绍高校教学工作经验交流会，共15人。

【教师创新能力综合排名及科研成果】完成省学科信息采集平台数据采集工作，组织完成省一流学科中期建设检查验收。2018年学院在“武书连中国独立学院教师创新能力排行榜”综合排名第7名，其中农学学科门类排名获第1名。2018年共获得各类科研成果奖励12项。教师共发表学术论文122篇，其中SCI一区Top论文1篇，二区论文5篇，一级期刊8篇，核心期刊21篇；出版学术著作3部；授权专利19项；软件著作权1项；咨询报告获批1项。

【师资队伍建设】制定实施暨阳学院“领军人才”“暨阳学者”“博士培养”三个人才计划，全年共引进教师22名，其中专任教师10人，管理人员7人，辅导员5人，博士5人，硕士9人。全年共聘请兼职（客座）教授5人，其中海外专家3人，入选“暨阳533英才计划”2人；获绍兴市高层次人才进修深造资助1人；获浙江省高校优秀中青年骨干教师出国研修项目2人。7月1日完成新一轮岗位聘任工作，完成专任教师、管理、工勤、其他专业技术及辅导员的聘岗工作和专任教师、其他专业技术及辅导员的岗位等级认定工作。

【学生社区管理新模式】11月23日出台《暨阳红学生社区学生公寓管理改革方案》，初步形成新的学生社区管理模式，即“社区工作委员会——学生楼长—学生层长—学生寝室长”四级学生社区管理机制和值班员、指导员、辅导员“三员”联合管理育人格局。

【辅导员职业素质提升工程】实施辅导员职业素质提升工程，10—12月举办首届辅导员素质能力大赛，12月13日承办浙江省独立学院第十四届学生工作研讨会，全年共组织思想政治骨干11人次先后参加民办高校学生管理服务研究班、学生工作理论与实务研讨会、生涯教练培训、全球职业规划师培训、高校就业指导教师培训、心理咨询师培训等，促进思想政治辅导员知识更新与技能提升。获绍兴市德育创新成果特等奖1项、二等奖1项，绍兴市育人案例分析三等奖1项，1名辅导员被评为浙江省优秀辅导员。

【校园内外文化活动】开展文明寝室评比、最美寝室评比、最美室友演讲比赛等校园文化活动，丰富文明寝室建设成果。12月12日学院师生自编自导自演的纪念“枫桥经验”55周年大型话剧《春“枫”化雨》在活动中心影剧院成功演出，反响良好。办好文化艺术节、学生节和社团文化节三大品牌活动，形成“一院一品”校园文化活动体系。持续开展大学文化进诸暨“五个一”（一辆文化直通车、一个暨阳红论坛、一支高水平篮球队、一批地域特色文化精品、一套志愿服务体系）工程，自2013年9月开始至2018年底暨阳红论坛共举办19期（2018年1期），其中院士学术报告8期。“文化直通车”开进诸暨市全部镇乡（街道）及周边县市60余个社区、乡村广场和文化礼堂，全年演出69场，服务基层干部群众9万余人。

【招生和毕业生就业情况】6—8月招生期间，首次全部按专业招生、首次承办全省高招会、首次开展招生直播、首次开展新生家访、首次开展新生恳谈会。2018年招生计划数2091人，较2017年增加403人，实际报到人数1922人。针对中西部6个省份（自治区）生源地出台“双百计划”（100万助学金和100个勤工助学岗位），2018年8月赴西部省份新生家访并开展“情暖贵州、启航暨阳”恳谈会，采取送新生奖学金入户等措施提升考生满意度和报到率。

11月联合诸暨市委组织部、市人社局共同举办2019届毕业生校园招聘会。2018年应届毕业生总数1608人，就业率达到96.02%，诸暨就业率8.83%，107名毕业生考取国内外研究生，考研录取率达到6.65%，就业创业质量逐年提高。

【社会合作和国际化交流】制定并实施2018—2019年校地合作工作要点和项目清单，围绕浙江省特色小镇建设和诸暨市珍珠、袜业、环保等产业发展的需要，构建“高校＋特色小镇”模式，探索产业（行业）学院建设，2019年1月5日成立中国大唐袜艺学院，7月组建袜艺学院校企师资队伍，10月开始招生，为应用型示范院校建设搭建新平台。实施“1+N”校镇（街道）合作新模式，同暨阳街道开展全面战略合作，从乡村振兴、智慧社区建设、党建共建、社区治理等方面开展全面合作。组织师生主动参与诸暨市12个村的“五星达标、三A争创”创建工作，2018年4月20日与赵家镇签订共建“美丽榧乡”的合作协议。产学研合作平台建设有新突破，12月17日同诸暨市大航云科软件科技有限公司共建智慧制造先进技术研究中心，12月27日同浙江农林大学园林设计院共建园林设计院暨阳分院。先后与8个国家和地区的13所大学、科研机构和国际组织建立合作关系，包括学分互认、短期游学、交换生访问生、硕士研究生四类项目。11月9日与乌克兰苏梅国立农业大学签订学分互认及研究生联合培养协议，成功互派师生进行短期研学。截至2018年底，共有65名学生出国（境）交流。

【后勤和安全保障】引入市场竞争机制，采取公开招标方式推进学院综合后勤服务、食堂经营方式改革，学院综合后勤服务水平和质量得到提升。圆满完成教师专用房选购和新征用地围墙建造工作。进一步完善安保机制，坚持全天候校园巡查、电线线路安全巡查、消防巡查，保障校园平安。

【创业学院（陶朱商学院）获批省级众创空间】经学院申报、入围评审、实地考察、社会公示等环节，11月18日，浙江省科技厅公布创业学院（陶朱商学院）获批“2018年度省级众创空间”。

【晨晓艺术与设计学院成立】以创办国内一流高水平艺术与设计学院、打造一流高水平艺术类教学与创作高地为目标，9月1日学院引进诸暨籍新西兰华裔艺术家晨晓，10月21日成立晨晓艺术与设计学院。

（蒋漾漾）

成人教育

【概况】2018年，全市拥有市级成教中心1个，社区学院1所，镇乡（街道）成人文化技术学校27所，村级成人培训教学点400余个，社区教育学校27所，老年开放大学镇乡（街道）分院27所。有设置成人学历教育教学点的中职学校3所。

【长效机制完善】实施诸暨市成人教育和社区教育内涵提升工程，巩固和扩大近两年成校建设成果，利用镇乡文化中心资源，加强校舍建设，落实校园文化，完善设施设备，推进第三批成校（12所）建设工作；加强与人社、农合联等部门的沟通，2所成校列入市级高技能培训基地，10所成校列入市级农民素质培训基地；根据镇乡（街道）经济特色与现有中职专业布局，做好职校与成教学校技能培训的对接与融合，构建完善市级层面的成人（社区）教育师资库；3月14日制定《诸暨市2018年度成人教育和社区教育工作考核细则》，3月29日修订《中职学校、成校社会培训项目日常监管办法》《成教月结月报制度》等，完善工作长效机制。

【社会培训】3月29日完善《中职学校、成校社会培训项目日常监管办法》，通过事前备案、事中监管、事后上报，明确程序，落实监管，提升服务，提高成效。5月7日下发《诸暨市教育局关于明确职业学校社会培训所得收入奖励分配有关事项的通知》，激励中职学校开展社会培训，截至2018年底，全市参加中职学校各类社会培训的达24570人次，与在校生总数之比为2.48 ∶ 1；在各级各类成校和社区教育学校参加培训的达183052人次，其中家政服务类人才培训3894名，占常住人口的比例分别为15.6%、0.331%推进老年教育进文化礼堂工作，全年参加老年教育82166人次。实施“成教服务工程”，5月2日下发《诸暨市教育局关于做好成人学校社会培训成果信息录入学分银行的通知》，6月12日召开省学分银行录入工作部署会和培训会，录入培训成果203528条。

【科研工作】通过成人（社区）教育课题研究，解决工作难题，探索有效路径。开展立项课题结题评审与优秀成果评比、优秀论文评比等活动，20个课题结题，13个立项课题获评诸暨市级优秀成果，28篇论文被评为诸暨市优秀成教论文。省社区教育课题结题2个，其中获省社区教育优秀成果三等奖1个；省社区教育重点课题立项1个，4篇论文参加省社区教育优秀论文评比。

【终身学习理念倡导】开展诸暨市成人（社区）教育内涵提升工程有关项目评审及诸暨市“百姓学习之星”“终身学习品牌项目”“学习型单位、社团和家庭”评选等活动。11月10—16日，举办诸暨市全民终身学习活动周，12月18日上午在诸暨剧院举办第二届老年教育艺术展演。利用“诸暨社区教育网”和微信公众号、“浣江讲堂”等构建终身学习平台，自主创建和提供在线学习资源。

【创建成果】成功创建省级成教项目3个：暨阳街道成校和应店街镇成校创建为省现代化成校；五泄镇成校的“西施团圆饼的制作与推广”培训项目被评定为省成教品牌项目。暨阳街道成校被认定为绍兴市现代化成校；五泄镇成校的“西施团圆饼的制作与推广”培训项目被评为绍兴市成教品牌项目。　（方爱君）

民办教育

【概况】坚持抓增量、活存量，实行“多条腿”走路。新增全日制民办中小学校1所，民办教育培训机构21家，民办幼儿园5家。至2018年底，全市共有民办全日制中小学16所，民办幼儿园37所，民办托儿所34所，民办早教机构2家，民办非学历教育培训机构184家，在校生总数超过4.6万人，约占全市基础教育在校生总数的32.9%。

【行政审批改革】2018年，根据“最多跑一次”改革要求，各办事事项均通过浙江政务服务网对外展示，主项名称、子项名称、适用依据、申请材料、办事流程、业务经办流程、办理时限、表单内容等八项内容全部与《全省教育系统“最多跑一次”事项“八统一”汇编材料》及浙江政务服务网“标准化办事指南管控功能”中各项内容保持一致，并严格按“八统一”要求办理。所有事项均开通网上办理，各事项星级服务标识均为四星以上，所有事项均实现快递送达。按照办证中心要求，提供线下简版办事指南，涉及到的各项内容均与浙江政务服务网上的一致，并增加空白申请表和填写示例。

【民办教育培训机构监管】出台《关于规范校外培训机构发展的意见》，进一步规范校外培训机构办学行为，提高机构办学水平，实行网格化管理。依法开展执法检查，坚决取缔非法培训机构。建立校外培训机构“黑白名单“公开制度，加强公告宣传力度，坚持舆论正面导向。将机构日常监管贯穿到年检工作中，日常检查发现问题在年检结论中加以体现。实施部门联动机制，通过”浙江省行政执法监管（互联网＋监管）平台”对监管对象开展检查巡查工作，督促校外培训机构及时整改存在问题。畅通举报渠道，发动社会力量共同参与监管工作，提升校外培训机构办学质量和档次。（周晓锋）

特殊教育

【概况】2018 年，全市有特殊教育学校 1 所，专任教师 52 名，在校学生 149 名，其中小学段 66 名，初中段 60 人，高中 23 人。在浙江省第十届残疾人运动会中获 23 金、11 银、2 铜的好成绩。

【特殊教育延伸】确定特殊教育学校与浣江幼教集团城西幼儿园为学前融合教育共同体，确定特殊教育学校与陶朱街道城西小学为小学融合教育共同体；开展特殊教育学校与暨阳初中、诸暨技师学院融合试点，实现融合教育向两端延伸。（宣奇琴）

师资队伍建设与管理

【概况】2018 年底，全市中小学在职教职工 16236 人（专任教师 13154 人），其中普通高中 3736 人，中职学校 644 人，初级中学 3459 人，小学 4762 人，幼儿园 3576 人，特殊教育学校 59 人。

全市中小学专任教师的学历结构：学前教育教师专科以上学历比例为 99.02%；小学合格学历比例为 99.47%，其中本科以上学历比例达 90.26%；初中教师专科以上毕业达 100%，其中本科以上学历比例 97.38%；高中教师本科以上学历达 100%，其中研究生学历（含硕士学位）比例 12.07%；中职教师本科以上学历比例为 98.81%，其中研究生学历比例 5.62%。

【学校干部队伍建设】2018 年，由教育局任命的干部为 247 名，其中正职 64 人、副职 183 人，女性占 27.1%，本科以上学历占 98.4%，高级职称占 39.3%。

骨干校长培养坚持“培训和培养相结合、分层与分类”相结合的原则，突出骨干校长培养，全面提升干部队伍实力，着力打造学习型干部队伍。继续开展一年一度暑期校长读书会、推荐阅读书目等活动。同时分层开展校长培训，其中学勉中学金铁强、浣江教育集团马旭峰、职教中心刘柏炎三位校长参加 2018 年“浙派名校长”培训；2018 年 5 月 29 位校（园）长参加与北师大合作开展的“走向卓越·领航发展”第三学年培训活动并顺利结业；40 位校（园）长于 2018 年 12 月参加与上海复旦科华教源进修学院合作开展的“诸暨—复旦”高层次人才培训活动；应店街中心学校周其耀、诸暨中学沈宝伟、实验小学教育集团荷花小学许惠三位校长于 2018 年 5 月参加海外研修；牌头中学边平友校长 2018 年 10 月参加全国高中骨干校长高级研修活动。此外，自 2018 年 10 月起，由于教体局主办、教师进修学校承办，开展了教学、德育、后勤三线校长培训活动。

学校干部专题教育活动　2018 年 4 月起，开展“讲规矩、守纪律、树形象”学校干部专题教育活动，实施“三亮三看”（亮承诺，看落实；亮作风，看整改；亮业绩，看发展）工程。2018 年 5 月出台并实施《诸暨市教育系统 2018 年党风廉政建设责任制考核办法》，推行廉政谈话制度。2018 年，干部任前谈话 50 人次，联合市纪委派驻教育局纪检监察组，对新提拔的局任命干部任前集体谈话 3 次；运用“四种形态”（第一种形态，即“让咬耳扯袖、红脸出汗成为常态”。第二种形态，即“党纪轻处分和组织处理要成为大多数”。第三种形态，即“重处分、作出重大职务调整的是少数”。第四种形态，即“严重违纪涉嫌违法立案审查的只能是极极少数”。）诫勉谈话 3 人次，警示谈话 1 人次，提醒谈话 1 人次。

【教师队伍建设】师德专题教育活动　开展以“崇德修身　自信自强”为主题的师德专题教育活动，持续开展“教师三个牢固树立”（牢固树立中国特色社会主义理想信念，带头践行社会主义核心价值观；牢固树立终身学习理念；牢固树立改革创新意识，踊跃投身教育创新实践）、“四有好老师”（有理想信念、有道德情操、有扎实知识、有仁爱之心）、“四个引路人”（做学生锤炼品格的引路人，做学生学习知识的引路人，做学生创新思维的引路人，做学生奉献祖国的引路人）、“四个相统一”（教书和育人相统一，言传和身教相统一，潜心问道和关注社会相统一，学术自由和学术规范相统一）进头脑活动。引导全体教师以德立身、以德立学、以德施教、以德育德，形成践行师德规范的思想自觉和行动自觉。

业务培训　坚持分层分类、应用导向、重点突破、协同创新、质量立校培训总基调，2018 年分学科规划97个不同层次的教师培训项目、100多个培训班期，各培训项目的满意度评价均在98%以上，在全省师训绩效考核中名列前茅。

人才培育 提升教师专业发展素养，加大高层次教育人才培育力度，深入推进124个“三名”（名校长工作室、名师工作室、名班主任工作室）工作室建设，2018年3月出台《诸暨市“三名”工作室导师、研修员名单及相关管理规定》，坚持过程考核和成果考核相结合的原则，对7个“名校长工作室”、55个“名班主任工作室”、62个“名师工作室”以及125名导师、1074名研修员开展综合考评。浣江幼教集团楼秀妮、新世纪小学蒋望雷、浬浦镇中杨慧等3人于2018年5月参加“浙派名师”培训；教师进修学校应春霞老师于2018年7月参加县级培训机构班主任培训者国培项目；教育研究中心陈燕、特殊教育学校张晓燕等2人于2018年6月参加紧缺领域骨干教师国培项目；蔡宙霏等32位中职教师于2018年5月参加“双师型”（双职称型、双素质型）、专业带头领军能力省培项目；诸暨教育研究中心楼淑建老师于2018年7月参加小学语文海外研修活动；诸暨技师学院方建新、陈赵萍老师参加浙江省“金蓝领”高技能人才国外培训。2018年6月出台《诸暨市教育局对高层次人才奖励补助的意见》，10月初对暨阳街道中心学校钱利军等203位教师发放奖补资金153.2万元。

交流合作 继续开展开展送教下乡、教师继续教育、诸暨市“百家论坛”以及教育“北承南接”等交流活动，引领300多位优秀年轻教师开展课堂教学、课题等方面的研究，利用导师资源，请外省市名师进行实践和理论指导，带领团队走出去学习和开拓视野。继续开展与“弘毅教育研究院”的合作交流，共享共建海亮、荣怀等民办学校的师训资源，利用这些平台或学校开放的办学格局和灵活的经费保障机制，深化公民办学校教师培训联动共享机制，为全市教师专业发展开辟更多渠道。

教师整体素质提升 全面核定中小学教师编制，全年面向全省公开招录新教师214人，面向全国和省内全日制高校公开招聘应届优秀毕业生64名，其中硕士毕业生17名，“双一流”（世界一流大学和一流学科）大学毕业生14名。推进教师专业素养“大练兵、大比武、大提升”活动，诸暨中学张小明、诸暨二中杨亚芳、草塔镇中徐文凯、大唐镇中王悦钢、店口镇中心学校何铁勇、海亮初级中学李福军6位教师2018年9月被评为第十二批浙江省特级教师；诸暨中学杨科军、大唐镇中王悦钢老师2018年12月被评为正高级教师。

【所获绍兴市级以上荣誉】2018年，诸暨中学边文、城西小学侯科顶获绍兴市“最美教师”称号；实验幼教集团周玉平、诸暨技师学院宣国强、浣江教育集团浣东初中陈琼获绍兴市“最美教师”提名奖。诸暨中学王幼琴、海亮教育集团黄平、实验小学教育集团许惠、店口镇中心学校俞培锋、实验幼儿园教育集团姚爱清、大唐镇中心学校俞小林获评浙江省“春蚕奖”；暨阳小学金萍被评为“浙江省中小学师德楷模”；赵家镇中心学校王海燕、璜山镇中心学校钟海峰获得“浙江省农村教师突出贡献奖”。在2018年各级各类教学技能大赛中，2人获省中职名师和技能大师称号，8名教师获全国、省优质课（技能大赛）一等奖，22名教师获绍兴市优质课一等奖，占一等奖获奖人数的71%，列绍兴市第一。（李建儿）

教育教学研究

【概况】2018年，诸暨市教育研究中心共组织学科主题教研活动200余次，承办绍兴市级及以上教研活动20多次。在上级教研部门组织的优质课评比中，有2门学科分获全国一、二等奖，5门学科获省一等奖，1门学科获省二等奖；有22门学科获绍兴市一等奖。有2节课被评为部级“优课”，8节课被评为省级“优课”；有9节课获绍兴市“品质课堂”录像课一等奖。教育研究中心2018年指导课题省教研课题结题8项、省规划课题结题5项，获省教研课题优秀成果评比二等奖1项、三等奖3项；绍兴市规划课题结题113项，在绍兴市课题优秀成果评比中获一等奖7项、二等奖9项、三等奖21项；获长三角城市群教育科研征文评比三等奖2篇。教育研究中心2018年指导课程有2门入选省第二届幼儿园精品课程，2门入选省第六届义务教育精品课程，2门入选省第七届义务教育精品课程，1门入选省第九批普通高中推荐选修课程，1门入选绍兴市幼儿园精品课程，5门入选第七届绍兴市义务教育精品课程，11门入选绍兴市第八批普通高中精品（推荐）选修课程，9门入选绍兴市第二批精品课程群。2018年，在全国生物竞赛中，获国家级金奖2人，浙江赛区一等奖4人，省竞赛A组一等奖13人、B组一等奖50人；在全国数学竞赛中，获浙江赛区一等奖1人，省竞赛A组一等奖31人、B组一等奖19人；在全国化学竞赛中，获浙江赛区一等奖3人，省竞赛A组一等奖5人、B组一等奖58人；在全国物理竞赛中，获国家级金奖1人，浙江赛区一等奖2人，省竞赛获一等奖50人；在全国信息学竞赛中，获浙江赛区一等奖14人。

【课程研究】高中段重点推进课改、考改研究，探索与新课标、学科核心素养相适应的课程实施，组织参加高中新课程标准培训，学科核心素养主题研讨活动，基于学科思维的课堂教学研讨，关注新课标与核心素养的高中教师学科专业知识大比武；义务教育段重在分层走班教学、拓展性课程、幼小衔接等方面的实施。针对新课改的热点难点问题，举办多场专题研讨活动，如高中部举行选修课程教学、选课走班、选修教材编写、学科核心素养探讨等大型研讨活动；初中部围绕“基础性课程分层走班教学”“拓展性课程的开发与开设”等开展专题研讨活动。以课程特色彰显学校特色，增强办学活力，提高办学水平。

【教学研究】加强课堂教学研究，创新教研互动形式，为教研员、学科专家、教师搭建交流互动的多样平台。适应办学新模式，探索区域互动教研，扩大交流内容，加深教研联合，提高教研活动的实效性。结合不同学段的教学实际，围绕“学为中心”等主题，探索引入体现教师专业素养的评比项目，从关注课堂表现转向关注教学的全过程。重点推进“一师一优课”（使每位教师能够利用信息技术和优质数字教育资源至少上好一堂课）活动，丰富网络优质教学资源，构建学科交流互动平台，推进信息技术与学科教学融合。推广优秀教研团队、教研员结对教师、名师工作室等成功经验，加强基于课堂问题解决、促进教师发展的教学类课题研究，发挥骨干教师的引领作用。

【质量评价研究】加强质量评价研究，引导学生成长。继续完善高中段学校评价体系，实施高中段学业质量评价，组织好不同年段的学业检测和综合评价。实施义务教育段学业质量监测，探索以学生发展为核心、合理多元的务教育段教育质量监测实施方法。各学科分年段举行“探索新高考下学科教学的有效策略”研讨活动，进行新高考下高三课堂教学调研，组建新高考命题研究团队等，同时继续抓好优秀生学科竞赛。开展集体调研和互动式调研，了解学校教学管理、学生成长、教师发展、特色项目等情况，调研结果集中向学校反馈。（俞立永）

教育装备

【概况】2018年，全市普通中小学教育装备技术经费总投入2.01亿元，其中教育技术装备财政经费投入6594.90万元，生均教育技术装备经费投入1426.21元。新增计算机2399台，至2018年底共拥有计算机35313台，其中使用7年以上的计算机总台数9638台。新增班级多媒体603套，班级多媒体总数6333套，多媒体进普通班级的班套比达到1∶1.15，100%的中小学拥有校园网，100%学校校园骨干网带宽和校园网出口带宽千兆以上，100%学校理科教学仪器达标。全市建有中小学图书馆（室）藏书室186个，面积17814平方米，资料室126个，配备常规阅览室358个，面积39765平方米。净增图书586696册，投入经费835.35万元，总藏书量为7229316册（不含电子图书），生均藏书量51.42册。全市各校图书、仪器实现数字化管理。建有学校创新实验室120个，有10所学校建有15个移动终端教学试验点，建成可管、可控、高速的无线网络和诸暨教育“空间云”平台。

【全国乐聚人形机器人任务挑战赛】诸暨中学暨阳分校于2018年7月30—31日承办“全国中小学信息技术创新与实践活动”乐聚人形机器人任务挑战赛，来自北京、浙江、江苏、广东、辽宁、山东、陕西、四川、黑龙江、安徽、内蒙古等全国各地的250个参赛组、500名选手参赛。诸暨总共有94支队伍参加大赛，取得优异成绩，18组选手获得一等奖。（张镇潮）

后勤保障服务

【概况】原诸暨市教育局勤工俭学办公室现为诸暨市教育发展中心，主要负责学校食堂大宗物品配送、校（园）方责任险、素质教育实践基地、纸张和簿本等物品采供及资产管理等工作，为全市学校和师生提供后勤保障服务。

【校园食品安全管理】规范学校食堂经营管理，以学生伙食质量提升工程为抓手，确保学生在校安全、营养、健康用餐。

抓好学校小店食品销售质量认证，调整完善学校连锁店经营管理制度，杜绝伪劣、不洁食品进校园，确保校园食品安全卫生。全市学校开设有校园连锁店 53 家，连锁店经营情况实现“零投诉”。

完成全市各校直饮水工程，督促服务机构及时有效维护好机器设备的正常运转，监督学校安全和规范使用直饮水，确保全市学生饮水健康。

【校（园）方责任保险】2018 年校（园）方责任保险从原来的“责任险 6 元 + 无过失险 2 元”调整为“责任险 8 元 + 无过失险 2 元”方案，责任险保障额度从原来的 70 万元提高到 130 万元，附加无过失险保障额度从原来的 10 万元提高至 25 万元。全市参保学校（园）276 所，参保学生总数 168636 人（其中校方责任保险学生数 168636 人，职校学生实习保险学生数 862 人，无过失责任保险 168636 人），共投入保险资金（以学年计）171.50 万元，参保面覆盖全市所有公民办学校，参保率达 100%。2018 年共计报赔案件 35 件，合计理赔金额为 156.78 万元。

【劳动教育实践基地建设】鼓励学校根据当地社会文化资源和场地设施等，因地制宜进行基地规划和建设，支持和推动生产劳动、技能素质等教育实践基地的新建和扩建，在全市形成布局合理、层次分明、机制健全、特色鲜明、充满活力、资源共享、可持续发展的实践基地网络。2018 年 11 月，开展全市“素质教育示范基地”评比活动，通过自行申报，经考核评估后，评出赵家镇中等 16 个诸暨市劳动实践教育示范基地，由教育发展中心出资 100 万元支持全市中小学素质教育实践基地和生产劳动基地建设。

【注资办学及人才服务】推动民办教育试点工作，探索多元化办学路子，吸引更多社会资本投资教育。全力支持暨阳学院规范办院，2018 年继续向暨阳学院提供 650 万元人才经费。

为吸引更多的优秀人才来诸暨教育系统工作，教育投资公司出资 400 余万元，重新装修了 2 幢共 24 套房子，可以为 72 个单身青年教师解决住宿问题，为优秀教师全身心投入教育教学工作提供保障。

【学校后勤大宗物品采供】教育后勤配货中心实行“阳光操作、统配集送”，对全市学校的食用油、簿本、纸张等大宗物品进行集中招标采购、统一配送供应。

重视学生校服和床上用品的质量与安全，3 月下发《关于进一步规范全市中小学校服和床上用品管理的通知》和相关补充意见，在学生及家长自愿的基础上，由各校家委会为主体成立采购工作委员会，负责招投标相关工作，同时收缴各校采购的相关资料、合同、检测报告等，确保校服和床上用品采购规范、价格合理、优质安全。　（杨均武）

语言文字工作

【概况】2018 年，诸暨市作为全省区域推进语言文字规范化工作试点县市，语言文字工作继续向农村延伸。市语委对全市语言文字规范化乡镇创建工作作出进一步部署，落实培训、指导、督查、验收等工作环节。通过市语委办和相关乡镇的共同努力，马剑镇、五泄镇、同山镇、岭北镇、陈宅镇、东白湖镇、东和乡等 7 个镇的语言文字规范化面貌得到明显改变，管理水平得到较大提升，顺利通过绍兴市语言文字规范化达标乡镇评估验收。至此，全市全部镇乡（街道）完成语言文字规范化达标乡镇创建。

【全省第一个通过“浙江省区域推进语言文字规范化县（市）”验收】8 月 8 日，诸暨市迎接浙江省区域推进语言文字规范化县（市）验收评估，得到省语委观察组、绍兴市语委评估组领导、专家的一致好评，全省第一个通过“浙江省区域推进语言文字规范化县（市）”验收。　（陈建军）

文　化

概述

诸暨市文化广电新闻出版局内设办公室、社会文化事业科、文化遗产保护科（挂市文物管理委员会办公室牌子）、行政审批服务科（挂广电新闻出版<版权>科牌子）、文化市场管理办公室（挂文化产业科牌子）5个职能科室，有诸暨市文化市场行政执法大队、诸暨市文化馆、诸暨市博物馆、诸暨市图书馆、诸暨剧院、诸暨市文化艺术中心和诸暨市影业有限公司7个直属单位，镇乡（街道）文化站27个。2018年末，有定编行政编制数14个，实有13人；事业编制数119个，实有105人（其中参公编制数13个，实有13人；不定编实有11人；国有企业1个，实有人数28人。具有高级技术职务资格21人，中级44人）。2018年，诸暨市文化广电旅游局深化基层公共文化服务体系建设，不断提升公共文化服务标准化、均衡化水平，加强文化遗产保护力度，实施文化惠民工程，大力繁荣文艺创作，依法管理文化市场，扎实开展文化工作，彰显特色、打造亮点，各项工作成效明显。

【基层文化阵地和设施运行情况量化考核】 6月出台《公共文化服务体系建设考核细则》，根据镇乡综合文化站阵地设施完善程度、日常开放管理、文体活动开展情况等进行考核，促使综合文化站提高开放利用效能。8月20日下发《关于开展镇乡（街道）图书分馆、文化分馆星级考评的通知》，对已建分馆的运行情况进行量化考核、星级评定，考核评定结果与考核、补助经费挂钩。

【“我们的文化”系列群文活动】 2018年先后组织举办一系列大型活动：5月举办“唱响诸暨”第九届青年歌手大赛，6月举办第九届“舞动诸暨”舞蹈大赛和第十届群文创作大赛及“文化和自然遗产日”系列活动；7月举办第九届书画艺术节，9月举办“梦想诸暨”团队秀；组织开展全民阅读系列活动，11月承办“美丽西施 走进杭州”朗诵晚会。

【大型活动和赛事承办】 11月3日，承办2018年首届世界水彩画大展，70多个国家和地区的3000多幅作品参赛，来自30个国家和地区的400名水彩画爱好者出席大展颁奖典礼。5月承办“美丽诸暨”2018浙江省群文美术写生合作系列活动，9月承办浙江省第二十九届戏剧小品邀请赛，10月承办第四届中国越剧节分会场任务，12月承办西施马拉松文体活动表演等。

【诸暨市文化志愿者队伍获评全省“十佳”】 12月4日，浙江省文化志愿者总队召开2018年浙江省文化志愿服务工作表彰大会，市文化志愿者分队被评为2018年浙江省“十佳文化志愿者分队”。市文化志愿者分队自2014年成立以来，已有注册登记的志愿者311人，设5个分队，分别是文化馆、越剧团、诸暨剧院、博物馆、图书馆志愿服务队。2018年市文广局以“文明实践，美好暨阳”为主题开展下乡演出、专题培训、送展览下乡、文艺专家门诊进礼堂、阅读推广等各类文化志愿活动，开展下乡活动共计300余场，参与5万余人次。

（徐可良　石　飞）

专业文艺

【概况】 2018年，市文化艺术中心完成演出138场次，收入268万元；创排的原创现代越剧《@香榧村》入围第四届中国越剧艺术节展演，并入选浙江省文化精品扶持工程第十三批扶持项目。市文化馆创排的《一千零一》获华东六省一市戏剧小品大赛银奖，小品《但愿人长久》获浙江省第29届戏剧小品邀请赛金奖。在省文化厅主办的各类艺术展中，诸暨市有29件书画、摄影作品入展。

【省、绍兴市书画和摄影展入展】 3月8日，由浙江省美术家协会、浙江省中国画家协会和浙江省女花鸟画家协会共同主办的“丹青英华 昌盛文运——浙江省第十八届女花鸟画家作品展”在杭州恒庐美术馆开幕。展览共展出浙江女花鸟画家作品近400幅，其中有11件诸暨籍女画家作品入展。3月，由绍兴市书法家协会妇女书法委员会举办的绍兴市女书家“十九大报告”主题书法作品展开展，诸暨共有15位女书法家的作品入展。

【《@香榧村》入围第四届中国越剧艺术节展演】9月，市文化艺术中心创排的原创现代越剧《@香榧村》成为16个入选浙江省文化精品扶持工程舞台艺术类项目之一，接受省级资金扶持、指导服务与跟踪管理。《@香榧村》由国家一级导演杨小青执导，以诸暨本土人物为原型进行艺术化改编，讲述了大学生沈雪芹回乡创业、带头致富的故事。10月12—30日，第四届中国越剧艺术节在绍兴市举行，来自全国各地院团的24台剧目入围展演，《@香榧村》入围其中，并于10月19日在作为越剧节演出场馆之一的西施大剧院展演。

▲2018年10月，市文化艺术中心原创越剧现代戏《@香榧村》入选第四届中国越剧节展演　（徐可良 摄）

【参赛及获奖情况】《一千零一》获华东戏剧小品大赛银奖。9月，市文化馆选送原创小品《一千零一》参加第十四届华东六省一市戏剧小品大赛，获得银奖。该作品由市戏剧家协会名誉主席舒恒兴创作，描写了好人"老苟"捡钱包引发的一系列笑料百出的故事。此前，该作品已在浙江省第28届戏剧小品邀请赛中获得兰花银奖。

《但愿人长久》获浙江省第29届戏剧小品邀请赛金奖。9月8—9日，浙江省第二十九届戏剧小品邀请赛决赛在诸暨举行。由市文广局选送、市文化馆演出的《但愿人长久》获得金奖。这是诸暨参加三届邀请赛以来首次获得金奖。小品《但愿人长久》讲述的是在"抱团养老"的老年公寓里，住着5位老人，一对失散了40年的夫妻在此相遇……通过3对老人之间的故事，展现了老年人质朴、热烈而丰富的爱情观。　（徐可良　石　飞）

群众文化

【概况】2018年，市文广局继续深入打造"我们的文化"活动品牌，先后举办和承办第九届"舞动诸暨"舞蹈大赛、"唱响诸暨"第九届青年歌手大赛、第十届群文创作大赛、2018年首届世界水彩画大展、"美丽诸暨"2018浙江省群文美术写生合作系列活动、西施马拉松文体活动表演等大型活动。继续深入实施文化惠民工程，完成文艺下乡105场、文化走亲13场次、乡镇级演出35场次，组织"潮涌浣江"系列艺术展览21个、书画展览进礼堂50余场次、文化讲座20次、文艺专家门诊20期，市民学堂累计培训人员2万余人次，周末剧场演出52场，送电影下乡7296场次，送书下乡近2.4万册。西施大剧院B圈全部建成投运，全年完成各类演出151场次，上座率达85%。

▲2018年9月，诸暨市文化馆选送的小品《但愿人长久》在浙江省第29届戏剧小品邀请赛中获得金奖　（徐可良 摄）

【书画展】2017诸暨书画成果回顾展　1月22日至2月28日，市文广局、市文联在西施故里景区寿崇德艺术馆举办"庆十九大 春华秋实——2017诸暨书画成果回顾展"，共展出书画获奖作品103件，包括中国书协美协主办的全国性大展获奖入选作品10件、省文联文化厅书协美协主办的展览大赛中获奖入选作品46件、绍兴市书协美协等主办的赛事活动获奖入展作品96件。

"艺美"迎春工艺美术展　1月23日至2月5日，市文广局在西施故里景区余任天纪念馆举办"艺美"迎春工艺美术展，共展出180件作品，主题以新年风俗、生肖狗、日历画、新年美味、新年手工挂件、迎春美景为主，包含国画、素描、手工、少儿画、漫画插画、水粉画、彩铅画、水彩画、色粉画、重彩油画棒、装饰画、陶艺、石头画等。

诸暨首届女画家作品展　3月6日至4月6日，

市文广局在西施故里景区余任天纪念馆举办“苎萝女史·善美万家——诸暨首届女画家作品展”，共展出诸暨市女性书画爱好者作品59幅。

2018“水彩界”迎新展 3月8日至4月28日，IWS国际水彩画协会(中国)、诸暨市水彩画博物馆、上海鸿美术馆和“水彩界”联合在诸暨市水彩画博物馆举办2018“水彩界迎新展”，共展出出自全国各地优秀艺术家之手的水彩画作品58件。

“学习宣传十九大精神”书画展览进文化礼堂巡展 4月3日，由市文广局主办，市文化馆、市美术家协会、市书法家协会承办的“学习宣传十九大精神”书画展览进文化礼堂巡展活动在王家井镇箬山下村首展，巡展活动持续至年底。全市27个镇乡（街道）参与此次书画展览进文化礼堂巡展活动。50件参展作品以书法、美术形式宣传十九大精神，描绘新生活、新气象。

“峰·景”李江峰油画作品展 5月18日至7月7日，“峰·景”李江峰油画作品展在诸暨市水彩画博物馆举行。该画展由北京画院、诸暨市文广新局、诸暨市文联主办，诸暨市水彩画博物馆、上海鸿美术馆承办。这是诸暨举办的首场大型油画专场展。李江峰，中国美术家协会会员、北京画院专职画家、国家一级美术师，多次在国内外举办个人作品展，其多幅作品被中国美术馆收藏。

纪念毛泽东同志批示“枫桥经验”五十五周年书画展 5月29日至6月28日，市老干部局、市文广局在西施故里景区寿崇德艺术馆举办纪念毛泽东同志批示“枫桥经验”五十五周年书画展，市老年书画协会会员精心创作的120幅书画作品参展。

诸暨市“清廉诸暨”书画作品展 6月28日至7月25日，“清廉诸暨”书画作品展在西施故里景区余任天纪念馆举行。该书画展由市纪委、市文广局主办，市文化馆、市博物馆承办，共展出市文化馆书画院社员精心创作的以莲为主题的25幅作品。

将军与士兵——葛焕标周建成书画作品展 7月30日至8月15日，市委宣传部、市文广局在市博物馆共同举办“将军与士兵——葛焕标周建成书画作品展”，共展出体现军旅生活和情怀的书画作品80余幅。

2018年首届世界水彩画大展 11月3日，2018年首届世界水彩画大展在诸暨开展。本次大展由IWS国际水彩画协会与诸暨市人民政府联合主办，诸暨市文化广电新闻出版局与上海鸿美术馆承办，展出的12幅获奖作品分别来自中国、美国、俄罗斯、罗马尼亚、保加利亚；100幅入围作品则几乎囊括了全球各大洲水彩艺术家们的作品。

▲11月3日，2018年首届世界水彩画大展和IWS国际水彩画协会成员国主席作品展分别在市水彩画博物馆和西施大剧院开展。这是来宾在观看展出的作品　（徐可良 摄）

“美丽诸暨”2018浙江省群文美术干部写生创作作品展 10月30日，庆祝改革开放40周年“美丽诸暨”2018浙江省群文美术干部写生创作作品展暨作品集首发式在西施故里景区寿崇德艺术馆举行，现场向各地文化馆代表和参观者赠送作品集300本。本次活动由浙江省文化馆主办，诸暨市文化广电新闻出版局承办，诸暨市文化馆执行承办。2018年5月，来自全省各地的近30名美术骨干在诸暨参加为期5天的写生交流、讲座培训、点评授课等活动。本次创作写生共收录作品60幅，作品素材均取自诸山暨水，类型涵盖国画、油画、水彩画、钢笔画等。在寿崇德艺术馆举办的作品展至11月15日结束。11月22—27日，这些作品在东白湖镇斯民小学展出。

【第六届“梦想诸暨”团队秀展演】 9月27日，庆祝中华人民共和国成立69周年暨改革开放40周年第六届“梦想诸暨”团队秀优秀节目展演活动在诸暨剧院举行。本次活动自5月开始，前后历时5个月，共有27个镇乡（街道）的32支队伍报名参加。市文化馆组织业务干部对选送的300多个节目进行甄选，并按歌曲、舞蹈、戏曲、器乐、语言五大门类分别进行免费培训，累计培训超过5000人次。市文广局从中精选23个节目进行2场展演。

【赛事及获奖情况】 6名选手在绍兴市第六届青年歌手大赛中获奖 5月25—26日，由绍兴市文化广电新闻出版局主办，越城区委宣传部、越城区文化广电新闻出版局、绍兴市文化馆承办，越城区文化馆执行承办的第六届绍兴市青年歌手大赛复赛

▲9月27日，庆祝中华人民共和国成立69周年暨改革开放40周年第六届“梦想诸暨”团队秀优秀节目展演活动在诸暨剧院举行。这是演出现场场景　（徐可良　摄）

和决赛在绍兴市文化馆百姓剧场举行。本次比赛分美声、民族、流行组三组，诸暨市文化馆选送的6位选手包揽流行组前3名，其中选手王海城获得流行组一等奖，陈锬翔、赵晟皓获得流行组二等奖；刘浩琛获得美声组二等奖，宋佳、陈圣锴获得美声组三等奖。此外，诸暨市文化馆获得本次比赛优秀组织奖。

多人在绍兴市第二届群众书法大赛获奖　6月，由绍兴市书法家协会、绍兴市文化馆、绍兴广电总台广播中心、华汇工程设计集团股份有限公司联合主办的纪念改革开放40周年“华汇杯”绍兴市第二届群众书法大赛评选揭晓，诸暨成人组共17人获奖（其中获二等奖3人，三等奖4人，优秀奖10人）、19人入展；少儿组共8人获奖（其中获一等奖1人，二等奖1人，优秀奖6人）、19人入展。所有获奖作品6月下旬在绍兴市文化中心展出。

第九届“舞动诸暨”排舞广场舞大赛　第九届诸暨市“舞动诸暨”排舞广场舞大赛于6月11日启动，6月28日圆满落幕，全市62支队伍共1056人参加比赛。21支队伍经过初赛、复赛进入总决赛，最终产生广场舞组、排舞老年组、排舞中年组3个组别10个金奖、11个银奖、19个铜奖，以及优秀组织奖7个。

▲6月26日，第九届“舞动诸暨”排舞广场舞大赛在诸暨剧院举行。这是现场场景　（徐可良　摄）

在第九届绍兴市排舞比赛暨农村文化礼堂排舞比赛中获多个奖项　8月31日，第九届绍兴市排舞比赛暨农村文化礼堂排舞比赛在绍兴市文化馆剧场开赛，诸暨市文化馆在本次比赛中获得优秀组织奖，选送的排舞获得多个奖项，其中江藻镇汪王村文化礼堂排舞队的《霸气》获得文化礼堂组一等奖，陶朱街道西湖村文化礼堂排舞队的《塞西莉亚》获得三等奖；陶朱街道青春排舞队的《Happy》获得其他组别一等奖，店口镇青年排舞队的《我愿跟随他》、山下湖镇珠乡舞蹈队的《新达坂城的姑娘》、大唐镇排舞队的《霸气》获得二等奖。

卢杭锋书法获“陆维钊奖”提名奖　8月，2018年“陆维钊奖”第八届浙江省中青年书法篆刻展评审结果在嵊州市揭晓，诸暨市青年女书法家、浣东小学教师卢杭锋的章草书法作品《嵊州赋》入展并获得“陆维钊奖”书法优秀作品提名奖。卢杭锋是诸暨市迄今唯一进入此展并获奖的女书法家。

浙江省第二十九届戏剧小品邀请赛　9月8—9日，省戏剧小品艺术规格最高的赛事之一——浙江省第二十九届戏剧小品邀请赛在西施大剧院举行，全省各地市文化馆戏剧干部创作的23个作品参赛。市文广局选送、市文化馆演出的《但愿人长久》获得金奖。

两节目在绍兴市文艺会演中获奖　11月4日，由中共绍兴市委宣传部和绍兴市文化广电新闻出版局主办，绍兴市文化馆承办的“第十二届绍兴市乡镇（街道）文艺会演暨全市文化分馆优秀节目展演”在绍兴文化馆剧场举行，共16个节目参赛。诸暨市文化馆选送的两个节目《家和万事兴》和《懒汉脱贫》分别获得第二名和第三名。《家和万事兴》是由浣东街道文化站选送、浣越文化艺术团创作演出的越剧小戏，讲述的是主人公媳妇在重阳节买了两盒点心引发纠纷，经过亲生母亲的教育，使女儿从原来一直瞧不起孤独一人居住在破房子的婆婆，转变为将婆婆接回自己宽敞明亮的新房一同生活的故事，弘扬了尊老敬老爱老的传统美德；《懒汉脱贫》是由山下湖镇文化镇选送的一出原创小品，讲述了一位联村干部帮助村里的懒汉改变生活方式、走向幸福生活的故事。

5篇公共文化主题论文在绍兴市征文大赛中

获奖　10 月，由绍兴市文广局、绍兴市文化馆、绍兴市群众文化学会联合举办的以“新时代公共文化服务改革创新”为主题的绍兴市第十三届公共文化论坛征文大赛公布获奖名单，诸暨市 5 篇参赛论文获奖，其中，获一等奖、二等奖各 1 篇，三等奖 3 篇。

【专题讲座】何涤非走进诸暨人文大讲堂　6 月，省书协主席团成员、副秘书长，诸暨籍书法家何涤非走进诸暨人文大讲堂，主讲书法创作。何涤非 1970 年出生于诸暨，师承金鉴才先生，现为中国书法家协会会员、西泠印社社员、浙江省书法家协会副秘书长、创作委员会副主任兼秘书长，供职于浙江省书法家协会。

骆恒光《诗书画印的美学关系》讲座　7 月 30 日，著名书法家骆恒光在西施故里景区寿崇德艺术馆作《诗书画印的美学关系》专题讲座，市文化馆进行上线讲座直播。骆恒光，号翼之，诸暨市人，1943 年 6 月出生，系浙江教育出版社编审、浙江省文史馆馆员，西泠印社社员，中国书法家协会会员。

【演出和系列文化活动】“花开淡墨痕”诸暨市第九届书画艺术节系列活动　诸暨市第九届书画艺术节于 7 月 30 日在市博物馆开幕。此次艺术节活动包括举办“花开淡墨痕”诸暨市第九届书画大赛、将军与士兵——葛焕标周建成书画展、书画大赛获奖作品系列展览及书法、美术专题讲座等。其中，由中共诸暨市委宣传部、诸暨市文化广电新闻出版局主办，诸暨市文化馆、诸暨市美术家协会、诸暨市书法家协会承办的“花开淡墨痕”诸暨市第九届书画大赛自 3 月初启动，仅一个多月时间，共收到 736 人次的 1039 件作品，省市专家从中评选出优秀作品 50 件，入展作品 123 件，入选作品 148 件；另评选出优秀组织奖 3 个，组织奖 13 个。市文化馆于 4 月组织专家团队走进 10 余个乡镇，现场指导教学，为投稿作品润色把关。获奖、入展作品于 7 月中下旬集中展出。

原创越剧大戏《王阳明》在诸暨上演　绍兴小百花越剧团的原创越剧《王阳明》由国家一级导演杨小青导演，国家一级演员、两度获得中国戏剧梅花奖，并获得过文华奖的吴凤花领衔主演，于 8 月 30 日、31 日在诸暨剧院周末剧场上演。该剧讲述了王阳明贬官悟道、良知教化、剿匪平定、传道讲学跌宕起伏的一生，并阐述王阳明先生传与后世最大的精神财富——心学，以弘扬传统文化价值观。

“梦想舞台与你相约周末”活动　由市文广局主办，市文化馆、西施大剧院承办，以“新时代 美生活”为主题的“梦想舞台与你相约周末”活动于 5 月正式启动，至 10 月结束，历时半年，共举办专场演出 10 场，吸引观众达 3000 余人次。梦想舞台演出内容包括戏曲、歌舞、小品、器乐等多种形式，周末时段在西施大剧院露天舞台举办专场演出，市民可免费观看。

【西施大剧院成为浙江音乐学院声乐歌剧系实训基地】1 月 12 日，西施大剧院与浙江音乐学院声乐歌剧系签约建立合作关系，西施大剧院成为浙江音乐学院声乐歌剧系实训基地。双方本着“校企牵手，诚信为本，优势互补，互利共赢”原则，建立密切合作关系，通过联手举办演出和公益活动，让音乐会、歌剧等舞台表演艺术走进剧场，丰富市民精神文化生活。11 月，推出了中国·诸暨“中国梦钢琴梦”钢琴大赛活动，参与人数达 800 余人；12 月 30 日，举办了《桃李争妍——顾平教授学生音乐会》，1200 余名观众观看了演出。

【2 人上榜 2018 年度绍兴市“最美文化礼堂人”】12 月，2018 年度绍兴市 10 位“最美文化礼堂人”评选揭晓，诸暨市宣长恩和阮焕钧榜上有名。阮焕钧于 2005 年创办诸暨市浣越文化艺术团并兼任团长，该艺术团一直活跃在农村文化礼堂的文化下乡演出场合，曾获 2017 年诸暨市文艺团队秀展演赛“十佳金牌”。从 2017 年底起，阮焕钧负责浣东街道 4 个农村文化礼堂的活动策划实施及志愿服务，他以文化礼堂为阵地，免费培训辅导浣东文化礼堂所在村的文艺爱好者，并创建“浣越文化志愿者服务队”开展志愿服务。宣长恩是国家注册体育师、地方体育文史专家，从 2014 年王家井镇洋湖村建立文化礼堂至今，一直无私付出、乐于奉献，再个人带头捐资的同时，千方百计募集资金筹建文化礼堂提升工程——洋湖陶艺馆，带领洋湖村村民实实在在建好、管好、用好文化礼堂。（徐可良　石　飞）

文化遗产保护

【概况】2018 年，全市共投入 1670 万元（其中民间资本 1200 余万元）用于文物保护工程。完成省保单位新胜古建筑群之前新屋修缮工程、岭北镇陈氏宗祠修缮工程、浣东街道陈氏宗祠修缮工程等 18 个项目，马剑戴氏宗祠修缮工程完成方案设计和立项审批，正在向上申报资金。“西施故里古迹群”于 7 月 28 日成功申报为绍兴市文物保护单位，增补西施故里郑氏宗祠等7处历史文化遗产为诸暨市第四批文物保护点。完成楼家桥遗址等4处省级文物保护单位的“四有”（有保护范围、有保护标志、有记录档案和有保管机构）档案建立，启动第七批省保单位“四有”档案的编制。完成新一堂、继述堂电力线路整治工程。全市新增国家级非物质文化遗产代表性传承人2人，实现零的突破；新增省级非物质文化遗产代表性传承人4人，至2018年底，省级非遗传承人共9人。新增绍兴市非物质文化遗产传承基地5个，至2018年底，绍兴市非遗传承基地总数12个。公布诸暨市第八批非物质文化遗产代表性项目15个、诸暨市第七批非物质文化遗产代表性传承人10人、诸暨市第五批非物质文化遗产传承基地5个、诸暨市第四批教学性传承基地9个。

▲裕昌号民间艺术馆在给藏品备案。该馆是全市唯一一家非国有博物馆，此次备案内容包括藏品名称、标号、年代、类别、数量、来源等藏品信息和影像信息

（周升蓉　石　飞　摄）

【非遗项目展示展演活动】举办新生代传统手工技艺大赛、非遗传承人讲坛等活动。3月18日在应店街镇十二都村主办2018（戊戌）南孟文化节。戏曲舞台艺术片《诸暨西路乱弹系列》在10月举行的第六届全国市县电视台推优展播活动中获电视栏目类一等奖。草塔抖狮子、赵家拳棒等非遗项目在6月11日启动的浙江传统体育展演展评系列活动中获薪传奖、最佳展演奖。市博物馆镇馆之宝（南宋庆元六年文房用品5件套）入选“浙江省藏宝图”。6月出版非遗系列丛书《诸暨草塔抖狮》。联合诸暨电视台拍摄播出历史文化村落专题片《浣江纪事》24期。

【2人入选国家级非遗代表性项目代表性传承人】1月，国家文化和旅游部公布第五批国家级非物质文化遗产代表性项目代表性传承人名单。市非遗中心选送的蒋桂凤和赵伯林分别作为西路乱弹和草塔抖狮的传承人入选，实现诸暨国家级非遗代表性传承人“零”突破。

蒋桂凤出生于1940年，是诸暨西路乱弹史上第一位女生花旦。13岁进入剧团，15岁开始登台亮相，先后在《双阳公主追狄青》中饰双阳公主、《三请樊梨花》中饰樊梨花、《穆桂英挂帅》中饰穆桂英。近年来，蒋桂凤义务开设西路乱弹培训班、举办西路乱弹专题讲座，授课带徒，培养了绍兴市级传承人卓琳丽、蔡铁萍等10多位徒弟，使西路乱弹这一民间艺术瑰宝得以后继有人。蒋桂凤指导复排了《哑背疯》《大补缸》《双阳公主追狄青》《斩经堂》《山海关》《龙虎斗》《下河东》等多部传统剧目，还多次带队参加演出。2015年11月，诸暨西路乱弹展示馆开馆之际，蒋桂凤无偿捐献了她所有收藏的道具、服装、剧本等资料。

赵伯林出生于1949年，是草塔抖狮第五代传承人，从小就非常迷恋和热爱抖狮子。在上一辈的言传身教中，赵伯林掌握了全套传统的制作和表演技法，并不断改进抖狮表演。在授徒传艺过程中，他毫无保留地把所掌握的抖狮心得传授给学徒，一手带出十多位抖狮队成员，多次参加民间艺术表演活动，使草塔抖狮这一传统民间艺术得以更好地传承和发展。

【4人入选浙江省非遗代表性项目代表性传承人】1月，浙江省文化厅发布第五批浙江省非物质文化遗产代表性项目代表性传承人名单，诸暨市何灿友等4人入选。何灿友为赵家拳棒代表性传承人；沈牡琴为同山烧酒传统酿造技艺代表性传承人；孟南生为南孟祭礼代表性传承人；骆建松为十里红妆代表性传承人。截至2018年底，诸暨共有省级非遗代表性传承人9人。

【第八批市级非物质文化遗产代表性项目名录公布】4月，市政府公布第八批非遗代表性项目名录，经专家评审、市文广局推荐，“岭后吴氏灯头”等15项列入诸暨市第八批非物质文化遗产代表性项目名录。截至2018年底，诸暨市级非遗代表性项目共计103项。

【历代诸暨山水画藏品展】5月18日至6月8日，由市博物馆、市收藏家协会主办的“诸山浣

诸暨市第八批非物质文化遗产代表性项目名录

表27

序　号	项目名称	项目类型	申报镇乡（街道）
1	岭后吴氏灯头	民俗	陈宅镇
2	“西施银芽”（石笕茶）制作技艺	传统技艺	陈宅镇
3	什锦锣鼓	传统音乐	街亭镇
4	街亭黄酱制作工艺	传统技艺	街亭镇
5	刘氏族祭	民俗	陶朱街道
6	鲍同顺酱醋酿造技艺	传统技艺	陶朱街道
7	鲍同顺糕点制作技艺	传统技艺	陶朱街道
8	次坞花馃	民俗	次坞镇
9	诸暨灰汤粽制作技艺	传统技艺	马剑镇
10	马剑馒头制作技艺	传统技艺	马剑镇
11	吴氏中医经脉挑治法	传统医药	东白湖镇
12	草塔二月十九庙会	民俗	草塔镇
13	同山烧酒药制作技艺	传统技艺	同山镇
14	铁器锻造技艺	传统技艺	牌头镇
15	珍珠养殖技术	传统技艺	山下湖镇

水 墨痕暨阳”历代诸暨山水画藏品展在市博物馆临时展厅展出，首次集中呈现馆藏及民间收藏的历代诸暨山水名家画作100余幅，其中以近现代诸暨本土书画名家的作品居多，绝大多数都是诸暨的山水风光。

【余任天诗书画印精品展】11月24日至12月4日，“风物故山最亲切——余任天诗书画印精品展”在市博物馆开展。本次展览由浙江省文化和旅游厅、诸暨市人民政府主办，中共诸暨市委宣传部、诸暨市文化广电新闻出版局、诸暨市文学艺术界联合会、浙江省余任天艺术研究会承办，是余任天诞辰110周年纪念活动之一。展览共展出余任天诗书画印精品百余件，作品以家乡题材为主，许多作品是第一次与市民见面。开展当天的开幕式上，浙江省余任天艺术研究会向市博物馆、图书馆、文化馆、档案馆、浬浦镇政府赠送了余任天书画作品集等出版物，其中由中国美术学院出版社出版，浙江省余任天艺术研究会副会长、诸暨乡贤陈汉波撰写的《大道来风——余任天艺术论》一书，是第一本公开出版的余任天研究专著。开展当天下午，还举行了余任天诗书画印作品鉴赏活动和“大道来风——品读余任天”讲座。

余任天，字天庐，1908年出生于诸暨浬浦，是浙江现代美术史上诗书画印兼擅的艺术大家，新浙派绘画的重要奠基人物之一，现代猛利一派印风的代表，他在诗书画印理论和文物鉴定方面均有卓见和著述，影响深远，有“四绝压群伦”之誉。

【3个非遗传承基地获评绍兴市优秀非遗传承基地】5月22日，由绍兴市文化广电新闻出版局和绍兴市非遗保护中心共同举办的“绍兴市传统工艺振兴主题活动暨非遗优秀传承基地表彰仪式”在绍兴市文化馆百姓剧场举行，20个优秀非遗传承基地受到表彰，诸暨市浣纱小学、同山高粱酒厂和东和乡十里坪村3个非遗传承基地入选。浣纱小学是国家级非遗“西施传说”的传承基地，同山高粱酒厂是浙江省级非遗“同山烧酒传统酿造技术”的传承基地，十里坪村是国家级非遗“西路乱弹”的传承基地。近年来，这三个非遗传承基地在关注、重视、培育传承人方面做出了卓有成效的贡献，以实际行动促进了非物质文化遗产的传承与弘扬。

【5人在“绍兴师爷讲故事”总决赛中获奖】6月5日，由绍兴市文广局、绍兴市教育局联合主办，

绍兴市非物质文化遗产保护中心承办，诸暨市博物馆（诸暨市非物质文化遗产保护中心）、诸暨市陶朱街道西湖小学协办的绍兴市第七届“绍兴师爷讲故事”总决赛在陶朱街道西湖小学举行。经过前期选拔和推荐，共有12名成人选手和20名少儿选手参加决赛。少儿组诸暨参赛选手陈铭朗、方子恩获一等奖，刘楠轩获三等奖；成人组诸暨参赛选手傅荻斐获二等奖，马洋获三等奖。诸暨市非遗中心获优秀组织奖。

【2个非遗项目入围浙江传统体育展演】6月11日、12日，由浙江省文化厅主办，浙江省非遗保护中心、浙江省非遗保护协会承办、磐安县人民政府联合承办“非遗薪传”——浙江传统体育展演展评系列活动在金华磐安举行。这是浙江省乃至全国首次围绕传统体育类非遗项目开展集中展示活动，以列入国家级、省级传统体育类非遗项目为主体，分两场进行展演展评，共有26个项目入围展评，13个项目参加综合场展演。市非遗中心选送的传统体育类非遗项目“草塔抖狮子”获“薪传奖”“赵家拳棒” 获“最佳展演奖”；市非遗中心获“最佳组织奖”；国家级非遗传承人赵伯林获“特别贡献奖”；赵立平获学术论文一等奖。

【西路乱弹《追龙缸》入选省新农村建设题材小戏会演】浙江省新农村建设题材小戏会演于6月19—22日在湖州南浔举行，由市非遗中心新创排的西路乱弹小戏《追龙缸》入选会演。这出小戏巧妙运用“穿越”式的手法，通过新任知县唐仁刚抬缸、追缸等喜剧性的表演，赞美了其正不阿、疾恶如仇的高尚品德。

【《诸暨草塔抖狮》出版】6月，由市文广局组织编撰的《诸暨草塔抖狮》由中国美术学院出版社出版．该书是诸暨市非物质文化遗产系列丛书之一。草塔抖狮也叫“线狮”，是诸暨特有的民间表演艺术。2014年，草塔抖狮正式被国务院列入第四批国家非物质文化遗产代表性项目名录。《诸暨草塔抖狮》一书图文并茂，包含“草塔抖狮概述”“草塔抖狮的道具”“草塔抖狮的表演过程”“草塔抖狮的价值”“草塔抖狮的文化演出交流”“草塔抖狮的传承与保护”“草塔抖狮相关宣传”等7个方面内容。

【诸暨市第十三个“文化和自然遗产日”系列活动】6月26日，市文广局举行诸暨市第十三个“文化和自然遗产日”系列活动启动仪式。启动仪式上，先后举行非遗系列丛书之《草塔抖狮子》首发、诸暨市“新生代”传统手工技艺大赛获奖作品颁奖仪式、非遗优秀代表性传承人和优秀传承基地授牌、2017年度诸暨市文化遗产保护先进工作者颁奖及国家级非遗项目传承人、省级非遗项目传承人、省级非遗生产性保护基地授牌等活动。同时，“中国梦想·美丽诸暨”诸暨市新生代传统手工技艺大赛获奖作品展在市博物馆开展，展出的为新生代“匠人”创作的100余件获奖作品。

【西施故里古迹群成为绍兴市文物保护单位】绍兴市人民政府于7月28日发文同意诸暨市西施故里古迹群为绍兴市文物保护单位。西施故里古迹群位于西施故里风景区，由西施殿、浣纱石、四眼井、郑氏宗祠、范蠡祠、松源堂、长寿堂、鸬鹚湾5号民居、鸬鹚湾9号民居等9处不可移动文物组成，保存状况良好，具有较高的历史、科学、艺术价值。

【5个基地入选绍兴市第二批非物质文化遗产传承基地】8月，经专家实地考察、评审、社会公示等程序，绍兴市第二批非物质文化遗产传承基地公布，诸暨市裕昌号民间艺术馆（十里红妆）、诸暨市草塔镇人民政府（佛像塑造技艺）、赵家镇花明泉村（赵家拳棒）、诸暨市福均画廊（刀画）、同山镇唐仁村（棕编）榜上有名，数量列绍兴市各县市区之首。

【扬之水《文房四士总相依：宋墓出土文房器具与两宋士风》讲座】9月20日，中国社会科学院文学所研究员扬之水应市博物馆邀请，走进诸暨文博讲坛，作《文房四士总相依：宋墓出土文房器具与两宋士风》讲座。各镇乡（街道）文化站站长、文化系统干部职工以及文博爱好者参加讲座。该讲座以诸暨董康嗣墓出土文物为线索，对两宋墓葬中出土文房诸物的品类、名称、用途以及式样进行考证，继而探讨文房器用随葬背后的两宋文化背景。扬之水祖籍诸暨，长期从事名物研究，享受国务院特殊津贴。著有《诗经名物新证》《诗经别裁》《先秦诗文史》及《古诗文名物新证》（两卷）、《终朝采蓝：古名物寻微》《中国古代金银首饰》（三卷）、《棔柿楼集》（十卷）等。

【戏曲舞台艺术片《诸暨西路乱弹系列》拍摄】戏曲舞台艺术片《诸暨西路乱弹系列》由市文广局于2018年5月组织拍摄，为浙江珍稀剧种与濒临灭绝优秀传统剧目影像艺术研究项目之一，内容包括《闹花台》《巡营》《移山》《双阳公主追狄青》《追龙缸》《斩经堂》《满庭芳》等西路乱弹剧目。在10月举行的第六届全国市县电视台推优展播活动中，市非遗中心选送的《诸暨西路乱弹系列》获电视栏目类一等奖。

【诸暨南宋文房四宝入选“浙江藏宝图”】由《浙江日报》和浙江省博物馆联合主办的“文澜之夜”暨“镇馆之宝：浙江省藏宝图”发布会9月27日在杭州文澜阁举行。诸暨市博物馆推荐的一套南宋庆元六年文房用品入选“浙江省藏宝图”。全省10个地市30家博物馆的50件“宝贝”入选“镇馆之宝：浙江省藏宝图”。诸暨市博物馆选送的这套“镇馆之宝”文房用品共5件，分别为“碧玉子”铭随形端砚、石雕龟钮水注、石雕犀牛镇纸（一对）和石雕山形笔架，均为国家一级文物，系20世纪80年代出土于诸暨市境内南宋庆元六年纪年墓的随葬品。 （徐可良 石 飞）

文化产业

【概况】2018年，共摸排梳理《绍兴文创大走廊三年行动计划》重大建设项目15个。完成“文化产业双创扶持计划”诸暨2025文化产业创意园申报。组织9家企业参加第13届义乌文化产品交易会。开展2018“枫桥经验”主题文创产品设计大赛，完成“枫桥经验”宣传折页10000套设计制作、“枫桥经验”纪念大会会务用品（笔记本、笔、伞、杯、资料袋）2000套设计制作、“枫桥经验”主题个性化邮票（十枚版）1000套设计制作、诸暨元素的文创产品收集图册排版设计等工作。

（徐可良 石 飞）

文化管理与执法

【概况】至2018年底，全市共有文化经营场所885家，其中网吧101家，歌舞娱乐场所64家，游艺娱乐场所12家，印刷企业282家，出版物零售205家，广播电视节目制作26家，电影放映20家，文艺表演团体38家，演出经纪机构3家，演出场所6家，打字复印100家，新闻出版（企业报）17家，网络文化经营单位11家。全市全年日常巡查出动1475人次，检查经营场所2356家次，立案调查33件，当场处罚7家次，收缴非法音像制品896张（盒）、非法图书出版物1368册（张）。先后开展网吧、KTV等场所安全生产大排查大整治，组织“扫黄打非”专项行动和“护苗、固边、秋风、清源、净网”五大专项行动。此外，联合公安、教育等部门多次开展校园周边联合执法。

【“3·18”文化市场安全日宣传活动】3月，市文广局文化市场行政执法大队联合店口镇文化站，在店口镇开展文化市场安全宣传活动。活动中，工作人员现场陈列文化市场安全知识宣传展板，并向群众发放文化市场相关法规条例及普法宣传手册等资料1200余份，接受群众咨询和向群众进行文化市场安全相关知识讲解100余人次。

【“4·26”知识产权宣传活动】市文化市场行政执法大队于4月26日世界知识产权日前往安华镇中心小学开展知识产权的法制宣传活动，将事先准备的宣传展板设在校园内，并向安华镇小的学生们发放关于知识产权保护的宣传手册，以及印有保护知识产权标语的作业本和书签。同时，在课堂上给学生们讲解什么是知识产权、为什么要保护知识产权以及盗版对文化市场造成的危害等内容。

【网吧从业人员法律法规暨安全生产培训】5月，市文化市场行政执法大队举办网吧从业人员法律法规暨安全生产培训，全市70余家网吧负责人员参加培训。培训内容主要包括消防知识普及、消防设施使用与维护、消防工作标准和网吧经营相关法律法规等，参加培训的网吧负责人现场签订了网吧安全经营责任书。 （徐可良 石 飞）

诸暨广播电视台

【概况】2018年，诸暨市广播电视台注重活动策划和精品创作，大力推进媒体融合。改革开放40周年、纪念“枫桥经验”等主题报道全媒体联动、全方位发声；对外宣传亮点突出，分别获得全省广播、电视新闻协作一等奖，广播电视新闻融合传播协作先进集体，绍兴市广播电视新闻宣传协作先进集体一等奖等荣誉。

【主题报道和重点报道】全年策划“新时代 新征程”“坚持发展新时代‘枫桥经验’”、“推动‘八八战略’再深化·学习贯彻市委全会精神”“大调研、大走访、大服务”“文明实践 美好暨阳”等20多个主题。《坚持发展新时代“枫桥经验”》专栏，推出“夜泊枫桥”“枫桥故事”“亲历者”“新时代枫桥经验的诸暨实践”四大系列23篇报道；围绕担当奉献、乡村振兴、美丽城镇建设等，先后推出“我奋斗 我幸福”“厉害了我的村”“美翻了我的镇”等重点报道。

【**融媒体新闻行动“激荡 40 载 启航新时代”**】4 月，启动实施年度大型融媒体新闻行动“激荡 40 载 启航新时代”，分“大地奇迹”“共同记忆”“亲历变革”“走在前列”四大篇章，全景式呈现 40 年来诸暨改革开放的成就，其中“大地奇迹”立足地域单元、直击改革痛点、精选采访对象、创新报道形式，全景式书写诸暨改革答卷，共推出《店口：一块铜的“魔变”》《山下湖：一颗明珠“点亮”百姓生活》《璜山：一家工厂到一个块状“小配角”衍生大产业》《牌头：无中生有 打造世界级环保产业集群》等 43 篇报道；“亲历变革”专访了率先进行土地联产承包制的章光华、国企改革的代表人物赵林中等。

【**《坚持发展新时代“枫桥经验”》专栏**】为纪念毛泽东同志批示学习推广“枫桥经验”55 周年暨习近平总书记指示坚持发展“枫桥经验”15 周年，诸暨市广播电视台 9 月开始，在广播、电视《诸暨新闻》开设《坚持发展新时代“枫桥经验”》专栏，系列访谈“亲历者”推出 8 位“枫桥经验”从诞生到发展阶段重大事件的见证者；“枫桥故事”推出《“红枫居”：新枫桥人的心安首选》《流动的“红马甲”：从群众中来 到群众中去》《邻家警察：吃透“小”字经 推动大平安》等 5 篇新时代“枫桥经验”的小故事，以小见大，呈现“枫桥经验”的新内涵；“夜泊枫桥”推出《“人”为本：“红枫”引领》《“从”头越：共治之道》《一个“挂牌村”的逆袭成长》《一种馆藏的“枫桥记忆”》等 5 篇报道，记者夜间蹲点“枫桥经验”的发源地，探寻其长盛不衰的秘诀；“新时代‘枫桥经验’”推出《党建引领 新时代“枫桥经验”迸发新活力》《以人民为中心 实现共建共治共享》《三治融合 打造社会治理新样板》《固本强基 提升基层治理现代化水平》《智慧治理 打造网上“枫桥经验”升级版》5 篇综述报道，重点呈现“枫桥经验”创新发展中在全市各地百花齐放。专栏从不同维度立体呈现创新发展中的新时代“枫桥经验”。

【**电视品牌栏目打造**】《民情直播》栏目以“帮忙、服务”为宗旨，打造品牌栏目。结合送温暖献爱心的好人好事，1 月推出“爱满暨阳 这个冬天不太冷”系列报道；3 月推出“你在他乡还好吗？”关爱少数民族困难群体系列报道，助力精准扶贫；4 月策划开展“千里寻亲 让爱回家”大型新闻公益行动；5 月开展新闻调查，先后推出《记者调查：“春风十里”游客爆棚引发“意外烦恼”？》《记者调查：浦阳江城区段水体缘何变浑》《东白湖休闲度假中心“塑料花”现象调查》以及小城镇环境综合整治、城乡公厕等问题调查报道；制作短视频，5 月“助残日”前夕推出“慈善助残 爱满暨阳”系列报道。重点板块“兄妹帮忙团”围绕百姓的大事小事烦心事，每周都有 4 条左右的报道，并持续追踪，帮忙助困、化解矛盾。

【**新媒体平台传播主题报道**】突出“融合”效应，改进报道形式，立足移动优先和用户体验，打开新的传播空间，实现多层次、多渠道传播。大型新闻行动“激荡 40 载 启航新时代”的报道，每一篇在广播、电视《诸暨新闻》播出的同时，都在“诸暨视听网”和“视听诸暨”微信平台上，以“图文＋视频”的方式头条推出。在新媒体平台推出《美翻了 我的镇》《我奋斗 我幸福》《夏天的绽放》《亲历者》等传递诸暨精神的人物自述式报道，吸引网友参与二次传播，每条阅读量平均过万，最高的近 5 万。在 8 月召开的市委十六届四次全体（扩大）会议上，绍兴市委常委、诸暨市委书记徐良平以“三不相信试试看、石板道地掼乌龟、小布衫里脱出”三句诸暨方言，凝练出诸暨人“创新、实干、担当”的三种精神，围绕这三种精神，摄制主题突出、感染力强的系列短视频，在新媒体推出得到大量转发，产生了较好的传播效果。

【**新媒体平台直播常态化**】中国蓝新闻客户端·蓝媒号是浙江广电集团新媒体核心产品，4 月 19 日正式上线，诸暨市广播电视台和 31 个市县同时入驻，在“蓝媒号”上开辟“诸暨频道”。依托“蓝媒号”和“视听诸暨”两大新媒体平台，实现直播常态化。5 月 18 日，市人民法院“猎狐行动”打击“老赖”的专项行动中，单个平台直播吸引 60 多万名网友在线观看，突破两大平台直播参与人数新纪录。2018 年围绕非遗、花海经济、美丽乡村、首届农民丰收节、“枫桥经验”纪念活动等先后进行 20 多场直播，每场参与人数均在 30 万以上。

【**广播电视对外报道成果**】在国家和省级广电媒体播出新闻报道1200多条次，其中中央电视台《新闻联播》19 条（单条 2 条，头条综合 1 条），中国之声《新闻和报纸摘要》《全国新闻联播》《央广新闻》等 66 条（单条 54 条）；浙江卫视《浙江新闻联播》《新闻深一度》《时代先锋》等播出 310

条（单条 52 条），浙江之声《浙广早新闻》和《全省新闻联播》280 条（单条 190 条），“中国蓝新闻”客户端推送 420 条，发稿量均创新高，继续领跑全省各兄弟台。

央视专题播出呈现诸暨新亮点。通俗理论节目“厉害了 我们的新时代”第二季《乡村振兴战略大家谈》第五集先后在央视新闻频道和浙江卫视黄金时段播出；4 月，央视《走遍中国》栏目播出系列专题《特色小镇》第四集《大唐：因袜而名》专题片；10 月，央视农业科技频道《科技苑》播出长达 21 分钟的社教节目《珍珠诞生记》。9 月 8—13 日，央视二套《生财有道》摄制组与诸暨电视台合作拍摄诸暨“秋收”特别节目，央视资深主持人和编导、摄像等深入赵家、东白湖、王家井等地采访，拍摄反映香榧、猕猴桃等产业发展及创业故事的专题片，时长 30 分钟的专题节目 10 份在央视二套黄金时段播出。

【广播创新项目《萤火虫悦读计划》】3 月，广播融媒体文学类创新项目《萤火虫悦读计划》启动，通过讲述诸暨故事，展现文化魅力。以“总体策划、多元传播”为原则，以矩阵化宣传为特点，集微信平台、直播节目、线下活动于一体，为诸暨文学爱好者搭建传播和交流平台。嘉宾一周一人，“夜读的萤火虫”访谈节目每周一期（40—55 分钟），微信平台（982 文学）每周推送 5—7 条微信，全年推出 40 多位作者的直播访谈；在诸暨之声微信平台 982 文学版块中推出 300 余篇次作品，大部分配有朗读音频；先后举办“惜春令”等线下朗读类活动近 10 次。

【诸暨市首届诗歌朗诵会】3 月 21 日晚 7 时，由市委宣传部、市文化广电新闻出版局、市文联、市广播电视台共同主办，FM98.2 诸暨人民广播电台承办的“惜春令——诸暨市首届‘诗·歌’会暨‘夜读的萤火虫’开播仪式”在广播电视台演播大厅举行。启动仪式特邀浙江广电知名主持人以及省内知名音乐人、制作人，浙江卫视《我爱记歌词》超级领唱海峰到场助阵。开播仪式以春为主题，分春色、春思、春咏三个篇章举行诗歌朗诵。

【第二届白塔湖童声读书会】第二届白塔湖童声读书会系诸暨市全民阅读系列活动之一，由市委宣传部、市文明办、市文化广电新闻出版局、市旅游集团和市广播电视台主办，广播电视台和浙江白塔湖生态旅游开发有限公司承办。活动自 2018 年 3 月启动，全市 1000 多个家庭报名参加比赛。4 月

▲ 由市委宣传部、市文化广电新闻出版局、市文联、市广播电视台共同主办，FM98.2 诸暨人民广播电台承办的“惜春令——诸暨市首届‘诗·歌’会暨‘夜读的萤火虫’开播仪式”3 月 21 日举行，这是开播仪式现场（FM98.2 供图）

22 日下午，30 组家庭选手参加在白塔湖举行的最终决赛，广播、电视对活动作全程视频直播，当天视频点击量 3 万多人次。

【“千年文脉 诗意枫桥”诗歌朗诵会】11 月 1 日晚，在枫桥镇枫源村举办“千年文脉，诗意枫桥”朗诵会暨诗歌征文大赛颁奖典礼，共 800 多人参加。晚会在 FM98.2、诸暨电视台生活娱乐频道以及诸暨之声、视听诸暨、新蓝网全程直播，三个微信直播平台的视频点击量超 63 万人次，创造新的历史纪录。

【“浣东工匠 智绣未来——庆祝改革开放四十周年”朗诵会】由市委宣传部、浣东街道办事处、广播电视台主办，由 FM98.2 诸暨人民广播电台、诸暨市电脑刺绣机行业协会承办，8 月 28 日在越隆缝制设备公司绣花机车间举行，邀请街道干部群众、广电知名主持人、暨阳朗诵团成员、企业家和员工等 1000 多人参加，特邀浙江广电知名主持人飞扬、省朗诵协会理事夏天等出席。朗诵将浣东工匠的创业经历、人生感悟与经典佳作相结合，体现产业成就，传递浣东人的精气神。诸暨之声微信平台作视频直播。

【诸暨广电未来星学院成立】6 月 30 日，以培养诸暨有个性的小主持人和小记者、提升小学员的语言和口才能力为宗旨的诸暨广电未来星学院在电视演播大楼组建成立。2018 年，共招收学员 20 多名。未来星学院设小记者班和小主持人班，由广播电视台资深主持人和记者任教，并依托诸暨电视台《荷花朵朵》栏目，让小学员担任出镜主持人和记者外出采访。

【诸暨首届电视春节联欢晚会】2月10日晚，由中共诸暨市委宣传部、诸暨市广播电视台主办的“新时代·美生活——诸暨市2018春节联欢晚会”在诸暨电视台演播大厅录制。通过面向全市各界文艺爱好者征集、邀请各部门单位组织推荐等方式，最终歌伴舞《西施与诸暨》《诸暨，叫我如何不爱你》《爱满枫桥》及沙画《最美诸暨》、小品《我们的文化礼堂》等近20个具有诸暨特色又契合时代特征的本地优秀原创节目搬上诸暨春晚的舞台，2月14日在诸暨电视台新闻综合频道首播。

【首届“书香暨阳”图书展】4月28日，由市文化广电新闻出版局、市广播电视台主办的“书香暨阳”大型图书展在越美国际商贸城启动，历时5天。图书展占地1000平方米，展出图书2万多种10万册。书展期间开展公益捐书、作家签售、嘉宾助阵、书海寻宝等多项活动。

【广播电视作品创优】在全省2018年度广播电视对农节目服务工程建设考核中，广播和电视均获得对农节目服务工程建设考核优秀奖。全新改版的对农节目《田园人家》获广播对农栏目政府奖二等奖，对农节目《掉队的“富裕村”》获广播对农节目政府奖一等奖。电视对农节目《爱上直播的“包爸”》获得对农节目政府奖二等奖。

在2017年度浙江省广播电视政府奖评选中，《诸暨市广播电视台、上虞区广播电视台、新昌县广播电视台浙中乡村供给侧改革新闻体验直播季》获得一等奖，《治水倒逼我市珍珠产业转型升级》获得二等奖，《兄妹帮忙》《诸暨百万“蚌军”巢湖剿蓝藻》《品乡愁》《我和春天有个约会》等作品获得三等奖。　（傅伟江）

诸暨日报社

【概况】2018年，诸暨日报社着力在加快媒体融合、推动转型突破、从严规范管理上下功夫，新闻宣传、舆论引导、媒体融合、品牌提升和队伍建设等取得明显成效。全年在绍兴市级以上媒体刊发报道280篇，其中《浙江日报》头版单条11篇，《绍兴日报》头版单条39篇；获得2017年浙江新闻奖2件、浙江省第十七届摄影艺术展文献类金奖作品1件。2018发行《诸暨日报》4.85万份，营业收入走在全国县市报前列。全年纳税总额487万元。

截至2018年12月，诸暨日报社共有员工108人。设10个部门，分别为办公室、新闻部、政务部、技术部、出版部、财务部、策划部、好停车事业发展中心、发行部、物管部。报社现有媒体产品包括纸媒、网站、微信、客户端、短视频、户外媒体。诸暨最大的门户网站诸暨在线（诸暨日报社2016年收购控股，占51%股份）共有诸暨在线网站、掌上诸暨APP、诸暨在线微信公众号3款产品，注册用户约50万。诸暨在线共有员工35名，4个部室。

《诸暨日报》下设子报7张，网站3个，爱诸暨微信公众号用户数近30万。有3个APP（Application，意为计算机应用程序），其中浙江新闻客户端诸暨频道用户数63万，掌上诸暨APP用户数6万，好停车APP用户数超3万；在城区共设置户外阅报栏146个。

【重大主题报道】2018年，围绕市委、市政府的重大决策部署，相继开设“新时代 新征程”“聚焦高质量 谱写新篇章”“新时代 新作为 新篇章”“推动‘八八战略’再深化”“文明实践 美好暨阳”等一系列重大主题报道栏目，并开设多个子栏目，扭住创新、项目、改革这三大市委、市政府工作主旋律、主抓手，营造强大的舆论氛围。同时重点组织实施了“五星达标、3A争创”、交通秩序集中整治、“新时代文明实践”、数字经济典型报道等宣传策划，在诸暨日报全媒体唱响主旋律。1月18—22日，诸暨“两会”召开期间，《诸暨日报》运用纸媒、网站、APP、微信、微博，图文、视频、音频、H5［万维网的核心语言、标准通用标记语言下的一个应用超文本标记语言（HTML）的第五次重大修改］、图表等各种读者喜闻乐见的手段，全媒体报道的方式推出众多重磅报道，实现“报、网、端、微”等平台无缝对接融合，快速、准确、全面、深度且零差错地向诸暨市内外读者推送诸暨“两会”信息。截至2018年1月22日中午12点，《诸暨日报》全媒体矩阵推出的诸暨“两会”报道总点击量超150万。

【重要专题性报道】在改革开放40周年、毛泽东同志批示学习推广“枫桥经验”55周年暨习近平同志指示坚持发展“枫桥经验”15周年的重要时间点，诸暨日报社集结采编线精干力量，编辑出版两书一刊——《改革开放四十年大事记》《“枫桥经验”：乡村治理的诸暨范本》和《全面小康·诸暨答卷（中国和谐·诸暨实践）——毛泽东同志批示学习推广“枫桥经验”55周年暨习近平同志指示坚持发展“枫桥经验”15周年纪念特刊》，其中《“枫桥经验”：乡村治理的诸暨范本》由新华出版社于

11月11日公开出版。11月起,《诸暨日报》开设“坚持发展新时代‘枫桥经验’·见证者”栏目,通过对“枫桥经验”诞生和发展见证者的采访报道,向读者解读“枫桥经验”的精髓。

【全媒体一体化采编平台建设】推进全媒体一体化采编平台建设和全媒体融合策划机制建设,完善全媒体采编流程。9月10日制定《诸暨日报推进全媒体融合发展的实施意见》,10月1日出台《诸暨日报采编管理和出版(发布)安全规范(2018年修订版)》。加强对新媒体作品价值评判和考评激励,实现全媒体融合竞赛常态化。同时对相关机构和干部作出调整。采购新媒体直播设备,与专业视频拍摄制作公司合作,加大对外宣传力度。做精微信,做强网站和APP;进一步提升微信内容与用户的黏合度,打造有影响力的“今日签”;根据微信公众号个体优势加以引导发展;大力推广浙江新闻APP诸暨频道和掌上诸暨APP。2018年度,浙江新闻客户端诸暨频道(由诸暨日报社运营)创下阅读量10万+(阅读量是一个公众号运营的重要指标,阅读量高说明一个公众号粉丝多、粉丝活跃度高。县市级别的媒体公众号,微信基数小,能做到10万+代表具有一定的影响力)254条的新纪录,其中20万+47条,30万+10条。

【线上产品创新】5月1日,爱诸暨微信公众号正式推出“今日签”活动(“今日签”是诸暨日报社独立设计开发的一款以传播正能量为核心的轻娱乐型产品,更注重交互性和社交体验。它以正能量文字为内核,传递积极向上生活工作理念,迅速扩散至各年龄段阅读群体,并形成较好的商业效应。产品在内容策划、技术创新上都实现较大突破),引发公众参与热潮,半年点击量破220万。6月7日,诸暨本地第一档以“践行新时代网上枫桥经验”为主题的法制类节目《“1963法润”直播》在“掌上诸暨”APP开播,半年收看人数突破400万,央视新闻联播12月作了报道。《诸暨180秒》短视频(共拍摄7万多张照片,制作一个延时作品,带大家看到一个完全不一样的暨阳城)经诸暨日报爱诸暨微信推送后,阅读量超10万+。10月12日联合浙江日报浙视频团队走进山下湖镇直播开蚌取珍珠,浙江新闻、《人民日报》、央视新闻+、凤凰新闻、今日头条、斗鱼、北京时间、新浪、闪电新闻、东方头条等10多家平台同步直播,共吸引近120.5万名国内外网友在线观看。

【新媒体平台建设和产业拓展】加快建设好以掌上诸暨APP平台为主体的新媒体平台,做大做强诸暨在线网站,定制做好《诸暨人》《青鸟周刊》。2017年3月推出《城店口》,2018年1月推出《大唐》,着重报道镇乡经济社会发展中的工作特色和亮点。做强以阅报栏、LCD(Liquid Crystal Display的简称,即液晶显示器)及其他户外广告等为主体的第五媒体(新媒体是新的技术支撑体系下出现的媒体形态,如数字杂志、数字报纸、数字广播、手机短信、移动电视、网络博客、桌面视窗等。相对于报纸、杂志、广播、电视四大传统意义上的媒体,新媒体被形象地称为第五媒体);培育以文化礼堂为载体的文化服务品牌,并涉足文化包装产业。通过实施城区智能化停车收费项目参与智慧城市建设;开展青少年媒介素养教育培训,做强做大以小记者为核心的青少年教育培训产业;以政府购买服务的方式开展公共服务产业,运营好诸暨发布、诸暨文明网、浙江新闻APP诸暨频道和诸暨政务网。以移动端为切入口注入新闻资讯、公共服务和生活服务资源,将掌上诸暨打造成综合服务新媒体平台。

【新版多媒体《诸暨日报》上线】1月5日,多媒体《诸暨日报》全新改版上线,同时推出手机版、APP版《诸暨日报》,开启全新的阅读体验。

【智慧停车项目运行】3月28日,诸暨市智慧停车服务项目正式进入收费阶段。4月23日,诸暨好停车APP正式上线,好停车APP除了停车缴费功能外,还具备车位导航、车位数查询、新闻资讯、为您服务等便民服务功能。

【“1963法润”直播平台】6月7日,由宣传部牵头,联合公、检、法、司共同实施的“1963法润”网络直播平台投入试运行。7月19日,“1963法润”网络直播主播第一次走出直播间,来到全市首个新时代文明传习所——赵家镇综合文化站开展直播。

【诸暨首届城市印象展】11月30日,为期3天的“与杭同城·住在诸暨”诸暨首届城市印象展在诸暨城市广场开幕。该印象展由诸暨日报社主办,市房地产协会、市物业协会承办,设印象诸暨馆、精品人居馆和智慧家装馆等3个展馆。3天时间共有2万多人参展。

【所获集体和个人荣誉】2018年,诸暨日报社所获得的绍兴市级以上集体荣誉有:第五届中国县市区域报经营成功案例金奖、银奖(中国县市报研究会2018年11月2日颁发);2017年度绍兴市网上文化家园示范项目(中共绍兴市委宣传部2017年11月28日颁发);2017年度全国报刊广告“金推手”奖优秀专业工作室（中国广告协会报刊分会2018年1月颁发）；2017年度全国报刊广告“金推手”奖经典案例奖（中国广告协会报刊分会2018年1月颁发）。绍兴市级以上个人荣誉2018年，报社员工所获得的绍兴市级以上个人荣誉有：杨镔斌、斯丽萍获评第四届全国县市区域“百佳优秀报人”（中国县市报研究会2018年11月2日颁发）；杜萌颖获2017年度浙江省县市区域报人物奖“十佳经营管理人员”（浙江省记协县市区域报工作委员会2018年4月颁发）；陈柏炬获评2018年绍兴市“最美新闻工作者”（绍兴市委宣传部2018年11月颁发）、2017年度浙报集团爱心人物（中共浙报集团委员会2018年1月23日颁发）；蔡东森获评2017年度浙报集团优秀人物（中共浙报集团委员会2018年1月23日颁发）；吕岚获评2018年度浙报先锋（中共浙报集团委员会2018年6月26日颁发）。

【获奖新闻作品】2018年度，诸暨日报社获奖新闻作品详见下表：

诸暨日报社获奖新闻作品一览

表28

2017年度浙江新闻奖（浙江省新闻工作者协会2018年6月颁发）		
三等奖2件	一张身份证搞定209项涉民事项 诸暨全省率先实现“一证通办一生事”	吕 岚
	无现金之城（组）	郭 斌 石坚钢
浙江省第十七届摄影艺术展记录文献类金奖1件（浙江省摄影家协会2018年5月颁发）		
金奖1件	“枫桥经验”中的人和事	郭 斌
优秀作品奖2件	56岁“海爸”直播剖蚌成网红	郭 斌
	编写家庭档案志见证改革开放40周年	杨迪尔
2017年全省数字出版网络视听新媒体创新大赛（浙江省新闻出版广电局2018年1月颁发）		
三等奖1件	H5/诸暨27位镇街一把 手齐刷刷用一种方式献礼“七一”	诸暨日报社
2017年度中国县市区域新闻奖（中国县市报研究会2018年7月颁发）		
一等奖6件	诸暨全省率先实现“一证通办一生事”	吕 岚
	百塘村 百塘清	石坚钢 翁均飞 刁卓璐
	红色成人礼	蒋力奔
	最心痛的成全	王 玮 倪夏子 陈柏炬 费晓笑
	诸暨市镇街部门大赶考	集 体
	数字化展厅	集 体
二等奖12件	诸暨机器人当上全国两会报道主持人	刁卓璐
	一位枫桥群众就是一个平安细胞 黄鳝血涂脸的碰瓷团伙撞进天罗地网	费晓笑
	诸暨万亩V类水体退养珍珠	翁均飞 陈泽燕
	大巴车上的“特殊赶考”	杨 彬

	习总书记话里的诸暨情思引热议	徐晨晨
	儿童节，她的心愿是给爸爸买双鞋	应柳漪
	枫谷线上的过往行人，为你们点个赞	倪夏子
	你看你看，那么多人都在做同一件事 一声号令，一场全民治水战	俞咪娜
	剿灭V类水，老外也行动	周升蓉
	我和你	王杨刚
	诸暨时评	集　体
	诸暨27位镇街一把手齐刷刷用一种方式献礼“七一”	集　体
三等奖11件	诸暨用方言歌唱响“九严禁”“十不准”	陈柏炬
	住房保障政策覆盖到乡村	钟勤奋　徐露霞
	全市村村绘制防汛防台攻略	马青华 唐祥
	最多跑一次，政府这样跑	赵仙芳
	“留住乡愁”系列	何珠华
	马剑万人过小年	郭　斌
	清水养殖 护水又增效	杨迪尔　骆介平
	爸妈专用停车位	骆少华
	无现金之城	冯斌 何超珂
	最多跑一次，跑出诸暨新速度	斯丽萍　陈建豪 宣栋瀚　陈少杰
浙江省县市区域报新闻奖（浙江省记协县市区域报工作委员会2018年5月颁发）		
一等奖3件	全市村村绘制防汛防台攻略 一张图标注哪里危险何时撤离往哪儿跑	马青华　唐　祥
	一张身份证搞定209项涉民事项 诸暨全省率先实现“一证通办一生事”	吕　岚
	“诸暨大赶考”专题	集　体
二等奖8件	既要珠光宝气也要碧水青波 诸暨万亩V类水体退养珍珠	翁均飞　陈泽燕
	生命的意义	陈柏炬
	“一季度诸暨怎么样？凭什么？”系列报道	王益均　何超珂 马青华　吕　岚
	最心痛的成全	王　玮　倪夏子 陈柏炬　费晓笑
	诸暨27位镇街一把手齐刷刷用一种方式献礼“七一”	集　体
	无现金之城	冯　斌　何超珂
	我和你	王杨刚
	数字化展厅项目	集　体
三等奖1件	一位枫桥群众就是一个平安细胞 黄鳝血涂脸的碰瓷团伙撞进天罗地网	费晓笑

图书

【概况】2018年，诸暨市图书馆图书总藏量达80万册，总服务人次110.5万人次，图书流通50.2万册次，共办理借阅证3.2万本。2月和4月，市图书馆先后成立暨阳朗诵团和暨阳阅读联盟，11月赴杭举行“美丽西施，走进杭州”朗读晚会。在世界读书日（4月23日）期间，举办诸暨籍作家海飞签售、“图书馆之夜”、浙江省公共图书馆第二届阅读马拉松挑战赛等全民阅读系列活动。推出“暨阳讲坛”大型讲座4期、大型图书片展10场、“你选书我买单”活动2场、“非物质文化遗产进校园”活动2场、“跟着故事游诸暨”活动2场，牵头举办新时代文明实践、文化惠民活动近50场。市图书馆还大力拓展阅读阵地，完成樊登书店、越书房、心旅书苑、西施大剧院、暨阳小学等8个浣江书房建设；完成耀江开元名都大酒店、同方豪生大酒店、乐聚力、城新小学等6家浣江书吧建设；完成大型商贸综合体、社区服务中心等公共场所漂流书亭的布置；完成璜山镇、安华镇等9个镇乡（街道）图书分馆的建设。至2018年底，建成开放的“浣江书房”吸引读者7万多人次，图书借阅量近1万册次，“15分钟公共阅读服务圈”逐步形成。

【地方文献征集和发掘利用】2018年，征集地方文献342种590册，其中家谱19种151册，报纸期刊32种。依托诸暨市宗谱研究会、诸暨市浣纱读书会等社会团体，建立较为广泛的地方文献联系网络，扩大社会影响，加大征集力度；同时积极做好古籍地方文献发掘利用工作，出版高湖系列丛书《萝村诗选》《嘉树楼诗抄》《杨维桢志》，主办发行了《诸暨谱牒文化》《越读》等期刊，2018年在全国发行《诸暨谱牒文化》2期，发行量为3000本，发行《越读》4期，发行量为3200本。

【图书捐赠】《赤道上的动物天堂》 3月22日，在浙江省美术馆举行的“赤道上的动物天堂——姚汉军摄影作品展”开展仪式上，姚汉军向诸暨市图书馆赠送了新作《赤道上的动物天堂》一书。此次摄影展展出的是2011年至2016年期间，姚汉军对肯尼亚野生动物生活形态的摄影创作成果。姚汉军，诸暨人，系中国摄影家协会会员，浙江省摄影家协会理事，浙江省企业家摄影协会副会长。

古籍地方文献《麻疹阐注》 3月，浙江省收藏家协会会员王海洋向市图书馆捐赠古籍文献《麻疹阐注》一卷。《麻疹阐注》为清道光二十八年（1848）刻本，其编著者是唐代孝子张万和的后裔张廉。张廉，字通源，清道光四年（1824年）贡生，是诸暨历史上颇有建树的医学家、史学家和理论家。张廉为照顾生病的父亲查遍医治的良方，最后竟成良医，编撰了流传后世的《麻疹阐注》。除此之外，张廉还著有《士习论》《季汉书辨疑》《春秋论》《列传史论辑》诸暨市唯一一部传世的氏族志《孝感里志》等。

《枫桥江水利志》 3月，水利局赠送所编的地方性水利专著《枫桥江水利志》给市图书馆。《枫桥江水利志》志首设概述、枫桥江流域水利大事记，正文共4篇17章，分别为：第一篇自然概况，下设地质地貌、水系、水文、水资源、湖畈、水旱灾害6章；第二篇治理与开发，下设河道整治、除涝工程、蓄水灌溉工程、小水电、水土保持5章；第三篇管理，下设工程管理、防汛抗旱、事故纠纷、水库移民4章；第四篇人文，下设治水人物、文存2章。该志书2017年2月由中国文史出版社正式出版发行。

周氏家谱25套 10月，浬浦镇的周益民代表暨阳花亭周氏续谱委员会，向市图书馆捐赠了25套近百册周氏家谱，其中24套是暨阳花亭周氏的支谱，余下一套则是暨阳花亭周氏的总谱。这些家谱包括了浬浦镇大兼溪村、东白湖镇苍坞口村、东和乡尚典村、浣东街道火烧吴村、陶朱街道五龙山前村等24个村，内容涵盖经济、文化、风俗等多个方面。

寿晓松将军向市图书馆捐赠书籍 10月，诸暨籍将军寿晓松向市图书馆捐赠了19箱书籍，主要为军事方面的著作和参考资料，是寿晓松将军工作多年的藏书积累。寿晓松，同山镇丽坞底村人，长期在中国人民解放军军事科学院从事学术研究和科研管理工作，历任中国人民解放军军事科学院战争理论和战略研究部副部长、部长，同时也是中国“孙子兵法”研究会常务副会长，领少将军衔。其父为原西北工业大学校长兼党委书记、中国航空运动协会主席寿松涛（1928年6月至1929年5月任中共诸暨县委书记）。

【暨阳朗诵团和暨阳阅读联盟成立】2月和4月，市文广局牵头先后成立暨阳朗诵团和暨阳阅读联盟。暨阳朗诵团第一期共招募团员30名；阅读联盟包括诸暨浣纱读书会、诸暨越溪读书会、诸暨宗谱研究会、越书房读书会、樊登读书会、浙江农林大学暨阳学院文学社等6家阅读社团，会员总数超2000人。两个组织全年开展各类阅读推广活动30余场次。

【市图书馆为“两会”提供信息服务】1月18—19日诸暨市“两会”召开期间，在“两会”代表与委员下榻的酒店大厅，市图书馆设立现场信息服务点，组成“两会”信息服务小组，为两会代表和委员免费提供图、文、视、听等全方位数字信息化服务。服务现场的电子书借阅机总共包含3000册图书，扫一扫即可免费阅读，以满足两会代表和委员随时随地获取信息的需求。

【《浙江省公共文化保障服务条例》主题展】3月6—31日，市图书馆在一楼展厅举办《浙江省公共文化保障服务条例》图片宣传展览，本次展览由浙江图书馆、诸暨市图书馆承办。《浙江省公共文化服务保障条例》于2018年3月1日起正式施行。

【“浣江书房”形象标识完成征集】1月，市图书馆面向社会公开征集“浣江书房”形象标识LOGO设计，共征集到作品220件。3月，“浣江书房”形象标识LOGO征集评选结果出炉，经专家评审会评选，评出一等奖1名，二等奖2名，三等奖3名。获得一等奖的作品将正式成为诸暨市建成的全部“浣江书房”的形象标识。

【浙江省“最美阅读空间”摄影大赛优秀作品展】由浙江省图书馆学会、诸暨市图书馆联合主办的“最美阅读空间”摄影大赛优秀作品展4月10日至5月10日在市图书馆一楼展厅展出，共展出“最美阅读空间”摄影大赛一等奖作品3幅，二等奖作品5幅，三等奖作品8幅，优秀奖作品24幅，为全省400余幅参赛作品中经专家评选胜出的作品。

【全民阅读系列活动】“4·23”世界读书日期间，市文广局组织开展2018全民读书活动启动暨浣江书房揭牌仪式、诸暨人书展、图书馆之夜、阅读马拉松、“暨阳讲坛”系列讲座等一系列全民阅读活动。同时联合举办白塔湖童声读书会、满庭芳——暨阳阅读联盟读者雅聚、非遗进校园、跟着故事游诸暨等活动。

【诸暨人书展】4月22日至4月30日，在第23个“世界读书日”来临之际，为进一步营造“书香之城”的浓厚氛围，诸暨市文化广电新闻出版局在浣江书房·西施大剧院馆举办诸暨人书展，主要展出由诸暨人创作并公开出版的图书、描述及介绍诸暨的图书、诸暨图书馆部分馆藏书籍等三大类共151位作者的270册图书。其间，中国作协会员、国家一级作家、诸暨人陈海飞在现场为他的小说《惊蛰》签名售书。《惊蛰》是2016年国内热播电视连续剧《麻雀》同名小说的姊妹篇，发表于《人民文学》2017年第1期，并入围由国家新闻出版广电总局全民阅读活动组织协调办公室主办、中央部分主要媒体和网站参与的2017年度“大众喜爱的50种图书”。

▲4月22—30日，诸暨人书展在浣江书房·西施大剧院馆举行　（徐可良　摄）

【公共图书馆第二届阅读马拉松挑战赛】4月22日，市图书馆组织开展浙江省公共图书馆第二届阅读马拉松挑战赛，选手们在6个小时内，阅读完浙江大学出版社出版的、（英）理查德·萨斯坎德、丹尼尔·萨斯坎德著、李莉译的《人工智能》一书，并在手机上回答问题。50位选手参加比赛，何雅飞等6名选手分别获得诸暨赛区一、二、三等奖。“阅读马拉松”旨在通过一个具有仪式感的方式，号召人们克服碎片化阅读方式，养成良好的阅读习惯，重拾静心享受阅读的快乐。

【《邮递笑脸》获绍兴市未成年人课本剧大赛二等奖】5月5日，由市图书馆选送的课本剧《邮递笑脸》获得2018年绍兴市未成年人课本剧大赛小学组二等奖。《邮递笑脸》讲述的是6位乡村留守儿童给在外务工的父母写信的故事，寄托对他们对远在外地打工父母满满的思念以及对父母陪伴的渴望。

【市图书馆再次被评定为国家一级图书馆】5月15日，文化和旅游部公布第六次全国县级以上公共图书馆评估定级上等级馆名单，市图书馆继2013年第五次评估定级后，再次被评为国家一级图书馆。全国县级以上公共图书馆评估定级每四年一次，第六次全国县级以上公共图书馆评估工作于

2017年开始，主要围绕服务效能、业务建设、保障条件等方面进行评估，采取线上数据审核、实地评估和第三方测评相结合的方式进行。本次评估全国一级图书馆共953个，其中浙江省81个。

【光明书香节】6月4日，由绍兴市委宣传部、绍兴市教育局、绍兴市文广新局联合主办的“光明书香节”诸暨启动仪式在市万达广场举行。“光明书香节”包含名家讲座、公益图书巡展、共建书香校园等一系列活动，其中，光明日报社免费向诸暨市中小学、文化礼堂赠送图书5万余册，并在五泄镇十四都村文化礼堂、浣纱小学、庆同小学等地设立开放式的“光明书吧”，营造全民读书、读好书的氛围。

【市图书馆申报“中华优秀传统文化实践基地”接受实地评估】8月31日，由国家古籍保护中心孙婼、南京图书馆副馆长全勤、大连图书馆馆长辛欣组成的国家古籍保护中心专家组，对诸暨市图书馆申报“中华优秀传统文化实践基地”进行实地评估。此次“中华优秀传统文化实践基地”由绍兴图书馆、绍兴鲁迅纪念馆、绍兴博物馆、绍兴市第一中学、上虞区图书馆、诸暨市图书馆、嵊州市图书馆7家单位联合共同申报。

【诸暨首家少儿图书馆——“浣江书房”暨阳小学馆建成】10月22日，由市图书馆创建的诸暨首家少儿图书馆——“浣江书房”暨阳小学馆正式落成并对外开放，至此，全市“浣江书房”建成开放达5家。暨阳小学馆面积220平方米，一次可容纳近百名小朋友同时阅读，陈列图书近1万册。馆内采用信息化、电子化管理手段，所有图书由市图书馆定期调配，并与总馆以及几个“浣江书房”分馆实行通借通还，凡持有身份证或读者卡的家长和孩子，都可以在这里实现免费阅读、自助办证、借还图书、电子阅览等自助化服务。

【市图书馆“诸暨乡情”特色空间推广获评浙江省二等奖、全国三等奖】9月，由浙江省图书馆学会主办的“2018年浙江省发现图书馆阅读推广特色人文空间”评选活动结果揭晓，诸暨市图书馆获二等奖。此次活动中，诸暨市图书馆以“诸暨乡情”作为空间名称，通过采访征集、开展阅读推广、举办展览、建设数据库、扩大舆论宣传等形式，在地方文献征集、挖掘开发地方文化、推广地方人文情怀等方面开展卓有成效的工作，旨在通过这种特色空间的打造来吸引更多的市民关注、挖掘地方文化，更深层次地推动和促进全民阅读机制，共建“书香暨阳”。

11月，由中国图书馆学会阅读推广委员会主办，藏书与阅读推广专业委员会承办的“2018年‘发现图书馆阅读推广特色人文空间’”评选活动结果揭晓，诸暨市图书馆申报的 “诸暨乡情”获该活动三等奖。中国图书馆学会阅读推广委员会在107个申报案例中，通过组织专家评审，评选出一等奖9个，二等奖15个，三等奖19个。

【《古往今来说西施》一书登上2018年度浙版好书榜】11月2日，第四届浙江全民阅读节暨2018宁波书展·宁波读书节正式启幕。诸暨乡贤陈侃章新作《古往今来说西施》一书成为2018年度浙版好书榜上榜图书。该书2017年11月由浙江古籍出版社出版，全书收录历史图片50多幅，共计6卷、20万字。

【“美丽西施 走进杭州”朗读晚会】11月30日，“美丽西施 走进杭州”朗读晚会在浙江省文化馆剧场举行。朗读晚会由浙江省文化馆、诸暨市人民政府联合主办，中共诸暨市委宣传部、诸暨市文化广电新闻出版局、杭州市诸暨商会共同承办，浙江省

▲10月22日，由市图书馆创建的诸暨首家少儿图书馆——“浣江书房”暨阳小学馆正式落成并对外开放

（徐可良 摄）

▲11月30日，“美丽西施 走进杭州”朗读晚会在杭州举行

（徐可良 摄）

朗诵协会协办，诸暨市图书馆、诸暨市文化馆执行承办。晚会由《欲把西湖比西子》《浣纱石上窥明月》《美人如玉剑如虹》三个篇章组成，邀请全国著名的朗诵艺术家、表演艺术家、省内知名主播、从杭州到诸暨来投资的企业家、在杭州“诸暨岛”创业发展的商界代表等共同参与，朗读具有诸暨特色的故事、诗歌等。

【市新华书店小连锁店布谷书店正式开业】 11月17日，由市委宣传部、市社科联主办，加盟市新华书店小连锁店的“社科之家”书店正式在滨江南路19号落成开放，面积达220平方米。这是一家集合有三个功能的综合书店：一是图书分馆——社科之家馆，为“浣江书房”的社科特色馆，为读者提供最前沿的社科类书籍；二是引进一家新华书店连锁店——布谷分店，新书实时更新，为读者创造一个有品位的阅读空间；三是建设一个地方人文社科资料中心，收藏诸暨各单位、个人出版的各类资料，既能展示诸暨地方文化，也为社科研究者爱好者提供免费查阅资料的场所。

【“图书馆就在您身边”获评绍兴市十佳“最佳服务举措”】 12月，绍兴市2018年度“三个最佳”（指最佳服务举措、最佳制度创新、最佳项目推进）争创活动获奖名单公布，诸暨市文广局2018年创新推出的书香暨阳“图书馆就在您身边”服务举措获绍兴市十大“最佳服务举措”。绍兴各区、县（市）机关事业单位和市直部门（单位）共上报282个参评项目，经专家会审、公众评选和综合评定，评选出“最佳服务举措”“最佳制度创新”“最佳项目推进”各10个，优秀奖10个。

（徐可良 石 飞）

影视

【概况】 2018年，全市有电影放映单位18家，其中民营电影院（城）17家。诸暨市影业有限公司为国有电影放映单位，至2018年底，共有干部职工28人，电影放映队10支，有26名电影放映员，拥有数字放映机器30套。公司所属苎萝影城全年放映电影5500场，组织观众2.7万人次，票房收入73万元；公司放映队在全市468个行政村和社区、企业、学校、养老院、机关企事业单位进行数字电影公益放映，全年完成农村电影放映7296场，向社区、敬老院、武警、消防大队、市特殊学校免费送电影200场，放映学生电影604场，观众总人数92万人次。此外，为配合市委、市政府中心工作，放映“全国文明城市”“枫桥经验”“平安诸暨”“垃圾分类”等专项活动宣传片200场次，观众3万余人次。市文广新闻出版局完成浣东街道盛兆坞二村、陶朱街道白门下村、璜山镇溪北村、牌头镇靖江村、草塔镇上余村、枫桥镇杜黄桥村、江藻镇吴墅村、山下湖镇老政府、阮市镇金玲村、王家井镇霞中村等10个农村室内放映点建设（利用村级文化礼堂）。截至2018年底，农村室内放映点共计17个。

【浙江三地市农村数字电影放映员业务培训】 1月，由市文化广电新闻出版局主办，中国电影发行放映协会农村院线分会、中国电影器材有限公司协办的农村数字电影管理与放映员培训班在东白湖休闲度假中心结束，来自绍兴、丽水、舟山三地市的180多位放映员参加培训。此次培训班改变以往院线订什么节目放映员就放什么电影的状况，增加了向一线放映员推荐介绍新片节目内容。培训班邀请中国电影发行放映协会、中国电影器材有限公司老师作现场指导，各大设备厂家工程技术人员授课。

【全部在诸暨取景拍摄的《复仇诡影》上线】 1月13日，由浙江栢辰影业有限公司出品、全程在诸暨取景拍摄的电影《复仇诡影》在爱奇艺上线公映，首映当天创下100多万会员观看流量。影片以现代都市为背景，讲述了一件因车祸牵扯出的案件。该片总制片人杨建永是五泄镇人，系浙江青木影视有限公司、浙江栢辰影业有限公司、杭州栢辰文化创意有限公司、浙江诸暨青木影业有限公司董事长及创始人，他出品的多部影视作品都曾在诸暨取景。

【诸暨籍演员周杰担纲男主角的电影《落绕》在全国公映】 2月30日，由诸暨籍演员周杰（浣东街道双桥村琅山自然村人）担纲男主角的电影《落绕》在全国公映。“绕”在苗语中是“寨子”的意思。《落绕》讲述的是一个外来时尚青年韩智因玩滑翔伞，无意间坠入中国长角苗族聚居的一个海拔2000多米的山顶“绕”里，被女主角美珠（王艺瞳饰演）所救后，引发的一系列感情纠葛。影片关注的是一个独特的族群——中国长角苗，这个世界上仅存5000人的族群，一直生活在贵州六盘水市六枝特区梭戛乡的寨子里，20世纪90年代才被世人发现。他们少与外界接触，过着男耕女织、自给自足的生活，至今还保持着不和外族通婚的习俗。《落绕》就是以这个习俗为切入点，向观众解读长角苗独特的民族故事，从而呼吁世界保护传统的民族文化。

【诸暨姐妹花亮相央视《非常6+1》】3月29日，诸暨市新世纪小学四（4）班的双胞胎姐妹邵薏睿、邵薏洁，应中央电视台3套《非常6+1》栏目组之邀，参加《非常6+1》栏目组《小不点大能耐》栏目的节目录制，现场展示了二胡合奏《赛马》等才艺。邵薏睿、邵薏洁曾在2015年丽水国际二胡邀请赛上获得银牌、铜牌，在由浙江日报社主办的才艺比赛中获得二等奖。在中央电视《非常6+1》栏目来诸暨海选比赛时，姐妹俩战胜了100多位参赛选手，被中央电视台的导演相中。《小不点大能耐》于4月上旬在中央电视台3套播放。

【电影《厉害了，我的国》送基层】2018年是毛泽东同志批示学习推广"枫桥经验"55周年暨习近平同志指示坚持发展"枫桥经验"15周年，为配合做好全市开展新时代"枫桥经验"宣传活动，诸暨市影业有限公司自4月1日开始，在纪念毛泽东同志批示"枫桥经验"55周年期间，免费为各单位、文化礼堂、学校、康乐中心等放映《厉害了，我的国》。放映期间，放映人员加入"枫桥经验"宣传小短片，让更多群众了解"枫桥经验"的发展创新、本质内涵、价值意义。店口镇政府、市文广局各下属单位等作为周一学习或党日主题活动内容组织观看了《厉害了，我的国》。活动至年底结束。

【国庆70周年重点献礼剧《人民总理周恩来》在诸暨开机】5月6日，重大革命历史题材长篇巨制《人民总理周恩来》在长城影视城正式开机。该剧由长城影视集团、富润控股集团、上峰控股集团联合出品，列入国家广电总局2018—2022年百部重点电视剧和中宣部2019年共和国成立70周年大庆重点献礼剧，也是浙江省委宣传部、浙江省广电局的重点献礼片。《人民总理周恩来》讲述的是周恩来在担任总理的26年中，日理万机，殚精竭虑，心系经济、外交、国防、统战、科技、文化、教育等多领域发展的故事。该剧由国内知名实力导演康宁执导，王彪、赵锐勇编剧，著名演员刘劲、唐国强、黄薇、秦海璐等主演。全剧约35集，全程在诸暨取景拍摄，拍摄期将持续3个月左右。王彪与诸暨籍作家赵锐勇曾联合编写过《五星红旗迎风飘扬》《东方红》《旗袍》等多部剧本。

【电影《西小河的夏天》展示千柱屋之美】5月25日，《西小河的夏天》在全国上映。这部在诸暨千柱屋拍的电影曾获釜山国际电影节大奖，是绍兴籍青年导演周全执导的长片处女作，取景地在东白湖镇千柱屋。该片于2017年10月在第22届国际釜山电影节上获得大奖。《西小河的夏天》讲述的是1998年世界杯之际，发生在绍兴老台门三代人之间的故事。影片将人带回到1998年夏天的绍兴，那一年正是中央电视台首次转播世界杯足球赛，而透过球的串联，周全导演也将家乡绍兴的传统建筑和人文积淀介绍给世界观众。全国重点文物保护单位千柱屋（又名斯盛居）作为江南古民居的代表，位于东白湖镇斯宅村螽斯畈自然村。在《西小河的夏天》一片中，古台门承载着很多温情，随着这部电影的上映，千柱屋之美被更多的人所了解。

【公益微电影《爸爸，想您回家》在枫桥首映】5月26日，一部关注留守儿童的公益微电影《爸爸！想您回家》在枫桥镇蓝天国际电影城举行首映式。该片根据诸暨市心理卫生协会提供的真实故事改编，讲述文超的爸爸远行千里，一边打工，一边寻找离家出走的妻子；文超和文芳留守在家，既要完成学业，又要照顾重病的奶奶，由此造成文超偏激的性格，在心理咨询师的辅导下才得以改变。最后，回家的爸爸和苏老师获得爱情，一家人重新过上幸福生活。该片由浙江峻峰影视传媒摄制，外景都在枫桥等地拍摄，剧中人物均由诸暨本地业余演员扮演。影片还在优酷网上线。

【荷花小学"'金眸子'微电影校园博物馆"开馆】6月1日，荷花小学举行第三届微电影节闭幕式。活动中，该校的"'金眸子'微电影校园博物馆"宣布正式开馆。该微电影校园博物馆占地400平方米。圆形的大门设计犹如一个相机快门镜头，内设微电影虚拟场景拍摄点、戏剧馆、道具制作室、学生微电影作品陈列室、观影室等。"金眸子"博物馆的建立源于学校重点课程开发——微电影：用镜头看世界。自2013年起，该校开始关注微电影，认为微电影对学生的"艺术性、形象性、审美性和思想性"等学生综合素质培养有着重要意义。每学期初，学校会制定课程计划，不管是在一、二年级中开设的电影欣赏课，还是三、四年级的戏剧表演课，都是为了让孩子们能够在快乐的氛围中进行学习。学校先后建设了"纸上剧场""微电影剧本创作""微电影视频制作"等课程以及"微电影节颁奖典礼"系列活动，逐渐将学校打造成一个能发挥学生潜能、发展学生个性、展现学生自身价值、使学校共性与个性共同发展的多元智能校园。

【央视《城市1对1》栏目走进诸暨】7月，

央视《城市1对1》栏目组来到西施故里，对诸暨的“美景、美食、文化”进行全方位的拍摄。通过西施故里旅游区、五泄风景区以及西施团圆饼、次坞打面、徐家坞糖秧等美景、美食，展示诸暨深厚的文化底蕴、丰富的人文古迹、独具地方特色的民俗风情。《城市1对1》是全球唯一一档固定的境内外城市交流访谈节目，和诸暨进行对接交流的城市是英国考文垂。该节目于10月14日18:39通过中央电视台中文国际频道面向全球播出。

【首部非遗题材动画片西路乱弹《双阳公主追狄青》在浣纱小学首映】10月19日，诸暨市国家级传统戏剧类非遗项目西路乱弹动画片《双阳公主追狄青》在浣纱小学举行首映仪式。该片是浙江省文化厅从浙江好腔调系列56个地方剧种中选择的15个制作动画片的非遗剧种之一，由专门组织的创作团联手诸暨市非遗中心精心拍摄制作，片子全长20分钟，不仅在全省中小学播放，还录入浙江省图书馆影像资料数据库。（徐可良 石 飞）

著作书目提要

【《定名与相知：博物馆参观记》】文物研究文集，扬之水（赵丽雅）著。全书共11个篇章，展示了70余个博物馆400余幅器物照片。名物范围极广，既有文房用具，也有金银首饰；既有花结绶带，也有家居用器；既有香品节物，也有书画拓片……从定名到相知，一步步引领读者走进各馆文物的“繁华”世界，让物的美、时间的印迹、历史的片段、生活的诗意，展现在读者眼前。全书200千字，开本635mm×965mm，1/16精装本，广西师范大学出版社2018年1月第一版，定价132元。

【《赤道上的动物天堂：阿非利加州》】摄影集，姚汉军著。该书选取了35种最具代表性的非洲动物的300幅摄影作品，从多种角度展现了它们的生与死、动与静、孤单与群落、野性与柔美，将读者的视野延伸到了广袤无垠的非洲大陆。全书285千字，开本270mm×350mm，1/8精装本，中国民族摄影艺术出版社2018年1月第一版，定价680元。

【《兰馨竹韵》】散文集，陈章寿著。全书辑录了104篇文章，汇集了作者多年的所见所闻，所思所感，有对家人、同学、朋友的回忆，有对工作、生活的见解，以及一些游记和杂文。全书380千字，开本710mm×1000mm，1/16平装本，中国文联出版社2018年4月第一版，定价58元。

【《越红工夫茶》】文集，杨思班、陈元良编著。书中，越红工夫茶发展历程的见证者或参与者以生动淳朴的语言，讲述了诸暨红茶的发展历程、越红工夫茶诞生的时代背景、发展过程中取得的辉煌成绩和遭遇的惨痛教训，以及越红工夫茶在市场上的复兴过程。全书205千字，开本889mm×1194mm，1/16平装本，浙江工商大学出版社2018年4月第一版，定价49.8元。

【《走读神州》】摄影集，斯培光撰文/摄影。书中选取了400余幅祖国大地的照片，涉及全国数百个景点，作者在游览祖国大好河山的同时，记录旅行当中的美好回忆，与读者发现和分享祖国之美。开本787mm×1092mm，1/16精装本，浙江摄影出版社2018年12月第一版，定价168元。

【《琴鹤遗恨：陈协与岳飞的故事》】诸暨市店口镇乡贤文化研究会主编，长篇历史小说，陈慧著。该书根据南宋初年的史料演绎而成的，描述爱国士大夫陈协与抗金将领岳飞因“誓不与敌俱存，终身不主和议”的共同志向走到一起，在对敌和对投降派的斗中建立起情同手足的友谊，最终一个被迫害而死，一个被贬斥退隐。全书240千字，开本880mm×1230mm，1/32平装本，浙江古籍出版社2018年8月第一版，定价38元。

【《人生履痕》（第四集）】散文集，汤碧峰著。作者以回忆性散文形式，记录了自己柴米油的盐退休生活、孙子的成长过程，周边发生的人和事，以及对那些离去同事、亲友的怀念。全书1500千字，开本880mm×1230mm，1/32平装本，团结出版社2018年5月第一版，定价298元（全9册）。

【《惊蛰如此美好》】散文集，海飞著。全书分为2个部分，第一部分描述作者作为一个小说家眼中的生活碎片，或温情或冷静，或虚幻或现实，都相互依存，各有美好；第二部分描述作者作为编剧眼里的剧本、剧组、影视，以及对剧里剧外人生的认知、人性的观察。全书150千字，开本787mm×1092mm，1/32精装本，广西师范大学出版社2018年12月第一版，定价58元。

【《大唐神韵：世界袜都大唐建镇三十周年纪念文集》】汇编集，钱汉东主编。全书分为大唐调研、大唐采风、大唐传真三部分。“大唐调研”主题是上海社会科学院课题组发布的报告，其中有对袜子发展历史的阐述，对大唐经验的总结，以及对大唐未来发展的指导意见；“大唐采风”展示的是当地作家文人实地采风的成果，对当地的历史文化、民间传说等进行了梳理；“大唐传真”是近年来刊登在各大媒体上关于大唐的文章，真实记录了大唐前进的坚实步履。开本787mm×1092mm，1/16精装本，上海书店出版社2018年11月第一版，定价78元。

【**《大道来风：余任天艺术论》**】艺术评论集，陈汉波著。全书通过对已故著名画家余任天先生人格品性与诗书画印艺术底蕴的整体认知，从而发现挖掘其成就的契机、成功背后的文化动因以及现实启示。开本787mm×1092mm，1/16精平装本，中国美术学院出版社2018年11月第一版，定价80元。

【**《不羁鸟文集》**】作品综合集，赵祖光著。该书辑录了作者多年来创作的作品，包括散文、小说、博客文章和多年从医经验的中医文章。全书220千字，开本710mm×1000mm，1/16平装本，浙江人民出版社2018年12月第一版，定价68元。

【**《蒋智由传》**】诸暨乡贤文化系列丛书，人物传记，施方著。该书从多个角度介绍了民国时期诸暨著名人物蒋智由先生的生平。全书分为八章，着重描述了蒋智由先生曲折的求学之路、追求自由平等的思想波动、立志改变中国社会的革命之路以及他丰硕的文学成果。全书92千字，开本889mm×1194mm，1/32平装本，浙江工商大学出版社2018年7月第一版，定价30元。

【**《何燮侯传》**】诸暨乡贤文化系列丛书，人物传记，冯丽佳著。全书共分为11章，着重描述了何燮侯先生曲折求学、推动中国新式教育发展、信仰马列参加抗日等方面的过往。全书79千字，开本889mm×1194mm，1/32平装本，浙江工商大学出版社2018年6月第一版，定价30元。

【**《藏绿周氏志》**】家族史料，周增辉编。主要记述了诸暨市五泄镇十四都村藏绿周氏宗族的历史与现状。全书共分为20个篇章，着重记述了藏绿周氏的历史起源与发展、宗祠房派、历代英贤楷模、宗族文化、特色风俗等方面内容。全书350千字，开本710mm×1000mm，1/16精装本，浙江古籍出版社2018年11月第一版，定价500元。

【**《艺术先锋：具有收藏潜力的书画名家.倪阳兴作品选·倪阳兴画梅花》**】中国画，倪阳兴著。全书选取了52幅诸暨籍画家倪阳兴先生的梅花图作品，展现了梅花顽强不屈的精神品格，也记录了画者自己的成长历程，印张3，成品尺寸210mm×285mm，平装本，四川美术出版社2018年6月第一版，定价240元（共8册）。

【**《艺术先锋：具有收藏潜力的书画名家·倪阳兴作品选·倪阳兴画柿集》**】中国画，倪阳兴著。全书选取了47幅诸暨籍画家倪阳兴先生的柿子图作品，展现了秋季的丰收喜悦之情，印张3，成品尺寸210mm×285mm，平装本，四川美术出版社2018年6月第一版，定价240元（共8册）。

【**《店口历代家训家规汇编》**】汇编集，诸暨市店口镇乡贤文化研究会主编丛书，家庭道德史料，郦校忠、陈大年、陈荒主编。收录了诸暨市店口地区27个村姓氏的家训家规内容，旨在劝勉、警示、教化后人，传承优秀传统道德文化。全书120千字，开本880mm×1230mm，1/32平装本，浙江古籍出版社2018年11月第一版，定价50元。

【**《允都名教录（点校本）》**】艺文志，（清）冯至著，诸暨市史志办公室、诸暨市店口镇乡贤文化研究会点校。该书系以民国6年（1917年）诸暨冯氏（冯振音）丛刻本为底本，校以其他相关史料的点校本，是一部补遗漏、备采择，有关地方名教的见闻辑录。全书120千字，开本710mm×1000mm，1/16平装本，中国国际广播出版社2018年11月第一版，定价68元。

【**《退休自驾湖湘行》**】散文集，张建国主编。该书真实地记录了作者携妻到湖南，从出发至返程自驾旅行的全过程，包括自然人文景观的游览欣赏，旅途上的风土人情、亲历见闻，别样的行进和生活方式体验，以及由此获得的快乐和感悟。全书120千字，开本880mm×1230mm，1/32平装本，作家出版社2018年6月第一版，定价58元。

【**《我少年时期的烟花：海飞自选集》**】浙江小说10家丛书，小说集，海飞著。选取了作者17篇中短篇小说，内容涉及城市与村庄、情欲与私欲、人性的善与恶等，展现了作者多年来对不同人生的观察与思考。全书310千字，开本152mm×230mm，平装本，作家出版社2018年2月第一版，定价49元。

【**《浬浦》**】诸暨市乡土文化读本，乡土文化教材，诸暨市文明办/俞露主编。本书分为八个篇章，介绍了浬浦的历史渊源、民间习俗、教育传统、英贤楷模等。将浬浦深厚的文化积淀作了深刻的剖析和展示，还原浬浦镇风土人情和历史沿革。全书150千字，开本710mm×1000mm，1/16平装本，2018年8月第一版，团结出版社出版，定价34元。

【**《诸暨》**】诸暨市乡土文化读本，乡土文化教材，诸暨市文明办/俞露主编。该书以诸暨的区域地理、人文历史、社会活动为主要内容，展开为7个单元，具体细化为23个专题，帮助人们走进诸暨、认识诸暨、热爱诸暨。全书150千字，开本710mm × 1000mm，1/16平装本团结出版社，2018年8月第一版，定价34元。

【《草塔》】诸暨市乡土文化读本，乡土文化教材，诸暨市文明办 / 俞露主编。该书分为“古色古香”“新城新貌”“民俗文化”“铁血丹书”“百年树人、“钟灵毓秀”“莼塘逸闻”7个篇章，介绍了草塔的历史文化、民间习俗、抗战事迹等。全书147千字，开本710mm × 1000mm，1/16平装本，团结出版社2018年8月第一版，定价33元。

【《大唐》】诸暨市乡土文化读本，乡土文化教材，诸暨市文明办 / 俞露主编。该书分为“江南新镇”“袜业发展”“袜艺小镇”“乡贤名流”“冠山古韵”“书香里加蒋”“大唐遗风”7个篇章，既介绍了大唐的文明历史和人文风貌，又述说了大唐的特色产业发展壮大的历程，展现了大唐敢为人先的精神面貌以及未来大唐的发展势头。全书135千字，开本710mm × 1000mm，1/16平装本，团结出版社2018年8月第一版，定价30元。

【《山下湖》】诸暨市乡土文化读本，乡土文化教材，诸暨市文明办 / 俞露主编。该书记述了山下湖的自然环境、人文渊源、历史传说、非遗文化、民俗民风、乡贤才俊以及新农村建设等方面的内容，客观反映了山下湖悠久的发展历史与丰厚的文化底蕴，展现了山下湖人民对家乡的热爱。全书93千字，开本710mm × 1000mm，1/16平装本，团结出版社2018年8月第一版，定价26元。

【《浣东》】诸暨市乡土文化读本，乡土文化教材，诸暨市文明办 / 俞露主编。该书记述了浣东街道的自然环境、人文渊源、历史传说以及新城建设等方面的内容，向读者传递传统美与现代美。全书176千字，开本710mm × 1000mm，1/16平装本，团结出版社2018年8月第一版，定价36元。

【《江藻》】诸暨市乡土文化读本，乡土文化教材，诸暨市文明办 / 俞露主编。该书记述了江藻的自然环境、革命历史、文化遗存、经济建设以及乡贤名士等方面的内容，让读者从中领略江藻水乡的风采，感受江藻先贤英烈的风范。全书141千字，开本710mm × 1000mm，1/16平装本，团结出版社2018年8月第一版，定价32元。

【《牌头》】诸暨市乡土文化读本，乡土文化教材，诸暨市文明办 / 俞露主编。该书从牌头的地理环境、人文掌故、经典传说、民风民俗等方面出发，描绘了牌头历史与现代相融合的新风貌。全书134千字，开本710mm × 1000mm，1/16平装本，团结出版社2018年8月第一版，定价30元。

【《安华》】诸暨市乡土文化读本，乡土文化教材，诸暨市文明办 / 俞露主编。该书分为“诸南重镇”“旧貌新颜”“史海钩沉”“乡俗人文”“人杰地灵”5个篇章，展现了安华深厚的历史文明、独特的人文风情以及多彩的现代发展。全书194千字，开本710mm × 1000mm，1/16平装本，团结出版社2018年8月第一版，定价38元。

【《阮市》】诸暨市乡土文化读本，乡土文化教材，诸暨市文明办 / 俞露主编。该书分8个篇章，介绍了阮市的地理风貌、历史古迹、民俗文化、英杰楷模等方面内容。既展示了阮市深厚的文化积淀和独特的风土人情，又描述了阮市发展现代经济、建设新农村的历史变迁。全书193千字，开本710mm × 1000mm，1/16平装本，团结出版社2018年8月第一版，定价38元。

【《陈宅》】诸暨市乡土文化读本，乡土文化教材，诸暨市文明办 / 俞露主编。该书通过对陈宅的自然环境、历史传说、民风乡情以及人文英杰等方面内容的记述，展现了陈宅人的豁达乐观，乡间邻里的人情暖意。全书134千字，开本710mm × 1000mm，1/16平装本，团结出版社2018年8月第一版，定价30元。

【《东和》】诸暨市乡土文化读本，乡土文化教材，诸暨市文明办 / 俞露主编。该书分7个篇章，介绍了东和的历史文化、民俗民风、革命事迹、先贤英烈等方面的内容，展现了一个经过千年文化积淀之后，焕发出新的活力与美丽的东和乡。全书153千字，开本710mm × 1000mm，1/16平装本，团结出版社2018年8月第一版，定价34元。

【《次坞》】诸暨市乡土文化读本，乡土文化教材，诸暨市文明办 / 俞露主编。该书分为“乡情概述”“经济产物”“人文底蕴”“乡贤名士”“民风习俗”“诗文选录”6个篇章，展现了次坞历史悠久、充满现代活力的山水小镇形象。全书91千字，开本710mm × 1000mm，1/16平装本，团结出版社2018年8月第一版，定价26元。

【《同山》】诸暨市乡土文化读本，乡土文化教材，诸暨市文明办 / 俞露主编。该书分为“我们的家乡”“秀丽的风景”“美丽的村落”“特色的美酒”“丰富的物产”“乡贤的风采”“厚重的文化”“神奇的传说” 8 个篇章，带领读者走进同山镇，游览山光水色，品鉴特产美食，领略传统文化。全书 147 千字，开本 710mm × 1000mm，1/16 平装本，团结出版社 2018 年 8 月第一版，定价 33 元。

【《**枫桥**》】诸暨市乡土文化读本，乡土文化教材，诸暨市文明办 / 俞露主编。该书分 7 个篇章，通过阐述枫桥历史文化的形成、先贤人物对社会的影响、民风民俗的传承以及“枫桥经验”的创新发展等方面内容，展现了枫桥作为千年古镇的独特风貌。全书 167 千字，开本 710mm × 1000mm，1/16 平装本，团结出版社 2018 年 8 月第一版，定价 35 元。

【《**应店街**》】诸暨市乡土文化读本，乡土文化教材，诸暨市文明办 / 俞露主编。该书分为 7 个篇章，展现了应店街独具乡土特色的人文历史和风土民情。全书 112 千字，开本 710mm × 1000mm，1/16 平装本，团结出版社 2018 年 8 月第一版，定价 28 元。

【《**街亭**》】诸暨市乡土文化读本，乡土文化教材，诸暨市文明办 / 俞露主编。该书记述了街亭的地理环境、人文古迹、经典传说、民风民俗等，展现了街亭深厚的文化底蕴与文化积淀。全书 129 千字，开本 710mm × 1000mm，1/16 平装本，团结出版社 2018 年 8 月第一版，定价 29 元。

【《**看图识香榧**》】百科读物，斯海平主编。该书分榧树的起源与自然分布、品种类型、树种特性、生产消费、科研推广、文化、历史与前景展望等，以图片配文字的形式，向读者展示了香榧这种特色干果，较为详细地介绍了香榧的特点、科研成果，以及作为普通消费者的挑选技巧。全书 83 千字，开本 880mm × 1230mm，1/32 平装本，浙江大学出版社 2018 年 8 月第一版，定价 39 元。

【《**枫桥经验之人民调解案例故事**》】调解案例，蔡娟主编。真实记录了老杨调解中心、枫桥镇调解志愿者联合会以及娟子工作室的工作历程，同时收录了诸暨市其他乡镇的人民调解案例，共同印证“枫桥经验”在诸暨全市生根开花的历程。全书 156 千字，开本 880mm × 1230mm，1/32 平装本，浙江工商大学出版社 2018 年 4 月第一版，定价 28 元。

（以上由市图书馆郦圆提供）

【《**大观堂文集**》】高湖余氏历史文献集，余缙著，余文军点勘，胡育慧校注。该书是对高湖余氏文献的整理，对原文作了必要的注释。全书 546 千字，开本 710mm × 1000mm，浙江大学出版社 2018 年 1 月出版，定价 120 元。

【《**墨缘集**》】随笔，杨夫林著。是杨夫林以随笔形式对自己收藏的书画所作的鉴赏心得。全书 210 千字，开本 710mm × 1000mm，国际文化出版公司 2018 年 2 月第一版，定价 58 元。

【《**诸暨徐氏志**》】家族志，诸暨徐氏志编纂委员会编。该志梳理了诸暨徐姓的源流脉络，旨在传承徐氏的孝道文化、饮食文化、综艺文化、企业文化。全志 660 千字，开本 210mm × 285mm，团结出版社出 2018 年 5 月第一版，定价 280 元。

【《**诸暨草塔抖狮**》】非物质文化遗产名录，诸暨市文化广电新闻出版局编，何永钢主编。该书全面挖掘和梳理了诸暨草塔抖狮的起源和传承脉络，系统记录了诸暨草塔抖狮的基本技术、活动程序和组织形式。全书 160 千字，开本 889mm × 1194mm，中国美术学院出版社 2018 年 6 月第一版，定价 188 元。

【《**苍源剩草**》】诗集碑记集，诸暨市店口镇乡贤文化研究会编，郦小飞主编。该书是清代作家冯梦祖创作的诗、记、颂、铭、序、表、碑记等的汇编。全书 450 千字，开本 880mm × 1230mm，浙江古籍出版社 2018 年 7 月第一版，定价 46 元。

【《**雪域藏葩**》】韩书力书画作品集，杨夫林主编。开本 889mm × 1194mm，黑龙江美术出版社 2018 年 9 月第一版，定价 158 元。

【《**清气满乾坤:“枫桥三贤”的清廉风范**》】诗文译注集，陈强编著。全文共四部分，按“清”“廉”“贤”“德”四字分类，收集了三贤笔下所喜欢和歌咏的植物，对原文作了必要的注释，并译成现代汉语。全书 190 千字，开本 170mm × 210mm，辽海出版社 2018 年 9 月第一版，定价 48 元。

【《**诸暨市质量技术监督志（1976—2012）**》】部门志，诸暨市质量技术监督局编，金伯渔主编。该志客观记录了诸暨市质量技术监督机构的历史沿革及质量技术监督工作的发展演变历程。全书 570 千字，开本 787mm × 1092mm，浙江工商大学出版社 2018 年 11 月第一版，定价 198 元。

【《**健康 7 年级**》《**健康 8 年级**》《**健康 9 年级**》】丛书，宣静怡主编。该丛书把中小学生应知、应会的关于健康的基本内容和知识点，采取分层、衔接、螺旋递进的方式呈现，将将康知识融入生动的故事中。从书图文并茂、寓教于乐。全书 120000 字，开本 787mm × 1092mm，浙江教育出版社 2018 年 8 月第一版，出版，定价 20 元。（以上由市档

案馆宣文文提供）

【《跑步日记》】纪实性作品集，周光荣著。辑录了作者关于跑步的日记，展现了一个跑者的心路历程，探讨了跑步的意义等。全书212千字，开本787mm×960mm，1/16平装本，浙江工商大学出版社2018年1月第一版，定价38元。

【《如意碎》】长篇小说，梅芷（周介眉）著。这部小说人物众多，主人公霍空喜出身在普通家庭，没有文凭，甚至没有稳定职业，偏偏运气不错。他一心想出人头地，却不愿走正道，到头来未能如愿以偿，好梦破碎。全书2336千字，开本710mm×1000mm，1/16开平装本，中国言实出版社2018年1月第一版，定价68元。

【《岭北记忆》】散文集，马伯成主编。辑录了70余篇描写岭北风土人情的散文。全书400千字，开本787mm×1092mm，1/16平装，浙江文艺出版社2018年3月第一版，定价80元。

【《思想的土地》】文化散文集，许伟君著。作者尝试从思想的视角，梳理破解越国故地数千年的人文脉络，通过对大禹、王充、黄宗羲、鲁迅等数十位会稽先贤生平事迹的敷陈，展现他们的济世情怀，进而揭示绍兴人文根基源流及其演进过程，为读者深入了解会稽文明打开了一扇全新的窗口。全书300千字，开本710mm×1000mm，1/16平装本，浙江古籍出版社2018年4月第一版，定价45元。

【《杨维桢与水浒》】随笔，弘虫（陈强）著。通过杨维桢诗文与《水浒传》小说的比较对照，找到杨维桢与《水浒》传之间的内在联系，为寻找施耐庵提供更多的旁证和依据。全书共28篇文章，180千字，开本145mm×210mm，1/32平装本，团结出版社2018年4月第一版，定价280元（全9册）。

【《南楼美人——杨维桢笔记小说选编》】小说选集，弘虫（陈强）、阿达（魏永达）编著。收集改编了58篇关于孝悌忠信、关于杨维桢身世的文言笔记小说，并阐述了杨维桢在文言小说创作上的实践与理论。书中还收录了铁崖后人杨根源创作的25幅书法作品。全书共200千字，开本145mm×210mm，1/32平装本，团结出版社2018年4月第一版，定价280元（全9册）。

【《海子传：幻象与真理》】人物传记，边建松著。本书是作者2010年所著《海子诗传：麦田上的光芒》（江苏文艺出版社出版）的修订版，最大限度地还原了一个真实、生动而完整的海子，被现当代文学研究专家赞为众多海子传中“最出色的一本”。全书275千字，开本720mm×1020mm，1/16平装本，河南文艺出版社2018年5月第一版，定价48元。

【《望幞峰——故乡散记》】社科类著作，王辉著。该书集故乡村史家谱编写与风土人情记述于一体，包含王氏宗谱、栎溪屐痕、民俗乡谚、先贤王冕、房族世表等章节。全书共463千字，开本710mm×1000mm，1/16平装本，中国文史出版社2018年9月北京第1版，定价58元。

【《余缙传》】人物传记，余全耿著。记录了清代诸暨历史名人余缙一生求学、科举、入仕、乡居的经历，穿插辑录了他多篇诗词、奏疏、家训等作品。全书110千字，开本880mm×1230mm，1/32平装本，浙江工商大学出版社2018年10月第一版，定价30元。

【《骑游诸暨》】体育随笔，王晓铭编著。这是诸暨市第一本关于骑行的体育随笔。作者凭着一辆单车，以一个骑行者的视角，边骑边游，把诸暨的乡村美景、人文景观、风土人情等一一记录其中。书中还收录了市自行车协会会员的骑游日记，以及诸暨骑友总结出来的“诸暨市十五条最美骑行线路”，堪称一本骑游诸暨的“导游书”。全书165千字，开本890mm×1194mm，1/32平装本，浙江工商大学出版社2018年10月第一版，定价39元。

【《我就不信》】小说集，梅芷（周介眉）著。共收辑中篇小说3篇、短篇小说7篇、小小说34篇，既有对往昔艰难岁月的记录，也有对现今情感生活的摹画。全书230千字，开本880mm×1230mm，1/32开平装本，团结出版社2018年11月第一版，定价32元。（以上由市文联楼海霞提供）

形式多样的文体活动

▲2 月 6 日晚上，大唐飞歌合唱团在里蒋村文化礼堂表演舞蹈《唐古拉风》（周升蓉 摄）

▲何占豪在指导家乡小学生拉琴（杨迪尔 摄）

▲4 月 4 日，著名音乐家何占豪回到家乡阮市镇何家山头村，指导组建了何家山头村乡村民乐团，并手把手教家乡的这些"土乐手"们演奏自己的成名曲《梁山伯与祝英台》（杨迪尔 摄）

▲6 月 29 日晚，吴墅村村民卢飞军、杨桂平等在表演原创小品《办酒风波》，倡导节俭办酒新风尚

（蒋力奔 摄）

▲7 月 22 日晚上，浣越文化志愿者服务队来到浣东街道盛兆坞二村文化礼堂，举办文艺骨干传习培训班，全村 29 名文艺爱好者参加培训

（阮焕均 摄）

▲这是东和乡十里坪村在排演宣传移风易俗的“西路乱弹”新剧。“西路乱弹”为“诸暨乱弹”别名，是浙江省以演唱乱弹为主的多声腔地方戏曲剧种之一，演员多为本地艺人，主要流行于诸暨周围一带部分县区（骆少华 摄）

▲12月27日晚上，暨阳街道纪念改革开放40周年暨元旦迎新晚会在诸暨剧院举行，17个社区分别选送了舞蹈、合唱、诗词朗诵、小品等节目，表达对祖国的热爱与祝福（郭 斌 摄）

▲7月7—9日，诸暨市举行首届气排球公开赛。比赛设男子中老年组、中青年组等4个组别，市内外50支球队近800人参赛（杨迪尔 摄）

▲5月20日，诸暨太极健身队的近200名会员在大唐镇中国袜业城南广场集体锻炼。太极健身队成立于2013年5月，如今会员有200多人。5年来，他们每天清晨都会认真练太极拳、太极剑、太极刀、行功心法、健身气功等（郭 斌 摄）

▲3月25日，由市政府主办的“北承南接，跑在诸暨”——赵家镇首届樱花长跑节在赵家镇开赛。比赛分精英组10千米、大众组5千米两个组进行，来自杭州、金华、义乌等地以及市内的长跑爱好者共500余人参加（杨迪尔 摄）

▲8月1日上午，江藻镇雁宿湖乡贤长廊上，文艺爱好者在排练由江藻人李锦良自编的快板节目《节俭办酒》和《十赞江藻》（蒋力奔 摄）

▲9月1日晚，市文化艺术中心的原创越剧现代戏《@香榧村》在西施大剧院首演。该剧由国家一级导演杨小青执导，以诸暨本土人物为原型创作，讲述了大学生沈雪芹回乡创业、带头致富的故事。该剧入围10月举行的第四届中国越剧节展演剧目（徐可良 摄）

▶11 月 26 日，应店街镇文化站内，文艺爱好者在排练舞蹈。2018 年，应店街镇投入 200 多万元建成设备齐全、功能完善的综合文化站，免费向群众提供广场健身、图书阅览、知识讲座等文化产品　　　　　（蒋力奔 摄）

◀11 月 30 日晚，由浙江省文化馆、诸暨市人民政府联合主办的“美丽西施 走进杭州”朗诵晚会在浙江省文化馆小剧场举行。图为浙江省朗诵协会会长刘忠虎，副会长雷鸣、宋迎秋，浙江省朗诵协会理事何敏、唐克在联袂朗诵《从浣纱溪到钱塘江》。　　　　（徐可良 摄）

医疗卫生

概述

诸暨市卫生和计划生育局下辖卫生监督所、疾病预防控制中心、卫生和计划生育宣传教育中心、计划生育协会秘书处、预算会计核算中心卫生与计生分中心、中心血库、流动人口计划生育管理服务中心、绍兴护士学校和急救中心；有市级医院8家，其中三级乙等综合医院1家、三级甲等中医医院1家、二级甲等综合医院2家、二级甲等妇保院1家、二级乙等综合医院3家；有镇乡（街道）卫生院22家。全市医疗机构实际开放床位5898张，平均每千人口5.012张；执业医师和执业助理医师3845人，平均每千人口3.268人；注册护士3620人，平均每千人口3.076人；门急诊超914万人次，出院近17.42万人次；医疗业务总收入32.56亿元；县城内就诊率90.1%，基层门诊就诊率63.60%；门诊均次费用196.51元，住院均次费用7899.58元，药占比36.16%。

2018年，卫生计生系统在职人员7656人，其中在编4639人。卫技人员6791人，其中在编4260人。中高级职称3165人，其中卫技高级职称989人，中级职称1973人。全年招聘医学类硕士研究生14人，医学类应届本科生111人，医学类应届大专生13人；面向社会公开招聘医务人员71人，财务等人员8人。

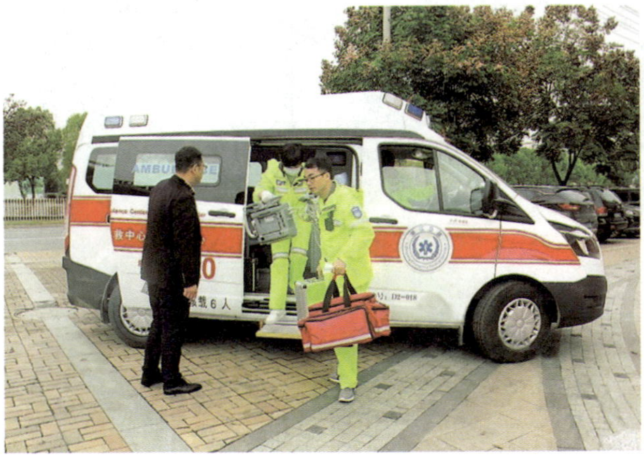

▲11月15日，市急救中心店口急救分站在第四人民医院开通试运行。店口急救分站与市“120”通讯调度中心联网，拥有2辆急救车，实行24小时值班，每次出车都将配备3名专职急救人员　　（图片来源　诸暨日报社）

【基础设施建设】市中医医院浣东院区二期工程于2月竣工启用；市第四人民医院新住院大楼于8月竣工启用；岭北镇卫生院改扩建工程于12月竣工启用；预算投资8000万元的绍兴护士学校改扩建工程完成投资2000万元。　（楼明朗）

【急救中心建设】根据诸暨市机构编制委员会《关于同意设立市急救中心的批复》精神，市急救中心为卫生计生局所属全额拨款事业单位，于12月建成运行，下设人民医院、中医医院、枫桥、牌头、店口、璜山、应店街等7个分站，配置21辆救护车，偏远乡镇的急救反应时间比原先缩短一半以上。

【行政审批事项全部列入“最多跑一次”事项清单】行政审批事项28个主项70个子项全部列入“最多跑一次”事项清单，66个事项在浙江政务服务网开通网上办事，再生育审批、生育登记等4个事项实现“浙里办”网上申报，7项民生事项中已有4项实现“一证通办”，医师执业许可等14项事项纳入同城通办。公共场所卫生行政许可实行告知承诺制，办结时限从原来的法定20个工作日、承诺3个工作日变成当场即办。全年办理各类审批事项4100多人次。

【依法行政】加强行政执法案件法制审核，2件非法行医案移送公安机关，卫生行政处罚申请法院制执行2例。社会抚养费征收决定1例，催告2例，申请人民法制强制执行案件1件，结案12例，征缴社会抚养费191.72余万元。所办理的案件未发生行政复议、诉讼情况。　（陈　华）

城乡社区卫生服务

【概况】全市有标准化卫生院（社区卫生服务中心）27家，社区卫生服务站256家，紧密型管理村卫生室100家。全面推进家庭医生签约服务，全市规范签约率36.80%，十类重点人群签约覆盖率

76.77%。全市基层医疗机构门诊量687.09万人次，占总人次的63.60%。应店街、草塔、璜山、浬浦、江藻、次坞等6家单位开展浙江省中心镇卫生院医疗服务能力提升项目建设。

【基本公共卫生服务】全面实施新版基本公共卫生服务规范，人均基本公共卫生服务项目经费55元，2019年3月3日，基本公共卫生服务项目工作接受省卫生健康委考核。全市60岁以上老年人健康体检率71.77%，65岁以上老年人健康管理率70.40%。全人群规范化电子健康档案建档率89.82%。65岁以上老人中医健康管理率49.28%，0—3岁儿童中医药健康管理率54.94%。（金挺美）

基本医疗保险

【概况】2018年，全市医疗保险参保率为99.14%，其中职工基本医疗保险参保35.4万人，基金累计结余19.9亿元；城乡居民医疗保险参保75.3万人，基金累计结余3.98亿元。生育保险参保20.1万人，基金累计结余2961万元。（蔡良）

【两定单位监管】两定单位即定点零售药店和定点医院。2018年，进一步完善定点零售药店的医保服务协议，采用药品条形码支付结算，实现电脑系统自动做账；建立电子进销存台账记录，医保刷卡结算时进行人卡校对，参保人员及所配药品应在监控视线内。通过网上审核、日常巡查、专项检查、接受举报等，共查处违规就医案例3起，检查定点医院、定点药店160家次，暂停8家药店医保服务资格，取消1家定点零售药店医保服务资格，追回、核减医疗保险基金共6.5万元。受理外伤申请9600余例，拒付不属于医保基金支付范围的申请302人次，金额约850万元。（郦滢蓥）

【跨省异地就医住院费用直接刷卡结算】2018年，职工基本医疗保险跨省异地就医住院费用直接结算645人次，医疗总费用1896.86万元，基金支付1088.26万元；城乡居民医疗保险跨省异地就医住院费用直接结算486人次，发生医疗费用1349.58万元，基金支付581.29万元。（蔡良）

【职工医保个人账户历年结余家庭共济】2018年职工医保个人账户家庭共济授权绑定26035人次，刷卡结算680918人次，发生个账支付4078.18万元。（蔡良）

疾病预防控制

【概况】2018年，全市报告发生乙、丙类传染病19种16702例，报告发病率1417.41/10万，其中乙类13种1418例，报告发病率120.34/10万，与上年相比下降23.72%；丙类传染病6种15284例，报告发病率1297.07/10万。无甲类传染病报告，无乙、丙类传染病暴发疫情。

【登革热防控】发现5起输入性登革热疫情，报告病例9例，输入地为马尔代夫和柬埔寨等国家，患者经诸暨市人民医院隔离治疗后均痊愈出院。疫情共同暴露者、密切接触者共65人，经15天医学观察期间未出现发热、肌肉酸痛等症状；应急处置疫点16个，进行蚊虫消杀，未发生二代登革热病例。

【计划免疫】完成271930剂次国家免疫规划疫苗接种，以镇乡（街道）为单位国家免疫规划单苗接种率达95%以上。

【社区慢性病综合防治】全市登记建档高血压患者150342例，管理130693人，规范管理96316人，血压控制95288人。登记建档糖尿病患者47568例，管理36942人，规范管理25685人，空腹血糖控制19403人。

【窝沟封闭】对112所小学9695名二年级学生进行窝沟封闭宣教和知情告知，学校、学生覆盖率100%；9397名学生接受口腔检查，有窝沟封闭适应证3967人，实际封闭3946人，封闭率99.47%。

【死因、慢性病监测】全市估算死亡率为7.37‰，居民期望寿命81.46岁，其中男性79.48岁，女性83.69岁。糖尿病、冠心病急性事件、脑卒中和恶性肿瘤报告发病率分别为483.70/10万、80.08/10万、475.22/10万和420.93/10万。前五位死亡顺位依次为恶性肿瘤（27.21%）、脑血管疾病（16.89%）、心脏病（14.99%）、呼吸系统疾病（12.44%）、损伤与中毒（12.29%）。

【严重精神障碍患者管理】全市发现登记严重精神障碍患者6386人，检出率为5.88‰，居绍兴市第一。纳入社区管理6234人，规范管理5765人，落实患者医疗补助593.90万元，其中门诊报销人数6399人次81.61万元；特殊门诊2104人，报销82.19万元；住院报销人数1071人次240.74万元；采购药品12次，金额189.36万元。

【卫生监测】全年食品安全风险监测1180份，其中化学污染物及有害因素监测样品850份，食品微生物及其致病因子监测样品330份。食源性疾病特定病原体监测样本271份，监测病原体阳性发现率14.39%。城区市政供水监测点6个，监测合格率为100%；农村监测点13个，共计采集农村水样112份，合格样品100份，总合格率89.3%。（孙 彬）

妇幼保健

【概况】全市接产机构共8家，接产活产数为9537人，户籍活产7642人。孕产妇系统管理率96.62%，高危孕产妇筛查管理5824人，占产妇总数的77.04%，高危孕妇管理率和住院分娩率分别为100%和99.99%。产前诊断261人，产前筛查率92.72%。继续开展孕产妇免费建册，免费艾滋病、梅毒、乙肝筛查率99.99%。（金挺美）

医政管理

【概况】全市公立医院门急诊人次较上年（下同）增长4.8%，出院人次增长4.7%；总医疗收入增长6.3%，其中门诊医疗收入增长7.1%，住院医疗收入增长5.5%；门诊均次费用222元，增长2.1%；出院均次费用8094元，增长1.5%；药品比例为32.9%，下降3.7%。

【社会资本办医】诸暨仁泽康复医院、诸暨爱尔眼科医院分别于6月、8月通过执业验收，分别于3月、11月批准设置诸暨颐和康复护理院、诸暨美康盛德医学检验实验室；诸暨新华医院、诸暨宏宇康复医院建设项目大楼于3月结顶，进入室内装修阶段。

【惠民医疗】到2018年底，共有25340人持有惠民医疗优惠证。2018年，惠民医院共收治门诊病人32838人次，住院病人5930人次，减免总医疗费用1583.26万元。

【共享中心】全市有超声会诊、病理诊断、影像会诊、心电会诊和消毒供应等五大中心，其中病理诊断中心会诊量72人次，影像会诊中心会诊量54167人次，心电会诊中心会诊量6953人次，消毒供应中心处理消毒包63003个。（张赟华）

【无偿献血和临床用血管理】全市无偿献血11091人次，献血量350.28万毫升，较上年（下同）增长6.03%，献血小板832治疗量，增长6.83%；临床用血量313.75万毫升，增长0.33%；无偿献血占临床用血比例111.48%；无偿献血率100%；自提输血率23.04%。

中医中药

【概况】9月，诸暨市通过全国中医药工作先进单位复审。5月，完成市人民医院的“国医馆”建设，新增中医药综合服务区5家，镇乡（街道）社区卫生服务中心中医科、中药房设置率100%。全市有中医门诊科室108个、中药房38个，列入“第二批浙江省基层名中医”1名。（张赟华）

医教科研

【概况】全市卫生科研立项24项，其中省卫生计生委9项；获得各级科技成果奖5项；在国内外杂志上发表学术论文261篇，其中中华系列和外文杂志22篇。全年举办高层次学术会议3场。

【继续教育】完成各级继续教育班11项70余期（其中国家级1项、省级10项），共有5000余人参加继续教育。举办中医知识培训班和适宜技术推广培训班各1期，共有1000余人参加培训。38人完成中医全科转岗理论培训。全市共有306人赴上级医院进修，其中有130人赴省级医院深造学习。对新招录住院医师规范化培训50人。

【重点学科建设】新增名医工作室8家，市中医医院耳鼻咽喉科于6月通过“十二五”浙江省中医药重点学科建设项目验收、中医儿科学于6月列入“十三五”浙江省中医药（中西医）重点学科建设计划。（张赟华）

卫生监督

【概况】全年共出动卫生监督员2.7万余人次，实施监督检查1.3万余家次，承办卫生行政处罚案件468起，其中一般程序214起（大要案21件），简易程序254起，罚没款共计50余万元。移送司法机关处理案件2起。

【双随机抽查监督】按照《2018年诸暨市卫生计生监督执法双随机抽查监管工作计划》，组织开展双随机（随机抽取检查对象、随机选派执法检查人员）抽查653项，其中国家级294项、省级359项，监督监测信息全部通过移动执法终端录入。

【医疗机构卫生监管】制定2018年度打击非法行医和“两非”（非医学需要的胎儿性别鉴定、非医学需要的人工终止妊娠）专项行动工作方案，将5项违法行为确定为打击对象，查处非法行医41起，“两非”1起，取缔无证行医42起，行政处罚40起，移送司法机关2起。

【公共场所卫生监管】推进公共场所卫生监督量化分级管理，管理率100%。全年共评定卫生信誉度A级单位4家、B级181家、C级2679家。对29家经营性游泳场所进行2次水质抽检，共采集样品140份，合格129份，检测合格率92.14%。针对水质不合格的游泳场所，作出行政处罚21起，其中警告13起、罚款7起、责令停业整顿1起。

【学校卫生监管】对城区7个高考考点和6个中考考点学校做好以传染病防控和生活饮用水为重点的卫生监督检查，出具卫生监督意见书11份。对24所使用自备水和二次供水的学校进行现场快检，指导学校正确开展自备水和二次供水的清洗消毒工作。委托第三方检测机构对15所学校的教学环境卫生、宿舍卫生和二次供水水质进行监督抽检，对存在问题的3所学校给予警告并责令限期改正。

【生活饮用水和涉水产品卫生监管】对全市8家集中式供水单位及部分二次供水设备每季度实施监督监测，共抽检水样207份，合格率100%。组织开展涉水产品卫生安全隐患排查整治专项行动，共检查生产企业142家，有37个产品未取得批件，其中对19家企业提出限期整改意见，对17家涉水产品企业和3家涉水产品经营单位进行立案处罚。新申报涉水产品卫生许可批件得87家企业201个产品，已取得许可批件的为47家企业137个产品。

（孙 彬）

药品监管

（相关内容见“市场监管·食品药品监管”）

爱国卫生

【卫生创建】王家井、直埠、浬浦、陈宅、阮市、赵家、同山、应店街、街亭等9个镇12月创建成浙江省卫生镇，箭路村等66个村12月创建成浙江省卫生村。

【病媒生物防制】统一开展全市城乡春秋两季灭鼠活动和夏秋季灭蝇灭蚊灭蟑螂活动、城区病媒生物密度控制水平自查评估活动、镇乡病媒生物密度控制水平评估认可工作等。绍兴市爱卫会10月确认山下湖、东白湖、东和、安华、璜山、马剑、五泄、江藻、次坞、岭北等10个镇乡建成区鼠、蚊密度控制水平达到C级标准。全市27个镇乡（街道）共投入资金80多万元，实施病媒生物消杀服务外包，并对服务外包公司（PCO公司）进行效果评价。

【农村卫生厕所普及率100%】至2018年底，全市农村卫生厕所普及率100%，无害化卫生厕所普及率99.99%。

【城乡环境卫生综合整治】组织开展元旦春节期间爱国卫生活动、4月爱国卫生月活动和城乡环境卫生综合整治工作。12个镇乡通过浙江省小城镇环境综合整治考核验收，其中璜山、草塔、陶朱等镇街列入省样板镇。

（郭大钢）

体 育

概述

2018年，市体育局围绕市委、市政府提出的“打造国际赛会目的地”的决策部署，着力打造运动休闲城市品牌，推动精品体育赛事和全民健身运动协调发展，鼓励社会资金、社会组织参与体育建设，不断完善全市体育基础设施。大力发展体育彩票、体育运动休闲项目、体育产业生产经营和体育旅游业，鼓励建设体育旅游精品项目，实现体育、旅游双丰收。

【体育设施建设】以赛事促转型，拓展多元建设渠道，持续推进公共体育设施建设，逐步实现资源共享。督促镇乡街道做好公共体育场地的日常维护管理，并开展定期检修工作，确保场地设施完好安全。完成省级体育场地建设项目申报落地工作。至2018年末，全市共有体育场地4240个，体育场地面积335万余平方米，行政村（社区）公共体育设施覆盖率达100%，新建成五泄镇五泄村连片塑胶篮球场。体育场地面积位列全省首位，人均体育设施数量处于全省领先地位。

【体育组织建设】体育组织网络覆盖全市各镇乡街道。积极探索“体医融合”模式，分别在浣东街道社区和阮市镇卫生院建立国民体质监测站点，提供运动处方，为群众科学锻炼提供方法。以“重在基层，面向全体”的原则，定期开展教练员、社会体育指导员培训，着力提高教练员、社会体育指导员的执教水平、指导能力，不断壮大体育骨干队伍建设，定期开展体育下乡服务，不断扩大社区和农村等基层群众体育活动的指导范围，增加指导密度，引导体育人群科学锻炼、有效锻炼。2018年，全市国民体质合格率达93.1%，高于全省2017年度平均水平0.9个百分点。

【体育文化建设】组织开展形式多样的体育活动，举办各类群体赛事、活动207场，参与人数达7万余人次，经常参加体育锻炼的人口达44.32%。12月9日在寒冬雨雪中圆满举办2018祥生西施马拉松赛。这是诸暨历史上第一次举办马拉松赛事，参赛人数近万，涉及10个国家和地区；赛事由CCTV-5直播160分钟，是全国第一个央视直播的县级市。成功引进2018—2019赛季CBA联赛广厦主场。本赛季共有23场常规赛和4场季后赛，平均上座率在70%以上。中央电视台对重要场次进行直播。高水平赛事的引进，带动了服务业发展，实现各方共赢，巩固和充实了诸暨“篮球城市”这张金名片，有效提升了诸暨的知名度。

【社会资源融合】拓展竞技体育新途径。利用海亮教育园的人才优势、财力优势、资源优势，2018年4月与浙江海亮教育集团签订关于合作创办诸暨市青少年业余训练基地建设的协议，海亮教育园利用自身优势完成游泳、射击、足球（女子）等7个竞技项目的布局，初步完成NBA浙江海亮教育篮球精英训练中心、橄榄球、田径、游泳、击剑、男排等项目。学校场馆建设投入964万元，引进各类专职教练员19人，特别是NBA外派的3名教练、浙体院外派的3名教练极大地提高了篮球、射击等项目的训练水平。挖掘潜力，扶持社会力量促进竞技体育新发展，实现“借鸡生蛋”。2018年，全市有篮球、乒乓球、门球、自行车、游泳等24个体育协会，针对全市社会力量办乒乓球、羽毛球、跆拳道、空手道等竞技项目的训练馆、俱乐部数量多且场馆档次高，外训教练员数量足、水平高的实际，帮助各类场馆实行规范化建设和管理，开展灵活多样的业余训练，成立跆拳道、空手道等协会，还每年两次组织俱乐部间的联赛，对训练管理规范、业余训练成果明显的俱乐部和场馆，通过命名、挂牌确认，充实到训练点之中。

群众体育

【概况】2018年，市体育局以“健康诸暨”建设为主题，组织开展全民健身活动，全年举办各类全民健身活动200余场，参与人数达15万人次。

【诸暨市第十一届全民健身节】8月8日，诸暨市第十一届全民健身节启动仪式在市体育馆举行，全市各乡镇、部门机关、企业、体育协会等近千名代表参加启动仪式。市武术协会、老年体协、健身气功、舞蹈协会在十一届全民健身节上进行精彩展示表演。8月8—16日全民健身节期间，全市各镇乡（街道）、体育协会、俱乐部组织开展形式多样的群众体育活动，全市参与人数达5万人。

【全民健身活动与培训】3月25日、11月15日，分别举行以“融杭接沪”为主题的“北承南接 跑在诸暨”赵家镇首届樱花长跑节和“北承南接 行在诸暨”杭坞山迎新登高活动，邀请杭州、金华地区户外体育爱好者参加。诸暨市篮球协会举办2018年诸暨市第十四届篮球联赛，联赛分7个组别，51支参赛队伍近千人参与，赛程长达45天，139场比赛，赛场分布在全市各地。诸暨市乒乓球协会在市体育馆举行2018年“锦江杯”诸暨市业余乒乓球大奖赛，25支队伍百余人参加。还举办了2018年“永盛杯”乒乓球俱乐部大奖赛，比赛吸引了全国各地22支代表队参加。诸暨市老年体协会举行诸暨市老年人篮球投篮比赛、飞镖比赛等老年体育健身活动51次，参加人数达118257人次。诸暨市门球协会先后举行诸暨市门球联赛、诸暨市门球双打比赛、“庆三八”女子门球赛、童叟门球赛、党员门球赛等市级比赛和全市近1100队次近7000人次参加的镇乡门球队邀请赛。诸暨市游泳协会在浦阳江举行“知行乐水”母亲河“绿水”保护行动暨2018“五水共治 畅游母亲河”环保公益活动，全市近300名游泳爱好者参加，活动现场还进行了水上救生技术宣传示范和江边垃圾清理工作。诸暨市武术协会对全市机关、企事业单位职工开展2期太极拳培训活动，每期培训近200人参加。

【2018西施马拉松】12月9日，举办祥生2018西施马拉松，设置全程、半程、微型马拉松，来自14个国家的10000多名选手报名参加。

【CBA联赛】2018—2019赛季CBA联赛浙江广厦主场10月21日在诸暨拉开帷幕，浙江广厦队在农林大学暨阳体育馆进行23场常规赛和4场季后规赛的精彩对决。

【全国和省市级体育赛事活动承办】4月15—16日，浙江省围棋队际赛绍兴分站在诸暨市店口镇举行，全省各地市8支队伍近百人参加。4月27日—5月1日，第三届海派门球全国技术交流赛在诸暨市体育中心门球场进行，全国各地80余支门球队750名运动员参赛。5月26—28日，2018年浙江省健身气功裁判员培训提高班在诸暨市西子宾馆举行，全省各地近60名裁判员参加。5月27日，2018年浙江省钓鱼会员联赛（绍兴站）在枫桥镇阳春村垂钓基地举行，来自全省各地市近200名钓鱼爱好者参加。10月26—28日，2018年浙江省第十三届大众跆拳道公开赛“凯旋杯”绍兴分赛区在诸暨市体育馆举行，来自绍兴各县（市、区）12支队伍近300名跆拳道爱好者参加。

【组队参加全国和省市级比赛】3—5月，组队参加绍兴市第三届智力运动会，诸暨代表队获桥牌赛男子双人赛冠军、混合队式赛亚军、公开组队式赛第三名；围棋比赛获得团体冠军、个人冠军。3月31日，诸暨市长跑协会三男一女4名会员组队代表诸暨市参加在杭州举行的浙江省马拉松接力赛，在全省49个县（市、区）及82个慈善公开组等共131个队伍参赛的情况下，获得第17名。5月20日，2018年浙江省健身气功站点联赛分站赛（台州赛区）比赛在台州黄岩举行，诸暨市暨阳小学站点队在比赛中获集体六字诀一等奖、集体马王堆二等奖。10月28日，2018年浙江省第五届太极推手比赛暨绍兴中外传统武术邀请赛在嵊州市举行，诸暨市武协代表团95名运动员参加大赛，获得代表团总分第一，金牌113枚、银牌46枚、铜牌19枚。10月26日，市老年门球协会组队参加全国沿海城市第25届门球联谊赛，在全国24支代表队近300人参加的赛事中获得第三名。11月15—19日，市篮球协会组队参加在安徽合肥举办的第三十四届全球华人篮球邀请赛，在这场来自世界各地340多支球队近5000名运动员参加的世界级篮球大赛中，市篮球协会取得男子（50岁组）和（40岁组）第三名。

【社会体育指导员培训】委托诸暨市老年人体育协会、健身气功协会、武术协会开展单项社会体育指导员培训，共培训社会体育指导员296名，其中二级28名、三级268名；参加上级社会体育指导员培训，获得一级10名。

【基层体育场地建设和管理】2018年度新建中心村全民健身广场1个、中心村体育休闲公园1个、笼式足球场1个、社区多功能运动场3个，完成小康体育村升级工程18个。全市27个镇乡街道对公共体育场地设施加强日常维护保养，定期开展全面安全自查和维修更新。（张建琴）

竞训体育

【概况】2018 年，全市业余训练布局项目共 11 项（田径、游泳、射击、乒乓球、羽毛球、跆拳道、柔道、摔跤、篮球、排球、足球），共有教练员 32 人，其中专职教练 13 名（新招 5 名省队转正优秀运动员作为专职教练员）、聘用教练 5 名、兼职教练 14 名，在训运动员共 700 余人。

【浙江省第十六届运动会参赛情况】2018 年，组织参加浙江省第十六届运动会，参赛项目有田径、篮球、乒乓球、射击、排球、游泳等 18 个项目，获实战金牌 4.7 枚，试训、转正、联合培养、招工等输送金牌 23.5 枚、银牌 9.5 枚、铜牌 6.5 枚。

【绍兴市青少年锦标赛参赛情况】2018 年，组织参加绍兴市青少年各类锦标赛，参赛项目有田径、篮球、乒乓球、射击、排球、游泳等 14 个项目，获金牌 106 枚、银牌 53 枚、铜牌 57 枚。

【浙江省锦标赛参赛情况】2018 年，组织参加浙江省锦标赛田径、举重、篮球、乒乓球、柔道、摔跤、武术、跆拳道、水上项目、射击、排球、游泳、拳击等 18 个项目的比赛，获金牌 10 枚、银牌 12 枚、铜牌 17 枚。

【在浙江省第十六届运动会上获得金牌的诸暨运动员和运动队】2018 年 5—10 月，在湖州举行的浙江省第十六届省运会上，诸暨市运动健儿顾嘉恒获得跆拳道男子乙组 57 公斤 + 级金牌；骆刘佳在赛艇 2000 米、6000 米双人艇中获得金牌；男子甲组篮球、男子甲组排球、女子乙组篮球均获得金牌。

（魏福灿）

体育产业

【概况】2018 年，体育产业大力发展“体育 +”模式，培育与发展体育俱乐部、健身会所等体育经济，努力促成“体育 + 文化”“体育 + 旅游”合作互动，形成复合型经营格局。成功申报列入省体育产业发展资金项目库 4 家。

【省级体育产业发展资金项目】2018 年，4 家单位列入省体育产业发展资金项目库，获得体育产业发展引导资金 195 万元（诸暨市骏马篮球训练基地 45 万元、诸暨市越跑体育文化传播有限公司 20 万元、诸暨市洁丽雅运动会所管理有限公司 50 万元、浙江诸暨金沙江旅游开发有限公司 80 万元）。

（斯培岳）

【体育彩票】全年销售体育彩票 3.76 亿元，同比增长 1.866 亿元，增幅 98%；市场份额突破 55%，同比提升 9 个百分点。全年新开体彩门店 49 家，其中连锁类型门店 10 家，至 2018 年底全市体彩门店总数 156 家，获得体育彩票公益金 1240 万元。

（周铁苗）

国民体质监测

【概况】9 月 17—29 日，组织开展 2018 年度诸暨市国民体质测试工作，对暨阳街道、浣东街道、街亭镇、浬浦镇、王家井镇、牌头镇、安华镇、同山镇、东白湖镇 9 个镇乡街道 2305 名市民作抽样测试，国民体质总体水平优秀，“合格”等级以上的人数比例为 93.1%，高于全省 2017 年度平均水平 0.9 个百分点，其中男性合格率为 93.3%；女性合格率为 93.1%；3—6 岁幼儿合格率为 92.9%。

（张建琴）

人力资源和社会保障

概述

2018年，市人社局完善就业政策、提升就业服务，开展五星3A达标、公益性岗位开发、东西部扶贫等工作。深化推进“最多跑一次”改革，推进基层平台延伸。推行人才招引OVO（online video offline）跨域路演模式［即利用线上平台将人力资源相关的项目、服务机构等信息进行汇聚、发现和交流，线下通过跨（地、国）域高清视频路演中心进行集约而高效的对接，实现远程的人力资源洽谈、项目路演等各类活动，为发展汇集优质资源库和人才流］，实现五国（中国、英国、德国、日本、墨尔本）实时连线。

2018年，诸暨市劳动人事争议仲裁委员会获全省劳动人事争议案件处理工作优秀单位称号，诸暨市劳动人事争议仲裁院被评为浙江省人力资源和社会保障系统先进集体。（郭霞斐）

人才工作

【概况】2018年，诸暨市人才工作紧扣打造“人才生态最优县市”目标，做好政策服务、平台建设、招才引智等各项工作，全年引进海外工程师45人，新增就业大学生12810人，其中硕博生525人，“985”“211”“双一流”本科732人；培养高技能人才7038人。

【人才政策及奖励兑现】参与制定全市人才新政、暨阳“533英才计划”（从2017年起，用5年时间，引进和培育50名国家、省“千人计划”“万人计划”人才；300名能够突破关键技术、发展高新产业、推动转型升级的海内外高层次人才；30000名与“4+X”先进制造业和“3+N”特色服务业契合度较高的本科以上优秀人才）实施细则、人才新政实施细则、人才公寓管理办法、人才积分制管理办法等政策；全年兑现人才奖励资金3760.2万元，涉及企业300多家，各类人才5540人。完成2018年度浙江省（绍兴）外国专家站建站2家、浙江省海外工程师申报2人、绍兴市海外工程师申报3人。办理人才绿卡57本，解决人才子女就业问题37人；完成人才公寓申请受理166人，其中海内外高层次人才40人，其他人才97人。

【人事档案管理】全年接收人事档案7148本，转出档案1601本；8月，下发《关于补充完善事业干部人事档案材料的函》，布置第一批945名事业干部人事档案补充工作，完成对各单位提交的补充档案资料的审核工作；会同组织部对14家管档单位档案库房进行督查。

【大中专毕业生就业】全年新进高校毕业生档案6948份；完成三方协议（《普通高等学校毕业生、毕业研究生就业协议书》的简称，它是明确毕业生、用人单位和学校三方在毕业生就业工作中的权利和义务的书面表现形式，能解决应届毕业生户籍、档案、保险、公积金等一系列相关问题）签订1463份；完成人才派遣394人次；对408名离校未就业学生实施就业帮扶。

【招才引才活动】4月19日，“梦想中国·智汇暨阳”中法青年科创专家诸暨行项目交流对接会在市高层次人才服务中心举行。绍兴市人才办专职副主任王洪海，诸暨市委常委、组织部长周志刚，诸暨市委常委、副市长傅世平等领导参加会议，10位中法青年科创专家现场进行项目路演，32家企业、15家创业创新平台和5家风投机构前来对接；5月2—4日，“梦想中国·智汇暨阳”中国地质大学诸暨行活动举行，由中国地质大学珠宝学院沈锡田教授带队的9人专家团，携带3个珍珠产业相关项目与诸暨市山下湖镇的珍珠企业进行对接洽谈；9月17日，“梦想中国·智汇暨阳”人才新政全球发布会在诸暨市人力社保局举行。此次全球推介会采用OVO跨域路演模式，利用线上虚拟网络和线下实体平台，通过跨地、跨国的高清视频进行集约高效对接，会议实现诸暨主会场和英国、德国、日本、澳大利亚分会场的实时联动，共吸引300多人参加此次盛会；9月20日“智汇暨阳　情满中秋”海内外英才中秋联谊活动，吸引了来自韩国、印度、日本和乌克兰

等多个国家的 30 位外籍专家、海内外高层次人才和企业代表前来参加。（赵 瞰 陈少华）

▲9月17日，"梦想中国·智汇暨阳"2018诸暨招才引智全球推介会在诸暨市人力社保局举行，并实现中、英、德、日、澳五国实时连线。诸暨市由此成为在全省率先推出OVO招才引智新模式的市县（宋琳琦 摄）

职业技能培训与鉴定

【**概况**】2018 年，全市职业技能培训与鉴定 10921 人，其中完成培养高技能人才 7038 人。首次评选设立 10 家诸暨市级技能大师工作室。各有 1 人入选省首席技师、绍兴市突出贡献高技能人才。省"百千万"高技能领军人才培养项目中（"百千万"高技能领军人才培养工程每年遴选一次，到 2022 年，培育 100 名左右具有绝技绝活，处于国际国内技能领域前沿、有省级以上技能荣誉，能引领产业技术发展的"杰出技能人才"；培育 1000 名左右具有较高技术造诣，在省内外同行中拥有较高知名度、有市级以上技能荣誉，能引领带动省技能人才成长的"拔尖技能人才"；培育 10000 名左右在各产业领域发挥骨干作用，富有发展潜力的"优秀技能人才"，形成一支技艺精湛、技能高超、素质优良的高技能领军人才队伍）有 3 人入选拔尖技能人才培养项目，41 人入选优秀技能人才培养项目。6 家企业获绍兴市高技能人才集聚示范企业称号。建成市级专业性职业技能培训示范基地 1 家。

【**首次评选设立 10 家诸暨市级技能大师工作室**】市人社局根据中共十九大报告中指出的要建设知识型、技能型、创新型劳动者大军的精神，全力推动高技能人才队伍建设和技能大师工作室建设。2018 年 11 月，首批确定了冯永才甘薯生产与加工技能大师工作室等 10 家诸暨市技能大师工作室。

【**公共实训基地建设**】2018 年度，共投入 186.48 万元，新建新能源汽车实训室、建筑金属构造实训室、智能仓库等 3 个实训室，并新增汽修、建筑金属构造制作、智能仓库等实训设施设备。至年底，公共实训基地共有 75 个技能实训室，设备

诸暨市级技能大师工作室一览

表 29

序号	名称	申报单位
1	诸暨市冯永才甘薯生产与加工技能大师工作室	诸暨绿康生物科技有限公司
2	诸暨市蒋鸣东火烙葫芦技能大师工作室	诸暨技师学院
3	诸暨市傅雨露花卉园艺技能大师工作室	诸暨市职业教育中心
4	诸暨市张学伟电力调度技能大师工作室	国网浙江诸暨市供电有限公司
5	诸暨市周宇峰中式烹调技能大师工作室	诸暨宇峰海鲜宫大酒店有限公司
6	诸暨市陈立峰机动车检测技能大师工作室	浙江腾欣机动车检测技术有限公司
7	诸暨市茅月永汽车修理技能大师工作室	诸暨技师学院
8	诸暨市杨思班制茶技能大师工作室	绍兴越江茶业有限公司
9	诸暨市黄燕芳茶艺技能大师工作室	浙江西施茶文化传播有限公司
10	诸暨市王培娟茶艺技能大师工作室	诸暨市茗隽轩茶楼

总值达 4981.78 万元；有实训工位 3415 个。

【职业技能鉴定机构】2018 年，全市有企业自主评价定点机构 8 家，创业培训定点机构 1 家，民办职业技能培训机构 7 家，鉴定所 2 家。

【技能比武】2018 年，人社局会同市总工会、店口总工会、诸暨市烹饪协会等单位先后组织主办“格博机电杯”电工技能大赛、店口镇总工会 2018 年职工技能（电工）比武活动、“格博机电杯”焊工技能大赛、2018“华球杯”浙江·诸暨市第二届茶艺技能竞赛暨首届品饮赛、海鲜宫中式烹饪大赛等；先后承办绍兴市电工（维修电工）、车工技能竞赛、第二届五泄（国际）山水茶席大赛等职业技能大赛。诸暨市选手在绍兴市“越宫杯”焊工职业技能大赛中包揽前四名，在绍兴市电工（维修电工）、车工技能竞赛中分获两个第一名。诸暨技师学院在第一届全国技工院校教师职业能力大赛中获得一等奖。2018 年全市通过技能大赛共晋升技师 4 名、高级工 250 人。

【专项职业能力规范开发】针对大唐镇袜业机械操作工集中的情况，8 月组织开发了全电脑提花袜机操作专项职业能力规范；针对传统珍珠产业集中、珍珠企业员工国家技能标准缺乏的现状，11 月开发了珍珠饰品制作专项职业能力规范；针对建筑园林公司的自身评价需要，4 月组织开发了绿化养护专项职业能力规范等。

【企业新型学徒制试行】由企业与技工院校采取企校双师带徒、工学交替培养等模式共同培养学徒。2018 年，诸暨技师学院与海亮集团合作培养企业新型学徒制学员 58 名。（陈少华）

创业就业

【概况】2018 年，通过政策扶持、市场招聘、职业培训、广泛宣传、提升服务等系列措施，全市新增城镇就业人员 25813 人，城镇失业人员再就业 8387 人，其中就业困难人员实现再就业 1865 人。城镇登记失业率控制在 2.25% 以内。

【创业就业扶持】根据《诸暨市人民政府关于支持大众创业促进就业的实施意见》精神，研究制定《创业带动就业有关补贴申领的实施办法》《网络创业认定办法》《失业保险支持稳定岗位工作的实施办法》《创业担保贷款实施办法（试行）》，落实岗位补贴、社保补贴、稳岗补贴、培训补贴等相关扶持政策，惠及企业 2635 家次、人员 37515 人次，累计发放各类补贴 7300 余万元；累计发放创业担保贷款 270 万元。

【重点人员就业】每月开展城镇“零就业家庭”的调查摸排和援助工作，通过人社基层平台力量实时跟踪和上报，确保城镇“零就业家庭”发现一户，消除一户；加大公益性岗位进村的开发和安置力度，2018 年共安置农村低保户及困难家庭成员 302 人，支付公益性岗位补贴 358.65 万元；向 15499 个灵活就业人员支付社保补贴 2556.3 万元；发放职业培训补贴 432.6 万元，惠及人数 8140 人；向招用 270 名就业困难人员的用人单位支付社保补贴、岗位补贴 283.1 万元。

▲2 月 27 日举行的诸暨市 2018 新春公益性人才交流会场景（宋琳琦 摄）

【东西部扶贫劳务协作】与四川省阿坝州金川县交流合作，采取多种措施帮助金川县贫困劳动力实现就业，增加收入。2018 年 9 月成立东西部扶贫劳务协作工作领导小组，研究拟定《诸暨市精准就业扶贫三年行动计划》（2018—2020 年），会同发改、财政研究拟定《关于进一步加大东西部扶贫劳务协作政策支持力度的通知》《诸暨市东西部扶贫劳务协作政策性补贴兑现的实施办法》。根据用工供需情况，向金川县输送 50 多家本市企业用工岗位 800 余个。2018 年，吸纳西部 22 省贫困人口到诸暨就业，共核实 1278 人，总体完成目标任务的 310%，其中结对帮扶 4 省核实 326 人，吸纳其他 18 省核实 952 人。

【电子商务产业链】至 2018 年底，全市共拥有中国淘宝村 24 个、淘宝镇 3 个，已形成依托袜业、服装、珍珠、香榧等产业，以大唐、山下湖、赵家等重点镇乡和电商园区为集聚，以大量电商企业、个体电商、电商服务运营商为主流的完整的电子商务产业链。2018 年，全市共有工商注册备案的电子商务企业 3260 家（包含各类电子商务配套企业），各类网店 2 万余家，建设村淘服务点 426 个，全年累计快递包裹数 2.4 亿件，其中大唐、山下湖等镇日均快递发单量均在几十万件以上。全市从事电子商务创业就业人员达 2.3 万余人。2018 年，全市网络零售额达 148.45 亿元，同比增长 25.98%。

【农民工创业就业扶持】加大农民工创业就业扶持力度，鼓励用人单位招收本市户籍农民工，按规定给予符合条件的农民工社会保险补贴和岗位补贴；搭建农民工就业创业供需平台，年初组织开展农民工专场招聘会，为用工单位和城乡劳动者搭建职介平台；组织“农民工专家服务团”下乡活动，鼓励和引导农民多渠道就业和多种经营。（陆晓东）

工资福利

【2017 年全省在岗职工年平均工资】2018 年 5 月，根据《浙江省人力资源和社会保障厅关于发布 2017 年全省在岗职工年平均工资的通知》（浙人社发〔2018〕56 号），2017 年浙江省在岗职工年平均工资为 61099 元。

【2017 年绍兴市在岗职工年平均工资】根据《绍兴市人力资源和社会保障局关于公布 2017 年浙江省和绍兴市在岗职工年平均工资的通知》（绍市人社发〔2018〕75 号），2017 年绍兴市在岗职工（含劳务派遣）年平均工资为 57492 元。

【2017 年诸暨市在岗职工年平均工资】根据诸暨市统计局 2017 年诸暨市在岗职工平均工资统计结果，2017 年全市在岗职工（含劳务派遣）年平均工资为 56403 元。（余　波）

劳动保障

【概况】2018 年，诸暨市劳动保障工作实现和谐劳动关系建设的长效常态。诸暨市劳动保障监察大队被绍兴市防范处置企业拖欠工资领导小组办公室评选为市劳动保障监察系统模范集体；市劳动人事争议仲裁院获浙江省人力资源和社会保障系统先进集体、全省劳动人事争议案件处理工作优秀单位称号；店口劳动争议仲裁派出庭获全省劳动人事争议案件处理工作优秀派出庭称号；枫桥镇劳动人事争议调解中心被评为全省劳动人事争议基层调解优秀单位；暨阳街道劳动人事争议调解委员会获绍兴市优秀劳动仲裁基层组织称号。（郭霞斐）

【绍兴市第六批劳动关系和谐企业考评】6 月，开展绍兴市第六批劳动关系和谐企业申报考评工作，共有 15 家企业通过考评，被确定为第六批绍兴市劳动关系和谐企业。

【劳动合同和综合集体合同签订】2018 年，全市共有 19.77 万名劳动者与用人单位签订劳动合同，其中外来职工 10.61 万人，劳动合同签订率 99%。签订综合集体合同 814 份，涉及职工 8.16 万人。

【信访处理】2018 年，包括浙江省统一政务咨询投诉举报平台和绍兴市信访综合平台信访件在内，信访总数 1556 件，其中来信来电 567 件，来访 33 件，集体访 2 件。全部处理完毕，办结率 100%。（余　波）

【劳动保障监察案件处理】2018 年，全市市镇二级劳动保障监察机构共处理各类劳资纠纷案件 1394 起，为 2705 名劳动者追发工资 2270.4 万元，基层工资案件化解率达 96.9%。与上年同期相比，案件数、追发工资金额和涉及劳动者人数呈现“三下降”态势，分别下降 25.7%、38.1%、56.2%。市劳动保障监察大队处理案件 42 起，涉及劳动者 188 名，工资金额 230.2 万元，与去年同期相比分别下降 41.7%、63.5%、82.5%。全年协同建管部门处理建筑领域工资案件 3 起，涉及劳动者 171 人，工资金额 792.2 万元。4 起案件因当事人涉嫌拒不支付劳动报酬罪移送公安机关立案侦查，公安机关均予立案。法院判处拒不支付劳动报酬罪案件 4 起。

【“两网化”建设】“两网化”建设即完善劳动保障监察“网格化、网络化”建设。推进基层劳动保障监察中队的实体化建设，至年底，全市共有劳动保障监察中队 27 个，每个中队至少配备 2 名劳动保障监察员，重点镇街配备 4—5 名劳动保障监察员，其中 1 名由市人社局下派。推广使用依法维权智慧监察综合管理系统，实现欠薪投诉举报线上线下“全市通办”。建立多点受理、集中管理、快速处理的欠薪联动工作机制，2018 年，全市将工资案件发生率和化解率纳入镇街平安创建考核内容，2017 年、2018 年两年全市基层案件化解率均达到 96.5% 以上。增设基层劳动争议仲裁派出庭，开辟工资争议案件绿色通道，协调基层公、检、法、司等派出机构力量为农民工提供法律服务和法律援助。对工资争议符合终局裁决条件的一裁终局，符合先予执行条件的及时移送法院先予执行，做到快立、快审、快结。

【清理整顿人力资源市场秩序专项行动】春节后组织实施清理整顿人力资源市场秩序专项行动，全市各部门联动出击，其中人力资源社会保障部门出动80人次、公安部门14人次、工商行政管理部门25人次、其他有关部门45人次，共检查用人单位1450家次，其中职业中介机构3家、劳务派遣机构45家，查处违法使用童工2起，清退童工4名。

【用人单位非法用工整治】2018年度，全市日常巡查各类用人单位11.8万家次，涉及劳动者110.2万人次。立案查处各类行政处罚案件35起，罚款金额38.14万元，其中违法使用童工案件29起，清退童工37名；无合法身份证件案件5起，清退无合法身份证件人员6名；违法延长劳动者工作时间案件1起。

【用人单位遵守劳动用工和社会保险法律法规情况专项检查】7月3日至8月1日，在全市范围内开展用人单位遵守劳动用工和社会保险法律法规情况专项检查，共检查用人单位282家，涉及劳动者4589人，责令补签劳动合同46份；立案查处行政处罚案件11起。发放《中华人民共和国劳动法》《中华人民共和国劳动合同法》《中华人民共和国社会保险法》《禁止使用童工规定》《浙江省企业工资支付管理办法》等劳动保障相关法律法规材料3800余份，接待劳动保障相关政策咨询2000多人次。

【“诸暨无欠薪”创建】自2017年省委省政府开展“浙江无欠薪”行动以来，诸暨市委、市政府第一时间启动“诸暨无欠薪”行动计划。“诸暨无欠薪”创建工作连续两年作为市政府重点工作之一，列入市委、市政府对镇乡（街道）岗位目标责任制考核。按照“诸暨无欠薪”创建工作要求，全市修订完善防范处置企业欠薪相关制度，建立企业欠薪预防预警机制、信用管理联合奖惩机制、欠薪事件应急处置机制和依法维权智慧监察机制。全市在建工程项目基本实现“六项制度”（在建工程项目实名管理、分账管理、工资支付保证金、银行代发工资、按月足额支付工资、施工现场维权信息公开）全覆盖。全市以市、镇、村（企）三级调解平台为基础，形成以人民调解、监察调解、仲裁调解、行政调解“四调合一”、上下联动的多元化解机制。

【清薪维稳专项行动】全年组织开展清薪维稳专项行动。市人社局在专项行动处置各类工资纠纷案件13起，涉及劳动者539人，工资金额1760.4万元，绝大部分工资案件化解在基层中队。

【劳动保障书面审查】在用人单位劳动保障书面审查工作中，全市共审查各类用人单位7593家，涉及劳动者36.3万人。43家用人单位被评为AAAAA级诚信示范企业。

【劳动用工诚信体系建设】加强执法检查，提升企业信用等级。强化舆论宣传，加大失信行为公示力度，并对企业主行为进行限制。2018年，有15家用人单位因恶意欠薪、欠薪逃匿行为被列入恶意欠薪黑名单，并通过媒体公布。（寿 艳）

劳动争议仲裁

【概况】2018年，诸暨市劳动人事争议仲裁委员会共受理劳动人事争议仲裁案件1104件，比上年度降低30.9%（去年受理1598件）。案件涉及劳动者1363人，其中集体案件13件，比上年度减少13.3%（上年受理集体案件15件），集体案件涉及劳动者人数257人。全年办结案件1176件（含上年度结转案件125件），结案率为95.69%，比上年度提高3%（上年结案率为92.68%），其中调解794件、裁决231件、决定151件，调解撤诉率为80.36%。审结案件的经济标的为3562.04万元。诸暨市店口镇劳动人事争议调解中心、诸暨市枫桥镇劳动人事争议调解中心被评为省级乡镇（街道）劳动纠纷多元化解机制建设成效显著单位。

▲7月6日，市人社局首次开展劳动争议仲裁案件要素式庭审网络直播。采用要素式庭审模式的案件仅用时20多分钟即办结，办案效率成倍提高（宋琳琦 摄）

【全省劳动人事争议调解机制创新现场会】5月17—18日，全省劳动人事争议调解机制创新现场会在诸暨召开，各市人力社保分管局长、仲裁处（院）长以及部分县（市、区）人力社保分管局长、仲裁院长、基层优秀代表参加会议。省高院、省军区军事法院、省财政厅、省司法厅、省总工会、省工商联等相关单位负责同志以及省人社厅相关职能部门负责同志受邀参会。诸暨市作为全省典型县（市、区）代表，在会上作题为“挖掘调处潜力 创新基层劳动纠纷化解机制”的交流发言。

【全省首推劳动争议仲裁案件庭审直播】5月2日，市仲裁委在全省首推劳动争议仲裁案件庭审直播网络直播。7月6日，在全省首次开展要素式庭审网络直播，在线观看人数超过3万人。（方燕飞）

社会保险

【概况】2018年，诸暨市社保工作以加强参保登记、提升社会保障水平、落实社会保险待遇、加大基金稽核力度、深入机关事业单位养老保险制度改革、强化社会化管理工作、夯实社会保障·市民卡工程基础为重点，加强社保经办管理规范化建设，提升社保经办服务质量。

至2018年底，全市共有各类参保人员265.7万人次，基金累计结余125.92亿元。企业职工基本养老保险参保46.09万人，基金累计结余753286万元；机关事业养老保险参保3.38万人，基金累计结余9937万元；被征地农民基本生活保障参保7.52万人，基金累计结余102631万元；城乡居民基本养老保险参保37.47万人，基金累计结余57521万元；基本医疗保险参保35.41万人，基金累计结余199119万元；城乡居民基本医疗保险参保75.33万人，基金累计结余39805万元；失业保险参保19.97万人，基金累计结余66975万元；生育保险参保20.16万人，基金累计结余2961万元；工伤保险参保20.37万人，基金累计结余26949万元。

【社会保险待遇落实】至2018年底，全市享受企业职工基本养老保险待遇15.07万人，发放养老金404940万元；享受机关事业养老保险待遇1.13万人，发放养老金93502万元；享受城乡居民基本养老保险待遇15.53万人，发放养老金36915万元；全市基本医疗保险待遇支付96496万元，城乡居民基本医疗保险待遇支付89841万元，工伤保险待遇支付5487万元，生育保险待遇支付10702万元。

【社会保障水平】2018年，企业退休人员基本养老金人均上调138.73元。全市新增13家零售药店纳入医保定点。2018年1月1日起，实施绍兴市统一生育保险政策，女职工生育产假由98天增加到128天；实施职工基本医疗保险历年个账结余超过4000元部分购买商业健康险政策。

【机关事业单位养老保险业务经办】推进机关事业单位养老保险业务经办工作，开展机关事业养老保险跨制度转移、军人养老保险和年金转移跨省跨制度转移、省部署单位纳入和清算等工作。至年底，机关事业养老保险跨制度转移78个单位，军人养老保险和年金转移跨省跨制度转移83人，省部署单位纳入和清算4个单位。

【社保基金稽核】全年通过网上审核、日常巡查、专项检查、接受举报等，共查处违规就医案例3起，检查定点医院、定点药店160家次，暂停8家药店医保服务资格，取消1家定点零售药店医保服务资格；追回、核减医疗保险基金共6.5万元。受理外伤申请9600余例，拒付不属于医保基金支付范围的申请302人次，金额约850万元。

【退休人员社会化管理】至2018年底，共有15.07万企业退休人员纳入社会化管理。新增退休人员养老保险待遇核准26342人，新增城乡居民基本养老待遇核准7621人，新增被征地农民基本养老待遇核定187人。落实机关企事业单位退休人员及遗属、精简等人员的增资工作，其中企业退休职工人均每月提高138.73元；城乡居民基本养老保险人员人均每月基础养老金提高到180元。利用镇乡（街道）平台、公安数据、民政数据、“金保工程”数据等，加强各类养老待遇领取资格认证，防范冒领和重复享受养老待遇。

【社会保障·市民卡工程】协同全市8家社会保障·市民卡合作单位负责社会保障·市民卡制卡补卡工作。除公共服务中心外，全市有39个社会保障·市民卡服务网点可直接办理社会保障·市民卡业务，每一个镇乡（街道）至少有一个服务网点，市民可就近办理社会保障·市民卡。养老金等社会保险待遇通过社会保障·市民卡发放。（何滨）

【办事事项“最多跑一次”覆盖率100%】至2018年底，市人社局共梳理“最多跑一次”事项38个主项、164个子项，办事事项“最多跑一次”覆盖率100%，实现“一证（卡）通办”的民生事项47个子项，占71.2%。164个子项全部实现市县镇村四级联办，“全市通办”实现率100%。

全面梳理可下沉、可延伸至镇乡（街道）办理的服务事项，将社会保险参保登记、出具社保证明、基本养老保险待遇核准支付等与百姓息息相关的民生事项下放至镇乡（街道）。截至2018年底，市人社局下放至镇乡（街道）的“最多跑一次”事项主项37个，子项160个，占全部事项的97.6%。其中107个子项由镇乡（街道）受理，19个子项由镇乡（街道）初审，34个子项由镇乡（街道）办理。

（方 琳）

住房保障

【概况】2018年，全市公共租赁住房、经济适用住房、棚户区改造、农村危旧房治理改造等项目按计划落实，顺利完成上级相关考核任务。住房保障工作平稳推进，公租房申请和年检审核实现“最多跑一次”。

【公共租赁住房】实施申请受理一站式工作机制，2018年5月，实现“一证通”系统运行，市民凭身份证即可办理公租房申请手续，实现公租房续租租金通过支付宝直接缴纳。严格执行准入、退出及日常管理制度，通过网上收件674件，审核公示结束575件，从受理到最终资格核准，平均约16个工作日。实行日常抽查、集中检查和接受举报等管理方式，累计检查公租房950户，发现转租10户，清退10户。完成7次零星房源配租工作，共计保障户数261户。受理租赁补贴申请约800户，受理公租房年检684户。做好公租房轮候册和房源信息公开工作，及时更新公租房轮候册和房源信息。

【经济适用住房】经济适用住房上市交易工作正常运行，批准经适房上市交易44户。

【棚户区改造】计划新开工建设棚改安置房4084套，均为货币安置，实际完成5404套，其中2018年城区城中村改造项目（太和村、廿里牌村、徐家村二期、浣纱村二期）计划开工2408套，实际完成3706套；城新村城中村改造项目计划开工1076套，实际完成1076套；红门村城中村改造项目计划开工600套，实际完成622套。各个项目已上传省住房保障统一管理系统并实现抓取。2018年2月，续建项目红泰安置小区完成竣工备案和择房工作。

【农村危旧房治理改造】全市经初步鉴定为D级的危旧房共15788户，涉及公共安全的C级危旧房348户，C级危旧房40766户。至2018年12月底，27个镇乡（街道）累计完成D级危旧改造4240户；完成C级危房改造2268户，其中完成困难家庭危旧房改造363户，投入资金740万元。

【全市第二次城镇房屋调查登记】2018年5—8月，开展全市第二次城镇房屋调查登记工作，累计完成住宅房屋调查登记5362幢2224.7万平方米，非住宅房屋调查登记2261幢565.7万平方米，调查登记涉及27个镇乡（街道），8月底完成《诸暨市城镇房屋使用安全分析报告》，全面掌握全市城镇国有土地上房屋的物理状况和房屋建设、使用、管理及建筑幕墙使用情况等基础信息。

（黄海龙）

社会　民生

概述

2018年，诸暨市民政局践行“民政爱民、民政为民”工作理念，突出问题导向、目标导向和效果导向，开拓创新，统筹兼顾，狠抓落实，社会救助实现精准兜底大提升，养老服务采取发展大动作，社会治理创新取得大突破。

【困难群众和困境儿童救助】7月13日，制定出台《诸暨市最低生活保障制度实施办法》，开展低保专项整治行动，织密织牢社会救助安全网，筑牢困难群众基本生活保障底线。2018年，全市发放社会救助资金超1.43亿元，惠及179760人。开展城乡留守儿童“合力监护、相伴成长”关爱保护专项行动和困境儿童“牵手计划”活动。深入实施特困人员救助工程，集中供养率达100%。

【养老服务提升】做好山下湖、东白湖、大唐等12家乡镇敬老院的改造升级工作。深化敬老院长效管理机制，4月9日，出台《关于推进养老机构公建民营规范化的指导意见》《深化镇乡（街道）敬老院管理体制意见》等文件，稳步推广公办养老院公建民营模式，14家敬老院实行“公建民营”。全市民办养老机构15家，民办养老机构床位超过公办机构。在建养老服务项目4个，民办养老产业总投资近20亿元。进一步提升居家养老服务照料中心硬件建设、运行机制、管理制度、服务质量等方面水平，建成11家镇乡（街道）级居家养老服务中心、43家示范型村级居家养老服务照料中心。全市282个村实现助餐配送餐，覆盖55%以上的行政村，每天为2000余名老人解决就餐问题。

▲每天中午，王家井镇桥头黄村不少60岁以上的老人都会来到居家养老服务照料中心，因为这里有统一为他们提供的爱心午餐　　（蒋力奔　周碧琳　摄）

【基层治理探索和创新】创新完善城乡社区民主协商、三上三下（“一上一下”为收集议题，村两委会从群众中收集议题，并通过上门下访征求意见；“二上二下”为酝酿方案，通过召开民主恳谈会，对方案进行深入讨论，进一步完善；“三上三下”为审议决策，方案提交党员会议审议，经村民代表会议表决通过后组织实施）民主决策等10项村民自治机制。先后于3月20日制定出台《关于加强城乡社区协商的实施意见》、8月3日出台《诸暨市村务公开工作规程》、12月21日出台《关于加强专职社区工作者队伍建设的实施意见》、12月26日出台《加强和完善城乡社区治理的实施意见》等政策，探索基层自治机制，提升城市社区建设水平。加强农村群众性自治组织建设，实行基层党组织领导下的民事民议、民事民办、民事民管。

【社会组织创新发展】引导社会组织有序参与基层治理，走出一条具有诸暨特色的社会组织发展之路。8月14—15日，成功举办全省社会组织参与社会治理工作现场推进会，民政部社会组织管理局副巡视员张贞德、省民政厅厅长王剑侯、省委政法委综治办专职副主任沈智深、省民政厅副厅长江宇、绍兴市副市长陈德洪、诸暨市领导徐良平、王芬祥、孙君、宣方乐、何鸿成，及民政厅相关处室和各市县民政局相关负责人近150人参加会议。坚持党组织与社会组织同步培育，实行党建与业务“同登记、同年检、同评估”，编织社会组织党建工作动态监测网，建立社会组织党组织组织力指数动态评价机制，研发社会组织党建云平台，推动社会组织规范化、专业化发展。坚持实体运作、资源共享、自我发展原则，搭建市、镇、村三级社会组织服务平台，全市镇乡（街道）社会组织服务中心和城区社区社会组织联合会实现全覆盖。加大政府职能承接和公益创投扶持力度，累计99家社会组织获得立项资金，共300万元，17家社会组织承接司法局、人社局等14个部门的工作职能。

（张伟恩）

社区和基层政权建设

【城市社区建设】全面提升城市社区建设水平，江新社区、凤凰社区打造成诸暨市矛盾调解、社会组织参与社区治理“三治合一”（自治、法治、德治）示范点；上江东、南门社区引入资本打造诸暨市居家养老示范点，多举措打造城市社区建设标杆。

▲10月12日中午，暨阳街道南门社区“百家宴”场景。社区内200多名60周岁以上老年人参加。20桌“百家宴”，近半菜肴由老人们自己烹饪带到现场与大家分享

（骆少华 摄）

【农村群众性自治组织建设】加强农村群众性自治组织建设，实行基层党组织领导下的民事民议、民事民办、民事民管。完善城乡社区民主协商、三上三下民主决策等10项村民自治机制。推进村级（社区）便民服务中心建设，加大便民服务中心督查力度，提升服务效率和质量。（俞狄勇）

人口与计划生育

【概况】全年共出生8657人，出生率和自然增长率分别为7.98‰和0.58‰，计划生育率96.86%，出生人口性别比110.84。

【生育管理】女性初婚人数4125人，已婚育龄妇女人数188881人，一孩妇女数105471人。采取各种节育措施人数158856人，综合避孕率84.1%；综合生育率1.29%。

【惠民计生】继续实施全面两孩生育政策，实行生育登记服务制度，开展生育登记服务6806例，再生育审批260例。完成26个（新建11个）公共场所母婴设施建设；落实奖励扶助对象29554人（新增5087人），发放扶助金2837.18万元；特别扶助对象1500人（新增235人），发放扶助金1123.92万元；独生子女特殊家庭关爱对象1535人，发放关爱金811.26万元。享受城镇职工养老保险补助4264人，发放补助金218.15万元；独生子女父母城乡养老保险补助5.1万多人，发放补助金308万余元。完善修改全员信息系统信息58.5万条。（赵国萍）

【流动人口计生管理】全市流入人口323198人，其中育龄妇女105033人，流动育龄妇女登记管理率99.14%；流出人口为100200人，其中育龄妇女40880人、已婚育龄妇女30669人，流出已婚育龄妇女信息接收反馈率100%。流入人口生育子女信息掌握率95%；流动人口卫生计生基本公共服务覆盖率95%以上。牌头镇社区卫生服务中心于12月成功创建省级流动人口卫生计生规范化服务中心。店口、枫桥、暨阳街道等镇街于4月被列为国家流动人口动态监测样本检测点。8月开始实行现居地流动人口生育登记服务，与流动人口婚育证明一并列入“最多跑一次”服务内容。（张雪梅）

【计生协会】全市有市、镇、村三级计划生育协会组织761个，会员小组1897个，会员之家715个，会员100782名，会员联系户114685户。有生育关怀基金65个，冠名金额2.78亿元，全年联合企业帮扶“五关怀”（关怀困难的计划生育家庭、关怀育龄群众生殖健康、关怀独生子女、关怀女孩健康成长、关怀基层计划生育工作者）对象3803户，发放帮扶资金337.63万元。每个镇乡（街道）设立1—2个青春健康教育基地，确定湄池中学、职教中心、滨江初中、浣东初中、开放双语实验学校等5所学校为市级首批青春健康教育基地。计生系列保费超过240万元，理赔208人次，赔付224万元。联合诸暨摩友公益协会关爱困难家庭96户，送出2万余元慰问品。

（黄婉红）

宗教和民族事务

【概况】2018年，全市有佛教、道教、天主教、基督教四大教派；有宗教团体4个：诸暨市佛教协会、诸暨市基督教三自爱国运动委员会、诸暨

市基督教协会、诸暨市道教协会（新增）；已登记宗教活动场所132处，其中佛教75处（新增2处），道教4处（新增2处），天主教1处，基督教52处；经备案宗教教职人员157人。另有1处佛教场所在筹备设立中。2018年，市统战部门对标平安宗教场所“1+9”（管理规范和政治安全、人员安全、活动安全、食品安全、消防安全、建筑安全、网信安全、财务安全、财产安全等九大安全）创建体系，将宗教和民间信仰有关事务纳入全科网格管理，确保诸暨市民族宗教领域的和谐稳定。

【教职人员和信教群众普法教育】每月向宗教活动场所赠送党报党刊，其中各级党报512份，各类党刊700余册。7月，五泄禅寺、滴水禅寺等2处场所明确为省级法治宣传教育基地培育单位。全年举办“十百千万”普法工程（为增强广大宗教界人士和信教群众的法治意识，由省民宗委、省司法厅、省普法办联合推进实施的以宪法为主题的普法工程，在全省宗教领域培育十个省级普法示范点，建立百个省级普法基地，开展千场普法宣讲，受众超百万人次）讲座计5场，听讲教职人员及信教群众近千人次。

【平安宗教场所创建】根据平安宗教场所“1+9”创建指标体系，实现“四个全覆盖”。①7月开始，将全市132个宗教场所全面纳入创建工作。8月，实施民宗事务纳入全科网格管理工作，把38项创建指标分别明确到民宗干部、专项网格员、平安巡查员和场所负责人。②7月，开展宗教场所和宗教团体财务上线工作，11月底，实现上线率100%。③8月，开展宗教大数据智慧管理工作，运行浙江掌上宗教APP。12月底，实现132个宗教团体、宗教场所上线巡查全覆盖。④7月开始，实施宗教场所升挂国旗、各项制度上墙工作，9月底，实现全市128处宗教场所全覆盖，走在全省前列。

【绍兴“五进场所”现场会】5月30日，绍兴市平安场所创建动员大会暨“五进场所”现场经验交流会在诸暨召开。绍兴市各县（市、区）民宗局长、宗教团体负责人以及诸暨各镇乡（街道）统战委员等120人与会。［诸暨为“五进场所”经验发源地（见《诸暨年鉴（2016）》）。“五进场所”指联系交心进场所（完善建立市、镇乡（街道）两级党政领导联系机制，定期开展谈心交流、走访慰问活动）；政策法规进场所（定期赠送各级党报512份，各类党刊700余册）；优质服务进场所（开展排忧解难、公共文化服务、维护权益服务）；依法管理场所（加强审批建设与监管力度）；和谐创建进场所（开展“和谐场所”评星创建，开展公益事业共建活动）。］

【宗教团体换届】10月26日，诸暨市佛教协会第四次代表大会召开，修改市佛教协会章程，选举产生新一届理事会。12月12日，诸暨市基督教三自爱国运动委员会第五届会议暨诸暨市基督教协会第四届会议召开，并选举产生新一届领导班子。

【诸暨市道教协会成立】经过2年的筹备，12月7日上午，诸暨市道教协会第一次代表大会在诸暨报业大厦召开，诸暨道教界代表共计73人与会，省、绍兴道教协会秘书长，市佛教协会会长，东阳市道教协会会长等到场祝贺。会议选举产生理事会理事19名，选举杨景为协会会长。

【宗教活动场所安全隐患整治】7—10月，对全市所有宗教活动场所和民间信仰点开展消防、建筑、食品、活动等隐患大排查，共计消除各类隐患95处，涉及整改场所72个。完善场所应急预案，推进重点宗教活动场所微型消防站建设，至12月底，建成11个微型消防站。

【少数民族帮扶工作】做好产业对接和资金帮扶工作，本年度为龙游县沐尘畲族乡、松阳县象溪镇上梅村解决项目扶助资金共56万元。1—2月，组织慈善总会、少数民族联谊会、诸暨电视台举办“暖冬行动”，开展向少数民族婚姻家庭困难户年终慰问，共帮扶45户。全年走访慰问少数民族贫困家庭13户、大唐第二小学困难少数民族家庭学生30名，发放慰问金11.59万元。

【民族团结进步创建成果】10月，大唐镇第二小学成功获评“2018年浙江省民族团结进步创建示范单位”。

社会事务

【概况】2018年，市民政局以紧贴需求为立足点，推进社会事务管理，绿色殡葬成果显著，婚姻收养登记、地名管理依法开展，福彩公益金支出绍兴县市区排名第一。

【殡葬管理】抓好“两路两侧”（公路、铁路沿线两侧）裸露坟墓整治和生态公墓绿化改造工作，全市共完成“两路两侧”裸露坟墓整治8处，绿化改造 8 个问题公墓，治理率达 100%。加强骨灰跟踪，进行镇乡（街道）骨灰跟踪管理排位，全市骨灰公墓入葬率达 76.37%。落实殡葬惠民制度，2018 年全市享受惠民殡葬人数共 5608 人，政府补助金额达 464.63 万元。有序推行节地生态安葬，共建节地生态墓地 16 处，墓穴 3345 穴。清明和冬至分两批组织 14 位逝者家属赴舟山莲花洋举行集体海葬活动，12 月中旬，建成诸暨首座海葬纪念碑，镌刻诸暨市自 2013 年首次开展海葬活动以来所有 40 名逝者的姓名。实施树葬 2 例，引导群众殡葬新风尚。

▲2018 年是诸暨推行海葬的第六年，全市总计有 40 位逝者实施海葬。12 月中旬，诸暨市建成第一座海葬纪念碑，铭刻海葬者的姓名，以供逝者后人祭奠

（图片来源　诸暨日报社）

【婚姻登记】2018 年，全市累计结婚登记 6154 对，较上年略有下降，25—29 岁结婚的人最多，占结婚总人数的 42.3%。离婚登记 2028 对，较上年略有下降。聘请 11 名婚姻家庭辅导员为有离婚意向的夫妻提供专业婚姻辅导，有效控制离婚率。

【地名管理】牵头做好柯诸线（柯桥—诸暨）73.9 千米界线和界桩的联合检查工作。依法命名住宅小区 29 个、商业中心 1 个、工业园区 2 个、公园 1 个、城市道路 4 条，新装路名牌 119 块，共设置门楼牌 2403 块。编制门牌 290 多个，出具地址证明 350 多个。诸暨市第二次全国地名普查成果数据 10 月份通过民政部入库验收。全市共录入地名 6637 条，采集多媒体信息 11146 条，绘制成果图 17 幅，入库数据 385 条。

【收养登记】做好收养评估调查，依法开展收养登记工作，2018 年共办理 46 例。

【福利彩票公益金】2018 年，福利彩票累计销售额 30866.32 万元，募集福彩公益金 1347.25 万元，公益金累计支出 1340.55 万元，其中省级公益金 1197 万元，诸暨市级公益金 143.55 万元，福彩公益金支出为绍兴各县市区最多。公益金主要用于养老机构升级改造、避灾场所建设、社会组织公益项目、困难对象补助等。

（张伟恩）

社会福利

【儿童福利】上调孤儿基本生活费标准，机构养育孤儿 1730 元 / 月，社会散居孤儿年基本生活最低养育标准由不低于福利机构孤儿养育标准的 60% 提高为 80%，即 1384 元 / 月，低保、低保边缘家庭中的重病、重度残疾和三级四级精神、智力残疾儿童基本生活费由参照社会散居孤儿基本生活费标准的 50% 发放提高至 100%。全年累计发放儿童节日慰问 24.24 万元，并实施多项孤儿和困境儿童慈善救助项目。7 月起，联合 5 家社会组织开展关爱困境儿童“牵手行动”，联合省妇女儿童基金会开展“焕新乐园”项目，为全市 110 名 6—16 周岁困境儿童改善居住环境。

（吴光文）

救助救灾

【概况】以精准公平为出发点，完善社会救助政策，开展低保专项整治；建立多层次医疗保障体系，加大孤儿和困境儿童关爱力度，实施特困人员救助工程；加强避灾场所“回头看”，实现社会救助救灾大提升。

【最低生活保障】7 月 13 日，制定出台《诸暨市最低生活保障制度实施办法》，围绕救助对象精准、政策精准，开展低保专项整治行动。2018 年，全市城乡低保共 8295 户、10963 人，低保边缘共 922 户、2172 人，累计发放低保救助金 8792.18 万元。

【特困人员救助】实施特困人员救助工程，提高生活不能自理特困人员集中供养水平。全市共有特困人员 346 名，288 人入住敬老院，入院率达 83.24%，其余特困人员全部实行户院挂钩供养，集中供养率达 100%，累计发放救助资金 528.56 万元。

【大病医疗救助】全年大病医疗救助累计支出 4150.9 万元，共救助 163659 人次。

【居民家庭经济核对】全市核对城乡低保对象 958 户、1387 人次，低保边缘对象 167 户、480 人次，因病致贫人员207户、571人次，公租房核对4005人次，教育救助2253人次。

【临时救助】2018年底，重新拟订临时救助实施细则，进一步加大对困难群众临时救助力度。开展冬季困难群众救助工作，向部分困难对象送上棉被、大衣、毛毯等御寒物资。全年临时救助717户1878人，累计发放救助资金285.66万元。

【救灾减灾】加强避灾中心建设与管理，开展避灾场所“回头看”工作，新建避灾场所22处，整改187处，至2018年底，全市共有避灾场所392处，防灾减灾救灾综合能力得到有效提升。（吴光文）

慈善捐助

【概况】2018年，诸暨慈善围绕“项目化慈善，制度化治理，常态化活动”总体思路开展各项工作。全年各项收入合计5185.5万元，其中市本级捐赠收入3418.7万元（冠名基金收入2317.2万元，日常和定向捐赠收入793.2万元，实物捐赠收入308.3万元），镇乡分会和系统互助基金捐赠收入757.9万元，本金保值收入1008.9万元。全年慈善公益服务支出总额3564.6万元，其中市本级支出2932.6万元（冠名基金支出1313.6万元，定向支出753.2万元，实物捐赠308.3万元，慈善项目支出557.5万元），镇乡分会和系统互助基金支出632万元。共惠及群众约63000人次（不含省外援救助人数）。（赵珈瑜）

移民安置

【移民安置】做好年度人口复核及后扶资金发放工作。充分利用民政数字信息平台，实时复核移民身份信息，实行动态化管理。全市共有大中型水库后扶移民34724人，其中直补移民26674人，项目扶持移民8157人（含历年已实际核减直补移民2132人）。2018年度共发放移民直补资金1598万元。精准优质落实移民扶持项目，全年共计下达水库移民项目55个，补助资金2540万元。做好移民创业致富工作，全年通过农商银行发放水库移民创业致富小额贷款1889万元，共贴息46.5万元，受益移民216人（户）。（杨雪苗）

居民生活

【概况】2018年，全市全体居民人均可支配收入为51130元，同比增长8.8%；人均生活消费支出27963元，同比增长8.5%。按城乡分，城镇常住居民人均可支配收入62623元，同比增长8.3%；人均生活消费支出31966元，同比增长7.8%；人均住房面积65.5平方米。农村常住居民人均可支配收入36053元，同比增长9.0%；人均生活消费支出22712元，同比增长9.1%；人均住房面积70.9平方米。全年居民消费价格指数（CPI）同比上涨2.2%，较上年上升0.1个百分点。

【城镇居民收入】2018年，城镇常住居民人均可支配收入62623元，同比增长8.3%。从收入来源看，工资性收入30626元，同比增长9.2%，占可支配收入的48.9%；经营净收入18385元，同比增长6.0%，占可支配收入的29.4%；财产净收入6214元，同比增长10.3%，占可支配收入的9.9%；转移净收入7398元，同比增长8.6%，占可支配收入的11.8%。

【农村居民收入】2018年，农村常住居民人均可支配收入36053元，同比增长9.0%，保持稳定增长。从收入来源看，工资性收入17804元，同比增长9.8%，占可支配收入的49.4%；经营净收入12936元，同比增长8.3%，占可支配收入的35.9%；财产净收入856元，同比增长14.6%，占可支配收入的2.4%；转移净收入4457元，同比增长6.9%，占可支配收入的12.4%。（卢俊杰）

老龄工作

【概况】截至2018年底，全市60周岁以上老年人口275051人，占比25.34%（老年人口比例前三的镇分别是同山镇29.09%、江藻镇29.05%、街亭镇28.77%），比上年增加9290人，其中65周岁以上186374人，占比17.17%；80周岁以上高龄老人38859人，占比3.58%；百岁老人53人（女性43名，男性10名），占比二万分之一。最长寿老人105周岁。

【敬老爱老宣传】开展最美养老护理员、十佳敬老爱老先进模范、敬老文明号等评选活动，每年10月份举行“敬老月”系列活动，每年在新闻媒体刊发一期敬老爱老专版，营造敬老爱老助老的良好社会氛围。

【老年优待和权益保障】制作优待证19692张，其中绿证（60—69周岁）5883张，红证（70周岁以上）16809张。为全市70周岁以上老人参保平安出行意外保险，保费金额3万多元。开展百岁寿星健康服务保障工程，落实“五个一”服务，即结对一名家庭医生、建立一份健康档案、每年一次健康体检、每月一次健康随访、办理一张优先诊疗卡，发放百岁老人长寿保健补助费40.2万元。依托老年协会组织和居家养老服务照料中心，开展老年电大远程教学，投入25万元，招收学员2.5万名，建立教学点565个。（戚殿甜）

关心下一代工作

【概况】2018年，市关工委重点做好“大关工”育人、项目化关爱、结对帮教和青少年校外教育基地建设等方面工作，“四延伸”（帮人帮心、帮人帮富、帮人帮到规正、不帮一时帮一世）帮教做法得到中国关工委主任顾秀莲肯定。推进“五好”（领导班子建设好、骨干队伍组织好、制度健全执行好、活动经常效果好、积极探索创新好）村（社、居）创建的经验在全省基层关工委建设工作会议上作经验交流。

【“大关工”育人】“大关工”即整合资源，做到“三破三立”（打破关心下一代工作是小打小闹的狭隘认识，树立关心下一代工作需要全社会共同参与、各部门齐心协力的正确认识；打破关工委是小单位的认识，树立关工委是党委领导、各成员单位组成的委员会的正确认识；打破关工委就是老同志工作的错误认识，树立起关工委是以离退休老同志为主体、党政有关部门和群团组织负责人参加的正确认识），有效协调有关部门做好关心下一代工作。1月29日，新建市青少年社会主义核心价值观报告团，统筹关工委、妇联、司法局、科协等进校宣讲力量，创新“网上点菜”举措，全年开展各类宣讲80余次。4月起，同市教育局联合开展“弘扬‘红船精神’争当时代新人”主题教育活动，组织开展150余次活动，受教育青少年2万多人次。2018年初，市关工委印发《我们的村史》。1月18日，从恒久集团筹集8万元用于英才奖评比，联合评比第六届少年英才奖。与司法局等共同向宣传部承接进文化礼堂文艺活动，争取经费1.99万元，春节期间共开展24场文艺文化活动；会同有关社会组织参与关爱困境儿童、焕新工程等活动；联同团市委等中秋前赴浙江省未成年犯管教所慰问诸暨籍未成年犯。

▲5月16日，市关工委的何建国在向山下湖镇中学生做青少年法律法规知识讲座（骆少华 斯徐峰 摄）

【“爱心圆梦 阳光护苗”行动】以关爱岭北留守儿童为主，联手岭北镇（年初）启动“爱心圆梦阳光护苗”行动，向荣怀集团等筹集75万元，8月实施“三大行动”（建设阳光校园、阳光乐园、阳光基地），在岭北镇建设青少年乡村教育体验基地。至2018年底，4个村的阳光乐园完成修缮，职光基地和阳光学校的足球场完成规划。

【助学助困】8月，市关工委与市民政局启动“福彩助学·情满暨阳”大学助学项目，重启“金融育才”助学项目，持续开展海亮助学工作，直接牵线搭桥资助大学新生98人，发放助学金49.4万元，向112名往届大学生发放助学金44.28万元。各成员单位暑期共资助大学生501人，发放助学金223.68万元。全市41所学校165名贫困且优秀的学子得到慈联奖学金近25万元，400名革命老区贫困生获价值32万元的爱心营养餐补贴。2018年，牵手浙江西大门新材料股份有限公司，向9名困难家庭学生送上近2万元关爱款；向岭北镇水带幼儿园送上价值1.2万余元的微心愿礼物；向3名患白血病等重病患儿送上各5000元慰问金，向13名边缘困境儿童送上各1300元慰问金。

【首届孝德少年和孝德阳光少年表彰】市关工委会同市孝德文化研究会等组织开展首届孝德少年和孝德阳光少年评选，在全市评选出26名孝德少年和24名孝德阳光少年后，2018年初，出资1万元会同孝德文化研究会等，对获评的首届孝德少年和孝德阳光少年进行表彰。

【未成年人结对帮教】1月，与法院、检察院、公安局、司法局联合出台《关于参与办理未成年人刑事案件、帮教关爱工作的实施细则》，完善参与未成年人刑事案件办理涉案未成年人和关爱帮教的制度，明确持证上岗，进一步规范关爱帮教工作。重新摸排出初中毕业未升入高一级学校的30名学生，落实“五老”（老干部、老战士、老专家、老教师、老模范）结对，实施跟踪关爱。

【青少年校外教育基地建设】依托农村文化礼堂开展青少年校外教育基地建设，全市共享文化礼堂的青少年校外教育基地共137个。3月30日，在越红博物馆举行市青少年茶文化教育实践基地授牌仪式，在店口镇侠父村召开基层组织建设现场会，至2018年底累计建设少年校外教育基地142个。

【“五老”骨干培训和“五好”村（社、居）创建】5月24日，首次进市委党校召开全市“五老”骨干培训会，140人参加。推进“五好”（领导班子建设好、骨干队伍组织好 、制度健全执行好、活动经常效果好、积极探索创新好）村（社、居）创建工作，年终对24个创建村、8家创建企业、12所创建学校进行验收，全部通过验收。10月10日，市关工委主任周雪芬在全省基层关工委建设工作会议上作推进“五好”村（社、居）创建的经验交流。

【关心下一代志愿服务总队成立】12月27日，成立市关心下一代志愿服务总队，总队共51人。

【中国关工委主任顾秀莲来“老杨调解中心”调研】6月10日，中国关工委主任顾秀莲来设在枫桥的“老杨调解中心”调研，指导关工委工作，肯定杨光照创设的“四延伸”（帮人帮心、帮人帮富、帮人帮到规正、不帮一时帮一世）关爱帮教失足失范未成年人的经验。（何建国）

志愿服务

【概况】2018年底，全市共有实名注册志愿者7.4万余名，年服务时间超过180万个小时。社会组织参与调解各类矛盾纠纷、帮教社区服刑人员，参与各类救灾、人员搜救等应急救援；开展社区活动，服务老年人、残疾人，帮助青少年，为大众提供了多样化、多层次的服务。（宣 超）

2018年志愿服务情况

2018年，诸暨市志愿者协会以弘扬“奉献、友爱、互助、进步”志愿服务精神为主题，团结引导全市广大志愿者，积极参与“五水共治”、平安建设、文明城市创建等市委、市政府中心工作，为诸暨“两个高水平”建设积极贡献青春力量。

创新活动载体，引导团员青年“上阵服务”。开展“青春团小二·接棒新风尚”“新时代文明实践中心”系列志愿服务活动，重点抓好“团小二”“公益联盟”等2支志愿服务队工作，引导全市少先队员、团员青年、志愿者先后开展文明礼仪、文明事迹等主题宣传活动30余场次，开展礼让斑马线、文明出行、“绿袖套”垃圾分类等文明劝导活动60余次，组织留守儿童等青春关怀志愿服务50余场。同时，在全市基层团干中集体签订移风易俗承诺书，倡导简婚新风尚，引导全市广大青年树立文明、健康、理性的婚恋消费观，以实际行动践行婚事新办。同时指导成立简婚志愿者联盟，为简婚践行者提供只收取成本费的婚车、婚庆等志愿服务（婚车每辆每日收费不超过300元，婚庆主持不超过500元一场）。组织“舞动青春、文明实践”街舞慈善公演，引导群众参与文明实践知识竞答，并通过义卖方式为四川金川县贫困学生募捐爱心善款。

紧盯需求导向，指导社会组织“精准服务”。根据群众需求，结合市级点单系统，并依托团干部“1+100”“周末访”“夜访”等联系青年制度，了解群众所需，针对性开展服务。针对群众的精神文明需求，在阮市、店口、枫桥等镇乡先后开展“青

▲岭北镇岭北周村的周万其（中，手扶电瓶车者）虽然91岁高龄了，但仍义务负责看管村里的文化场所，每星期固定打扫一次卫生，是诸暨年龄最大的“义工”

（骆少华 摄）

春团小二·接棒新风尚”青春文艺下乡志愿活动。针对群众对健康知识的需求，先后在璜山等镇开办“破陋习、传新风”主题讲座，重点宣讲健康坐月子、文明礼仪等内容。全面整合各项社会资源，提供多样化服务，引导93帮帮团、一米阳光等社会组织多层面开展后备厢逃生、免费量血压、修家电等公益志愿活动。指导爱之光成立“慈善超市”，向社会弱势群体每月提供价值40元的免费生活物资。

着眼服务青年，建立奖励机制“热情服务”。为吸引更多青年参与“文明实践”志愿服务，提高活动质量，团市委依托志愿汇等平台，完善奖励机制，根据志愿服务实际小时数累计积分，并结合积分情况引导志愿者到指定位置领取洗车、餐饮、纪念物等服务，至2018年底有200余人次兑换志愿激励物资。同时，提升志愿者参加服务的安全保障，为参加大型活动的志愿者购买意外保险。（赵媛宇）

街道　镇乡

暨阳街道

【概况】暨阳街道位于诸暨市主城区，为市政府所在地，是全市政治、经济、商贸、文化、交通中心。街道东临浣东街道，南靠王家井镇、街亭镇，西毗陶朱街道，北至江藻镇，东西最大距离13.55千米，南北最大距离14.1千米，总面积82.84平方千米。街道办事处驻红旗路26号。下辖19个社区、22个居委会、25个行政村，户籍人口16.7万人。

2018年，暨阳街道实现地区生产总值110亿元，同比增速7.7%；财政收入21.58亿元，同比增速26.94%，双双创造历史新高。完成农业固定资产投资832万元；自营出口54.46亿元，同比增加24%；全体居民人均可支配收入68118元，同比增加8.8%。

【招商引资和企业培育升级】引进“大、新”项目6个，引进“接沪融杭”项目5个，新增生产性服务业企业8家。实到内资12.34亿元，实现税源经济回归4.34亿元，完成民间投资25.2亿元。实现规上［批发业（包括外贸企业）：年商品销售总额在2000万元以上（包括2000万元），同时年末从业人员在20人以上；零售业：年商品销售总额在500万元以上，同时年末从业人员在60人以上］批零住餐企业销售额189.21亿元，同比增长32.88%；规上工业总产值、第三产业增加值、高新技术产业产值、新产品产值、战略性新兴产业产值均大幅增长。推进科技创新和企业培育，完成科技成果转化3项，培育高新技术企业7家，新增科技型中小企业34家。完成股改企业5家，新增股份制企业2家；完成省股交中心挂牌5家，完成“个转企”（个体工商户变更成公司）80家、“产转法”（产业活动单位转为独立注册的法人单位）13家、“小升规”（规模以下小型微型企业升级为规模以上企业）9家，新增“下升上”（规模以下工业企业升为规模以上工业企业）34家，发展小微企业1536家。

【市场升级】提档升级村淘4S店15家，朱公湖农贸市场和城东农贸市场12月通过省四星级市场验收。完成农产品电商销售额1655.1万元。

▲省四星级市场——朱公湖农贸市场菜场一角
（蒋力奔 摄）

【企业风险化解】利用市政府应急专项资金为各类企业转贷115家次，累计转贷资金31.86亿元，银行不良率仅为0.7%，远低于全市平均水平。

【城乡环境综合整治】开展“五星达标、3A争创”“五星达标、和美家园”“五星示范、双强争先”［五星”即党建星、实力星、人才星、文化星、和谐星，“双强”即党建强、发展强（服务强）］系列创建，金鸡坞居民区等17个村（居）创成绍兴首批“五星达标”村。出台村（居）乡村道路养护专项考核办法，确保街道“两路两侧四边三化”专项整治行动常态长效。完成“三改”105.5万平方米，拆除违法建筑7.5万平方米。推进农村厕所革命，累计拆除露天粪坑旱厕311个、新建改造公厕100座。完成同乐下村等7个村的农村生活污水治理工程，实现垃圾分类全覆盖；建成5个环保驿站、1个垃圾分类宣教中心、505个垃圾分类投放点，完成城南安家湖农村餐厨垃圾处理终端改造提升和城北孙家处理终端新建工程。

【创建工作及创建成果】12月，配合接受全国文明城市复审（绍兴市于2019年2月通过复审，保留荣誉称号）；10月，创成省食品安全示范城市；创建八一社区、浣北社区2个省级节水型小区（至2019年1月创建成功，收到命名文件）。

【平安建设】开展矛盾隐患大排查大化解大调处，化解信访积案58件，化解绍兴市重点督查件46件、诸暨市级291件，化解数量全市领先。高度重视初信初访，受理绍兴市政务热线（“12345”）信访2930件，诸暨市政务热线（“96345”）信访3595件，满意率全市领先。8月成立“西施娘家人”家事工作联盟，动员各方力量开展矛盾调处，全年共调解矛盾纠纷2572件，其中重大疑难纠纷31件；郭叶柏村、浦阳新村、丫路头居民区、暨二居民区、茅渚埠居民区、浣江居民区、金鸡坞居民区、新航居民区、詹家山居民区、梁家埠居民区、凤山居民区成为“零上访村（居）”。关停和取缔“忽悠式”等疑似传销单位20家。街道本级、江新社区、凤凰社区于2019年3月获诸暨市坚持发展“枫桥经验”突出贡献先进单位称号，八一社区获评诸暨市综治中心示范点，江新社区、凤凰社区、鸬鹚湾居获评绍兴市“三治融合”（自治、法治、德治）示范村（社区）。做好禁毒、反邪教、消防安全等日常管控工作，祥安社区2月被评为省级无邪教社区。

【全市首个社区文化家园】10月，建成全市首个社区文化家园“和合”文化中心。社区文化家园开设文化讲堂、舞蹈室、书画室、手工制作、健身室、活动室、爱心食堂及青少年幼儿教育、活动及阅读室，组织老年、青少年开展文化和艺术培训、手工制作、文体活动、健康管理等。2018年，相继开设越剧、声乐、排舞、电子琴、葫芦丝、旗袍秀8个科目的老年艺术兴趣班以及青少年“三点半课堂”“暑期阅读马拉松”“公益环保布袋制作”等项目，吸引了社区内外大量社会组织和社会资源加入到社区文化阵地建设，丰富了老年人的文化生活，充实了青少年的业余时间，形成和美家园良好样本。

【民生实事】坚持从群众身边的“关键小事”抓起，筹建避灾场所、居家养老服务照料中心等阵地，凤凰社区8月建成浙江省无障碍社区，上江东社区10月建成绍兴市首个智慧养老体验馆。城区新添东望幼儿园、苎萝幼儿园2所幼儿园，暨南小学、行知幼儿园完成扩建。

【“最多跑一次”改革深化】8月，完成新行政服务中心建设，建成“一站式办理”村级便民服务中心9个，在全市率先实现社区个体工商户营业执照代办业务延伸全覆盖，所有下放事项实现无差别受理、“一证通办”和“一窗受理”。

【党风廉政建设】5月，推出“五星达标”包干组机制，全员下沉一线。与浙江农林大学暨阳学院签订全面战略合作协议，加快整转软弱落后村（居、社区）党组织。充分发挥“领头雁”作用，评选出优秀党小组长56名、优秀党务工作者49名、优秀共产党员105名；宜东村赵金胜成为全市基层组织建设领域表现突出的优秀村干部，八一社区何学军等获评浙江省万名好党员，江新社区陈维芹等获评浙江省新时代“千名好支书”。全年处理不合格党员3名，评定农村警示党员35名。办理党纪案件45件，警告处分20人、严重警告11人、留党察看3人、开除党籍11人。（周泽雅）

陶朱街道

【概况】陶朱街道地处诸暨市西区，位于浦阳江西侧，东接暨阳街道，南临大唐镇，西接应店街镇，北靠直埠镇，拥有“三环两纵一港口”（“三环”：诸暨一环线、二环线、三环线；“两纵”：浙赣铁路、杭金衢高速；“一港口”：新亭埠码头）的立体化交通优势。区域面积94.98平方千米，街道办事处驻环城北路368号，辖4个社区、22个行政村，总人口6.21万。2018年，街道实现生产总值82.37亿元，财政总收入12.31亿元；实现固定资产投资19.60亿元；自营出口总额31.27亿元。全体居民人均可支配收入50131元。

【企业培育和升级】全年新增2000万元以上规上工业企业13家，限上服务业企业9家；新增国家级高新技术企业11家，认定科技型中小企业27家；完成科技成果转化3项，发明专利授权60项，技术市场交易额达7000万元。重点培育上市企业7家，培育拟上主板企业2家、新三板企业2家；完成股改企业5家，省股交中心成长板挂牌企业5家。

【项目双进】以“招大、引强、选优”为导向，全年成功引进30亿元以上工业项目1个，3亿元以上工业、服务业项目各1个，实到市外资金7.57亿元；新开工5亿元项目1个、1亿元工业项目7个、5000万元工业项目6个；投运1亿元以上项目2个。

【治气治水】加强废气整治，全年累计检查企业作坊1110余家次，对环境违法行为立案查处34起，总罚款537.7万元。建立夜间环保动态检查机制，委托第三方机构对38家废气重点企业进行夜间巡查，全年组织出动225人次，检查企业3000家次。推进“五水共治”，完成年度清淤任务3200方。铺设污水管网35千米、雨水管道30千米。

【2018年度全省小城镇环境综合整治省级样板】开展三都集镇环境综合整治工程，涉及4个大类42个整治项目，其中新建改建道路7条，打

通断头路 3 条；改造三都老街，拆改结合改造微公园 5 个；完成三都路、紫兰路等道路两侧立面改造 10 万余平方米；完成强弱电“上改下”15.2 千米，拔除路中杆 120 多处，入户线整治 5100 多户；安装红绿灯 5 处、违停抓拍系统 21 处；改建扩建停车场 8 个，漆划停车位 1285 个。成功创建为 2018 年度全省小城镇环境综合整治省级样板。

▲陶朱街道三都集镇一角　（陶朱街道办事处供图）

【美丽乡村建设】清理露天粪坑 82 个、旱厕 30 座，改建农村公厕 20 座，新建一星级公厕 8 座、二星级 6 座。高标推进“五星达标、3A 争创”，首批创建村通过验收 4 个，启动第二批 6 个村创建；完成 10 个村庄主入村口绿化景观改造工程。

【“整村代办”】实施“整村代办”计划，22 个行政村组建了一支平均年龄在 29 岁的新型村级代办员队伍，通过 8 次业务培训，代办业务从初期拟定的 60 项拓展至 198 项，全年累计代办事项达 3.2 万余项，满意率 100%。

【民生实事】全年共救助 83 人，发放救助金 66.82 万元。新增友谊社区为医养结合居家养老试点，向老年人提供健康建档、家庭医生签约等个性化、专业化服务。持续加大教育投入，投资 780 余万元完成西湖小学、景瑞幼儿园装修、三都小学塑胶运动场改造等多项工程。完善校点布局，启动跨湖幼儿园、明德小学、城西初中 3 所学校的新建工作。完成慎村大湾、长塘、山井塘 3 个山塘标准化建设，基本完成外大唐水库除险加固工程、棉花心山塘综合整治工程；完成浦阳江苍湖闸改建工程、新亭闸维修工程等小型水利工程。

【平安建设】创新实施“三位一体”（全科型网格、四个平台、基层干部管理）基层治理体系，立足街道实际，重划街道网格，全域划分为 88 个网格，设立专职网格员 94 名。专职网格员依托“陶朱民情”工作平台，围绕安全、稳定、秩序、环境、社情 5 个大块 12 个小类工作清单开展日常巡查，10—12 月共计巡查问题 5987 个，整治率 100%。持续强化企业（店面）安全生产管理，全年累计巡查全年累计巡查企业（店面）48860 家次，排查整改隐患 37165 条，发出“红色预警”企业 118 家，约谈企业负责人 76 名，停业整治 128 家，立案查处 37 家，共处罚金 43.2 万元。集中开展 2 次大型出租房专项整治行动，累计检查出租房 3341 家次，整改安全隐患 1441 个。

【全市首个爱心基金全覆盖镇街】8 月，街道召开移风易俗动员大会，推进辖区内移风易俗工作。此后，街道 22 个行政村立足村情，广泛发动，持续宣传，使得移风易俗蔚然成风。同时，以自愿捐赠为原则，各行政村收集简办酒席户的爱心捐款并设立村级爱心基金。村级爱心基金主要用于帮扶村内贫困群众。2018 年，募集村爱心基金 30 万余元，成为全市首个爱心基金全覆盖镇街。

【首届“陶朱好人”评选】6 月，街道组织首届“陶朱好人”评选活动。围绕“平凡中体现价值，平常中体现境界，平淡中体现真情”这一主题，街道发动各线办、群团组织、村社区、企事业单位深入发掘身边的劳动者、青年、党员、村民（居民）、志愿者、企业家等 10 个类别好人群体共计 62 人，并从中通过综合审核评选出 29 位首届“陶朱好人”予以表彰。

（赵楼妃）

浣东街道

【概况】浣东街道地处诸暨城市东大门，东邻枫桥镇、东和乡，南至街亭镇，西接暨阳街道，北连江藻镇、山下湖镇，31 省道绍大线贯穿全境，诸永高速和绍诸高速 2 条高速公路交汇于此，至绍兴、杭州约 1 小时行程。区域面积 115 平方千米，街道办事处驻地暨东路 95 号。辖 3 个社区、2 个居委会、24 个村，户籍人口 5.3 万，流动人口 1.3 万。

2018 年，浣东街道实现国内生产总值 48.63 亿元，财政收入 8.55 亿元；固定资产投资 8.99 亿元；商贸投入 10 亿元；实现自营出口 19.4 亿元；居民人均可支配收入 57132 元。

【招商引资和项目推进】抓住“北承南接”战略机遇，推动电脑刺绣机全产业链、智能化发展。2018 年，实到内资 4.46 亿元，引进 3 亿元以上工业项目 1 个、服务业项目 1 个，引进生产性服务业项目5个，其中杭州雨濠投资2.1亿元的年产5万台智能单头家用刺绣机项目、越隆技术开发（杭州）投资3.4亿元的年产2000台高档刺绣机生产线项目已办理手续；投资6000余万元的维也纳国际酒店、投资5000万元的"省千"人才开发研究抗肿瘤新药FGFR4抑制剂GD-1001项目顺利落地。2018年，街道共有在建工业项目16个，上年结转项目4个，其中亿元以上项目7个，在建商贸服务业项目5个，500万元以上项目累计完成1亿元。杭州宾果、长城影视集团、新华信托股份等公司共同投资7.5亿元的股权投资管理项目正式投运；上海开通数控投资7亿元的年产6000台高档刺绣机生产线项目完成注册；上海菱韵机电投资2.5亿元的年产2500台高档刺绣机生产线项目临近投产。

【人才引进和企业培育升级】做好"人才扶持、政企协同"结合文章，2018年8月主办"浣东工匠、智绣未来"改革开放40周年音乐朗诵会，9月举办"高层次人才助力乡村振兴"项目路演，20余名博士参与活动，7家企业形成项目结对、产学合作意向。全年共引入"国千"人才3名、"省千"人才4名、绍兴海内外英才计划7名；引进可产业化科技成果3项，发展中小科技企业23家，完成高新技术企业认定6家、发明专利授权60项。推进企业股改及新三板上市，培育市重点企业13家，完成股改3家，新增股改企业2家，省股交中心挂牌企业3家。

【城东新城和高湖蓄滞洪区建设】联合多部门开展清障拔钉行动30余次，完成鱼塘、塘面清理6200余亩，迁移坟墓1087穴，强制清障6万余平方米，高湖蓄滞洪区1万余亩土地政策处理和清表工作基本完成。同步启动高湖周边渠系改造工作。王家湖地块350亩、白马墩地块230亩土地平整和围墙砌筑全面完成；高湖进村道路建设、东一路延伸段南渠改造工程等顺利推进。

【双桥集镇和乡村环境综合整治】环境综合整治实行清单式攻坚、销号式推进，严把进度关、质量关。共清理垃圾32万吨，完成复绿2.1万余平方米；廿章线"白改黑"、农贸市场整治、征迁区域复绿以及长约30千米的管路铺设、三线整理、道路美化、立面改造、景观小品等工程全面完工。全域整治房前屋后乱搭建、乱堆放、家禽散养等各类环境问题，拆除乱搭乱建3000余处。投资9000万元的小城镇环境综合整治顺利通过省工作组验收。

【民生实事工程】投资9000万元的城新小学、投资3400万元的浣东中心幼儿园于2018年9月顺利开学。投资500余万元的3个山塘水库除险加固工程全部完成，受益面积690余亩。完成盛兆坞一村公路建设、章金新村自来水改造、李村二村水利项目等4个移民工程和14个确权村6368户1万余亩农村土地确权发证工作。对低保困难家庭开展摸排，退出不符合条件的低保困难家庭97户176人，新审批低保困难家庭22户32人；临时救助28户，大病救助81人次，共慰问各类对象820户，救助慰问总金额200余万元。新建完成东盛、东福2个社区避灾中心；投资800余万元建成精品浣江书房、社区文化家园及3个农村文化礼堂，其中盛兆坞三村文化礼堂被评为市级精品文化礼堂。

【中国刺绣机产业基地】浣东刺绣机产业已形成机架、零配件、整机生产和售后服务一体化的完整产业链。街道共有刺绣机企业250余家，产量占全国80%以上、占全世界70%以上，产品远销全球124个国家和地区；刺绣机产业年产值达到70亿元，上缴税收达2亿元。浣东刺绣机产业处于国内领航、全球领先地位，2018年1月被授予"中国刺绣机产业基地"称号。

▲越隆缝制有限公司的工人正在装配刺绣机
（徐德文　蒋力奔　摄）

【刺绣机行业国家标准制定工作会议】2018年3月，刺绣机行业国家标准制定工作会议在诸暨召开，来自全国各地的12家刺绣机企业和相关单位参加会议。此次刺绣机国家标准（刺绣机术语）制定工作会议为期1天，内容包括介绍制定的内容、范围等框架性方案，落实国家标准制定工作计划，探讨有关刺绣机团体标准、培训教材等。（唐　祥）

店口镇

【概况】店口镇位于诸暨市北部，东邻柯桥区、阮市镇，南接山下湖镇、江藻镇、直埠镇，西靠次坞镇，北连萧山区、柯桥区，沪昆铁路穿镇而过，03省道东复线贯通全镇，浦阳江与其支流枫桥江在境内汇合。区域面积106平方千米，其中建成区面积16.5平方千米。距萧山国际机场43千米，距市中心33千米。镇人民政府驻中央路388号。辖17个行政村、6个社区、3个城市社区居委会，常住人口13万多，其中户籍人口65838人，新店口人64257人。2018年，全镇实现国内生产总值191.70亿元；实现财政收入14.5亿元，实现税收总收入13.3亿元；规上工业总产值407.7亿元，完成全社会固定资产投资23亿元（不含房地产）；完成自营出口52亿元。农村常住居民人均可支配收入超6万元。

"五金之乡"店口镇是全国综合实力千强镇，每月有30多亿元的工业产品发往世界各地。全镇拥有2家中国500强企业、7家上市企业、8家年销售10亿元以上企业和153家规上企业，被誉为浙江"资本市场"第一镇。2018年，先后获浙江省园林城镇、浙江省小城镇环境综合整治行动省级样板等称号。

▲店口镇行政中心俯瞰　（韩　超　摄）

【工业经济发展】紧扣数字经济方向，落实促进经济高质量发展政策，传统产业质量效益稳步提升。12月启动海亮有色智造工业园一期建设；同月竣工验收友地［店口镇（金浦桥区域）］金属加工生态园，全面完成海亮股份数字化车间、盾安禾田智能工厂等一批示范生产线和示范企业培育建设。新上工业机器人165台，企业上云718家；新增高新科技技术企业13家，总数达54家；新增科技型中小企业50家，总数达225家；完成高新技术产业投资12亿元，实现可产业化科技成果转化5项，高新技术产值达237亿元。

【城乡环境品质提升】全面提升城市建设品质，2018年12月18日实施全国首个《美丽城镇建设与管理规范》地方标准，完成中央河、西林湖二期景观提升工程。以村庄环境综合整治为抓手，全面开展房前屋后清理、基础设施提升、美丽节点打造等专项工程，23个村（社区）实现垃圾分类全覆盖，203座厕所完成改造提升。成功创建"浙江省园林城镇"，店口社区等10个村（社区）成功创建首批绍兴市"五星达标村"。加强"五水共治"，制定《店口镇"污水零直排区"建设行动方案》，投入6000余万元，完成祝家坞村等6个村（社区）生活污水综合治理，三江口村获得全市唯一一个年度绍兴市"最美小微水体"荣誉称号。

【融入杭州大都市圈】深化小城市培育，修改完善新编店口镇总体规划（2016—2030）草案，将店口的发展规划置于杭州大都市圈格局中。加快构建店口融杭交通一体化格局，店弦线道路工程基本完工，店口港建设稳步推进，杭州—店口—诸暨、绍兴—店口跨市客运网络进一步完善。

【"最多跑一次"改革深化】对重大项目实行专人负责制和全程代办制，落实工业投资"承诺制"项目15个，"最多100天"跟踪代办项目39个，累计受理各类审批及服务事项超10.2万件。

【基层治理模式创新】在全市率先实现移风易俗、村级关爱基金两个全覆盖，牵头组建诸北"义拉宝"便民志愿者联盟。依托"四个平台"（综合工作平台、市场监管平台、综合执法平台、便民服务平台），开展群团改革试点工作，发挥新店口人先锋队、乡贤调解室、店口义工协会、妇联、团委等社会群团组织的作用，协同推动社会综治工作，全年调解矛盾纠纷168件，化解积案交办件68件，群众来信来访同比下降3.7%，刑事和治安警情同比下降6.3%，没有发生命案和五类重点案件（指重大、疑难、复杂案件，社会影响大、群众反映强烈的案件，上级机关交办、督办的案件）。

【全国首个《美丽城镇建设与管理规范》地方标准发布并实施】2017年12月，诸暨店口"美丽城镇"标准体系建设列入省级标准化试点项目，店口镇政府作为主起草单位启动编制《美丽城镇建设与管理规范》地方标准规范。为确保标准的科学性和实用性，店口镇政府专门成立全国首个镇级标准办，组建由20余个相关部门组成的标准起草协调小组，收集了国家、省市有关美丽城镇建设工作的相关政策文件、技术文件、典型案例等材料，并赴湖州、嘉兴等地开展考察调研。在广泛征求意见的基础上，组织召开标准审评会并通过专家评审，2018年11月30日，经绍兴市质监局备案后，《美丽城镇建设与管理规范》正式发布，并于12月18日起实施。该规范以“产业美、生态美、服务美、文化美、党建美和宜业、宜居、宜学、宜游、宜购”这“五美五宜”为核心主线，设置了涵盖经济发展、生态环境、公共服务、文化建设、美丽党建等领域的共计38项定性和定量指标，对美丽城镇建设与管理各环节给予细化指导和先进引领。（朱 燕）

▲店口镇中央河景观游步道（韩 超 摄）

大唐镇

【概况】大唐镇位于诸暨市中西部，东接陶朱街道，南毗暨阳街道，西邻草塔镇和五泄镇，北连应店街镇。镇域面积53.8平方千米，镇政府位于开元东路段。下辖3个社区、4个居委会、10个行政村，居住人口超10万，其中常住人口3.2万人，流动人口7.2万余人。2018年，全镇实现国内生产总值110.28亿元；财政总收入6.89亿元；固定资产投资7.54亿元，自营出口50.62亿元；居民人均可支配收入5.5万元。

大唐镇是国家小城镇建设试点镇、现代示范镇、全国文明镇、全国村镇建设先进镇、国家卫生镇，省级中心镇。2018年，大唐镇通过国家卫生镇复审和省级森林城镇创建、省级小城镇环境综合整治验收。

【招商引资和项目建设】全年完成500万元及以上固定资产投资6.68亿元，其中工业性投资4.71亿元，市外境内资金到位6.32亿元，外资到位963万美元；新开工5000万元以上项目9个，其中工业项目8个、农业项目1个。共引进项目18个，计划总投资21.5亿元，其中都市区项目7个，实到资金4.09亿元。新供工业用地17宗，开工率100%，实现零增地技改6.43万平方米。

【科技兴镇和人才引进、培育】全年完成规上新产品产值38.5亿元，同比增长25%；规上高新技术产业产值39.2亿元，同比增长40%；战略性新兴产业产值15.1亿元，同比增长65%。完成科技型企业认定24家，高新技术企业认定5家，科技成果转化4项，技术市场交易额达6395万元。叶晓机械、海润精工、嘉志利等企业成功研制整台智能织缝翻一体袜机，售价比同类进口袜机便宜近1/3；全自动智能袜子包装机、缝头翻袜一体机均已形成批量生产。入选“暨阳533”人才1名，11月9日举办第二届大唐袜业专场人才招聘会，有近80家企业参加，提供岗位百余个，涉及外贸、跨境电商、翻译、设计等方向，两校共500多名应届毕业生参加。据统计，现场共有67家企业收到学生投递的简历，意向就业登记人数达到200多名；培育高技能人才

▲大唐镇俯瞰（郭 斌 摄）

700 余人。

【集镇环境整治】全年打通断头路 3 条，完成道路硬化 15 千米、雨污管网铺设 15 千米、“三线”（供电线、通信线、广播电视线）整治 50 千米，绿化造林 580 亩；改造提升市民公园 3 个，新建便民服务点 3 个，新建或改造集镇厕所 11 座；袜艺主题广场、滨水休闲文化长廊等重要项目基本建成。2018 年 4 月启动实施全国第二次污染源普查工作，420 家企业完成环评，17 件企业污染事件受到行政处罚。全年水质断面考核全部达标，PM2.5 平均浓度低于全市平均水平。优化集镇管理机制，加强重点路段时段监管，集镇脏乱差问题得到有效治理。

【村级集体经济新源头开掘】利用闲置农房土地，开掘村级集体经济新来源，先后落实后山迷宫露营、大唐橄榄园、春来园艺场等项目，13 个村（社区）集体经济总收入均达到 100 万元以上，7 个村经营性收入达到 30 万元以上。

【乡村治理】开展“五星达标、3A 争创”工作，实施厕所、垃圾、污水“三大革命”，拆除乱搭乱建 3220 处，清理乱堆乱放 3337 处，“三改”（指旧住宅区、旧厂区、城中村改造）面积达 66.2 万平方米。按照“五星齐抓”的理念，首批 6 个创建村通过验收并正式命名，第二批 4 个创建村进入全面提升阶段，综合考评优良。

【民生实事】新建完成 3 个村级文化礼堂，至 2018 年底文化礼堂总数达 8 个。市第六人民医院与浙江省人民医院成为协作医院；2018 年 8 月建成运营大唐敬老院。对低保对象、残疾人“两项补贴”（困难残疾人生活补贴和重度残疾人护理补贴）实施动态管理，城乡居民基本医疗扩面参保率达 99% 以上。加快农村危旧房整治，摸排整治 C 级以上危房 1091 户。优化就业创业扶持政策，实施“无欠薪”专项行动。新增就业大学生 1051 人。

【平安建设】按照“信息化＋网格化”思路，推进“四个平台”和全科网格建设，综合信息处理反馈率达 100%。健全领导信访包案制度，调处各类矛盾纠纷 1587 起（其中劳资纠纷 779 起），涉及金额 2485 万元。创新流动人口服务管理，试点推广安心租 APP，建成启用智慧化劳动力市场。推进社会心理服务体系建设，成为绍兴市首批镇级达标单位。成功创建绍兴市级“三治融合”（自治、法治、德治相结合的基层社会治理模式）示范村 1 个，绍兴市级民主法治村 1 个。规范建设乡镇消防站和专职消防队，完善隐患排查整治长效机制，火灾成灾数下降 40.4%。累计投入近 2000 万元改善交通设施，开展交通查纠整治，交通肇事死亡事故同比下降 33.3%。开展扫黑除恶专项斗争，落实全国“两会”、纪念“枫桥经验”55 周年等重要节点维稳安保工作，被评为诸暨市坚持发展“枫桥经验”先进集体。着力化解“两链”（资金链、担保链）风险，企业不良贷款总额回降 65.6%。

【袜艺小镇建设】袜艺小镇规划面积 2.96 平方千米，重点建设“智造硅谷、时尚市集、众创空间”三大区域。“智造硅谷”是小镇的智能制造集聚区，主要包括“海讯两创园、圣凯科技园、天顺精品园”三大园区；“时尚市集”是小镇的智慧中枢和文化艺术旅游区，主要包括“袜业智库、滨水休闲文化长廊、艺术村落”等功能区；“众创空间”是小镇的电商群落生态区，主要有电商园、大学生创业园、中国针织原料市场、物流园区等项目。截至 2018 年底，诸暨袜艺小镇已累计完成各类投资 55.1 亿元，其中 2018 年完成固定资产投资 2.02 亿元（不包括商品住宅和商业综合体项目），特色产业投资额为 1.84 亿元；实现规上工业总产值 27.9 亿元，入驻各类企业 560 家，“新四军”（指青年大学生、高校院所科技人才、海内外人才、企事业人员）创业人员 532 人。根据国家标准《旅游景区质量等级的划分与评定》和国家旅游局《旅游景区质量等级评定办法》，经绍兴市旅游景区质量等级评定委员会现场评定 ，大唐袜艺小镇达到国家 AAA 级旅游景区标准的要求，1 月 30 日，被批准为国家 AAA 级旅游景区。

▲袜艺小镇入口　（大唐镇政府供图）

智造硅谷：海讯两创园近 13 万平方米厂房结顶待售，意向入驻企业 38 家；圣凯科技园一期 4.8

万平方米厂房建成，吸纳20余家单位入驻；天顺精品园一期部分项目动工建设。2018年，小镇范围内新建投运企业200余家。

时尚市集：袜业智库主要包括袜业创新服务综合体、WA（袜的谐音）空间艺术中心、智能站、匠心坊、博物院、互联E家和美丽街等功能区，汇聚全球袜业创新、创意、设计人才，推动产业链向智能化、科技化、差异化、信息化发展。整个袜业智库已进驻企业68家，直接服务各类企业1000余家。浙江大唐袜业城分为轻纺原料、袜子、袜机、物流四大交易市场，市场总占地面积457亩，建筑面积17万平方米，年成交额100多亿元，定期举办袜博会。围绕“电商换市”，依托2016年建成的袜业大数据中心，线上线下市场实现联动发展。结合小城镇环境综合整治，冠山溪滨水休闲文化长廊、三环线景观带、永新路美丽示范街、柱嵩精品村改造等项目落地建成。

众创空间：电商集聚区已吸引116家电商企业入驻，纵深推进童袜王国、卡拉美拉等一批个性化互联网体验项目，2016被评为绍兴市首个中国淘宝镇，2018年实现网上销售15亿元。8个村被评为中国淘宝村。

【入选全国最美特色小镇50强】5月24日，中国特色小（城）镇指数研究课题组发布的《中国特色小（城）镇2018年发展指数报告》，筛选出全国最美特色小镇50强名单和最美特色小城镇50强名单，诸暨袜艺小镇位列全国最美特色小镇第5位，诸暨大唐镇位列最美特色小城镇第30位。8月16日，诸暨袜艺小镇被省政府正式命名为省级特色小镇。

【中国针织工业协会袜业研发中心、袜子专业委员会秘书处落户大唐镇】11月29日，中国针织工业协会第六届第四次理事会、第七次常务理事扩大会暨大唐袜业高质量发展论坛在诸暨召开。会上，大唐镇政府与中科院南京分院签订高新技术研发创新战略合作协议，与浙江农林大学暨阳学院签订共建中国大唐袜艺学院战略合作协议；会议宣布，中国针织工业协会袜业研发中心、袜子专业委员会秘书处落户大唐镇。

▲大唐镇滨水休闲文化长廊　（大唐镇政府供图）

【诸暨袜艺小镇授牌命名】9月13日，浙江省特色小镇规划建设工作现场推进会在余杭举行，第二批5个正式命名的省级特色小镇名单公布，诸暨袜艺小镇榜上有名，成为绍兴市首个由省政府正式命名并授牌的特色小镇。

【第二届中国“大唐杯”袜艺设计大赛】11月28日晚，第二届中国“大唐杯”袜艺设计大赛全国总决赛在诸暨举行。大赛由中国纺织服装教育学会、教育部高等学校纺织类专业教学指导委员会和诸暨市人民政府共同主办，大唐镇人民政府、西安工程大学承办，浙江大唐纺织科技开发有限公司协办。大赛以“界线”为主题，强调“艺术本无界”，注重袜业设计的生态化、艺术化、融合化，共收到来自全国56所院校和企业的1200余件袜艺设计参赛作品和400余件外包装设计参赛作品。经过专家评审，评选出袜子造型及创意设计和袜子外包装创意设计两个类别各50件作品入围决赛。

【专项创建】镇第二中心小学入围省级首批民族团结进取创建重点培育名单。该校共有26个班级、1018名学生，其中有来自12个少数民族的109名少数民族学生；柱嵩村2018年8月通过省级体育示范村验收，该村拥有塑胶篮球场、气排球场、门球场等特色体育场地。

【现场会承办】2月24—25日，“乡村振兴战略”诸暨大唐案例专家研讨会在大唐镇召开，上海社科院专家到大唐调研，围绕“实体经济、工匠精神、乡村振兴”开展讨论。10月24日，全市袜业行业数字化改造提升推广现场会在大唐镇召开。

【与诸暨日报社合作出版《大唐》报】挖掘大唐文化内涵，1月开始与诸暨日报社合作出版《大唐》报。《大唐》报对开4版，设置有要闻、袜业、村庄、专题、影像等版面，每月8日出版，随《诸暨日报》发行，每期发行量4.7万份左右。

【成立村级关爱互助协会】2018年8月，13个村（社区）陆续成立村级关爱互助协会，至年底累计获得募捐资金25万元。2018年，组织慰问30次，发放慰问金3万余元。　（魏永杭）

枫桥镇

【概况】枫桥镇位于会稽山西麓，诸暨市东北部，东毗柯桥区，南连赵家镇、东和乡，西至浣东街道，北邻阮市、店口，距市中心约20千米。31省道、诸嵊公路、枫店线穿镇而过，绍诸高速贯穿全境，设南、北两个互通口。枫溪江、孝泉江、栎江三江汇流成的枫桥江穿境而过，是浦阳江主要支流。镇域面积165平方千米，镇人民政府驻中兴路1号。全镇辖2个社区、29个行政村，户籍人口7.2万。2018年，全镇实现国内生产总值56.28亿元，同比增长8.9%；财政收入5.35亿元，同比增长14.4%；工业总产值88.95亿元，同比增长11.7%；固定资产投资11.38亿元，同比增长68.1%；自营出口11.7亿元，同比增长13%；全体居民人均可支配收入39918元，同比增长8.5%。

枫桥镇为全国重点镇、全国文明镇，是诸暨的人口地域大镇、经济政治重镇，以“枫桥经验”“枫桥衬衫”“枫桥香榧”闻名全国，连续三次捧得全国综治最高荣誉“长安杯”。2018年，枫桥镇被国家文物局、住房和城乡建设部评为第七批中国历史文化名镇；被全国普法办确定为首批全国法治宣传教育基地；通过全国文明镇复评；为第二批全省“扫黄打非”进基层标兵。

【产业集聚和人才引进、培养】投资2000万元提升两创智造集聚区（“两创”即创新创业，两创智造集聚区是枫桥中小企业集聚成长、创新发展的平台，占地面积1500亩，位于枫桥高速北出口）和青龙畈工业园区的基础设施，两创智造集聚区新入驻企业35家；总投资约28亿元的杭派服饰产业园项目入列绍兴市“市县长项目工程”；净增“个转企”34家，完成“规改股”（规上企业改制股份制企业）1家，创建科技型中小企业18家。引进“国千”人才1名、“绍兴市海内外330人才”1名，培养高技能人才78名。

▲枫桥镇大部弄一带老街 （任光法 摄）

【文旅产业培育】以古镇核心区域为中心，沿枫溪江、镇南区域打造枫桥文旅品牌。全镇新注册文旅企业43家，曦皇影业、E枫桥、风情旅游、枫韵文化、东成酱园等特色业态入驻古镇老街。枫溪谷奢野酷玩营地、靖昀山庄入驻枫源村。云溪九里、仙人阁民族风情园、香妃梅林列入省发改委2018年浙江省服务业重大项目计划。首届古镇台阁市年俗文化节于2月14日成功举办；4月起与中华文学基金会、中国诗歌网等多家单位联合举办“千年文脉、诗意枫桥”诗歌征文大赛，《爱满枫桥》《清气满乾坤》等歌曲广为传唱。8月与海康威视达成战略合作，“平安+文旅”产业模式启航。

【古镇改造】实施古镇二期改造工程，对核心区域景观立面进行精细化梳理，完成枫溪江游步道、彩仙桥重建、古镇亮化工程。

【道路整治和美化】投资4.2亿元对绍大线枫桥境内道路两侧进行美化、亮化；完成对枫北路、天竺路、钟瑛路、学勉路等集镇道路的整治提升及枫谷线、枫山线美丽道路建设。

【基础设施完善和民生工程建设】增设标准化公交站台35处、公共WiFi点位221个；枫桥镇镇第二幼儿园如期开学，枫桥镇中易地新建完成设计、选址；第二人民医院眼科中心于5月建成投运。镇级养老院重建主体工程基本完工。新建文化礼堂6个，全镇文化礼堂总数达到11个，全年开展各类文化活动150多场次。完成马岭村、东三新村等8个行政村的农村饮用水安全提升工程。

【美丽乡村建设】全域开展“五星达标、3A争创”，成功创建五星达标村26个，枫源村、栎桥村被评为AAA级景区村。投资1.4亿元完成枫源村、栎桥村、阳村村、杜黄新村、三江村美丽乡村精品工程；投资1600多万元建成9个水工程，投资2200多万元完成楼家村、陈家村、海角村3400余户生活污水改造，完成公厕改造164个。

【社会治理】推进“雪亮枫桥”建设，高清视频监控达到725只。实现赴京零信访，越级信访总量下降30%，纠纷化解率达到99.1%。加强特殊人员管理帮扶，5月成立反邪教协会；对23名社区戒毒人员进行心理干预。开展消防隐患专项整治，发

▲枫源村入口　（任光法　摄）

现并整治隐患2.1万处。举办“不让毒品进我家”省禁毒宣传文艺会演、“戴安全头盔护平安回家”交通安全宣传、食品药品防欺诈宣传活动。区域内投资经营风险进一步化解，不良贷款率降至0.29%。

【社会组织规范化管理】至2018年12月，全镇有各类社会组织256家，其中镇级社会组织53家，涉及平安创建、志愿服务、文娱宣传等多个类别。每年召开全镇社会组织大会，开展一年一度的星级考评，2018年共评选出五星级社会组织14家，四星级社会组织21家，三星级社会组织17家。首创村级社会组织“5+X”标准化建设，“5”即引导各村成立乡贤参事类、平安巡防类、乡风文明类、“580”（谐音“我帮你”）志愿服务类、邻里纠纷调解类五大类村级社会组织，“X”即因村而异成立若干个性化社会组织，并分别制定标准章程。

【党风廉政建设】打响“红枫党建”品牌，实施“五引五力”（政治引领领导力，组织引领执行力，发展引领号召力，服务引领凝聚力，作风引领战斗力）工程，建成镇党群服务中心。开展“大调研大走访大服务”专项活动，每季度开展“枫桥式”干部轮训，出台《“枫桥式”干部管理十一条》。推进清气枫桥建设，9月建成诸暨市清廉教育基地。落实监督执纪问责，查处违纪案件36起，问责处理镇村干部6人。开展村级巡察，落实农村党风廉政建设“一单一卡一手册”（农村党风廉政建设主体责任清单、农村党风廉政建设工作提示卡和村级党组织落实党风廉政建设主体责任纪实手册）机制，通报不作为、乱作为、微腐败十大典型案例。

【“枫桥经验”诞生55周年纪念活动】公安部部长赵克志（9月9日）、最高人民检察院检察长张军（11月7日）、中央政法委秘书长陈一新（10月9日）、司法部长傅政华（5月9日）、省委书记车俊（10月25日）、省政法委书记王昌荣（2月26日）、省公安厅长王双全（3月5日）等领导先后来枫桥镇考察、调研坚持发展“枫桥经验”情况，指导筹备工作。建成“枫桥经验”陈列馆、枫源村、为民服务中心、党群服务中心、智慧治理中心、陈家村红枫居等新时代“枫桥经验”六大核心示范点和清廉教育基地、红枫义警工作站、乡贤馆、安防体验馆、栎桥村、杜黄新村等一大批考察点。11月13日，完成参加“枫桥经验”55周年纪念活动的13个考察代表团的接待工作；全年接待“枫桥经验”考察团队10.3万人次。

【绍兴市首个公共法律服务站成立】组建联合调解中心，4月17日成立绍兴市首个公共法律服务站，站内设置社区矫正、人民调解、法律咨询、法律援助等窗口，率先配备公共法律服务触摸查询一体机等高端智能设备，为群众提供普惠公共法律服务。实行农村法律顾问“六个一”机制（每月一次下村服务，每季一次法治讲座，每季一次村务法律审查，每年一次免费诉讼服务，每年一份村“法治”提升建议报告，每村一卷法治档案）和“平安指数”（综合考虑民间借贷诉讼案件、信访、火灾事故等10类数据，赋权打分计算出的月度平安指数，可以直观反映本月镇内平安稳定状况）发布机制。“平安指数”每月通过“掌上枫桥”微信公众号发布，面向全镇公开。2018年，全镇法律顾问共走访群众

▲“枫桥经验”陈列馆外景。“枫桥经验”陈列馆位于枫桥镇孝义路主入口，占地7776平方米。陈列馆运用丰富的图文、视频、实物资料，分“诞生”“演进”“发展”“升华”“新时代探索实践”等5个篇章，完整呈现半个多世纪以来“枫桥经验”的传承、发展和创新　（任光法　摄）

4600余户，接待解答群众法律咨询1750余次，组织法律讲座102次，解决具体问题96件，化解涉法涉诉纠纷34件。

【绍兴枫桥学院开工建设】绍兴枫桥学院位于枫桥镇枫一村，投资7.5亿元，用（征）地面积223036.96平方米，建设用地面积213856.17平方米，建筑面积60000平方米。6月28日，绍兴枫桥学院在诸暨市委党校正式授牌，9月28日开工建设。学院参照“校区、景区”的理念，按照综合区、教学区、科研区、生活区、体艺区5个功能区块进行布局，建成后能满足年培训约300班次、1.5万人次的需求。

【全省首创“三位一体”流动人口卫生计生规范化服务中心】全省首创“三位一体”（集“流动人口计生管理服务、卫生计生基本公共服务、优生优育宣传教育”为一体）流动人口卫生计生规范化服务中心。该中心设置在诸暨市第二人民医院门诊部四楼，流动人口在中心可以免费办理流动人口婚育证明等计生管理服务；免费享受查孕查环、孕产妇保健、儿童预防接种等基本公共服务；免费接受“优生、优育、优教”宣传教育培训，深受外来务工者欢迎。中心在2018年全年建立0—6岁儿童健康管理档案455本，儿童流动人口管理率达95%，接种疫苗1600针次，招工健康证办理600人，发放宣传手册1200份，发放避孕药具950份，受益人数达3500人。

【杨光照被司法部聘为“全国人民调解专家”】6月，枫桥镇老杨调解工作室的杨光照，被司法部聘为“全国人民调解专家”（全国共6人）。12月，杨光照获评CCTV2108年度十大法治人物（全省唯一）和2018年度“最美浙江人·浙江骄傲”。

（郭君贤　吴　堃）

牌头镇

【概况】牌头镇位于诸暨市西南部，东邻王家井镇、街亭镇和璜山镇，南与安华镇和义乌市接壤，西连同山镇，北毗草塔镇，距市中心14.5千米。沪昆铁路、杭长高铁、03省道、诸安快速通道等纵贯全境，杭金衢高速公路在牌头设有互通口；浦阳江由西南向东北流经牌头。镇域面积87.8平方千米，镇人民政府驻站前路197号。辖27个行政村、1个社区，总人口47221人。2018年全镇国内生产总值45.6亿元，比上年增长9.3%；财政总收入2.69亿元，比上年增长8.4%；工业总产值94.7亿元，比上年增长13.39%；固定资产投资8.57亿元；自营出口154218万元；全镇居民人均可支配收入42271元。

▲杭金衢高速牌头入镇口　（牌头镇政府供图）

牌头镇为诸暨市三大古镇之一，境内有国家级风景名胜区斗岩风景区，有浙江省重点文物保护单位张秋人烈士陵园，是浙江省中心镇、浙江省百强镇、浙江省卫生镇、浙江省特色小镇培育优秀小镇、绍兴市小城市培育试点镇。

【工业投资和企业培育升级】全年完成民间投资9.7亿元；实到内资3.9亿元，实到外资652万美元。实现高新产值33.8亿元，完成新产品产值40亿元。完成存量土地挖潜61.2亩，新增“下升上”企业4家；完成市场主体培育企业171家，“个转企”37家。

【项目引进和建设】全年引进各类项目20余个，其中1亿元以上工业项目2个。全镇实施3000万元以上技改项目16个，开工建设5000万元以上产业项目9个，其中投资5.3亿元的“镇长项目”（天洁新上年产6万吨玻纤生产线）主体在建。

【农田水利建设】立项实施高标准基本农田建设1774.8亩，完成市定任务的137%。投资380余万元完成双高村高效节水灌溉项目、金龙塔村农村饮用水工程及斗岩里水库山塘整治工程。投资50余万元完成70个山塘水库及堤防的维修养护工作。推进土地双保工作，土地开发考核面积80亩，建设用地复垦通过市级考核验收54亩。

【美丽乡村建设】持续开展“五水共治”，疏浚河道1条、长度2.3千米，疏浚池塘12个，共清理淤泥1万余立方米，清除浦阳江水葫芦3000余吨。农村生活垃圾分类处理覆盖率100%，实现垃圾减量850余吨，被评为2018年度市农村生活垃圾分类示范镇乡。新增牌头村、坑西新村生活垃圾沼气厌氧发酵处理设备4套，改建下岭脚太阳能处理站房，三保里和下岭脚创成市级垃圾分类处理示范村，下岭脚村创成市级智能化垃圾分类处理示范村。

【镇村环境综合整治】完成镇域线乱拉专项整治工作；投资30万元实施截污纳管接管工程，涉及农户200余户。投入2000万元实施集镇综合提升工程，工农路、红山路完成道路“白改黑”。高标准打造小镇客厅、浦阳江生态休闲游步道等旅游节点，投资3000万元实施老街综合整治工程，主体工程基本完成，“美丽老街”雏形初现。建立智能化管理模式，新增治安、交通高清监控点位350个，实现不间断的监管和巡检。8月通过省级小城镇环境综合整治验收。

【民生实事】落实计生奖励优惠政策，新增奖扶、特扶对象255人，计生优惠证补贴197人；城乡居民养老保险补贴300人。新建镇级居家养老服务中心1个，升级建设村级示范型居家养老服务照料中心2个。立案查处食品药品安全案件16起，新建、提升农村家宴放心厨房3家。改善医疗服务条件，改建牌头镇第三人民医院120分中心。开展中小学生校外培训机构专项治理，对6家民办教育培训机构实事“产转法”（符合条件的产业活动单位转为独立注册的法人单位）登记。组织送文化下村27场，坑西新村、金龙塔村完成小康体育村提升工程。新建镇级社会心理服务工作站1个、村级示范室3个。新增低保对象43户、低边（指人均收入在低保标准的150%以下，财产符合低保标准的低保边缘户）对象2户、因病致贫对象10人。发放各类困难救助金和春节慰问金共计69.89万元、困难优抚补助13100元。

【环保小镇建设】全年完成环保小镇投资11.4亿元，其中环保产业投资7.2亿元。在省级特色小镇创建对象年度考核中被评为良好，成功入选省大花园项目。加快菲达环保博览园、天洁循环经济园和环保智创园建设，环保展厅布展工程及AAA景区基础设施配套工程完成设计方案，菲达大道（临时名）、天洁大道（临时名）、环镇西路完成设计。新增科技型中小企业15家，新授权发明24项，完成高新技术投资3.6亿元。引进各类技术型人才453人，通过绍兴“330海外英才计划”申报答辩2人。

【获评2018年度绍兴市平安乡镇】妥善处理各类信访，做好“12345”和“96345”热线办理工作，共办理665件，完成市转交办理件35件，大接访接待70余批次，办结率100%。组织开展信访矛盾隐患大排查大化解大调处集中攻坚行动，努力化解上级督办件。依托“四个平台”推动信息化网格管理，完善网格设置，对27个行政村和1个社区网格进行重新划分，网格数和专职网格员人数由原来的113个变为48个。综合信息指挥室受理平安通事件7426条，处置率100%。完成27个村综治中心建设，创成镇级综治示范中心和新五、新升、斗岩3个村级综治示范中心。扫黑除恶专项斗争取得阶段性成果，打击涉赌、涉黄团伙4个，打处涉黑恶人员12人，行政拘留35人。被评为2018年度绍兴市平安乡镇（街道）。

【专项创建】完成造林更新662.5亩，彩色森林450亩，2018年12月成功创建浙江省森林城镇；2018年12月新升村成功创建浙江省森林村庄；

▲牌头镇俯瞰（牌头镇政府供图）

2018 年 12 月新乐一村、下岭脚村、金龙塔村成功创建绍兴市森林村庄。开展国家卫生镇创建工作，2018 年 9 月通过国卫绍兴市级初评。牌头文化站成功创建诸暨市级四星级图书分馆和文化分馆。2018 年 10 月通过省级农贸市场放心市场和三星级市场创建验收。（宣品晶）

次坞镇

【概况】次坞镇位于诸暨市西北部，东邻店口镇，南接应店街镇，西毗富阳区，北连萧山区，为诸暨、萧山、富阳交界之所，距市中心 21 千米。杭金衢高速公路在次坞设有互通口，杭金公路、03 省道复线贯穿全镇，杭州绕城二线规划以内正在建设。镇域面积 97.2 平方千米，镇人民政府驻育才路 1 号。下辖 1 个居委会、22 个行政村，人口 38679 人。2018 年，全镇实现国内生产总值 43.74 亿元；财政总收入 3.12 亿元；规上工业总产值 48.2 亿元；固定资产投资 8.4 亿元；自营出口 9.1 亿元。2018 年，实现人均可支配收入 38674 元。

次坞镇是浙江省中心镇、诸暨市六大组群中心镇之一，共青团创始人俞秀松的故乡，闻名绍兴地区的红色旅游地，先后被评为国家级生态镇、省星火示范镇、省小城镇建设试点镇、省文明镇、省教育强镇、省“最具人气魅力镇”、绍兴市文化示范镇和绍兴市文化强镇。镇域内有史前文明楼家桥遗址、省级森林公园杭坞山及吕氏宗祠、三德寺等旅游景点；次坞新村 2015 年被列为第三批省历史文化村落保护利用重点村。该镇也是著名小吃次坞打面的发源地。

【临杭产业园区建设】临杭产业园区（次坞）于 2017 年 1 月 4 日举行项目集中开工仪式，正式开工建设。一期规划总面积 115.28 公顷（四至范围：东靠茅湄公路，紧邻凰桐江，南至择坞路，西临杭金衢高速公路，北至主干路，中间十店线纵贯南北），至 2018 年底已全部落实项目，其中较早落地的耀华建设、晶达建材等 17 家企业即将投产。园区重点发展智能制造、汽配制造、自行车制造、物流等产业，欲打造成诸暨市西北部以智能制造产业为主导，集产业制造、创意设计、生产加工于一体的现代特色产业集聚区。同时，借力新奥能源 10 亿元泛能微网项目，力求打造成绿色节能产业示范园区。2018 年，次坞镇以临杭产业园区建设为重点，开展招商选资、项目引进和项目建设，完成新注册企业 200 余家；大力神、西州将军等 10 个亿元以上工业项目成功落户，计划总投资 22.24 亿元；累计盘活闲置土地 233 亩、空闲厂房超 4.5 万平方米，实现余缺对接项目 35 个；完成土地开发 100 亩、复垦 70 亩。临杭产业园区实现一期项目基本投运、二期项目加速建设、三期项目逐步落地的良好局面。

▲ 次坞集镇全景　（王 诚 摄）

【企业升级和引资引才】全年完成“个转企”（个体工商户转变为企业组织形式）35 家，新增“小升规”（小微企业规范升级为规模以上企业）10 家，淘汰落后产能 1 家，改造传统产业 1 家，参与亩均效益评估 116 家，实现“企业上云”（企业通过互联网和云计算手段，实现基础应用信息化，并连接社会化资源、共享服务及能力的过程）85 家。完成民间投资 9.1 亿元，实到内资 8 亿元，实际利用外资 50 万美元，引进税源 4000 万元以上；高新技术投资 1.56 亿元，实现高新技术产值 4.5 亿元。获得授权发明专利 25 件，引进可产业化科技成果 2 项；新增省级科技型中小企业 18 家、国家级高新技术企业 3 家。引进省千人计划和绍兴市“海内外英才计划”高层次人才各 1 名；培育高技能人才 200 名，新增就业大学生 254 人。

【现代农业推进】科学规划粮食功能区提标改造三年实施计划，保护好 1.62 万亩粮食生产功能区，新建高标准基本农田 1072.54 亩。累计投入 181.7 万元，完成沈河村兆岭脚山塘除险加固工程等 4 个水利工程项目。农田基础设施建设工程受益面积达 1100 亩。引进优质千万元以上农业项目 1 个，建成白芨育苗示范基地、杭坞山香榧园等一批具有优势特色的产业集群。推行安全清洁化生产，开展农业“两区”（粮食生产功能区和现代农业园区）土壤修复技术研究试验与示范，推进 3 家规模养殖场实现畜牧业绿色发展。

【镇村环境综合整治】围绕“五星达标、AAA争创”（党建星、富裕星、美丽星、和谐星、文明星；达到国家AAA级风景区创建标准）优化村居环境，党员群众近万人次参与整治，共计完成建设项目159个，发现整改各类问题4700余处，成功创建绍兴市首批“五星达标”村8个、党建示范带2条。有序推进垃圾、厕所、污水“三大革命”，环境卫生面貌明显改善。持续深化“五水共治”，全年完成清淤任务5107.6立方米，凰桐江出境断面水质保持优秀以上。实施“一村万树”行动，全年完成平原绿化350亩，造林更新共计620亩。

【民生实事】推动落实年初镇人代会投票通过的“十大民生实事工程”，全年财政民生支出1.92亿元，占公共预算财政支出的73%。新建候车亭8个，城乡公交实现“村村通”；修缮次义（次坞至义源）公路、红柴线（红旗桥至柴家）、茅湄线（茅湄线到红马坞）、杭坞山10千米道路，完成乡村道大中修工程建设；石马坞村、白马新村明庄等饮用水提升工程顺利推进；次坞新村、珠桥、溪埭、吕家共新建文化礼堂4家；投资1000万元的次坞污水处理厂提标扩容工程至年底完成管线迁改等准备工作；镇中心小学改造、敬老院提升等工程推进顺利。新增城镇就业894人；养老保险参保人数2.93万人，参保率达92%以上。全年发放农村五保、城乡低保、大病医疗、救灾救济等各类社会救助资金700万元，救助困难群众1300余人次。

【基层基础建设】开展“大调研大走访大服务”专项活动，坚持问题导向，梳理“三张清单”（发展清单、平安清单、项目清单），倒排时序，销号作战，累计办结问题61个，办结率达100%。深化“五星示范、双强争先”（党建星、实力星、人才星、文化星、和谐星；党建强、发展强或服务强）创建，上峰集团党委9月创建成为首批绍兴市级“五星双强”两新党组织（新经济组织和新社会组织）；做好星级党组织创建工作，三星级及以上村党组织达到95%，五星级村党组织达到41%，同时整转软弱落后党组织1个。开展清廉次坞建设，全年立案查处案件18起，党纪处分18人。

【“秀松先锋”特色党建品牌】持续弘扬“对党绝对忠诚”的俞秀松烈士精神，党团合力打造“俞秀松”党员志愿服务队和团员志愿服务队品牌。累计投资151.9万元完成俞秀松纪念馆基础建设，并投资200万元左右启动纪念馆布展。秀松故居和陵园作为省级爱国主义教育基地和红色旅游区，全年累计接待游客400余批次计1万余人。

▲游客在次坞镇秀松故居参观　（杨新华　摄）

【“小棉袄”爱心基金会】自2018年10月起，开始筹建“小棉袄”爱心基金会。各行政村通过党员干部带头捐、村民互帮互助捐、乡贤企业爱心捐、移风易俗公益捐等形式筹集爱心基金，用于本村奖励大学困难学生、退伍军人、道德模范以及帮扶老弱、关怀病残等方面。至2018年年底，“小棉袄”爱心基金会实现行政村全覆盖，共募集关爱基金57万元。2018年，共从“小棉袄”爱心基金账户支出2万元，其中1.5万元用于给次坞敬老院捐送棉袄、棉布鞋等用品。

【“和乐足球”校园特色品牌建设】“和乐足球”校园特色品牌建设萌芽于2012年的次坞镇红旗完全小学（红旗完小）。2016年，红旗完小入选全国青少年校园足球特色学校，次坞镇中心小学（次坞镇小）加入品牌建设，并开始每年举办“和乐足球”系列文化节活动。2018年，“和乐足球”校园特色品牌建设再创佳绩，次坞镇小9月入选全国青少年校园足球特色学校；由红旗完小五六年级学生组

▲秀松陵园全景　（杨新华　摄）

成的红旗足球队获得浙江省级校园足球联赛甲组一等奖、绍兴市级校园足球联赛乙组一等奖。2016—2018 年，红旗完小足球队连续三届获得浙江省中小学校园足球联赛一等奖。

▲次坞打面亮相省农博会　　（杨新华 摄）

【次坞打面和次坞花馃】2018 年 11 月 23—27 日，次坞打面首次亮相浙江省农业博览会。作为诸暨市十大传统风味美食之一，次坞打面以其手擀面皮的细腻、擀打面条的韧性、搭配菜料的新鲜，鲜而不涩、油而不腻、咸淡入味、格外劲道而著称，据传明太祖朱元璋吃了后赞不绝口，从此扬名天下。除诸暨外，至 2018 年底，全国在上海、杭州、宁波、江苏、青岛、安徽等地共开设有次坞打面馆 910 余家，从业人数超 4000 人。次坞花馃（guǒ）2018 年 4 月，被列为诸暨市第八批非物质文化遗产，类属民俗。次坞花馃实际上是一种米塑（用煮熟的米粉团为原料，添加颜料后做成人物、鲜花、鸟兽等形象的一种民间艺术），色彩鲜艳、灵动精巧，是次坞镇自古流传下来的传统美德“父母望囡，女儿探娘”中最为具象的传承。　　（黄璐瑗）

▲次坞涵文打面馆在省农博会上交流打面技艺
（杨新华 摄）

草塔镇

【概况】草塔位于诸暨市西部，地处杭金线、杭金衢高速公路和浙赣铁路三线交汇处，北邻大唐镇，东接暨阳街道、王家井镇，南临牌头镇，西毗五泄镇、浦江县，距市中心仅 10 千米。镇域面积 83.5 平方千米，镇政府驻地天元路 248 号，辖 1 个居委会、18 个行政村，常住人口约 4.5 万。2018 年，全镇实现国内生产总值 53.68 亿元，财政收入 3.01 亿元，自营出口 28.25 亿元，农民人均纯收入 4.25 万元。

草塔镇先后被命名为全国体育先进乡镇、浙江省综合实力百强镇、浙江省卫生镇、浙江省生态镇、浙江省教育先进乡镇、浙江省首批体育强镇、浙江省首批建筑名镇、浙江省体育特色镇乡，为绍兴市综合实力三十强镇乡。

▲泰荣针织研发出国内首款工业化生产珍珠再生纤维素，提取工艺获国家发明专利。图为企业开发的袜业工业游
（草塔镇政府供图）

【袜业数字化转型】在全省首创“规模企业 + 小微”发展模式，促进 57 家小微企业、6500 台（套）设备“抱团”发展。2018 年，投资 1500 多万元，新引进织缝翻一体机 140 台。中科金绮新材料项目打破日美垄断，于 5 月建成全球第二条、全国首条超级纤维 PBO 百吨级生产线；泰荣针织前后历时 5 年研发出国内首款工业化生产珍珠再生纤维素，提取工艺在 3 月获国家发明专利。新评定国家高新技术企业 4 家；对接高层次人才 18 名，其中入选绍兴“330 海外英才计划”人才 2 名。

【小城镇环境综合整治成为第一批省级样本】以重塑“千年古镇”为目标，严格按照原结构、原高度、原面积的“三原”政策，充分复原 6.5 万平

▲入夜后的草塔老街 （郦以念 摄）

方米古镇核心区。实施重力自流引水，打造1.2千米明代古水渠中轴线，实现碧水穿镇。挖掘整理非遗、美食、民俗元素进古镇，实施夜景工程。草塔古镇成为诸暨旅游“新网红”，被评为2018年浙江省小城镇环境综合整治工作第一批省级样本镇。

【蓝美科技递补为农业产业化国家重点龙头企业】根据《农业产业化国家重点龙头企业认定和运行监测管理办法》规定，2018年，全国农业产业化联席会议8个部门联合开展第八次国家重点龙头企业监测工作，经评审、审定和公示，决定递补148家企业为农业产业化国家重点龙头企业，浙江省共7家企业入围，浙江蓝美科技股份有限公司入选其中，为绍兴地区唯一。浙江蓝美科技股份有限公司注册地为草塔镇，是一家专业从事蓝莓种苗培育、种植、生态休闲、果品加工和销售的农业企业。

【一企业研究院上榜“省级企业研究院”名单】12月，省科技厅、省发改委、省经信委联合发出通知，公布全省省级企业研究院名单，草塔镇企业浙江伊思灵双第弹簧有限公司主办的“汽车弹簧研究院”榜上有名。浙江伊思灵双第弹簧有限公司是中德合资企业，组建于2005年，是一家专业生产汽车系列弹簧及关键零部件的高新技术企业。企业主导产品为汽车系列弹簧，包括离合器弹簧、悬架弹簧、气门弹簧、制动系统弹簧及各类压簧、拉簧、扭簧等，是大众、丰田等国内外著名汽车企业的定点供应商。2018年，浙江伊思灵双第弹簧有限公司实现产值2.32亿元，税收2466万元。

【上下文村入选“全国100个特色村庄”】9月，农业农村部公布“全国100个特色村庄”名单，浙江省共有5个村入选，草塔镇上下文村名列其中，是绍兴地区唯一入选的行政村。该评选由农业农村部办公厅、中国农村杂志社牵头组织，入选村庄经过部门推荐、村庄自荐、初选和网络投票、专家终评等步骤最终确定。

【庄余霞获授全国“百村社会治理调查项目”调查示范点】6月，到诸暨市参加全国乡村振兴与社会治理研讨会的国务院研究室原主任、北京师范大学中国社会管理研究院/社会学院院长魏礼群教授等专家、学者到草塔镇上余村，向革命老区庄余霞现场颁发全国“百村社会治理调查项目”调查示范点荣誉称号。全国“百村社会治理调查项目”2017年启动，以5年为期，草塔镇上余村庄余霞自然村是首批定点的村庄之一。对庄余霞的调查，主要突出红色文化资源开发对推进现代社会基层社会治理和乡村建设的价值研究。

【诸暨油库正式投运】4月，诸暨油库顺利完成3000吨0#车用柴油下载作业，正式投油运营。诸暨油库是甬绍金衢管道配套油库分输站，位于草塔镇杭金七村，总用地约42.783亩，库容达到22000立方米，设计发油能力为23万吨/年，主要供应诸暨及周边地区。诸暨油库的投产，标志着浙江省内甬绍金衢成品油管道沿线的所有配套库都投入生产运行，预计每年可节省物流配送费用400万元，对绍兴地区油品供应起着重要能源保障作用。

【五泄江治理工程获省考第一】3月，五泄江草塔段河道治理及生态修复工程在全省71个水利工程质量抽检考核中获得第一名。五泄江草塔段河道治理及生态化改造工程总投资5932万元，起点为五泄、草塔两镇界桥双金线桥，终点为草塔镇溪圆桥，治理河道全长5.16千米，其中新建堤防、护岸（游步道）5910米，新建或修复堰坝8座，新建生态湿地1处。

【草塔镇入选2018年度浙江省书香城镇】11月，由委宣传部、省新闻出版广电局、省直属机关工委、省总工会、浙江日报社共同举办的“浙江省2018年度书香城镇系列评选活动”正式向社会公布候选名单，草塔镇入围省书香城镇候选名单，为诸暨市唯一。

【全省首支村级应急救援队伍在草塔成立】6月，草塔镇上余村红色救援队正式成立，这是全市首个村级专业救援组织，也是全省第一家在册村级救灾类社会组织。上余村红色救援队拥有正式队员25名，其中80%为退伍军人。作为村级救灾类社会组织，主要作用为配合地方应急管理机构，开展防灾减灾知识宣教、科普知识培训，并协助镇村两级开展平安治理、防汛防洪、火灾抢险、失踪人员搜索等减灾救灾工作。

【实现“移风易俗”全覆盖】6月，在上下文、上余2个村试点的基础上，草塔镇将“移风易俗”工作扩面至全镇所有行政村。18个行政村全部成立红白喜事理事会，制定各自移风易俗约定。全镇红白喜事按新规办理率达100%，平均每例可节省资金4万—6万元。

【全市首个“村村联盟”在草塔成立】9月，诸暨市在草塔镇试点成立全市首个“村村联盟”，按照“地域相邻、产业相近、人文相亲”原则，由青山片区的上下文等6个村级党组织组成青山片区党建联盟，实行组织共建、阵地共享、队伍共育、活动共办，促进农村基层抱团发力、整体破难、共同发展，主要承担加强区域党建、统筹区域发展、指导工作开展、深化群众服务、化解矛盾纠纷等5大职责，使基层党组织由“单打独斗”向“抱团运行”转化。（孟幸宇）

山下湖镇

【概况】山下湖镇位于诸暨市东北部，东接枫桥镇，南邻浣东街道，西至江藻镇，北连店口镇、阮市镇，距市中心30千米。03省道东复线、诸涠公路穿镇而过，浦阳江支流江横穿东西。区域面积42.56平方千米，镇政府驻地山下湖镇宝兴路63号。辖1个居委会、11个行政村，人口2.9万。2018年，全镇实现国内生产总值45.5亿元，同比增长8.5%；财政总收入2.53亿元，同比增长15%；工业总产值139亿元，同比增长10.3%。全镇居民人均可支配收入55465元，同比增长8.5%。

山下湖先后获得全国文明镇、全国千强镇、浙江省百强镇乡（第35位）、绍兴市五强镇乡、“全国小城镇经济综合开发示范镇”等荣誉，是省级高新特色产业基地、省级服务业集聚示范区、“美丽浙江·强镇榜样”产业聚集示范镇。2018年，创成“浙江省旅游风情小镇”。

【珍珠小镇创建】8月10日，“珍珠小镇”列入省级特色小镇创建名单。至年底，“珍珠小镇”完成特色小镇发展规划及控制性规划，邀请上海德勤管理咨询公司制订《珍珠小镇战略咨询规划》，上海同济规划设计研究院制订《珍珠小镇概念性规划》。按照“宜业、宜游、宜居”要求，明确珍珠湖、珍珠文化街区、珍珠创意工坊等24个珍珠小镇特色项目，邀请国际著名建筑设计师王澍设计珍珠博物馆，色彩大师晨晓打造色彩山下湖。

▲晨曦中的山下湖镇长乐村（郦以念 摄）

【产业转型升级】出台《诸暨市珍珠产业数字化转型专项行动计划》（2019至2021年），完成“亩均论英雄”改革和综合评价。推动传统产业改造升级，开展科技企业培育“双倍增”（数量倍增、实力倍增）和“春苗行动”（非法使用童工打击行动），与中国地质大学合作，引进异形珍珠、标准珍珠的3D个性化打印、创意设计技术等项目，新增国家高新技术企业2家、科技型中小企业7家，实现科技成果转化4项，完成技术市场交易额2860万元，同时创建完成立3家国家高新技术企业科学技术协会。聚焦养殖转型，推进规模化、生态化、标准化、科技化养殖，投资2000万元推进万亩珍珠养殖示范区一期建设，探索菌处理改造、膜处理改造模式，引进国千人才李军博士团队开展生物细菌处理实验，基本完成淡水珍珠鱼蚌混养技术规范修订。聚焦加工延伸，涵盖珠宝创意设计中心、珍珠数字经济中心等七大中心的珍珠产业创新服务综合体（2018年）投入试运行；国家珠宝玉石质量监督检验中心诸暨实验室（NGTC）（2018年10月）正式落户；长生鸟生物科技与意大利彩妆品牌合作研发珍珠粉化妆品，并牵头制定“珍珠粉鉴别方法”和“珍珠粉”2个国家行业标准。

【品牌建设】推进珠宝城精品区建设，入驻品牌7个。新增珍珠网络销售500余家。“山下湖珍珠”品牌价值经中国质量认证中心评估达234.89亿元，同比增长59.5%。

【第十一届中国（国际）珍珠节暨首届山下湖珠宝展】（2018年11月29日—12月1日）成功举办第十一届中国（国际）珍珠节暨首届山下湖珠宝展，中国珠宝玉石首饰行业协会会长徐德明、中华环保联合会常务副主席、全国政协委员、原全国工商联副主席孙晓华、中国水产科学研究院副院长崔国辉、中国渔业协会常务副会长兼秘书长林毅、自然资源部珠宝玉石首饰管理中心副主任、中宝协常务副会长孙凤民等180余位嘉宾莅临，本地企业150人参加，本届珍珠节暨珠宝展成交额突破3000万元。节会和珠宝展期间，邀请百名网红游山下湖，网络销售实现新突破，达到300万元。为配合举办好首届山下湖珠宝展，于6月29日至11月底举办2018“山下湖”珍珠首饰创意设计大赛。

【“温暖小镇”志愿者队伍和公益基金】组建镇级“温暖小镇”志愿者队伍，11个行政村组建“5+X”（邻里纠纷调解队、民间文艺演出队、乡风文明理事会、邻里互助促进会、乡贤议事参事会等“两队三会”为主要内容的“5+X”志愿服务分队），开展矛盾纠纷调解、文明家庭创建、移风易俗宣传、主题文艺会演、“夕阳红”服务老人等常态化志愿服务活动。同时成立“温暖小镇”公益基金，9个村募集村级关爱基金280万元，主要用于对村内空巢老人、留守儿童、困难群众进行帮扶关爱，以提升村组织对弱势群体的人文关怀。截至2018年12月31日，各村累计支出关爱基金约75万元，用于补助困难大学生、慰问低保五保户等。

【农业产业化】投资5000万元，自2017年9月起实施国家现代农业产业园示范区项目建设。叠盘暗出苗育秧技术在2014年4月1日“全省育秧推广现场会”及2015年3月26日“全省新育供秧模式现场会”相继推开；2016年3月29日又在“全国水稻育秧现场观摩会”以及全国春耕生产农业机器换人推进观摩会上推广；育秧服务辐射周边乡镇以及柯桥、萧山、浦江等地。2016年12月促成米果果小镇与中国热带农业科学院深度合作，研发农产品50余项，申报国家专利产品13个，制定国家农产品行业标准2个，分别是火龙果等级标准以及火龙果采取标准。

▲3月13日，山下湖镇诸暨市康苗粮食专业合作社，黄益飞正忙着将一盘盘水稻芽苗运入连栋大棚内进行炼苗。2018年，这个不足2亩的农业服务中心在不到20天的时间里，利用叠盘暗出苗技术，生产出足够种植2056亩早稻的优质芽苗，服务27户种植户　（徐德文 摄）

【全国春耕生产农业“机器换人”推进观摩会】2018年4月10日承办全国春耕生产农业机器换人推进观摩会，重点观摩叠盘育秧、机械翻耕、插种以及飞机防治小麦病虫害等项目。

【首届“中国农民丰收节”系列活动】2018年9月17—19日，首届“中国农民丰收节”系列活动——全国农民基层体育骨干健身技能提升暨展示活动在诸暨市山下湖镇米果果小镇举行，来自全国各个省份的28支队伍共500余人参加篮球（运球过障碍投篮接力）、跳绳（1分钟单摇计数跳绳）、俯卧撑（1分钟俯卧撑计数赛）、十字象限跳、足球定点射门、趣味拔河、健身路径大比拼、池塘抓鱼欢乐多、勇闯通天河接力、采收果蔬庆丰收等10个项目的角逐。山下湖解放村的参赛队代表浙江省参加技能比拼，在趣味拔河、池塘抓鱼欢乐多、俯卧撑三个项目中，一路领先，取得一个一等奖、两个二等奖的好成绩。

【全省水稻二化螟综合防治现场会】全省水稻二化螟综合防治现场会2018年3月16日在山下湖新桔城粮食功能区举行，来自全省各市县农业领导及专家、共150多人参加，现场观摩诸暨市水稻二化螟综合防治示范区，培训水稻化螟综合防控技术，部署综合防控工作。

【全国农业重大技术协同推广交流研讨会】全国农业重大技术协同推广交流研讨会于2018年6月10日在山下湖新桔城粮食功能区举行，8个省市的农业教育技术负责人共计30多人参加。山下湖镇代表浙江省交流研讨叠盘暗出苗以及稻虾轮作技术。

【绍兴市乡村振兴暨“五星达标、3A争创”现场推进会】8月16日承办绍兴市乡村振兴暨“五星达标、3A争创”现场推进会，绍兴市领导马卫光、盛阅春、凌志峰、徐晓光、徐良平、丁如兴、陈德洪等参加。马卫光对推进乡村振兴、深化“五星达标、3A争创”的重点工作作出部署，强调在提升发展乡村产业上，要突出“特、优、强、好”，形成产、村、人共融共进的良好局面。在美丽乡村建设上，要突出“生产生活生态、宜业宜居宜游”，全域推进“大花园”建设。在“五星达标、3A争创”上，要突出党建引领、坚持“三治融合”、聚焦富民强村，把品牌做得更亮、使成效更加明显。在加强党对乡村振兴的领导上，要进一步完善领导体制、政策体系、年度报告、实绩考核等制度，做到市县乡村四级书记共同抓乡村振兴，让乡村振兴成为全社会的共同行动。

【集体增收“五法”】实施乡村振兴五年行动计划，完成新一轮村庄规划修编。依托产业支撑，提振集体经济。实施产业补缺法、资源盘活法、乡贤参与法、模式创新法、政府扶持法等集体增收“五法”，成效明显，11个行政村经营性收入全部达到50万元以上。

【民生实事】投资650万元新建4座集镇星级厕所和21座标准化公厕，改建35座行政村公厕。推进“零直排示范区”创建，投资980万元推进集镇污水管网维修和雨污分流。投资430万元新建集镇垃圾集中厌氧处理中心和垃圾中转站；投资800万元实施6条村道大中修工程。投资1000万元，打造枫江村“德治文化主题”精品村。新建市文化馆山下湖文化分馆和1个农村文化礼堂，至2018年底，全镇文化礼堂总数3个。深化“最多跑一次”改革，镇级“无差别受理”事项达392项，135个办理事项实现向村级延伸。

【平安建设】高标准完成新桔城村、枫江村和新长乐村“枫桥经验”55周年纪念活动参观备选点筹备工作，新长乐村和新桔城村创成绍兴市三治三融合（自治、法治、德治三融合）示范村，4个村创成诸暨市三治三融合示范村。完善“四个平台”和全科网格运行，调解矛盾135起，化解信访积案29件，处置不稳定因素17起，办理群众来信来访来电685件，赴京赴省上访量同比大幅下降。开展安全隐患大排查大整治，拆除2家严重影响消防企业的违法建筑。（赵叶叶）

璜山镇

【概况】璜山镇位于诸暨市东南部，东临东白湖镇，南靠陈宅镇、岭北镇，西依牌头镇，北毗浬浦镇、街亭镇，距离市区18.8千米，交通便利，诸永高速、省道诸东（诸暨—东阳）公路穿镇而过。镇域面积131平方千米，镇人民政府驻诸东南路13号。下辖20个行政村，总户数14528户，人口38461人。2018年，全镇实现生产总值21.77亿元；固定资产投资近2.54亿元；实现自营出口近3.9亿元。居民人均纯收入3.43万元。

璜山镇是诸暨市工业重镇、省百强镇、省生态镇、省卫生镇、省教育强镇、省体育强镇、绍兴市重点培育中心镇，为诸暨市六大组群中心之一。

【引资引才和项目引进】2018年实到内资2.2亿元；引进10亿元、3亿元产业项目各1个、5000万元以上工业项目3个；引进有税收生产性服务业企业3家，招引税源232万元；引进乐慧城、朗臻桃花源商住项目2个；引进“国青千”（中组部千人计划中的青年千人计划）人才董雷霆，注册成立诸暨市大航云科软件科技有限公司，配套引入诸暨大航云智云设计项目。

▲ 申科滑动轴承制造车间内，一个直径5.5米、重达26吨的水导轴承正在接受验收。该轴承是乌东德水电站发电机组的核心部件，制造工艺复杂，精度要求极为苛刻。乌东德水电站是中国第三座千万级巨型水电站，总装机容量相当于2个三峡水电站，其中6台发电机组的水导轴承由申科股份制造 （郭 斌 摄）

【特色产业集聚和升级】轴承轴瓦产业2018年实现产值8.25亿元，同比增幅18.3%；利税2.25亿元，同比增长15.3%。2018年12月建立镇级轴承轴瓦产业服务中心，培育轴承轴瓦科技、人才对接引进平台，推动特色产业集聚和转型升级发展。新洋塑胶2018年被评为国家高新技术企业；申发轴瓦的高端滑动轴承研究院2018年被认定为省级企业研究院；申科滑动轴瓦股份有限公司2018年制造出世界级巨型水电站发电机组核心部件和匹配300万千瓦发电机组的大型转子，金属增材制造项目入围2019年度省重点研发计划入库项目，甲板机械研发中心建设项目2018年入选“绍兴市海洋经济发展重大项目实施计划”。

【集镇环境综合整治】实施小城镇环境综合整治工程项目89个，项目总投资约1.52亿元，共整治背街小巷环境问题2400处，清理垃圾4000余吨，提升改造主要绿化节点5处。拆除镇政府老旧宿舍等公房、危房102间，总建筑面积7900平方米；拆除违章建筑112处，总建筑面积1.2万平方米。利用整治调理出的空间，新建停车位725个。8月通过省级小城镇环境综合整治考核验收，被评为绍兴市样板镇。

【美丽乡村建设】开展农村“五星达标、3A争创”工作，挖掘特色资源，将精品村、3A村、采摘、农特产品等串点成线发展旅游经济，申科滑动轴瓦股份有限公司捐赠专项资金1000万元助力乡村振兴。20个村共计完成整治点位2622个，取缔农村露天粪坑、旱厕90处，打造村级特色小品40余处。培育活跃村淘站点8个，完成农产品销售150万元。可甜果业“翠溪湾”牌水蜜桃获2018浙江精品果蔬展销金奖。

【“最多跑一次”实现率100%】自主开展“最多跑一次”无差异受理工作，梳理审批服务事项401项，“零上门”服务15项，“最多跑一次”实现率100%。

【民生实事】遵循“应保尽保、应退则退”原则，创新低保救助管理制度，累计慰问和救助困难群众1407人次，发放慰问金共计38.36万元；累计投入基础和公用设施建设资金6325万元，建成镇级敬老院，完成镇级和桥下村居家养老示范点建设。农贸市场提档升级，2018年12月14日璜山农贸市场通过浙江省三星级农贸市场、浙江省放心市场验收。完成璜山村、姚王村、桥下村3家农村家宴厨房提升，新建下市家宴中心1家。开展文化活动70余场，参与人次3万余。

【慈善捐助】2018年，姚王村孝德青年先锋基金会、乡贤基金会共筹集资金109万余元，帮扶2800余人次；党员爱心基金会捐款2.5万元；徐家坞村阳光关爱互助基金会获捐34.97万元；溪北村爱心基金会获捐5000余元。

【平安建设】10月初，完成“深化推进全科网格建设提升工程”，调整网格为47个，将安全巡查员、地质灾害巡查员等镇级协辅人员和护林员、水利巡查员、食品安全协管员、计生联系员等村级协辅人员统一纳入全科网格管理。依托全科网格，建成镇、村两级标准化综治中心和在线矛盾纠纷多元化解平台，有效控制和化解各类初信初访和积案矛盾。

【全市首个红白理事会成立】溪北村率先提出“移风易俗”，并于2018年3月10日，成立全市首个红白理事会，理事会成员由11名老党员、老干部、退休教师等组成。2018年，倡导节俭办酒74场，节省酒席、烟花爆竹、人工等费用近210万元。

（陈玉兰　楼　凯）

应店街镇

【概况】应店街镇位于诸暨市西北部，与富阳市接壤，东至陶朱街道，南至五泄镇，西至次坞，北至店口，距诸暨市中心16千米，至萧山国际机场40千米，03省道及复线穿镇而过，与次坞高速出口临近，已开工建设的杭州第二绕城高速将在应店街设立互通口。镇域面积117.97平方千米，镇人民政府驻应店街镇公园路1号。下辖1个居委会、27个行政村，总人口46964人。2018年，实现地区生产总值36.96亿元；财政收入2.58亿元；完成固定资产投资4.71亿元；自营出口10.08亿元。农民人均纯收入29722元。

应店街镇是全国环境优美乡镇，还先后获得浙江省生态镇、文明镇、体育强镇及省卫生镇称号。

【引资引才和企业升级】盘活闲置土地270余亩，落地项目10个，其中“大好高”项目3个；全年内资到位3.2亿元，北承南接到位资金2.48亿元，浙商回归到位1.82亿元。新增绍兴“海内外英才计划”人才1名，暨阳“533英才计划”人才2名，新增城镇就业538人。全年完成规上工业新产品产值10.6亿元、高新技术产业产值6.3亿元；新增科技型中小企业数7家、国家级高新技术企业1家，引进可产业化科技成果1项；完成“零增地”技改1.03万平方米。

【镇村环境综合整治】投资1.7亿元完成小城镇环境综合整治工程，电子抓拍实现全覆盖，线乱拉、车乱停、摊乱设现象明显好转，集镇秩序有效提升。村容村貌全域提升，成功创建11个五星达标村；完成“三改”面积20万平方米，改造提升公厕39座，完成3条乡村道大中修。

【民生实事】“最多跑一次”改革深化，窗口全年办理事项2万余件，实现“无差别受理”，“最多跑一次”事项实现率、回访满意率均达到100%。全面推进“一站式办理”，落实“一证通办”，6个村成功创建“一站式办理”村级便民服务示范平台。完成综合文化活动中心改造搬迁，新建文化礼堂4个，至2018年底全镇文化礼堂总数10个。投入150万元支持卫生院新上CT项目，成为全市乡镇中首例。

【平安建设】健全全科网格，调整并配备61名专职网格员。落实矛盾隐患大排查大化解大调处，全年共调解矛盾纠纷407起，其中重大矛盾纠纷28起，累计化解信访积案70起，完成2个重大工程项目风险评估。基本完成老旧民房消防安全整治。开展“大调研大走访大服务”专项活动，聚焦发展问题、平安问题、发展项目“三张清单”，推动问题大起底、大梳理、大解决，100%完成问题销号。

【（己亥）“南孟文化节”】2018年3月8日，浙江省孟子文化促进会、应店街镇人民政府、诸暨市文化广电旅游局、诸暨市教育局联合在应店街镇十二都村举办（己亥）“南孟文化节”。文化节为期1天，主要活动包括南孟祭礼仪式、非遗踩街表演、非遗项目展示、南孟文化研讨等，共有1000余人参加。“南孟文化节”旨在进一步挖掘南孟文化，促进传统文化的交流和传承。（俞　聪）

▲南孟祭礼仪式现场　（徐德文　摄）

阮市镇

【概况】阮市镇位于诸暨市东北部，东接绍兴市，南连枫桥镇，西邻山下湖镇，北界店口镇，区域面积70.43平方千米，距市中心28千米。镇政府驻阮市镇振兴路88号，辖17个行政村，户籍人口3.6万人。2018年，全镇实现国内生产总值24.55亿元；财政收入近1.41亿元；固定资产投资近6.27亿元；自营出口超7.18亿元。居民人均可支配收入42100元，同比增长8.5%。

阮市镇境内有春秋战国时期下檀印纹陶窑址、柁山坞印纹陶窑址，均系诸暨市文物保护单位。诸北苏维埃政府成立于阮市。境内还有何赤华烈士墓、何文隆墓、金海观纪念馆、何周轩藏书楼、视瞻禅寺、白塔湖湿地公园等景点。是国家级生态镇、浙江省生态镇、浙江省东海文化明珠镇、绍兴市首批小康乡镇、绍兴市文明乡镇，诸暨市级文明镇和卫生镇。

【项目推进和企业转型升级】全年新上项目13个，总投资达7.5亿元。浙江霓腾投资管理有限公司拟投资3.2亿元建设的两创园区项目进入挂牌阶段。全年新增国家高新技术企业2家、科技型中小企业8家、小微企业119家，完成个转企25家。建培纺织有限公司投资5280万元实施“机器换人”，装配12条全自动流水线，建成首个全自动车间。投资2000万元，持续完善冷配园区配套设施建设。推进“企业上云”三年行动计划，实现企业上云210家。

▲阮市镇鼓励企业实施“机器换人”战略，提高劳动生产率，解决部分企业招工难问题。这是芯霸阀门有限公司自主研发成功的水龙头铜阀芯自动安装流水线
（杨迪尔　陈　军　摄）

【人才引进和培育】以“引＋育”全面保障经济发展智力支持。2018年，通过绍兴“海内外英才”计划及诸暨市“533英才计划”评审5人，申报“省千”人才入围答辩1人。2018年2月，组织首届阮市镇新春公益性人才交流会，提供岗位800余个。

【镇村环境综合整治】总投资7000余万元启动23个综合整治项目，完成老街雨污分流工程、立面改造5万余平方米、三线整治19千米，开展环境整治10余次，动员党员群众8000余人次，2018年通过省级小城镇环境综合整治验收。组织开展集镇交通秩序、农贸市场流动摊贩大整治活动，全面提升集镇管理水平。投资50余万元，完成河湖塘清淤1.6万方。深化“三改一拆”，拆违面积1.9万平方米，“三改”25万平方米。扎实推进农村垃圾分类工作，全镇人居环境显著改善。

【**五星达标、3A争创**】坚持“党建引领、全域提升”的工作基调，完成村级“五星达标、3A争创”工程36个，8个行政村成功创建首批“五星达标”村，第二批“五星达标、3A争创”工作启动。围绕乡村振兴战略实施总体要求，开展村庄规划修编工作，完成14个村的方案编制、专家评审。进一步完善交通网络，完成乡村道路大中修4条，共计18.5千米。

【**市级年度最大省级农发项目建设**】11月，启动市级年度最大省级农发项目建设，该项目包含东泌湖畈二期、视北畈高标准农田建设两个工程，共计投资2100万元，治理农田1.4万亩。完成农村土地开发90亩。

【**“最多跑一次”改革深化**】以“一证通办”和无差别化受理改革为契机，持续优化审批流程、硬件设施、服务细节等内容。投资20余万元，进行“一窗受理、集成服务”提升改造工程，设立无差别受理窗口3个，全年累计办件8591件，办结率100%。下放村级代办事项168项，镇村“一证通办”实现“村办镇审”，全年实现村级办结量1675件，办结率100%。完成桃园村、檀溪村、阮家埠村3家绍兴市级便民服务示范中心创建。

【**民生实事**】做好养老保险、医疗保险的接收办理工作，不断扩大社保覆盖面。开展低保工作专项整治行动，实现帮扶对象动态管理。完成镇级避灾中心提升工程，新建村级避灾中心6家、村级示范型居家养老中心1家。完成农村住房保险办理工作，参保率达100%。推进移风易俗，举办移风易俗宣传晚会等各类具有地方特色的文艺体育活动50余场。成立互助关爱类村级基金会16家，募集资金250万元，至2018年底发放关爱金49.34万元，主要用于助残、助困、赈灾、奖励，惠及400余人次。

（褚奇威）

安华镇

【**概况**】安华镇位于诸暨西南部，东南与义乌接壤，西与浦江县、同山镇相邻，北靠牌头镇，杭长高铁、杭金公路、绍诸高速和杭金衢高速公路横贯全镇，浦阳江、大陈江交汇境内。境内有杭金衢高速和绍诸高速互通口，属于浙江省1小时和上

▲大陈江流经安华镇段景色　（骆少华 摄）

海3小时经济圈区域；37省道复线18分钟直通义乌国际商贸城。镇域面积61.83平方千米，镇政府驻华南路109号。下辖1个社区、20个行政村，户籍人口33840人。2018年，全镇实现国内生产总值24.49亿元；财政收入1.19亿元；固定资产投资11.38亿元，同比增68.1%；自营出口11.7亿元，同比增13%。全体居民人均可支配收入39918元，同比增8.5%。

【**资金引进和项目双进**】2018年实到市外境内资金4.5亿元，完成年度目标的225%；浙商回归7.5亿元，完成年度目标任务的300%。完成民间投资5.5亿元，其中500万元以上工业性投资4.78亿元，服务业投资累计2339万元，农业投资1197万元。引进项目16个（工业项目6个，农业综合项目1个，金融项目3个，物流项目1个，商业项目1个，教育培训项目1个，生产性服务业项目3个），其中总投资40亿元的康晖股权投资管理项目已投资特殊机会项目16亿元；投资10亿元、用地160亩的智慧电商供应链运营中心项目进入挂牌前的准备阶段；投资1.2亿元的文盛教育培训项目完成土地挂

▲安华镇田间，水稻高速插秧机正在插秧。2018年，安华镇早稻耕、种、收全程实现机械化

（徐露嫣 何晨飞 摄）

牌；投资5亿元占地125亩的文化创意园项目主体结顶；投资6亿元占地125亩的创业创新园厂房一期工程结顶；完成大陈江临江商住地块土地挂牌并开始建设；启动华新路商业街二期工程。

【现代农业提档升级】全年完成粮食生产功能区粮食种植面积14869亩，粮食监测点粮食种植面积442亩。完成投资100万元的省级水稻产业提升项目（霞丽、球山村粮食功能区和农技三中心建设项目）及由诸暨市飞腾农机专业合作社承担的“安华飞腾农机综合服务项目中心建设”项目，达到5000亩以上的年机械作业服务能力；三联村省级粮食生产功能区创成绍兴市级“美丽田园”。投资20万元完成勤荣生态补偿资金项目沟渠工程建设；投资约230万完成浣丰、湖头、安华高标准农田建设912亩；投资约400万完成三合、矿亭、丰江周土地开发项目124亩；建设高效节水工程5个。整治山塘水库6个，完成50亩土地复垦项目。完成“国土绿化”面积460亩。

【平安建设】开展企业安全生产执法检查，限期整改15家，停业整顿6家，立案处罚3家。实施包装园区智慧消防站建设，签约入网企业17家。做好10人以上居住出租房和浣丰村居住出租房智能烟感设备安装、消控室信号等相关数据采集工作；对湖头、丰江周、勤荣、浣丰等交通事故多发的路口进行重点整治，增设警示牌、爆闪灯和减速装置等，投入200万元完成杭金公路安华段亮化工程。实施“四化”（领导责任制度化、问题搜寻多元化、网络队伍专业化、考核管理精细化）提升工程，通过党委政府自查问题、专职网格员查找问题，村干部互观互检列问题、村民群众档案平台反映问题等方式，形成政府、网格员、村干部、村民四级联动的问题反馈机制。完善专职网格员队伍，新招录专职网格员33名，并实施网格员交叉任职。

【群众办事不出村】便民服务受理各类业务3786件，其中即办件3511件，办结率100%。推进综合窗口无差别受理，全面梳理行政审批和公共服务事项319项，真正实现每个综合窗口无差别受理。村级“一证通办”实现全覆盖，共上报事项1181件，本地办结500件，通过“就地受理、远程办结”，实现群众办事不出村的服务目标。

【民生实事】推进城乡社会救助体系建设，临时救助困难人员25人，救助金额6.65万元；大病救助45人次，救助金额15万元余；新审批低保户43户，并实施动态管理；发放义务兵家庭优待金97.85万元。成11760户政策性农村住房财产保险工作，保险金额11.76万元。发放丧葬基本服务费12.862万元，发放居家养老服务补贴43万元。完成湖头村景佳坞自然村地质灾害点整村搬迁安置；投入300万元完善生活污水等配套设施建设。投资40万元开展长林村王对岭自然村饮用水提升工程。申报成功2个一事一议省级财政奖补项目：投资84万元的三合村生态公墓建造工程和投资159万元的球山村文化礼堂建设工程。5个居家养老服务照料分中心通过验收。完成三合村、勤荣村家宴中心改造提升工程，新建新一村家宴中心1个。实施农村道路大中修项目，完成10条联网公路维修，总里程约13千米。完成安华、河杨村农村保障房项目用地选址和方案设计。新增蔡家畈、矿亭2个文化礼堂，至2018年底文化礼堂共8个；完成镇综合文化站文化分馆、图书分馆建设工程，并实行免费开放、错时开放。

【镇村环境综合整治】总投资1.6亿元实施小城镇环境综合整治，集中力量完成游步道（大陈江两侧球山村至集镇）、老街、入镇口、美丽示范街等工程项目和集镇卫生环境及秩序整治任务，2018年8月通过省级验收。累计拆除各类违建总建筑面积12502.5平方米，完成全年任务数的104.2%；完成拆迁和改造总面积22.5万平方米。每月组织各行政村实施“互观互检 互学互比”活动，第一批7个村列入绍兴市级“五星达标村”，第二批7个村正在创建中。推进“河长制”管理，落实镇村二级河长每周2次巡河制度，完成44条镇村河道（段）及61个水库、山塘的“一河（湖）一档”建档工作。开展霞丽村乌龟塘、越善村后溪岭水库清淤工程，共完成清淤0.71万方。深化垃圾分类，新增垃圾分类桶7000只、四分桶100只、果壳箱300只，发放垃圾分类宣传资料6000份、宣传品5000份。投入410万元新建公共厕所37座，改建公共厕所8座，公共厕所覆盖全镇所有自然村。投入186万元完成全镇20个行政村“空中蜘蛛网”整治。

【基层基础建设】修订《2018年度村主职干部考核办法》和《2018年度村非主职干部考核办法》，并严格考核执行，共下发通报37期，涉及村干部73人次。实施《安华镇农村党员信访处理实施细则》，完成党员先锋指数考评（通过自评、互评、组织评定等环节，根据结果对党员评优评不合格），告诫谈话党员109名，通报批评党员22名，处置不合格党员2名。实施机关干部周一夜学制度和年轻干部周三夜学制度，开展驻村干部“民情大比武”，组织机关干部应知应会业务培训4次、业务测试2次，打造“全科型”乡镇干部。（傅腾超）

江藻镇

【概况】江藻镇位于诸暨市北部，东邻山下湖，南连浣东街道、暨阳街道，西至直埠镇，北接店口镇，距市中心16千米。诸湄公路、诸永高速、03省道东复线穿镇而过，浦阳江东江、西江流经江藻。镇域面积45.72平方千米，镇人民政府驻江藻村泥沙埠自然村（敬贤路6号）。下辖13个行政村，总人口2.78万人。2018年，全镇实现生产总值16.62亿元；财政收入1.43亿元，同比增长17.7%；固定资产投资4.5亿元；自营出口3.7亿元。居民人均收入32376元，同比增长9.1%。2018年，江藻镇先后获得绍兴市剿灭V类水工作突出贡献集体、第三次农业普查先进集体、小城镇环境综合整治绍兴市级样板镇等荣誉。

【引资引才和项目推进】2018年，江藻镇把临杭产业作为重点招引对象，全年引进都市区项目17个，市外到位资金2.3亿元。通过筛评程序，落地项目4个，解决用地指标104亩。全年引进高层次人才2名。强化校地对接，与浙江农业商贸职业学院等高校开展交流合作。梳理项目落地程序，实行项目审批全程代办，实现佰宜农业和莱梦德电力2个项目100天内落地开工。

▲小燕子家庭农场的业主蒋燕飞正在给草莓苗贴上二维码。江藻镇有6家农民专业合作社及家庭农场建立了二维码质量追溯机制。在农产品包装上贴上二维码后，消费者通过扫二维码就能查询到该种植基地的整体情况介绍，以及农产品品种和种植全过程信息，全程追溯每一个批次的农产品质量（郭斌摄）

【企业培育和升级】完成1家高新技术企业、5家科技型中小企业申报工作，4家企业省股交中心挂牌，3家工业企业“小升规”，1家服务业企业“下升上”。新增2000万元以上规模企业3家、限上服务业企业1家。

【特色农业发展】推进国家现代农业园区综合服务中心提升改造工程和道路环境整治工程，成功入围省级特色农业强镇创建计划。在持续抓好草莓、葡萄等传统农业发展的同时，着力打造精致精品农业，推广新型种植技术，拓宽网络销售渠道，探索草莓直播销售，深化“荷塘悦色”美丽经济带建设，累计新增生态莲蓬、精品草莓、葡萄等特色农业500余亩。主动引进农业技术人才，与浙江农业商贸职业学院签订合作协议，为江藻草莓、葡萄等农业种植户提供技术支持和销售培训。

【第六届“美人笑”葡萄节】7月28日，在国家现代农业园区综合服务中心成功举办诸暨市第六届“美人笑”葡萄节暨江藻葡萄采摘季活动。此次葡萄节由诸暨市农合联执委会、诸暨市农林局、江藻镇人民政府主办，浙江村村通电子商务有限公司、诸暨升民农业发展有限公司协办，诸暨市绿野水果专业合作社、诸暨市纯禾生态园、诸暨市绿洲葡萄专业合作社等10家单位参展。江藻产葡萄2018年总产量6000千多吨、总销售收入5000余万元，主要销往绍兴、宁波、杭州、上海等地。

【镇村环境综合整治】投资4500余万元推进小城镇环境综合整治，2018年8月，通过省级验收。强化集镇长效管理，落实环境卫生长效保洁制度，2018年10月，通过国家卫生镇初评验收。投资1000余万元，完成江藻村精品村建设；投资860万元，开展农村“四好”（建好、管好、护好、运营好）公路建设；投资100万元，新建规范化学生候车亭26个。全年完成“三改”面积8.3万平方米，拆违1.2万平方米。严格落实河（湖）长制，常态化推进水域环境养护保洁工作。

【美丽乡村建设】开展“五星达标、3A争创”工作，成功创建绍兴市级“五星达标”村7个；成功创建省级卫生村2个。推进农村“厕所革命”，按标准新建公厕18座、改造公厕32座。全面完成江藻村农村生活污水生态化整治及污水零直排区建设，推进农村生活垃圾分类减量化处理，成功创建市级垃圾分类示范村2个、市级智能化示范村2个。

【医养结合绍兴试点】2016年起，开展医养结

▲江藻镇壁玉村俯瞰　（蒋力奔　摄）

合绍兴试点工作。截止2018年底，在浦西村、梓尚阁村、山汀村和吴墅村对有需求的江藻户籍65周岁以上老年人及残疾人共计1628人开展服务，并与市中医院建设医联体合作单位，建立全镇居民健康档案。截至2018年底，为江藻居民建立25762份健康档案。

【民生实事】推进村级便民服务中心建设，完成3个村“一站式办理”示范平台创建，村级权力系统（村级代办员为村民代办事项管理系统，）应用率、覆盖率均达100%。全年累计受理、办结事项11558件，群众办事满意率达99%以上。全年累计帮扶救助因病、因残致困群众2179人次，发放救助资金623.02万元，新增低保户、低保边缘户29户57人。组织开展“大调研大走访大服务”专项行动，起底、梳理、解决平安和发展类问题29个、服务项目13个。完成中心幼儿园硬件设施提升及山汀村、渔江村文化礼堂新建工程。推进浦阳江治理二期工程房屋征迁及政策处理工作，完成房屋征迁53户，征地面积122亩。做好农村保障性住房项目选址及农转用报批工作，农房发证累计6524本。组织开展交通劝导、夜间巡防活动657次，开展矛盾纠纷排查专项活动13次，调处各类矛盾纠纷153件，调处率和成功率均达到96%以上。对全镇625户危旧房进行实地核查并作出警示；完成1773户老旧民房电气线路整治，完成6个村农村漏电保护器安装。

（朱关俊）

直埠镇

【概况】直埠镇位于诸暨市西北部，东邻江藻镇，南接陶朱街道，西连应店街镇、次坞镇，北靠店口镇，距市中心12千米。沪昆铁路、杭金衢高速公路穿镇而过，诸永高速公路起点在直埠，设有与杭金衢高速交会的互通枢纽一个；03省道东复线、沪昆铁路、杭长客运专线、诸姚公路贯通全镇；浦阳江（西江）流经镇东边缘，常年可通航500吨位以上船只，丰水期可通航1000吨位以上船只。镇域面积58.3平方千米，镇人民政府驻集贤路1号。辖11个行政村，总人口27554人。2018年，实现生产总值15.98亿元；财政收入1亿元；实现固定资产投资近2.46亿元元；完成自营出口1.47亿元；全镇居民人均可支配收入26641元。

【招商引智和企业培育升级】2018年，全镇引进工业项目12个，其中亿元以上项目2个，全市排位第二；承接都市区项目6个，实到北承南接资金2.1亿元。实到内资2.24亿元，完成全年任务的224%；引进市外税收2423万元，完成全年任务的138.5%。构建招才引智平台，入选绍兴“海内外英才”2名，引进“国千”人才2名。培育小微企业119家；完成“个转企”20家，净增13家。引智引才和企业培育升级工作均走在全市前列。

【首创“三红”治理模式】以紫草坞村为试点开展“红心租”（村内闲置农房流转改造后对外租赁）建设，采用“集中回收、统一改造、统一出租、统一分配收入”的方式，实现流动人口管理“全流程”，消防安全管理“全闭环”。以孙郭村为试点，建立“红心书”（村规民约积分管理）制度，以积分制为发力点，激发村民自治活力，让墙上的村规民约“走”下来。以祝谢村为试点开展“红心居”（宅基地指标优化分配）建设，通过叠排安置、公寓房置换、连片危旧房整治等方式，用67个宅基地指标解决住房困难户155户，有效盘活存量住宅用地，让沉睡的闲置农房“醒”过来。2月18日《人民日报》、新华社4月28日、6月10日《光明日报》先后对“三红”治理模式作了报道。“红心租”得到省级领导肯定。

【首创“支部+企业+农户”村级发展模式】建立富民增收工作体系，因村制宜，制定“富民强村二十条”助推村集体经济“造血式”发展。投入500万元成立“富民强村”奖补帮扶资金。聚焦经济主体培育与产业模式创新，探索“支部+企业+农户”村级发展模式，由各行政村参股或独资成立村级公司，通过宅基地综合整治，成立“红心居”房产有限公司，盘活宅基地资源，优化宅基地指标，标准化建设农民住宅；针对农村大量闲置劳动力，成立劳务派遣公司，承接河道保洁、绿化养护等项目；针对山水旅游资源，组建乡村民宿经营公司，已组建村级公司7个，开展技能培训10余次。

【民生实事】为解决村民冬天无法洗热水澡的难题，新建星级卫浴13个。新建文化礼堂2个（加上原来的共有13个）。投资8400万元实施保障房建设，一期工程60套已交房。

【镇村面貌全域提升】围绕“一村一策一清单、一村一景、一村一品”开展综合整治行动，优化村庄环境。第一批6个创建村绍兴市级验收通过率为100%。借力“厕所革命”助推美丽乡村建设，改建提升农村公厕36个。投资803万元开展直埠村农村生活污水处理工程，实现污水治理全覆盖。深化“美丽星”创建工作，建立健全农村卫生长效保洁机制。投资660万元实施南渠绿化提升工程，镇域环境提质升级。

【社会管理制度化】建立健全集镇管理制度，实行鞋业废料集中清运机制，选优配齐集镇综合执法队伍，定期巡查整改，开展集中整治行动50余次，共整治“五乱”现象1200余起。按照镇主抓、业务部门指导、全天候在岗备勤的方式，成立专职消防队伍，提升应急防护能力。出台直埠镇码头管理办法，从源头杜绝违规运输行为；建立直埠镇宕砂、渣土管理制度，规范工程管理。

▲7月3日（农历五月二十），直埠镇姚公埠村举行一年一度的“水龙节”。具有近百年历史的“木水龙”由20多名身强力壮的村民操作，通过液压原理射出30多米远的水柱。姚公埠水龙节大约从1921年开始，当年该村多为草房，村族组织了“水龙队”担负起消防工作，并确定每年农历五月二十为“水龙节”，一直沿袭至今　（徐德文　摄）

【“小布衫”互助协会成立】以“小布衫贴身穿，献爱心暖人心”为宗旨，10月成立“小布衫”互助协会，通过村民互助捐、资产收益捐、资本补充捐等方式，募集资金25万元。在村内安装暖心灯，把太阳节能灯装在村内偏僻黑暗的地方，让爱心点亮每个角落。设立爱心杂物间，把村庄建设多余的废弃材料整理起来，有需要的村民可以自取，营造小空间大温暖。（傅淑瑜）

浬浦镇

【概况】浬浦镇位于诸暨市东南部，东邻东和乡，南毗东白湖镇，西连璜山镇，北接街亭镇，距市中心18千米。镇域面积55.6平方千米，镇人民政府驻地书院路210号。下辖13个行政村，人口2.05万。2018年，全镇实现国内生产总值57117万元，同比增长8.5%；财政收入5841万元，同比增长65.29%；实现规上企业工业产值近3.76亿元，同比增长47.09%；固定资产投资17959万元，指标完成率149.4%；自营出口8460万元，指标完成率103.2%；居民人均可支配收入26052元，同比增长8.9%。2018年度，浬浦镇被评为绍兴市乡村振兴特殊贡献集体。

▲浬浦镇全貌　（郦以念　摄）

【招商选资和企业培育升级】编制《浬浦镇文旅产业发展规划》，制作特色招商片，落实招商选资项目3个。全年引进内资1.03亿元余，完成全年任务的172%；实现高新技术产业投资3707万元，完成全年任务的123.57%；实现高新技术产业产值8445.9万元，同比增长17.54%；实现新产品产值1.62亿元余，同比增长175.4%。完成技术市场交易额1000万元；完成“个转企”17家，培育小微企业43家；引进可产业化科技成果项目1项；5家企业成功申报浙江省科技型中小企业，2家企业成功申报国家高新技术企业。

▲ 陶姚水果基地，首届“浬浦溪”水果节活动中的孩子们　（郦以念 摄）

【首届“浬浦溪”水果节】8月5日，“浬浦溪”水果节在浬浦镇开幕，活动当天吸引了50多户家庭和几百名游客采摘游，他们走进果园，现场观赏火龙果、芒果、百香果等热带水果；水果搬运、水果拼盘等趣味性活动为“浬浦溪”水果节增添了无限乐趣。

近年来，浬浦镇围绕打造“十里水果长廊”目标，鼓励农户在陶姚村至梅西村10里诸东线两侧建成以水果为主的农业基地。至2018年底，全镇已拥有红心火龙果、黄桃、水蜜桃、梨、李子、葡萄、猕猴桃、野生刺葡萄等精品水果种植基地近5000亩，规模种植以上农户30多户。

【全市首推集镇垃圾分类奖励制度】2018年浬浦镇率先出台集镇垃圾分类积分奖励制度，运用垃圾分类智能打分及智能巡检方式对垃圾分类进行打分，并设立积分兑换超市，居民凭积分可到积分兑换超市兑换生活用品，有效提高居民参与垃圾分类工作的主动性和积极性。2018年，被评为诸暨市农村生活垃圾分类示范镇，并成功创建浙江省卫生镇。

【美丽乡村建设】扎实开展“五星达标、3A争创”工作，梅西村、枫林村、陶姚村、马郦村、五美村、外浦村成功被评为“五星达标村”。马郦村全域土地综合整治省级试点工作有序推进，基本完成住宅工业化一期建设项目。陶姚村探索村级公寓房建设新模式，编制整村整治规划，完成一期公寓房建设项目的招标，为破解危旧房治理难题迈出扎实的一步。投资450万元实施大高坞水库除险加固工程，投资800万元实施高标准农田建设工程；投资300万元实施8.6千米农村公路大中修；投入400余万元新建农村公厕13座，改造提升60座；投入75万元新建村级生活垃圾厌氧处理池3个，改造提升太阳能垃圾处理终端1个。

【农村文化阵地建设】投资140万元完成廊下村文化活动中心基建项目；投资300万元完成兼溪、五美、陶姚村文化礼堂建设工程，至2018年底全镇共有文化礼堂7个；投资100万元对市级文保单位盘山小学进行全面修缮；投资90万元建成镇文化分馆和镇图书分馆。

【平安建设】推进“四个平台”和全科网格建设，综合信息指挥室共收集上报各类信息5618条，处理反馈率达100%。完善信访工作机制，制定出台各类应急预案，健全领导包案制度，化解绍兴市级督查件5件、诸暨市级督查件24件，化解信访积案6个，政务热线及初信初访化解率达98%以上，群众满意率保持在95%以上。调处各类矛盾纠纷127起，涉及金额240余万元。组织开展居住出租房、沿街店面、人员密集场所等一系列安全生产、消防安全专项整治行动，累计检查企业921家次、出租房630家次、沿街店面2561家次、宗教场所154家次，消除整改安全隐患1158处，办理安全生产案件2个，罚款金额4.2万元。更换农户漏电保护器4850只。

【民生实事】深化“最多跑一次”改革，实现“无差别受理”，镇村两级服务中心共受理各类民生事项8144件，有3个行政村创建为诸暨市级百个“一站式办理”村级便民服务示范平台。新增低保户9户，注销56户；新增低保边缘户2户，注销8户；新增因病致贫人员2名，注销1名。向13名大病救助对象发放救助金11万元；向13户临时困难救助家庭发放救助金2.3万元；向580户困难家庭发放慰问金43.5万元。（沈雅萍）

王家井镇

【概况】王家井镇位于诸暨市南部，东接街亭镇，西南靠牌头镇，西连草塔镇，北邻暨阳街道，距市中心9千米。沪昆铁路、杭金衢高速和杭金公路穿过镇西部，诸安快速通道、市南公路贯穿全镇，浦阳江及其支流洪浦江由南向北穿镇而过。镇域面积51.92平方千米，镇人民政府驻市南路188号。下辖1个居委会、23个行政村，人口3.47万人。2018年，实现国内生产总值17亿元，同比增8.5%；实现财政收入1.78亿元；实现固定资产投资2.93亿元；实现自营出口10.01亿元。全镇农民人均纯收入3.85万元，同比增8.7%。

【招商引资和企业培育升级】打好“引进、培育、转换”等组合拳，全年引进项目6个，实施千万元以上工业性投入项目12个、千万元以上商贸服务业项目2个；民间投资2.94亿元，同比增16.97%。培育国家级高新技术企业2家、省级科技型中小企业8家，实现高新技术产业产值3.5亿元、战略性新兴产业产值1.8亿元；省股交中心挂牌企业4家，新增股份有限公司2家；完成“小升规”企业4家。

【长江中下游水稻化肥农药减施增效技术集成研究与示范现场会】2018年10月，长江中下游水稻化肥农药减施增效技术集成观摩会在王家井镇新南村召开，来自长江中下游六省一市的农科院、区域内涉农高校、推广部门等20多个单位的专家学者，以及农业农村部、全国农技推广服务中心、浙江省农业厅等部门近150人参会，共同见证新南村的水稻生产化肥农药减施增效技术。“长江中下游水稻化肥农药减施增效技术集成研究与示范”项目，旨在探索建立长江中下游水稻化肥农药减施增效综合技术模式，实现到2020年化肥、农药使用量零增长。王家井镇新南村省级粮食生产功能区是该项目的核心示范区，面积约1000亩。

【镇村环境综合整治】投入资金近6000万元，推进小城镇环境综合整治，完成集镇立面改造、镇中路拓宽、停车场建造、农贸市场提升改造等17个项目。投入资金6000余万元，完成6条道路大中修工程、雨污配套工程、集镇污水管网建设、祝家和新旭村的高效节水工程等32个民生项目建设。完成后陈村、淀荡畈村生活污水治理工程。

▲王家井镇市南路段　　（郭斌　周杰　摄）

【民生实事】投入730万元用于农村居民医疗保险补贴、慰问、困难帮扶等；投入476万元用于敬老院建设、最低生活保障、残疾人救助等工作；投入资金50万元基本建成镇级居家养老服务中心，13个村级服务中心开展老人助餐服务。投资20万元完成镇级图书分馆建设。后陈村、新旭村、王家井村高水平建成文化礼堂，至2018年底全镇文化礼堂已建成并运行9家。实施“厕所革命”，新建厕所25座，改建41座。

【村村成立“星火关爱互助协会”】开展关爱互助工作，23个行政村全部成立“星火关爱互助协会”，首次关爱互助基金募捐金额总计达50余万元。“星火关爱互助协会”主要用于弘扬“关爱互助、扶危济困、崇尚文明、构建和谐”的关爱精神，为鼓励优秀学子求学深造，关心关爱老弱病残、因事因病致贫的困难户、留守儿童、老党员等，以进一步提高他们的生活水平和幸福指数。2018年，开展关爱、慰问、帮扶等惠及全镇300余人，花费关爱基金6万余元。

【红白事简办推行】培育文明乡风，倡导节俭办理红白事104场，累计节约费用302万元。

【各类单项先进】镇卫生院改革创新，致力数字化建设，2018年8月获全国优秀基层医疗卫生机构奖第二名。新南村2018年7月被评为全国民主法治村。基层武装工作先后被评为绍兴市级国防后备力量基层建设先进单位、征兵工作先进单位。

（杨璐伊）

街亭镇

【概况】街亭镇位于诸暨市东南部，东邻东和乡、浬浦镇，东南连璜山镇，西接牌头镇、王家井镇，北靠暨阳街道、浣东街道，距市中心9千米。诸永高速、绍诸高速在街亭建有枢纽并设有高速出口，陈蔡江、璜山江在街亭镇汇聚成开化江，经过市区流入浦阳江。镇域面积79.36平方千米，镇人民政府驻地在街亭村老街162号。辖15个行政村，总人口2.7万人。2018年，全镇实现国内生产总值10.14亿元，财政总收入8995万元；工农业和基础

▲街亭中桥一带俯瞰　（郭 斌 摄）

设施等投资总额 2.09 亿元；实现自营出口 2.35 亿元。居民人均纯收入 39500 元。

【项目引进和建设】2018 年共引进项目 3 个，注册资金 1.6 亿元，其中颐和康养项目列入诸暨市大新项目。浙江欣阳袜业地块“退二进三”（通常是指在产业结构调整中，缩小第二产业，发展第三产业）和坡地村镇旅游开发试点项目进入实施阶段；三星畈工业园区新上工业项目土地进入招拍挂程序；总投资近 2 亿元的诸暨市翰艺轩艺术酒店项目（一期）完成主体工程；诸暨市盆景艺术园主体工程基本完工。完成 4 个地块的招商工作。

【旅游交通网络建设】绍诸高速延伸线街亭段、城市三环线街亭支线（分别在元旦、国庆期间）通车；街亭主要旅游资源点建设骑行驿站 14 个，与专业运营商合作投放单车 150 辆；建成拙园旅游公交首末站，市区三角广场至街亭拙园的城市公交 7 号线提升为周末小镇旅游专线。

【镇村环境综合整治】总投资 5000 万元，完成街亭主要街道立面改造、滨江游步道、集镇污水改造、农贸市场改造提升、老街历史街区保护性改造、道路建设、景观提升、三线整治、小镇亮化及集镇环境秩序整治。开展网格化集中整治行动 200 多次，累计清除背街小巷垃圾 2000 余吨，消除赤膊墙 40 余处、裸露地面近 200 处。投入“五星 3A”创建资金 840 余万元，成功创建第一批五星达标村 6 个村，周村列入第二批 AAA 景区标准精品村创建村。投资 900 万元完成生活污水治理工程。全年查处违章建筑 5 起，拆除建筑面积 4622 平方米，拆后土地利用率为 100%；完成农村危旧房整治 60 户。实施农村公厕改造工程，新建公厕 19 座、改造 52 座。

▲街亭周末小镇入口　（郭梦雅 摄）

【社会综合治理】定期会商分析，对全镇重点人员实行严格管控。全年共接待群众 166 批、350 人次，化解信访矛盾 120 件，化解积案 8 件，共受理“96345”交办件 70 件、“12345”交办件 129 件，按时办结率和满意率 85% 以上。完善全科网格，新招聘全科网格员 20 人。综合信息指挥室采集各类信息 3288 条，办结 3265 条，办结率 99%。完善联合调解中心功能，调解交通肇事、伤害赔偿、山林权属、宅基地纠纷等矛盾纠纷 16 件，成功化解 16 件，调解成功率 100%，涉及金额达 85.52 万元。

【“最多跑一次”相关事项落实】提升改造街亭行政服务中心，规范行政服务中心建设，完善审理员和核准员以及 AB 岗制度。落实“最多跑一次”相关事项 249 项，累计办理事项 3728 件。

【基层党建】加大对群众反映强烈问题的查办力度，全年共立案审查违纪案件 16 件，处分党员 16 人，其中开除党籍 1 人。建立“年轻干部定村定时轮流督查党建工作”制度，下派全体年轻干部担任两新组织（指新经济组织和新社会组织）党建联络员；出台《年轻干部信息考核专项制度》，实现年轻干部基层党建工作 100% 参与。实现职工 30 人以上非公企业党组织和工作全覆盖。实施重点工作月通报排位制，全年累计下发督查通报 54 期，通报点名批评镇村干部 326 人次。（赵 秀）

东白湖镇

【概况】东白湖镇位于诸暨市东南部，东连嵊州，南接陈宅镇，西毗璜山镇，北邻浬浦镇，距市中心约 20 千米。镇域面积 198.38 平方千米，镇政府驻地陈蔡村新建路 49 号。辖 20 个行政村，共 13269 户，常住人口 37346 人。2018 年，全镇实现国内生产总值 12.10 亿元；财政收入 4367 万元；固定资产投资 1.84 亿元；自营出口 1.09 亿元；居民人均可支配收入 23350 元。

东白湖镇斯宅村为省第十批“浙江省省级农家乐集聚村”。2018 年，成功创建成为省级休闲小镇、绍兴市森林特色休闲小镇。

▲东白湖油菜花田　（蒋力奔　何　娜　摄）

【项目引进和建设】引进镇长项目1个、农业大项目2个，在谈文创项目2个，其中1个已签订意向协议。激活闲置老旧校舍，建成“越江茶文化体验中心”，打造茶产业示范基地、茶产品加工基地；完成越江茶产业园2期慢居民宿项目主体建设。新增高层次人才1名，落地人才创业项目1个，完成科技型中小企业申报4家。

【东白湖生态旅游品牌打造】全力打造东白湖生态旅游金字招牌，3月底4月初组织开展“我爱诗画浙江”2018诸暨春季旅游节暨东白湖油菜花节活动，共吸引游客3000多人，近千名游客参与大型全民公益毅行活动。3月30日，成功举办西施故里“越红工夫首届斗茶大赛”暨第八届东白湖茶文化推介会，现场约有500人参加。

【美丽乡村建设】2018年度开展省级“污水零直排区”试点，并于12月通过绍兴市级验收。投资1200万元，推进农村污水收集处理及运维设施生态化提升工程，实现农村生活污水提质提标。完成水源地专项督查整改销号工作。新建20个再生资源利用回收站，成功创建诸暨市垃圾分类示范村2个，诸暨市垃圾分类智能化示范村1个。投资近500万元，改建公共厕所169座，新建16座，并设立长效保洁管理专项奖补资金。完成2018年度全国污染源普查工作。创成“五星达标村”7个，“3A示范村”1个，创建通过率高于全市平均水平。

▲“越红工夫首届斗茶大赛”现场，参赛选手正在烘炒茶叶　（蒋力奔　何　娜　摄）

【文物保护】累计投资1000万元，完成牌轩门里三期修缮、斯民小学修复工程，全面启动七姓台门修缮等工程。新增吴大宗祠、居敬堂、花厅门里3个诸暨市级文保点；新增斯宅大生精制茶厂、后马桥、清潭桥3个诸暨市级文保单位。

【国家文物局传统村落保护利用工作会议】5月17日，国家文物局传统村落保护利用工作会议在东白湖镇召开。国家文物局、省文物局、有关考古院所约50人参会，对传统村落消防体系提出“立体式”建设建议。

【民生实事】及时足额发放各类优抚金、生活保障金共1000余万元。按照“应保尽保、应退尽退”原则，清理取消不符合低保、低保边缘户等共83户100人。完成陈蔡村、新上泉村、元培幼儿园放心厨房改造提升项目；全面完成农村“三线”整理，超额完成农村漏电保护器更换任务。投入1900余万元，完成清潭桥—泄头等8条农村公路大中修项目主体工程。投资2500万元，完成斯宅、上英等9个村饮用水安全提升工程。100%实现“最多跑一次”“无差别受理”，建成4个“一站式办理”村级便民服务中心示范平台。按期办结26个涉及发展、平安等问题。完成殿南、西岩、琴察3个农村文化礼堂的建设布展工作，至2018年底，全镇有文化礼堂9个。镇级图书分馆于1月正式开放使用。新建镇级社会心理服务站1个，村级社会心理服务示范室2个，村级社会心理服务室18个。积极倡导“婚丧事宜简办俭办”，节省开支40余万元。

【蔡元培诞辰150周年纪念活动】1月在东白湖镇蔡元培广场举办蔡元培诞辰150周年纪念活动。东白湖镇陈蔡村为蔡元培祖籍地，蔡元培先生儿媳杨心月，蔡元培的曾侄孙蔡建国，上海蔡元培故居陈列馆主管陈燕蓉，绍兴市博物馆馆长金燕，蔡元培故居馆长金海娟等各界人士出席活动，并向蔡元培铜像敬献花篮。

【东白湖七夕节传统节会】东白湖七夕节传统节会农历七夕节在殿南村举行，活动由村民自发组织，各地游客约500人参加。东白湖七夕节传统节会一般每年举行一次，主要有当地特色小吃展示、祈福活动等。

（郜先强）

五泄镇

【概况】五泄镇位于诸暨西部，以国家AAAA级风景名胜区“五泄”得名，东与东南至草塔镇，西至马剑镇，北至应店街镇与大唐镇，境内公路直通市区及桐庐、富阳、绍兴、杭州等地，距市中心15千米。镇域面积39.38平方千米，镇人民政府驻五泄镇五泄路136号。辖8个行政村，常住人口1.55万人。2018年，全镇实现国内生产总值9.92亿元，财政收入5548万元；完成固定资产投资25668万元，自营出口额2.85亿元余。全镇居民人均可支配收入27702元。

五泄镇是绍兴市组群中心镇，镇内有省级文物保护单位——藏绿马鞍山古建筑群、藏绿周氏宗祠；省级非物质文化遗产——青口皮纸。

【项目引进和企业升级】全年引进都市圈项目2个，实际到位资金1.037亿元。实施“零增地”技改，扩建厂房面积6300平方米。完成“个转企”16家。实现高新技术产业产值1.5934亿元，新增科技型中小型企业3家，引进可产业化科技成果1项，发明专利授权10项。

【小城镇环境综合整治】完成“三改”（旧住宅区、旧厂区、城中村改造）14.8万平方米，拆违1万平方米。十四都村、五泄村创成省级卫生村。“五星达标、3A争创”全域推进，第一批创建村100%通过绍兴验收，其中五泄村、十四都村、泄峰村、古塘村等4个行政村创成“五星达标村”，十四都村创成“3A示范村”。小城镇环境综合整治通过省级验收。

【民生实事】全域推进移风易俗和村级关怀关爱协会建设，简办红白事63场，节省支出235万元。完成镇级文化分馆建设，新建村级文化礼堂2个，至2018年底全镇文化礼堂共6个。新建居家养老服务分中心2个、校车候车亭6个；新建改建公厕13座，提升改造垃圾站房43个。完成前泄和后泄自然村农村饮用水提升工程，实施泄峰村里石坞、红枫岭村和西皇村城乡供水一体化建设。启动五泄江整治及滨江游步道建设工程，完成乡村道路大中修5.24千米；改造危旧房104户。

【平安建设】推进“四个平台”（综治工作、市场监管、综合执法、便民服务四个功能性工作平台）建设，信息处理反馈率100%。化解绍兴市级重点督查件5件、诸暨市级重点信访督查件37件，调处各类矛盾纠纷179起，初信初访100%处理到位。

【“和美西皇·共建共享”乡贤助力乡村振兴凤凰计划启动仪式】2018年6月3日，在镇政府四楼会议室举行“和美西皇·共建共享”乡贤助力乡村振兴凤凰计划启动仪式，近百名来自各地的五泄乡贤参加。启动仪式上，成立了西皇村后道地、前道地、高坞坑、高院、蒋坞、新屋、仙师殿等7个乡贤共建区，西皇村乡贤杨光明、杨高峰、杨茂成分别认领了“和美西皇”主题公园项目设计、西皇古道项目设计、西皇AAA景区村全域规划设计等3个共建项目。

【第一届荷花节】2018年7月14日，在五泄镇十四都村举办第一届五泄镇荷花节开幕式。整个荷花节为期一个半月，包括开幕式、启蒙礼、亲子画荷大赛、旗袍秀、美食制作、农趣体验、摄影采风、荷花宴席等活动，至8月底结束，活动吸引了5万人次参加。

▲五泄镇第一届荷花节吸引大量游客　（徐德文 摄）

【中宣部副部长蒋建国到五泄镇调研】2018年10月22日，中宣部副部长蒋建国到五泄镇十四都

▲中宣部副部长蒋建国在五泄镇十四都村调研

（五泄镇政府供图）

村调研新时代文明实践站、马鞍山古民居建筑保护情况，了解移风易俗、社会力量参与乡村治理、村级关爱基金建设、传统文化传承发扬等工作，并与村两委干部、乡贤代表等座谈交流。省委宣传部副部长黄明辉，绍兴市委常委、宣传部部长丁如兴，诸暨市委副书记、市长王芬祥，诸暨市委常委、宣传部部长王孔羽陪同。（沈维君）

岭北镇

【概况】岭北镇位于诸暨、东阳、义乌三市交界点，东邻东阳市巍山镇，南接东阳市江北街道、六石街道，西界义乌市苏溪镇，北靠陈宅镇、璜山镇，距市中心53千米，距诸永高速陈宅出口仅20分钟车程。镇域面积66平方千米，镇人民政府驻岭北周村高台门636号。下辖8个行政村，人口1.31万。2018年，实现国内生产总值3.77亿元，同比增长10%；实现财政收入3557.26万元，同比增速-15.49%；完成固定资产投资6014.6万元，其中完成民间投资4211万元；完成自营出口13230万元，同比增速19.8%。居民人均可支配收入23103元，同比增长9.2%。

岭北镇森林覆盖率高达82.3%，是国家级生态乡镇，全域为二级饮用水源保护区，是全市行政村最少、人口最少的乡镇。

▲岭北镇俯瞰　（徐德文　摄）

【全域实现“五星达标”】在“五星达标”创建中融入岭北美食、美景和传统文化等元素，突出地域特色。同时不断强化各项内容督查和“回头看”活动，实行“销号制”，督促各村整改问题，巩固提升创建成果。2018年7月通过绍兴市验收，实现“五星达标”村全覆盖。

【乡贤招商】发挥乡贤资源优势，通过乡贤招商引进7个项目，其中农业大项目1个，实到市外注册资金5058万元。

【休闲旅游业发展】完善旅游基础设施建设，推进万鼎农业综合等“大好高”项目落地，推进总投资100余万元的岭北周村乡村生态旅游项目建设，完成农副产品展馆和体验馆建设；6月启动原始松林森林公园建设，完成土地流转和土地平整工作。组织“舌尖上的岭北”系列美食宣传推广活动，打造特色鲜明的岭北名片。

▲岭北山庄内，员工正在腌制火腿　（徐德文　摄）

【水环境保护】深化“河（湖）长制”管理，推行河长巡查、考核、举报等一系列配套机制和管理办法，开展集中行动11次，发放宣传单1万余份。完善饮用水提升工程，水带村、孚家湖村、岭顶村饮用水提升巩固工程全部完工，实现行政村饮用水提升全覆盖。总投资399万元，基本完成水带村农村生活污水处理工程。

【农村环境整治】实行环卫人员月例会、垃圾清运打卡、环卫工作月通报制等环境卫生常态长效机制，巩固小城镇环境综合整治成果。管控垃圾分类各环节，实现农户分拣、上门收集、分类进仓无缝对接，2018年垃圾分类工作排名全市第二。推进厕所革命，累计拆除、整治旱厕及露天粪坑600余处，整改、新建公厕28座。

【民生实事】累计推进各类镇村实事项目165项。强化危旧房管理，排查房屋5500多套，拆除D级危房170多套，撤离人员194人次。累计拆除违章建筑20处，面积6423平方米，拆后利用率达93.65%。总投资约4.4亿元的石东线（石壁至岭北镇西周段）拓宽改造工程完成岭北段工程量的65%；总投资800万元的镇卫生院易地改扩建工程投入使用；总投资1064万元，完成5条破损严重的村级联网公路大中修。推进金湾、水带等行政村的村级公墓新建工程。新建岭顶村文化礼堂，至2018年底全镇共有文化礼堂6个。落实各项惠民补贴政策，共发放各类救助及补贴200余万元。扩大社会保险覆盖面，城乡居民基本医疗保险参保率达99.63%。开展食品安全联合稽查行动，推进食品安全工作站规范化建设、学校A级食堂建设、农村家宴中心放心厨房建设。

【红白事简办推行】通过调整红白理事会、修订村规民约、开展试点等措施，倡导节俭办红白事，在全镇范围内发放《移风易俗倡议书》3000余份。2018年，全镇共节俭办理白事27场、红事15场，节省资金70余万元，营造了“简约不减质量、简朴不俭特色”的红白事新风。

【“最多跑一次”改革推进】加速“最多跑一次”改革，全面推进政务服务“无差别受理”和“一证通办”，全年事项实现率、回访满意率、无差别受理实现率、村级办件应用率均达到100%。

【平安建设】招聘村级专职网格员15名，全年上报、交办、处置平安通信息3500余条。投入20余万元完成镇村两级综治中心、调解中心、法律服务站规范化建设。

【消薄增收】以“党政主导、各方参与、精准施策、全面覆盖”为总体思路，助推集体经济相对薄弱村按期摘帽、低收入农户持续增收。2018年，所辖8个行政村经营性收入全部都达到20万元以上。

【党风廉政建设】开展扶贫领域腐败和作风问题督查，分别对低保政策落实情况及春节慰问金、临时性救助等资金发放情况进行专项督查，累计摸排出不符合低保户、边缘户救助对象52户81人，并经调查核实后全部取消。制定“清廉岭北”创建实施方案和《岭北镇廉政风险防控制度》，实施农村基层作风巡查，防止和纠正损害群众利益的不正之风。完善镇村干部考核办法，强化督查考核力度，累计下发督查通报55期，涉及290人次，扣发考核奖6万余元。对村级班子实施“履职体检”，对村级组织换届进行“回头看”，处置不合格村干部1名。通过青年学堂、民情大比武等系列载体，不断提升驻村干部能力。（周凯琳）

陈宅镇

【概况】陈宅镇地处诸暨市东南部，东接东白湖镇，南邻岭北镇和东阳市，西北连璜山镇，省道诸东线、诸永高速公路穿镇而过。距市中心25千米，镇域面积78.93平方千米，镇人民政府驻地陈宅镇振兴路23号，下辖11个行政村，户籍人口18794人。2018年，全镇实现国内生产总值57734万元，同比增长10%，财政收入2410.21万元，同比增长9.1%；完成固定资产投资12131万元，同比增长10%，其中民间有效投资1.04亿元；自营出口2.3亿元。全镇居民人均纯收入25631元。

陈宅镇境内有山林78128余亩，总库容量1.1亿方的国家大二型水库——石壁水库系全市饮用水源之一。

▲石壁水库俯瞰（图片来源 诸暨日报社）

【农林产业扶持】扶持发展香榧、茶叶、猕猴桃、果蔬、药材等支柱农林产业，绿化林场被评为“生态茶园”省级示范基地。鼓励发展东蔡、大罗两村白芨观光基地种植项目，累计投资2000多万元，种植面积500余亩，培育白芨幼苗210万株。打破红心猕猴桃的单一格局，引导水蜜桃、蟠桃、火龙果等多种水果种植，水果种植面积达450亩以上。新建高标准农田345亩，提标改造粮食生产功能区800亩。推行“农业+旅游”模式，提升发展民宿产业，由废弃猪场改建的塘里民宿被评为诸暨市精品民宿。

【村级集体经营性收入均超20万元】加大村级经济“造血”功能，盘活镇村闲置集体建设用地和闲置厂房，全镇11个村集体经营性收入全部达到20万元以上，其中5个村达到30万元以上。发挥在外乡贤等的作用，争取市级鼓励发展集体经济的政策，累计争取到资金150余万元。新增村淘活跃点4家，实现农产品销售额超200万元。

【引资引才和企业升级】全年共引进项目6个，其中北承南接项目3个，实到资金8000万元；提升项目建设效能，新落地投产千万元工业项目3个；全年实现服务业有效投资4926万元。成功申报国家高新技术企业1家、省科技型中小企业2家；申报发明专利20项、授权5项。申报并入选绍兴市海外英才计划1名，暨阳533英才计划2名。

【民生实事】投资近300万元完成5个农村饮水提升工程，让村民喝上“放心水”。完成3个坡耕地节水灌溉工程和3个山塘管理标准化建设。开展扶贫领域专项整治工作，取消、变更不符合社会救助的51户86人，全年发放各类低保、重残等补助资金近300万元。完成1家示范型村级养老中心和2家村级居家养老中心建设。陈宅村创建成为全市唯一的“绍兴市老年人体育健身活动基地”。深化“最多跑一次”改革，实现镇村两级窗口“一证通办”，镇行政服务中心受理办件1801件。

【平安建设】实施“雪亮工程”，完善立体化社会治安防控体系，11个村级会商系统投入使用，东升和石壁湖村建成市级示范综治工作站。建立专职网格员社会化服务机制，深化“四个平台”建设，信息有效办结率98%以上，调处各类矛盾纠纷52件。开展重点领域消防安全大整治，做好老旧民房电线套管和农户漏电保护器安装工作，有效消除农村用电安全隐患。

【村容村貌整治】深化“碧湖”党建品牌建设，结合“五星3A”创建工作开展党员志愿服务活动，实行党员联系户制度，发挥党员干部在村容村貌整治中的表率作用。投入30多万元提升全镇环境卫生配套设施，安装太阳能垃圾站房除臭装置7个，改造村级垃圾站房7个。对镇级垃圾处理中转站设备进行大修，全年投入80多万元推进农户垃圾分类工作。

【无害化卫生厕所普及全镇】投入260余万元，完成公厕改造68座，新建8座，拆除旱厕及露天粪坑共96只，全镇全面普及无害化卫生厕所，成功创建“浙江省卫生镇”“绍兴市美丽乡村示范镇”；陈宅村、绿化村、东升村3个村创成“浙江省卫生村”。

【“最美陈宅人”评选】12月7日，陈宅镇党委、政府在陈宅镇中体育馆举办第二届“最美陈宅人”表彰大会，通过前期三个多月的村级推荐、镇级审核、网络投票等环节，面向全镇共评选出21名“最美陈宅人”，包括最美孝亲人、最美爱心人、最美青少年、最美党员户、最美婆媳、最美庭院户、孝德少年等七个类别。（何　清）

▲“最美陈宅人”授牌仪式现场　（陈宅镇政府供图）

同山镇

【概况】同山镇位于诸暨市西南部，东接牌头镇、安华镇，西南连浦江县，北邻草塔镇，距市中心22千米，距杭金衢高速公路郑家坞、牌头出口各15分钟车程。镇域面积55平方千米，镇政府驻地为高城头村。下辖16个行政村，总人口2.18万人。2018年，全镇实现国内生产总值7.6亿元，同比增长9.1%；财政收入7338.97万元，同比增长15.04%；固定资产投资1.63亿元，同比增长39.7%；自营出口7554万元，完成全年任务数的109.5%；农民人均可支配收入24707元，同比增长9.9%。

同山镇是浙江省农业特色强镇、省美丽田园、省美丽乡村示范乡镇，被列入省第三批旅游风情小镇培育名单。境内有国家级风景名胜区汤江岩风景区以及景区重要组成部分布谷湖、浙江省重点文物保护单位边氏宗祠，省级非物质文化遗产——同山烧酿造技艺和棕编，绍兴市级非物质文化遗产——毛笔制作和板凳龙，以及诸暨市第一个农村党支部成立地丽坞底村。2018年，浙江省农村综合改革集成示范区试点项目落地同山，为绍兴地区唯一。

【浙江省农村综合改革集成示范区试点项目】根据《浙江省财政厅关于申报农村综合改革集成示范区建设试点的通知》（浙财基〔2018〕1号），4月，同山镇成为绍兴地区唯一一个被列为浙江省农村综合改革集成示范区建设试点的乡镇。该试点项目核心区有一湖（布谷湖）、五村（布谷、王沙溪、绿剑、吉水坑、临江5个行政村）。围绕乡村振兴战略核心工作内容，同山镇邀请浙旅集团于（5月中旬）主导完成《农村综合改革集成示范区旅游策划、规划及三年行动计划》等3个文本。2018年，示范区总投资1.98亿元推进20余个项目建设。

【入选第一批省级特色农业强镇】实施基地基础设施、高粱三中心、水果基地等建设，水果种植扩大到1.2万亩，水果种类10多种，其中樱桃种植面积6500余亩，枇杷种植面积3600余亩。引进新品种樱桃60亩、桃形李300亩、白沙枇杷500亩，改良樱桃品种5000余亩。推广油菜——高粱轮作方式，良种覆盖率达100%。8月21日，诸暨市同山水果特色农业强镇接受省级验收。10月26日，浙江省粮食安全和推进农业现代化工作协调小组农业“两区”办公室公布第一批省级特色农业强镇名单，全省21个创建单位上榜，绍兴地区共有2个特色农业强镇入选，同山镇为诸暨市唯一一个创建成功的乡镇。

【特色产业发展】以“同山烧特色小镇”创建为抓手，打造同山烧特色风情公路1条，安装酒乡特色路灯3千米，打造酒乡景观节点30处。举办“醉美同山·拥抱春天”系列生态游和水果采摘节活动，吸引中外游客6万余人，布谷湖成为“网红”景点。在2018浙江农业博览会上，诸暨绿剑茶业有限公司的绿剑茶和浙江同山醉美人酒业有限公司的勾践王获省农业博览会金奖。同山烧酒传统酿造技艺代表性传承人沈牡琴入选第五批浙江省非物质文化遗产代表性传承人。开发“水果采摘+旅游餐饮”融合模式，湖山雅苑等精品民宿人气倍增，产业融合提速增效。（何欣谕）

【同山烧酒业】截止2018年年底，同山镇内共有规模酒企4家（高粱酒厂、醉美人、原锅、祺香），正式备案登记的小作坊34家，酿制散户700多家，年产同山烧3000余吨，产值超3亿元。4家龙头企业年产烧酒1030吨，产值达2.06亿元。同山烧酿造也直接带动了高粱种植业的发展，2018年全镇高粱种植面积达3000余亩，年产高粱1200吨，其中3家高粱专业合作社实现土地流转1000多亩，为农户增收300余万元。“同山烧烧制技艺”2009年被列入浙江省“非物质文化遗产”名录，2010年获得中国（浙江）非物质文化遗产博览会金奖。

▲10月底，被“勾践王”吸引来的酒商代表在醉美人酒业参观洽谈（杨迪尔 邵高峰 摄）

▲浙江同山醉美人酒业有限公司车间内，工人正加班加点包装“勾践王”白酒销售形势喜人（杨迪尔 吴作浩 摄）

同山烧为清香型白酒，因产地在同山镇而得名，素有“江南小茅台”之称。同山烧以诸暨特有的高脚拐糯高粱为原料，取同山镇上汲龙水酿制而成，酒质清澄，口感甘洌，被称为南派清香典范。早在春秋战国时期，同山镇乡民就有种高粱酿烧酒的习俗，传承至今已有2500余年历史。（袁文军）

【“五星达标 3A 争创”】坚持“五星齐抓”，全力整治环境，全域提升氛围，第一批8个村均顺利通过绍兴验收。丽坞底村创成省级AAA级景区村。“对标浦江、全域创建”的经验做法得到绍兴市委组织部长徐晓光的肯定，4月8日承办全市“五星达标、AAA争创”现场会，市委组织部、市委宣传部、市委政法委、市农办、旅游局等5个牵头单位主职领导，同山镇、东和乡、东白湖镇、马剑镇、璜山镇党委书记及各镇乡街道党群副书记参加会议，“美丽星”整治成果作为样板在全市推开。

【民生实事】深化“最多跑一次”改革，全面推行“无差别受理”，创新实施“周末预约服务”，全年共计受理并办结事项4645件；完成西源、仙日、布谷、高城头一站式示范型便民服务中心建设。倡导移风易俗，简办红白喜事30余场，节约资金50余万元；开展“厕所革命”，新建、改建公厕18座；新建文化礼堂2个，全镇文化礼堂覆盖率超50%；加快养老体系建设，养老中心主体工程全面完工。

【全市首条“环湖绿道”开建】7月，环布谷湖绿道开建，这是全市首条“环湖绿道”。该“环湖绿道”全长5千米，浇筑使用彩色沥青。工程分二期，总投资约3000万元，项目建成后，将沿布谷湖畔同步建设自行车租赁点、绿道驿站等配套设施及亲水景观平台、环山绿道等。

【入围省第三批旅游风情小镇培育创建名单】6月，浙江省旅游局公布第三批省级旅游风情小镇培育创建名单，全省共有37个地方入选，绍兴市4个，同山镇为诸暨市唯一一个被列入该批培育创建名单的乡镇。旅游风情小镇以“同山烧”主题，建设区域范围呈狭长条带状，占地面积约2平方千米，四至边界为：北至丽坞底村，南至绿剑村，西至同山集镇，东至布谷湖畔。

【入选第三批省级森林特色小镇创建名单】1月，浙江省林业厅公布第三批省级森林特色小镇创建名单和省级森林人家命名名单，诸暨市同山森林休闲养生小镇入选第三批省级森林特色小镇创建名单。

【获评浙江省“100个最美田园”】3月，省农业厅、省旅游局联合开展“最美田园”推选活动，历时5个多月，推选出2018浙江省100个“最美田园”。9月，浙江省100个“最美田园”名单出炉，诸暨市同山镇绿剑美丽田园、诸暨市枫桥镇杜黄新村美丽田园被评为浙江省“100个最美田园”。

【油菜新品种“浙大630”绿色高产栽培示范现场观摩及研讨交流会】4月26日，油菜新品种“浙大630”绿色高产栽培（兼无人机数据采集演示）示范现场观摩及研讨交流会在同山召开，45位全国各地农技专家参加现场会，并就油菜生产科技持续与绿色发展进行研讨交流。

【“庆祝改革开放四十年·丰收浙江”——“蓝媒号”助力乡村振兴融媒新闻行动“走进诸暨”启动仪式】9月14日，“庆祝改革开放四十年·丰收浙江”——“蓝媒号”助力乡村振兴融媒新闻行动“走进诸暨”启动仪式在同山镇布谷湖畔千亩高粱基地举行，活动由浙江省农业厅、浙江广电集团主办，新蓝网·中国蓝新闻客户端、诸暨市委宣传部承办，同山镇人民政府、诸暨市广播电视台协办。现场对同山高粱开镰收割进行“蓝媒直播”，启动“蓝媒号”助力乡村振兴融媒新闻行动“走进诸暨”活动、“蜂之眼”拍客联盟选手活动，并在布谷湖举行赛龙舟比赛。（何欣谕）

赵家镇

【概况】赵家镇位于诸暨市东部，地处会稽山脉西麓，东连绍兴，南通嵊州，西邻枫桥，距绍诸高速枫桥南入口6千米，距绍兴市和诸暨市中心均为25千米，镇域面积96平方千米，镇人民政府驻地赵家镇镇南路208号，下辖1个居委会、13个行政村，总人口3.21万人。2018年，全镇实现国内生产总值12.28亿元；财政收入3467万元；固定资产投资7953万元；自营出口总额2.56亿元。全镇居民人均年收入27850元。

赵家镇系“中国香榧之乡”，境内拥有世界农业文化遗产——会稽山古香榧群及世界灌溉工程遗产——古井桔槔灌溉工程。全年接待游客超50万人次，实现旅游产值超亿元。

【农业产业链延伸】深化香榧、樱桃、茶叶、蓝莓等龙头企业带动作用，鼓励龙头企业加强对外合作，引进高层次人才，增加研发力度，开发新产品，拉长、拓宽、延伸产业链。2018年，新引进规模以上工业企业2家。7月，赵家镇诸暨果康食品有限公司与澳门十月初五饼厂合作，研发出以“香榧”为原料的香榧饼、香榧曲奇、香榧酥、香榧月饼等。浙江冠军香榧股份有限公司与韩国SK集团合资的香榧精油衍生品项目2018年建成投产，10月10日，全球香榧衍生品发布会在杭州钱江新城举行，双方合资公司冠立德推出“圣榧欧”品牌4个系列11款产品，这些产品包含高端洗护、精油护肤、生物纤维发酵面膜、手工精油皂、祛痘精华液等。

▲4月16日，游客在赵家镇振宇果业采摘樱桃。赵家镇共有樱桃种植面积6000多亩，品种有短柄樱桃和黑珍珠等。每年樱桃成熟季节，都会吸引大量游客前来采摘，带动当地的乡村旅游产业　（郭 斌 丁宇君 摄）

【首届樱花长跑节和网络樱桃节】3月25日，成功举办首届樱花长跑节和网络樱桃节。赵家镇首届樱花长跑节由市人民政府主办，设精英组10千米、大众组5千米两个组别，来自杭州、金华、义乌等地以及市内的长跑爱好者共500余人参加。

4月20日，2018年网络樱桃节在赵家镇综合文化站广场举行开幕式，现场与浙江农林大学暨阳学院举行校地合作签约仪式。开幕式结束后，组织农林大学学生到樱桃园采风。

【“五星达标、3A争创”和环境改善】2018年实际投入资金271.2万元，巩固小城镇环境综合整治和“五星达标、3A争创”成果，其中首批6个村（赵家新村、泉畈村、大柳仙村、东溪村、宣家山村、榧王村）通过“五星”验收，东溪村通过“AAA”景区村验收，第二批花明泉村、保安新村、潘村、泉畈村（AAA级创建）4个村扎实推进，各村面貌焕然一新。全面推进“公厕革命”、三线整治、景区道路建设等工作，完成全镇46座公共厕所新、改建工作，配套建成山坑口—里宣路段、丁家坞——新绛霞路段、护家洞—东和乡王家宅路段等3条村道，初步完成钟家岭—袁家岭路段基础建设。投资1.65亿元的环会稽山国家森林公园美丽公路诸暨段完成60%。2018年12月浙江省水利厅根据《浙江省“美丽河湖”评定管理办法》评选出诸暨市赵家镇黄檀溪为浙江省“美丽河湖”。

【创建成果】2018年，成功创建成国家级现代农业园区，并通过省级卫生镇创建，在2019年1月由浙江省生态文化协会、浙江省林业局发文公布第八批“浙江省生态文化基地”名单中宣家山村作为诸暨市唯一入选省生态森林文化基地；2019年1月绍兴市文明办公布2017—2018年度绍兴市级文明村镇、文明单位、文明校园名单，诸暨共占43个，其中赵家镇大柳仙村被评为绍兴市文明村；2019年3月省林业局公布的2018年度建成“浙江省‘一村万树’示范村”名单，共353个村上榜，其中诸暨8个村入选，赵家镇泉畈村浙江省“一村万树”示范村；2018年11月绍兴市林业局命名9个乡镇、81个村为2018年度市级森林城镇、市级森林村庄，其中保安新村也被评为“绍兴市森林村庄”。

【民生实事】落实“最多跑一次”改革，着力推进“一证通办”镇村延伸工作和“无差别受理”工作，镇村级办件应用覆盖率达100%。新建赵家新村、保安新村2个文化礼堂，至2018年底，全镇有文化礼堂6个；敬老院工程主体完工；完成11个行政村避灾中心改造。

【文明实践】以农村文化礼堂为主阵地，7月1日，建立泉畈村文明实践点1个，开展移风易俗工作，至2018年12月底，文明实践点在全镇13个行政村实现全覆盖。7月3日，全市首个新时代文明传习所在赵家镇综合文化站挂牌。开展文明实践，通过新时代文明传习，旨在深入推进移风易俗

▲赵家镇志愿者在全市首个新时代文明传习所揭牌仪式上重温志愿者誓词　（蒋力奔 摄）

工作，改变婚丧嫁娶大操大办、人情往来相互攀比的问题。截至2018年底，全镇共计开展志愿者活动70余场。12月底，由枫桥镇、赵家镇、阮市镇、东和乡等4个镇乡志愿者组成的“向日葵”便民志愿者联盟在赵家镇保安新村文化礼堂成立，并开展首次联盟活动，现场由4个乡镇志愿者组织开展理发、磨刀、修理小家电、义诊、书画、金融服务等服务村民活动。

【平安建设】做好人民调解工作，2018年共调解案件359起，调解成功率100%。完成全科网格提升工作，重新配备专职网格员21名，采集平安通信息3792条，办结率100%。完善“5+X”社会组织建设（“5”即乡贤参事类、平安巡防类、乡风文明类、志愿服务类、矛盾调解类等五类基础型社会组织，“X”指个性化社会组织），支持社会组织参与基层治理，“榧乡红樱”、“山娘舅”、红缨巡宣、孝德文化研究会赵家分会等社会组织在基层治理中作用发挥明显。

【“香榧王”上榜“中国最美古树”】5月9日，在全国绿化委员会办公室、中国林学会联合组织的历时2年的评选中，赵家镇香榧王上榜“中国最美古树”，获选为“最美香榧”。据了解，全国共有95株古树上榜“中国最美古树”。　（丁宇君）

东和乡

【概况】东和乡位于诸暨市东南部，东邻东白湖镇，西接浣东街道，南毗浬浦镇，北与枫桥镇、赵家镇相连，是诸暨市唯一的建制乡。距市区中心19千米，乡域面积64.32平方千米。乡人民政府驻地王家宅村，下辖15个行政村，户籍人口21627人。2018年，全乡实现国内生产总值6.06亿元，比上年增长11.04%；财政总收入2094.5万元，比上年增长6.53%；固定资产投资223亿元；完成自营出口9000万元，增长50.78%。居民人均可支配收入21961元。

东和乡为国家级生态文明乡，同时也是浙江省首届我心目中最美生态乡镇、省卫生乡镇。

【引资引才和项目双进】2018年，引进税源1049万元；引进“国千”（国家海外高层次人才引进计划）人才1名，入选“绍兴海外英才”2名，引进“暨阳533英才”1名。新引进都市区项目2个（其中服务业大项目1个），引进生产性服务业企业2家，总计实到市外资金1.4亿元，完成年度任务280%，招商竞赛成绩位居全市前列。已落地重大项目进展顺利，春风十里小镇项目土地顺利摘牌，一期形象建成，帐篷酒店、房车营地正式运营；尧舜度假养心谷项目政策处理工作基本完成，已开展场内道路建设；新引进的总投资8000万元的美园湖现代产业园进场施工。

【“游在东和”渐成气候】坚持走“两山”（绿水青山就是金山银山）之路，以乡村旅游带动乡村振兴，“游在东和”渐成气候。2018年，春风十里小镇吸引游客50余万人次，单日最高超2万人次，旅游经济成为东和发展的新引擎。2018年3月16日，出台《东和乡扶持休闲农业、农家乐发展的奖励政策》，新增水果园区18家、精品农家乐23家。完成十里坪风情木屋、停车场、公共厕所等配套设施建设，首届“春风十里不如你·幸福”迎新摄影大赛（2018年4月12日）、首届风筝节（2018年4月5日）、小木屋田园印象市集（2018年6月7日）等活动顺利举办。2018年，全乡以旅游带动新增就业岗位300多个，带动农户人均增收2000余元。

▲十里坪风光　（郦以念　摄）

【“小镇＋合作社＋农户”新模式探索】组建诸暨市东和十里坪村旅游服务有限公司，村集体以土地入股的方式合作开发，盘活村集体闲置资源。运用企业经营管理手段，吸引社会力量参与乡村振兴，把十里坪村打造成以精品农业为重点、健康养生为主题、休闲观光为基础的健康产业带，激活集体经济“造血”功能。

【美丽乡村建设】完成新一轮村庄规划修编，实施“闲置土地、民房激活行动”，开发利用土地135亩；立项建设719亩高标准农田，通过实施地票政策完成土地复垦35亩，新增土地流转1000亩。

突出环境整治、“污水革命”“垃圾革命”“厕所革命”等内容，投入300余万元完成入乡口、隧道口、村口节点景观改造13个；投入352万元新建农村公共厕所17座、改造提升35座；投入40万元新建垃圾分类厌氧发酵处理池2个，投入100万元对垃圾消纳场进行扩容加固，创成农村生活垃圾分类示范村2个，垃圾分类智能化示范村1个。启动建设投资900万元的左右溪小流域治理项目，对左右溪河道进行整治。改造雨污分离管网200米，推进“污水零直排”乡镇创建。完成全乡15个村的“三线”（供电线、通信线、广播电视线）整治，拆违3457.67平方米，治理C、D级危房78处。

【民生实事】自来水进村入户二期工程三坞村、施坞闸桥村全面完工，大林村、凤联村、子和村基本完工，龙溪村、冯蔡村农村饮用水安全提升工程顺利竣工，让近2000户群众喝上放心水。投资320万元的大林汽车站（2018年1月1日）建成启用，总投资432万元的王家宅—冯蔡公路大中修工程、总投资204万元杜坑—尚典农村公路大中修工程通过验收，启动枫谷线—小坑村级联网公路建设，完成加油站土地挂牌出让，群众出行更方便。东和乡敬老院完成公办民营转型经营，8个村居家养老服务中心开通配送餐服务。完成3处地质灾害点整治，十里坪村、王家宅村、姚邵畈村生态公墓开工建设。建成东和乡文化分馆，新建王家宅村、大林村、章梅塔村文化礼堂，冯蔡村基本完成省历史文化村落创建，三坞村、十里坪村开展省传统村落创建，十里坪村文化礼堂入选绍兴市优秀非遗传承基地。投资300万元的中心幼儿园扩建工程完工，新建学生接送车候车亭35个。全乡基本医疗保险参保率达99.9%。

【平安建设】坚持发展新时代“枫桥经验”，实施全科网格规范提升工程，择优选聘24名网格员；开展社会组织“5+X”（构建乡贤参事类、平安巡防类、乡风文明类、志愿服务类、矛盾调解类等五类基础型社会组织，因村制宜培育“X”类个性化社会组织，打造村级社会组织“5+X”标准化体系）标准化建设；全年调处各类矛盾350件，化解积案46件。开展“四个平台”规范化建设，完成15个行政村的综治中心规范化建设，创建“三治融合”（自治、法治、德治）村3个，创建综治中心规范化建设示范村2个。（楼孙超）

马剑镇

【概况】马剑镇位于诸暨市最西端，东接应店街、五泄两镇，南连浦江县，西至桐庐县，北邻富阳市，距市中心32千米，境内公路与富阳市、桐庐县、浦江县相连接。镇域面积118平方千米，镇人民政府驻地马剑村18号，下辖15个行政村，总人口19386人。2018年，全镇实现国内生产总值6.67亿元；财政收入2415万元，同比增长22.2%；完成固定资产投资9316万元，同比增长21.5%；自营出口1.22亿元，同比增长11.0%。全镇居民人均可支配收入23832元。2018年，马剑镇获得浙江省森林特色小镇称号。

▲马剑镇政府驻地马剑村俯瞰（郦以念 摄）

【项目、企业和科技成果引进】2018年，引进北承南接项目3个，到位资金7263万元；成功引进航天苗木及药材种植开发项目、高效PM2.5阻挡纱窗开发及产业化等项目，并入围市级招商竞赛。引入市外企业4家、市外资金5231万元；引入浙商回归企业2家，到位资金6227万元。申报入选绍兴“海外英才计划”人才2名；新增省科技型中小企业1家，申请发明专利5项，引进可产业化先进科技成果1项；完成技术市场交易额287.7万元。

【乡村旅游业发展】新发展农家乐（民宿）15家，其中精品民宿2家、银宿（通过省级旅游局评定）1家，建辉村被评为浙江省休闲旅游示范村，全镇全年共接待各类游客50余万人次。

【农业新型经营主体培育】建成诸暨市级示范性家庭农场1家，该农场为钱国仁农场，以种植粮食为主，2018年年收入约为15万元。寺坞坪村有4处森林休闲养生场所，森林覆盖率达80.8%，

2018年1月3日被省林业厅授予"省森林人家"称号。

【平安建设】深化"四个平台"建设，完成网格划分调整及专职网格员招聘、培训工作，累计采集并办结各类有效信息4748条，实现办结率100%。建立信访矛盾纠纷调处包案制度，全年有效调处各类矛盾纠纷103起。马剑村、寺坞坪村创成绍兴市级民主法治村；石门村、上和村等5个村创成"三治"融合（自治、法治、德治三治融合）治理示范村。

【民生实事】开展低保领域专项整治活动，对不符合条件的低保边缘户、低保户予以整治，共取消低保边缘户2户，取消低保户2户，调整2户。完成建辉村示范型农村居家养老服务中心建设。改造提升建辉村、寺坞坪村家宴中心，建立名特优食品作坊1家，寺坞坪村完成科普示范村建设，笼式足球场投入使用。投资1070万元，完成8个行政村农村饮用水提升工程。白峰坞山塘整治工程、新庄畈水库除险加固工程完工接受验收。

【全市首个乡镇级医养结合康复病区投入使用】全市首个乡镇级医养结合康复病区于2018年5月投入使用。该医养结合康复病区设在马剑镇卫生院三楼，主要服务群体为残疾人群、脑卒中后遗症患者和慢性病老年病患者。该康复病区是市卫健局、市残联联合推出的乡镇级医养结合康复病区。病区内的医疗康复组针对不同患者制定不同的治疗方案，通过西医在控制基础性疾病的基础上，融入中医治疗与调养，结合康复师的精心肢体康复指导和训练，配以多种理疗及康复器材运用，开展综合性康复治疗，提高患者特别是脑卒中后遗症患者的康复率。2018年，半年时间共康复治疗59名患者。

▲桃花盛开时节的寺坞坪村　（郭　斌　赵丹荣　摄）

【农村精神文明建设】2月完成马剑村历史文化重点村规划，并于8月通过省级评审。完成应氏宗祠修缮。10月被绍兴市评定为语言文字规范化乡镇。新建文化礼堂4个，至2018年底全镇共有文化礼堂9个，全年组织各类文艺演出60余场。设立村级关爱基金，累计捐助74700元。

【环境整治】组织环境整治集中攻坚活动，累计投入800余万元，完成旱厕整治1900余座，新（改）建公厕31座，环境整治点位3000余处。15个村的"五星达标"实现全覆盖，其中建辉、寺坞坪2个村于2018年7月创成绍兴市级AAA示范村；通过国家卫生镇绍兴市级初验；双江村与栗金村创成浙江省卫生村。投资1310万元，完成方口到寺坞、合环线到金家山等2条道路大中修工程。　（马剑镇）

人　物

市级领导简介

【张晓强】中共绍兴市委常委、诸暨市委书记。庆元人，汉族，大学学历，公共管理硕士。1996 年 8 月参加工作，1996 年 6 月加入中国共产党。1992 年 9 月入浙江林学院林学系林学专业就学。1996 年 8 月，任庆元县屏都镇党委组织干事。1998 年 8 月，任共青团庆元县委书记。1999 年 2 月，任丽水地区卫生局副局长、党组成员（1999 年 3 月）（2000 年 7 月至 2001 年 4 月，任丽水市卫生局负责人）（2001 年 3 月至 2002 年 8 月，美国肯恩大学公共管理专业硕士学位班学习）。2003 年 1 月，任共青团丽水市委书记、党组书记。2006 年 4 月，任中共景宁畲族自治县县委常委、县人民政府常务副县长（正处级）。2007 年 5 月，任中共景宁畲族自治县县委副书记、县人民政府副县长、政法委书记（正处级）。2009 年 1 月，任中共景宁畲族自治县县委副书记、政法委书记（正处级）。2009 年 6 月，任中共遂昌县委副书记,县人民政府代县长、县长(2010年2月)。2011 年 11 月，任中共德清县委书记。2015 年 4 月，任中共绍兴市委常委、诸暨市委书记。2015 年 6 月，任中共绍兴市委常委、诸暨市委书记，诸暨市人大常委会党组书记。2016 年 1 月，任中共绍兴市委常委、诸暨市委书记，诸暨市人大常委会主任、党组书记。2016 年 12 月，任中共绍兴市委常委、诸暨市委书记，诸暨市人大常委会主任。2017 年 2 月，任中共绍兴市委常委、诸暨市委书记。2018 年 2 月，调任中共台州市委副书记、市人民政府代市长。

【徐良平】中共绍兴市委常委、诸暨市委书记。新昌人，汉族，省委党校研究生学历。1991 年 8 月参加工作，1994 年 11 月加入中国共产党。1987 年 9 月入浙江师范大学生物系就学。1991 年 8 月，任新昌中学团委书记。1994 年 2 月，在新昌县委办公室工作。1994 年 12 月，任共青团新昌县委副书记（其间下派挂职新昌县小将镇党委副书记、人大副主席）。1997 年 9 月，任新昌县东茗乡党委书记、人大主席（1998 年 10 月）。2000 年 6 月，任中共新昌县委常委、宣传部部长（其间上挂任省环保局生态处副处长）。2002 年 12 月，任中共新昌县委常委，县人民政府副县长、常务副县长（2006 年 11 月）。2008 年 12 月，任中共新昌县委副书记、县人民政府常务副县长。2009 年 1 月，任中共新昌县委副书记、县人民政府常务副县长，钦寸水库工程建设指挥部总指挥（正县长级）。2009 年 5 月，任中共新昌县委副书记，钦寸水库工程建设指挥部总指挥（正县长级）。2011 年 11 月，任中共诸暨市委副书记，市人民政府党组书记、代市长、市长（2012 年 2 月）。2016 年 11 月，任中共绍兴市越城区委书记、兼任中共绍兴高新技术产业开发区工作委员会书记。2018 年 5 月，任中共绍兴市委常委、诸暨市委书记。

【王芬祥】中共诸暨市委副书记，市人民政府市长、党组书记。绍兴人，汉族，中央党校大学学历。1994 年 8 月参加工作，1994 年 1 月加入中国共产党。1992 年 9 月入四川统计学校经济统计专业就学。1994 年 7 月，在绍兴市统计局城市调查队工作。1998 年 4 月，在绍兴市统计局综合平衡处工作（1996 年 8 月至 1999 年 6 月，浙江省委党校函授学院经济管理专业大专班学习）。2000 年 9 月，任绍兴市统计局综合平衡处副处长。2001 年 1 月，任绍兴市计划委员会综合计划处（资源节约综合利用处）副处长（1999 年 8 月至 2001 年 12 月，中央党校函授学院经济管理专业本科班学习）。2002 年 3 月，任绍兴市发展计划委国民经济综合处副处长。2003 年 9 月，任绍兴市发展计划委国民经济综合处处长。2005 年 7 月，任绍兴市发改委国民经济综合处处长。2006 年 1 月，任绍兴市发改委主任助理、国民经济综合处处长。2007 年 8 月，任中共绍兴市委办公室副主任（2010 年 4 月至 2010 年 10 月，清华大学绍兴市领导干部政府管理与公共服务高级研修班学习）。2013 年 7 月，任中共绍兴市委副秘书长（正局长级）、办公室副主任、政策研究室副主任（2014 年 8 月至 2014 年 10 月，挂职锻炼任上海浦东新区区委办副主任，2015 年 9 月至 2015 年 12 月，省委党校中青一班学习）。2016 年 5 月，任中共诸暨市委副书记（正局长级）兼市委政法委书记。2016 年 11 月，任中共诸暨市委副书记，市人民政府代市长、党组书记，2017 年 2 月，任中共诸暨市委副书记，市人民政府市长、党组书记。

【姚汉松】诸暨市人大常委会主任、党组书记。诸暨人，汉族，大学学历。1981 年 8 月参加工作，1984 年 11 月加入中国共产党。1978 年 9 月入绍兴师范专科学校化学专业就学。1981 年 8 月，在浬池中学任教。1984 年 7 月，任浬池中学副校长。1988 年 9 月入杭州大学教育管理专业就读。1990 年 8 月，在诸暨市教育局工作，任教育股副股长。1993 年 7 月，任诸暨市教育局人事科科长。1994 年 10 月，任诸暨市人民政府办公室综合科副科长、经济科科长（1995 年 11 月）。1996 年 4 月，任诸暨市人民政府办公室副主任。1998 年 1 月，任诸暨市教委党工委书记、主任。2001 年 11 月，任诸暨市教育局党委书记、局长。2002 年 12 月，任中共诸暨市委常委、宣传部长。2011 年 12 月，任中共诸暨市委常委、市政协党组副书记。2012 年 2 月，任诸暨市政协主席、党组书记。2016 年 12 月，任诸暨市人大常委会党组书记、市政协主席，2017 年 2 月，任诸暨市人大常委会主任、党组书记。

【郭浩良】诸暨市政协主席、党组书记。诸暨人，汉族，省委党校研究生学历。1984 年 8 月参加工作，1994 年 12 月加入中国共产党。1981 年 8 月入诸暨师范学校普师专业就学。1984 年 8 月，在城关第一中心小学任教。1989 年 9 月，任城关第二中心小学教导主任。1992 年 2 月，任诸暨市实验小学副校长（主持工作）、校长（1993 年 2 月）。1995 年 1 月，在诸暨市人民政府办公室工作，任综合科副科长（1995 年 7 月）。1996 年 4 月，任中共诸暨市委办公室副主任。1998 年 1 月，任中共诸暨市委办公室主任。1998 年 11 月，任大唐镇党委书记。2001 年 8 月，任中共诸暨市委常委、宣传部长。2002 年 12 月，任中共诸暨市委常委、诸暨经济开发区管理委员会主任。2003 年 3 月，任中共诸暨市委常委，诸暨经济开发区管理委员会党工委书记、主任，城西工业新城建设管理委员会办公室主任，兼陶朱街道党工委书记。2006 年 12 月，任中共诸暨市委副书记。2012 年 2 月，任中共诸暨市委副书记、兼政法委书记。2013 年 7 月，任绍兴市政府副秘书长，市旅游委员会党委书记，兼会稽山旅游度假区管委会主任，市文物局局长，市旅游委员会主任。2015 年 1 月，任绍兴市旅游委员会主任、党委书记，兼市文物局局长。2016 年 12 月，任诸暨市政协党组书记。2017 年 2 月，任诸暨市政协主席、党组书记。

【孙　君】中共诸暨市委副书记（正局长级）、兼市委政法委书记。绍兴人，男，汉族，大学学历，公共管理硕士。1989 年 8 月参加工作，1996 年 12 月加入中国共产党。1987 年 9 月入绍兴师范专科学校中文专业就学。1989 年 8 月，在绍兴县齐贤中学任教。1992 年 8 月，在绍兴县报社任记者、编辑。1996 年 4 月，在绍兴县委办公室秘书科工作 (1995 年 9 月至 1998 年 6 月杭州大学成教学院新闻专业本科班学习)。1998 年 6 月，任中共绍兴县委办公室秘书科副科长。1999 年 10 月，任中共绍兴县委办公室调研三科科长。2000 年 7 月，任中共绍兴县委办公室办公会议成员（副科级）、调研三科科长。2001 年 3 月，任绍兴县柯桥镇党委副书记。2001 年 8 月，任绍兴县柯桥街道党委副书记、人大工委副主任。2001 年 11 月，任绍兴县夏履镇党委副书记、镇长（2002 年 1 月）。2002 年 12 月，任绍兴县夏履镇党委书记、人大主席（2003 年 2 月）（2003 年 9 月至 2003 年 12 月在绍兴市委党校中青年干部培训班学习）。2006 年 11 月，任中共绍兴县委常委、宣传部长（2007 年 12 月获浙江大学公共管理硕士学位；2010 年 7 月至 2010 年 12 月挂职任浙江省委组织部人才办副主任）。2011 年 7 月，任中共绍兴县委常委，县人民政府副县长、常务副县长（2012 年 2 月）。2013 年 7 月，任绍兴市政府副秘书长，市对口支援新疆阿克苏地区阿瓦提县指挥部指挥长、党委书记。2015 年 1 月，任绍兴市对口支援新疆阿克苏地区阿瓦提县指挥部指挥长、党委书记。2016 年 11 月，任中共诸暨市委副书记（正局长级），兼市委政法委书记（2016 年 12 月）。

【周志刚】中共诸暨市委常委、组织部长，兼市委党校校长。绍兴人，汉族，省委党校研究生学历。1991 年 8 月参加工作，1993 年 12 月加入中国共产党。1988 年 9 月，入绍兴市中等专业学校工业企业管理专业就学。1991 年 8 月，在绍兴市越城区灵芝乡政府工作，任团委书记（1992 年 11 月）、党委委员（1995 年 11 月）、副乡长（1996 年 1 月）、党委副书记（1998 年 11 月）。2000 年 11 月，任绍兴市越城区土地管理与村镇建设局局长、党组书记。2004 年 6 月，任绍兴市越城区委办公室主任。2006 年 11 月，任共青团绍兴市委副书记、党组成员，兼绍兴市政协常委（2007 年 4 月）、青联副主席（2008 年 12 月）。2009 年 12 月，任中共绍兴市委、绍兴市政府信访局副局长。2014 年 10 月，任绍兴袍江经济技术开发区（袍江新区）管理委员会副主任、党工委委员。2015 年 11 月，任中共诸暨市委常委、组织部长，兼市委党校校长（2015 年 12 月）。

【宣方乐】中共诸暨市委常委，市人民政府常务副市长、党组副书记，兼市委政法委副书记、市行政学校校长、市公共服务管理办公室（公共服务中心）主任。诸暨人，汉族，大学学历。1986 年 7 月参加工作，1990 年 12 月加入中国共产党。1982 年 9 月入浙江农业大学种子专业就学。1986 年 7 月，在三都区农技站工作。1986 年 12 月，到诸暨县（市）种子公司工作，任副经理。1996 年 1 月，任诸暨市农技推广中心副主任、主任、党支部书记。1997 年 2 月，任诸暨市农业局副局长。1998 年 1 月，任店口镇党委书记、人大主席（1998 年 12 月）。2000 年 8 月，任中共诸暨市委办公室主任。2003 年 1 月，任诸暨市建设局局长、党工委书记。2006 年 12 月，任诸暨市人民政府市长助理、党组成员，诸暨经济开发区管理委员会（城西工业新城建设管理委员会办公室）党工委书记、主任，兼陶朱街道党工委书记。2007 年 2 月，任诸暨市人民政府副市长、党组成员，诸暨经济开发区管理委员会（城西工业新城建设管理委员会办公室）党工委书记、主任，兼陶朱街道党工委书记。2009 年 12 月，任中共诸暨市委常委，市人民政府副市长、党组成员，诸暨经济开发区管理委员会（城西工业新城建设管理委员会办公室）党工委书记、主任，兼陶朱街道党工委书记。2010 年 1 月，任中共诸暨市委常委，市人民政府副市长、党组成员，兼诸暨城东新城建设管理委员会党工委书记（2013 年 2 月）。2016 年 7 月，任中共诸暨市委常委、市人民政府常务副市长（2016 年 11 月）、党组成员，兼诸暨高湖建设管理办公室党工委书记。2016 年 12 月，任中共诸暨市委常委、市人民政府常务副市长、党组副书记，兼市委政法委副书记、市行政学校校长、市公共服务管理办公室（公共服务中心）主任。

【叶伟明】中共诸暨市委常委、纪委书记、监委主任。兰溪人，汉族，中央党校大学学历。1996 年 9 月参加工作，1999 年 4 月加入中国共产党。1994 年 9 月入绍兴文理学院市场营销专业就学。1996 年 9 月，在绍兴市委党校工作。1999 年 5 月，在绍兴市纪委执法监察室工作。2000 年 6 月，在绍兴市纪委纪检监察一室工作（1999 年 8 月至 2001 年 12 月，中央党校函授学院经济管理专业本科班学习）。2002 年 7 月，任绍兴市纪委干部管理室副主任科员。2004 年 8 月，任绍兴市纪委干部管理室副主任。2005 年 10 月，任绍兴市纪委办公室副主任。2007 年 6 月，任绍兴市纪委干部管理室主任（2010 年 4 月至 2010 年 6 月，无锡•绍兴中青年干部培训班学习）。2011 年 1 月，任绍兴市纪委干部管理室主任（副局长级）。2013 年 10 月，任绍兴市纪委派驻市卫生局纪检组组长、局党委委员。2015 年 1 月，任绍兴市纪委派驻市卫生和计生委纪检组组长、市卫生和计生委党委委员。2016 年 4 月，任中共诸暨市委常委、纪委书记，市监委主任（2017 年 2 月）。

【孟国锋】中共诸暨市委常委、统战部长，兼诸暨现代环保装备高新技术产业园区管理委员会党工委书记。诸暨人，汉族，中央党校大学学历。1986 年 7 月参加工作，1995 年 6 月加入中国共产党。1983 年 9 月入绍兴市农业学校蚕桑专业就学。1986 年 7 月，在陈蔡区农技站工作。1988 年 8 月，在湄池区农技站工作。1992 年 3 月，在城关镇政府工作，任团委书记（1994 年 10 月）、党委组织员（1996 年 7 月）、办事处党总支委员、办事处副主任。1998 年 3 月，在中共诸暨市委组织部工作，任办公室副主任、调研室主任（2000 年 8 月）。2001 年 12 月，任中共诸暨市委组织部办公室主任、部务会议成员（2002 年 6 月）。2002 年 12 月，任诸暨市人民政府办公室党组成员、综合经济科科长。2003 年 10 月，任诸暨市人民政府办公室副主任。2004 年 12 月，任店口镇党委副书记、镇长。2006 年 7 月，任店口镇党委书记，2008 年 11 月明确为副县级。2009 年 5 月任诸暨市人民政府副市长，兼店口镇党委书记。2009 年 12 月，任诸暨市人民政府副市长、党组成员。2013 年 10 月，任中共诸暨市委常委，兼任诸暨经济开发区管理委员会（城西工业新城建设管理委员会办公室）党工委第一书记（2013 年 11 月）。2016 年 12 月，任中共诸暨市委常委、统战部长，兼诸暨现代环保装备高新技术产业园区管理委员会党工委书记。

【沈平江】中共诸暨市委常委，市公安局党委书记、局长、督察长，兼市委政法委副书记。绍兴人，汉族，中央党校大学学历。1992 年 8 月参加工作，2000 年 10 月加入中国共产党。1990 年 9 月入浙江省人民警察学校公安治安专业就学。1992 年 8 月，在绍兴市公安局特警大队工作。1995 年 2 月，在绍兴市公安局办公室工作。1995 年 8 月，在绍兴市公安局交警支队工作。1997 年 2 月，在绍兴市公安局指挥中心工作。2000年1月，任绍兴市公安局办公室统计科副科长，科长（2002年2月）（其间，2001年12月浙江省高等教育自学考试公安管理专业大专毕业）。2005年9月，任绍兴市公安局办公室副主任，2008年3月兼信访办公室副主任（2003年8月至2005年12月，中央党校函授学院行政管理专业本科班学习）。2010年2月，任绍兴市公安局办公室主任，兼信访办公室主任、行政审批服务处处长。2011年10月，任绍兴市公安局办公室主任。2014年1月，任绍兴市公安局党委委员、办公室主任。2015年6月，任绍兴高新技术产业开发区管委会副主任、党工委委员，高新公安分局局长。2016年3月，任中共诸暨市委常委、公安局局长、党委书记、督察长，兼市委政法委副书记。

【傅世平】中共诸暨市委常委、市人民政府副市长（挂职），浙江水利水电学院党委办公室、校长办公室、外事办公室主任。义乌人，汉族，研究生学历。1998年8月参加工作，1998年5月加入中国共产党。1994年9月入浙江工业大学建筑工程学院给水排水工程专业就学。1998年7月，任浙江水利水电专科学校水利系政治辅导员、团总支书记。2002年9月，任浙江水利水电专科学校水利系教师，兼校团委副书记（2002年4月）。2003年1月，任浙江水利水电专科学校党委办公室、校长办公室副主任（2002年9月至2007年7月，浙江大学建筑工程学院土木工程专业学习；2007年7月至2008年8月，教育部发展规划司挂职）。2010年8月，任浙江水利水电专科学校建工系党总支副书记（主持工作）。2011年4月，任浙江水利水电专科学校党委办公室、校长办公室、外事办公室副主任（主持工作）。2011年7月，任浙江水利水电专科学校党委办公室、校长办公室、外事办公室主任（2013年9月至2013年11月，浙江省高校中青年干部培训班学习）。2014年2月，任浙江水利水电学院党委办公室、校长办公室、外事办公室主任。2016年7月至2018年6月，任中共诸暨市委常委、市人民政府副市长（挂职），浙江水利水电学院党委办公室、校长办公室、外事办公室主任。

【袁永波】中共诸暨市委常委，诸暨市人武部党委副书记、部长。嵊州人，汉族，大学学历。1991年12月参加工作，1994年3月加入中国共产党。2012年6月，任绍兴市越城区人武部副部长，2013年3月，任绍兴军分区政治部干事。2014年3月，任绍兴市越城区人武部副部长兼军事科科长。2015年3月，任诸暨市人武部部长。2016年8月任中共诸暨市委常委、人武部部长。2016年12月，任诸暨市人武部部长。2017年12月，任中共诸暨市委常委、人武部部长。

【金立耿】中共诸暨市委常委，兼诸暨经济开发区管理委员会（城西工业新城建设管理委员会办公室）党工委书记。诸暨人，汉族，中央党校大学学历。1990年8月参加工作，1995年11月加入中国共产党。1987年9月，入诸暨师范学校普师专业就读。1990年8月，在东三乡小、乡中、全堂镇中任教。1994年8月，入浙江教育学院小教专业就读。1996年9月，在市委宣传部工作。1997年5月，任中共诸暨市委办公室综合科副科长、综合一科科长（1999年8月）。2000年6月，任店口镇党委副书记、纪委书记。2001年1月，任店口镇党委副书记。2001年11月，任次坞镇党委副书记、镇长（2002年1月）。2003年3月，任诸暨经济开发区管理委员会（城西工业新城建设管理委员会办公室）党工委委员、副主任。2004年12月，任陶朱街道党委副书记、办事处主任，兼诸暨经济开发区管理委员会（城西工业新城建设管理委员会办公室）党工委委员、副主任。2006年7月，任浣东街道党工委书记。2010年1月，任市委办公室主任。2013年10月，任诸暨市人民政府副市长、中共诸暨市委办公室主任。2013年11月，任诸暨市人民政府副市长、党组成员。2016年12月，任中共诸暨市委常委，兼诸暨经济开发区管理委员会（城西工业新城建设管理委员会办公室）党工委书记、主任，陶朱街道党工委书记。2018年6月，任中共诸暨市委常委，兼诸暨经济开发区管理委员会（城西工业新城建设管理委员会办公室）党工委书记。

【王孔羽】中共诸暨市委常委、宣传部长。诸暨人，汉族，中央党校大学学历。1987年8月参加工作，1991年6月加入中国共产党。1984年9月，入绍兴市农业学校农学专业就读。1987年8月，在东三乡政府工作，任团委书记。1989年6月，任三都镇团委书记、宣传干事（1991年1月至1994年7月，浙江广播电视大学行政管理专业大专班学习）。1995年10月，任三都镇党委委员。1996年11月，任五一镇党委副书记、纪委书记。1998年11月，任共青团诸暨市委书记、党组书记（其间，1999年8月至2001年12月，中央党校函授学院经济管理专业本科班学习）。2000年12月，任三都镇党委副书记、镇长。2001年11月，任街亭镇党委书记、人大主席。2006年7月，任诸暨市劳动和社会保障局局长、党委书记。2009年4月，任诸暨市劳动和社会保障局局长、党组书记。2011年1月，任诸暨市人力资源和社会保障局局长、党组副书记。2012年1月，任诸暨市财政局（地方税务局）局长（2012年3月）、党组书记。2016年12月，任中共诸暨市委常委，宣传部长、市财政局（地方税务局）局长。2017年4月，任中共诸暨市委常委、宣传部部长。

【陈仁坚】中共诸暨市委常委、市人民政府副市长（挂职），浙江省委教育工委、省教育厅组织处、统战处处长。苍南人，汉族，大学学历，公共管理硕士。1999年8月参加工作，1997年9月加入中国共产党。1995年9月，入宁波大学法律系法学专业就读。1999年8月，在苍南县人民法院工作。2001年12月，在浙江省委教育工委组织处（统战处、机关党委）工作（其间，2005年3月至2006年12月，浙江大学公共管理学院公共管理专业硕士学位班学习，获公共管理硕士学位）。2010年12月，任浙江省委教育工委、省教育厅组织处、统战处副处长。2015年11月，任浙江省委教育工委、省教育厅组织处、统战处处长。2018年7月，任中共诸暨市委常委、诸暨市人民政府副市长（挂职），浙江省委教育工委、省教育厅组织处、统战处处长。

【张振华】诸暨市人大常委会副主任、党组副书记（正局长级）。江苏南通人，汉族，中央党校大学学历。1976年7月参加工作，1984年6月加入中国共产党。1976年7月，在西藏自治区那曲地区运输站工作。1979年7月，任西藏那曲地区巴青县计委统计员、秘书。1984年7月，任西藏那曲地区巴青县政府办公室副主任。1987年1月，任西藏自治区那曲地委组织部办公室副主任、部务会议成员、办公室主任（1988年7月）。1991年3月，任西藏那曲地委组织部副部长。1993年1月，在绍兴市物资局挂职，任副局长。1995年7月，任中共诸暨市委常委、纪委书记。1999年7月，任中共绍兴市纪委常委、监察局副局长。2002年7月，任中共诸暨市委副书记、纪委书记。2006年12月，任诸暨市人大常委会党组副书记。2007年2月，任诸暨市人大常委会副主任、党组副书记。2008年10月，任诸暨市人大常委会副主任、党组副书记（正局长级）。

【杨元清】诸暨市人大常委会副主任、党组成员。诸暨人，汉族，大学学历。1988年8月参加工作，1991年12月加入中国共产党。1984年9月入杭州大学经济管理专业就学。1988年8月，任诸暨县委党校教研室副主任。1993年5月，任诸暨市级机关党委委员。1995年1月，任诸暨市计划经济委员会工作办公室主任。1996年6月，任诸暨市国资总公司党委委员、办公室主任。1998年1月，任诸暨市人民政府办公室副主任。1998年11月，任枫桥镇党委副书记、镇长。2000年8月，任枫桥镇党委书记、人大主席（2001年1月）。2001年11月，任枫桥镇党委书记。2004年12月，任诸暨市发展计划局局长、党组书记。2005年6月，任诸暨市发展和改革局局长、党组书记。2005年11月，任中共诸暨市委办公室主任。2006年7月，任诸暨市人事局党组书记。2006年11月，任中共诸暨市委常委。2007年2月，任中共诸暨市委常委、统战部长。2011年12月，任中共诸暨市委常委、宣传部长。2016年12月，任诸暨市人大常委会党组成员。2017年2月，任诸暨市人大常委会副主任、党组成员。

【陈　焕】诸暨市人大常委会副主任、民革诸暨市总支主委。诸暨人，女，汉族，省委党校研究生学历。1990年8月参加工作，1995年6月加入民革。1986年9月入华东化工学院环境工程专业就学。1990年8月，在诸暨市环境监测站工作，任办公室主任（1994年8月），民革诸暨市支部主委（1997年7月）。2002年6月，任诸暨市环保局办公室副主任，民革诸暨市支部主委。2005年2月，任诸暨市司法局副局长，民革诸暨市支部（总支）主委。2007年2月，任诸暨市人大常委会副主任，民革诸暨市总支主委。2012年5月，任诸暨市人大常委会副主任、民革诸暨市总支主委、民革诸暨市基层委员会主委（2015年2月更名），兼民革绍兴市委副主委。

【徐仙苗】诸暨市人大常委会副主任、党组成员。诸暨人，汉族，中央党校大学学历。1979年12月参加工作，1986年8月加入中国共产党。1979年12月，在江苏徐州市83571部队服役。1983年1月，任紫云乡政府农科员、土管员（1986.06）。1989年1月，任次坞镇城建办主任、土管所长（1992年6月）。1992年12月，任安华镇副镇长。1995年11月，任王家井镇党委副书记。1997年2月，任双桥镇党委副书记、镇长。1998年11月，任大唐镇党委副书记、镇长。2001年11月，任大唐镇党委书记，兼城西工业新城建设管理委员会办公室副主任。2005年3月，任诸暨市国土资源局局长、党委书记。2011年12月，任暨阳街道党工委书记，诸暨市国土资源局局长、党委书记。2012年2月，任诸暨市人大常委会副主任、党组成员（2012年3月），暨阳街道党工委书记、诸暨市国土资源局局长、党委书记。2012年7月，任诸暨市人大常委会副主任、党组成员，兼暨阳街道党工委书记。2014年3月，任诸暨市人大常委会副主任、党组成员。

【钱建荣】诸暨市人大常委会副主任、党组成员。绍兴人，汉族，中央党校大学学历。1979年9月参加工作，1985年9月加入中国共产党。1979年9月，任绍兴县钱清中学代课教师。1980年12月，在绍兴市航运管理处工作。1981年3月，在诸暨县（市）交通局航运管理所工作，任副所长、所长。2000年6月，任诸暨市交通局副局长。2001年11月，任牌头镇党委书记。2004年12月，任诸暨市东白湖生态旅游区管理委员会党工委书记、副主任、管委会办公室主任，兼市水利水电局党工委书记、副局长，东白湖镇党委书记（2005年2月）。2006年12月，任诸暨市人民政府党组成员、市人民政府办公室党组书记。2007年2月，任诸暨市人民政府党组成员，市人民政府办公室主任、党组书记。2011年12月，任诸暨市人民政府办公室主任。2012年2月，任诸暨市人大常委会副主任、党组成员（2012年3月）。

【洪中行】诸暨市人大常委会副主任、党组成员。诸暨人，汉族，在职大学学历。1980年11月参加工作，1984年4月加入中共共产党。1980年11月入海军工程学院、海军电子工程学院就学。1987年9月入海军政治学院机关政治工作专业就学。1994年8月，在诸暨市人事局工作。1995年2月，在中共诸暨市委组织部工作，任干部科副科长、办公室主任、部务会议成员（1999年2月）。2000年4月，任中共诸暨市委组织部部务会议成员、干部科科长。2006年12月，任中共诸暨市委组织部副部长，兼市直机关党工委书记。2012年1月，任中共诸暨市委组织部副部长，兼市直机关党工委书记，东白湖生态旅游区管理委员会党工委书记。2012年2月，任诸暨市人大常委会副主任、党组成员（2012年3月），兼东白湖生态旅游区管理委员会主任、党工委书记。2017年10月，任诸暨市人大常委会副主任、党组成员。

【何鸿成】诸暨市人民政府副市长、党组成员。诸暨人，汉族，中央党校大学学历。1984年5月参加工作，1991年8月加入中国共产党。1984年5月，在枫桥工商所工作。1991年8月，在湄池工商所工作。1991年8月入杭州商学院工商行政管理专业就学。1993年7月，在湄池工商所工作。1994年7月，任店口工商所副所长。1995年2月，任江藻工商所所长。1997年9月，任山下湖工商所所长、诸暨市工商局局长助理（1998年4月）。1998年11月，任山下湖镇党委委员、副镇长。2000年12月，任江藻镇党委副书记、镇长。2001年11月，任山下湖镇党委副书记、镇长。2004年12月，任山下湖镇党委书记、人大主席。2007年6月，任诸暨市人民政府副市长（援藏担任那曲地区比如县委常委、常务副县长）。2010年12月，任诸暨市人民政府副市长、党组成员，浙江诸暨珍珠产业园区管理委员会主任，兼山下湖镇党委书记。2011年12月，任诸暨市人民政府副市长、党组成员，浙江诸暨珍珠产业园区管理委员会主任。2015年2月，任诸暨市人民政府副市长、党组成员。

【俞　越】诸暨市人民政府副市长、农工民主党诸暨市委员会主任委员。诸暨人，女，汉族，大学学历。1993年8月参加工作，2015年6月加入农工民主党。1989年9月入浙江师范大学汉语言文学专业就学。1993年8月，在诸暨市城关中学工作，任团委书记。1996年8月，在诸暨市第二高级中学工作，任办公室主任。2003年6月，任诸暨市妇女联合会副主席。2004年1月，任中共诸暨市委、诸暨市人民政府接待处处长。2005年1月，任诸暨市科学技术局副局长。2012年3月，任诸暨市工商业联合会（总商会）主席（会长）。2012年9月，任诸暨市人民政府副市长、市工商业联合会（总商会）主席（会长）。2013年2月，任诸暨市人民政府副市长、农工民主党诸暨市委员会主任委员（2016年11月）。

【朱红伟】诸暨市人民政府副市长、党组成员。诸暨人，汉族，中央党校大学学历。1989年8月参加工作，1985年5月加入中国共产党。1982年9月入诸暨师范学校普师专业就学。1985年9月入浙江师范大学中文系汉语言文学专业就学。1989年8月，在诸暨师范学校工作，任团委书记，兼共青团诸暨市委副书记（1991年11月）。1992年10月，任共青团诸暨市委副书记、党组成员。1993年12月，在诸暨市政府办公室工作。1994年10月，任共青团诸暨市委副书记、党组副书记。1994年12月任共青团诸暨市委书记、党组书记。1997年1月，任五泄镇党委书记、人大主席（1998年11月）。2001年11月，任诸暨市旅游投资发展有限公司（五泄风景区管理局）副经理（副局长）。2003 年 4 月，任诸暨市旅游投资发展有限公司（风景旅游管理局）副总经理（副局长）。2007 年 2 月，任诸暨市政府办公室副主任，兼市外事办主任。2009 年 1 月，任诸暨市发展和改革局局长、党组书记。2014 年 5 月，任诸暨经济开发区管理委员会（城西工业新城建设管理委员会办公室）主任、党工委书记，兼陶朱街道党工委书记。2014 年 6 月，任诸暨市人民政府副市长（挂职任遂昌县委常委、山海协作产业园管委会主任）。2016 年 12 月，任诸暨市人民政府副市长、党组成员。

【林成高】诸暨市人民政府副市长（挂职），遂昌县政协副主席、红十字会会长。丽水人，汉族，中央党校大学学历。1981 年 8 月参加工作，1985 年 10 月加入中国共产党。1981 年 9 月，在遂昌县造纸厂工作，任团委负责人。1988 年 9 月，入浙江省职工政治大学经济管理专业就学。1991 年 6 月，任共青团遂昌县委副书记、书记（1996 年 10 月）。1998 年 6 月，任遂昌县金竹镇党委书记、人大主席，团县委书记。2001 年 1 月，任遂昌县金竹镇党委书记、人大主席。2001 年 9 月，任遂昌县政协秘书长、办公室主任、党组成员。2005 年 7 月，任遂昌县纪委副书记、监察局局长。2010 年 1 月，任遂昌县政协副主席、中共遂昌县委统战部长（2011 年 12 月）、县红十字会会长（2014 年 4 月）。2015 年 10 月，任诸暨市人民政府副市长（挂职）。2016 年 3 月，任遂昌县政协副主席、红十字会会长，诸暨市人民政府副市长（挂职）。

【董光辉】诸暨市人民政府副市长、党组成员，中共遂昌县委常委、遂昌县人民政府副县长（挂职）。上虞人，汉族，中央党校大学学历。1998 年 9 月参加工作，1997 年 12 月加入中国共产党。1995 年 9 月入浙江水产学院机械设计及制造专业就学。1998 年 9 月，在上虞市岭南乡政府工作。1998 年 12 月，任上虞市岭南乡政府党政办副主任。2000 年 2 月，任上虞市岭南乡政府党政办主任。2003 年 6 月，在中共上虞市委办公室工作。2004 年 11 月，任中共上虞市委、上虞市政府督查室副主任（2002 年 9 月至 2004 年 12 月，中央党校函授学院法律专业本科班学习）。2007 年 12 月，任中共上虞市委办公室综合一科科长。2008 年 8 月，任中共上虞市委办公室办公会议成员、综合一科科长。2010 年 1 月，任中共上虞市委办公室副主任。2012 年 3 月，任上虞市章镇镇党委副书记、镇长（2012 年 5 月）。2013 年 11 月，任绍兴市上虞区章镇镇党委副书记、镇长。2014 年 10 月，任绍兴市上虞区东关街道党委书记（2014 年 9 月至 2014 年 12 月，绍兴市委党校中青年干部培训班学习）。2016 年 3 月，任中国绍兴黄酒集团公司副总经理、党委委员，绍兴市水城办副主任（挂职）。2016 年 12 月，任诸暨市人民政府副市长、党组成员。2018 年 5 月，任诸暨市人民政府副市长、党组成员，中共遂昌县委常委、遂昌县人民政府副县长（挂职）。

【马海明】诸暨市人民政府副市长、党组成员，兼诸暨高湖建设管理办公室党工委书记。诸暨人，汉族，在职大学学历。1992 年 8 月参加工作，1994 年 10 月加入中国共产党。1989 年 9 月入浙江工学院城建专业就学。1992 年 8 月，在诸暨市村镇建设管理站工作。1996 年 7 月，在诸暨市城建委（建设局）工作，任规划设计科副科长、规划测绘管理科科长，兼人防综合科科长。2003 年 4 月，任诸暨市规划局规划管理科科长、测绘管理办公室主任（2003 年 8 月）。2003 年 10 月，任诸暨市建设局副局长、党委委员。2006 年 2 月，任诸暨市暨阳街道党工委副书记、办事处主任（2004 年 9 月至 2007 年 6 月，西南科技大学经济学专业本科班学习）。2010 年 1 月，任诸暨市暨阳街道党工委书记。2011 年 12 月，任诸暨市规划局党组书记、局长（2012 年 3 月），兼市人民防空办公室主任。2013 年 11 月，任中共诸暨市委办公室主任，兼市委、市人民政府督查考核局局长（2016 年 2 月）。2016 年 12 月，任诸暨市人民政府党组成员，兼诸暨高湖建设管理办公室党工委书记。2017 年 2 月，任诸暨市人民政府副市长、党组成员，兼诸暨高湖建设管理办公室党工委书记。2018 年 6 月，调任绍兴市镜湖新区开发建设办公室党组成员、副主任。

【陈军卫】诸暨市人民政府副市长（挂职），省国土资源厅办公室副主任。萧山人，汉族，大学学历。1999 年 8 月参加工作，1997 年 12 月加入中国共产党。1995 年 9 月入江苏省南京农业大学就学。1999 年 8 月，在杭州市国土资源局萧山分局工作。2003 年 3 月，任杭州市国土资源局萧山分局信息中心副主任（2004 年 3 月至 2005 年 3 月，下派湘湖征迁办挂职锻炼）。2005 年 8 月，任杭州市国土资源局萧山分局办公室主任（2008 年 3 月至 2009 年 6 月，浙江省国土资源厅办公室挂职锻炼）。2009 年 6 月，任浙江省国土资源厅办公室主任科员。2011 年 9 月，任浙江省国土资源厅办公室副主任。2017

年8月，任诸暨市人民政府副市长（挂职），省国土资源厅办公室副主任。

【陶星明】诸暨市人民政府副市长（挂职），贵州省黔西南州林业局副局长、党组成员。贵州兴义人，汉族，在职研究生学历。1995年8月参加工作，2009年9月加入中国共产党。1993年9月入武汉中南民族学院经济管理专业就读。1995年8月，在财政部驻贵州省财政监察专员办事处黔西南组工作。1998年11月，在贵州省黔西南州财政局工作。2009年10月，任贵州省黔西南州纪委案件检查二室副科级干部。2010年12月，任贵州省黔西南州纪委案件监督管理室副主任（其间，2011年11月至2013年11月，挂职任晴隆县大田乡党委副书记）。2014年2月，任贵州省黔西南州纪委案件监督管理室副主任（主持工作）（其间，2011年9月至2014年6月，在云南大学公共管理学院公共管理专硕士研究生班学习）。2014年10月，任贵州省黔西南州纪委监察局第四纪检监察室副主任（主持工作）、主任（2014年12月）。2016年7月，任贵州省黔西南州林业局副局长、党组成员。2018年6月，任诸暨市人民政府副市长（挂职），贵州省黔西南州林业局副局长、党组成员。

【郦小飞】诸暨市人民政府副市长、党组成员，店口镇党委书记，兼诸暨现代环保装备高新技术产业园区管理委员会主任。诸暨人，汉族，在职大学学历。1995年8月参加工作，1997年8月加入中国共产党。1993年9月，入浙江省人民警察学校公安治安专业就读。1995年8月，在诸暨市公安局巡特警大队、五泄派出所、刑侦大队工作。2001年1月，任诸暨市公安局治安大队副大队长。2004年8月，任诸暨市公安局店口派出所所长，兼店口镇党委委员（其间，2005年3月至2008年7月，在华东理工大学网络教育学院法学专业本科班学习）。2006年8月，任店口镇党委副书记。2008年7月，任应店街镇党委副书记、镇长。2011年11月，任应店街镇党委书记。2014年3月，任浣东街道党工委书记。2016年11月，任店口镇党委书记，兼诸暨现代环保装备高新技术产业园区管理委员会主任（2016年12月）。2018年6月，任诸暨市人民政府副市长、党组成员（2018年7月），店口镇党委书记，兼诸暨现代环保装备高新技术产业园区管理委员会主任。

【田国栋】诸暨市人民政府副市长（挂职），中共辽源市东辽县委常委、县人民政府副县长。吉林东丰，汉族，省委党校研究生学历。1999年10月参加工作，1998年11月加入中国共产党。1995年9月，入延边大学动物医学系兽医专业就读。1999年10月，在辽源市东丰县仁合乡多经办工作。2001年1月，任辽源市东丰县仁合乡副乡长。2003年1月，任辽源市东丰县拉拉河镇党委副书记、纪委书记。2004年3月，任辽源市东丰县大兴镇党委副书记、镇长（其间，2001年9月至2004年7月，在吉林省委党校经济管理专业在职研究生班学习）。2005年11月，任辽源市东丰县大兴镇党委副书记、人大主席、纪委书记。2007年3月，任辽源市东丰县大兴镇党委书记、镇长。2011年8月，任中共辽源市东辽县委常委、白泉镇党委书记、镇长。2016年8月，任中共辽源市东辽县委常委、县人民政府副县长。2018年11月，任诸暨市人民政府副市长(挂职)，中共辽源市东辽县委常委、县人民政府副县长。

【袁岳军】诸暨市政协副主席。诸暨人，汉族，大学学历。1987年8月参加工作，1996年9月加入农工民主党。1982年9月入浙江医科大学医学系医学专业就学。1987年8月，五泄区卫生院内科医生。1989年1月，任五泄区卫生院院长。1990年7月，任枫桥医院院长。1996年3月，任城关镇卫生院院长、农工民主党诸暨市委会主委。1997年8月，任诸暨市红十字医院院长、农工民主党诸暨市委会主委、市人大常委会常务委员（1998年3月）。2000年7月，任诸暨市卫生局副局长、农工民主党诸暨市委会主委、省政协委员。2003年3月，任诸暨市政协副主席、市卫生局副局长、农工民主党诸暨市委会主委、省政协委员。2009年1月，任诸暨市政协副主席、市卫生局局长，农工民主党诸暨市委会主委，省政协委员。2014年11月，任诸暨市政协副主席、市卫生和计划生育局局长，农工民主党诸暨市委会主委，省政协委员。2016年11月，任诸暨市政协副主席、市卫生和计划生育局局长。2017年10月，任诸暨市政协副主席。

【王培光】诸暨市政协副主席、党组副书记。诸暨人，汉族，中央党校大学学历。1980年5月参加工作，1981年10月加入中国共产党。1980年5月，在和济公社农科站工作，任团委副书记。1982年12月入绍兴市农校青干班就学。1983年12月，在梅岭公社工作。1984年4月，任浣纱区副区长、团工委书记。1987年5月，任陈蔡区委党委副书记、区长。1991年7月，任三都区委书记。1992年5月，任三都镇党委书记。1993年12月，任诸暨市卫生局局长、党工委书记。1998 年 1 月，任诸暨市粮食局党工委书记、副局长。1998 年 3 月，任诸暨市粮食局局长、党工委书记。2000 年 6 月，任诸暨市开发委党工委书记、副主任。2003 年 3 月，任中共诸暨市委办公室副主任(正局)。2006 年 12 月，任中共诸暨市委办公室副主任(正局)、东白湖生态旅游区管理委员会党工委书记、办公室主任。2007 年 2 月，任诸暨市政协副主席、党组成员，东白湖生态旅游区管理委员会党工委书记、办公室主任。2012 年 1 月，任诸暨市政协副主席、党组成员。2016 年 12 月，任诸暨市政协副主席、党组副书记。

【沈吉明】诸暨市政协副主席、党组成员。绍兴人，汉族，中央党校大学学历。1979 年 11 月入伍，1983 年 1 月加入中国共产党。1981 年 9 月入解放军石家庄军械工程技术学院一系一队就学。2006 年 3 月，任诸暨市人武部政委、党委书记。2006 年 11 月，任中共诸暨市委常委，市人武部政委、党委书记。2008 年 9 月，任诸暨市政协党组成员。2009 年 2 月，任诸暨市政协副主席、党组成员。

【王祖勇】诸暨市政协副主席、党组成员。诸暨人，汉族，中央党校大学学历。1980 年 7 月参加工作，1988 年 6 月加入中国共产党。1980 年 7 月，在诸暨县公安局牌头派出所工作。1984 年 9 月入杭州大学法律系公安专修班就学。1986 年 8 月，在诸暨县公安局刑侦大队工作。1986 年 11 月，任诸暨县（市）公安局城关派出所副所长、城西派出所所长（1991 年 2 月）。1998 年 3 月，任诸暨市公安局副局长、纪委书记。2000 年 6 月，任诸暨市公安局副局长。2003 年 1 月，任中共诸暨市委办公室副主任（正局）。2007 年 2 月，任诸暨市交通局局长、党工委书记。2009 年 4 月，任诸暨市交通局局长、党委书记。2010 年 1 月，任诸暨经济开发区管理委员会（城西工业新城建设管理委员会办公室）主任、党工委副书记（2011 年 8 月明确为副县级），兼陶朱街道党工委书记。2011 年 12 月，任诸暨经济开发区管理委员会（城西工业新城建设管理委员会办公室）主任、党工委副书记（副县级）。2012 年 2 月，任诸暨市政协副主席、党组成员（2012 年 3 月），兼浙江省五泄旅游度假区管理委员会主任（2012 年 6 月）、党工委书记。2014 年 11 月，任诸暨市政协副主席、党组成员。

【何平光】诸暨市政协副主席、党组成员。诸暨人，汉族，大专学历。1989 年 8 月参加工作，1995 年 11 月加入中国共产党。1986 年 9 月入浙江农业大学园林花卉专业就学。1989 年 8 月，在诸暨市市政园林管理处工作，任养护队副队长，管理处副主任、养护队队长（1996 年 3 月）。1998 年 5 月，任诸暨市园林管理处党支部书记、主任。2002 年 1 月，任诸暨市建设局局长助理，市园林管理处党支部书记、主任。2003 年 4 月，任诸暨市建设局副局长。2003 年 10 月，任诸暨市人民政府办公室副主任。2006 年 8 月，任诸暨市旧城改造管理委员会办公室主任，兼市人民政府办公室副主任、市建设局副局长。2006 年 12 月，任诸暨市旧城改造管理委员会办公室主任，兼市建设局局长、市人民政府办公室副主任。2007 年 2 月，任诸暨市旧城改造管理委员会办公室主任、党组书记，兼市建设局局长。2008 年 7 月，任诸暨市旧城改造管理委员会办公室主任、党组书记，兼市建设局局长、党工委副书记。2009 年 4 月，任诸暨市旧城改造管理委员会办公室主任、党组书记，兼市建设局局长、党委副书记。2010 年 1 月，任诸暨市建设局局长、党委副书记。2011 年 1 月，任诸暨市住房和城乡建设局局长、党委副书记。2011 年 12 月，任大唐镇党委书记、市住房和城乡建设局局长，兼城西工业新城建设管理委员会办公室副主任。2012 年 2 月，任诸暨市政协副主席、党组成员（2012 年 3 月），兼大唐镇党委书记、城西工业新城建设管理委员会办公室副主任。2014 年 3 月，任诸暨市政协副主席、党组成员。

【徐可以】诸暨市政协副主席。诸暨人，汉族，省委党校研究生学历。1988 年 8 月参加工作，无党派。1985 年 9 月，在上虞师范普师专业就学。1988 年 8 月，在诸暨市次坞镇徐坞杨小学任教。1989 年 8 月，在诸暨市云石乡校任教（1990 年 1 月至 1992 年 10 月，杭州大学自学考试汉语言文学专业学习）。1992 年 8 月，在诸暨市大唐镇小任教。1993 年 9 月，在浙江教育学院中文系汉语言文学专业就学。1995 年 8 月，在诸暨中专任教，任校团委书记（1997 年 9 月）、办公室主任（1999 年 8 月）。2003 年 6 月，任诸暨市总工会副主席。2008 年 11 月，任东和乡乡长。2013 年 9 月，任诸暨市红十字会执行委员会主任（2011 年 9 月至 2014 年 7 月，在浙江省委党校区域经济学专业在职研究生班学习）。2017 年 2 月，任诸暨市政协副主席，市红十字会执行委员会主任。2017 年 10 月，任诸暨市政协副主席。

【施华南】诸暨市人民法院院长、党组书记。新昌人，汉族，中央党校大学学历。1990 年 8 月参加工作，1997 年 2 月加入中国共产党。1988 年 9 月，入天津商学院法律政治系经济法专业就学。1990年8月，在新昌县检察院工作、任反贪局副局长（其间挂职任新昌县小将镇镇长助理）。1995年12月，在新昌县澄潭镇政府工作，任副镇长（1996年1月）、党委副书记（1998年3月）、镇长（1999年1月）。2001年11月，任新昌县建设局副局长、党委委员。2006年9月，任新昌县七星街道党工委副书记、办事处主任，兼县高新技术园区管委会副主任、七星新区建设管委会副主任。2007年8月，任新昌县七星街道党工委书记，兼县高新技术园区管委会副主任、七星新区建设管委会副主任。2008年7月，任新昌县政府办公室副主任（正科长级）、党组成员。2010年9月，任新昌县发改局局长、党委书记。2012年11月，任新昌县政府党组成员，办公室主任、党组书记，兼县外事办公室主任。2015年6月，任诸暨市人民法院党组书记、代理院长（2015年7月）。2016年1月，任诸暨市人民法院院长、党组书记。

【谢　剑】诸暨市人民检察院检察长、党组书记。上虞人，汉族，大学学历，在职法律硕士。2001年7月参加工作，2001年4月加入中国共产党。1997年9月入浙江大学法学院经济法专业就学。2001年7月，任绍兴市检察院公诉处书记员、助理检察员、检察员。2009年9月，任绍兴市检察院控告申诉检察处副处长（2007年9月至2009年12月，浙江大学法学院法律专业硕士学位班学习，获法律硕士学位；2008年11月至2009年11月，挂职锻炼任绍兴经济开发区管委会办公室主任助理）。2010年7月，任绍兴市检察院反贪污贿赂局副局长，兼侦查一处处长（2011年12月）（2013年4月至2013年11月，清华大学绍兴市领导干部加快转变经济发展方式和创新驱动发展专题研讨班学习；2014年9月至2014年11月，绍兴市委党校中青年干部培训班学习）。2016年4月，任诸暨市人民检察院代检察长、党组书记。2017年2月，任诸暨市人民检察院检察长、党组书记。（裘满东）

享受政府特殊津贴人员

【胡薇珊】女，临安人，中共党员，副主任护师，已退休。1952年8月浙江省高级医护士专业毕业，长期从事护理工作。1978年12月底，任诸暨人民医院护理部主任，主持建立各项规章制度，提高护理队伍素质，护理部先后被评为全国“三八红旗”先进集体、省劳模集体，在全省“四项”护理操作（心肺复苏、静脉输液、穿脱隔离衣、导尿）比武中获总分第一。先后被评为省优秀护士，全国模范护士，“白求恩式医务工作者”。享受1991年政府特殊津贴。

【梁焕木（1928—1996）】男，诸暨人，中共党员，高级工程师。1950年参加工作，毕生致力于农田水利建设与农村经济发展，先后完成青岭水库、郑宝山电站等十多项水利工程，兴建了征天水利机械厂等十余家企事业单位，成为全国水利系统的一面旗帜。曾任征天集团名誉董事长、诸暨市水电局副局长等职。为全国第七届、八届人大代表；先后被评为全国水利战线特等劳动模范、全国劳动模范、诸暨县社会主义建设功臣。著有水利专著《枫桥江的治理与开发》。享受1992年政府特殊津贴。

【傅圣勇（1935—2017）】男，诸暨人，曾任诸暨市煤炭工业公司高级工程师，已退休。1961年7月毕业于北京地质学院地质系。主持的“石煤、铅锌矿、铜矿尾矿烧制特种水泥”项目获省政府颁发的科技进步一等奖、省科技开发一等奖，被列为国家重点科技成果推广项目和国家技术出口项目。“低热值石煤预热层燃技术和装置”科技成果（第二发明人）获1990年国家发明四等奖。“立窑水烧成节能新技术”项目（第二完成者）获能源部科技进步二等奖。主持开发的“小料球快速烧技术”和“立窑水泥节能新工艺”分别获国家专利；主持完成“低热值石煤，工业废渣，超低煤耗烧制特种水泥”这一国家级星火计划项目。享受1992年政府特殊津贴。

【刘孔达】男，湖南人，中共党员，曾任诸暨市黄金公司经理、高级工程师，已退休。1958年9月长沙工业高等专业学校毕业，1991年主持的“氧化黄液直接电积提金新工艺”提高了黄金的回收率，获省政府颁发的科技成果二等奖；“向下分层进路胶结充填采矿法”获省科技成果集体三等奖。先后获得全国“五一”劳动奖章、省劳动模范称号。享受1992年政府特殊津贴。

【郭承荫】男，诸暨人，中共党员，曾任诸暨县卫生防疫站副站长，副主任医师，已退休。1952年浙江高级医士职业学校卫生管理专业毕业，从事卫生防疫工作40余年。1973年起主持“麻疹活疫苗免疫持久性研究”课题，历时15年，获得成功，各项指标达到国内先进水平，1983年获卫生部甲级科技成果奖和省政府优秀科技成果二等奖，1992年获卫生部科技进步二等奖。发表论文10余篇，其中有 2 篇在国外发表。享受 1993 年政府特殊津贴。

【石培根】男，诸暨人，中共党员，1970 年毕业于浙江大学化工机械专业，任浙江电除尘器总厂总工程师，高级工程师。1979 年以来，多次承担国家级重点工程电除尘器技术研究工作，为主研制的“天津军粮城电厂 102M2 电除尘器”获省科技进步二等奖，“450M2 烧结系统大型电除尘器”获 1993 年机械部科技进步一等奖。担任国家重大技术装备“八五”科技攻关项目“除灰除渣系统关键设备研制”专题负责人，并研制、开发成功。主持电除尘器国家标准及行业标准的规划制订、修订、审查工作。享受 1993 年政府特殊津贴。

【郭凡林】男，中共党员，高级工程师。历任诸暨水泥厂技术员、诸暨机床厂技术组长、主任工程师、研究所所长，从事机械制造工艺和设备技术工作。1993 年始任浙江凯达集团和诸暨机床厂总工程师。发表《谈数控车床的可靠性试验》《数控车床总体布局的发展趋势》等多篇学术科研论文。主持的 CJK6136 数控车床的研究与开发项目获省科技进步奖二等奖。先后主持开发省优秀新产品和省优产品各一项，有 7 种产品获国家出口产品许可证，多次被评为绍兴市优秀专门人才，为绍兴市首批学术技术带头人。享受 1996 年政府特殊津贴。

【吴法理】男，诸暨人，中共党员，高级工程师。浙江菲达机电集团有限公司副总经理。1998 年华中理工大学毕业，硕士学位，主要从事流体机械开发与研究。1989—1991 年从事浓相气力输灰系统的科研开发及试制，任技术负责人；1992—1996 年任国家重大技术装备“八五”科技攻关项目（85-302-05）技术负责人，项目负责人；1995—1997 年任国家火炬计划 9423305018 项目负责人；1998 年起任国家技术创新“300MW 机组气力”项目负责人。主持编制了机械工业部《正压浓相气力输送系统》行业标准；研制并取得 ZL97Z429360 实用新型专利一项。主持完成的正压浓相气力输灰系统及关键设备获省政府科技进步二等奖。享受 1999 年政府特殊津贴。

【赵林中】男，诸暨人，大学文化，中共党员，高级经济师、高级政工师、副研究员职称。富润控股集团公司党委书记、董事局主席，浙江富润股份有限公司董事长。富润共创有国家级新产品 9 个，其中 3 个为国家级重点新产品。富润集团累计获省部级科技进步奖 21 项，其中以赵林中为主开发、作为第一排名的有 5 项（二等奖 1 项，三等奖 4 项）。富润集团控股的浙江富润股份有限公司于 1997 年 6 月在上海证交所上市，是中国针织行业第一股。先后获得全国劳动模范、“五一”劳动奖章、浙江省优秀共产党员、浙江省突出贡献企业经营者等荣誉，系第九届、十届全国人大代表。享受 2002 年政府特殊津贴。

【舒英钢】男，金华人，大学文化，中共党员，教授级高工。菲达集团党委书记、董事长。1982 年大学毕业后，在诸暨机床厂历任设计工程师、厂办主任、厂长助理、副厂长等职。1993 年起任浙江电除尘器总厂（菲达集团前身）党委书记兼厂长。在科技成果方面，作为第一完成人获国家科技进步二等奖，获省部级科技进步一等奖，获中国机械工业科技进步奖二次。系中共浙江省第十届、十一届代表大会代表，浙江省劳动模范。2003 年获得省有突出贡献中青年专家称号。享受 2007 年政府特殊津贴。

【章丰明】女，诸暨人，中共党员，高级工程师。2007 年开始，成为国家水利部行业标准修订专家组成员之一，参与《灌排机电设备报废标准》《潜水泵站技术规范》《泵站技术管理规程》《泵站计算机监控与信息系统技术导则》等中华人民共和国行业标准 SL（水利行业标准）的修订工作。先后在国家级和省级杂志上发表《三相四线制配电系统中单相用电设备保护接零的缺陷及对策》《橡胶堰坝计算机自动监控系统应用实例》《中小型排涝泵站电气设计工作中存在问题及思考》等论文。2006 年，获得第三届浙江省水利行业职业技能竞赛泵站运行工冠军；同年，获得第三届全国水利行业职业技能竞赛第二名。2012 年，获得浙江省首届“钱江技能大奖”。2012 年，享受国务院特殊津贴。

获得市级以上见义勇为荣誉称号人员名录（1990—2016）

表30

序号	姓名	性别	籍贯	见义勇为荣誉称号	简要事迹
1	沈 尘	女	浙江诸暨	全国五一劳动奖章 浙江省第二届（1990年）见义勇为勇士	1990年1月24日上午，作为银行职员，为保护国家集体财产，与持刀抢劫犯搏斗，头部被砍，前脑颅骨开裂6厘米，头顶刀口长达8厘米。经医院及时抢救脱离危险
2	陈 熊	男	浙江诸暨	浙江省第三届（1992年）见义勇为勇士	1991年6月6日下午，作为治安联防队员，随同公安民警执行任务时，遭到犯罪分子及家人的围攻，被犯罪分子砸来的水泥砖击中头部，经抢救无效不幸牺牲
3	俞培良	男	浙江诸暨	浙江省第五届(1997年)见义勇为先进分子	1996年5月17日晚上，听到呼救声，迅速赶到出事现场，毫不畏惧上前与持刀歹徒搏斗，在村民协助下将歹徒抓获
4	俞来仁	男	浙江诸暨	浙江省第五届(1997年)见义勇为先进分子	1996年5月17日晚上，听到呼救声，迅速赶到出事现场，毫不畏惧上前与持刀歹徒搏斗，在村民协助下将歹徒抓获
5	胡贤林	男	浙江诸暨	浙江省第八届（2003年）见义勇为先进分子 绍兴市最具影响力见义勇为先进人物（2011年）	2003年6月2日凌晨，身为护村队队员，在巡逻时发现4名盗贼，在围捕盗贼、与盗贼搏斗时，左手被砍断
6	张金建	男	浙江诸暨	浙江省第十四（2010年）届见义勇为勇士 绍兴市第四届（2009年）见义勇为勇士 绍兴市最具影响力见义勇为先进人物（2011年）	2009年3月16日下午，为救倒挂在电线杆上的电工，被电流击中从高空栽下，经医院抢救无效不幸牺牲
7	尉徐松	男	浙江诸暨	浙江省第十四（2010年）届见义勇为先进分子 绍兴市第四届（2009年）见义勇为勇士	2009年3月16日下午，协助解救倒挂在电线杆上的电工，被电流击中，造成股骨骨折、内脏大出血
8	王 森	男	四川广元	浙江省人民政府记一等功、并授予浙江省见义勇为勇士称号（2011年） 绍兴市人民政府记二等功、并授予绍兴市见义勇为模范市民称号（2011年）	2011年7月3日凌晨，得知邻居遭窃的消息后，挺身而出追赶歹徒，并与歹徒展开搏斗，被刺中胸口，经抢救无效不幸牺牲
9	丁全法	男	浙江诸暨	浙江省人民政府记一等功、并授予浙江省见义勇为勇士称号（2012年） 绍兴市人民政府记二等功、并授予绍兴市见义勇为模范市民称号（2011年）	2010年6月28日凌晨，为扑灭邻居家布机房的大火，奋不顾身冲进火场，因吸入大量有毒烟雾，不幸窒息牺牲
10	王梦玲	女	广西桂林	浙江省人民政府记一等功、并授予浙江省见义勇为先进分子称号（2012年） 绍兴市人民政府记二等功、并授予绍兴市见义勇为模范市民称号（2011年）	2010年7月2日中午，和同学在河边玩耍时，为救落水的同学不幸牺牲
11	何理达	男	浙江诸暨	浙江省人民政府记一等功、并授予浙江省见义勇为先进分子称号（2014年） 绍兴市人民政府记二等功、并授予绍兴市见义勇为模范市民称号（2014年）	2013年8月16日凌晨，作为派出所协警，在夜间巡逻时发现3名可疑人员，在盘问时3人意图逃跑。尽管在制服犯罪嫌疑人过程中被刺中颈部，最终仍将犯罪嫌疑人抓获

续表 30

序号	姓名	性别	籍贯	见义勇为荣誉称号	简要事迹
12	杨飞燕	女	浙江诸暨	绍兴市第一届（1995 年）见义勇为勇士	1993 年 7 月 12 日凌晨，为保护单位财产与持枪歹徒搏斗，被歹徒开枪击中胸部，不幸牺牲
13	许时勇	男	浙江诸暨	绍兴市第一届（1995 年）见义勇为勇士	1994 年 10 月 9 日晚上，身为林业工作站站长，在检查可疑车辆过程中被推下车，遭碾压不幸牺牲
14	吕介浩	男	浙江诸暨	绍兴市第二届（1999 年）见义勇为勇士	1995 年 1 月 17 日下午，身为护林员，为抓住盗树贼，被歹徒连砍 17 刀，不幸牺牲
15	姚三根	男	浙江诸暨	绍兴市第二届（1999 年）见义勇为勇士	1998 年 2 月 20 日晚上，在回家途中遭到 4 名歹徒抢劫，在搏斗中手臂、身上多处被砍伤，后坚持与村民一起搜山，最终把 4 名歹徒全部抓获
16	孙月芳	男	浙江诸暨	绍兴市第二届（1999 年）见义勇为先进分子	1998 年 5 月 19 日凌晨，身为联防队员，在巡逻时发现犯罪分子，在与歹徒搏斗中左肩锁骨被打断，仍紧紧抓歹徒不放，最终与其他队员合力制服歹徒
17	楼建明	男	浙江诸暨	绍兴市第二届（1999 年）见义勇为先进分子	1998 年 3 月 18 日凌晨，在回家途中忽闻呼救声，即赶去抓贼，被窃贼用铁杆打破头部，仍紧抓窃贼不放，最终在群众的协助下，抓获 1 名窃贼
18	夏根法	男	浙江诸暨	绍兴市第三届（2005 年）见义勇为勇士	2004 年 1 月 22 日凌晨，身为商场保安，在巡逻时发现一蒙面歹徒，在制服歹徒过程中，被刺伤面部、颈部，后被歹徒开枪击穿左腿
19	郦　峰	男	浙江诸暨	绍兴市第四届(2009 年) 见义勇为先进分子	常年积极处置突发性事件，把个人安危置之度外、不求回报，多次救人性命，多次帮助他人抓获窃贼
20	赵志祥	男	浙江诸暨	绍兴市第三届（2005 年）见义勇为勇士 诸暨市第三届见义勇为勇士	2002 年 2 月 8 日，在牌头镇越山村参加杀人案犯搜捕时，擒获“1·19”牌头特大杀人案犯
21	郭新光	男	浙江诸暨	绍兴市第三届（2005 年）见义勇为勇士	2004 年 5 月 28 日，在璜山镇协助民警抓获“4·19”抢劫杀人案犯
22	郭生余	男	浙江诸暨	绍兴市第三届（2005 年）见义勇为勇士	2004 年 5 月 28 日，在璜山镇协助民警抓获“4·19”抢劫杀人案犯
23	吴章信	男	浙江诸暨	2016 年 2 月被评为浙江省见义勇为勇士	2014 年 3 月 16 日，在东和乡扑灭山火中牺牲
24	王运涛	男	安徽阜阳	2016 年 2 月被评为浙江省见义勇为勇士	2014 年 11 月 3 日，在大唐轻纺南路勇斗持刀歹徒并将其制服

（市公安局提供）

2018年市公安局确认其行为属见义勇为的人员名单

表31

序号	姓名	性别	籍贯	见义勇为行为
1	陈荣周	男	嵊州	2017年8月2日下午，“红枫义警”陈荣周正在开展义务巡逻，接到海角村村民钱汤军的举报说，他家附近有2辆外地车辆及多名男子在路边杀黄鳝，并将黄鳝血兑入矿泉水中，几人形迹可疑，并拍了车辆照片发给陈荣周。收到信息后，陈荣周立刻将情况反馈给枫桥派出所教导员吴嘉军，并赶往现场。 随后，接到钱汤军报告的村警谢贵旺及时开展现场取证工作、保护现场，并通过群防云APP上报至社区副所长孙法均处。 根据2017年4月以来枫桥辖区发生多起碰瓷事件的情况，经过研判，这伙人很有可能便是连环碰瓷案件的作案人员。枫桥派出所通过三人提供的线索，当天一举抓获8人，其中5人被采取刑事强制措施。同时，嫌犯交代在应店街、萧山、宁波、湖州等地均作案多起，涉案金额4万余元。案件尚正在进一步侦查中。
2	钱汤军	男	诸暨枫桥	2017年8月2日，钱汤军在家附近看到2辆外地车辆及多名男子在路边杀黄鳝，并将黄鳝血兑入矿泉水中，觉得几人形迹可疑，便拍下，车辆的照片发给“红枫义警”陈荣周，同时又将情况反映给海角村警谢贵旺。 陈荣周收到信息后，立刻将情况反馈给枫桥派出所教导员吴嘉军，并赶往现场；村警谢贵旺也及时开展现场取证工作，并将现场情况上报至社区副所长孙法均处，并保护现场。 根据2017年4月以来枫桥辖区发生多起碰瓷事件的情况，经过研判，这伙人很有可能便是连环碰瓷案件的作案人员。枫桥派出所通过三人提供的线索，当天一举抓获8人，其中5人被采取刑事强制措施。同时，嫌犯交代在应店街、萧山、宁波、湖州等地均作案多起，涉案金额4万余元。案件尚正在进一步侦查中。
3	谢贵旺	男	诸暨枫桥	2017年8月2日，谢贵旺在海角村走访时，接到村民钱汤军举报说，他家附近有2辆外地车辆及多名男子在路边杀黄鳝，并将黄鳝血兑入矿泉水中，几人形迹可疑。谢贵旺随即赶到现场，发现有无头的黄鳝、矿泉水瓶、眼药水瓶等。凭着职业敏感性，谢贵旺立刻将情况上报至社区副所长孙法均处，并留在原地保护现场，开展取证工作。根据2017年4月以来枫桥辖区发生多起碰瓷事件的情况，经过研判，这伙人很有可能便是连环碰瓷案件的作案人员。枫桥派出所通过三人提供的线索，当天一举抓获8人，其中5人被采取刑事强制措施。同时，嫌犯交代在应店街、萧山、宁波、湖州等地均作案多起，涉案金额4万余元。案件尚正在进一步侦查中。
4	应少杰	男	诸暨应店街	2017年3月14日8时许，家住诸暨市浣东街道福田花园锦绣居E1幢404室的应少杰准备去上班时，听到有人呼救，立即走到阳台查看，发现同幢8楼一妇女双手抓在窗台、身体悬空在外。应少杰在报警的同时，第一时间冲上8楼施救，后在该居民楼11楼章珠英的协助下，将该妇女拉上阳台，使其顺利脱险。
5	张旭东	男	诸暨	2017年5月20日12时许，当天在店口镇专职消防队值班的张旭栋接到消防大队指令，要求增援陶朱街道美邦制衣厂仓库火灾现场、控制火势。接到指令后，张旭栋迅速组织15名消防队员乘坐2辆消防车前往救援。现场扑救过程中，在预知火场有发生爆炸可能的情况下，张旭栋仍坚守岗位。后火场发生爆炸，张旭栋左眼被爆炸物击中，被送往诸暨市人民医院抢救。经诊断，张旭栋左眼球破裂，经多次手术仍无法修复，于6月7日手术摘除左眼球。
6	赵大星	男	诸暨	2017年7月16日10时许，诸暨富润宠物用品有限公司董事长赵大星带侄子赵杰在诸暨市区环线开化江三江口段桥下（伊美豪庭附近）游泳时，听到有一名小孩在岸边呼救命，同时发现另一名小孩已沉入江中，随即潜入水中，将已喝饱水的小孩救上岸。

（市公安局提供）

重要文件目录

2018年中共诸暨市委重要文件目录

2号 关于深入贯彻全面从严治党要求推进新时代机关党的建设的意见

5号 关于表彰诸暨市“十佳”村（居）党组织书记、“十佳”村（居）委会主任的决定

7号 关于鼓励引进“大好高”项目的若干意见

9号 关于2017年镇乡（街道）工作目标责任制考核结果的通报

10号 关于2017年市级机关工作目标责任制考核结果的通报

11号 关于嘉奖市创建办等突出贡献单位的通报

12号 关于公布2017年度“诸暨市经济发展功臣”“诸暨市经济发展贡献奖”的通知

15号 关于表彰2017年度平安综治维稳工作各类先进的通报

16号 关于印发《2018年全市政法工作要点》的通知

17号 关于表彰2017年度信访工作先进集体和先进工作者的通报

18号 关于表彰2017年度“零上访镇”“零上访村（社区）”的通报

20号 关于印发《打好“六大硬仗”实施方案》的通知

21号 关于2018年实施乡村振兴战略建设美丽乡村的若干政策意见

22号 关于加快产业优化升级促进经济高质量发展的若干政策意见

23号 关于命名表彰2017年度市级文明单位（村）和文明校园的决定

24号 关于加快推进创新强市工作的政策意见

25号 关于重新明确市委常委分工的通知

26号 关于2018年镇乡（街道）工作目标责任制的考核办法

27号 关于2018年市级机关工作目标责任制的考核办法

28号 关于在全市各级党组织和广大党员中开展纪念建党97周年活动的通知

29号 关于印发《诸暨市“新时代文明传习中心”工作实施方案》的通知

30号 关于印发《全面实施乡村振兴战略高水平推进农业农村现代化行动方案（2018—2022年）》的通知

31号 印发《关于加快推进人才强市工作的若干政策意见》的通知

32号 关于印发《诸暨市贯彻落实中央环境保护督察反馈意见整改方案》的通知

33号 关于认真学习贯彻习近平总书记重要指示精神的通知

34号 印发《关于诸暨市监察委员会向镇乡（街道）派出监察办公室的实施意见》的通知

35号 关于实施基层党建“五大引领”工程深化发展新时代“枫桥经验”的意见

36号 关于印发《深入推进清廉诸暨建设实施方案》的通知

38号 关于坚持和发展“枫桥经验”以新时代城市基层党建引领城市基层治理全面提升的实施意见

39号 转发《中共诸暨市人大常委会党组关于建立街道议政会制度的意见》的通知

40号 关于在市直机关开展“五星示范、双优引领”创建工作的实施意见

41号 关于深入推进安全生产领域改革发展的实施意见

43号 关于通报表彰坚持发展“枫桥经验”先进单位和先进个人的决定

44号 印发《关于进一步推进新时代文明实践中心建设的实施方案》的通知

2018 年诸暨市人民政府文件目录

1 号　诸暨市政府关于印发诸暨市有色金属加工制造业改造提升行动方案（2017—2020 年）的通知

2 号　关于同意省级公益林变更调整的批复

3 号　关于市人大常委会关于健康诸暨建设工作情况报告的审议意见办理情况的报告

4 号　关于对诸暨市中杰商贸有限公司国有土地上房屋实施征收的决定

5 号　关于印发诸暨市盐业体制改革实施方案的通知

6 号　关于同意诸暨市三环线以东区块、应山片区、热电厂及周边区块、徐家片区、旧城区原铁路西站区块等五个地块的控制性详细规划（调整）及城市设计的批复

7 号　关于沪昆线铁路线路安全保护区划定的公告

8 号　关于进一步推进依法行政加快建设法治政府的意见

9 号　关于提请审议《诸暨市生态保护红线划定方案》的议案

11 号　关于同意《诸暨市陈宅镇总体规划（2015—2030）》的批复

12 号　关于推行企业投资项目承诺制改革的实施意见（试行）

13 号　关于推进资本市场“凤凰行动”计划的实施意见

14 号　关于市人大常委会对农村产权制度改革情况报告审议意见处理情况的报告

15 号　关于对浙江华都纺织印染有限公司国有土地上房屋实施征收的决定

16 号　关于调整临时用地行政审批权限的决定

17 号　关于 2018 年市政府民生实事有关事项的报告

18 号　关于 2018 年度实施农业产业振兴战略的若干政策意见

19 号　关于公布诸暨市第八批非物质文化遗产代表性项目名录的通知

20 号　关于在全市开展第四次经济普查的通知

21 号　关于表彰 2017 年度国防后备力量建设先进单位和个人的通报

22 号　关于市政府领导分工的通知

23 号　关于同意暨阳街道办事处对凤凰等社区进行行政区划调整及规划建造新社区办公用房的批复关于同意暨阳街道办事处对凤凰等社区进行行政区划调整及规划建造新社区办公用房的批复

24 号　关于给予甬绍系列持枪抢劫杀人案侦破工作先进个人行政奖励的决定

25 号　关于同意《诸暨现代环保装备高新技术产业园区总体规划（2016—2030）》和《诸暨现代环保装备高新技术产业园区解放湖区块控制性详细规划（修编）》的批复

26 号　关于提请任免郦小飞等同志职务的议案

27 号　关于部分市政府领导分工调整的通知

28 号　关于开展第三次全市土地调查的通知

29 号　关于提请审议撤销（停止执行）诸暨市城东新城棚户区改造二期项目融资资金列入财政预算等决议的议案

30 号　关于提请审议《2017 年诸暨市财政决算（草案）报告》的议案

31 号　关于在市场体系建设中建立公平竞争审查制度的通知

32 号　关于重新明确市政府领导分工的通知

33 号　关于抓好 2018 年粮食生产工作的意见

34 号　关于诸暨市马剑镇马剑村历史文化村落重点村规划设计方案的批复

35 号　关于支持检察机关服务法治政府建设及依法开展公益诉讼工作的若干意见

36 号　关于对赵毅刚等 96 名连续三年年度考核优秀公务员记三等功的决定

37 号　诸暨市人民政府提请审议《关于诸暨市与乌克兰苏梅市建立友好交流关系的报告》的议案

38 号　关于同意实施《诸暨市森林资源规划设计调查成果汇编（2016 年）》的批复

39 号　关于提请任命陈仁坚同志职务的议案

40 号　关于提请免去沈正南同志职务的议案

41 号　关于对诸暨市雄城浣东贸易有限公司国有土地及其地上建筑实施征收的决定

42 号　关于同意陶朱街道部分城市社区调整划分的批复

43 号　关于同意《枫溪江（枫桥镇段）防洪专题规划》的批复

44 号　关于同意《诸暨市农业水价综合改革实施方案》的批复

45号　关于对浙江盾安人工环境股份有限公司等企业涉及国有土地上房屋实施征收的决定

46号　关于同意《牌头镇局部地块控制性详细规划》和《牌头镇污水处理厂周边地块控制性详细规划》的批复

47号　关于对富润控股集团有限公司纺织厂区涉及国有土地上房屋实施征收的决定

48号　关于2018年财政预算调整方案（草案）的议案

49号　关于依法推进行政争议调解工作的实施意见（试行）

50号　关于同意《诸暨市永宁水库管理和保护范围划定方案》的批复

51号　关于进一步加强非洲猪瘟防控工作的通告

52号　关于印发诸暨市城市区域声环境功能区划分方案的通知

53号　关于印发政府“两强三提高”建设行动计划（2018—2022年）实施方案的通知

54号　关于进一步加强商业、商务类建设项目管理的实施意

55号　关于印发《诸暨市城乡规划管理委员会及其办公室会议议事规则》的通知

56号　关于成立诸暨市院士专家咨询委员会的通知

57号　关于同意《诸暨现代环保装备高新技术产业园区下四湖片区控制性详细规划》的批复

58号　关于给予“枫桥经验”纪念活动部分先进集体和先进个人记三等功的决定

59号　关于提请任免田国栋等同志职务的议案

2018年中共诸暨市委办公室重要文件目录

1号　关于对2017年诸暨市人大代表建议和政协提案办理工作考核结果的通报

4号　关于落实食品安全党政同责一岗双责的意见

5号　关于进一步健全完善群众来访接待制度的实施意见

6号　关于印发《诸暨市国家生态文明建设示范市创建工作实施方案》的通知

7号　关于实施容错纠错机制进一步推动人才工作的意见

8号　关于开展春节“送温暖”活动的通知

9号　关于印发《诸暨市镇乡（街道）和市级部门党政领导干部履行经济责任风险防范清单》的通知

10号　关于印发《关于进一步考准考实领导干部政治表现的实施意见》的通知

11号　关于大兴调查研究之风助推经济社会高质量发展的意见

12号　关于印发《中共诸暨市委诸暨市人民政府政协诸暨市委员会2018年度协商工作计划》的通知

13号　关于加快推进全民阅读建设书香暨阳的实施意见

14号　关于建立市四套班子领导联系军队退役人员制度的通知

2018年诸暨市人民政府办公室文件目录

1号　关于进一步加强“地沟油”治理工作的通知

2号　关于公布诸暨市2018年度政府集中采购目录及标准的通知

3号　关于加强机动车排气检测和管理的通知

4号　关于印发诸暨市松材线虫病综合防控规划（2018—2020）的通知

5号　关于印发诸暨市“十三五”饮用水水源保护规划的通知

6号　关于镇乡（街道）企业贷款2017年度第四季度不良额（率）情况的通报

7号　关于印发诸暨市2018年国土绿化建设实施方案的通知

8号　关于评比2015—2017年计划生育工作先进集体和先进工作者的通知

9号　关于印发诸暨市国有城镇集体企业改制遗留问题处置方案的通知

10号　关于印发诸暨市“十三五”结核病防治规划的通知

11号　关于印发诸暨市集镇和城市规划区内生活污水就地生态化治理新两年行动实施方案

（2018—2019年）的通知
12号 转发《浙江省人民政府办公厅关于印发浙江省行政执法监督实施办法的通知》的通知
13号 关于做好2018年度政策性农村住房保险工作的通知
14号 关于下达诸暨市2018年政府性投资项目计划的通知
15号 关于印发诸暨市政府性投资项目履约监管联合巡查操作办法的通知
16号 关于印发诸暨市建材行业整治提升实施方案的通知
17号 关于印发诸暨市国家森林城市创建工作实施方案的通知
18号 关于印发《政府工作报告》2018年主要工作责任清单的通知
19号 关于印发诸暨市2018年农村饮用水提升工程实施方案的通知
20号 关于印发诸暨市地质灾害防治专项资金管理实施办法的通知
21号 关于阮伯虎等同志任免职务的通知
22号 关于全面实施镇乡（街道）生态环境状况报告制度的意见
23号 关于印发诸暨市2018年地质灾害防治方案的通知
24号 关于建立健全高层建筑消防安全长效机制的实施意见
25号 关于印发诸暨市行政复议局集中承办市级部门行政复议案件工作办法（试行）的通知
26号 关于公布涉及著名商标制度规范性文件专项清理结果的通知
27号 关于建立健全校园周边环境综合治理长效机制的通知
28号 关于印发诸暨市食品安全三年行动计划（2018—2020年）的通知
29号 关于在全市推行镇乡（街道）文化管理员下派制度的实施意见
30号 关于建立企业投资项目前期筛选评估机制的通知
31号 关于印发诸暨市公安机关警务辅助人员管理办法（试行）的通知
32号 关于毛晓华等同志岗位聘用的通知
33号 关于全面开展工业企业亩均效益综合评价工作的实施意见
34号 关于印发诸暨市食品安全事故应急预案的通知
35号 关于印发诸暨市树香榧推广实施方案的通知
36号 关于印发诸暨市振兴实体经济（传统产业改造）2018年度实施计划的通知
37号 关于明确我市人防结建政策的通知
38号 关于支持检察机关依法开展未成年人司法保护工作的实施意见
39号 关于郦珊珊等同志任职的通知
40号 关于印发《诸暨市迎接国家节水型城市复查工作实施方案》的通知
41号 关于印发诸暨市重特大生产安全事故应急预案的通知
42号 关于调整土地整治项目激励政策的通知2018
43号 关于印发诸暨市矿山重特大事故应急预案的通知
44号 关于印发诸暨市污水收集系统建设两年计划（2018—2019）的通知
45号 关于公布涉及公共信用信息管理、公共数据和电子政务管理规范性文件专项清理结果的通知
46号 关于开展中小学生校外培训机构专项治理行动的通知
47号 关于印发诸暨市突发性重大林业有害生物灾害应急预案的通知
48号 关于印发诸暨市环境违法亮牌管理办法的通知
49号 关于印发2018年诸暨市法治政府建设重点工作任务清单的通知
50号 关于印发诸暨市危险化学品事故应急救援预案的通知
51号 关于印发诸暨市消防安全三年翻身仗行动实施方案的通知
52号 印发《关于2017年全市生态环境状况和环境保护目标任务完成情况报告的审议意见》反馈问题整改工作方案的通知
53号 关于修订诸暨市气象灾害防御应急预案的通知
54号 关于印发诸暨市“市镇局长项目工程”实施方案的通知
55号 关于推进诸暨市基层医疗机构残疾人康复服务中心建设运行的实施意见
56号 关于印发《诸暨市永宁水库放水预警方

案（试行）》的通知

57号　于印发诸暨市最低生活保障制度实施办法的通知

58号　关于全面推进基层“无差别受理”工作的实施意见

59号　关于印发《诸暨市推进社会心理服务体系建设实施方案》的通知

60号　关于进一步完善残疾人康复训练救助办法的通知

61号　关于印发诸暨市“污水零直排区”建设行动方案的通知

62号　关于实施乡村振兴战略推进农村保障性住房建设工作的实施意见

63号　关于印发《诸暨市财政性资金竞争性存放考评管理办法》的通知

64号　关于印发诸暨经济开发区“区域环评＋环境标准”改革实施方案的通知

65号　关于印发《诸暨市建筑渣土运输管理办法》的通知

66号　关于印发2018年诸暨市政务公开工作要点的通知

67号　关于进一步规范行政事业单位公款竞争性存放管理的通知

68号　关于印发诸暨市市场价格异常上涨事件应急预案的通知

69号　关于加强工业用地（厂房）余缺对接管理的意见

70号　关于开展农村闲置农房激活工作的实施意见

71号　关于进一步加强逃废债黑名单管理工作的通知

72号　关于印发诸暨市政府法律顾问履职记分考评办法的通知

73号　关于印发《诸暨市开展基层医疗卫生机构补偿机制改革的实施方案》的通知

74号　关于印发诸暨市打赢蓝天保卫战行动计划（2018—2020年）的通知

75号　关于卓栋等同志职务任免的通知

76号　关于印发诸暨市高水平推进农村人居环境提升三年行动方案（2018—2020年）的通知

77号　关于进一步加强内部审计工作的意见

78号　关于印发诸暨市工业园区整合提升行动方案的通知

79号　关于印发诸暨市便民放心早餐项目实施方案的通知

80号　关于调整全市上市挂牌培育企业名单的通知

81号　关于印发2018年诸暨市食品安全工作要点的通知

82号　关于印发诸暨市生态文明示范创建行动方案的通知

83号　关于调整2018年政府性投资项目计划的通知

84号　关于印发诸暨市雷电灾害应急预案的通知

85号　关于印发诸暨市工业企业亩均效益综合评价实施办法（试行）的通知

86号　关于印发诸暨市校园突发公共事件应急预案的通知

87号　关于印发诸暨市药品（医疗器械）安全事故应急预案的通知

88号　关于调整2019年城乡居民基本医疗保险筹资标准的通

89号　关于调整完善工业用地出让价格机制的实施意见

90号　关于国有出让工业用地“退二进三”的实施意见

91号　转发《绍兴市综合行政执法局 绍兴市机构编制委员会办公室 绍兴市人民政府法制办公室关于建立市县业务主管部门与综合行政执法部门协作配合机制的实施意见》的通知

92号　关于印发诸暨市城镇生活垃圾分类处置三年行动计划（2018—2020年）的通知

93号　关于印发诸暨市防治慢性病中长期规划（2018—2025年）的通知

94号　关于印发诸暨市遏制与防治艾滋病三年行动计划（2018—2020年）的通知

95号　转发《浙江省人民政府办公厅关于进一步减轻企业负担增强企业竞争力的若干意见》的通知

96号　关于进一步促进我市小微企业创新发展的实施意见

97号　关于印发诸暨市突发公共事件人员基本生活应急保障行动方案的通知

98号　关于印发诸暨市地震应急预案的通知

99号　关于印发诸暨市企业投资项目承诺制改革全流程信用监管试点实施方案的通知

100号　关于建立诸暨市农村集体建设用地市

场化盘活机制的意见

101号 关于印发诸暨市2018年度金融支持经济发展考核办法的通知

102号 关于印发诸暨市高水平推进国土绿化美化行动方案（2018—2022年）的通知

103号 关于转发《绍兴市人民政府关于印发绍兴市基本医疗保险实施办法（试行）的通知》的通知

104号 关于成立祥生·2018诸暨西施马拉松组委会及工作组的通知

105号 关于转发《浙江省人民政府关于完善残疾儿童康复服务制度的实施意见》的通知关于转发《浙江省人民政府关于完善残疾儿童康复服务制度的实施意见》的通知

106号 关于印发诸暨市畜禽养殖废弃物高水平资源化利用工作方案的通知

107号 关于印发诸暨市鼓励支持开放型经济发展的补充政策意见的通知

108号 关于深化浙江省食品安全市创建工作的实施意见

109号 关于废止《诸暨名牌产品认定和管理暂行规定》的通知

110号 关于印发诸暨市高水平建设“四好农村路”助推乡村振兴战略三年（2018—2020）行动计划的通知

111号 关于公布省级公益林建设规模的通知

112号 关于印发诸暨市高水平建设“四好农村路”专项资金管理办法的通知

113号 关于开展“证照分离”改革的通知

114号 关于印发诸暨市土地储备出让预算管理试点工作实施方案的通知

115号 关于印发2019年无偿献血工作要点的通知

116号 关于印发诸暨市加快推动中医药发展实施方案的通知

附　录

一、主要报道篇目

1. 中央媒体主要报道篇目

新华社

工地上的跨年晚餐 温暖众人（2018年1月1日）

开年首日走基层：“米果果”的现代农业梦（2018年1月2日）

浙江诸暨：“一证通办一生事”（2018年1月5日）

浙江诸暨打破信息孤岛企业法人事务办理“一码通用”（2018年1月8日）

放下锄头就唱戏：走近国家级非遗诸暨西路乱弹（2018年1月19日）

西路乱弹响遏行云：小山村里的国家级非遗（2018年2月19日）

浙江诸暨：节后开工早 企业招工忙（2018年2月27日）

用村规民约积分兑换失地保险指标（2018年4月28日）

浙江诸暨：专职代办员便民好帮手（2018年6月6日）

山村里的金牌足球队（2018年6月23日）

浙江诸暨：大力发展普惠优质学前教育 努力实现幼有优育（2018年7月10日）

浙江诸暨：“积分兑换超市”助力“垃圾分类”（2018年8月9日）

一根水暖管的提升之路（2018年8月10日新华社）

浙江诸暨：农户搬离地质灾害点迁入新居（2018年8月10日）

浙江诸暨打造“枫桥经验”校园版（2018年8月15日）

浙江：科技创新助推袜艺小镇（2018年8月18日）

为整治“蜘蛛网”，这个江南小镇下了大功夫（2018年8月29日新华社）

浙江诸暨：校企协作探索现代学徒制新模式（2018年9月6日）

浙江诸暨：展演竹马舞非遗共传承（2018年9月8日）

老师戚伯芳：留守儿童的“守护者”（2018年9月10日）

全国农民基层体育骨干健身技能提升暨展示活动在诸暨举行（2018年9月17日）

浙江：“标准地”让企业投资建设大大提速（2018年9月17日）

浙江诸暨：“暨阳人才战略联盟”面向全球引才（新华社2018年9月19日）

浙江诸暨：抓住思想问题“牛鼻子”有效遏制红白喜事大操大办（2018年10月5日）

诸暨义警队伍壮大 警民携手共创和谐（2018年10月5日）

浙江诸暨：传承民间技艺老艺人进课堂（2018年10月17日）

浙江诸暨：废弃猪场变身民宿（2018年10月18日）

从“独角戏”到“大合唱”：浙江诸暨探索“枫桥经验”新路径（2018年10月19日）

浙江诸暨：线上销售带俏珍珠产业（2018年10月20日）

浙江：续写好“枫桥经验”新时代篇章（2018年11月12日）

数字化推动“袜艺小镇”转型（2018年12月14日）

《新华每日电讯》

从“厕所革命”到“厕所供给侧改革”诸暨：“五星级厕所”建在村民家门口（2018年2月18日头版）

巧借司法力量，村里“久治不绝”的垃圾场得到了根治诸暨：“垃圾场革命”找回乡村颜值（2018年3月1日第14版）

“铜”镇转型：请“低小散”进工业园（2018

年4月13日第6版）

外表很“潮”，干活行吗？走近“00后”一线产业工人（2018年5月7日第6版）

浙江诸暨创新的“滴管”养殖法让“腥臭熏天”的传统珍珠养殖成历史 高科技养珠让“珠光宝气”和“碧水清波”共存（2018年5月8日头版）

新华网

浙江诸暨：宾客云集山下湖 “珍珠小镇”绽新彩（2018年11月30日）

《人民日报》

全球最大的电脑刺绣机产业基地（2018年1月20日第2版）

浙江诸暨8家企业损害环境作赔偿替代修复建公园（2018年1月24第14版）

浙江省诸暨市有个“职工消防技能认证制” 学消防可优先就业（2018年3月23日第11版）

垃圾分拣员周勇敢——顶着暑热忙 村容变了样（2018年8月7日第9版）

体育走进农民丰收节（2018年9月18日第12版）

金秋庆丰收喜悦满神州 晒丰收的品位——特色农业美了乡村（2018年9月25日第4版）

浙江诸暨市人民检察院枫桥检察室主任周锋用心回应群众需求（2018年10月10日第18版）

望云社区党支部深化“枫桥经验”（2018年10月17日第9版）

让“枫桥经验”在新时代发扬光大（2018年11月13日头版）

浙江诸暨市场主体数突破17万家（2018年12月3日10版）

浙江诸暨破解基层公权力监督难题 监督搭平台 信息都上网（2018年12月28日13版）

人民网

乡贤集聚，集思广益 合力助力浙江诸暨发展（2018年12月23日）

CCTV1《新闻联播》

走进春天的中国 浙江诸暨 耕种机械化 农田地力强（2018年3月23日）

清明时节农事忙（2018年4月6日）

良好生态带来初夏美景（2018年6月4日）

诚信建设万里行联合惩戒 让老赖一处失信处处受限（2018年7月17日）

让农民丰收的喜悦点亮未来——习近平总书记重要讲话在各地

引发热烈反响（2018年9月23日）

惬意度假共享好生活（2018年10月3日）

久久重阳节情暖夕阳红（2018年10月17日）

各地积极开展宪法学习宣传活动（2018年12月4日）

CCTV综合

《城市1对1》城市之窗：一份来自诸暨的邀请（2018年10月9日）

CCTV5

西施马拉松央视直播（2018年12月9日直播时长160多分钟）

中国之声《新闻和报纸摘要》

转型浙江——从“速度领跑”到“质量领先”（2018年7月19日）

盘活农村土地，撬动乡村振兴（2018年7月23日）

浙江诸暨：坚持和发展“枫桥经验” 探索平安建设新做法（2018年11月11日）

浙江诸暨：探索平安建设新做法 打造新时代“枫桥经验”（2018年11月12日）

《经济日报》

浙江诸暨市首推生态环境损害替代性修复 走进生态警示公园（2018年2月14日14版）

《光明日报》

浙江省诸暨市有个“职工消防技能认证制”“三颗红心”解难题（2018 年 6 月 10 日第 3 版）

“新店口人先锋队”：外来人口管理模式的探索（2018 年 6 月 15 日第 5 版）

“枫桥经验”持续升级（2018 年 6 月 28 日头版）

浙江诸暨：文明传习提升群众幸福感（2018 年 7 月 21 日第 3 版）

新时代“枫桥经验”的“诸暨探索”（2018 年 8 月 10 日第 7 版）

浙江诸暨：让“枫桥经验”绽放新彩（2018 年 11 月 12 日头版）

美丽的村庄在说话（报告文学）（2018 年 12 月 25 日头版头条）

《农民日报》

“乡村振兴与社会治理”研讨会在浙江诸暨召开——乡村治理“枫桥经验”再出发（2018 年 6 月 30 日第 5 版）

让农业好吃好看又好玩 ——浙江米果果小镇的创业故事（2018 年 7 月 17 日第 8 版）

浙江绍兴诸暨市上下文村——水绿产业兴 山青村换颜（2018 年 7 月 24 日第 8 版）

诸暨无人机飞防作业每亩次财政奖励 2.5 元（2018 年 8 月 10 日第 6 版）

浙江诸暨：种田也有“全托管家”（2018 年 8 月 31 日第 8 版）

浙江诸暨现代农业产业园纯和生态园何建华：农业是一项精准的技术活（2018 年 9 月 18 日第 8 版）

《中国青年报》

浙江诸暨：续写“枫桥经验”新篇章（2018 年 11 月 12 日头版头条）

《法制日报》

枫桥经验紧扣时代脉搏历久弥新（ 2018 年 4 月 9 日头版头条）

2. 省级媒体主要报道篇目

《浙江日报》

瞄准高端 全链创新 “大唐”转型升级探新路（2018 年 3 月 31 日头版）

诸暨推行企业投资项目承诺制 政府定标准 过程强监管（2018 年 5 月 20 日头版）

线上 + 线下，求职租房一条龙搞定 诸暨服务流动人口出实招（2018 年 6 月 9 日头版）

境安民富新画卷——诸暨枫桥镇深化“枫桥经验”纪事（2018 年 6 月 16 日头版）

发力科技创新 聚焦高端产业　诸暨新旧动能转换提质增速（2018 年 6 月 24 日头版）

五百年前的水街重现诸暨草塔归来了，梦里水乡（2018 年 7 月 5 日头版）

诸暨推进移风易俗　文明新风尚 提升获得感（2018 年 8 月 3 日头版）

工商资本为诸暨十里坪村注入发展新活力 春风十里唤醒梦里田园（2018 年 8 月 6 日头版）

诸暨探索农村建设用地集约利用新方式 农户也能申请保障房（2018 年 8 月 26 日头版）

全国“农民趣味运动会”在诸暨举行新农民 真有范（2018 年 9 月 18 日头版）

诸暨千亩稻田集成多种现代农业科技田“减肥”粮增产（2018 年 10 月 17 日头版）

诸暨坚持和发展“枫桥经验”“传家宝”历久弥新（2018 年 11 月 11 日）

创意穿上脚（2018 年 11 月 30 日头版）

引智助推高质量发展 诸暨请来 21 位院士智囊（2018 年 12 月 24 日头版）

浙江之声

诸暨坚持创新发展“枫桥经验”以新担当新作为开创高质量发展新局面（2018 年 9 月 6 日）

《浙广早新闻》

上峰水泥建厂吉尔吉斯斯坦 “一带一路”助推优势产能输出（ 2018 年 6 月 30 日头条）

诸暨引进装配式建筑方法为集约利用土地资源提供新样板（2018 年 10 月 27 日头条）

《浙江新闻联播》

喜迎第一缕曙光 开启新一年美好（2018 年 1 月 1 日头条）

淘汰落后产能 浙江超额完成年度目标（2018 年 1 月 7 日头条）

浙江——钟声辞旧迎新 祈祷国泰民安（2018 年 2 月 16 日头条）

绍兴：唤醒“沉睡”的农房 摸清家底 走出激活第一步（2018 年 4 月 26 日头条）

一张蓝图绘到底“八八战略”新答卷 诸暨店口：融合发展小镇也有“城市范”（2018 年 6 月 21 日头条）

我们的节日·中秋 幸福过中秋 明月共此时（2018 年 9 月 24 日头条）

诸暨：化解矛盾从“独角戏”到“大合唱”（2018 年 11 月 3 日头条）

《今日浙江》

为改革创新者撑腰鼓劲（2018 年第 5 期）

《南风窗》

“枫桥经验”再出发（2018 年 12 月 10 日）

二、报道选载

1. 中央媒体报道选载

2018 年 1 月 8 日 新华社发

浙江诸暨打破信息孤岛 企业法人事务办理“一码通用”

记者 屈凌燕

材料多、耗时多、多头跑、多次跑……是企业办事过程中痛点、难点，浙江诸暨市场监管局创新开展法人事务“一码通用”改革，打破部门壁垒，只要扫一扫营业执照上的统一社会信用代码，办证部门就可以自动获取企业相关证明材料，避免了重复提交重复审核。

1 月 4 日，在诸暨行政服务中心的商事登记综合受理窗口，宁波石浦投资控股有限公司诸暨石浦闹海记分公司的工作人员李英仅凭营业执照，当场就拿到了餐饮企业经营必需的食品经营许可证、卫生许可证等系列证件。

“企业在宁波分公司设在诸暨，中间路途 2 个多小时，我已经做好要来回奔波几次的准备了。”因为公司业务拓展，李英经常和各地行政服务中心办证大厅打交道，她介绍一般营业执照办好后，要办理后续一系列证照，必须再带上各种材料再分头跑部门，每个证照费时 3—5 天不等，办齐普遍要 20 天以上。

企业便捷体验的背后是政府部门主动打破“信息孤岛”，系统互联，信息共享的结果。“五证合一、一证一码”上的统一社会信用代码，是营业执照上的一个二维码。过去，这个二维码只涉及企业注册登记的相关信息。在诸暨，梳理出涉及法人事务的共性材料 1447 个（主要为营业执照、身份证、不动产权证），这些共性材料提交后都被录入“一码”数据库，形成“一次生成，多方共用，一库管理，互认共享”的智慧审批模式，从而实现了企业在多个部门办理多个事项时的基本信息共享。

目前，“一码通用”数据库已采集并共享公安、民政、人社、建设、地税、市场监管、房管、国税等 17 个部门的各类信息 41 项 402 万条，“一码通用”可办事项已达到 759 项，除了行政部门间数据共享外，已与水、电、气、银行等公共服务单位打通“一码”数据平台的共享通道，企业在办理开户、过户、注销等业务时无需再提交“一码”已共享的信息，公共服务单位利用“一码”提取信息，对企业身份进行快速认证，减少办理环节和办理时间，办事效率得到显著提升。

诸暨市场监管局网监办主任冯铁江介绍，通过“一码”数据库形成信息综合分析模块，依托大数据、云计算采集、类比、分析一码信息涉及的各类数据，政府部门能精准掌握经济运行面（全市层面）、块（各区域）、线（各行业）、点（单个企业）等一手数据，为科学决策提供有力支撑。

2018 年 1 月 24 日 《人民日报》第 14 版

浙江诸暨 8 家企业 损害环境作赔偿 替代修复建公园

记者 方 敏

休息凉亭、健身步道、标准化篮球场……对于浙江诸暨店口镇店口社区的居民来说，今年又多了一处休闲锻炼的地方——诸暨市首个由 8 家环境违法企业共同出资建设的生态警示公园。

以往，企业违法对环境造成污染，环保部门会采取罚款等方式警示。在诸暨，这 8 家环境违法企业却将罚款的钱用于建设生态警示公园，通过这种方式开展生态补偿，探索生态环境损害赔偿的新路子。

2017年3月，绍兴诸暨市环保局、检察院、公安局等单位联合对80余家金属加工企业进行突击检查，发现有8家企业存在非法排放含重金属废水污染周边环境等违法行为。在案件查办过程中，8家企业认识到自己的违法行为，主动提出替代性修复建议。企业提出这一建议，主要源自2017年8月出台的《绍兴市关于建立生态环境司法修复机制的规定（试行）》。

《规定》明确，涉及生态环境损害的刑事案件发生后，对不符合现场修复条件，且有替代性修复必要的，司法机关应引导、督促犯罪嫌疑人、被告人与负有监督管理职责的行政主管部门签订书面生态环境赔偿修复协议，依照协议对替代性修复项目的生态环境进行治理，努力恢复生态环境存量和容量，并对积极修复生态环境的犯罪嫌疑人、被告人依法酌情从轻处罚。

诸暨委托绍兴市科技服务中心进行生态损害赔偿评估。根据评估报告，8家企业共同出资115万元建设生态警示公园，其中89万元用于基础建设，其余用于生态警示展示。公园地址选在店口社区的一座小山下，总占地面积为2783平方米，结合小城镇环境综合整治工作，充分利用城镇边缘空间而建，把原来的垃圾堆放场改建成公园，并命名为“山前生态环境修复公园”。

2018年2月14日 《经济日报》第14版

浙江诸暨市首推生态环境损害替代性修复走进生态警示公园

记者 黄 平 实习生 徐燕飞

浙江省绍兴市自2016年被确定为生态环境损害赔偿省级试点单位以来，不断创新生态环境损害赔偿制度。目前，浙江省首个生态环境损害替代性修复场地——绍兴诸暨市店口镇生态警示公园已完成一期建设，不仅将对企业与公众的生态保护意识起到很好的教育警示作用，同时也为推进生态环境补偿工作取得实效探索出一条新路子。

脚下是林荫绿道，身旁是凉亭木椅，路两侧金黄色的银杏树叶缓缓飘落在植满草皮的生态坡上。浙江省绍兴诸暨市店口镇的生态警示公园，让人很难相信，这里半年前还是个臭气熏天的垃圾堆放场。目前公园已完成一期建设，是浙江省首个生态环境损害替代性修复场地，而公园的出资者，则是诸暨市8家被查处的污染企业。

诸暨店口镇，是浙江省工业重镇，集聚了大批五金加工企业，2016年工业总产值达738.3亿元。如此庞大的工业体量，曾一度造就了店口镇经济翻番增长的辉煌业绩，却也让生态环境成为最突出的短板。怎么办？以环境整治倒逼产业升级。近年来，店口镇立足工业点源的深度治理、企业的转型提质和全天候的监管机制，走出了一条健康可持续的发展道路。

为进一步淘汰落后产能，2016年年初，店口镇摸排出300余家涉及废水、废气排放的高污染、高能耗、低小散企业。同年年底，又联合诸暨市环保局、公安局、检察院开展专项检查行动，累计立案查处环境违法企业86家，罚款221万余元。2017年3月，诸暨市环保、检察、公安等部门联合对店口镇、阮市镇的80余家金属加工企业进行突击检查，发现有8家企业存在非法排放含重金属废水污染周边环境等违法行为。

诸暨市检察院经甄别把关，建议对8家企业快速立案查处，并根据污染环境情节轻重，对情节严重的企业经营者从严从快批捕，对情节轻微的普通工作人员秉承“捕人少，治安好”的“枫桥经验”，依法不予批捕，让司法既有力度又有温度。

既要依法查处，更要加快修复。诸暨市在对企业进行刑事诉讼的同时，也督促其尽快对环境污染做出修复性措施。

“在办案过程中，我们发现，本次案件企业排放的废水进入外环境，经稀释后难以量化，使水体本身的污染无法衡量和修复，难以实施原地修复。”诸暨市检察院侦查监督部主任黄艳阳说，替代性修复作为补充措施，具有专案专修、集中实施的优势，可以更加明显高效地体现修复效果。

“为了更好弥补环境损害地区居民的应得利益，我们决定采用生态环境损害替代性修复。”诸暨市环保局副局长周新建介绍，2017年8月，诸暨市环保局、检察院等部门制定《关于建立生态环境替代性司法修复机制的规定（试行）》，对损害生态环境后不符合现场修复条件，且有替代性修复必要的企业，要求签订“生态环境赔偿修复协议”，对替代性修复项目的生态环境进行治理，努力恢复生态环境存量和容量。

生态环境替代性修复，在全国尚无先例。企业如何补偿？修复地如何选址？针对诸多难题，相关部门和企业做了充分的调研和协调工作。

在绍兴市有关部门的指导下，诸暨市委托绍兴市科技服务中心进行生态损害赔偿评估。根据评估报告，8家企业自愿共同出资115万元建设生态警示公园，其中基础建设89万元，其余用于生态警示展示。公园选址为店口镇一处亟须整改的垃圾丢弃点，总占地面积2783平方米，主要功能是生态修复和休闲娱乐。

“这里原先是一片待开发的空地，周边居民经常突破围墙倾倒建筑垃圾，成了环境治理的‘老大难’。”店口镇常务副镇长朱庭传说，修复地选址以环境改善、居民得益为宗旨，修复成公园以后，既提升企业的环境意识，又充分利用城镇边缘空间，是个“双赢”的举措。

但环境整治是场硬仗，在加大治理力度的同时，必须实现源头预防和制度建设的突破。为进一步完善“治本”措施，诸暨市检察院再次聚焦服务非公企业发展、企业排污系统不完善等问题，积极向政府建言献策，8家企业顺利完成转型升级，部分企业还成为行业模范企业。

在诸暨市申能金属有限公司厂房内，负责人任又宝正在查看污水处理设施的建设进度。“以前我们环保意识淡薄，觉得金属清洗液连手放进去都没问题，就跟洗衣液一样，没想到铜离子会超标。现在，新厂房正按相关标准建造污水处理池，并加装了污水处理机，经过预处理后的工业废水达到工业污水三级标准后将排入集中式污水处理厂。”任又宝说。

“在绍兴，‘企业污染、群众受害、政府买单’的粗放型经济发展模式早已行不通了。”绍兴市环保局副局长徐金泉说，建设生态警示公园作为生态环境损害替代性修复场地，不仅可以起到很好的教育警示作用，同时也为推进生态环境补偿工作取得实效探索出一条新路。

2018年2月18日 《新华每日电讯》头版

从“厕所革命”到“厕所供给侧改革”诸暨：“五星级厕所”建在村民家门口

记者 黄海波

家门口的公厕，困扰了边建校10年，现在拆掉了，他终于可以长舒一口气。

“一年四季都是味道呀！尤其是夏天，苍蝇蚊子嗡嗡叫，我坐在客厅都听得见。”

但很快老边听说，新厕所又会在老地方“不见不散”，而且春节过后就要启用。一想到家门口又要建厕所，老边整个人都不好了。

边建校所在的紫草坞，位于浙江省诸暨市直埠镇。镇村干部轮流找他解释：新厕所不仅大大改善如厕体验，还增加了洗浴功能，解决了部分村民冬天无法洗热水澡的难题。不光是紫草坞，全镇11个行政村的老厕所，都将进行改造。

“照他们说的，这简直就是五星级厕所嘛。”边建校将信将疑，毕竟老厕所让他受伤太深。

幸运的是，一些实实在在的变化，逐渐打消了老边的疑虑，甚至让他以“厕”为荣：老厕所旁边的垃圾场，已经被清理干净，公示牌显示，这里将新建一个幼儿园；另一侧的空置农房，被村委会修整一新，年后作为外来务工人员的集体宿舍……

距离春节还有两天，刚经历雨雪天气的紫草坞尚未转暖，村民正在加紧施工，脸颊都红彤彤的，其中一个就是边建校。

诸暨现有农村公厕大多数是近十年修建。当年，这些全新的冲水公厕，改变了诸暨农村使用粪桶和露天厕所的历史。

“现在农村生活也越来越好，大部分农民有了卫生间，农村公厕利用率越来越低。但在冬天，村民洗热水澡还不太方便，尤其是行动不便的老年人，只能天热时擦一擦（身体）。”直埠镇镇长石海斌说，这个镇将投入300多万，率先试点将老厕所升级成公共卫浴，“农民在家门口可以痛痛快快洗一个热水澡。”

从“厕所革命”到“厕所供给侧改革”，在诸暨，这样的转变不止一处。

距离直埠镇40公里的东白湖镇，是百万诸暨人的“大水缸”。清澈的东白湖水，几年前就接入了边建校的厨房。“大水缸”边上一个不雅的小动作，都让人“细思恐极”。

从2017年下半年开始，经常骑行环东白湖公路的驴友们发现，休息点陆续多了一些新修的小木屋。这些名为“驿站”的小木屋，左侧为洗手间，右侧是休息室，里面放有工具箱、药箱，设置了开水处和阅读角。冬日暖阳穿过休息室屋顶的透明玻璃，恰到好处地落在了舒适的椅子上。

青灰瓦、马头墙、小木窗，位于东白湖腹地斯宅村，新建的公共厕所，与张爱玲曾住过的小洋房比肩相邻，没有一点违和感。公厕提档升级，给斯宅村村民王金良带来满满的获得感，他笑着说，“自从家门口建了这个公厕，我连自家的厕所都看不上了。没有一丝异味，像星级宾馆的卫生间一样干净，我成了这里的‘常客’。”

2018年3月23日 《人民日报》第11版

浙江省诸暨市有个“职工消防技能认证制”学消防可优先就业

记者 方 敏 余昌龙 陈陵蓉

参观消防器材，识别消防安全标识，观摩电气火灾现场实验，实地体验“119”火灾报警、VR火场逃生、心肺复苏、消防互动游戏等项目……日前，记者走进浙江省诸暨市草塔镇消防安全宣教中心，刚好碰见20余名企业员工前来体验学习。与此同时，宣教中心还针对辖区企业特点，讲解常见火灾类型、预防措施等常识，演示灭火器材使用方法。在一系列的“闯关”之后，当地一家民营企业老板赵奇超在20多个“闯关者”中率先通过职工消防技能认证。

据宣教中心工作人员介绍，草塔镇拥有2000家轻纺企业，大部分为袜子加工企业，安全生产尤其是消防安全压力很大。针对这一状况，该镇一改传统消防安全培训的模式，建立“职工消防技能认证制”，企业和职工无需承担任何培训费用，职工还能在寓教于乐中掌握基本的消防常识和技能。

据了解，草塔镇投入150万元新建镇级消防安全宣教中心，设置消防安全展示区、模拟互动体验区，分设消防常识、重大火灾案例、查找火灾隐患等8个功能区块25个核心知识点，设计了一条既贴近实战、又融入技能认证的“闯关”线路，制定隐患排查、模拟灭火、烟雾逃生等六大类认证考核标准，并通过虚拟现实情景、计时抢答、现场体验等趣味化方式考核，激发测试者参与的积极性。在这里通过考核后，职工将获得消防技能认证卡，有效期2年。

“镇消防工作站将把职工有无消防技能认证卡列入消防安全检查的必查内容，同时将消防技能认证卡作为工业企业职工上岗的必备条件之一，对持卡的职工，将鼓励全镇工业企业优先录用，并给予一定技能补贴。”草塔镇消防工作站站长章海龙告诉记者，“职工消防技能认证制”适用于该镇所有企业经营者和一线职工，工商贸企业、公众聚集场所负责人和消防安全管理员必须参加培训认证，全镇将以企业为单位分批实施全员消防技能培训、认证，并鼓励机关干部、村（社区）干部、中小学校师生、网格员等群体积极参加。

截至目前，该镇参加消防技能认证的人数已超1800人次，累计发放职工消防认证卡1500多张。

2018年4月9日　《法制日报》头版头条

枫桥经验紧扣时代脉搏历久弥新

赴浙江采访组　张　亚　崔立伟　陈东升　贾宝元　陈　磊　王　春

【编者按】五十五载光阴荏苒，有许多事物在岁月洪流中销声匿迹。而一项来自基层的工作经验，历经半个多世纪，却迸发出穿越时空的旺盛生命力。这正是浙江省诸暨市枫桥镇干部群众创造的“枫桥经验”，即发动和依靠群众，就地化解矛盾，坚持矛盾不上交。

1963年，毛泽东同志对这一经验作出批示：“要各地仿效，经过试点，推广去做。”

自此，“枫桥经验”这个记挂着人民、承载着平安的名词，从美丽的枫桥镇走出，传遍祖国大江南北，成为全国政法综治战线一面旗帜。

进入新世纪，经历岁月洗礼的“枫桥经验”，不仅没有被遗忘在人们记忆里，反而历久弥新、历久弥坚。

2003年，习近平同志作出坚持和发展“枫桥经验”的重要指示。在全面建成小康社会新的时代背景下，“枫桥经验”再次显示其实践价值和时代意义。

五十五载栉风沐雨，“枫桥经验”始终未变。未变的是善于发动群众、紧紧依靠群众、密切联系群众的内在灵魂。

五十五载砥砺前行，“枫桥经验”始终在变。变的是因时而动、不断创新，紧扣时代脉搏，回应时代新需求。

进入新时代，“枫桥经验”已不仅仅是社会治安综合治理的成功经验，还是依靠人民群众促进社会治理的创新象征，更是平安中国、法治中国建设的精神力量。

2018年，是毛泽东同志批示学习推广“枫桥经验”55周年；是习近平同志作出重要指示坚持和发展“枫桥经验”15周年。

2018年，是全面贯彻党的十九大精神的开局之年；是改革开放40周年，更是决胜全面建成小康社会、实施“十三五”规划承上启下的关键一年。

在这个特殊年份的春季，《法制日报》赴浙江采访组深入十余个地市，探寻“枫桥经验”魅力所在、记录“枫桥经验”五十五载变与不变背后的故事、见证“枫桥经验”在新时代焕发出的蓬勃生机。

本报自今日起，开设“新时代‘枫桥经验’新亮点”专栏，连续刊发本报记者在深入调研采访新时代“枫桥经验”过程中的所见所闻、所思所想。敬请关注。

引子

到诸暨市枫桥镇采访首日，记者就开始寻访一个人。

这个人叫陈柏云，找他的目的，是想听听关于他父亲陈友堂的故事。

陈友堂，曾任枫桥镇枫溪村党支部书记兼治保主任，已去世多年。

55年前，正是他与当地干部群众一起创造了“枫桥经验”，寻找陈友堂的故事，也是对“枫桥经验”探源。

寻访陈柏云的行程，被一段小插曲打断了。

按照规划好的路线，3月28日上午，《法制日报》记者一行将从枫桥镇的红枫义警工作站出发，前往陈家村采访陈柏云。可是，一到“工作站”，记者寻访的脚步就被绊住了。

创新　引导支持社会组织参与调解

在枫桥镇的红枫义警工作站，红枫义警协会秘书长陈荣周忙前忙后，招呼着记者一行。

聊起采访“枫桥经验”化解民间纠纷的事，陈荣周笑呵呵地说：“农村就是琐事多、家庭纠纷多。”

扯起这个话题，陈荣周随口就是一个故事：

我们枫桥镇有位村民叫陈中华，经营木门业务。今年1月的一天，他将做好的一扇木门送到客户陈某家。

见到定做的木门，陈某有些不乐意：这门的一角被碰坏了，缺角影响木门的美观。

陈某不肯收货，陈中华也不干了：不就缺个角吗？又不影响使用。

一言不合，两人拳脚相向。厮打中，陈中华的小手指被对方咬伤。

这下可好，陈中华要求住院治疗并由陈某赔偿医疗费。陈某却说，是你先出的错，凭什么要我赔偿你？

双方僵持不下。

枫桥镇网格员获知消息后，第一时间通过终端将信息上报综治工作平台，综治工作平台又交由镇公安派出所解决。

考虑到红枫义警协会成员的群众身份，派出所将这起纠纷交给协会调解。

“我当时是主动请缨，去做调解工作。”陈荣周一脸自豪。

陈荣周分析两人的纠纷原因之后，先是找到陈中华，说：“就是手指头被咬了，用不着住院。事情不要搞大，冤家宜解不宜结。”

再找陈某，告诉他：“咬了人，肯定要赔点钱，过得去就好，礼节上也要赔礼。要不然，事情闹到派出所就严重了。”

几句“点穴”的话让双方达成协议，陈中华得到800元赔偿。

陈荣周很认真地告诉记者，红枫义警协会是一家刚“出世”的社会组织，成立于2017年7月，经民政部门登记备案。红枫义警协会的成员都是当地群众，大家热衷社会公益，具备一定群众工作经验，有一定社会威望。

“我们从群众中来，调解时又是到群众中去，双方容易沟通。”陈荣周说。

陪同记者采访的枫桥镇综治办主任傅鑫炜插话说：“枫桥镇这几年发展社会组织220家，光是镇级社会组织就有47家，目的是引导支持社会组织参与化解矛盾纠纷。同时，镇里还制定了《关于大力发展社会组织促进基层治理创新推动新时代‘枫桥经验’发展的实施意见》，作为制度化保障。我理解，这就是‘枫桥经验’再创新。”

纸杯里的青茶乏味了，寻访陈柏云的事依然没有进展。负责联系的人说，陈柏云外出了，可能要到中午才能回来。

“不如先找个人和你聊聊‘老杨调解中心’吧，那可是‘枫桥经验’的一张‘金名片’，有故事。”傅鑫炜说。

传承　和风细雨化心结矛盾不上交

老杨，大名杨光照，曾是枫桥镇公安派出所民警。从警期间，杨光照一直尽心帮助群众化解矛盾纠纷，大家都亲切地叫他老杨。

2008年，也就是在习近平同志对“枫桥经验”作出重要指示后的第5年，老杨和枫桥镇3名退休干部一起成立了“老杨调解工作室”。

两年后，在当地党委和政府的支持下，“老杨调解工作室”更名“老杨调解中心”，专为群众调解纠纷。

“老杨调解中心”在当地可谓妇孺皆知。

特别是枫桥镇梅苑村的张金标更有发言权，要他说，如果需要调解，首先想到的是老杨，“因为他公正”。

走进枫溪边张金标家，院子周围的油菜花开得正盛。

坐在自家饭厅的椅子上，张金标回忆起他第一次走进“老杨调解中心”的来龙去脉：

那是去年12月29日下午，他接到一个电话，说他的儿子张杰被人打了。

原来，当天枫桥镇枫一村的陈伟和几个半大小子找到张杰，质问张杰是否骂过他们。张杰一口否认。

陈伟却不相信，冲上去抓住张杰头发，一边将他的头往下压，一边抬起膝盖撞他的脸。

张杰因鼻骨骨折住院治疗。陈伟的母亲尉女士虽然登门道歉，但在赔钱的事上，却无法达成一致。最后，双方决定“找老杨”。

今年2月1日，张金标父子赶到“老杨调解中心”时，尉女士带着陈伟正在等他们。

在调解中心，老杨安排双方坐在桌子两边，他则居中而坐，面带和蔼笑容，开场白是几句家长里短，这让现场气氛轻松了许多。

调解正式开始，老杨先对尉女士说，你儿子陈伟把人家鼻骨撞骨折，根据伤情可能构成轻伤，你儿子可能要负刑事责任，你们还要承担医药费等损失。

老杨又对张金标说，不管怎么说，陈伟是未成年人，应受到法律保护，可依法从轻处理。再说了，陈伟家长态度诚恳，能认错改错，应该给予谅解。另外，他们家经济不宽裕，能不能少赔偿一点损失？

话说到这份儿上，张金标点头说，只要孩子改错，以后不再犯错就行。钱不是问题，我不会“敲竹杠”。

最终，在老杨的主持下，由尉女士补偿张杰3500元并当场兑现。

调解完毕，双方合影留念。

照片上，张金标和尉女士两人紧紧握手，脸上满是笑容。在他们身后的墙上，是一块“和气致祥”书法牌匾。

从张金标家去“老杨调解中心”路上，付鑫炜告诉记者，这起纠纷调解后，老杨发扬“枫桥经验”帮教工作传统，又和枫桥镇关工委相关成员、陈伟家长组成帮教小组，签订帮教责任书，帮助陈伟归正改好。这样的事老杨做了多少？谁也说不清。

在“老杨调解中心”，记者见到了年近七旬的杨光照，他身穿一套藏青色职业套装，胸前戴着“人民调解”徽章。

“这些纠纷能够调解成功，秘诀在于我们传承了‘枫桥经验’的精神，依靠群众力量解决群众之间矛盾。”杨光照告诉记者。

时近中午，传来消息：陈柏云外出归来。记者一行立即动身前往陈家村。

溯源　干部群众集体创造“枫桥经验”

年届七旬的陈柏云身材颀长，穿一件黑色衬衣，头发有些花白，精气神十足。他将记者一行迎进家门。

这是个颇具当地特色的小院子，走进院门便是天井，天井左手为厅堂。陈柏云带记者来到厅堂，在桌边坐下，回忆起他的父亲陈友堂和“枫桥经验”初创时的情形：

1963年，浙江省在枫桥镇搞社会主义教育试点，大家在讨论如何教育“四类分子”等被改造对象时，枫桥镇枫溪村党支部书记兼治保主任陈友堂提议：还是要讲情讲理，只有这样，对方才会心服口服。

陈友堂发动群众开展说理教育，没有打人、捕人，却成功教育了不少被改造对象。

有一次，枫溪村第三生产队开会教育被改造对象，会上，陈友堂允许被改造对象坐下，允许他站起来讲话，允许他争辩。会后，这个人回家，老婆问他情况，他说："没打没骂，人家摆事实、讲道理，我最后觉得是自己不对。"第二天一早，这个人就主动写了书面"悔过书"。

还有一个被改造对象，上级公安机关准备把他送去劳动改造。陈友堂知道后，跑到县里去"保"他，建议"就地改造"。对陈友堂的举动，很多人不以为然。陈友堂说，一个人去劳改，留下老婆孩子，给国家增加了一分负担，如果就地改造，有上千群众可依靠，还怕管不住？

枫溪村的这一做法，经过不断完善和提升，最终形成了"在党的领导下，依靠和发动群众，坚持矛盾不上交，就地解决"的"枫桥经验"。

采访中，陈柏云操着浓重的诸暨方言告诉记者，父亲一直对他说："'枫桥经验'不是一个人创造出来的，是干部群众集体创造出来的。"

结束对枫桥镇的采访，返程路上经过枫桥镇栎桥社区服务中心，记者发现，服务中心办公楼顶上立着5个红色大字"永远跟党走"，在蓝天映衬下格外醒目。（文中张杰、陈伟为化名）

【记者手记】

镇，中国行政区划基层单位。

55年前，发端于如此基层单位的"枫桥经验"，为什么能够引起毛泽东同志的重视并批示全国推广？

诸暨市"枫桥经验"研究会会长陈善平解惑：原因在于"枫桥经验"的灵魂，就是引导群众、相信群众、发动群众和依靠群众，就地化解纠纷，矛盾不上交。

对这个解释，记者深以为然。在上世纪六十年代初期的中国农村，以"四类分子"等被改造对象为主体带来的民间矛盾和问题相当突出，如何在群众中解决矛盾、化解问题是个带有普遍性的基层难题。"枫桥经验"应运而生，为一向善于发现人民群众首创经验的毛泽东同志所重视并积极倡导推广全国，应该说具有历史的必然性。

此后，"枫桥经验"因时而变，几度创新，日益显示出其在依靠人民群众积极化解民间矛盾纠纷，进而在社会治安综合治理当中具有越来越强大的能量和生命力。

行走于枫桥镇，记者最强烈的感受是祥和。无论是镇上人还是村里人，同样春风和气、善气迎人。初见此景心中称奇，深入攀谈方知由来，"要戴致富帽，先戴平安帽"，"天时不如地利，地利不如人和，只有村睦人和，才能干事，干成事"。这是枫桥镇干部群众常挂在嘴边的金句。

正是在这种朴素的认知下，"枫桥经验"的基本精神不但没有变，还被赋予了新的时代内涵。

诸暨市委政法委副书记张怀斌对记者说，2003年10月，习近平同志作出重要指示，要坚持和发展"枫桥经验"。近年来，诸暨市始终坚持"枫桥经验"基本精神不动摇，并且不断实践，不断创新，丰富了新时代"枫桥经验"新内涵。

按照张怀斌理解，新内涵就是：以群众为主体，推动治理主体从多方凝聚；以善治为目标，推动治理方式向多元集成；以基层为基点，推动治理重心向基层下移；以科技为支点，撬动治理手段向信息化、数据化转变等等。

在诸多创新举措中，令记者印象最深的是：枫桥镇一直探索全方位鼓励社会组织参与社会治理，以形成多元共治的社会治理格局。

这正契合了党的十九大报告所提出的要求——打造共建共治共享的社会治理格局。

我国的社会主要矛盾已经转化为"人民日益增长的美好生活需要和不平衡不充分的发展之间的矛盾"。

要解决这一矛盾，需要共建共治共享的社会治理格局，而要形成这种格局，既离不开党委领导，也离不开群众参与。

这也和"枫桥经验"的要义高度一致，那就是：在党的领导下，坚持群众路线，扎根于群众之中。

在枫桥镇的采访，让记者感知到"枫桥经验"旺盛的生命力，就像枫桥的春天，枫林披绿、油菜花黄、生机盎然。

2018年5月8日　　《新华每日电讯》头版

浙江诸暨创新的"滴管"养殖法
让"腥臭熏天"的传统珍珠养殖成历史
高科技养珠让"珠光宝气"和"碧水清波"共存

记者　许舜达　魏一骏

碧波荡漾，连片的水塘一望无际，岸边的柳树随着清风飘拂，人们很难把这片美丽的水域和曾经臭气熏天的河蚌养殖池联系到一起。

这片位于浙江诸暨市山下湖镇的500亩水域，属于浙江清湖农业科技有限公司。记者了解到，该企业发明了一种"滴管"养殖珍珠蚌方法，把养殖对环境的影响降到最低，成为如今"珍珠之乡"绿色发展的一个缩影。

山下湖被誉为"中国珍珠之乡"。山下湖镇副镇长祝新军介绍，镇里90%的居民都从事珍珠养殖，大面积的传统养殖曾经给当地带来相当严重的水体污染。蚌塘里淤泥遍布、腥臭熏天，周边的老百姓苦不堪言。

近年来，随着"千村示范、万村整治"和"五水共治"等一系列工程在浙江的开展，农村人居环境不断得到改善，生态保护日益得到加强。

“既要珠光宝气，更要碧水清波！”祝新军说，2017年3月，诸暨实施了史上最严的“禁养令”，通过对水质不达标的养殖户禁养关停，山下湖镇以“壮士断腕”的决心，立志改变牺牲环境换发展的老路。

山下湖镇集中建立起9大养殖示范点，鼓励指导珍珠养殖户提高污水处理的技术和能力。同时，加大力度引进高科技养殖企业，引领行业转型升级。

清湖农业总经理郭伟锋说，河蚌本身并不会破坏水质，恰恰相反，它是蓝藻等藻类的克星，是清理河道、净化水质的天然卫士。但是传统养殖方式过于粗放，大面积投放饲料，导致水体富营养化。

“眼下企业正在做的，是预先在水下铺设主水管道，将蚌挂养在水管下，再将事先培育好的藻类精准输送到塘里的每一只河蚌内。”郭伟锋说。

这套被郭伟锋形象地比喻为“奶娘系统”的工程，可以让珍珠蚌像用奶瓶一样直接吸收绿藻。这不但从根源上有效避免了养殖过程中产生的污染，还能将传统珍珠养殖的密度从每亩1000只左右提高到8000只左右。而且精准投喂的方式也能节省90%的食料，养殖成本大大降低。

“这个养殖区域能达到这么好的效果，科技应用功劳可不小，包括自动化管网式珍珠蚌投喂系统、悬浮式自动升降挂养装置系统等4项国家专利技术。”郭伟锋满脸自豪。

“我要还河蚌清白。”郭伟锋说，通过技术实践证明，“碧水清波”和“珠光宝气”两者并不矛盾。只要珍珠养殖行业加大技术投入，进行科学化养殖，一定能做到效益和环境兼顾。

郭伟锋说，自动化控制滴管喂养设备可实现珍珠蚌所需营养成分的精准配比，下一步企业将与高校持续展开合作，研究精准投喂的“最佳配方”，不断提高淡水珍珠的产品品质。

2018年6月10日　　《光明日报》第3版

“三颗红心”解难题

记者　陈建强　李玉兰

镇是直埠镇，镇长叫石海斌。

浙江省诸暨市直埠镇是鞋业之乡，长期面临3个发展难题。外来务工人口多，居住和治安是难题；宅基地指标紧张，村民建房是难题；村民对集体的事情关注度和参与度不高，也是难题。

石海斌用了3个方法解难题，“红心租”“红心居”“红心书”。

原来的出租屋基本都是上下两层木结构的房子，存在极大安全隐患。经过缜密调研、商议，石海斌提出村委会向农户租下旧房并升级改造，然后统一出租给外来务工者。作为第一个试点村，紫草坞村党总支书记吴国校将村里闲置房的情况摸排一遍，最后选了3幢条件较好的砖混结构闲置房，与村民签下5年租期。

走进村民张友苗的出租房院落，卧房明亮整洁，淋浴房、公共厨房一应俱全。每层都配备了报警设备、消防栓，房间里还安装了烟感器、逃生应急包。

“我们把这些出租房命名为‘红心租’，就是要把党建融进去——除村干部负责日常管理外，还以减免房租的形式鼓励外来流动党员共同参与管理。”吴国校说。

如果说“红心租”是让沉睡的闲置农居“醒”过来，“红心居”则让村集体的不动资源“活”起来。

新方法就是结合乡村振兴的总体规划，“集约发展、连片整治”。“我们经过初步摸底，全镇有4个地块可进行危旧房连片整治，有8个村愿意推进公寓房置换。”经过第一轮次的连片整治，直埠镇已下拨67个宅基地指标，解决了155户建房难题。

让“村规民约”通过“积分制”的形式从墙上“走”下来——这就是孙郭村村民口中的“红心书”。

孙郭村是石海斌“包”的行政村，也是今年4月启动的“村规民约积分制试点村”。翻看一户一册的“红心书”，记者发现，在总共100分的考评中，“环境整治”占40分，“和谐文明”“热心公益”各占30分。“环境整治”中不仅要求村民管好房前屋后卫生，连名下的田间地头也要清理得干干净净；“和谐文明”中要求家庭和谐、邻里友好，继承发扬“耕读传家”的村风；“热心公益”则把支持政府和村级集体事业捐资投劳设为加分项。

孙郭村有903户2000多人口。“以户为单位每季度考核排位一次，一个年度内对每户人家的积分进行汇总，积分高的有奖励，差的批评教育，甚至取消享受集体福利的资格。”石海斌说，只要严格执行，每个村民都服气！

浙江城乡协调发展优势明显。石海斌说：“基层干部要从‘城乡统筹’的角度破解发展难题，才会产生更多适合基层的好点子。”“红心租”“红心居”“红心书”，都是从老百姓的切身利益出发，因此在实践中有效果、受拥护。

2018年6月15日　　《光明日报》第5版

“新店口人先锋队”：外来人口管理模式的探索

记者　陆　健　刘华东　通讯员　王　白

浙江波士特机械有限公司每次新招聘外地员工，人事科的张文娟都会把其中的党员信息及时报送给“新店口人党支部”。作为“新店口人先锋队”的一员，张文娟经常像这样，力所能及地协助店口派出所工作。“这既能让企业主放心，也让我们派出所省心。”浙江省诸暨市店口镇派出所所长许栋海对张文娟的做法很认可。

店口登记常住的外来人口有8万多，而店口派出所只有27名民警。如何及时有效地化解外来人口的矛盾纠纷，有序管理好这一庞大的人口？早在14年前，店口镇就探索建立了“外警协管外口”的外来人口管理模式。针对贵州遵义和江西永丰籍两地外来人员相对多的情况，邀请了两地民警进驻店口派出所，由“娘家人”协同管理外来人口。

随着时间的推移，很多外来人口在店口发展事业有成，逐渐融入了当地社会，并有了一定的口碑和声望，新的流动人口管理模式应运而生。2015年，店口镇成立了“新店口人先锋队”，以“新店口人党支部”为核心，为外来人口提供流动人口登记、信息排查、纠纷调解、法律咨询、公益活动”等服务。这使店口针对流动人口的管理服务，逐步实现由“外警协管外口”向社团自主管理转变。

“新店口人党支部”隶属于店口派出所党总支。支部规定，在店口镇务工、经商、居住超过6个月以上，未转移组织关系又不能按时回原所属党支部参加组织生活的流动党员，可以申请加入“新店口人党支部”。如表现突出或在某些领域具有较高威信，有志于从事社会公益事业，则可以吸收为“新店口人先锋队”成员。目前“新店口人先锋队”队员有236名，在其中的140名党员中，外市籍党员占到132名，这些外市籍党员在店口工作年份最长的24年。

“充分调动他们参与社会管理的积极性，‘新店口人先锋队’成员已成为协管流动人口的一支重要辅警力量。”许栋海告诉记者，把党建工作渗透到流动人口领域，让外来党员真正发挥先锋模范作用。“一方面是针对他们分散于各个行业容易接触到各类社会舆情，他们发挥情报信息汇集的作用，另一方面是凭借他们特殊的老乡党员身份，发挥他们矛盾纠纷调解的作用。”许栋海说。

去年，3位安徽籍外来务工人员事先未与原务工企业沟通，擅自跳槽到另一家企业，结果在结算工资时与原单位发生纠纷，双方互不相让。民警联系安徽籍“新店口人先锋队”队员胡兴海，胡兴海对老乡进行了教育，为其讨回了工资，同时也帮助企业联系好了新员工。据统计，自“新店口人先锋队”成立以来，已累计上报治安不稳定因素181起，提供有价值线索64条，老乡党员协助镇调解矛盾纠纷123起。

据了解，除了新店口人先锋队，店口镇通过几年的积极培育，还形成较好的社会组织发展基础。目前，全镇共有社会组织190家，参与人数逾万，涵盖了调解维权、群防群治、公益慈善、文化体育等领域，在社会治理中发挥着独特作用。

2018年6月28日　　《光明日报》头版

“枫桥经验”持续升级

记者　李玉兰　陈建强

网络时代的农村生活什么样？

5月14日，浙江省诸暨市枫桥镇一位群众在“古镇枫桥”微信公众号上留言，嘉凯城举办啤酒龙虾美食节活动，噪声大，影响旁边的学勉中学学生晚自习。

枫桥镇综合信息指挥中心看到留言，立即转为事件受理，交办给综合执法平台处理。当晚，镇执法中队赴美食节现场查看，第二日店家便将扩音喇叭拆除。“事情虽不大，但却与老百姓息息相关，马虎不得。”枫桥村全科网格员小周说。

55年前，“枫桥经验”是全国政法综治的一面旗帜，“小事不出村、大事不出镇、矛盾不上交”。今天，依靠群众，与时俱进，“枫桥经验”不断融入新时代的理念和元素，创新出“基层社会管理网格化”“流动人口管理诸暨模式”“枫桥式矛盾化解体系”等实践经验。“枫桥经验”从实践走向理论，从社会走向课堂，成为一门专门的学科。

今年，“枫桥经验”升级为“互联网+”版，结合浙江省“最多跑一次”等民生工程，有了全新的内涵——服务。在推进基层治理体系和能力现代化方面，“枫桥经验”又一次走在全国前列。

枫桥镇枫一村村民骆小英在村里补办好残疾人证。“以前要走几里路后坐公交车去镇上，办点事往往要花上半天时间。现在在村里，只要拿一张身份证和遗失证明，证件补办手续几分钟就完成了，新补发的证还有专人送上门。”

村里方便，镇上和市里也一样。枫桥镇公共服务大厅就在综合信息指挥中心楼下，社保、医疗等各种事务直接受理，信息数据在后台跑路，不让群众多跑腿。镇上把司法所、环保所、市场监管分局、建设所、人社所、国土所、执法分局7个基层站所的干部全部划并到服务大厅内设科室上班，极大促进了基层服务能力。“干部下去多了，群众才能上来少了。”枫桥镇党委书记金均海说。

一个企业从项目备案到开工建设，办理各种手续需要多长时间？诸暨市公共服务中心告诉你：15天，而且只需要跑一次。诸暨市公共服务中心党工委书记、常务副主任徐亚萍介绍，在诸暨市，群众和企业到政府办事事项涉及42个部门1639项，99.57%的事项已实现“最多跑一次”，其中442项甚至一次也不用跑。

从“小事不出村、大事不出镇、矛盾不上交”到“让数据跑路，不让群众跑腿”，从被动应对问题到主动发现问题、解决问题，再到做好服务工作，减少问题产生，从治理到服务，枫桥经验丰富发展，不断升级，但初心不改，带来民生安乐。

2018 年 6 月 30 日　《农民日报》第 5 版

"乡村振兴与社会治理"研讨会在浙江诸暨召开——

乡村治理"枫桥经验"再出发

记者　焦　宏

6 月 11 日，由浙江省诸暨市人民政府和北京师范大学中国教育与社会发展研究院主办、诸暨市社会科学界联合会和诸暨市枫桥经验发展研究中心承办的"乡村振兴与社会治理"研讨会在诸暨市举办。来自国家发展改革委、民政部、中国社会科学院等机构和中国人民大学、国际关系学院、北京联合大学、山东大学等十多家国内高校和科研机构；浙江省、绍兴市、诸暨市各级部门代表以及多家学术期刊和新闻媒体的近百位代表参加会议，与会代表围绕"乡村振兴与社会治理"主题，聚焦实施乡村振兴战略中乡村社会治理的理论和实践问题，深入学习和研究"枫桥经验"，总结交流"百村社会治理调查"活动的进展情况，探讨推进新时代乡村社会治理现代化路径，对于深入贯彻习近平新时代中国特色社会主义思想，加强和创新乡村社会治理，助推农村全面振兴具有重要意义。

今年是毛泽东同志批示学习推广"枫桥经验"55 周年，也是习近平总书记指示坚持发展"枫桥经验"15 周年。与会专家们一致认为，在这样的时代背景下，"枫桥经验"在健全自治、法治、德治相结合的乡村治理体系，打造共建共治共享的社会治理格局上大有作为，通过打造新时代"枫桥经验"这一基石，实现基层社会治理现代化。

第十届全国人大常委会副委员长、中国关心下一代工作委员会主任、北京师范大学中国社会管理研究院咨询委员会顾问顾秀莲指出，党的十九大明确提出打造共建、共治、共享的社会治理格局，是在新的历史条件下推进我国国家治理体系和治理能力现代化的客观要求。枫桥经验 55 年的历史积淀和创新发展，是充分尊重群众创造性，充分利用群众智慧，全心全意服务人民的典型。希望大家继续提炼老经验，探索新经验，推广好经验，不断探索在乡村振兴中推进乡村社会治理体系和治理能力现代化建设。

国务院研究室原党组书记、主任，北京师范大学中国社会管理研究院 / 社会学院院长魏礼群指出，要加强和创新乡村社会治理，提高乡村社会治理现代化水平。他认为，提高社会治理现代化水平，实施有效社会治理，是全面实施乡村振兴的必然要求，是解决我国农村问题的迫切要求，是推进国家社会治理现代化的内在要求。

魏礼群强调，要深化"枫桥经验"研究，为推进乡村社会治理现代化提供示范。他认为，"枫桥经验"既是多年来政法战线上的旗帜，也是新时代加强和创新社会治理的典范，最重要最宝贵的经验主要是"六个坚持"：坚持重视和做好群众工作是枫桥经验的根本法宝，坚持预防和化解矛盾是枫桥经验的突出特色，坚持尊重和维护人民权益是枫桥经验的核心要义，坚持注重和加强平安建设是枫桥经验的重大创新，坚持与时代同步伐是枫桥经验的鲜明风格，坚持和加强党的领导是枫桥经验的政治灵魂。在社会主义新时代，把握"枫桥经验"的经验价值对于提升社会治理现代化水平具有重要意义。

2018 年 7 月 10 日　新华社发

浙江诸暨：大力发展普惠优质学前教育　努力实现幼有优育

记者　郭梅红

暑假前，浙江诸暨市阮市镇杨梅桥中心村幼儿园大班的王嘉涵小朋友抱着"园长妈妈"虞陈爱不肯撒手，舍不得离开。让孩子留恋的是这里优美的环境、温馨的氛围和可亲可敬的老师。

从分散在完小、社区的 5 个教学班，到设施、设备一应俱全的浙江省二级幼儿园，这所幼儿园的发展历程，折射出诸暨城乡学前教育"扩面布点""提档升级"的发展变化。近年来，诸暨市坚持"政府主导、多元并举"的学前教育办学思路，逐步构建起"公益普惠、优质均衡"的学前教育公共服务体系，以保障适龄儿童就近入园。

2017 年，诸暨市全面启动城乡公办幼儿园专项建设工程，预计到 2020 年，将新建、改（扩）建公办幼儿园 20 所，新增班级 250 余个，扩充学位近 7500 个。

以前常有家长抱怨"进不了公办园，只能进收费相对较高的民办园"，诸暨市在公办园扩容的同时，加大公用经费补助力度，积极鼓励民间资本进入学前教育领域。诸暨市教育局杨纪誉局长说，我们设立普惠性民办幼儿园专项奖补，就是要大幅度增加普惠性学位，最大限度满足适龄儿童的入学需求，真正把幼儿教育办成惠民工程。

为保障幼师队伍建设，诸暨市全面实施了幼儿教师待遇保障工程，通过财政定额拨款和专项补助两种方式，提高编外幼儿教师的工资待遇。同时出台多种政策鼓励幼儿教师专业成长，深入实施名师、名校长、名班主任工程，不断提升专业发展水平，努力让他们在工作中找到"获得感"。

2018年7月17日 CCTV1《新闻联播》

诚信建设万里行联合惩戒 让老赖一处失信处处受限

市广播电视台融媒体中心

【导语】日前，浙江诸暨市人民法院出动百余名干警，开展了代号为“猎狐行动”的打击“老赖”专项行动，同时还进行全程直播，近30万网友在线围观。

【现场声】现在出发！

晚上7点半，随着一声令下，干警兵分7路，直扑“老赖”们的落脚点。

【现场声】什么事情知道了吧，我们是法院的。欠的钱怎么办？\\没有钱，不是不还。\\那你把鞋穿好，跟我们一起回去。

【正文】被执行人郭火光因买卖合同纠纷一案欠申请人周某87000元，2015年至今分文未付，法警当即对其进行拘传。另一失信被执行人边关田是一宗民间借贷纠纷案件的担保人，因借款人赵某拒不偿还10万元借款且下落不明，负有连带清偿责任被拘传。当晚的“猎狐行动”共拘传被执行人22人，拘留15人，当场和解6件，当场执毕8件，部分履行6件，到位金额201.75万元。

【正文】据了解，今年以来，为破解执行难问题，诸暨法院以高压态势严厉打击逃避执行、转移财产、虚假诉讼等行为，目前已办结执行案件3870件，拘传361人次，司法拘留279人次，执行到位标的10多亿元，切实保护了权利人的合法权益，维护了法律尊严和司法权威。

【同期声】诸暨市人民法院副院长陈勇：我们利用夜间执行、周末执行，再加上我们平时的常规执行结合起来，也是迫使被执行人能够主动来法院履行他的义务。

2018年7月17日 《农民日报》第8版

让农业好吃好看又好玩 ——浙江米果果小镇的创业故事

记者　常力强

阅读提示：米果果小镇农业园区位于浙江绍兴诸暨市山下湖镇，占地3100余亩，其中火龙果种植基地1200亩。经过短短几年的规划和建设，小镇突破早先单一种植水果难以为继的困局，立足火龙果产业，大胆探索农业土地资源的立体式开发和一二三产深度融合，发展成为一个集果蔬种植、农产品深加工、休闲度假、教育培训、文化创意为一体的综合性农业园区。

盛夏，位于浙江绍兴诸暨市现代农业产业园范围内的浙江米果果小镇，正在迎接着绍兴市蕺山小学、北海小学、鲁迅小学前来参加夏令营的孩子，一批批来自全国各地的考察团，以及休闲旅游的团队。

每一个游客都能进入园内不同的功能区，沿着紫藤长廊参观仙人掌科的火龙果种植示范，蔬菜的立体无土栽培，以及葡萄和百香果藤下澳洲龙虾的养殖试验，也可以透过玻璃幕墙观看一颗火龙果从原果进入机器，到生产出果冻、年糕，直到包装成品的整个过程，还可以亲身参与种菜、养蚕、果树嫁接、转石磨等等农事体验。但这个全国休闲农业与乡村旅游五星级园区背后的艰辛创业故事，却鲜为人知。

近日，记者赴浙江诸暨，就米果果小镇的园区创业故事进行了采访。

从种葡萄到建园区

将时间倒回到2012年，如今游人如织的米果果小镇所在的位置仍是一片普通的农田。

那一年，因对家乡这片土地的独特情怀，当地农民出身，从事水泥建材、体育文化事业的陈照米拿出多年积累的资金，开始流转土地，投身农业。

“一开始并没有想到要做园区，也根本没有一二三产融合的概念。”提到转行农业的初衷，陈照米说，当初只是想通过大棚设施改进传统农业的种植方式，让这片土地的种植效率再高一点。但建起大棚种了500亩葡萄后，才发现产量品质都和当地农民种得差不多，而投资却多了好几倍。

忍痛把葡萄树全部砍掉后，又通过考察，计划做差异化种植，把热带水果火龙果引进了大棚。但等到火龙果挂果时，又发现引进的品种需要人工授粉，且果小产量低，费时费工却根本无法收回成本。只得再全部砍掉，引进新的火龙果品种。为了分散种植单一品种的风险，又将流转土地面积扩大到3000多亩，同时种植猕猴桃、草莓、蓝莓等水果。但每到年底算账，总是亏损，而且亏损额越来越大。

几次尝试全部失败。回忆起当时的情景，园区副总经理陈强说，很多员工都是心灰意冷。

彼时，转行进入农业本来就不被家人朋友支持的陈照米再次遭到了家人的强烈反对。“妻子不仅持续了几个月的冷战，还发动了包括儿子在内的所有家人一起劝阻，而80多岁的老母亲在自己劝说无效的情况下，曾躺在办公室的门口进行过阻拦。”

“几年经历下来，可谓头破血流，但下了决心的事就一定要干。”陈照米说，“不过如果按这种模式走下去，无论情怀有多深，梦想有多大，都将看不到前途的一线光明。”

顶着巨大的压力，陈照米慕名到日本、欧洲，及我国的台湾等地考察学习。

“同样的土地，为什么别人可以成功，而自己却总是失败？”多次考察不仅震撼了陈照米，也让他产生了新的计划，突破单纯的种植业，发展农旅融合，以工补农的综合性园区，或许可以成为一条走出困境的道路。园区取名“米果果小镇”。“米”象征着农业，前一个“果”指园区的主打产业，而后者则寓意取得成果。

但这是一个更为艰难的开始。“虽然有很多可以学习借鉴的东西，但没有任何可以直接照搬的标准体系，所以包括园区的规划设计，品种选择，田间试验，发展加工业的方向等等，都需要不断地学习，用自己的双手反复地尝试，一次次犯错误再一次次地纠正。”陈照米说。

让一块土地汇聚多重功能

一条约3.3公里的创意紫藤长廊下开通了小火车，将米果果园内各个不同的功能区连接了起来。立体蔬菜种植、果园、荷塘、沼泽地水道、水系环绕的一个个岛屿、农业工厂设施、农产品加工车间等等均成为具有观赏价值的资源。

“我们认为园区土地的价值不应只停留在种养一个平面上，而应在纵横两个方向上延伸，实现立体式开发。”园区副总经理王亮介绍说，比如田园景观化，可以就地发展农业的观光旅游业，而发展加工业，既可以有效解决新鲜果蔬保质期短的问题，也可以大大提高农产品的附加值。

王亮说，目前“米果果”园内3100多亩土地按照生产与休闲3 ∶ 1的布局，已经成功打造了设施火龙果和梨子、柑橘、莲藕、淡水蟹等鲜活食材种养两个主导产业，规模化种植1200亩火龙果，同时与科研院所合作进行深加工产品研发，已申请专利13个，行业标准2个，开发了火龙果干粉、面食、冰激凌、糕点、果汁等深加工食品，以及面膜、口红、乳液等日用品，延长了产业链条。

“当然，把产品生产出来只是第一步，而接下来最重要的是把产品卖出去。”陈强补充说，园区除了在展厅向游客展销外，还成立了专门的销售团队，主动对接农贸市场、大型超市，开拓团购客户，又建立了专门的电商平台，通过策划一些网络节目增加点击量，实现线上销售。

不过，在陈照米看来，这些还不应该是农业园区的全部内容，“这块土地完全可以开发出更多的功能，也就是说一二三产的融合也有从简单到复杂的不同层次。”

陈照米介绍说，在三产的融合发展中，“米果果”一方面是在景点设计中融入文化元素，比如在紫藤长廊中，通过一块块展板介绍了诸暨特色方言，让外地游客可以了解越文化知识。而乡村记忆馆则收集了正在消失的犁铧、耙、谷仓、纺车、独轮车、陶罐等传统农具，展示了江南鱼米之乡传统的农耕文化。另一方面是通过观光和体验让园区发挥科普教育功能，在园内农业科普馆、开心大农场、水果采摘区、学生田间实验基地、火龙果加工观光区，游客既可以识别各种农作物类型，观察水果蔬菜的生长发育，学习农业病虫害知识，观看农产品的加工过程，也可以体验农作劳动、手工艺品制作、乡村生活。另外，园区还利用蔬菜、水果等种质资源，开发了中小学农业实训课程。

此外，园区还通过“土地保底收益+赠送10%股权+利润分红”的土地流转模式，以及提供400余个工作岗位，发挥了带动当地农民共同发展的作用。用在园区工作的农民王建伟的话说，“不仅收入增加了，幸福指数也大大提高了。”

要把试验变成经验

火龙果是“米果果”的特色主导产业。温室大棚里，一排排仙人掌般的藤条上，挂满了红绿相间的果实。

“火龙果是热带植物，我们在这里已经实现了四季种植，季季有果。”陈照米说，园区通过连栋大棚示范种植，成功推行了“四不用”生产模式，即不用农药，采用以虫治虫、诱捕治虫、农艺治虫、以菌治虫等；不用化肥，用微生物发酵肥、自制营养液等；不用生长激素，自然生长；不用除草剂，以草控草。这种“现代自然农法”能使产量与质量均取得突破。

而且，米果果小镇以火龙果等水果的种植加工为主，按照试验、示范、推广的科技规律，已经开展了有机稻+澳洲淡水龙虾（土鸭、蟹），荷花（藕）+鱼（虾、蟹），百香果（葡萄）棚架遮荫+淡水龙虾养殖，果园+土鸡（鹅）等复合种养多项试验。“试验的目的就是让园区有限的土地发挥出更大的效益，也为农业的高效集约发展探索一个大致可以提供参考的模式，惠及更多的农民。”陈照米说。

“当然，从大的方面说，整个米果果小镇就是一个尝试。”陈照米说，虽然在国内外学习考察中受到了很大的触动和很多的启发，但投资建设一个农业园区没有任何一个模式可以照搬，园区的规划设计也没有完全采用任何一个专业团队的方案，“可以说所有的进步和成功都在是一次次对错误纠正的基础上取得的。”

“所以，米果果小镇在规划设计和运营管理方面也可以为别的农业园区提供经验。”比如每年7月至9月下旬，因高温酷热，南方地区休闲农业就会步入淡季。而没有客源，园区的效益产出就会受到很大影响。对此，“米果果”经过长期调研，瞄准夏季白天时段，推出以塑造青少年意志力为主题的夏令营活动，在夜晚时段则采取点亮小镇，打造了冰雪项目，吸引游客纳凉消夏。这样可以有效盘活闲置资源，也为破解全国行业共性难题提供了一种解决思路。2016年以来，园区已经接待了300多批来自全国各地的考察交流团。

对于社会资本建设农业综合性园区，陈照米说，投身农业首先要突破工业生产的思维，“因为农业是与生命打交道的特殊行业，需要像照顾婴儿一样精心呵护，所以投资农业一定要对土地怀抱敬畏之心。”在实际操作中，首先要保证充足的资金来完成规划的项目，因为农业投资有时候可能超出预算几倍，中途又很难融到资金，也就很可能成为半拉子工程。其次是要做好选址规划，必须对土地周边的经济环境、交通、景点、入口、城市未来的发展方向、当地市场需求、地方人文历史进行深入的了解研究。第三要结合自身特点，用差异化发展的理念，做自己的特色产品。第四要做好品牌经营，结合市场目标给园区取一个好听的、好记的名字和商标，并制定长远、切实可行的发展目标，提炼一个脍炙人口的广告语，以及为休闲农业设计一个合适的品牌故事。此外，要在项目布局上下功夫，通过策划每月亮点，每季特点，破解农业旅游淡季面临的难题。

2018 年 7 月 21 日　《光明日报》第 3 版

浙江诸暨：文明传习提升群众幸福感

记者　陆　健　严红枫　通讯员　徐学峰

日前，浙江诸暨枫桥镇枫源村村主任、“枫桥经验”宣讲队队长骆根土用自己制作的 PPT，给全村的党员上了一堂名为“传习枫桥经验，共建平安家园”的党课。他结合枫源村“三上三下，民主治村”的特色，生动讲述了“枫桥经验”的发展历程和新时代“枫桥经验”的内涵。

诸暨是新时代文明传习中心浙江省 3 个试点县市之一，枫源村是诸暨市文明传习试点村。自 5 月下旬启动文明传习工作以来，诸暨在 12 个镇 20 个村开展试点，并建立了“传习中心—传习所—文化礼堂”三级体系，以及市志愿服务总队、镇志愿服务中队、村志愿服务分队三级队伍，传习思想理论、“枫桥经验”、文明风尚、善行义举和优秀文化。志愿服务总队，包括政策宣讲、矛盾调解、文化服务等 20 支队伍，已安排了 1227 场次志愿服务活动，通过村级点单、中心派单、总队接单的形式，精准地开展服务。

“咚咚锵，咚咚锵……建设美丽新溪北，移风易俗新乡风，成立红白理事会，做榜样！树立乡风改陋习，党的提倡合民意，婚丧嫁娶要节俭，真的好！”文明传习的形式多种多样，一些村庄自编自导自演节目，受到广大群众欢迎。璜山镇溪北村编唱“三句半”，江藻镇吴墅村表演原创小品，东和乡十里坪村利用国家级非物质文化遗产项目西路乱弹，宣传倡导移风易俗新风。

许多村庄通过各种途径，设立乡村扶贫帮困慈善救助基金或奖励基金，用于助老、助困、助孤、助残、助学，以及奖励优秀学子和村民。姚王村成立了新时代文明传习关爱基金，用于对空巢老人、留守儿童和困难群众的帮扶关爱，提升人文关怀氛围。中国工程院院士周立伟是五泄镇十四都村乡贤，他捐助 50 万元，成立了周立伟奖学金基金，奖励在中高考中取得优异成绩或高中阶段参加省级以上国家认可的各类正规竞赛获奖的十四都村学子。

文明传习的效果立竿见影。王家井镇沿江新村一位楼姓老人去世，两个女儿定好了道场和 50 箱鞭炮，希望能给父亲一个体面的葬礼。村党总支书记楼跃生了解到这一情况后，立即上门沟通，希望她们能够响应村里节俭办事、移风易俗的倡议，减少不必要的支出。经过劝说后，两姐妹把道场退了，50 箱鞭炮也减少到了 5 箱，葬礼支出省下 4 万元。

目前，诸暨移风易俗试点已扩展到 27 个镇街 120 个行政村，占全市行政村的四分之一以上。诸暨市委常委、宣传部部长王孔羽说：“新时代文明传习，我们重点做好‘加减法’。‘加法’就是传习精神食粮，建立帮扶基金，提升人文关怀；‘减法’就是营造‘婚事新办、丧事简办、其他喜事减办’的时代新风，减轻群众的经济负担，目的只有一个，就是提升群众的获得感和幸福感。”

2018 年 7 月 24 日　《农民日报》第 8 版

浙江绍兴诸暨市上下文村——水绿产业兴　山青村换颜

通讯员　薛文华　记者　常力强

白墙黛瓦的民居依山傍水，村边的主干道和穿村而过的石渎溪两岸绿树成荫，350 亩的蓝莓采摘园和散布在村里的 20 多个景点形成一幅全景乡村旅游图。

依托蓝莓产业，浙江绍兴诸暨市草塔镇上下文村通过环境整治、古建筑修缮、景观改造提升、民俗文化活动的展演等措施，用不到 10 年的时间将一个远近闻名的落后村建成初具特色的田园综合体。近日，记者深入上下文村，对该村近年的建设发展情况进行了采访。

从报纸上寻找产业商机

“村集体经济年收益不足万元，70% 的青壮年外出务工，耕地一块接着一块被抛荒。”上下文村党支部书记杨七明说，自己 2008 年当选上任，面临的首要任务就是寻找强村富民的产业路。

种茶叶、开酒厂……杨七明带着村干部考察了一项又一项，但多次开会讨论后这些项目都被否定了。后来，机会在一次偶然看报纸的时候出现了。

“营养价值高，经济效益好。虽然我们从来没有见过，甚至听都没有听过，但当时觉得报纸上介绍的蓝莓就应该是村里苦苦寻找的产业。”村主任杨坚说。

决定了建设蓝莓基地后，杨七明带着村民多次到外地参观学习栽种技术，并收购种苗第一期栽种了 150 亩，同时引进技术人才进行管护指导。

蓝莓挂果获得丰收后，村党支部又注册了商标，通过微信公众号、农民信箱、新闻媒体等途径扩大宣传，同时主动联系客户，打开销路。

然而，鲜果销售一方面保质期短，另一方面附加值低，而且品相不好的果卖不出去只能白白扔掉。面对这一问题，村里又吸引投资，建设了蓝莓深加工基地，聘请专家成立了蓝莓研究所，研发新产品，打造产业链。

“看，能加工成蓝莓干、蓝莓酥、蓝莓饮料、蓝莓啤酒等等。”在村蓝莓展示中心，驻村指导员郭恬玮指着已开发生产的蓝莓加工产品说，目前村里已经将蓝莓种植园扩大到350亩，“蓝莓休闲采摘游+蓝莓鲜果出售+蓝莓加工产品”的产业链条已形成村集体经济的稳定收入渠道。

不过，杨七明认为，蓝莓完整的产业链条不仅仅可以向下延伸，也应该向上发展育苗业。目前，村里创立的蓝莓种苗培育基地经过技术攻坚，已实现了蓝莓的无土栽培育苗，2017年育苗3500万株，预计今年育苗能力可翻倍，达到7000万株。

“生态+文化”绘出旅游全景图

上下文村既有古民居、古厅堂、古祠堂、古寺庙、古桥梁及古田畈、古溪堰等众多明清文化遗存，诸暨小抗大“读溪乡校”和金萧支队活动点“西林禅寺”等丰富的红色文化资源，也有水系山林等景色优美的自然资源。

“这是我们最为独特而宝贵的财富，但多年前环境的脏乱差却让这些资源一直处于沉睡状态。”杨七明说，“只有让山青水绿，才能让古老的村落焕发出新活力。”

2008年，村里先是对村前的半月湖进行了治理，打通进出口让死水变成活水，又在周围栽种了多种树木花卉。后来又立足古建筑白墙黛瓦的特征，以“水墨上下文”为主题进行规划，多方筹措资金，陆续对环境卫生进行了整治，先后完成了道路硬化亮化、农村生活污水提升改造、路边花坛绿化提升、主干道绿化及节点景观建设、河道绿化治理、古建筑修缮粉刷、蓝莓展示中心建设、湿地公园及花海等多项工程，并为每家每户都配置了分类垃圾桶，使村容村貌焕然一新。

“尽量不破坏农村原有的建筑，采用具有乡土气息的元素与符号，体现生态特色和自然风貌，让村庄宜居又宜游，是我们所有工程都遵循的原则。”村委委员戚祝英补充说，整治修缮工程共挖掘和建设了洪丰水库、特色古居、怀瑶亭、双柳庵、原生态游步道、乡野农庄、四季花海等28个景点，“保留的古建筑可谓是一个乡村艺术的博物馆。”

2017年，上下文村在产业发展和村庄美化的基础上，又将建设美丽田园综合体作为乡村振兴的重要抓手，通过鼓励发展农家乐，举办蓝莓文化节，开展地方戏、舞板凳龙、“村晚”等富有地域特色的民俗活动，大力发展乡村旅游经济，当年共接待游客5万余人次。

土地股份合作让村民充分受益

“发展集体经济和建设田园综合体要依靠村民的力量，也要让全体村民成为切实的受益者。”杨七明说。

其实早在2010年，针对农田大片荒芜的情况，村两委就通过土地流转的方式进行蓝莓种植，以村级自主经营的方式实现了土了资源利用效率的最大化，也促进了农民收入的增加。

2014年，上下文村又在诸暨市农办的指导下，成立土地合作社，将原来的土地流转机制转变为股份合作机制。农民以农村集体土地承包经营权入股，村集体按股权保底分配，年终再视经营状况按股权进行二次分红。

“2017年，392户村民实现了每亩每股1000元的分红收入，全村居民人均纯收入达到32000元。”杨坚接着介绍说。

同时，为保障村民的利益，上下文村还采取了多项措施。在民主决策上，严格落实村五议两公开制度，创建工作通过两委会、党员会、村民代表会议研究讨论，通报情况，广泛征求党员、群众的意见和建议。在村务管理上，坚持落实政务公开制度，对村财务执行情况及办实事落实进度定期公开，增强透明度。

“只有紧紧围绕群众急于解决的问题抓落实，办实事，提高群众对创建的认可度，才能调动一切积极因素，支持创建，参与创建，提高创建效果。”杨七明说。

对村里近年来发生的变化和田园综合体的创建，63岁的村民杨敏芳说他感到很自豪，而有游客来旅游，自己家里酿的烧酒也可以多卖出一些。

在蓝莓采摘的季节，村民杨满琴和何三娟主要负责分拣包装。“家里的土地有了流转的租金收入，年底还能分红，而且不用外出在村里就有了就业岗位。”她们说，“来的游客多了，收入一定还能更多。”

2018年8月10日　《光明日报》第7版

新时代“枫桥经验”的“诸暨探索”

光明日报调研组调研组　李春林　严红枫　沈耀峰
陆　健　马姗姗　俞　燕　徐学峰

【编者按】

治国安邦，重在基层。我国社会治理的重点在基层，难点也在基层。基层社会治理是国家长治久安的基石，直接决定着社会治理的整体效果，关系到党和国家政策目标的实现，影响着国家治理的整体水平。作为“枫桥经验”的诞生地，浙江诸暨市近年来围绕矛盾化解、司法公正、公共服务等重点领域，创新基层社会治理机制，丰富社会治理方式，不断健全德治、法治、自治相结合的社会治理体系，续写了“枫桥经验”创新发展的时代

篇章。近日，光明日报调研组前往诸暨枫桥、大唐、新店湾、江藻等地，通过实地查看、集中座谈、单独访谈等方式，与基层干部群众面对面交流，就诸暨发扬“枫桥经验”、创新基层社会治理的探索和实践进行了深入调研。

优美整洁的自然环境，朴实醇厚的民风社风，和谐融洽的邻里关系……走在诸暨的大街小巷上，调研组深切感受到，这座因“枫桥经验”而闻名的城市，处处透显出祥和的气氛和发展活力。从浦阳江到东白山，从汤江岩到白塔湖，在这块千年古越大地上，古韵新姿交相辉映，宜人宜居宜业的独特魅力愈发令人神往。

五十多年前，诸暨创造了闻名全国的“枫桥经验”：小事不出村，大事不出镇，矛盾不上交。时光飞逝，如白驹过隙。站在新的历史起点上，诸暨针对基层社会治理中出现的新情况、新问题，以德治涵养文明建设，以法治夯实社会治理根基，探索建立矛盾纠纷多元化解机制，努力打造“枫桥经验”升级版，构建起共建共治共享的社会治理新格局。截至2017年，诸暨市已连续12年获评浙江省平安县（市、区），枫桥镇连续三次捧得全国综治最高奖“长安杯”。

“以德润心”强化社会治理的价值认同

“持躬不可不谨严，临财不可不廉介”“信交朋友，惠普乡邻”“天下之本在国，国之本在家，家之本在身”……调研组了解到，诸暨市近年来以正家风、兴家教为立足点，以“传承·养成”为主线，大力推进家风家教建设，将主流价值融入家庭教育。

诸暨市委常委、宣传部长王孔羽介绍，诸暨在全市开展“全民议家风”、“我爱我家”立家训、身体力行“传家礼”等活动，以核心价值涵育家风，挖掘弘扬了“江藻钱氏家训”“同山边氏家规”等独具特色、洋溢着浓厚家国情怀的家规家训，形成了家家有家训、户户好家风的良好氛围。同时，诸暨还开展“开蒙礼”“祈福礼”“成人礼”等各类传家礼活动，并整理创作长幼、洒扫、持家等“家礼十循”，纳入全市中小学德育教育。

诸暨是越国故都，为发挥吴越文化怡情养志、滋养心灵的作用，该市推进实施了传统文化研究工程，梳理於越文化、西施文化、南孟文化、耕读文化等蕴含的思想理念和传统美德，如“卧薪尝胆、坚忍不拔”的勾践精神，“走在前列、勇立潮头”的“木柁”精神等，使之成为涵养主流价值、涵育美德善行的重要源泉。据了解，诸暨推出了《暨阳好故事》《乡村道地》等传统文化媒体专栏，整理出版《越中名人录》等精粹典籍，将传统文化元素融入城市文化公园、社区文化家园、美丽乡村建设，推动优秀传统文化进校园、进网络、融入生产生活，不断用流淌千年的文化精髓滋养诸暨人的精神世界。为丰富群众文化生活，诸暨城区还设立了“浣江书房”“浣江书吧”“漂流书亭”，开展“全民阅读节”“图书馆之夜”等主题活动，如今，阅读已成为诸暨人的生活方式和精神特质。

黛瓦白墙，立柱石鼓，“吴墅古祠”的匾额与“文化礼堂”的标识相映成趣……走进江藻镇吴墅村，文化礼堂大门两侧的“红黑榜”格外醒目，红榜上数位“好婆婆”“好媳妇”胸戴大红花，笑得很灿烂。“现在村民们都有了这样一种共识，上红榜，有面子；上黑榜，太丢人。”村党总支书记卢保千告诉调研组，2014年，村里开始设置红黑榜，对做得好的，例如对“好婆婆”“好媳妇”、优秀学子、美丽庭院予以红榜表彰；对做得不好的，上黑榜警示。目前，诸暨利用农村文化礼堂等载体，组织道德模范、好人好事、最美家庭和好邻居、好媳妇等评选，组建草根宣讲团、文艺宣讲团，用快板、歌曲、小品等形式，开展“道德模范进礼堂”巡演，弘扬“最美精神”。

调研组了解到，为发挥先进典型引领民风社风的作用，诸暨实施了《道德模范待遇保障若干规定》，设立好人基金，开展“发现最美诸暨人争做最美诸暨人”“善行暨阳”等活动，涌现出了器官遗体双捐献者何赛军、“献血达人”吕小祥、“诚实守信”楷模李云海等先进典型。同时，市里还开设了“美在身边”专栏，通过市民公园“最美笑脸墙”、微广播剧《最美诸暨人》等载体，广泛传播最美形象、最美声音。

为保证德治在基层社会治理中发挥基础性作用，诸暨市大力推进失信黑名单制度建设，实行部门联动、信息共享、定期曝光，建立行政部门、市场主体、行业协会、舆论媒体“四位一体”的失信联合惩戒机制。同时，诸暨还建立“文明出行我先行”“礼让斑马线”等机制，全市机关干部以及公交车、出租车、公务车驾驶员人人承诺文明开车，使“礼让行人”从文明倡导变为刚性约束。

法治建设为社会治理提供根本保障

枫桥镇下西湖村两兄妹因赡养老人发生口角，哥哥打伤了妹夫。经“老杨调解中心”退休民警杨光照调解后，双方最终达成调解协议，当场握手言和。枫桥镇派出所教导员吴嘉军告诉调研组，“老杨调解中心”创立于2008年，如今已成为枫桥派出所的招牌，“有难事，找老杨”也成为枫桥镇群众的口头禅。在调解实践中，“老杨调解中心”创造了依法疏导法、换位思考法、联动调解法等民间纠纷“调解七法”，中心自成立以来共受理案件1700余起，调解成功率97.8%，调解满意率100%，杨光照也被司法部聘为“全国人民调解专家”。

调研组了解到，诸暨市已建立起“党政领导、综治牵头、法院主导、多方联动”的大调解工作体系，包括9大专业调解机构、810家调解组织、3375名人民调解员，目前已形成人民调解、行政调解、司法调解紧密衔接、协调联动的大调解工作格局。自2014年至今，累计诉前引导调解成功约15600件，诉中委托调解成功约4900件，诉前纠纷化解率居全省第五位。今年1月，诸暨成为浙江省在线矛盾纠纷多元化解平台试点地区后，市里对综治调解、专业调解、行政调解、人民调解、律师调解等多元解纷资源进行了线上整合，并取得明显效果。运行半年来，诸暨法院引导调解的案件比例由100%逐月下降至58%，当事人和调解机构主动上线化解矛盾纠纷达42%。

为提升群众的法治意识，诸暨还建立了网上法律公共服务平台，兼具直播普法、法律公共服务调度、舆情预警等功能，同时组建了法律义工服务团队、普法讲师团等，启动“点单式”普法，构建起立体式、全覆盖普法格局。比如，市公、检、法、司联合打造的网络普法直播平台，用讲故事、话家常的方式，将法律知识融进普法解读中。市人民法院刑庭副庭长王知礼以“法官揭露电信网络诈骗‘潜规则’”为主题，梳理了诸暨法院审理经办的网络诈骗典型案件、犯罪分子特点等，并实时回答了网友提问，直播进行45分钟，吸引了7.9万人在线观看。市司法局把“12348”法律援助热线升级为公共法律服务热线，打造“一站式”法律援助窗口服务，2017年共受理法律援助案件1049件，为当事人挽回经济损失1569万元。

为便利群众和提升服务质量，诸暨以“小事不出村，大事不出镇”为目标，深入推进“最多跑一次”改革，不断推动“一窗受理、集成服务”改革向乡镇（街道）、村（社区）延伸。目前，全市27个镇级行政服务中心已实现“无差别受理”全覆盖，群众到“一扇窗”就能办成“一件事”。同时，市里还深化应用平台、共享信息数据向基层延伸开放，建成“一证通办”信息管理系统，其中，市级实现“一证通办”事项为290项，镇级实现“一证通办”事项183项，村级实现“一证通办”事项76项。镇级能审批的即时审批，镇级不能批的通过互联网上传市中心窗口审批，有关文件证书通过免费快递或镇村代办员送证上门，真正实现了“就地办理、远程办结”，办事不出村。

为加强对外来流动人口的服务管理，市公安局开发“安心租”APP，具有房屋租赁多重安全保障、招工用工无缝对接、流动人口自主申报等多项功能。目前，APP上已有1000多家企业和7000多间房屋信息可供选择。店口镇派出所牵头成立了“流动人口服务之家”，组建流动人口党支部，使流动人口更好地融入当地。直埠镇紫草坞村对闲置房屋进行“集约化”改造，创建了出租房“旅馆式”管理新模式，做到了“政府放心、村民开心、租户暖心”。

在大唐镇综合信息指挥室，调研组看到，大屏幕上综治工作、综合执法、市场监管、便民服务“四个平台”中上报信息、处理情况一目了然，“网格地图”可实时查看驻村网格员的位置及四个村级服务中心工作的实时画面。据介绍，群众发现问题，可通过“四个平台”APP、政务服务热线（12345）、微信公众号、网格员等多渠道反映，平台进行分级处理，建立了信息收集、分析研判、分流交办、反馈督查的完整运行机制，推动形成了“四个平台＋全科网格＋综合指挥系统”的基层治理架构。目前，全市共划分网格2376个，配备网格员6495名，2017年全市累计上报各类信息35.3万余条。

“草根力量”激发社会治理活力

“儿啊，妈贷了款，咱现在能热热闹闹地把你的婚礼办了。”由村民杨桂平、卢永平等自编自演的小品《办酒风波》，勾起了村民们的回忆。几年前，吴墅村村民卢某要结婚，寡母李某碍于面子、排场，虽然家里已债台高筑，仍硬着头皮贷款办婚礼，闹得一家人苦不堪言。为扭转盲目攀比的不良风气，村两委在听取村民意见后，成立了村民自治组织“红白理事会”，制定了红白喜事移风易俗倡议书，大大减轻了村民的负担。

喜事酒席每桌不超过800元，白事酒席每桌不超过600元，酒类、饮料每桌不超过100元……如今在诸暨，“婚事新办、丧事简办、其他喜事减办”的风尚已经形成。调研组了解到，目前诸暨市546个村（居）全部完成村规民约、社区公约的制定修订工作，内容涵盖家庭生活、邻里关系、村风民俗、社会治安等，其中突出党员干部示范引领，带头宣传倡导移风易俗。同时，诸暨还探索实行村规民约积分制考评，建立道德评议堂，推行守约红黑榜，使村规民约真正发挥移风易俗、淳化民风的作用。

乡贤文化底蕴深厚，是乡村社会治理中的重要力量。诸暨积极培育乡贤群体，吸收优秀乡贤进入基层党组织，支持乡贤依法参加村委、“两代表一委员”选举，聘请乡贤担任“外挂村干部”“镇长顾问团”，全市共建立乡贤参事会、议事会等乡贤顾问团53个，构建起“乡贤参与、镇级管理、村级自治”的乡村管理新格局。同时，诸暨在全市派出所推行110矛盾调解“乡贤治理”模式，筹建“乡贤资源库”，建立“乡贤治理”参与、联络、培养、评价机制，落实乡贤调解“以奖代补”。目前，一大批立场坚定、作风优良、仗义执言的老干部、老党员、经商能人脱颖而出，利用特有的亲缘、人缘和地缘优势，当好“老娘舅”，做好“和事佬”。今年以来，970余名在册乡贤成功化解疑难纠纷、邻里纠纷等矛盾400余起。

调研组了解到，在诸暨，农村文化礼堂也成为群众参与社会治理的有效载体。目前，大多数农村文化礼堂都建立了集“管理、议事、活动、监督”于一体的“理事会制度”，理事会由老干部、老党员、老教师等组成，做到有章理事、有人管事。

在市社会组织服务中心，调研组看到，2000多平方米的办公区宽敞明亮，目前入驻了心理卫生协会、心语社会服务工作中心、蓝天救援队等19家社会组织。这些社会组织的公益项目，涉及应急救助、关爱服务、心理咨询、司法援助等领域。市民政局社会组织管理科宣超介绍，截至今年6月底，全市登记和备案的社会组织有2700多家，分布在调解、公益慈善、文体、社会服务等领域。

“我真的特别感谢一米阳光，这些志愿者给了我们温暖。”眼闪泪花的梁美兰说，3年前，16岁的儿子因打架斗殴进了派出所，全靠一米阳光志愿服务协会的帮助，儿子才能重新振作。如今，梁大姐也成了一名志愿者。据介绍，诸暨建立了“市、镇、村”三级志愿服务网络，设置了“暨阳志愿服务管理平台”、“志愿汇”APP平台、“越民生”公益吧等服务平台，推出“邻里守望”“留爱同行”“情暖空巢”等主题活动，打造出“青少年心灵花园”“一分钟志愿”“暖冬计划”等品牌项目。目前，全市拥有志愿团体786个，注册志愿者6.5万人，广泛参与到社会服务、矛盾化解、社区矫正等活动中，仅2017年相关志愿服务机构就帮扶社区矫正人员2000余人次，参与信访化解、纠纷调解5000余起。

为解决社会组织党建工作开展难、作用发挥难等问题，诸暨市在社会组织中开展党的组织和工作覆盖专项行动，700余家社会组织党组织实现应建尽建，组织覆盖率达100%。市委组织部牵头建立了社会组织组织力指数动态评价机制，通过加强党建引领，建立活跃度、规范化、覆盖率、影响力四个维度的标准化评价体系，评价标准由20条评分细则构成。根据组织力指数评价结果，相关部门建立会诊、帮扶、准入、退出、激励等工作机制，引导社会组织健康发展。与此同时，诸暨还通过搭建社会组织综合监测网络、基础数据库、民政数字平台，连接“网上＋网下”动态监测网络，实时掌握社会组织日常活动开展情况。2017年，诸暨市被确定为浙江省唯一的社会组织党建综合监测区。

关于基层社会治理的思考

道德是良治善治的基石，德治是基层社会治理的基础。德治的根本，在于社会各阶层有共同的价值标准、价值认同和价值追求。加强德治建设，提升德治水平是新时代“枫桥经验”创新发展的题中之义。近年来，诸暨市在基层社会治理中注重发挥德治作用，把以文化人、以德润心作为最基本的实践路径，重构乡土道德，醇化民风民俗，不断增强社会治理的道德底蕴，以德治推动法治和自治，充分发挥德治净化风气、凝聚人心、预防矛盾、排解民忧的突出作用，为新时代社会治理提供了鲜活样板。

基层社会治理必须坚持以人民为中心。发动和依靠群众是“枫桥精神”的核心要义。新时期社会治理必须以群众为主体，推动治理重心向基层下移，充分调动起各社会治理主体的积极性、主动性和创造性，只有这样，才能真正建立起共建共治共享的社会治理格局。目前，诸暨有6495名网格员、1396名人民调解志愿者、2700多家社会组织、970余名乡贤，活跃在社会管理、纠纷化解、公益服务、帮扶带动等领域。在诸暨，群众已成为社会治理的主要力量，他们在登台亮相、扮演主角的过程中实现了自身素养和基层治理水平的双提升，并成为社会治理的建设者、创造者和受益者。

基层社会治理必须注重党建引领。基层党组织是党在社会基层组织中的战斗堡垒，基层社会治理必须坚持党的领导，强化基层党组织的核心作用。目前，诸暨全市有登记和备案的社会组织2700多家，有志愿服务人员6.5万多名。近年来，诸暨积极探索社会组织党建工作新机制，通过建立社会组织组织力指数动态评价机制，创建社会组织党建云平台等，加强了对各类社会组织的监管，使社会组织的发展由“自转”变为“公转”，实现了政府治理和社会力量的良性互动共赢。

基层社会治理要着力提升智能化水平。大数据、物联网等信息技术的发展，为基层社会治理提供了必要的技术支持。在“互联网＋”的时代背景下，诸暨不断深化“最多跑一次”改革，推动以“浙江省平安建设信息系统”为主的各类网络平台和“网格化管理、组团式服务”两网深度融合，围绕“互联网＋”矛盾化解、公共安全、执法司法、公共服务、基层自治、网格管理等重点领域，在建设模式、应用模式和服务模式上积极探索，释放了“互联网＋”在社会治理领域的新动力。调研组也发现，个别职能部门囿于数据“小农意识”、缺乏大数据思维等因素，没有实现信息和数据共联共享，“数据壁垒”问题有待进一步解决。

链接

枫桥经验

20世纪60年代初，浙江诸暨枫桥镇干部群众创造了“发动和依靠群众，坚持矛盾不上交，就地解决。实现捕人少，治安好”的“枫桥经验”，并取得了良好的社会效果。1963年，毛泽东同志批示“要各地仿效，经过试点，推广去做”。“枫桥经验”由此成为全国政法战线的一面旗帜。枫桥经验的基本内涵和精神实质是发挥政治优势，相信依靠群众，加强基层基础，就地解决问题，减少消极因素，实现和谐平安。

2018年8月15日　　新华社发

浙江诸暨打造“枫桥经验”校园版

记者　唐　弢

“聘一名法治副校长、设一位驻校民警、派一名专职安管员……”近期，浙江诸暨创新性地将“枫桥经验”引入校园，建立校园矛盾纠纷预防与调处机制，筑牢校园安全的“防火墙”。

“依靠和发动群众，坚持矛盾不上交”，这个发源于浙江省绍兴市诸暨枫桥镇的“枫桥经验”，历经半个世纪，一直是我国基层社会治理的宝贵经验。

“‘枫桥经验’的实质就是依靠和发动群众，将矛盾和隐患化解在基层。在学校的安全管理中，我们恰恰借鉴了这一点，使人人成为安全管理员，把安全管理渗透在日常教育教学和学生生活、劳动等一切活动之中。”诸暨市教育局相关负责人说。

借鉴“枫桥经验”，浙江诸暨不断强化师生自治自理，成立“市学生伤害纠纷人民调解委员会”和校园安全督查组，聘用6名经验丰富的老干部、老校长为专职调解员兼安全督查员，开展校园安全督查，主持、参与、指导调解各类学生伤害纠纷。

在诸暨的草塔中学和浬浦中学，校方鼓励学生成立校园模拟法庭等自治组织，在教师指导下自主调解处理同学之间的矛盾纠纷，让学生自己成为化解矛盾纠纷的“小法官”“小娘舅”。

在常规安全管理方面，诸暨健全完善校园安全“日常巡查、定期检查、交叉检查、专项督查”等检查机制，跟进并落实问题通报、隐患整改、责任追究等制度，确保校园安全“零隐患”。

目前，通过各类机制举措，诸暨已成功调解各类学生伤害纠纷百余起，调解成功率达100%。

2018年8月31日　《农民日报》第8版

浙江诸暨：种田也有“全托管家”

通讯员　楼敏俊　记者　朱海洋

以往“双抢”季，近乎可谓“虎口夺粮”，分秒必争。不过今年，在浙江省诸暨市，不少种粮户卸下了重担，像枫桥镇的种粮大户蔡建明，早晚的时候逛逛田头，每天中午午睡，看上去比平时还要悠闲自在，他是怎么做到的？原来，他家稻田的抢收、抢种工作都被一家叫诸暨里联农机专业合作社的第三方给承包了，而由种粮大户变身“甩手掌柜”的在当地远不止他一人。

合作社承包后，农户的粮田从种到收，只需支付每亩900元的佣金，就能确保有550公斤的粮食收成。若低于500公斤，合作社要按每公斤0.8元给农户赔偿；如果超出550公斤，合作社也可以拿到每公斤0.8元的奖励。这一做法在诸暨为数不多，因此引起了大家的关注与讨论。不光省心、省力，还能确保粮食收成，谁都说这法子好，不少农户都准备明年也把地交给“管家”来种。

据了解，里联农机专业合作社拥有耕作机械7台、水稻插秧机9台、育秧播种流水线3条、联合收割机5台、植保机械5台、粮食烘干机11台、粮油精深加工设备1套、连栋炼苗大棚3500平方米，其他农业机械30多台（套）。从水稻育秧、插秧、植保，到稻谷烘干和后期加工，再到农机的维修服务、技术培训，合作社几乎可以提供“一条龙”服务，机械作业服务能力可达到7000亩以上。

近年来，里联农机专业合作社率先在诸暨市范围内，为规模不大的种粮户提供粮食全产业链机械化托管保姆式服务，这样一来，种粮户就不需要自己添置农机设备。蔡建明的农田承包面积近400亩，他告诉记者，自己是从今年早稻生产开始与“里联”合作。

“连秧苗都是他们供应的，再到稻谷烘干进仓，全部由他们代为服务。”蔡建明说，从费用上看，全托外包跟自己耕作成本相差不大，但由于对方各种农业机械齐全，生产效率更高。

吴新知在东和乡十里坪村从事农业项目管理，也是这种创新服务的“拥护者”，他家373亩单季晚稻今年也全托给了“里联”，“专业的事交给专业的人做嘛！”在他看来，外包给农机专业合作社打理，不但稻谷产量更有保障，而且质量会更好，更重要的是，解决了找工难的问题，省心又省力。

合作社开展托管式服务，既可以大大提高机械的使用率，又能提高农机服务的经济效益。“今年我们承接的业务量很大，目前服务面积已累计达到1000多户，合计7000多亩，按照这个形势，预计全年创收100多万元不成问题。”诸暨里联农机专业合作负责人张焕信高兴地说。

像“里联”这样的案例，今年夏收夏种期间，在诸暨市有不少。据悉，诸暨共投入各类农业机械3000多台（套），60多家农机合作社积极开展农机社会化服务，服务面积达到20多万亩。该市农机管理总站积极开展农机技术指导服务及安全生产巡查工作，现场指导早稻机收、烘干及连作晚稻机械化育插秧工作，发放各类技术资料，积极调度检修农机具，为农户解决实际困难，保障了农机安全高效作业。

“农机社会化服务不但解决了农机合作社农机闲置和浪费的问题，提高了农机服务的经济效益，而且因为效率高，可以抵御一些不利天气条件，因此对粮食安全生产和现代农业发展都有很好的保障作用。”诸暨市农机管理总站副站长傅建春认为。

2018年9月6日　新华社发

浙江诸暨：校企协作探索现代学徒制新模式

钟勤奋

作为职业教育的新模式，近年来现代学徒制广受学生、企业欢迎，已在我国广泛推行。本着构建全新校企协同育人机制的最终目标，各地因地制宜探索出了一批具有鲜明地方特色、职业特色的现代学徒制新思路。在浙江诸暨，“海亮金蓝领班”已成为当地小有名气的职教品牌。

“‘海亮金蓝领班’招生了，你报名了吗？”近期该班招生消息在诸暨技师学院消息一经发布，广大学生报名踊跃，一位难求。

“海亮金蓝领班”是诸暨校企合作“订单式”技能型人才培养模式的一项创新，由海亮集团和诸暨技师学院共同主办，分为校内学徒班和校外提高班。校内学徒班面向在校学生，向学生发放企业奖助学金、生活补贴等，通过三年学习，成为公司基层技术和管理领域的骨干。校外提高班招收公司内部有发展潜力的员工，注册入学，“回炉”学习专业理论和岗位技能。

作为浙江省振兴实体经济标杆城市，当前，诸暨以传统产业改造升级和新兴产业培育壮大作为驱动，正进行着一场新旧动能转换的革命，需要大批适合社会经济发展的创新型、复合型、应用型人才。同时，诸暨又拥有4所中职学校，职教资源广阔。因此，打通产教融合，构筑现代职业教育与区域经济深层次联动发展，成了校企深度合作的重头戏。

校企共谋共育共建模式推出后，诸暨职业教育的育人模式发生了全方位变革。育人主体从原来单一的学校变为校企双主体，“招工即招生，入企即入校”。通过校企共建“教学工厂”、产学研联合体、生产性实训基地、创新创业园等方式，积极探索以“教学车间”“企业课堂”“技师讲堂”“双师双徒”为主的“理实虚”一体化教学，着力推动渐进式实岗育人，使学习与工作“难解难分”。

2018年9月17日　　新华社发

全国农民基层体育骨干健身技能提升暨展示活动在诸暨举行

记者　夏　亮

由“中国农民丰收节”组织指导委员会指导，中国农民体育协会、浙江省农业厅主办的首届“中国农民丰收节”系列活动——全国农民基层体育骨干健身技能提升暨展示活动17日在浙江省诸暨市开幕，来自全国各地的23支代表队将在为期3天的时间里参加10个项目的角逐。

据了解，此次活动主题为“农民庆丰收，展示新风采”，活动根据首个“中国农民丰收节”要求，以弘扬中华农耕文明和传承优秀传统文化为主线，紧紧围绕广大农民群众对美好健康生活的需求，在农村基层开展一系列深受农民群众喜爱、具有“三农”特色的体育健身活动。

健身技能提升展示活动，竞赛项目主要有篮球（运球过障碍投篮接力）、跳绳（1分钟单摇计数跳绳）、俯卧撑（1分钟俯卧撑计数赛）、十字象限跳、足球定点射门、趣味拔河、健身路径大比拼、池塘抓鱼欢乐多、勇闯通天河接力、采收果蔬庆丰收等10个项目。

活动现场还设置了“农民庆丰收、展示新风采”农民体育健身摄影展，内容包括各地“三农”题材的照片，各地农民利用闲暇时间参与体育运动，参加健身活动的照片等。

中央农业广播电视学校党委书记、中国农民体育协会副主席兼秘书长杭大鹏表示，希望通过开展这样的活动，展现新时代农民体育骨干积极、健康、向上的奋斗精神，进一步发挥他们在组织开展农民体育健身活动中的引领示范作用，不断增强做好农民体育工作的责任感和使命感。

2018年9月17日　　新华社发

浙江：“标准地”让企业投资建设大大提速

翁均飞　金凤鸣

不到半个月时间，就完成了项目备案到施工许可证发放全过程，这让温州商人陈文乾连说“想不到”。

2016年，陈文乾把环保建材企业从上海迁到浙江省诸暨市牌头镇，租赁了5000多平方米厂房生产。牌头距离诸暨市区不到20公里，距离杭州市区也仅一个小时车程。他说：“这里的投资环境很好，我们准备长期扎根，所以决定投资7000万元，建造属于自己的厂房。”

与以往拿地不同的是，陈文乾这次拿的是一块“标准地”，即建设用地先明确规划建设标准、能耗标准、污染排放标准等，然后带地一起出让。

这项改革目前已在浙江省全面铺开。从今年3月份开始，诸暨市细化落实举措，推行企业投资项目“前期筛选＋标准地＋承诺制”。具体来说，就是相关部门对企业资质进行筛选，提出具体标准，企业负责人签署承诺书。

陈文乾拿到这块“标准地”后，提交了项目效果图，对政府制订的亩均税收、亩均产值、单位能耗、单位排放等主要指标作出了书面承诺，并在项目所在地及政府门户网站统一公示。

牌头镇的相关部门还为陈文乾的项目专门拉了一个群，镇工办、城建办、规划所、业主、设计方、施工方等13人被拉进群里，实行营业执照、平面图、效果图等材料共享，在线解决项目推进过程中遇到的难题。最终，该项目6月19日土地摘牌，7月4日备案，7月16日就核放了施工许可证。

截至目前，诸暨市已经办结了8个承诺制改革项目的施工许可，实现了从土地摘牌到开工建设最多30天，而原来需要3个月，其中从取得土地（立项）到开工建设最多15天。

2018年9月18日 《农民日报》第8版

浙江诸暨现代农业产业园纯和生态园何建华：

农业是一项精准的技术活

记者 常力强

从手机终端的物联网平台，可以看到大棚内葡萄长势的实时画面，也可以监测每一个棚内的温度、湿度、光照和土壤水分等情况，还可以一键操作各个卷膜、风机、温室灌溉系统的开关，但何建华仍要每天戴着遮阳帽，多次到各个大棚察看果树的生长状况。

何建华是浙江诸暨现代农业产业园内的一名创业者，从2011年流转土地创建纯和生态园，用7年时间在360多亩的土地上建成玻璃智能温室2000平方米、连栋温室1.3万平方米、钢架大棚12万平方米，已引进阳光玫瑰、金手指、醉金香、香玉、夏黑等优质葡萄品种，并种植了桃子、蓝莓、樱桃、枇杷、猕猴桃、火龙果等多种水果，还逐步发展起葡萄酒加工业。

“开始想着栽下树就会结出好吃的水果，几年下来才知道农业一定是一项精准的技术活，掌握不了技术或技术不到位，就根本不可能有甜美的收获。”何建华说，每个水果品种都有不同的习性，需要不同的技术，摸不透它的习性，任何一个环节没尽到心，出了疏忽管护不到位，都会直接影响到收成和口感。

“比如园内的樱桃树，第一年受到高温影响，第二年的产量就会大幅下降，所以夏天就要随时关注园内气温，遇到高温天气首先要注意做好遮阳保护，其次还要及时补水。”何建华举例说，“再如夏黑葡萄在开花挂果期要及时疏花疏果，修花时每串都要剪成7厘米长，多1厘米或少1厘米，果粒和口感都会有所不同。”

为了种出精品水果，纯禾生态园与浙江多家科研院所合作，在获得技术指导的同时，在品种选择，种植模式上少走了很多弯路。而练就技术功夫更重要的是要靠在田间地头反复的观察、试验和揣摸。“每次看到枝头的果实，就觉得所有的辛苦都是值得的。”何建华说。

正是凭着精准的技术和悉心的管护，生态园的葡萄于2015年经评委组按照果穗、果粒、色泽、肉质、风味、可溶性固形物（甜度）、专用包装进行评比打分，获得浙江省精品葡萄金奖。

而在纯和生态园，独特的技术和经营者的匠心似乎处处可见，“V”字形的桃树枝、草莓的无土栽培、梨的棚架栽培……何建华介绍说，每株桃树在同一方向留两个树枝，而且成35度角，一方面可以大大提高土地的利用效率，另一方面可以让每一颗桃子都得到充足的阳光。这样既可以让亩产提高2—3倍，也可以让桃子的色泽口感更好。

另外，生态园还联合浙江大学、浙江省农科院等科研院所，已成功引入智能温室、喷滴灌、保鲜冷库、限根栽培、太阳能杀虫灯等现代生态技术设备，共同打造多个生态科技实验基地。用何建华的话说，“只有精准的技术，才能让每一种水果都与众不同。只有自己做好了，才能辐射带动周边农民走上生态高效农业发展的道路。”

2018年9月19日 新华社发

“暨阳人才战略联盟”面向全球引才

记者 方问禹

浙江诸暨市近日举行招才引智全球推介会，采用OVO（onlinevideooffline）跨域路演模式，诸暨主会场与英国、德国、日本、澳大利亚分会场实时联动。

诸暨市委书记徐良平表示，诸暨拥有“激情＋梦想”的创业生态、“传统＋新兴”的广阔天地、“开放＋智能”的创新平台和“爱才＋敬才”的优良环境，在深化推进“接沪融杭”、大力发展数字经济、加快推进乡村振兴进程中，对人才的渴求比以往任何时候都更迫切，翘首期盼海内外高层次人才走进诸暨、选择诸暨、扎根诸暨。

诸暨是浙江民营经济发展高地，目前各类市场主体超过15万家、规上企业3000多家，营收超亿元企业369家、超10亿元企业33家，中国企业500强3家、上市企业15家，企业经营活动延伸至海内外多个国家和地区。

记者了解到，在探索高质量发展进程中，诸暨树立“人才强市”理念，对照辖区产业布局、企业需求，以全球视野、超前眼光、国际标准，打响“引、育、管、用”组合拳，创新建立“暨阳人才战略联盟”，为诸暨发展提供人才保障和智力支撑。

暨阳人才战略联盟是诸暨搭建的一个政府与科研院所、企业、高校、人才、中介机构、社会团体等组织间的交流合作平台，汇聚国内外智力要素，形成合力、协同创新，构建起以人才为核心、以企业为主体、以市场为导向，产学研紧密合作的人才战略联盟。联盟主要呈现开放资源、凝聚合力、创新互动三大特色，推行人才互动OVO（onlinevideooffline）模式，利用线上虚拟网络和线下实体平台，通过跨地、跨国的高清视频进行集约高效对接，实现远程项目路演、资本对接、人才招引等各类活动的便捷化、高效化和常态化运作，成为人才招引新模式。

本届招才引智推介会上，暨阳人才战略联盟首次面向全球同步发布涉及装备制造、新能源、新材料、电信信息等12个专业领域的50个人才项目需求，部分岗位年薪超过200万元，招揽海内外智力加盟。

浙江诸暨：

2018年9月25日 《人民日报》第4版

金秋庆丰收 喜悦满神州

晒丰收的品位——特色农业美了乡村

记者 罗艾桦 刘梦丹 尹晓宇

通讯员 俞 燕 范 斌

天蒙蒙亮，浙江省诸暨市赵家镇榧王村的骆葛亮一家就早早起床，准备蜈蚣梯、钩子、背篓、箩筐等工具，同时还备着一袋干粮，门外，远近招呼声和爽朗的笑声不时传来……一年一度的香榧丰收季中，榧王村的每家每户都如此，每天从榧林晨雾中开始劳作。

骆葛亮一家是典型的三代榧农，父亲那代便开始种植香榧，但当时香榧并不值钱，直到上世纪90年代开始，逐步由企业运作，又有政府搭台助力，香榧价格一路上扬，吸引了外出打工者回乡创业。骆葛亮一家也回到榧王村，接管父亲的香榧树。每年丰收时节，是他们家最忙碌的时候，每天骆葛亮夫妇上山采摘，最多的一天能摘四五百斤青果，初步预估今年他家的香榧干果达1400斤左右，按往年市场价格估算，年收入在15万元上下。

骆葛亮家的香榧销量不用愁。老骆介绍，除了镇里最大的几家企业收购外，老骆自己也在吆喝。前几年老骆同战友聚会时总会带自家特产给大家尝尝，还每年邀请朋友来家乡旅游，不仅让他们品尝到香榧，更带大家感受榧乡的风情风景，形成了一定口碑，每年大家都愿意向他预订一批。2017年，骆葛亮成功注册品牌商标，在赵家镇上开了一家销售经营店。同时，老骆通过村里的村淘店增设了网络销售渠道，现在还通过微信进行销售。今年，老骆的女儿骆佩岚成立了公司，与澳门一家食品厂合作，成功研发出三款“西施榧饼”，今年中秋佳节来临之前，更是成功研发出了香榧月饼。现在，两个女儿一个在集镇上开了一家旅行社，一个开了香榧的食品公司，他们全家围绕着香榧而生活，简单而幸福。

2018年10月3日 CCTV1《新闻联播》

惬意度假共享好生活

市广播电视台融媒体中心

国庆长假期间，在诸暨市马剑镇马剑村，当地的村民们自发组织起来，在文化广场上舞起布龙，用这种特殊的形式来表达心中的喜悦。

随着锣鼓声起，村里的青年舞龙队率先登场，十多位小伙子身着节日盛装，翻飞、滚地、盘罗汉，将一条金龙舞地是活灵活现。随后，村里的村嫂舞龙队也不甘示弱，两支队伍上演了双龙戏珠，并摆起造型来庆祝国庆，赢得了村民们的阵阵掌声。

据了解，马剑布龙是当地的非物质文化遗产，“金龙欢腾庆国庆”已经成了村里的保留项目，每年国庆节都会如约上演。

2018年10月5日 新华社发

浙江诸暨：抓住思想问题“牛鼻子”

有效遏制红白喜事大操大办

记者 金凤鸣 梁 栋

不吃鲍鱼龙虾，不上茅台中华，提倡“婚事新办、丧事简办、其他喜事简办或不办”……最近一段时间以来，在浙江省诸暨市，随着移风易俗工作全面推进，红白喜事大操大办问题得到有效遏制。

经济条件相对富裕的诸暨市，是浙江省新时代文明实践中心建设试点县市之一。从今年开始，这个市将移风易俗作为工作抓手，各镇街和行政村主动开展试点，简办宴席。党员干部集体签订移风易俗承诺书，完善红白理事会工作制度，组建微信群互相学习……一批土经验好做法逐渐涌现，有效推动了这场文明实践走向深入。

今年9月初，诸暨市牌头镇新乐村一位93岁老党员过世。按照传统惯例，家属应立刻着手安排丧葬事宜，筹备宴席，摆设道场等。但镇村干部和红白理事会成员连夜上门做家属思想工作，希望从简办丧。经过一番说服，家属接受了倡议，表示愿意配合做好移风易俗工作。推掉了计划中的道场仪式，宴席标准从1300元降为800元。此外，还同意不用花圈，不敲锣鼓。

“这么安排的话，这场白事大致能省下5万多元。”一位家属大致盘算了一下。

国庆前夕，牌头镇杨满香一家忙着筹备孩子婚礼。包村领导和村红白理事会得知情况后，上门做思想工作，劝说将酒席标准控制在千元以内。家庭条件一般的杨满香在婚宴结束后坦言，如果还像以前那样大操大办，真是负担不起。

据了解，截至目前牌头镇所有行政村全部成立并完善了红白理事会。当地一位基层官员表示，大部分村民其实是排斥大操大办的，但农村人情味浓，面子上如何过得去是个问题，镇村干部和红白理事会出面，相当于给了群众一个台阶，所以移风易俗推进得比较顺利。

2018年10月5日　新华社发

诸暨义警队伍壮大警民携手共创和谐

记者　岳德亮

楼栋长、门店店长、物管员、企业保安员、社区大妈……这些遍布邻里坊间的普通人却有一个共同的名字——诸暨义警。

从传统互帮互助的“邻里守望”，到如今“有钱出钱、有力出力”的红枫义警、民安救援队、“江大姐”调解队……浙江省诸暨市公安局广泛吸纳民间力量参与社会治安管理和服务，推动建立了由公安牵头的平安类社会组织——诸暨市义警总会。截至目前，总会共有会员组织75个。

“谢谢孙老师，我不会再做傻事了。”近日，因心理疾病饱受折磨的市民小李在义警的帮助下才治好了自己的“顽疾”。小李说，一年前，男友突然提出分手，一时无法接受现实的她，做出了自伤自残的过激举动，男友多次报警，民警也对其进行了劝导，可她就是走不出心结。

直到义警队的国家二级心理咨询师孙丽平来到小李家中，她才得知自己患上了心理疾病。那以后至今的4个多月时间内，每隔两周，孙丽平都到小李家中对其进行专业心理治疗。

诸暨市公安局相关负责人表示，从成立之初的151人，到如今的1989人，诸暨义警队伍迅速壮大。他们之中，有各行业、各领域的专业人士，也有在校学生、退休阿姨等热心群众。义警队伍以“崇法尚义，积安向善”为宗旨，为百姓奉上最接地气的服务。

“义警队伍的建立很有新意，也很有意义，是对‘从群众中来、到群众中去’优良作风的继承与发展，通过发动群众、依靠群众，营造了警民携手共创和谐社会的良好氛围。”诸暨市公安局政治处主任徐岳新说。

2018年11月11日　中国之声《新闻和报纸摘要》

浙江诸暨：坚持和发展“枫桥经验”探索平安建设新做法

记者　张国亮

今年是毛泽东同志批示学习推广“枫桥经验”55周年暨习近平总书记指示坚持发展“枫桥经验”15周年。各地坚持以习近平新时代中国特色社会主义思想为指导，深化平安建设，探索打造出独具特点的“枫桥经验”，构建了矛盾纠纷多元化解格局。请听中国之声张国亮诸暨台报道：

在“枫桥经验”的发源地浙江诸暨枫桥镇，有一支流动的“红马甲”队伍——“红枫义警”，守护着百姓平安。旺妙村两位村民因为面积不足2平方米的水泥地积怨了20多年，红枫义警协会秘书长陈荣周主动请缨，协助派出所调解这一矛盾，两家握手言和。

陈荣周：【老百姓的事情由老百姓去沟通就是不一样，调解次数多了，他们内心也感动了。】

由民警和热心居民组成的“红枫义警”协会去年7月成立以来，从治安巡逻、社区矫正，到矛盾纠纷调解、流动人口管理等，用实际行动践行着枫桥经验“从群众中来到群众中去”的真谛。

枫桥红枫义警队长赵信：【让群众来参与我们社会面的管控工作，做到群防群治，这本身就是我们枫桥经验的内涵。】

各地在探索“枫桥经验”中，还以社会治理体制改革为契机，致力于关注民情、改善民生。

2018年11月12日　《光明日报》头版

浙江诸暨：让“枫桥经验”绽放新彩

记者　严红枫

优美整洁的生活环境，热情淳朴的民风乡俗，和睦融洽的邻里关系。走在浙江省诸暨市的大街小巷上，这座因“枫桥经验”而闻名的城市，处处彰显着和谐气氛和发展活力。

50多年前，诸暨创造了闻名全国的“枫桥经验”：小事不出村，大事不出镇，矛盾不上交。

作为全国“枫桥经验”的发源地，诸暨市认真贯彻落实中央、省、市关于坚持和发展“枫桥经验”的重要指示，发扬优良传统，以坚持党建引领基层治理、“三治融合”共建共享、为民服务百姓有感为内容，不断丰富和拓展“枫桥经验”新内涵，着力构建共建共治共享社会治理新格局，努力打造“枫桥经验”升级版、建设“平安中国”示范区。

诸暨市获得浙江省首批“平安金鼎”，并连续13年被评为浙江省“平安县市”，群众安全感满意度保持在96%以上。

抓住基层组织力的“牛鼻子”

近年来，诸暨市坚持打好“枫桥经验”旗帜不动摇，始终把党的领导贯穿基层治理全过程，大力实施政治引领、组织引领、能力引领、发展引领、服务引领“五大引领”工程，构建起了党组织统一领导、各类组织积极协同、广大群众广泛参与的现代化基层治理体系，为坚持发展“枫桥经验”注入了新的内涵。

组织兴，则诸暨兴；组织强，则诸暨强。基层组织与经济发展、社会治理、民生改善同频共振、相得益彰，使诸暨很好地演绎了民营经济从无到有、从小到大、从弱到强的壮丽篇章，提升了诸暨人的影响力，推动了诸暨的跨越发展。

诸暨大唐袜艺小镇是浙江省首批特色小镇，创建三年来，2.96平方公里集聚了518家袜企，2017年实现年产值92亿元。而大唐镇更有3000多家各类袜企遍地开花。然而，在经济上行压力加大的大背景下，如何引导企业抓治理促转型，是摆在大唐镇党委政府面前的重要课题。

为凝聚各方力量参与"重构袜业、重塑大唐"工作，去年以来，大唐镇党委探索构建了一整套"党建+"模式，关键在"治理转型""刚性任务""群团工作""乡贤参事"等新路径上下功夫，把抓基层党建与凝聚发展合力、推进重点工作、优化基层治理结合起来，聚集力量推进工业强镇、袜艺小镇建设。

在大唐袜业城试点的基础上，着力打造"红袜子"两新党建品牌。所谓"红袜子"，即围绕"袜子"主业，抓牢基层党建这个"牛鼻子"，铺就大唐镇各级各类新经济组织和新社会组织的思想与行动凝聚到做强主业上、凝聚到"重构袜业、重塑大唐"工作中，在浙江省树立了一面"以治理促转型"的旗帜。

基层治理"四个平台"建设是诸暨市党建引领贯穿基层治理的另一个亮点。去年以来，诸暨市紧紧围绕浙江省委、省政府和绍兴市委、市政府作出的基层治理体系"四个平台"建设战略，坚持百姓有事找平台、基层治理用平台，打造综治工作、市场监管、综合执法、便民服务基层治理"四个平台"和全科网格建设。

目前，诸暨市已全面建成基层治理"四个平台"建设，并构筑完成了一整套相对完善的基层治理体系，以此打造"枫桥经验"升级版。截至目前，该平台已累计采集信息38万余条次，事件按时办结率达100%。

借力"乡贤+志愿者"提升基层治理水平

为了群众，依靠群众，是"枫桥经验"的核心要义，也是"枫桥经验"50多年来历久弥新的关键所在。"新时期的'枫桥经验'，只有坚持以人民为中心的发展思想，才能站稳群众立场去找准问题，依靠群众方法来解决问题，切实做到社会治理过程让群众参与、成效让群众评判、成果让群众共享。"诸暨市政法委相关负责人说。

近年来，诸暨市以"进村赶考"姿态推进"返乡走亲""驻村连心""联户交心"，探索实施"群众档案"智慧网络法，做到"走村不落户、户户见干部"，特别是扎实开展"大学习、大调研、大抓落实"活动，已累计走访企业2277家、村（居）551个，走访党员群众11000余人次，办结问题1672个、办结率达84.2%，进一步筑牢了干群"连心桥"。

同时，充分发挥群众主体作用和首创精神，特别是以社会组织工作综合检测区试点为契机，因势利导、培育孵化，建成市镇村三级社会组织服务平台，推行"5+X"村级社会组织标准化建设，开发运用社会组织云系统，让专业人做专业事、志愿者做自愿的事。

枫源村试点以来，"5+X"吸纳了各层次热心村民参与，包括村乡贤参事议事会、村红枫义警协会、村乡风文明理事会、村580志愿服务协会、村邻里纠纷调解会等五类基础型社会组织，服务范围广泛。其中，乡贤参事议事会由乡贤、返乡走亲干部及村主职干部组成，主要负责助推村级经济发展建言献策等统筹性工作；红枫义警分会由巡防队员、社区民警、村干部等组成，负责开展日常治安巡逻、群防群治等平安建设工作；乡风文明理事会成员为各自然村有威望的村民、红白事中各项业务负责人、文艺爱好者等，主要引导村民在婚丧嫁娶等活动中破除陈规陋习；村580志愿服务协会整合多个志愿服务队，吸纳有一定专业技能的人员，为本村各项公益事业提供公益服务及宣传培训；邻里纠纷调解会则由退职老干部、调解员、律师、社区民警等人员组成，按照"枫桥经验"传承的"四前调解工作法"，及时掌握并调解矛盾纠纷。

这一系列动作成为枫源村启动规范村级社会组织管理，让"5+X"社会组织在村级事务中各展所长、精准服务村民的有力手段。目前，诸暨市登记在册的社会组织达728家，备案社区社会组织2232家，参加人数达28万余人，占常住人口的18.8%。

此外，诸暨市打破传统管控思维，以服务提质推动治理提效，特别是在流动人口管理方面，创新实施网格化标配式、集约化旅馆式、信息化协同式、多元化融合式"四化四式"服务管理新模式，探索"老乡党员带老乡"，推行闲置农房"红心租"，做到统一管理、统一改造、统一出租、统一分配收入"四个统一"和政府放心、村民开心、租户暖心"三心合一"。5年来，诸暨市流动人口犯罪率同比下降14.5%。

推进"三治融合"创新优化基层治理

2013年，浙江就把自治、法治、德治相结合的乡村治理体系作为坚持和发展"枫桥经验"的重要内容，今年又把"三治融合"作为总结提升推广"枫桥经验"的重要工程之一。目前，作为"枫桥经验"的发源地，诸暨市正大力推进"三治融合"建设，营造和谐氛围。

自5月下旬启动文明实践工作以来，诸暨在12个镇20个村开展试点，建立了"文明实践中心—文明实践所—文化礼堂"三级体系，以及市志愿服务总队、镇志愿服务中队、村志愿服务分队三级队伍，传承学习思想理论、"枫桥经验"、文明风尚、善行义举和优秀文化，并以接单的形式，精准地开展服务。

目前，诸暨移风易俗试点已扩展到27个镇街400个行政村，累计建成农村文化礼堂182个，平均每场红白喜事节支5万余元。

"枫桥经验"之所以历久弥新，其根本还在于始终把准时代脉搏，运用好智能化手段推动基层社会治理创新。诸暨市以深化全国"智慧安居"建设试点为契机，推动智慧治安、智慧消防、智慧交通和智慧小区“四智同步”，重点推进“雪亮工程”，推广“越警管家”基层警务新模式，创新实施“邻家警察工作法”，建成全省首个高清数字视频监控专网，全力打造“云上公安、智能防控”。5年来，该市刑事治安警情持续下降。

诸暨法院充分发挥“枫桥经验”发源地的独特优势，有效整合社会资源，总结特色经验，推动建立矛盾纠纷多元化解工作体系，抓好省级“在线矛盾纠纷多元化解平台”试点，不断丰富“枫桥经验”新内涵。目前，该平台共注册调解机构122家，调解员459名；今年1—9月份，在线受理纠纷4642件，结案4244件，其中调解成功2561件，已结案件的调解成功率为60.34%，平台运行初见成效。

为将治理触角向网络延伸，诸暨市还创新发展网上“枫桥经验”，创设了“1963法润”网络普法直播平台，开通“政民e线”直通车，构建网络监督平台，深化网络发言人制度，打造“24小时不下班的网上政府”。健全完善事前、预警、动态“三个发布”机制，织实舆情采集分析、舆情导控系统，清朗网络空间。

2018年11月12日 中国之声《新闻和报纸摘要》

浙江诸暨：探索平安建设新做法 打造新时代“枫桥经验”

记者 张国亮

今年是毛泽东同志批示学习推广“枫桥经验”55周年暨习近平总书记指示坚持发展“枫桥经验”15周年。各地利用互联网“云平台、大数据”，打造出了新时代的“枫桥经验”。请听中国之声张国亮诸暨台报道：

（现场音）

【小石，刚刚我路过那个路口，有个窨井盖破损了。】

【好的，我马上去看。】

接到道路存在安全隐患的信息后，诸暨市枫桥镇集镇网格员石如栋当即前往现场，用手机拍摄后将信息上报至“一张网”信息指挥中心。

小到路灯破损、井盖丢失，大到违法违章、治污防洪。在枫桥，各种民生民事都被揽入了“一张网”。

这里提到的“一张网”还包括诸暨市建成的浙江省首个高清数字视频监控专网，实现综治视联网全覆盖和公共视频监控全接入。

在诸暨枫桥镇综治办副主任李奕锭看来，视频监控极大地减少了人为因素，更容易被群众接受。

李奕锭：【机器自动抓拍，没有了人为因素，也就能够减少矛盾的因素。最后会实现老百姓少跑腿，让数据真正跑起来。】

2018年11月12日 《中国青年报》头版头条

浙江诸暨：续写“枫桥经验”新篇章

俞燕 记者 董碧水

夜幕降临，在浙江诸暨枫桥镇的街巷，会准时出现一批穿着红马甲的巡逻队伍。这是支在当地大名鼎鼎的队伍——“红枫义警”。

“红枫义警”现有正式成员119名，申请加入的则多达1200多人，“想成为正式成员，需要经过层层考验。”枫桥派出所教导员吴嘉军说。

其实，“红枫义警”的成立很偶然：去年5月，一群热衷于晚饭后锻炼的枫桥群众，看到派出所民警经常在街巷巡逻很辛苦，于是主动提出帮助民警巡逻。之后，民警因势利导，把这些群众“收编”，发展成为现在的“红枫义警”。

从治安巡逻、法制宣传到安防教育、纠纷调解、文明劝导、社会关怀，如今的“红枫义警”已成为当地社会治理的一支“新警力”。

“红枫义警”只是诸暨创新“枫桥经验”的一个缩影。

“靠的是人民，为的是百姓”

诸暨位于浙江中北部，1963年，曾因创造“发动和依靠群众，就地化解矛盾”的做法，得到毛泽东同志的亲笔指示。此后，“大事不出镇、小事不出村、矛盾不上交”的“枫桥经验”成为55年来中国政法战线的一面旗帜。

2003年，时任浙江省委书记的习近平同志在纪念毛泽东批示“枫桥经验”40周年暨创新“枫桥经验”大会上指出，要充分珍惜“枫桥经验”，大力推广“枫桥经验”。2013年10月，习近平又作出指示：要把“枫桥经验”坚持好、发展好。

“老杨调解室”是2010年从公安局退休的杨光照与其他3位退休老人一起建起来的。成立8年来，累计受理各类民间纠纷1800余起，调解结案1763起，兑现各类协议（经济）赔偿款5600余万元，调解成功率达98%，结案率达100%，群众满意率100%。如此之高的调解率，老杨说，靠自己的力量，肯定不行，依靠的是群众的力量。

前不久，枫桥的两名村民因为交通事故产生纠纷，于是找到“老杨调解室”。由于涉及金钱赔偿，老杨从情感角度几次劝解，双方还是争执不下，之后，老杨找来双方的朋友、民警、调解志愿者、律师等，从事实、法律、情感各个角度分析，终于让双方达成了和解协议。而在去年底，老杨说，同样是一场交通事故赔偿纠纷，他把双方拉到一起调解，还去找交警中队和律师等，来回几趟才把问题彻底解决。

目前，老杨的调解志愿者团队成员有100多人。“老杨调解室”也变成了“老杨调解中心”，形成了社区民警、特邀调解员、志愿者一起联动的调解组织。在枫桥，“有事找老杨”也成为当地群众的口头禅。

在绍兴市委常委、诸暨市委书记徐良平看来，“枫桥经验”走的就是群众路线，“靠的是人民，为的是百姓”。

目前，诸暨登记在册的社会组织有728家，备案社区社会组织2232家，参加人数达28万余人，占全市常住人口的18.8%。

“枫桥大妈”“红枫义警”“蓝天救援”“詹大姐帮忙团”“爱心蚂蚁志愿服务社”“乡贤参事会、议事会”等一大批社会组织成为诸暨社会治理的重要力量，形成多元共治的社会治理格局。

“大事全网联动、小事一格解决”

“村口路灯不亮，走路很不方便”“路口有人设摊，围观人员较多，请尽快处理”……走进枫桥镇综合指挥中心，一条条信息跳跃在中心大屏幕上，工作人员告诉中国青年报·中青在线记者，现在枫桥人生活中发现的点滴信息、问题都可以反馈在这个平台上。

信息的背后，是诸暨依托互联网建起的社会综治、市场监管、综合执法、便民服务“基层治理四平台”。

中心负责人告诉中国青年报·中青在线记者，综合指挥中心是这个平台的“大脑”，负责信息收集、分流交办、执行处置、日常督办、信息反馈、督察考核，实现“受理、执行、督办、考核”闭环管理，事项办结原则上要求“即事即办”，对疑难复杂事项最多不超过7个工作日。“平台上，一盏盏亮着的灯则提醒未办结的事项，要求尽快完结。”

2008年，为进一步推进基层治理转型，诸暨开始探索基层治理的网格化管理。2017年，整合原来乡镇设立的“七站八所”“七网八网”，将市场监管、综合执法、国土资源、环保、建设、人力社保、司法等7个部门的服务管理职权和人员全部纳入乡镇属地管理，乡镇机关干部、站所人员下沉网格。

目前，全市共有网格1203个、网格员2148名，工作内容涵盖了矛盾化解、公共安全、违法监管等100余个具体事项。2017年以来，各网格累计采集的信息达52万余条次，事件按时办结率达99.6%。

“实现‘大事全网联动、小事一格解决’，小区域激发了大活力。”诸暨市委政法委一位干部说。

“枫桥经验”历久弥新的核心要义

迄今，诸暨已连续13年被命名为“平安县市”，人民群众安全感满意度始终保持在96%以上。

徐良平认为，55年来，“枫桥经验”历久弥新，从“盆景”变为“风景”，始终坚持的就是“为了群众、依靠群众”的核心要义。

近年来，诸暨主动适应新形势变化，与时俱进提升社会治理的有效性。诸暨以善治为目标，广泛推行“自治、法治、德治”的“三治融合”共治，不断创新社会治理新模式。以群众自治为主体，破解“村务行政化、干部说了算、群众靠边站”村级管理顽疾；通过“五议两公开”，畅通民意表达渠道；在全市551个行政村（居、社区）全面制订村规民约、社区公约；要求村两委干部以及广大党员带头承诺，持续强化“三资”管理零违规、“四不”承诺零违背、“四违”零容忍、村级工程零投诉和村级公务零招待，“从源头上斩断利益链，让群众明白、让村干部清白”。

与此同时，诸暨实施政府法律顾问制度，邀请律师参与重大决策制定、房屋征收、农村土地流转等，通过“政民e线”“1963法润”、民生微信等，实现网民留言“两小时网上回应，24小时限时办理”和民生类网帖100%回复，打造“24小时不下班的网上政府”。

据悉，“网上立案、在线调解”的“在线矛盾纠纷多元化解平台”，自今年1月建立至今，通过平台上线的矛盾纠纷5365件，结案4623件，调解成功2981件。

目前，诸暨已建立了包括13大专业调解机构、742家调解组织、3536名人民调解员的大调解体系；形成了人民调解、行政调解、司法调解相衔接的“多层次、社会化、全覆盖”大调解格局。据统计，近5年，全市人民调解组织受理矛盾纠纷近7万件，调解成功率达到98%。

2018年11月13日　　《人民日报》头版

让“枫桥经验”在新时代发扬光大

人民日报评论员

“小事不出村，大事不出镇，矛盾不上交。”

上世纪60年代由浙江枫桥干部群众创造的“枫桥经验”，历经全国各地坚持和发展，焕发出旺盛生机与活力，成为全国政法综治战线的一面旗帜。11月12日，中央政法委和浙江省委在“枫桥经验”发源地联合召开纪念大会，正是要在新时代坚持发展“枫桥经验”，加快推进基层社会治理现代化，努力建设更高水平的平安中国，不断增强人民群众获得感、幸福感、安全感。

55年前，毛泽东同志批示学习推广“枫桥经验”。15年前，时任浙江省委书记的习近平同志明确要求充分珍惜、大力推广、不断创新“枫桥经验”。5年前，习近平总书记作出重要指示，要求把“枫桥经验”坚持好、发展好。55年来特别是党的十八大以来，各地在继承的基础上创新，在积累的基础上深化，推动“枫桥经验”落地生根，从乡村“枫桥经验”衍生出城镇社区“枫桥经验”、海上“枫桥经验”、网上“枫桥经验”，从社会治安领域扩展到经济、政治、文化、社会、生态等领域。实践充分证明，“枫桥经验”是党领导人民创造的一整套行之有效的社会治理方案，是新时代政法综治战线必须坚持和发扬的“金字招牌”。“枫桥经验”之所以历久弥新、富有活力，就在于始终依靠党的领导这一最大优势，始终坚守人民至上这一不变初心，始终弘扬改革创新这一时代精神，始终激活基层基础这一深厚本源。

新时代坚持和发展"枫桥经验"，就要始终践行党的群众路线。群众路线是我们党的生命线和根本工作路线，无论时代如何变化，群众路线这个党的传家宝不能丢。"枫桥经验"依靠群众就地化解矛盾，实质就是贯彻落实党的群众路线。与时俱进地把"枫桥经验"坚持好、发展好，就要把党的领导作为根本保证，推动健全党委领导、政府负责、社会协同、公众参与、法治保障的基层社会治理体制，凝聚起基层社会治理的强大合力；把"以人民为中心"作为根本立场，努力满足人民群众美好生活新需要，让城乡群众成为基层社会治理的最大受益者、最广参与者、最终评判者。

新时代坚持和发展"枫桥经验"，就要创新群众工作方法。"枫桥经验"的生命力就在于创新，各地区各有关部门根据形势变化不断赋予其新的内涵，创新了党建引领的方式方法，探索了群众路线的实践路径。进入新时代，我国社会主要矛盾发生历史性变化，人民群众在社会治理、平安建设等方面呈现新需求。与时俱进地把"枫桥经验"坚持好、发展好，就要以改革创新为动力，把自治、法治、德治作为根本方式，努力构建基层社会善治新体系；把预测预警预防作为根本任务，努力打造矛盾风险防控新模式；把基层基础建设作为根本支撑，努力激发基层社会治理新动能。

发展是硬道理，稳定也是硬道理，抓发展、抓稳定两手都要硬。坚定不移走中国特色社会主义社会治理之路，把党的群众路线坚持好、贯彻好，让"枫桥经验"在新时代发扬光大，提高社会治理社会化、法治化、智能化、专业化水平，加快形成共建共治共享的社会治理格局，我们就一定能确保人民安居乐业、社会安定有序、国家长治久安。

2018 年 11 月 30 日　　新华网

浙江诸暨：

宾客云集山下湖　"珍珠小镇"绽新彩

11 月 30 日，第十一届中国（国际）珍珠节暨首届山下湖珠宝展在浙江诸暨山下湖开幕，活动期间举行淘宝行业淘宝直播基地项目签约仪式、首届山下湖珠宝展、中国（国际）珍珠创意设计高峰论坛、2018 山下湖珍珠首饰创意设计大赛颁奖典礼及百名网红、抖音达人"珍珠小镇"网络直播推介等活动。

聚焦国际化、时尚化、生态化

诸暨市山下湖镇有着"中国珍珠之都"美誉，山下湖珍珠年产量占全国的 80%，世界总产量的 73%，有工商注册的珍珠企业、个体户以及大小作坊共 2108 家，规上珍珠企业 20 家，其中销售额超 5000 万元珍珠企业 9 家，超亿元珍珠企业 7 家。

山下湖镇位于诸暨的东北部，区域面积 42.56 平方公里，人口 2.9 万，是浙江省级高新特色产业基地、浙江省级服务业集聚示范区、浙江省美丽乡村示范镇、"美丽浙江？强镇榜样"产业聚集示范镇，也是淡水珍珠产、加、销中心。

山下湖淡水珍珠养殖始于上世纪 60 年代末，历经 50 多年的发展，目前已初步形成以养殖基地为基础、特色工业园区为依托，专业市场为龙头的产业经营格局，入选为浙江省特色小镇。

近年来，山下湖镇党委政府以珍珠特色小镇建设为载体，聚焦国际化、时尚化、生态化三大发展，聚力三产融合，持续打好"整治、提升、拓展"三位一体的转型升级系列组合拳，做优做精做强珍珠产业，打造珍珠产业转型升级范本。力争通过两年时间，实现珍珠产业年均产值增长 12% 以上、进出口增长 10% 以上；通过 5 至 10 年时间，让珍珠产业从百亿级到千亿级进发，实现由"珠"到"宝"的转变。

巧用"互联网+"思维打品牌、卖珍珠

自 1998 年起，山下湖镇开始举办中国（国际）珍珠节，两年一届至今已连续举办了 10 届，逐渐提升了珍珠产业知名度和影响力。

近年来，诸暨市委市政府高度重视珍珠产业发展，大力实施品牌战略，运用"互联网+"思维和跨境电商平台，不断开拓国内外市场，形成了一批具有影响力的珍珠行业企业和持续发展的产业集群。在此背景下，第十一届中国（国际）珍珠节更多体现"互联网"元素。

"今年的珍珠节怎么办？"早前，山下湖镇政府就把这个问题抛给了当地珠宝城的商户。浙江省珍珠行业协会秘书长赵新光认为，"珠商直接面对市场，更知道客户想要什么。"作为当地珍珠直播店负责人，张浩抱着试试看的态度提出了想法："虽然这两年山下湖珍珠电商发展快，但大家各自为政，还存在比拼价格现象，有损产业整体品牌形象。能不能在这个方面下功夫，比如请大牌网红来正面引导"。

如他所愿，此次活动的一大亮点就是邀请百名知名网红、抖音达人到珍珠小镇来为商户"卖"珍珠。另外，为进一步丰富珍珠节的配套活动以及丰富诸暨珠宝市场品类，山下湖镇政府还举办了"首届山下湖珠宝展"，近 35 家珠宝企业参展，涉及贵金属、翡翠玉石、钻石、红蓝宝石、水晶、欧泊、古董钟表等展品，还有 1300 余家珍珠商家线上线下同步参展。

"每两年举办一次珍珠节，是传承与发展珍珠文化，提升山下湖珍珠知名度、美誉度，不断开拓国内外市场的一大举措；是展示山下湖珍珠产业转型升级成果、促

进珍珠与各类产业合作的良好契机；也是全面助推‘珍珠小镇’建设，打造珍珠产业发展新引擎的重要途径。”山下湖镇有关负责人说道。

荡尽尘埃复明珠 为全域景区化添彩

在山下湖人的记忆中，珍珠养殖早已融入生活。然而，随着产业不断扩张，山下湖镇的环境也被不断破坏。

“淡水珍珠之乡”以水闻名，却也因水而愁。

如何做到要“面子”，又要“里子”，要好珍珠也要好水质？今年年初，诸暨提出了“既要珠光宝气、也要碧水清波”的整治理念，掀起一场珍珠养殖污染大整治行动，以治水为目的，决心取缔一批、改造一批、示范一批，推动珍珠养殖产业转型。

根据整治计划，山下湖镇划定了禁养区。截至目前，禁养区的珍珠养殖清退工作已全面完成，开启了“绿色养殖”标准化模式，实现整个水域的美丽“蜕变”。

事实上，这只是山下湖“荡尽尘埃复明珠”的一个缩影。自去年10月份开展环境综合整治以来，山下湖镇积极开展美丽乡村“一口二道四化”农村生态环境提升行动，通过入村口、上级道路和主要村道的环境整治，实现了地面卫生的洁化、污水纳管的净化、花草点缀的绿化、庭院景观的美化。

由点及面，全域铺开。据了解，山下湖镇投资了3000余万元进行全域景区化建设，计划打造一个集“珍珠产业＋特色旅游”为一体的特色小镇，通过打造全域景区，结合湖畈资源和珍珠产业增加旅游产业收入，倒逼珍珠产业转型，既壮大集体经济，又增加农民收入。

“我们把完善集镇基础设施建设作为打造特色小城镇的关键核心，抓牢特色开展美丽建设，构建具有山下湖地域特色的‘全域景区化’优美画卷。”山下湖镇党委书记钟亦飞表示，接下来还将继续坚持建设与治理两手抓理念，以产业为依托，着力建设环境优美、产业聚集、辐射明显的特色小城镇，以“全域全景”为依托，力争通过三年时间实现“整镇创A”。

2018年12月3日　　《人民日报》第10版

浙江诸暨市场主体数突破17万家

记者　边　钧

近年来，浙江省诸暨市建立宽进严管、放管结合、证照联动的商事登记新模式，市场准入环境不断优化。据介绍，诸暨的市场主体数已突破17万家，其中民营个体经济占比达98.92%。在优化准入关口的基础上，诸暨架起银商合作桥梁，开展商标质押融资，对30家大型民营企业的优质商标进行价值评估，累计估值达59.85亿元，获得贷款4.9亿元。同时，积极培育小微民企，构建小微民企发展跟踪联络机制和个性化成长辅导机制，截至目前已累计培育小微民企3.6万余家。今年前三季度已向四家商业银行推送信用优质小微民企1000家次，融资2210万元。

2018年12月23日　　人民网

乡贤集聚，集思广益
合力助力浙江诸暨发展

记者　张丽玮

12月21日至23日，集聚强大合力的2018诸暨发展系列周主题活动在诸暨展开。在今天下午举行的“合力诸暨”主题活动上，各地诸暨人联谊会（商会）会长汇聚一堂，围绕如何充分利用联谊会（商会）平台优势助力家乡发展，为诸暨经济社会高质量发展听诊把脉。活动现场，还聘请了6位商会负责人担任诸暨市人民政府招商顾问。

今年是诸暨市高质量发展元年，全市传统产业改造提升和新兴产业引导培育成效日益凸显。诸暨以创成省振兴实体经济（传统产业改造）试点示范市为目标，坚持传统、新兴两轮驱动，大力振兴实体经济，2018年规上六大主导产业产值、利润预计分别增长15.5%和5%；开展科技企业培育“双倍增”和“春苗培育”行动，战略性新兴产业增加值、高新技术增加值、新产品产值预计分别增长5%、12%和30%；新增国家高新技术企业66家、省科技型中小企业320家、省高成长性科技型中小企业29家；开展招商选资竞赛活动，实施重大项目现场办公，引进10亿元以上的项目8个……

“把市场信息反馈给家乡，把好的经验带回家乡，把好的项目引到家乡，努力成为以商引商的重要平台、诸商回归的重要力量，不断推动诸暨经济高质量发展。”中共诸暨市委常委、统战部部长孟国锋提出，各地联谊会（商会）要以家乡发展为己任，引导在外乡贤充分发挥自身资本、人脉资源优势，推动资金、技术、人才、信息等各种资源要素加速向市内集聚，实现诸暨人经济与诸暨经济的良性互动。

凝聚力和影响力是联谊会（商会）成立的基础，也是联谊会（商会）规范发展的源泉。唯有坚持“重在建设”“贵在创新”，才能不断增强自身的凝聚力和影响力。在外发展的诸暨人要发挥牵线搭桥、宣传窗口、献计献策作用，积极出谋划策、建言献策，把各地经济社会发展的好经验、好做法推荐给家乡，为市委市政府科学决策提供重要参考。

据悉，近年来，各地诸暨人联谊会（商会）都为家乡和当地两地公益事业做出了很大贡献，通过牵线诸暨在外人士关注家乡公益，已形成助力“五水共治”、结对助学、送医下乡等联谊会（商会）慈善品牌。

诸暨旅台同乡南部联谊会会长楼培麟希望，以后加强联系，做好家乡对外宣传工作。

“如果每个商会能找到企业家去改造家乡，建设美丽乡村，并形成旅游线，是利在千秋的事。”北京诸暨企业商会会长赵伟平建议，有条件的商会可以在诸暨建设更多环境优美的新农村。

“联谊会（商会）是桥梁，以商引商商会是很适合的平台。”杭州市诸暨商会会长周全新认为诸暨需增强引导，激发传统产业新活力。他以袜子为例，提出要瞄准高端市场，提升袜子附加值。

加拿大诸暨同乡会会长石贤权为，要发挥好同乡会作用，为家乡引进好项目、优秀人才。

百舸争流，奋楫者先。据悉，下一步，诸暨市将积极投身未来新经济，主动拥抱新技术、新产业、新业态、新模式，以高质量的创新，澎湃新动能，激发新活力。

2018 年 12 月 28 日　　《人民日报》第 13 版

浙江诸暨破解基层公权力监督难题

监督搭平台　信息都上网

记者　寿玉萍

一条问题信息日前进入浙江诸暨市网上“基层公权力监督平台”，反映大唐镇银杏村楼大姐在其儿子就业家境改善后，仍领取低保补贴。平台经关键信息比对，确认楼大姐已高出困难家庭认定标准。镇政府按规定取消楼大姐低保资格，镇监察办对负责后续跟踪管理的驻村干部进行约谈。

“小微权力跟群众切身利益紧密关联。把镇村的‘芝麻权’摊开晒一晒，更精准快速掌握情况、处置问题，是打通精准监督‘最后一公里’的举措之一。”诸暨市纪委副书记赵刚说。

今年 7 月，诸暨市纪委监委为确保监察职能向乡镇延伸，设计了基础信息、业务操作、政治画像等 4 大平台功能区块，为精准监督提供支持。点开平台，所有监督对象基本信息一目了然，从信访举报、问题线索、出国（境）证照持有使用等具体情况，到公共资源交易、社会救助管理等相关数据信息应有尽有。根据大数据绘出的“一村一图”分色预警，为党组织监测预警提供实时依据。

公权力监督平台联通农村“三资”监管系统，村工程票据全部上传，发现问题无需下村。“一些可能演变为信访的问题得到及时处置，第一时间解决在萌芽状态。”枫桥镇监察办主任朱建锋说。

依靠网格，诸暨市还配套制定镇乡（街道）纪（工）委监察办日常监督工作办法，推行市镇、镇镇、镇组联动，基层纪检队伍信息通畅，形成权力监督一张网。

2. 省级媒体报道选载

2018 年 9 月 6 日　　浙江之声

诸暨坚持创新发展“枫桥经验”
以新担当新作为开创高质量发展新局面

记者　沈亭亭

特别策划《向人民报告》：绍兴市委常委、诸暨市委书记徐良平说，诸暨将坚持创新发展“枫桥经验”，以新担当新作为开创诸暨高质量发展新局面。

今年是纪念毛泽东同志批示学习推广“枫桥经验”55 周年，也是习近平同志指示坚持发展“枫桥经验”15 周年。作为“枫桥经验”的发源地，诸暨坚定抓好基层治理工作，连续 13 年被评为省平安县市。徐良平说，诸暨将坚持创新发展“枫桥经验”，扎实抓好群众身边的“关键小事”。

【出录音：坚持党建引领，德治、法治、自治‘三治融合’、共建共享。我们今年做了一件小事，很具体的事情。让老百姓自己议论、决定，把红白喜事标准化。超过 400 个村已经在实施了，平均一人可以省下 5 万块钱，我们一年可以省下十个亿的钱。经济账，减负增收。文明账，移风易俗。也反映了清正廉洁。】

15 年来，诸暨全市生产总值年均增长 11%，去年突破了千亿元。当前，诸暨正大力实施数字经济“一号工程”，以产业数字化为突破口，加快传统产业改造提升。徐良平：

【出录音：把珍珠小镇、袜业产业的大数据中心建起来，全世界的人为诸暨设计产品，诸暨设计的产品要为全世界服务，（也）包括‘企业上云’‘两化融合’，等等。】

徐良平说，诸暨将坚持改革不停步，以“最多跑一次”改革撬动各领域改革；坚持开放不止步，紧抓省委“四大”建设和上海“四大品牌”建设契机，努力实现接轨上海融入杭州。

【出录音：现在我们重点在抓企业投资项目的承诺制改革。企业拿到土地以后，目标不超过 30 天，让企业能打桩开工建设。接下来我们要与杭同城，从发展战略的融入，基础设施的接轨，创新要素的承接，社会事业的共享四大方面改革创新。还要接轨长三角，上海现在服务文化制造购物四大品牌的建设，也要主动去接轨。】

2018年1月7日　《浙江新闻联播》头条

新时代新征程：
淘汰落后产能 浙江超额完成年度目标

市广播电视台融媒体中心

【导语】

去产能是供给侧结构性改革重要任务之一，近年来，诸暨市大唐镇下决心清除袜业产业中的低端、无效、落后产能，除旧革新，为新动能留足空间。

【正文】

在大唐镇浙江汇能针织有限公司车间内，技术工人正忙着调试刚到货的30台全自动袜机，而在车间另一侧，已经完成调试的新设备则开足马力生产。相比过去1名工人看管10台老袜机，现在这30台全自动袜机只需1名工人就能照顾到位。

【同期声】

浙江汇能针织有限公司总经理 施国权：旧设备大概一天生产300双袜子左右，新设备缝头缝好，能生产200双。但是各方面人工流转这些环节都取消掉了，等于说就是一只成品了。我们测算了一下，产能下降了1/3，但是利润上升了2/3，所以整个这一块还是划算的。

【正文】

淘汰旧设备，为公司带来的不仅仅是成本上的节省。作为一家袜子外贸企业，施国权更看重产品在国际市场上的竞争力。新设备的上马，提升了企业对产品质量的可控度，施国权正打算用全自动袜机，替换掉全部旧设备。

【同期声】

浙江汇能针织有限公司总经理 施国权：这个是没有缝头的袜子，这个袜子我要拿到外面去缝头，打包打好。缝头有时候袜子会少，而且做出来人家缝得好不好，有很多因素控制不了。这个我们每天都能看得到，我能摸得到。

【正文】

对于传统产业而言，去产能带来的最直接效应就是市场竞争力的提升。大唐镇在探索袜业产业转型升级之路上，找到以“一减一增”为核心的提升之路。“一减”便是去产能，该镇三年累计关停整治企业3500余家，淘汰各类老旧袜机一万多台（套）。“一增”则是增效益，以大唐袜艺小镇建设为龙头，该镇加大技改投入力度，提高设计能力，增加袜子附加值。【图表】2017年，大唐镇在袜子产量累计减少8亿双、劳动用工减少4万人的背景下，完成工业总产值317.3亿，其中规上企业新产品产值52.6亿元，同比增长8.4%；高新技术产值37亿元，同比增长28%。

【同期声】

诸暨市大唐镇党委委员杨狄：近三年来，我们鼓励企业淘汰落后产能，摆脱了家庭作坊式的生产模式，去除了低价竞争为主的竞争模式，使我们大唐袜业得以脱胎换骨，涌现出大量中高端的新产品，使产品的附加值得到了极大提升，让我们袜业的优化升级之路找到了跑道，见到了曙光。

2018年3月31日　《浙江日报》头版

瞄准高端 全链创新
“大唐”转型升级探新路

诸暨日报记者 石坚钢 翁均飞

这几天，浙江创美文化传播有限公司设计的一批功能性运动袜正在打样。与以往不同的是，这批袜子将以自主品牌“阿格莱德”出口美国，进入袜子连锁店。公司负责人陈仁勇说：“单纯代加工，利润率5%至8%；自主品牌出口，利润率30%。从代加工到自行设计、代加工，再到自主品牌出口，我们企业实现了三级跳。”

近两年来，诸暨大唐袜业新产品产值从174.4亿元增加到214亿元，变化的背后，是大唐袜业整个产业链的不断创新。

经过40年的发展，以大唐镇为中心的大唐袜业，每年生产袜子250亿双，占全国的70%，世界的30%。随着劳动力成本的不断上涨，加上国内其他地区和部分国家袜业产业的崛起，竞争日趋激烈，大唐袜业要牢牢掌握行业话语权，必须加大创新力度。

为此，大唐镇政府联合有关部门和行业龙头企业、相关高校院所，组建了大唐袜业创新服务综合体，包括九大服务体系，有效整合产业链各要素，解决技术创新、产品创新、业态创新等瓶颈问题，推动了袜业转型升级。今年1月，大唐袜业创新服务综合体进入第一批浙江省产业创新服务综合体创建与培育名单。

好袜子需要好袜机。在大唐袜业创新服务综合体的支持下，浙江海润精工机械有限公司、浙江叶晓针织机械有限公司等企业相继成功研发一体式袜机，获得国家发明专利证书，产品出口美国等国家。

整个袜业产业链的创新都需要人才的支撑，为达到高层次人才集聚的目标，大唐镇高效运作纺织袜业研究院、院士专家工作站、世界袜业设计中心、大学生创业园等平台资源。经过大唐袜业创新服务综合体牵线搭桥，今年3月，诸暨市卡拉美拉品牌管理有限公司与中原工学院成立卡拉美拉企业袜子研究院，柔性引进国家级科研专家1名、材料博士3名、纺织研究生8名。为进一步吸引各地的创意设计人才加盟大唐袜业，今年大唐镇将举办第二届“大唐杯”袜艺设计大赛。

大唐镇党委书记田海斌说，大唐袜业将围绕传统动能修复与新动能培育两大主题，为中小企业提供研发、设计、生产、销售等全方位服务，加快培育出新型袜业产业集群。

2018年4月26日　　《浙江新闻联播》头条

绍兴：唤醒“沉睡”的农房
摸清家底 走出激活第一步

浙江电视台

【导语】

如今，随着越来越多的农民选择到城里落户工作，农村里闲置的老宅数量也越来越多，如何把这些沉睡的资源利用起来，前不久绍兴市出台了“闲置农房激活计划”，提出用3年时间激活一万幢农房。这项工作怎么干，会给村民们的生活带来什么样的变化，日前记者对绍兴多个乡村进行了蹲点调查，来看报道。

【正文】

【字幕】绍兴诸暨马剑镇石门村

【同期声】（现场讨论一段朱小根发言）

诸暨市马剑镇石门村党总支书记 朱小根：一，明的是租房收入，第二个，他们（游客）是不是要吃饭，吃饭是不是我们老百姓种的东西……

【正文】

正在进行的，是诸暨市马剑镇石门村的村民小组长会议，几天前，镇里下发了摸排闲置农房数量的通知，围绕着村里有多少空房、出租金额和年限等话题，大家你一言我一语，十分热闹。

【同期声】

拿个具体措施出来，没有措施光嘴上说说，人家不相信（热烈讨论现场）

【正文】

石门村是诸暨的山区村，村里1400多个村民有六成在外打工，闲置的农房差不多有70多间。

【同期声】（记者跟朱小根在村里走动查看农房闲置情况）

记者：（敲门）这家有人吗？

朱小根：没有，都出去了。

【同期声】（在一个墙体已经倒塌的危房前）

诸暨市马剑镇石门村党总支书记 朱小根：这面墙先塌了，它因为是木头结构的柱子，你看那个，你看几乎都烂掉了。

【正文】

房龄长再加上长时间没人住，石门村大多数闲置农房都已经成了危房。这座四合院老宅已经有上百年的历史，原先的八户村民搬的搬走的走，剩下的三户，也大多把这里当作厨房和吃饭的地方。户主之一的朱良法是村里辈分最高的老人，房子能不能出租，他的意见很关键。

（现场走进一农房）

【同期声】（在朱大爷的二楼）

诸暨市马剑镇石门村党总支书记朱小根：你看你就像这种地方多少危险？当民宿租去了就会给你修好的。

【同期声】（村书记跟朱大爷交流现场）

诸暨市马剑镇石门村村民 朱良法：从小在这里待惯了，你一下子让我搬想不大通的，不是说这里有多好。

【同期声】（采访）

记者：有房租收，你为什么不愿意？

朱良法：哎呀，有房租，我们这里又不是大城市，价格租不好的啦。跟五泄也不好相比，那边是（开发旅游）年份长了。

【正文】

租金高不高、未来效益好不好，再加上和老房子有感情，这三个顾虑让很多村民对出租自己的农房持观望态度。不过看得见的政策红利和自身的旅游潜力，让村干部们还是很有信心。这几天，已经有不少投资者对这里表现出了浓厚的兴趣，一名来自兰溪诸葛八卦村的民宿投资人还专门来到朱良法老人的四合院，听取村支书朱小根的介绍。

【同期声】（一小段介绍的现场）

诸暨市马剑镇石门村党总支书记 朱小根：这个我们规划朱家大厅，我们规划是农耕文化馆。

【正文】

投资人的出现，让朱良法老人多少有些心动。

【同期声】（现场，追上去问）

朱大爷：同志，我们这里能不能弄得跟八卦村一样好啊？

投资人：那肯定啊。

朱书记：他现在说能弄得跟兰溪八卦村一样好，那你同不同意呀？

朱大爷：那当然好了。我反正会带头的，带头都搞好了。

朱书记：您是想通了，那你要带头的，说话算数的。来来来，朱总我们握个手握个手，你看你来了我们…

【正文】

村干部面对面做工作，投资人面对面接触，很多村民的顾虑在慢慢地消除。这幢两层楼的老宅成为了石门村第一个签约出租的农房，来自上海的投资人，将把它打造成村里的第一个民宿。

【同期声】

诸暨市马剑镇石门村村民 方朝法：（房子）空着也是空着，村子要是旅游方面搞得好，我们也挺欢迎的。

【正文】

在整个绍兴市，闲置农房的面积有476万平方米，走出激活第一步之后，未来发展的路径在哪里？请继续关注《绍兴唤醒“沉睡”的农房》第二篇。

2018年第5期　《今日浙江》

为改革创新者撑腰鼓劲

诸暨探索建立具有地方特色的容错纠错机制，全力营造鼓励改革创新、支持履职担当的良好氛围。

特约记者　俞　燕　孟建阳

由于历史原因，诸暨市有一大批中小企业无法办理房产证，从而使企业抵押难、融资难问题凸显。诸暨对仅用于抵押贷款的中小企业权证办理实施容错免责，共为1339家中小企业发放权证，实现融资50多亿元，有效支持了实体经济发展。

这是诸暨市制定出台《鼓励改革创新支持履职担当免责办法（试行）》后的又一典型案例。

近年来，诸暨认真贯彻落实习近平总书记“三个区分开来”的指导原则，以“1+X”为思路，探索建立具有诸暨地方特色的容错纠错机制，旗帜鲜明地为改革创新者撑腰鼓劲，全力营造鼓励改革创新、支持履职担当的良好氛围。

犯错可容　激励干部大胆改革创新

2014年6月，诸暨市制定出台《鼓励改革创新支持履职担当免责办法（试行）》，对参与重点项目建设、重点工作推进、刚性任务执行及承担改革创新试点任务的相关单位和个人出现的工作失误或无意过失，给予减轻或免除相关责任，为敢想的人“开绿灯”，为敢干的人“兜住底”。

《免责办法》明确了“主观上以推进重点项目、重点工作和刚性任务落实为目的，且在出现失误后，能积极主动采取措施，尽力挽救、纠正，减少损失和影响的”等4个必须同时具备的容错免责条件。

2015年，有群众反映诸暨某镇党委书记因2010年某工程没有严格按招投标程序便实施道路建设。诸暨市相关部门调查后认为：该镇党委书记虽然没有严格按招投标程序执行，但该工程实施是经过班子集体讨论决定的，且目的是加快园区建设进度，他的做法符合《免责办法》规定情形，决定对其采取从轻处理，予以党内警告处分。在随后的干部调整中，该镇党委书记转任市级机关部门党组书记、局长。

容错免责的前提，是厘清职责、界定责任、精准问责。如果容错泛化，门槛过低，就会成为有些干部的“挡箭牌”，甚至被错用滥用，偏离容错机制出台的初衷。

2015年，诸暨市制定《诸暨市领导干部问责办法（试行）》，翔实梳理了问责情形、问责具体形式、责任界定、处理定档和问责程序等方面内容，明确了领导干部“不履行或者不正确履行职责，甚至失职失管失察失范”等5类必须问责的情形，列出了包括日常管理、包村驻村、社会稳定、环境生态、行为规范等5大类75条“问责清单”，使问责更加精准化。

实施中，诸暨严格规范程序，注重结果运用，整个流程清晰严密，每个环节职责清晰，结果认定客观公正。如《免责办法》就对免责程序的启动、申请、受理、调查、认定和答复作出具体细致的规定：明确在启动问责程序后三个工作日内，由被问责单位提出免责申请，问责单位负责调查受理。市委全面深化改革领导小组办公室负责对是否符合免责情形的认定和结果的答复反馈，同时对结果认定的答复作了时限规定。

据统计，近两年来诸暨市共发出问责通报135期，通报批评单位367个次、问责副科级以上领导干部100人次，其中党政纪处分5人。

容错纠错　推进重点工作有效推进

在诸暨办证窗口，某企业在办理商事登记时缺少了一份材料，按要求企业无法正常办理。为让企业少跑路，窗口核对该份材料不在市场准入负面清单之列后，主动承担责任，先给企业予以登记，让企业事后补齐。事后，负责审核的部门通过审核认定，认为企业缺失的材料确实不在市场准入负面清单之列，按照容错纠错机制，可以予以免责。相关部门也表示，容错纠错机制让他们在“最多跑一次”改革中底气足了、胆子大了、步子也更快了，群众相应得到的实惠也更多了。

改革任务落在哪里，容错纠错就立即配套到哪里。在《免责办法》基础上，诸暨市围绕投融资体制改革、“最多跑一次”改革等重点改革事项出台专项容错纠错办法，以清单形式“个性化”明确容错纠错的适用情形、政策边界和认定标准。

在“最多跑一次”改革中，诸暨对干部打破“信息孤岛”和审批“容缺受理”实施容错免责，鼓励干部“推动数据共享”、创新服务方式，在全省率先建起了畅通安全共享的大数据“中央厨房”，审批事项“容缺受理”全面落实，实现了群众办事“一证通办一生事”。

为让干部卸下干事包袱，推动干部大胆干，诸暨在急难险重工作推进中，对干部的一时之过不“一票否决”，为公之失不“重打板子”，推动干部勇于攻坚、善作善成。特别是对于历史遗留问题，诸暨坚持用辩证和发展的眼光看问题，消除干部理“旧账”的思想顾虑，推动干部走进矛盾、破解难题、啃下“硬骨头”。去年以来，诸暨市117个历史遗留问题和城中村改造等一批“老大难”问题迎刃而解。

健全保障 使容错纠错更具操作性

容错纠错是一项探索性工作，诸暨市为确保制度有效发力、落地生根，针对改革工作中出现的新问题、新情况，出台了一系列配套制度，使得容错纠错整个制度体系更加丰满有效。如建立风险评估机制，通过召开改革任务部门和问责部门对接协调会、行业专家评估会等形式，对改革推进过程中可能存在的风险进行科学评估预测，并由市委深改办对是否符合免责情形进行前置把关，力求将问责风险降至最低。

诸暨还建立纠错备忘机制，鼓励引导“试错”的干部积极主动承认错误，努力挽回损失，避免“一容了之”“重复试错”；实行台账纪实，所有问责、免责案例“一案一档”建立工作台账，为精准问责、精准免责提供借鉴参考。同时，建立免责谈话机制，对干部作出免责决定后，及时进行组织谈话，对其失误行为进行提醒，对其敢闯敢试精神予以肯定，帮助消除“后顾之忧”，延续工作干劲。

诸暨市的容错纠错机制对改革创新的失误宽容对待，对干部创业的失败客观评价，从根本上保护和关爱干部，进一步鲜明了选人用人导向，激励干部大胆改革创新、放手干事创业。2015年以来，全市共有11名干部被免责处理，69名改革实绩突出干部被提拔重用，怕担责怕出错、不敢试不敢为的问题得到较好解决，广大干部“将改革进行到底”没了思想包袱，“撸起袖子加油干”有了定心丸。改革成为诸暨发展的最强音，传统产业改造提升加速推进，新旧动能加快转换，共建共治共享的社会治理新格局加快形成，经济社会迈上了高质量发展的快车道。

2018年5月20日　　《浙江日报》头版

诸暨推行企业投资项目承诺制

政府定标准 过程强监管

记者　周智敏　干　婧　金燕翔

“真是想不到，从备案到开工竟有这么快！”在诸暨市店口镇环保高新园区投资落户的东北汉子樊洪波感慨万千。

他所在的浙江易桂塑胶有限公司，需上年产800吨环保型高分子材料生产线项目，从项目备案到获得施工许可，才25天时间。“要是以前，最快也得三个月。”樊洪波说。

这主要得益于诸暨市开展的企业投资项目承诺制改革。这项改革从今年3月份开始试点，对企业投资项目形成了“政府定标准、企业作承诺、过程强监管、信用有奖惩”四个环节的闭环管理。试行两个月，已有6个项目尝到改革的甜头：从项目备案到开工建设，平均用时从原来的三个月缩短至25天，实现了“企业在开工前只需跑一次”的目标。

政府定标准，这是前提。“我们制定了一套项目筛选评估机制，着重做实前期信息对接服务。”诸暨市公共服务中心党工委副书记黄雁飞表示。在项目前期筛选评估中，会对照园区准入标准进行评审，并制订具体地块的主要指标，做好“三通一平一初勘”，从源头上消除项目不实、不清、多变等问题，破解了项目后续因问题成堆而长期拖延甚至无法开工的难题。

企业一旦摘取政府提供的“标准地”，就需要提交项目效果图，对政府制订的亩均税收、亩均产值、单位能耗、单位排放等主要指标作出书面承诺，并在项目所在地及政府门户网站统一公示。镇乡（街道）以及相关部门为项目提供全程跟踪代办服务。

企业作承诺，万一失信了，怎么办？诸暨市建立了投资项目服务联系单制度以及全程跟踪监督机制。记者在诸暨市企业投资项目承诺制管理平台看到，每个项目分放样、基础、结顶、完工等重要节点，每个节点动态，都有相关部门专人跟踪监督，并详细记录在情况追踪表上。该市17个部门还共同制定了承诺制改革信用评价及联合奖惩实施细则，对守信失信企业，实施联合奖惩。

2018年6月9日　　《浙江日报》头版

线上+线下，求职租房一条龙搞定

诸暨服务流动人口出实招

诸暨日报记者　石坚钢　翁均飞

江西省景德镇市的张贵和张兰是同村老乡，6月5日上午，两人一起来到诸暨市大唐镇新劳动力市场找工作。在入口处，他们刷了刷居民身份证进入，通过墙上显示屏呈现的企业招聘工种位置图，找到了纺织工种区域。

在浙江华诗秀新材料科技有限公司招聘处，张贵和张兰与生产厂长交谈。这家企业前些日子在新劳动力市场登记了招聘信息。双方对工资、待遇和工作要求进行了沟通，最终签订了劳动合同。张贵和张兰高兴地说：“这个劳动力市场环境、服务都挺好。”

诸暨有30万外来人口，其中大唐镇就有近7万人。大唐镇原劳动力市场是全市最大的劳务市场，每年春节过后，大批流动人口从全国各地来到诸暨求职，高峰时每天有三四千人，平常也有几百人。但是，由于信息不对称，招工方和求职方、出租方与求租方往往难以精准对接。

今年以来，大唐派出所配合大唐镇政府，将大唐小百货市场二楼改造成新劳动力市场，成为全市性的流动人口综合服务中心。新劳动力市场建筑面积4000平方米，安装了40块显示屏，最多可容纳5000人同时进场，5月7日投入运行。求职人员只要刷身份证或输入手机号码，就能进入。

与新劳动力市场相配套，诸暨市公安局自主开发了安心租APP，方便流动人口找工作、租房子，而公安部

你想健身，镇广场有6个24小时灯光球场。你想看进口大片，还有全国乡镇最早的5星级电影院。

【同期声】新店口人马加什（匈牙利人）

在这里什么都能做，购物，找到所有你所需要的东西，这很棒。我的孩子都能在这里很方便上学。

【正文】

可在10年前，店口遇到了成长的烦恼。那时的店口，虽然民营经济发达，但生活环境差，基层纠纷多。

【同期声】诸暨市店口镇牛皋社区党总支书记王全民

那时，每天店口派出所接警的话有几十起，像这条路上基本上每天都有一次。

【正文】

仅2003年，店口镇就发生矛盾冲突400多起。镇里一调查，主要原因是医疗和教育资源紧缺，补贴不到位。但要对症下药，店口镇的财政，首先犯了难。

【同期声】诸暨市店口镇镇长吕朝阳

当时初步算了一下一年至少需要500多万这个钱占了我们当时财政收入的很大一块比重我们当时也很犯难

【正文】

就在这一年，省里提出了八八战略，要求进一步统筹城乡经济社会发展，加快推进城乡一体化。这让当时犯难的店口，下定了决心。

【同期声】诸暨市店口镇副镇长徐笙咏

提出了“八八战略”以后，店口镇政府制定了一系列的政策，10万的住房补助、50块钱的爱心门诊。医疗报销比例从原定的20%提高到50%。

【正文】

医疗报销堪比城市；学校减免高中学费，施行12年义务制教育。店口镇拿出真金白银给居民补贴，很快就看到了效果：社会治安变好了，愿意来店口生活的人也越来越多。

2006年，店口人均收入超过2万元，位居全省第一。虽然老百姓富了，但问题依然不少。

【同期声】店口镇居民冯燕灿

收入挺好，保障也不错，但垃圾到处都是，交通拥堵，想买个东西也很难，农村就是农村，生活还是不方便。

【同期声】诸暨市委常委、统战部部长，时任店口镇党委书记孟国峰

管理上也比较缓慢，老百姓这方面反应比较强烈。我们政府怎么样为他们提供更好的公共服务和公共产品，我们店口是要到改变的时候了。

【正文】

如何改变？孟国峰首先想到的，就是在管理、规划上和城市接轨。城市里有的，店口都要有，城市里没有的，店口也要试着有。

【同期声】诸暨市委常委、统战部部长，时任店口镇党委书记孟国峰

我们在八八战略的指引下，大力度推进了我们小城市的建设，把我们原来不合理的一些功能梳理清楚，工业区、人居区，这些给它梳理清楚。

【正文】

将工业区和人居区分开，还只是第一步。2008年之后，店口又大力引进民间资本，先后建成了省内乡镇首个污水处理厂，首条天然气管道，首家5星级电影院，甚至是首个红绿灯。

【字幕】店口中央路红旗路交叉口

【现场声】这是我们店口镇第一个红绿灯

【正文】

这个伫立在店口最繁华路口的红绿灯，见证了店口的城镇化，也让老店口人钱建荣，感触良多。

【同期声】店口镇鲁戈村党支部书记钱建荣

（它）实际上是我们农村变成小城市的一个象征。我们变成城里人一样了，我们农民素质也跟着提高了。

【正文】

不仅是红绿灯，店口还规划了省内乡镇首条单行线，首个办事大厅，首个监控管理系统，这些只有大城市才有的管理和服务，如今在店口，比比皆是。

2013年，店口成为了“首批浙江省小城市培育试点镇”。2015年，店口又成为10佳“浙江最具吸引力小城市”。如今，店口人均可支配收入达到5万元以上，远超全国平均水平。

【同期声】诸暨市市长王芬祥

我们将坚定不移地沿着八八战略指引的路子走下去。创新发展枫桥经验，进一步推动城乡发展向公平普惠、均衡优质迈进，让老百姓有实实在在的幸福感，获得感，安全感。

2018年6月24日　　《浙江日报》头版

发力科技创新 聚焦高端产业
诸暨新旧动能转换提质增速

记者　夏　丹　诸暨日报记者　斯海燕

“今年1月至5月，以水泥为代表的非金属矿物制品业新增工业用电申请同比下降79.93%，而通用设备制造业和电气机械及器材制造业新增工业用电申请同比增长86.35%和59.22%。”用电数据是经济运行质量的晴雨表。在诸暨市公布的一季度经济数据中，这组用电数据增减的背后，传递出当地产业结构优化调整、新旧动能加速转换的积极信号。

传统产业丢不得，新兴产业不能少，系统谋划传统产业改造提升和新兴产业引导培育，成为当地经济转向高质量发展的制胜一招。

发力科技创新第一引擎，诸暨传统产业焕发新生机。针对传统产业转型升级难，诸暨市出台了关于全面推进

创新驱动、加快经济转型升级的若干政策意见，精准聚焦六大传统产业短板，明晰转型路径和突破方向。截至目前，诸暨市共有20个项目入选2018年度全省“四个百项”重点技术改造项目，计划总投资29.26亿元。

插上创新翅膀，传统制造企业发展劲头越来越足。“今年一季度的产值与去年全年相当，今年力争破亿元。李宁、七匹狼、皮尔卡丹等众多服装品牌都成了我们的客户。”浙江康洁丝新材料科技有限公司董事长张海丽说，公司与国内新材料专家刘荣飞合作，借助原有的生产基础，新的抗菌包覆纱线很快问世，且一上市就受到追捧，国内外知名品牌订单接踵而至，产品附加值也提高了一倍。“目前我们正在申报省级高新技术企业。”

作为诸暨实体经济基础性、支柱性产业的袜业、有色金属加工等传统产业，今年开局表现活跃。今年1月至4月，诸暨市六大主导产业实现规上产值325.58亿元，同比增长15%，增幅居前三位的分别是智能装备、铜加工和袜业。

与此同时，新兴产业强劲的增长势头，为诸暨高质量发展增添了新活力。今年1月至4月，诸暨实现规上工业高新技术产业增加值30.75亿元，同比增长10.2%，大幅高于诸暨规上工业增加值。

此外，一批大好高项目，为诸暨高质量发展积蓄强劲动能。今年1月至5月，诸暨16个重大项目总投资118.7亿元，涵盖了新材料、智能制造、节能环保等高端产业领域。其中，工业项目平均投资强度超过5亿元。

2018年6月30日 《浙广早新闻》头条

《走一带一路，看浙江名片》专题

上峰水泥建厂吉尔吉斯斯坦“一带一路”助推优势产能输出

市广播电视台融媒体中心

随着一带一路倡议的推进，中亚各国如今已成为投资热土。嗅觉敏锐的浙商更是不甘人后，不少企业在这里投资建厂，输出优势产能。其中，诸暨上市企业上峰水泥就是其中之一。请听专题《走一带一路，看浙江名片》：上峰水泥建厂吉尔吉斯斯坦 “一带一路”助推优势产能输出：

【出现场音：我现在是在离比什凯克100多公里的楚河州克明区，在我的身后，浙江上市企业上峰控股筹建的一条日产2800吨水泥生产项目正在建设中，建成投产后将成为吉尔吉斯斯坦国规模最大，工艺最先进的生产线，整个项目总投资达1.2亿美元。】

项目总负责人俞九斤告诉我说，整个水泥生产线技术在中国乃是全世界都是最先进的。【出录音：整个水泥生产线是全自动，运用了最好的环保设备，对整个厂区，包括周围都没有污染，产能也比较高。包括工艺也好、除尘，技术是在中国乃至世界也是最先进的，主要还是以当地的用工为主，培养他们的一些骨干或者是管理人员。】

水泥建材行业是我国鼓励“走出去”的重点产业之一。随着一带一路的深入，作为中国通往欧亚的门户，吉尔吉斯这两年基础设施建设需求十分旺盛，每年水泥缺口在500万吨以上。如今，中国是吉尔吉斯斯坦的第二大贸易投资国，这其中有不少浙商的身影。

浙江上峰控股集团董事长俞小峰说：这两年，国内水泥行业市场基本饱和，而“一带一路”正在成为一片发展蓝海。

【出录音：在吉尔吉斯斯坦由于原材料成本比较低，一吨水泥成本大概在200元左右，而销售价格在100美元左右。通过30多年发展，我们积累了资本、技术和商业经验，可通过产业转移和技术资本输出，为公司发展打开新空间。】

2018年7月5日 《浙江日报》头版

五百年前的水街重现诸暨草塔

归来了，梦里水乡

记者 干 婧 诸暨日报记者 斯海燕 通讯员 孟幸宇

五百年前的水街风貌重现诸暨市草塔镇。7月4日上午，在草塔老街，施工人员将一个个种有铜钱草和荷花的石槽整齐地摆放在街中水渠两侧。老街坊蒋贤金欣喜万分：“听老人们说五百多年前这里就是一条水街，可惜后来没了。如今，水街终于又回来了，看着都舒心啊！”

这条绵延两公里的水渠流经整条草塔老街，串起了水门口、保育塘、大房塘等众多古井古塘。记者看到，水渠底部铺满了鹅卵石，溪水清澈见底，水面上还点缀了不少水生植物。漫步在这条明清建筑群映衬下的步行街上，耳边传来潺潺的流水声，仿佛一首充满韵味的曲调在古镇里悠扬。

打造水街风情，是草塔小城镇环境综合整治中的一项工程。“早在规划阶段，我们就考虑如何让环境整治成果更具特色。”草塔镇副镇长何红权说。明朝中后期，草塔老街的水渠就建好了，北面的五泄江水通过水网穿过集镇，最终汇入南面的渎溪江。只可惜随着时代变迁，原来的明渠都被盖上了“盖子”，部分水网堵塞，加上污水直排，集镇中的水渠、水塘成了死水，水街风貌不再。

水是古镇的魂，草塔镇要让历史上的水街风貌重现，这不仅是生态景观的需要，更是为了接续传统，增添古镇的人文底蕴。该镇首先实施了“北水南调”工程，疏通被堵水网，对水渠进行景观化改造，引五泄江活水入集镇。同时对古镇开展截污纳管，防止污水流入。引活水，纳污水，古镇水质得到了根本性的提升，而有了水，老街就有了灵气，有了生机。

环境好了，关键还要靠养护。下一步，草塔镇将加强水街保洁机制，倡导居民爱护环境。

水街重获新生，受益的无疑是附近居民。“这水真是干净，里面还能看到鱼虾呢！”在老街开店的赵大伯说，每天吃过晚饭他都会沿着水街走一圈，感觉特别舒服。“古镇有了灵气，游客多起来了，我们的生意也会越来越好。”

让何红权感到欣慰的是，他发现不少居民已经改变了生活中的一些陋习，不仅不再乱丢垃圾，看到水中有漂浮物时，还会主动清理。

2018 年 8 月 3 日　　《浙江日报》头版

诸暨推进移风易俗

文明新风尚　提升获得感

诸暨日报记者　翁均飞　通讯员　徐学峰

“红白喜事大排场，事后生活难支撑。红白喜事鞭炮响，环境污染事故长……”日前，诸暨枫桥镇栎桥村在文化礼堂举行“传习文明乡风、提倡移风易俗”专题讲座，“枫桥经验”讲师团成员、枫桥镇枫源村村主任骆根土特意做了 PPT 宣讲。村民王红琼听完讲座后深有感触地说，以前人情支出是笔不小的负担，今后她要带头移风易俗，并向亲戚朋友宣传。

诸暨是我省新时代文明实践中心建设试点县市之一，而枫源村是诸暨市试点村。自 5 月下旬启动试点工作以来，诸暨在 12 个镇 20 个村开展试点，并建立了三级体系，以及市志愿服务总队、镇志愿服务中队、村志愿服务分队三级队伍，传习思想理论、“枫桥经验”、文明风尚、善行义举和优秀文化。

市志愿服务总队包括政策宣讲、矛盾调解、文化服务等 20 支队伍，已安排了一千余场次志愿服务活动，通过村级点单、中心派单、总队接单的形式，精准开展服务。村志愿服务分队则自编自导自演迎合群众口味的节目，宣传移风易俗新风和“枫桥经验”内涵。

许多村庄还通过各种途径，设立乡村扶贫帮困慈善救助基金或奖励基金，用于助老、助困、助孤、助残、助学，以激励优秀学子和村民，传习善行义举，提升人文关怀。

文明实践深入人心，各镇街和行政村主动要求开展移风易俗试点，目前全市已扩面到 27 个镇街 120 个行政村，占总数的四分之一以上。

诸暨市委宣传部负责人说：“新时代文明实践中心建设试点，我们重点做好‘加减法’，‘加法’就是传习精神食粮，建立帮扶基金，提升人文关怀；‘减法’就是营造‘婚事新办、丧事简办、其他喜事减办’的时代新风，减轻群众的经济负担，目的只有一个，就是让群众有获得感和幸福感。”

2018 年 8 月 6 日　　《浙江日报》头版

工商资本为诸暨十里坪村注入发展新活力

春风十里唤醒梦里田园

记者　王庆丽　诸暨日报记者　斯海燕

最近，十里坪村发生了几桩新鲜事：一是几户村民不约而同把自家的房子改造成了农家乐，接下来还打算经营民宿；二是村集体为发展乡村旅游，在村口新修了一排小木屋，不时会有村民来村委会询问施工进度，想要租下来做点小生意……

“村里已许久不见这种创业热情了！”村党总支书记卓任翔感慨，自上世纪 90 年代十里坪村的织布、木工行业陆续衰退后，村庄发展也陷入困境，村民大多外出务工、经商。近年来，村里创建成为诸暨市美丽乡村精品村、浙江省美丽宜居示范村，但环境再好，产业缺乏、人气不旺，仍显美中不足。

是什么拨动了十里坪人的心弦，让他们开始寻求改变？跟随卓任翔的脚步，我们在一片绵延十余里的低丘缓坡上，看到了正在火热建设中的乡村旅游度假项目——“春风十里小镇”。

绿水青山间，一幢幢白色帐篷酒店错落分布，近旁游步道蜿蜒，鲜花盛放，亲亲水世界、跑马场等配套项目陆续完工……“春风十里小镇”由诸暨祥生集团投资开发，总规划面积 209 公顷，总投资额 15 亿元，涉及诸暨市东和乡的 3 个村。其中一期工程的核心区块就在十里坪村，自去年 7 月动工建设以来，已投入资金 1.85 亿元。

“选择这里，主要看中它的生态资源和基础设施优势。”项目负责人金穗说，今年春节小镇试营业期间，7 天吸引了 15 万名游客前来观光。沉寂多年的十里坪村，也因此迎来了乡村振兴的新希望。十里坪人发现，习以为常的这片山水，竟蕴藏着如此巨大的价值与发展潜力。

直到现在，全村人都还记得几个月前的盛况：进村游玩的车辆，排到几公里开外，村民光是卖甘蔗和矿泉水，一天就能赚一两千元。

过去的十里坪，几乎没有年轻人愿意留下。如今，村里已处处活跃着“80 后”“90 后”的身影。

26 岁的村民卓梦迪，大学毕业后在上海工作，去年底回村参与“春风十里小镇”建设及运营。她说，目前在小镇从事保安、保洁、检票等工作的村民已达 100 余人，许多都是原本在外打工的年轻人，等明年项目全部建成后，还将吸纳更多当地劳动力就业。

过去的十里坪，找不到适合的发展方向，农民增收动力不足。如今村两委明确了乡村旅游的发展思路，仅今年上半年，全村已新增9家农家乐。

“田园回忆农庄”老板宣保成说，以前靠天吃饭，一亩多竹园就是一家人的主要收入来源，农闲时还得去打工。今年春节过后，一家人投入10万元把房子改造成农家乐，生意最好时，一天收入抵得上过去一个月。

“‘春风十里小镇’不仅改变着十里坪，也吹响了东和乡乡村振兴的号角。”东和乡党委书记杨学锋表示，近年来，东和乡坚持走“两山”路，创“两山”业，探寻将美丽资源转化为美丽经济的最优路径。这一缕“春风”，正在为东和乡经济发展注入新活力，推动全域旅游走向新发展。

编后：工商资本下乡“务农”，有助于推动农村产业兴旺、农民增收致富。在诸暨十里坪村，这种辐射带动作用正在显现：项目所带来的大量人、财、物资源，不仅改变了村庄的面貌和发展思路，同时也让村民充分认识到乡村的价值，唤起他们返乡就业创业的热情与动力。而这种工商资本与“三农”之间的良性互动，正是我们乐于看到的实现乡村振兴的有效路径之一。

2018年8月26日 《浙江日报》头版

诸暨探索农村建设用地集约利用新方式

农户也能申请保障房

记者 方臻子 周楷华 通讯员 徐学峰 宣浩祥

“我们农民也能像城里人一样,可以住保障房了。”67岁的诸暨市直埠镇姚公埠村村民姚怡福，最近时不时要去村口的三幢公寓房看看。每幢公寓有五层，一共60套，每套建筑面积131平方米，三室两厅两卫，还配套一间地上车库，总价只要25万元。

姚公埠村项目是诸暨探索农村宅基地“三权分置”实施办法、建立健全科学农村住房保障体系的首个试点，一期已通过初验，待通过直埠镇组织的终验后就可交付村民。

近年来,诸暨农民对改善居住条件的需求日益提升，姚公埠村颇具代表性。这个1426户、3994人的村，老旧房多，无房户、危房户、住房困难户多，而农村私人建房指标远远无法满足需求。姚怡福一家就属住房困难户，三口人“蜗居”在57平方米的老旧农房里。

“要让农民住有所居，我们想参照城镇居民的住房保障体系，通过农村保障性住房建设盘活农村土地，探索农村建设用地的节约集约利用新方式。”诸暨市国土资源局副局长赵辉说。

在前期试点的基础上，诸暨进行了大胆实践：住房困难农户，自愿放弃宅基地申请资格的，可以在不拆除现有房屋的基础上，申请使用农村保障性住房。

根据当地政策，农村保障性住房的价格从每平方米2000元到4200元不等。同时，这些农村保障性住房的不动产权证书上会标注“农村保障性住房”。这些房子5年内不能交易、抵押；5年后，如果农户已另外落实住所并自愿放弃原宅基地的使用权，房子允许交易，但需要按规定补缴费用。

针对农村保障性住房的建设，当地采用国资自建、代建回购两种模式。位于店口镇的试点项目，属于后一种模式，由房地产公司代建。这也是诸暨推出的首个农村保障性住房“代建回购”项目，由碧桂园竞得，要建设200套110平方米的保障房。建成后，房子将由国资公司回购，再以每平方米4200元的价格，提供给符合条件的农户。

据了解，诸暨已印发相关实施意见，在全市范围内实施农村保障房建设，计划建筑面积达100万平方米。

2018年9月18日 《浙江日报》头版

全国“农民趣味运动会”在诸暨举行

新农民 真有范

记者 翁 杰 通讯员 徐越坚 钟秀兰

一把剪刀、一副手套、一个采摘筐……一声哨响，23对选手同时冲向种满了火龙果的温室大棚，一阵“咔嚓”“咔嚓”的采收声传来。8分钟里，他们要采回尽可能多的火龙果。

这丰收的场面里，一场全国“农民趣味运动会”正在上演。9月17日，全国农民基层体育骨干健身技能提升暨展示活动在诸暨启动。

在一眼望不到头的新型农业主体米果果农业产业园里，来自全国各地的23支农民代表队同台竞技。和以往的“农民趣味运动会”不同，这次比赛设置了许多更加贴近农民生产场景的项目，如果蔬采收、池塘抓鱼等。

“这火龙果树还真是头一回见。”甫一进玻璃温室大棚，来自河北的农民谢梦收一愣神。眼前的火龙果树整齐划一，每一支绿藤上都挂满了硕大的火龙果。谢梦收暗暗在心里盘算，按照市面上的价格，这一亩火龙果效益肯定低不了。

等她回过神来，同伴已经采下了一个火龙果。谢梦收不敢再大意，赶忙抄起剪刀，一个箭步向前，拉过一支藤蔓，剪了起来。

一旁，广西队的龙光吉和邓秋艳似乎对火龙果习性很是了解。年仅25岁的两人一个拉藤、一个剪果，不一会儿就采下了十来个。原来，他们来之前便在网上查了资料、做足功课，掌握了采收火龙果的窍门。短短8分钟很快过去，龙光吉和谢梦收都取得了不错的成绩，分别采回27.5斤和26.85斤。

比赛首日，还进行了趣味拔河和池塘抓鱼项目，浙江队都获得了佳绩。在拔河小组赛中，浙江队先后和广西、新疆、湖北、上海四队对阵，最后以三胜一负的成绩晋级9月19日的拔河决赛。池塘抓鱼项目浙江队获得了第二名。

2018年9月24日 《浙江新闻联播》头条

我们的节日·中秋

幸福过中秋 明月共此时

市广播电视台融媒体中心

【导语】

中秋节是团圆的节日，是幸福的节日，在全省各地，大家用不同的方式共庆佳节。

【现场声】

诸暨市次坞镇白马新村村嫂楼彩女：哪个做得最快最多的得第一名，（制月饼比赛）现在开始

【正文】

中秋佳节来临之际，诸暨市次坞镇白马新村的文化礼堂里举行村嫂自制月饼庆中秋比赛活动。比赛现场，15名村嫂谁也不甘后，不到三分钟的时间，准备制月饼的原料便被用完。由于手快，村民王国琴在规定时间里做了15个月饼，不仅数量最多，而且品相最好，获得了比赛第一名。

【同期声】

诸暨市次坞镇白马新村村嫂王国琴：特别有意义，乡里乡亲的，大家在一起开心开心。

【正文】

制月饼的原料有黑芝麻、瓜子仁、核桃仁、冬瓜糖等，用这些原料制作出来的月饼当地村民称为百果月饼。据了解，白马新村村民自制月饼迎中秋活动已开展了二十多年。通过这样的活动，不仅弘扬了传统文化，还增进了邻里之间的和谐。

2018年10月17日 《浙江日报》头版

诸暨千亩稻田集成多种现代农业科技

田“减肥” 粮增产

记者 曾福泉 通讯员 邵 敏 周碧琳

水稻挂着沉甸甸的金黄色穗子，稻田边的芝麻、波斯菊等开着各色花朵、交相掩映……眼下，诸暨市王家井镇这片单季稻田已进入收获时节。今年，这里的化肥施用量相比农民常规施肥减少近20%，化学农药减量超48%，理论产量反而增长了4%。这是怎么做到的?

10月16日，包括多位院士在内的专家学者和基层农技人员来到这里，现场考察这片集成多种减肥、减药技术的千亩稻田。这些技术的推广将有效助推我省乃至整个长江中下游区域农业绿色发展。

省农科院植物保护与微生物研究所研究员徐红星告诉记者：“我省水稻的主要害虫是螟虫和稻飞虱，赤眼蜂、缨小蜂都是它们畏惧的天敌。我们种上一些蜜源植物等，让害虫的天敌有吃有住，就能帮农民守护庄稼。”类似这样的生态防治技术完善了稻田的“免疫系统”，可以显著减少化学杀虫剂的使用。

再往远处看去，可精确喷洒农药的无人机在稻田上盘旋，田间还停放着几辆在插秧时可同步施用除草剂的插秧机。这些先进农业机械的应用让农药施放更精准、更高效。这片稻田今年仅除草剂的施用量就比常规方法减少了四分之一。

工作人员拿出手机打开“养分专家系统”客户端，稻田里传感设备采集的土壤养分数据就呈现在屏幕上。系统测算出每块土地应施多少肥，帮助农民减少不必要的养分投入，有机养分替代等技术又提高了化肥利用率，水稻田由此成功“减肥”。

王家井镇的这片稻田是省农科院主持的国家重点研发计划项目“长江中下游水稻化肥农药减施增效技术集成研究与示范”的一处核心示范区。项目首席专家、省农科院植微所吕仲贤研究员说，项目自2016年启动以来，已初步集成8套适合不同区域生态特点的化肥农药减施增效技术模式，建立了118个500亩级核心示范区，并扶持了一批专业化服务机构，培训农民和农技人员数千人次。

2018年10月27日 《浙广早新闻》头条

《新时代新篇章》专题：

诸暨引进装配式建筑方法 为集约利用土地资源提供新样板

沈亭亭

诸暨市部分农村引进装配式建筑方法，像搭积木一样建造自己的乡村小别墅，为美丽宜居精品村建设和集约利用土地资源提供了新样板。今天播出《新时代新篇章》专题《诸暨引进装配式建筑方法 为集约利用土地资源提供新样板》：

【现场音】

在诸暨市浬浦镇马郦村，一批布局整齐、设计精美的庭院式小别墅已经初具雏形，工人正在进行外立面的装修，预计年底前首期36幢新房就能交付。村民马柏松说，他和十多个村民每天都要到现场来察看建造质量。

【出录音】

这个房子造得太好了，像树一样笔直立起来。花30万就能买300多平，太划算了。

这批住宅是全国首个采用装配式建筑的农村住宅项目，楼板、外墙等部件在工厂里预先制好，再运到施工现场像积木一样搭起来。施工方浙江宝业的项目经理项观军说，装配式建筑在城市中已经较为常见，8级地震、700℃火焰、超强台风都难伤其“筋骨”。

【出录音】

可节材70%，缩短工期31%，节约人工成本40%，低碳环保、节能减排的健康住宅。

诸暨市建管局局长蔡国锋说，装配式建筑这类专业设计、功能科学的住宅工业化项目，能够优化农村住房供给。

【出录音】

这种建设方法能有效解决耗能大污染多，人工成本高和一些质量通病。提高农民住房品质，推动乡村振兴。

马郦村有200多幢老房子，既影响村容村貌，也存在安全隐患。村里通过集中建房等方法，鼓励村民腾退老房，开展新农村建设。村书记郦校国说，首期36幢新房吸引了120多户符合条件的住户争抢。

【出录音】

只要按照农村私人建房一户一宅标准，把（危旧）房子拆掉村里可以安置。土地综合整治以后，55亩土地多出来了。土地再流转，引进旅游公司，给我们增加集体经济收入。

2018年11月3日　　《浙江新闻联播》头条

走基层——见证新时代“枫桥经验”

诸暨：化解矛盾从“独角戏”到“大合唱”

市广播电视台融媒体中心

【导语】

男：今年是毛泽东同志批示学习推广“枫桥经验”55周年暨习近平同志指示坚持发展“枫桥经验”15周年。回顾“枫桥经验”55年的光辉历程和14年来平安浙江建设成效，“枫桥经验”从“独角戏”到“大合唱”，遍地开花结果，不断深化发展。

女：从今天起，本台推出《走基层—见证新时代“枫桥经验”》专栏。今天关注“枫桥经验”的发源地诸暨，看看诸暨是如何传承、发扬、创新“枫桥经验”的。

【正文】

【字幕】（航拍开场）

诸暨市枫桥镇

【正文】

枫桥派出所退休民警杨光照办起来的“老杨调解中心”，是“枫桥经验”的一块金字招牌。这天，两位村民眉头紧锁来找老杨，他俩因为共用电表缴费不均，产生了纠纷。

【现场】老杨调解一段

【正文】

笑容和蔼，嘘寒问暖，推心置腹，这些都是老杨调解时的绝招，经过1个多小时的劝说，双方握手言和。

【同期声】调解当事人

服他（老杨）。

【同期声】诸暨市枫桥派出所老杨调解中心　负责人　杨光照

为群众排忧解难，就地化解矛盾，使得老百姓邻里和睦，社会和谐，所以老百姓传了一个（话），有事找老杨。

【正文】

老杨说，枫桥经验之所以能流传55年而不变，除了一心为民外，更重要的是传承和创新。现在，老杨正把接力棒交给了社区民警小杨。在小杨眼里，无论时代如何发展，“枫桥经验”的核心内涵就是坚持“以人民为中心”。

【同期声】诸暨市枫桥派出所社区民警 杨颖

群众的需求在变，我们为群众解决矛盾的心不变，这使得“枫桥经验”（内涵）更加丰富，更具有时代的意义。

【字幕】

诸暨市 店口镇

【正文】

55年来，“枫桥经验”不仅在老杨和小杨间传递，更在诸暨市形成一种文化和风尚。

诸暨店口镇有外来务工人员8万多名，比本地居民还要多2万人，如何才能让外地人融入店口呢？每年在新店口人党支部活动室里，都会举行一场特殊的入队仪式。

【现场】诸暨市星星幼儿园负责人　龚定烈

2004年来这里店口镇务工，是开车的，2014年到现在举（创）办了星星幼儿园，感谢政府改变了我的人生。（鼓掌）

【正文】

入队仪式后，从贵州来店口打工的龚定烈，就成为新店口人先锋队的一员。先锋队将承担起安全宣传、信息排查、流动人口登记等任务，带头参与平安建设，为新家乡服务。

【同期声】诸暨市店口镇向新店口人先锋队队员　齐克刚

先锋队成立后，基本都是大事化小，小事化无了，你看现在店口吵架的打架的，你基本找不到。

【同期声】诸暨市店口镇镇长　吕朝阳

通过三年的努力，店口的平安建设满意度已经达到97%，这就是新时代“枫桥经验”在我们店口的体现。

【正文】

从“独角戏”到“大合唱”，诸暨不断探索社会组织参与社会治理的新路径。目前，诸暨市登记在册的社会组织共有728家，参加人数达28万余人次，占常住人口的18.8%，已形成政府治理和居民自治良性互动的社会治理新格局。

【同期声】诸暨市政法委委员 陈善平

55年来，枫桥经验始终坚守它的核心内涵，这就是发动群众，依靠群众，为了群众，新时代更是以人民为中心，群众想什么要什么，党委政府就做什么。所以说新时代的枫桥经验，它不仅仅是化解矛盾的经验，是平安创建的经验，它更是我们国家基层社会治理的法宝。

2018年11月11日　《浙江日报》头版头条

诸暨坚持和发展“枫桥经验”
“传家宝”历久弥新

记者　李阳阳　周楷华　通讯员　俞　燕　常红江

深秋古镇，红枫似火，香榧飘香，一片安宁祥和。

枫溪江畔，占地7000多平方米的枫桥经验陈列馆在阳光下格外醒目。丰富的图文、视频、实物资料，以“诞生”“演进”“发展”“升华”“新时代探索实践”等5个篇章，完整呈现了半个多世纪以来“枫桥经验”的传承、发展和创新。

55年前，诸暨枫桥干部群众创造了“发动和依靠群众，就地化解矛盾，坚持矛盾不上交”的“枫桥经验”，毛泽东同志批示：“要各地仿效，经过试点，推广去做”。自此，“枫桥经验”走出枫桥、走出浙江，在祖国大江南北落地生根、开花结果。

15年前，时任浙江省委书记习近平指出，要充分珍惜“枫桥经验”，大力推广“枫桥经验”，不断创新“枫桥经验”，由此开启了新时代“枫桥经验”孕育发展的新征程。

进入新时代，习近平总书记对坚持和发展“枫桥经验”作出重要指示，赋予了“枫桥经验”新的时代内涵和历史使命。全省上下始终把坚持发展“枫桥经验”作为共同的使命和责任，推动“枫桥经验”不断升级、焕发出全新的光彩。

枫桥创造了“枫桥经验”，“枫桥经验”改变了枫桥，7万多枫桥人视其为 “传家宝”。再入古镇，看到的是新时代“枫桥经验”勾勒出的一幅幅百姓和顺、乡村和美、社会和谐的美好景象。

党建引领　处处有组织、事事有党员

11月的枫桥古镇，寒意渐浓。一大早，海角手套厂厂长骆中贯便与村干部、村民代表商量起带领村民继续增收的对策。按计划，他下午还要参加党员志愿活动，到村民家发放“五星达标、3A争创”倡议书。

妻子说他“不顾家”，乡亲说他“热心肠”，骆中贯说：“我是党员。”

党员，在枫桥意味着事事想在前、冲在前、干在前。

在枫桥镇有两张地图，一张是党建地图，一张是作战地图。党建地图上，全镇29个村、两个社区被分为三种标识，分别代表党建示范点、党建示范点培育村和党建一般村。作战地图列出的则是各村今年需要完成的重大项目。“党组织强，战斗力就强，遇到难啃的骨头，党员干部当仁不让。”枫桥镇党委书记金均海说。

打硬仗，流动党员也是一把好手。为了破解外来人口管理难题，枫桥镇陈家村成立了“红枫居”党支部，由12名流动党员组成。“支部牵头，党员发动外来人口参与，组建了调解协会、新居民先锋队、平安志愿者队伍，大家的事情大家商量着办。”党支部书记陈乐琴说。

一花不是春，独木不成林。

如今，枫桥镇打造了独有的“红枫”党建品牌，形成了以“红枫”党群服务中心为核心，村村抓党建、党建促村建的格局。“实践证明，党建引领是新时代‘枫桥经验’的本质特征，我们坚持发展‘枫桥经验’，就是要做到处处有组织、事事有党员。”诸暨市委书记徐良平说。

人民主体　群众要什么，我们干什么

晚上8时多，枫桥镇24小时惠民服务热线响起，行动不便的居民胡九清想预约一位理发师上门服务。次日一早，志愿者朱美芬就赶到了。“镇里为行动不便的特殊群体配发了一键拨的卡片机，连接惠民服务平台，有需要一按就灵。”枫桥义工联合会负责人说，今年镇里还拿出30万元支持惠民服务热线建设。

群众要什么，枫桥就干什么。

有村民反映想在“家门口”就能办出入境手续，枫桥建起了全市首个乡镇出入境业务派出所办理点。

有村民抱怨买房子过户办手续得跑到诸暨市区，枫桥开出了全市首个乡镇不动产登记窗口。

枫桥镇为民服务中心负责人周薇告诉记者：得益于全省“最多跑一次”改革。在这里，一张身份证就能办理183项民生事项，一窗就能办21个部门（单位）的601项审批事项。不仅如此，各村可提供代办服务。拿出手机点击“红枫管家”微信小程序，居民在家也能办理社保、生育登记、企退人员登记等申请。

群众利益无小事，群众的事要办好。

在枫桥镇派出所，干警们既攻“大案、要案”，更加重视“破小案、办小事、解小忧、帮小忙、惠小利”。2017年，当地群众对民警的工作满意率达到99.6%以上，

实现了警务工作“零投诉”。

最近，枫桥镇派出所又开出全省首个24小时自助警务服务区，一个事项平均只需几分钟就能办妥。

“三治融合”　事情一起干，好坏大家议。

“这么多年来，我们村没有发生过一起上访事件，矛盾不出村，早早就地化解。”枫源村村委会主任骆根土自豪地向记者介绍。问其秘诀，62岁的骆根土说是“三上三下，民主治村”。

所谓“三上三下”，指收集议题、酝酿方案、审议决策三个环节必须做到上门下访征求意见。“有法可循的依法，无法可循就由村民大家议。”枫源村党总支书记宣均江进一步解释说。

目前，枫桥镇所辖31个村（社）都建立了自己的村规民约，事情一起干，好坏大家议。每个村还都建了农村文化礼堂，道德模范、最美家庭、好邻居、好媳妇评选等成为常规活动。

自治为基、法治为本、德治为先，三者融合在一起，就会发生奇妙的化学反应，化纠纷于无形。

在枫桥，人们遇到问题、发生纠纷不是急着投诉、举报甚至打官司，而是先找到杨光照的“老杨调解中心”评评理。“要法理结合，动之以情晓之以理。”杨光照说。2010年以来，“老杨调解中心”累计调解矛盾纠纷1700余起，调解成功率达到97%，群众满意率100%。

“四防并举”　既解决矛盾，又防控风险

中午时分，枫桥镇智慧治理中心依然一片繁忙。

突然，指挥中心的大屏幕上跳出一条图文信息：栎桥村医疗室的生活污水直排到荷花塘，水质受影响。中心值班员立即联系发信息的网格员王斐瑾。确认后，问题被传到栎桥村主要负责人手机上。到了下午，王斐瑾核查后通过“平安通”传回一条图文信息：已完成截污纳管。

枫桥镇综合指挥中心主任马俊晶告诉记者，平台背后是集纳了人防、物防、技防的“大网”。“一张线下网，81个村居网格，81名全科网格员；另一张线上网，依托互联网建起的平安建设信息系统和智慧治理中心。”

浇花浇到根，帮人帮到心。村民黄某曾因违建被罚款，钻进牛角尖的他心理严重扭曲失衡，影响了工作和正常生活。半年前，镇干部找来心理咨询师对黄某进行开导，今年3月，黄某终于解开心结，回归正常生活。“感谢镇干部和心理咨询师的帮助，如果有需要，我愿意现身说法，要相信法律、相信政府。”黄某说。

2017年3月，枫桥镇成立乡镇心理咨询工作室“心语心苑”，由签约心理咨询师和志愿者，对社区矫正人员、留守儿童等进行心理干预，用“心”解决矛盾，用“心”防控风险。

共建共享　一手平安报表，一手经济报表

夕阳西下，漫步枫桥古街，一路景观小品别有韵味，古韵新姿交相辉映。

不远处，一支头戴小红帽、身穿红马甲的队伍迎面走来，他们就是本地有名的“红枫义警”。

成立一年来，“红枫义警”已发展到119人，包括企业主、企事业单位职工、社区干部和居民，这支队伍已成为枫桥镇派出所的得力助手。“红枫义警”成员陈荣周风趣地说，现在枫桥镇马路上的500块窨井盖在什么位置、有无破损，他心里一清二楚。

充分依靠群众、发动群众，一种新的共建共享格局正在形成。

枫桥镇率先推行村级社会组织标准化建设，每个村必建乡贤参事议事会、红枫义警协会、乡风文明理事会、志愿服务协会、邻里纠纷调解会等5个社会组织。目前，全镇共有社会组织280家，约2.3万余人参加，平均每3人中就有1人加入了社会组织。

平安保发展，发展促平安。

数据显示，近5年来，枫桥居民年均收入增长12.6%，群众安全感满意度达到97.98%。

在金均海的办公室里，有一叠“富民强镇大提升行动方案”，共15个项目，总投资达61.5亿元。“在省市支持下，我们正依托‘枫桥经验’这个大IP，衍生出几个全新的产业，如平安教育培训、平安文化旅游、平安智慧安防产业，把品牌优势变成发展优势。”金均海对未来充满信心。

新时代赋予新使命，新征程呼唤新担当。

有了“枫桥经验”这块“传家宝”，枫桥人正不断探索创新，展现更大作为，谱写基层治理现代化的新篇章。

2018年12月24日　　《浙江日报》头版

引智助推高质量发展
诸暨请来21位院士智囊

记者　周楷华　诸暨日报记者　斯海燕　通讯员　王建锋

“国医大师石学敏及其团队的助阵，对我们研发高科技医疗器械将有莫大的帮助。”12月22日，在诸暨发展系列周“人才诸暨”主题活动上，浙江通用海特医疗科技有限公司牵手中国工程院院士石学敏建立院士专家工作站，董事长郭勇亮对企业未来发展充满信心。

活动中，浙江申发轴瓦股份有限公司也与白俄罗斯国立科学院通讯院士舍列格·瓦列里·康斯坦丁诺维奇签约建站，双方将围绕公司主打产品滑动轴承的“涂层”这一核心技术展开深入对接，攻关技术难题。“以前我们引进过单个的海外技术人才，解决的只是某一个具体问题，而工作站可以深入协作、整体布局，帮我们解决一系列的技术难题。”公司负责人许永利高兴地说。

除了两家院士工作站，诸暨市院士专家咨询委员会也同时成立。诸暨市政府一次性聘请21位中外院士组建高级智囊团，其中15位为中国工程院院士，4位为中国科学院院士，2位为外籍院士。

诸暨市科协有关负责人告诉记者，院士专家咨询委员会将为诸暨创新驱动发展提供高端战略决策支持，并结合实际为诸暨产业转型升级及经济社会发展建言献策。

人才是核心竞争力。近年来，诸暨始终坚持“人才强市”工作导向，注重柔性引进国内外院士专家等高端智力，发展壮大“院士经济”。据统计，2010年起，诸暨市科协通过建立院士专家工作站的形式，先后引进16位中外院士，建立15家院士专家工作站，其中包括省级站4个、国家级站1个，涵盖环保、轻纺、机械、生物、医疗等产业。

“院士经济”对当地发展的助推作用初见成效。今年以来，诸暨各院士工作站与院士专家团体合作开展重大关键技术攻关82项，科技立项23个，申请专利176个。目前，诸暨市人才资源总量已达22万余人，人才对经济发展的贡献率达52.71%。

2018年12月10日 出刊《南风窗》

“枫桥经验”再出发

记者 郑嘉璐

半个多世纪以来，“枫桥经验”的底色始终不变，但外延不断扩大，从最初的化解社会矛盾，拓展到基层社会治理的方方面面。

灰褂子中年男人猛一拍桌子，纸杯里的水飞震起来，几滴落在桌上。他脖子上青筋暴起，两眼瞪得浑圆，嗓门一声大过一声。坐对面的短发女人毫不示弱，她腾地站起来，指着那男人的鼻子尖声叫嚷。眼看两边就要动起手来，毛仲木赶紧上前，把他们分开。灰褂子被两三个人劝出去了，女人双手抱肩，呼呼喘着粗气。

这一幕发生在浙江诸暨市枫桥镇联合调解中心。67岁的毛仲木是这里的调解员，过去六年里，他调解了700多起矛盾纠纷，类似的激烈争吵他已见过不少。把两人分开后，毛仲木和同事便分头去做他们的工作了。

化解矛盾是枫桥镇的传统。20世纪60年代，枫桥镇探索出“小事不出村，大事不出镇，矛盾不上交”的“枫桥经验”。55年前，毛泽东作出批示，要“各地效仿，经过试点，推广去做”。

15年前，时任浙江省委书记习近平提出要充分珍惜、大力推广、不断创新“枫桥经验”，最大限度发挥其积极作用，促进经济、社会和人的全面发展。担任中共中央总书记之后，2013年10月，习近平作出指示，要求各级党委和政府把“枫桥经验”坚持好、发展好，把党的群众路线坚持好、贯彻好。

半个多世纪以来，“枫桥经验”的底色始终不变，但外延不断扩大，从最初的化解社会矛盾，拓展到基层社会治理的方方面面。

中国正处在社会转型期，剧烈的社会变革生发出棘手的社会矛盾。在这样的背景下，剖析诸暨市在社会治理领域的一系列探索，能够为中国其他地区提供有益的思考与借鉴。

“矛盾不上交”

调解纠纷是毛仲木的第二份工作。在这之前，他是枫桥镇的干部。2012年，镇领导找到临近退休的老毛，劝他留在镇里，利用几十年积累的基层经验，调解枫桥镇的矛盾纠纷。

今天这起由工伤引发的纠纷有些棘手。伤者是两个孩子的爸爸，他在工厂上班时受了重伤，丧失了劳动能力。伤者家属不满赔偿金额，所以找到毛仲木调解纠纷。那个灰褂子男人是机械厂的经理，而短发女人则是伤者的妻子。因为双方主张的赔偿金额差距悬殊，这起纠纷从今年4月处理到现在，历经5次调解，仍然没有达成协议。这次调解，工厂拿出了新的赔偿方案，但伤者家属仍不认可。两边越说越急，这才有了前面剑拔弩张的场面。

其实，大多数纠纷并没有这么复杂。基层的很多矛盾只是鸡毛蒜皮的小事，双方都在气头上，就越吵越凶。这些日常的小纠纷，只要一两次调解，当事人消了气便能很快和解。枫桥镇每个村都成立了调解委员会，所以大多数日常的矛盾在村一级就被消化了。找到毛仲木的纠纷往往是村一级不好调解的，乡镇调解中心的目标就是处理掉这些复杂的纠纷，做到“矛盾不上交”。

毛仲木已经总结出了一套调解方法。比如先把纠纷双方隔离开，分头做工作，等两边都冷静下来，诉求接近时再叫到一起商量。调解这起工伤纠纷时，毛仲木的话并不多，他更多的是让家属和企业直接交流。只有当一边的要求明显不合理，或者双方的情绪越来越激动、沟通不再有效时，毛仲木才会打断他们，说说自己的看法。

老毛的这一套很有效果。双方的意见都能得到表达，不留误会；对一些过火的表述，毛仲木在理解了意图后，可以用更容易接受的说法复述一遍，这其实是在给矛盾降温，让两边的沟通更冷静。

化解矛盾是“枫桥经验”的核心问题。诸暨政法委委员、“枫桥经验”研究会会长陈善平说，调解的意义就在于及早化解矛盾，避免矛盾激化为恶性事件。不难理解，在村一级，小矛盾早早解决了，村民之间不容易有积压的情绪，暴力冲突就少了。

镇一级的调解就更重要。在这些复杂纠纷中，当事人的生活往往受到了很大影响，他们在感情脆弱时，很容易走极端。像这起工伤纠纷，在找到毛仲木前，伤者的妻子不仅数次到各级政府上访，还曾以自杀相威胁。即便在调解中，她也多次说出“大不了鱼死网破”这样的话。调解为这个群体提供了一种解决问题的方式，也给了他们希望，不至于做出冲动的决定。一些潜在的恶性事件就在这个过程中被避免了。

调解中心的档案夹里，有过去几年的调解记录。纠纷的类型有很多，包括交通事故、劳务纠纷、民间借贷、感情纠纷等。2018 年前 11 个月，联合调解中心已经成功调解了 270 多起纠纷，这其中就有不少是毛仲木参与的。

点着了一根烟，老毛说他打算再干两年，等到 70 岁了就正式退休。

“枫桥经验是个筐”

“老齐，有两个河南人喝酒打架，打破头了，你过来看看！”

采访被一位民警打断，齐克刚匆匆起身，跟着那位民警去了。河南人齐克刚来到店口镇 17 年了，如今，他已经从一个年轻的打工者变成了一家企业的老板。最近，他还多了一个新的身份—“新店口人先锋队”的会长。

这一切还要从十几年前说起。

店口是诸暨市的工业强镇。在店口镇 14 万常住人口中，有近 8 万外来人口，他们主要是从河南、江西、安徽等省份来店口打工的农民工。由于语言和文化的差异，外来人口很难融入本地社会，他们往往与老乡们抱团取暖，对本地人和其他省份的打工者则多有防备。

外来工大量聚集给店口的社会治理提出了挑战。店口镇派出所副所长王钢回忆，在 2004 年以前，外来人口聚集闹事的情况很常见。他们不信任当地政府，遇到矛盾纠纷时，第一反应不是寻求警察的帮助，而是召集老乡，以人多取胜。2004 年，400 多位贵州打工者因为工资发放的问题聚众闹事，甚至掀翻了警车。镇派出所只有 20 多名民警，遇到这样大规模的群体性事件很难作出反应。那时，怎样化解外来务工人员的矛盾成了店口镇最大的困扰。

借鉴枫桥的做法，店口从 2004 年开始探索“以外治外”。“枫桥经验”是让村民信任的身边人来调解纠纷，那外来人口的矛盾也要由他们信任的老乡来化解。最初，店口从外来务工人员的家乡请来“外籍警察”，对口调解老乡们的矛盾。外警在做工作的过程中，发现了一批外来工内部的领头人，他们大多是党员，在老乡们遇到纠纷时愿意出来说句公道话，是外来务工群体中的热心人。

外警离开后，这些人被组织起来，成为店口镇化解矛盾的主力。2015 年，店口镇成立了“新店口人党支部”，2018 年又成立了“新店口人先锋队”，吸收了 200 多个会员，齐克刚就是其中之一。

不管是外警，还是先锋队，最核心的都是外来人口自治。打工者初到一个陌生的环境，举目无亲，老乡是身边最可依靠的人。在他们眼中，当地政府是偏向本地人的，而老乡的胳膊肘不会往外拐，说话才公道。像齐克刚这样的热心人在同乡们心中很有威望，他操着河南话调解河南人的矛盾，效率也更高。那起酒后打架的纠纷，齐克刚只用了十几分钟就弄清了原委，两位老乡也很快达成了和解。

实现外来工自治以后，店口镇的治安有了明显改观。老乡有了矛盾，很快就被先锋队化解了，像过去那种几百人聚集的群体性事件，已经很多年没再出现了。

除了外来人口治理，“枫桥经验”还被用到了企业管理上。

富润集团是诸暨第一家上市公司，1996 年，这家制造业企业提出了 60 条关爱职工的规章制度，涉及职工的生产劳动、家庭生活、人际关系等方面，初衷就是化解职工矛盾，让企业更安稳。

在富润集团董事局主席赵林中看来，这些做法显然帮助了企业。最直观的体现是在富润遇到危机的时候。2018 年，中国股市遭遇重创，富润的股票也未能幸免，股价近乎腰斩。因为有大量股权质押在银行，富润面临银行爆仓的危机，需要筹集大量资金偿还贷款。赵林中选择求助于职工—以比银行贷款稍高的利息向职工借钱。半个月里，富润借到了 7000 多万元，顺利平仓。

“枫桥经验是个筐，一切社会治理的方法都能往里装。”诸暨市一位基层干部这样说。仔细琢磨这句话，它其实传递出了一个信息：有了先发优势，诸暨在社会治理领域的探索会更主动，“枫桥经验”囊括的内容也就越来越多了。

店口镇和富润集团的做法就是“枫桥经验”在不同地点、不同行业的延伸。一个显著特点是，不管形式上发生哪些变化，“枫桥经验”的本质还是化解人与人之间的矛盾，减少冲突。

社会组织的力量

72 岁的陈信龙满头白发，他颤颤巍巍地打开一个文件夹，拿出一摞档案，摊开在桌面上。陈信龙是浣东街道盛兆坞三村红白理事会的会长，他刚刚拿出来的是村民们签的承诺书，承诺未来的红白喜事将按照村里的标准操办，不再盲目攀比。

以前，婚丧嫁娶的大操大办是诸暨民间的习惯。就算是一般的农民家庭，也会花上十几万元操办。比如每桌酒席的标准一般在 1500—2000 元，饭菜中必然包含龙虾等高档海鲜；再比如参加酒席的宾客都可收到一包中华烟，小孩子还能领到红包。三年前，陈信龙的小儿子讨媳妇，花了 30 万元来办酒席。他们办了 75 桌酒，用了两箱中华烟，光礼炮就放了几万块。

大操大办苦的是村民自己。许多人请一次酒席，要把一两年的积蓄都搭进去，甚至要欠下几万元的外债。但不这么做又怕被人笑话，面子上过不去。结果就是人人都比排场，酒席的标准也节节攀升。

2018 年 6 月，诸暨市鼓励各村成立红白理事会，倡导移风易俗。陈信龙曾做过多年的村干部，在村里辈分、威望都高，村里认为他来做工作阻力最小。可实际上，这项工作没什么阻力。陈信龙直言，红白理事会给了村民一个台阶下，有正当理由减少开支了，村民们都很支持。承诺书对宴请的规模、标准都有明确规定，比如每桌酒菜的标准不超过 800 元，不使用高档烟酒等。一次红白事办下来，就能节省下三四万元。

办酒席省下了钱，许多村民会捐一部分来做公益。直埠镇紫草坞村的“小布衫”是一个挂靠在村里的公益组织，他们向村民募捐，再用这些钱关心村里的困难村民。比如他们会定期为孤寡老人剪指甲、打扫卫生，探望生病住院的贫困村民等。

“枫桥经验”近几年的探索主要是引导社会组织参与社会治理。不管是“新店口人先锋队”，还是“小布衫”、红白理事会，它们都具有共同的性质—公益性的社会组织。如果说纠纷调解是在化解矛盾，那么号召社会组织参与社会治理，就是在从源头上减少矛盾的产生。

从密度来看，诸暨市社会组织的发展要领先于中国绝大多数地区。陈善平回忆，是 2014 年前后，诸暨市的社会组织出现了“井喷”。随着市民参与公益的意愿越来越强，民间自发的公益组织接连涌现，几乎覆盖到了每个社区。

目前，诸暨市共有登记在册的社会组织 728 家，备案的社会组织 2232 家，参与人数占到常住人口的 18.8%。当中国许多县市的公益组织刚刚萌芽时，诸暨的公益活动已经搞得如火如荼了。

相对政府，社会组织在基层治理中更容易获得认同。诸暨市手拉手爱心服务社组织了一个关爱失独家庭的公益项目，每个月都安排志愿者到大唐镇的 15 户失独家庭中家访，陪失独老人聊天。负责人王海江说，许多失独老人一身都是病，非常需要他人的陪伴，他就曾在深夜接到过一位老人的电话求助，匆匆赶去把这位老人送到医院。“这些事就得由社会组织来做，政府不好介入。”

2018 年 11 月，“枫桥经验”纪念大会在绍兴举行，大会传递出的一个重要的信号正是：要打破基层社会治理“自上而下”的线型模式，充分释放社会力量微主体的大能量。“枫桥经验”的精髓是让群众自己解决自己的问题，只不过现在要更多地依托社会组织的力量。

公益是件专业的事

宣学军靠在白色椅背上，叹了口气，他不知道自己还能坚持多久。十年前，宣学军创立了公益组织“一米阳光”，关注自闭症儿童、问题青少年的成长。但从去年开始，他就想要把“一米阳光”放弃掉，因为“太累了，一直在亏钱”。

宣学军头疼的问题，很多公益组织都会遇到。刚开始的那几年，“一米阳光”运转得很顺利，因为觉得新鲜，志愿者参加完一次活动，还会追着问有没有别的项目。但只靠一腔热情，公益组织并不能长久，这几年，宣学军明显感受到志愿者的积极性在下降。活动参与度不高，募集的资金就少了。起初，项目经费和员工工资还能通过企业的赞助来维持，但随着今年经济形势下滑，几家企业都中断了资助，宣学军扛不住了。

管理公益组织其实是件专业的事。什么样的募资模式能支持公益组织长期运转、怎样组织活动能吸引志愿者持续参加，这些都需要专业的社工知识做背景。而草根公益组织多由普通老百姓发起、运营，比如“小布衫”的前身是村里的文艺团体，王海江是一家宾馆的老板，宣学军则是名医生，他们很少有人系统学习过社会组织的运营。宣学军就感慨，之所以遇到这么多困难，就是“因为团队的专业性实在太差了”。

引导公益组织的发展，政府必须发挥作用。公益组织专业性不足，运转和募资都会受阻；没有稳定的资金支持，公益组织就没钱聘用专业的社工。怎样才能打破专业性不足和资金困难的恶性循环？2017 年，诸暨开始用公益创投的方式扶持社会组织。第一年财政投入 65 万元，扶持了 15 个公益项目。2018 年力度加大到 300 万元，92 个项目。宣学军就申请到了 8 万元的公益创投资金和社会组织扶持基金，至少“一米阳光”明年的运营能够维持了。

公益创投不仅为了提供资金扶持，更是要提升公益组织的专业性。这几万元的创投资金并不是轻松拿走的，公益组织要通过前期答辩来介绍项目，还要接受第三方的考核评估。在这个过程中，专业的社工老师会提供资金使用、人员配备、项目设计方面的指导。诸暨市社会组织服务中心的翁晨芳说，这相当于逼着社会组织接受专业培训，改掉一些不好的习惯，并把专业的社工知识应用到实际项目里。

政府与社会组织的关系是十分微妙的。一方面，社会组织所做的事恰恰是政府不擅长做的，对此政府的干预越少越好；另一方面，野火般生长的社会组织又迫切需要政府的规范才能健康的运转下去。这对政府就是个不小的考验了，放任不管和过度干涉都很糟糕。

重要的是，政府要搞清楚社会组织到底需要什么，用正确的方法把事情做对，政府与社会组织的互动才能有效。这也是今天“枫桥经验”所要进一步回答的时代之问。

公益创投之外，诸暨市又通过政府采购、定向委托的方式将部分职能转移给社会组织承担。从 2017 年算起，诸暨向社会组织购买服务的资金超过了 2000 万元。

社会组织服务社会、治理社会的能量很大，但要把这股能量释放出来，政府必须将资源下沉到基层，让更多的社会组织规范化、可持续。这是诸暨摸索出的经验，也是中国其他县市推动社会治理重心向基层下移的必经之路。

离开诸暨前，《南风窗》记者专门询问了枫桥镇那起工伤纠纷的进展。毛仲木说，现在双方的心理预期还是有差距，近几次调解都不一定能解决问题。但他也说，几次调解下来，两边的诉求正在慢慢靠拢，他相信这起纠纷最终能被化解。

社会治理不是件容易的事，路漫漫其修远兮。

2018年度浙江名牌产品

表32

序　号	产品名称	企业名称	认定年份	备　注
1	铜及铜合金	拉制棒浙江军联铜业有限公司	2018	新评
2	电脑刺绣机浙江越隆缝制设备有限公司	电脑刺绣机浙江越隆缝制设备有限公司	2018	新评
3	袜子	浙江英其尔针织有限公司	2018	新评
4	布袋除尘器	浙江菲达环保科技股份有限公司	2018	复评
5	旋转电极式电除尘器	浙江菲达环保科技股份有限公司	2018	复评
6	同轴电缆	浙江康宇电缆有限公司	2018	复评
7	制冷自控元件	浙江盾安人工环境股份有限公司	2018	复评
8	冷却塔	浙江金菱制冷工程有限公司	2018	复评
9	给水用塑料管材、管件	浙江枫叶管业科技股份有限公司	2018	复评
10	木质家具	浙江省诸暨市斯宅家具制造有限公司	2018	复评
11	绿海牌农用塑料大棚膜	浙江大东南股份有限公司	2018	复评
12	山下湖珍珠（区域）	诸暨市山下湖镇人民政府	2018	复评

供稿人　赵　汀

条目索引

说 明

1. 索引选用关键主题词，与正文条目标题不一定完全一致；
2. 索引按主题词首字的汉语拼音顺序和主题词相近程度依次排列；
3. 主题词后的阿拉伯数字表示该条目所在页码；
4. 条目索引不包括大事记、人物、重要文件目录和附录。

E

F

G

K

L

T

Y

人名索引

说 明

1. 人名索引按姓氏汉语拼音顺序依次排列；
2. 人名后的阿拉伯数字表示该人名所在的页码；
3. 人名索引不包括卷首、特载、特辑、大事记和插页、随文图表、附录。

A

B

C

Y

图表索引

说 明

1. 图表索引按图表出现先后顺序及图表名称首字汉语拼音顺序依次排列；
2. 图表首字相同的归为一类，按出现先后顺序依次排列；
3. 图表名称后的阿拉伯数字表示该图表所在页码；
4. 图表索引不包括卷首、插页和附录。

E

F

G

H

J

L

M

N

P

Q

R

S

T

W

X

Y

Z